齐长城资源调查报告

山东省文物局
山东省文物考古研究院 编

王永波 李振光 编著

上 册

文物出版社

图书在版编目（CIP）数据

齐长城资源调查报告/山东省文物局，山东省文物考古研究
院编；王永波，李振光编著. —北京：文物出版社，2023.8
　　ISBN 978－7－5010－7727－4

　　Ⅰ．①齐… 　Ⅱ．①山…②山…③王…④李… 　Ⅲ．①长城－
古建筑遗址－资源调查－调查报告－山东　Ⅳ．①K928.77

中国版本图书馆 CIP 数据核字（2022）第 247707 号

审图号：鲁 SG【2022】第 019 号

齐长城资源调查报告（全三册）

编　　　者：山 东 省 文 物 局
　　　　　　山东省文物考古研究院
编　　　著：王永波　李振光

封面设计：程星涛
责任编辑：冯冬梅
责任校对：耿瑷洁
责任印制：张道奇

出版发行：文物出版社
社　　址：北京市东城区东直门内北小街 2 号楼
邮　　编：100007
网　　址：http：//www.wenwu.com
经　　销：新华书店
印　　刷：文物出版社印刷厂有限公司
开　　本：889 毫米×1194 毫米　1/16
印　　张：82
版　　次：2023 年 8 月第 1 版
印　　次：2023 年 8 月第 1 次印刷
书　　号：ISBN 978－7－5010－7727－4
定　　价：1800.00 元

本书版权独家所有，非经授权，不得复制翻印

《齐长城资源调查报告》
编辑委员会

主　　任：王永波

副 主 任：倪国圣　郑同修　李振光

编　　委：（以姓氏笔画为序）

　　　　　于　茸　王永波　王守功　王　攀　由少平　兰玉富

　　　　　孙　博　叶　健　宋爱华　张子信　张光明　李京泰

　　　　　李国华　李振光　林玉营　郑同修　倪国圣　耿　敏

　　　　　鲁文生

主　　编：王永波　李振光

撰 稿 人：（以姓氏笔画为序）

　　　　　王云鹏　王永波　王泽冰　朱　彤　李振光　张　溯

　　　　　张艳群　程留斌　魏　健

参与相关章节撰稿：（以姓氏笔画为序）

　　　　　王予幻　王新华　王　健　马前伟　李　玉　朱宏伟

　　　　　朱　彤　纪中良　孙　涛　刘红军　刘国柱　刘冠军

　　　　　刘德宝　李国祥　李居法　张子晓　张泽刚　陈　奇

　　　　　罗鹭玲　邴晓东　杨　雷　宫德杰　郑德杨　耿　涛

　　　　　郭晓东　魏　健

绘　　图：张艳群　程留宾　许　姗　王惟一　李振光　王永波

《齐长城资源调查报告》
项目组织机构成员

一、领导小组组成名单

    组　　长：山东省文化厅（文物局）领导

    副 组 长：王永波　叶　建

    成　　员：（以姓氏笔画为序）

        于　茸　王守功　孙　博　宋爱华　张子信　张光明

        李京泰　李国华　李振光　佟佩华　林玉萱　郑同修

        倪国圣　耿　敏　鲁文生

二、办公室组成名单

    主　　任：王永波

    副 主 任：倪国圣　佟佩华

    成　　员：孙　博　李振光　兰玉富　王　攀

三、田野调查队组成名单

    队　　长：李振光

    主力队员：（以姓氏笔画为序）

        王云鹏　王泽冰　朱　彤　张子晓　张　溯　张艳群

        程留斌　魏　健

    各地市参加人员：（以姓氏笔画为序）

        马前伟　王予幻　王新华　王　健　孙　涛　朱宏伟

        纪中良　刘红军　刘国柱　刘德宝　刘冠军　李居法

        李国祥　张泽刚　陈　奇　邴晓东　郑德杨　杨　雷

        宫德杰　郭晓东　耿　涛

    参与单位：山东省文物局　山东省文物考古研究所　山东省博物馆

        山东省文物科技保护中心　齐长城沿线各市、县（区）

        文物部门

图　　例

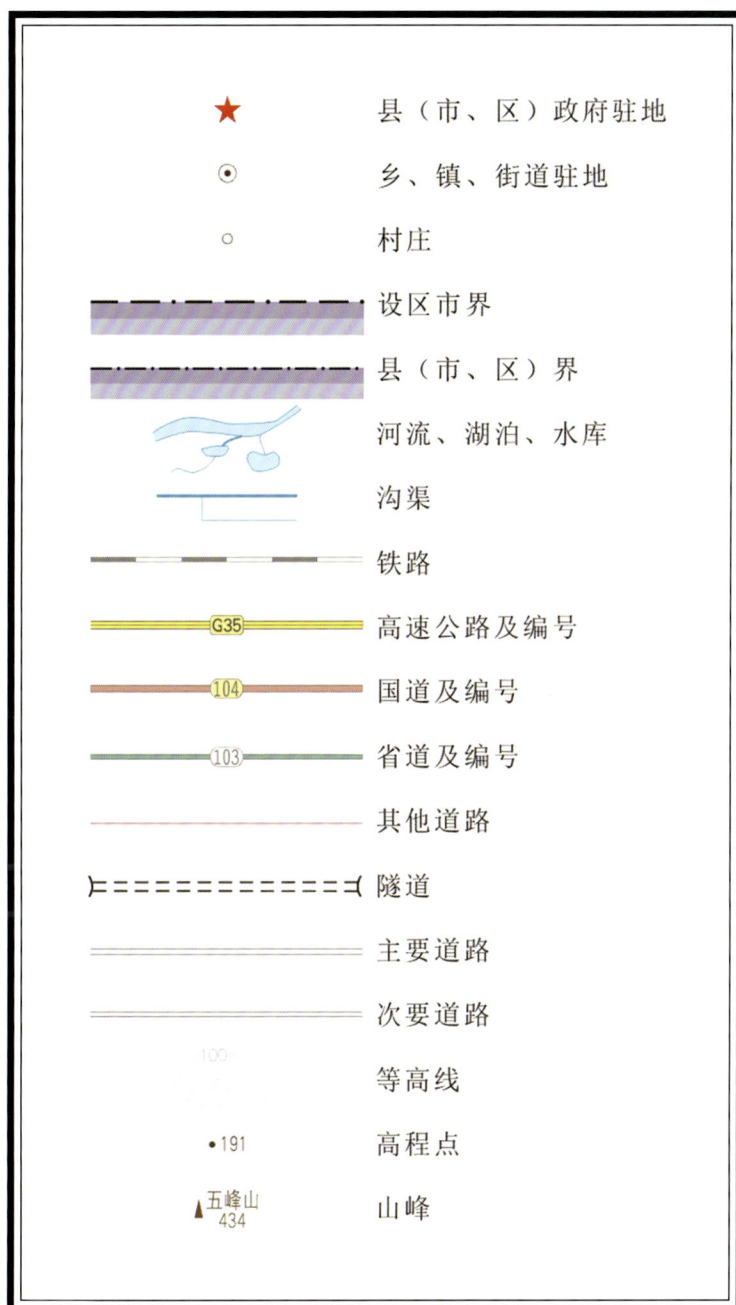

★	县（市、区）政府驻地
⊙	乡、镇、街道驻地
○	村庄
	设区市界
	县（市、区）界
	河流、湖泊、水库
	沟渠
	铁路
G35	高速公路及编号
104	国道及编号
103	省道及编号
	其他道路
	隧道
	主要道路
	次要道路
	等高线
•191	高程点
▲五峰山 434	山峰

中国地形图

1 : 21 500 000

南海诸岛
1:31 000 000

图 例

国界

省、自治区、直辖市界

特别行政区界

地区界

军事分界线

★ 北京 首都

◎ 省级行政中心、省府（外国首都、省府）

▲ 山峰

陆 高

6000
5000
4000
3000
2000
1500
1000
500
200

高 度 表（米）

0
200
500
1000
2000
3000
5000
6000
7000

水 深

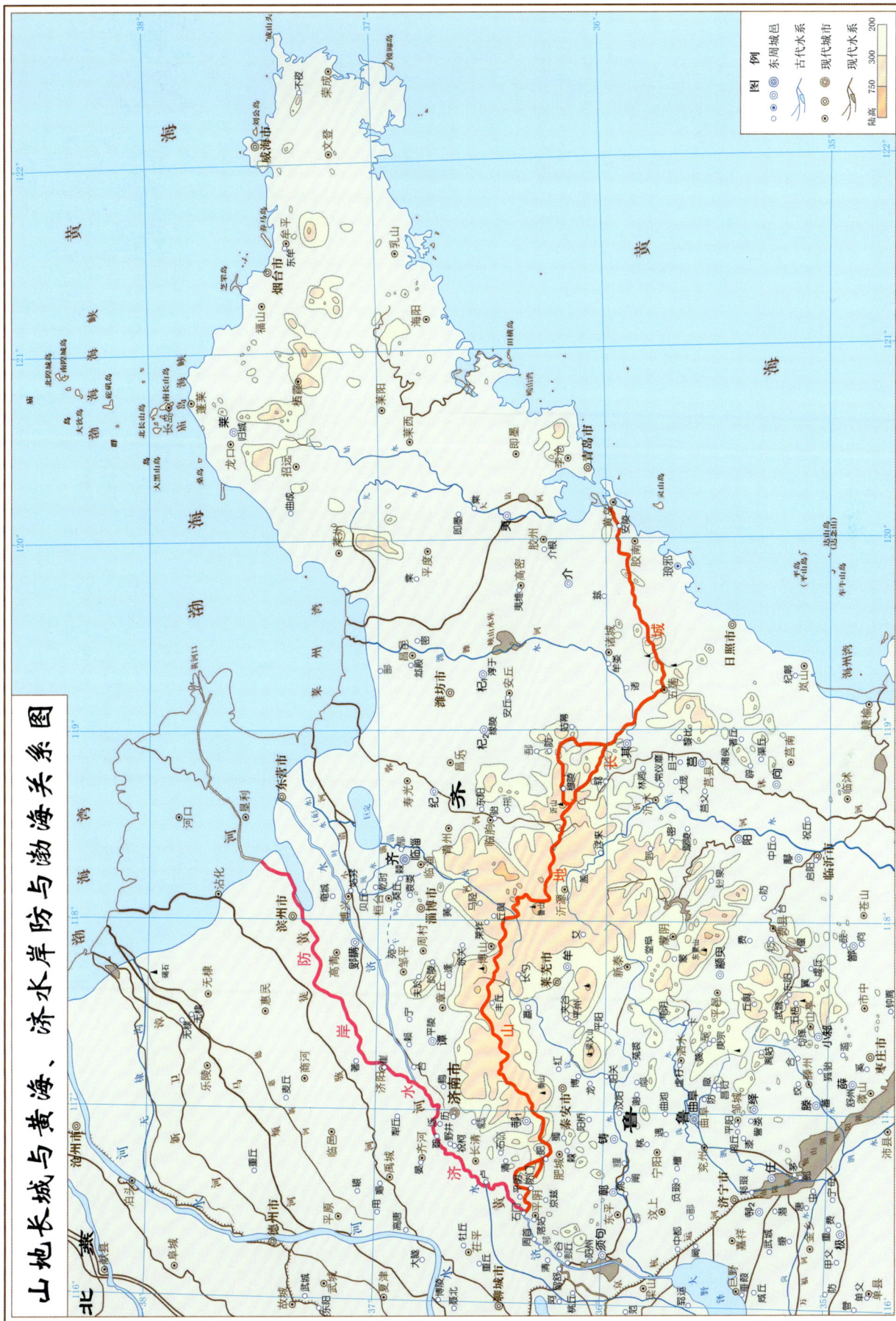

Fyt. 002 山地长城与黄海、济水岸防与渤海关系图

齐长城烽燧、关隘、烽燧分布图

Fyt. 003 齐长城烽燧、关隘、烽燧分布总图

4

齐长城县域分布图

Fyt.004 齐长城县域分布图

齐长城形势图

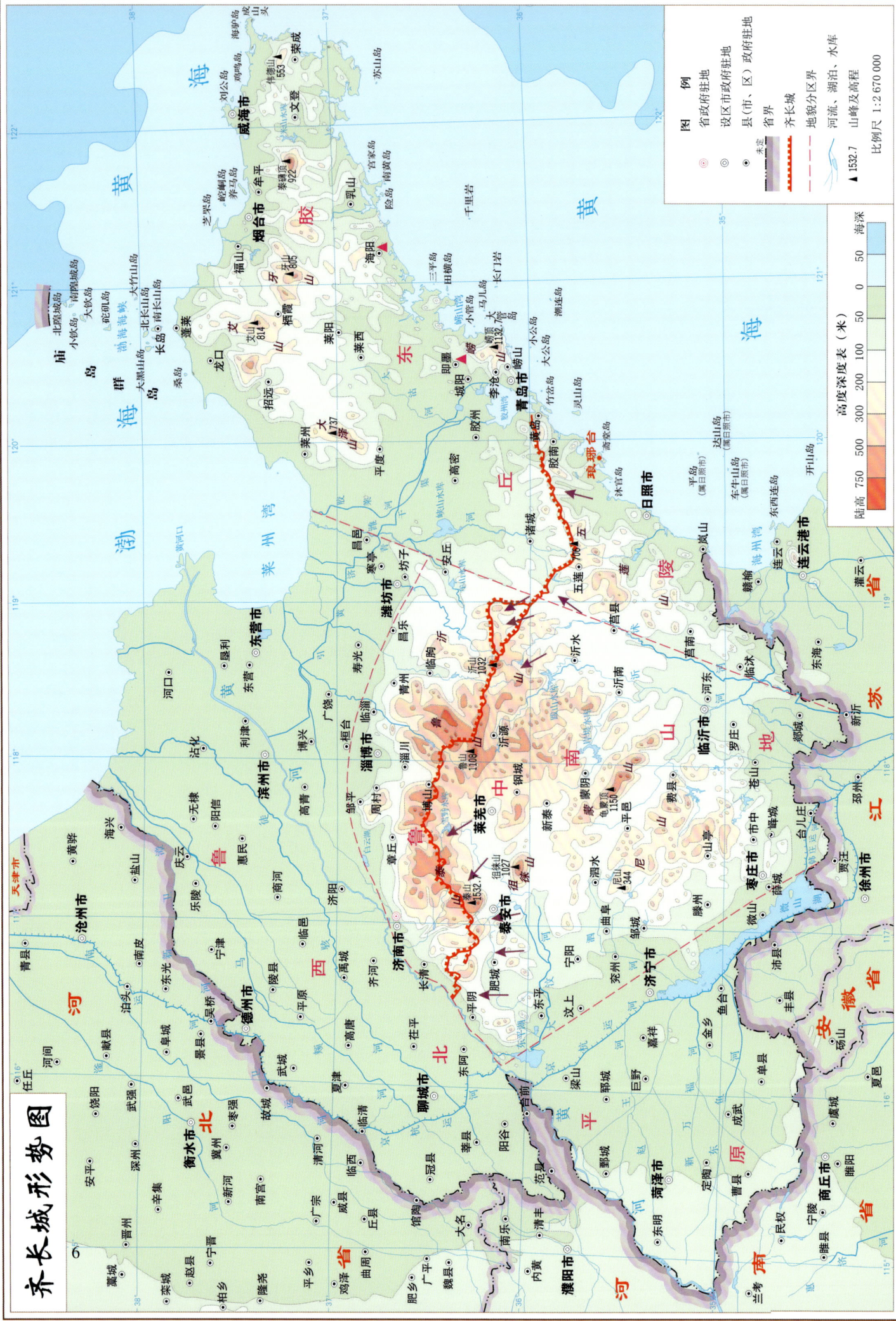

图例

◎ 省政府驻地
◎ 议区市政府驻地
○ 县（市、区）政府驻地
— 省界
⋯⋯ 齐长城
未定 地貌分区界
— 河流、湖泊、水库
▲1532.7 山峰及高程

比例尺 1:2 670 000

高度深度表（米）

海深
陆高

渤 海

黄 海

莱 州 湾

东 海

黄 河

胶 东 丘 陵

鲁 中 南 山 地

鲁 山

沂 山

蒙 山

泰 山 1532.7

崂 山

河 北 平 原

河 北 省

河 南 省

安 徽 省

江 苏 省

天津市

威海市
烟台市
青岛市
日照市
连云港市
潍坊市
淄博市
济南市
东营市
滨州市
德州市
聊城市
泰安市
莱芜市
临沂市
枣庄市
济宁市
菏泽市
衡水市
沧州市

庙 岛 群 岛
渤 海 海 峡

6

附录 035　齐长城地形势图

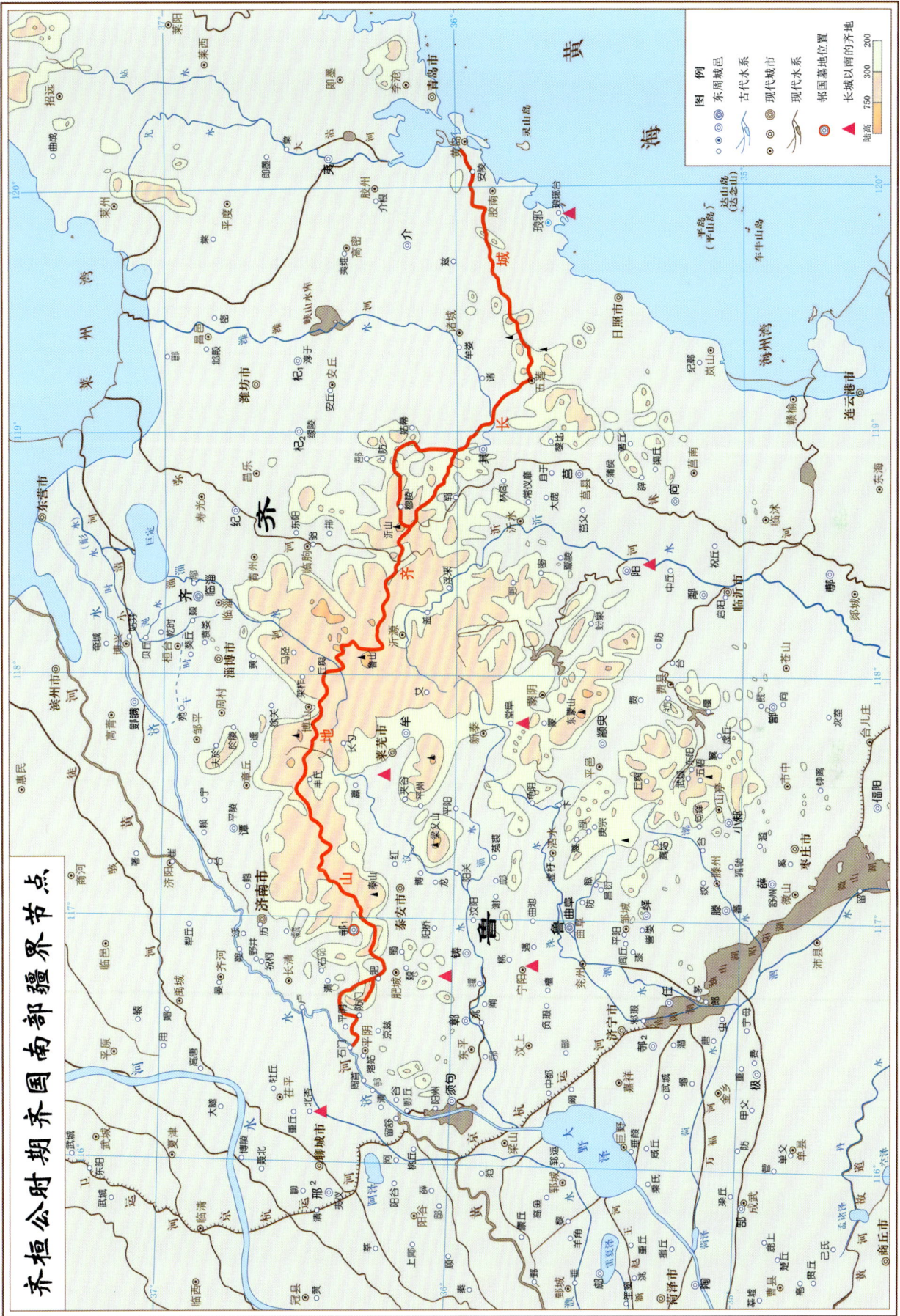

Fyt.006 齐桓公时期齐国南部疆界节点图

Fyt. 007 长清岚峪段堑壕与长城（东—西）

Fyt. 008 长清北傅庄北山段长城（南—北）

Fyt. 009　长清茅山段长城（西北—东南）

Fyt. 010　长清曹庄北山段长城（西北—东南）

Fyt. 011　长清钉头崖—北马套段长城远眺（东—西）

Fyt. 012　长清穿穿顶段长城（西南—东北）

Fyt. 013　历城清阳台段牛山口南长城

Fyt. 014　历城锯齿崖段长城（西南—东北）

Fyt. 015　历城梯子山段长城（西南—东北）

Fyt. 016　历城四界首段长城（西北—东南）

Fyt. 017　章丘西麦腰山段长城（北—南）

Fyt. 018　章丘疙瘩岭段长城（西南—东北）

Fyt. 019　章丘毛家林段长城（南—北）

垛口墙

巡防步道

机耕路

齐长城内侧　残留石墙

清代重修

齐长城 瞭望部分

Fyt. 020　章丘锦阳关段长城（东—西）

Fyt. 021　锦阳关齐长城残存墙体（北—南）

Fyt. 022　博山禄柱崖段山险（西—东）

Fyt. 023　临朐梓根腿东岭段长城（西南—东北）

Fyt. 024　沂水卧牛山旺峪东岭段长城（北—南）

Fyt. 025　沂水黄墩段长城（西南—东北）

Fyt. 026　沂水龙山段长城（西北—东南）

Fyt. 027　沂水老师傅旺南岭段长城（西—东）

Fyt. 028　沂水东西沟东岭段长城（西北—东南）

Fyt. 029　安丘白顶山段长城（西北—东南）

Fyt. 030　安丘虎崖段长城（西—东）

Fyt. 031　莒县三楞山—魏家官庄段长城（西北—东南）

Fyt. 032　莒县玄武庵东陵段长城（北—南）

Fyt. 033　五莲潘村西北岭段长城（东南—西北）

Fyt. 034　五莲分流山东岭段长城（西南—东北）

Fyt. 035　五莲马耳东山段长城（西—东）

Fyt. 036　五莲玉带北岭段长城（西—东）

Fyt. 037　诸城望海楼山段长城（西北—东南）

Fyt. 038　诸城响水子南山段长城（东北—西南），外侧石包边

Fyt. 039　诸城大洼段长城（西—东）

Fyt. 040　诸城孙家夼北山段长城（东南—西北）

Fyt. 041　诸城史家夼北山段长城（东—西）

Fyt. 042　胶南曹城山段长城（西—东）

Fyt. 043　胶南胜利村北山段长城（东北—西南）

Fyt. 044　胶南陡楼段长城（东—西）

Fyt. 045　莱城东门关（鲁地便门）（南—北）

Fyt. 046　青石关及东山长城（老照片，西南—东北）

Fyt. 047　青石关北关门现状（南—北）

Fyt. 048　青石关北关门洞内车辙（北—南）

Fyt. 049　历城葫芦套烽燧（西—东）

Fyt. 050　莒县大店子烽燧远景（北—南）

Fyt. 051 "章丘县修筑长城岭石墙记" 碑拓片（一）

Fyl. 052 "章丘县修筑长城长城岭石墙记"碑拓片（二）

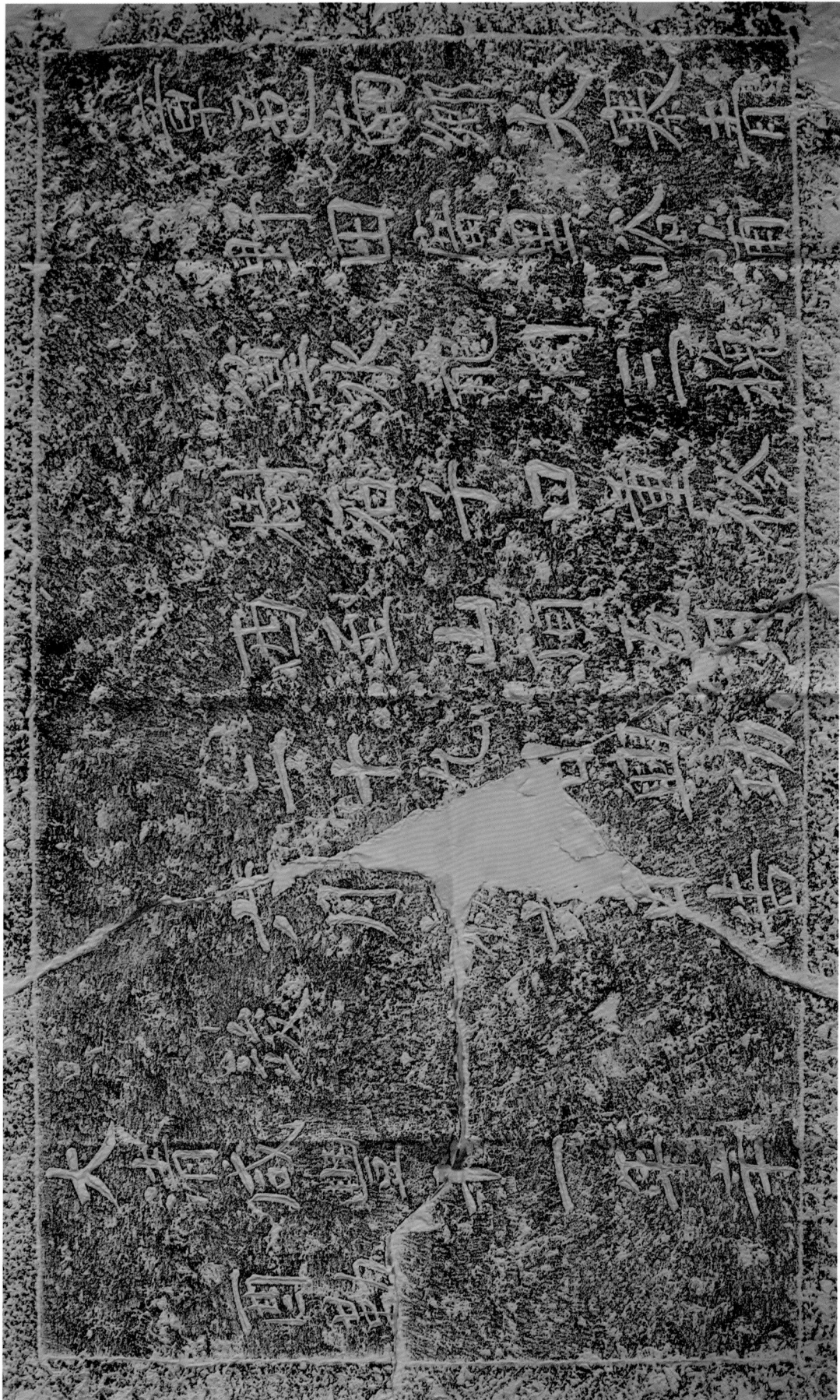

Fyt. 053 "章邑南乡"（锦阳关段）重修长城记碑拓片

增穆陵

Fyt. 055　穆陵关"永垂奕世"碑拓片

Fyt. 056　杜家寨外寨西墙及内侧石屋（东—西）

Fyt. 057　淄川三太山寨东寨墙（南—北）

Fyt. 058　淄川三太山寨北寨墙（南—北）

Fyt. 059　临朐永清寨内寨墙（西—东）

目 录

上 册

<h2 style="text-align:center">中　　册</h2>

下　　册

图版目录

插图目录

插表目录

前　言

　　长城是世界上最古老、修建时间最长、工程量最大的点线面结合的防御工程，是中华民族聪明才智和兵学思想的结晶；绵延不绝的高大城墙和坚固的关堡，构成了不可逾越的防御阵线，达成"一夫当关，万夫莫开"——以少量兵力抵御和延缓大规模入侵者攻击速度的效果；烽燧则是快速传递敌情，确保后续防御兵力准确调配的重要设施。山谷之间的关隘，还兼有通商和海关的功能，以促进和平时期国际的政治、经济、文化交流。作为人类历史上最伟大的建筑之一，长城于 1987 年 12 月被列入中国首批世界文化遗产名录，内容涵盖秦长城、明长城和先秦列国长城。

　　长城资源调查是国家文物局根据国务院批准的《长城保护工程（2005—2014 年）总体工作方案》，在"十一五规划"期间启动的文物保护重点项目，主要目的是为了摸清长城"家底"，全面、准确掌握历代长城的规模、分布、构成、走向及其时代、自然与人文环境、保护与管理现状等基础资料及存在的问题；生成长城基础地理信息和长城专题要素数据；建立科学、准确、翔实的长城记录档案和长城资源信息系统，为加强长城保护管理和进行科学研究提供依据等。齐长城始建于春秋中早期，是中国，也是世界上最早、最古老的长城，做好齐长城资源调查工作，对所有长城的研究、保护都具有极为重要的意义。

　　长城资源调查是一项规模大、任务重、要求高、形式特殊、艰巨而又复杂的考古调查工作，是传统考古调查方法与现代科技手段、理念、规范化工作模式相结合的最新尝试。山东省有关方面积极响应国家文物局的号召，参与了各项前期准备工作，于 2008 年设立了由山东省文物局和齐长城沿线各市文物局分管负责人组成的齐长城资源调查领导小组、项目办公室和野外调查工作队，完成了《山东省齐长城资源调查工作方案》的编制、报审工作，确定了山东省齐长城资源调查工作目标、范围、内容、方法和步骤。组织了全省的"齐长城资源调查培训班"，并于当年正式启动了齐长城野外资源调查工作。调查队员冒酷暑，顶严寒，徒步穿行在崇山峻岭之间，历时三年，于 2010 年夏季，基本完成了野外调查测绘工作。

　　此次调查在以往调查研究的基础上，对齐长城资源的分布、结构特征、走向、长度、保存现状、修建年代等进行了全面的调查和信息采集，基本摸清了齐长城资源的家底，取得了丰硕的成果：

　　1. 城墙是齐长城的主体，起自古济水东岸，沿泰山余脉和鲁中山地、鲁东南丘陵山脊，蜿蜒千余里，途经 18 个县（市）区，至青岛市黄岛区东于家河入海（见扉页 Fyt. 002 ~ 004）。在构筑方法和用材等方面采取了因地制宜、就地取材，充分利用断崖、陡峰险要等方式：缓坡平地夯土构筑；山间谷地泥石混筑（含石包土墙），墙体底宽通常在 18 ~ 28 米，局部最宽可达 36 ~ 64 米；山坡峰下石块干砌，墙体宽通常为 5 ~ 12 米；断崖陡峰以险为墙等，充分体现了齐地兵家（如《孙子兵法》）一贯的军事思想和《管子》之《地图》《水地》《度地》《地员》等篇章的自然地理知识储备，节省了大量的人力物力，开长城构筑之先河，为列国长城、秦长城的构筑提供了宝贵的先导实例。

2. 调查确认齐长城墙体总长 642131.40 米（含青石关长城）。其中，土墙（含包石土墙和土石混筑）40402.00 米、石墙 256134.20 米、山险 132851.00 米、消失 195987.20 米、壕堑 809.00 米；保存较好的墙体 20792.00 米、保存一般的墙体 100949.00 米、保存较差的墙体 69240.00 米、保存差的墙体 105555.2 米、消失的墙体 195987.2 米、山险 132851.00 米。青石关长城总长 15948 米。

3. 纠正了临朐境内有"四条"齐长城复线的错误认识，确认了一条，排除了其余三条。

4. 确认章丘段"长城岭"齐长城，包括锦阳关、东门关、鲁地北山段在清咸丰年间大部经过重修。其基本结构为，保留齐长城下部，或在齐长城基础上重筑。该段齐长城原有宽度多在 5.7～8.5 米；重修墙体宽度比齐长城窄很多，一般在 1.6～2.54 米，上部加筑垛墙，总长约 4900 多米，以锦阳关段长城最为清晰。博山冯八峪东山段（博山第 10 段）第 3 小段，长 1220 米，齐长城墙体外缘也有后期石块干砌的墙体，砌筑方式和质量不如章丘锦阳关、青石关清代修筑的墙体，亦可能为同时期防捻军的构筑物。

5. 确认莱芜市莱城区青石关长城是清代修筑的防御工程，而非齐长城，故单独统计。青石关长城总长 15948 米。其中，石墙 12225 米，消失 3723 米；保存较好的 1218 米，保存一般的 2930 米，保存较差的 5188 米，保存差的 2889 米，消失 3723 米。

6. 确认关隘 8 处（包括晚期的青石关），新发现烽燧 8 处、石砌寨堡 27 处、周代遗址 8 处、墙内陶片标本 3 例、木炭标本 1 例；确认碑刻 11 通，章丘锦阳关 2 通，包括"章丘县修筑长城岭石墙记"碑，现藏章丘博物馆，"章邑南乡"重修长城记碑，现存莱芜博物馆和莱芜南大寨村（Fyt. 051～053）；临朐穆陵关 2 通，尚在现场，分别为明嘉靖四十四年"增穆陵"碑和清道光二十六年"永垂奕世"碑（Fyt. 054～055）；莱城青石关 6 通，包括万历三十五年"修路碑记"、明万历四十年"重修玄帝庙记事碑"、清道光二十六年"奕世流芳"碑、"曾王所栖处"碑、无字碑和"青石关"额题刻石；临朐县龙王崮永清寨碑记 1 通，现在当地。

7. 调查测绘长城沿线山顶寨堡 27 处。这些寨堡有石块砌筑的围墙和寨门，有的还保存有石砌房屋，其年代及与长城的关系有待更深入的研究。部分可能与长城守卫防御有关，多数可能属于秦汉以降的后期山寨。

8. 完成了对第三次文物普查在莱芜南部、穆汶河南侧发现的石墙、寨堡遗迹的现场考察、分析、定性：分布在莱芜穆汶河南侧、东西约 40 千米山脉上的石砌构筑物，线形墙体总长不足 5 千米，多数宽度在 1 米左右，少量宽 2.3 米，与长城墙体特征不符；寨堡多为独立单位，修筑时间不同，存在部分晚期寨堡。

这是有史以来，对齐长城进行的一次有计划、有方案，最科学、最全面、最详尽的实地调查，为长城的科学保护、有序管理提供了第一手翔实的科学依据。

青石关堡及青石关长城的构筑年代，此前的调查者和研究者，要么不涉及，要么将其与齐长城视为同类遗存。本次调查发现，青石关段长城的构筑风格与章丘锦阳关段清代重修的长城极为相似，与齐长城有着明显的差异，遂对其构筑年代提出了质疑。经反复检索、研究，对其构筑年代有了明确的认知。

民国《莱芜县志》：

> 长城遗址在县治北长城岭上，西起平阴，历泰安、历城入莱芜界，东迤之海。齐宣王筑以御

楚者，后人增修故址，随山升降，至今犹存。

又：

> 青石关在县治东北九十里，凿山置关其上，辟南北两门，南门不甚险，险在北门：削骈石为
> 阶，侧立千尺。下者如入瓮中，故一名瓮口峡；以南北通衢，又名瓮口道。由关门下视，高深晕
> 目，为之股栗。行人下者以尻，上者手足并行，车不敢直上下，迂回盘辟，凡数十息始达平地。
> 严冬雪霁冰结，上下琉璃一片，车至卸轮，置辋冰上，大绳系首尾，数十人徐徐掣之，行稍不慎，
> 成齑粉矣。道中两崖壁立，仅容一车，大石嶙峋蔽道，车与石格斗行。自关五里至白羊河，始稍
> 出瓮门之险。

将长城岭长城列入古迹，青石关归类名胜，且未提及青石关关堡修筑时间，更未涉及青石关段长
城。其卷首图（图一二〇二）明确标注了长城岭之齐长城的走向，而青石关段却完全不见长城迹象。
民国《续修莱芜县志》全图（图一二〇三）虽然在青石关标出了一段长城，但在描述齐长城时却完全
未提及青石关长城，仅在其"山川"卷中有所表述：

> 原山在县东北七十里，东界博山，北界淄川、章丘。耸秀出群山之上，主峰俗名禹王山。在
> 史家崖之东风门道之南，自主峰而外，北起长城，东至青石关外，西至杨家横，南至文字岭，盘
> 回百余里，皆原山也。

这些细节至少可以证明，在当时当地民众心目中，青石关及其长城与齐长城的性质是不同的。那
么青石关及其长城究竟是何时修建的？
民国《莱芜县志·大事记》：

> 咸丰十年（1860年），捻匪数十万蔓延数省……是年九月，贼窜新泰，烽烟逼近，共议练团
> 结寨以自保卫。十一年捻匪大至……数十万由济宁北窜，二月十一日至范家庄，孟国侨率民团御
> 之，与贼距沟而阵……民团遂不能支，死伤大半……余众为圜阵以枪炮向外，且战且却，薄暮始
> 溃围出。贼由吐子口东窜博山之防青石关者亦溃……城北一带悉遭焚掠。八月贼大股又至，十月
> 贼复由邑北境西窜。是年贼入境凡三次。

面对兵患，当地官民利用山地险要"结寨以自保卫"是顺理成章的事情。所幸民国《续修博山县
志》给我们提供了明确信息：

> 咸丰十一年辛酉二月十二日，捻匪入境，邑宰樊公文达率众城守，势甚危，幸大兵尾其后，
> 城得无恙。八月又至，幸事前邑人修青石关，防御甚固不得入，飏去。经西河庄外遣骑探虚实，
> 经乡团逐击之，毙其一人，匪怒，焚庄北二百余户而去。

"幸事前邑人修青石关"清楚地表明，青石关堡及其长城是咸丰十一年（1861年）二至八月期间，
为了防御捻军侵扰，由当地官民自发修筑的。"防御甚固"则表明当时修筑青石关堡是下了很大功夫

的，与青石关堡现存北关门的情形也是吻合的，厘清了长期以来人们关于"青石关长城"性质的迷思。

关于齐长城始筑年代，学术界看法颇不一致。或认为齐长城最早，或以楚方城为先。其根本原因是受疑古学派的影响，对《管子·轻重丁》"阴雍长城之地，其于齐国三分之一，非谷之所生也""长城之阳，鲁也；长城之阴，齐也"等记载采取了否定的态度。而采用可信度不够十分确定的文献，如今本《竹书纪年》"周显王十八年（公元前351年，齐威王六年），齐筑防以为长城。"《水经注·汶水》引《竹书纪年》"梁惠王二十年（公元前350年），齐筑防以为长城。"《史记正义·楚世家》引《齐记》所谓"齐宣王（公元前319～前301年）乘山岭之上筑长城。东至海，西至济州，千余里，以备楚。"《史记正义·苏秦列传》引《竹书纪年》"梁惠王二十年，齐闵王（公元前301～前284年）筑防以为长城"〔1〕等。更有甚者，有些学者将所有先秦长城始筑年代都定在战国时代，或公元前300年前后〔2〕。事实上，《左传》《国语》《吕氏春秋》《竹书纪年》《晏子春秋》《史记》《战国策》，乃至于出土金文、竹简等文献都有关于齐长城的记载，可证《管子》所记不误。

首先，据《竹书纪年》《史记》《战国策》等文献记载，春秋战国之交（以公元前403年为界）齐长城已经存在。特别是《竹书纪年》（古本、今本相似）所记，"公孙会以廪丘叛齐"〔3〕，可与《吕氏春秋·慎大》及《清华简·系年》第二十二章所记相互认证，确认春秋末期，亦即齐宣公卒，齐侯贷（康公）继位之时，齐长城早已连为一体。《左传》成公二年至十六年（公元前589～前575年）之"遂自徐关入""盟于徐关而复之"，襄公十六年"速遂塞海陉而还"，襄公十七年"高厚围臧纥于防，师自阳关逆臧孙"，襄公十八年"齐侯御诸平阴，堑防门而守之广里……夙沙卫连大车以塞隧而殿……杀马于隘以塞道"等则可证明，至少在春秋中后期（公元前590～前555年），自济水东岸经鲁中山地至胶州湾的长城已经齐备，只不过当时称之为"防"或"钜防"；"羌编钟铭"所记，则可为《左传·襄公十八年》围绕齐长城齐晋战事的另一实证。《晏子春秋》"（齐）景公欲堕东门之防"，晏子以有齐桓公和管仲明君、贤相，才得以使"东门防全也"。如果"防下六尺，则无齐矣"的记载为实，则可表明，在晏子看来，由于齐桓公和管仲执政（公元前685～前643年）期间修筑了东门防，才保证了齐国的强大和安全；如果堕了"东门防"，破坏了齐长城的整体性，则威胁到齐国的生存，从侧面证明了《管子·轻重》所言不虚。而《国语·齐语》：齐桓公欲霸天下问于管仲，管仲有若干个"环山于有牢"的回答。贾侍中"环山于有牢，教之立国，城必依山以为纲纪，而有牢固"的诠释，也可说明，这里的"牢"就是"防"，亦即长城4〕。

总之，上古文献的记载都表明，是齐桓公构筑了齐国山地长城。从车战的角度考虑，或者，此时的齐长城还没有完全连成一线，但缓坡、山谷等战车和步甲可以通过的地段，均有长城和关隘则是不

---

〔1〕《齐记》或出于晋代伏琛（亦作伏琛之）之手，或为十六国时期青州人晏谟所撰；《水经注》则为北魏晚期的郦道元所撰；《史记正义》为唐代张守节所撰，年代偏晚。《竹书纪年》成书时代虽然较早，但出土不久原简便在永嘉之乱（311年）中亡佚，传抄本也在唐末五代时散佚，南宋初年出现了今本《竹书纪年》。清嘉庆年间，朱右曾辑录文献中的佚文，编成《汲冢纪年存真》，再经王国维考订为《古本竹书纪年辑校》。其在流传过程中或有某种程度的失真，如"齐闵王筑防以为长城"就是实证。

〔2〕a. 景爱：《中国长城史》："把长城建造的时间提前再提前，即属于长城的误区……大量的证据都表明，长城建造于战国时期，以齐长城最早。"b. 彭曦所著《战国秦长城考察与研究》认为："有人将《左传》僖公四年（公元前657年）楚之'方城以为城'作为长城见于记载的开始。果如此，便会将第一期定为春秋—战国，但实际上，战国以前的长城很难找到实物证据……故长城的第一个时期，只能是战国，而且长城的修建，大都集中在公元前300年前后这一时期"。c. 其他如《山东通志》（1915年）卷三十四长清县条："长城堡，周显王十八年（公元前351年）齐筑防为长城，即此城"；《锦绣山东》："自齐威、宣王始修筑了齐长城"；《中国历史大事编年》："齐长城，始建于战国初期"等。

〔3〕《史记·齐太公世家》记齐宣公五十一年。

〔4〕参见正文第二章第三节《相关文献的认定与取舍》、附录《齐长城相关事项述记·相关文献记录》。

争的事实，至春秋中晚期，齐长城已完全联结成线，而绝不会等到齐威王、齐宣王，甚至是齐闵王时期才完成齐山地长城的构筑。

《清华简·系年》第二十章"晋敬公立十又一年（公元前 441 年）……齐人焉始为长城于济，自南山属之北海。"说明齐国在春秋后期，曾沿济水东岸修筑自平阴山区至渤海（北海）的济水岸防长城。此时的齐国，已形成了山地长城、济水岸防与黄海、渤海共同组成的闭合的防御体系（Fyt. 002）。

长清广里东北的珠珠山东端 A 点陡岭子—岚峪北山 B 点之间较为开阔的山谷中，新发现一条东西向的人工堑壕（Fyt. 007、图七）。从考古学的角度看，这一发现否定了山东大学张维华关于"齐长城之建，其先乃因于济水之防……必与障济（水）有关"[1] 的说法。《清华简·系年》第二十二章"晋三子之大夫入齐，盟陈（田）和与陈淏于溰门之外曰：毋修长城，毋伐廪丘"，则是城下之盟的霸王条款，不准田氏齐国再行修补长城，而不能说明齐国此时才开始修筑山地长城[2]。

作为该项目的直接负责人，笔者曾多次申请选择不同区段齐长城的土筑墙体和石包土墙的断点，进行适当的考古清理，以期获得长城构筑时间考古学证据，但因多种原因未获批准，是此次齐长城资源调查的最大遗憾。好在有关单位曾在齐长城西端起点附近做过齐长城解剖：城墙夯土"每层厚 12 厘米左右，夯具为木棍。夯层层面清晰，夯窝分布密集。夯窝都呈口圆底圜的锅底状，直径 5、深 1.1 厘米左右"[3]。夯层厚度、夯窝直径，比鲁故城城垣第三期春秋早期城墙[4]的略厚略大，夯层较春秋晚期的齐景公墓[5]略薄，正是春秋中期"集束棍夯"的典型特征[6]。从考古学的角度证实了上述推考。

至于王国良《中国长城沿革考》所谓"诸侯称王，强凌弱，众暴寡，并吞相循，不顾礼仪，弱小的国家不能竟存，于是乎不得不捐巨资建筑长城以自固。这就是战国时代各国所以创筑长城的大原因"[7] 更不能成立。姑且不论"战国时代各国所以创筑长城"是否可信，但其"弱小的国家不能竟存，于是乎不得不捐巨资建筑长城以自固"却有枉顾史实之嫌。众所周知，齐、楚、韩、魏、赵、燕、秦、中山等国，除中山国稍弱外，战国时期都曾称雄一方，齐、魏、楚、秦则是战国时期最为强盛的大国。可以肯定地说：只有强国才有修筑长城的实力，只有强国才有修筑长城的主观意愿。春秋霸主、战国列强修筑长城的主要目的，在于保护本国大本营不受侵扰，以免除其常备军主力出国远征的后顾之忧。齐国作为春秋首霸，本土的安全必然是最优先考虑的问题，况且，其南部的近邻是一个相对强大，且常常联晋、联宋莒以抗齐的鲁国，迫使齐国不得作万全的安排。是以采用"纲山于有牢"[8]的方式，用"城防式构筑物"联结山地分水岭，作为主要的防御屏障。这应是齐桓公修筑长城，以及齐长城没有完全沿齐国当时的南部边界修筑的主要原因。

以楚国长城为最早构筑者[9]，是基于一段著名的历史掌故，亦即齐楚召陵之盟。《左传·僖公

〔1〕 张维华：《长城建制考·上编·齐长城》第 21～29 页，中华书局，1979 年。

〔2〕 参见正文第二章第三节《相关文献的认定与取舍》、附录《齐长城相关事项述记·相关古文献》。

〔3〕 任相宏：《齐长城源头建制考》，《东方考古》第 1 集，科学出版社，2004 年。

〔4〕 山东省文物考古研究所等：《曲阜鲁故城》第 29 页，齐鲁书社，1982 年。

〔5〕 山东省文物考古研究所等：《齐故城五号东周墓及大型殉马坑的发掘》，《文物》1984 年第 9 期。

〔6〕 王斌：《山东地区先秦时代的夯土技术》，《中国文物报》第 7 版，2012 年 11 月 16 日《遗产保护周刊》。

〔7〕 王国良：《中国长城沿革考》第 3 页，商务印书馆，1927 年。

〔8〕 《管子·小匡》。

〔9〕 罗哲文："最早修筑的长城是楚国，叫作'方城'。修筑的时间约在公元前 7 世纪。"《长城》，清华大学出版社，2008 年；肖华锟：《中国最早的长城——南阳楚方城》，《河南社会科学》1997 年第 4 期。

四年》：

> 四年春，齐侯以诸侯之师侵蔡。蔡溃，遂伐楚。楚子使与师言曰："君处北海，寡人处南海，唯是风马牛不相及也。不虞君之涉吾地也，何故？"管仲对曰："昔召康公命我先君大公曰：'五侯九伯，女实征之，以夹辅周室。'赐我先君履，东至于海，西至于河，南至于穆陵，北至于无棣。尔贡包茅不入，王祭不共，无以缩酒，寡人是征。昭王南征而不复，寡人是问。"对曰："贡之不入，寡君之罪也，敢不共给。昭王之不复，君其问诸水滨。"师进，次于陉。夏，楚子使屈完如师。师退，次于召陵。齐侯陈诸侯之师，与屈完乘而观之。齐侯曰："岂不谷是为？先君之好是继，与不谷同好，如何？"对曰："君惠徼福于敝邑之社稷，辱收寡君，寡君之愿也。"齐侯曰："以此众战，谁能御之？以此攻城，何城不克？"对曰："君若以德绥诸侯，谁敢不服？君若以力，楚国方城以为城，汉水以为池，虽众，无所用之。"

在两千多年的历史长河中，《左传》一直被人们奉为史学之圭臬。相信《左传》而怀疑《管子》自有其一定的道理。然杜预注《左传》却说："方城山在南阳叶县南，以言竟土之远；汉水出武都至江夏南入江。言其险固，以当城池。"那么，方城究竟是城还是山？屈完以方城与汉水相对应，说明此时的方城还只是一座险峻的山脉，所以才有"方城以为城"之说。如果说，方城就是人工构筑的长城，屈完的"以为城"就显得不合逻辑。《史记·齐太公世家》记为："君以道则可，若不，则楚方城以为城，江、汉以为沟，君安能进乎？"将方城与长江、汉江类比，意思大致相同。

《左传·文公三年》：

> 王叔桓公、晋阳处父伐楚以救江，门于方城，遇息公子朱而还。

《左传·襄公二十九年》：

> 夏四月，葬楚康王，公及陈侯、郑伯、许男送葬，至于西门之外……公还，及方城。

《国语·齐语》：

> （齐桓公）遂南征伐楚，济汝，踰方城，望汶山。

《国语·鲁语》：

> 襄公如楚及汉，闻康王卒，欲还。叔仲昭伯曰：君之来也，非为一人也，为其名与其众也，今王死，其名未改，其众未败，何为还……乃遂行。反及方城，闻季武子袭卞。

《国语·吴语》：

> 昔楚灵王不君，其臣咸谏以不入……罢弊楚国以间陈蔡，不修方城之内，逾诸夏而图东国，三岁于沮汾以服吴越。

《后汉书·郡国志》：

> 叶有长山，曰方城。

文公三年之"门于方城"是驻防的意思，襄公二十九年所记与《国语·鲁语》所记是同一事件。韦昭注《国语》，对方城虽有"楚北之厄塞也""楚北山"两种说法，其含义却是一样的，都是说"方城"是一座险要的山峰。《齐语》所记齐桓公伐楚与《左传·僖公四年》所记也为同一历史事件，依其字面意思理解，方城与汝水、文山一样，只是一个地名，而齐桓公"济汝，蹦方城"也没有受到任何阻碍和抵抗，《左传》"及方城"、《鲁语下》"反及方城"与《吴语》之"不修方城之内"均是如此。《后汉书》则直指其为"长山"。

《左传》襄公十六年：

> 晋荀偃、栾黡率师伐楚，以报宋扬梁之役。楚公子格帅师及晋师战于湛阪，楚师败绩。晋师遂侵方城之外。

昭公十八年：

> 叶在楚国，方城外之蔽也。

昭公二十年：

> 费无极言于楚子曰："建与伍奢将以方城之外叛。"

定公四年：

> 冬，蔡侯、吴子、唐侯伐楚，舍舟于淮汭，自豫章与楚夹汉。左司马戌谓子常曰："子沿汉而与之上下，我悉方城外以毁其舟，还塞大隧、直辕、冥厄，子济汉而伐之，我自后击之，必大败之。"

《淮南子·地形训》：

> 土有九山，山有九塞……何谓九塞，曰太汾、渑厄、荆阮、方城、肴阪、井陉、令疵、句注、居庸。高诱注："荆阮、方城在楚。"

《战国策·秦策》：

> 楚不能守方城之外，安能道二周之间。高注："方城，楚塞也。"

《左传》鲁文公三年（公元前624年）、晋襄公十六年（公元前557年）至晋定公四年（公元前

506 年）的记载表明，此时的"方城"可能是一个不可轻易逾越的所在。《淮南子》等诸书也将方城称之为"塞"。

齐桓公在位时间为公元前 685～前 643 年，鲁僖公四年为公元前 656 年，已是齐桓公后期。退一步说，当时的方城即便是城，在年代上也不可能早于齐国山地长城。况且，目前在这一带也没有发现确切的、属于这一时期的长城。《水经注》的相关记载，对探讨楚方城的性质或有一定的助益。

《水经注·潕水》：

> 郡国志曰："叶县有长城，曰方城。"郭仲产曰："苦菜于东之间，有小城名方城，东临溪水。寻此城致号之由，当因山以表名也。苦菜，即黄城山也。及于东，通为方城矣，世谓之方城山。"

又：

> 郦县有故城一面，未详里数，号为长城，即此城之西隅，其间相去六百里，若南北面虽无基筑，皆连山相接，而汉水流其南。故屈完答齐桓公云："楚国方城以为城，汉水以为池。"

《水经注·汝水》：

> 醴水又屈而东南流。迳叶县故城北，春秋昭公十五年，许迁于叶者也。楚盛周衰，控霸南土，欲争强中国，多筑列城于北方，以逼华夏，故号此城为万城，或作方字。

《水经注·潕水》清楚地说明了方城是"因山以表名"，虽"号为长城"，"南北面"却"无基筑"，是一座独立的小城。《水经注·汝水》所谓"多筑列城于北方"，只能是成组的城堡，而不是完全意义上的长城。罗哲文《长城·楚长城》也谓："所称列城即是一系列依地形排列的防御性小城，以为屯兵警哨之所。"[1] 现将有关楚长城——方城的相关介绍摘录如下：

> （楚长城）是在长长的防线上依地形（高山、低山、古道、河口、关隘等）修筑呈带状密集型分布的整体相连的关城……楚长城系列建筑中以关城为主体工程，楚长城的关城数量巨大，仅南召县境内就有 120 多座……关城规模不等，大体上可分为大城、中城、小城三类，大城均集中在要道处，中小城多作为卫星城，分布在高、险、隐处。……周家寨为大型寨城，位于 806 米的华山上，约 20 公里长的石城墙把六座峻峰连在一起，占地面积约 20 平方公里，形成一座山中石城；既有外廓墙，又有内城墙，城中套城。内城中分布有大量石房基遗址。寨内三个高峰上又分布着王家寨、卢家寨、华家寨三个古寨堡，堡中各有一个烽燧台。外廓墙为单护栏型，底宽 2～4 米，墙高约 3～6 米，墙上部仍残留有大量雉堞，堞口一般高 0.4 米，宽 1.2 米，厚 0.8 米，垛口宽 0.5 米，形制简朴，有些堞口还有瞭望孔。主寨和三个寨堡共有 10 个大小不等的寨门……[2]

---

〔1〕 罗哲文：《长城》，清华大学出版社，2008 年。

〔2〕 百度百科：《楚长城》，未标注作者。内容包括简介、记载、溯源、位置（北线、东线、西线）、建筑与形制、特征、历史地位与价值和遗址现状。

据《中国长城志·遗址遗存》介绍，舞钢市杨庄乡五座窑行政村平岭自然村北垭口西段楚长城，是"先将自然山体平整，然后再在平整过的自然山体上东西向修筑两道南北平行的石砌墙体。地势较高处，北侧石砌墙体宽约 2.25 米～2.35 米，南侧石砌墙体宽约 1.85 米；地势较低处，北侧石砌墙体宽约 2 米，南侧石砌墙体已凌乱；发掘区中部，北侧石砌墙体宽约 1 米～1.5 米，南侧石砌墙体已凌乱。……两道石砌墙体之间的距离 4.9 米。""叠压长城墙体的地层……（分别为）宋元以后；……出土汉代瓦片。……墙体之下不见叠压有早期的遗迹，墙体内出土……遗物的时代不晚于战国中期"[1]。

楚方城的这种结构、组合，与齐长城和其他列国长城、秦长城相比较，显得多么的不同！其构筑方式，与齐长城沿线寨堡、莱城青石关、锦阳关段清代长城何其相似！甚至与莱芜牟汶河南侧山地石构遗迹（详附录附记）也别无二致，故其构筑年代尚需进一步的证据。

毫无疑问，楚长城是东周列国长城的重要组成部分，但楚长城形成的年代绝不会早于齐长城。上引文献显示，楚方城在《左传》襄公十六年（公元前 557 年）至定公四年（公元前 506 年）期间才成为重要的关塞，表明此时的"楚方城"可能已是关隘或小城。楚长城古寨堡一类遗存的年代似乎更晚。张维华："余考春秋战国时史实，酌量情势，以建于楚怀王末年，或顷襄王初年最为切合。"[2]《中国军事史·兵垒》则称："楚怀王在位期间（公元前 328～前 299 年），在与秦国的斗争中，政治上多次受骗，军事上屡遭失败，使国势转弱，不断受到北方各国的进攻，估计这时才修建线式防御工程，将北方国境地区的各城堡连接起来，成为名副其实的长城"[3] 等观点是合理的。"墙体内出土……遗物的时代不晚于战国中期"也有助于这种推测。

《史记·楚世家》：

> 楚顷襄王十八年，问于国事于射者。射者曰："王何不以圣人为弓……饮马西河，定魏大梁，此一发之乐也。若王之于弋诚好而不厌，则出宝弓碆新缴，射嘼鸟于东海，还盖长城以为防。朝射东莒，夕发浿丘，夜加即墨，顾据午道，则长城之东收而太山之北举矣！"

《括地志》：

> 楚襄王（楚顷襄王）控霸南土，争强中国，多筑列城于北方，以适华夏，号为方城[4]。

楚襄王（公元前 298～前 263 年）即楚顷襄王，为楚怀王子，齐湣王时期（公元前 301～前 284）曾质于齐。《楚世家》之"还盖长城以为防"，就是劝说楚顷襄王在楚国边境地区修筑长城，以加强自己的实力，则可以"长城之东收而太山之北举矣"。与《括地志》的说法相吻合。可作为楚长城始筑年代的注脚。

齐长城作为中国乃至全世界最古老、最伟大的军事构筑物，在中国漫长的历史长河中发挥了先导和示范作用。保护好、传承好这一历史文化遗产，是我辈义不容辞的责任。齐长城调查资料汇集刚一

〔1〕张柏等主编：《中国长城志·遗址遗存》上册第 75 页，江苏凤凰科技出版社，2016 年。

〔2〕张维华：《中国长城建置考·楚长城》第 39 页，中华书局，1979 年。

〔3〕中国军事史编写组：《中国军事史·兵垒》第 72 页，解放军出版社，1991 年。

〔4〕《史记正义·越王勾践世家》引。

结束，山东省文物局就启动了"齐长城总体保护规划""齐长城分段抢救保护、维修方案"等的编制工作。相信随着社会的发展，保护意识的加强和技术的进步，包括齐长城在内的中国古代长城必将得到更好的保护和传承，为中华民族的伟大复兴，为祖国的繁荣昌盛，为人民生活的幸福美满发挥更新、更好的作用。

2013 年 12 月于济南

第一章

自然概况与建制沿革

第一节　自然地理与环境[1]

一　基本概况

山东省位于北半球中纬度地带，中国东部沿海、黄河下游，华北平原的中心区域。山东半岛凸入海中，北部与辽宁、天津隔渤海相望，东部、南部与朝鲜半岛、日本列岛隔黄海分立。陆地南北最长约420千米，东西最宽700余千米，面积15.71万平方千米，近海海域17万多平方千米，15米等深线以内的水域面积1.3万余平方千米，沿海滩涂面积约3000平方千米。海岸线全长3024.4千米，大陆海岸线占全国海岸线总长的1/6，略逊于广东而居全国第二位[2]。沿海共有天然港湾20余处，有近陆岛屿296个。由18个岛屿组成的庙岛群岛（又称长山列岛），总面积52.5平方千米，为山东沿海最大的岛屿群，是渤海与黄海的分界线，纵列屹立于渤海海峡，扼海峡咽喉，成为拱卫首都北京的重要海防门户。山东农业发达，工业体系完备，国民经济位于全国前列。现辖17个市140个县（市、区）。截至2010年第六次人口普查，全省常住人口为9579.31万。山东锦绣壮美，资源丰富，历史悠久，名人辈出。当前，正以更加积极的姿态，深入贯彻落实新时代中国特色社会主义思想，全力促进社会经济文化平稳较快发展，加快推进经济文化强省建设。

山东省水平地形分为半岛和内陆两部分。东部的半岛地区，北临渤海，南临黄海，与辽东半岛遥遥相对，东部以犄角之势突出于黄海、渤海之间，与朝鲜半岛隔海相望。北部、西部为黄河冲积平原，自北向南依次与河北、河南、安徽、江苏4省接壤。地貌形态可分为鲁中南山地丘陵、胶东半岛波状丘陵、鲁西北平原三个自然区划。巍巍泰山及其所属山系是华北大平原唯一的中心制高点。齐长城西起长清孝里镇广里村北的黄河（济水）左岸，沿鲁中山地分水岭，一路向东，依山而筑，横贯济南、泰安、莱芜、淄博、临沂、潍坊、日照、青岛8市18个县（市、区），于青岛市黄岛区东于家河村的胶州湾西岸入海。

---

〔1〕　本节的基础资料源资料采自山东省地方史志编纂委员会：《山东省地方志·自然地理志》，山东人民出版社，1996年。

〔2〕　一说山东省海岸线长3290千米，逊于广东省和福建省，位居全国第三。

二　地貌形态

就全国地势而言，山东位于自西向东逐次降低的三级地势阶梯中的第一级阶梯上。海拔 0～50 米的面积占全省面积（含沿海滩涂）的 50.63%；海拔 50～100 米的面积占 17.41%；海拔 100 米以上的全部面积占 31.96%，其中海拔 500 米以上的面积仅占全省的 2.69%。全省海拔高程的中位值为49.5 米。

全省地形为中部山地突起，东部丘陵散布，宽谷平原错列于山地丘陵之间；北部、西部平原坦荡低下。受地质基础的制约，山东地貌的形成与分布也区分为两类：鲁北及鲁西平原形成于"块断构造差异"沉降地区，鲁中南及鲁东山地丘陵形成于"块断构造差异"隆起地区。在地貌发育过程中，受不同地质应力的作用，还形成了鲁中南石灰岩地区的岩溶地貌，临朐、昌乐、栖霞、蓬莱等地的火山地貌，以及全新世海侵的海岸地貌，决定了山东地貌组合的复杂化与多样化。

概而言之，山东地貌，以山地丘陵和平原为基本类型。山地约占陆地总面积的 15.5%，丘陵占13.2%，洼地占 4.1%，湖沼平原占 4.4%，平原占 55%，其他占 7.8%。河流分属黄河、海河、淮河水系。平均河网密度为 0.24 千米/平方千米，长度在 5 千米以上的河流有 5000 多条，50 千米以上的河流有 1000 多条，较重要的有黄河、徒骇河、马颊河、沂河、沭河、大汶河、小清河、胶莱河、潍河、大沽河、五龙河、大沽夹河、泗河、万福河、洙赵新河等。湖泊主要分布在鲁中南山丘区与鲁西平原的接触带上，总面积 1496.6 平方千米，蓄水量 23.53 亿立方米。较大的湖泊有南四湖（由南而北依次为微山湖、昭阳湖、独山湖、南阳湖）和东平湖（见 Fyt.005）。

1. 鲁中南山地丘陵　隆起于省内的中南部。西、北、南三面为冲积平原，北部以小清河为界与黄河冲积扇相接；南到鲁、苏省界；西部以南四湖、大运河、东平湖与鲁西北黄泛平原相连；东部以潍河和沭河谷地与鲁东丘陵区分界。平面整体呈北宽南窄的扇面型，东西 265、南北 285 千米，面积64956 平方千米，占全省总面积的 42.3%。

区内山丘多由前震旦纪变质岩系组成基底，上覆下古生代和中生代的沉积岩层。地势北高南低。其中，以近东西向，横亘鲁中南山地北部的泰山、鲁山、沂山最高，山脊海拔一般在 800 米左右，与其南侧的蒙山山地共同组成山东中部分水岭脊，形成辐散状水系。其中泰山主峰玉皇顶，海拔 1545米，蒙山主峰龟蒙顶，海拔 1156 米，沂山主峰玉皇顶，海拔 1032 米，为鲁中南呈鼎立之势的三个海拔最高点。山地丘陵地区，被一些近东西向的宽大山间谷地平原所分隔。

2. 鲁东丘陵　位于山东省的东部，北、东、南三面环海，西部以郯庐断裂带，即潍河谷与沭河谷地带，为其与鲁中南山区的分界。在大地构造上，为隆起断块丘陵，区内山丘大部由前震旦纪变质岩及中生代花岗岩组成。全区为东北—西南向狭长的半岛丘陵，东西约 300、南北 75～115 千米，面积39170 平方千米，占全省总面积的 25.7%。

山地丘陵被低平的胶莱河平原分隔，互不连接。北部有昆嵛山、牙山、艾山、大泽山组成横列的低山丘陵，成为半岛南北水系的分水岭；南部有胶南丘陵，又称沭东丘陵；有崂山、大珠山、小珠山、铁橛山、五莲山等，呈东北—西南走向，与海岸基本平行。崂山山地孤峙于胶州湾东侧，主峰海拔1133 米，是鲁东最高的山地，也是我国海岸线上的第一高峰。其他山丘高度都在 1000 米以下，绝大部分在 500 米以下。

3. 鲁西北低地平原　分布于省境北、西部，对山地丘陵呈包围之势，是华北大平原的重要组成部分。区内大地构造为华北断陷地带的南部，地势平坦，地貌单一，最高点为嘉祥县南部的孟良山，海拔 243 米。鲁北及鲁西为黄河冲积平原，又称黄泛平原，海拔多在 50 米以下，东向渤海沿岸过渡为海拔 5 米以下的海积平原。北连河北省，西接河南省，南邻江苏、安徽两省，东部与鲁中南山区以南四湖、大运河、黄河及小清河为界，与泰鲁沂山地北麓山前平原以及胶莱平原连成一片，面积 49180 平方千米，占全省总面积的 32%。

三　气候特征

在全国气候区划中，山东属暖温带季风气候区类型。气候温和，四季分明，降水集中，雨热同季，春秋短暂，冬夏较长。冬季受偏北大陆性季风控制，寒冷晴燥。夏季受东南海洋性季风影响，高温多雨。东部受海洋影响较大，西部内陆大陆性加强。全省多年平均降水量的分布，由东南向西北依次递减，由 950 余毫米降至 550 毫米。年内降水分配不均，60% ~70% 左右集于夏季，故夏季洪涝灾较多，冬春季又是旱灾的多发期，对农业生产影响较大。全省气温由自西南向东北渐次降低，年平均气温约 11.0℃ ~14.0℃。冬季最寒冷的 1 月份，平均气温约 –4.0℃ ~1.0℃；夏季最炎热的 7 月份，平均气温约 24.0℃ ~27.0℃。全省各地历年平均无霜期 180 ~220 天，沿海及鲁西无霜期较长，鲁北无霜期较短。全省年平均光照时间为 2300 ~2890 小时，光照充足，热量条件可满足农作物一年两作的需要。气象灾害以旱、涝为主，风、雹次之。旱、涝灾害几乎遍及全省，唯东南沿海较轻。风、雹灾害因地而异：鲁北、鲁西以干热风为重，鲁东沿海间或受台风影响；冰雹灾害以山区及西北内陆多，东南沿海少。此外，鲁北沿海尚有风暴潮为害。

冬季（12 ~2 月），是蒙古冷高气压最强时期，也是全年最冷、降水最少的季节。在极地大陆干冷气团的作用下，形成的强大而稳定的蒙古高气压，控制着整个亚洲大陆。山东省位于蒙古冷高气压的东南部，气候寒冷而干燥，盛行偏北风，经常受冷空气侵袭，出现偏北大风，伴有降温。偶有南方暖湿气流北上，与冷空气汇合，产生雨雪天气。

春季（3 ~5 月），是由冬季到夏季的过渡季节。入春以后，随着太阳辐射日益增强，地面和空气的温度不断升高，蒙古高气压减弱，西太平洋副热带高压（简称"副高"）和大陆热低压增强，西南暖湿气流日趋活跃，蒙古气旋频繁出现，发展强烈；南方气旋发生次数增多，移动路径北移，因而降水比冬季多，天气多变，南北风交替出现，是大风最多的季节。经常有冷空气南下影响，出现降温和晚霜冻，有时产生雷阵雨、冰雹等天气。由于回暖快，风力大，蒸发强，经常发生春旱。

夏季（6 ~8 月），受印度大陆的热低压和西太平洋副高影响，主要雨带日渐北移，6 月底或 7 月初山东进入雨季。盛行偏南风，经常受热带海洋气团影响，天气炎热，湿润多雨，时有冷空气影响，产生雷雨、冰雹等强对流天气。受南方气旋影响时产生大到暴雨，偶有台风侵袭，带来大风暴雨。

秋季（9 ~11 月），是由夏季到冬季的过渡季节。蒙古高气压重新建立并日益增强，经常受极地大陆气团控制，气温下降，降水骤减，多秋高气爽天气。

鲁中南山地，由于泰、鲁、沂诸山连成一体，横列在山地北部。暖湿气流由河谷平原北上，逐渐抬升，易产生降水。年平均降水量以临沂、枣庄一带最多，为 900 毫米左右；西北部和北部小清河一带最少，为 600 ~700 毫米。年平均气温在 12℃ ~14℃ 之间。区内地势北半部高，四周低，排水通畅，水涝和盐碱危害较轻。河谷平原和盆地土质肥沃，土层较深厚，是主要粮食产地之一。山地峰高坡陡，宜林宜牧，农牧业发展潜力很大。区域内具备各种类型的地貌和优越的水热资源，是发展多种经营的理想之地。

鲁东丘陵，来自海上的东南暖湿气流遇山地抬升，易产生降水，故年平均降水量以东南部最多，达 800～900 毫米，向西北递减为 600 毫米。年平均气温在 12℃ 左右，低于省内同纬度地区 1℃～3℃。适宜农作物生长。该区濒临大海，排水通畅，地下水位不高，基本无盐碱危害。山丘坡面上多为砂质土地，漏水、漏肥，自身的抗旱能力较低。

平原地区，由于地势平坦，河道长，支流少，比降小，排水不畅，淤积严重。多春旱、夏涝，盐碱危害较重。土壤为河湖相淤积土，土层较深厚，土质肥沃，益农桑，是山东的重要粮食产区。年平均降水量以菏泽地区最多，为 600～700 毫米，德州地区最少，为 550～600 毫米。年平均气温 12℃～14℃。

四　河流湖泊

河流水系的分布，受地貌格局的直接影响。山东中南部，由于鲁中南山地的凸起，泰、鲁、沂诸山连成一体横列在北部，成为区内主要河流的发源地。与其南侧的蒙山山地共同组成山东中部分水岭脊，形成辐散状水系。潍河、弥河、淄河等北流；大汶河及泗河等西流；南流者以沂河、沭河为最大。鲁东地区由于低山丘陵的分隔，河流基本南北分流，注入黄、渤海。鲁西南主要为洙赵新河、东鱼河及万福河，大致东流，注入南四湖。南四湖为山东最大的湖泊，以西北－东南向，带状展布于鲁西平原东侧，北与东平湖一起构成山东境内的湖带。还有分散在鲁北地区的小型湖泊，如章丘的白云湖、桓台的马踏湖、高青的大芦湖等。

山东河流水系较发育，长度超过 10 千米的河流有 1552 条，分属海河、黄河、淮河、小清河水系及山东半岛水系。

半岛水系，由弥河、白浪河、潍河、胶莱河、王河、黄水河、大沽夹河、辛安河、沁水河、母猪河、黄垒河、乳山河、五龙河、大沽河、洋河、王戈庄河、白马－吉利河、潮河、傅疃河与绣针河等组成。其中大沽河、胶莱河及大沽夹河流域较长，余者皆属短源山溪性小河。流域面积为 48300 平方千米。

黄河水系以黄河干线为主导，主要支流有金堤河、大汶河、浪溪河、玉带河、北沙河、南沙河及玉符河等，流域面积为 18300 平方千米。黄河干线由河南省经东明县入境，东北流，至东营市入渤海；鲁北以马颊河、徒骇河与小清河为大，基本与黄河平行，东注渤海。

海河水系，在省内由卫运河、漳卫新河、马颊河、德惠新河、徒骇河等组成，流域面积为 29713 平方千米。

小清河水系，由小清河及支脉河等组成，主要支流有巨野河、绣江河、杏花沟、孝妇河、淄河、塌河等，流域面积为 14223 平方千米。

淮河水系，在省内由沂河、沭河流域及南四湖、中运河流域组成，较大河流有梁济运河、洙赵新河、万福河、东鱼河、府河、泗河、白马河、界河、十字河、韩庄运河、峄城大沙河、西河、东河、沂河与沭河等，流域面积为 46676 平方千米。

总体而言，山东省水资源严重匮乏，且时空分布不均。水资源总量，仅有 303 亿立方米，人均 334 立方米，不足全国人均水平的六分之一。水资源短缺，已成为制约经济社会发展的主要瓶颈。20 世纪 50 年代以来，全省各地有条件的主要河流都修筑了拦河坝，形成了大大小小的人工湖。至 2007 年，山东省共有大型水库 34 座，按库容量依次为峡山水库、岸堤水库、跋山水库、青峰岭水库、产芝水库、墙夼水库、日照水库、牟山水库、许家崖水库、陡山水库、米山水库、雪野水库、宝岭水库、冶源水库、岩马水库、门楼水库、沐浴水库、太河水库、尹府水库、白浪河水库、高崖水库、唐村水库、马河水库、田庄水库、小仕阳水库、王屋水库、广南水库、尼山水库、龙角山水库、八河水库、沙沟水库、光明水库、浮岗水库、西苇水库等。其他如东营的天鹅湖、南水北调工程的寿光双王城水库等等，为改善山东水资源条件，支持工农业发展，提供了重要支撑。

山东省水资源的利用效率很高，以占全国 1% 的水资源，灌溉了全国 6% 的耕地，生产了全国 8% 的粮食，养育了全国 7% 的人口，支撑了全国 10% 的经济总量。但山东省水资源的开发利用，已逼近极限是不争的事实，如何突破水资源对山东省经济社会发展的束缚，成为山东省水利工作的重点和难点之一。近年来，山东省把实行最严格水资源管理制度作为转变发展方式、促进科学发展的战略举措，统筹解决水资源短缺、水灾害威胁、水生态脆弱三大水问题，严格把好用水总量、用水效率、纳污容量三个关口。出台了《山东省用水总量控制管理办法》，全面实行最严格的水资源管理制度。以"控制区域用水总量"为核心，形成了"以供定需""一控双促"的倒逼机制，促进用水方式、产业结构调整和经济发展方式转变。努力走出一条生产发展、生活富裕、生态良好的文明发展道路，以水资源的可持续利用，支撑和保障经济社会的可持续发展，为加快经济文化强省建设，提供可靠的水利保障。

五　植物类型

植物，是生物圈中的初级生产者，是动物和人类赖以生存的重要物质前提。通常，植物为动物提供食物和栖息环境，而动物和植物又为人类提供粮食、肉类、水果和水产品等，是人类必需能量的主要来源。植物还能固沙、防风、防治水土流失，影响气候，改善环境，为人类提供适宜的生存空间。

蓝藻和细菌，是地球上最早的生物。蓝藻为原核生物，没有细胞的结构。随后出现的红藻，绿藻等才有了细胞结构。蓝藻，数量极多，繁殖很快，动物赖以生存的氧气就是蓝藻新陈代谢的物质。藻类是占据地球时间最长的生物，藻类接触陆地后，逐渐演化为蕨类植物。

藻类、菌类、地衣、苔藓和蕨类等五类植物，通过孢子进行繁殖，统称孢子植物。随后，植物进化出花粉管，完全摆脱了对水的依赖，形成茂密的森林，进入了裸子植物时代。大约 1 亿年以前，演化出植物界最大的家族——被子植物。

植物总是按地理和气候等条件，以群落、群丛或林带的状态而存在。山东地处华北平原南部、黄河下游，西近中原，东临大海，胶东半岛突出于黄、渤海之间，属暖温带季风气候区类型。气候温和，四季分明，降水集中，雨热同季，春秋短暂，冬夏较长，比较适宜各类植物的繁育生长，植物种类繁多。但是，由于人类几千年来的开垦活动，原始森林已不存在。山地和丘陵地带逐渐形成了灌丛或灌草丛，水土条件较好的地方则形成草甸。只有少数庙宇、墓地或偏僻地区，保存了小块次生天然林。现有森林皆为人工的针叶林或落叶阔叶林。人工栽培的农业植物群落占了全省土地的大部分。山东滩涂广阔，在滨海和盐土上形成了以盐蒿为主的盐生植物群落；沿海沙滩上有沙生植物群落；在沼泽地区，往往有大面积芦苇存在。在池塘和湖区，往往有菹草、眼子菜、莲、菰等水生植物群落，其中以南四湖区面积最大。

山东还有一些国家规定重点保护的珍稀或濒危植物，如豆科的黄芪、兰科的天麻、木兰科的小花木兰、榆科的青檀，以及产于海边沙滩上的伞形科珊瑚菜等，都是国家公布的三级保护植物。此外，还有青岛的老鹳草、野生大豆、蜈蚣兰等 30 种珍稀、特有或濒危植物，需要特别予以保护。

孢子植物，亦称低等植物，多生活于水中或比较潮湿的环境中。山东现有 3100 多种（不计菌类和地衣）。形态、习性多样，在植物分类上分属于 10～16 个门。而以藻类较多，约有 500 种，蓝藻、绿藻、褐藻等各门均有代表。苔藓植物，山东有 410 余种，分隶于 56 科、150 属。蕨类植物，山东仅有

98 种和 9 个变种，多数分布于泰山、蒙山、崂山等山区温暖潮湿地带，其中许多种可以入药。

种子植物，亦称高等植物，再分为裸子植物和被子植物。世界上的裸子植物以中国最多，资源丰富，许多造林绿化树种，都属此类，经济价值很大。山东占有其中的 10 科 59 种和 13 个变种，多数是近代引进的，原始种类保存很少。被子植物全世界共有 20 多万种，约占现生植物种类的一半以上。中国约占 3 万种，分属于 2700 多属。山东有被子植物 2100 多种，分属于 148 科、812 属，约占全国总数的 7%，是北方各省中最丰富的。其中，双子叶（纲）植物，如阔叶森林的乔木和灌木，有 1640 余种，分属于 121 科、604 属。单子叶（纲）植物 453 种，以禾本科、莎草科和百合科等种类最多，许多是重要的粮食作物、花卉和药用植物，经济价值很高。现分类介绍如下：

1. 孢子植物　山东地处暖温带，有绵长的海岸线，近岸海域水质肥沃，适合于单细胞和其他大型藻类的生长。平原地区开发程度高，食用、药用真菌的栽培有悠久的历史。山地丘陵地区，比较适合藻类、地衣和蕨类植物的生长。孢子植物资源丰富，尤其是一些大型海藻（如海带、紫菜、石花菜等）、真菌（如平菇、灵芝）和蕨类植物（如卷柏、贯众等）可食用、药用或作为工业原料。其中许多已有大面积人工养殖，经济效益很大。

A. 藻类植物　是一类能够进行光合作用，自己制造有机养料的低等植物。它们中多数体形微小，以单细胞或多细胞群的形式存在；也有少数可以形成大型的植物体，但其营养体结构和生殖结构都比较简单。藻类植物多生活在海洋、湖泊、河流、池塘或潮湿的土壤等基质中。借助水环境进行繁殖。蓝藻门的许多种类具有固氮能力，是和根瘤菌齐名的主要固氮生物。藻类植物可以产生大量的氧气，参与和调节改善水体和大气等地球生态环境，为其他生物提供丰富的饵料；藻类大量繁殖是则可以形成水花、赤潮等，毒死水生生物，造成严重的自然灾害。

山东省全省有藻类植物约 500 种左右，分属 10 个门。其中主要的代表种类有：蓝藻、绿藻、轮藻、褐藻、红藻等。蓝藻，包括颤藻科的两栖颤藻，念珠藻科的葛仙米（俗称地木耳），鞭枝藻科的海雹菜等。绿藻，包括丝藻科的细丝藻，礁膜科的袋礁膜，石莼科石莼属的孔石莼、石莼（俗称海白菜），浒苔属的浒苔，松藻科的刺松藻，水绵科的水绵属等。轮藻，主要有轮藻科的轮藻属。褐藻，包括网地藻科网地藻属的印度网地藻，团扇藻属的大团扇藻，粘膜藻科的粘膜藻，萱藻科的萱藻，绳藻科的绳藻，海带科的海带，翅藻科裙带菜属的裙带菜，鹿角菜科的鹿角菜，马尾藻科的海蒿子等。红藻，包括红毛菜科紫菜属的条斑紫菜、圆紫菜、边紫菜、甘紫菜，蜈枝藻科的海索面，石花菜科的石花菜，内枝藻科的海萝，珊瑚藻科的珊瑚藻，江蓠科的江蓠，松节藻科多管藻属的多管藻等。

B. 菌类植物　包括细菌、黏菌和真菌 3 类，自身不能进行光合作用，而是营寄生或腐生生活，属于异养生物，在生物圈中起着"清洁工"的作用。这里只介绍真菌。真菌，多是由丝状的多细胞结构——菌丝构成，也有少数单细胞种类。细胞壁多由几丁质构成（少数由纤维素构成），菌丝相互缠绕形成子实体，以进行繁殖活动。人们平常所见的各种蘑菇及木耳、银耳、灵芝、茯苓等都是真菌的子实体。其中不乏美味食品和名贵药材，有很高的经济价值。真菌借助自身产生大量孢子，可以迅速繁殖，其中的许多种类有较强的侵染力，可导致多种动、植物和人体病害。山东常见的大型真菌较多，可分为药用、食用和有毒三大类。

药用真菌包括：多孔菌科云芝属、茯苓属，灵芝属、灰包科马勃属的大马勃、地星属的尖顶地星等。灵芝属对防止血管硬化和调节血压有一定功效，亦可作滋补剂。茯苓属有滋补、安神、利尿、退热等功效，多人工栽培。大马勃，有清热解毒、利咽、止血的功用。尖顶地星，可作止血剂。其中，云芝属，尖顶地星分布于昆嵛山、崂山、青州等地。灵芝属山东各山区均有分布，以胶东丘陵多见。灰包科马勃属的大马勃，山东各山区均有分布。

食用真菌包括：网褶菌科的卷缘网褶菌，崂山等地有产。蘑菇科的蘑菇属，山东各地均有分布。

有毒或剧毒的种类包括：毒伞科的大部分种类，蘑菇科鬼伞属的墨汁鬼伞，鬼笔科的鬼笔属等，山东各地广泛分布。

C. 地衣植物　是真菌和藻类形成共生体的特殊植物。形态上分为壳状、叶状和枝状 3 种类型。生长在裸露的岩石面、土面或树干表面上。地衣对大气中的二氧化硫等有害气体十分敏感，因而只能生活在空气洁净度较高的地区。山东常见的地衣植物有：茶渍衣属、文字衣属、石耳属、梅花衣属、松萝属、石蕊属等，各大山区都有地衣分布。环裂松萝见于荣成、崂山等地。

地衣植物可用来提取药品、染料、香精等，许多种地衣可药用、食用或作饲料。地衣还被称为"先锋植物"，对岩石风化，形成土壤具有一定的作用。

D. 苔藓植物　分为苔纲和藓纲两类。常见的绿色植物体是其配子体，多数种类有类似根、茎、叶的分化（茎叶体）；少数种类具有片状的绿色植物体（叶状体）。苔藓植物多生于阴湿环境中的岩石、树干或泥土上。山东记载有 56 科、150 属、410 种。其中仙鹤藓属、提灯藓属含有抗菌活性物质，可药用。常见的有十余种，其中属于苔纲的种类有：叶苔科的石地钱、瘤冠苔科的无纹紫背苔、地钱科的地钱、地钱目蛇苔科的蛇苔。叶苔科的叶苔，分布于泰山、昆嵛山等地。属于藓纲的种类有：真藓目丛藓科的小石藓、真藓科的真藓、葫芦藓科的葫芦藓、提灯藓科的尖叶提灯藓、金发藓科的仙鹤藓、东亚金发藓等，山东各地广泛分布；丛藓科墙藓。见于泰山等地。

E. 蕨类植物　旧称羊齿植物，大多数都具有孢子体和配子体，两种不同的植物形态。常见的大型绿色植物是它的孢子体，多为多年生草本，陆生、附生或水生，少数为藤本，或呈乔木状。成熟的孢子体，在叶子边缘或枝顶产生孢子囊，孢子从囊中逸出形成配子体。配子体也是能独立生活的绿色植物，体形小，构造简单，生存期短，多数为心形薄片状，少数为陀螺状（如石松）、块状（如松叶蕨），分枝带状（如木贼）和微小的球状（如卷柏）等，生长于水边或湿地。配子体生产精子和卵，以水为媒介进行受精，受精卵发育长大，形成新一代孢子体。

蕨类植物多为高大的乔木，在古生代相当繁盛，是主要的"成煤植物"之一。其中木本种类多已灭绝。现存的 12000 余种蕨类植物广泛分布于世界各地，尤以热带和亚热带最为丰富。中国有 63 科、223 属、约 2500 种。山东有 98 种和 9 个变种，分属于 25 科、41 属，多集中分布在泰山、蒙山、崂山、昆嵛山等山区温暖潮湿的林下或溪边石缝间，常成为森林植被中草本层的重要组成部分，可作为反映环境条件的指示植物。蕨类植物中有许多药用植物，如卷柏、问荆、贯众等。有些可作为杀虫剂，如紫萁等。有的嫩茎叶富含淀粉，为美味野菜（如蕨）。水生蕨类满江红等的植物体中有固氮蓝藻共生，可作为优质绿肥和饲料。

卷柏科　主茎匍匐或直立，常有背腹之分。具根托，营养叶二型。枝顶生扁圆形孢子叶穗。包括卷柏属的卷柏，又名还魂草，多年生草本；中华卷柏，植株细弱，匍匐而生。主茎圆柱形，黄绿色，多回分枝，全草药用，山东各山区均有。

木贼科　茎直立，节明显，节间多中空。叶退化为鳞片状，基部连成鞘状。2 属、20 余种。中国有 2 属、10 余种，山东有 2 属、4 种，包括问荆属的问荆，木贼属的节节草等，全草药用，山东各地广泛分布。

瓶尔小草科　陆生，小形植物，根状茎短，肉质，直立。全世界有 4 属约 30 种。中国有 2 属约 7 种，山东产 1 属 1 种，即狭叶瓶尔小草，全草药用。

紫萁科　根茎短粗直立，无鳞片。中国有 1 属、8 种，山东产 1 属 2 种、2 个变种。紫萁属的紫萁为其代表，为酸性土指示植物。根茎入药，能清热解毒、止血、杀虫。

里白科　根状茎长而横走，被鳞片或节状毛。中国有 3 属 20 余种，山东产 1 属 1 种。即芒萁，产于崂山。为酸性土的指示植物。全草入药。

碗蕨科　陆生，多直立。根状茎匍匐或横走，不具鳞片。中国约有 4 属 70 余种，山东有 1 属 2 种，如碗蕨属的溪洞碗蕨。

蕨科　大型植物。根状茎长而横走，密被锈黄色刚毛。以亚热带为分布中心。中国有 2 属、约 6 种，山东有 1 属 1 变种，如蕨属的蕨（变种）亦称蕨菜、乌糯。多生于向阳山坡或林下，崂山、昆嵛山、艾山、牙山等山区有分布。

凤尾蕨科　根状茎直立或横走，外被短毛或鳞片。主要分布于热带和亚热带地区。中国有 2 属约 100 种，山东有 1 属 2 种，如凤尾蕨属的井栏边草，泰山、崂山、蒙山、枣庄等地有分布，全草药用。

中国蕨科　根状茎短，直立或斜升，中国有 11 属约 60 种，山东有 2 属 5 种和 1 个变种，如银粉背蕨、变种无粉银粉背蕨，产于全省各山区丘陵。全草药用，有调经、止血的功效。

水蕨科　水生草本植物。仅 1 属，即水蕨属，中国有 2 种，山东皆有。如水蕨，微山湖有分布。全草药用，能散血拔毒，可治疮毒，嫩叶可食用。

裸子蕨科　陆生植物，直立或倾斜。中国有 5 属约 50 种。山东有 1 属 1 变种，耳叶金毛裸蕨，生于岩壁或林下石上，泰山有分布。

蹄盖蕨科　中型陆生植物。根状茎横走，直立或斜升。中国有 19 属约 400 种，山东有 4 属 13 种。如蹄盖蕨属的中华蹄盖蕨，假蹄盖蕨属的钝羽假蹄盖蕨，产于崂山、昆嵛山等山区；峨眉蕨属的峨眉蕨产于徂徕山的林下湿地。根状茎在华北称作"贯众"，入药。

肿足蕨科　旱生植物。根状茎短而横卧，山东有 3 种。如修株肿足蕨，生于低山丘陵干旱石灰岩石缝间。产于泰山及枣庄、济宁、临沂等地。

铁角蕨科　大部为中、小型的石生、土生或附生草本植物。主要产于热带，中国有 8 属约 150 种，山东有 2 属 7 种。如过山蕨，产于全省山区。全草药用，有止血、消炎、生肌的功效。

岩蕨科　中小型石生或旱生植物。主要分布于北半球温带及寒带。中国有 3 属 20 余种，山东有 2 属、6 种，如耳羽岩蕨，生于山地林下岩石上或山谷石缝中。民间用其根状茎治伤筋。

鳞毛蕨科　中形陆生植物。中国有 13 属约 1000 种，山东有 4 属 22 种 1 个变种。如鳞毛蕨属，半岛鳞毛蕨产于鲁中南山区及胶东半岛。根状茎入药，能清热解毒、治血崩、吐血、赤痢便血等，又可驱绦虫、蛔虫等。贯众属的贯众，产于肥城、济南的山谷边湿地，根状茎药用，有驱虫、止血、清热解毒的作用。

肾蕨科　陆生或附生植物。根状茎短而直立。全世界共有 3 属约 50 种，中国有 2 属 6 种，山东栽培 1 属 1 种，即肾蕨属肾蕨，俗称"蜈蚣草"。全草入药，可治五淋白浊、乳痈、产后浮肿等。温室栽培为观赏植物。

骨碎补科　中小型附生植物，少为土生。根状茎横走少直立，密被鳞片。中国有 7 属约 30 余种，山东有 1 属 1 种，即骨碎补属的骨碎补，产于胶东半岛及蒙山、泰山。根状茎入药，能坚骨、补肾。

水龙骨科　中型附生植物。根状茎横走，被盾状鳞片。全世界有 50 属约 600 余种，中国有 27 属约 150 种，山东有 4 属 8 种，如瓦韦属的瓦韦，又称骨牌草，七星草，分布于胶东半岛及蒙山。全草药用，有清热通淋、消肿解毒的功效；石韦属的有柄石韦，俗名金钗匙，鲁中南山区及胶东丘陵均有分布。全草药用，有利尿、清湿热、止血、止咳的功效。

萍科　浅水生或湿生草本。全世界共有 3 属约 75 种，中国有 1 属 2 种，山东有 1 属 1 种，即萍属的四叶萍，山东各地湖泊、池塘都有分布。全草可作猪饲料或绿肥；药用能清热解毒、利尿消肿。

　　槐叶萍科　小型飘浮植物。全世界共有1属约10种，中国只有1种，即槐叶萍，山东各地有分布。全草供药用，煎服治虚劳发热、湿疹，捣敷治丹毒、疔疮和烫伤；亦可作绿肥及猪鸭饲料。

　　满江红科　小型浮水植物。1属约6种和2变种，中国有2种2变种，山东有2种和1变种，如满江红，亦称绿萍，分布于山东各地。叶内有鱼腥藻共生，可固氮，也供药用，能发汗、利尿、祛风湿、治顽癣。

　　2. 种子植物　以种子作为繁殖器官，日常所见植物大多数为种子植物，包括裸子植物和被子植物两大类。

　　A. 裸子植物　是指种子裸生，有种子但无果实的一类植物。均属木本，且多为高大的乔木，有许多优质的用材树种和园林绿化树种，如常见的苏铁（铁树）、银杏、松、杉、柏等都是裸子植物。裸子植物的叶多为针形、条形或鳞片形，故而又称为"针叶树"，以裸子植物为主的森林叫作"针叶林"。裸子植物的茎内有连成环的维管形成层，能同时向内向外产生输导组织，使茎干不断加粗。裸子植物的雌雄配子体（即花粉和胚囊）都寄生在孢子体上。裸子植物一般生长较慢，寿命长。与被子植物相比，裸子植物是较早出现的古老的类群，开始出现花粉管和种子，这是植物界进化过程中的一大飞跃，使植物的生殖过程完全脱离了水的束缚，能够在干燥多变的陆生环境中传宗接代。

　　裸子植物除用作木材外，还可供药用（如麻黄属植物），提取树脂（如松香、松节油、香柏油等）和作为"干果"（如白果、松子、柏籽、香榧子等）食用。许多植物形态庄重美丽，有很高的观赏价值（如苏铁、银杏、雪松、南洋杉等）。

　　中国是裸子植物存活最多、资源最丰富的国家。全世界共有12科71属近800种，中国有11科42属236种，山东有10科28属59种和13变种。其中赤松、油松、侧柏、落叶松等是主要的造林和绿化树种。多是由外地引种的。

　　苏铁科　全世界现存9属约110种，分布于南北半球的热带和亚热带地区。中国仅1属8种，原产中国南部，山东栽培1种，即苏铁。茎由菱形叶痕螺旋状排列而成，通常直立，不分枝，顶端丛生大型羽状深裂的叶片。大孢子叶螺旋排列集生成大孢子叶球，呈花朵状，即通常说的"铁树开花"。茎内含有可供食用的淀粉，叶和种子入药。有收敛、止咳、止血等功效。

　　银杏科　仅存1属1种。银杏，又名白果树、公孙树，为中国特产。种子核果状，似杏，外种皮有毒。种仁即"白果"，是著名的干果，也可入药，能润肺、止咳、强身等。木材优良，是著名的植物活化石。鲁南地区的银杏资源丰富，全省均有栽培。

　　松科　是山东存量最多的针叶常绿乔木。全世界共有10属约230余种，中国10属113种、29个变种，山东有6属26种、1个变种，多为引种栽培种类。杉松是国产冷杉属中木材优良的树种，材质轻软，耐腐力强。红皮云杉为用材树种。落叶松，落叶乔木，为造林树种。崂山、昆嵛山、泰山、塔山等林场均有引种栽培。雪松，树冠塔形，为著名的公园树种，原产西亚至南亚，1914年后由日本引种在青岛栽培。日本五针松，小枝密生淡黄色柔毛，原产日本，青岛有引种栽培，是制作盆景的上品。白皮松，树姿优美，耐盐碱，材质好，种子可食，是理想的绿化树种。赤松，树皮红褐色，裂成不规则的鳞片状脱落，是山东裸子植物唯一的乡土树种，产于胶东半岛沿海山区丘陵，鲁中南山地有人工林。油松，与赤松的区别是树皮灰褐色，叶较粗硬。鳞盾隆起，有明显的横脊，是中国特有树种，产于泰山、蒙山、沂山等山区。泰山的对松山、后石坞等处有数百年生的纯林。黑松，又名日本黑松。原产日本及朝鲜南部沿海，1914~1921年间青岛从日本引种栽培，现崂山、昆嵛山及沿海地区较多，蒙山、泰山和济南等地也有栽培。

　　杉科　与松科的主要区别是：叶作针形、钻形、鳞片状或条形，同一枝上常有两种形状的叶片，树皮裂成长条状脱落。全世界共有 10 属、16 种，分布于北温带。中国有 5 属 7 种，引入 4 属 7 种，山东引种栽培 6 属 8 种。杉木，是优质的速生用材树种，柳杉，叶钻形，先端弯曲，树姿雄伟，是中国特有的园林观赏树和重要的用材树种。水杉，落叶乔木，常单轴分枝长成笔直树干，是中国特有的珍贵树种，世界著名的孑遗植物，木材可供建筑用或作为制造板材、家具和木纤维的原料；树姿优美，为优良绿化树种，山东各大林场均有引种栽培。

柏科　与松科的主要区别是叶鳞片状或刺形。同一植株上可能有两种形状的叶片。全球共有 22 属约 150 种，中国有 8 属 29 种和 7 个变种，山东有 8 属 14 种和 11 栽培变种。如侧柏、圆柏（又名桧）、刺柏等，常绿乔木。树形美观，多用作绿化树种。

麻黄科　全世界仅 1 属约 40 种，分布于干旱荒漠地区。中国有 12 种，山东有 3 种。草麻黄，草本状常绿小灌木，产于山东无棣、沾化、利津、莱州、蓬莱等县市沿海地区，是提取麻黄素的重要原料。

B. 被子植物　被子植物的种子被子房包围并最终形成果实，使之具有更强的繁殖能力，是现生植物界中最高级最繁茂和分布最广的一个类群。它的营养器官和繁殖器官都比裸子植物复杂，更能适应各种生活条件。现在已知全世界共有被子植物 1 万多属 20 多万种，占现存植物种类的一半以上。在植物分类上归为 1 个门 2 个纲，即双子叶植物纲和单子叶植物纲。

中国已知有 2700 多属约 3 万种，山东有 148 科 812 属 2100 余种，广泛分布在全省各地。除人工栽培的大面积粮、油、果、菜等作物和人工绿化及防护林带之外，还有许多野生和半野生的落叶阔叶林、针阔叶混交林以及灌丛、草甸、盐生植被、沙生植被、沼泽植被和水生植被等等。

被子植物是和人类生活关系最密切的一类植物，现有经济作物几乎都是被子植物。主要粮食作物有小麦、玉米、甘薯、高粱、谷子等。经济作物以棉花、花生、烟草、大豆等为主。果品种类丰富，烟台苹果、莱阳梨、阳信鸭梨、乐陵金丝小枣、肥城桃、大泽山葡萄、曹州柿饼、烟台大樱桃、泰安板栗等驰名中外。另外山楂、胡桃、杏、草莓、西瓜等也有较多栽培。蔬菜种类多，品质好，白菜、萝卜、茄子、黄瓜、辣椒、番茄、南瓜、芸豆、葱、蒜等都有大量栽培。其中胶州大白菜、章丘大葱、苍山大蒜、潍县青萝卜、莱芜姜、益都干辣椒等都是山东名产蔬菜。另外，山东还有丰富的药用植物资源，其中著名的有金银花、栝楼、北沙参、香附、桔梗、酸枣、丹参、黄芩、柴胡、单叶蔓荆等。

a. 双子叶植物　是指植物的胚生有两片子叶。双子叶植物具有开放型的次生维管束，可以不断地加粗生长。组成阔叶森林的绝大多数乔木和灌木都属于双子叶植物。另外还有许多草本和藤本的种类。山东有双子叶植物 121 科 604 属 1640 余种。

杨柳科　主产于北温带。中国有 3 属、200 多种，山东有 2 属、22 种和 13 变种，包括杨属 7 种、2 变种、2 变型、5 栽培变种。如毛白杨，为平原速生用材树种。山杨，产于泰山、昆嵛山、崂山等地。还有柳属的旱柳、垂柳等，山东各地均有分布。后者可作观赏树，根系发达，可作固堤树种。

胡桃科　中国产 7 属 27 种 1 变种，山东产 4 属 6 种 1 变种。如枫杨，亦称平柳或麻柳，鲁中南及胶东山地、河滩分布普遍。胡桃，俗称核桃，全省各地均有栽培。是一种重要的木本油料和用材树种。

壳斗科　中国有 6 属 300 余种，山东有 2 属 14 种 5 变种。如板栗，山东大部分地区有栽培。栎属，如麻栎，俗称橡子树，鲁中南山地及胶东丘陵地区分布较多。槲树，亦称柞栎，叶可饲蚕，山东各地均有分布。

榆科　中国产 8 属 50 余种，山东有 6 属 18 种。如白榆，或称榆树，是平原地区主要造林树种。黑榆，亦称山毛榆。崂山、鲁山、泰山及枣庄市等地有分布。朴树，或称沙朴，主要分布于鲁中南和胶东山区。青檀，又称翼朴，泰山及济南市的佛峪有分布，长清区灵岩寺内尚存大树，名曰"千岁檀"。

桑科　分为乔木和草本。中国有 18 属 160 余种，山东产 4 属 7 种 5 变种。乔木，如桑，亦称家桑，山东省各地普遍栽培，叶供饲蚕。构树，多生荒坡及石灰岩风化的土壤区，适应性强，抗干旱瘠薄及病害，适宜作城镇及工矿区的环境绿化用树。茎皮纤维长而柔韧，为优质的人造棉和纤维工业原料，根皮及果实药用。柘树，亦称柘桑，山东省各地均有分布。草本，如大麻，全省各地均有栽培，以鲁中、鲁南最多，常逸为野生，为重要经济植物。拉拉秧，茎皮纤维强韧，可代麻用，全草药用，产于全省各地。

蓼科　草本，中国有 11 属 180 多种，山东有 5 属 43 种 3 变种。如蓄，产于全省各地，全草药用，也可作饲料。荞麦，产于全省各山区丘陵，种子供食用，叶供药用，可提取治疗高血压的"路丁"。酸模，全草药用，产于全省各山区丘陵，有解毒、杀虫、凉血、止血的功效。

藜科　草本，中国有 39 属 186 种，山东有 9 属 21 种和 4 变种、1 亚种、1 变型。如藜，亦称灰菜，全草药用，产于全省各地区。盐地碱蓬，亦称黄须菜，生于沿海地区盐碱荒地，种子可食用。

苋科　草本，中国有 13 属约 40 种。山东有 5 属 19 种。如苋，全省各地均有栽培，或逸为野生。茎叶可作蔬菜；根、果实及全草药用。

毛茛科　多为草本，中国有 42 属约 720 种，山东有 15 属、31 种，各地均有分布。大叶铁线莲，俗称草牡丹，全草及根入药，种子为油漆原料。乌头，附生的侧根叫附子，药用为镇痉、镇痛药，有剧毒。毛茛，全草为外用发泡药，治疟疾、黄疸病，鲜根捣烂敷患处可治淋巴结核。东亚唐松草，亦称小果白蓬草，根药用，能清热解毒。烟台翠雀花，系胶东丘陵地区特有植物。白头翁，又名老观花，生于平原或山坡草地，根入药，能清热解毒、凉血止痢。牡丹，落叶灌木，以菏泽最为著名，根皮供药用。芍药，根药用。

木兰科　乔木或灌木，中国有 16 属 150 余种，山东有 4 属、16 种。木兰属，山东省约有 10 种，多为引种栽培的观赏植物或药用植物。玉兰，或称白玉兰。落叶乔木，各地均有栽培，供观赏。荷花玉兰，或称广玉兰、洋玉兰。常绿乔木，叶可药用。鹅掌楸属，全世界仅存 2 种，北美 1 种，中国 1 种。即鹅掌楸，或称马褂木，落叶大乔木，优良绿化树种，青岛、泰安及昆嵛山、崂山等地有引种栽培。

樟科　乔木或灌木，中国有 20 属 450 种，山东有 5 属 7 种。山胡椒属，如山胡椒，俗称牛筋树，种子可榨油；根、枝、叶可入药。三桠乌药，亦称山姜，种仁含油，供制肥皂及润滑油等用。二者在崂山、昆嵛山、艾山及鲁南山区均有分布。樟树，亦称香樟或乌樟，崂山南坡及临沂地区各林场有引种栽培，木材为优质用材，各部分均可提制樟脑及樟油。红楠，俗称小楠木。为优良绿化及防风林树种，崂山南坡沿海有分布，叶可提芳香油。

景天科　中国约有 10 属 247 种，山东有 4 属、8 种。景天，亦称费菜、土三七，多年生肉质草本，根及全草药用，有止血、散瘀、消肿、止痛之效，主产于蒙山、泰山、崂山、鲁山等地。

杜仲科　仅有 1 属 1 种。即杜仲，落叶乔木。系中国特产，山东引种。树皮供药用，能补肝肾、强筋骨、安胎、降血压；树皮含杜仲胶 22.5%，为硬橡胶，是制造海底电缆和黏着剂等的重要材料，主产于蒙山林场。

蔷薇科　中国约有 55 属 1000 种，山东有 25 属约 100 种。如桃、梨、苹果、山楂、草莓、樱桃、杏、梅等。其他如龙芽草，多年生草本，全草药用，有止血、强心、升血压、缩短凝血时间等功能，嫩芽能驱绦虫，还可作农药。山里红，俗称大果山楂，商品药材称北山楂，是质量最好的一种。山东为主产区，以青州出产的质量好。委陵菜，也称翻白草，多年生草本，以向阳山坡及沙质土壤生长较多，全草药用，有清热解毒、凉血止血之功效，可治阿米巴痢疾及菌痢。郁李，落叶灌木，种仁药用。多腺悬钩子，灌木，生山坡林下，崂山、昆嵛山、艾山等地有分布。根和叶药用，有补肾、解毒作用。月季花、玫瑰亦属此科。

豆科　豆科植物中许多种类有重要的经济价值，如大豆、花生、菜豆、豇豆、绿豆等粮食、油料或蔬菜作物，决明、黄芪、甘草、苦参、皂荚等药用植物，以及苜蓿属、草木樨属等多种优质牧草等。豆科植物能与根瘤菌结合进行固氮作用，广泛栽培能够改良土壤。中国约有172属1485种，山东有47属120种，广为分布或栽培。合欢，俗称芙蓉树，为行道树或庭园观赏植物。紫荆，落叶乔木，经栽培后常成灌木状。为常见观赏植物；皂荚，亦称皂角，乔木，生于路旁、沟边及山坡，荚果煎汁，可代肥皂；荚皮、种子入药。胡枝子，小灌木，可作绿肥及饲料，根入药，能清热解毒。紫穗槐，灌木，原产美国，为保土、固沙、防风植物。刺槐亦属此科。

亚麻科　中国有5属10余种，山东有1属、2种。如野亚麻、亚麻，亦称疗毒草，全省各大山区均有分布。栽培的亚麻，是优质纺织原料。

芸香科　中国有29属150种21变种，山东有5属9种3变种。如花椒。

楝科　中国有15属59种。山东有2属、3种。如香椿、苦楝等。

大戟科　中国约有61属350余种，山东有16属约34种2变种。如地锦，为各地常见杂草之一，全草药用，能祛风、解毒、利尿、杀虫等，还可配制蛇药。乳浆大戟，俗名猫猫眼，山东各地常见。一品红，或称猩猩木，灌木，原产墨西哥，全省各地温室均有栽培，供观赏。白木乌桕，落叶乔木，崂山及东南沿海丘陵地区有分布；根皮与叶药用，有散瘀、消肿和利尿作用。蓖麻、铁苋菜亦属此科。

卫矛科　中国产12属200种以上，山东有3属10种4变种。如卫矛，灌木，山东各大山区有野生，木翅入药，称"鬼箭羽"，有破血、止痛、通经、泻下、杀虫等功效。冬青卫矛，或称大叶黄杨，山东省普遍栽培，多作为绿篱植物。南蛇藤，藤本，生山沟灌木丛中，各地均产，根、茎、叶、果药用，也可作农药。

无患子科　中国有25属53种，山东有4属、5种。如栾树，山东各地均有分布。叶可提取栲胶；花可作黄色染料；种子可榨油，木材适制小型农具。

槭树科　全世界共有2属约200多种，中国2属均产，山东有1属10种5变种。如元宝槭，亦称平基槭。落叶乔木，昆嵛山、崂山、泰山、鲁山有分布，其他地区也有栽培，供观赏。

鼠李科　中国约有15属150多种，山东有4属13种4变种。如北枳，亦名拐枣，产胶东丘陵山地次生林中。各地庭院有栽培。酸枣、枣亦属此科

葡萄科　中国有7属约100余种，山东有4属19种1变种。如山葡萄、葡萄、爬山虎等；乌蔹莓，生于山坡或旷野草丛中，山东各地常见。全草入药，有凉血解毒、利尿消肿的效用。

椴树科　中国有9属、约80多种。山东有4属、11种、1变种。如光叶糯米椴、南京椴、华东椴（日本椴）等。后者蒙山有大树，数量较少。

锦葵科　中国约有16属50多种。山东有7属15种。如蜀葵，二年生草本，各地均有栽培，作为庭园观赏花卉，茎皮纤维可代麻用，花和种子入药，有利尿通便作用。苘麻，又称白麻。一年生草本，全省各地均有野生或栽培；茎皮纤维可供纺织；种子油可供制皂和油漆；种子代冬葵子入药，有利尿、通乳之效；根及全草入药，能祛风解毒。树棉，即中棉，一年或多年生草本或灌木，为黄河以南各省的主要棉作植物，生长期短，但棉纤维较粗短，已被陆地棉取代。木槿，落叶灌木，原产东亚，全国各地均有栽培。通常作为绿篱或观赏植物，全株入药，能清凉利尿。

山茶科　中国有15属200种以上，山东有1属2种。如茶、山茶（茶花）等。

柽柳科　中国有 3 属约 32 种，山东有 1 属 2 种。如柽柳，分布于沿海沙土地区，耐盐碱和瘠薄土壤，能固沙，可作改造盐碱地及作海防林用。

堇菜科　中国有 4 属 124 种，山东有 1 属、24 种。如三色堇，原产欧洲。各地庭园都有栽培，为观赏植物；紫花地丁，产于各地野外草地。全草药用，能清热解毒、消肿，治痈疽疔疮、黄疸、痢疾等症。

胡颓子科　中国有 2 属约 60 种，山东有 2 属 5 种。如大叶胡颓子，常绿灌木。生于向阳山坡。胶东山区都有分布，根叶果入药，能止泻、止咳。

石榴科　全世界仅 1 属 2 种，中国和山东引种 1 种。即石榴，原产亚洲中部伊朗附近地区，各地都有栽培。

五加科　中国有 22 属 160 余种，山东有 4 属 6 种 1 变种。如刺楸，落叶乔木，生山地疏林中，全省各大山区有分布，树皮有收敛镇痛作用，治霍乱、赤白痢、风湿痹痛、脚气、腰膝痛等，种子含油量约 38%，种子油供制肥皂等用。五加，灌木，全省各地有少量栽培。根皮药用，能祛风湿强筋骨。

伞形科　中国有 90 余属 600 余种，山东有 25 属约 37 种 2 变种 1 变型。如野胡萝卜，二年生草本，食用胡萝卜即为其变种。芫荽，又名胡菜、香菜，山东各地均有栽培。红柴胡，多年生草本，产于全省各地，根为常用中药，有治疟、发汗的功效。珊瑚菜，亦称北沙参，多年生草本，生长于海边沙滩，根供药用，有滋阴、生津、祛痰、止咳的功效。泰山前胡，多年生草本，全省山区丘陵有分布，根供药用，有镇咳、祛痰的功效。防风，多年生草本，生于丘陵、草坡，全省各大山区有分布。辽藁本，多年生草本，生海拔较高处的阴湿山坡草丛中，胶东及泰山有分布，根和根状茎入药，有镇痉、镇痛作用。

杜鹃花科　中国有 20 属 700 余种，山东有 2 属 6 种。如照山白，尖叶杜鹃，（迎红杜鹃）全省各山区均有分布，尤以山区最为常见。枝叶入药，有祛痰、止咳等功能。有剧毒，幼叶毒更烈。本属其他种类多有引种，作为花卉栽培。

报春花科　中国有 13 属近 500 种，山东有 5 属 15 种。如藏报春、点地梅、珍珠菜、狼尾花等，较为常见。

木樨科　中国有 13 属约 200 种，山东有 8 属约 29 种 1 变种 4 变型。如桂花、茉莉、紫丁香、迎春，各地均有栽培，供观赏。连翘，全省各地山野有野生，果实、茎、叶及根均药用。流苏树，喜生于向阳山谷中，苍山、黄县有古树，各地常有栽培，为绿化观赏树种，叶可代茶。小叶女贞，常生于山东各地的石灰性土壤上的灌木丛中或石崖上，也作庭园观赏植物栽培。女贞，或称大叶女贞，常绿乔木，全省各地有栽培，为绿篱和庭院树种。

旋花科　中国有 23 属约 120 种，山东有 7 属 18 种。如甘薯、打碗花、裂叶牵牛、茑萝等。田旋花，多年生草本，系有毒植物，全省各地皆有，全草入药。

唇形科　中国约有 98 属 800 种，山东有 26 属 50 余种约 3 变种。如黄芩、沙滩黄芩、活血丹、夏至草、夏枯草、益母草、丹参、一串红、五脉百里香、薄荷等。多为药用植物。沙滩黄芩，山东海滨地区有分布。丹参，产各大山区山坡林下，余者各地均见。

茄科　中国有 24 属约 105 种 35 变种，山东有 14 属 34 种 13 变种。如茄、番茄、枸杞、辣椒、烟草、曼陀罗等，属常见植物。

玄参科　山东有 18 属 29 种 1 变种。如阴行草，全草含挥发油、强心甙，入药称"刘寄奴"。北玄参，亦称元参，多年生草本，根药用。地黄，根药用。北水苦荬，全草药用。婆婆纳，全草药用，治疝气、腰痛、白带等症。毛泡桐（泡桐）亦属此科。北玄参，分布胶东丘陵地带，余者属多见植物。

车前科　中国有 1 属约 18 种，山东有 1 属、7 种。如车前，多年生草本，全省各地广泛分布，种子入药称车前子，全草也可入药。

茜草科　中国有 70 属 450 余种，山东有 10 属 19 种 3 变种。如茜草，草本，根药用。蓬子菜，全草及根入药。猪殃殃，全草药用。均见于全省各山地帝丘陵。

忍冬科　中国有 12 属 200 余种，山东有 5 属 22 种 3 变种。接骨木，生于山坡阴湿处，全株入药。天目琼花，各地庭院、公园有栽培，供观赏。忍冬，野生或栽培，花可入药。金银木，栽培作为观赏植物。锦带花，见于山区高海拔地带普遍分布，余者各地均见。

葫芦科　中国有 23 属，山东有 12 属约 18 种 4 变种。盒子草，一年生草质藤本，生水边、草丛，全草及种子入药。栝楼，亦称瓜蒌，多年生攀缘草本，生长于向阳山坡的草丛中，根（天花粉）、果（栝楼实）、果皮（栝楼皮）、种子（栝楼仁）都可药用。绞股蓝，全草药用。以上全省均有分布。其他如南瓜、葫芦、苦瓜、丝瓜、冬瓜、西瓜、黄瓜等均属此科。

桔梗科　中国有 17 属约 170 种，山东有 4 属 12 种。羊乳，即四叶参，多年生缠绕藤本，生长在山坡灌木林下阴湿地方，根药用。桔梗，多年生草本，根供药用，花大而美，供观赏，山东各山区多有分布。

菊科　多为草本。全世界约有 1000 属 25000～30000 种，中国约有 200 余属、2000 余种，山东约有 77 属 160 种 14 个变种。如东风菜，鲜品捣烂敷伤周围治毒蛇咬伤。马兰，生于沟边、湿地，全草药用，清明节前摘嫩茎叶，可作蔬菜。鬼针草，生于路边荒野，全草入药。兔儿伞，根可入药。大蓟，根、叶入药。小蓟，嫩茎、叶可作猪饲料，全草入药。泥胡菜，开花前经漂洗等处理，可作蔬菜或饲料。大丁草，生于山坡阴湿处，民间药用。旋覆花，根、叶入药。豚草，青岛市常见，兔儿伞，胶东各地及枣庄抱犊崮有分布。余者各地均见，其他如向日葵、金盏花、白术、凤毛菊、蒲公英、莴苣、菊、野菊、茵陈蒿、南牡蒿、艾蒿、牛蒡、苦菜等亦属此科。

b. 单子叶植物　单子叶植物的胚中仅有一片子叶长大；多为草本；须根系；散生中柱，通常没有形成层和次生构造。叶脉多为平行脉或弧形脉。花各部分的数量通常以 3 为基数。山东有单子叶植物 27 科、208 属、453 种。其中禾本科、莎草科和百合科植物种类较多。有许多重要的粮食作物（小麦、水稻、玉米、高粱、谷子等）、花卉及观赏植物（百合科、兰科、石蒜科、鸢尾科、天南星科、美人蕉科等的许多种类）和药用植物。山东常见的单子叶植物主要有：

香蒲科　仅 1 属。中国约有 10 种，山东有 4 种。如东方香蒲，产于微山、济宁、东平、东营等地的湖泊、池沼、沟塘的浅水处。

眼子菜科　中国有 8 属 40 多种，山东有 5 属 17 种。眼子菜，产于微山、济宁、东平等地的湖沼、水塘中，全草药用，又可作饲料。竹叶眼子菜，即马来眼子菜，分布于全省各地，可作饲料和绿肥。其他如菹草、篦齿眼子菜、小眼子菜，全省广有分布，均可作为鱼、家禽、家畜的饲料和绿肥。另有红纤维虾海藻、黑纤维虾海藻也属此科，产于胶东沿海潮带岩石上。

茨藻科　中国有 4 种，山东有 2 种，为一年生沉水草本。大茨藻，产于微山、济宁、东平、济南等地的湖泊、池塘、静水中。植株可作禽畜饲料。

泽泻科　中国有 5 属 13 种，山东有 2 属 2 种和 1 变种。泽泻，为变种多年生沼生草本，球茎、叶和果实均可入药。慈姑，多年生挺水草本生于全省各地湖泊浅水中，球茎可作蔬菜或酿酒，入药有清热解毒作用。

禾本科　草本或木本，全世界广泛分布，有 600 余属 6000 种以上，中国有 193 属 1200 种，山东有 84 属 153 种 28 变种和 2 个变型。可分为竹亚科和禾亚科。其中竹亚科植物多产于长江流域及其以南地区，山东现有竹类植物4属16种和2变型，多数为引种栽培的观赏植物，少数逸为野生。常见的有：早熟禾，可作草皮、对臭氧有灵敏的反应，可用于环境监测；结缕草，株矮、耐践踏、根状茎发达，是理想的草坪植物。臭草、小画眉草、鸭茅、鹅观草、羊草、狗尾草、马唐等，为优质牧草。稗，有长芒野稗、无芒稗、家稗等5个变种，为山东各地稻田常见的恶性杂草。白茅，为固沙植物，优良牧草，根茎入药。营草，生山坡、道旁，作牧草及盖屋用。薏苡，果含淀粉、脂肪及氨基酸，入药可食。其中，臭草、鸭茅，产于全省各山区丘陵。羊草、马绊草产于鲁西北盐碱荒地中，东营、滨州、烟台、青岛等地有分布，余者全省均见。其他如淡竹、刚竹、芦苇、玉米、小麦、大麦、稻、茭白（菰）均属此科。

莎草科　全世界共约80属4000种，中国有28属500余种，山东有15属77种和7个变种。如荸荠、香附等，全省各地常见。

天南星科　草本，中国有35属206种，山东有10属14种和1个变种，多为栽培植物。如半夏、芋（毛芋头）等。全省大部分地区有栽培。

浮萍科　中国有3属6种，山东均有。如浮萍，亦称青萍，各地池塘常见，全草入药，能发汗、利尿、消肿；也可作猪、鸭饲料。

鸭跖草科　中国有13属49种，山东有6属8种，其中3种为引种栽培。如鸭跖草等，各地常见，全草入药。

灯芯草科　中国有2属约80种，山东有2属11种。如灯芯草生于水边池塘。除鲁西北以外全省其他地区常见。全草入药，有清凉、利尿、镇静等功效。

百合科　多年生草本，个别为木本，常有鳞茎、球茎或块茎，共约230属3500种，广布于全球。中国有60属560种，山东有30属、73种和8个变种。如石刁柏，名芦笋，济南、潍坊、泰安等地有栽培。麦冬，即沿阶草，产于昆嵛山、崂山等山区，生于林下或沟边湿草丛，块根入药，可作草坪装饰植物。玉竹，生于山坡林下阴暗处。山东各山区均有分布，根状茎入药。野百合，产于崂山、威海的山坡、林缘，作园林花卉，亦可药用。其他如蒜、黄花菜，即金针菜亦属此科。

薯蓣科　中国有1属49种，山东仅有1属2种。薯蓣，俗称山药，全省各山区有野生，各地也广泛栽培。穿龙薯蓣，鲁中南山区及胶东丘陵有分布，根状茎药用，能舒筋活血、祛风止痛。

鸢尾科　中国有11属（野生3属）72种13变种，山东有5属10种2变种。射干，全省各丘陵山地有零星分布，各地药圃亦有栽培，根状茎药用，也可作为花卉栽培观赏。本科还有鸢尾、德国鸢尾、玉蝉花、香雪兰、唐菖蒲等花卉植物和番红花等名贵药用植物，山东都有引种栽培。

姜科　中国约有17属110种，山东只有1属1种。全省广泛栽培，以泰安、莱芜和临沂较多。

兰科　全世界约有700属20000种，中国有166属1000余种，山东有16属23种，其中有许多引种的名贵花卉和药材。如绶草、天麻等，后者产于昆嵛山林下腐殖质较多的阴湿处，各地药场也有栽培，块茎药用，有熄风镇痉的作用。

六　动物种群

在古生代以前，地球上就有了简单的动物。最早出现的是单细胞动物，然后是多细胞动物。多细胞动物身体器官是由胚胎发育早期的外胚层和内胚层分化而来，还比较简单，如海绵和海蜇。随着时间的推移，又出现了中胚层，三个胚层分化形成各种器官，构造比较复杂，如无脊椎动物中的环节、软体、节肢类等多数门类，全部脊椎动物都是三胚层动物。

山东有内陆和海洋，动物资源资源丰富，种类繁多，现生无脊椎动物的种类和数量远远超过脊椎动物。沿海滩涂广阔。水生动物门类比较齐全，陆生动物相对较少。许多水生动物和陆生动物在分布上都有南北过渡的特点。海洋无脊椎动物与邻近沿海省区如辽宁、河北和江苏比较接近或大致相似。

无脊椎动物中，海生种类较多，其中螺、贝、乌贼、章鱼、虾、蟹、海参、海胆等经济动物资源丰富。内陆地区的水生种类，如浮游动物枝角类和桡足类作为饵料生物比较丰富。陆生的圆虫、扁虫、丝虫和线虫等则是动植物的传染病源。昆虫种类最为繁多，可分为资源型、害虫型和天敌型三类。

原索动物较少，黄岛的长吻虫、多鳃孔舌形虫分布区窄、数量稀少，已被国家列为一级保护的珍稀动物；青岛文昌鱼也列为二级保护动物。

脊椎动物以鱼类和鸟类最多，鱼类有370余种，约占全国鱼类种数的13.2%，其中纯淡水鱼类以鲁西鲁南湖区和黄河沿线，种类较多，各属、种多有代表。海洋鱼类以暖温性和冷温性鱼类为主，重要经济鱼类有40多种。带鱼、小黄鱼、真鲷、鳓鱼等为传统海产经济鱼类，20世纪70年代以后，由于滥捕滥捞和水质污染，水产量锐减，面临资源枯竭的危险。

陆生脊椎动物类种类比较单纯，两栖动物只有9种，均为无尾类。青岛地区的东方铃蟾，分布区较窄。爬行动物有27种，仅占全国爬行类总数的0.9%，以海龟和玳瑁比较珍稀。鸟类有408种和亚种，约占全国鸟类的32.8%。由于山东地处许多鸟类的迁徙要道，故以旅鸟为最多，有220多种；次为夏候鸟，留鸟较少。其中，白鹳、黑鹳、大鸨等16种属国家一类保护动物，彩鹳、白琵鹭、鸳鸯、天鹅类、鹰类、鸮类、隼类等52种属国家二类保护动物。

哺乳类中野生的大型兽类在山东早已绝迹。现存哺乳动物有55种，陆生动物以食虫目、翼手目和啮齿目等小型兽类为主。水生的鳍足目和鲸目有7科15种，相对较多。其中小须鲸、长须鲸、座头鲸、黑露脊鲸和灰鲸等5种，为国家二级保护动物。现分类介绍如下。

1. 无脊椎动物

无脊椎动物，个体较小，结构简单，没有脊索和鳃裂，心脏位于身体背面，神经索则在身体腹面。沂山、蒙山、泰山、崂山、昆嵛山的下奥陶纪石灰岩所夹的绿色页岩中、泰安上寒武纪地层中，富含笔石化石。各地的古生代地层中都可以找到三叶虫化石，尤以泰山、沂山、蒙山较多。在潍坊地层小区中新统山旺组的硅藻土片状页岩，富含昆虫、介形虫和其他动物化石，种类繁多、保存完整、层次清楚，已鉴定的昆虫化石种类累计达400余种，分隶于12目、74科、162属，约占中国已描述的昆虫化石总数的1/2。

现生无脊椎动物种类繁多，分布很广，占已知动物（150余万种）的95%以上，分为自由生活和寄生生活两类，在生物圈的物质和能量的流动中起着重要的作用。现生无脊椎动物有原生动物、二胚层动物、三胚层无体腔动物、原腔动物、环节动物、软体动物、节肢动物、棘皮动物等八大类群。

A. 原生动物　是自然界中最原始、结构最简单的最低等的单细胞或单细胞群体所构成的动物类群。分布范围非常广泛，营养方式多种多样，无性或有性生殖，寄生或自由生活。有些种类的生活史很复杂，有的依靠媒介进行传播，在不良环境中可形成包囊。

鞭毛虫类　山东内陆淡水中均可见到，习见的有金滴虫、隐滴虫、衣滴虫、盘藻、实球藻、空球藻、杂球藻、团藻、钟罩虫、尾窝虫、合尾滴虫等。黄河口附近海区的赤潮，主要是有夜光沟腰鞭虫、裸甲腰鞭虫等引起的。杜氏利什曼原虫是最常见人体寄生鞭毛虫，引起黑热病，是中国重点防治的五大寄生虫病之一。山东马匹流行寄生锥虫引起的"苏拉病"。还有破坏鱼体鳃组织的鳃隐鞭虫。

肉足虫类　是广泛生活于水体和潮湿土壤中的类群。习见的类群有大变形虫。痢疾内变形虫寄生于人体，能引起肠道痢疾。其他如表壳虫、砂壳虫、有孔虫等常在自然水体内，特别是鱼塘内组成浮游生物的类群。有孔虫、放射太阳虫、光球虫是浮游生物的组成部分，山东沿海习见。它们都是古老的种类，对确定地质结构情况，近海勘探沉积矿产，寻找石油有重要价值。孢子虫类，间日疟原虫是可引起人类患疟疾的寄生性原虫。在羊、兔、鸡、鱼体内也有球虫，如兔肝艾美球虫、穿孔艾美球虫，家蚕体上的蚕微粒子虫等。

纤毛虫类　种群数量大，分布广。大草履虫是医学、生物学教学、研究的实验动物。还有肾型虫、榴弹虫、栉毛虫、喇叭虫、头毛虫、口帆虫、棘尾虫、旋口虫、钟虫等。这些虫体组成水体浮游生物的种类，对水质的变化表现敏感。纤毛虫中还有大量的寄生性种类，习见的有结肠袋虫、斜管虫、小瓜虫、虱性车轮虫等。

B. 二胚层动物　动物由单细胞动物演进为多细胞动物，在演化历程中是一个飞跃。如多孔动物和腔肠动物等。多孔动物又称"侧生动物"，其体壁的两层细胞不是真正意义上的两个胚层。腔肠动物，是真正的两胚层多细胞动物。腔肠动物多有水母型和水螅型2个世代，有的仅具1种形态。

多孔动物　亦称海绵动物。绝大多数生活于海水中，少数生活于淡水。山东沿海和内陆习见的种类有白枝海绵、日本毛壶、寄居蟹海绵和淡水针海绵、脆针海绵等。湖针海绵，固着于淡水水体的石头、木桩或倒在水中的树木或其他水草上，可导致水道堵塞现象。济南大明湖、南四湖、东平湖和滩涂的沼泽苇地均可采到。

腔肠动物　绝大多数种类生活于海水中，只有极少数种类可在淡水中采到。山东省常见的有淡水棒螅、布氏水螅、中胚花筒螅、遍枝螅、台水母、钩手水母、半球杯水母、青色多管水母、海蜇、海月水母、海仙人掌、黄侧花海葵、端行绿海葵等。淡水棒螅，为内陆水域习见的腔肠动物，栖息于清水沟渠的水草或其他固体附着物上。青岛、威海、烟台等地近海可采到。余者多见于山东近海，以青岛、胶州湾、莱州湾最为突出。

C. 三胚层无体腔动物

包括扁形动物、纽形动物两类。

扁形类　两侧对称，背腹扁平，无体腔，有口无肛门，原肾管排泄，梯形神经系统。自由生活的种类习见的有淡水产的真涡虫，海产的有平角涡虫。寄生的种类有中华枝睾吸虫、姜片吸虫、肝片吸虫、猪带绦虫、鱼类单殖吸虫等。中华枝睾吸虫，寄生于人、猫、狗等动物体肝管和胆囊内，在济宁和微山湖区流行。布氏姜片吸虫，亦简称姜片虫。寄生在人和猪的小肠内，是人体寄生吸虫最大的一种，微山湖和东平湖渔区多有流行。单殖吸虫，寄生于淡水鱼类的体外。山东共有淡水鱼类单殖吸虫119种，隶属于2亚纲、2目、2科、12属，分别寄生于33种鱼体上。

纽形类　两侧对称、无体腔，有口亦有肛门，具原始的循环系统，雌雄异体。帽状幼虫，再生能力较强。习见的种类为长纽虫，生活于岩石下或埋于泥沙中，产于潮间带。青岛常见。

D. 原腔动物　亦称假体腔动物或线形动物，体圆筒形，两侧对称，体不分节，或体表仅具横的皱纹。表皮层为合胞体，细胞或核的数目恒定。有三胚层，有原体腔和消化系统，或退化，自由或寄生生活。因种群数量大，结构特征复杂，其分类位置尚未确定。山东习见的有：线虫类，如旋毛虫、小麦线虫、地瓜线虫、花生线虫、十二指肠钩虫、班氏丝虫、蛲虫、蛔虫等。腹毛类，如鼬虫，在山东内陆淡水河湖、池塘底部常可采到。轮虫，如螺形龟甲轮虫、矩形龟轮虫、针簇多肢轮虫、长三肢轮虫、梳状疣毛轮虫、萼花臂尾轮虫等。棘头虫，体前端有1个可自由翻出和陷入的吻，吻的表面具几丁质的倒钩，故称棘头虫，全部寄生。常见寄生于猪小肠内的猪蛭形巨吻棘虫。

E. 环节动物　两侧对称，分节，三胚层，具体腔。具疣足或刚毛，后肾管排泄。神经系统较集中，具脑，每节具一神经节。间接或直接发育，间接发育的幼虫为担轮幼虫。海产或陆栖。

多毛类　全部海产，种类繁多，习见的有：拟突齿沙蚕、多齿沙蚕、环唇沙蚕、多齿围沙蚕、真齿沙蚕、双管宽沙蚕、长吻吻沙蚕、中锐吻沙蚕、加州卷吻沙蚕、寡鳃齿吻沙蚕、四索沙蚕、短鳃才女虫、小头虫、毛翼虫、智利巢沙蚕、日本刺沙蚕、锐足全刺沙蚕、双齿围沙蚕、须鳃虫、日本臭海蛹、多眼虫、扁蛰虫、短鳃树蛰虫、胶管虫、环旋虫、蜂窝右旋虫等。其中，日本刺沙蚕、锐足全刺沙蚕（黄金沙蚕）、双齿围沙蚕、岩虫（俗称扁食）为优良饵料。日本刺沙蚕为中国和日本的特有种。内刺盘管虫、小刺盘管虫、华美盘管虫等是沿海主要的污损生物，也称，固着生物或附着生物，常附着船底、浮标上，对设施构成威胁。

寡毛类　主要是陆栖的环节动物，身体由许多环节组成。常见的种类有：通俗环毛蚓、秉氏环毛蚓、威廉环毛蚓，赤子爱胜蚓、天锡杜拉蚓、背暗异唇蚓等产于山东内陆。日本杜拉蚓。体内含绿色油滴，在有机质丰富的水体中生活。天锡杜拉蚓全省分布。赤子爱胜蚓、威廉环毛蚓，人工饲养，可作鱼、猪、禽的饲料。背暗异唇蚓，可供药用。

蛭类　为环节动物中的另一大类群。体扁平，叶状，具前后吸盘和发达的感官，无疣足和刚毛，体腔为结缔组织和肌肉充填，营暂时性外寄生生活。山东习见的种类有：中华湖蛭，寄生于鲤、鲫的鳃上，是养鱼业大害。宽体蚂蟥即大型蚂蟥，取食螺类，常见于湖区及水稻区。日本医蛭栖于水沟中，可药用，分布于青岛、临沂等地。其他如海蛭、短吻铲荚虫、裸体方格星，后者可做鱼类的饵料，亦可食。

F. 软体动物　身体分为头、足和内脏团等部分，体外具 1 个~2 个或多个贝壳。水生或潮湿的环境中生活，大多数种类可食用。除掘足纲外，山东沿海和内陆均有分布，主要有双神经类、瓣鳃类和头足类。

双神经类　身体两侧对称，头部不明显，足呈块状，有 8 片背板。沿海常见的有红条毛肤石鳖、函馆锉石鳖和朝鲜锉石鳖等，分布于潮间带岩石上。腹足类，身体不对称，具一片贝壳，足发达，位于身体腹面。在水中生活的种类具厣和鳃，陆栖者用"肺"呼吸。海生习见品种有：盘大鲍，为浅海养殖佳品。蓬莱、烟台、青岛沿海产。其他如锈凹螺贝、单齿螺贝、扁玉螺、福氏玉螺、强棘红螺、皮氏蛾螺、香螺、泥螺等。其中，小拟海牛对贝类养殖有害；淡水种类有：圆田螺、耳萝卜螺、斯氏萝卜螺、小土蜗、白旋螺、扁旋螺、尖口圆扁螺、半球多脉扁螺等；陆生种类有：滑榍果螺、隐齿虹蛹螺、大隐齿虹蛹螺、条纹钻螺、达氏巨蛞蝓、蜗牛、条华蜗牛、中华盖平平瓣蜗牛、烟台间齿螺、四齿间齿螺、汉山间齿螺等，多生活于山区或沿海潮湿多腐殖质的灌木丛、草丛、石块和泥土中。野蛞蝓、巴蜗牛、灰巴蜗牛，危害农作物。山东各地习见。

瓣鳃类　体侧扁，左右对称，具 2 贝壳，头部退化，感官不发达，外套腔内具瓣状鳃，咸淡水均产，多栖于水体底部。海产种类的有：泥蚶，山东沿海养殖对象，肉质鲜美，具滋补作用。毛蚶为相近种，口味稍逊，产量极大，亦是养殖对象，河口地区产量很高。其他如魁蚶、紫贻贝、偏顶蛤、栉江珧、栉孔扇、僧帽（长）牡蛎、近江牡蛎、日本镜蛤、青蛤、蛤仔、等边浅蛤、江户布目蛤、文蛤、中国蛤蜊、四角蛤蜊、西施舌、大竹蛏、缢蛏、长竹蛏、细长竹蛏、小刀蛏、大沽全海笋、宽壳全海笋、吉村马特海笋等。其中，马氏珍珠贝供药用。船蛆、萨摩亚船蛆对堤岸木材建筑为害最严重。淡水种类有：背角无齿蚌（河蚌）、三角帆蚌、褶纹冠蚌等。

头足类　两侧对称，多不具外壳，头部发达，眼与嗅觉器官发达，口内有发达的角质颚和齿舌，足部转化为腕和漏斗。山东习见的种类有：金乌贼、针乌贼、曼氏无针乌贼、双喙耳乌贼、日本枪乌贼、火枪乌贼、短蛸、长蛸（马蛸）、长腿蛸、大蛸等。

G. 节肢动物　身体异律性分节，两侧对称，有几丁质的外骨骼，感官和神经系统发达，是动物界最大的门类，分布极广。有甲壳类、蛛形类、多足类和昆虫类。

a. 甲壳类（纲）　身体分为头胸部和腹部，2 对触角，头胸部常有大型几丁质头胸甲，间接发育的种类有多个幼虫阶段，多数水中生活，少数陆生。自由甲壳类，是水体浮游动物的组成部分，其虫体种群数量和质量，是养殖水体质量好坏的参考指标。桡足类，一般无背甲，包括细巧华哲水蚤、汤匙华哲水蚤、指状许水蚤、火腿许水蚤、球状许水蚤、棘刺真剑水蚤、绿色近剑水蚤、广布中剑水蚤、虫宿温剑水蚤、鸼沼枝额虫等。枝角类，为鳃足亚纲、双甲目、枝角亚目，虫体短小、左右侧扁，具两瓣壳，种类多，分布广，是淡水池塘、湖泊等静水水体浮游生物的组成者之一，为鱼类的重要饵料。山东省现有代表种类包括：透明薄皮、晶莹仙达、微型裸腹、长额象鼻和粗毛科、盘肠科等。寄生甲壳类，包括寄生桡足类的鲢中华鳋、固着鳋、掘凿鳋、巨角鳋、膨大鳋、日本新鳋、短指三指鳋、长指三指鳋、鲇假鳋、鲤锚头鳋、中华狭腹鳋、东方狭腹鳋等；鳃尾类有东方鲺、日本鲺等。等足类，为较大型的甲壳动物，中华鱼怪寄生在鱼体内。还有蔓足类、蟹、虾、类等重要种类。

蔓足类　为固着或寄生甲壳动物。山东常见的有：茗荷儿、布纹藤壶、三角藤壶等，附于低潮线下的岩石、贝壳或蟹类的甲壳或船底。是有害的附着动物。网纹蟹奴寄生于蟹或蜞的腹部，以多数根状突起伸入宿主体内吸取营养。

蟹类　属软甲亚纲，山东沿海潮间带产量大，尤以河口泥滩为多。习见的种类有：毛额滨板蟹、沈氏板蟹、颗粒关公蟹、日本关公蟹、端正关公蟹、红线黎明蟹、中华五角蟹、斜方五角蟹、隆线拳蟹、杂粒拳蟹、巨形拳蟹、北戴河拳蟹、球形栗壳蟹、中华新尖额蟹、毛额尖额蟹、有疣英雄蟹、枯瘦突眼蟹、四齿矶蟹、慈母互敬蟹、强壮菱蟹、披发异毛蟹、贪精武蟹、隆线强蟹、各种豆蟹、各种三强蟹、豆形短眼蟹、痕掌沙蟹、弧边招潮蟹、宽身大眼蟹、六齿猴面蟹、隆线闭口蟹、宽身闭口蟹、秉氏泥蟹、双扇股窗蟹、绒毛近方蟹、平背蜞、天津厚蟹、沈氏厚蟹、伍氏厚蟹、四齿大额蟹等。其中三疣梭子蟹最为常见，味美，产量高。韩氏溪蟹、锯齿溪蟹，中华绒螯蟹为淡水种类，中华绒螯蟹的经济价值较高。红螯相手蟹穴居于近海淡水河流的泥岸或近岸沼泽中，有时可爬到树上，见于胶州湾。

虾类　属软甲亚纲，异形，间接发育，有多个幼虫阶段。虾类肉质鲜美，营养丰富，山东沿海水域辽阔，河口水质肥沃，饵料丰富，极宜对虾的生长繁殖。山东习见虾类主要有：中国对虾、毛虾、日本毛虾、鹰爪虾、脊尾白虾、葛氏长臂、细巧仿对虾、周氏新对虾、戴氏赤虾、虾蛄、大寄居蟹等。淡水种类有克氏螯虾、秀丽白虾、日本沼虾等，微山湖的沼虾远近闻名。

b. 蛛形类（纲）　蝎、蜘蛛和蜱螨类均属蛛形纲，身体分为头胸部和腹部，无触角，具螯肢、脚须各 1 对及步足 4 对。螯肢及脚须位于头端而步足位于头胸部之后端。排泄器官为马氏管和基节腺。生殖孔在腹部前方。陆生，无幼虫期，主要有蝎、蜘蛛、蜱螨等。

蝎　属蝎目，为肉食性、夜行性节肢动物，喜干燥。后腹部有毒腺体。卵胎生，经一次脱皮开始自由生活。习见的有马氏钳蝎，别名称问荆蝎、全蝎、蝎子、山蝎等。全省均产，胶东、青州、临朐、沂水等地多见。

蜘蛛　属蜘蛛目，其单眼的数目、排列方式为分类的依据。腹部肛门之前具纺绩突，内有丝腺可牵丝织网。多为肉食性，分布广，种群数量，是重要的农林害虫天敌。山东农林蜘蛛大约有 127 种，主要有：王冠圆蛛、四斑锯螯蛛、横带球腹蛛、中华狼蛛、白斑猎蛛、角圆蛛、叶斑圆蛛、嗜水新圆珠、拟环纹狼珠、沟渠豹蛛、纵条蝇狮、黑色龟虎、稻田肖蛸、温室球腹蛛、草皮逍遥蛛等。

蜱螨　属蜱螨目，山东常见的有以下几种：小盾纤恙螨、居中纤恙螨、疥螨疥螨、毛囊蠕形螨、皮脂蠕形螨等，后三种人畜感染普遍。全省均有分布，成人的感染率山东地区达 31%～82%。

　　c. 多足类　包括少棘巨蜈蚣、花蚰蜒、约安巨马陆等，山东各地均有分布。

　　d. 昆虫类　身体由头胸腹三部分组成。雌雄异体、异形。间接发育，有变态现象。种类多，分布广，生态多样。依其对生态环境的影响，又可分为资源、害虫、天敌昆虫三类。

　　资源昆虫　能直接或间接被人类利用，主要有以下几大类：原材料昆虫，包括桑蚕，野桑蚕、柞蚕、中华蜜蜂、意大利蜂等。可食用昆虫，包括中华稻蝗、东亚飞蝗（蚂蚱）、大青蝗、日本黄脊蝗、蜉蝣、蜻蜓、豆娘、蜚蠊（蟑螂）、螳螂，直翅目的蟋蟀、蝼蛄、蚱蜢，革翅目的蠼，鞘翅目的蛴螬、天牛（幼虫）、龙虱，鳞翅目的凤蝶、粉蝶、弄蝶、蚕蛾、透翅蛾（幼虫）、蚕蛹，双翅目蝇蛹、蝇蛆，膜翅目的胡蜂、土蜂、马蜂、蜜蜂、熊蜂、蚂蚁等。药用昆虫，包括地鳖、东方蠊（蜚蠊）、大螳螂、小螳螂、薄翅螳螂、巨斧螳螂、迷卡斗蟋（蛐蛐）、黄脸油葫芦、多伊棺头蟋、短翅灶蟋、优稚蝈螽、非洲蝼蛄、华北蝼蛄、黑蝉、鸣蝉、黄黑小斑蝥、南方大斑蝥、豆芫菁、屎壳郎、黑色金龟（蛴螬）、大黑金龟子、朝鲜黑金龟子、星天牛、桑天牛、黄刺蛾（八角毛）、高粱条螟、金凤蝶、复带虻、大头金蝇、大黄蜂、舍蝇等。

　　有害昆虫　农林害虫，主要有：华北蝼蛄、非洲蝼蛄、各类金龟（幼虫称蛴螬）、各类金针虫、黏虫、棉铃虫、各类蝗虫、甜菜叶蛾、雪疽夜蛾、红缘灯蛾、人纹污灯蛾、斜纹夜蛾、旋花天蛾（地瓜豆虫）、地瓜卷叶蛾等，仓储害虫，习见的种类有：衣鱼（蠹鱼）、白腹皮蠹、赤毛皮蠹、黑皮蠹、红圆皮蠹、百怪皮蠹、谷蠹、大谷盗、赤足郭公虫、脊胸露尾虫、锯谷盗、扁薪甲、赤拟谷盗、杂拟谷盗、姬粉盗、黑菌虫、小菌虫、二带黑菌虫、黑粉虫、砚王、中华琵琶甲、沙潜是、绿豆象、咖啡豆象、米象、短鼻木象等，属鞘翅目昆虫。其他如印度谷螟、一点谷蛾、米黑虫等，属鳞翅目昆虫。

　　害虫天敌　在害虫的天敌中，种类和数量最多，应用范围较广，防治害虫效果最好的首推食虫昆虫，其次为捕食螨。山东常见的天敌昆虫有：各类瓢虫，是蚜虫、梨木虱、蚧类、棉铃虫卵和其他害虫的重要天敌。各种草蛉、蚜蝇、蚜小蝇、追寄蝇、虫虻、蚜茧蜂、棉蚜日光蜂、蚜小蜂、跳小蜂、金小蜂、赤眼蜂、肿腿蜂、腿小蜂、姬蜂、茧蜂、姬小蜂、扁股小蜂、青蜂、肩小蜂、黑卵蜂、平腹小蜂等。多以寄生卵的方式消灭各类害虫。其他如小花蝽若虫、黑顶黄花蝽，捕食各种蚜虫、螨类及夜蛾类的卵和鳞翅目初卵化出的幼虫。是蚜虫和红蜘蛛的重要天敌。六点蓟马捕食各类红蜘蛛，是一种专食性天敌。某些蜱螨，如绥螨、须螨、触足肉食螨等也是各类红蜘蛛、有害螨、虫卵、蚜虫的重要天敌。

　　H. 棘皮动物　均为海产。身体为次生性的辐射对称。有发达的体腔、石灰质的内骨骼、独特的水管系统和围血系统。再生能力很强。是重要的海洋底栖动物。棘皮动物体质比较特殊，外观美丽。在我国古代典籍中就有记载。其中海参除供肴馔外，还可入药。海胆生殖腺制酱，营养价值很高。海燕可入药或作肥料。蛇尾是某些经济鱼类的饵料。而海星因喜食蛤类而给养殖业造成危害。

　　海参类　体长筒形，两侧对称。口位前端，周围具触手。骨板很小。背面管足退化形成了5行疣状突，腹面有5行管足，末端具吸盘。耳状幼虫，成体营底栖生活，常埋于泥沙中，两端露于外面，用触手捕食。山东沿海约产10种，包括：仿刺参、丛足瓜参、裸五角瓜参、陆氏沙参、正环沙鸡子、高骨片沙鸡子、紫纹芋参、安达曼芋参、海棒槌（海老鼠）、海地瓜、纽细锚参、棘刺锚参、歪刺锚参等。以仿刺参的经济价值最高。

　　海胆类　体近圆形，口面朝下，口腔内具复杂骨片形成的咀嚼器，体外由骨板连接成的硬壳，骨片上形成具关节的棘。海胆的管足具吸盘，与棘一起都是运动器官。生活于岩石裂缝或穴居泥沙中，卵具很高的食用价值。山东沿海有6种海胆，包括：马粪海胆、海刺猬、光棘球海胆、尖豆海胆、心形海胆等。

海星类　体扁形，腕为5或5的倍数，腕内有步带沟，内有2~4行管足，为运动器官。身体外披由骨骼形成的棘和刺，骨板间形成皮鳃，具呼吸作用。生活于海底，以软体动物为食，是渔业的敌害。山东沿海产6种。包括：罗氏海盘车、粗钝海盘车、多棘海盘车、异色海盘车、砂海星、虾夷砂海星、鸡爪海星、刺鸡爪海星、粗鸡爪海星、轮海星、美丽长腕海盘、海燕、贝氏海燕等。

蛇尾类　体扁平为5辐射对称；体盘与腕界限分明，以微生物为食。雌雄异体，山东沿海有蛇尾7种。包括：滩栖阳遂足、柯氏双鳞蛇尾、日本倍棘蛇尾、近辐蛇尾、马氏刺蛇尾、司氏盖蛇尾、金氏真蛇尾、萨氏真蛇尾等。

海百合类　较原始，营固着生活，无经济价值。体似植物，口面朝上，以柄固着。5腕，腕末有分枝，无运动功能。如锯羽丽海羊齿。生活于潮间带下区或潮下带岩石底，产于胶州湾海区。

2. 原索动物

区别于无脊椎动物和脊椎动物，比其他脊索动物原始，身体构造曾经出现或具有过类似于脊索的简单构造或同源器官。原索动物生活于海洋中，有的种类现在已很稀少，属于国家保护动物。可分半索动物、尾索动物和头索动物3大类，山东沿海皆有分布。

A. 半索动物　身体构造很原始。其口腔背面向前伸出1条盲管，被认为与脊索同源，称为"口索"，仅有部分终生存在，故又称"隐索动物"。其体前端具有背腹两条管状神经索，类似于脊索动物背神经管的雏形。消化管前端有鳃裂多对，与外界沟通。分肠鳃和羽鳃二纲，山东仅有肠鳃纲。如黄岛长吻柱头虫、多鳃孔舌形虫、三崎柱头虫等，栖息于青岛、石臼所等地潮间带细沙中。前两种为国家一级保护动物，黄岛长吻柱头虫为山东特有动物。

B. 尾索动物　其脊索位于尾部中轴，故称尾索动物。体外有含纤维质的外皮，故又称为被囊动物。种类很多，生活方式多样：有的幼体营自由生活，尾部具脊索，成体时尾部消失，脊索亦随之消失，改营固着生活。还有的以出芽的方式繁殖成群体，有有性世代和无性世代交替现象。山东常见的海鞘类（纲）有玻璃海鞘（肠海鞘）、柄海鞘（海茄子）、拟菊海鞘等。幼体营自由生活，成体营固着生活，被囊厚。单海鞘生殖腺可食用，被囊可提取纤维素。

C. 头索动物　具有一条延长的纵贯全身的脊索，为身体支柱，终生存在。神经管在背侧，前端略有分化，可视作"脑"的雏形；鳃裂成对，具有雏形的心脏和门静脉系统。这些特征和高等脊索动物相近似，近代动物学上把它们当作脊索动物门的亚门，叫头索动物亚门，只有文昌鱼纲（或称狭心纲），文昌鱼目，含二科，因其外形似鱼，通常称为鱼形动物。山东仅有文昌鱼科，称为青岛文昌鱼见于胶州湾、烟台等地，现已列为国家二级重点保护动物。

3. 鱼类

A. 脊椎动物　现存鱼类是古代鱼类存活至今的一小部分。古代鱼类大多已经绝灭，只有少数成为化石保留下来。魏郦道元在《水经注》中对鱼化石的产地、地理位置、埋存层位、保存状况及性状等有系统的论述；宋杜绾在《云林石谱》中对鱼化石的成因等也作了较为科学的论述。

1923年任锡畴和日丹斯基（O. Zdansky）在蒙阴宁家沟采得弓鳍鱼标本，定名为斯氏弓鳍鱼。1934年，在临朐县山旺硅藻土中发现了闻名中外的动植物化石点，首批鱼化石标本经杨钟健和张春霖研究，确定了鲤科大头麦穗鱼等4个新种。60年代，在渤海湾油田的地质勘探中，于垦利县中新世地层中发现了属于副鲱鱼科的胜利双鲱、鲱科的有渤海艾氏鱼等化石。在滨县和垦利县第三纪地层中的还有属于鲤科的草鱼、青鱼、雅罗鱼亚科和鲌亚科的咽齿。古人类遗址，如1974年在胶县三里河、1981年在烟台白石村，都发现鱼类鳞片和骨骼，经鉴定可辨识的有梭鱼、鳓鱼、黑鲷、真鲷、鲈鱼、兰点马鲛等几种硬骨鱼类。清代郝懿行的《记海错》记述了山东的27种鱼类，其中25种属于硬骨鱼类，软骨鱼类有沙（鲨）鱼和老般（板）鱼。清代《山东通志》物产表中列有鱼类 35 种，其中 34 种是硬骨鱼类。

新中国成立后，对黄、渤海的鱼类进行了全面调查。山东地区共有鱼类约 370 余种，约占全国鱼类总数的 13.2%，其中。淡水鱼类（不包括河口咸淡水鱼类和引进未驯化的养殖种）115 种，包括鲤科 69 种，占 60%；鳅科 6 种，占 0.54%；鲇形目 11 种，占 0.98%；其他科比较分散，数量很少。

山东水资源缺乏，除黄河、小清河等少数河流外，多属源短流急，汛期暴涨暴落，冬春干涸的河流，不利于鱼类的生长发育，所以淡水鱼类资源集中在南四湖、东平湖及黄河沿线。主要淡水经济鱼类有鲫、鲤、鲇、鳊、鲂、乌鳢、黄颡鱼、草、鲢、鳙、鲴、黄鳝、泥鳅、大鳞副泥鳅、多鳞铲颌鱼（赤鳞鱼）等 20 余种。

海洋鱼类资源基本上属于北太平洋温带区的东亚亚区黄渤海鱼类区系，主要成分是暖温性和冷温性鱼类，其中许多种类是南方和北方所共有的。冷水性和暖水性种类极少。山东 250 多种海洋鱼类中，大部分有食用价值和其他经济价值。主要经济鱼类有小黄鱼、黄姑鱼、白姑鱼、鳗鲡、太平洋鲱、斑点莎瑙鱼、鳓、带鱼、真鲷、黑鲷、银鲳、鲻、长蛇鲻、鳕、花鲈、鲐、蓝点马鲛、红娘鱼、玉筋鱼、黄鲫、青鳞鱼、鲆类、鲽类、舌鳎类、太平洋鲱（青鱼）、绿鳍马面、斑点莎瑙鱼（远东拟沙丁鱼）以及鲨类、鳐类等 40 多种。其中小黄鱼、带鱼、鳓鱼、真鲷、鲐、鲆、鲽等历来都是本区主要捕捞对象，由于资源破坏，产量锐减，有的已经枯竭。

A. 软骨鱼类（纲）　全身内骨骼由软骨构成，但软骨中常有钙化区，脊索有残余，脑颅愈合，无骨缝。鳃裂 5~7 对，侧位或下位。雄鱼有鳍脚作为交接器。卵生或卵胎生，有的胎生。主要生活于海洋，个别种可至淡水。软骨鱼经济价值很高，肉可食用，皮可制革或加工成工艺品。鲨鱼肝特大，约占体重 10% 以上，有的种可高达 20%，富含维生素 A 和 D 及多种营养物质，为制作鱼肝油及其他药物的良好材料。某些鲨鱼的血清、肝、鳍（鱼翅）中含有抗癌物质，具有抑制移植性肿瘤生长的作用。鲨类和鳐类的皮、肉、油、血、鳍、肝、胆汁、胆囊、软骨、胎儿以及脑、肾、胃等内脏和尾刺等皆可入药。山东水域的软骨鱼类计有 12 目 40 多种，约占全国软骨鱼总数的 33% 强，中国沿海常见的各目均有代表种，分为两个亚纲。

板鳃亚纲　分为侧孔总目和下孔总目。侧孔总目（鲨形总目），山东共有 8 目 26 种，如六鳃鲨目的扁头哈那鲨，虎鲨目的宽纹虎鲨，鲭鲨目（鼠鲨目）属鲭鲨科的噬人鲨、姥鲨科的姥鲨，长尾鲨科的狐形长尾鲨；须鲨目鲸鲨科的鲸鲨，真鲨目皱唇鲨科的皱唇鲨、白斑星鲨，真鲨科的尖头斜齿鲨、阔口真鲨，双髻鲨科的双髻鲨，角鲨目的白斑角鲨（锉鱼）、短吻角鲨，扁鲨目的琵琶鲨。锯鲨的日本锯鲨等。下孔总目（鳐形总目），常呈菱形或盘状，极平扁。胸鳍前缘与体侧或头侧相连。山东沿海种类较多，如鳐形目（老板鱼）的许氏犁头鳐，鳐科的孔鳐（亦称老板鱼，或洋鱼或劳子）、斑鳐、团扇鳐。还有电鳐目的单鳍电鳐和鲼形目的 3 科。

全头亚纲　仅 1 目 1 科。即银鲛目银鲛科的黑线银鲛。

B. 硬骨鱼类（纲）　分总鳍亚纲和辐鳍亚纲。山东仅有辐鳍亚纲，分布广泛，占本省区鱼类的绝大多数。

鲟形目　内骨骼为软骨，头部有膜骨。脊索发达，脊椎骨无椎体，尾鳍为歪尾，为大型软骨硬鳞鱼。如鲟科的中华鲟，20 年代在黄河中曾捕得标本，新中国成立以后在长岛县曾有捕获，今黄海有分布。鲟产量稀少，属水产珍品，鱼子作酱尤为珍贵，已列为国家二类保护动物。白鲟科（匙吻鲟科）的白鲟，也称象鱼，仅分布于中国，数量极少，为国家保护的一类珍稀动物，黄海有捕获白鲟的记录。

鲱形目　又称软鳍类，包括许多重要经济鱼类。鲱科（青鱼），鲱鱼为集群冷温性中上层洄游鱼类，有重要经济价值。其他如青鳞鱼（青皮）、斑点莎瑙鱼（远东拟沙丁鱼）、刺儿鱼、鲥鱼、火鲥鱼、鲚鱼、白鳞鱼等。鲥鱼、鲚鱼肉质鲜美，为名贵经济鱼类之一。其他还有黄鲫（毛口鱼）、刀鲚（毛刀鱼）这些鱼类在山东沿海产量较大。但由于环境恶化，产量锐减。

鲑形目　鲑科为冷水性鱼类。如虹鳟；还有香鱼科的香鱼，银鱼科的大银鱼等。

鳗鲡目　山东有 3 科、数种，海鳗科的海鳗；淡水鳗鲡科鳗鲡（白鳝、蛇鱼），到海洋作远距离洄游产卵。

鲤形目　山东仅有鲤科和鳅科，如鲤科的鲫鱼、鲤鱼、鲢鱼、鳙鱼（花鲢、胖头）、草鱼（猴子）皆为主要淡水养殖鱼类。还有赤眼鳟、黄颡鱼（黄犍）、鳊、鲂鱼、红鳍、翘嘴红、蒙古红、青梢红、银鲴、黄尾鲴、细鳞斜颌鲴、多鳞铲颌鱼（泰山赤鳞鱼）、麦穗鱼、棒花鱼、白鲦等；鳅科，有泥鳅、大鳞副泥鳅等。

颌针鱼目　颌针鱼科的尖嘴扁颌针鱼、箴鱼等飞鱼科的真燕鳐（飞鱼、燕鱼）。

鳕形目　鳕科有大头鳕（大口）、狭鳕（明太鱼）。

刺鱼目　有海龙科的尖海龙、日本海马，干品为名贵药材，大者价值很高。

鲻形目　有香梭、鲻鱼、梭鱼等。

合鳃鱼目　仅有合鳃鱼科的黄鳝，今通称鳝鱼，湖区名血鳝。经济价值较高。

鲈形目　鲈亚目，科别很多，有鳜鱼、沙钻、刺鲅、黄条，石首鱼科的黄花鱼、大黄鱼、黄姑鱼、白姑鱼、鳖鱼、棘头梅童、黑鳃梅童鱼；鲷科的真鲷（加吉）、黑鲷；石鲈科的斜带髭鲷、横带髭鲷、花尾胡椒鲷；丽鲷科的尼罗奥非（罗非）鱼莫桑比克奥非（罗非）鱼；海鲫科的海鲫和光鱼、海鲶鱼等。

玉筋鱼亚目　玉筋鱼科的玉筋鱼。

带鱼亚目　带鱼科的带鱼、小带鱼。

鲭亚目　鲭（鲐）科的鲐鱼，鲅科的蓝点马鲛（鲅鱼）、朝鲜马鲛，旗鱼科的东方旗鱼、枪鱼，金枪鱼科的圆舵鲣。

鲳亚目　鲳科的银鲳、镜鱼、燕尾鲳。

虎鱼亚目　塘鳢科的度父鱼，虎鱼科的各类虎鱼，弹涂鱼（泥猴或海兔）等。

攀鲈亚目　斗鱼科的圆尾斗鱼（火烧鳊），鳢科的乌鳢、月鳢；刺鳅亚目刺鳅科的刺鳅俗称刀鳅等。

鲉形目　包括鲉科的黑鲉，俗名黑石鲈。鳍棘有毒腺，鲂鮄科的绿鳍鱼、短鳍红娘鱼，毒鲉科的日本鬼鲉，六线鱼科的大泷六线鱼、拐子（鞭子鱼），杜父鱼科的松江鲈（四鳃鲈），圆鳍科的细纹狮子鱼等。

鲽形目　体甚侧扁。从幼鱼到成鱼有变态现象：仔鱼体两侧各具 1 眼，左右对称，变态后 1 眼移至另侧，变为不对称，通称比目鱼。鲆科的褐牙鲆（牙片）、桂皮斑鲆；鲽科的高眼鲽、圆斑星鲽、木叶鲽、黄盖鲽、尖吻黄盖鲽；鳎科的条鳎，舌鳎科的短吻红舌鳎（牛舌鱼或鳎板）、半滑舌鳎、短吻三线舌鳎。

鲀形目　三刺鲀科的短吻三刺，革鲀科的绿鳍马面，鲀科种类较多，如河豚、纹东方鲀（面廷巴）、黄鳍东方鲀（花廷巴）、暗纹东方鲀、红鳍东方鲀（黑廷巴）、假睛东方鲀等内脏、血液及皮肤有剧毒。还有翻车鱼科的翻车鲀等。

鮟鱇目　如鮟鱇科的黄鮟鱇，亦沿海称老头鱼、蛤蟆鱼或丑婆。为近海底层鱼类，黄、渤海较多，对海洋鱼类的增殖有一定影响。

4. 两栖类与爬行类

脊椎动物 由于山东气候比较干燥，现生的两栖类和爬行类动物种类比较少，其中两栖类 9 种、爬行类 27 种，主要分布在胶东沿海地区。

两栖类山东现生的两栖类只有无尾目，包括盘舌蟾科 1 种、蟾蜍科 2 种。盘舌蟾科东方铃蟾是山东省盘舌蟾科唯一的代表。蟾蜍科有中华大蟾蜍和花背蟾蜍。雨蛙科 1 种，仅在鲁南偶见。蛙科有 3 属 4 种，即中国林蛙、黑斑侧褶蛙（青蛙或田鸡）、金线侧褶蛙、泽蛙。姬蛙科，山东只有 1 种，即北方狭口蛙等。

爬行类 山东现生的爬行类已知有 27 种，约占全国爬行类种数的 6.9%。其中龟鳖目 6 种，有鳞目 21 种（蜥蜴类 6 种，蛇类 15 种）。

龟鳖目 龟科只有乌龟 1 种，济宁、菏泽、冠县、莘县、梁山、鄄城、微山、东平等地有分布。鳖科 1 种，即中华鳖，俗称甲鱼、脚鱼或团鱼。全省各地均有分布。海龟科，全国有 3 种，包括玳瑁、龟、绿海龟。棱皮龟科只有棱皮龟 1 种。海龟、棱皮龟山东沿海数量甚少，均已列为二级保护动物。

有鳞目 壁虎科，只有无蹼壁虎 1 种，无毒，是昆虫的天敌。石龙子科 2 种，即石龙子与蓝尾石龙子，均分布于沿海与某些岛屿和丘陵地区。蜥蜴科 3 种，如北草蜥、山地麻蜥，数量与分布范围均较石龙子科要大得多。游蛇科山东有 10 种，都是无毒蛇或微毒蛇，常见的有：虎斑游蛇、黄脊游蛇、红点锦蛇（水蛇），鲁西南多见。黑眉锦蛇、白条锦蛇、团花锦蛇，山东南部可见。蝰科，为有毒蛇类，山东只有蝮蛇 1 种，沿海地区分布较多，临沂地区也有分布。海蛇科，中国有 15 种，山东沿海有 5 种，均为毒蛇，包括青环海蛇、淡灰海蛇、青灰海蛇、平颏海蛇和长吻海蛇，但数量不多。

5. 鸟类

山东现有鸟类 408 种和亚种，隶属于 19 目 64 科 181 属，约占全国鸟类记录的 32.8%。其中候鸟占有 358 种和亚种，留鸟只有 50 种和亚种。值得注意的是，有 73 种和亚种过去存在于山东的鸟类，普查未能发现，可能已经绝灭。

潜鸟目 只有潜鸟科，是较大的水禽，为完全水栖性鸟类，多栖于海滨、河流、湖泊、沼泽等开阔水域，善游泳和潜水。山东有红喉潜鸟、黑喉潜鸟 2 种，均为珍稀鸟类。多见于胶东沿海，前者偶见于微山湖等地。

鸊鷉目 只有鸊鷉科体形似鸭而较小，鸊鷉类几乎终生在水中生活，潜水觅食。山东有 4 种：小鸊鷉，终年留居。角鸊鷉，每年迁徙，属国家二级保护鸟类。黑颈鸊鷉和凤头鸊鷉胶东沿海和内陆河湖又有分布。

鹱形目 典型的海鸟，除繁殖期外，大部分时间在海上生活。喙较长，前端有钩，山东有信天翁科的短尾信天翁、鹱科的白额鹱、海燕科的黑叉尾海燕等。

鹈形目 生活于水域，飞行力强，善游泳和潜水，食鱼类。山东计有 3 科 5 种。包括鹈鹕科的斑嘴鹈鹕、鲣鸟科的褐鲣鸟、鸬鹚科的鸬鹚（鱼鹰）和斑头鸬鹚。多生活在沿海岛屿。斑头鸬鹚为国家二级保护鸟类。

鹳形目 生活水边的涉禽，嘴、颈和脚较长。山东省鹳形目鸟类以鹭科的种类为多，计 14 种，常见的有苍鹭、草鹭、绿鹭、中白鹭、夜鹭、黄斑苇（水骆驼）、大麻（开鸟）等。鹳科有白鹳、黑鹳 2 种，均属国家一级保护鸟类。鹮科的白琵鹭在省内分布范围较广，为国家二级保护鸟类。

雁形目 栖息在各水域和近水地区，多为杂食性，繁殖期主要吃动物性食物，平时以植物性食物为主。多为冬候鸟和旅鸟。山东雁形目鸟类均属鸭科。其中雁有 7 种，常见的有鸿雁、豆雁等。鸭类有 25 种，常见的有绿翅鸭、罗纹鸭、绿头鸭、斑嘴鸭、赤膀鸭、赤颈鸭、赤麻鸭、红头潜鸭、凤头潜鸭等。其中中华秋沙鸭为国家一级保护鸟类，大天鹅、小天鹅、鸳鸯、白额雁为国家二级保护鸟类。近年在荣成市的成山头沿海，每年冬季有千只以上的大天鹅在此越冬，有"天鹅湖"之称。

鹤形目　体型大小不等，多栖息于沼泽和草地，有的种类善于步行或涉行。鹤科有 5 种，多为迁徙时路经山东者。其中丹顶鹤属国家一级保护鸟类，白头鹤、白鹤属国家二级保护鸟类，其他还有灰鹤 白枕鹤等。部分灰鹤、丹顶鹤、白枕鹤在黄河三角洲越冬，以灰鹤的数量最多。鸨科的大鸨为国家一级保护鸟类。

鸻形目　也称鹬形目，沼泽湿地涉禽，或河滨、河滩、开阔地的鸟类，由于环境条件和习性不同，体形变异较大。鸻形目鸟类国内有 9 科，山东有 7 科。如鸻科的凤头麦鸡、灰斑鸻、剑鸻。鹬科的小杓鹬、红脚鹬、青脚鹬、泽鹬、白腰草鹬、针尾沙锥、大沙锥、扇尾沙锥等。燕鸻科的普通燕鸻，栖于岸边及沼泽地，飞行中捕食飞虫。

隼形目　栖息在不同环境中，性凶猛，白天活动，常翱翔于高空或静息在高树上窥伺猎物，有 2 科，均属国家保护鸟类。鹰科的金雕、白尾海雕、白肩雕属国家一级保护鸟类；其他如鹰科的蜂鹰、苍鹰、鸢、雀鹰（鹞子）、灰椋鸟、松雀鹰、灰脸鵟鹰，积极 7 种隼科中的红隼、红脚隼、燕隼等，均属国家二级保护鸟类。

鸥形目　包括鸥和海雀两大类，鸥科大都生活于海洋，少见于湖泊和河流一带。山东的鸥科鸟类有 10 余种，常见的有银鸥、红嘴鸥、白翅浮鸥等。海雀科仅有扁嘴海雀 1 种，分布在青岛一带的海岛上。

鸡形目　常见的野生种类有雉科的 3 种，即石鸡（山鸡）、鹌鹑和雉鸡。

鸽形目　生活于山地或森林地区，偶至原野或田地，是典型的食种鸟类。山东常见的有鸠鸽科的山斑鸠、珠颈斑鸠、火斑鸠 3 种。

鹃形目　大都栖息于开阔的林地，食昆虫。山东鹃形目有大杜鹃、中杜鹃、小杜鹃、四声杜鹃、棕腹杜鹃 5 种。大小如鸽，体形似小鹰但较细长。

鸮形目　此目各种鸟均为国家二级保护鸟类。大多营夜间生活，或清晨、黄昏活动。栖息山林间，觅食时主要利用敏锐的视觉和一部分听觉。食物主要是鼠类。如草鸮科的草鸮，鸱鸮科的红角鸮、领角鸮、雕鸮、斑头鸺鹠、纵纹腹小鸮、长耳鸮、短耳鸮等。

夜鹰　通常栖于山林间，并永栖止于树枝上。夜间活动，飞行时捕取昆虫为食。山东仅夜鹰科 1 科 1 种，即普通夜鹰，亦叫蚊母鸟，捕食金龟子和甲虫等。

雨燕　体形小，嘴角甚阔。常结群在空中飞翔，飞翔时捕食昆虫。山东有雨燕科 4 种，如楼燕、白腰雨燕等。

佛法僧目　以昆虫、小鱼、小蟹、蛙或蛇为食。有翠鸟科的普通翠鸟、蓝翡翠。佛法僧科山东仅有三宝鸟，为林栖鸟类，多见于林间开拓地。戴胜科只有戴胜，俗名咕咕翅、臭咕咕等，栖于开阔的园地和郊野的树木间，捕食昆虫。

鴷形目　大都能啄木取食昆虫，是典型的森林攀缘鸟，故又称"攀禽"。山东仅有啄木鸟 1 科 6 种，常见 4 种，如黑枕绿啄木鸟、斑啄木鸟、星头啄木鸟和蚁鴷。蚁鴷栖于树枝，以蚂蚁为食。

雀形目　种类繁多，几乎各地都能见到。体形大小悬殊，外貌亦较复杂。在鸟类进化史上出现较晚，为鸟类中最高等的类群。山东雀形目鸟类有 22 科、150 余种和亚种。燕科的家燕、金腰燕。鹡鸰科，候鸟，常活动于地面，飞行呈波浪状，栖止时尾常上下或左右摆动不已。在山东省繁殖的有：山鹡鸰、黄鹡鸰、白鹡鸰等。鹎科，多为森林鸟类，也活动于田园，以浆果为食，兼食昆虫。如白头鹎（白头翁），分布较广，四季留居。伯劳科的红尾伯劳、虎纹伯劳为夏候鸟。黄鹂科的黑枕黄鹂分布较广。卷尾科的黑卷尾、发冠卷尾是农林益鸟，夏候鸟。鸦科有灰喜鹊、喜鹊、大嘴乌鸦、秃鼻乌鸦、寒鸦、白颈鸦、红嘴山鸦等，分布较广。鹟科是山东鸟类中种类最多的一科，计有 58 种，80% 以上是旅鸟。本科包括鸫亚科、画眉亚科、莺亚科和鹟亚科。鸫亚科如蓝点颏、北红尾鸲、蓝矶鸫；画眉亚科的棕头鸦雀。莺亚科，是鹟科中较大的类群，有大苇莺、芦莺为留鸟。黄眉柳莺、黄腰柳莺、褐柳莺、戴菊等只在山东作短暂停留。鹟亚科的寿带鸟为夏候鸟，紫寿带是山东的旅鸟。山雀科的大山雀，四季留居。繁殖率高，是防治林木害虫的重要天敌。文鸟科有麻雀、山麻雀 2 种。雀科，体型与文鸟科相似，种类繁多，山东有近 30 种，多为鸣禽是主要的笼养鸟。包括：黄雀、金翅雀、燕雀（虎皮雀）、黑头蜡嘴雀、黑尾蜡嘴雀、锡嘴雀、红交嘴雀等，多系旅鸟。其中鹀属几胡占山东雀科鸟类的1/2。如三道眉草鹀，是山东鹀属鸟类的唯一留鸟。还有黄胸鹀、黄喉鹀、白眉鹀等，迁徙时多见于河谷草地、疏林地和灌木丛间，集成小群活动。食杂草种子和少量昆虫。

6. 哺乳类

山东缺乏大片森林环境，大型兽类早已绝灭。野生哺乳动物现存种类不多，且以小型兽类为主。现存的哺乳动物有 55 种，其中食虫 3 科 4 种，翼手目 2 科 12 种，食肉目 4 科 10 种，鳍足目 1 科 2 种，鲸目 6 科 13 种，兔形目 1 科 1 种，啮齿目 3 科 13 种。

食虫目 猬科，山东只有普通刺猬 1 种。鼹科也只有麝鼹 1 种，胶东丘陵多见。鼩鼱科，多喜地下生活，常见的有小麝鼩，形似小家鼠，栖息地极广，森林、草甸、田地乃至房舍内均能活动。以小型昆虫为食，偶食种子。一般不宜当作害鼠灭杀。

翼手目 菊头蝠科，山东有大菊头蝠、小菊头蝠 2 种，蝙蝠科种类较多，山东常见的有须鼠耳蝠、东方蝙蝠、萨氏蝙蝠、绒山蝠、伏翼、棕蝠、北棕蝠、大足蝠等 8 种，多见于丘陵地，平原地区少见。

食肉目 犬科，中型食肉兽类。山东有 4 种，但数量均已不多，包括狼、豺、狐、貉、常栖息于丘陵山谷、沿河林带，其中狼几近绝迹，仅见于鲁中南山区。鼬科，有黄鼬、艾虎、狗獾 3 种，以丘陵地区较多。灵猫科，属中型兽类，山东只 1 种即花面狸，亦称果子狸。多栖于丘陵山区树丛中，数量已很稀少。猫科，家猫之外，只有豹猫（山狸）1 种，体形很似家猫，稍大，全身具花纹，其斑块似豹，全省各地均有分布，以丘陵山区较多见，捕食鸟及家禽和鼠类。

鳍足目 为海产食肉性兽类，国家二级保护动物。山东海豹科的海豹，亦称斑海豹，庙岛群岛多见。海狗科的海狗，即墨海域曾捕到 1 只雌性海狗。

鲸目 是完全水生的哺乳动物，可分为须鲸和齿鲸 2 个亚目。须鲸亚目，须鲸科的小须鲸山东沿海常见。长须鲸黄、渤海春季可见，烟台曾因长须鲸搁浅而获得过 2 条雌性个体，主要分布在北太平洋海域。座头鲸山东海区也发现过，但现已很少见。灰鲸科仅灰鲸一种，洄游时可入黄海。露脊鲸科为大型鲸类。中国分布记录只有 1 种黑露脊鲸，夏季黄海偶见。齿鲸亚目，有鼠海豚科的小型海豚，如江豚。抹香鲸科的抹香鲸。山东海域亦能见到，青岛市胶州湾、威海荣成都曾发现。抹香鲸胃内分泌物与食物组成的"龙涎香"，为四大动物香料之一，十分名贵。灰海豚科的有灰海豚、海豚科的海豚、宽吻海豚、黑海豚黄、虎鲸（逆戟鲸）、拟虎鲸山东沿海常见，数量已减少。

兔形目 山东有草兔，亦称蒙古兔或野兔，分布很广。

啮齿目 小型兽类。大都有害。山东有 3 科、13 种。包括松鼠科的达乌尔黄鼠，俗称大眼贼。黄河以北地区的盐碱荒滩较多。仓鼠科有大仓鼠、棕色田鼠、黑线仓鼠、东北鼢鼠等。鼠科有褐家鼠与小家鼠、黑线姬鼠等。黑家鼠仅在台儿庄有一记录。大林姬鼠、社鼠（山老鼠）仅在山区分布。

第二节　行政区划与建制沿革

齐长城是中国现存最早的超大型线性边境城防工程，借助国土北部与他国毗邻的鲁中山地分水岭险峻山势修筑的护卫连续的城墙建筑。西起长清孝里黄河岸边，东至青岛黄岛入海，横跨整个鲁中山地和鲁东南地区的部分丘陵地段，全长600余千米，是弥足珍贵的文化遗产。

齐长城修建过程历时较长，秦统一之后，齐长城日渐荒废。但是，直到近现代，每逢战乱，地方政府或民团还利用长城作为防御工事，进行抵抗，或规避战祸。章丘、博山等地军民亦曾有过复修利用齐长城，作为抵御捻军北进屏障的举动。齐长城沿线附近的山巅常见后期简易寨堡遗迹，应是历代民众为躲避战乱所筑。莱芜一带的同类寨堡有火力点的设置，还发现钢筋等现代建筑材料，说明抗日战争或解放战争时期，齐长城也曾被用作防御工事。

一　名称建制概说

"竹帛烟消帝业虚，关河空锁祖龙居。坑灰未冷山东乱，刘项原来不读书。"这是唐朝诗人章碣的诗句。唐代及其以前，"山东"作为一种纯粹的地理概念，泛指黄河流域崤山、华山或太行山以东的广袤区域。

今山东省所辖区域，在远古时期被称为"海岱文化区"，是夏商时期东夷部族的中心分布区，为禹贡九州岛之青、兖、徐三州之地。因西周封邦建国，以藩屏周，封姜太公吕尚于齐，周公旦封于鲁。外加众多小的诸侯国，今山东大部分地区为齐鲁两国辖地，战国时期仍延续这种格局，所以山东又简称为"鲁"。秦汉时期实行郡县制，或郡县封国并行，郡治、国名基本沿袭以前的称谓。东汉在郡国之上设立州刺史部或州牧，山东地区大体上属青州、兖州刺史部，另有徐州、豫州、冀州的一部分也在今山东境内。三国时期，山东地区属曹魏政权辖地。西晋时期的区划名称大致同于东汉，东晋十六国和南北朝时期，社会陷入大动荡、大分裂局面。山东地区先后被后赵、前燕、前秦、后燕、南燕、刘宋、北魏等政权占据。隋初改州、郡、县三级制为州（郡）、县二级制。涉及今山东地区有十余个州（郡）。唐初基本延续隋制，贞观元年（627年）于州之上设置"道"，形成了道、州（郡）、县三级政区。山东地区大部分属河南道，北部的部分地区属河北道。宋代行政区划为路、府（州、军、监）县三级制。山东地区分属京东东路、京东西路及河北东路的一部，辖有5府，17州和军、监各2个。

金代大定八年（1168年），将宋代的京东东路和京东西路改称山东东路、山东西路，设两路统军司，"山东"首次正式成为行政区划的名称。明代设山东布政司（又称行省），管辖6府、104县，大致奠定了今山东省行政区域范围。清代始称山东省，基本沿袭明代的山东版图，至清末，山东省共辖济南、东昌、泰安、兖州、沂州、曹州、登州、莱州、青州、武定10府，济宁、临清、胶州3个直隶州，8个散州96个县。民国初期，划分为济南、济宁、胶东、东临4道，属县107个。1928年废道，各县由省府直接管辖。1937年10月，日军侵占山东，国民党省政府流亡。1938年7月，中共苏鲁豫皖边区省委开始恢复县、区、乡政权，到年底有12个县成立了抗日民主政府。1939年7月，中共山东分局将山东划分为3个区和2个特区。1943年9月，山东省战时工作推行委员会改名为山东省行政委员会，下设5个主任公署及滨海直属专员公署，共辖18个专署和92个县级政权。1945年8月，山东省行政委员会改为山东省政府，下设5个行政公署，共辖21个专署、119个县。1949年3月山东省政府改称山东省人民政府。8 月 20 日长山列岛解放，山东全境完全摆脱国民党政府的统治。

中华人民共和国成立后，行政区划的变动十分频繁，经过 1950、1952、1956 年三次大调整及其他一系列微调，山东省行政区划的格局已从适应战时条件过渡到逐步适应社会主义建设时期的需要。至 20 世纪 80 年代初期，开始了以市带县的新一轮调整。1982 年 11 月设立省辖东营市。1983 年，撤销烟台地区、潍坊地区、济宁地区，设立地专级烟台市、潍坊市、济宁市。1985 年，撤销泰安地区，设立地专级泰安市。1987 年，威海市升为地专级市。1989 年，日照市升为地专级市。1992 年，惠民地区更名为滨州地区，莱芜市升为地专级市。1994 年，撤销临沂地区、德州地区，设立地专级临沂市、德州市。1997 年，撤销聊城地区，设立地专级聊城市。2000 年，撤销滨州地区、菏泽地区，设立地专级滨州市、菏泽市。

至 2005 年底，全省划分为济南、青岛、淄博、枣庄、东营、烟台、潍坊、济宁、泰安、威海、日照、莱芜、临沂、德州、聊城、滨州、菏泽 17 个地级市，县级单位 140 个（市辖区 49 个、县级市 31 个、县 60 个），乡镇级单位 1931 个（街道办事处 460 个、乡 277 个、镇 1194 个）。目前仍基本保持着这种建制区划格局。

二　先秦时期

山东号称齐鲁之邦，但这一概念是由西周初年"封周公旦于鲁，封姜太公于齐"而形成的。夏商时期，山东地区是东夷先民的中心分布区，因而成为"东夷"的代名词。但是东夷的概念是随着夏王朝的建立和华夏部族集团的诞生而形成。夏王朝诞生之前原本并没有"东夷"的称谓，到两周时期，山东大部分地区，包括齐鲁故地，特别是济南以西地区已成为"华夏"的势力范围。是以无法用"东夷"的称谓指代山东地区。

史前时期，以今山东为中心分布区的大汶口—龙山文化在苏北、皖北、豫东和辽东半岛南部地区大量出现，其分布范围远远超出了今山东省的辖区，所以"山东"一词也无法涵盖该地区的史前文化。于是考古学界采用"海岱文化区"这一概念来指代这一地区的史前文化。

海岱历史文化区是一个特定的考古学区系类型概念和一个特定的人文历史地理概念，源出于《尚书·禹贡》"海岱惟青州"和"海岱及淮惟徐州"两语，用于表述前后相继、一脉相承，具有共同文化传承，分布在包括冀东南、豫东、皖北、苏北、辽东半岛部分地区和今山东全境的、以发达的圜底器、三足器和圈足器，如陶釜、陶鼎、陶鬶、陶豆、簋形器、高足杯等为典型特征的考古学文化系统。

就目前所知，自新石器时代早期开始，该地区就是一个以泰沂山系为中心的、文化谱系清楚、发展脉络连贯的、相对独立的考古学文化区。发端于距今万年的沂源扁扁洞遗存及后继的后李文化（距今约 9000～7600 年）[1]，经由北辛文化（距今约 7300～6100 年）、大汶口文化（距今约 6100～4600 年）、龙山文化（距今约 4600～4000 年）的连续发展，到夏代演化为岳石文化（距今约 4000～3600 年），商代中期以后，成为中原王朝的重要属地，最终发展成为中华传统文化的主干——以儒家道统学说为主要特征的齐鲁文化。

由于这一文化系统的延续时间长达数千年，分布范围遍布山东全境，又不限于山东境内，需要有一个恰当的人文历史地理概念来表述这样一个特定的历史文化区。1927 年蒙文通依据对中国古族的分

---

〔1〕　扁扁洞遗存出土陶片显示的特征与后李文化一致，笔者将两者合称为"扁扁洞—后李文化"。后李文化张马屯遗址的 8 个测定数据有 6 个在距今 9000 年前后，最晚的也距今 8600 年。《考古》2018 年第 2 期。

布区域、部落、姓氏、经济、文化特征的研究梳理，将中国上古民族划分为江汉、河洛和海岱三大系统[1]，首次提出了"海岱"历史文化区的概念。20 世纪 30 年代，中国早期考古学者李济在《城子崖》考古报告序言中，第一次用"齐鲁"的称谓指代该地区的史前文化，认为"构成中国最早历史期文化的一个最紧要的成分，显然是在东方——春秋战国时期的齐鲁国境——发展的"[2]。20 世纪 40 年代初，徐旭生根据历史传说进一步将中国上古民族概括为华夏、东夷和苗蛮三大"古代部族集团"[3]。而将"齐鲁"旧地及其周边地区的远古部族统统归入"东夷集团"。

鉴于"山东"和"齐鲁"所辖属地不能涵盖大汶口、龙山文化的分布范围；"东夷集团"所含地域又包括了两个以上（江浙地区、河北部分地区亦属东夷）的考古学文化区；而《禹贡》九州岛的"海、岱、淮"所圈定的"青州、徐州"则基本与大汶口、龙山文化的中心分布区相吻合，于是"海岱历史文化区"的概念就成为考古学界的最终选择。

从古史传说的角度说，史前时期这一地区是炎暤族团的分布地区，其代表人物有伏羲、炎帝、蚩尤、少昊、太昊、伯益、后羿等。黄帝族群在"中原逐鹿"后期曾抵达这一地区。夏商时期的山东是东夷族人，也就是炎暤族裔的聚居地。西周分封，尚有众多的本地古国也得到西周王室的承认（详后）。据统计到春秋时期（公元前 770 年～前 404 年）尚有一百余国。齐国作为春秋五霸之首，率先在其南部的崇山峻岭之间的山谷通道设立了用于口岸检查和军事防御的关隘。随着齐桓公霸业的确立，齐国常备军不断出国远征，为保证本国核心地带不受侵扰，开始在国境南部分水岭，着手连接既有关隘，逐步构建起西至济水东岸，东至黄海之滨，长达千余里的线性防御工事，与渤海、黄海共同构成了封闭的防御体系，开世界长城构建之先河。

经过近三百余年的社会大动荡，中国历史由春秋进入战国时期（公元前 403 年～前 221 年），仅存十几个大国，其中齐、秦、燕、赵、韩、楚、魏被称之为"战国七雄"。山东地区主要有齐国、鲁国等，并有楚、越、魏、赵、宋等国各一部。齐国作为七强之一，占据了今山东的大部分地区，"齐南有泰山，东有琅邪，西有清河，北有渤海，此所谓四塞之国也。齐地方两千里，带甲数十万，粟如丘山"[4]，以其强大的政治、经济、军事实力长期与秦对峙，是六国中坚持时间最长的一个，直到公元前 221 年，被秦攻灭。鲁国居泰山以南的汶、泗流域，因其经济、军事实力较弱，于公元前 256 年被楚国所灭。

三　秦汉时期

秦代　秦王扫六合，一统中华，设郡县，统一度量衡，为两千多年的中央集权制奠定了基础。在今山东地区设有薛郡、东海郡、临淄郡、济北郡、博阳郡、琅琊郡、即墨郡、胶西郡、城阳郡、清河郡等，以及鲁县、郯县、临淄县、卢县、博阳县、东武县、即墨县、莒县等。

西汉至新莽（公元前 202 年～公元 23 年）　西汉初年，由于恢复分封制度，除中央直接统治郡县外，在部分地区设诸侯王国，从而形成郡县与封建并存的局面。西汉在秦代的基础上增设了许多郡县。山东地区设有山阳、济阴、平原、千乘、济南、泰山、齐、北海、东莱、琅邪、东海 11 个郡；鲁国、淄川、胶东、高密、城阳、东平 6 国，另有东郡的大部和渤海郡一部亦在今山东地区。共有 304 个县。

〔1〕　蒙文通：《古史甄微》，商务印书馆，1933 年。

〔2〕　中央研究院历史语言研究所：《城子崖·序二》，1934 年。

〔3〕　徐旭生：《中国古史的传说时代》（增订本），文物出版社，1985 年。

〔4〕　《史记·苏秦列传》，中华书局，1959 年。

东汉（公元 25～220 年）　初期，将王莽改的郡、国、县名恢复原名，并且重新规划全国郡县，省并四百余个。仍分全国为十三部。自建武十一年（公元 35 年）起，州刺史终于有了固定治所。中平五年（188 年）改刺史为州牧，州成为地方最高一级行政区划。从而使地方行政建置形成了州、郡、县三级制。全国设 105 个郡国。山东地区大体上属青州、兖州刺史部，另有徐州、豫州、冀州的一部也在今山东境内。设济南国、平原郡、乐安国、北海国、东莱郡、齐国、陈留郡、东郡、东平国、任城国、泰山郡、济北国、山阳郡、济阴郡，东海郡、琅琊国、鲁国 17 个郡国，183 个县。陈留郡及东郡的部分县在今河南省境，鲁国和渤海郡分属豫州刺史部和冀州刺史部，豫州刺史部所属沛国的公丘县则在今山东境内。

四　魏晋南北朝时期

三国时期（220～265 年）　这时期山东地区属曹魏政权辖地。在地方行政区划上沿袭东汉州郡县三级制。在山东地区及涉及山东的有 20 多个郡国，包括乐安郡、东莱郡、城阳郡、济南国、齐国、北海国、陈留郡、东郡、济阴国（郡）、山阳国（郡）、任城国（郡）、东平国（郡）、济北国（郡）、泰山郡、东莞郡、琅琊国（郡）、东海国、乐陵国、平原郡、清河郡、阳平郡、渤海郡、鲁郡、沛国等。共计 170 余县，分属青、徐、兖、豫、冀各州。

其中，东郡只有鄄城、廪丘 2 县，沛国仅公丘县，渤海郡进重合县，彭城国仅傅阳县在今山东境内；陈留郡之西南部，阳平郡之卫国、顿丘今属河南省，乐陵国（郡）所辖新乐县、清河郡东武城在今河北省境内。

西晋（266～316 年）　西晋统一后，在地方行政建置上仍采用州、郡、县三级制，并辅以封国，其中王国相当于郡，侯国相当于县。全国分设 19 个州，州下为郡、国，计有 172 个，郡（国）下为县，计有 1232 个。山东地区分属青、兖、徐、冀、豫 5 州。共有 22 个郡国，146 个县。

其中青州治临淄，后迁广固。辖齐国、济南郡、乐安国、城阳郡、北海国、东莱国、长广郡三郡四国。兖州治廪丘（今郓城县西北）。辖濮阳国、济阴郡、高平国、任城国、东平国、济北国、泰山郡、陈留国二郡六国。濮阳国仅廪丘、鄄城 2 县在今山东省境。徐州治彭城（遗址在今徐州市）。辖广陵郡、临淮国、下邳国等七个郡国，其中全部或部分县在今山东境内者有东海郡、琅琊郡、东莞郡、彭城国等三郡一国。其中的东海郡祝其、赣榆、朐、厚丘 4 县在今江苏省境。彭城国广戚、傅阳 2 县及留县的一部分今属山东省。豫州仅鲁郡及梁国的一小部分属山东。冀州今属山东省者有乐陵国、平原国全部，渤海郡辖县属今山东省者有重合县及饶安等县的一部分。清河国辖县属今山东省者有清河、贝丘、灵、鄃、绎幕县及东武城、清阳等县的各一部分。

东晋十六国时期（317～420 年）　这个时期是社会陷入大动荡、大分裂局面。公元 317 年，晋元帝司马睿在南方建立东晋政权，而北方先后出现十六个王国。山东地区先后被后赵、前燕、前秦、后燕、南燕等政权占据。在地方行政建置方面基本上实行州郡县三级制，但行政区域归属变化无常。后赵（319～351 年）时，山东地区分属青、兖、徐、冀州；前燕（337～370 年）与后赵同；前秦（350～394 年）为青州、兖州、南兖州之地；后燕（384～407 年）分属青、兖、徐、冀等州。公元 398～410 年，南燕占据山东大部，设置青、并、幽、徐、兖 5 州，共 12 个郡。东晋自公元 317～420 年，其疆域多在淮河以南，也曾一度占据山东南部。义熙六年（410 年）刘裕北伐，灭南燕。在廪丘设兖州，辖泰山、高平、鲁、济北、东平、济阳、济阴诸郡；义熙十三年（417 年）于碻磝城（今茌平西南）改置北青州，辖齐、济南、高密、乐安、平昌、北海、东莱、东牟、长广等郡；又曾在彭城置北徐州，辖兰陵、琅琊、东莞、东安等郡。420 年，刘裕称帝，国号宋，史称刘宋。东晋亡。

南北朝时期

南朝（420~589 年） 刘宋政权及其以后齐、梁、陈均建都于建康（今南京），史称南朝。刘宋时期（420~479 年）地方行政建置仍为州、郡、县三级。山东地区属刘宋者有青州、兖州及徐州、冀州一部，共 29 郡，140 余县。

青州 治广固城（遗址在今青州市益都镇西北）。初在江南侨立南青州，治广陵县。东晋安帝义熙六年（410 年），晋军刘裕击灭南燕，广固城被夷为平地。晋青州刺史羊穆之复于今青州市境之南阳河北、北阳河东筑城，名曰东阳城，为北青州治（遗址在今青州市益都镇北部）。后废南青州，北青州复称青州。刘宋孝建二年（455 年）移治于历城县。孝武帝大明八年（464 年）还治东阳城。辖齐郡、济南、乐安、高密、平昌、北海、东莱、太原、长广 9 郡，共 47 个县。

兖州 治瑕丘故城（遗址在今兖州市兖州镇兖州老城东北 2 千米）。西晋治廪丘。刘宋武帝时治滑台。文帝元嘉十三年（436 年）治邹山（清代学者成蓊认为历代无邹山县，此邹山当系邹县之讹）。又寄治彭城。二十年（443 年）废兖州，三十年（453 年）复置兖州。辖泰山、高平、鲁、东平、阳平、济北 6 个郡，33 个县。

徐州 所辖兰陵郡、东莞郡、东安郡、琅琊郡、北济阴郡及彭城郡的蕃县、薛县等今属山东，共 15 个县。北济阴郡的丰县今属江苏省。

冀州（侨） 治历城（今济南市历下区）。本在河北，后其地被北魏所占，刘宋于青州侨置冀州。所辖广川、平原、清河、乐陵、魏、河间、顿丘、高阳、勃海 9 个郡，共 50 个县。

顿丘郡（侨） 治顿丘县（遗址在今章丘市绣惠镇顿丘村）。郡治所及所辖各县原均在今河南省东北境，后侨置于济南郡。辖顿丘、卫国、肥阳、阴安 4 县。

高阳郡（侨） 治高阳（今淄博市临淄区高阳镇高阳村）。郡治所及所辖各县原均在今河北省境，后侨置于齐郡（治临淄县）。辖安平、饶阳、邺、高阳、城新 5 县。

勃海郡（侨） 治长乐县（今高青县高城村）。郡治所及所辖各县均为侨置。

北朝（439~581 年） 439 年，北魏太武帝拓跋焘结束了十六国的割据，统一了北方。至 471 年，淮河以北地区大都被北魏占据，山东地区亦然。刘宋政权在南方侨立许多北方流徙而来的州郡县。如侨立青州（治郁州，今江苏省连云港市）及齐、北海、西海三郡；侨立南兖州（治广陵，今扬州）及北淮阳、北济阴、北下邳、东莞等郡。文帝永嘉八年（431 年），在江南置南徐州，治京口（今江苏省镇江市）及南东海、南琅琊、南兰陵、南东莞、南彭城、南清河、南高平、南平昌、南济阴、南濮阳、南泰山、南鲁郡等郡及众多的侨置县。因其辖区不在今山东境内，不赘。

北魏、东魏在行政区划上仍采州、郡、县三级制。由于州郡滥置，数量激增，州郡管辖范围缩小。山东地区的州由刘宋时四州增至十余州，即青、兖、齐、济、光、北徐、胶、南青州等。此外，冀州、徐州、西兖州、南兖州、沧州、司州一部分郡亦在山东地区。共有 48 个郡，170 余县。

青州 治东阳城（今青州市）。辖齐、北海、乐安、勃海、高阳、河间、乐陵 7 个郡，35 个县。

兖州 治瑕丘县（今兖州市）。辖泰山郡、鲁郡、高平郡、任城郡、东平郡、东阳平郡 6 个郡，30 个县。

齐州 治历城县（今济南市历下区）。刘宋时在此侨置冀州。北魏皇兴三年（469 年）更名为齐州。州领东魏、东平原、东清河、广川、济南、太原 6 个郡，35 个县。

太原郡 北魏初沿刘宋治山茌，孝昌二年移治太原县（遗址今长清县城西南 21 千米孝里镇）。辖太原、祝阿、山茌（《魏书·地形志》误作茌）、卢县 4 县。

济州　治济北郡碻磝城（今茌平县西南 20.5 千米韩集乡高垣墙村）。北魏泰常八年（423 年）置济州，领济北、平原、东平、南清河、东济北 5 个郡，15 个县。

光州　治掖城（今莱州市莱州镇掖城）。北魏皇兴四年（470 年）由青州析置。延兴五年（475 年）改为镇。景明元年（500 年）复置光州。辖东莱、长广、东牟 3 个郡，14 个县。

北徐州　治即丘城（遗城在今临沂市城区西北大岭乡古城村）。北魏永安二年（529 年）置。领东泰山、琅琊 2 个郡，5 个县。

胶州　治东武城（今诸城市城关镇）。北魏永安二年（529 年）置。领东武、高密、平昌 3 个郡，14 个县。

司州　辖郡在今山东地区者有阳平、清河、濮阳等郡。

阳平郡　治馆陶（遗址在今冠县城西 12.5 千米里东古城镇，亦称南馆陶）。辖馆陶、清渊、发干、乐平、临清、武城、武阳、阳平 8 县，其中除临清大部、馆陶一部在今河北省外，其余基本上都在今山东境内。

清河郡　郡治所当在今临清市境（详址待考）。辖清河、贝丘、侯城、武城 4 县（一说辖五县，四县之外，尚有临清，治今河北省临西县临西镇），其中清河、贝丘、武城 3 县在今山东省境。

濮阳郡　治廪丘（遗址在今郓城县西境水堡村）。辖廪丘、濮阳、城阳、鄄城 4 县，除濮阳县外，其他 3 县均在今山东省境。

冀州　辖郡在今山东地区者有安德郡。北魏时有两个安德郡，此安德郡初置于太和（477～499 年）年间，不久废入勃海郡，中兴（531～532 年）中复置。治安德县（遗址在今陵县城东南 15 千米郑家寨乡境内）。辖平原、安德、绎幕、鬲 4 县。

沧州　治乐陵县，所辖安德郡系北魏安定王中兴（531～532 年）年间由乐陵郡析置，孝武帝太昌（532 年）初废，东魏孝静帝天平（534～537 年）初复置。治般县（遗址在今临邑县东北境）。辖般县、重合、重平、平昌 4 县。乐陵郡，辖乐陵、阳信、厌次、湿沃 4 县。

徐州　治彭城（今江苏省徐州市）辖 7 郡，地涉山东者有彭城、蕃、兰陵、北济阴等 4 郡。彭城郡，治彭城县，地在今山东境内的辖县有薛、留 2 县。蕃郡，北魏孝明帝孝昌三年（527 年）由彭城郡析置。东魏元象二年（539 年），省入彭城郡。武定五年复置，治蕃县（遗址在今滕州市城区西部），辖蕃、永兴、永福 3 县。兰陵郡，西晋置郡，后废；东魏武定五年（547 年）复置，治承城（遗址在今峄城区峄城镇），辖昌虑、承、合乡、兰陵 4 县。北济阴郡，治单父城（遗址在今单县单城镇单城），辖 3 县，其中离狐、城武在今山东省。

西兖州　北魏孝明帝孝昌三年（527 年）置。治定陶城（今定陶县定陶镇西北）。不久移治左城（今定陶县城西）。辖沛、济阴 2 郡。沛郡，东魏孝静帝兴和二年（540 年）置，治孝昌城（今曹县西北境）。辖 3 个县，其中己氏县在今山东省曹县东南境。济阴郡，与西兖州同治左城（今定陶县城西）。辖定陶、冤句、离狐、乘氏 4 县。离狐县在今菏泽市西北境与河南省濮阳市毗邻地带。

东徐州　北魏孝昌元年（525 年）置。治下邳城（在今江苏省）。辖 4 个郡，其中郯郡在今山东省境。东魏武定八年（550 年）改东海郡为郯郡，治郯城（郯城县郯城镇郯国故城）。辖 4 个县，其中郯、临沂 2 县在今山东省境。

南青州　治团城（在今沂水县沂水城）。北魏初置东徐州，太和二十二年（498 年）改名南青州。领东安、东莞、义塘 3 个郡，9 个县。东安郡，治盖县（今沂源县城东南）。辖盖、新泰（北朝魏，县名新泰者有二，一为北徐州东泰山郡所辖之新泰，一为南青州东安郡所辖之新泰。后者在今蒙阴县蒙阴镇东南的公家城子）、发干 3 县。东莞郡，治莒县。辖莒、东莞、诸 3 县。义塘郡，东魏武定七年

（549 年）置，治黄郭城（今江苏省赣榆县西北境，高齐时移治于莒）。辖义塘、归义、怀仁 3 县。

北齐时期（550～577 年）　　山东地区有青、齐、光、胶、兖、北徐等州。

北周时期（577～581 年）　　对地方行政建置进行了较大调整，山东地区有曹、沂、兖、青、齐、济、莒、胶、光等州。另有部分地区属徐、冀、沧、贝、魏等州。

五　隋唐时期

隋代（581～618 年）　　589 年，隋文帝杨坚灭亡了南朝陈，结束了东晋以来 270 多年的分裂局面，统一了中国。当时政区既多且滥，"或地无百里，数县并置；或户不满千，二郡分领，所置民少官多，十羊九牧。"鉴于这种情况，隋文帝采纳度支尚书杨尚希"存要去闲，并小为大"的建议，于开皇三年（583 年）改州、郡、县三级制为州、县二级制。炀帝大业三年（607 年）又"并省诸州，寻即改州为郡。"[1] 全国计有郡 190 个，县 1255 个。隋代今山东地区分属济阳、东平、济北、渤海、北海、齐郡、东莱、高密、鲁郡、琅琊 10 郡，另有东郡、彭城、武阳、平原、下邳、清河等郡的部分县，共有 113 县。

济阴郡　　治济阴（今定陶县城西南境）。北魏置西兖州，后周改称曹州，隋大业三年改为济阴郡。辖济阴、外黄、济阳、成武、冤句、乘氏、定陶、单父、金乡 9 县，其中济阳、外黄二县在今河南省，余均在山东省。

渤海郡　　治阳信县（今阳信县城南）。隋开皇六年（586 年）于此置棣州，大业二年（606 年）改称沧州，次年改为渤海郡。辖阳信、乐陵、滴河、厌次、蒲台、饶安、无棣、盐山、南皮、清池 10 个县。其中饶安、盐山、南皮、清池 4 县在今河北省境内。

平原郡　　治安德，《隋书·地理志》作安乐，清代学者杨守敬考证当作安德，甚是（今陵县陵城镇）。辖安德、平原、将陵、平昌、般县、长河、弓高、东光、胡苏 9 县，其中弓高、东光、胡苏在今河北省（一说在今山东省宁津县西南）。

清河郡　　治清河县（今河北省清河县西北境）。辖清河、清阳、武城、历亭、漳南、临清、清泉、清平、高唐、经城、宗城、博平、茌平 14 县。其中清河、漳南、经城、宗城、临清（今临西）、武城等县全部或大部在今河北境。

武阳郡　　治贵乡县（今河北省大名县东北）。辖贵乡、元城、繁水、魏、莘、顿丘、观城、临黄、武阳、馆陶、堂邑、武水、冠氏、聊城 14 县。其中繁水、顿丘、观城、临黄四县在今河南省境；贵乡、魏县、馆陶 3 县在今河北省境；堂邑、冠氏、聊城、莘县、武阳、武水、元城 7 县在今山东省境（一说元城在今河北省境）。

此外，彭城郡（治彭城，今江苏省徐州市）的滕县、兰陵、方与 3 县，下邳郡的郯县，东郡的离狐县、梁郡的楚丘县等在今山东省境。

唐代（618～907 年）　　唐初沿袭隋开皇之制，实行两级行政。武德元年（618 年）改郡为州，至天宝元年（742 年）又改州为郡，乾元元年（758 年）复为州，《新唐书·地理志》中州与郡名同时并列。贞观元年（627 年）于州之上设置"道"，作为监察区域。开元十一年（733 年）将道作为地方最高一级行政区划，于是形成道、州（郡）、县三级政区。山东地区大部属河南道，如郓、兖、青、齐、曹、濮、密、沂、莱、淄、登等 11 个州和徐州、宋州的部分县；北部的部分地区属河北道，如

---

〔1〕《隋书·地理志》，文渊阁《四库全书》。

博、德、棣3个州，以及魏、贝、沧诸州中的部分县。今山东地区共有县92个。

河南道　今山东境内属河南道的州县如下。

郓州（东平郡）　本治郓城，贞观八年（635年）移治须昌（今东平县州城镇北）。天宝元年（公元742年）改为东平郡，乾元元年（758年）复为郓州。辖须昌、寿张、郓城、巨野、卢、平阴、东阿、阳谷、中都9县。

齐州（济南郡）　治历城（今济南市历下区内）。旧置齐郡，唐武德元年（618年）改为齐州，次年置总管府（总管府肇设于北周，职在协调重要地区各州军事）。唐初，改郡为州，仍于"缘边镇守及襟带之地，置总管府，以统军戎"（《旧唐书·地理志一》），辖齐、邹、东泰、谭、淄、济六州，贞观元年（627年）废总管府。天宝元年改为临淄郡，五年改称济南郡。乾元元年复为齐州。辖历城、章丘、亭山（元和十五年即820年省入章丘）、临邑、长清、禹城、临济7县。

兖州（鲁郡）　治瑕丘（今兖州老城东北侧）。隋为鲁郡。唐武德五年（623年）置兖州。天宝元年改为鲁郡。乾元元年复为兖州。辖瑕丘、曲阜、干封、泗水、邹、任城、龚丘、金乡、鱼台、莱芜10县。

青州（北海郡）　治益都（今青州市益都镇）。隋为北海郡。唐武德四年（622年）置青州总管府，管青、潍、登、牟、莒、密、莱、乘八州。八年省乘、潍、牟、登四州。贞观元年（627年）废总管府。天宝元年改青州为北海郡。乾元元年复为青州。辖益都、临淄、博昌、寿光、千乘、临朐、北海7县。

曹州（济阴郡）　治济阴（今定陶县西境）。隋济阴郡。唐武德四年（621年）改置为曹州，领济阴、定陶、冤句、离狐、乘氏、蒙泽、普阳七个县，是年废普阳县。次年以废梁州之考城县属曹州。贞观元年（627年）省定陶、蒙泽二县入济阴县。贞观十七年（643年），以废戴州之成武县属曹州。天宝元年改曹州为济阴郡。乾元元年复为曹州。辖济阴、考城、冤句、乘氏、南华、成武6县。其中考城县在今河南省境。

濮州（濮阳郡）　治鄄城（今鄄城北旧城镇）。唐武德四年（621年）置濮州，领鄄城、廪城、雷泽、临濮、昆吾、濮阳、永定、安丘、长城九县。次年废安丘、长城、昆吾三县。八年废永定、廪城二县。贞观八年（634年）由济州划出范县属濮州。天宝元年改为濮阳郡。乾元元年复为濮州。辖鄄城、濮阳、范、雷泽、临濮5县。其中濮阳、范县在今河南省境。

密州（高密郡）　治诸城（今诸城市城关镇）。唐武德五年（622年）改为密州，领诸城、安丘、高密三县。贞观八年（634年）废莒州，莒县划属密州。天宝元年改为高密郡。乾元元年复为密州。辖诸城、辅唐（乾元二年由安丘县改名辅唐）、高密、莒县4县。

沂州（琅琊郡）　治临沂（今临沂市）。唐武德四年（621年）置，领费、临沂、颛臾三县。不久又置兰山、临沭、昌乐三县。六年省此三县入临沂县。贞观元年（627年）废颛臾县入费县；废鄫州，以其原属承县归沂州。贞观八年（634年）废莒州，以原其属新泰、沂水二县归沂州。天宝元年改为琅琊郡。乾元元年复为沂州。辖临沂、承、费、新泰、沂水5县。

莱州（东莱郡）　治掖县（今莱州市）。唐武德四年（621年）置莱州，领掖、胶水、即墨、卢乡、昌阳、曲城、当利、曲台、胶东九个县。六年废曲城、当利、曲台、胶东四个县。贞观元年（627年）废卢乡县入胶水县，并将登州之文登县、废牟州之黄县划属莱州。麟德元年（664年）置牟平县，属莱州。如意元年（692年）划出黄县、文登、牟平三县置登州。天宝元年改莱州为东莱郡。乾元元年复为莱州。辖掖、昌阳、胶水、即墨4县。

淄州（淄川郡）　治淄川（今淄博市淄川区）。唐武德元年（618年）置淄州，领淄川、长白、莱芜三县。武德六年（623 年）废长白、莱芜二县。八年废邹州，将其所属长山、高苑、蒲台三县划属淄州。天宝元年（742 年）改为淄川郡。乾元元年（758 年）复为淄州。辖淄川、长山、高苑、邹平4 县。

登州（东牟郡）　治蓬莱（今蓬莱市）。唐如意元年（692 年）由莱州划出文登、牟平、黄县三县置登州，初治牟平（今烟台市牟平区宁海镇）。神龙三年（707 年）改黄县为蓬莱县，并移州治于蓬莱。天宝元年改登州为东牟郡。乾元元年复为登州。辖蓬莱、牟平、文登、黄县［先天元年（712 年）由蓬莱县析置］4 县。

此外，河南道还有徐州的滕县、宋州的单父（今单县）、楚丘等县亦在今山东省境内。

河北道　今山东境内属河北道的州、县如下。

博州（博平郡）　治聊城（今聊城市东昌府区）。唐武德四年（621 年）置博州，领聊城、武水、堂邑、茌平、莘亭、灵泉、清平、博平、高唐 9 县。次年省莘亭、灵泉二县。贞观元年（627 年）废茌平县。天宝元年（742 年）改为博平郡。乾元元年（758 年）复为博州。辖聊城、博平、武水、清平、堂邑、高唐 6 县（莘亭、灵泉等县置、废时间，诸说不一，此据《旧唐书·地理志》）。

德州（平原郡）　治安德（今陵县城）。隋为平原郡。唐武德四年置德州，领安德、般、平原、长河、将陵、平昌六县。是年于德州置总管府，管博、德、棣、观四州。贞观元年（627 年）废总管府。原属沧州之滴河（《旧唐书·地理志二》作滴河）、厌次划属德州。贞观十七年，废般县，滴河、厌次二县划属棣州，是年以废观州之蓚县、安陵二县划属德州。天宝元年改为平原郡。乾元元年复为德州。辖安德、平原、长河、安陵、将陵、平昌、蓚县等 7 县，其中蓚县后属冀州，在今河北省境；永徽二年（651 年）安陵县治移至白社桥，亦在今河北省境。

棣州（乐安郡）　治厌次（今惠民县辛店乡）。唐武德四年置棣州，领阳信、乐陵、滴河、厌次四县。六年并入沧州。贞观十七年（643 年）复置棣州，治乐陵县，领厌次、滴河、阳信三县，又划淄州蒲台县属棣州，乐陵县则改属沧州，并移州治于厌次县。天宝元年改为乐安郡，上元元年（760 年）复为棣州。辖厌次、滴河、渤海、阳信、蒲台 5 县。

此外，河北道还有魏州冠氏、朝城、莘县，贝州历亭、漳南、鄃县（天宝元年即 742 年改为夏津）、武城，沧州乐陵、无棣等县亦在今山东境内。

五代（907～960 年）　五代十国是中国历史上又一次大分裂时期。山东地区先后隶属属后梁、后唐、后晋、后汉和后周，其行政区划沿袭唐代设道、州、县的制度（五代名义上仍存唐代十道，但实际上已被不成文的节度使制所代替。节度使总揽数州的军、民、财、刑大权，成为朝廷之下，县、州之上的最高行政者）。山东大部仍属河南道，所辖州县与唐代相近，有曹、郓、齐、淄、兖、沂、棣、青、莱、登、密、德、博等州。后唐同光二年（924 年）改辉州为单州（治单父县）；后周广顺二年（952 年）由郓州划出巨野，兖州划出任城、中都，单州划出金乡置济州（治钜野）；显德三年（955 年）由棣州划出渤海、蒲台二县置滨州（治渤海县）。

六　宋金元时期

北宋（960～1126 年）　宋代行政区划为路、府（州、军、监）县三级制。初为二十一路，太宗至道年间（995～997 年）为十五路，仁宗天圣年间（1023～1031 年）为十八路，神宗元丰年间（1078～1085 年）为二十三路，徽宗宣和年间（1119～1125 年）为二十六路。山东地区分属京东东路、京东西路及河北东路的一部。

至道三年（997 年）以应天府和兖、徐、曹、青、郓、密、齐、济、沂、登、莱、单、濮、潍、淄等州，以及广济军、莱芜监、利国监等，置京东路。熙宁七年（1074 年）分为东、西两路：以青、淄、潍、莱、登、密、沂、徐八州及淮阳军为京东东路；以郓、兖、齐、濮、曹、济、单七州及南京（今商丘市）为西路。元丰元年（1078 年）将京东西路齐州划归京东东路，京东东路徐州划归京东西路。后有部分州升为府。据北宋宣和年间统计，山东地区共 5 府，17 州，2 军，89 县，另有 2 监。

京东东路　治青州益都县（今青州市）。辖济南府和青、密、沂、登、莱、潍、淄 7 个州及淮阳军，共 36 个县。其中淮阳军及其所领下邳、宿迁 2 县均在今江苏省境。

青州　治益都县（今青州市）。建隆三年（962 年）于北海县置北海军。淳化五年（994 年）移治于益都县，改称镇海军。庆历二年（1042 年）京东东路治此。辖益都、寿光、临朐、博兴、千乘、临淄 6 县。

密州　治诸城县（今诸城市）。辖诸城、安丘、莒、高密、胶西 5 县。

济南府　治历城县（今济南市）。北宋初为齐州，属京东西路。咸平四年（1001 年）废所属临济县。元丰元年（1078 年）改属京东东路。政和六年（1116 年）升为济南府。辖历城、禹城、章丘、长清、临邑 5 县。

沂州　治临沂县（今临沂市兰山区）。辖临沂、承、沂水、费、新泰 5 县。

登州　治蓬莱县（今蓬莱市）。辖蓬莱、黄、牟平、文登 4 县。

莱州　治掖县（今莱州市）。辖掖、莱阳、胶水、即墨 4 县。

潍州　治北海县（今潍坊市潍城区）。建隆三年（962 年）于北海县置北海军，并置昌邑县属之，后北海军移治益都县。乾德二年（964 年）升北海军为潍州，置昌乐县属之。辖北海、昌邑、昌乐 3 县。

淄州　治淄川县（今淄博市淄川区）。辖淄川、长山、邹平、高苑 4 县。

京东西路　治应天府宋城县（今河南省商丘市）。庆历二年（1042 年）初置京东西路于郓州须城县（今山东省东平县州城镇）。政和四年（1114 年）移治于应天府。辖应天、袭庆、兴仁、东平 4 个府和徐、济、单、濮、拱 5 州以及广济军。共 43 个县。

应天府　治宋城县（今河南省商丘）。北宋初为宋州，属京东路。景德三年（1006 年）升为应天府。大中祥符七年（1014 年）建为南京。熙宁七年（1074 年）属京东西路。政和四年（1114 年）京东西路移治于此。辖宋城、宁陵、谷熟、下邑、虞城、楚丘 6 县。其中楚丘县在今山东曹县，其余各县均在今河南省。

袭庆府　治瑕县（今兖州市）。北宋初为兖州。政和八年（1118 年）升为袭庆府。辖瑕、奉符、泗水、龚、仙源、莱芜、邹 7 县及莱芜监（管理治铁）。

兴仁府　治济阴县（今定陶县西）。北宋初为曹州。崇宁元年（1102 年）升曹州为兴仁府。辖济阴、宛亭、乘氏、南华 4 县。

东平府　治须城县（今东平县州城镇）。北宋初为郓州。庆历三年（1043 年）京东西路治此。大观元年（1107 年）升为大都督府。政和四年（1114 年）京东西路移治应天府。宣和元年（1119 年）改为东平府。辖须城、阳谷、中都、寿张、东阿、平阴 6 县和东平监。

徐州　治彭城（今徐州市铜山县）。北宋初属京东东路，元丰元年（1078 年）划归京东西路。辖彭城、沛、萧、滕、丰 5 县和宝丰（铸钱）、利国（铁冶）2 个监。其中滕县（今滕州市）今属山东省。

济州　治钜野县（今巨野县）。辖钜野、任城、金乡、郓城 4 县。

单州　治单父县（今单县）。辖单父、砀山、成武、鱼台 4 县，其中砀山县今属安徽省。

濮州　治鄄城县（遗址在今鄄城县城北之旧城镇）。辖鄄城、雷泽、临濮、范县 4 县，其中范县今属河南省。

广济军　治定陶县（遗址在今定陶县城北半里塔坡刘庄）。乾德元年（963 年）置发运务。开宝元年（968 年）改置转运司。太平兴国二年（977 年）建为广济军。熙宁四年（1071 年）废军，定陶县改属曹州。元祐元年（1086 年）复为军，仍辖定陶 1 个县。

河北东路　治大名府。领 3 府、11 州、5 军、57 县，其中博、棣、德、滨 4 个州及沧州、恩州、大名府、开德府以及永静军中的部分县今属山东省。

博州　治聊城县（今聊城市东昌府区）。淳化三年（992 年）黄河决堤，移州治于孝武渡西。辖聊城、高唐、堂邑、博平 4 县。

棣州　治厌次县（今惠民县）。五代后梁棣州城毁于大水，乃迁治于南新州。宋大中祥符八年（1015 年）州治随厌次迁至阳信县乔家庄，即今惠民县城。辖厌次、商河、阳信 3 县。

德州　治安德县（今陵县）。景祐二年（1035 年）废安陵县并入将陵县，后划属永静军。熙宁六年（1073 年）省德平县为镇，划属安德。辖安德、平原 2 县。

滨州　治渤海县（今滨州市旧滨城北）。大观二年（1108 年）赐名渤海郡。大中祥符五年（1012 年）废蒲台县。辖渤海、招安 2 县。庆历三年（1043 年）升渤海县之招安镇为县。熙宁五年（1072 年）省招安县，复为镇。元丰三年（1080 年）复升为县。

此外，大名府莘县、临清、夏津、清平、冠氏 5 个县；开德府观城、朝城 2 县；沧州无棣、乐陵 2 县；恩州之武城、历亭 2 县；永静军之将陵县在今山东境内。

金代（1115～1234 年）　统治北方的金朝在地方行政区划上与北宋略同，采用路、府（州）、县三级制。分其地为十九路。把宋在山东建置的京东东路和京东西路改称山东东路、山东西路，这是历史第一次把"山东"这个古老的地域名称作为政区名称，并在以后八百多年里，一直沿用至今。据《金史·地理志》记载，山东地区有 3 个府，20 个州，97 个县。

山东东路　治益都（今青州市）。辖益都、济南二府，潍、滨、沂、密、海、莒、棣、淄、莱、登、宁海 11 个州，共 53 个县。其中海州及其所属朐山、赣榆、东海、涟水、沭阳 5 个县在今江苏省境。明昌六年（1195 年）改招安县名沾化县。

山东西路　治东平府须城县（今东平县）。辖东平府，及济、徐、邳、滕、博、兖、泰安、德、曹 9 个州，共 43 个县。其中徐州及所领彭城、萧、丰三县，邳州及所领下邳、兰陵、宿迁三县，除兰陵（承县）在今山东省，萧县在今安徽省境外，其他均在今江苏省境。

此外，大名府路大名府的冠氏、夏津、朝城、清平、莘县 5 县，恩州的历亭、武城、临清 3 县，濮州的鄄城县，开州的观城县；河北东路沧州的无棣、乐陵 2 县，观州（景州）的将陵、宁津 2 县；南京路归德府的楚丘县，单州的单父、成武、鱼台 3 县均在今山东省境内。

元代（1271～1368 年）　元世祖（忽必烈）至元八年（1271 年）改国号为"大元"。但山东地区自铁木真建立"大蒙古国"（1206 年）时渐次处于蒙古国统治之下。元统一中国后，定都大都（今北京市）。将首都附近的山东、山西、河北地区称为"腹里"，直属中书省。全国其他地方分设十二个行中书省（简称行省）。行省之下有路、府、州、县四级，通常是以路领州、领县，而"腹里"或有以路领府、府领州、州领县。也有的府、州又不隶属于任何路，而直属于中书省。山东地区分属东平、东昌、济宁、益都、济南、般阳府等 6 个路，路下设 15 个州，另有直属于中书省的曹、濮、高唐、泰安、德、恩、冠、宁海 8 个州。共有 102 个县。

此外，河间路齐东、宁津、临邑、青城 4 县及陵州，沧州乐陵、无棣 2 县，大名路开州之东明县均在今山东。

七　明清时期

明代（1368～1644 年）　明初仍用行省制，后改置为十三个布政使司，其性质与行省同，一般仍称"省"。地方行政建置为省、府（直隶州）、县（散州）三级。洪武元年（1368 年）四月置山东行中书省，到洪武九年（1376 年）改为山东承宣布政使司，同时将省会由青州移至济南。此后，济南一直为山东省会。洪武初年辖济南、青州、东昌、济宁、登州、莱州六府，洪武十八年降济宁为州，升兖州为府，仍辖六府，即济南、兖州、东昌、青州、莱州、登州府，府属州 15 个。此外今辽宁省境的辽东都指挥使司及所属 25 个卫、2 个州亦属山东布政使司管辖。

清代（1644～1911 年）　地方行政建置与明代略同。清初全国分置十八个省，清末增至二十三省。省下设府和直隶州，以下为散州和县。清代山东省地方行政建置为封建社会时期较为稳定时期，据《清史稿·地理志》统计，全省辖有济南、东昌、泰安、武定、兖州、沂州、曹州、登州、莱州、青州 10 个府，临清、济宁、胶州 3 个直隶州，8 个散州，96 个县。此外，直隶省之大名府东明县、天津府庆云县、河间府宁津县今均属山东省。

清代在省与府、直隶州之间还有一级被称作"道"的准行政建制，分为守道和巡道（另有一些管理河务、漕粮等专门事务的专业道）。是由省的布政使司派员驻守或按察使司派员巡察的地区，派出的官员称为道员。清初山东省道的设置变化不定，数量也较多，后经裁并，至晚清稳定为三个道。其中，济东泰武临道、登莱青胶道为守道，分别辖济南、东昌、泰安、武定四府、临清直隶州和登州、莱州、青州三府和胶州直隶州；兖沂为曹济道巡道，巡察区域为兖州、沂州、曹州三府和济宁直隶州。道的设置一直延续到民国前期和日伪统治时期。

八　经济文化概略

山东号称"齐鲁"，素以发达的农业和手工业著称于世。西周初年，姜太公"至国修政，因其俗简其礼，通商工之业，便鱼盐之利，而人民多归齐，齐为大国。"姜太公制定的符合齐地社会基本情况和风土人情的国策，使齐国很快成为称霸一方的大国。春秋时期，齐桓公根据管仲的提议，实行"官山海"，即"盐铁专卖"制度和"相地衰征"的经济政策，即"视土地之美恶及其所出，以差征赋之轻重也"[1]。鲁国，作为宗周王室的旺支，在分封时就得到了特别的照顾。《左传》定公四年："昔武王克商，成王定之，选建明德，以蕃屏周。故周公相王室，以尹天下，于周为睦。分鲁公以大路，大旗，夏后氏之璜，封父之繁弱（弓）；殷民六族，条氏、徐氏、萧氏、索氏、长勺氏、尾勺氏。使帅其宗氏，辑其分族，将其类丑，以法则周公，用即命于周。是使之职事于鲁，以昭周公之明德。分之土田倍敦，祝宗卜史，备物典策；官司彝器，因商奄之民，命以伯禽，而封于少皞之虚。"《鲁颂·閟宫》："公车千乘，朱英绿縢，二矛重弓，公徒三万，贝胄朱綅，烝徒增增。"物质封赏之外，鲁君还有特赐天子礼乐。《史记·鲁周公世家》："成王乃命鲁得郊祭文王，鲁有天子礼乐者，以褒周公之德也。"《礼记·明堂位》记载说："凡四代之器、服、官，鲁兼用之。是故，鲁，王礼也，天下传之久

---

〔1〕《国语·齐语》"韦昭注"，上海古籍出版社，1998 年。

矣。"表明鲁国在政治、文化及物质上的待遇比异姓姜齐的更加优厚,以强化"宗邦"鲁国"大启尔宇,为周室辅"的政治功能。鲁公伯禽就封时在大量人力财物之外,还有"公徒三万"壮行。故而鲁国在西周至春秋早期,一直是东方大国。鲁宣公时期(公元前608~前591年),季文子以其"忠贞守节,克勤于邦,克俭于家",行"初税亩",鼓励开发私田,促进了经济的发展,国力曾一度强盛。

秦汉时期,今山东地区号称"膏壤千里",农业发达,所产粮食不断溯黄河西上,运往关中地区。西汉时期,山东地区有人口1700余万,户390万,占全国当时人口的30%,人口密度居全国首位。后来虽经东汉末年与魏晋南北朝时期的战争破坏,但同全国其他地区相比,山东仍不失为经济中心。隋初,山东各州县遍置粮仓,户口占全国总户数的21%。唐代开元天宝年间,每年要将山东几百万石粟米漕运至关中。开元年间,"海内富实,米斗之价钱十三,青、齐间斗才三钱。绢一匹,钱二百"。到了唐后期,虽经战乱,但山东农业生产仍在发展,"田畴大辟,库仓充积"。宋金元时期,山东地区承受的封建剥削尤重,并不断遭受外来的侵扰和野蛮统治,经济处于滞退状态。元代山东有38万户,126万人,与金代相比,户减约75%,人口减约87%。明初"多是无人之地",统治者不得不采取移民和奖励人民垦荒的措施,到洪武二十六年(1393年)时,山东耕地面积达到7240万亩,为北宋时期的2.4倍,居全国第三位。清康熙年间又增至9000万亩。

山东的冶铁业起源很早,临淄齐故城内的冶铁遗址比较集中的就有六处,最大的一片面积达3万~4万平方米,冶铁炼渣内木炭测年可早到西周晚期。春秋初年,齐国已使用铁制农具,管仲提出"官山海"的政策,首创"盐铁官营专卖制度"。西汉时,武帝在全国设置铁官48处,山东就有18处。唐朝的兖州是矿冶中心,莱芜有铁冶13处、铜冶18处。北宋时莱芜铁冶规模更加扩大,与江苏利国监同为京东两大铁冶中心。明朝初年,山东年产铁315万余斤,居全国第三位。山东的其他矿产也很丰富,宋时登、莱二州产金,元丰年间登州、莱州的黄金产量占全国的90%。明初,济南、青州、莱州三府岁采铅32万余斤。清朝山东煤矿已大量开采,最著名的是峄县煤矿,乾嘉时期,北运京师、奉天,动辄数百万石。

山东的纺织手工业举世闻名。战国时期,齐国即号称"冠带衣履天下"。临淄、定陶、亢父(今济宁)是汉代三大纺织中心。所产纺织品数量多、质量好,源源不断地通过"丝绸之路"输往西域等地。因此,当时山东地区是"丝绸之路"的主要源头之一。唐代兖州的镜花绫、青州的仙纹绫,都是驰名全国的纺织品。宋代在青州设立织锦院,专门织造高级纺织品。宋神宗时,在山东"和买"绢帛,每年达30万匹左右。明清时期,济南、济宁、临清等城市都有较发达的纺织手工业,有的地方还出现了带有资本主义萌芽性质的手工工场。

1840年第一次鸦片战争之后,山东经济走上了半殖民地半封建化的道路。由于外国资本主义的经济掠夺,近代山东经济形成畸形发展的局面,农村土地集中的现象普遍存在。在封建势力盘剥下的农民和手工业者,又受到外国资本主义的经济侵略。洋货在山东的倾销,使大量手工业者和小商贩破产失业。农民日趋贫困,自然经济逐渐瓦解。随着资本主义在中国的产生和发展,山东也出现了近代工业。在济南有从事军工生产的机器局;在枣庄、淄川、平度等地有煤、铅、金等矿业生产;在烟台有张裕酿酒公司、缫丝厂、蛋粉厂等轻工业。

第一次世界大战期间及战后初期,欧美帝国主义忙于战争,放松了对中国的经济侵略,山东民族工业曾一度得到发展。至20世纪30年代,达到新中国成立前的最高水平。

1937年"七七"事变之后,山东成为日本帝国主义的侵占区,他们重点掠夺山东的"二白二黑",即食盐、棉花和煤、铁。对战火中余存的工业,他们采取"军事管理""中日合办"等手段加以夺取,迫使大部分民营工业陷于绝境。在农村,他们强占土地,征调劳工,对抗日根据地实行惨绝人寰的

"三光政策"。据 1945 年 12 月的不完全统计（缺当时未解放地区，鲁中、鲁南新解放区，部分机关的数字），八年抗战期间的损失：死亡 668143 人，抓壮丁 393259 人，掠走牲畜 10797921 头，粮食 1178486 公斤，农具 2542844 件，烧毁房屋 1151186 间。山东地区小麦等 11 种作物耕种面积 1941 年比战前减少 16%，小麦、玉米、水稻、棉花、烟草均减产 50% 以上，农业遭到极大破坏。农村手工业进一步衰落。整个经济濒于崩溃。

山东是中国古代文化的发源地之一，也是古代思想文化的中心。这里曾产生过许多杰出的思想家、科学家、政治家、军事家、文学家和艺术家。在学术思想方面，有孔子、孟子、颜子、曾子、墨子、荀子、庄子、郑玄、仲长统等；在政治军事方面，有管仲、晏婴、司马穰苴、孙武、吴起、孙膑、诸葛亮、戚继光等；在历史学方面，有左丘明、华峤、崔鸿、马骕等；在文学方面，有东方朔、孔融、王粲、徐干、左思、鲍照、刘勰、王禹偁、李清照、辛弃疾、张养浩、冯惟敏、李开先、李攀龙、蒲松龄、孔尚任、王士禛等；在艺术方面有王羲之、颜真卿、李成、张择端、高凤翰等；在科学技术方面，有鲁班、甘德、刘洪、何承天、王朴、泛胜之、贾思勰、王祯、燕肃等；在医学方面，有扁鹊、淳于意、王叔和等。他们的思想、理论、智慧和学术成就，构成了中国传统文化的重要内容，对中华民族文化的发展产生了广泛而深远的影响。

山东人民富有革命传统。春秋末期，就有跖聚众起义，"从卒九千人，横行天下"。在漫长的封建社会中，山东人民无数次的武装起义，沉重打击了封建统治。著名的有新莽末年的赤眉大起义，东汉末年青州黄巾起义，隋末王薄领导的长白山起义及窦建德、孟海公、杜伏威、刘黑闼等人领导的农民起义，很快在全国范围内卷起农民革命的风暴。唐末黄巢大起义，推翻了唐王朝的统治。北宋末年有宋江农民起义。明代有唐赛儿、徐鸿儒起义。清中叶以前有于七、王伦等人领导的起义。

1919 年五四运动期间，山东人民掀起了声势浩大的反帝爱国运动。五四运动以后，山东成立了早期的共产主义小组，1921 年，王尽美、邓恩铭参加了中国共产党第一次全国代表大会，成为全国建党最早的省份之一。第一次国内革命战争和第二次国内革命战争时期，在中国共产党的领导下，山东人民在阳谷、高唐、博兴、益都、日照、苍山、昆嵛山等地举行武装暴动，反对新旧军阀和帝国主义的压迫剥削，支援革命战争。抗日战争爆发后，山东人民先后发动了冀鲁边、鲁西北、天福山、黑铁山、牛头镇、徂徕山、泰西、鲁南、湖西等抗日武装起义，创建了胶东、渤海、滨海、鲁中、鲁南五个解放区，至 1945 年 5 月下旬，人民武装力量已发展到 21.3 万人，民兵 41 万人，在八年抗战中共歼灭日伪军 43.9 万多人。

第二章

齐地历史与长城的修筑

第一节　人文历史与周代列国形势

　　山东，在考古学上被称为海岱文化区，是中华文明的重要发祥地之一，气候适宜，物产丰富，人文荟萃。史前时期的大汶口—龙山文化，是远古中国域内最为强势的考古学文化之一，炎帝族系的蚩尤、少昊、太昊、伯益、后羿等古族，凭借着文化背景的优势，同西方的黄帝族系一道，通过"中原逐鹿"的大舞台，演绎出一幕幕波澜壮阔的历史长歌，为中华文明的确立和发展建立了不朽的功勋。著名国学学者王国维在《殷周制度论》中曾概括说：上古"帝王之都皆在东方。太皞之虚在陈，大庭氏之库在鲁，黄帝邑于涿鹿之阿，少皞与颛顼之虚皆在鲁、卫，帝喾居亳。唯《史记》言尧都平阳，舜都蒲坂，禹都安邑，俱僻在西北，与古帝宅京之处不同。然尧号陶唐氏而冢在定陶之成阳，舜号有虞氏而子孙封于梁国之虞县。《孟子》称舜生卒之地皆在东夷。盖洪水之灾，兖州在其下游，一时或有迁都之事，非定居于西土也。禹时都邑虽无可考，然夏自太康以后，以迄后桀，其都邑及他地名见于经典者，率在东土，与商人错处河济间盖数百岁。商有天下，不常厥邑，而前后五迁，不出邦畿千里之内。故自五帝以来，政治文物所自出之都邑皆在东方。"生动地勾勒出远古山东绚丽多彩的人文历史画卷。

一　史前简史

　　邃古之初，几块石头敲击，乃告人猿相揖别。然万类杂处，不可方物，故有大巢氏为巢穴居，以避风寒雨雪；燧人氏作燧用火，以去污秽腥臊，人兽乃得分际；更有伏羲，作结绳而为网罟，以佃以渔；神农氏作，为耒耜而始耕耨，以农以谷，天道人文始化神州。然洪荒乍起，"天倾西北，地陷东南"，江河横溢，水漫平畴；低地陆灵，或为鱼鳖。赖有女娲，炼彩石以补苍天，断鼇足以立四极。青兖岱岗，两昊以为芦舟；雍冀土原，天鼋得为诺亚，于是有炎昌黄盛。邹鲁华族，厚积徐发，西土是渐；雍岐熊黄，师兵为营，沿河东下；鹿逄中原，双英奋争；姬昊携手，大正顺天，五帝轮值，万邦和合，上古文明乃得以华夏为兴。

　　山东是中华文明的重要发祥地，为"远古中国"，亦即《尚书·禹贡》九州域内最重要的历史文化区之一。20 世纪 80 年代，沂源猿人的发现，将山东地区的人类历史上溯至三四十万年以前。鲁中南山地、胶东半岛旧石器时代遗存和距今约 3 万年新泰乌珠台人的发现，则意味着海岱地区在旧石器晚期仍是早期人类活动的重要区域。沂沭河流域和马陵山一带发现的细石器文化遗存，以及沂源北桃花坪扁扁洞万年左右的新石器遗址的发现表明[1]，海岱地区早期人类的繁衍生息是绵延不断、一脉相承的。

承袭扁扁洞遗存发展起来的后李文化，距今 9000~7600 年，沿鲁中南山地北侧冲积扇前缘呈弧带状分布。距今 7000 年左右的北辛文化，已遍布山东全境，并扩展至周边邻近地区。处于新石器时代中晚期的大汶口文化、金石并用时代的典型龙山文化，则是"远古中国"域内最为强势的原始文化，对远古历史进程和中华文明产生了举足轻重的深远影响。

从古史传说的角度说，海岱文化区是中国古族活动脉络最为清晰的地区。伏羲、炎帝、蚩尤、少昊、太昊、帝喾、帝舜、皋陶、伯益、后羿等，分别为海岱部族集团不同时期、不同地域、不同发展阶段的代表人物。

太昊伏羲氏，时代约当旧石器时代末期。代表着从渔猎游牧与采集经济，向农耕种植经济（新石器时代初期）过渡的发展阶段。新泰乌珠台人和距今万年以前鲁中南山地的细石器遗存，可信为这一阶段的物质文化。就社会发展阶段而言，大致处于"酋邦学说"所称的"游团"时期。

《易·系辞下》：

> 古者包牺氏之王天下也，仰则观象于天，俯则观法于地。观鸟兽之文与地之宜，近取诸身，远取诸物，于是始作八卦，以通神明之德，以类万物之情。作结绳而为罔罟，以佃以渔，盖取诸离。

《易·说卦》：

> 帝（太昊）出乎震……万物出乎震，震东方也。

《左传》僖公二十一年：

> 任、宿、须句、颛臾，风姓也。实司大皥与有济之祀。

《金楼子·兴王篇》：

> 太昊帝庖牺氏，风姓也。母曰华胥。燧人之世，有迹出雷泽，华胥履之生庖牺，蛇身人首，有圣德。

根据以上记载中的东方、雷泽、有济之祀等方位，可知太昊伏羲氏为海岱历史文化区最早的领袖人物。
《易·系辞下》：

> 包牺氏没，神农氏作，斲木为耜，揉木为耒。耒耨之利，以教天下，盖取诸益。

《帝王世纪》：

> （炎帝）作耒耜，始教民耕农，尝别草木，令人食谷而以代牺牲之命，故号神农。

---

[1] 2021 年又在沂水跋山遗址发现距今 9~6 万年的旧石器时代遗址；在临淄赵家徐姚遗址发现距今 13000 年的有陶文化遗存。

《世本·作篇》（王谟辑本）："夙沙氏煮海为盐"。宋衷曰："夙沙氏，炎帝之诸侯"；"宿沙卫，齐灵公臣。齐滨海，故卫为鱼盐之利"[1]。

炎帝神农氏是为中华人文始祖，约当新石器时代早期，人类社会已步入农耕时代，沂源扁扁洞万年左右的新石器早期遗存、泰沂山系周边的后李文化可信为炎帝时代的物质遗存。社会发展阶段大致相当于"酋邦学说"所称的"部落"阶段。远古中国域内形成了海岱、江淮、江汉、洛颍、桑卫、河原六大原初民族文化区。扁扁洞—后李、北辛、大汶口和龙山文化，即为海岱地区万年以来，至文明时代初期的主体文化。

炎帝时期，第四季冰川的末次冰期已经消退，为早期人类的生息繁衍，开辟了更为广阔的空间。随着社会生产力的发展和人口密度的增加，部族之间的文化交流和冲突日趋明显。炎帝末期，远古中国两个发展势头最为强势的部族集团，即以炎帝为代表的海岱文化族团与以黄帝为代表的河原文化族团[2]开始相向拓展，导引出一场旷古烁今、长达数个世纪的"中原逐鹿"。

蚩尤、少昊时期，为末代炎帝时期，约当新石器时代中期，物质文化有了突飞猛进的发展。鲁北地区的北辛文化，豫北冀南的北辛文化后岗类型，以及相应地区的大汶口早中期文化，应与蚩尤部族有关；鲁中南及豫西、苏北、皖北的北辛文化、大汶口早中期文化，应该与少昊部族有关。社会发展进程大致相当于"酋邦学说"所称的"酋邦"阶段。

《帝王世纪》：

> （少昊）邑于穷桑，以登帝位，都曲阜。或谓之穷桑帝。以金承土，即图谶所谓"白帝朱宣"者也。故称少昊，号金天氏。在位百年而崩。

《山海经·大荒北经》：

> 蚩尤作兵伐黄帝，黄帝乃令应龙攻之冀州之野。应龙畜水，蚩尤请风伯雨师，纵大风雨；黄帝乃下天女曰魃，雨止，遂杀蚩尤。

《逸周书·尝麦解》：

> 昔天之初，□作二后；乃设建典，命赤帝分正二卿，命蚩尤于宇少昊，以临四方；司□□上天末成之庆。蚩尤乃逐帝，争于涿鹿之河（或作阿），九隅无遗。赤帝大慑，乃说于黄帝，执蚩尤，杀之于中冀，以甲兵释怒。用大正顺天思序，纪于大帝。用名之于绝辔之野。乃命少昊清司马鸟师，以正五帝之官，故名曰质。天用大成，至于今不乱。

后即帝，赤帝即炎帝，"二后"即炎、黄二帝；"二卿"即为蚩尤、少昊。"于宇"学界多认为是"宇于"之误。"宇"为屋檐，引申为居住。《路史·蚩尤传》即作"命蚩尤宇于小颢"，就是命蚩尤前往少昊所居之地，共同抗击前来进犯的黄帝。

此役涉及地域、族群之广，持续时间之长，对中华文明进程的影响达到了前所未有的深度。黄帝

---

〔1〕　见《世本》孙冯翼集本。
〔2〕　见王永波等：《齐鲁史前文化与三代礼器》第22页，齐鲁书社，2004年。下同。

族系面对炎帝，特别是蚩尤族的顽强抵抗，不得已而联手少昊，即所谓"乃命少昊清司马鸟师，以正五帝之官"。最终以炎帝、蚩尤战败式微；少昊族与黄帝联手共治而告结束。开启了中国特有的"天用大成，至于今不乱"的"五帝轮值共和"时代，"酋邦联盟"已初步形成。

反映在考古学文化上就是北辛文化、后岗一期文化西渐受阻，西部地区的半坡、庙底沟文化向东进逼，其影响直达山东腹地。如北辛遗址发现的瓮棺葬，北辛、大墩子、大伊山等遗址发现的细颈瓶，近似杯形口双耳罐、器座和大汶口文化早期后段彩陶和其他中原文化因素明显增多等，应为黄帝族系东进的影响；而北辛文化最具特色的鼎，折腹圜底三足盆也见于洛颍石固、王湾等遗址。

经历了这场旷日持久的"中原逐鹿"，黄帝得以在鲁中南建立"轩辕之国"，少昊族系则成为海岱地区土著部族文化中最为兴盛的一支。最终发展为太昊帝喾、帝舜（《山海经》称之为帝俊）所代表的考古学文化。

《世本》（秦嘉谟辑补本）：

> 玄嚣生侨极，侨极生高辛，是为帝喾。宋衷曰："玄嚣青阳即少昊也。"

《世本》（秦嘉谟辑补本）：

> 穷系生敬康，敬康生句芒，句芒生蟜牛，蟜牛生瞽叟，瞽叟生重华，是为帝舜。及象生敖。王谟辑本"句芒"作"句望"。

《世本·作篇》：

> 神农作琴瑟。

《山海经·大荒东经》：

> 东海之外大壑，少昊之国。少昊孺帝颛顼于此，弃其琴瑟。

帝喾为帝舜之祖，均为少昊族裔，时代约当新石器时代中晚期和金石并用时期早段，亦即大汶口文化中晚期至龙山文化早期。由于迁徙和部族的分衍，少昊旧部发展分衍出新的族群，即太昊部族。具体地说，少昊部与黄帝族系媾和，在东海之外大壑"孺养颛顼"并"弃其琴瑟"，意味着文化属性和表现形式发生了某种变化。文化属性和表现形式的变化，又意味着部族成分和名称的改变。所以，少昊在东海之外大壑所建之国，即应为太昊部兴起的神话映像。具体地望大致应在鲁中南山地东南侧，靠近黄海的诸城、临朐、五莲、日照、莒县一带。社会发展进程已步入早期国家阶段。据此看来，《孟子》之谓"舜生诸冯，东夷之人"是有其历史根据的。

《国语·郑语》：

> 夫成天地之大功者，其子孙未尝不章，虞夏商周是也，虞幕能听协风，以成乐物生者也。

《左传》昭公八年：

　　自幕至于瞽瞍，无违命。舜重之以明德，置德于遂，遂世守之。及胡公不淫，故周赐之姓，使祀虞帝。臣闻盛德必百世祀，虞之世数未也。继守将在齐，其兆既存矣。

　　由于"五帝轮值共和"酋邦联盟的协调作用，部族集团之间大规模的严重冲突得以化解，社会秩序得以重建，民众也得到了休养生息的和平环境。在这种情势下，太昊部取得了突飞猛进的发展。并在发展过程中，沿鲁中南山地前缘，逐步向中原发展，在今鲁豫皖结合部的狭长地带建立起稳固的前进基地，形成了大汶口文化"尉迟寺类型"（也称段寨类型）。并在后来的发展中逐步占据了历史舞台的中心位置。太昊帝喾部在中原地区的主导地位，使昊族部众的发展速度达到了空前的程度，以至于帝尧不得不采取强力的制约措施，即所谓的"羿射九日"。帝尧的"抑昊"政策引起了太昊部的强烈反弹，最终导致"舜囚尧、放丹朱"事件的发生。帝尧被迫让位，太昊有虞氏帝舜正式登上了历史舞台。

　　海岱与洛颍地区考古学文化的消长态势，为此提供了极为珍贵、无可辩驳的实物证据：仰韶时代中期前段，亦即大汶口文化早期前段，两地的交流碰撞，以东方稍占上风；到大汶口文化早期后段，中原对东方的影响急剧扩大，优势明显；进入仰韶时代晚期（与大汶口文化中期相当），形势发生了根本性逆转，大河村文化（晚期也称秦王寨文化）对东方的影响迅速回落并趋于消失。洛颍地区则发现大汶口文化的完整墓地、遗址，应是帝舜部强势进入洛颍地区的物质遗存。

　　龙山文化早中期，帝舜部在中原的发展进程逐步被夏禹部所取代，中原地区形成了所谓的龙山文化王湾类型、王油坊类型、后岗（二期）类型、二里头文化新砦期等等。事实上，地处鲁冀豫结合部的后岗二期文化和王油坊类型具有浓郁的海岱龙山文化色彩，不少学者主张将鲁西北地区的同期文化，如往平尚庄等也归入后岗类型。总之，将其归入海岱龙山文化大系统，已成为学界的主流观点。

　　考古学研究显示，新石器时代早期，刚刚走出山间林地的早期居民，往往散居在山前冲积扇的前缘。如海岱地区的后李文化，自 20 世纪 90 年代确立至今，发现的遗址总计不足 20 处，呈扇形散居在泰沂山系北侧的山前平原地带。所以在炎帝治下（假定可作如是观），社会结构还比较松散，有如弯月高悬、繁星点点的夜空。各相关民族文化区的早期居民，好比点点繁星，散落在中华大地之上，各自营生，互不相扰，难有交流；炎帝族系有如那一轮弯月，出众，但并不特别光亮，与点点繁星也没有过多的内在联系。

　　随着社会的发展，人口的增殖，生存空间的压力不断上升，最终导致了长达数百年炎黄中原逐鹿之争。远古中国六大原初民族都受到了这场碰撞的强烈冲击，族群融合分衍、文化交流达到了空前的规模。在黄帝族系的主导下，远古中国各部族之间形成了一个类似于宇宙星系的动态圆盘结构。如黄帝"以兵师为营"的战时体制，少昊的鸟官分职，直至帝尧的四岳百官，总体上都是一种以盟主（帝）为中心，各酋邦联盟成员单位的部族领袖都承担一定的管理职权，构成了一种平铺的圆盘结构体系。这种现象一直持续到虞舜时代。

　　帝舜的"肇有十二州，立四岳、群牧、群后"，在顶层权利层面之下，设立"十二个州牧"，相当于后世郡、州、道、府、省的中层权利体系，州牧之下才是群后、方伯一类的部族首领。三级管理体制的形成，使"酋邦联盟"的权利体系，首次具备了完全意义上的立体分层圆锥结构，标志着文明时代的正式开启。

二　夏商时期的山东

　　龙山文化时代后期，随着夏王朝建立，华夏、东夷、苗蛮三大部族集团基本形成。今山东地区作为东夷族团的中心分布区，是夏商时期最重要的势力集团之一。东夷先民在今山东地区建立了众多的方国，由于年代久远，史料缺乏，夏商方国的具体情况，已难窥其详，现择其要者略述如下。

楚竹书《容成氏》简 33～34：

> 禹有子五人，不以其子为后。见皋陶之贤也，而欲以为后。皋陶乃五壤（让）以天下之贤者，述（遂）称疾不出而死。禹于是乎让益，启于是乎攻益而自取[1]。

《韩非子·外储说右下》：

> 禹爱益，而任天下于益，已而以启人为吏。及老而以启为不足任天下，故传天下于益，而势重尽在启也。已而启与友党攻益而夺之天下，是禹名传天下于益，而实令启自取之也。此禹之不及尧舜明矣。

古本《竹书纪年》：

> 益干启位，启杀之[2]。
> 舜放尧于平阳，益为启所诛[3]。

夏代初年，夏禹名义上将"帝位"传与伯益，暗地里却"以启人为吏"，造成"势重尽在启"的局面，最终"启攻益而自取"，窃取了国家联盟的最高权力。夏启窃取帝位之后，不思进取，"淫溢康乐，湛浊于酒"，启子太康更是"盘游无度，尸位其职"。伯益之族的"有穷后羿因民弗忍"[4]，趁机发动了凌厉复仇的斗争，并取得了"因夏民以待夏政"的伟大胜利，从此开启了数百年的夷夏交争。

（一）东夷方国

终有夏一代，伯益、后羿所代表的东夷之族与夏后氏的关系一直是夏王朝与诸侯关系的主轴。今本《竹书纪年》记载："帝相元年征淮夷，二年征风及黄夷，七年于夷来宾。八年寒浞杀羿，使其子浇居过。二十年寒浞灭戈。二十六年寒浞使其子浇帅师灭斟灌。二十七年浇斟鄩大战于潍，覆其舟灭之。二十八年寒浞使其子浇弑帝（相），后缗归于有仍，伯靡出奔鬲。后缗方娠逃出，自窦归于有仍，伯靡奔有鬲氏。"

任 即有仍氏，太昊四国之一。

《左传》僖公二十一年：

> 任、宿、须句、颛臾，风姓也。实司大皞与有济之祀，以服事诸夏……二十有二年春，公伐邾，取须句。杜预注："任，今任城县也。"

---

〔1〕 马承源主编：《上海博物馆藏战国楚竹书（二）》，上海古籍出版社，2002 年。
〔2〕 《晋书·束晳传》引《汲冢书》。
〔3〕 《史通》卷十三《外篇·疑古》引《汲冢书》。
〔4〕 分别见《墨子·非乐上》《夏书·五子之歌》。

《世本·氏姓篇》：“仍氏本国名，夏后缗有仍氏女。又有仍叔，世为周大夫。”《史记·吴太伯世家·索隐》：“《春秋经·桓五年》‘天王使仍叔之子来聘’，《穀梁经传》并作‘任叔’。仍、任声相近，或是一地，犹甫吕、虢郭之类。案：《地理志》东平有任县，盖古仍国。”《通志·氏族略》：“仍，即有仍氏，夏之诸侯”；“任为风姓之国，实太昊之后。今济州任城，即其地也。”《路史·国名记一》：“任，伯爵。今济阳之任城。或曰仍也。”

有缗氏　传为少昊之后，夏之诸侯，活动地域与有仍氏相近。

《左传》昭公四年：

> 夏桀为仍之会，有缗叛之。

又昭公十一年：

> 桀克有缗以丧其国。

《今本竹书纪年》：

> （桀）十一年，会诸侯于仍，有缗氏逃归，遂灭有缗。

有缗氏地望，在今山东省金乡县东北。《路史·国名纪》：“缗，蔑姓，夏灭之，山阳东缗。今济之金乡有古缗城。贾逵以缗为有仍之姓，妄。”杨伯峻《春秋左传注·僖公二十三年》注曰：“缗，本古国名，昭四年《传》‘有缗叛之’是也。在今山东省金乡县东北二十五里，旧名缗城阜。”《通志·氏族略·以国为氏》：“缗氏，夏时诸侯，子孙以国为氏。今济州金乡有古缗城。《姓苑》有缗氏。”

颛臾　太昊四国之一。

《论语·季氏》：

> 季氏将伐颛臾。冉有、季路见于孔子曰：季氏将有事于颛臾。孔子曰：求！无乃尔是过与？夫颛臾，昔者先王以为东蒙主，且在邦域之中矣，是社稷之臣也。何以伐为？

《左传》僖公二十一年杜预注：“颛臾在泰山南武阳县东北。”颛臾为春秋鲁国的附庸，故址在今山东平邑东北20公里处的柏林乡颛臾村，今改为固城村。据《读史方舆纪要》记载，西汉时曾在颛臾故城西南设南武阳县，属泰山郡，东汉及晋因之。隋开皇十八年（598年）改为颛臾县，属沂州；唐贞观初省入费县，1946年后入平邑县。

须句　太昊四国之一。《春秋经》僖公二十有二年：“春，公伐邾，取须句。”《左传》“邾人以须句故出师。公卑邾，不设备而御之”。杜预《左传》僖公二十一年注“须句在东平须昌县西北，四国封近于济，故世祀之。”须昌县即今山东东平县，邾地在今邹城市（原邹县）。

宿　太昊四国之一。故地也在今汶泗流域，后徙安徽宿县。

有虞氏（遂国）　太昊直系后国。

《左传·哀公元年》：

　　（少康）为仍牧正。恁浇能戒之。浇使椒求之，逃奔有虞，为之庖正，以除其害。虞思于是妻之以二姚。

　　虞思，为帝舜之后，因其始祖虞幕而被称为"有虞氏"。有仍氏在今山东济宁一带，故少康所奔有虞氏的地望，距有仍氏不至太远，张学海认为阳谷县景阳冈龙山文化城，就是少康逃奔的有虞氏[1]。《左传》昭公八年："自幕至于瞽瞍，无违命。舜重之以明德，置德于遂，遂世守之。及胡公不淫，故周赐之姓，使祀虞帝。"遂国地望在今泰安肥城县境。周武王所封"胡公"之"陈国"为遂国后世支系，地望在今河南省淮阳县境，被楚惠王所灭。

有鬲氏　少昊旧部之一。

《左传·襄公四年》：

　　靡奔有鬲氏。浞因羿室，生浇及豷，恃其谗慝诈伪，而不德于民，使浇用师，灭斟灌及斟寻氏，处浇于过，处豷于戈。靡自有鬲氏，收二国之烬。

《史记·夏本纪·正义·帝王纪》：

　　初，夏之遗臣曰靡，事羿，羿死，逃于有鬲氏，收斟寻二国余烬。

　　有鬲氏为后羿支系，其地在今山东德州地区。《左传·襄公四年》杜预注："有鬲，国名，今平原鬲县。鬲音革。"《括地志》："故鬲县在德州安德县西北十五里"。《通志·氏族略》："鬲氏，即有鬲之国。今德州平原有故鬲城。子孙以国为氏。"

逢伯陵（明）氏　炎帝后裔，少昊支系，姜姓，齐国先祖。

《左传》昭公二十年：

　　昔爽鸠氏始据此地，季荝因之，有逢伯陵因之，蒲姑氏因之，而后太公因之。

　　其中，爽鸠氏为史前居民，季荝、伯陵氏传为夏代部族。

《国语·周语下》：

　　则我皇妣太姜之侄，伯陵之后，逢公之所凭神也。

《山海经·海内经》：

　　炎帝之孙伯陵。

《左传》襄公四年：

寒浞，伯明氏之谗子弟也。伯明后寒弃之，夷羿收之，信而使之，以为己相。浞行媚于内而施赂于外，愚弄其民而虞羿于田，树之诈慝以取其国家，外内咸服。羿犹不悛，将归自田，家众杀而亨之，以食其子。其子不忍食诸，死于穷门。靡奔有鬲氏。浞因羿室，生浇及豷，恃其谗慝诈伪而不德于民。使浇用师，灭斟灌及斟寻氏。处浇于过，处豷于戈。靡自有鬲氏，收二国之烬，以灭浞而立少康。少康灭浇于过，后杼灭豷于戈。有穷由是遂亡。

《孟子·离娄下》：

　　逢蒙学射于羿，尽羿之道，思天下惟羿为愈己，于是杀羿。孟子曰：是亦羿有罪焉。

赵岐注："羿，有穷后羿，逢蒙，羿之家众也。罪羿不择人也。""逢蒙"，《荀子·王霸》《正论》和《吕氏春秋·有始》记作"蠭门"，《路史·后纪》作"庞门"。《路史·国名纪》："逢，伯爵，伯陵之国……夏有逢蒙。"由是可知"逢蒙"即为"有逢伯陵氏"族裔；"伯明氏"则为"伯陵氏"之异称，祖居鲁北。1985 年山东济阳刘台子西周墓地出土了带"夆"字铭文的青铜器，其中 M6 出土 7 件有铭铜器中，就有 6 件为"夆"氏器，"夆"即逄、逢，也就是逄氏的族铭。此墓所葬为一代"夆公"无疑[1]。从文字记载和出土金文的双重角度证明，商周时期，逄伯陵氏仍活动在这一地区。

寒国　后羿支系，伯明（陵）氏之后寒浞归附后羿，参与夏代早期的夷夏交争，一度取代后羿成为当时的天下共主。故地在今鲁北地区，今潍坊市有寒亭。所谓"伯明后寒弃之"，是说伯陵氏所建"寒国"的国君厌恶寒浞的德行操守，弃而不用，而后羿却收而使之。《楚辞·天问》："覆舟斟寻，何道取之？"《今本竹书纪年》："浇伐斟鄩，大战于潍，覆其舟，灭之。"寒浞兵败之后，逃回鲁北故地。并将"斟鄩""斟灌"之族的国名一并带至鲁北地区。

昆吾氏　《孟子·滕文公下》："汤始征，自葛载。"葛，传为夷人之后，嬴姓，其地望在今天河南省商丘市宁陵县北。商汤起兵，首先灭掉了临近的葛氏，后来又剪除了夏的盟邦韦、顾和昆吾。《诗经·商颂·长发》："韦、顾既伐，昆吾、夏桀。"《今本竹书纪年》："二十八年，商会诸侯于景亳，遂征韦。商师取韦，遂征顾。二十九年商师取顾。三十年商师征昆吾。三十一年商自陑征夏邑。"

顾氏　昆吾氏分支，己姓。顾地所在濒临商人灭夏的前锋。商汤灭夏时，先灭韦、顾。其地望在夏初斟灌氏故地，在今山东鲁西莘县观城一带，紧邻河南范县。《世本·氏姓篇》："顾氏，出自己姓。顾伯，夏商侯国也。"《左传·哀公二十一年》杜预注："顾，齐地。"《元和郡县图志》卷十一濮州范县条："故顾城在县东二十八里，夏之顾国也。"《读史方舆纪要》云："顾即《诗·商颂》'韦、顾既伐'之顾国，在今河南范县旧治东南五十里，齐地。"

诸夷与王寿　远古中国东方诸族的泛称。

《后汉书·东夷传》：

　　夷有九种，曰畎夷、于夷、方夷、黄夷、白夷、赤夷、玄夷、风夷、阳夷；自少康以后，时服王化，遂宾于王门，献其乐舞。

《今本竹书纪年》：

---

〔1〕　山东省文物考古研究所：《山东济阳刘台子西周六号墓清理报告》，《文物》1996 年第 12 期。

八年征于东海及三寿，得一狐九尾。

《山海经·海外东经》：

青丘国在其北，其狐四足九尾。

郭璞注引《汲郡竹书》："柏杼子征于东海及王寿，得一狐九尾。"少康"中兴"之后，与东夷的关系稍有缓和。据今本《竹书纪年》记载，少康二年"方夷来宾"。但是，其子帝予继位不久，就有了夏人东征的记载，其范围也从内陆延伸到海滨。

三寿、王寿应为一国，后世讹传为二，《逸周书·王会》曰："青丘，狐九尾。"孔晁注云："青丘，海东地名"，其地在今鲁北地区。《路史·国名纪六》："王寿，夏世侯伯之国。宜是平寿，卫之下邑。在潍州西南三十里。"明人陈士元《名疑·卷一》："三寿，东夷国名，一作王寿，一作平寿，字讹。"清人雷学淇《今本竹书纪年义证》："三寿，东海之国名也。"逄振镐也认为王寿国在今潍县西南三十里[1]。帝相流亡期，曾有斟寻、斟灌在此地区暂居。

此后，双方的关系一度较为稳定。帝槐，或称帝芬"三年九夷来御"；"后泄二十一年，命畎夷、白夷、赤夷、玄夷、风夷、阳夷。"；后发元年"诸夷入舞"[2]。夏代末期，由于夏桀的昏庸、暴虐，夷人再次发动了大规模的反抗斗争。《今本竹书纪年》："畎夷入于岐以叛。"《后汉书·东夷列传》："桀为暴虐，诸夷内侵。"《后汉书·西羌传》："后桀之乱，畎夷入居那、岐之间。"均是其例。傅斯年所撰《夷夏东西说》[3] 就是对这种现象的概括。

（二）姒姓方国

山东地区在三代时期还有一些夏后氏所封的姒姓之国。

《国语·周语下》：

有夏虽衰，杞、鄫犹在。

即是说杞、鄫为夏人之后。杞国原在河南杞县，后迁山东，留待后叙。

鄫国　又做缯、曾，姒姓，自夏立国至春秋。《世本·氏姓篇》："夏少康封其少子曲烈于鄫，襄六年，莒灭之。"《路史·夏后纪下》云：帝予"乃封其仲曲列于缯，至周为莒所灭"。以路史"帝杼封曲列"之说为是。鄫之地望，在今鲁南枣庄市峄城区和临沂市苍山县一带。杨伯峻《春秋左传注·僖公十四年》注云："襄公六年灭于莒，召公四年鲁取其地，后又属齐。故城在今山东省峄县东八十里。"鄫国故城址在今苍山县境。

夏桀的无道，导致其统治集团内部的混乱，加速了夏王朝的灭亡。周边原来的同盟或附属国，也纷纷起来对抗夏朝，成为外患。夏桀在镇压的过程中，使夏朝的实力遭到很大损失。当夏朝逐渐走向衰亡时，曾是夏朝附属的商人逐步崛起，成为夏后氏王朝的最大威胁。

《吕氏春秋·先识》：

〔1〕　逄振镐：《山东境内的夏诸侯国与姓氏》，《禹城与大禹文化文集》，中国文联出版社，2007 年。
〔2〕　均见《今本竹书纪年》。
〔3〕　傅斯年：《夷夏东西说》，《庆祝蔡元培先生六十五岁论文集》，中央研究院历史语言研究所，1935 年。

夏太史令终古，出其图法，执而泣之。夏桀迷惑，暴乱愈甚，太史令终古乃出奔如商。

《淮南子·氾论训》：

太史令终古先奔于商，三年而桀乃亡。

《史记·夏本纪》：

乃召汤而囚之夏台，已而释之。汤修德，诸侯皆归汤，汤遂率兵以伐夏桀。桀走鸣条，遂放而死。

《今本竹书纪年》：

商师征有洛，克之。遂征荆，荆降；二十六年，商灭温；二十三年，诸侯宾于商。二十九年，费伯昌出奔商。

商人早期以鲁西豫东为活动中心，商代前期的五次迁都，有三次在山东境内。商的始祖契都于蕃（今滕州），相土东都在泰山下，势力逐渐向东发展，山东地区成为其主要活动区域。至商汤灭夏，商朝建国，定都于亳（今属曹县，一说在今河南省商丘市北），后商都八迁，其中两次在山东境内。第五次由西而东迁至庇（今梁山县一带），第六次迁都到奄（今曲阜市）。在商的周围存有许多与商有联系的方国和部落，今山东地区主要的方国为"人方"，著名的部落有薄姑（今博兴）、诸（今诸城）、逢（今青州）、薛（今薛城）、亳（今属曹县）、奄（今曲阜）、卞（今泗水县东）、陶（今定陶）、单（今单县）、郯（今郯城）、须句（今东平）、颛臾（今平邑县东）等。

由于远古中国的政治伦理提倡"举逸民、兴灭国"，夏代的山东诸国，绝大多数继续以不同的形式继续着本国族的繁衍生息。据学者研究统计，夏商时期山东地区的古国，见诸文献、地理可考者有135国之多，其中绝大多数是由东夷族的氏族部落发展而来。从考古学的角度说，滕州前掌大遗址、济南大辛庄遗址、青州苏埠屯遗址，无论遗址规模还是出土遗物的规格，都表明这三处遗址应为商代重要方国的居地或军事重镇。

（三）其他方国

包括如过（今莱州市）、斟鄩（今潍坊市潍城区西南）、斟灌（今寿光市东北）、蒲姑氏（今博兴）、商奄（今曲阜）等。《左传》襄公四年："浞因羿室，生浇及豷，恃其谗慝诈伪，而不德于民。使浇用师，灭斟灌及斟寻氏。"杜预注："乐安寿光县东南有灌亭"；《路史·国名记》："故淳于县属北海，郧元云本夏之斟灌国"，《括地志》："斟灌故城在青州寿光县东五十四里"。《左传》昭公九年："及武王克商，蒲姑、商奄，吾东土也。"《史记·周本纪》："召公为保，周公为师，东伐淮夷，践奄，迁其君蒲姑。"《正义》引《括地志》云："薄姑故城在青州博昌县（今淄博市）东北六十里。薄姑氏，殷诸侯，封于此，周灭之也。"《竹书纪年》有"太戊，五十八年，城蒲姑"的记载。均为山东境内参与谱写夏代历史的重要部族或方国。

三　周代山东封国

周武翦商，使蛰居西北的姬姓周人从一个边陲小邦，一跃变成天子之国。为了巩固和扩大周王朝的统治，有效地管理广大被征服的地区，镇抚各地原有的邦国，周初实行了"封建亲戚，以藩屏周"[1]的分封制。就是把周王的子弟、亲戚、功臣以及古代先王圣贤的后代，分配到一定的地区，分别配给相应的土地和人民，成为拱卫西周王室的诸侯国。诸侯在自己的统治范围内，按照宗主国册封规定的等级、疆域、属民规模，建立政权机构，设置军队、监狱、相关的礼器和仪仗等。诸侯对周王承担一定的义务，如定期朝见，缴纳贡赋，征调军队随周王出征，助祭王室的重大祭祀活动等等。

（一）周初分封

通常认为，周初分别在周武灭商和周公平叛（成王时）后有过两次大的分封。武王所封的主要诸侯包括：封神农的后代于焦，封黄帝的后代于祝，封尧的后代于蓟，封舜的后代于陈，封大禹的后代于杞，封师尚父于齐，封周公旦于鲁，封召公奭于燕，封叔鲜于管、叔度于蔡，封商汤的后代武庚于殷。这些人或为先贤先圣的后代，或为周人立国的功臣以及子弟。周公平定武庚、管、蔡之乱后，便将他们所管辖的殷遗民一分为二，一部分给了商纣王的哥哥微子启，封于商丘，国号宋。另一部分则分给成王的叔父康叔，封于殷墟，国号卫。成王诛灭唐以后，封其弟叔虞于唐。后世历代周王也随机进行过册封，但都规模不大。

经过周初的两次分封，形成了以王畿为中心，众多诸侯拱卫"宗周"（镐京）王室的局面。成王时，按照武王的遗愿在洛阳地区修筑"成周"，派驻"八师"镇守，以为东方诸侯朝会的东都，并把部分"殷顽民"迁移至此，加以监视。在西起岐阳，东到圃田，所谓渭、泾、河、洛一带，形成了纵贯东西长达千余里西周"王畿"之地，作为统治、震慑各路诸侯的大本营。周朝在王畿（甸服）之外有侯服、宾服、要服、荒服，侯服就是指诸侯国所分布的地区，侯服之外，就是一些关系比较疏远的旧国或其他"少数民族"部落。

《荀子·儒效》说：周初分封，"立七十一国，姬姓独居五十三"。据《左传》记载，先后受封的文王后代有16国：管（河南郑州）、蔡（河南上蔡）、郕（山东汶上北）、霍（山西霍县）、鲁、卫（殷墟）、毛（河南宜阳县境）、聃（地不详）、郜（山东城武县东南）、雍（河南沁阳东北）、曹（山东定陶）、滕（山东滕县）、毕、原、酆、郇（山西猗氏县西）；属于武王诸子的四国：邘、晋、应（河南宝丰县西南）、韩（山西芮城县西）；属于周公后代的六国：凡（河南辉县西南）、蒋（河南淮滨期思集东北）、邢、茅（山东金乡境）、胙（河南延津）、祭（郑州北）。

（二）山东列国概述

黄河中下游地区原是殷商统治的中心区域，周武王灭商，姬姓周人的势力首次抵达黄河下游，特别是今山东地区。祖居山东的东夷族人，虽然在灭商的过程中起到了很大的作用，内心并不服从周人的"管理"，有的则公然起兵反抗，刚刚建国的西周王朝深感"一统天下"的"力不从心"。周公东征"灭国五十"，就是为了剪灭不肯归附的殷商残余势力。故而在其实施"封建亲戚，以藩屏周"政策的过程中，除了封建宗室亲属和功臣外，更多的则是对归附的殷商旧国的"认可式"重封。

周王朝在东方分封诸侯时，一方面树立周王室在东方的支柱，另一方面对殷民实行分而治之。当时，分封在山东地区的诸侯国大小数十个。封周公之子伯禽于鲁（今曲阜），以监督殷民六族；封主

---

[1]《左传》僖公二十四年。

要功臣姜尚于齐，都营丘（今临淄一带），治理原在薄姑（今博兴、临淄一带）的殷民。齐和鲁是周王朝在山东的两个最大封国。齐国初封，地域不过"方百里"。由于姜太公实行"简其礼，从其俗""通商工之业，便鱼盐之利"的治国方略，齐国得以迅速发展。至成王时就得到了"东至海，西至河，南至穆陵，北至无棣，五侯九伯，实得征之"的征伐大权，以其强大的政治、经济、军事实力，称霸一方，成为"春秋五霸"之首、"战国七雄"之一。鲁国作为周公的封地，以更为优渥的条件立国。但是，由于伯禽实行"变其俗，革其礼""辑其分族，将其丑类，以法则周公"、重农抑商的政策，经济发展较慢，但也是疆域北抵泰山，东过龟蒙，南包凫峄，襟带汶泗，以发达的文化著称于世的周代大国。因此，后人将山东称作"齐鲁之邦"。

齐鲁之外，分封在山东的小国还有曹、薛、郯、颛臾、黎、谭（今济南东）、淳于（州，今安丘一带）、夷（今即墨西）、纪、莒、滕、郕、郕、须句、偪、任、阳、鄟、邿等。其他未列入的殷商方国，仍在旧地存续，并得到了西周王室的认可。自周平王东迁洛邑后，历史进入"东周"时期。春秋前期的古代中国仍然是邦国林立，见诸文献者即达一百余个（图一）。由于周"天子"已丧失了统领天下的王权，诸侯争霸，弱肉强食，到春秋末期，弱小国家相继被吞并，今山东地区尚有齐、鲁两个大国，以及曹、滕、薛、邾、莒、杞、牟、郯、邿等小国。现择与齐国关系较多者分述如下：

A. **齐地诸国**　周初的齐地方国，主要有临淄的齐国；齐国东邻寿光、青州、临朐、安丘一带的纪

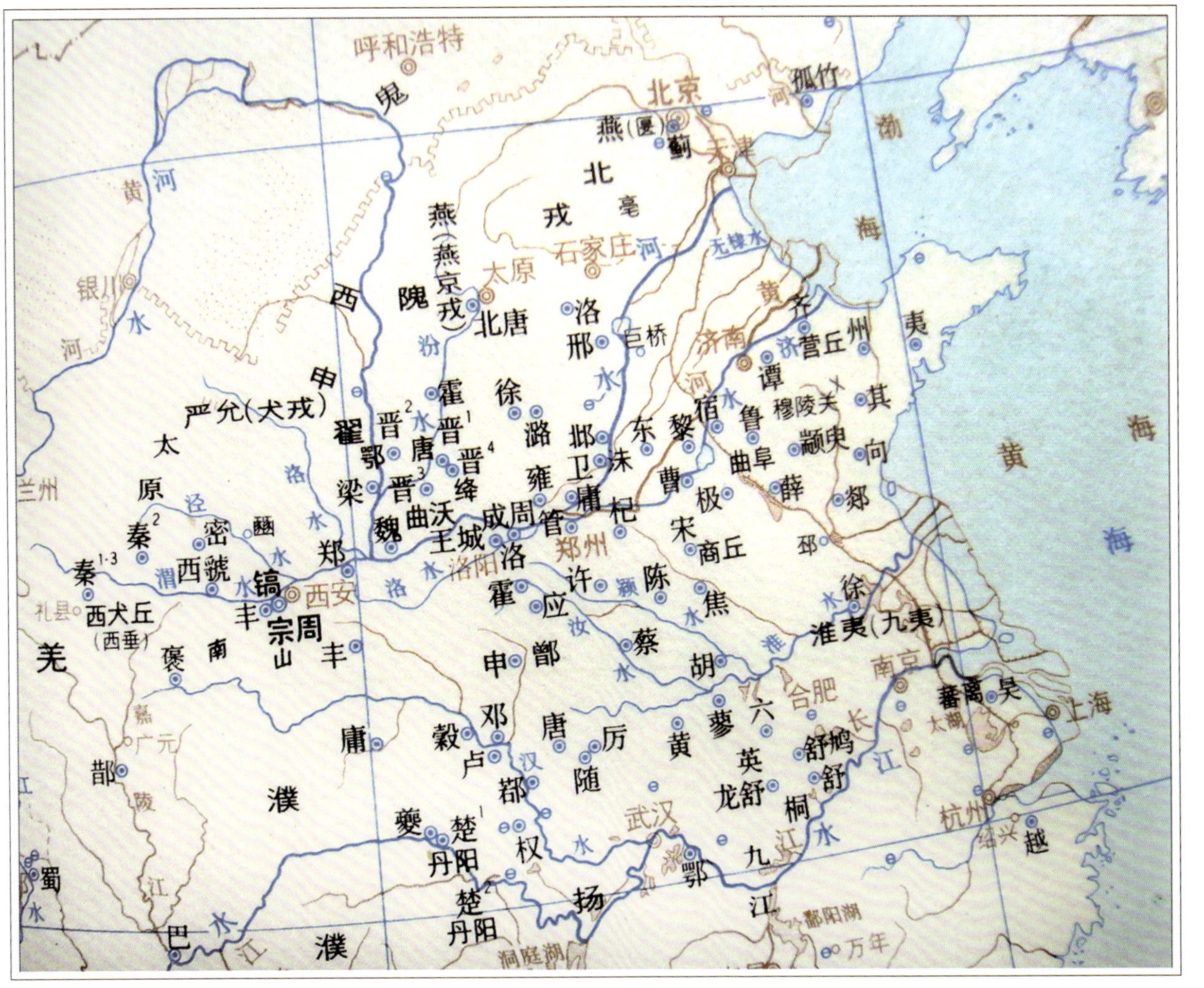

图一　西周封国略图（据《中国历史地图集》，中华地图学社出版，1975 年）

国及其属邑；今胶州、莒县一带的莒国；在安邱县境还有淳于（州）国。莱国则是齐国东部最强大的土著国之一，纪国东部直至胶东半岛，几乎都是它的领地。这些方国大多为姜姓国族，另一部分则属于少昊族系。如《左传》昭公二十年"爽鸠氏"、伯益后国"其氏"（国）等，他们都是鲁北地区的土著居民。

齐国　是炎帝族系的姜姓后裔，早在虞夏时期就有姜姓"逢伯陵氏"。《国语·周语下》："则我皇妣太姜之侄，伯陵之后，逢公之所凭神也"。杜预《左传》注："逢伯陵，殷诸侯，姜姓"；《国语》韦昭注："逢公，伯陵之后，太姜之侄，殷之诸侯封于齐者。"《山海经·大荒北经》："大荒之中……有北齐之国，姜姓。"进一步说明，姜姓齐国也是鲁北地区的古老国度，早在夏商时期即已立国，只是各种典籍记述所使用的称谓有所不同。甲骨文也有"齐"的记录，如"庚寅卜，在齐次"；"在齐次，佳王来征人方。"[1]。人方就是夷方，地处今山东域内。除政治和宗族原因之外，海盐的获取是商人东伐的一个重要因素，鲁北地区发现的商代晚期大型制盐工场，或者就是帝辛伐齐的主要动因。所以，可以确信商代鲁北已有以"齐"为称的方国。晚商时期，周代齐国之域为"蒲姑氏"的领地。周武克商之役，"蒲姑氏"等五十余国被周公东征的大军扫荡殆尽，该地遂成为周代姜姓齐国的领地。

《史记·齐太公世家》：

> 武王已平商而王天下，封师尚父于齐营丘。东就国，道宿行迟，逆旅之人曰："吾闻时难得而易失，客寝甚安，殆非就国者也！"太公闻之，夜衣而行，黎明至国。莱侯来伐，与之争营丘。营丘边莱，莱人，夷也。会纣之乱而周初定，未能集远方，是以与太公争国。

太公吕尚封齐之时，仅有方百里之地。"太公至国修政，因其俗简其礼，通商工之业，便鱼盐之利，而人民多归齐，齐为大国。"姜太公制定的符合齐地社会基本情况和风土人情的国策，使齐国得到了快速发展。管蔡武庚之乱，淮夷畔周，周公率师东征，"凡所征熊盈族十有七国"[2]，"伐奄三年，讨其君，驱飞廉于海隅而戮之，灭国者五十"[3]；周天子"乃使召康公命太公曰：东至海，西至河，南至穆陵，北至无棣，五侯九伯实得征之，齐由此得征伐为大国，都营丘"[4]。"营丘"的具体位置迄今尚无定论，总之，当不出以临淄为中心"方百里"的周边地区，今临淄北部桐林田旺遗址或与此有关。齐国取得了封域周边诸侯国的征伐全权，可以合法地吞灭周围小国。

春秋时期，周室衰微，戎狄与楚国的交侵，诸侯兼并，战事频仍，各国苦不堪言。由此导引出"争霸莫如尊王"的政治理念，富国强兵、"尊王攘夷"遂成为春秋时期各国首先要解决的历史课题，谁能顺应历史潮流，解决好这个问题，就能"挟天子以令诸侯"，成为列国拥戴的霸主。齐国的后继统治者基本承袭了太公的"衣钵"和"鱼盐工商、劝其女工、尊贤尚功"的治国方针。经三百余年的经营，齐国的人口逐渐增多，迅速由一个疆域不过百里的小国发展成为雄踞东方的大国。东周王室的衰弱，"礼乐征伐自诸侯出"，为春秋初期齐国庄公、僖公、襄公三代的小霸、齐桓公的春秋首霸提供了前提条件。

《史记·货殖列传》总结说：

> 太公望封于营丘，地潟卤，人民寡，于是太公劝其女功，极技巧，通鱼盐，则人物归之。繦

---

〔1〕《殷墟文字甲编》。

〔2〕《逸周书·作洛》。

〔3〕《孟子·滕文公下》。

〔4〕《史记·齐太公世家》。

至而辐辏，故齐冠带衣履天下，海岱之间敛袂而往朝焉。其后齐中衰，管子修之，设轻重九府，则桓公以霸，九合诸侯，一匡天下……是以齐富强至于威、宣也。

莱国　"营丘边莱"，说明齐国初封之地与莱国为邻。其原有领地大致相当于今淄河、潍河及其以东的半岛地区，国土面积具有"大国"规模。

《尚书·禹贡》：

> 海岱惟青州。嵎夷既略，潍淄其道。厥土白坟，海滨广斥……莱夷作牧。

《左传》宣公七年：

> 夏，公会齐侯，伐莱。秋，公至自伐莱。

《史记·管晏列传》：

> 晏平仲婴者，莱之夷维人也。

《禹贡》颜师古注："莱山之夷，齐有莱侯。莱人，即今莱州之地。作牧者，言可牧放。夷人以畜牧为生也。"莱州后改称的掖县，今又复莱州之称。"潍淄其道"是说大禹治水，疏浚潍淄两条河流，大水退去，草木繁盛，莱人因地制宜，以"作牧"为其主业。《史记正义》："《齐记》云：'齐城三百里有夷安，即晏平仲之邑，汉为夷安县，属高密国'。应劭云：'故莱夷维邑'"。《左传》宣公七年杜氏注："莱，东莱黄县地，今登州黄县有莱山。"《元和郡县志》《寰宇记》《通志》《路史》等均记黄县故城即莱国。《明史·地理志》："黄县东南，有故莱子城。"

《左传》襄公二年：

> 齐侯使诸姜宗妇来送葬，召莱子，莱子不会，故晏弱城东阳以偪之。

襄公六年（公元前566年）：

> 十一月，齐侯灭莱……四月，晏弱城东阳，而遂围莱……丁未，入莱。莱共公浮柔奔棠。正舆子、王湫奔莒，莒人杀之。四月，陈无宇献莱宗器于襄宫。晏弱围棠，十一月丙辰，而灭之。迁莱于郳，高厚、崔杼定其田。

郳　即小邾国，邾武公夷父颜庶子友来的封国，故地在今山东枣庄滕州、山亭一带。2002年，枣庄市文物部门经发掘确认，山亭区东江古墓群为春秋时期小邾国的贵族墓地。"迁莱于郳"，就是将莱国的统治者迁到外地，监视居住，最后不知所终。《左传》杜预注："王湫，故齐人，成十八年奔莱。正舆子、莱大夫。棠，莱邑也，北海即墨县有棠乡"；"晏弱城东阳，而遂围莱。"表明东阳就在被围之莱城附近。《左传》杜预注说："东阳，齐境上邑。"是说齐国在其东部边境筑邑以伐莱。《路史》以东阳在青州临朐；《山东通志》说在县东5千米。总之当在安丘、昌乐一带。上述文献表明，今临朐、高密、即墨（含平度）、莱州等地均曾为莱人属地。今龙口市（黄县）的"归城故城"则是莱共公所建东莱。直到战国，最终被齐完全吞并。

纪国　是一个古老的国度。甲骨文已见有商代"己氏"的记录。如"己亥卜，己贞……"（萃1239）；"丙寅，自己入"（前8、4、6），"己贞"的"己"为贞人的称谓，"自己入"的"己"为地名。20世纪中叶寿光县出土了64件晚商铜器，包括19件带铭青铜器，其中，有三件自铭"己"字。此外还有陶器、玉器等，组合完整，地方特色浓厚。己即纪，这批文物的出土有力地证实了在商代纪国已在寿光一带立国[1]。西周的纪国是商代纪国的延续。在文献典籍中，纪国历史始于周懿王，纪国带铭铜器也多见于西周前期，包括如己侯钟、己侯簋、卫作己中鼎、□作己公鼎、大作己白鼎、己白钟。据铭文所记，纪国与西周王室的关系颇为密切，深受西周王室的宠信，其统治者大多在西周王室服务，有的官居要职，本国则在山东寿光一代。有如周公旦封鲁，留在王室辅政，其子伯禽代为就封；郑桓公封郑并不就封，留在王室作司徒。

《左传》隐公元年"纪人伐夷"，杜预注："夷国在城阳壮武县，纪国在东莞剧县。"正义："世族谱：纪，姜姓，侯爵，庄四年齐灭之。"《史记索隐》《路史》等均以纪国为姜姓。"纪"，金文作"己"。《己侯貉子簋铭》中自称"己姜"，《己侯簋铭》有"己侯作姜萦簋"之语，表明纪国确为姜姓族团的成员。城阳为西汉诸侯国，壮武县治在今即墨；剧县即今山东寿光。县南10千米有纪侯台，己侯钟即出土于纪侯台附近。

纪国与齐国、莱国为近邻，在齐国拓展疆域的过程中必定首当其冲，这恐怕是纪国统治者归附并极力讨好西周王室的重要原因。

《史记·周本纪》：

> （周夷王时）纪侯谮之周，周烹哀公而立其弟静，是为胡公。胡公徙都薄姑……哀公之同母少弟山怨胡公，乃与其党率营丘人袭攻杀胡公而自立，是为献公。献公元年，尽逐胡公子，因徙薄姑都，治临淄。

纪国的这一举措，导致齐哀公被周王烹杀，并引起齐国公室的内乱。虽然暂时削弱了齐国，却在两国间种下了难以化解的世仇。西周时期，由于王室的震慑作用，齐国尚不敢把攻伐的矛头贸然指向纪国。春秋时期，周室王权式微，齐国便无所顾忌地开始了复仇计划。

《左传》桓公五年：

> 夏，齐侯、郑伯朝于纪，欲以袭之。纪人知之。

桓公六年《经》：

> 夏四月，公会纪侯于成……冬，纪侯来朝。

《传》：

---

〔1〕　王永波：《"己"识族团考——兼论其、並、己三氏族源归属》，《东夷古国史研究》第二辑，三秦出版社，1990年。

夏会于成，纪来咨谋齐难也；冬，纪侯来朝，请王命以求成于齐，公告不能。

鲁桓公五年（公元前707年），齐侯谋纪，由于"纪人知之"已有准备，未能得逞。鲁桓公六年，纪国求助于鲁国，希望鲁桓公能出面协调齐、纪两国关系，以避战端。得到的回答却是"公告不能"。纪国处在孤立无援、岌岌可危的境况之中。鲁庄公元年，齐国首次对纪国发动战争。

《左传》庄公元年：

冬十月……齐师迁纪郱、鄑、郚。

庄公三年：

秋，纪季以酅入于齐，纪于是乎始判。

"郱、鄑、郚"为纪国的外围城邑和屏障，齐国夺取了这些城邑，纪国的处境更加险恶。时隔不足两年，纪侯的弟弟见大势已去，携自己的属邑"酅"投降了齐国。"郱、鄑、郚"丢失后，"酅"与国都已是唇齿相依，"酅"邑归齐，纪国已危在旦夕。在纪季降齐后的第二年（公元前692年），纪国便被齐襄公所灭。《左传》庄公四年所谓"纪侯不能下齐，以与纪季。夏，纪侯大去其国。"

眞国 也称"其氏""箕氏"，甲骨、金文作"甘""眞"，传世文献作"箕"，是伯益、后羿的人族裔。夏代初年伯益与夏启争立之前，"其氏"族人就在鲁北一带立国。王献唐认为，其氏原籍应在今山东莒县北部的潍水之源，亦即《汉书·地理志》所载箕县故地[1]。1975年发现于临朐营子乡的一组晚商其氏铜器（此组铜器原存临朐县图书馆），可视为其氏故地的重要物证。《殷墟书契前编》第2卷第2页有"眞侯"，安阳殷墟出土了较多的"眞氏"铜器，仅妇好墓就出土21件。表明商代的眞氏已是一个重要国族。

《左传》昭公三年：

箕伯、直柄、虞遂、伯戏，其相胡公、大姬，已在齐矣。

台湾学者陈盘认为"眞国始封，或曰伯益"[2]。晏琬认为"商末的眞，就是文献中的微、箕之箕"[3]。在甲骨文一、二期中，"眞"仍作"其"，知甲骨、金文中的"眞氏"与文献中的箕氏均指"其氏"。

今临淄、青州（益都）一带有"益"地之称，曾多次发现战国"賹化钱"[4]，"賹"字陶豆[5]和西周时期铸有"莽"（益）字的原始布币。《汉书·百官公卿表》："《书》载唐虞之际，……**莽**作朕虞。"旧注均以"莽"即"伯益"。"莽"即"莽"，为益之古体，翳则为其通假字。早期的"益"字原有两体，一为"益"体，本意为水满则溢之"溢"；二为"莽"体，作双手上提土筐之形。山东益

---

〔1〕 王献唐：《黄县眞器》，《山东古国考》，齐鲁书社，1983年。
〔2〕 陈盘：《不见于春秋大事表之春秋方国稿》第149页，上海古籍出版社，2009年。
〔3〕 晏琬：《北京辽宁出土铜器与西周初期的燕》，《考古》1975年第5期。
〔4〕 朱活：《从山东出土的齐币看齐国的商业交通》，《文物》1972年第5期。
〔5〕 曾毅公：《山东金文集存》上，第32页；山东省文物管理处：《山东临淄齐故城试掘简报》，《考古》1961年第6期。

地发现的钱文、陶文和原始布币上的益字均作"𥎻"形。据笔者所知，"𥎻"字除用于上述场合外，乃是一个弃置不用的死文字，后世一律改用"益"体。伯益之"**𦳢**"与益都（青州）之"𥎻"共同专用"**𦳢**"体，足以证明两者之间有着密不可分的内在联系。换言之，青州之所以得称益都，实因其曾为伯益之都而缘起。在河南登封，伯益以箕山为居地，在山东鲁北，伯益又傍箕山而建都，箕山之名与伯益之族的对应关联由此可以得到证实。与《史记·秦本纪》伯益之族"去复归商，以佐殷国"的记载正相吻合，青州"𥎻"地一带就是夏代"其氏"族人的"国都所在"[1]。

大约在殷商中期（约当甲骨文三四期、殷墟文化三期）偏晚阶段，其氏族族徽发生了一个引人瞩目的变化，即在"其"字上面加冠"己"字，而演变为"己其"复合徽识，表明曩与纪结成了政治军事同盟。周代铜器的"王妇匜"铭文作"王妇曩孟姜作旅吕匜"，"曩公壶"铭文为"曩公作为子叔姜□盥壶"，说明曩氏为姜姓。根据甲骨、金文的记载，从武丁时起，经祖庚、祖甲、廪辛、康丁、武乙、文武丁、帝乙、帝辛八代。曩氏的首领一直在王室服务，曩氏族的最高首领"矣"，在武丁、祖庚、祖甲之世为王室贞人，是商代较为显赫的国族。殷商灭亡，"箕子北奔朝鲜"[2]，在北京、辽宁一带留下了"曩氏"铜器。其本部仍活动在鲁北、鲁东地区。寿光"己器"、临朐出土的晚商其氏铜器、烟台上夼发现周代曩器和清代出土于登莱之地的西周晚期"师寰簋"将"曩氏"作为征淮夷的军事力量，与齐师、莱师并举，均是其证。鉴于该地区出土的多数"曩氏"为春秋时期，而不见战国"曩氏"铜器，表明曩国应灭亡于春秋末期至战国初年[3]。

杞国　原称"娄"为夏后氏姒姓支系，故地分别在今新泰、宁阳和安丘、诸城一带。商代初期商汤将娄人的一支作为夏后氏遗族重封在河南杞县，称之为"杞"。《大戴礼记·少间》即云："（商汤）乃放移夏桀，散亡其佐。……乃迁姒姓于杞。封夏后氏之后于杞，亦命氏焉。"甲骨文有帝辛在"杞"地田猎的记录。

《左传》隐公四年《经》：

春，王二月，莒人伐杞，取牟娄。

又，僖公十四年：

诸侯城缘陵，而迁杞焉。

又，襄二十九年：

晋平公，杞出也，故治杞。六月，知悼子合诸侯之大夫以城杞。

《公羊传》僖公十四年《经》："春诸侯城缘陵"；《传》："城杞也，曷为城杞，灭也，孰灭之，盖徐莒胁之。"

〔1〕　王永波：《"己"识族团考——兼论其、亚、己三氏族源归属》，《东夷古国史研究》第二辑，三秦出版社，1990年；王永波：《益都得名与伯益古族新证》，《管子学刊》1992年第1期。

〔2〕　《史记·宋微子世家》。

〔3〕　王永波：《"己"识族团考——兼论其、亚、己三氏族源归属》，《东夷古国史研究》第二辑，三秦出版社，1990年。

《史记·陈杞世家》：

> 杞东娄公者，夏后禹之苗裔也。殷时或封或绝。周武克殷，求禹之后，得东娄公，封之于杞，以奉夏后氏祀。

　　隐公四年（公元前 719 年）杜注："杞国本都陈留雍丘县。推寻事迹，桓六年（实为五年）淳于公亡国，杞似并之，迁都淳于，僖十四年又迁缘陵。襄二十九年，晋人城杞之淳于，杞又迁都淳于。牟娄，杞邑，城阳诸县东北有娄乡"；僖公十四年杜预注："缘陵，杞邑。辟淮夷，迁都于缘陵"；昭公元年"城淳于"，杜注又云："襄二十九年，城杞之淳于，杞迁都"。

　　周武王封杞，原在河南杞县，西周晚期东迁山东新泰。春秋早期至鲁襄公时期，杞国仍在新泰一带活动。公元前 646 年（僖公十四年），因"徐莒胁之"，从鲁南迁到缘陵，即在今昌乐一带。由僖公三十三年（公元前 627 年）"杞子奔齐"可知，此时的杞国，仍处在动荡之中。是以在鲁襄公二十九年（公元前 544 年）又再迁"淳于"，即今诸城、安丘一带。《楚世家》所谓"楚惠王四十四年（公元前 445 年），楚灭杞"，当指为今新泰一带，杞国再次东迁后保留的宗祠故地。

　　杜预以杞国先后有两次迁都于淳于，非是。《左传》桓公五年，"淳于公如曹"，并没有说明具体原因，故而只能证明公元前 707 年淳于公奔曹，再也没有回来。即便确如杜预所言，"淳于公出奔曹国"是由于杞国的入侵，也只是占领了淳于的地盘，而不能随意发挥，说杞国此时已迁都淳于。到公元前 544 年（襄二十九年）晋平公派知悼子合诸侯之大夫"以城杞"，杞国才正式迁都淳于。

　　淳于（州）国　也称州国，周代封于今安丘县境的小国，春秋时期被杞国吞并。《括地志》说："淳于国在密州安丘县东三十里"。《通志·氏族略》以淳于为姜姓。

《左传》桓公五年《经》：

> 冬，州公如曹；

《传》：

> 冬，淳于公如曹，度其国危，遂不复。

又，昭公元年：

> 祁午谓赵文子曰：……子相晋国以为盟主，于今七年矣！再合诸侯，三合大夫，服齐、狄，宁东夏，平秦乱，城淳于。

　　《左传》桓公五年《经》杜预注："不书奔，以朝出也。"《传》："淳于州国所都，城阳淳于县也。国有危难，不能自安，故出朝而遂不还。"昭公元年（公元前 541）"城淳于"是"祁午"对往事的追述，杜注认为，此谓"城淳于"，就是"桓公六年（实为五年），淳于公亡国，杞似并之，迁都淳于"之事，非是。桓公五年（公元前 707 年）"淳于公如曹"，只是说淳于公亡国出奔，不能作为杞国迁都于淳于的证明。

　　B. 鲁南诸国　周代鲁南地区，除了鲁国、莒国两个较为强大的诸侯国之外，尚有滕（今滕州）、薛（今薛城）、郯（今郯城）、鄫（今苍山）、邾（今邹城）、偪（今枣庄台儿庄）、曹（今定陶北）、郜（今成武东南）、阳（今沂南境内）、郕（今宁阳）、牟（今莱芜城东）、颛臾（今平邑）、黎（今郓城）、须句（今东平西北）、郳（临沂）等国。鲁国作为姬周王室分封在东方的强藩，是震慑、管理东方的"宗邦"。《诗·鲁颂·閟宫》所谓"泰山岩岩，鲁邦所詹，奄有龟蒙，遂荒大东，至于海邦，淮夷来同，莫不率从。"就是对鲁国强势地位的真实描述。因此除莒国外，上述方国多为鲁国的附庸，有朝觐鲁国的义务，这里主要介绍鲁国、莒国、郳国的简况。

鲁国　周公名旦，亦称叔旦，周文王之子、武王之弟，鲁国的始封君。周公在灭商和扫荡东夷的斗争中居功甚伟。武王死，成王年少，周公担负起辅佐成王的重任，奠定了西周时期的各项典章制度，是西周初年的杰出政治家。

《诗·鲁颂·閟宫》：

　　王曰叔父，建尔元子，俾侯于鲁，大启尔宇，为周室辅。

《左传》定公四年：

　　昔武王克商，成王定之，选建明德，以藩屏周……分鲁公以大路大旂……因商奄之民，命以伯禽，而封于少昊之虚（墟）。

《孟子·告子下》：

　　周公之封于鲁，为方百里也。

《史记·鲁周公世家》：

　　封周公旦于少昊之虚曲阜，是为鲁公。周公不就封，留佐成王。……而使其子伯禽代就封于鲁。

其他如《周本纪》《管蔡世家》也有近似的记载。诗中"王"指周成王，"叔父"即周公，"元子"是周公的长子伯禽。值得注意的是《诗》和《左传》以伯禽为鲁国的始封君，《史记》则以周公为鲁国的始封君。根据周初太公、召公、管叔、蔡叔均有封地的情形观察，当以《史记》的说法为是。也有根据《史记》集解、索隐等关于岐山周地"为周公菜（采）邑，故曰周公"的说法，认为周公并未封鲁。事实上，周公先食采于周，再封于鲁，并无排他性的矛盾。

伯禽代父就封之前，曾任大祝之官，西周铜器《大祝禽鼎》《禽鼎》《禽簋》记载了这方面的情况。通常认为，鲁的最初封地在今河南鲁山一带。

《史记·鲁周公世家》记载：

　　伯禽即位之后，有管、蔡等反也，淮夷、徐戎亦并兴反。于是伯禽率师伐之于肸，作《肸誓》。……遂平徐戎，定鲁。

《周本纪》：

召公为保，周公为师，东伐淮克，残奄，迁其君薄姑。

表明周公东征以前，鲁国已经建立。当时，今山东曲阜一带还是奄国的领地。周初分封，一个重要目的便是开拓疆土，"以藩屏周""为周室辅"。所以，伯禽被封于鲁后，便代表周王室，担负起镇抚徐、奄、淮夷的使命。东征胜利后，周人为了更好地控制包括今曲阜在内的"远东"地区，遂将奄国国君迁到了薄姑，把鲁国迁至商奄旧地。

《说苑·至公》：

> 周公卜居曲阜，其命龟曰：作邑乎山之阳，贤则茂昌，不贤则速亡。

说明泰山之阳曲阜城的选址是周公确定的。傅斯年也认为，《閟宫》的记载是"此则初命伯禽侯于鲁，继命鲁侯侯于东，文义显然"[1]。

周公作为王室宗亲和西周初年的核心人物，受封时的待遇远远高于齐国。

《史记·十二诸侯年表序》：

> 齐晋秦楚，其在成周微甚，封或百里或五十里。

《诗经·鲁颂·閟宫》：

> 俾侯于鲁，大启尔宇，为周室辅。

郑氏笺：

> 封鲁公以为周公后，故云大开汝居，以为我周家之辅。谓封以方七百里，欲其强于众国。

《史记》列举"百里或五十里"的封国中，没有鲁国。郑氏笺所称鲁国封地则远远优于他国。《閟宫》"赐之山川，土田附庸"的待遇，也不见于齐国。

《左传》定公四年：

> 昔武王克商，成王定之，选建明德，以蕃屏周。故周公相王室，以尹天下，于周为睦。分鲁公以大路大旗，夏后氏之璜，封父之繁弱（弓）；殷民六族：条氏、徐氏、萧氏、索氏、长勺氏、尾勺氏。使帅其宗氏，辑其分族，将其类丑，以法则周公。用即命于周，是使之职事于鲁，以昭周公之明德。分之土田倍敦，祝宗卜史，备物典策；官司彝器，因商奄之民，命以伯禽，而封于少皞之虚。

《閟宫》：

> 公车千乘，朱英绿縢，二矛重弓，公徒三万，贝胄朱綅，烝徒增增。

---

[1]　傅斯年：《大东小东说》，《历史语言研究所集刊》第二本第一分册。

《礼记·明堂位》：

> 凡四代之器、服、官，鲁兼用之。是故，鲁，王礼也，天下传之久矣。

《史记·鲁周公世家》：

> 成王乃命鲁得郊祭文王，鲁有天子礼乐者，以襃周公之德也。

鲁之初封，在物质封赏之外，还有特别赐以天子礼乐。表明鲁国在政治、文化及物质上的待遇比异姓姜齐的更加优厚，以强化"宗邦"鲁国"大启尔宇，为周室辅"的政治功能。《閟宫》郑氏笺："大国三军，合三万七千五百人，言三万者，举成数也。"伯禽就封时，在大量殷民和财物之外，还有"公徒三万"壮行，何等威风！与姜太公就国的"夜衣而行"形成了鲜明的对比。

齐鲁两国分封时的待遇不同，治国的方略也存在着质的差异。与齐国的"因其俗，简其礼""极技巧，通鱼盐之利"的治国方针不同，鲁公伯禽采取了"启以商政，强以周索""变其俗，革其礼"[1]"辑其分族，将其类丑，以法则周公"的策略，通过强制手段，推行周礼，实行"周化"统治。这些不同的政策决定了两国日后发展模式、发展速度的差异。

炀公徙鲁　炀公是伯禽之子，考公之弟。继考公而为君。其事迹见诸文献的，只有"筑茅阙门"和"炀公徙鲁"[2]两条笼统的记载。幸有西周青铜器《沈子簋》为此提供了重要证据。沈子，名它，是炀公的儿子，因克蔑有功，受封于沈，为鲁之附庸。《沈子簋》为沈子受封之后，在宗庙昭告炀公的告辞[3]。告辞追述了先王先公克殷之事，及其父炀公"克渊克夷"之功，最后叙述沈子克蔑受封之事。"渊"为"奄"之假借字，即殷商时期之奄国；夷是土著民族。簋铭的记述表明，炀公之时，曲阜一带的奄国遗族（渊、夷）曾发动叛乱，因而才有"克渊克夷"和"徙鲁"之功，继而"筑茅阙门"以示纪念。清人龚景瀚《鲁都考》认为，鲁都原有曲阜、奄都两部分。鲁公盖迭居之，二者相距不过三四里，间阎相接，后又联而为一。周人征服了奄地之后，把鲁国迁到了奄地附近的少昊之墟曲阜，并没有直接占领奄人居地。奄人虽早被征服，却不甘作顺民，故后来又有炀公"克渊（奄）"之举。既克奄人之后，炀公遂将鲁国迁徙到奄人所居之城[4]。我们认为，也可能是"成王东伐淮夷遂践奄"（《书序》）之初，鲁人并没有在奄地建都，到炀公"克渊克夷"之后，才迁到奄都的。

《公羊传》隐公五年："自陕而东，周公主之。"作为周天子的东方代表，鲁国在西周时期一直是周室的强藩，充分发挥着"宗邦"震慑、管理东方的作用。《閟宫》所谓："泰山岩岩，鲁邦所詹，奄有龟蒙，遂荒大东，至于海邦，淮夷来同，莫不率从，鲁侯之功。保有凫绎，遂荒徐宅，至于海邦，淮夷蛮貊及彼南夷莫不率从，莫敢不诺，鲁侯是若。"虽然有些夸张，却也反映了鲁国强盛时期的基本态势。春秋时期的鲁国虽已积弱，但东方的小国，如曹、滕、薛、纪、杞、鄫、邓、邾、牟、葛等，仍奉鲁国为"宗邦"，常以附庸的身份朝觐鲁国。

庆父之难与卿大夫专政　鲁国积弱，究其原因，除了立国治策上的原因外，数度废长立幼、杀嫡立庶导致的内斗，以及庆父、三桓之乱，都起到了一定的作用。西周晚期，鲁武公携长子括、少子戏

---

〔1〕 分别见《左传》定公四年和《史记·鲁周公世家》。

〔2〕 《史记·鲁周公世家》本文及注。

〔3〕 郭沫若：《两周金文辞大系考释》，（日本）文求堂书店，昭和十年（1935年）。

〔4〕 《澹静斋文钞》卷一，《清人文集地理类汇编》第七册，浙江人民出版社，1990年。

朝拜周宣王。宣王很喜欢戏，不顾众臣的反对，违背常规立戏为鲁国太子。鲁武公薨，太子戏立，是为鲁懿公，长子括的儿子伯御，弑懿公自立。伯御又被周宣王诛灭。

公元前 662 年，公子庆父在鲁庄公治丧期间，杀死太子般，立公子开为君，是为鲁闵公。次年又袭杀闵公，故有"庆父不死，鲁难未已"的成语。后来庆父奔莒，被逼自杀。这一事件持续了两年之久，对鲁国造成了较大的损害。庆父事件不久，鲁国又爆发了公卿争权的恶性事件，对鲁国的实力和"国际"地位造成了更大的损害。闵公死，僖公继位，历文、宣、成、襄、昭、定、哀、悼八代，东门、三桓之族的权势日渐强大，与公室争权夺利的斗争愈演愈烈，尤以东门襄仲和季氏执政时期最为突出。

东门襄仲，亦称公子遂，为鲁庄公之子、鲁之上卿，居于曲阜东门，故以"东门"为氏，一度曾权倾朝野。鲁宣公八年，东门襄仲死，其子公孙归父继之为鲁国执政。"三桓"是庆父之后孟孙氏、叔牙之后叔孙氏、季友（成季）之后季孙氏。此三者均为鲁桓公的后裔，故称"三桓"，是鲁国势力最大、专权时间最长的公族。

公元前 609 年，鲁文公崩，东门襄仲杀死哀姜所生的公子恶与公子视，拥立文公二妃敬嬴所生庶子馁，是为鲁宣公，鲁国进入东门氏专政时代。鲁宣公时，季文子以其"忠贞守节，克勤于邦，克俭于家"，开初税亩，兴私田，获得平民阶层的拥戴，以至于"民不知君"而只知季氏[1]，受到鲁宣公的猜忌。公元前 591 年（宣公十八年），公孙归父挟其父襄仲拥宣公的功宠，以"去三桓，以张公室"为借口，鼓动宣公借晋国之力去掉"三桓"。未及，宣公死。季文子（即季孙氏，也称季孙行父）借机重翻旧账，对朝臣说："使我杀适（嫡）立庶以失大援者，（襄）仲也夫。"欲对东门氏痛下杀手。杜预注："适谓子恶，齐外甥，襄仲杀之而立宣公。南通于楚，既不能固，又不能坚事齐晋，故云失大援也。"鲁国大夫臧宣叔质问说："当其时不能治也，后之人何罪？"但鉴于季文子的强势地位，还是表示"子欲去之，许请去之"，遂逐东门氏。公孙归父奔齐[2]，开启了"三桓"专政的时代。季文子家族（包括季武子、季平子）在鲁宣公、成公、襄公、昭公、定公五代执掌鲁国大权，并采取了一系列削弱公室权力的措施。

鲁国本有三军，自文公以来，鲁国弱而从霸主之令，遂自减中军，只剩上下二军。"有事，三卿更帅以征伐"[3]。襄公十一年，季武子欲专其民，乃增设中军，"作三军，三分公室而各有其一"。季武子、叔孙穆叔、孟献子分领三军，由是三桓强于公室[4]。

《左传》昭公五年：

> 五年春，王正月，舍中军，卑公室也。毁中军于施氏，成诸臧氏。初作中军，三分公室而各有其一。季氏尽征之，叔孙氏臣其子弟，孟氏取其半焉。及其舍之也，四分公室，季氏择二，二子各一，皆尽征之，而贡于公。

所谓"初作中军"就是襄公十一年的"作三军"。杜氏注曰："罢中军，季孙称左师，孟氏称右师，叔孙氏则自以叔孙为军名"；孔颖达疏："初作中军，十二分其国民，三家得七，公得五国。民不尽属公，公室已是卑矣。今舍中军，四分公室，三家自取其税，减己税以贡于公，国民不复属于公，公室弥益卑矣"[5]。

〔1〕（宋）程公说：《春秋分记》卷五十一。
〔2〕《左传》宣公十八年。
〔3〕（宋）家铉翁：《春秋集传详说·襄公二》。
〔4〕《左传》襄公十一年。
〔5〕杜氏、孔氏之语，见（明）卓尔康：《春秋辨义·昭公一》。

面对季武子咄咄逼人的态势，鲁昭公二十五年，采纳郈昭伯、公若等人的建议，起兵讨伐季氏，孟氏、叔孙氏发兵救援。鲁昭公事败外逃，季平子自摄君位。鲁昭公流落郓地、干侯避难，辗转于齐、晋之间，七年后（公元前510年，鲁昭公三十二年）死于干侯，鲁定公继位。

季平子的谋逆、僭越行为，对社会造成了极坏的影响。公元前505年（鲁定公五年），季平子、叔孙成子相继去世。季平子的家臣阳虎，趁机发难，囚禁季桓子，逐仲梁怀，专权长达三年。后来，三桓虽然将阳虎赶出了鲁国，自身的实力也明显减弱，鲁定公趁机起用孔子为司寇，以期能够解决三桓的问题。定公十年，孔丘相鲁定公，与齐侯会于祝其，粉碎了齐侯使"莱人以兵劫鲁侯"的图谋，并迫使齐国归还了其侵占日久的汶阳之田，声望大增，乘势于定公十二年（公元前498年）发动了"堕三都"的政治攻势，以期消减三桓的势力，恢复君臣之礼。季桓子鉴于阳虎事件，同意堕费城，但遭到家臣公山不狃、叔孙辄的反对，经过一番激战才达成目的。叔孙氏也堕了郈城，孟氏则不肯堕其成城。定公发兵讨伐，不克，也就不了了之。最终还是三桓把孔夫子赶出了鲁国。鲁哀公也曾因"患三桓之侈也，欲以诸侯去之"。事败，哀公随公孙有陉氏（鲁大夫，亦称有山氏）出奔，流亡于邾、越之间，不知所终[1]。哀公死，公子宁立，是为悼公。三桓实力仍然强大，鲁公卑于三桓，有如小侯。直到鲁穆公时期（公元前415~前383年），鲁国实行改革，任命博士公仪休为鲁相，遂渐从三桓手中收回政权。但其颓势已无法扭转，在战国群雄合纵连横的格局中日渐式微。公元前323年，鲁平公即位，正值韩、魏、赵、燕、中山五国"相王"之年。鲁顷公二年（公元前278年），秦国破楚国首都郢，楚顷王东迁至陈。顷公十九年（公元前261年），楚伐鲁取徐州。顷公二十四年（公元前256年），鲁国为楚考烈王所灭，迁顷公于下邑，七年后（公元前249年）鲁顷公死于柯（今山东东阿），鲁国绝祀。

莒国　是东方土著民族所立之国。本为嬴姓，后改称己姓，一说曹姓。郭沫若《中国史稿》认为，"传说中伯益的后裔，有徐氏、郯氏、莒氏等14个民族。"至商代为姑幕侯国，周为莒国。

《左传》襄公二十四年：

> 遂伐莒，侵介根。

杜预注："介根，莒邑，今城阳黔陬县东北计基城是也。"在《春秋释例·世族谱》中杜预又说："'莒嬴姓，少昊之后，周武王封兹舆期于莒，初都计，后徙莒，今城阳莒县是也。'"《太平寰宇记》引地理志："周武王封少昊之后，嬴姓兹舆于莒，始都计，在今高密县东南四十里。"

清雍正《莒县志》：

> （莒地）唐虞以前无考，商姑幕国。此侯国也，殷爵列三等，而姑幕实侯此土。

武王灭商，封少昊之后兹舆期于莒，都于计（今胶州市），至春秋初迁都莒（今山东莒县），传23世，立国600余年。春秋初从计迁莒后，莒国国势正强，不断与齐、鲁、晋等大国会盟，还常常对周围小国发动战争。到春秋中后期，政治腐败，内乱频发，国势日弱，疆域屡遭蚕食。

杜预《春秋释例·世族谱卷九·莒》：

> 莒国，嬴姓……今城阳莒县是也。《世本》自纪公以下为己姓，不知谁赐之姓者。十一世兹

---

[1]　《左传》哀公二十七年。

平公方见春秋，共公以下微弱，不复见，四世楚灭之。

　　莒国的公族承袭东夷风俗，国君无谥号。自周初始封至春秋鲁隐公元年，文献不见莒国历史的记载，《史记》未设《莒世家》。至十一世莒平公始见于《春秋》，开始出现国君世系的记载。莒共公以下微弱，不见记载。四世后被楚国灭亡，一说为齐国所灭[1]。

　　莒国在春秋早期比较活跃，曾南侵向国，西伐杞国，多次参与"国际"会盟。《左传》隐公二年（公元前 720 年）有"莒人入向""纪子帛，莒子盟于密"的记载，隐公三年有"莒人伐杞，取牟娄"的记载。齐桓公小白继位之前，曾因齐国内乱而在鲍叔牙的保护下"出奔莒国"。鲁庄公十年"齐师灭谭"，谭子亦投奔莒国，寻求保护。鲁闵公二年，鲁庆父作乱出逃避难，也选择了莒国。鲁莒之间为此曾数次发生战争，莒国虽然战败，鲁国也发现莒国不容小觑。鲁庄公二十九年（公元前 665 年），在诸、防（在今费县东北）两地筑城设防，就是为了防备莒国。僖公元年（公元前 659 年），鲁国"公子友帅师败莒于郦"，并俘虏了莒子之弟莒拏。这些现象表明，莒国曾是今山东地区仅次于齐鲁的大国。齐桓公称霸后，莒国不再向北发展，转而向西南方向拓展，与鲁国、鄫国频频发生纠葛。据考证，莒国疆域最大时曾东起黄海，西至今沂水县境，南达今苏鲁边境，北至今诸城安丘一线。不过由于春秋时期的霸主，如齐桓公、宋襄公标榜"尊王攘夷"，莒国未能获准参加由他们主导的重要会盟。

　　鲁僖公二十四年（公元前 626 年）至鲁襄公三十一年（公元前 542 年），是莒国有史可查的中后期。其时，晋文公、楚庄王相继称霸，莒国历经兹平公、纪公庶其、厉公季陀、渠邱公朱、犁比公密五代君主。面对齐鲁两大强邻，莒国以"附晋为援"作为基本国策。晋文公虽然也以"尊王攘夷"为己任，却未排斥莒国，莒国因此得以参加包括"践土之盟"在内的几次重要会盟。鲁文公时期，莒国逐步积弱，一些小国也开始欺凌莒国，如文公七年（公元前 620 年）"徐伐莒"。文公十八年（公元前 609 年）莒纪公废长立少，长子仆弑纪公，以其宝玉奔鲁，国力进一步衰弱。鲁宣公四年（公元前 605 年），莒国与郯国发生矛盾，鲁公与齐侯居间调和，莒人不肯。鲁国因此而伐莒，夺取了莒的向地。鲁宣公九年（公元前 601 年），齐侯伐莱，取根牟，触角直抵莒国的边境。宣公十一年（公元前 599 年），鲁国的公孙归父再次会齐人伐莒。宣公十二年（公元前 598 年），楚国围郑，晋师救郑，双方大战于邲，晋师败绩。齐国见莒国失去了晋国的庇护，又于宣公十三年，以"莒恃晋而不事齐"为借口兴兵伐莒。鲁成公七年（公元前 584 年），楚公子婴齐伐郑，莒国参与了晋鲁齐宋等国的救郑行动和马陵之会。成公九年，楚国为报复莒国，自陈伐莒"克其三都"，攻破莒国的渠丘、都城和郓地。

　　在此期间，晋国（悼公）重新称霸，至公元前 580 年，晋楚弭兵，时局有所缓和，莒国得到喘息的机会。公元前 584～前 542 年，莒国参加了晋国主导的绝大多数（20 余次）会盟，并开始了新一轮的对外用兵。公元前 577 年（成公十四年），莒渠邱公死[2]，其子密州即位，史称犁比公。面对齐鲁两国争强的局面，犁比公依仗晋的支持，时常与齐国、鲁国为敌。鲁襄公元年（公元前 572 年），莒国参加了晋鲁等九国攻宋之彭城的战役；鲁襄公四年，莒国联合邾国伐鄫，并击败鲁国臧纥的援兵，于襄公六年（公元前 567 年）灭鄫。襄公八年、十年、十二年，莒国曾连续三次对鲁国的东鄙发动进攻，鲁国为此加强了东部边城"费"的防务。鲁襄公九年、十四年，莒国还参与了伐郑、伐秦的战争。鲁襄公十八年（公元前 555 年），莒国又参与了晋鲁十二国联军伐齐的平阴、临淄战役。是役，临淄被

────────────────

〔1〕　分别见《史记·楚世家》和《墨子·非攻》。

〔2〕　《左传》成公十四年"莒子朱卒"，"朱"为渠丘公之名。成公八年："渠邱公立于池上。"杜预注即谓："渠邱公，莒子朱也。"《春秋谷梁传》杨士勋疏亦谓："莒子朱者，莒渠邱公"。

围，齐国惨败，给莒国埋下了新的祸根。导致齐国于襄公二十三（公元前550年）、二十四年连续两年伐莒，夺取了莒之介根。但是，由于齐楚两国实力强大，莒君有时又暗通齐楚，虚与委蛇，并因此而受到晋国的惩罚。一次是鲁襄公十四年春，晋齐鲁宋郑以及周边小国"为吴谋楚"而会于向，莒公子务娄因暗"通楚使"而被晋国囚禁。第二次是鲁襄公十六年，上述诸国因齐楚屡屡欺凌鲁国，再次会盟，晋国再次以其"通齐楚之使"而"执邾宣公、莒犁比公"以归。

黎比公附强晋以自固，不仅与齐楚反目，也得不到晋鲁的信任，从而导致战争连年不断，"国人患之"。鲁襄公三十一年（公元前542年），次子展舆，率国人弑犁比公，自立为君，长子去疾奔齐。此后莒国历经去疾（着丘公）、庚舆、郊公、狂四代，因内斗不断，国力益衰，沦为齐国的附庸。昭公元年（公元前541年），季武子伐莒，取郓地，莒君展舆又"夺群公子秋"，引起公愤。齐国护送去疾返国，是为着丘公，展舆奔吴。鲁叔弓趁莒国内乱，屯田于郓。莒务娄、瞀胡及公子灭明，携"大厖"与"常仪靡"两个城邑奔齐。后五年，莒牟夷携牟娄、防兹两邑投奔鲁国，莒国曾为此出兵，试图索回，被叔弓击败。昭公十年（公元前531年），鲁公甚至将"莒之旁邑"赏给齐国的陈桓子；秋七月，鲁季平子伐取莒之郠地，莒国益弱。

昭公十四年（公元前527年），莒着丘公卒，蒲余侯杀公子意恢，从齐国迎回了去疾之弟庚舆（莒共公）成为国君，郊公奔齐。昭公十九年（公元前522年），齐师伐莒。莒子奔纪鄣。莒共公惧，启西门而出。昭公二十二年（公元前519年），齐师伐莒，莒大夫苑羊牧之曾建议，以行贿齐军主帅的方式罢兵，莒君不听，并小胜齐师于寿余。结果是齐侯震怒，再行伐莒，莒君不得已又亲自赴齐国求和，莒于是乎大恶其君。昭公二十三年，"莒子庚舆虐而好剑，苟铸剑，必试诸人，国人患之"，乌存帅国人以逐之，齐国又立郊公为君。莒子庚舆在国人的讨伐声中投奔鲁国。鲁哀公十四年（公元前481年），"莒子狂（狅）卒"，莒国的历史复不见于史书。直至公元前431年，才再现于《史记·楚世家》，其辞曰："简王元年，北伐灭莒"。然而，其他文献却有不同的说法。

《墨子·非攻》：

> 东方有莒之国者，其为国甚小，间于大国之间，不敬事于大，大国亦弗之，从而爱利。是以东者，越人夹削其壤地，西者，齐人兼而有之，计莒之所以亡于齐越之间者，以是攻战也。

《战国策·齐策五》：

> 昔者，莱莒好谋，陈蔡好诈，莒恃越而灭，蔡恃晋而亡，此皆内长诈外信诸侯之殃也。

《战国策·西周策》：

> 邾莒亡于齐，陈蔡亡于楚，此皆恃援国而轻近敌也。

《殷周金文集成》着录有两件所谓的"能原"镈，现分别收藏于海峡两岸的故宫博物院。旧称为"陆氏钟"或"利徙钟"，容庚《善斋彝器图录》称之为"奇字钟"，认为字体与越王钟、越王矛相似，"乃越国物也"。据曹锦炎考证，镈铭记载了越国主持调解莒国与邾国疆界之争的事情[1]，证明

---

〔1〕 曹锦炎：《再论"能原"镈》，《故宫博物院刊》1999年第3期。

《墨子》《战国策》等文献所记不虚。

据《吴越春秋·勾践伐吴外传》记载，越王勾践二十五年（公元前 472 年），曾将国都由会稽北迁琅琊，即今苏北地区[1]，迫使莒国归附，齐国也因此趁火打劫。在两强的夹击下，莒国更加贫弱，最终为齐国所灭。依当时列强争霸和莒之全境最终被齐国兼并等现象观察，应以"齐灭莒"的说法为是。公元前 284 年乐毅破齐，克七十余城，仅剩即墨、莒城不下，知此时的莒地已全部为齐国所有。

郮国　为鲁南地区的土著小国。

《左传》昭公十八年《经》：

> 六月，邾人入郮。

《传》：

> 六月，郮人藉稻。邾人袭郮，郮人将闭门。邾人羊罗摄其首焉，遂入之，尽俘以归。郮子曰："余无归矣。"从帑于邾，邾庄公反郮夫人，而舍其女。

《左传》昭公十九年：

> 郮夫人，宋向戌之女也，故向宁请师。二月，宋公伐邾，围虫。三月，取之。乃尽归郮俘。

郮国小人寡，本无国防可言，邾人在公元前 524 年，以"郮人藉稻"为借口，发动偷袭，郮人正待关闭城门，便被邾人羊罗"摄其首"。城破，郮夫人以下全部被俘。邾国因郮夫人娘家是更为强大的宋国，才将郮夫人放归。次年，宋国还是进行了报复，迫使邾人返还其掠夺的人口和物资。《左传》杜注以"郮国，今琅琊开阳县"，杨伯峻《春秋左传注·昭公十八年》以郮国地处今临沂市境，顾栋高《春秋大事表》说，郮国都城在临沂县北 15 里[2]。

1982 年，山东省兖石铁路考古队，在临沂相公公社王家黑墩凤凰岭发掘一座春秋晚期大墓，出土铜器，残损严重，又有明显的修复迹象；相关铭文，全部被锉磨毁，难以辨认。发掘者认为，该墓出土铜器，即应为昭公十八年被邾人掠走，宋国又迫使其返还的郮国礼器。锉磨铭文，砸毁器体的应是邾人，返还郮国后，又经修复[3]。

四　春秋列国态势

公元前 770 年，平王迁洛，史称东周，历史进入春秋时期。王室衰微，天子失官，诸侯争霸，弱肉强食，狄蛮内侵，战祸连年，构成了春秋时期的重要历史特征。据记载，齐桓公"并国三十五"，晋"献公并国十七，服国三十八"，楚庄王"并国二十六，开地三千里"，秦穆公"兼国十二，开地千里"[4]，逐步形成齐、鲁、晋、秦、楚、宋、卫、陈、蔡、曹、郑、燕、吴、越十四个势力较强的诸侯国（图二）。

---

〔1〕　刘延长等：《山东地区越文化遗存分析》，《东方考古》第 9 集上册，科学出版社，2012 年。
〔2〕　转引自杨伯峻：《春秋左传注·昭公十八年》。
〔3〕　山东省兖石铁路文物考古工作队：《临沂凤凰岭东周墓》，齐鲁书社，1987 年。
〔4〕　分别见《荀子·仲尼》和《韩非子》的《难二》《有度》《十过》等。

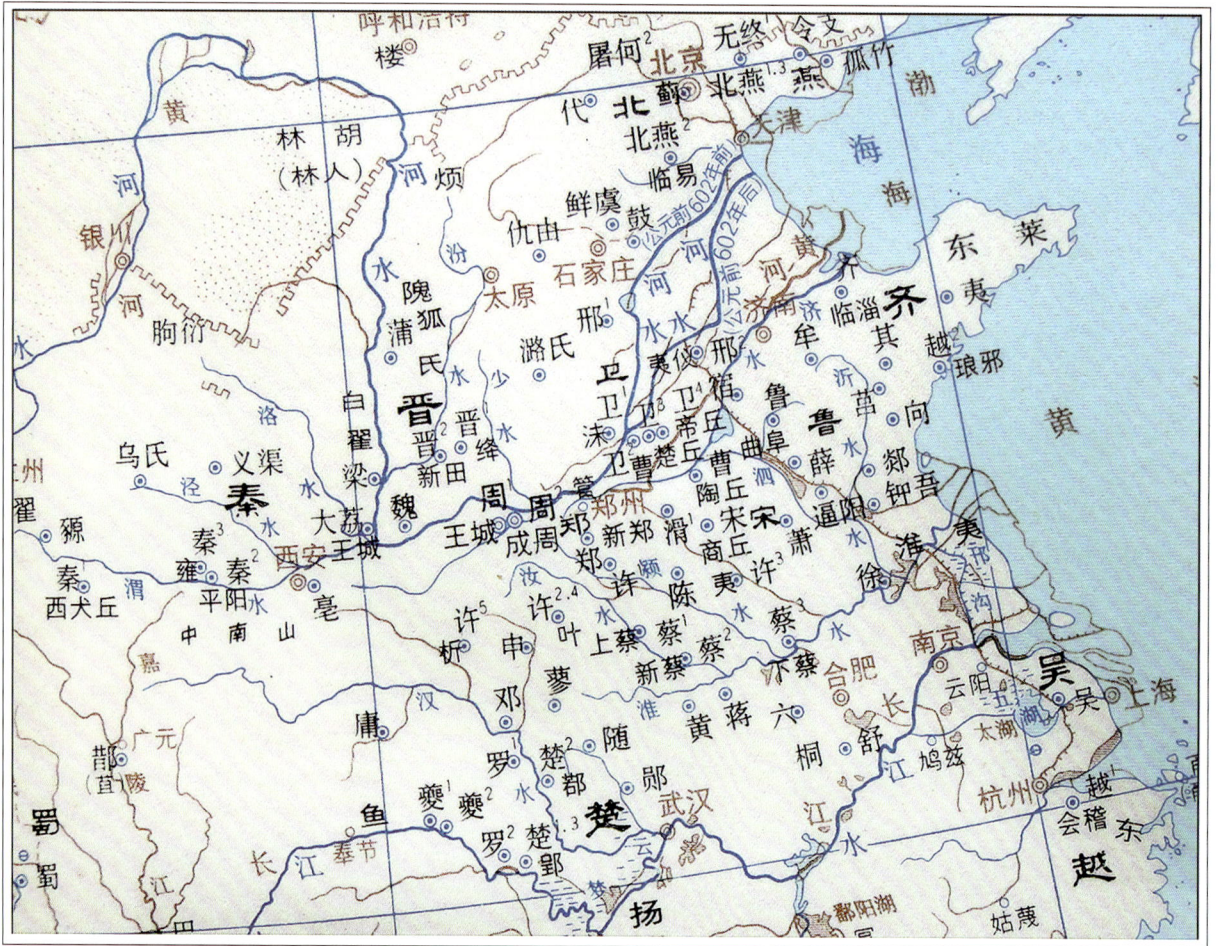

图二　春秋列国各国分布图（据《中国历史地图集》，中华地图学社出版，1975 年）

郑国恃其地理上的"处天下之中"，交通、商业发达，又多年充任周卿士的特殊地位，远交齐鲁，近攻宋卫，挟天子以令诸侯，公然灭虢、灭郐。郑庄公伐卫、侵周、败北戎、伐鲁，召集齐、卫、宋盟于恶曹，纵横一时，成为小霸。1923 年河南出土的王子婴次炉，证明郑庄公在侵周之后，曾一度称王，后因国内发生内乱中衰[1]。

王室的衰微和连年的战争，给戎狄和蛮夷以可乘之机。戎狄频繁向中原各国进攻，势力一直发展到今河南、河北、山东等地。据《左传》记载，鲁桓公六年（公元前 706 年）北戎伐齐、庄公二十四年（公元前 671 年）戎侵曹、鲁庄公三十年（公元前 664 年）山戎伐燕、鲁庄公三十二年（公元前 662 年）狄伐邢、闵公二年（公元前 660 年）狄灭卫、僖公八年（公元前 652 年）狄伐晋、僖公十年（公元前 650 年）狄灭温。更有甚者，僖公十一年（公元前 649 年），扬拒、泉皋和散居伊洛等地的戎人协助王子带造反，同伐京师，入王城，焚东门，幸有秦晋出救，才扭转危局。僖公三十三年（公元前 627 年）狄人再次伐晋，其后又有赤狄伐晋、白狄伐晋（宣公六年、十三年，成公九年）等战事。最严重的一次，曾一度攻至晋都近郊。

公元前 685 年，齐桓公即位，奋发图强，国力日盛，开始谋划对付戎狄的侵扰。鲁闵公元年（公元前 661，齐桓公二十五年）狄人伐邢。齐桓公采纳管敬仲的建议，出兵救邢。鲁闵公二年狄人灭卫，

---

〔1〕　童书业：《春秋史》第 119 页，山东大学出版社，1987 年。

卫人溃散。宋桓公派人在黄河渡口，将卫之遗民 730 人，连同卫之共邑、滕邑之民，计 5000 人，连夜运到黄河对岸，立戴公以庐于曹。齐桓公派公子无亏（桓公子）帅车三百乘、甲士三千人以戍曹，并将卫重封于楚丘，使卫国得以继续位列诸侯。鲁僖公元年（公元前 659 年，齐桓公二十七年），狄人伐邢，邢人溃。齐桓公率诸侯之师救邢，驱逐狄人。迁邢于夷仪，"城邢"、存卫，基本实现了驱逐戎狄，保卫中华的战略目标。

在戎狄内侵之时，南方楚国也不断向北侵扰，直到僖公二十八年（公元前 632 年），晋齐宋秦联军，大败楚军于城濮，才基本遏制了楚国北上的攻势。但楚国仍不失为当时的强国。僖公三十三年（公元前 627 年），楚国乘狄人伐晋之机，再次派令尹子上北侵陈、蔡，伐郑。宣公三年（公元前 606 年），楚国伐陆浑之戎，"遂至于洛，观兵于周疆……问鼎之大小轻重"[1]，不臣之心昭然若揭。此后又于宣公六年（公元前 603 年）伐郑，宣公十三年（公元前 596 年）伐宋。南夷与北狄的交互进犯，给中原各国造成了极大的威胁，《公羊传》甚至用"中国不绝若线"[2]，来描述夷狄入侵对"中国"的威胁。

庄僖小霸与桓公首霸　前已述及，齐国得益于姜太公正确的治国方略，很快成为雄视东方的大国。其后历代有作为的君主，大都遵循了太公制定的基本国策，国力进一步增强，不断拓展国土。在春秋初期成就了齐庄公、齐僖公、齐襄公三代"小霸"的业绩[3]。

春秋初期的郑国、鲁国都比较强大，齐国要想在列强争雄的格局中争得一席之地，首先要解决好与郑鲁两国，特别是与鲁国的关系。据《左传》记载，鲁隐公十一年（公元前 712 年，齐僖公十九年），齐鲁郑三国结盟，征伐宋、许二国，攻下许都。鲁桓公六年（公元前 706 年，齐僖公二十五年）："夏，会于成，纪来咨谋齐难也。北戎伐齐，齐侯使乞师于郑。郑大子忽帅师救齐。六月，大败戎师"；"冬，纪侯来朝，请王命以求成于齐，公告不能。"鲁桓公七年（公元前 705 年），郑人、齐人、卫人伐盟、向。迫使周天子将盟、向两国居民迁于郑。鲁桓公十年（齐僖公二十九年）"冬，齐、卫、郑来战于郎……初，北戎病齐，诸侯救之。郑公子忽有功焉。齐人饩诸侯，使鲁次之。鲁以周班后郑，郑人怒，请师于齐，齐人以卫师助之。"鲁桓公十一年（公元前 701 年），齐国出面调和郑与宋、卫的纠纷，与郑、卫、宋盟于恶曹。其后，郑国因诸公子争位而中衰，郑昭公奔卫[4]。鲁桓公十七年（公元前 695 年，齐襄公三年）《经》："公会齐侯、纪侯盟于黄（今淄川）……夏五月丙午，及齐师战于奚"；《传》："盟于黄，平齐、纪，且谋卫故也。"齐鲁两国为了纪国的事发生争端，战于奚。次年（鲁桓公十八年）鲁桓公至齐，与齐国修好，而齐襄公又因与鲁桓公之妻文姜私通而杀死鲁桓公。处于弱势的鲁国却不敢与齐襄公对垒，只是说"寡君畏君之威，不敢宁居，来修旧好，礼成而不返，无所归咎，恶于诸侯，请以彭生除之"，仅要求处死凶手彭生了事。同年秋，齐襄公率诸侯驻军首止（河南淮阳），迫使郑厉公与会，并将其杀死。

齐襄公于公元前 693 年，兴兵伐纪，夺得纪国邢、鄑、郚三个邑，纪侯的弟弟纪季向齐国投降换得"先祀不废，社稷有奉"的保证。但是，次年还是齐国发动了吞并纪国的战争。《左传》庄公四年："纪侯不能下齐，以与纪季。夏，纪侯大去其国，违齐难也。"纪侯不能抗齐，又不愿降齐，只好把国政交给纪季，自己出奔他国。至此，纪国灭亡，齐国的疆域已明显扩大，东部与莱国为邻，南有莒、阳（临沂北）诸国，西南与鲁国、遂国（肥城）、谭国（济南东）、鄣国（东平北）相临，西连邢卫，北接燕国。大约东到弥河、潍河流域，南到穆陵关与泰山，西到古黄河之西。北至于海，并至冀鲁交

---

〔1〕《左传》宣公三年。

〔2〕《公羊传》僖公四年。

〔3〕《国语·郑语》："齐庄僖于是乎小伯"。

〔4〕《左传》。未标注出处者，均同此。

界一带，成为当时疆域最大的诸侯国之一。

齐襄公虽然建立了某些功业，却是一个荒淫残暴、胡作非为的昏君，最终导致管至父作乱，杀襄公于宫中，立无知为齐君。齐国因此而陷入内乱，公子小白奔莒，公子纠奔鲁。

公元前685年（鲁庄公九年）春，齐人杀无知，公子小白在辅臣鲍叔牙和国内望族高氏、国氏的支持下回国即位，是为齐桓公。同年，与拥立公子纠而侵齐的鲁军战于干时，鲁师败绩，鲁庄公逃归。桓公遣鲍叔牙率军攻鲁，逼迫鲁除掉子纠，送回管仲。桓公举管仲为相，尊为仲父[1]。在管仲的辅佐下，对内通过"官山海""相地征衰"等一系列"通国积财，富国强兵"顺应民心的改革，使齐国再次强盛起来。对外实行"亲邻国""近交远攻"的策略，"审吾疆场，反其侵地，正其封界，毋受其货财。而美为皮币以极聘眺于诸侯，以安四邻。"遂成为"一匡天下，九合诸侯"的春秋首霸。

齐桓公争霸，首先要解决和鲁国的关系问题。齐桓公认真贯彻既定政策，通过一系列纵横攻伐，最终与鲁国讲和。《左传》鲁庄公十年（公元前683年）齐国起兵伐鲁，战于长勺，被曹刿指挥的鲁国打败。同年六月，鲁国侵宋，齐宋联军取胜，并陈兵于郎（曲阜近郊）。鲁军反击，大败宋师于乘丘，齐师撤回。同年"冬十月，齐师灭谭，谭子奔莒。"次年，宋为乘丘之役伐鲁，再败。宋国两次战败，引发内部兵变。鲁庄公十三年（公元前680年），桓公为平定宋国内乱，与宋、陈、蔡、邾等国在北杏举行了春秋时期的首次诸侯会盟。当时，遂国为鲁国的附庸，不肯参加会盟，齐国以此为借口吞并遂国，剪除了鲁国的羽翼，并屯兵于遂，使齐国西南境的疆域推至汶水流域。此时的鲁国虽然仍属强国，但遂国新亡，齐国又有众多的帮手，鲁庄公只得将"遂"地献出，与齐国妥协，在柯地（阳谷）与齐国会盟。鲁臣曹刿趁跟随庄公登坛之际，劫持齐桓公，要求齐国返还三次战争所占鲁地。

《公羊传》庄公十三年：

> 冬，公会齐侯盟于柯……曹子手剑而从之。管子进曰："君何求乎?"……曹子曰："愿请汶阳之田。"管子顾曰："君许诺。"桓公曰："诺。"曹子请盟，桓公下，与之盟。已盟，曹子摽剑而去之。要盟可犯，而桓公不欺；曹子可雠（仇），而桓公不怨。桓公之信着乎天下，自柯之盟始焉。

《史记·齐太公世家》：

> （齐桓公）五年，伐鲁，鲁将师败，鲁庄公请献遂邑以平。桓公许与鲁会柯而盟。鲁将盟，曹沫（刿）以匕首劫桓公于坛上曰："反鲁之侵地。"桓公许之。已而曹沫去匕首，北面就臣位。桓公后悔，欲无与鲁地而杀曹沫。管仲曰："夫劫许之而倍信杀之，愈一小快耳而弃信于诸侯，失天下之援，不可。"于是遂与曹沫三败所亡地于鲁。诸侯闻之皆信齐，而欲附焉。

《史记·管晏列传》：

> 于柯之会，桓公欲背曹沫之约，管仲因而信之，诸侯由是归齐。

---

[1]《左传》庄公九年。

当时，宋国因齐鲁修好而"背北杏之会"。次年，齐国联合陈国、曹国伐宋。周王室的单伯率师参加伐宋之役。宋桓公屈服请和，并于当年冬天，与单伯、郑公、卫侯盟于鄄（鄄城），与齐国修好。

郑宋两国素有宿怨，鲁庄公十六年（公元前678年），宋国因倪国叛盟而伐倪，郑国趁机侵宋，有违鄄地会盟之约。齐桓公便会同宋、卫之师伐郑，一直攻到郑国的栎地，郑国屈服。同年冬天，齐、鲁、宋、卫、郑、许、滑、滕在宋国幽地会盟。

鲁国、郑国都是当时的强国，不愿受制于齐。鲁国曾试图联莒抗齐，郑国则联合周室抗齐，都被齐桓公化解。鲁庄公二十七年（公元前667年，齐桓公十九年），与鲁、宋、陈、郑四国会于幽。同年周惠王"使召伯廖赐齐侯命，且请伐卫"。朝野上下正式承认齐桓公的霸主地位。次年，齐国以王室名义讨伐卫国，迫使卫国纳贿求和。齐桓公二十六年（公元前660年，鲁闵公二年），齐人迁阳（临沂北），将正南部的疆域拓展至泰沂山系南侧。齐桓公三十五年（公元前651年，鲁僖公九年），再次召集诸侯国在葵丘会盟，新登王位的周襄王使宰孔致贺曰："天子有事于文武，使孔赐伯舅胙"[1]。在基本安定中原之后，齐桓公开始率中原诸侯共同抗击北狄和南蛮（楚国）对中原的侵扰。狄戎入侵，已见于前述，且与齐国修筑长城的关系不大，这里着重介绍齐国与楚国的关系。

楚国芈姓，其先祖鬻熊，又称熊蚤、芈蚤，为周文王的臣子，其孙熊绎在成王时封于楚。楚国向来以南蛮自居，不服王化。周昭王曾三次率军伐楚，最后一次约当昭王二十四年。

《史记·周本纪》正义引《帝王世纪》说：

> 昭王德衰，南征，济于汉，船人恶之，以胶舟进。王御船至中流，胶液船解，王及祭公俱没于水中而崩。

昭王渡汉水伐楚，楚人诱使昭王乘坐用木胶粘合之船，船至中流解体，昭王溺死，史称昭王"南巡不返"。另据《史记·楚世家》记载周夷王时，熊绎五世玄孙熊渠兴兵伐庸、扬、粤至于鄂，声言："我蛮夷也，不与中国之号谥"，乃立其诸子为王。后迫于周厉王征伐的压力，才取消"王号"。由于西周王室的压制，直到楚武王熊通时，楚国还是"土不过同"（方百里为同），"筚路蓝缕，以启山林"[2]的小国。公元前706年，楚伐随，熊通说"我蛮夷也，今诸侯皆为叛，相侵或相杀，我有敝甲，欲以观中国之政，请王室尊吾号。随人为之周，请尊楚，王室不听。"熊通乃自立为楚武王[3]。此后，连年征伐，灭邓、灭息、灭弦、灭夔，拓展疆土，国势日渐强盛，北上中原的野心日渐显露。

据《左传》记载，鲁桓公六年（公元前706年）北戎伐齐，楚武王侵随，八年楚子伐随，十二年楚伐绞，十三年楚伐罗；鲁庄公六年（公元前688年），楚子伐邓。16年后，楚复伐邓，灭之。鲁庄公十年（公元前684年），楚败蔡师于莘，以蔡侯献舞归。鲁庄公十四年（公元前680年，齐桓公六年）楚灭息。十六年楚伐郑。二十八年（公元前666年，齐桓公二十年）楚令尹子元以战车六百乘伐郑，被齐鲁宋三国联军击退。此时，众多小国也摇摆于齐、楚之间，楚国已为中原诸国的心腹之患。

齐桓公二十七年（公元前659年，鲁僖公元年），楚国再次伐郑。此时齐桓公已取得了驱逐戎狄战争的胜利。为了抗楚，齐桓公召集鲁公、宋公、郑伯、曹伯、邾人等国盟于柽（今山东省聊城市西），共谋伐楚救郑。面对此一情势，楚人反而变本加厉，以郑国背楚亲齐为由，于鲁僖公二年、三年，连

---

〔1〕《左传》僖公九年。
〔2〕《左传》昭公二十三年、宣公十二年。
〔3〕《史记·楚世家》。

续发兵攻郑。郑伯不敌，欲向楚国求和，孔叔以"齐方勤我，弃德不祥"，劝郑文公坚守"柽"之盟。公元前657年，齐国再次与鲁国、宋国，以及新近归附的江（嬴姓，河南息县）、黄（嬴姓，河南潢川）会于阳谷，策划攻楚。公元前656年（鲁僖公四年，齐桓公三十年，楚成王十三年），齐桓公主动出击，会同鲁公、宋公、陈侯、卫侯、郑伯、许男、曹伯，联合攻击楚国的附庸蔡国，蔡溃，遂伐楚。面对联军强大的压力，楚成王派使者谒见齐桓公说："君处北海，寡人处南海，唯是风马牛不相及也。不虞君之涉吾地也，何故？"管仲回答说："昔召康公命我先君大公曰：'五侯九伯，女实征之，以夹辅周室。'赐我先君履，东至于海，西至于河，南至于穆陵，北至于无棣。尔贡包茅不入，王祭不共（供），无以缩酒，寡人是征。昭王南征而不复，寡人是问。"对曰："贡之不入，寡君之罪也，敢不共给。昭王之不复，君其问诸水滨。"[1] 联军继续挺进，楚成王只好派屈完如师求和与盟，齐桓公才同意退兵。

齐国霸业中衰与晋楚称雄　据《左传》记载，管仲尚在时，齐桓公立公子昭（孝公）为太子，并将其托付于宋襄公。管仲卒，齐桓公五公子皆求立，桓公又答应立武孟（即长公子无亏）为储。公元前643年，齐桓公（四十四年）病重，齐桓公宠臣易牙、竖刁等杀群臣而立公子无亏为君，公子昭奔宋。桓公则被囚宫中，病饿而死。次年（公元前642年，襄公九年，齐孝公元年），宋襄公率宋、曹、卫、邾等国军队攻齐。在甗地（今山东省济南市东）打败了四公子的联军，杀死了公子无亏，公子昭继立，是为齐孝公。历昭公潘（孝公弟）、舍（昭公子）、懿公商人（昭公弟），直至齐惠公（孝公兄）继位（公元前608年），齐国经历了长达三十余年的兄弟叔侄争位，国力严重削弱，齐国的霸主地位也因此而衰落，宋襄公则想趁机称霸。

"春秋五霸"历来就有不同的说法，主要有以下几种：《史记》为齐桓公、晋文公、秦穆公、宋襄公和楚庄王；《荀子·王霸》为齐桓公、晋文公、楚庄王、吴王阖闾、越王勾践；《汉书·诸王侯表序》为齐桓公、宋襄公、晋文公、秦穆公、吴王夫差；《辞通》为郑庄公、齐桓公、晋文公、秦穆公、楚庄王；中学通用教材多以齐桓公、晋文公、楚庄王、吴王夫差、越王勾践为五霸。各家所列各国诸君，均曾有过辉煌的功业。但是在春秋时期，称霸中原时间较长，并得到公认的只有齐桓、晋文和楚庄三位。郑庄、宋襄虽有称雄的壮志，却未达成目标。秦穆公虽然强势，却为当时的霸主晋国所阻，只能在函谷关以西"称霸西戎"。吴王阖闾一败越军，两败楚军，攻破郢都，并迫使楚国迁都。虽然威震中华，其势力范围却未逾江南之地。夫差、勾践北上中原，称雄一时，只是昙花一现，未能持久。齐桓之后，在中原长期争霸的主要是晋楚两国，齐国作为老牌强国，时而参与其中，成为晋楚争霸的"平衡木"，发挥着举足轻重的作用。

齐国衰落后，宋国企图称霸，楚晋两国也趁机拓展势力。公元前641年（宋襄公十年，周襄王十一年），宋襄公为了扩充自己的势力范围，举兵攻打滕国，俘虏了滕国国君。并于同年6月召集邾、曹二国的国君，在曹国之南郭举行了一次小型会盟。后来，宋襄公又以曹国国君"不甚礼貌"为由，攻打曹国，宋国地位逐步增强。公元前638年，宋襄公率兵攻郑，楚国出兵攻宋以救郑，宋军大败，宋襄公负伤，国力受到很大的削弱。公元前640年，陈穆公曾邀请齐、蔡、郑等国君到齐都会盟，引起了宋襄公的不满，齐宋两国因此生隙。齐孝公依此为借口，于公元前637年（齐孝公六年，宋襄公十四年）出兵攻宋，败宋军于缗（今山东省金乡县东北）。公元前635年，卫国出兵攻灭齐国盟邦邢国（今河北省邢台）。是年卫文公死，其子卫成公继位。齐国趁机出兵威胁卫国，卫成公与鲁、莒二国会盟于洮（今河南省濮阳），以牵制齐国。齐孝公九年（公元前634年，鲁僖公二十六年），卫成公又与鲁、曹二国会盟于向（今山东省莒县南），准备攻齐。齐孝公感受到卫、鲁、莒三国的威胁，遂出兵

---

〔1〕《左传》僖公四年。

连续攻击鲁之西鄙、北鄙。鲁国力不抵齐，一面让卫国出兵牵制齐军，一面请求楚国援助。鲁国和楚国军队联合攻齐，占领了齐国的谷地（今山东省东阿）。为了控制齐国，楚国收纳齐桓公之子七人为楚国大夫，让公之子雍驻兵谷城，以牵制齐孝公。

鉴于楚国势力日渐强大，出于争霸的需要，晋文公主动联合齐秦，共同抗楚。楚国为了遏制晋国，与曹、卫两国结盟。在击败齐国之后，又以宋国叛楚从晋为由，围攻宋之缗地（今山东省金乡县东北），拉开了晋楚城濮之战的序幕，创造了中国历史上以弱胜强的著名战例。

公元前633年冬，楚成王亲率大军，以令尹子玉为主将，联合郑、陈、蔡、许等国围攻宋都商丘（今河南省商丘南）。晋文公出兵救宋。相继攻占了楚国的盟友曹、卫两国以引诱楚军弃宋北上，但楚军却不为所动，反而加紧了对宋国的攻击。宋国告急。晋文公采纳大夫先轸的建议，让宋国贿赂齐、秦，利用他们去劝楚撤兵；同时把曹、卫的部分土地分给宋国，以坚定宋国抗楚的决心。楚成王见宋国得到曹、卫的土地，断然拒绝了齐、秦的调解，齐秦两国随之出兵参战。楚成王见势不妙，又恐秦国偷袭本土，决定撤兵。主将子玉却坚持要与晋军决战，并请求楚成王派兵增援。楚成王回国后看到后方无事，乃派出1000人的兵力增援子玉。公元前632年（僖公二十八年）四月，子玉率军向曹国都城陶丘（今山东省定陶西北）进逼，晋文公下令晋军"退避三舍"，退至城濮（今山东省鄄城西南）一带，以报答晋文公在楚国流亡时，受到的礼遇。晋军的礼让，反被子玉视为畏战溃逃，指挥楚军加紧追赶，在城濮与晋军展开决战。晋军投入的兵力共3万人，战车700乘，另有秦、齐、宋国的军队5万人，楚国方面连同陈、蔡等国的军队，共11万人。最终，楚军大部被歼，子玉率残部仓皇逃回楚地。楚国势力受到很大削弱，晋国一举称霸。

同年五月，晋文公与齐、鲁、宋、蔡、郑、卫、陈、莒诸国盟于践土（今河南广武），并邀请周襄王与会。"王命尹氏及王子虎、内史叔兴父策命晋侯为侯伯，赐之大辂之服，戎辂之服，彤弓一，彤矢百，玈弓矢千，秬鬯一卣，虎贲三百人。"正式册封晋文公为"侯伯"，即诸侯之长。此次会盟，"晋侯召王，以诸侯见，且使王狩"是为非礼，故孔子批评说："以臣召君，不可以训"[1]。

公元前612年，齐懿公即位，发兵侵鲁之西鄙，鲁国向晋国求助，晋联合宋、鲁、陈、卫、郑、蔡、许、曹等国商讨伐齐，齐国见势不妙，贿赂晋国才得以免灾，但齐强鲁弱的态势并没有改变。公元前609年，鲁文公（十八年）薨，东门襄仲杀公子恶与公子视，而立宣公。为了得到齐国的认可，特意在宣公元年，派季文子如齐，以"济西之田"纳赂于齐，请求齐国会盟。

晋楚弥兵之约　城濮之战楚国虽败，其实力仍然不容小觑。战后，楚国为避晋国的锋芒，转而向东北发展，吞并东方小国。公元前606年[2]，楚庄王"观兵于周疆……问鼎之大小轻重"，表明楚国问鼎中原的野心并未收敛。"朝晋暮楚"，"牺牲玉帛，待于二境"[3]，就是当时众多小国两难处境的真实写照。

晋楚双方争霸近四十年，直到齐顷公二年（公元前597年，楚庄王十七年）楚军围郑，攻破国都，晋荀林父奉命帅师救郑，与楚军战于邲（今河南郑州），晋师大败，晋国声威一落千丈[4]，中原各国背晋向楚，楚庄王成为中原霸主。晋国不甘心霸业沦丧，打算联合齐国，重振国威。

齐顷公七年（公元前592年），晋景公派郤克出使齐国，希望能与齐国联合抗楚。不期，坡脚的郤克遭到齐顷公之母的耻笑，怀恨而返，筹划报复行动，于公元前591年联合卫国大子臧攻齐，在阳谷

---

〔1〕《左传》僖公二十八年。

〔2〕《左传》宣公三年。

〔3〕《左传》襄公八年。

〔4〕《左传》宣公十二年。

（今山东省阳谷县北）大败齐军，齐国被迫同意公子疆质于晋，才得以罢战。公元前589年（齐顷公十年）齐伐鲁，夺取隆邑。鲁、卫大夫如晋请师，郤克以车八百乘伐齐，大败齐师于鞍，并令其返还鲁、卫被侵之地。史称齐鲁隆之战、齐晋鞍之战。

"齐晋鞍之战"，是齐国蔑视霸主权威，欺凌周边国家的必然结果。自鲁宣公九年（公元前601年）到鲁成公二年（公元前589年）的十数年间，齐国不断欺凌周边国家，数度伐莒，侵扰鲁国，因嘲笑郤克又同晋国闹僵，导致晋国、卫国、曹国联军，以援助鲁国的名义，合兵伐齐国，败齐于鞍。这是"晋楚弭兵"之前，齐国最后一次战败。

随着晋楚争霸的发展，春秋中后期，形成了三足鼎立的格局。晋国联齐抗楚，楚则联秦以制晋，相互制衡；鲁国则联合晋宋莒以抗衡齐国，势均力敌。

《左传》襄公二十七年：

> 赵孟曰："晋、楚、齐、秦，匹也。晋之不能于齐，犹楚之不能于秦也。楚君若能使秦君辱于敝邑，寡君敢不固请于齐？"

赵孟的这段话就是当时政治格局的生动写照。在此期间，战场上的胜负虽然不断易主，齐晋、齐楚、晋楚纵横分合的格局却没有发生根本的改变。齐国几经内乱，失去了争霸的基础，齐景公短暂的争霸动作也无果而终。尽管如此，齐国仍具有强大的政治、军事实力，终姜齐之世，始终是春秋列国中不可忽视的重要力量，对晋楚争霸有着举足轻重的重大影响。

在此期间较大的战事还有秦晋麻隧之战、吴伐楚之战、晋楚鄢陵之战、晋楚湛阪之战、楚攻莒渠丘之战等。在晋楚争霸的四次战役中，晋国三胜一负，楚国一胜三负，打打谈谈，谁也无法从根本上打垮对方，厌战情绪蔓延，"弭兵"已是人心所向，大势所趋。

"弭兵之会"先后有两次，第一次在鲁成公十二年（公元前579年），史称"西门之盟"。公元前581年"晋侯使籴茷如楚"，宋国的华元听闻晋楚两国有使者往来，并做成了粮食贸易，便想利用自己与两国的执政者（楚国令尹子重，晋国的栾武子）都有些交情，促使两国弭兵[1]。并于公元前580年冬达成使命。

《左传》成公十二年：

> 宋华元克合晋、楚之成。夏五月，晋士燮会楚公子罢、许偃。癸亥，盟于宋西门之外，曰："凡晋、楚无相加戎，好恶同之，同恤菑危，备救凶患。若有害楚，则晋伐之。在晋，楚亦如之。交贽往来，道路无壅，谋其不协，而讨不庭。有渝此盟，明神殛之，俾队其师，无克胙国。"

但是，晋楚并未认真贯彻双方达成的"弭兵协定"。"西门之盟"不久，双方就因对中间地带、特别是对郑国的控制权，而展开了激烈的争夺，最终导致了晋楚鄢陵（今河南鄢陵）之战（鲁成公十六年，公元前575年）。晋取得了胜利，国内却发生了弑君的内乱。刚刚得胜而归的晋厉公，为整顿朝纲而被下臣栾书、中行（荀）偃杀死。后继的晋悼公虽然有所建树，也得到诸侯的拥戴，但内部的安定已成为首要的问题。晋平公即位，赵文子为政，提出了"薄诸侯之币而重其礼"，"若敬行其礼，道之

---

〔1〕《左传》成公十年。

以文辞，以靖诸侯，兵可以弭"的主张[1]，导引出第二次"弭兵之会"。

鲁襄公二十七年（公元前546年，齐景公二年），宋国的向戌顺应历史潮流，再次以自己拥有既"善于（晋）赵文子，又善于（楚）令尹子木"的优势，"欲弭诸侯之兵以为名"，到晋、楚、齐、秦等国游说，得到大国的首肯后，又"皆告于小国，为会于宋"。同年秋"乙酉，宋公及诸侯之大夫盟于蒙门之外"，有十几个诸侯国参加了会盟[2]，史称"宋之盟"或"蒙门之约"。

鄢陵之战，是晋楚两国主力在中原争霸战中的最后决战。经此一役，楚国已失去了在中原争霸的势头。晋悼公虽然重整霸业，但其对中原诸侯的控制力逐渐减弱，齐国则一度显示出复霸的迹象。"蒙门之约"后，中原战场的不义之战相对减少，标志着春秋争霸战争已接近尾声。

第一次"弭兵"盟会之后，齐国与晋国有过少量的联合行动。齐灵公十年，晋会诸侯于彭城；次年晋会诸侯谋划伐郑，齐国都没有与会，而晋国在一些重要事情上还要"询齐"或"如齐寻盟"，表明齐国在列国政治生活中具有举足轻重的地位。齐灵公着力经营小国，尊崇王室，并先后参与了晋国主导的伐郑（齐灵公十八年）和伐楚、伐秦（齐灵公二十三年）之役，提高了齐国的声望。

《左传》襄公十四年：

> （周灵王）使刘定公赐齐侯命曰："昔伯舅大公，右我先王，股肱周室，师保万民，世胙大师，以表东海。王室之不坏，繄伯舅是赖。今余命女环（齐灵公名环），兹率舅氏之典，纂乃祖考，无忝乃旧。敬之哉，无废朕命！"

表达了东周王室对齐国地位的认可。齐灵公二十四年（公元前558年，鲁襄公十五年），齐国因鲁国与晋通好，而伐鲁，围郕。鲁季孙宿、叔孙豹帅师城郕于郓。次年齐国再次伐鲁，围郕。齐灵公二十五年（公元前557年），邾、莒私下与齐楚通好，遭到晋国的拘禁，齐晋失和。齐国连续三年攻伐鲁国，围其郕、桃、防三邑。鲁为晋之盟邦，连年伐鲁，导致齐晋矛盾激化。鲁襄公十八年（公元前555年），当齐国第三次伐鲁时，晋平公便趁机派兵讨伐齐国。12月，晋军东渡济水，与鲁、宋、卫、郑、曹、莒、邾、滕、薛、杞、小邾等国的军队，会师于鲁国境内的济水河畔，发动了历史上著名的晋鲁联军伐齐的平阴之战。

是战役，齐灵公亲率大军御敌于齐长城西端的平阴"堑防门而守之广里"。晋军主帅针对己方兵力不足的情况，采取疑兵之计，虚张声势，谎称鲁、莒二国各自以战车千乘，从本土出发偷袭齐都临淄。同时，派了一些士卒在平阴以南的山泽险要之处虚张旗帜，佯作阵势，伪以假人，将树枝等物拖于车后，在山谷间扬起尘土。齐灵公听说鲁莒偷袭临淄，又在巫山上看到这种阵势，立即下令连夜撤军。联军乘胜追击，攻下平阴，克京兹，克邿，围攻卢城，齐军惨败，临淄险些失守。联军火焚四郭"东侵及潍，南及沂"[3]。公元前551年，齐庄公继位，晋国发生栾盈叛乱，齐庄公欲报临淄之辱，借机伐晋之盟邦卫国，攻下卫国的朝歌，回师途中，又袭击了莒国[4]。两年后齐国发生崔杼之乱，晋国借机会合诸侯伐齐，齐国屈服，与伐齐诸国盟于重丘。

齐景公复霸无果 晋楚蒙门弭兵，齐晋维持了四十余年的和平。晋灵公之后，晋国的霸业日渐衰落。公元前506年冬，吴国伐楚，攻入郢都，楚昭王逃到随国，秦国出兵救楚，打败吴军。在这种情

---

〔1〕《左传》襄公二十五年。
〔2〕《左传》襄公二十七年。
〔3〕《左传》襄公十六年、十七年、十八年。
〔4〕《左传》襄公二十三年。

况下，齐景公试图借机恢复往日的霸业。齐景公四十七年（公元前 501 年）"鲁国季桓子的家臣阳虎，自攻其主，事败奔齐，求齐伐鲁。鲍子谏景公，乃囚阳虎。阳虎得亡，奔晋"[1]，齐鲁关系缓和。同年秋，齐国联合卫国，发动夷仪伐晋之役。由于齐军贵族将领不听号令，卫国将领又临阵脱逃，齐国先胜后败。鲁定公十年（公元前 500 年，齐景公四十八年），齐国归还鲁之郓、欢、龟阴等所侵田，进一步缓和了两国之间的关系，进而伐郑，迫使郑国归附，最终形成了齐、鲁、郑、卫同盟关系，并于齐景公五十七年（公元前 491 年）伐晋，连下八城，在与晋国的争霸过程中取得了初步胜利。

鲁哀公五年（公元前 490 年，齐景公五十八年）景公卒，孺子荼立，诸公子出奔。次年，陈僖子（陈乞）为独揽大权，发动政变，驱逐当时的权臣国、高两族，迎立公子阳生为君，是为齐悼公。吴国趁齐国内乱之机北上争霸，伐陈。据《左传》记载，鲁哀公七年（公元前 488 年，齐悼公元年），吴夫差遣太宰嚭在鄫地与鲁哀公相会，征索百牢之礼，意欲迫使鲁国臣服。此时的鲁国与齐国关系尚好，却也不想得罪吴国，乃虚与委蛇。同年秋天，鲁国执政的季康子伐邾，囚邾隐公。吴王夫差以此为借口，于公元前 487 年北上伐鲁，意欲迫鲁附吴伐齐。齐悼公则因其夫人季姬返鲁不归出兵伐鲁，"取讙及阐"。公元前 486 年秋，吴国开通运河"城邗，沟通江、淮"，"冬，吴子使来儌师伐齐"，督促鲁为伐齐做准备。齐悼公四年（公元前 485 年，鲁哀公十年），鲁公会吴子、邾子、郯子伐齐南鄙，师于鄎。陈僖子（陈乞）弑齐悼公，献给联军，以求息兵。吴王装模作样，在军门之外祭奠了三日，命大夫徐承帅舟师，自海入齐，被齐军击退。晋国趁机夺取齐之犁、辕两地，毁其高唐城郭，并侵及赖邑。公元前 484 年（齐简公元年）春，齐将国书率师伐鲁，进行报复。当时的鲁国季氏专权，不敢迎击齐军，决定在曲阜近郊防御。鲁哀公以孟孺指挥右军，冉有指挥左军在城外组织防御，而以老幼士卒守城。齐军在清（今山东长清）集结后，直接向鲁国都城曲阜进逼，在稷曲（曲阜近郊）与鲁军接阵。鲁左军主将冉有身先士卒，率左军攻入齐阵，齐军败退。

稷曲之战，齐军战败，并为鲁吴联合攻齐埋下了"火种"。同年 5 月，联军首先攻下齐之博地（今泰安市东南），接着进到嬴地（今莱芜市西北）。吴军由吴王亲自指挥中军，胥门巢指挥上军，王子姑曹指挥下军，展如指挥右军；齐军由国书指挥中军，高无平（同丕）指挥上军，宗楼指挥下军。甲戌日两军在艾陵（今山东省莱芜市东北）交战。齐上军被吴右军击败，吴上军则被齐中军击败，双方胜负未决。这时吴王以中军及时投入战斗，大败齐军，联军虏"获国书、公孙夏、闾丘明、陈书、东郭书，革车八百乘，甲首三千"[2]，彻底断送了齐国复霸的梦想。

三家分晋　春秋中后期，随着商品经济的发展，建立在旧基础之上的道德观念、封建礼教、宗法制度都发生了巨大的变化。周王室与诸侯、诸侯与诸侯、诸侯与卿大夫、卿大夫与卿大夫之间，普遍展开了土地、人口、财富的争夺战。天子失官，诸侯专政，"礼乐征伐自大夫出"和"陪臣执国命"的现象层出不穷。为争夺更多的土地、财富，兼并战争以及各国诸侯卿大夫之间的明争暗斗愈演愈烈。鲁襄公二十五年（公元前 548 年），齐国发生了崔（杼）庆（封）之乱的弑君（齐庄公）专政；鲁昭公五年（公元前 535 年），鲁国发生了季孙、叔孙、孟孙氏三分、四分公室的事件；公元前 453 年，晋国的贵族韩、赵、魏三家合力灭掉专擅国政的知氏，尽并其地[3]，晋国历史由此走向末路。

《史记·晋世家》：

---

〔1〕《左传》定公九年、《史记·齐太公世家》。

〔2〕《左传》哀公十年、十一年。

〔3〕《史记·晋世家》："哀公四年，赵襄子韩康子魏桓子共杀知伯，尽并其地。"司马贞《索隐》："如《纪年》之说，此乃出公二十二年事"；依《中国历史纪年表》晋出公二十二年为公元前 453 年。

幽公之时（公元前 433 ~ 前 416 年），晋畏，反朝韩赵魏之君，独有绛曲沃，余皆入三晋……烈公十九年（公元前 397 年），周威烈王赐赵韩魏，皆命为诸侯。孝公卒，子静公俱酒立。是岁，齐威王元年也。静公二年（公元前 376 年）[1]，魏武侯、韩哀侯、赵敬侯灭晋后而三分其地。静公迁为家人，晋绝不祀。

《魏世家》：

（魏文侯）二十二年（公元前 413 年），魏、赵、韩列为诸侯。魏武侯元年，赵敬侯初立……十一年（公元前 385 年），与韩、赵三分晋地，灭其后。

《赵世家》：

（赵敬侯）十一年（公元前 376 年），魏、韩、赵共灭晋，分其地。

今本《竹书纪年》：

（威烈王）二十三年（公元前 403 年），王命晋卿魏氏、赵氏、韩氏为诸侯。

《资治通鉴·周纪一》：

威烈王二十三年，初命晋大夫魏斯、赵籍、韩虔为诸侯。

上述文献所记的时间节点极为混乱。东周王室承认三晋为诸侯和晋室绝祀之年分别各有公元前 397 年、前 413 年、前 403 年、前 385 年、前 376 年等说，学界通常分别采用公元前 403 年和前 376 年的说法。

田氏代姜　据《左传》记载，齐桓公十四年（公元前 672 年），陈国发生内乱，陈厉公之子陈完逃奔齐国，改称田氏，其后裔成为齐国望族。齐景公十六年（公元前 532 年），齐景公的宠臣陈桓子挟持景公，对齐国权臣栾、高两家发动突然袭击，奠定了田氏执政的基础。田氏族人司马穰苴，率师抵抗燕国和晋国的入侵，以战功晋升大司马，使田氏“日益尊于齐”。景公晚年，陈僖子（陈乞）为扩大家族势力，阴谋除掉执掌齐国大权的国、高二氏。齐景公五十八年（公元前 490 年，鲁哀公五年）夏，太子死。景公欲立宠姬之子荼，诸大夫反对，希望能择长贤者为太子。景公隐而不发。秋，景公病，命国惠子、高昭子立少子荼为太子。景公卒，群公子畏诛，皆出奔，公子阳生奔鲁。陈僖子首鼠两端，表面上亲近国、高二氏，私下里却妖言惑众，在国、高和朝臣之间挑拨离间，阴告对方在准备消灭自己，群臣信以为真。公元前 489 年夏，陈僖子率众起事，国惠子奔莒，子荼、高昭子遭戮，乃立公子阳生为君，是为悼公。陈僖子以拥立之功，升任为相，控制了齐国政权。齐悼公四年（公元前 485 年），吴王夫差伐齐，陈僖子又弑齐悼公。

齐简公即位，宠用阚止，使其与陈恒子（即田常，也称陈成子、田成子）分别为左相右相，“陈成子惮之”。齐简公四年（公元前 481 年），群臣建议简公除掉陈恒子，简公不听。陈桓子却先

发制人，杀阚止，弑简公，立平公，自为齐相。孔子曾因此"而请伐齐（者）三"，哀公因"鲁为齐弱久矣"[1] 而不允。

陈恒子田常独揽大权，并于齐平公五年（公元前476年），尽诛鲍、晏及公族之强者，割齐国安平（今临淄皇城镇皇城营村南）以东大半国土为田氏封邑。齐平公八年，越灭吴。是年，田常卒，其子襄子盘代立；襄子卒，其子庄子白立；庄子卒，田悼子立；悼子卒，其子太公和立[2]，俱相齐宣公。齐宣公卒，子康公贷立，田和仍任国相。

田氏家族自齐平公五年（公元前476年）起，历经齐宣公（公元前455～前405年）、齐康公（公元前404～前391年）两代，独揽齐国大权85年，姜氏齐国名存实亡。康公十四年（公元前391年），田氏家族自陈完奔齐，历时第九代，由田和（太公和）完成了篡夺姜齐君权的过程，史称"田齐"。田氏独揽大权后，为化解内忧外患，防止其他诸侯国的讨伐，采取了争取民心，与吴越、鲁卫等诸侯修好等措施，使政权得到基本巩固。

《史记·田敬仲完世家》：

> 田常既杀简公，惧诸侯共诛己，乃尽归鲁、卫侵地，西约晋、韩、魏、赵氏，南通吴、越之使，修功行赏，亲于百姓，以故，齐复定。

齐宣公十五年，田悼子相齐[3]，开始对外扩张。齐宣公四十三年（公元前412年），伐晋，毁黄成（冠县南）、围阳狐（阳谷西北）。次年伐鲁葛及安陵，次年取鲁之一城[4]。宣公四十八年，取鲁之郕（宁阳北），四十九年取卫之毋丘（曹县南）。齐宣公五十一年（公元前405年），田悼子死，田氏家族内乱，田会以廪丘（郓城西北）叛入赵国。齐国出兵攻廪丘，韩、赵、魏三晋联军出救，大败齐师[5]。次年（公元前404年）齐康公即位，田和出任齐相，三晋乘胜伐齐，攻入齐长城[6]。齐康公十一年（公元前394年），齐国经过休整，组织反击，伐鲁，取最（曲阜南）。齐康公十五年，伐魏，取襄陵（河南睢县），显示了齐国国力，提升了田氏家族在诸侯国中的地位，姜齐傀儡国君失去了存在的意义。

《史记·田敬仲完世家》：

> 贷（康公）立十四年，淫于酒、妇人，不听政，太公（田和）乃迁康公于海上，食一城，以奉其先祀。……三年太公与魏文侯会浊泽，求为诸侯。魏文侯乃使使言周天子及诸侯，请立齐相田和为诸侯，周天子许之。康公之十九年，田和立为齐侯，列于周室，纪元年（太公元年）。

齐康公十四年（公元前391年），田氏迁康公于海上，正式取代姜齐。此时魏国国势正盛，田和欲"正诸侯之名"，必须取得魏文侯的支持，故而"会于浊泽"。田氏的诸侯地位，终于在齐康公之十九年（公元前386年）得到当时的霸主和东周王室的认可。齐康公二十六年（公元前379年），齐康公死于海岛，姜齐绝祀。

---

[1]《左传》哀公十四年。
[2]《田敬仲完世家》："庄子卒，子太公和立"；司马贞《索隐》引《纪年》："齐宣公十五年，田庄子卒，明年立田悼子，悼子卒乃次立田和，是庄子后有悼子，盖立年无几，所以作《系本》及《史记》者不得录也。"
[3]《田敬仲完世家》："庄子卒，子太公和立"；司马贞《索隐》引《纪年》："齐宣公十五年，田庄子卒，明年立田悼子，悼子卒乃次立田和，是庄子后有悼子，盖立年无几，所以作《系本》及《史记》者不得录也。"
[4]《史记·田敬仲完世家》。
[5]《水经注·瓠子水》引《古本竹书纪年》；另《赵世家》：赵敬侯"三年（公元前386年）救魏于廪丘，大败齐人。"
[6]《水经注·汶水》引《竹书纪年》作："晋烈公十二年（公元前404年），王命韩景子、赵烈子、翟员伐齐，入长城。"

五　战国七雄的博弈

关于春秋与战国时期的分界，学界的看法多有分歧，有的主张以《春秋》绝笔之年，即鲁哀公十四年（公元前 481 年）为春秋下限；有的以周元王元年（公元前 475 年），或周贞定王元年（公元前 468 年）为战国始年等等。本文采用"三家分晋"，即威烈王二十三年（公元前 403 年）三晋正式列为诸侯之年。作为春秋、战国分界图。

以三家分晋为契机，中国历史迎来了战国七雄争长的时代。据司马迁统计，"春秋之中，弑君三十六，亡国五十二，诸侯奔走，不得保其社稷者不可胜数"[1]。周初建立的以宗法纽带维系的松散政治军事联盟，到春秋后期已完全解体，战国时期的诸侯国已经成为独立的政治实体，王室则沦落为三流小国，屈居于四战之地[2]，经常向他国"求赙（fù）"（丧葬财物）、"求金"（青铜器）、"求车"、"告饥"，并应召入盟。政治经济发展不平衡的情况进一步加剧。与春秋时期"兴灭国，举逸民"，"掠土强国，尊王攘夷"的争霸不同，战国时期列国争雄已演变为灭国拓土，统一中原（图三）。

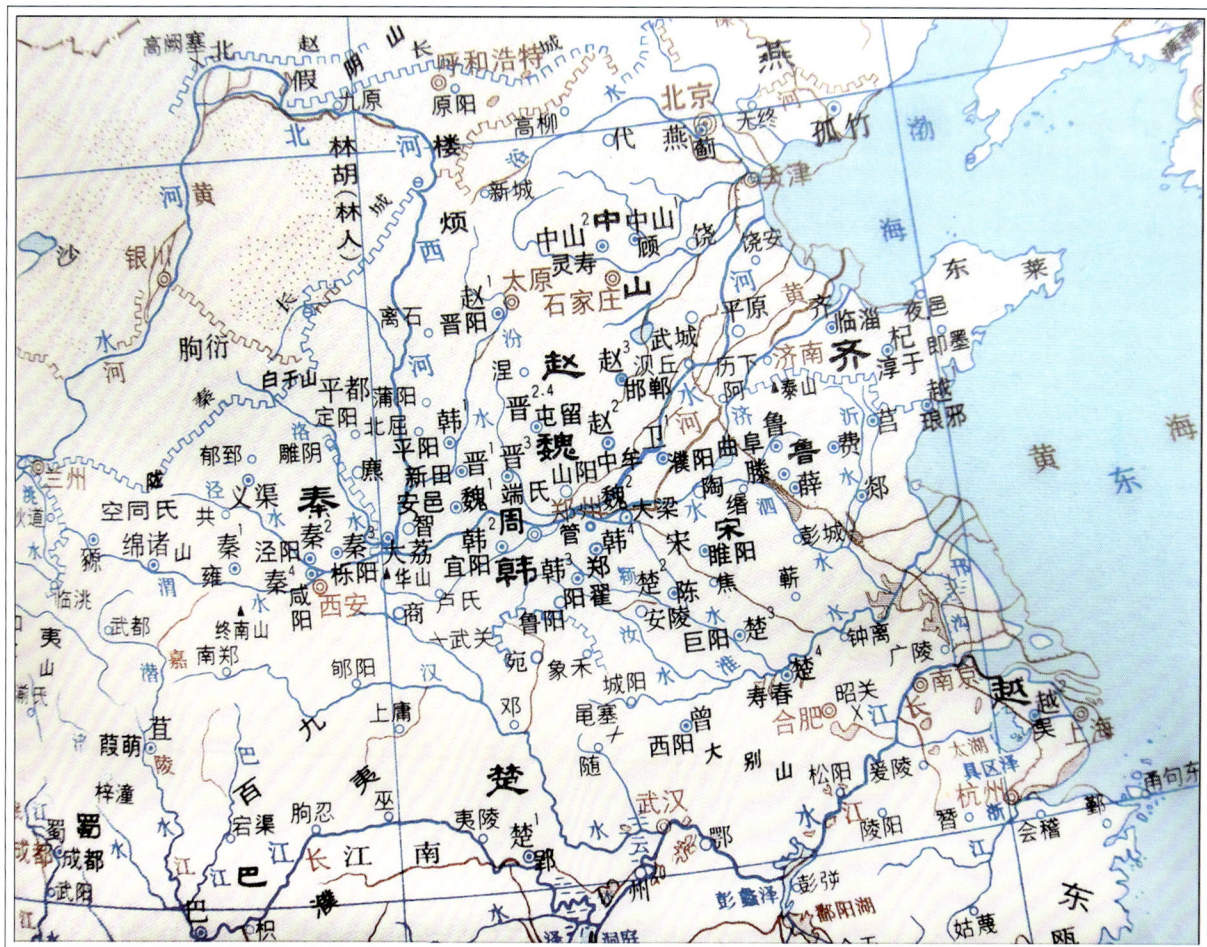

图三　战国形势图（据《中国历史地图集》，中华地图学社出版，1975 年）

---

〔1〕《史记·太史公自序》；梁玉绳：《史记志疑》在 1467～1468 页认为应是弑君三十七，灭国四十一。

〔2〕"四战之地"，谓兵家所必争。参见朱鹤龄《禹贡长笺·荆河惟豫州》："范仲淹曰：洛阳险固，表里山河，接应东京，连属关陕，而汴为四战之地"；张尚瑗《左传折诸·桓公》："鲁则介居淮泗四战之地难以立国"；顾栋高《春秋大事表·郑执政表》："倔强于诸侯间，以中国四战之地，迭受晋楚之侵伐。"

尽管春秋时期的大国争霸也是恃强凌弱，以扩大疆土，掠夺人口、财富为目标的"无义战"，却必须以"尊王扶弱救灭"为号召。而战国的大国争雄，则是以"兼并、灭国、拓土"和"一统天下"为基本目标的。往往是"悉起兵""悉国中兵"，实行全国总动员，侧重于消灭敌方的有生力量，动辄死伤数万、十数万，甚至数十万。战争的动员之广、规模之大、持续时间之长、惨烈程度之强，都是春秋时期难以比拟的。公元前 344 年（魏惠王二十六年、齐威王十三年），魏侯罃率先称王，公元前 334 年（齐威王二十三年）齐侯婴齐继而称王。此后，韩、秦、燕、赵相继自封为王[1]。与春秋时期，以蛮夷自居的楚、吴、越的称王而治不同[2]，战国时期的"称王"，则对东周王室"天子"的公然否定，显示出战国七雄一统天下的企图。

战国早期的齐国　战国初年，是封建领主制向封建地主制过渡的大变革时期，郡县制已处于萌芽状态。魏文侯（公元前 445 年即位，至公元前 403 年，得到周王的正式承认）任用李悝（kuī，也称李克）变法，推行"食有劳，禄有功，赏有能"的政策，并"由此得誉于诸侯"。赵烈侯于公元前 403 年开始实行"选练举贤，任官使能"的改革。楚悼王于公元前 389 年起用吴起变法，精简机构，打击旧贵族的势力。秦献公于公元前 385 年即位，废除人殉制度，推行"户籍相伍制"和"县制"改革，加强中央集权。秦孝公继而重用卫国贵族子弟的卫鞅，于公元前 356 年、前 350 年两次变法，使秦国一跃成为强国。韩昭侯于公元前 355 年起用申不害推行改革。通过改革，富国强兵，成为时代潮流。齐国不甘落后，也开始推行改革。

公元前 384 年，田齐太公三年，田和卒，田剡即位。十年后（公元前 374 年），田午杀田剡自立，是为田氏齐桓公[3]。自田剡四年至桓公午六年（公元前 380~前 369 年），三晋和周边诸侯趁齐国内乱之际，纷纷伐齐。

《史记·魏世家》：

（魏文侯）七年（公元前 380 年）伐齐，至桑丘。九年（公元前 378 年）魏使吴起伐齐，至灵丘。

《赵世家》：

（赵成侯）五年（公元前 369 年，桓公午六年），伐齐于鄄。……七年（公元前 367 年，齐桓公午八年）侵齐，至长城。

《燕召公世家》：

（燕）厘公三十年（公元前 373 年，桓公午六年），伐齐败于林营[4]。

连年的征伐，使齐国处于极为困难的境况之中。为扭转危局，桓公午推行了一些改革措施，设立稷下学宫，以图强国。并在条件许可时，果断采取反击行动，于桓公午五年，趁秦、魏攻韩、楚、赵

---

〔1〕《史记·秦本纪》惠文君四年："齐、魏为王"；"十三年四月戊午，魏君为王，韩亦为王。"
〔2〕即相关文献记载，楚武王熊通于公元前 704 年、吴兴王姬乘于公元前 585 年、越王勾践于公元前 497 年先后称王。
〔3〕《史记索隐·田敬仲完世家》引《竹书纪年》："齐康公五年，田侯午生。二十二年，田侯剡立。后十年，齐田午弑其君及孺子喜而为公。"
〔4〕万国鼎：《中国历史纪年表》无燕釐公；《史记·六国年表》"林营"作"林孤"，中华书局，1999 年。

救韩之机，起兵袭燕国，取桑丘。

汉末徐干《中论·亡国》：

> 齐桓公（田午）立稷下之官，设大夫之号，招致贤人尊宠之。

"十年陈侯午敦"：

> 唯十年，陈侯午朝群邦者（诸）侯于齐，者侯享以吉金，乍平寿适器……[1]

"十四年陈侯午敦"：

> 唯十四年，陈侯午以群诸侯献金，作皇妣孝大妃祭器……

"陈侯因脊敦"：

> 唯正六月癸未，陈侯因脊曰：皇考孝武桓公，恭哉！大谟克成。其唯因，脊扬皇考昭统，高祖黄帝，迩嗣桓文，朝问者（诸）侯，合扬厥德，诸侯叠荐吉金，用作孝武桓公祭器……[2]

陈侯午即桓公午，陈侯因次(脊)即齐威王婴齐，桓公午十年、十四年[3]，"朝群邦诸侯于齐，诸侯享以吉金"，说明到公元前361年，桓公午后期，"招致贤人尊宠之"等相关改革措施已发挥效能，扭转了早年的被动局面，"国际"地位有了很大的提高，可以对"三晋""说不"了。故而才有"桓公，恭哉！大谟克成"，"扬皇考昭统"的美谥和褒奖。齐威王即位初年也经历一段屈辱的时光。

《庄子·则阳》：

> 魏莹（魏惠王）与田侯牟约。田侯牟背之。魏莹怒，将使人刺之。犀首闻而耻之曰："君为万乘之若也，而以匹夫从雠（仇），衍请受甲二十万，为君攻之。"

郭庆藩《庄子集释》谓："齐侯即齐威王也，名牟，桓公之子。"据《史记·六国年表》，魏莹之立，比威王晚九年。故此"田侯"似乎只能是齐威王。

《田敬仲完世家》：

> 威王初（公元前356年）即位以来不治，委政卿大夫，九年之间，诸侯并伐，国人不治。
> 齐威王元年（公元前356年），三晋因齐丧来伐我灵丘。……六年，鲁伐我入阳关，晋伐我至博陵（茌平西北）。七年卫伐我，取薛陵（阳谷东北），九年赵伐我，取甄。

---

〔1〕　徐中舒：《陈侯四器考释》，中央研究院历史语言研究所集刊第三本第四分册，1933年；山东省博物馆：《山东金文集成·上》第433页，齐鲁书社，2007年。

〔2〕　齐威王时期。参见山东省博物馆：《山东金文集成·上》第432、434页，齐鲁书社，2007年。

〔3〕　《史记·六国年表》桓公午在位只有6年，然两件陈侯午敦却有"唯十年""唯十四年"，说明桓公午在位至少有14年，可证《六国年表》有误。

齐威王即位，长达九年不问政，而将国事委于卿大夫，"诸侯并伐"的局面再次降临齐国。面对这种情形，齐国的有识之士无不痛心疾首。

《史记·滑稽列传》稷下先生淳于髡隐语齐威王说：

> 国中有大鸟，止王之庭，三年不蜚又不鸣，王知此鸟何也？王曰：此鸟不飞则已，一飞冲天；不鸣则已，一鸣惊人。于是乃朝诸县令长七十二人，赏一人诛一人，奋兵而出，诸侯振惊，皆还齐侵地。

"赏一人诛一人"的事件发生在齐威王九年（公元前 348 年），具体情况见于《田敬仲完世家》：

> 于是威王召即墨大夫而语之曰："自子之居即墨也，毁言日至。然吾使人视即墨，田野辟，民人给，官无留事，东方以宁。是子不事吾左右以求誉也。"封之万家。召阿大夫语曰："自子之守阿。誉言日闻。然使使视阿，田野不辟，民贫苦。昔日赵攻甄，子弗能救；卫取薛陵，子弗知。是子以币厚吾左右以求誉也。"是日，烹阿大夫及左右尝誉者皆并烹之。
>
> 遂起兵，西击赵卫，败魏于浊泽，而围惠王。惠王请献观以和解。赵人归我长城。于是齐国震惧，人人不敢饰非，务尽其诚。齐国大治。诸侯闻之，莫敢致兵于齐二十余年。

初视事，便有此等举措，说明威王婴齐在这九年之中并非无所事事，而是致力于调查研究，考察官吏，思谋改革创业之策。显而易见，在威王"九年不问国事"的情势下，被召见的"七十二个"官吏中，"能员"，特别是"冗员"绝无仅有一人之可能，婴齐却只采取了"赏一诛一"的处置，意在"杀鸡儆猴"，回避"法不责众"的尴尬。说明其"吏治政策"已经成形。

"陈侯因次敦"所谓"迩嗣桓文，朝问诸侯"，是说齐威王要弘扬其父桓公午的业绩，创立齐桓、晋文那样的霸业，让诸侯朝拜，以"合扬厥德"，显示了齐威王图强争霸的决心。是以婴齐问政后推行了包括整顿吏治、任贤选能和经济、军事在内的一系列改革，重视发展稷下学宫，破格录用人才，如邹忌、孙膑、淳于髡等均属此列，使田氏齐国曾一度傲视群雄，致"泗上十二诸侯来朝"，桂陵之战、马陵之战彻底摧毁了魏国霸权。《田敬仲完世家》所谓"委政卿大夫九年"，应是一种肆意渲染的夸张，而"三年不蜚不鸣"则是楚庄王故事的"移植"。

《史记》有关世家对战国纪年的表述非常混乱。如桂陵之战，《魏世家》说："魏惠王十四年，齐使田忌、孙膑救赵，败魏桂陵"；《赵世家》记为赵成侯"二十二年，魏惠王拔我邯郸，齐亦败魏于桂陵"；《田敬仲完世家》记为齐威王二十六年。如此，依万国鼎《中国历史纪年表》，则桂陵之战分别为公元前 356 年（齐威王元年）、前 352 年（齐威王五年）和前 331 年。相关研究多以桂陵之战发生在公元前 353 年（齐威王四年）[1]。

齐魏争胜　在战国七雄中，魏国最先发达。魏文侯、武侯两代利用强大的国力，联合赵、韩，强势对外扩展，向西，屡屡与秦国交战，公元前 408 年攻占秦河西之地，迫使秦国退守洛水；公元前 406 年，向北占领中山国；公元前 404 年（晋烈公十二年，齐康公元年），三晋伐齐，大败齐师，攻至长城[2]；公元前 400 年，三晋联军，向南攻楚至乘丘（巨野西南），于公元前 391 年再败楚师于大梁

---

〔1〕 这种说法又与齐威王早期"九年不治"的情况相悖，特此说明。
〔2〕《水经注·汶水》引《竹书纪年》；今本《竹书纪年》记作威烈王十八年（公元前 408 年）。

（开封）、榆关，遏制了秦楚两国进军中原的企图。魏惠王继位后，继续发奋图强，实力更为强盛。

《战国策·齐策五》：公元前344年，魏惠王（当时称侯）

> 恃其强而拔邯郸，西围定阳，又从十二诸侯朝天子，以西谋秦。秦王（孝公）恐之，寝不安席，食不甘味，令于境内尽堞中为战具，竟为守备，为死士置将，以待魏氏。

魏国的强势地位和拓疆战争，引起了周边国家的强烈反抗，齐、秦、楚、赵、韩等国遥相呼应，共同抗魏。商鞅建议秦孝公"尊魏侯为王"，以激化魏与其他诸侯国的矛盾，减轻秦国的压力。秦孝公从之，命商鞅赴魏游说，魏侯果然上当，去侯称王，"广公宫，制丹衣，柱建九，斿从七星之旗"，邀宋、卫、邹、鲁等国国君及秦公子少官在逢泽（开封南）会盟[1]，尔后同去朝见周天子。

《战国策·齐策五》：

> 于是齐楚怒，诸侯奔齐，齐人伐魏，杀其太子，覆其十万之军。魏王大恐，跣行按兵于国，而东次于齐，然后天下乃舍之。

公元前353年，魏国大军包围邯郸，赵求救于齐。齐威王命田忌为将，孙膑为军师，率师救赵，在桂陵之战中大败魏军[2]，生擒魏将庞涓[3]，创造了"围魏救赵"的著名战例。"于是齐最强于诸侯，自称为王，以令天下"[4]。所谓"魏王大恐，跣行按兵于国"，是指马陵之战惨败后，魏王自去"王号"以"朝齐"，委曲求全。公元前342年，魏伐赵，赵与韩亲，共击魏。不敌，韩氏请救于齐，齐击魏以救韩赵。齐魏两军大战于马陵，魏军大败，主将庞涓身亡，太子申被俘[5]。次年，魏国又受齐、秦、赵三国三面进攻，节节败退。魏惠王在不得已的情况下，采用相国惠施"变服（去王服）折节而朝齐""以魏合于齐楚以按兵（弭秦兵）"[6]的建议，于公元前336年会齐宣王于平阿（阳谷）南。公元前334年魏襄王即位，率韩宣王及其他小国国君，赴徐州（今山东滕州市东南）朝见齐宣王，史称"会徐州相王"（互相承认为王）[7]。

《史记·田敬仲完世家》：

> （齐威王）二十四年（公元前353年），与魏（惠）王会田于郊。魏王问曰：王亦有宝乎？威王曰：无有。梁（魏惠）王曰：……奈何，以万乘之国而无宝乎？威王曰：寡人之所以为宝与王

---

〔1〕　逢泽之会的时间、盟主、目的和与国，史籍记载各不相同。但是《田敬仲完世家》说"宣王元年，秦用商鞅"，万国鼎《中国历史纪年表》以宣王元年为公元前318年，此时的秦为秦惠文王，则商鞅不可能在公元前344年为秦孝公游说魏惠王。此依杨宽《战国史》关于逢泽之会的考订。

〔2〕　文献关于桂陵之战记述的混乱见前。相关研究多以桂陵之战发生在公元前353年（齐威王四年）。此依王阁森《齐国史》第381页，山东人民出版社，1992年。

〔3〕　分别见《史记·孙子吴起列传》《孙膑兵法·擒庞涓》。

〔4〕　《史记·田敬仲完世家》。

〔5〕　关于马陵之战，《魏世家》记为魏惠王三十年"魏伐赵，败于马陵，齐虏魏太子申，杀将军涓"；《田敬仲完世家》记为齐宣王二年"齐救韩、赵以击魏，大败之马陵，杀其将庞涓"；《赵世家》和《韩世家》无明确记述。依万国鼎《中国历史纪年表》，分别为公元前338年（齐威王十九年）和公元前317年。相关研究多以马陵之战发生在公元前342年（齐威王十五年）。此依王阁森《齐国史》第384页，山东人民出版社，1992年。

〔6〕　分别见《战国策·魏策二》；《经济类编》卷三十三。

〔7〕　按《中国历史纪年表》公元前334年齐威王在位，然《史记·田敬仲完世家》有"（齐宣王）七年，与魏王会平阿南，明年，复会甄。魏惠王卒。明年，与魏襄王会徐州"的记载。

异。吾臣有穈子者，使守南城则楚人不敢为寇，东取泗上，十二诸侯皆来朝。吾臣有盼子者，使守高唐，则赵人不敢东渔于河。吾吏有黔夫者，使守徐州，则燕人祭北门，赵人祭西门。

此时的齐国已是"万乘之国"，并取代魏国成为当时最为强大的国家。进而说明，齐威王后期，战争的中坚力量仍然是战车而不是骑兵。

合纵连横　在此期间，秦楚两国也随着魏国的衰落而称强于诸侯。桂陵大战期间，楚国趁机夺取了魏国睢水一带的土地；秦国趁机夺得魏国旧都安邑和固阳等地。"会徐州相王"是魏惠王不得已的选择，其目的与商鞅劝说魏惠王称王一样，是为了诱发齐国与其他大国的紧张关系。果然，楚威王在公元前 333 年，亲率大军进围徐州[1]，将疆域扩展到泗水一带，鲁、宋、卫等国转而朝楚。另一方面，魏向齐国靠拢，却未能阻挡秦国东进的步伐，公元前 330 年，秦军再败魏军于雕阴，迫使魏惠王献出早年攻占的河西之地。此后，秦军又攻占魏国的汾阴（山西万荣西南）、皮氏（山西河津西）、焦（三门峡西）、曲沃等地。秦惠王于公元前 324 年自立为王，逐步形成了秦"据河山之固，东向以制诸侯"；齐国"辟土地，朝秦楚，莅中国而抚四夷"[2] 的东西对峙局面。在此情势之下，"合纵连横"的政治军事外交活动频频上演，众多"纵横家"应运而生。《韩非子·五蠹》称之为"从衡之党"，并解释说："从者，合众弱以攻一强也，而衡者，事一强以攻众弱也。"

"连横"最初是秦相张仪，为落实"远交近攻"政策而提出的策略。首当其冲的魏国也急谋对策，全力倡导"合纵"，意欲联合有关国家一道抗秦。公元前 325 年，魏惠王与韩威侯相会于巫沙，尊韩威侯为王（韩宣惠王）。公元前 323 年魏、韩、赵、燕、中山五国相互承认"王"的地位。同年，张仪与齐楚使臣会于啮桑，目的是"联齐楚而攻魏"，而齐国对魏、韩五国的频频会盟也抱有强烈的警惕，故而派军进攻赵国，赵韩联军战败。魏惠王、韩宣王被迫与齐威王会于平阿（阳谷）。大致同时，楚又败魏军于襄陵，夺取 8 个邑。秦、齐、楚的步步进逼，宣告了魏国"合纵"策略的失败。张仪也因"联齐楚"的策略收效甚微，去秦适魏，出任魏相，继续推行"连横"主张，建议魏王"以魏合于秦、韩以攻齐、荆（楚）"。这一策略对秦国以外的各国没有多少好处，对齐楚造成威胁，魏太子也认为"以张子之强，亲韩之重，齐王恶之，而魏王不敢居也"[3]。公元前 319 年，魏惠王在齐、楚、燕、赵、韩五国支持下，逐张仪，启用首倡"合纵"政策的公孙衍为相。张仪入秦。

面对秦国的强势，齐国也积极参与"六国合纵"，却不愿意顺从其他五国的意志。齐宣王二年（公元前 318 年）"合纵"诸国联合攻秦，齐国却不出兵。最终被秦国击退，次年秦军又大胜联军。"合纵"再告失败。其时燕国内乱，政局动荡，齐宣王起兵，借平定内乱之名，占领燕国长达三年。《燕召公世家》"易王初立，齐宣王因燕丧伐我，取十城；苏秦说齐，使复归燕十城。"据《中国历史纪年表》，燕易王元年为公元前 329 年，其时齐宣王尚未继位，年代显然有误。而"苏秦说齐"则当在齐湣王时期（详后）。据记载，齐宣王还特意就"是否占领燕国"，征询恰在齐国逗留的孟子的意见。

《孟子·梁惠王·下》宣王问曰：

> 或谓寡人勿取，或谓寡人取之。以万乘之国伐万乘之国，五旬而举之，人力不至于此。不取，必有天殃。取之，何如？孟子对曰："取之而燕民悦则取之，古之人有行者者，武王是也。取之而

---

[1]　《史记·田敬仲完世家》："（齐宣王）十年，楚围我徐州。"
[2]　分别见《史记·秦本纪》和《孟子·梁惠王·上》。
[3]　《战国策·魏策三》。

燕民不悦，则勿取，古之人有行之者，文王是也。以万乘之国伐万乘之国，箪食壶浆以迎王师。岂有他哉？避水火也。如水益深，如火益热，亦运而已矣。"

齐国的占领引起各国的不满，"将谋救燕"，燕国军民也奋起反抗。宣王再次征求孟子的看法。孟子建议尽快撤军："止其重器，谋于燕众，置君而后去。"就是根据燕国人民的意见，安排好燕国国君及其宗庙后马上撤军。但宣王没有采纳孟子的建议，最后在燕国军民的猛烈抗击之下撤出。公元前316年，秦国攻灭巴蜀，取得义渠、徒泾等二十五城及赵国的蔺地；败韩军于岸门，迫使韩国屈服，遣太子仓入秦为质，齐秦两国的势力对比发生了明显的变化。

齐楚合纵反目　秦灭巴蜀，便筹划伐楚事宜，韩国在秦国的威逼之下，献"名都"与秦，表示愿协秦伐楚。楚怀王闻报大恐，乃听从陈轸的建议，联齐抗秦，得到齐国的响应，"齐助楚攻秦取曲沃"[1]。

齐楚联盟对秦国的扩张起到了有效的遏制作用，秦惠王必欲破之，遂派张仪出使楚国，试图离间齐楚联盟。张仪极力吹捧楚怀王，许诺赠送商于六百里的土地，作为楚国与齐背盟的回报[2]。陈轸对楚怀王说："张仪至秦必负王，是北绝齐交，西生患于秦也，而两国之兵必俱至。"楚怀王利欲熏心，不听陈轸的劝阻。坚持与齐国断绝关系。张仪确如陈轸所言，回秦以后并没有依约割送商于之地，楚怀王愚蠢地认为：秦不割地，是因为"楚绝齐未甚"，特派勇士至宋，"北骂齐王"[3]，而秦国却又暗派使者与齐媾和。楚怀王则派使者至秦，追索"六百里"割地，张仪诈以割"奉邑六里"。楚怀王恼羞成怒，举兵伐秦，被秦韩联军大破之，斩首八万，夺其丹阳、汉中之地。楚怀王不甘心，乃悉起全国之兵，"复袭秦"[4]。两军在蓝田相遇，楚又大败，被迫割两城求和。韩魏两国也乘机南伐，攻至邓（襄樊），齐国因楚背盟在先，"不救楚"[5]。且"秦与齐和，韩氏从之"[6]，大败楚军于杜陵，宣告了齐楚联盟的破局。

在此期间，齐宋联军也曾趁机包围魏国的煮枣（山东东明南），被秦、魏联合击退，并攻至齐国的濮水。公元前310年，秦武王继位，继续东扩，派甘茂联魏伐韩，攻取韩国宜阳。公元前303年，继位不久的秦昭王，又攻克魏国的蒲坂、晋阳、封陵，以及韩国的武遂等地。

面对秦国凌厉的攻势，魏韩两国再次转向当时唯一能够与秦国抗衡的齐国。齐国自濮水战败后，亦欲拉拢魏韩，再次组织"合纵"。齐宣王特意写信给楚怀王，邀楚"并力收韩、魏、燕、赵与为纵"[7]。楚国如约，"合纵"再次形成。秦国故技重施，楚国也再次叛盟。《史记·秦本纪》记载，公元前306年，秦昭襄王初立，因其母宣太后是楚人，主张亲楚，秦昭王乃厚赂于楚。楚怀王二十四年（公元前305年），倍（背）齐而合秦。楚往迎妇。二十五年，怀王与秦昭王盟于黄棘，秦返还楚之上庸。怀王二十六年（公元前303年，齐宣王十六年），齐韩魏三国因为楚背盟负纵，而亲合于秦，共同举兵伐楚。楚使太子入质于秦求救，秦乃遣客卿通将兵救楚，三国退兵。次年，身为人质的楚太子斗杀秦大夫有私，逃归楚国，秦楚关系破裂[8]。

楚怀王二十八年（公元前301年），秦与齐、韩、魏联合攻楚，杀楚将唐昧，攻取重丘，韩、魏两

---

〔1〕《战国策·秦策二》。
〔2〕《战国策·秦策二》。
〔3〕《史记·张仪列传》。
〔4〕《史记·楚世家》。
〔5〕《史记·屈原列传》。
〔6〕《战国策·秦策二》。
〔7〕《史记·楚世家》原文将齐宣王记为齐湣王，非是。
〔8〕《史记·楚世家》。

国夺得楚国宛、叶以北的土地。次年，秦庶长奂伐楚，斩首二万，楚将景缺阵亡。怀王大恐，乃使太子为质于齐，以求和。是年齐宣王卒，齐湣王继立。公元前299年，楚怀王三十年，秦再伐楚，取八城。并遣书约楚怀王在武关会盟。楚怀王左右为难，最终侥幸心理占了上风，贸然赴约。秦昭王用伏兵将楚怀王俘虏，以割巫黔中之郡相要挟。怀王几次受到秦国的愚弄，怀恨在心，坚决不允，被秦国扣留，秦楚关系再次破裂。此时楚太子尚在齐国做人质，楚国众臣在两难之间，派昭雎说于齐。齐湣王放还楚太子横，立为楚顷襄王。秦昭王明白，再扣押怀王索地已经无望，随即兵出武关攻楚，大败楚军，斩首五万，取析十五城而去。楚顷襄王三年，怀王病死于秦。

　　齐楚韩魏赵的合纵，对秦国是极大的威慑，为化解危局，秦佯装与齐修好，于秦昭襄王六年（公元前300年），派泾阳君到齐国作为人质。作为交换条件，要求当时齐国的执政、曾联合韩魏攻楚的孟尝君田文入秦，企图以此打破"齐楚合纵"，因门客反对没有成行。秦昭王锲而不舍，再次相邀。齐湣王二年（公元前299年），孟尝君入秦，出任秦相。

　　此时的赵国国君是赵武灵王。赵武灵王九年，曾与韩魏联合伐秦失利，被秦军"斩首八万级"，同年又被齐国败于观泽；十年，被秦国侵占了西都及中阳；十九年（公元前307年）推行"胡服骑射"[1]，开中国骑兵作战的先河，国势大盛。并于公元前300～前296年，在齐国的帮助下灭掉中山国[2]，攻取了林胡、楼烦的部分土地。设立云中、雁门郡，迫使林胡、楼烦向北迁移。赵武灵王巩固边防后，图谋向中原发展。

　　在这种情势下，孟尝君入秦为相，对赵国十分不利。赵武灵王遂"结秦连宋之交，令仇郝相宋，楼缓相秦"[3]。使用离间计，说于秦昭王："孟尝君贤，而又齐族也，今相秦，必先齐而后秦，秦其危也"[4]。秦昭王遂囚孟尝君"谋欲杀之"。孟尝君以重金行贿秦昭王幸姬，才得以脱身。回国后，孟尝君于齐湣王三年（公元前298年）联合韩魏，攻秦至函谷关，受阻，乃向西周借兵乞食，西周君使韩庆说于孟尝君。

　　《战国策·西周策》韩庆为西周谓薛公曰：

> 君以齐为韩、魏攻楚，九年（实为五年）而取宛叶以北，以强韩魏。今又攻秦以益之。韩魏南无楚忧，西无秦患，则地广而益重，齐必轻矣。夫本末更盛，虚实有时，窃为君危之。君不如令敝邑阴合于秦，而君无攻，又无藉兵乞食。君临函谷而无攻，令敝邑以君之情谓秦王曰：薛公必破秦以张韩魏，所以进兵者，欲王令楚割东国以与齐也。

　　孟尝君封于薛，故称薛公。韩庆进而解释说：这样处置，秦王就能放出楚怀王，割楚之东国给齐国，齐得东国而益强，秦国得以保全，孟尝君世代没有忧患。齐国变强，秦不大弱，而处之三晋之西，三晋必定倚重齐国。大军也就不必向西周借兵乞食，西周也不必因此得罪秦国了。

　　韩庆的说辞，完全符合齐国的利益和当时的实际情况，孟尝君遂兵临函谷而不攻，令韩庆入秦游说。不料，秦昭王并不买账。次年，楚怀王出逃被抓回，于公元前296年死于秦。楚怀王既死，"令楚割东国以与齐"的希望随之落空，孟尝君遂命令联军猛攻。直到函谷关陷落，秦昭王才觉得大事不妙，决定割河东之地以求和，联军应允。秦国遂归韩河北及武遂，归魏河外祭封陵，齐国没有得到任何土

---

〔1〕《史记·赵世家》。

〔2〕《史记·田敬仲完世家》"齐佐赵灭中山"。

〔3〕《战国策·赵策四》。

〔4〕《史记·孟尝君列传》。

地。齐国主导兵围函谷关三年，突破秦国最重要的天险要隘，开创了打击、削弱秦国的最好前景。因孟尝君缺乏战略远见，没有继续进攻，轻易错过了大好的战略机遇。

楚顷襄王六年（公元前293年），时秦昭王使白起伐韩之伊阙，大胜，斩首二十四万。同时遣书至楚威胁说："楚倍（背）秦，秦且率诸侯伐楚，争一旦之命"。楚顷襄王迫于压力又一次与秦国联手：七年，楚迎妇于秦，十四年，楚顷襄王与秦昭王会于宛，议和和亲。十五年，楚王与秦三晋燕共伐齐，取淮北。十六年与秦昭王会于鄢，其秋复与秦王会于穰[1]。

齐国联合韩魏攻楚、攻秦，消耗了大量国力，虽然也取得了很多胜利，却没有增加国土人口，韩魏两国却得到了不少土地。秦客卿范雎曾评价说："昔者，齐人伐楚，战胜，破军杀将，再辟千里，肤寸之地无得者，岂齐不欲地哉！形弗能有也。诸侯见齐之罢露，君臣之不亲，举兵而伐之，主辱军破，为天下笑。所以然者，以其伐楚（秦）而肥韩魏也。此所谓藉贼兵而赍盗食者也"[2]。

秦齐称帝与后期博弈　公元前298年，赵武灵王将王位传与尚未成年的少子何（赵惠文王），自称主父。长公子章不服，于公元前295年发动政变，失败后逃入主父住所，最终被打死，"主父"也被困死。由赵武灵王"结秦连宋"政策主导的"赵秦宋"联盟随之瓦解。另一方面，"齐韩魏"联盟不仅严重威胁着秦国的安全，也是秦国一统天下的最大障碍。为此，秦昭王开始推行联齐的政策，借以瓦解"齐韩魏"联盟。此前，"齐韩魏"联盟一直由孟尝君主导，齐湣王心中早有芥蒂，因想借机改变策略，联秦灭宋。为此与孟尝君发生了激烈冲突，导引出齐湣王七年（公元前294年）的"田甲政变"[3]。孟尝君因指使田甲作乱，出奔魏国。齐湣王驱逐亲魏大臣周最，用秦五大夫吕礼为相，推行联秦政策[4]。至此，曾发挥重要历史作用"秦赵宋""齐韩魏"联盟先后瓦解。失去了齐国的支持，魏韩两国在短短的几年内就被秦国侵占大片国土，魏国转而投靠赵国，联兵攻宋。

《韩非子·内储下》：

> 穰侯相秦而齐强，穰侯欲立秦为帝而齐不听，因请立齐为东帝，而乃能成也。

齐湣王十三年（公元前288年），秦国穰侯魏冉出使齐国，相约分称东帝、西帝[5]，共谋伐赵。对于他国而言，秦齐联合乃是一个十分危险的信号，各路诸侯积极行动，以期打破秦齐联盟。

齐国灭宋　苏秦是战国时期著名的纵横家，《史记·苏秦列传》和《战国策》的记载舛误很多。根据杨宽、唐兰、徐中舒等学者的研究，苏秦在张仪之后，活动于燕昭王、齐湣王时期，与孟尝君田文、奉阳君李兑、穰侯魏冉，以及韩珉、周最等是同时期的纵横家。苏秦在燕昭王初年入燕，为燕国出谋划策。秦、齐称帝后，苏秦积极发动合纵，出使齐国，游说齐湣王："两帝立，约伐赵，孰于伐宋之利也？""与秦为帝而天下独尊秦而轻齐，齐释帝，则天下爱齐憎秦，伐赵不如伐宋之利，故臣愿王明释帝以就天下，倍约傧秦，勿使争重，而王以其间举宋"[6]云云。告诉齐湣王去帝号，可以得到天下的拥戴，使秦国陷于被动局面，齐则可顺利伐宋。

齐湣王联秦的本意是为了吞并宋国，而不是称帝。听了苏秦对时局利弊的分析，便改弦更张，出

---

〔1〕《史记·楚世家》。

〔2〕《史记·范雎列传》《战国策·秦策三》。

〔3〕《史记·孟尝君列传》集解："徐广曰：湣王三十四年，田甲劫王，薛文走。"

〔4〕《战国策·东周策》："逐周最，听祝弗，相吕礼者，欲深取秦也"。

〔5〕《史记·田敬仲完世家》："王为东帝，秦昭王为西帝"；《楚世家》楚顷襄王"十一年齐秦各自称为帝，月余复归帝为王"；《秦本纪》昭襄王"十九年，王为西帝，齐为东帝，皆复去之。"

〔6〕《史记·田敬仲完世家》《战国策·齐册四》。

兵伐宋。同时，组织合纵攻秦，与赵国会于阿，"约攻秦去帝"[1]。苏秦受齐王之托，"徧事三晋之吏，奉阳君、孟尝君、韩珉、周最、周韩余（徐）为徒，从而下之"[2]。齐、赵、燕、韩、魏五国合纵局面形成。齐湣王十四年（公元前287年），五国伐秦联军进至韩的荥阳、成皋（河南成皋西北）之间，却没有向秦国发动像样的攻击。秦昭王迫于联军的压力，自行废除帝号，割地求和，将所占温（河南温县西南）、轵（河南济源市南）、高平（河南济源市西南）归还魏国；将王公、符逾归还赵国[3]。联军退兵。齐国再谋伐宋。

宋国曾是战国早中期，七雄之外比较强大的国家，公元前487年，宋景公灭曹，后五世（公元前328），宋康王继位，曾灭滕、伐薛，取齐国五城，侵占楚地三百里[4]，国势一度较为强盛。但是，晚年的宋康王飞扬跋扈，残暴无道，致使宋国在激烈的列强博弈中，逐步积弱，沦为列强觊觎的目标。

宋国地理位置居中，土地肥沃，列强垂涎，齐国更是蓄谋已久，企图将宋国纳入自己的版图。苏秦正是利用这种心态，诱之以"伐宋之利"，劝说齐湣王"去帝号"，合纵伐秦。其辞云：

> 今宋王射天笞埊铸诸侯之象，使侍屏匽展其臂弹其鼻，此天下之无道不义，而王不伐，王名终不成。夫宋，中国膏腴之地，邻民之所处也。与其得百里于燕，不如得十里于宋。伐之，名则义，实则利，王何为弗为？

齐湣王从其言，"遂兴兵伐宋，三覆宋，宋遂举"[5]。是说齐湣王在合纵攻秦期间，先后对宋国发动了三次战争，终于灭亡宋国。第一次攻宋是在"约攻秦去帝"，组织合纵期间。燕昭王为了麻痹齐国，还特意出兵2万，协助伐宋[6]，最终迫使宋国割淮北之地求和[7]。第二次在公元前287年，抽调正攻秦前线的兵力伐宋，遭到苏秦的激烈反对，合纵五国也因此而放弃攻秦，争相掠夺宋国土地，并酝酿伐齐。逃到魏国的孟尝君以魏相的身份，与赵将韩徐为共谋攻齐[8]，先伐宋，得河阳于魏。又以赵梁、韩徐为领兵，连续两次攻齐[9]。燕昭王则准备待齐国伐宋失利时趁火打劫。齐湣王见大事不妙，只得草草收兵。公元前286年，宋国内乱，齐湣王趁机联合赵国发动了第三次进攻，虽然遭到秦楚两国的反对[10]，却终于如愿以偿。

《史记·宋微子世家》：

> （康）王偃立四十七年，齐湣王与魏楚伐宋，杀王偃遂灭宋，而三分其地。

《汉书·地理志》：

〔1〕《战国纵横家书》二一《苏秦献书于赵王》。
〔2〕《战国策·魏策二》。
〔3〕《战国纵横家书》二一《苏秦献书于赵王》。
〔4〕参见《史记·宋微子世家》和《战国策·宋策》。
〔5〕《战国策·燕策二》。
〔6〕《战国纵横家书》一一《苏秦自赵献书于齐王》。
〔7〕《战国纵横家书》一四《苏秦谓齐王》。
〔8〕《战国纵横家书》三《苏秦使盛庆献书于燕王》："薛公、徐为之谋谨齐"。
〔9〕《史记·赵世家》。
〔10〕《战国策·赵策四》："齐将攻宋，而秦楚禁之。"

宋自微子二十余世至景公灭曹，灭曹后五世亦为齐楚魏所灭，参分其地。魏得其梁、陈留；齐得其济阴、东平；楚得其沛。

王阁森《齐国史》认为：这些记载不可信，"灭宋之役，魏、楚皆不曾参加，魏、楚得宋地是在五国攻齐时从齐国夺取的"[1]。其说不误。《史记正义》："《齐表》云：齐湣王三十八年灭宋，乃当王赧二十九年。此说乃燕哙之时，当周慎王之时。齐宋在前王十余年，恐大误矣。"今按，依《中国历史纪年表》，"齐灭宋"确为周赧王二十九年。通常认为，齐湣王在位不足 20 年；而苏秦活动于燕昭王、齐湣王时期，苏秦阴谋乱齐被齐人杀死，才有其弟苏代之"说燕王"。故张守节因《燕召公世家》之说，以苏代所说之王为"燕哙"，以及《齐表》所谓齐湣王三十八年"齐灭宋"，乃属"大误"。

齐国在齐湣王即位前后的十几年内，南败楚，西败秦，北败燕国，"覆三军，获二将"[2]，取得了辉煌的战果。五国合纵期间，齐国一心想吞并宋国，燕国一心想报齐国占领之仇，其他各国也心怀鬼胎，合纵攻秦虎头蛇尾，齐国又一次空手而回，虽然暂时削弱了秦国，却没有壮大自己。这种现象在合纵连横格局中不断重复出现，使秦国逐步确立了独强地位，齐国则日渐衰弱。加上齐湣王君臣穷兵黩武，内政腐败，忽视发展生产和休养生息，灭宋以后，齐国已成了强弩之末，逐渐丧失了与秦国争胜的资格。

苏代曾评价说：

> 今夫齐长主而自用也，南攻楚五年，畜聚竭；西困秦三年，士卒罢敝，北与燕人战，覆三军，得二将，然而以其余兵，南面举五千乘之大宋，而包十二诸侯。此其君欲得其民力竭，恶足取乎？且臣闻之，数战则民劳，久师则兵敝矣[3]。

乐毅破齐　公元前 287 年，齐湣王第二次伐宋，合纵五国已有伐齐之心。幸得齐湣王及时撤兵，逃过一劫。齐灭宋，得淮北之地，威盛一时，三晋和楚国、秦国都深感不安，伐齐再次成为大国的共同话题。叛逃至魏并出任魏相的孟尝君，以齐国土地为诱饵，劝秦相魏冉策动秦王攻齐。赵国大臣金投奔走于秦、赵之间，策动联兵伐齐。齐湣王十六年（公元前 285 年），秦昭王分别与楚顷襄王、赵惠文王在宛、中阳两地相会，"先出声于天下"，率先派蒙骜带兵，越过韩、魏，开始向齐进攻，夺九城。次年，秦昭王又分别约见魏昭王、韩厘王，共谋伐齐。

燕之于齐，有破国之恨。公元前 312 年，齐军撤兵后，燕昭王即位，不忘国耻，励精图治，与民共甘苦，招贤纳士，积蓄力量，国势逐渐强盛。同时，派苏秦到齐国实施反间，破齐、秦之约，鼓动齐国攻宋，使其四面树敌，甚至派兵助齐攻宋，以取信于齐。秦谋伐齐，对燕国是天赐良机，乃"使乐毅约赵惠文王，别使连楚魏，令赵啖说秦以伐齐之利"。在燕国的鼓动下，"诸侯害齐王之骄暴，皆争合纵与燕伐齐"[4]。

齐湣王十七年（公元前 284 年），"燕秦赵魏韩"五国联军与齐军决战于济西。由于齐湣王"伐功矜能，谋不逮下，废黜贤良，信任诣谀，政令戾虐，百姓怨怼"，齐军缺乏应有的战斗力，加之齐湣王在连年的征战中，忽视国土防守，将卫戍部队也用于对外征伐，后方空虚，故而在强敌面前迅速溃败，

---

〔1〕　王阁森等：《齐国史》第 415 页，山东人民出版社，1992 年。
〔2〕　《战国策·燕策一》。
〔3〕　《史记·苏秦列传》。
〔4〕　《史记·乐毅列传》。

联军取得了决定性胜利。济西战后，秦得齐定陶之地，与韩国一道回师撤军，魏军忙于攻掠齐国所占宋地，赵军忙于收取河间之地。乐毅则抓住战机，毅然率军深入齐国，直逼齐都临淄。城破，齐湣王仓皇出逃，齐宫被洗劫一空："珠玉财宝车甲珍器尽收入于燕，齐器设于（燕）宁台，大吕陈于元英（燕宫殿名），故鼎反乎历室。"[1]

燕军攻破临淄后，乘胜进击，攻占齐国领土，遭到齐国军民，如昼邑王蠋的拼死抵抗。乐毅随即调整策略，整顿燕军，采取了"禁止侵掠，求齐之逸民，显而礼之；宽其赋敛，除其暴令，修其旧政"[2]等利民措施，以缓解齐国军民的敌对情绪[3]。在半年中，攻掠齐国七十余城，皆划为燕国郡县，仅即墨和莒地两座孤城尚在齐国控制之下。

田单复国　乐毅破齐，齐湣王率少数侍从逃至卫国，卫君以其为大国之君，乃"辟宫舍之，称臣而共其具"，很是恭敬。齐湣王却傲慢不逊，引起卫国君臣的强烈反感，只得再次出奔至邹鲁，"邹鲁弗纳"，最后回到齐国莒城。楚国派淖齿助齐抗燕，淖齿出任齐相，杀齐湣王于鼓里，伺机瓜分齐国的土地，激起了齐人的愤怒。湣王旧臣王孙贾召集四百多志愿者将淖齿"刺而杀之"，齐国流亡在莒的大臣，拥立湣王流落民间的儿子法章为君，是为齐襄王，并通告全国"王已立在莒矣"[4]。

燕军攻克齐国七十余城后，转而集中兵力攻莒。然齐国已至生死存亡的最后关头，襄王坐镇，军民奋力，燕军数攻不下，转而进攻即墨。即墨大夫出兵应战，以身殉职，田单勇敢地承担起率即墨军民抵抗燕军的重任。田单是王室的远房亲属，曾为临淄市掾。临淄城破，田单携家人出逃至即墨。危难时刻，田单挺身而出，军民合力守城。恰逢燕昭王去世，燕惠王即位。田单了解到乐毅曾与燕惠王有矛盾，便命人散布流言说：齐王已死，两城不拔是因为乐毅害怕燕惠王报复，欲以伐齐之名在齐国称王。燕惠王不知是田单的离间计，乃令骑劫代替乐毅为将，乐毅逃往赵国。与此同时，田单利用各种手段凝聚民心，鼓舞己方士气，涣散燕军军心，在时机成熟时用火牛阵一举击溃燕军。燕将骑劫死于乱军之中，田单率军乘胜追击，各地军民积极响应。齐军越战越强，历时五年，终于收复了全部失地。公元前279年（齐襄王五年），田单迎接齐襄王回临淄主政，自任齐相，封为安平君。经此浩劫，国破山河碎，国力大衰，从此一蹶不振。

秦破楚郢与赵国崛起　齐襄王四年（公元前280年），秦昭王大举进攻楚国。秦将司马错奉水军十万，大船万艘，从水路出发，白起率大军从陆路进迫。两路大军分进合击，势如破竹，楚军节节败退。次年（公元前279年），白起率大军攻破楚都郢城，占领了楚国云梦以西的全部领土，新建了以郢为中心的南郡。楚顷襄王出逃，在陈地设立新都，抱残守缺。楚国虽然尚拥半壁江山，却非常惧怕秦军继续进攻，遂派左徒黄歇出使秦国，上书秦昭王说：秦楚相斗，魏将攻占过去宋国的领土，齐将攻占楚国淮北的徐泗之地，秦破楚而韩魏齐必强。这种趋势正是秦国最担心的问题，权衡利弊，秦昭王决定暂停进攻。楚太子入秦为质，两国讲和。秦将白起在总结破楚之战时说：

　　是时，楚王恃其国大，不恤其政，而群臣相妒以功，谄谀用事，良臣斥疏，百姓心离，城池不修。既无良臣，又无守备，故起所以得引兵深入，多倍城邑，发梁焚舟，以专民心，掠于郊野，以足军食。当此之时，秦中士卒，以军中为家，将帅为父母，不约而亲，不谋而信，一心同功，

---

〔1〕《史记·乐毅列传》。
〔2〕《资治通鉴》卷四《周纪四·赧王中》。
〔3〕《资治通鉴》卷四《周纪四·赧王中》。
〔4〕《史记·田敬仲完世家》。

死不旋踵。楚人自战其地，咸顾其家，各有散心，莫有斗志，是以能有功也[1]。

武安君的这番议论，正是秦胜楚败的根本原因。秦军破楚后，于公元前275年又大举攻魏，包围大梁。韩国出兵相救，也被秦军击败，魏献地与秦求和。公元前273年（齐襄王十一年），魏赵联军进攻韩国，秦将白起出兵救援，大破赵魏联军，斩首十五万。秦乘胜进击大梁，赵燕两国相救，魏献南阳求和。

秦国急于吞并魏国，目的是将秦本土与攻齐所得之定陶连为一体，从而将燕赵和楚韩从地理上分隔开来，以期从根本上斩断"山东六国"合纵的纽带，因而也是赵燕等国所不能容忍的，故而联合进行反击。秦国只好暂且忍耐，以防再次激发六国合纵攻秦的局面。

在此期间，赵国经赵武灵王、惠文王两代的经营，"民福而府库实"，国力益盛。惠文王用乐毅为相，蔺相如为上卿，廉颇、赵奢为将，取得了对外战争的一系列胜利。赵惠文王十五年（公元前284年），曾参与五国伐齐的"济西"之战；十六年（齐襄王元年），数度联秦击齐，夺得齐之昔阳（河北省晋州市西北），此后，又连续攻取魏国、齐国的土地。十七年，乐毅率赵师攻魏伯阳，十九年（公元前280年）赵奢攻取齐国的麦丘（山东商河县西北），次年廉颇攻齐，二十三年（公元前276年）廉颇攻取魏之几地，次年又攻取魏之防陵、安阳。惠文王二十八年（公元前271年，齐襄王十三年），蔺相如再度伐齐，至平邑。秦昭王三十六年（公元前271年），秦穰侯魏冉派客卿灶攻齐，取刚（山东宁阳东北）、寿（山东东平西南），以扩大自己在陶邑的封地。秦昭王三十七年，派胡伤率军越过韩之上党，攻打赵国要地阏与，未果；次年，赵奢驰援，大破秦军。稍后，秦军又进攻赵国之几地，大败于廉颇，显示了赵国的军事势力。表明在魏、齐、楚相继衰落之后，赵国已成为"山东"六国实力最强的国家，成为秦国推行兼并政策必须克服的主要障碍。

远交近攻与贤事秦　　秦穰侯魏冉，号称华阳君，是秦昭王之母宣太后的弟弟，因而得以独揽朝纲。秦昭王纳贤，魏冉暗中作梗，严加防范。魏人范雎善辩，跟随魏中大夫滇贾使齐，齐襄王闻之，乃使人赐金十斤及牛酒，范雎辞谢不敢受。滇贾知之，以为雎持魏国阴事告齐，大发雷霆，返国后又将此事报告了当时的魏相，即魏公子齐。公子齐命舍人对范雎施以酷刑，范雎装死逃脱，辗转入秦。因魏冉的压制，抵秦国一年有余，始终不敢公开谒见秦昭王。闻魏冉派客卿灶攻齐，乃以"魏冉得齐之刚寿归己"之事为由上书，得到秦昭王的赏识。秦昭王三十八年（公元前269年），在离宫接见范雎，屈尊求教。范雎以齐湣王攻楚为例说："夫穰侯越韩魏而攻齐纲寿，非计也"。齐国"破军杀将，辟地千里，而未得尺寸之地"，韩魏两国得到了好处，是齐伐楚而肥韩魏也。此所谓"藉贼兵而赍盗粮者"。建议秦昭王吸取齐国的教训，"远交而近攻"，才能"得寸，则王之寸也；得尺，亦王之尺也"。"今释此而远攻"得不偿失。"王其欲霸，必亲中国以为天下枢，以威楚赵。"秦昭王乃拜范雎为客卿，谋兵事，卒听范雎谋[2]。"远交近攻"成为秦国军事外交的主导政策。秦昭王三十九年（公元前268年），按照范雎的建议，攻魏之怀地；四十一年，攻取魏之邢丘，然后集中力量对付赵国。

范雎的"远交近攻"政策，对齐国产生了重大影响。在三晋忙于应付秦国的进攻时，齐国则因秦的"远交"政策，暂时摆脱了战争的困扰，维持着相对和平的局面。不过，齐襄王毕竟经历了亡国、复国的磨炼，尚能把握局势，做出相对有利于齐国的决定。齐襄王十九年（公元前265年，秦昭王四十二年），秦伐赵，连拔三城。其时，赵孝成王初立，赵太后执政，秦国趁机猛攻，赵国向齐国求援。齐襄王不希望秦胜赵变得更为强盛，乃以赵长安君（赵太后最宠爱的小儿子）质于齐作为交换条件，

---

〔1〕　《战国策·中山策》。
〔2〕　参见《史记·范雎蔡泽列传》和《战国策·秦策三》。

出兵救赵，击退秦军[1]。

公元前264年，齐襄王死，齐王建即位，年幼，其母君王后听政。君王后错误地顺应秦国"远交近攻"的政策，制定了"贤事秦，谨（少）与诸侯信（谋）"[2]，自守其国的孤立主义政策。对各国的政治、军事角力熟视无睹，注定了齐国灭亡的结局。

秦昭王四十三年（公元前264年），武安君白起攻韩，拔九城，斩首五万。四十四年攻取韩之南郡，以断绝韩本土和上党之间的通道。四十五年，五大夫贲攻韩，取十城，野王投降秦国，上党郡与本国的联系被切断。韩桓惠王想把上党郡献给秦国，以息战祸，派冯亭接替上党郡守，处理降秦的事宜。冯亭不愿降秦，想借用赵国的力量抗秦，故而把上党郡十七县献给赵国。赵孝成王派平原君赵胜领五万赵军接收上党，秦赵矛盾激化。秦昭王四十七年（公元前260年），秦将白起攻上党，赵将廉颇率军击之，两军相持，对垒于赵之长平，"廉颇坚壁以待秦，秦数挑战，赵兵不出"[3]。战争的持久胶着，使赵国出现粮荒，"无以食，请粟于齐，而齐不听"[4]。"秦相应侯又使人行千金于赵，为反间"[5]，在坊间散布谣言，说："秦之所恶，独畏马服（赵奢曾被赐号马服君）子赵括将耳，廉颇易与，且降矣。"急于求成的赵孝成王，在数次严厉催促廉颇出战无果的情况下，误信谣传，起用赵括代廉颇为将，导致惨败，四十余万赵兵尽被白起坑杀。

长平之战是战国史上最大的一次战役，经此战役，赵国国力被严重削弱。然而，赵国兵败长平，与齐国的隔岸观火却有着莫大的干系。公元前259年（齐王建六年），长平之战正酣，赵国向齐国请求粮食援助，谋臣周子苦谏曰：

> 赵之于齐楚，扞弊也，犹齿之有唇也，唇亡则齿寒。今日亡赵，明日患及齐楚。且救赵之务，宜若奉漏瓮沃焦釜也。夫救赵，高义也；却秦兵，显名也。义救亡国。威却强秦之兵，不务为此而务爱粟，为国计者，过矣。

言辞中肯而有理，但君王后就是听不进去。于是"秦破赵于长平四十余万，遂围邯郸"[6]。赵国是当时唯一能抗衡、抑制秦国兼并的国家。赵国的削弱，在客观上加速了齐国的灭亡。《战国策·齐策六》曾记述了这样一段故事：

> 秦始皇尝使使者遗君王后玉连环，曰："齐多知而（能）解此环不?"君王后以示群臣，群臣不知解，君王后引椎椎破之。谢秦使曰："谨以解矣。"

这个故事表明，君王后很清楚，秦国善待齐国的条件，就是齐国必须暗助秦国，破解山东诸国的合纵抗秦联盟。齐国不肯救赵，正是君王后"贤事秦，谨与诸侯信"政策的具体体现。同年（秦昭王四十八年），秦国初为三军，韩国献垣雍以弭秦兵。秦军乘胜攻取了赵的武安、皮牢、太原，并将韩国的上党郡全部收入囊中。派五大夫陵围困赵邯郸两年，久攻不下，两次更换主帅。秦昭王曾想让武安

[1]《史记·赵世家》。
[2]《史记·田敬仲完世家》："君王后贤事秦谨与诸侯信。"应读为"君王后贤事秦，谨与诸侯信。"
[3]《史记·白起王翦列传》。
[4]《战国策·齐策二》。
[5]《史记·白起王翦列传》。
[6]《史记·田敬仲完世家》。

君白起挂帅，白起预见此战必败，称病不出而获罪。公元前 257 年，魏信陵君无忌"窃符救赵"，楚国的春申君黄歇也派兵救赵。在赵魏楚联军的夹击下，秦军大败，秦将郑安平以两万人降赵。

邯郸之役，在一定程度上改变了战国晚期的战略态势。秦国在长平之战中，已经实力大损，邯郸之战乃是勉力而为之，正如白起所言：

> 邯郸实未易攻也，且诸侯救（兵）日至，彼诸侯怨秦之日久矣。今秦虽破长平军，而秦卒死者过半，国内空，远绝河山而争人国都，赵应其内，诸侯攻其外，破秦军必矣。

邯郸之败，使秦国在短时间内无力发动大规模对外战争。"山东"各国，在秦国的压力稍有缓解之际，不思谋秦之策，又开始了互相征伐。

楚灭鲁与嬴政主秦　早在秦军攻克楚国郢都（公元前 279 年），楚顷王徙都于陈时，楚国已经积弱，但相对于积弱更久的鲁国来说，还具有相当的优势。鲁顷公十九年（公元前 260 年）楚顷襄王攻鲁，夺取徐州，鲁更弱。楚考烈王八年（公元前 255 年），灭鲁。鲁顷公迁于下邑，为家人，鲁绝祀，顷公卒于柯。

公元前 251 年，燕国趁长平战后，赵国壮丁所剩无几，出动六十万大军攻赵，企图一举兼并赵国，被赵将廉颇、乐乘所败。公元前 248 年，赵派廉颇助魏攻燕，以泄前愤。在"山东"诸国互相征伐之际，秦国则与民休息，为横扫六合，一统天下积蓄力量。秦昭王五十二年（公元前 255 年），即楚灭鲁之年，秦国在稍事休整之后，秦将摎出兵攻取韩之阳城、负黍，斩首四万。攻赵，取二十余县，首虏九万。同年西周君相约"天下锐兵出伊阙攻秦。令秦毋得通阳城"，秦将摎率军攻之，西周君投降，全部属邑归秦。五十三年，秦将摎攻取魏之吴城。五十六年秋，昭襄王卒，孝文王、庄襄王继立。

秦庄襄王元年（公元前 249 年），东周君与诸侯谋秦，吕不韦出兵剿灭东周，再以阳地赐东周君，以奉其祭祀。随后使蒙骜伐韩，攻取成皋、巩，将秦国疆界推至大梁，"初置三川郡"。也就是将西周、东周故土及成皋、荥阳合为三川郡。是年，齐王建（十六年）亲政，懦弱无为，不谋进取，继续奉行"贤事秦"的政策，战备松弛不修。齐王建十八年（公元前 247 年），秦蒙骜攻魏，魏国屡次失败，信陵君派人向各国求援，燕赵韩楚皆出兵救魏，只有齐国无动于衷。

公元前 247 年，趁赵魏燕三国相互攻伐之时，秦庄襄王使蒙骜攻取魏之高都、汲；攻赵榆次、新城、狼孟等取三十七城；使王龁再攻上党。同年五月，秦庄襄王卒，子嬴政，即秦始皇继位。晋阳反，蒙骜击而定之，初置太原郡。秦王政三年（公元前 244 年），蒙骜攻取韩国十三城，进击魏国之畼和有诡，四年取之。五年，蒙骜攻魏，定酸枣，取城二十，燕、虚、长平、雍丘、山阳城皆拔之。同年，即齐王建二十三年，秦将历年所得成皋以东土地，连同卫国旧都濮阳，合并设立东郡，将韩魏两国置于秦国的三面包围之中，使秦国的疆域首次与齐国毗邻，为秦国的进一步兼并扩张奠定了坚实的基础。

此时的齐国仍不修战备，不参与抗秦活动。秦王政六年（公元前 241 年，齐王建二十四年），赵韩魏卫楚五国合纵攻秦，取寿陵，齐国仍不参与。在秦国的"远交近攻"策略和齐国"贤事秦"政策的共同作用下，"王建立四十余年不受兵"，虽然躲过了不少战祸，却加速了齐国的灭亡，成就了秦国的一统天下。

秦王政八年（公元前 239 年），其弟长安君成蟜在率军击赵时发动叛乱，被剿灭于屯留。十年（公元前 237 年），相国吕不韦因嫪毐事件遭贬，秦王嬴政亲政，重用李斯和尉缭，加紧策划灭亡六国的行动。同年，齐王建（二十八年）专程西入咸阳，朝拜秦王政。

公元前 238～前 231 年，秦国趁齐楚两国无心顾及"国际"事务，对韩赵魏诸国发动了连续进攻。

秦王政十一年攻赵取邺、阏与、安阳等九城；十三年，攻赵平阳；十四年，取赵宜安，定平阳、武城。同年韩非使秦，被李斯扣留，死于非命。韩王请为臣。十五年，秦军攻太原，取狼孟。十六年，韩、魏迫于秦的攻势，纷纷割地求和。秦接受韩、魏所献南阳等地，置丽邑。此时的"山东六国"，已是日薄西山，既无合纵攻秦之势，更无独力抗秦之能。赵将李牧虽曾一度获胜，但已是独木难支。秦国横扫六合的时机已经成熟，兼并战争接近尾声。

秦灭韩 秦王政十七年（公元前230年，齐王建三十五年），内史腾攻韩，韩王安被俘，尽得其地，更为颍川郡。

秦灭赵 秦王政十一年（公元前236年），秦军趁赵军攻燕之际，取狸阳城。派王翦、桓齮、杨端和等，率军大举攻赵之邺地，取阏与、橑杨等九城。秦王政十三年、十四年（公元前235年、前234年），秦将桓齮率军连续攻赵，杀赵将扈辄，斩首十万，取宜安，定平阳、武城，将所占赵国漳水流域和河间地区的大片土地，更立为雁门郡和云中郡。

赵王迁三年（公元前233年），邯郸形势危急，急将李牧从雁门调回，命其为大将军，指挥全部赵军反击秦军，连续两年大败秦军，全歼进攻赤丽、宜安、番吾等地的秦军，立下赫赫战功，封武安君。李牧在孝成王、悼襄王时期受命戍边，令匈奴闻风丧胆，十余年不敢犯赵，是战国晚期与白起、王翦、廉颇齐名的著名战将，也是列国中唯一能与秦军抗衡的军事首领。

赵王迁五年（公元前231年），赵国代地发生强烈地震，"自乐徐以西，北至平阴，台屋墙垣大半坏，地坼东西百三十步"，导致次年的大面积饥荒。秦王政十八年（公元前229年，赵王迁七年），趁机派大将王翦、端和、羌瘣率主力直下井陉，包围赵都邯郸。李牧、司马尚受命率军抵抗，秦军屡攻无效。王翦再次施展离间手段，派奸细混入邯郸，用重金收买曾诬陷过廉颇的佞臣郭开，散布李牧叛国的谣言。昏聩的赵王迁不知是计，随即捕杀李牧，派赵葱、颜聚取而代之，王翦乘势急攻。仅三个月，这个自毁长城的昏王便自食其果。秦王政十九年（公元前228年，赵王迁八年，齐王建三十七年），王翦破邯郸城，取赵地东阳。赵葱战死，赵王迁及颜聚被俘，赵公子嘉出奔，自立为代王，与燕军合兵上谷。秦军则屯于中山，准备攻燕。后六年，即秦王政二十五年（公元前222年），秦攻代，俘虏公子嘉，赵国彻底覆灭。

秦灭燕 前已述及，秦赵长平战后，燕王喜曾于公元前251年起兵，企图趁机吞并赵国，导致赵燕两国频频相互攻伐。燕王喜十年（公元前245年，秦王政二年），赵使廉颇攻取燕之繁阳；十二年，使李牧攻取燕之武遂、方城。十三年，燕派剧辛攻赵，赵将庞暖迎战，杀剧辛，破燕军二万。二十三年（公元前232年，秦王政十五年），太子丹质于秦，逃归。燕王喜二十七年（公元前228年）秦灭赵后，秦军屯于中山，兵临易水。燕太子丹为阻止秦军的进攻，于燕王喜二十八年，使荆轲入秦刺杀嬴政，事败，荆轲惨遭肢解。同年，即秦王政二十年（公元前227年），嬴政命王翦、辛胜攻燕，破燕军于易水之西。燕王喜二十九年（公元前226年），秦军攻克燕蓟都，燕王败走辽东，斩太子丹献秦求和以自保。秦在燕地置渔阳郡、右北平郡、辽西郡、上谷郡、广阳郡。四年后，即秦王政二十五年（公元前222年，燕王喜三十四），秦使王贲将，攻克辽东，俘虏燕王喜，燕卒灭。

秦灭魏 秦王政二十二年（公元前225年，齐王建四十年），秦围魏都大梁不下，秦将王贲决黄河水淹之，魏王假请降遭戮，尽取其地，建砀郡、泗水郡。秦驻军于齐之历下。

秦灭楚 秦王政二十三年（公元前223年），秦王遣王翦攻楚，攻占了楚都寿春，取其自陈以南至平舆之地，楚王负刍被俘。项燕立昌平君为荆王，在淮南起兵反秦。秦王政二十四年，王翦、蒙武再破楚军，昌平君死，项燕自杀。二十五年（公元前222年），王翦平定楚国江南各地，设九江郡、长沙郡、会稽郡。

秦灭齐　秦在吞并五国的过程中，推行"远交近攻""善齐而不加兵"的策略，君王（太）后和齐王建麻木不仁，一味地"贤事秦"而"谨与诸侯信（谋）"。秦国则在"善齐而不加兵"的同时，又用金钱培植内奸，为灭齐作准备。

《史记·田敬仲完世家》：

> 后胜相齐，多受秦间金，多使宾客入秦，秦又多予金，客皆为反间，劝王去（合）纵朝秦，不修攻战之备，不助五国攻秦。

齐王建听信后胜等佞臣的蛊惑，淫逸康乐，以为只要"贤事秦"就可以高枕无忧。公元前241年（秦王政六年、赵悼襄王四年），赵将庞煖率"赵楚魏燕之锐师，攻秦蕞，不拔，移攻（齐）徐，取饶安"，就是对齐国的惩戒，齐王建仍执迷不悟。直到五国相继灭亡，齐王建才感受到"亡国"的威胁，却不作任何抵抗的准备，幻想用"入秦朝见"来化解危机。

《战国策·齐册六》：

> 齐王建入朝于秦雍门，司马前曰："所为立王者，为社稷耶？为王立王耶？"王曰："为社稷！"司马曰："为社稷立王，王何以去社稷而入秦？"

在雍门司马义正词严的责问之下，齐王建不情愿地"还车而反（返）"。即墨大夫听闻齐王建纳雍门司马之谏，以为可与为谋，遂入见齐王。

《战国策·齐册六》即墨大夫谓齐王曰：

> 齐地方数千里，带甲数百万。夫三晋大夫皆不便秦，而在阿鄄之间者百数，王收而与之百万之众，使收三晋之故地，即临晋之关可以入矣。鄢郢大夫不欲为秦而在城南下者百数，王收而与之百万之师，使收楚故地即武关可以入矣。如此则齐威可立，秦国可亡。夫舍南面之称制，乃西面而事秦，为大王不取也。

即墨大夫听闻试图劝说齐王建丢掉幻想，征集五国的散兵游勇，抵抗秦国，重整山河，齐王不以为然。秦王政二十六年（公元前221年，齐王建四十四年），秦兵将临，齐王建才"发兵守其西界"。秦使王贲率军从燕南攻齐，由于长年不修战备，秦军长驱直入，兵临城下，遣陈驰为使，诱骗齐王说，只要齐王投降，可封"五百里之地"，齐王遂降。秦迁齐王建"处之共松栢（河南辉县）之间，饿而死"。秦初并天下，分为三十六郡。秦王政立号为始皇帝。

春秋战国长达数百年的割据战争，使劳苦大众处于水深火热之中，到战国晚期，"天下一统"已是人心所向、大势所趋的历史必然。嬴秦统治者顺应历史潮流，横扫六合，一统天下，揭开了中国历史新的一页。

战国时期，各国的变法改革和铁器的普遍使用，促使社会生产力有了长足的发展；商业的发展又极大地促进了各国人民的相互联系，为天下统一奠定了坚实的经济文化和政治基础。统一大业最终由秦国实现，得益于其全面彻底、坚持不懈的政治改革。自商鞅变法以来，始终保持政治上的进步，如废除世卿世禄制、尊贤尚功、严禁私斗；"废井田""开阡陌封疆"，鼓励生产，富国强兵；官吏廉洁奉公，朝政清明，君主集权不断加强，使秦国不断走向强盛。

反观"山东六国"，缺乏明确的战略目标，政策左右摇摆，朝秦暮楚。政治腐败、贵族专权、党同伐异、结党营私，为了蝇头小利而置国家利益于不顾，乃至于自毁长城，致使国力日渐衰弱。韩非子曾概括说：

> 法明则忠臣劝，罚必则邪臣止。忠劝邪止，而地广主尊者，秦是也。群臣朋党比周，以隐正道；行私曲，而地削主卑者，山东（六国）是也，乱弱者亡，人之性也，治强者王，古之道也[1]。

在秦国吞并六国的意图和态势已相当清楚的时候，东方各国仍在相互攻伐，仅有的几次合纵都转瞬即逝。楚国陈轸在联合三晋、劝说齐国参加合纵抗秦时谓：

> 今齐楚燕赵韩梁六国之递甚也，不足以立功名，适足以强秦而自弱也，非山东之上计也。能危山东者，强秦也，不忧强秦而递相罢弱。而两归其国于秦，此臣之所以为山东之患。天下为秦相割，秦曾不出力；天下为秦相烹，秦曾不出薪，何秦之智而山东之愚耶[2]。

《史记·秦本纪》总结说：

> 六国之士"约从离衡"，尝以十倍之地，百万之众，叩关而攻秦。秦人开关延敌，九国之师逡巡遁逃而不敢进。秦无亡矢遗镞之费，而天下诸侯已困矣。于是从散约解，争割地而奉秦。秦有余力而制其敝，……因利乘便，宰割天下，分裂河山，强国请服，弱国入朝。

元代吴师道亦谓：

> 三晋诸国为齐之屏蔽，相依为唇齿，秦攻诸国而齐不救，诸国灭亡势必及齐……秦得齐则权重，赵魏楚得齐则足以敌秦……自秦人行远交近攻之术，善齐而不加兵，君王后谨事秦，王建不修战备，不助五国，其堕秦计中久矣。（长平之战至灭韩）三十余年间，士之为齐谋者，其智非不及此，而卒不用，宜其及于亡也[3]。

山东各国相互倾轧，齐国的苟且偷安，是秦国得以酬其志的重要因素。齐国曾是战国七雄中最为强盛的国家，挟盐铁之利而雄视天下。桓公田午"立稷下学宫""招贤尊能"，扭转危局，致"诸侯献金"；威王奋勇，"一鸣惊人"，取代魏国而雄霸六国。到齐宣王、齐湣王时期，曾试图一统天下，征燕、伐楚、败秦、灭宋，号称强齐，国威盛极一时。但是，由于田齐贵族的势力日益强大，排斥异己；齐湣王"伐功矜能，谋不逮下，废黜贤良，信任诌谀，政令戾虐，百姓怨怼"；吏治混乱，宗族离心，大臣不亲，百姓不附。全国上下离心离德，此时的齐国已是强弩之末，所以在公元前284年（齐湣王十七年），面对秦魏韩赵燕五国的联合攻击，几无还手之力，一败涂地。燕军乘胜追击，连占七十余城，临淄陷落。

---

〔1〕《韩非子·饰邪》。
〔2〕《战国策·齐策一》。
〔3〕（宋）鲍彪校注：《战国策校注·卷四》，（元）吴师道补正。

田单虽然收复国土，齐国却从此一蹶不振。其主要原因就是上层统治者胸无大志，康乐淫逸，政治腐败。君王后和齐王建奉行"贤事秦，谨与诸侯信（谋）"的孤立主义政策，更加速了齐国的覆灭。

第二节　齐长城的修筑年代与背景

长城是中国古代先民，用最常见易得的建筑材料，在边境地区构筑的连续的线形军事工程。早在秦代万里长城之前，春秋、战国时期的齐、楚、魏、赵、中山、燕、秦等国即筑有长城。齐长城则是我国现存修筑年代最早、遗迹保存状况较好、使用年代最长的古代长城。齐长城西起济南市长清区孝里镇广里村北的古济水（今黄河）东畔（东经116°33′33.00″，北纬36°21′32.00″，高程33米），向东进入泰山西麓，沿泰沂山系分水脊岭，蜿蜒迂回，横穿鲁东南地区的低山丘陵，至青岛市黄岛区东于家河庄入海（东经120°10′23.20″，北纬35°59′36.40″，高程26米），全长640余千米。途经长清、肥城、岱岳、泰安、历城、章丘、莱城、博山、淄川、沂源、临朐、沂水、安丘、莒县、诸城、五莲、胶南、黄岛18个县（市、区）。跨越1500座大小山峦，如一条飞舞的巨龙，盘旋腾挪于崇山峻岭之中。

齐长城是由墙体、堑壕、山险和关隘、烽燧、城堡、兵营等共同组成的大型军事防御系统。其构筑特点是因地制宜，就地取材，以险为塞。构筑方式大致可分为堑壕、夯筑土墙、土石混筑（含石包土墙）、石块堆砌、山险五类。平原地区以夯筑土墙为主，间有堑壕；丘陵地带多为土石混合堆筑和石包土墙；山区则以石包土墙和石块堆砌较为多见（岚峪北山还发现了马面，图五六），并充分利用难以攀缘的陡峭绝壁，作为长城的有机组成部分。将济水（今黄河）、泰山、黄海横向连接成一道坚固的军事屏障，在冷兵器时代的军事冲突中，特别是在春秋战国时期车战的条件下，更是一道难以逾越的障碍，在春秋战国时期的列国交争中发挥了不可替代的重要作用，为列国长城、秦长城的构筑，提供了宝贵的先导实例。2001年，齐长城遗址被国务院公布为第五批全国重点文物保护单位。

一　齐国西部的济水岸防长城

齐国是我国历史上最早修筑长城的国家。春秋战国、两汉和魏晋时期的相关文献，都有关于齐长城零星的记载。但是，除了《竹书纪年》和《齐记》的记述比较清楚之外，其他文献仅仅记录了齐长城的"使用"情况，而没有修筑年代的记录，以至于后世对于齐长城的建置年代，众说纷纭，莫衷一是。明末清初以来，学术界开始关注长城，包括与列国长城、秦长城、明长城有关的情况。学者对齐长城的始筑年代提出了各种不同的看法，归结起来大致有春秋中晚期说、春秋战国之际说和战国早中期说几种，而以战国早中期说和春秋开始、分期续修的说法最为流行。出现这种情况，主要是因为各类文献的记述不够清楚，且相互抵牾。

《左传》襄公十八年：

> 冬十月，（晋鲁之师）会于鲁济，寻溴梁之言同伐齐。齐侯御诸平阴，堑防门而守之广里。

鲁襄公十八年为齐灵公二十七年（公元前555年），"平阴"位于当时齐国的西南境，正是齐长城的初始起点，而"堑防门而守之广里"则使人们相信，齐灵公时期（公元前581~前554年）齐国已有长城。《史记》相关《世家》有关春秋末期至战国早期，三晋伐齐攻入长城的记载，又告诉世人，春秋战国之际，长城已成为齐国抵御外敌入侵的重要屏障。据此，部分齐长城的研究者得出了一个貌似合乎逻辑的推论：至少在齐灵公晚年，已拥有齐长城的平阴段，此后历代齐国君主不断增筑，到春秋战国之际，齐长城已基本筑成。

事情发展至此，似乎一切都顺理成章。但是，成书于战国时代的《管子》和《竹书纪年》，以及更为晚出的《齐记》，却把这一看似简单的事情，变成了几乎"无解"的难题。《管子》明确说，齐桓公时期（公元前685～前643年），南部山区已有横贯东西的齐长城；《竹书纪年》和《齐记》则把齐长城的修筑年代明确地后推至齐威王（公元前357～前320）、齐宣王（公元前319～前302年）和齐湣王时期（公元前301～前284年）。

《管子·轻重丁》管子对桓公曰：

> 阴雍长城之地，其于齐国三分之一，非谷之所生也；长城之阳，鲁也；长城之阴，齐也。

古本《竹书纪年》：

> 梁惠王二十年，齐筑防以为长城[1]。

又：

> 梁惠王二十年，齐湣王筑防以为长城[2]。

《齐记》：

> 齐宣王乘山岭之上，筑长城。东至海，西至济州，千余里，以备楚[3]。

以三家分晋位列诸侯之年（公元前403年）为春秋战国的分界，齐桓公所处的时代约当春秋早期后段，齐灵公所处年代约当春秋中期晚段，梁（魏）惠王二十年为齐威王七年（公元前350年），当在战国早期之末，齐湣王则已接近战国后期。在这些时序颠倒、相互抵牾的记载中，唯一的共同点是其所称齐长城无一例外地指向现存的齐国南部山地长城。值得注意的是，最新出土文献却给有不同的说法。

近年整理出版的《清华大学藏战国竹简·系年》（简称《清华简·系年》），有两章涉及齐长城的修筑问题，为齐长城始筑年代及相关问题的讨论，提供了最新的、不可多得的珍贵史料。更为重要的是，《清华简·系年》给我们提供了一道全新的，此前完全不为后人所知的"济水岸防"长城。

《清华简·系年》第二十章：

> 晋敬公立十又一年，赵桓子会（诸）侯之大夫，以与戉（越）令尹宋盟于巺（巩），遂以伐齐。齐人（焉）（始）为长城于济，自南山属之北海。晋幽公立四年，赵狗率师与戉公朱句伐齐，晋师闉（伐）长城句俞之门；戉公、宋公败齐师于襄坪。至今晋、戉以为好……[4]。

---

〔1〕《水经注·汶水》引。
〔2〕《史记正义·苏秦列传》引。
〔3〕《史记正义·楚世家》引。
〔4〕李学勤主编：《清华大学藏战国竹简·释文》（贰）下册，第186～188页，中西书局，2011年。

《清华简·系年》的整理者认为"（这道长城）最初当是在济水的防护堤坝基础上加固改建而成，其走向是东起平阴东部的山陵，沿济水东北行，经过济南，东北入渤海。南山，疑指平阴一带的丘陵地带，北海，今之渤海。《庄子·秋水》：'（河伯）顺流而东行，至于北海，东面而视，不见水端。'济水走向是自南山起，经历下（今山东济南）往东，至北海"[1]，其说不误。

陈民镇《齐长城新研》认为："《系年》整理者关于齐长城'东北入渤海'的表述是不恰当的"；"北海不一定要坐实到渤海，也可以指涉一个较大的区域范围。'君处北海'出自楚人之口[2]，而不少学者认为《系年》的作者与楚人有关。所谓'北海'，可以是楚人宽泛的地理概念，不一定要落实到渤海。如果结合现有的文献资料和考古发现，《系年》的'北海'应该是黄海"。其所举"文献资料和考古发现"却均为齐山地长城[3]。姑且不论"君处北海"指的也是"渤海"，其论证逻辑就有些自相矛盾。

古代典籍中有很多北海、东海相对应的记录。如《孟子·离娄上》："伯夷辟纣，居北海之滨……太公辟纣，居东海之滨。"元代黄镇成《尚书通考》卷一："虚危齐青州，齐国……北海。……奎娄胃鲁徐州，东海、琅琊。"宋代都絜《易变体义》卷四·观·六二："井蛙擅一壑之水则不知东海之乐，河伯顺流而东行然后知北海之大"等。而"北海"则专指"渤海"。《左传·庄公元年》："齐师迁纪邢鄑郚。"杜预注："北海都昌县西有訾城。"《左传·僖公十四年》："诸侯城缘陵。"《春秋左传注疏》卷十二，召南按："《汉书·地理志》北海郡营陵。"《左传·襄公四年》："寒浞，伯明氏之谗子弟也。"杜预注："寒国北海平寿县东有寒亭。"《左传·襄公六年》："王湫帅师及正舆子、棠人军齐师。"杜预注："棠，莱邑也，北海即墨县有棠乡。"《史记·夏本纪》："子帝少康立。"《索引》："《括地志》云：'斟寻故城，今青州北海县是也。'……寒国在北海平寿县东寒亭也"等等均是。而"自南山属之北海"的方位对应，表明这里的"北海"与《左传·僖公四年》楚国使者对齐桓公说"君处北海"一样，都是渤海。

晋敬公见于《竹书纪年》，即《史记》所称哀公或懿公。《晋世家》："出公奔齐，道死，故智伯乃立昭公曾孙骄，是为哀公。"《史记索隐》："《赵系家》云：骄，是为懿公。又《年表》云：出公十八年，次哀公忌，二年；次懿公骄，十七年。《纪年》又云：出公二十三年奔楚，乃立昭公之孙，是为敬公。"依《纪年》，晋敬公十一年为周贞定王二十八年（公元前441年，齐宣公十五年）。晋幽公，为敬公之子。编纂者根据《竹书纪年》推算，晋幽公四年，为周考王十一年（公元前430年）。赵狗为晋将。株句即朱句，也作朱勾或州句，为越国之君。《史记·越王勾践世家》"不寿卒"《索隐》引《纪年》：云"不寿立十年，见杀，是为盲姑。次朱勾立"；又"于粤子朱勾三十四年灭滕，三十五年灭郯，三十七年朱勾卒"。《金文集成》著录有存世的越王州句剑。

公元前441年，晋、越同时出兵伐齐，简文没有交代两国的具体进军路线。据晋、越两国的地理位置，以及齐人"始为长城于济，自南山属之北海"的现象推测，晋军的进击路线当与公元前485年吴国伐齐，晋国趁火打劫，攻取"犁、辕、高唐"的路线近似。正是因为有了这样的教训，加上济水在大旱之年和冬季封冻季节难以发挥天险的作用，齐国不得已才在山地长城之外加筑"济水岸防"长城。宋越两国的进军路线不详，暂以两国较为方便的地段作为假设进击路线（图四）。

时隔11年，至齐宣公二十六年（公元前430年），晋国再次派赵狗联合越国、宋国伐齐。晋国攻击"长城句俞之门"，编纂者认为"句俞之门"应读为"句渎之门"，引《左传》桓公十二年"句渎之丘"

〔1〕　李学勤主编：《清华大学藏战国竹简·释文》（贰）下册，第188页，中西书局，2011年。
〔2〕　参见《左传·僖公四年》齐桓公伐楚。
〔3〕　陈民镇：《齐长城新研》，《中国史研究》2013年第3期。

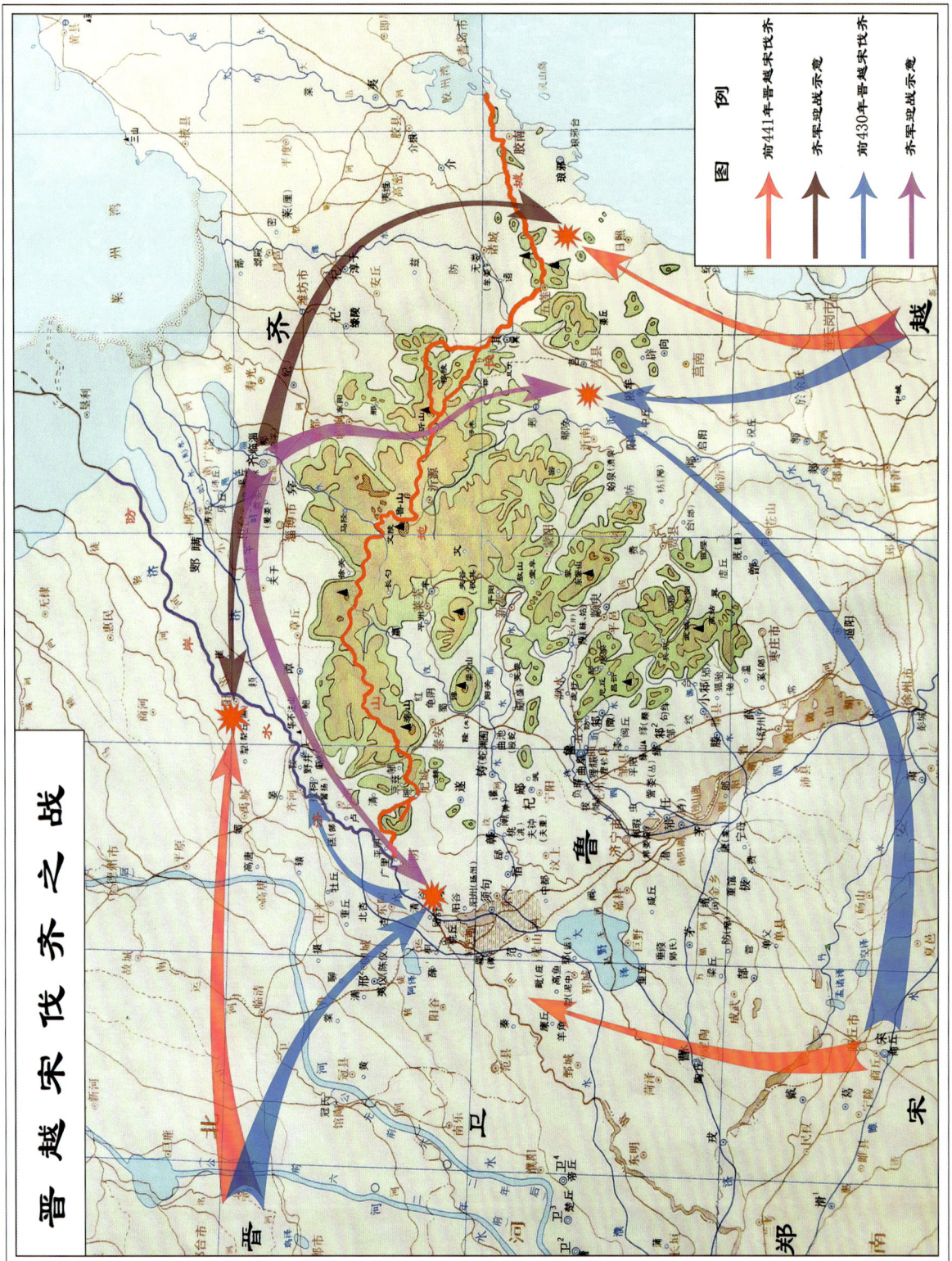

图四　晋越宋伐齐之战示意图

杜注："句渎之丘，即穀丘也。"或以为宋地，或以为曹地，非是。简文明确说"长城句俞之门"，则此门应属于齐国新筑"济水岸防"或山地长城东段的某一位置。示意图采用先进击"穀丘"，再转攻济水岸防的标识方式。越、宋两国败齐师于襄坪，具体位置亦不清楚。根据越国当时的霸主地位推测，宋越合兵，应以宋军靠拢越军为是，其最佳地点是在越军北上的沂沭河谷集结，然后合兵进击。

很明显，这里的"齐人始为长城"，乃是"于济，自南山属之北海。"与《左传》襄公十八年齐灵公"堙防门而守之广里"之"防"，亦即现存齐国南部的"山地长城"，是地理位置有别、始筑时间有差、防御对象不同、线形走向迥异的"全新"构筑物。尽管两者都始于齐国西南境的济水东岸，山地长城却是从齐国西南部山地的济水岸边筑起，一路向东，进入崇山峻岭，以鲁国为主要防御目标。齐宣公十五年所筑长城，虽然也是以齐西南境"南山"的济水东岸为起点，却是一路向东北，沿济水东岸至于渤海，修筑的是"济水东岸堤防"，以三晋为主要防御目标。与山地长城以"人"字形布局，联结三面环海的岸线，共同构成了中国，乃至世界史上独一无二的、完整闭合的军事防御体系（参见Fyt. 002 山地长城与黄海、济水岸防与渤海关系图）。姑且不论其"句俞之门"设于何地，该段长城"御晋障济"之防的性质，都可缘此而定（参见Fyt. 002）。

清咸丰五年（1855年）黄河在今河南兰考铜瓦厢决口，导致"黄河夺济"，占据了济水故道，沿线因黄河泛滥，淤积较深，目前还没有发现确定的属于济水岸防长城的遗迹。据传，在茌平、东河一带发现部分南北向的土垄，性质还有待进一步的调查。

为更好地理解《清华简·系年》第二十章所述内容，有必要简单地回顾一下春秋晚期齐国的基本情势及其与周边国家的相互关系。

齐桓公死后，齐国众公子争位，导致霸业衰落。此后，经历了宋襄公短暂的强势，接着就是长达一百余年的晋楚争霸，齐国则经历了齐景公短暂的复霸努力，随后便陷入了田氏专权，并逐步夺取姜齐国家政权的苦难经历。

作为最早崛起的大国，齐国的霸业虽然衰落，在列国争雄的格局中却始终不失为举足轻重的强国。晋楚争霸之初，晋文公出于争霸的需要，主动联合齐秦，共同抗楚。公元前632年（僖公二十八年）晋楚城濮之战，确立了晋国的霸主地位。公元前597年（齐顷公二年，楚庄王十七年）的邲之战，晋师大败[1]，声威一落千丈，楚庄王成为中原霸主。晋国不甘心霸业沦丧，打算联合齐国，重振国威。

公元前612年，齐懿公即位，发兵侵鲁之西鄙，鲁国向晋国求助，晋联合宋、鲁、陈、卫、郑、蔡、许、曹等国商讨伐齐，齐国见势不妙，贿赂晋国才得以免灾。公元前592年（齐顷公七年），晋景公派郤克出使齐国，希望能与齐国联合抗楚。不期，跛脚的郤克遭到齐顷公之母的耻笑，怀恨而返，筹划报复行动。公元前591年（鲁宣公十八年），晋国联合卫国太子臧攻齐，在阳谷（今山东省阳谷县北）大败齐军，齐国被迫同意公子疆（音"强"）质于晋，才得以罢战。为抗衡晋国，齐国又同楚国结盟。公元前589年（齐顷公十年，鲁成公二年）齐伐鲁，夺取隆邑。鲁、卫大夫如晋请师，郤克以车八百乘伐齐，大败齐师于鞌，并令其返还鲁、卫被侵之地，史称齐晋隆之战、齐晋鞌之战。面对齐国的侵扰，鲁大夫臧宣叔曾明确表示："齐楚结好，我新与晋盟，晋楚争盟，齐师必至。虽晋人伐齐，楚必救之。是齐楚同我也，知难而有备，乃可以逞"，乃"令修赋、缮完、具守备"[2]。

齐灵公时期（公元前581～前554年），齐晋关系有所缓和，晋国在一些重大事情上都要"询齐""如齐寻盟"，表明齐国在大国争胜中不可或缺的重要地位。齐灵公后期，因鲁国通楚，邾、莒通齐，

[1]《左传》宣公十二年。
[2]《左传》成公元年。

齐晋关系再度失和，齐国连年伐鲁，引发了齐灵公二十七年（公元前555年）的"齐晋平阴之战"，齐国国力遭到严重削弱。

齐景公（公元前547～前490年）是春秋晚期齐国在位时间较长的国君，其时晋国的霸业日渐衰落。公元前506年冬，吴国伐楚，攻入郢都，楚昭王逃到随国，秦国出兵救楚，打败吴军。在这种情况下，齐景公主动修复齐鲁关系，试图借机恢复往日的霸业。齐景公四十七年（公元前501年），鲁国的季氏家臣阳虎作乱，囚禁季桓子，事败奔齐，齐景公采纳大臣鲍子的建议，囚禁阳虎，缓和了齐鲁之间的紧张关系。公元前500年（鲁定公十年）又归还郓、欢、龟阴等侵鲁所占之田，进一步改善了两国之间的关系。进而伐郑，迫使郑国归附，形成了齐、鲁、郑、卫同盟关系。齐景公五十七年（公元前491年）伐晋，连下八城，在与晋国的争霸过程中取得了初步胜利。

公元前490年，齐景公卒，孺子荼立，诸公子出奔。次年，陈僖子（陈乞，田氏家族的代表人物）趁机发动政变，迎立公子阳生为君，是为齐悼公。吴国趁齐国内乱之机北上联鲁伐齐，自海入齐，被齐军击退。晋国则趁机夺取齐之犁、辕两地，毁其高唐城郭，并进攻赖邑。公元前484年（齐简公元年）春，齐将国书发动了稷曲之战，以报复鲁国，不胜。同年五月，吴鲁联军再败齐军于艾陵，虏"获国书、公孙夏、闾丘明、陈书、东郭书，革车八百乘，甲首三千"[1]，彻底断送了齐国复霸的梦想。

春秋末期，齐国田氏专权，内乱频发，无暇外顾。齐简公四年（公元前481年），陈恒子（田常，田成子）弑简公，立平公，自为齐相，权倾朝野。自此，田氏独揽齐国大权90余年，姜氏齐国名存实亡。公元前453年，取得强势地位的三晋，即韩、赵、魏三族对处于弱势的齐国虎视眈眈。为化解内忧外患，扭转危局，田成子采取了争取民心、与列国修好等一系列措施。《史记·田敬仲完世家》：

> 田常既杀简公，惧诸侯共诛己，乃尽归鲁、卫侵地，西约晋、韩、魏、赵氏，南通吴、越之使，修功行赏，亲于百姓，以故，齐复定。

田成子的这些措施，对于稳定政局起到了很好的作用，为田氏家族势力的拓展，并最终取代姜氏齐国赢得了宝贵的政治空间。齐宣公十五年（公元前441年），田悼子执政[2]，国力稍有恢复，便开始修筑"御晋障济岸防"长城，并启动了短暂的对外扩张。齐宣公四十三年（公元前412年）伐晋，毁黄城（冠县南）、围阳狐（阳谷西北）。次年伐鲁葛及安陵，次年取鲁之一城[3]。宣公四十八年，取鲁之郕（宁阳北），四十九年取卫之毋丘（曹县南）。宣公五十一年（公元前405年），田悼子死，田氏家族内乱，田会以廪丘（郓城西北）叛入赵国。齐国出兵攻廪丘，韩、赵、魏三晋联军出救，大败齐师[4]。次年（公元前404年）齐康公即位，田和出任齐相，三晋乘胜伐齐，攻入齐长城[5]，强迫田和订立"毋修长城、毋伐廪丘"的"城下之盟"[6]。齐康公十一年（公元前394年），齐国经过休整，组织反击，伐鲁，取最（曲阜南）。田和十五年，伐魏，取襄陵，显示了齐国国力，提升了田氏家族在诸侯国中的地位。

〔1〕《左传》哀公十年、十一年。

〔2〕《田敬仲完世家》："庄子卒，子太公和立"，司马贞《索隐》引《纪年》："齐宣二十五年，田庄子卒，明年立田悼子，悼子卒乃次立田和，是庄子后有悼子，盖立年无几，所以作《系本》及《史记》者不得录也。"

〔3〕《史记·田敬仲完世家》。

〔4〕《水经注·瓠子水》引《古本竹书纪年》；另《赵世家》：赵敬侯"三年（公元前386年）救魏于廪邱，大败齐人。"

〔5〕方诗铭、王修龄：《古本竹书纪年辑证·晋纪》第94页，上海古籍出版社，1981年。

〔6〕李学勤主编：《清华大学藏战国竹简》（贰）下册，第192～195页，中西书局，2011年。

二　山地长城始建年代的讨论

最早对中国长城做过专题研究的是明末清初学者顾炎武（亭林），其所著《日知录》设有《长城》专章。清末杨守敬所著《历代舆地沿革图》，对列国长城、秦始皇长城、明长城进行了标注，而以列国长城最为详细，包括齐长城、魏长城、赵长城、燕长城、楚长城、秦昭王长城。谭其骧主编的《中国历史地图集》中的长城，在很大程度上参照了《历代舆地沿革图》的意见。

《日知录·长城》：

> 春秋之世，田有封洫，故随地可以设关，而阡陌之间[1]，一纵一横，亦非戎车之利也。观国佐之对晋人，则可知矣。至于战国，井田始废，而车变为骑。于是，寇抄易而防守难，不得已而有长城之筑。

顾炎武将中国列国长城的始建年代，统统定位于秦孝公十二年（公元前350年，齐威王七年，魏惠王二十年）"开阡陌"之后。在其所著《山东考古录》"考楚境及齐长城"条中则谓"大约齐之边境，青州以南则守在大岘，济南以南则守在泰山，是以宣王筑长城，沿河，经泰山，千余里至琅琊台入海"；"考杞梁妻"条亦云："长城筑于宣王之时。"

民国年间，有山东盐运使寿鹏飞所著《历代长城考》、北平大学师范学院王国良的《中国长城沿革考》。王国良对顾氏的说法提出了不同意见，以诸国长城中修筑最晚（魏惠王十九年）的魏长城，也早于秦"开阡陌"两年（以秦开阡陌为魏惠王二十一年），"车变为骑，起于赵武灵王之胡服骑射……（而）实际上各国建筑长城，多在赵之变法之先。"认为：

> 王室衰微，诸侯侵僭，三卿分晋，田氏代齐，天子可伐，诸侯称王，强凌弱，众暴寡，并吞相循，不顾礼仪，弱小的国家不能竟存，于是乎不得不捐巨资建筑长城以自固。这就是战国时代各国所以创筑长城的大原因[2]。

在列举了《管子·轻重丁》《竹书纪年》及《史记·赵世家》正义等相关资料后，推论说：

> 据《管子·轻重丁》"管子曰：长城之阳，鲁也，长城之阴，齐也"两句话来看，则齐在桓公时已有长城，更不待筑防的时候了[3]。不过，以事理推之，齐桓公以前，诸侯并不像战国时互相侵伐，弱肉强食，并且齐国向来强盛，何用多费人力金钱创筑长城？又考《管子》一书大半为后之好事者所妄增，尤其是《轻重篇》鄙俗难信……然则，齐在桓公时已有长城之说，实不足信。
>
> 齐筑长城，最迟在宣公十八年，最早当在春秋末年，或战国初年；决不会早在桓公的时候，亦不至迟到威王的时候[4]。

---

[1]　《史记·秦本纪》孝公"十二年，作为咸阳，筑冀阙，秦徙都之。并诸小乡聚集为大县，县一令。四十一县为田，开阡陌。"

[2]　王国良：《中国长城沿革考》第3页，商务印书馆，1927年。

[3]　指《竹书纪年》"周显王十八年，齐筑防以为长城。"

[4]　王国良以周显王十八年，为齐威王二十八年。依《中国历史纪年表》则周显王十八年，为齐威王六年，公元前351年。见《中国长城沿革考》第11页，商务印书馆，1927年。

20 世纪四五十年代，山东大学张维华开始对列国长城进行研究，先后发表了《齐长城》《楚方城》《魏长城》《赵长城》等文章。1963 年又对这些文章进行了汇集整理，并增加了部分内容，合编为《长城建制考·上编》。这是当时有关列国长城最为详尽的研究成果，根据古史和方志记载，对齐长城起始点、"经行道里"、构筑年代做了详细的考察。将文献所记齐长城的构筑年代归结为四种说法：

　　甲，据《管子·轻重篇》所记，齐长城已存在于齐桓公时代；

　　乙，鬭羌编钟铭有晋伐齐，"入长城，先会于平阴"的记述，学术界认为此编钟为春秋中叶或战国初年；

　　丙，据《水经注·汶水》《史记·苏秦列传》正义引《纪年》，则齐长城始建于齐威王初年；

　　丁，据《史记·楚世家》正义引《齐记》，则齐长城始建于齐宣王之时。

引《通鉴外纪》，斥《管子·轻重篇》为"伪作"，质疑说：

　　夫长城重险，原为军守之要地，如齐桓之际齐（长）城已立，兵争会盟，必当集重其地，而为载笔之士所不可忽。齐鲁二国之事，左氏言之甚详，其于地利形势，未尝略置不论，何独长城之说？且筑城之役，《春秋》多书，而齐城千里，版筑之兴，役民之烦，何独无一文之记载？……窃疑齐桓之时，边境之地或已置防设险，然必无通贯全境长城之建制。

进而推导出四点结论：

　　甲，齐长城之建，其先乃因于济水之防……所谓平阴城南之防，必与障济（水）有关……因据形势之要冲，其后则渐增修而成为军事上防守之地，则有为必然之事；

　　乙，（因此）齐长城必先成于西部……非一时代所完成……则齐（长）城先起于济西南之境……大体言之，其前则因济水之防，其后则迭有增置；及至战国初年，已确然成为一条长城；

　　丙，（齐东南部长城）经杞之南，莒之北……战国之初，杞莒虽趋衰微，尚未至亡国……淳于之地远在齐城之北，当杞未亡之先，齐国当不能越国立城……（楚简王元年）北伐灭莒，而全据越人所有之莒土；至于莒之北部，则仍为齐人所有。自是之后，齐之东南边境，始与楚人相接，两大对峙，其势岌岌……齐此部之长城，当建于楚人灭莒之后；

　　丁，齐南界长城，即泰山而东至穆陵关以东区段完成于齐威王之世。

最后总结说：

　　齐（长）城西南之一段始因于防，其后因军事上之重要，故首先筑为长城。其南界之长城当建筑于齐威王之时，有《竹书》为证，至于其东南境长城之建筑，似在楚人灭莒之后。然究竟在此后若干年，是否与南界长城同建于威王之时，则尚未敢定[1]。

王献唐于 20 世纪 50 年代所作《山东周代的齐国长城》，与张维华《长城建制考》最大的区别在

〔1〕　张维华：《长城建制考·上编·齐长城》第 21~29 页，中华书局，1979 年。

于其基本认可《管子·轻重篇》的史料价值，认为：

> （《管子·轻重篇》）几句话，虽非管子本人手笔，材料的来源比较为早。但并不等于说长城的修建在齐桓公时期，只是把他提到春秋，并且指的是齐鲁交界的一段；所谓齐长城，应分为两部分：最初一段在西，绝大部分专为防鲁而设，建于春秋时期；以后继续向东直到海滨的一大段，专以防楚，则在战国时期；齐威王又向东展修一段，时为周显王八年……齐宣王时，复向东修至海滨，全部完工，使一千多里的长城，衔接起来，作为齐国南境国防线[1]。

此后，侯仁之、罗勋章、张华松、高思栋、蒋至静、任相宏、欧燕等学者先后对齐长城做过考察和研究。1996～1997 年，泰安市路宗元等五人，对齐长城全线进行了实地考察，实测了齐长城的长度，对齐长城的起止点、关隘、城堡、烽燧、建筑形式及特点进行了调查考证，并将调查成果汇集成《齐长城》正式出版[2]。这是有史以来，本次"长城资源调查"之前，对齐长城最全面的一次的综合考察。

张维华、王献唐关于"齐长城分期分段构筑"的观点，多为后来的长城研究者所承袭，在时间上则多采信王献唐"始于春秋"的说法。如蒋至静"我国古代修筑长城，……只能起源于春秋中叶的齐国"[3]。张光明认为"齐桓公时期开始修西段，至迟在鲁襄公十八年也已完成，前后共修建了一百余年"[4]。罗勋章认为，始筑时间"应在公元前591 年～前555 年齐顷公和齐灵公执政之时"；"齐长城大规模之修筑当在楚灭莒（公元前431 年）之后"[5]。路宗元、张广坪、杜宇、孙敬明等人的观点与此相近。张华松将长城墙体区别为两种建筑模式，以"巨防"为夯筑土墙，视"长城"为石砌墙，并据此对王献唐的论断作了更为具体的表述：泰山西侧一带的"巨防"筑于齐灵公二十三年至二十七年；泰沂山区的关隘、夯土长城兴建于春秋后期；齐威王二十四年，为了防备楚国的大举进攻，将齐国东南境原来用以抵御莒国、越国的各关隘谷地中的夯土长城连接起来。齐宣王是"筑岭上长城"，战国中期，"继赵武灵王胡服骑射之后，列强无不将骑兵作为主力广泛投入战场。骑兵翻山越岭如履平地，原先单纯的要塞防御战术已远远不能适应形势发展的需要"；"所以齐国石砌长城的大规模修筑，只能在进入战国中期的齐宣王时期"[6]。

还有不少的研究者，坚持列国长城始于战国时期的观点。如近年出版的罗哲文所著《长城》、彭曦所著《战国秦长城考察与研究》、景爱所著《中国长城史》等。罗哲文以《史记正义·楚世家》引《齐记》："齐宣王乘山岭之上，筑长城，东至海，西至济州，千余里，以备楚"的记载认为，齐长城"大概是从战国初年开始，到齐威王和稍后建筑的"[7]。彭曦认为：

> 有人将《左传》僖公四年（公元前657 年）楚之'方城以为城'作为长城见于记载的开始。果如此，便会将第一期定为春秋—战国，但实际上，战国以前的长城很难找到实物证据……故长城的第一个时期，只能是战国，而且长城的修建，大都集中在公元前300 年前后这一

〔1〕　王献唐：《山东周代的齐国长城》，《社会科学战线》1979 年第 4 期。

〔2〕　路宗元：《齐长城》，山东友谊出版社，1999 年。

〔3〕　蒋至静：《先秦长城简考》，《先秦军事研究》，金盾出版社，1990 年。

〔4〕　张光明：《齐文化的考古发现与研究》第 54 页，齐鲁书社，2004 年；另见《齐长城考》第 294～303 页，《齐地考古与齐文化研究》，中国文联出版社，2009 年。

〔5〕　罗勋章：《齐长城考略》，《海岱考古》第四辑，科学出版社，2011 年。

〔6〕　张华松：《齐文化与齐长城》，中国戏剧出版社，2000 年；张华松：《齐长城》第 15～22 页，山东文艺出版社，2005 年。

〔7〕　罗哲文：《长城》，清华大学出版社，2008 年；https：//www. meet - greatwall. org。

时期[1]。

近年出版的景爱《中国长城史》认为："把长城建造的时间提前再提前，即属于长城的误区……大量的证据都表明，长城建造于战国时期，以齐长城最早。"以《水经注·汶水》所引《纪年》："晋烈公十二年（公元前404年，齐康公元年），王命韩景子、赵烈、翟员伐齐，入长城"为据，推定说：

> 齐长城应修筑于齐宣公时期，后来又多次修筑，才最后完成。其续修之长城，应是在齐威王、齐宣王时期[2]。

还有的学者，虽然承认齐桓公时已有长城，却以管仲垄断盐业生产，而当时的鲁南诸国不会给齐国造成军事威胁，从而"排除了（齐长城）战争防御的目的"，认为"齐长城是为了防止盐走私而修筑的"[3]。

综合类出版物，如《山东通志》（1915年）卷三十四"长清县"条："长城堡，周显王十八年（公元前351年）齐筑防为长城，即此城"；《锦绣山东》："自齐威、宣王始修筑了齐长城"；《中国历史大事编年》："齐长城，始建于战国初期"等等，都坚持齐长城始筑于战国时期的说法。《山东风物志》《齐鲁文化大词典》持春秋晚期始筑说。新修《山东省志·文物志》以"首先修筑的应是泰山以西地段……泰山至穆陵关的中段亦当为早期防御鲁国而建。东部从穆陵关至海滨一段，当成于楚灭莒"[4]；《泰山志》则以始于齐桓公，历齐灵公，最终至齐潜王建成为说。

顺便提及，有人以《诗·大雅·烝民》"王命仲山甫，城彼东方"的记载为据，主张齐长城始建于公元前8世纪前后的周宣王时期（公元前827～前782年）。诸家注释均谓"东方，齐也。"所城之地或曰临淄、或曰营丘。说明此次的"城齐"与《左传》的"城某"同样，只限于所在国的都城，与齐长城无关。

三　相关文献的认定与取舍

山地齐长城始名为"防"或"牟"，最早见诸《左传》《国语》等早期文献。春秋战国之际，始有"长城"的称谓。成书于战国时期和汉代《管子》《吕氏春秋》《竹书纪年》《史记》《战国策》，以及相关出土金文、竹简也有记载。但大都寥寥数语，语焉不详，且多有抵牾。后来的《齐记》《水经注》《括地志》《史记》注释文本和《泰山郡记》《泰山道里记》等地方志也多有记述。王国良将文献相关记载的缺陷归结为"文字含糊""缺乏调查统计""时代观念不确"和"缺乏地理观念"[5]。这些缺陷，恰恰是导致齐长城修筑年代众说纷纭的最大原因。因此，首先应当从历史学和文献学的角度，辅以考古调查的有关证据，对这些文献进行价值，或者说可信度评估。

依文献产生的时代和属性，可将有关齐长城的记载分为早期传世文献、出土金文、战国文献、汉代文献和后世文献。其中，战国文献又可分为传世战国文献、出土战国文献和《竹书纪年》三类。除

---

　[1]　彭曦：《战国秦长城考察与研究》第272页，西北大学出版社，1990年。
　[2]　景爱：《中国长城史》前言第1页、正文第75页，上海人民出版社，2006年。
　[3]　国光红：《齐长城肇建原因再探》，《历史研究》2000年第1期。
　[4]　山东省地方史志编纂委员会：《山东省志·文物志》第122页，山东人民出版社，1996年。
　[5]　王国良：《中国长城沿革考·自序》，《中国长城沿革考》，商务印书馆，1927年。

《竹书纪年》和后世文献外，均可视为原始文献。

（一）早期传世文献

《左传》《国语》和相关出土文献，应是我们可以采信的最可靠的原始记录。所以，在讨论齐长城始建年代时，必须对见诸《左传》《国语》和出土金文、竹简的记录给予高度的重视。在这里先讨论《左传》《国语》的有关记述。

《左传》成公二年《经》：

> 二年春，齐侯伐我北鄙。

《传》：

> 齐侯免，求丑父，三入三出。每出，齐师以帅退。入于狄卒，狄卒皆抽戈楯冒之。以入于卫师，卫师免之，遂自徐关入。

成公十七年：

> 齐侯使崔杼为大夫，使庆克佐之，帅师围卢。国佐从诸侯围郑，以难请而归。遂如卢师，杀庆克，以谷叛。齐侯与之盟于徐关而复之。十二月，卢降。

从"齐侯伐我北鄙""帅师围卢"等语分析，这里的"徐关"应为齐长城的重要关隘。鲁成公二年至十七年，为公元前590～前574年，距齐桓公（公元前685～前643年）时期仅有五十余年，结合《国语》《管子》（详后）等相关记载，至少可以推定，"徐关"在齐桓公时期或已有之。

《左传》襄公十五年《经》：

> 夏，齐侯伐我北鄙，围成。公救成，至遇。季孙宿、叔孙豹帅师城成郛。

《传》：

> 齐侯围成，贰于晋故也。于是乎城成郛。

襄公十六年：

> 秋，齐侯围成，孟孺子速徼之。齐侯曰："是好勇，去之以为之名。"速遂塞海陉而还。

襄公十七年：

> 秋，齐侯伐我北鄙，围桃。高厚围臧纥于防，师自阳关逆臧孙，至于旅松。鄅叔纥、臧畴、臧贾帅甲三百，宵犯齐师，送之而复，齐师去之，齐人获臧坚。

襄公十八年《经》：

（鲁）公会晋侯、宋公、卫侯、郑伯、曹伯、莒子、邾子、滕子、薛伯、杞伯、小邾子同围齐。

《传》：

晋侯伐齐，将济河。献子以朱丝系玉二瑴而祷曰："齐环（指齐灵公）怙恃其险，负其众庶，弃好背盟，陵虐神主。曾臣彪将率诸侯以讨焉，其官臣偃实先后之。苟捷有功，无作神羞，官臣偃无敢复济。唯尔有神裁之！"沉玉而济。

襄公十五年至十八年，为公元前558～前555年，也就是齐灵公二十四至二十七年。其时，距齐桓公（公元前685～前643年）时期已过去了80余年，齐国的霸业虽然已成历史，但仍不失为一个大国，是以才因"鲁贰于晋"而连续伐鲁（图五），晋国也因此而联合鲁宋等十余诸侯共同伐齐。在这里，尤为值得注意的是几个与长城有关的词语，如襄公十六年"速遂塞海陉而还"；襄公十七年的"围臧纥于防，师自阳关逆臧孙"；襄公十八年的"怙恃其险"和"沉玉而济"。《左传》杜氏注："防，臧纥邑。阳关，在泰山巨平县东，旅松，近防地也，鲁师畏齐不敢至防。"

《博物志》：

齐南有长城巨防，阳关之险，北有河、济，足以为固[1]。

明代董说《七国考》将"阳关"列入"田齐都邑"。很明显，"徐关""阳关"和"遂塞、海陉"，正是齐灵公可以"怙恃其险"之"防"，亦即长城。而晋鲁联军则是"沉玉而济"，渡过济水来到齐国"关防"之前的。

又《左传》襄公十八年：

冬十月，（晋鲁之师）会于鲁济，寻溴梁之言同伐齐。齐侯御诸平阴，堑防门而守之广里。夙沙卫曰："不能战，莫如守险。"弗听。诸侯之士门焉，齐人多死。范宣子告析文子曰："吾知子，敢匿情乎？鲁人、莒人皆请以车千乘自其乡入，既许之矣。若入，君必失国。子盍图之？"子家以告公，公恐。晏婴闻之曰："君固无勇，而又闻是，弗能久矣。"齐侯登巫山以望晋师。晋人使司马斥山泽之险，虽所不至，必旗而疏陈之；使乘车者左实右伪，以旗先，舆曳柴而从之。齐侯见之，畏其众也，乃脱归。丙寅晦，齐师夜遁。师旷告晋侯曰："鸟乌之声乐，齐师其遁。"邢伯告中行伯曰："有班马之声，齐师其遁。"叔向告晋侯曰："城上有乌，齐师其遁"。十一月丁卯朔，入平阴，遂从齐师。夙沙卫连大车以塞隧而殿。殖绰、郭最曰："子殿国师，齐之辱也。子姑先乎！"乃代之殿。卫杀马于隘以塞道……

晋人欲逐归者，鲁、卫请攻险。己卯，荀偃、士匄以中军克京兹。乙酉，魏绛、栾盈以下军克邿。赵武、韩起以上军围卢，弗克。十二月戊戌，及秦周，伐雍门之萩。范鞅门于雍门，其御追喜以戈杀犬于门中。孟庄子斩其以为公琴。己亥，焚雍门及西郭、南郭。刘难、士弱率诸侯之师焚申

---

〔1〕（晋）张华：《博物志》卷一《地理略自魏氏已前夏禹治四方而制之》，文渊阁《四库全书》。

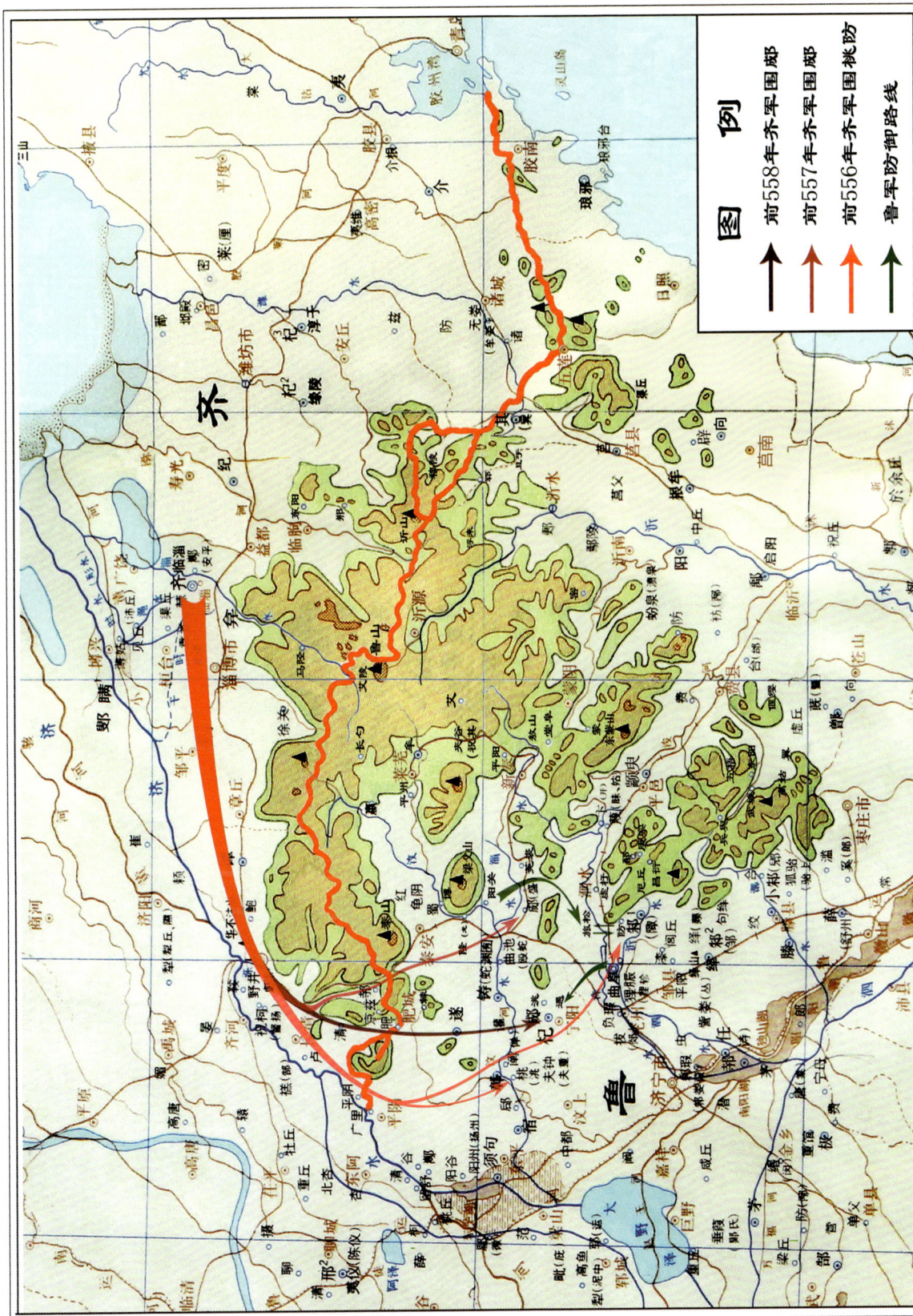

图五　公元前558~前556年齐国伐鲁战事示意图

池之竹木。壬寅，焚东郭、北郭。范鞅门于扬门。州绰门于东闾，左骖迫，还于门中，以枚数阖。

齐侯驾，将走邮棠。大子与郭荣扣马，曰："师速而疾，略也。将退矣，君何惧焉！且社稷之主，不可以轻，轻则失众。君必待之。"将犯之，大子抽剑断鞅，乃止。甲辰，东侵及潍，南及沂。

是役，齐灵公原打算依托广里的"堑防门而守之"，但联军攻势很猛（诸侯之士门焉）以至于齐人多死。事实上，鲁晋联军的兵力并不太多，胜算不大，故而虚张声势，以期进一步打击动摇齐灵公的斗志。乃使范宣子对齐大夫析文子即子家谎称说："鲁人、莒人皆请以车千乘自其乡入"，越过山区偷袭齐都临淄。"若入，君必失国。子盍图之？"与此同时，联军在南部的山险要地虚张旗帜，用假人在战车上充数，车后拖着树枝在山间奔驰。齐灵公听说临淄面临偷袭，已心生怯意，又见晋军在险要之处所设的疑兵，遂连夜出逃，导致齐国大军溃败。联军突破钜防屏障，"入平阴"，"克京兹"，"克邽"，"围卢"，"及秦周，伐雍门"，长驱直入，围逼齐都，临淄郭城大门遭焚，险些失守，齐灵公出奔邮棠。联军"东侵及潍，南及沂"，给齐国造成了空前的损失（图六）。

"齐侯登巫山以望晋师""城上有乌"，表明当时的"巫山"外围已有长城，所以齐灵公才能凭借长城的防护而登临"巫山"，观察敌情。"夙沙卫连大车以塞隧而殿""卫杀马于隘以塞道"，是殿后的应急措施：在城门和长城的关隘中设置障碍，以减缓敌方的进击速度。"隧"通常指门道或道路。《庄

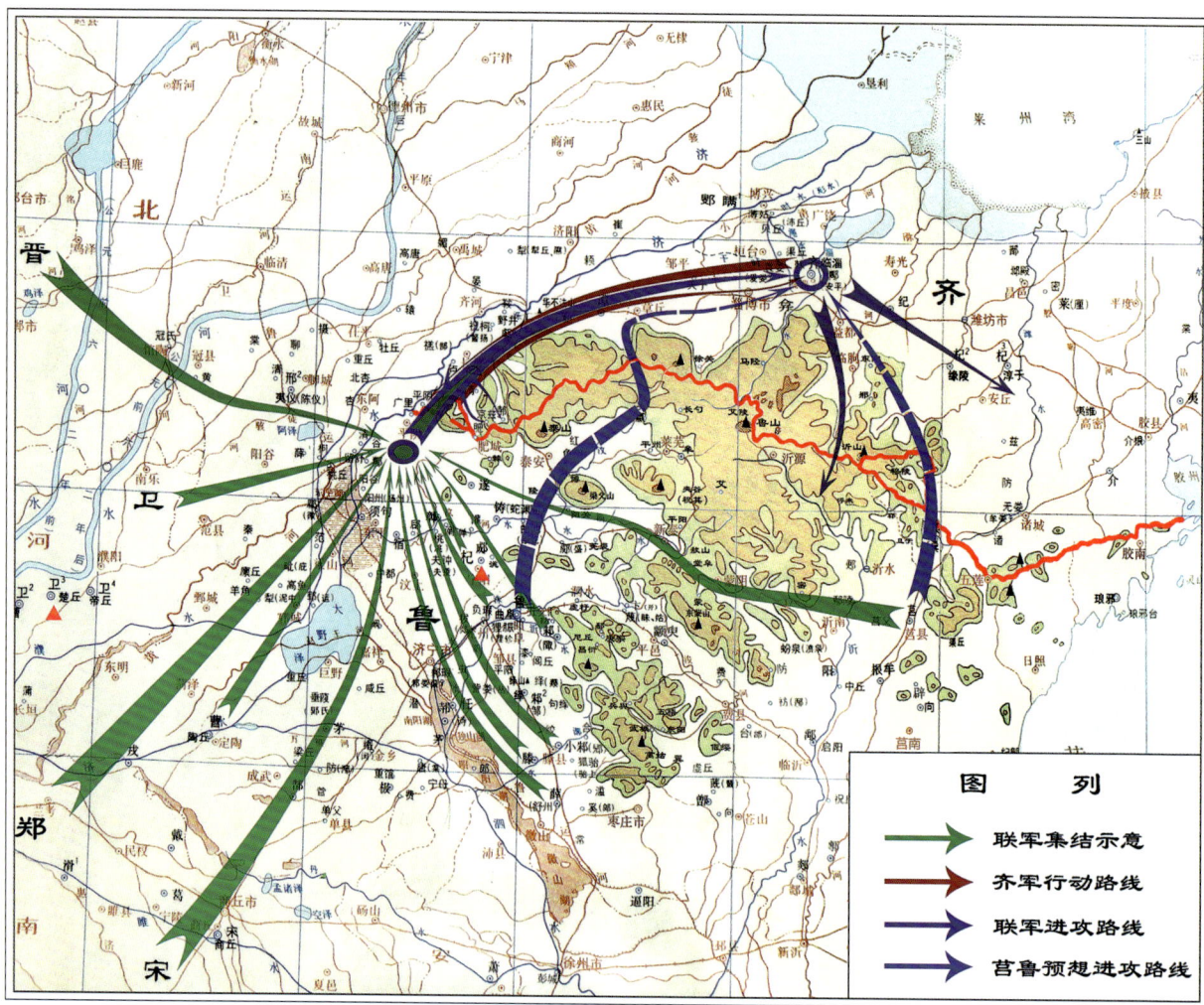

图六　齐晋平阴之战示意图

子·马蹄》"山无蹊隧，泽无舟梁"，指的就是道路。在这里，"隧"与关隘的"隘"是相通的。所谓"塞隧而殿"，应是"堵塞城门"以殿后；"杀马于隘以塞道"，则是指在长城的"防门"，即关隘处设置障碍。

《史记·苏秦列传》：

> 齐有清济、浊河。

《正义》：

> 济、漯二水上承黄河，并淄、青之北流入海。黄河又一源，从洛、魏二州界北流入海，亦齐西北界，长城西头在齐州平阴县界。

济水发源于河南王屋山，入注古巨野泽，泥沙沉淀后流出，河水清澈，故又称大清河。所谓"清济、浊河"，即分指济水和黄河。谭其骧认为：黄河下游河道见于先秦文献记载的有两条支流：一是《禹贡》河，"走《水经》漳水东北流经交河青县至天津市东南入海"；另一条是《山经》河，"北流走《汉志》滱水经高阳、新安折东经霸县至天津市东北入海"[1]。济水位于黄河东支之东，大致平行北流，是齐国西部边境的重要天险。今长清、平阴西北部县界的黄河，原为济水故道，清咸丰五年（1855 年）黄河在今河南兰考铜瓦厢决口，"黄河夺济"变成了现在的模样。晋鲁联军与齐国的平阴之战，就是在古济水东畔展开的。

《左传》襄公十八年杜氏注：

> 平阴城在济北卢县东北，其城南有防，防有门，于门外作堑，横行，广一里。

《水经注·济水》：

> 京相璠曰：平阴，齐地也，在济北卢县故城西南十里。巫山在平阴东北。

郦道元解释说：

> 平阴城南有长城，东至海，西至济，河道所由曰防门，去平阴三里，齐侯堑防门即此也。其水引济，故渎尚存。今防门北有光里，齐人言广音与光同，即春秋所谓守之广里者也。昔齐侯登望晋军，畏众而归，师旷、邢伯闻鸟乌之声，知齐师道遁，人物咸沦，地理昭著。……今巫山之上有石室，世谓之孝子堂。

郦道元所谓"河道所由曰防门"的说法完全不能成立，齐长城的"堑防门"怎么能修在河道之上？门外又如何作堑？"孝子堂"，即今长清之孝堂山，其上有郭氏石祠，故名。郦道元以孝堂山即"齐侯登巫山以望晋师"的巫山，后人多从其说，或有失察。本次"齐长城资源调查"确认，长城以

---

〔1〕谭其骧：《长水集》下，《西汉以前的黄河下游河道》，人民出版社，1987 年。

北最近的山头，依次是山头 C、山头 D 和一道南北低岭，然后才是孝堂山。山头 C、山头 D，距长城分别约 500～1000 米；孝堂山距长城约 4 千米。在没有望远镜的情况下，人类的肉眼无法看清 4 千米以远的具体情况，况且孝堂山仅仅是一处微隆的低丘，高度比山头 C、山头 D 低一个等高线层级。如果巫山就是孝堂山，中间隔有山头 C 和山头 D，如何远眺？因此，齐侯所登巫山，实应为山头 C 或山头 D，就当地长城与各山峰的相对位置而言，这也是唯一合理的解释（图七）。

嘉庆《平阴县志·疆域志》云：

> 孝里铺南有村，曰东长。其西南三里有村，曰广里，曰防头。……古平阴城，古老相传谓今东长村即其地，遗址犹存。

实地调查确认，山地齐长城的西端起点，始于今济南市长清区孝里镇广里村北，今黄河东岸，古济水之滨的"领子头"。西部端点（20 世纪 90 年代前，现端点以西还有一段墙体）至 220 国道

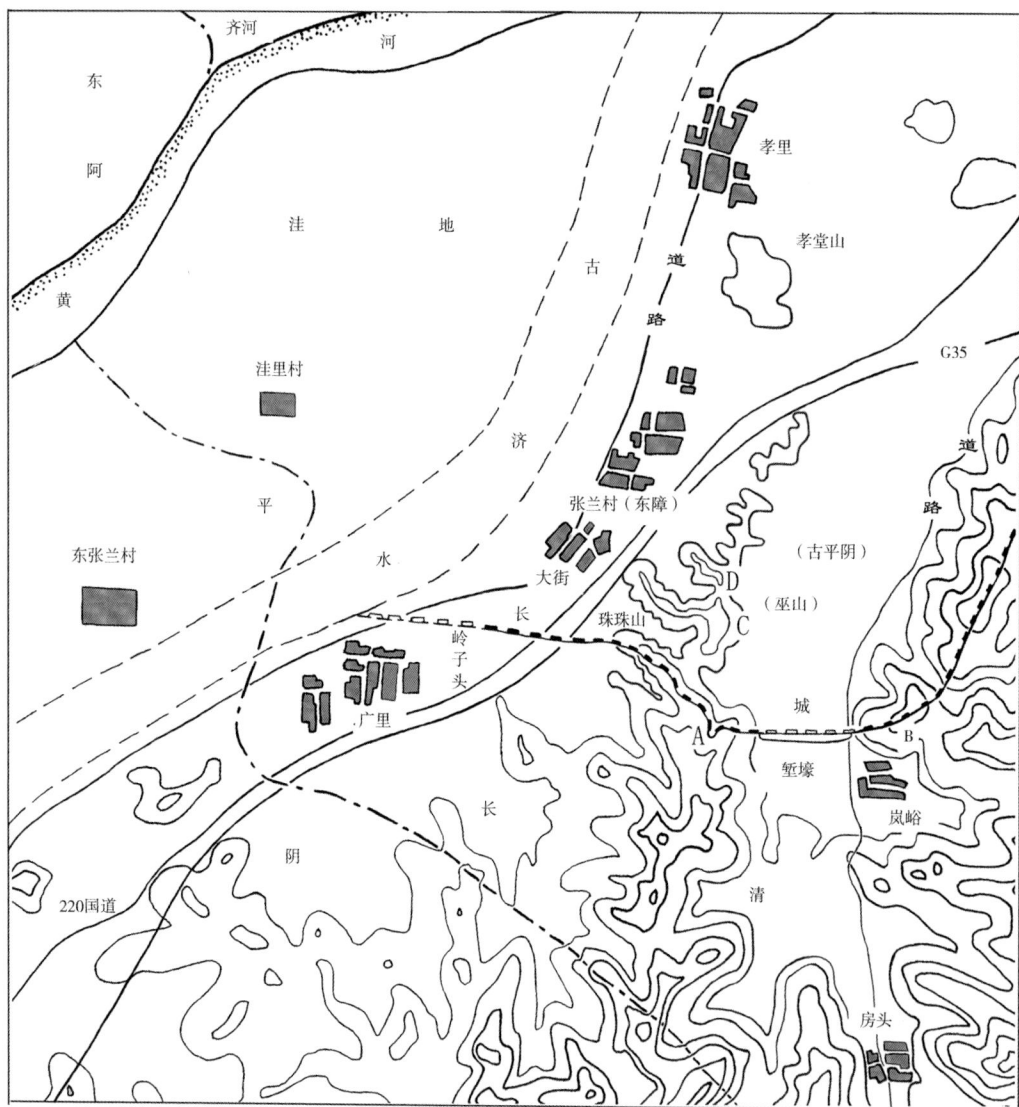

图七　齐长城源头及堑防门示意图

（GPS0001—0002）可见一段高出地面，长约171米，底宽25~28、顶宽18~23、残高2~3.5米的墙体。西部为大片洼地，俗称孝里洼、顾庄洼、董家洼、徐家洼等，应是《水经注·济水》所称"济水右迤，遏为湄湖，方四十余里"干涸之后形成的。

220国道以东，平地部分已不见墙体遗迹，缓坡一带的墙体也被改造为农田，山脚以上始见隆起的墙体。据部分断崖剖面观察，缓坡地带的长城墙体尚存2~3.5米的高度。向东延伸600米，攀缘珠珠山而上（图八），至山脊东端陡岭子（A点）作180°大转弯，横跨山谷，至岚峪北山（B点）（图九），折向东北。经解剖，长城西部端点的墙体，为黄土夯筑而成，夯层结构致密，"每层厚12厘米左右，夯具为木棍。夯层层面清晰，夯窝分布密集。夯窝都呈口圆底圜的锅底状，直径5、深1.1厘米左右"[1]。夯层厚度、夯窝直径，比鲁故城城垣第三期春秋早期城墙[2]的略厚略大，夯层较春秋晚期的齐景公墓[3]略薄，正是春秋中期"集束棍夯"的典型特征[4]。

在长清广里东北的珠珠山东端A点陡岭子—岚峪北山B点之间较为开阔的山谷中，新发现一条东西向的人工堑壕。谷地中有三条南北向的自然冲沟，被堑壕横断后汇成一条（图一〇、参见图九）。故可确认是人力特意开掘的。据当地村民介绍，大沟（堑壕）的北侧在20世纪六七十年代还保存有较高的土墙。堑壕宽20余米，深10余米，东西长809米，东西两端与山脊上的长城正相对应。其正南约2千米就是"房（防）头"村。据此观察，该堑壕才是齐军所守之"堑防门"。

图八　珠珠山东侧齐长城远景及堑壕（东—西）

---

〔1〕　任相宏：《齐长城源头建制考》，《东方考古》第1集，科学出版社，2004年。
〔2〕　山东省文物考古研究所等：《曲阜鲁故城》第29页，齐鲁书社，1982年。
〔3〕　山东省文物考古研究所等：《齐故城五号东周墓及大型殉马坑的发掘》，《文物》1984年第9期。
〔4〕　王斌：《山东地区先秦时代的夯土技术》，《中国文物报》第7版，2012年11月16日。

图九　岚峪北山堑壕及自然冲沟卫星图

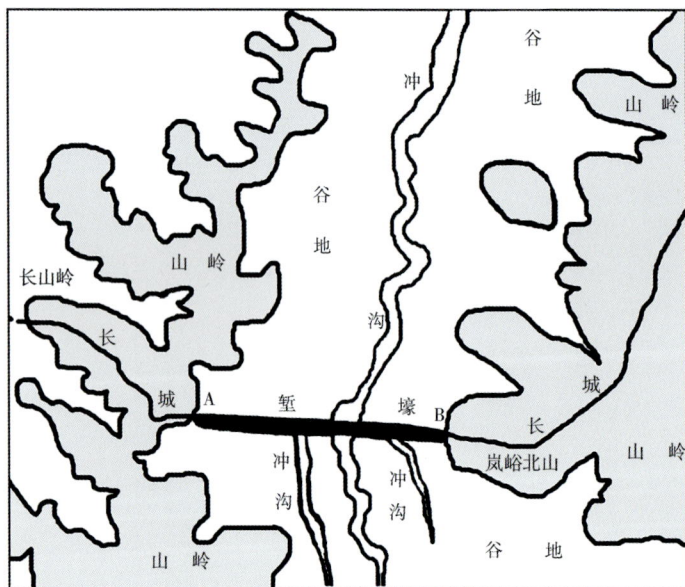

图一〇　岚峪北山堑壕及自然冲沟示意图

2005 年，山东省文物考古研究所配合南水北调东线济平干渠工程，在"东障"村南"大街"发现并发掘了一处规模较大的春秋时期遗址，表明这一带确与古平阴有关。需要说明一点，嘉庆《平阴县志》之"东长"，后衍为"东障"或"东张"。黄河夺济在咸丰五年，今"东张兰村"位于广里村以西、古济水故道的洼地中，是原"东张兰村"的分立之村，与《平阴县志》所载"东长"无关。长城以北也有个"张兰村"，与大街遗址相邻。窃疑这个"张兰村"就是原来的"东张（东障兰村）"，新建的"张兰村"在其东偏南方向，故称。

嘉庆《平阴县志》谓"（东长）其西南三里有村，曰广里，曰防头"，以"防头"为"广里"的别称，非是。"防头"，今称"房头"，位于新发现的堑壕正南方的山谷中，与"广里"的直线距离约在 5 千米以上，恰与"堑防门"（堑壕）和"防头"的位置相吻合（参见图七）。就地理形势观察，堑壕，即"堑防门"以北是开阔且较为平坦的山谷，两侧山岭绵延，构成了一个相对密闭的空间，具有很好的军事防护作用。以理度之，应该就是齐灵公当年所守的"边关要塞"。以往，学术界多采信郦道元《水经注》和《平阴县志》的说法，将"广里"误为"防头"，认为其北面的长城设有"防门"。王献唐所绘草图，虽然将"房头"还原为"防头"，所标位置也比较准确，但仍以"防门"在广里村北（图一一）[1]。

《国语·齐语》的相关记载，对我们理解《左传》之"防"或有帮助。

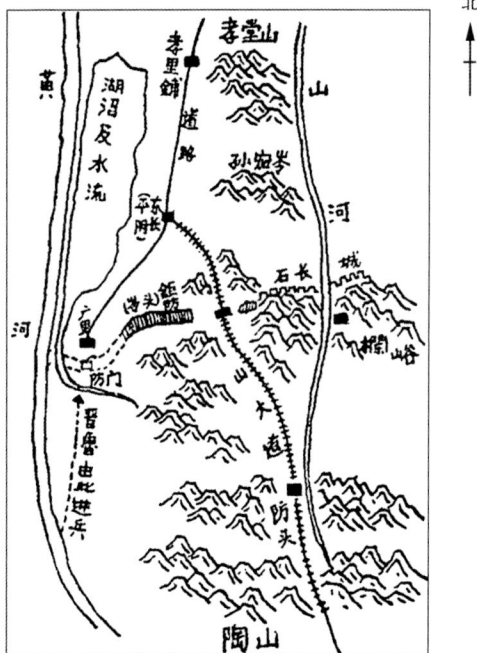

图一一　王献唐齐长城源头示意图

　　齐桓公欲霸天下，问于管仲曰："吾欲南伐，何主？"管子对曰："以鲁为主，反其侵地棠、潜，使海于有蔽，渠弭于有渚，环山于有牢……（西）以卫为主，反其侵地台、原、姑与漆里，使海于有蔽，渠弭于有渚，环山于有牢……（北）以燕为主，反其侵地柴夫、吠狗，使海于有蔽，渠弭于有渚，环山于有牢。四邻大亲，既反侵地，正封疆，地南至于䣔阴，西至于济，北至于河，东至于纪酅。有革车八百乘，择天下之甚淫乱者而先征之。"

　　即位数年，东南多有淫乱者，莱、莒、徐夷、吴、越，一战帅服三十一国。遂南征伐楚，济汝，逾方城，望汶山，使贡丝于周，而反荆州。诸侯莫敢不来服，遂北伐山戎，刜令支，斩孤竹，而南归海滨，诸侯莫敢不来服。

　　值得注意的是，除东面的大海之外，在南西北三面的战略规划中，管仲都使用了"环山于有牢"的措辞。《管子·小匡》也有类似的记载，唯其"环山于有牢"作"纲山于有牢"。韦昭注："主，主人供军用也。"贾侍中云："海，海滨也，有蔽，言可依蔽也。渠弭，裨海也，水中可居者曰渚。"昭谓："言有此乃可以为主人，军必依险阻也。环，绕也，牢，牛羊豕也。言虽山险皆有牢牧。一曰牢固也。"

　　明代杨慎《丹铅续录·经说·国语》：

　　　贾侍中云："有蔽，言可依蔽也；渠弭，裨海也。"尹知章《管子注》曰："使海于有蔽，或遇水灾，教令泄于海，使有蔽尽也。渠弭于有渚，教之穿渠弭，亘于河渚也；环山于有牢，教之立国，城必依山以为纲纪，而有牢固。按尹说比贾有发明，宜表出之。"

　　明刘绩《管子补注》同此。所谓尹知章《管子注》即房玄龄《管子注》。《四库全书·子部三·管子提要》谓，世传房玄龄《管子注》，本为尹知章所作，因其"人微"乃"藉元龄之名以存其文"。故杨慎《丹铅续录》有"尹知章《管子注》"之谓。显而易见，无论"纲山于有牢"，还是"环山于有牢"，均与贾逵所谓"牢，牛羊豕也。言虽山险皆有牢牧"无关。与《管子·轻重丁》"阴雍长城之地，其于齐国三分之一，非穀之所生也"相互认证，这里的"依山以为纲纪，而有牢固"之"牢"，应即为《左传》所称之防，亦即长城。扉页图所列齐长城宏观图版正是"纲山于有牢"的真实写照。《国语·齐语》这段话隐含的文意，或与传授齐国构筑长城的经验有关。是以，贾逵又有"一曰牢固

---

〔1〕　王献唐：《山东周代的齐国长城》，《社会科学战线》1979 年第 4 期。

也”之说。

（二）出土文献（金文）

䣄羌编钟铭，是与齐长城相关的另一重要史证。1928 年，洛阳金村东周墓出土两套编钟，共计 14 枚[1]。其中，个体较小者 9 件，均铭“䣄氏编钟”4 字，个体较大者 5 件，即羌编钟，铭文亦同，其辞曰：

> 唯廿又再祀，䣄羌乍戎，乒（厥）辟韩宗，敲率征秦、殹（迫）齐，入长城，先会于平阴，武侄（至）寺（邿）力，䆊㝬（袭夺）楚京。赏于韩宗，令于晋公，昭于天子，用明则之于铭。武文□刺，永枼毋忘。

以往不少学者进行过考释。刘节、唐兰[2]、吴其昌、徐中舒以及瑞典高本汉等以“唯廿又再祀”，为周灵王二十二年至二十三年（公元前 550～前 549 年）[3]。如此，唯《左传》襄公十八年（公元前 555 年，周灵王十七年）晋鲁联军伐齐，入平阴、克京兹、克邿、攻至临淄的战事，可与钟铭所记相对应。

郭沫若根据《史记·田仲敬完世家》和《六国年表》的相关记载，将钟铭“唯廿又再祀”定位于战国中期的周安王二十二年（公元前 380 年）[4]。但《史记·六国年表》记录的是“三晋伐齐至桑丘”，与钟铭“会平阴，入长城”无关。是以，温廷敬又将其定位于威烈王二十二年（公元前 404 年）[5]。唐兰后来也转而支持温说[6]。容庚、陈梦佳、李学勤、刘翔等亦以“威烈王二十二年”之说为是[7]。现将文献所记威烈王二十二年（公元前 404 年）前后的“三晋伐齐”事件摘录如下。

古本《竹书纪年》：

> 晋烈公十二年（公元前 404 年），王命韩景子、赵烈、翟员伐齐，入长城[8]。

今本《竹书纪年》：

> 威烈王十八年（公元前 408 年），王命韩景子、赵烈子反，我师伐齐，入长垣。

《资治通鉴外纪》：

---

〔1〕 刘节：《䣄氏编钟考》："䣄氏编钟凡十二，曰，尚有二器现在美国。"《国立北平图书馆馆刊》第五卷第六号，1931 年；唐兰：《䣄羌编钟考释》"在美国之二器，仅马叔平先生曾借得拓本。"《国立北平图书馆馆刊》第六卷第一号，1932 年；郭沫若：《䣄㝬钟铭考释》："小者 8 具，铭凡 4 字……大者 4 具，文凡六十一"；《释乒氏》："近出䣄氏编钟十四具，铭六十一字者五具，一具入美国。铭四字者九具，一具入美国。"《金文从考》第 350、233 页，人民出版社，1954 年。

〔2〕 刘节、唐兰的文章见注〔1〕。

〔3〕 吴其昌：《䣄羌钟补考》，《国立北平图书馆馆刊》第五卷第六号，1931 年；徐中舒：《䣄氏编钟考释》，中央研究院历史语言研究所，1932 年；高本汉著，刘叔扬译：《䣄羌钟之年代》，《考古社刊》第 4 期。

〔4〕 郭沫若：《䣄㝬钟铭考释》，《郭沫若全集·考古编》第五卷《金文从考》，人民出版社，1954 年。

〔5〕 温廷敬：《䣄羌钟铭释》，中山大学研究院文科研究所历史学部《史学专刊》第一卷第一期，1935 年。

〔6〕 唐兰：《洛阳金村古墓为东周墓非韩墓考》，《大公报》1946 年 10 月 23 日。

〔7〕 容庚：《商周彝器通考》上编《威烈王时代器》第 63 页，大通书局，1941 年；陈梦家：《六国纪年》第 48、49 页，学生出版社，1955 年；李学勤：《论葛陵楚简的年代》，《文物》2004 年第 7 期；刘翔等：《䣄羌钟铭——我国目前最早和唯一记载长城历史的金文》，《考古与文物》1982 年 2 期。

〔8〕 《水经注·汶水》。

威烈王十六年（公元前 410 年），王命韩赵伐齐，入长城。

如所周知，相关文献对于战国时期的具体纪年都比较混乱，上引三种文献的具体时间也有 4～6 年的差异，但根据事件的当事者和"入长城"战果，仍可推知，这三种说法只是同一次战事的不同记述，显然也不足以与"駜羌编钟铭"所记"入长城，先会于平阴，武佹寺力，富敚楚京"的战事相提并论。

钟铭"武佹寺力，富敚楚京"，文意古奥。徐中舒引《说文》以富为蠹，"疾言也"；解"敚"为"强取"[1]。唐兰亦释富为蠹，以"富敚"为"袭夺"[2]。郭沫若以"武至邦力"之"佹乃到之异"，"寺乃邦之省"。征引《左传》襄十八"栾盈以下军克邦"，解释说："盖三晋会师平阴之后，駜以偏师力捣邦山也"；"富敚楚京者，言駜率偏师克邦之后，复长驱南下，夺取（齐国的）楚丘与京山也"[3]。高本汉则解释为："以极端之勇敢，赖彼等之力予以猛击，夺得楚之京城"[4]。

《左传》襄公十年有"宋享晋侯于楚丘"。楚丘是曹宋边界城邑，距平阴尚有数百里之遥（见前，齐晋平阴之战示意图红色三角标记），春秋战国之际的齐国疆域尚未至此；而"楚之京城"则远在千里之外，三晋之师安得在攻入齐国长城之后，顺路疾速夺取之？故孙稚雏又说："楚京，地名，其地当属齐国"[5]。《后汉书·郡国志·郡国三·兖州》济北国："卢，有平阴城，有防门，有光里，有景兹山。"李贤注引杜预："在县东南"。王先谦集解引惠栋以（景兹山）《左传》作"京兹"。由是可知，所谓"富敚楚京"，实乃《左传》襄十八年晋师"克京兹"之异说。不少学者，包括强烈主张"威烈王二十二年说"的论者，也认为"富敚楚京"的"楚京"为齐国属邑，或者就是"克京兹"之"京"。如温廷敬即以"楚京，实即襄公十八年荀偃士匄以中军克京兹，杜注谓在平阴城东南者，不过地名小有变异，其战争遗迹，一则敛京……而一则捣邦，而云武捣邦力，乃古人行文参差之处"[6]。可见，不论持何种观点，都难以回避駜羌编钟"入长城，先会于平阴，武力捣邦，袭夺（楚）京（兹）"，与《左传》襄十八"伐齐，入平阴、克京兹、克邦"的密切关联。王献唐亦作如是观：

> 大体全部铭文，是综合性的史实记载，不属一时……"入长城，先会于平阴"，是指鲁襄公十八年齐晋这场战役。史事虽与相合，但非铸钟也在是年。"征秦"为一事，"迫齐"为一事，前者在鲁襄公十四年。《左氏传》说："齐师夜遁……叔向告晋侯曰：城上有鸟……十一月丁卯朔，入平阴"恰与符合。当时齐军虽在广里、防门防守，未及会战即退，入平阴只是战争第一阶段，故铭文曰先……"入长城"是从防门入的。防门即为钜防的门，证明长城就是钜防……《水经注》"平阴城南有长城"和"西至济"的记载，明明指的是钜防位置[7]。

公元前 453 年，晋国的韩、赵、魏三族合力灭掉专擅国政的智氏，尽并其地[8]。晋幽公即位（公

〔1〕　徐中舒：《駜氏编钟考释》，中央研究院历史语言研究所，1932 年。
〔2〕　唐兰：《駜羌编钟考释》，《国立北平图书馆馆刊》第六卷第一号，1932 年。
〔3〕　郭沫若：《駜芌钟铭考释》第 360、361 页，《郭沫若全集·考古编》第五卷《金文丛考》，人民出版社，1954 年。
〔4〕　高本汉著，刘叔扬译：《駜羌钟之年代》，《考古社刊》第 4 期，1936 年。
〔5〕　孙稚雏：《駜羌钟铭文汇释》，《古文字研究》第十九辑，中华书局，1992 年。
〔6〕　温廷敬：《駜羌钟铭释》，《史学专刊》第一卷第一期，1935 年。
〔7〕　王献唐：《山东周代的齐国长城》，《社会科学战线》1979 年第 4 期。
〔8〕　《史记·晋世家》："哀公四年，赵襄子韩康子魏桓子共杀知伯，尽并其地。"司马贞《索隐》："如《纪》之说，此乃出公二十二年事"；依《中国历史纪年表》晋出公二十二年为公元前 453 年。

元前 433 年）不久，韩、赵、魏又瓜分公室土地，晋幽公所代表的公室仅存绛、曲沃两片领地，史称"三家分晋"。公元前 403 年，周威烈王正式承认三晋的诸侯国地位[1]，三国之君始得称子、称侯。如古本《竹书纪年》："（晋）烈公十二年（公元前 404 年），王命韩景子、赵烈子、翟员伐齐，入长城"[2]，即以"子"为称，《史记》相关世家则以"魏文侯""韩景侯""赵烈侯"为称。钟铭"赏于韩宗，令于晋公"而不称"韩子""韩侯"，表明其时周天子尚未承认三晋的诸侯国地位，故以"韩宗"名之。

威烈王二十三年为册封三晋诸侯之年，其时，三家分晋（公元前 433 年）已过去了 30 年，而《纪年》的记载清楚地表明，三晋是以诸侯身份接受"王命"的，实难与钟铭所记战事相符。郭沫若解释说："韩宗者，𩁹羌乃韩氏家臣，以韩侯为其宗主也，下文韩宗与晋公对言，足证宗即宗主之意。"进而引《诗·公刘》"君之宗之"辩之曰："宗即主也，君也，韩宗尤言韩君"[3]。诚然，家臣可"以韩宗为宗主"，但"家臣"之"宗主"却必为公卿（韩宗），而不是君主"韩侯"。《清华简》在记述"三晋伐齐"战事时，亦以"晋三子"为称（详下），可证郭说之误。

概而言之，羌编钟铭所记晋伐齐，只能是《左传》襄公十八年"晋齐平阴之战"，与"三晋伐齐"无关。从出土金文的角度，证明《左传》之防、《国语》之"牢"，即为后来所称之"长城"。

（三）战国文献

除了《左传》《国语》之外，成书于战国时期的《管子》《吕氏春秋》以及《竹书纪年》等出土文献对齐长城亦有记述。其中，《竹书纪年》虽然也属于出土文献，具有较高的史学价值，但其出土不久即遭散佚，现在传世的"今本"和"古本"，都存在不同程度的因散佚、传抄而造成的失真现象，故而不能完全等同于"传世文献""出土原始文献"，现分述如下。

1. 传世战国文献

《管子·轻重丁》：

> 管子问于桓公："敢问齐方于几何里？"桓公曰："方五百里。"管子曰："阴雍长城之地，其于齐国三分之一，非穀之所生也；长城之阳，鲁也；长城之阴，齐也。"

《吕氏春秋·慎大·下贤》：

> （魏）文侯可谓好礼士矣！好礼士，故南胜荆于连堤，东胜齐于长城，虏齐侯献诸天子，天子赏文侯以上卿。

就字面理解，《吕氏春秋》所记，只表明魏文侯时期（公元前 445～前 394 年，当齐宣公、康公时）齐长城已经存在。《管子》所述则表明，早在齐桓公时期（公元前 685～前 643 年），齐长城已连结成线。前述《左传》鲁襄公十六年至十八年（公元前 557～前 555 年），也就是齐灵公二十五年至二十七年，距齐桓公时期不过 80 余年。是时，与齐国相关的几次军事行动都在长城西部端点外展开，可

---

〔1〕　今本《竹书纪年》："威烈王二十三年，王命晋卿魏氏赵氏韩氏为诸侯"；《资治通鉴·周纪一》："威烈王二十三年，初命晋大夫魏斯、赵籍、韩□为诸侯。"

〔2〕　《水经注·汶水》。

〔3〕　郭沫若：《𩁹羌钟铭考释》第 355、361 页，《郭沫若全集·考古编》第五卷《金文丛考》，人民出版社，1954 年。原刊《金文丛考》，（日本）文求堂书店，昭和七年（1932 年）。

作为齐桓公时期已有长城的重要佐证。至于䲡羌编钟，不论为何时所铸，其"入长城，先会于平阴，武力㩐郣，袭夺楚京"的记述都说明，钟铭所载即为《左传》襄公十八年晋鲁联军伐齐的平阴之战，是齐国当时已有长城的强力史证。

但是，出于不确定的原因，齐长城研究者多采取否定《管子》，而采信《竹书》的态度。或者，是受 20 世纪上半叶疑古思潮的影响，早期的长城研究者将齐长城的始建年代定在战国时代，造成了某种形式的"思维定式"，亦未可知。对《管子》批评态度的学者，常以《通鉴外纪》傅子之所谓"管仲之书，过半是后之好事者所加，乃说管仲死后事。《轻重篇》尤复鄙俗"为据，而斥其为"后人假托，非尽管子之言"。试想《尚书》《左传》《国语》《战国策》，乃至于诸子百家和其他史书，有多少不是后人追述前人事迹！难道我们可以因此而采取全面的否定态度？！答案显然是否定的。《晏子春秋》在宋代被定为伪书，1972 年却在银雀山汉墓出土了。或可为我们提供一个新的视角。

《国语》是公认的比较可靠的早期文献，《管子·小匡》有关"审吾疆场，纲山于有牢"的记述，与《国语·齐语》大同小异，或者就是《国语》的转录，可见其所言不虚。而《管子》有关齐桓公的治国方针、策略、业绩的记述，如"官山海"（见于《轻重篇》）等，已成为齐国史研究者普遍采用的重要史料。

《史记·货殖列传》：

> 故齐冠带衣履天下，海岱之间敛袂而往朝焉。其后齐中衰，管子修之，设轻重九府，则桓公以霸，九合诸侯，一匡天下。

说明太史公对《管子·轻重篇》持认可态度。《管子》所记多为齐桓公、管仲君臣治国方略的辑录，相当部分为齐国稷下学宫的学者所为。"稷下学宫"肇始于田齐桓公午[1]，繁盛于齐威王（公元前 357～前 320）、齐宣王时期（公元前 319～前 301 年），衰败于齐湣王（公元前 300～前 284 年）后期。

《盐铁论·论儒》：

> 及湣王……矜功不休，百姓不堪，诸儒谏，不从，各分散。慎到、捷子亡去，田骈如薛，而孙卿适楚。内无良臣，故诸侯合谋而伐之。

所谓"诸侯合谋而伐之"，是指燕将乐毅合六国之兵破齐之事。如果齐长城确为战国时期的威、宣、湣三世所筑，作为当代学者，又怎能信口雌黄？将当代君主的作为，系于 300 年前的齐桓公？可见，学术界对于《管子》的评价，仍然深受古史辨学派所谓"伪作""假托"等思维定式的影响。此外，还有一个很有趣的例证。

《晏子春秋·景公欲堕东门之堤》：

> 景公登东门防，民单服然后上，公曰："此大伤牛马蹄矣，夫何不下六尺哉？"晏子对曰："昔吾先君桓公，明君也，而管仲贤相也。夫以贤相佐明君，而东门防全也。古者不为，殆有为也。蚤岁溜水至，入广门，即下六尺耳。乡者防下六尺，则无齐矣。夫古之重变古常，此之谓也。"

---

[1] 徐干《中论·亡国篇》载："齐桓公立稷下之宫，设大夫之号，招致贤人尊崇之，自孟轲之徒皆游于齐。"

通常认为《晏子春秋》为战国后期作品，但其所记诸事大致都在公元前 550~前 500 年期间。按字面意思理解，齐景公因"东门防"太高，民众出入不便，故而要"堕东门之防"。晏子则以有管仲佐齐桓公，才使得"东门防全也"。劝告说："防下六尺则无齐矣"，可见"东门防"对于齐国安全的重要性。问题在于"东门防"究竟是齐都临淄的东门，或齐都临淄东门外的淄河大堤，还是长城上的"东门防"。

张华松《齐长城》将"东门防"解释为"齐都临淄城东门外的大堤"[1]。临淄齐故城东临的淄水，是一条季节河，雨季之外，河道的水位通常较低。东城墙距离淄河从数米到数百米不等。自 1958 年以来，临淄齐故城的考古工作已进行了六十余年，进行过多次全面勘探，迄今为止，尚未发现东墙之外另有堤防，在临淄段淄河两岸亦未发现任何河堤的迹象。就现场地貌而言，淄河河床距现地平的高度一般在 10 米以上，无须设置拦水堤坝。是故"齐都临淄城东门外的大堤"为"东门防"的说法不能成立。既然"东门防"不可能是"齐都临淄城东门外的大堤"，那么"齐东门"与"东门防"又是否为同一事物？

刘敦愿曾经对临淄齐都的城门进行过考证，认为东城墙有三个城门，即东门、东闾和广门[2]。依据的文献分别是《左传·襄公十八年》："壬寅，……（晋人）州绰门于东闾，左骖迫还于东门中，一枚数阖。"以及上引《晏子春秋》关于东门防的记载。然"门于东闾"的"门"是动词，与《左传·文公三年》："伐楚以救江（国），门于方城"的用法是相同的。《左传》杜氏注认为：东闾即为"齐东门"。考古勘探也证明，临淄齐故城东墙只有两座城门：大城东墙北门在河崖头村南侧，大城东墙南门，距东南城角约 200 米。两处城门与东西向的大道相连[3]。就是说，齐故城东城墙只有东门和广门，而没有所谓"东门防"。

如众所知，"防"是长城在春秋时期的专称，同时又是河岸堤坝的一种称谓。齐国都城东门和广门都是城墙上特意留出的通道，如同"广门"不会称之为"广门防"一样，"东门"决不会以"东门防"称之。不可能、也不会允许，民众也无随意登临的必要，更无从"大伤牛马蹄"。且临淄齐故城的东门外即为淄河，一马平川，与文中描述的情景相悖。以现地形地貌观察，临淄城东墙城门门道与当时的地面基本齐平。已发掘的许多古城门通道，包括经发掘的小城南墙东门通道也显示同样的情况，也就是说，城门门道为城墙特意留出的缺口，以方便通行，不会，也不可能突然加高数尺（防洪临时措施除外）！所以，齐故城"东门"门道不可能高出地面许多而需要"防下六尺"！

再则，齐故城的考古发现及研究证明，临淄齐故城的年代上限至少可到西周中期，也就是说齐故城大城的东墙至少在春秋早期已经修筑成型，与齐桓公和管仲并没有直接的关联，晏子为何要把他们两人搬出来，说因为他们才有了"东门防"，齐国才得以保全？《管子·轻重丁》明确说齐桓公时期齐长城已经存在。前已述及，《左传》《国语》鼄叕编钟铭的相关记载也证明《管子》的记载是可信的。那么《晏子》所称"东门防"又否与《管子》之齐长城有关？值得深思。

既然齐景公所登之"东门防"既不是"齐都临淄城东门外的大堤"，也不是齐国都城的东门，就应该是齐长城的某一关隘。正是因为管仲相齐桓公，修筑了长城而有了"东门防"。所以晏子才会说，因为有了明君桓公、贤相管仲，才使得"东门防全也。"

"蚤岁溜水至，入广门，即下六尺耳。乡者防下六尺，则无齐矣"已清楚地指明，此处的"东门

---

〔1〕 张华松：《齐长城》第 54 页，山东文艺出版社，2004 年。

〔2〕 刘敦愿：《春秋时期齐国故城的复原与城市布局》，《历史地理》（创刊号）1982 年第 1 期。

〔3〕 王永波等：《山东古城古国考略》第 217 页，文物出版社，2016 年。

防"不是临淄齐国都城之东门，及其对于齐国安全的重要性，以至于如果"防下六尺"，齐国就有灭亡的危险。齐长城构筑在崇山峻岭之中，山谷中的"防门"也有相当的高度，如青石关就是典型的例子。更为重要的是，齐国都城的东门早已有之，决非桓公、管仲之功；只有长城钜防才是他们的杰作。"东门防全也"从侧面证实齐桓公时期长城已有"东门防"存在。唯不知其是否与齐长城现存"东门关"为同一关隘。

2. 出土竹简

《清华简·系年》是 2011 年底才整理成书的，恰逢齐长城资源调查野外工作刚刚结束。它的问世，为齐长城相关问题的讨论提供了不可多得的珍贵资料。《清华简·系年》第二十章有关齐国始筑"济水岸防"的记载已见于前述文。《清华简·系年》第二十二章则与《竹书纪年》近似，也记录了三晋伐齐廪丘的相关内容，唯《系年》的记录更为详细：

> 楚圣桓王即位，元年，晋公止会（诸）侯于邥，宋悼公将会晋公，卒于鄭。韩虔、灼蘆、器系率师与越公翳伐齐。齐与越成，以建昜、郎陵之田，且男女服。越公与齐侯贷、鲁侯侃（衍）盟于鲁稷门之外。越公内（入）飨于鲁，鲁侯驭，齐侯参乘以内（入）。晋魏文侯斝（斯）从晋师，晋师大败齐师。齐师北，晋师述（逐）之，内（入）至汧水。齐人旻陈甓子牛之禣（祸），齐与晋成，齐侯明（盟）于晋军。晋三子之大夫内（入）齐，明（盟）陈和与陈淏于溋门之外，曰：母攸（毋修）长城，母（毋）伐廪丘。晋公献齐俘馘于周王，述（遂）以齐侯贷、鲁侯羴（显）、宋公畋、卫侯虔、奠白匓（驷）朝周王于周[1]。

编纂者认为，楚圣桓王即楚简王之子楚声王。晋公止即晋烈公。韩虔即韩景侯。灼蘆即赵籍，赵烈侯。器系即魏击，为魏文侯之子，后立为魏武侯。越公翳，为勾践五世玄孙。鲁侯衍、鲁侯显即鲁穆公。陈子牛，即《墨子·鲁问》之"项子牛"，孙诒让以其"盖田和将"；"且有陈甓子牛之祸"，当指《淮南子·人间》所述：三晋因平陆伐齐，子牛用括子之计，出（挟）以齐侯以往，"三国之兵罢而平陆之地存"事件。晋三子，即韩虔、赵籍和魏击。陈和即田和，陈淏为田氏家族成员。宋公畋即宋休公，名田。卫侯虔，当为卫慎公或慎公之父"公子适"[2]。奠白驷，即郑伯驷，郑缗公。邥即任，地在今山东济宁。"建昜"，编纂者释为"开阳"，若果，当为临沂北之阳国故地。编纂者认为：溋门，或为临淄之雍门。"汧水"当与开阳相近，可能是沂水的支流。但是，开阳位于廪丘正东略偏南的方位，与简文"齐师北，晋师逐之，入至汧水"的说法不合（图一二）。故此"汧水"应为汶水支流，或与阳关相近。

需要强调一点，《史记》《竹书纪年》及相关文献，包括《清华简·系年》在内，对战国人物事件的年代记录都比较混乱。依《中国历史纪年表》，楚声王元年（公元前 407 年）为周威烈王十九年、晋烈公九年、齐宣公四十八年；齐侯贷，是为齐康公，其元年为公元前 404 年，威烈王二十二年。其人物、年代自相抵牾。简文称"齐侯贷"，表明齐康公已经继位。故可将简文所记战事定位于公元前 404 年，次年，威烈王正式承认三晋为诸侯[3]。

简文的大意是：春秋末年，晋烈公会诸侯，宋悼公猝死，未及与会。三晋与越王翳伐齐。齐康公

〔1〕 李学勤主编：《清华大学藏战国竹简·释文》（贰）下册，第 192～195 页，中西书局，2011 年。

〔2〕《史记索隐》引《系本》"适"作"虔"。

〔3〕 今本《竹书纪年》："威烈王二十三年（公元前 403 年），王命晋卿魏氏赵氏韩氏为诸侯"；《资治通鉴·周纪一》："威烈王二十三年，初命晋大夫魏斯、赵籍、韩虔为诸侯。"文渊阁《四库全书本》。

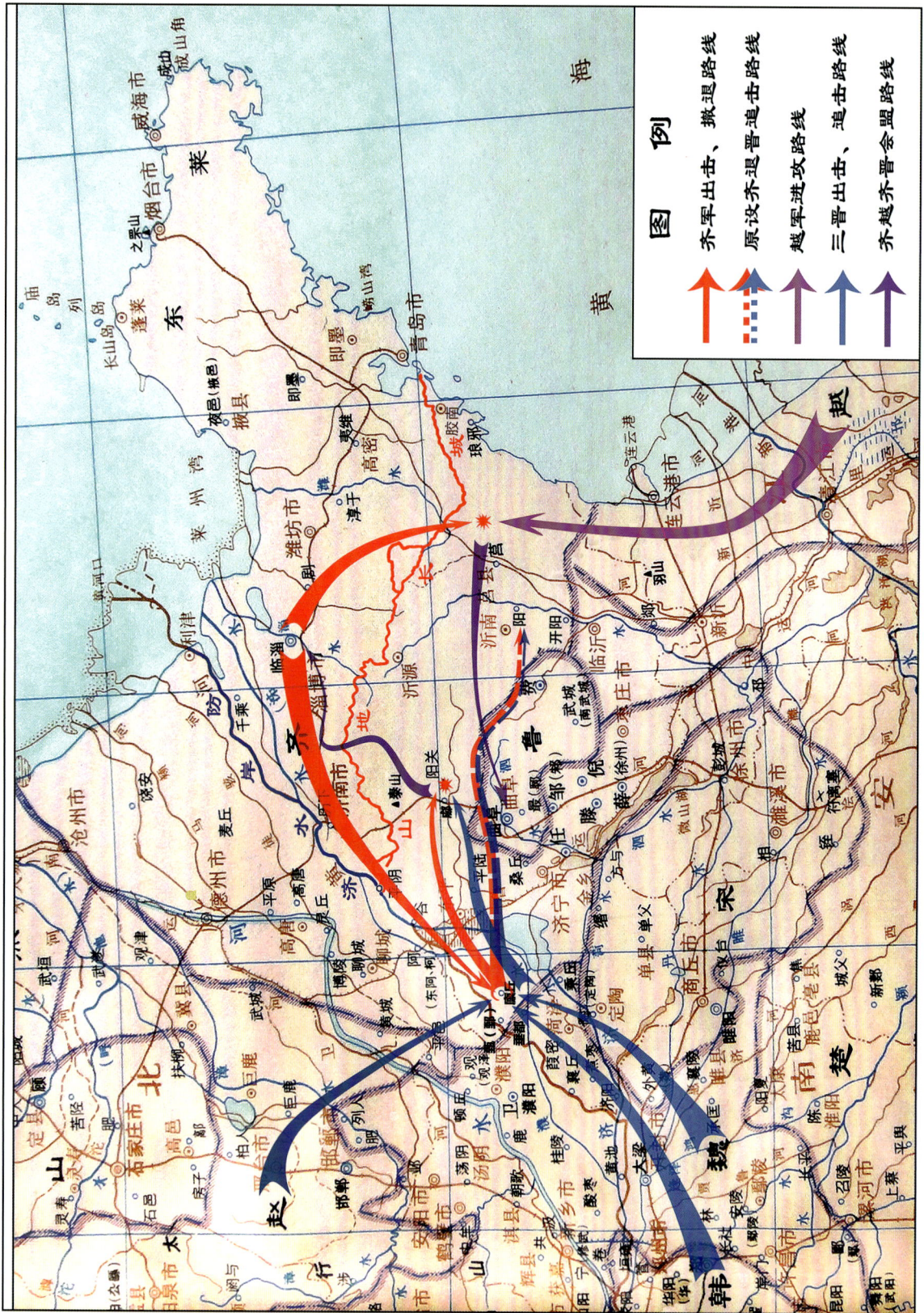

图一二　三晋越国伐齐禀丘战役示意图

贷献开阳、陵之田，同越王讲和，鲁穆公与盟。会盟之后，鲁公驾车，齐侯骖乘，将越公迎进曲阜设宴，以示庆贺。魏文侯却不肯罢休，亲率晋师继续进攻，大败齐师。齐师向北退却，晋师追至沂水。当时，齐人还有"项子牛之祸"，只好向晋求和。三晋大夫与齐相田和盟于齐城雍门之外，强迫齐国接受了"毋修长城，毋伐廪丘"的"不平等条约"。于是，晋烈公乃献齐俘馘于周，携齐康公、鲁穆公、宋休公、卫慎公、郑繻公觐见周王。

所谓"毋修长城"，乃是禁止齐国"再行修复长城"，不论是战争毁坏，还是自然损坏，都不得重修。田和执政伊始，被迫签订"城下之盟"，接受了"今后不再修长城，不再追索廪丘"的条件。从出土文献的角度再次证明，齐国长城，早已有之。

3. 《竹书纪年》

前已述及，《竹书纪年》属战国晚期作品，具有很高的史学价值。但在晋武帝太康二年（281 年）出土后不久，原简便在永嘉之乱（311 年）中亡佚，传抄本也在唐末五代时散佚，南宋初年出现了今本《竹书纪年》。清嘉庆年间，朱右曾辑录文献中的佚文，编成《汲冢纪年存真》，再经王国维考订为《古本竹书纪年辑校》。因此在流传过程中有某种程度的失真，是完全可以理解的。现将《竹书纪年》有关齐长城的记述全部摘录如下。

古本《竹书纪年》：

> 齐宣公五十一年，公孙会以廪丘叛于赵[1]。

又：

> 晋烈公十一年，田悼子卒，田布杀其大夫公孙孙，公孙会以廪丘叛于赵，田布围廪丘，翟角、赵孔屑、韩师救廪丘。及田布战于龙泽，田师败逋[2]。

又：

> 晋烈公十二年，王命韩景子、赵烈、翟员伐齐，入长城[3]。

又：

> 梁惠王二十年，齐筑防以为长城[4]。

又：

> 梁惠王二十年，齐湣王筑防以为长城[5]。

---

〔1〕《史记索隐·赵系家》引。
〔2〕《水经注·瓠子河》引。
〔3〕《水经注·汶水》引。
〔4〕《水经注·汶水》引。
〔5〕《史记正义·苏秦列传》引。

今本《竹书纪年》：

> 威烈王十七年，田悼子卒，田布杀其大夫公孙孙，公孙孙（会）以廪丘叛于赵。田布围廪
> 丘，翟角、赵孔屑、韩氏救廪丘……田师败逋。
> 十八年，王命韩景子、赵烈子及我师伐齐，入长垣。

又：

> 周显王十八年，齐筑防以为长城。

廪丘，原为齐地。由《史记·田敬仲完世家》："宣公五十一年卒，子康公贷立，田会反廪丘"，可证《纪年》此说不误。晋烈公十二年为公元前404年，与今本《纪年》威烈王十八年（公元前408年）有4年之差，与《清华简》楚声王元年（公元前407年）有3年之差。毋庸置疑，尽管上述文献所记的人物、时间略有差异，却均为"田会反廪丘"引发的同一次战事。由"齐侯贷""长城""献齐俘馘于周"等词语可知，前引《吕氏春秋》所谓"魏文侯……东胜齐于长城，虏齐侯献诸天子"，也是这次战事。由《纪年》"晋烈公十二年"和《清华简》之"齐侯贷"互证，可将此次战事最终定位于齐康公元年（公元前404年，威烈王二十二年）。

尤为值得注意的是，包括《清华简》和古本、今本《纪年》在内的记载都毫无异议地表明，在公元前408年或前404年，齐长城早已存在，并成为三晋伐齐必须首先克服的重要军事屏障。何以到了显王十八年（公元前351年，齐威王六年），或梁惠王二十年（公元前350年），才始"筑防以为长城"？！其逻辑矛盾是显而易见的。而《史记正义》所谓"齐湣王筑防以为长城"更为离谱，齐湣王主政的时间为公元前300～前284年，梁惠王二十年为齐威王七年，中间还隔着在位时间较长的齐宣王（公元前319年～前301年），怎能轮到齐湣王始"筑防以为长城"！其可信度不言而喻。王国维《古本竹书纪年辑证》就曾指出："《正义》所引齐闵王距此甚远，当误。惠成王二十年当齐威王七年，湣疑为威字之误，或'闵王'二字衍。"[1] 即便如此，仍然无法化解齐康公元年（公元前404年）齐长城早已存在，与"齐威王七年（公元前350年）始筑长城"之间的矛盾。

《清华简·系年》的整理编纂者认为，成书于楚肃王（公元前380～前368年），或更晚的楚宣王（公元前369～前338年）时期[2]，作为战国时期的当代文献，较之几经传抄、散佚、辑录整理的《竹书纪年》，其可靠程度要好得多。窃疑《竹书纪年》所称"齐筑防以为长城"的记载，或与《清华简·系年》"齐人始筑济水之防以为长城"相类，只是在流传过程中，因散佚、辑录和辗转传抄，而遗漏了最为关键的"济水"二字；抑或是某些不够严谨的编纂者在传抄过程中，将《史记·赵世家》赵成侯"七年，侵齐，至长城"；《田敬仲完世家》齐威王"六年，鲁伐我，入阳关""九年，赵人归我长城"等战事，按自己的理解误赘其中。《史记正义》所引"齐湣王筑防以为长城"，似非《纪年》原文，可能是后人按自己的理解所做的修改。较《史记正义》更早的《水经注·汶水》引文，以及同代人李吉甫所著《元和郡县志》，以苏代之"齐有长城巨防"作为"齐湣王始筑长城"的根据（详下），均可为证。后来的治经史者和地理学者，未经细审深究，便"依样画葫芦"，给今人造成了莫大

---

〔1〕 王国维此论，年代依万国鼎《中国历史纪年表》，该表无齐湣王纪年，若依《史记·六国年表》则为齐威王二十九年。
〔2〕 李学勤主编：《系年·说明》，《清华大学藏战国竹简》（贰）下册《释文注释》第135页，中西书局，2011年。

的困惑。

（四）汉代文献

太史公家族世代"典史"，《史记》的成书年代去战国不远，其相关《世家》又多有当时尚存的列国"史记"为据，故其有关齐长城的记述，亦可视为原始文献，现摘录如下：

《赵世家》：

> （赵成侯）七年，侵齐，至长城。

《田敬仲完世家》：

> （齐威王）六年，鲁伐我，入阳关。七年，卫伐我，取薛陵，九年，赵伐我，取甄。……遂起兵，西击赵、卫，败魏于浊泽，而围惠王。惠王请献观以和解。赵人归我长城。

《苏秦列传》：

> 燕王曰："吾闻齐有清济、浊河，可以为固；长城巨防，足以为塞，诚有之乎？"（苏代）对曰："天时不与，虽有清济、浊河，恶足以为固。民力罢敝，虽有长城巨防，恶足以为塞。"

《楚世家》：

> 楚顷襄王十八年，问于国事于射者，射者对曰："……王何不以圣人为弓，以勇士为缴，时张而射之……饮马西河，定魏大梁，此一发之乐也。若王之于弋诚好而不厌，则出宝弓碆新缴，射嘖鸟于东海，还盖长城以为防。朝射东莒，夕发浿丘，夜加即墨，顾据午道，则长城之东收而太山之北举矣！"

"阳关"为齐长城的重要关隘。已见于《左传》襄公十七年（公元前556年）齐灵公伐鲁"师自阳关"。赵成侯七年为公元前367年、齐桓公午八年；齐威王六年、九年分别为公元前351年和前348年；很清楚，《赵世家》《田敬仲完世家》两条记录，是说田齐桓公午和齐威王时期已有长城；而苏代（苏秦之弟）与燕王的问答（约在齐湣王后期或齐襄王初年），是追述包括齐长城在内的"往事"。显然，当时齐长城已是体系完备、自成系统的军事要塞，完全没有"新筑"长城的任何含义。《楚世家》之谓，乃是"射者"为激励楚顷襄王（十八年，公元前281年）而描绘的蓝图，"还盖长城以为防""长城之东收而太山之北举矣"，是建议楚王依托"楚长城"，攻取楚长城以东、齐泰山以北之地，与齐长城的修筑毫无关联。

《史记·苏秦列传》和《战国策》的记载多有舛误。如《史记·苏秦列传》："苏秦说齐宣王"。苏秦是战国时期著名的纵横家，其游说的齐王，应该是齐湣王。《燕召公世家》："易王初立，齐宣王因燕丧伐我，取十城。苏秦说齐，使复归燕十城。"据《中国历史纪年表》，燕易王元年为公元前329年。其时齐宣王尚未继位，年代显然有误。而"苏秦说齐"则当在齐湣王时期。根据杨宽、唐兰、徐中舒等学者的研究，苏秦在张仪之后，燕昭王初年入燕，为燕国出谋划策，活动于燕昭王、齐湣王时期。秦齐称帝后，苏秦积极发动合纵，出使齐国，游说齐湣王"去帝号"，死于燕乐毅破齐前后。此后，才有其弟苏代说燕王。

（五）后世文献

除《竹书纪年》以外，原始文献对山地齐长城的始筑年代，没有任何歧义。后来成书的《水经注》《齐记》《史记正义》，却因《竹书纪年》的缘故，都将齐长城的始筑年代，定位于梁惠王二十年（公元前 350 年）及其以后。

《水经注·汶水》："汶水出朱虚县泰山"，北魏郦道元注曰："山上有长城，西接岱山，东连琅邪，巨海千有余里，盖田氏之所造也。"《竹书纪年》："梁惠成王二十年，齐筑防以为长城。"

《齐记》：

> 齐宣王乘山岭之上筑长城。东至海，西至济州，千余里，以备楚[1]。

《史记正义·楚世家》"还盖长城以为防"条下《太山郡记》云："太山西北有长城，缘河经太山千余里，至琅琊台入海。"《齐记》云："齐宣王乘山岭之上，筑长城……以备楚"；"长城巨防"条下《竹书纪年》云："梁惠二十年，齐滑王筑防以为长城。"

《竹书纪年》之误，已如前述。《水经注》之误，则直接导源于《纪年》。《齐记》之误，很可能是出于"纠正"《纪年》"齐滑王筑防以为长城"之"错误"的目的，而将"齐滑王"改为"齐宣王"。张守节似乎走得更远：《楚世家》"还盖长城以为防""长城之东"，明明是说楚国长城。《史记正义》却引《太山郡记》释之曰："太山西北有长城，缘河经太山千余里，至琅琊台入海。"再引更晚的《齐记》"齐宣王乘山岭之上筑长城"和《纪年》的"齐滑王筑防以为长城"以为解。尽管如此，这些说法却几乎主导了晋代以来，人们对现存齐长城构筑年代的基本看法。如唐代李吉甫即以苏代之"齐有长城巨防"，作为"齐滑王始筑长城"的根据。兹将后世有关文献择录如下，用以备考。

《史记正义·楚世家》引《括地志》：

> 齐长城西北起济州平阴县，缘河历泰山北岗上，经济州、淄州，即西南兖州博城北，东至密州琅琊台入海。

《苏代记》云：

> 齐有长城钜防，足以为塞也。

唐李吉甫《元和郡县志》卷十一，河南道郓州平阴县：

> 故长城，首起县北二十九里，齐滑王所筑。苏代谓燕王曰："齐有长城巨防，足以为塞，是也。"

宋代王应麟《通鉴地理通释·七国形势考下·齐》：

> 《竹书纪年》："梁（魏）惠成王二十年，齐滑王筑防以为长城。"

---

[1]《史记正义·楚世家》引。

明代董说《七国考·田齐都邑·长城》：

> 《泰山记》云："泰山西有长城，缘河径泰山千余里，至琅邪台入海。"《国策》苏秦云："长城巨防以为塞。"《齐记》云："齐宣王乘山岭之上筑长城……以备楚。……"《竹书纪年》："梁惠成王二十年，齐湣王筑防以为长城。"《郡县志》："故长城首起郓州平阴县北二十九里，齐湣王所筑。……"《山东志》："齐长城在诸城县南四十里，跨安丘境，连亘蒙、泰、莱芜，直至平阴。乃齐宣所筑，以御楚寇者。"

清徐文靖《竹书统笺》："周显王十八年，齐筑防以为长城"，笺按：十八年传：诸侯伐齐，齐侯御诸平阴，堑防门而守之广里……《史记·苏秦列传》燕王曰："吾闻齐有长城，足以为塞，信有之乎？"《正义》引《竹书纪年》梁惠王二十年，齐湣王筑防以为长城。今据《竹书》齐筑长城在梁惠王十二年，不应与齐湣同时。《齐记》曰："齐宣王筑长城，东至海，西至济州，以备楚。其实非也，此筑防为长城者，犹威王也。显王三十七年，始为齐宣王元年。"

很明显，《竹书纪年》所谓"齐筑防以为长城"，"齐湣王筑防以为长城"，正是齐长城"始筑于战国"的始作俑者。前文的分析对比，又明确无误地证明了这种说法的无据和失察。可以理解的是，上引各家著述的总体目标都不是齐长城，故而不曾特别着力，是有其误。

《清华简·系年》的问世，为我们提供了新的视角：春秋末期，齐国确曾在济水之上，沿济水东岸至于北海"筑防以为长城"，以为南部山地长城的补充。这应是古本《竹书纪年》"周显王十八年齐筑防以为长城"的原始依据。

四　齐长城修筑动因与年代辨析

在本节"二　山地齐长城始建年代的讨论"中，我们对明末以来各家的主要观点作了介绍。总括而言，不承认齐国在桓公时代已有长城的学者，除了对《管子》的相关记述持否定态度，而采信晚出的相关记载等原因外，还有很多理由。由于篇幅的原因，仅就质疑者和"齐长城始筑于战国说"提出的主要论点，进行剖析。

其一，顾炎武在《日知录·长城》中认为："至于战国，井田始废，而车变为骑，于是，寇抄易而防守难，不得已而有长城之筑。"张华松则说："继赵武灵王胡服骑射之后，列强无不将骑兵作为主力广泛投入战场。骑兵翻山越岭如履平地，原先单纯的要塞防御战术已远远不能适应形势发展的需要"；"所以齐国石砌长城的大规模修筑，只能在进入战国中期的齐宣王时期"[1]。

顾氏之论已为王国良所否。需要补充的是，"胡服骑射"，改车战为马战，始于赵武灵王十九年（公元前307年，齐宣王十二年），其时，齐国的长城早日联结完备，更不待"始筑"。另一方面，"胡服骑射"虽然开中国骑兵作战的先河，但远未达到替代车战的程度。艾陵之战，吴国获齐"革车八百乘，甲首三千"。《史记·田敬仲完世家》威王二十四年（公元前333年），与魏（惠）王会田于郊，魏惠王称"万乘之国"，据《孟子·梁惠王下》齐宣王与恰在齐国逗留的孟子之间的问答。齐宣王两

---

〔1〕　张华松：《齐长城》第15～22页，山东文艺出版社，2005年；赵志坚、尹绪胜：《齐文化与齐长城》，中国戏剧出版社，2000年。

次谈及"万乘之国伐万乘之国"，表明车战和步兵仍为当时的主要形式，到汉武帝时期，骑兵才得到长足的发展。

其二，"弱小的国家不能竟存，于是乎不得不捐巨资建筑长城以自固，这就是战国时代各国所以创筑长城的大原因"[1]。把筑长城看作是弱国的"专利"。

事实上，早在秦万里长城之前，所有修筑长城的诸侯国，包括齐、秦、楚、魏、赵、中山、燕等，除中山较弱外，都是当时的强国，几乎囊括了春秋、战国的全部列强，而为数众多最为弱小的国家反倒没有修筑任何长城。雄辩地证明：只有强国、大国，才有修筑长城的主观需求，才有修筑长城的能力。

其三，春秋时期，鲁弱齐强，齐无"设防置险之需求"[2]。"齐桓公以前，诸侯并不像战国时互相侵伐，弱肉强食，并且齐国向来强盛，何用多费人力金钱创筑长城"[3]？

上条揭示的情况表明，越是强国，越有"设防置险之需求"。主要是因为，春秋战国时期的强国，常常出兵越境到很远的地方进行征伐，导致国内空虚。

《左传·僖公九年》：

> 齐侯盟诸侯于葵丘，曰："凡我同盟之人，既盟之后，言归于好。"宰孔先归，遇晋侯曰："可无会也。齐侯不务德而勤远略，故北伐山戎，南伐楚，西为此会也。东略之不知，西则否矣，其在乱乎。君务靖乱，无勤于行。"晋侯乃还。

《国语·齐语》：

> （桓公）即位数年，东南多有淫乱者，莱莒徐夷吴越，一战帅服三十一国。遂南征伐楚，济汝，逾方城，望汶山，使贡丝于周，而反荆州，诸侯莫敢不来服。遂北伐山戎，制令支，斩孤竹，而南归海滨，诸侯莫敢不来服。

《管子·小匡》：

> 诸侯多沈乱，不服于天子。于是乎桓公东救徐州，分吴半，存鲁蔡陵，割越地；南据宋郑，征伐楚，济汝水，逾方地，望文山；使贡丝于周室，成周反胙于隆岳、荆州，诸侯莫不来服。中救晋公，禽狄王，败胡貉，破屠何，而骑寇始服。北伐山戎，制冷支，斩孤竹，而九夷始听，海滨诸侯莫不来服。西征攘白狄之地，遂至于西河，方舟投柎，乘桴济河，至于石沈。县（悬）车束马，逾大行，与卑耳之貉，拘秦夏，西服流沙西虞，而秦戎始从。故兵一出而大功十二，故东夷、西戎、南蛮、北狄、中诸侯国，莫不宾服。

《国语》《管子》的这两段叙述，都是在"纲（环）山于有牢"之后，也就是齐国修筑长城之后的事情，是齐桓公勤于远征的真实写照，反映了春秋首霸"不务德而勤远略"的苦衷。《左传》僖公

---

[1] 王国良：《中国长城沿革考》第3页，商务印书馆，1927年。
[2] 张维华：《长城建制考·上编》第28页，中华书局，1979年。
[3] 王国良：《中国长城沿革考》第11页，商务印书馆，1927年。

九年（公元前 651 年，齐桓公三十五年）东周王室的主管宰孔与晋侯的对话，则表达了周王室和晋国对齐桓公频繁对外用兵的愤懑之情，同时也证明《国语》《管子》所言不虚。

远征，必须先行了却"后顾之忧"，而频繁的征伐必然树敌更多，加之春秋的"争霸原则"是必须打败原有的霸主，才能令他国"威服"。这应该是只有强国，特别是"擅长远征"的霸主，修筑长城最有说服力的理由。

鲁国虽不及齐国强盛，在春秋早中期却不容小觑，仍属当时的强国，常常联晋，或联宋莒以抗齐，而鲁晋同盟正是齐国最大的心腹之患。齐国要想在列强争雄的格局中争得一席之地，首先要处理好与鲁国的关系。齐国在"庄僖襄"三代（公元前 795～前 686 年）已是"小霸"[1]，为齐桓公成就"春秋首霸"大业积累了经验，奠定了基础，使齐国成为春秋早中期实力最强的国家，但对于相对强大的鲁国却不得不防。据《左传》记载，鲁桓公十年（公元前 702 年），鲁与齐卫郑联军战于郎；十七年（公元前 695 年）齐鲁两国为了纪国的事发生争端，战于奚。鲁庄公十年（公元前 683 年），齐鲁战于长勺，齐师大败。同年六月，鲁国侵宋，齐国出兵救援。次年，鲁败于宋师于鄑。鲁庄公十年（公元前 680 年），还曾迫使齐桓公归其所占鲁地[2]。而齐国甘愿"忍痛"吐出已经吞并的土地，正是出于缓和齐鲁关系的大局。其他如鲁僖公十七年（公元前 643 年），鲁师灭项；鲁宣公九年（公元前 601 年）取根牟；成公六年（公元前 585 年）取鄟，值得特别一提的是齐国与鲁晋的"鞍之战"，自鲁宣公九年（公元前 601 年）到鲁成公二年（公元前 589 年）的十数年间，齐国自恃强大，欺凌周边国家，数度伐莒，侵扰鲁国，又嘲笑晋国使臣郤克，引起周边国家的敌视，导致晋国、鲁国、卫国、曹国在公元前 589 年（齐顷公十年）齐伐鲁，夺取隆邑。鲁、卫大夫如晋请师，郤克以车八百乘伐齐，大败齐师于鞍，并令其返还鲁、卫被侵之地。

位于齐国东南的莒国，是当时山东地区次于齐鲁的大国，也是一股不可忽视的力量。莒国在春秋早期比较活跃，曾南侵向国，西伐杞国，多次参与"国际"会盟。与鲁国、鄫国频频发生纠葛。自公元前 626 年（鲁僖公二十四年）至公元前 542 年（鲁襄公三十一年），是莒国有史可查的中后期。其时，晋文公、楚庄王相继称霸，莒国历经兹平公、纪公庶其、厉公季陀、渠邱公朱、犁比公密五代君主，以附晋为援作为基本国策，经常与齐国为敌。

面对相对"强大"的鲁国，以及周边虎视眈眈的其他列强，因远途征伐而导致国内兵力不足的齐国，自然需要用心防范，不给对方以任何可乘之机。时常联晋联莒抗齐的鲁国，正是齐山地长城的主要防御目标。

其四，《齐记》首倡齐宣王筑长城"以备楚"之说，张维华则认为，齐威王时"楚人之势正强……而江淮之地亦多为其所有"[3]。这是"无须备鲁"问题的另一个方面。张华松以引《齐记》和王献唐的观点为基础发挥说：齐宣王是"筑岭上长城"，战国中期，"继赵武灵王胡服骑射之后，列强无不将骑兵作为主力广泛投入战场。骑兵翻山越岭如履平地，原先单纯的要塞防御战术已远远不能适应形势发展的需要"；"所以齐国石砌长城的大规模修筑，只能在进入战国中期的齐宣王时期"[4]。

"变车为骑"与"胡服骑射"的问题已见于前述。春秋早中期，齐晋两国成功地遏制了楚国争霸中原的企图。齐国衰落后，宋国曾试图独霸中原，楚国也趁机拓展势力。楚成王时期，曾因齐孝

〔1〕《国语·郑语》"齐庄僖于是乎小伯。"

〔2〕《公羊传》庄公十三年，文渊阁《四库全书本》。

〔3〕张维华：《长城建制考》上编，第 29 页，中华书局，1979 年。

〔4〕张华松：《齐文化与齐长城》，中国戏剧出版社，2000 年；《齐长城》第 15～22 页，山东文艺出版社，2005 年。

公在公元前 634 年连续出兵攻击鲁国，出兵助鲁攻齐，占领了谷地（今山东东阿）。出于争霸的需要，晋文公主动改善与齐国的关系，联合齐秦共同抗楚，并于公元前 632 年大败楚军于城濮，一举称霸。

城濮战后，晋楚双方又经历了近四十年的激烈博弈，直到公元前 597 年（齐顷公二年，楚庄王十七年）晋楚邲之战后，楚庄王才成为霸主。晋国不甘心霸业沦丧，希望能联合齐国，重振国威。双方打打谈谈，谁也无法从根本上打垮对方，形成了晋楚齐三足鼎立中原的政治格局[1]：晋楚两国为抗衡对方而联齐，相互制衡；鲁国则联合晋宋莒以抗衡齐国，势均力敌。此后，是近八十年的"弭兵"时期。战场上虽然互有胜负，齐晋、齐楚、晋楚纵横分合的格局却没有发生根本的改变。齐景公还有过短暂的复霸动作。终姜齐之世，齐国始终是不可忽视的重要力量。

春秋末期至战国早期，特别是田氏代齐期间，因政权更迭，曾深受他国的侵扰，却与楚国无关。田齐桓公午时期，齐国已重新确立了强国地位（详后），其时楚国的势力亦未及齐国临近地区。齐威王则是齐国历史上最有作为的君主之一。

《史记·田敬仲完世家》：

> 齐威王元年，三晋因齐丧来伐我灵丘。……六年，鲁伐我入阳关；晋伐我至博陵。七年，卫伐我取薛陵。九年，赵伐我取甄。……遂起兵，西击赵卫，败魏于浊泽，而围惠王，惠王请献观以和解。赵人归我长城。于是齐国震惧，人人不敢饰非，务尽其诚，齐国大治，诸侯闻之，莫敢致兵于齐二十余年。

齐威王前期的所有屈辱也都源于西部、南邻和北部的三晋、鲁、卫、魏、赵等国，与楚毫无关系。齐威王在田忌、孙膑等人的辅佐下，创造了"围魏救赵"（桂陵之战）和马陵之战等著名战例[2]。马陵战后，魏国又遭到齐、秦、赵三国，特别是秦国的连年进攻，以至于"变服（去王服）折节而朝"[3]，"以魏合于齐楚以按兵（抗秦）"[4]，于公元前 334 年率韩宣王赴徐州（今滕县东南）朝见齐威（宣）王，史称"会徐州相王"。是年，齐威（宣）王正式称王，齐国取代魏国成为当时最为强势的国家。楚国实力虽强，并在楚威王七年，因田婴欺楚而伐齐，败之于徐州，但总体而言，却是处于守势的时间更多。至少在战国中期及其以前，齐国并无"筑长城以备楚"的需要。上引《史记·田敬仲完世家》"赵人归我长城"则表明，长城早已存在。以及"楚人不敢为寇"，"泗上，十二诸侯来朝"都是明证。

其次，齐国在灭宋之年（公元前 286 年）据有"江淮之地"，而楚国"取齐淮北"则是楚顷襄王十五年（公元前 284 年，齐湣王十七年），比齐威王晚了两代。

据《史记》相关《世家》等记载，齐宣王初年，齐楚曾联合抗秦。公元前 316 年（惠文王九年），

---

〔1〕《左传》襄公二十七年："赵孟曰：晋、楚、齐、秦，匹也。晋之不能于齐，犹楚之不能于秦也。楚君若能使秦君辱于敝邑，寡君敢不固请于齐？"

〔2〕 分别见《史记·孙子吴起列传》和《孙膑兵法·擒庞涓》。关于马陵之战《魏世家》记为魏惠王三十年"魏伐赵，败于马陵，齐虏魏太子申，杀将军涓"；《田敬仲完世家》记为齐宣王二年"齐救韩、赵以击魏，大败之马陵，杀其将庞涓"；《赵世家》和《韩世家》无明确记述。依万国鼎《中国历史纪年表》分别为公元前 338 年（齐威王十九年）和前 317 年。相关研究多以马陵之战发生在公元前 342 年（齐威王十五年）。此依王阁森：《齐国史》第 384 页，山东人民出版社，1992 年。

〔3〕《战国策·魏策二》。

〔4〕《经济类编》卷三十三，文渊阁《四库全书本》。

秦灭蜀，并筹划伐楚事宜。楚怀王联齐抗秦，"齐助楚攻秦取曲沃"[1]。齐楚联盟成为秦国东向拓展的主要障碍。为此，秦惠王派张仪出使楚国以离间齐楚联盟，许诺赠送楚国"商于六百里的土地"。楚怀王因此而背盟[2]，受骗后又举兵伐秦，被秦韩联军大破之。楚怀王又悉起全国之兵"复袭秦"，再败。韩魏两国也乘机南伐[3]。齐国因楚背盟在先"不救楚"[4]，并致"秦与齐和，韩氏从之"，大败楚军于杜陵[5]。

公元前 309 年，齐国再次组织"合纵"，齐宣王特意写信给楚怀王，邀楚"并力收韩、魏、燕、赵与为纵"，楚国如约[6]。秦国故技重施，楚国也再次叛盟。楚怀王二十六年（公元前 303 年，齐宣王十六年），齐韩魏三国因楚国负约而伐楚。楚怀王二十八年（公元前 301 年），秦与齐、韩、魏联合攻楚，攻取重丘、宛、叶以北的土地。次年，秦再破楚军，怀王大恐，乃使太子为质于齐以求和。是年齐宣王卒，齐湣王继位。公元前 299 年（楚怀王三十年），秦再伐楚，取八城。迫使楚怀王赴武关会盟，将其扣押。此时楚太子尚在齐国做人质，楚臣昭雎说于齐，齐湣王放还楚太子横，立为楚顷襄王。秦昭王明白，再扣押怀王索地已经无望，随即兵出武关攻楚，大败楚军，斩首五万，取十五城而去。楚顷襄王三年，怀王病死于秦。在此情势下，齐宣王焉有"筑长城以备楚"的道理？

齐湣王早期的齐国曾盛极一时，齐湣王三年（公元前 298 年）使孟尝君联合韩、魏攻秦，兵围函谷关三年，最终破关，开创了合纵伐秦的最好战例。为消解"合纵国"的势力，公元前 288 年（齐湣王十三年）秦国让穰侯魏冉出使齐国，相约分称东帝、西帝[7]。如果此时还要"筑长城以备楚"，有违常理。

其五，"淳于之地远在齐城之北，当杞未亡之先，齐国当不能越国立城"；楚人既灭杞莒，"齐之东南边境，始与楚人相接……齐此部之长城，当建于楚人灭莒之后"[8]；以"越王无疆亦力图振作，常兴师北伐齐，西伐楚"，证明"《竹书》所谓'筑防'之事，殆不为虚。如此则齐此段长城之完成，当在威王之世"[9]。

首先，"楚灭杞莒"，是一个颇有争议的说法。

《墨子·非攻》：

> 东方有莒之国者，其为国甚小，间于大国之间，不敬事于大，大国亦弗之，从而爱利，是以东者越人夹削其壤地，西者齐人兼而有之。计莒之所以亡于齐越之间者，以是攻战也。

《战国策·齐策五》：

> 昔者，莱莒好谋，陈蔡好诈，莒恃越而灭。

---

〔1〕《战国策·秦策二》。

〔2〕《战国策·秦策二》。

〔3〕《史记·楚世家》。

〔4〕《史记·屈原列传》。

〔5〕《战国策·秦策二》。

〔6〕《史记·楚世家》原文将齐宣王记为齐湣王，非是。

〔7〕《史记·田敬仲完世家》"王为东帝，秦昭王为西帝"；《楚世家》楚顷襄王"十一年齐秦各自称为帝。"

〔8〕张维华：《长城建制考》上编第 27、28 页，中华书局，1979 年。

〔9〕张维华：《长城建制考》上编第 29 页，中华书局，1979 年。

《战国策·西周策》：

> 郑莒亡于齐，陈蔡亡于楚。

《史记·楚世家》：

> 简王元年，北伐灭莒。

《墨子》和《战国策》皆以莒国亡于齐，太史公却说楚简王元年（公元前431年）灭莒，不知何据。而莒之北部地区早在莒国灭亡之前，已是齐国的属地。

《左传》宣公十一年（公元前598年）《经》：

> 夏……公孙归父会齐人伐莒。

宣公十三年：

> 春，齐师伐莒，莒恃晋而不事齐故也。

襄公二十四年《经》：

> 齐崔杼帅师伐莒。

《传》：

> 遂伐莒，侵介根。

昭公十九年（公元前523年）：

> 秋，齐高发帅师伐莒。莒子奔纪鄣。

昭公二十二年：

> 春，王二月甲子，齐北郭启帅师伐莒。莒子将战，苑羊牧之谏曰："齐帅贱，其求不多，不如下之。大国不可怒也。"弗听，败齐师于寿余。齐侯伐莒，莒子行成。司马灶如莒莅盟，莒子如齐莅盟，盟于稷门之外。莒于是乎大恶其君。

《太平寰宇记》引地理志：

> 周武王封少昊之后，嬴姓兹舆于莒，始都计，在今高密县东南四十里[1]。

---

〔1〕《太平寰宇记》卷二十四《河南道二十四·密州》，文渊阁《四库全书》。

齐国连续伐莒，早已把莒国北部，包括琅琊台一带纳入齐国的版图。杜预《左传》注："介根，莒邑，今城阳黔陬县东北计基城是也。"介根（今胶州市）为莒国早期都城。公元前549年，齐侵介根证明，此时齐国已将莒国北部地区全部纳入囊中。战国论者也承认，楚"北伐灭莒，而全据越人所有之莒土；至于莒之北部，则仍为齐人所有"[1]。

《管子·戒第》：

> 桓公将东游，问于管仲曰："我游犹轴转斛，南至琅邪。"

《孟子·梁惠王下》：

> 昔者，齐景公问于晏子曰："吾欲观于转附、朝儛，遵海而南放于琅邪。"

《晏子春秋·问下》：

> 景公出游，问于晏子曰："吾欲观于转附、朝舞，遵海而南，放于琅琊。"[2]

进而表明，今山东胶南南部的琅琊台的莒国东北部地区，在齐桓公（公元前685～前643年）至齐景公时期（公元前547～前490年），一直在齐国的版图之内。《左传》襄公十八年"齐侯驾，将走邮棠"。邮棠为齐之属邑，地在今山东即墨[3]。表明齐长城东南部一带，在齐灵公时期已属齐国的版图。《左传》宣公七年（公元前602，齐惠公元年）《经》"七年夏，公会齐侯伐莱"；宣公九年《经》"九年夏，仲孙蔑如京师。齐侯伐莱。秋，取根牟"；襄公二年"齐侯伐莱，莱人使正舆子赂夙沙卫以索马牛，皆百匹，齐师乃还"；襄公六年"十有二月，齐侯灭莱"表明，至迟在公元前567年，齐国已拥有整个胶东半岛；山东海阳嘴子前春秋中期的田氏贵族墓葬[4]，则无可争议地表明，春秋中期齐国的势力已远达胶东半岛东部海阳一带（Fyt.005齐长城形势图中的红色三角标记）。

齐山地长城东南段，沿安丘、五莲、诸城南部山地，至胶南北部黄岛的胶州湾西岸入海。南距琅琊台尚有百里之遥，自然不必等到莒国灭亡之后再行修筑。

杞国的问题，更难说得清楚。通常认为，西周时期的杞国在河南杞县，后来逐步东迁，最终在齐国东部的安丘落地。前引《左传》襄公十八年，晋鲁联军伐齐，杞伯与曹伯、莒子、邾子、滕子、薛伯、小邾子等共同参与了这场战役，表明这个"杞伯"的属国尚在鲁南地区（Fyt006齐桓公时期齐国南部疆界节点之"鄅、祀"）。否则，地处齐国东邻的杞伯，岂敢以撮尔小国，绕道参与伐齐？

《史记索隐·陈杞世家》：

> 至春秋时，杞已迁东国。

〔1〕　张维华：《长城建制考》上编第27、28页，中华书局，1979年。

〔2〕　均为文渊阁《四库全书》。

〔3〕　（清）御制《日讲春秋解义》卷四十一《襄公》："邮棠，杜注，齐邑。今山东即墨县南有甘棠社，即古棠乡。"文渊阁《四库全书》。

〔4〕　嘴子前墓地出土铜器的铭文显示，该墓地为齐国田氏，亦即"陈氏"家族墓地，其最早的M2年代可到春秋中期。见烟台市博物馆等：《海阳嘴子前》第159、167页，齐鲁书社，2002年。

《汉书·地理志》"雍丘"颜师古注：

> 故杞国也，周武王封禹后东楼公，先春秋时徙鲁东北，二十一世简公为楚所灭。

显然，"徙鲁东北"不能等同于"徙莒"或"徙齐"东北，故此时的杞国应在莒国的西部、齐国的南部。

《左传》僖公十四年：

> 诸侯城缘陵而迁杞焉。

《公羊传》僖公十四年：《经》"春诸侯城缘陵"；《传》"城杞也，曷为城杞，灭也；孰灭之，盖徐莒胁之。"

《楚世家》楚惠王：

> 四十四年（公元前 445 年），楚灭杞，与秦平。是时，越已灭吴，而不能正江淮北，楚东侵，广地至泗上。

徐国在鲁莒之南，"徐莒胁之"，表明当时的杞国不可能是齐国的东邻。"楚灭杞"，然后"东侵，广地至泗上"，则明确地将楚所灭的杞国，限定在泗水流域或其邻近地区。《左传》僖公十四年杜预注："缘陵，杞邑。辟淮夷，迁都于缘陵"，亦可证明，当时的杞国尚在鲁南地区。

《左传》隐公四年《经》：

> 春，王二月，莒人伐杞，取牟娄。

又，桓公五年：《经》"州公如曹"；《传》："淳于公如曹，度其国危，遂不复。"

隐公四年杜预注云："杞国本都陈留雍丘县，推寻事迹，桓六年（实为五年）淳于公亡国，杞似并之，迁都淳于，僖十四年又迁缘陵，襄二十九年晋人城杞之淳于，杞又迁都淳于。牟娄，杞邑，城阳诸县东北有娄乡"；桓公五年杜注又云："淳于州国所都，城阳淳于县也。国有危难，不能自安，故出朝而遂不还"。若依杜预此说，则杞国在鲁隐公四年（公元前 719 年）已迁至齐国东部地区，并在公元前 707 年（桓公五年）迁都淳于，迫使淳于公奔曹。问题在于，杜氏此说与《楚世家》"楚灭杞（公元前 445 年）……东侵，广地至泗上"给出的地理位置明显不符。《左传》的另外一些记述，也显示春秋早期的杞国尚在鲁南地区。

《左传》桓公三年《经》：

> 公会杞侯于郕。

又，襄公十六年《经》：

> 齐侯伐我北鄙，围成。

又，昭公七年：

> 晋人来治杞田，季孙将以成予之……晋人为杞取成。

杜注："成，鲁地，在泰山钜平县东南。"说明位于鲁国北部、齐国南部，即今山东宁阳一带的"成（郕）"，自公元前 709 年（桓公三年），至公元前 557 年（襄公十六年）、前 535 年（昭公七年）一直是杞国的属邑；"淳于""牟娄"则远在莒国北部、齐国东部，今安丘、高密一带。试想，一个朝不保夕的蕞尔小国，焉能有跨越两大强邻，抢占他人国土的能力？

《左传》襄公二十九年：

> 晋平公，杞出也，故治杞。六月，知悼子合诸侯之大夫以城杞。

又，昭公元年：

> 祁午谓赵文子曰……子相晋国以为盟主，于今七年矣！再合诸侯，三合大夫，服齐、狄，宁东夏，平秦乱，城淳于……

杞国宗室为晋平公母族（杞桓公之女），由是可知，杞国之所以能够迁都淳于，并不是靠自身的力量，而是得益于当时的霸主晋国的强力支援，委派大员"合诸侯"为其"筑城"[1]。昭公元年"城淳于"是"祁午"对往事的追述。所以，杜注又云："襄二十九年，城杞之淳于，杞迁都"。

杜预以杞国先后两次迁都于淳于，非是。《左传》桓公五年的记载，只表明淳于公出奔，再也没有回来，并没有说明原因。即便确如杜预所言，"淳于公奔国"是由于杞国的入侵，也只是占领了淳于，而不能随意发挥，说杞国在公元前 707 年已迁都淳于。僖公十四年"诸侯城缘陵而迁杞焉"，表明杞国是公元前 646 年才从鲁南迁到鲁东北地区的；公元前 544 年（襄公二十九年）晋平公派知悼子合诸侯之大夫以"城杞"，杞国才正式迁都淳于。

至于隐公四年"莒人伐杞"所取之"牟娄"，存在两种可能：其一，可能是泰山牟县"娄地"或"邾娄"的衍误。其二，杜预误将城阳诸县东北的"娄乡"解释为杞国的"牟娄"。《公羊传》僖公三十三年"牟娄者何？杞之邑也"，何休并没有指明其具体地望，《左传》僖公三十三年则有"公伐邾，取訾娄"之说。《左传》桓公十五年《经》"邾人、牟人、葛人来朝"杜注："皆附庸之世子也……牟国，今泰山牟县"，孔颖达疏引《地理志》："泰山郡牟县，故牟国也"；宣公十五年"（鲁）仲孙蔑会齐高固于无娄"，《公羊传》作"牟娄"；《左传》昭公五年（公元前 537 年）"莒牟夷以牟娄及防兹来奔"。《左传》哀公六年《经》"城邾瑕"杜注："任城亢父县北有邾娄城"；《公羊传》隐公元年："三月公及邾娄仪父盟于眛。"清人陆费墀在《公羊传》校刊提要中说："邹为邾娄"。

凡此等等，都显示"牟娄"与鲁地为临，可能就是"泰山牟县"，恰与杞之郕邑相近，其地原本就在鲁南一带。如此"公会杞侯于郕"、"晋人为杞取成"、"辟淮夷，迁都于缘陵"、楚灭杞"东侵，广地至泗上"等说法才能得到合理的解释。新泰出土的杞国、淳于戈，可为此提供更为有力的证据。

----

[1] 《左传》襄公二十九年"故治杞"杜注："治理其地修其城。"

清咸丰、光绪年间，今山东新泰曾出土一批西周晚期至春秋早期的带铭杞器，包括鼎2、簋5及壶、匜、盆各一件，均有铭文，内容也基本相同。其中，簋铭作"杞白每匕乍邿曹宝簋，子子孙孙永宝用享"[1]。曹，为邿国之姓。铭文中的"邿曹"，为邿女嫁为杞伯之妻者。1966年滕县木石公社南台村也发现一件杞伯鼎，铭文作"杞白每匕乍邿曹宝鼎，其万年眉寿，子子孙孙永宝用享"[2]。中华人民共和国成立后，新泰又发现春秋晚期至战国早期的"淳于公之御戈"和"淳于左造"戈[3]。可与《左传》昭公元年"城淳于"、迁杞都相联系。尽管青铜器可以通过嫁娶、朝贡、馈赠和战争等不同方式，出现在铜器铸造国之外的其他诸侯国的各类遗存，特别是墓葬之中，但是，证以《左传》"公会杞侯于郕""晋人为杞取成"，《公羊传》之"徐莒胁之"，以及《史记·楚世家》"楚灭杞……东侵，广地至泗上"等记述，则不得不承认：杞伯所作诸器和"淳于公之御戈"等出土文物，确与杞国当时的活动地域有关（参见Fyt006之红色三角标记）。

1999年10月，"全国首届杞文化学术研讨会"在山东新泰召开。李学勤在会后结集出版的文集《杞文化与新泰》序中总结说："与会绝大多数学者认为，最晚至春秋时起，杞国就迁于今山东新泰定都，新泰作为两千年前的杞国故都的地位有据可查"；"后迁至山东昌乐、安丘等地"[4]。王尹成在前言中又补充说："少数学者认为，春秋时杞国可能曾有一度变动，但直到被楚所灭，都城也在新泰"[5]。王恩田根据上引考古资料，提出了殷杞、周杞"两杞说"。认为"周杞"原封雍丘，春秋时迁于缘陵；殷杞则在"今新泰、宁阳、泰安三县交界地区"，此"杞国都城应在新泰西境"[6]。张广志则以"郕"和"楚灭杞，广地之泗上"等文献依据，进而提出了"东杞、西杞说"[7]。张善群则认为，杞国只有一个，曾经历三次迁都：第一次，西周末年，东迁至新泰；第二次，迁于缘陵，即《左传》僖公十四年（公元前645年）"诸侯城缘陵而迁杞焉"；第三次，迁于淳于，即《左传》襄公二十九年（公元前544年）"悼子合诸侯之大夫以城杞"，昭公元年谓之"城淳于"，襄二十九年杜注谓之为"城杞之淳于，杞迁都"。但无论如何迁徙，都始终保留有新泰宁阳一带的故地[8]。

总括上述，可以肯定地说：无论杞国为一为二，出土文物和传世文献都从"二重证据"的角度，证明西周晚期至春秋时期的杞国，确曾在今鲁南地区留下了自己的足迹。进而证明，无论"楚灭杞莒"，"据有江淮之地"的说法，是否符合历史事实，都与齐国山地长城的修筑时间无关。鉴于春秋战国时期，各诸侯国的疆域往往有"插花地"的现象，参照春秋时期"举逸民，兴灭国""不绝其祀"的伦理观念，笔者更倾向于"一个杞国，活动于不同地区"的认识。也就是说，杞国东迁缘陵、淳于之后，到被楚国侵占之前，在鲁国东北部还保留了一块奉祀"宗祠"的领地。

至于吴国，虽然在公元前485～前484年曾两次攻齐，却先败后胜[9]；《墨子·非攻》曾因此而夸张地说："至夫差之身，北面攻齐，舍于汶上，战于艾陵，大败齐人而葆之泰山；东面攻越，济三江五湖而葆之会稽，九夷之国莫不宾服。"却不过是昙花一现，不可能成为齐国至春秋晚期和战国初期修筑长城的理由。再看越国，越王勾践二十四年灭吴后，确曾盛极一时，称霸江淮。

〔1〕 曾毅公：《山东金文集存·杞器》（先秦编），1940年。

〔2〕 万树瀛等：《山东滕县出土杞薛铜器》，《文物》1978年第4期。

〔3〕 魏国：《山东新泰发现淳于戈》，《中国文物报》1990年3月11日。

〔4〕 李学勤：《杞文化与新泰·序》，《杞文化与新泰》，中国文联出版社，2000年。

〔5〕 王尹成：《杞文化与新泰·前言》，《杞文化与新泰》，中国文联出版社，2000年。

〔6〕 王恩田：《从考古材料看楚灭杞国》，《江汉考古》1988年第2期。

〔7〕 张广志：《东杞西杞说》，《杞文化与新泰》，中国文联出版社，2000年。

〔8〕 张善群：《杞国都城迁徙与出土铜器考辨》，《杞文化与新泰》，中国文联出版社，2000年。

〔9〕 《左传》哀公十年、十一年。

《史记·越王勾践世家》：

> 勾践已平吴，乃以兵北渡淮，与齐晋诸侯会于徐州，致贡于周。周元王使人赐勾践胙，命为伯。勾践已去，渡淮南，以淮上地与楚，归吴所侵宋地于宋，与鲁泗东方百里。当是时，越兵横行于江淮东，诸侯毕贺，号称霸王。

《吴越春秋·勾践伐吴外传》：

> 二十五年（公元前472年），乃使使，号令齐楚秦晋皆辅周室，血盟而去。秦桓公不如越王之命，勾践乃选吴越将士，西渡河以攻秦，军士苦之。会秦怖惧，逆自引咎，越乃还军。军人悦乐，遂作"河梁之诗"曰："渡河梁兮渡河梁，举兵所伐攻秦王。孟冬十月多雪霜，隆寒道路诚难当。阵兵未济秦师降，诸侯怖惧皆恐惶。声传海内威远邦，称霸穆桓齐楚庄，天下安宁寿考长。悲去归兮何无梁。"自越灭吴，中国皆畏之。
>
> 二十六年，越王以邾子无道而执以归，立其太子何。冬，鲁哀公以三桓之逼来奔。越王欲为伐三桓，以诸侯大夫不用命，故不果耳。二十七年冬，勾践寝疾，将卒，谓太子兴夷曰："吾自禹之后，承元常之德，蒙天灵之佑，神祇之福，从穷越之地籍，楚之前锋，以摧吴王之干戈。跨江涉淮，从晋齐之地，功德巍巍。自致于斯，其可不诚乎？夫霸者之后，难以久立，其慎之哉！"遂卒。

显然，《吴越春秋》所记，是越人的"自颂"之辞，很是有些夸张的嫌疑。勾践二十五年（公元前472年）为灭吴的次年，虽然可以傲视群雄，却远远没有达到"号令齐楚秦晋"四强的程度。齐晋越三国的"徐州之盟"，也只是齐晋两国对新兴强国表达的一种起码的尊重，并没有多少实际意义。所谓"越王欲为伐三桓，以诸侯大夫不用命，故不果耳"，清楚地反映出"勾践之霸"的局限性。另一方面，越国与鲁南诸国，如鲁、莒、郯、邾、鄫、滕等国的确有较多的交往，并于公元前441年、前430年，两次会同晋国伐齐，朱勾（句）三十四年（公元前414年）灭滕，次年灭郯，后又灭鄫，与齐国却未发生更深层次的交集，更没有对齐国本土形成事实上的重大威胁。越王无强虽然曾想"兴师北伐齐，西伐楚，与中国争强"，却被齐威王派的说客，以"越不伐楚，大不王，小不伯"的说辞打消了念头。"越遂释齐而伐楚。楚威王兴兵而伐之，大败越，杀王无强，尽取故吴地至浙江"；"越以此散"[1]。而勾践所徙之都，亦非今胶南之琅琊。

今本《竹书纪年》：

> （周）贞定王元年癸酉，于越徙都琅琊，四年十一月，于越子句践卒。

《吴越春秋·勾践伐吴外传》：

> （二十五年）越王既已诛忠臣，霸于关东，从琅邪起观台，周七里，以望东海。死士八千人，戈船三百艘，居无几射，求贤士。

---

[1] 《史记·越王勾践世家》。

周元王四年，是为勾践二十四年（公元前473年），与《左传》鲁哀公二十二年、《史记·越王勾践世家》所记"越灭吴"的时间相符。今本《竹书纪年》以勾践二十九年（周贞定王元年，公元前468年）"迁都琅邪"，三十二年卒，而《左传》《史记》于"越灭吴"之后，再无勾践的纪年。依《吴越春秋》，勾践在其二十七年（公元前470年）冬天已经离世，如何能在其二十九年"徙都琅邪"？然而，后世学者多以《吴越春秋》"从琅邪起观台"，就是今山东胶南的"琅邪台"，亦即《竹书纪年》勾践灭吴次年（公元前472年，齐平公九年）所徙之都"琅邪"。

问题在于，此时的山东南部，还有鲁、莒、郯诸国，而今胶南"琅邪"一带早已是齐国的属地，勾践焉能越过这些诸侯国，不战而取齐之属邑？显然，勾践所筑琅邪，并不是今胶南的"琅邪台"。刘延长等根据春秋末期至战国早中期越文化遗物，仅在今山东临沂、日照以南有零星分布，琅邪台及其以北地区基本不见的情况推断，勾践所徙"琅邪"，应在今苏北地区[1]。

2005～2006年，绍兴理工大学和绍兴市博物馆的张志立、彭云等，以"勾践徙琅邪"为题，联合笔者和江苏省考古研究所的张敏等，对鲁南、苏北等地进行了大规模的考古调查。在胶南琅邪台一带，没有发现任何吴越文化的遗物，而在江苏连云港海州区锦屏山的九龙口古城，采集到大量以印文硬陶为代表的，属于春秋中期偏晚至战国早中期的越文化遗物。并据此提出：在今连云港市九龙口古城，应为越国的琅邪城遗址[2]。

连云港锦屏山九龙口古城为一处台地，东西150、南北300米，三面环山，东望大海，地面可见大量越国风格的陶器残片。

《通典·州郡十》"东海郡朐山"条下：

> 有羽山，殛鲧处，东北有琅邪山。

就《通典》此段的前后文意来看，这里的琅邪，可以理解为胶南的"琅邪台"，但更可能是锦屏山一带，秦以前即被称为"琅邪"者，秦立为朐山县。若果，则从历史文献、地理态势和考古发现的三重角度证实：勾践"起观台以望东海"的琅邪，应在龙口古城一带。这一见解得到了出席2010年9月绍兴柯桥"越国文化高峰论坛"的学者，如太田麻衣子[3]、刘洪石、张建民等的认同。刘洪石、张建民还特别指出："越王勾践曾有徙都琅邪之举，但只是'起观台以望东海'，更没有夺取齐国的琅邪，因而迁都并未成为事实"[4]。林华东则早在1989年就提出了"琅邪"为越国陪都，正都仍在绍兴的说法[5]。

《史记》只说勾践北上，"横行于江淮东"，完全没有提及"迁都琅邪"的事情；《左传》、古本《竹书纪年》亦无"越徙都琅邪"之记载。有的学者因此提出，勾践灭吴，国势正盛，没有理由迁都，认为"所谓勾践及其继承者都于琅邪之说，纯属荒唐"[6]。综合各种证据，我们认为，今本《竹书纪年》和《吴越春秋》说"勾践迁都琅邪"的确不能令人信服。而勾践所"起观台"的地理位置应在苏北地区，

〔1〕 刘延长等：《山东地区越文化遗存分析》，《东方考古》第9集上册，科学出版社，2012年。
〔2〕 张志立、彭云等：《越王勾践迁都琅邪考古调查综述》，《中外关系史论文集》第14辑《新视野下的中外关系史》，甘肃人民出版社，2010年；另见绍兴市越文化研究汇编：《越风》，西泠印社，2008年。
〔3〕 太田麻衣子：《越迁都琅邪新考》，《越国文化高峰论坛文集》，浙江人民出版社，2011年。
〔4〕 刘洪石、张建民：《也谈越王勾践徙都琅邪》，《越国文化高峰论坛文集》，浙江人民出版社，2011年。
〔5〕 林华东以胶南琅邪台附近的"夏河城"，为勾践所迁之都，已为学术界所否，但其"陪都"说法，值得重视。见林华东：《越国迁都琅邪辨》，《中央民族学院报》1989年第1期。
〔6〕 陈可畏：《越国都徙琅邪质疑》，《中国史研究》1983年第3期。

而不是今胶南地区的琅琊台，与齐国修筑长城的时间、历史背景无关。

其六，质疑者认为，《国语·齐语》管子以"陶阴"为齐之南界，如果齐桓公时已有长城，"何不举其显且著者（指长城），而何必举一区区之陶阴哉"[1]？

众所周知，春秋战国时期的各国疆域是一个不断调整的变量，齐国的疆界亦然。质疑者也承认："且详考春秋时齐鲁之疆域，亦不以长城为界"；"齐桓公卒于鲁僖公十七年，据《左传》所载，僖公十七年（公元前643年）之前，齐地多有在长城之南者"[2]。举凡桓三年"公会齐侯于嬴"（泰安东南）、庄八年"郕降于齐师"（宁阳东北）、庄九年"管仲请囚，鲍叔受之，乃堂阜（蒙阴西北）而税之"、庄十三年"齐侯……会于北杏"（东阿西北）、"齐人灭遂"（宁阳西北）、闵二年"齐人迁阳"（临沂北）六处位于长城以南的齐地为证（Fyt.006）。至此，质疑者已对自己提出的问题，给出了合理的答案：既然春秋齐国的疆域已越过南部长城，管仲自然不能以长城作为齐国的南界。《史记·苏秦列传》所谓"燕王曰：吾闻齐有清济、浊河，可以为固；长城巨防，足以为塞，诚有之乎？"显然，这里的"长城巨防"也不是齐鲁，更不是齐楚两国的分界。

由于战争频仍，势力消长，彼起此伏，难有定数。今天得到，明天又可能失去。《管子·轻重篇》乃是以齐国的基本疆域为据，故有"长城之阳，鲁也；长城之阴，齐也"的说法。到齐宣王、湣王时期，齐国的南部疆域已达淮北地区。按照"战国修筑说"的逻辑，齐长城如果确为此时所筑，似乎应该修筑在鲁中南山地南侧边缘，而不是现存齐长城的位置。

其七，有学者认为，公元前560年（齐灵公二十二年），齐国的势力尚未抵达该地，齐桓公（公元前685～前643年）不可能在长清平阴一带构筑长城。并根据大街遗址的制陶作坊、夯筑城墙，以及邿国墓地5号墓均属春秋晚期遗存推定，"齐长城源头建置年代上限不超过鲁襄公十三年"[3]。这种说法的主要根据是《左传》襄公十三年的一段记录：

> 夏，邿乱，分为三，师救邿，遂取之。

乍一看来，"鲁取邿"似乎可以作为一个有效的时间节点。但是，如果做更深入的了解，就会发现这一立论的不足之处：与战国时期的"兼并"战争不同，春秋时期各国之间的攻伐，是以"尊王攘夷""兴灭国、举逸民"为指导原则的。征伐的目的在于称霸，获取实际利益。也就是拓土、聚民，以扩充兵员，增加税收。通常会保留被占领国君主的名义地位，使其宗祀不绝。另一方面，列强博弈，"取而复还"的实例不胜枚举。是故，邿国虽然在襄公十三年被鲁所取，却并不能排除其此前不曾归属齐国。

《荀子·仲尼》：

> 齐桓，五伯之盛者也……诈邾袭莒，并国三十五。

宋吕本中《春秋集解·庄公》：

———————————

〔1〕 张维华：《长城建制考·上编》第15页，中华书局，1979年。
〔2〕 张维华：《长城建制考·上编》第15、16页，中华书局，1979年。
〔3〕 任相宏：《齐长城源头建制考》，《东方考古》第1集，科学出版社，2004年。

荀子曰："桓诈邾袭莒，并国三十五。如卿之言，则所灭盖不尽书，书灭谭、灭遂，上下一见之也。"

"所灭盖不尽书"，焉知齐桓公所并三十五国之中不曾有过邿国？据《左传》记载，鲁庄公十三年（公元前681年，齐桓公五年），"齐人灭遂"，出兵伐鲁。鲁庄公"献遂"求和，与齐国会盟于柯，鲁臣曹沫（刿）趁登坛之机，劫持齐桓公，要求齐国返还三次战争所占鲁地[1]，齐桓公从之，"诸侯由是归齐"[2]。

遂国地望，《左传》杜注："遂国在济北蛇丘县东北"，即今肥城一带。邿国的方位，《左传》襄公十八年，晋鲁联军突破平阴钜防，克京兹、克邿、围卢，杜预注："京兹在平阴城东南；平阴西有邿山。"明傅逊《春秋左传属事·伯》："京兹，在平阴东南；邿，今山东济阴县有邿城；卢，山东长清县有卢城，皆齐邑。"表明"京兹"和"邿"均在古平阴县境。仙人台邿国墓地远在古平阴城以北、今长清孝里东北的五峰镇北黄崖。齐国的势力，早在桓公初期，已越过长城源头地区，达到今平阴之南的肥城一线，"京兹"和"邿"自然应在齐国的疆域之内。因此，襄公十三年鲁国所取之邿，很可能是齐桓公在"兴灭国"原则指导下，保留邿国宗祠的遗留。邿"分为三"，鲁取其一，其地必定不在长城以北。

前述《左传》的相关记录，可为此提供有力的证明：如鲁桓公三年（公元前709年）"会齐侯（僖）于嬴"。杜注："嬴，齐邑，今泰山嬴县"；鲁庄公八年（公元前686年）"郕降于齐师"（宁阳东北）、鲁庄公九年"管仲请囚，鲍叔受之，乃堂阜（蒙阴西北）而税之"、鲁庄公十三年（公元前681）"齐侯……会于北杏"（东阿西北）、"齐人灭遂"（宁阳西北）、鲁闵公二年（公元前660年）"齐人迁阳"（临沂北）；《管子·戒第》齐桓公"东游琅邪"等等，表明早在齐桓公时期，齐国的疆界已越过山地长城而抵达泰沂山系南侧，更不用说山地长城以北的邿国了（Fyt.006）。

至于仙人台邿国墓地的年代，更不能作为长城始建年代的确证。邿国墓地共发现6座周代墓葬，其中5座为西周晚期至春秋早期墓，仅M5略晚。唯一可能是国君墓的6号大型墓，恰恰处在春秋早期偏晚阶段，正可作为邿国历史终结年代的考古学实证[3]。

大街遗址的情形同仙人台邿国墓地一样，也存在一个跨时代延续的问题，2005年1~3月，山东省文物考古研究所大街遗址进行了重点勘探和发掘。确认大街村西南以商、周时期的堆积为主；大街村西北的南部主要是东周时期的遗存，最北部，主要为战国、汉、唐及宋时期的墓地。有如齐故城、鲁故城也有很多战国、汉代以晚的遗存，却不能因此而将其始建年代定在战国以后。

其八，夫长城重险，原为军守之要地，如齐桓之际长城已立，兵争会盟，必当集重其地。齐鲁两国之事，左氏言之甚详，其于地利形势，未尝略置不论，何独无长城之说？且筑城之役，《春秋》多书。而齐城千里，版筑之兴，役民至烦，何独无一文之记载[4]？

按通常的逻辑，此问很有道理。然而中国早期的文献，以俭约为其要则，且多以"论政""褒善抑恶"为主旨，挂一漏万乃是常见的现象，更遑论修筑长城。历史上很多更为重要的大事，也常常因为编著者的取舍角度而"遗漏"。所谓"筑城之役，《春秋》多书"，乃是因为《春秋》所称"城×

〔1〕《公羊传》庄公十三年："盟于柯……曹子手剑而从之……曰：愿请汶阳之田"，文渊阁《四库全书本》。

〔2〕《史记·管晏列传》。

〔3〕山东大学考古系：《山东长清县仙人台周代墓地》，《考古》1998年第9期。

〔4〕张维华：《长城建制考·上编》第16页，中华书局，1979年。

×"，均指重要城邑和都城[1]，包含着儒家倡导的"礼"和"仁"，以及所谓"兴灭国，举逸民"的政治理念。对于齐长城，包括战国时期的其他长城，在"官方正史"中亦多无"修筑"的记载，奈何厚此薄彼，而否定齐长城！至于《竹书纪年》和《齐记》的记载，前文已有讨论，不赘。

其九，"齐长城之建，其先乃因于济水之防"；"平阴城南之防，必与障济有关"，"因据形式之要冲，其后则渐增修而成为军事上防守之地，则有为必然之事"[2]。这种说法为很多后继研究者所承袭。

张维华此说或与郦道元"平阴城南有长城，……齐侯堑防门即此也。其水引济故渎尚存"之说有关。从城市起源的角度说，"夯筑城垣"的出现，或与防水存在某种内在的关联，如8000年前后李文化、兴隆洼文化的大型围壕，即当与"障水"有关。到文明时代初期，亦即大汶口文化晚期和龙山文化时期，"夯筑城垣"已成为军事防御的重要手段，大型中心聚落的夯筑城垣均为周圈闭合结构，除水网地带的"圩子"之外，水防设施恰恰不需要闭合式城垣。龙山时代以晚，至春秋战国及其以后的某些夯筑城墙虽然不排除其"防水"的功能，如临淄齐故城东城垣即有"障淄水"的作用，但其主要的目的还是军事防守。

称谓的变化，可以理解为时代进步的反映。作为新生事物，"防"的构筑方式虽然导源于都邑的城垣，其形状和结构却完全不同于都邑之"城"，故而在其出现之初乃以"防"名之。春秋战国之际，人们才发明了"长城"这一更为恰当的称谓。这应是春秋称"防"而不称"城"的主要原因。

将齐长城源头的"防"或"钜防"视为"障水堤堰"的连接加固，显然不能成立。实地调查显示，横断山谷的长清岚峪"堑壕"，与古济水还隔着大片的山地丘陵，不可能是郦道元所称的"引济故渎"，更不可能是后人所称的"障水堤堰"。即使岭子头一带的夯筑墙体，也因垂直于济水河道的东西走向，决定了其"障济"功能的缺失。即便其墙体外部也有堑壕，其作用应与普通城垣外围的"护城河"一样，是为了进一步强化城垣的防御功能，其东高西低的地势，也使其无法成为"引济故渎"。因此，可以肯定地说，春秋时期的"防"或"钜防"，就是战国所称"长城"。《竹书纪年》所谓"齐筑防以为长城"，十分明确地说明了两者的关系。《清华简·系年》所记，齐宣公十五年（公元前441年），"齐人始为长城于济，自南山属之北海"，沿济水东岸一直修筑到渤海岸边的堤防，才是"障济御三晋之防"。

五　齐晋楚三国关系与齐长城的修筑

春秋至战国早中期，齐晋楚三国之间的关系，是探讨齐国南部长城和"济水岸防长城"修筑动因的关键因素之一。楚国虽然也位列春秋五霸，但是，由于齐楚之间在地理上有郑、宋、陈、卫、鲁等相对较强之国的阻隔，加之晋国的强势地位，在整个春秋时代至战国早期，没有对齐国形成任何实质性的威胁。另一方面春秋中晚期至战国早期的三晋——韩赵魏，却始终是齐国的心腹大患。因此，弄清齐晋楚三国的战略态势，对于探讨齐国山地长城和"济水岸防"修筑的初始动因，具有重要意义。

公元前706年，楚武王熊通伐随之后，连年向中原扩展，灭邓、灭息，意欲争霸中原。公元前666年，无故以六百兵车乘伐郑，被齐鲁宋三国的联合援军击退。公元前659（齐桓公二十七年），

〔1〕《左传》隐公元年"夏四月，费伯帅师城郎"、桓公四年"城祝丘"、桓公十六年"冬，城向"、闵公元年"（晋侯）为大子城曲沃"、僖公元年"曹师城邢"、僖公二年"诸侯城楚丘"等等，均是。

〔2〕张维华：《长城建制考·上编》第21页，中华书局，1979年。

楚国又连续三年伐郑，众多小国也摇摆于齐、楚之间。为了阻止楚国北上，齐桓公于公元前 657 年与鲁国、宋国、江国、黄国会于阳谷，策划攻楚。公元前 656 年（齐桓公三十年，楚成王十三年），齐国会集鲁、陈、卫、郑、许、曹八国联军征讨楚国。面对联军强大的压力，楚成王派使者谒见齐桓公。

《左传》僖公四年：

> 楚子使与师言曰："君处北海，寡人处南海，唯是风马牛不相及也。不虞君之涉吾地也，何故？"管仲对曰："昔召康公命我先君大公曰：'五侯九伯，女实征之，以夹辅周室。'赐我先君履，东至于海，西至于河，南至于穆陵，北至于无棣。尔贡包茅不入，王祭不共，无以缩酒，寡人是征。昭王南征而不复，寡人是问。"

这段对话清楚地表明，尽管楚国屡屡北犯，意欲征服其北部的郑国，以期打通争霸中原的通道，与齐国却仍然"唯是风马牛不相及也"，对齐国本土没有构成任何威胁。齐桓公之后的中原政治格局，除了宋襄公短暂的强势和齐国短暂的复霸努力之外，几乎全是晋楚争锋的硝烟。楚国虽然不弱，却难敌晋文公的强势。公元前 632 年（僖公二十八年）城濮一战，彻底粉碎了楚成王北上中原的企图。在此后的三十余年中，两国仍时有交锋。直到公元前 597 年（楚庄王十七年，齐顷公二年）晋楚两军大战于邲（今河南郑州），晋师大败，声威一落千丈。中原各国背晋向楚，楚庄王才成为中原霸主。但晋国并不甘心霸业的失落，双方打打谈谈，谁也无法从根本上打垮对方。齐国几经内乱，国力虽然遭到严重削弱，但终姜齐之世，齐国始终是不可忽视的重要力量。齐国的向背，对晋楚争霸有着举足轻重的重大影响。晋欲联齐以抗楚，楚欲联齐秦以制晋，鲁国则联晋宋莒以抗齐。晋楚齐三足鼎立，成为春秋中后期中原争霸的基本格局。

《左传》襄公二十七年：

> 赵孟曰："晋楚齐秦，匹也。晋之不能于齐，犹楚之不能于秦也。楚君若能使秦君辱于敝邑，寡君敢不固请于齐？"

这是晋国的赵孟在"宋之盟"（公元前 546 年）之前所说的一段话，说明了齐国在当时列国政治格局中的实际地位。正是这种相互制衡、势均力敌的态势，导致了公元前 579 年（齐灵公二年）和前 546 年（齐景公二年）的两次晋楚"弭兵之会"。

第一次弭兵盟约（公元前 579 年，鲁成公十二年）没有得到实际的贯彻。"西门之盟"不久，双方就因对中间地带，特别是对郑国的控制而展开了激烈的争夺，最终演变为公元前 575 年（鲁成公十六年）的晋楚鄢陵（今河南鄢陵）之战，楚国惨败。经此一役，楚国失去了在中原争霸的势头。此后，晋国发生内乱，晋悼公虽然重整霸业，但其对中原诸侯的控制力逐渐减弱。于是有了第二次"弭兵之会"（公元前 546 年）。在此期间虽然有过不少战事，齐国也曾参与过晋国主导的救陈伐楚、伐郑抗楚会盟（齐灵公时期），却没有与楚国发生正面的交锋。

楚国在鄢陵战后，转而经营南方。公元前 541 年（鲁昭公元年），楚康王之弟公子围，弑其君康王子郏敖而自立，是为楚灵王。楚灵王立志兴霸，晋平公则忍让妥协。公元前 538 年（楚灵王三年，鲁昭公四年）春，楚灵王在申地会蔡、陈、郑、许、徐、滕、胡、沈、小邾等国国君和宋世子。随后，多次对吴用兵，灭赖、灭陈、灭蔡，晋国君臣震动，却无力相救。

《左传》昭公十一年：

> 晋荀吴谓韩宣子曰："（晋）不能救陈，又不能救蔡，物以无亲。晋之不能亦可知也。已为盟主而不恤亡国，将焉用之？"

楚灵王穷兵黩武，残暴无道，滥杀无辜。在位12年，虽然一度增强了楚国的争霸势头，却陷入了与吴国争战的胶着状态，导致"国人苦役"[1]，众叛亲离。公元前529年（楚灵王十二年，鲁昭公十三年），楚灵王再次对吴用兵，国内敌对势力趁机造反，拥立公子弃疾。楚灵王的部众纷纷投奔弃疾，一夜之间逃得精光。恰如《国语·楚语下》所谓"一国弃之，如遗迹矣"。公元前528年，楚灵王自缢身亡，公子弃疾即位，是为楚平王，在位13年，表现平平。虽然也做了一些有益的事，如复陈、蔡两国之祀，"息民五年"[2]等，但其最突出的表现，却是对吴作战失利，宠信佞臣费无极，杀害忠良，迫使太子建、伍子胥等出逃，为日后吴王阖闾攻楚破郢埋下了伏笔。

公元前516年，楚平王卒，昭王年幼，令尹囊瓦贪残庸暴，内政不修，诸侯离心。公元前515年，吴王阖闾杀王僚自立，重用伍员、孙武等贤臣，励精图治，不断扩充国土，蓄势伐楚，造成了"楚自昭王即位，无岁不有吴师"的局面。公元前506年（鲁定公四年）冬，阖闾率蔡唐联军攻楚，双方在柏举展开激战，大败楚军。吴军乘胜追击，五战五捷，攻陷郢都，楚昭王出逃[3]。一年后，楚国出兵伐吴以报破郢之仇，再次大败，举国震动，"于是乎迁郢于鄀"（今湖北宜城市东南），国力大为削弱，一时再也无力北上争霸。晋国虽然在公元前506年春天，召集齐宋郑卫等18国会于召陵，以谋伐楚，为蔡侯复仇，却没有出兵，"晋于是乎失诸侯"。不久（公元前497年，鲁定公十三年）又陷入内乱之中，无力再图霸业。

第一次"弭兵"盟会之后，齐国与晋国有过少量的联合行动。晋国在一些重要事情上还要"询齐"或"如齐寻盟"。齐灵公则趁晋楚两国疲于争霸之时，着力经营小国，尊崇王室，并先后参与了晋国主导的伐郑（齐灵公十八年）和伐楚、伐秦（齐灵公二十三年）之役，提高了齐国的声望，并得到周灵王的褒奖。

《左传》襄公十四年：

> （周灵王）使刘定公赐齐侯命曰："昔伯舅大公，右我先王，股肱周室，师保万民，世胙大师，以表东海。王室之不坏，繄伯舅是赖。今余命女环（齐灵公名环）！兹率舅氏之典，纂乃祖考，无忝乃旧。敬之哉，无废朕命！"

齐灵公二十五年（公元前557年），邾宣公、莒犁比私下与齐楚通好，遭到晋国的拘禁，齐晋失和，齐国连续三年攻伐晋之同盟鲁国，齐晋矛盾激化。鲁襄公十八年，晋鲁联军伐齐的平阴之战，齐国实力大损。公元前551年，齐庄公继位，晋国发生栾盈叛乱，庄公欲报临淄之辱，借机伐晋之盟邦卫国，攻下卫国的朝歌，回师途中，又袭击了莒国[4]。两年后齐国发生崔杼之乱，晋国借机会合诸侯伐齐，齐国屈服，与伐齐诸国盟于重丘。

---

〔1〕《史记·楚世家》。
〔2〕《左传》昭公十三年、十四年。
〔3〕《左传》定公四年。
〔4〕《左传》襄公二十三年。

晋楚蒙门弭兵，齐晋维持了四十余年的和平。晋灵公之后，晋国的霸业日渐衰落。公元前506年冬，吴国伐楚，秦国出兵救楚，打败吴军。在这种情况下，齐景公试图借机恢复往日的霸业。齐景公四十七年（公元前501年），借鲁国季桓子的家臣阳虎叛乱事件[1]，缓和了齐鲁关系。同年秋，齐国联合卫国发动夷仪伐晋之役，先胜后败。公元前500年（鲁定公十年、齐景公四十八年），齐国归还郓、欢、龟阴等侵鲁之田，进一步缓和了两国之间的关系，并于齐景公五十四年（公元前494年）、五十七年两次伐郑，并攻取晋国八城，在与晋国的争霸过程中取得了初步胜利。

公元前490年，景公卒，孺子荼立。次年，陈僖子（陈乞）发动政变，迎立齐悼公。吴国趁齐国内乱之机北上联鲁伐齐，命大夫徐承帅舟师，将自海入齐，被齐军击退。公元前484年（齐简公元年），齐将国书发动了报复鲁国的稷曲之战，不胜，同年5月，吴鲁联军再败齐军于艾陵。

春秋末期，田氏家族历经九代完成了取代姜齐政权的过程，公元前404年，韩、赵、魏三晋联合越国出兵伐齐，大败齐师[2]，攻入齐长城[3]，强迫田和订立"毋修长城、毋伐廪丘"的"城下之盟"[4]。

至桓公午前期，三晋和周边诸侯不断侵扰，便齐国处于极为困难的境况之中。为扭转危局，桓公午推行了一些改革措施，设立稷下学宫，以图强国。并于桓公午万庄，趁秦魏攻韩、楚赵救韩之机，起兵袭燕国，取桑丘。初步扭转了被动局面。齐威王即位之初所遭受的屈辱也全部来自西部的三晋、卫和南邻的鲁国，而与楚国无涉。齐威王中后期到齐宣王时期，及至乐毅破齐之前，齐国都是傲视群雄的强国。

"齐筑长城以备楚"的说法，因此完全失去了时代背景的支撑。而晋敬公十一年（公元前441年，齐宣公十五年），齐国新筑"自南山属之北海"的济水岸防长城，则是这种历史大背景的直接产物。

六 几个基本结论

综合前文的讨论，可以得出如下几个基本结论。

（一）济水岸防构成四塞屏障

春秋列国交争的史实和疆域变化情况可证，《国语》《管子》关于齐桓公时期齐长城的记述是可信的。其时，齐国南界前沿已达汶水、蒙阴、沂南一带（Fyt.006中的三角形红色标记）。《左传》的记述则表明，在齐灵公时期，即春秋中期偏晚阶段，齐国的南部长城已成为"据险守土"的要塞。《晏子春秋》所记"东门防"，明确指为齐桓公所筑。《国语》和《管子》更是清楚地点明，早在齐桓公时期，齐国南部长城已基本成形。至少，山间谷地、平地缓坡等战车可以通过的地段都应构筑起相应的长城和关隘。齐长城西端夯筑墙体解剖揭示的"集束棍夯"，及其遗留的"圆口圜底"密集夯窝，正是春秋夯筑技术的典型特征，与战国时期的"平头铁夯"有着明显的区别。调查确认，长城沿线没有发现坑状采石场，表明构筑长城的石块是沿山体表面岩层横向节理撬起的较薄石块。故铁器的大规模使用并不是修筑长城必要的前提条件。

到春秋末期至战国初，齐国的疆域已是"方二千里"的大国。而《管子·轻重丁》所谓"方五百里……阴雍长城之地，其于齐国三分之一"，正是春秋中叶以前齐国疆域的写照。除后期文献所引

〔1〕《左传》定公九年《史记·齐太公世家》。
〔2〕《水经注·瓠子水》引《古本竹书纪年》；另《赵世家》：赵敬侯"三年（公元前386年）救魏于廪丘，大败齐人。"
〔3〕《水经注·汶水》引《竹书纪年》："晋烈公十二年（公元前404年），王命韩景子、赵烈、翟员伐齐，入长城。"
〔4〕李学勤主编：《清华大学藏战国竹简》（贰）下册，第192～195页，中西书局，2011年。

《竹书纪年》之个别词条外，汉代及其以前的，包括《竹书纪年》在内的早期文献，凡涉齐国南部长城的记载，都无一例外地表明，春秋战国之际，齐长城已是完整的军事防御体系。《清华简·系年》第二十二章所记，春秋末期（公元前404年，齐康公元年），田齐太公田和与三晋大夫签订"不得再行修复长城"的"城下之盟"，就是这种现象的反映。

据《山东地势图》观察，在车战条件下，从南部进攻齐国本土，至少有九条以上的通道，包括平阴、肥城、泰安和沂沭河谷北端四处较为平坦的通道，以及泰安东至济南、莱芜至章丘、沂水至临朐等5条战车可以通行的山口险要（Fyt.005中的红色箭头）。历史上，这些山口一直是南北方向的重要通道，齐长城的重要关隘，如章丘锦阳关、临朐穆陵关等就设在这些地点。所以，在《左传》襄公十八年那场战事中，齐灵公听闻鲁国和莒国的军队将各自从本国国土出发，进击临淄，便连夜撤兵。以是理度之，齐桓公时期的长城，至少应对上述通道进行重点设防。余者，不排除后期修筑的可能。进而言之，齐桓公以后至战国初年，历代都应有增筑或修复长城的行为。春秋末至战国初，三晋与齐国围绕齐长城的征战表明，此时的齐长城已完全连通。故长城的修筑，绝无可能晚到齐威王、齐宣王，乃至于齐湣王时期。

《竹书纪年》"梁惠王二十年，齐筑防以为长城"的说法，可能为转引或传抄时，某些不够严谨的编纂者在传抄过程中衍误而赘入的，也可能是《清华简·系年》齐宣公十五年"齐人始为长城于济"，"修筑济水东岸堤防"事件的讹传。《史记正义》所引之"齐湣王筑防以为长城"，乃是张守节按自己的理解所做的修改，且与"齐宣王筑长城"的说法自相矛盾，有违史实，不足信据。长城研究者根据这些缺乏史实根据的记述，所推定的有关齐威王、齐宣王分筑各段长城的说法，因此而难以成立。

（二）修筑长城是大国实力的体现

修筑长城是一项艰苦浩繁的巨大工程，需要雄厚的综合国力和完善的组织协调能力。春秋战国时期，齐、秦、楚、魏、郑、韩、赵、燕、中山等筑有长城的国家，除中山国稍弱外，均为曾经盛极一时的强国就是明证。齐国能够在列强中率先修筑长城，既受惠于姜太公确定的富国强兵之策，更得益于春秋早期的庄僖"小霸"和齐桓公的"春秋首霸"，正是泱泱大国实力的充分体现。如果没有强盛的综合国力、雄厚的经济基础和高瞻远瞩的雄才大略，齐国不可能修筑如此规模的长城。正如太史公《齐太公世家》所言：

> 太史公曰："吾适齐，自泰山属之琅邪，北被于海，膏壤二千里，其民阔达多匿知，其天性也。以太公之圣，建国本，桓公之盛，修善政，以为诸侯会盟、称伯，不亦宜乎！洋洋哉！固大国之风也！"

（三）齐筑长城是称霸的需要

由只有强国才有修筑长城的实力，只有强国才有修筑长城的主观冲动等现象推导，春秋战国时期，列强修筑长城的主要目的，在于保护本国的大本营不受侵扰，以免除其常备军主力出国远征的后顾之忧。齐国作为春秋首霸，本土的安全必然是最优先考虑的问题。况且，其南部的近邻，是一个相对强大，且常常联晋、联宋、联莒以抗齐的鲁国，迫使齐国不得作万全的安排。其时，齐襄公已于公元前692年灭亡了纪国[1]，齐桓公又有灭谭、遂，迁阳，先后吞并郕、莱、莒诸国，或部分属地的举动，

---

〔1〕《左传》庄公四年"纪侯不能下齐，以与纪季。夏，纪侯大去其国，违齐难也。"

其南界前沿已达汶水、蒙阴、沂南一带。是以选择了在国境内"纲山于有牢"，用"城防构筑物"联结山地分水岭，作为主要的防御屏障。这应是齐桓公修筑长城，以及齐长城没有完全沿齐国当时的边界修筑的主要原因。

（四）是齐国综合国力的硕果

齐国南部山区长城的修筑，因地制宜，就地取材，充分考虑了车战条件下的防御要求。利用山体、河谷等天然屏障，在平地、河谷、山口等战车易于通过的地段重点设防，对难以攀缘的陡峭绝壁则不加修饰，体现了齐地兵家一贯的军事思想。如《孙子·地形》："夫地形者，兵之助也。料敌制胜，计险厄远近，上将之道也，知此而用战者必胜。"《孙子·计篇》："地者，远近、险易、广狭、死生也。"《孙子·行军》："凡处军相敌，绝山依谷，视生处高，战隆无登，此处山之军也"；"凡军好高而恶下，贵阳而贱阴，养生而处实，军无百疾，是谓必胜。丘陵堤防，处其阳而右背之，此兵之利，地之助也。"《孙子·地形》"夫地形者，兵之助也"等。《管子》之《地图》《水地》《度地》《地员》等篇章的自然地理知识储备，也说明当时的齐国不仅在综合国力、经济基础和组织协调能力上，而且在自然地理知识和人才储备方面，都具备了修筑长城的能力。

（五）西端长城与障济无关

《左传》鲁襄公十六至十八年的相关记述，无可辩驳地证明，齐灵公时期的齐国西南边境，已有"钜防"，亦即长城的存在。称谓的变化，可以理解为时代进步的反映。作为新生事物，"防"导源于都邑的城垣，但其形状和防卫目标却又不同于都邑之"城"，故而在其出现之初乃以"防"名之。到春秋战国之际，人们才发明了"长城"这一更为恰当的称谓，这应是春秋称"防"而不称"城"的主要原因。"钜防"西起于济水东岸，垂直于济水故道，向东攀越长城岭，再辅以谷地"堑壕"。其土筑之"防"、堑壕与山岭上土石混筑之"城"浑然一体。堑壕与济水之间还有一道山梁，不可能是"引济故渎"或"障水堤坝"。由于没有进行解剖，尚不清楚长城岭西侧至济水东岸的墙体外侧是否也有堑壕。退一步说，即便存在同样的堑壕，其作用也与普通城垣外围的"护城河"一样，在于强化"钜防"的防御功能。该处地势东高西低，在没有提水设备的春秋时代，人们不可能有"引水上山"的企图。《清华简》所记齐国在春秋战国之交，新修筑的"自南山属之北海"长城，才是真正的"鄣济御晋岸防"。

（六）桓公时已有东南段长城

《左传》襄公十八年（公元前 555 年，齐灵公二十七年），晋鲁联军围困临淄，"齐侯驾，将走邮棠……（联军）东侵及潍，南及沂"。杜预注："邮棠，齐邑。……潍水在东莞东北至北海都昌县入海；沂水出东莞盖县至下邳入泗"。明傅逊《春秋左传属事·伯》谓："潍水源出山东莒州箕屋山，达密州，沂水有二，一出尼山西，流入泗，一出沂水县雕崖山，经县入沂。"御制《日讲春秋解义·襄公》谓："邮棠，杜注齐邑。今山东即墨县南有甘棠社，即古棠乡。"说明齐长城东部一带，在齐灵公时期已纳入齐国的版图。《左传》襄公二十四年（公元前 549 年）：齐"遂伐莒，侵介根"，以及齐桓公"游琅琊"则证明，今胶南琅琊台一带，在春秋中期亦为齐国所有。山东海阳嘴子前的田氏贵族墓地[1]，则无可争议地证明，至迟到春秋中期，齐国的势力已远达胶东半岛东部今即墨、海阳一带（Fyt. 006 中的三角形红色标记）。因此，齐长城东段在齐桓公时期应已有之，而绝不会晚到公元前 431 年"楚人灭莒之后"，更不会晚至齐威王时期。至于吴国，虽然在春秋末期于公元前 485～前 484 年两

---

[1] 嘴子前墓地出土铜器的铭文显示，该墓地为齐国田氏，亦即"陈氏"家族墓地，其最早的 M2 年代可早到春秋中期。见烟台市博物馆、海洋市博物馆：《海阳嘴子前》第 159、167 页，齐鲁书社，2002 年。

次攻齐，并在公元前 485 年那场战争中取得了较大的胜利[1]；《墨子·非攻》也因此而夸张地说："至夫差之身……济三江五湖而葆之会稽，九夷之国莫不宾服。"却不过是昙花一现，不可能成为齐国至春秋晚期和战国初期修筑长城的证据。

（七）济水岸防构成四塞屏障

《清华简·系年》第二十章所记"齐人始为长城于济，自南山属之北海"，在济水东岸修筑的堤防，应具有"障济御三晋"的双重功能。如前所述，战国初年，三晋，特别是魏国最先发达，联合韩、赵，称强于群雄。向西攻占秦之河西，迫使秦国退守洛水；向北占领中山国；公元前 400 年，三晋联军南攻楚，至乘丘（巨野西南），并于公元前 391 年再败楚师与大梁（开封）、榆关。成功地遏制了秦楚两国进军中原的企图，迫使秦国尚龟缩于西部边陲，楚国不敢觊觎中原。当时的齐国，田氏专权，废立、弑君事件频发，国势益弱，引起了各国的不满。三晋，特别是魏国，更是虎视眈眈，频频对齐国发动攻势，对田氏家族的夺权和齐国的安全构成了极大的威胁（详本章第一节·五·战国七雄的博弈）。作为一条流域不算太长的河流，济水在冬季，特别是干旱之年，难以作为天险。而当时的渡河船具已相对完备，齐国西部又是一马平川，很难有效防范三晋的进攻，是以才有"筑堤障济御晋"的需要。

齐山地长城与济水岸防，以"人"字形布局，联结三面环海的岸线，共同构成了中国，乃至世界史上独一无二的、完整闭合的军事防御体系，使齐国成为真正意义上的"四塞之国"。

今山东西部北部平原，因黄河泛滥，淤土深达数米和十数米，加之黄河夺济的冲击，目前还难以通过考古调查的方法，证实"济水岸防"的存在。不过，作为出土文献，《清华简·系年》是战国中期，楚人所作纪年体《史记》，有着传世文献难以比拟的可靠性。在没有确切反证的情况下，应予采信。齐湣王十七年（公元前 284 年），乐毅破齐之战，齐军之所以与燕秦赵魏韩五国联军决战于济西，或者就是想凭借"济水岸防"御敌于国门之外。

总括而言，齐长城始建于齐桓公时期是符合当时齐国的历史情况的。齐国在管仲"官山海"和"相地而衰征"等一系列富国强兵等措施的引导激励下，社会经济有了长足的发展，军事实力空前强大。而公元前 770 年的周平王东迁，王室凋敝，为诸侯称霸提供了新的历史舞台。齐国作为春秋时期最早称雄的"霸主"，肩负着是以"尊王攘夷""兴灭国、举逸民"的历史重任，其常备军主力常常越过邻国远征，其大本营固然是首要的"国家安全"问题，必须置于优先的考虑安排，修筑长城以卫之，便成为顺理成章的事情。至少可以确认，尽管齐桓公时期的山地长城，可能还没有连接成完全闭合的防御工事，但在战车易于通过的平坦地带和交通要道，必定都设有相应的关隘和防御工事。齐桓公之后的历代齐国君主，应有增筑和修补长城的行为，最迟至齐宣公时期，已完全连接成线，这恐怕也是相关文献有齐威王、齐宣王、齐湣王修筑长城等记载的缘由之一。春秋末年至战国初期的齐国，因田氏代姜，内扰不断，魏国挟"三晋"之众频频入侵，齐国于此时加筑"济水岸防"长城，以御强魏，也是出于形势所迫。

---

〔1〕《左传》哀公十年、十一年。

第三章

齐长城调查工作概况

第一节 前期准备工作

一 工作任务

制定山东齐长城资源调查工作实施方案和年度工作计划；根据已有工作成果，对 1∶10000 地形图进行判读，做好野外调查的准备工作。组织山东齐长城资源调查培训，培训内容为调查、测量及数据采集整合的技术方法，包括室内学习和现场操作。

开展山东齐长城资源的田野调查，对齐长城资源进行现场勘探、考古测量，做好信息采集和"长城资源调查数据采集系统"的登录工作。对山东齐长城资源田野调查获取的资料和信息进行整理、归纳和汇总，依照《长城资源调查记录档案建档方案工作规范》，建立山东齐长城记录档案。

二 组织落实情况

1. 领导机构

长城资源调查是一项规模大、任务重、要求高、形式特殊、艰巨而又复杂的考古调查工作，同时也是传统考古调查方法与现代科技手段、理念、规范化工作模式相结合的大型工作任务，需要一个强有力的领导机构。为保证山东齐长城资源调查工作的顺利进行，按时有计划地完成齐长城资源调查工作任务，2008 年，山东省文物局成立了齐长城资源调查工作领导小组，领导小组由山东省文化厅、文物局领导和齐长城沿线各市文化（文物）局分管领导组成。

组长：山东省文化厅、文物局领导兼任

副组长：王永波、叶健

成员（以姓氏笔画为序）：于茸、王守功、孙博、宋爱华、张子信、张光明、李京泰、李国华、李振光、佟佩华、林玉营、郑同修、倪国圣、耿敏、鲁文生

2. 工作机构

领导小组下设齐长城资源调查工作办公室

主任：王永波

副主任：倪国圣、佟佩华

成员：孙博、李振光、兰玉富、王攀

主要负责制订工作计划，编制、完善相关工作方案，组织、协调、指导、监督齐长城资源调查工作。齐长城沿线地市、区县文化局、文物管理部门做好齐长城资源调查的保障和协助工作。

3. 专业工作队伍

山东省齐长城资源调查工作由山东省文物局统一领导、组织、负责，从山东省文物考古研究所、山东省文物科技保护中心、山东省博物馆抽调 8 名业务骨干组成调查工作队，以便于协调工作。从长城沿线市和县（市、区）各抽调一名业务骨干，配合辖区内的齐长城调查工作。实际参加调查工作的干部 31 人。

齐长城资源调查工作队，分为 2 个工作队。

总领队：李振光

一队

队长：李振光

队员：程留斌、朱彤、王云鹏、马前伟、张泽刚、王新华、陈奇、朱宏伟、耿涛、刘红军、王健、郑德杨、李国祥、刘冠军、宫德杰

二队

队长：张溯

队员：王泽冰、张艳群、魏健、张子晓（还参加了一队沂水县齐长城资源的调查工作）、孙涛、郭晓东、刘国柱、刘德宝、王予幻、杨雷、纪中良、李居法、邴晓东

4. 参加调查工作的单位

参加长城资源调查的单位有山东省文物局、山东省文物考古研究所、山东省文物科技保护中心、山东省博物馆、济南市文物局、长清区文化局、历城区博物馆、章丘市博物馆，泰安市文化局、肥城市文化局、肥城市文物管理所、岱岳区文化局、岱岳区文物管理所、莱芜市文化局、莱芜市文物研究室、淄博市文物局、博山区文物管理所、淄川区文物管理所、沂源县文物管理所、潍坊市文物局、临朐县山旺化石博物馆、安丘市博物馆、诸城市博物馆、日照市文化局、莒县博物馆、五莲县博物馆、青岛市文物局、胶南市博物馆、黄岛区文物管理所。

三　编制工作方案

1. 调研工作

为做好山东齐长城资源的调查工作，对多年来山东齐长城调查与研究的资料进行了收集整理，对原来的调查方法、调查成果以及齐长城的走向、分布、结构设施等进行了解，并组织专家及计划参加齐长城资源调查的部分队员，前往莱芜、长清，对比较典型的山东齐长城进行深入了解，为山东齐长城资源调查工作的培训学习和调查工作计划与方案的编制做好准备工作。

2. 编制工作方案

根据全国长城资源调查工作总体方案，在调研的基础上，结合早年山东齐长城调查经验、齐长城调查资料和齐长城现存状况，2008 年 3 月，山东省文物局、山东省文物考古研究所完成了《山东省齐长城资源调查工作方案》的编制工作，并上报国家文物局，确定了山东齐长城资源调查工作目标、工作范围和内容、工作方法和步骤。

四　人员培训

1. 接受国家文物局培训

2006 年 3~6 月，山东省文物考古研究所张溯参加了由国家文物局指导的河北秦皇岛市长城资源调查试点工作，得到了锻炼，积累了经验。

2007 年 3 月，国家文物局和国家测绘局在北京居庸关举办"长城资源调查与测量领队培训班"，明确、落实长城资源调查规范与标准、长城测量的技术与方法等技术规范。根据国家长城资源调查项目办公室的统一要求，山东省文物局倪国圣、兰玉富，山东省文物考古研究所李振光、张溯和山东省国土资源厅三人参加了培训。系统学习了《长城资源调查工作手册》，对"长城保护条例""长城保护工程（2005~2014 年）总体工作方案"、《全国重点文物保护单位记录档案工作规范（试行）》，以及长城资源调查工作的总体方案、工作规程、管理办法、资料管理制度、相关的规范和标准进行了学习培训，取得了优异的成绩，为今后的调查工作打下了基础。

2. 组织省内培训

依照《全国长城资源调查工作总体方案》要求，根据山东省齐长城的分布及多年的调查、保护工作情况，参照全国长城资源调查培训内容和形式，山东省文物局制定《山东省齐长城资源调查培训工作方案》，并于 2008 年 10 月，在济南市长清区灵岩寺举办了山东省齐长城资源调查培训班。通过课堂授课与田野实习相结合的方式，分两个阶段对调查人员进行了系统培训。参加人员共计 52 人，长城经过的济南、泰安、莱芜、淄博、潍坊、临沂、日照、青岛分管文物工作的文化局或文物局领导以及长城经过各区县参加调查工作的文物干部参加了培训学习。

山东省文化厅、山东省文物局领导做了重要的讲话，强调齐长城为我国最早建造的长城，开长城线性防御之先例，齐长城资源调查工作具有极为重要的意义。要求这次调查工作要查清齐长城的分布、保存现状，拿到第一手真实、可靠、具有流传价值的资料，把调查工作纳入第三次文物普查，建立资料库，展示齐长城的真实面貌。要求齐长城沿线的 18 个市县，将齐长城资源调查列入工作日程，高度重视这项工作。并要求齐长城资源调查工作做到扎实、认真、细致、安全。

国家文物局文物保护与考古司世界遗产处处长刘华彬与会并做了专题讲话："要求建立健全有力的领导机构；省级组队、全员培训，做好长城调查人员的选拔和培训工作；制订切实可行的调查工作计划；保证调查工作的科技含量；做好调查资料收集及报告的编写。强调长城调查工作要安全第一。要求省市县各级领导做好山东齐长城全面长远的保护工作。"

第一阶段培训主要是课堂讲解、学习与讨论，内容如下：

请有关长城方面专家学者讲授长城基础知识，长城的概念和历史沿革，长城的特点及修筑方式，齐长城的修建历史、分布、结构与保存情况，多年来齐长城的调查与研究状况。

参加全国长城资源调查培训的文物干部讲授全国长城调查培训的基本情况。包括长城保护工程概论、长城资源调查工作规程、长城调查规范和标准（长城资源调查名称使用规范、长城调查文物编码规则、长城调查各类登记表）、调查与测量方法（田野调查的技术方法、田野调查资料整理与汇总、长城田野调查数据录入及检查与汇交系统）及全国重点文物保护单位记录档案工作规范相关规定。

山东省文物局副局长王永波做了《长城保护条例》解读，山东省文物局文物处处长倪国圣就《长城保护工程（2005~2014 年）总体工作方案》做了解读，并汇报、提出山东齐长城保护工作的情况、保护工作要求，对齐长城保护工作中存在的问题进行了分析，并要求齐长城分布的各市县文物管理部门要加大宣传力度，真正做好齐长城的保护与科学维修工作。国家长城资源调查项目办公室副主任杨招君讲解了《明长城资源调查工作情况》，以明长城调查工作为例，讲解长城调查工作中的注意事项和技术要求，对长城调查工作中的长城测绘的分段、遗迹的定名归类、GPS 点的采集、代码的使用等做了详尽说明。参加河北省明代长城调查的同志以切身经历讲授长城野外调查工作中需要注意的问题。

　　学员对所学的知识进行了讨论，对存在的问题由专家学者和参加全国长城资源调查培训的人员进行了解答。

　　第二阶段，选择济南长清区钉头崖西侧齐长城进行田野实习，以 1∶10000 纸质地形图对计划调查实习的长城段落进行分析，对长城的保存情况，分布情况，长城经过地形、道路、上山的入口及下山路口进行初步估算，做好调查计划（图一三）。

　　将实习人员分为两支队伍。做好分工，负责测绘、照相、摄像、记录等不同工作任务。根据国家长城资源调查规范和标准，对调查的该段长城的特征进行辨识，并进行详尽的描述、测量、绘图、摄影、摄像等。用手持 GPS 对长城本体走向的断点、拐点、折点、材质的变化点以及长城本体的相关设施进行现场采集记录。将采集点标注在 1∶10000 的纸质地形图上，并标明顺序号（图一四）。

　　对试点段长城进行调查测绘，填写长城墙体调查登记表、长城单体建筑调查登记表、长城相关遗存登记表、采（征）集文物调查登记表与调查资料登记表。将田野调查测绘数据按照要求汇总并录入数据系统。对学员的田野实习作业进行审核，对存在的问题做进一步的讨论和解决（图一五）。

3. 培训效果

　　参加国家文物局和国家测绘局举办的长城资源调查与测量培训班的 6 名文物系统和测绘系统的学

图一三　培训班赴野外调查学习

图一四　野外大比例地图观摩释读

图一五　培训班学员学习测绘

员，通过刻苦学习、精诚合作，初步掌握了长城资源调查相关的规范和标准，取得了优异的成绩，圆满完成了培训任务。并将所学成果带回省内讲授、培训，积极参与山东齐长城资源的调查工作，取得了丰硕的成果。

山东省文物局举办的齐长城资源调查人员培训班，使培训人员明确了开展齐长城调查的工作任务，进一步掌握了山东齐长城的基本状况及长城资源调查相关规范和标准。野外实地调查测绘，巩固了课堂上学习的调查知识，统一了调查工作的步骤和方法，总结了经验，建立了一套调查工作程序，提高了实际调查工作能力，为全面细致地做好山东齐长城资源调查工作打下了坚实的基础。

各地市分管领导参加培训学习，了解了齐长城资源调查工作的必要性和紧迫性，熟悉了调查工作的基本工作模式，明确了齐长城保护工作的重要性，为齐长城资源调查工作和齐长城保护工作顺利圆满的进行提供了强有力的支持和保证。

五　制度保证

1. 财务管理制度

严格按照《大遗址保护专项经费管理办法》和长城资源调查经费的有关规定，实行专款专用。经费由山东省文物局直接管理，实行局长负责制；长城资源调查队实行队长负责制，层层严格手续、规范程序、阳光操作，制订了山东齐长城资源调查财务管理制度，确保了调查经费的正确、规范使用。

2. 资料管理制度

严格按照国家文物局、国家测绘局制定的《长城资源调查资料管理制度》规定，对山东齐长城资源调查资料进行整理。调查队对负责的调查县段资料分别进行整理和管理，集中检查，统一存放。确保了调查资料的统一、完整和安全。

3. 专家咨询制度

为保质保量做好山东齐长城资源调查工作，在制定山东齐长城资源调查工作方案时就做出计划，田野调查工作中，遇到疑难问题或新的无法判定的迹象，请国家长城项目组专家或请山东省内有经验的专家来现场指导、定性；调查工作进行到一定阶段，组织省内专家指导分析判断。

4. 检查验收制度

成立山东齐长城资源调查资料检查验收小组，由齐长城资源调查工作领导小组、专家组和调查队队长组成。在山东省资料检查验收工作中，严格按照长城资源调查工作项目组编制的《长城资源调查资料检查验收规定》中的验收内容、验收标准、验收程序和验收方法等详细规定，检查验收小组对各调查队的调查资料进行100%检查、审核，确保了山东齐长城资源调查数据资料的准确完整可靠。

六　后勤保障

1. 经费

国家文物局下拨长城调查费用，共计290万元，专款专用，全部用于长城调查与资料整理。

2. 设备

根据调查工作的要求和需要，山东省文物局为两个调查队配备了GPS全球卫星定位仪、激光测距仪、电脑、打印机、移动硬盘、摄像机、照相机、罗盘、对讲机、望远镜、录音笔、皮尺、测绳等各种测量用具和设备（图一六）。领导小组研究决定，两支调查队伍的野外工作用车采用临时租用的方式。

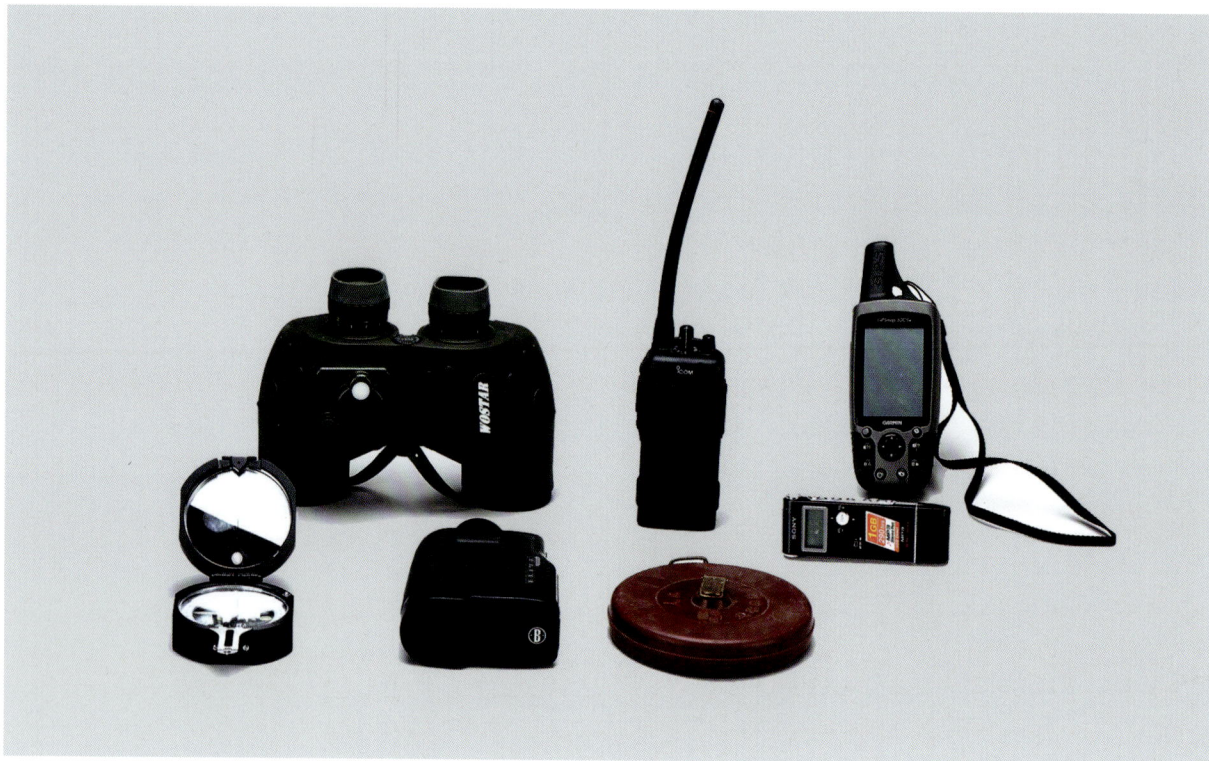

图一六 调查设备

3. 装备

山东省文物局为调查工作人员配发了统一的野外工作服装、运动鞋、手套、帽子、水壶、登山杖等，并购买了中国人寿意外伤害综合保险、人身意外伤害保险和意外伤害医疗保险。

在山东省文化厅、山东省文物局领导的高度重视下，山东省文物考古研究所、山东省文物科技保护中心、山东省博物馆及各市县文化局、文管所、博物馆通力合作，细致准备，调查准备工作扎实有效，为山东省齐长城资源的调查工作打下了坚实的基础。依照《山东省齐长城资源调查工作实施方案》的进度安排，2008 年 12 月 15 日，山东省齐长城资源调查工作全面开展。

第二节 田野调查工作情况

一 确定技术线路

（一）技术路线

山东省齐长城资源调查依据国家文物局与国家测绘局制定的《长城资源调查工作手册》相关规范与标准，实行调查与测绘同步、严格数据整合程序的技术路线。

1. 调查方法

以县域为单元划分的段落进行调查和统计，遵循《田野考古工作规程》，按照考古调查的方法进行调查。

2. 调查对象

齐长城本体，包括墙体及墙体上的设施，如敌台、马面等。

附属设施，与山东齐长城防御体系相关的其他设施，如关堡、烽火台等。

相关遗迹，位于齐长城两侧与长城防御体系相关的遗迹，如壕沟、采石场、居住址、军事守卫遗址等。

3. 调查要素

时空要素。包括时代、行政区划、地理坐标、建筑形式、结构、走向、长度。

保存状况与病害。山东齐长城本体及相关遗存的现存状况及产生破坏作用的病害状况。

自然与人文环境。对山东齐长城及其景观产生影响的人文和自然环境，包括居民生产、生活情况、产业、交通等人文环境状况，地质、地形、地貌、气候、植被、水文、动物等自然环境状况。

保护管理情况。对山东齐长城保护范围及建设控制地带的划定，齐长城保护标志、保护机构、记录档案的建立，以及文物保护规划和齐长城管理使用等情况。

文献记载及相关资料。调查中所获取的与山东齐长城修建、使用有关的民间、历史传说及各类历史文献资料。

4. 调查记录

文字记录。依据《长城资源调查手册》相关规范标准对调查对象、调查要素进行详尽记录。

影像记录。照片资料应采用 JPG 格式，像素 3888×2592。其他影像资料采用 HDV 存储。归档资料，符合《全国重点文物保护单位记录档案规范（试行)》。图纸、拓片、摹本应符合《全国重点文物保护单位记录档案规范（试行)》。

5. 编码

按照《长城资源调查文物编码规则》，按照长城从头（起点）到尾（终点）的原则，山东齐长城的登记以县域为单元从西向东对长城墙体、烽火台、关堡等附属设施及相关遗存等分类编码。

6. 定名

长城资源调查所涉及调查对象的名称按照《长城资源调查名称使用规范》统一定名。

（二）工作流程

1. 前期准备。调查之前，对齐长城既有的野外调查工作及相关的调查报告、研究文章进行收集整理，作为我们调查工作的参考，对调查发现的齐长城与原有的说法、结论进行对比，对齐长城进行重新确定。有疑问之处，组织专家现场确定。

2. 现场确认。各调查小队利用 1∶10000 纸质地形图作为齐长城资源调查工作用图，现场确认调查对象，将特征点标注在图纸上。

3. 数据采集。各调查队人员利用 GPS 等设备采集齐长城每个段落墙体的起止点坐标、高程、主要特征点坐标；单体建筑重要数据信息；关堡及相关遗存标志点定位，测定坐标和高程等相关数据。作为日后数据整合的原始资料，不得随意删改和丢弃。

4. 调查记录。调查人员每天填写调查日志，对调查对象进行文字记录，并填写齐长城资源调查登记表。

5. 数据校核。按规定进度要求对所采集的 GPS 数据及其他测量数据进行校核、保存和记录。

6. 临时归卷。调查人员每天及时对调查资料进行整理，并将原始文字及数据资料交由专人归卷管理。

7. 资料数据整理。在外业调查的基础上，完善文字记录并提取有效的 GPS 数据进行初步整合。

8. 建立档案。对调查资料进行归总，利用调查成果建立长城记录档案（图一七）。

```
┌──────┐      ┌──────┐      ┌──────┐      ┌──────┐
│ 前期 │  ⇒  │ 现场 │  ⇒  │ 数据 │  ⇒  │ 调查 │
│ 准备 │      │ 确认 │      │ 采集 │      │ 记录 │
└──────┘      └──────┘      └──────┘      └──────┘
                                              ⇕
┌──────┐      ┌──────┐      ┌──────┐      ┌──────┐
│ 建立 │  ⇐  │资料数据│ ⇐  │ 临时 │  ⇐  │ 数据 │
│ 档案 │      │ 整理 │      │ 归卷 │      │ 校核 │
└──────┘      └──────┘      └──────┘      └──────┘
```

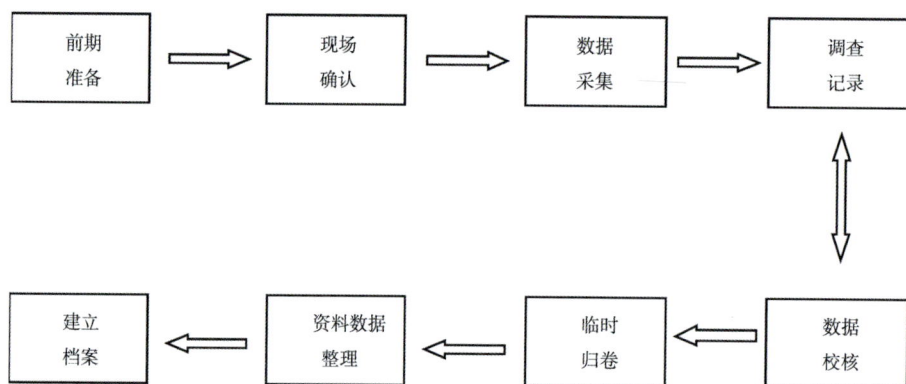

图一七　长城资源调查工作流程

二　主要工作过程

（一）野外调查

野外调查工作分为三个大的阶段。

1. 第一阶段，2008 年 12 月～2009 年 1 月

对济南市的长清区、泰安市的岱岳区和肥城市进行齐长城资源调查测绘工作。2008 年 12 月 15 日，齐长城资源调查队李振光、张溯、张艳群、程留斌、魏健、朱彤前往长清区的万德镇，与长清区文化局文物科马前伟同志，开始对长清区的齐长城进行野外调查测绘工作（图一八）。

图一八　与当地民众留影

　　齐长城野外调查工作，参照明代长城的调查模式，把长清孝里镇的广里村长城作为齐长城的起点，从西端开始调查，向东扩展。齐长城作为齐国修建的大型防御设施，我们把北侧作为内侧，以齐长城北侧的县区作为这次长城调查测绘的统计单元；工作中将齐长城南侧县区的长城情况统计好，做好记录档案。

　　我们做工作计划时，设想从左向右开始调查，因此，首先进驻长清的万德镇，准备从长清的东端向西调查。工作时发现存在很大的问题，长清区齐长城的最东端需要特意去调查判定。进驻万德镇，前往长清区的东端牛山口，沿山口向南调查落实长清区齐长城的东端，发现位于高高的大麻子峪山顶上，而向西为连绵近 10 千米的泰山后侧长城山险，至钉头崖才出现长城墙体。调查起点不好断定，开始时调查山险段落也不利于队伍工作模式的磨合。而且每个县起点的选择都存在这个问题，另外下个县的调查也是从东向西调查的话，和前个县的衔接也存在问题。因此，决定从齐长城最西端孝里镇广里的齐长城起源地向东调查。如果涉及两支调查队伍调查相邻县区，起点终点的衔接没有任何问题。如果牵扯两支队伍调查不同县区，前面的队伍把调查起点用红色油漆标志好，并将测定的 GPS 点坐标告知对方，便于资料衔接的准确。

　　调查工作从长清区西端的齐长城源头开始向东调查。我们把两支调查队伍的全部人员集中到济南市长清区，共同进行野外实地调查、GPS 点采集、图纸标绘、数据登录和初步的资料整理（图一九～二六），统一思路，规范工作模式，减少今后调查工作中的差异，为齐长城全线的调查工作夯实基础。共同调查了长城西端起点到双泉乡潘庄西山（狗头山）的东山脚段长城。

　　2008 年 12 月 25 日开始分为两支调查队，张溯、张艳群、朱彤、马前伟作为调查二队，调查长清区的双泉乡潘庄西山的东山脚向东至三岔山及长城铺向东至钉头崖两部分长城。

图一九　访问调查

图二〇　进山途中

　　李振光率领调查一队前往调查肥城复线长城，并于1月7～13日调查齐长城主线三岔山以东至长城铺的长城，三岔山向东至长清、肥城、岱岳区三界碑南侧与肥城相邻，三界碑向东至五花岩山南侧与岱岳区相邻，肥城市博物馆王新华、岱岳区文物管理所陈奇同志参加了调查。

　　齐长城的源头：《齐长城》认为岭子头即长城起点，在今广里村北500米处[1]。岭子头至现存土长城西端122米，位置在现存土长城北田间机井处，是根据访谈百姓确定的。这次调查测绘，我们把长城的西端起点定在现存土筑长城的西端。

　　壕堑与防门：是齐长城最早修筑于长城西端的重要关隘。《左传·襄公十八年》："齐侯御诸平阴，堑防门而守之广里。"杜预注："城南有防，防有门，于门外作堑。"通常认为，防门在广里村附近，即现国道G223和高速公路G35经过岭子西侧的平地部分；公路的南侧为岩石基础的山地余脉，防门前有壕堑，应在公路以北。我们调查时，在孝里南、岚峪村西北岚峪北山西山脚和陡子岭之间，确定了一条东西向的壕堑，长809、上口宽32、底宽5、深约12米。东西与岚峪北山、陡子岭长城经过的山脊相对应，有别于南北向的自然冲沟，应为土墙南侧的壕堑。其是否为防门外侧之堑壕，还有待更多的证据。

　　长城铺处的关隘：据《齐长城》："村内南北大街上原有古建筑群。街中央最高建筑为'过街阁'，上下三层，底层拱形石门，门洞高6、进深20、阁宽15～20米，门洞枕石上车辙痕很深，阁上供奉玉皇大帝，阁下有石碑四通。过街阁在'文革'中被拆毁，遗址尚能辨认。"[2] 长城铺地处济南与泰安

　　〔1〕　路宗元主编：《齐长城》第16页，山东友谊出版社，1999年。
　　〔2〕　孙立华：《齐长城重要关隘、城堡和烽燧》，《齐长城》，山东友谊出版社，1999年。

图二一　测量长城墙体

间南北向的河谷低地，东侧临近泰山高山连绵，西侧低山丘岭密集分布，南北交通的京沪铁路、京沪高铁、国道104、京台高速G3都经过这里，自古以来为南北必经的交通要道。齐长城经过的长城铺，应该有重要的关隘，现地面无存。

2008年12月25日~2009年1月6日，李振光、程留斌、魏健三人由长清转赴肥城，与肥城市文管所王新华一起调查泰安肥城段长城。肥城市的齐长城分为两部分：三岔山向西沿长清区、肥城市交界分布的齐长城复线；三岔山向东至肥城市与岱岳区交界处的连环山界石碑处的主线长城，其北侧为长清区。肥城段齐长城的调查重点有两个：肥城齐长城复线西端起点如何界定？复线长城的东端与主线长城在三岔山是怎样结合的？

《齐长城》调查报告中认为：肥城市齐长城复线西端的起点，西起肥城老城镇最北部的高家峪之北、长清双泉乡纸坊村之东、马山乡于家庄之西的峻峰上[1]；复线西起马山正南之车怀山南坡，东行沿长、肥边界，经罗家庄北山、双山……[2]据参加齐长城调查的王新华同志回忆，调查至于家西山巨石断崖处，将巨石处定为复线西端起点。《齐长城》所说的于家庄西的峻峰就是王新华所云山顶巨石，从东侧于家庄看，这里为最高峰，山顶巨石凸立于山顶之上，而其南北的山顶多秃平。而西起车怀山的南坡，经过的罗家庄北山为于家庄西山南侧的小山。为了断定肥城复线的西端起点，我们首先从长城遗迹现象明确的双山东侧、大石铺北山口向西开始调查，确定双山东山脊保存有墙体，双山西山脚向北岭脊、双山西北长山脊、于家庄南山口西侧山脊有长城，延续到于家庄西山巨石处，过石峰，其

〔1〕　路宗元主编：《齐长城》第19页，山东友谊出版社，1999年。

〔2〕　张广平：《历史资料中关于齐长城经行走向记载之谬误》，《齐长城》，山东友谊出版社，1999年。

图二二　望远观察

西北山脊有石头墙体延伸，断断续续分布到连环山东山脊近山顶处。由与主线长城汇合的三岔山到这里11384米，较之《齐长城》长了1484米。连环山位于邢家西山村西南，韩家峪村东北，与《齐长城》所指非一处。为了断定齐长城复线止于此，我们从这里向西南牛山方向的岭脊进行了调查，山脊上没有发现齐长城迹象。据当地人介绍，牛山、陶山山顶也有类似齐长城的遗迹（实际为后期寨堡，详见附记二：《肥城市陶山、小泰山寨堡调查》）。为此，我们沿连环山向北至崮头村的长山脊进行调查也没有发现齐长城；而连环山山顶、西南坡、北坡都没有发现长城，最后确定肥城复线齐长城的西端位于连环山山顶东侧。

肥城复线东端与长清马山东山由北来的长城主线的汇合地点也需要仔细判断。前举《齐长城》关于汇合地点：复线齐长城至马山、万德、潮泉三乡镇交界处的三岔沟结束，然后与北部的主线齐长城相合；至张家花峪东山与齐长城主线相接。张家花峪东山即三岔山，由长城主线分布的南北向长山脊和复线长城分布向西延伸的山脊汇合而成，状如三岔得名。三岔沟可能就是三岔山。

钉头崖向东是泰山北侧的东西山脉，海拔900～1100米。由于1月初的几场小雪，高山之上开始积雪结冰，野外调查工作暂停，对调查资料进行了简单的整理，于2009年1月15日返回济南，第一阶段的野外调查工作结束。至此，长清区部分的长城还有钉头崖以东泰山后侧山险部分没有调查。

2. 第二阶段，2009年3～7月

将主力调查人员做出调整，一队由李振光、程留斌、朱彤、王云鹏四人组成；二队由张溯、张艳群、王泽冰、魏健组成，后期王泽冰离队，临沂市文物管理办公室的张子晓同志加入调查队伍。调查长城所在的市区县干部一起参加调查工作。出发前为参加调查的全部人员购买了中国人寿意外伤害综

图二三　观察分析长城走向

合保险、人身意外伤害保险和意外伤害医疗保险。齐长城资源调查队按市区县划分大的区域进行调查，两支队伍分赴长清、章丘开始新年度的野外调查测绘工作。

一队：2009 年度调查了长清区剩余段落长城，调查了历城、临朐、沂水、安丘、莒县、五莲的长城，以及莱芜在第三次文物普查中发现的石墙遗迹。南侧对应的县区有岱岳区、泰山区、沂源县。

2009 年 3 月 2 日，李振光、程留斌、王云鹏、朱彤赴长清，长清文化局文物科马前伟、泰安市岱岳区陈奇参加了调查。调查钉头崖向东泰山后侧长城山险，至 3 月 5 日调查至牛山口，长清段齐长城东侧止点为大麻子峪山顶的长清、历城、泰山区三界碑，山险长 8741 米，为泰山后侧东西向山脊，山势连绵，山高人绝，森林茂密，为陡峻的自然山险。长清段的调查全部结束，长清区段长城共划分40 段。

3 月 6 日，开始历城区的齐长城资源调查工作。历城区的张泽刚、岱岳区的陈奇、泰山区的朱宏伟共同参加了调查。至 3 月 18 日调查至章丘、历城、岱岳区、泰山区交界的四界首，历城长城线路的调查测绘工作结束。3 月 19～23 日，调查仲宫镇向南的三条山谷的寨堡、烟墩、烽燧的分布情况。

3 月 24 日转点至莱芜，对第三次文物普查时发现的所谓"鲁国长城"进行考察。遗迹分布在莱芜市南侧、牟汶河南岸东西长约 40 千米的山地丘陵地带，西起钢城区南北塔村重崖寨，经过曹家省庄北山、刘家省庄北山、云台山、峪门山、积家庄东山、尖顶山、五龙庄北山和南山、官庄西山、团山东山、赵家林西山、老君堂东山、埠东南沟，东至古墩村北的山顶山。有众多互不相关的石块砌筑的环形或条形石墙等构筑物组成。

当地有许多与齐国、鲁国相关的传说，齐鲁郏谷会盟即位于峪门山南侧。退休的邢老师用 20 多年时间对周围山上的石墙、寨堡进行调查，主张此类遗迹为鲁国长城，并得到部分学者的支持。

图二四　测量记录

　　由于是新发现，我们与当地文物部门相关人员进行了深入的座谈，对遗迹分布情况、石墙与寨堡的特点进行了解，并增购该地1：10000纸质地图，进行实地调查测绘。调查工作至4月4日结束。莱芜市文管会郭晓东、刘国柱参加了调查。经过详尽的调查、分析，确认这些的石构遗迹应为晚期寨堡（详附记：《莱芜牟汶河南侧山地石构遗迹调查》）。

　　4月5日转点至临朐，开始临朐段的调查工作，至5月24日结束。工作分为三部分：对龙王崮至大关村东太平顶的主线长城进行了调查；对梓根腿东山至穆陵关东岭的长城复线进行了调查；对县里长城爱好者调查发现的其他长城线路及烽燧、关隘进行了调查。根据地方干部提供的线索，地方长城爱好者认为，在临朐齐长城主线和穆陵关复线之外还存在两条线路，一条由龙王崮向北，沿临朐与沂源县、青州市交界处的山脉蜿蜒西北行，经过上门、音窝、淹子岭，过仰天山东，转而东北行，过天井关，到五井镇的太平崮。一条从丝窝村向东，过两岭、下程子、上雕窝、下雕窝，向东到夏家台子、白沙，为东西走向。另外在临朐安丘交界处的南半段，多分布墩台、城堡，而穆陵关向北沿青州到沂水的S227两侧小山上分布较多的烽燧烟墩。我们用二十天的时间将临朐"新发现的长城"进行了实地考察，皆为自然山脊，没有发现长城迹象。对铜陵关进行调查，与《齐长城》调查情况同，周围百姓没有听说长城，实地考察也没有发现长城迹象。对临朐青州交界的天井关进行调查，南北路西山坡上仅发现十几米的石墙，宽八九十厘米，大石块垒砌，向西没有发现，可能是晚期关口两侧的短墙。铜陵关、天井关历史上可能在这里设过通行检查或收税的关口，两侧没有长墙延伸，非齐长城的关隘遗址。穆陵关、大关向北，分布有烽燧遗址，能够确定的为小关烽燧。

　　5月24日开始调查沂水穆陵关线长城，由梓根腿东岭与长城主线交叉处至与莒县交界的三楞山与长城主线交汇点处。由三楞山山顶主、复线交汇处墙体痕迹分析，南侧的穆陵关线为齐长城复线，北

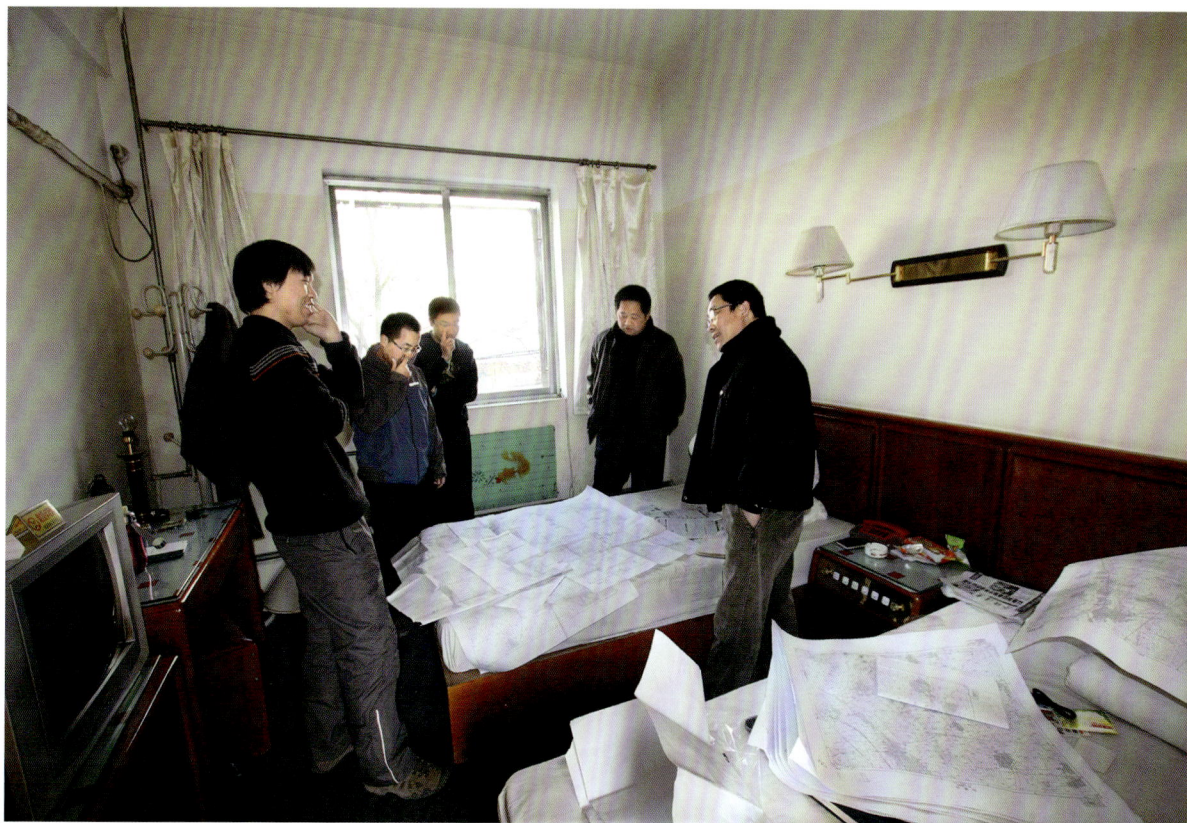

图二五　分析图纸

侧沂水与安丘交界处的长城为齐长城的主线，而《齐长城》将穆陵关线定为主线长城。

6月2～21日，调查沂水北部与安丘交界、安丘境内及沂水县东半部的长城主线，分为三部分：临朐大关村东太平顶山的三界碑到青石胡同段，分布在沂水与安丘市交界处；青石胡同至卧牛城段，分布在安丘市境内；卧牛城至沂水东部的三楞山，在三楞山三叉点与南侧穆陵关线复线汇合，分布在沂水县东部。

6月23～26日，调查莒县段长城，从三楞山三叉点开始向东至后泥牛子村西结束。莒县博物馆王健参加了调查。莒县博物馆的苏肇庆先生对多年来莒县的长城调查、保护情况做了介绍。

6月30日～7月26日，转点至五莲县调查，长城从后泥牛子村西向东至三块石北山口（诸城龙湾头西山）结束，齐长城部分地段与诸城交界，个别地方进入诸城境内。五莲县博物馆的郑德阳同志参加了调查。时至炎夏，早4点半起床吃饭，5点奔赴野外，调查至五莲西峪村东十八盘外山，与二队调查的诸城市起点连接，终于顺利地完成了调查工作。

二队对章丘、博山、淄川、沂源、诸城、胶南、黄岛进行了调查，南侧对应历城、莱城、五莲等县区。

2009年3月4～28日，完成章丘段的齐长城调查工作，从与历城交界的四界首至霹雳尖山。章丘市文物管理所的孙涛同志参加了调查。2009年3月19日，山东省文物局王永波副局长、倪国圣处长与济南市文物局崔大庸局长、于茸处长及历城文化局领导赴野外调研，听取工作汇报，提出工作要求。

2009年4月8～17日，对淄博市博山县段进行了调查，从霹雳尖山以东至岳家北峪北山。博山县文化局的王予幻副局长参加了全线的调查工作。

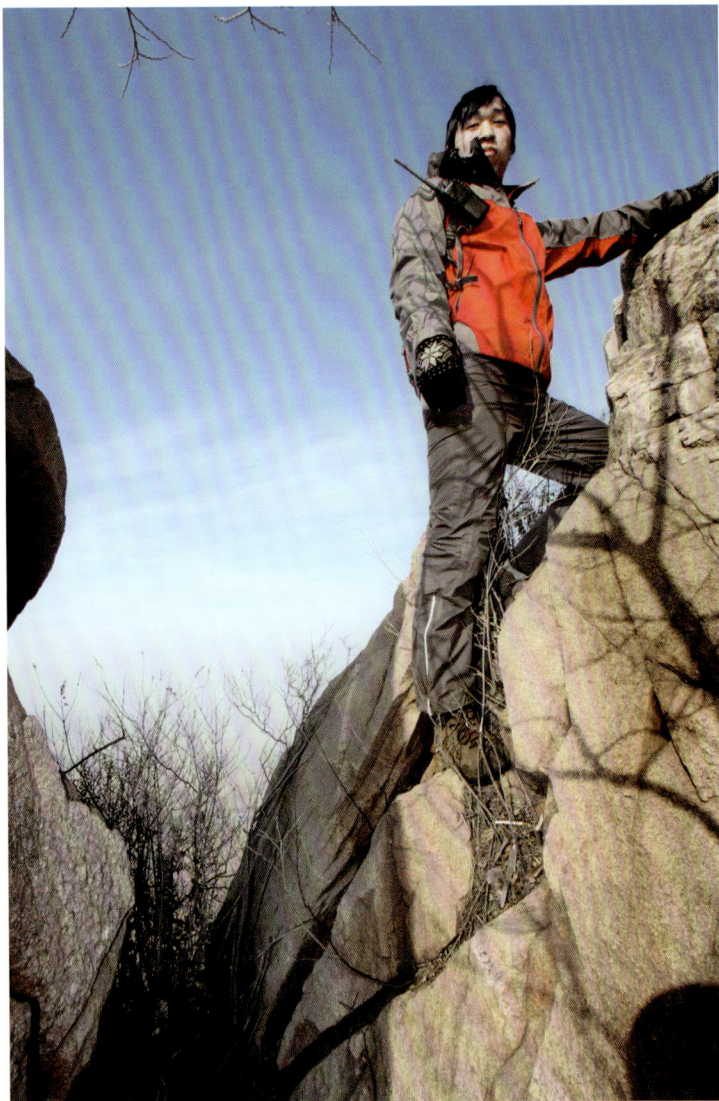

图二六　登高测量

2009年4月21日～5月5日，对淄博市淄川区的岳家北峪北山至太平山段长城进行了调查。博山县文化局的王予幻、淄川区文物局的刘德宝两位同志参加了调查工作。

2009年5月8～31日，对莱城区青石关长城进行了调查测绘。《齐长城》认为"莱芜境复线（青石关长城）：从望鲁山东北麓的梯子山向南偏东，左经白杨河、响泉，右经青石关、关西坡、官家村、荣科，至炮台顶有遗址，长4350米"；博山境内"复线由望鲁山北729高地，至梯子山南坡，长2350米"[1]；"第二条复线在莱芜与博山边界的青石关一带，主线在北，由博山境内穿过；复线在南，西起望鲁山北峰，沿边界东行，经桥门、梯子山、青石关、青石关东山，转南至炮台顶。此段复线单独存在，两端均与长城主线不连，距离为6700米，跨越山头18座"[2]。

我们从青石关开始，分别向西、东两个方向调查，确定青石关长城的走向、路线及其与长城主线的关系。莱芜市文物研究室的郭晓东、博山文化局的王予幻同志参加了调查。经过调查确定：莱城青石关长城西起樵岭前南山，东至原山较之《齐长城》所记述向东北方向继续延伸；全长15948米，消失的墙体有3723米，占23.34%，墙体保存情况远好于齐长城主线部分；墙体用宽厚的石灰岩石块垒砌而成，内侧用小的卵石块填塞，宽1.2～2.1、高0.3～1.8米，不同段落墙体的宽度有别，这与齐长城主线墙体石墙宽5～12米，有着较大的差别。莱城青石关长城，无论用材、建造垒砌方式、墙体的宽度等，皆不同于齐长城主线，因此该部分长城的建造时代不同于齐长城主线，应为明清时期建造使用的长城。

2009年6月3～9日，对沂源县的太平山以东至龙王崖主峰进行了全面调查测绘。沂源县文物管理所的杨雷同志参加了全线的调查工作。

2009年6月13～25日，对胶南市的史家夼以东至长城村进行了调查，胶南市博物馆的纪中良同志参加了调查测绘工作。

〔1〕　路宗元主编：《齐长城》第22、23页，山东友谊出版社，1999年。
〔2〕　张广平：《历史资料中关于齐长城经行走向记载之谬误》，《齐长城》，山东友谊出版社，1999年。

2009年6月26日~7月13日，对青岛市黄岛区的长城进行了调查测绘，从长城村以东至东于家河齐长城的终点（长城入海口）。黄岛区文物管理所的李居发同志参加了全部调查工作。

2009年7月15~26日，对诸城市的齐长城进行了全面的调查测绘，从史家夼以西至龙湾头。诸城市博物馆的郗晓东同志参加了调查测绘工作。

2009年7月28日，两支调查队伍分别从诸城、五莲撤回济南。至此，齐长城线路部分的调查测绘工作全部结束。

3. 第三阶段，2010年5~6月

组成测绘队伍，对长城沿线发现的寨堡遗存进行了全面测绘，参加测绘的有程留斌、王云鹏。运用GTS和GPS相结合，对寨堡的平面、剖面、墙体及内部残存房屋进行了全面的测绘，并完成了CAD制图，填写登记表。

2009年10月，西安长城会议。15个省、自治区、直辖市参加，另外湖北省也参加了会议，并汇报了楚国长城的调查情况。山东省文物局兰玉富做了"齐长城资源调查工作汇报"，山东省文物考古研究所李振光做了"山东齐长城调查的几点想法"的汇报。

2010年，山东省文物局召开齐长城保护工作会议，对齐长城保护工作中存在的问题做了总结，对齐长城的保护范围和建设控制地带做了明确规定，要求长城经过的市、县切实做好长城保护工作。

2010年3月19日，山东省文物局在济南召开"齐长城遗址保护总体规划和保护工程方案编制工作协调会"。

2011年4月27日，国家文物局在北京召开2011年长城保护工作会议，童明康副局长出席会议并做了重要讲话。山东省文物局倪国圣、兰玉富和山东省文物考古研究所李振光参加了会议。

2011年11月22日，李振光把山东齐长城调查电子资料送中国文化遗产研究院长城资源调查项目办公室。

（二）室内整理

2010年3~4月，对2009年完成的调查测绘材料进行了室内集中整理工作。对系统表格进行了审核、完善，对表格要求的GPS测绘点、长度等测绘数据进行了审核校对，对表格材料进行逐项核对，完成每段及单项遗迹的平剖面CAD线图的制作及系统插入工作，完成全线平面图的CAD制作与连接。根据要求将每段或单项遗迹的照片、录像与导出表格一起做单个文件夹存储，完成表格中的图片、录像的插入工作。基本按要求完成了项目组要求的系统填写录入工作。

2011年5月19~25日，李振光、张艳群携带调查材料前往汶上南旺工地，对资料进行整理，迎接省内对项目的检查。

2011年9月2日，李振光、张溯、张艳群三人前往临淄工作站，开始资料的整理、系统检查、报告的编写工作。

2011年11月15~21日，李振光前往临淄工作站，根据国家长城资源调查项目组专家在验收时提出的整改意见，对材料进行整改、汇总。

（三）其他工作

2009年11月，陪同国家长城资源调查项目组的专家和领导，对山东大学三普调查时在莱芜发现的"鲁国长城"进行了考察。专家有荣大为、杨招君、刘文艳等。李振光陪同，并介绍了调查情况和自己的认识，认为非长城。

第三节　资料验收

齐长城资源野外调查及室内资料整理汇总基本结束后，报告山东省文物主管部门和国家文物局，准备资料验收工作。

一　省级验收

2011年7月17日，山东省文物局组织专家对齐长城调查材料进行省内验收工作。专家组成员有刘光龙、蒋英炬、孙博、王守功等。专家组认为，齐长城资源调查工作严格执行国家长城资源调查工作标准规范，资料记录、数据采集比较全面、翔实，汇总、录入工作规范，基本达到了国家相关要求，经山东省验收小组讨论研究，一致同意通过验收。并提出宝贵的修改意见，齐长城调查队根据整改意见进行检查修改。

二　国家验收

2011年11月11～13日，国家文物局组织专家组对齐长城调查整理资料进行验收。专家组成员有吴家安、杨招君、张文平、程广治，由国家文物局世界遗产处黄晓帆处长带队。验收工作在

图二七　国家长城资源调查验收组专家勘察现场（一）

翰林大酒店举行。12 日全天现场查看长清 1 段（广里段墙体）和长清第 36 段（钉头崖西段长城）长城（图二七、二八）。13 日，在翰林大酒店 6 楼会议室，专家听取了山东齐长城调查工作汇报及山东省文物局省级验收工作汇报，审核了调查资料（图二九、三〇），检查了记录材料和数据录入系统，并进行了现场考察，认为：1. 山东省文物局提交的长城资源调查资料完整，提供各类调查登记表 288 份，与调查对象对应。2. 根据验收规定，专家组抽检了各类登记表 41 份，抽检率为 14%，山东省调查登记工作全面细致，符合《长城资源调查工作手册》的要求。3. 山东省长城资源调查资料符合验收标准。提出了主要存在的问题："自然与人文环境"栏的描述局部区域特征不够突出，CAD 示意图需要明确前后段落间的关系。建议对以上存在问题进行完善，使其符合规范要求。验收结论：专家组认为山东省秦汉及其他时代长城资源调查资料合格，建议国家文物局通过验收。

图二八　国家长城资源调查验收组专家勘察现场（二）

图二九　国家长城资源调查验收组听取汇报

图三〇　国家长城资源调查验收组专家审阅调查资料

第四章

齐长城调查成果

第一节　主要调查成果综述

　　齐长城资源调查工作取得的主要成果和最大收获，就是按照国家的总体部署和《长城资源调查工作总体方案》及《长城资源调查工作规程》的要求，高质量地完成了齐长城全线 244 段的野外调查、测绘、特征点数据采集、照相、录像和全面记录；完成了以县域为单元的齐长城数据录入、综合工作；完成了齐长城类型、保存状况的分析统计；完成了齐长城走向、分段走向、单项遗迹与相关寨堡平、剖面 CAD 电子地图的绘制工作。并按照要求全部录入齐长城资源调查数据系统；首次实现了对齐长城具体情况清楚认知的重要目标。通过山东省文物局委托山东省文物保护中心，以齐长城资源调查资料为基础，编制完成了《齐长城总体保护规划》初稿和个别具体区段的保护方案。为今后的保护、利用工作打下了良好的基础。

　　齐长城资源调查队在以往调查、研究的基础上，对山东省齐长城资源的分布、结构特征、走向、长度、保存现状等进行了全面的调查和信息采集，基本摸清了山东齐长城资源的家底，取得了丰硕的成果（图三一；表一）。经调查队统计核实，山东省齐长城墙体总长 641322.40 米（含青石关长城），其中土墙 40402.00 米，石墙 256134.20 米，山险 132851.00 米，消失 195987.20 米，壕堑 809.00 米。青石关长城总长 15948 米。

　　由于自然和人为破坏，许多长城墙体已经消失或损毁严重，目前保存较好的墙体 20792.00 米，保存一般的墙体 100949.00 米，保存较差的墙体 69240.00 米，保存差的墙体 105555.2 米，消失的墙体 195987.2 米，山险 132851.00 米（表二）。新发现烽燧 8 处，石砌寨堡 27 处，周代遗址 8 处，墙内陶片标本 3 例，木炭标本 1 例，碑刻 11 通。确定关隘 8 处（包括青石关）。

　　纠正了对临朐境内齐长城复线的错误认识。临朐长城爱好者认为临朐境内齐长城主线之外，还有 160 余千米的四条复线和多处烽燧。调查队用 30 天时间进行实地调查验证，排除了其中的三条。

　　以齐长城资源调查资料为基础，对齐长城的保护状况与损毁原因进行了全面分析，选定重点保护地点，为编制齐长城重点区段的《抢救保护方案》提供了资料依据。

　　确定莱城青石关长城不是齐长城，而是明清时期修筑的晚期长城，并对其进行了调查测绘和记录。莱城青石关长城长 15948 米，其中石墙 12225 米，消失部分 3723 米。保存较好的 1218 米，保存一般的 2930 米，保存较差的 5188 米，保存差的 2889 米，消失部分 3723 米。

　　完成了第三次文物普查在莱芜南部发现的石墙、寨堡遗迹的现场考察、分析、定性。认为莱芜南

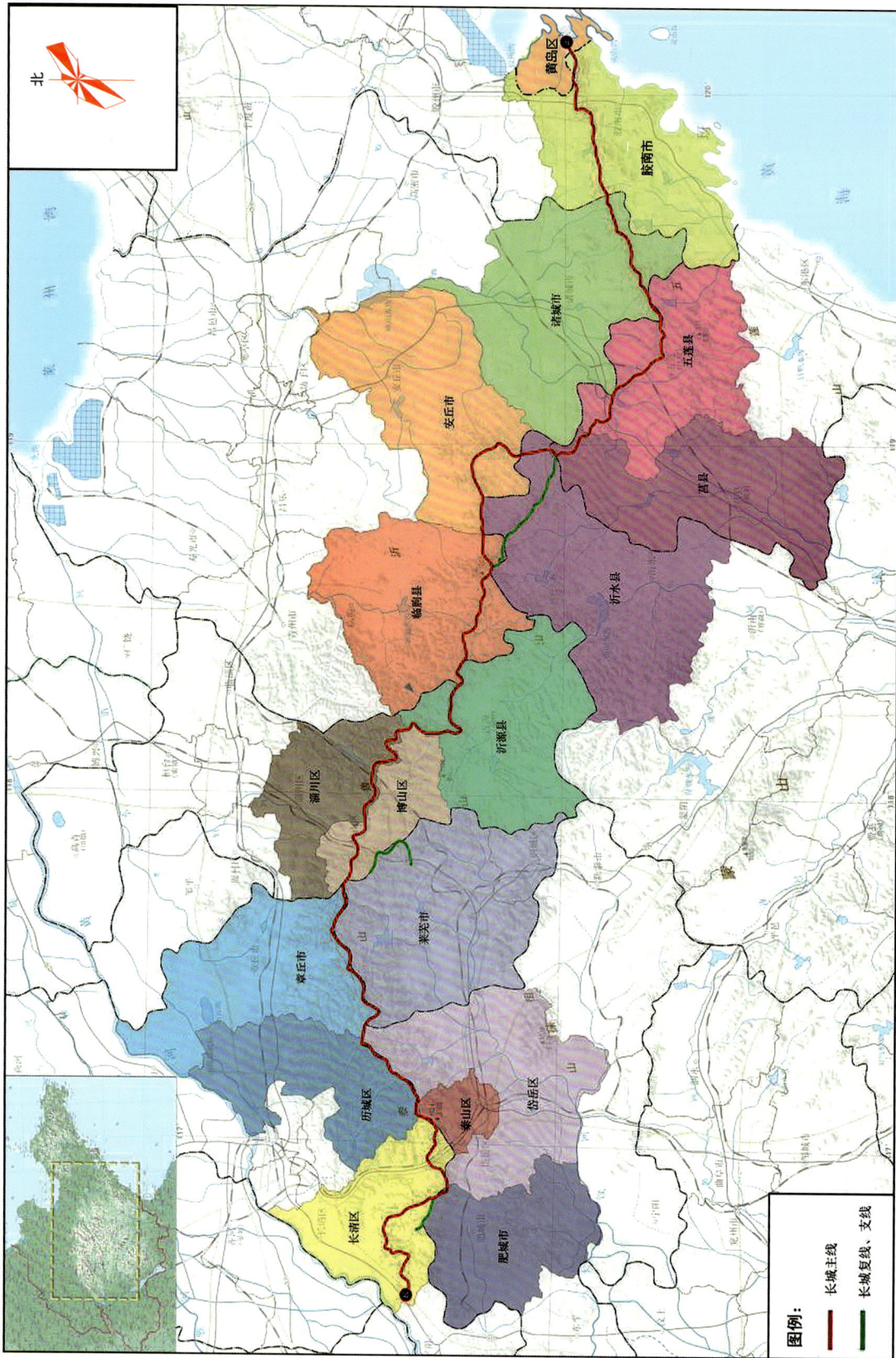

图三一　齐长城各县（市、区）分布示意图

部、穆汶河南侧东西向约 40 千米山脉上的石砌构筑物，线形墙体总长不足 5000 米，多数宽度在 1 米左右，少量宽 2.3 米，与长城墙体的类型特点不符；围墙式寨堡多为独立单位，修筑时间不同，存在部分晚期寨堡。应是山寨与少部分墙体构成的临时防御设施。

确定了齐长城保护范围和建设控制地带划定的指导意见。大部分县市已按要求划定了保护范围，有的县区已完成了保护标志树立工作。

对齐长城的采石场及起石方式有了初步的认识。齐长城沿线基本不见修筑长城的采石场，结合长城墙体石材类型和莱芜农民用镢头、铁棍、铁锤就地采集裸露地表的分层山石砌筑山墙等现象分析，齐长城修筑所用石料，可能采用类似的开采方式。

表一　齐长城各县（市、区）段墙体类型统计表（单位：米）

齐长城沿线各段墙体不同类别统计				
长清段				
类型	石墙	土墙	山险	消失	合计
长度	51812.7	1388	11512	23202	87914.7
百分比（%）	58.94	1.58	13.09	26.39	100
长清段另有壕堑 809 米，不计入墙体总长				
肥城段（支线）				
类型	石墙	土墙	山险	消失	合计
长度	8179	0	0	3205	11384
百分比（%）	71.85	0.00	0.00	28.15	100
历城段				
类型	石墙	土墙	山险	消失	合计
长度	20150	0	10366	5284	35800
百分比（%）	56.28	0.00	28.96	14.76	100
章丘段				
类型	石墙	土墙	山险	消失	合计
长度	27070	0	23846	14928	65844
百分比（%）	41.11	0.00	36.22	22.67	100
博山段				
类型	石墙	土墙	山险	消失	合计
长度	8314	0	10043	15851	34208
百分比（%）	24.30	0.00	29.36	46.34	100
淄川段				
类型	石墙	土墙	山险	消失	合计
长度	2659	0	24102	16357	43118
百分比（%）	6.17	0.00	55.90	37.94	100
沂源段				
类型	石墙	土墙	山险	消失	合计
长度	2253	0	24587	6680	33520
百分比（%）	6.72	0.00	73.35	19.93	100

临朐段（主线）				
类型	石墙	土墙	山险	消失	合计
长度	18443.5	6669	15242	15899.2	56253.7
百分比（%）	32.79	11.86	27.10	28.26	100

临朐段（复线—穆陵关）				
类型	石墙	土墙	山险	消失	合计
长度	8807	0	0	71	8878
百分比（%）	99.20	0.00	0.00	0.80	100

安丘段				
类型	石墙	土墙	山险	消失	合计
小计	31639	1678	0	12847	46164
百分比（%）	68.54	3.63	0.00	27.83	100

沂水段（主线）				
类型	石墙	土墙	山险	消失	合计
长度	4480	0	0	4675	9155
百分比（%）	48.94	0.00	0.00	51.06	100

沂水段（复线—穆陵关）				
类型	石墙	土墙	山险	消失	合计
长度	23548	0	0	9562	33110
百分比（%）	71.12	0.00	0.00	28.88	100

莒县段				
类型	石墙	土墙	山险	消失	合计
长度	4798	0	0	7055	11853
百分比（%）	40.48	0.00	0.00	59.52	100

五莲段				
类型	石墙	土墙	山险	消失	合计
长度	11735	5023	6915	31110	54783
百分比（%）	21.42	9.17	12.62	56.79	100

诸城段				
类型	石墙	土墙	山险	消失	合计
长度	31134	0	0	6178	37312
百分比（%）	83.44	0.00	0.00	16.56	100

胶南段					
类型	石墙	土墙	山险	消失	合计
长度	0	23858	830	15702	40390
百分比（％）	0.00	59.07	2.05	38.88	100
黄岛段					
类型	石墙	土墙	山险	消失	合计
长度	1112	1786	5408	7381	15687
百分比（％）	7.09	11.39	34.47	47.05	100
总计　量	256134.2	40402.00	132851.00	195987.2	625374.4
总计　百分比（％）	41	6.5	21.2	31.3	100

表二　各县（市、区）齐长城保存程度一览表（单位：米）

县（市、区）	长度						
	总长	较好	一般	较差	差	消失	山险
长清区	87914.7	2404	25086	6627	19101.7	21881	11512
历城区	35800	630	9472	4878	5170	5284	10366
章丘市	65844	5274	6127	2807	12862	14928	23846
岱岳区	17795	533	4151	3832	3414	3705	2160
泰山区	30927	0	7412	1670	2123	0	19722
莱城区	61787	4403	6240	3322	10430	11427	25965
博山区	34208	215	113	830	7156	15851	10043
淄川区	43118	0	0	0	2659	16357	24102
沂源县	33520	0	0	0	2253	6680	24587
临朐县	56253.7	837	7703	5472	11100.5	15899.2	15242
安丘市	46164	916	5492	11394	15515	12847	0
诸城市	37312	8697	13913	6632	1892	6178	0
沂水县	9155	0	1297	2002	1181	4675	0
莒县	11853	0	1329	1635	1834	7055	0
五莲县	54783	522	2968	6223	7045	31110	6915
胶南市	40390	0	12533	9765	1560	15702	830
黄岛区	15687	0	101	1768	1029	7381	5408

第二节　长城防御体系构成

一　墙体

准确地测量了齐长城原有实际长度、现存长度和各类墙体的长度。最终确认齐长城总长度为641322.40 米（含青石关长城），改写了《齐长城》618900 米的旧有记录。确认齐长城墙体由山险、土墙、土石混筑、石墙几种类型构成。

山险：利用自然峭壁作为长城墙体的组成部分，峭壁两端较缓的部位用石块进行整补，以便与人工墙体紧密整合，确保墙体的连贯性和防御性能。

土墙：多在平川或低洼地。用土夯筑而成，分多层夯打，墙体坚固结实。

土石混筑墙体：部分可称之为"石包土墙"，多见于山间缓坡或低矮岭岗，以黄岛、胶南、诸城、安丘、五莲等地较多。内部为夯筑土墙，墙面用石块干砌，宽度与土墙类似。野外调查时，因墙体坍塌，土石混筑墙体的石砌墙面多已坍塌无存，石块也被民众搬走用于垒砌堤堰，只胶南、黄岛等地发现了少量低矮的短墙体，大部分仅见墙体中有大石块，故而未做细致区分。此后齐长城维修工程启动，勘探齐长城边界时，发了较多的石砌墙基或压在坍塌夯土下的石砌矮墙。其中，诸城黑王家沟段，现存外包石墙约 150 米（图三二、三三）；胶南 09 段曹城山东坡段（刘家大村南山段），现存外包石墙约 50 米（图三四、三五）。

调查发现，土墙（含包石土墙和土石混筑）底部宽度（不计底部明显被毁坏的部分）通常在 18～28 米。2011 年底，为编制齐长城西端保护维修方案，山东省文物考古研究所受命对岭子头至珠珠山西麓石砌墙体之间的夯土墙体进行了考古勘探，并编制了《齐长城长清区起点段考古勘探报告》，称"本次探明城墙的西起点在大街村西南约 200 米处的大口井（机井）东南 20 米，东距 220 国道 160 米。自起点至山体城墙约 1200 米，呈西北—东南向。""这段 1200 米长的城墙底部的宽度不尽一致，其绝对宽度在 23～30 米，最宽处在济荷高速公路两侧 110 米长的区段，墙体底部的宽度达 30 米。城墙起点向东南 60 米处逐渐变宽，至 220 国道西侧又恢复到宽 23 米，扩出部分呈弧状，向西南扩出最宽点为 13 米。墙体在此处拓宽可能是为了加固城墙，亦可能与关隘遗迹有关。""土城城墙与山体石砌城墙连接处夯土墙体向南扩出 36 米，此处总宽度为 64 米（图三六）。为何在此处拓宽，可能是城堡兵营遗址，也可能是关隘所在地，这有待今后考证。"

石砌墙体：多见于山坡和山顶，有单面和双面垒砌之分。单面垒砌墙体多利用山岭自然地势。在外侧陡崖处砌筑石墙，内侧填塞土石，形成坚固的墙体；墙体外侧陡高，内侧与山体相连，有利于防守。双面墙体多依山修筑，全部用石头垒砌而成，或两侧垒砌石块内部填碎石或土石混填。宽度多在 5～12 米，现存高度多在 1～2 米，保存最高处可达 4 米，岚峪北山还发现了石砌马面（图五六）。

章丘锦阳关一带石墙，外侧有垛口，应为清代重修所致，底部较宽的部分则应为齐长城的残留（图三七，参见 Fyt. 020 章丘锦阳关段长城、Fyt. 021 锦阳关齐长城残存墙体）。

支线、复线长城：本次调查确认了齐长城主线外侧（南侧）与主线相呼应的支线、复线墙体 2 条（段）。"支线长城"是长城主线外侧、仅有一端与长城主线连接的墙体，如肥城支线长城；"复线长城"见于临朐、沂水，是两端均与长城主线连接的墙体，即穆陵关复线长城。莱城青石关晚期长城与齐长城无关，留待第二十章介绍。

图三二　诸城市黑王家沟段包石土墙（一）

图三三　诸城市黑王家沟段包石土墙（二）

图三四　胶南市刘家大村南山段石包土墙（一）

图三五　胶南市刘家大村南山段石包土墙（二）

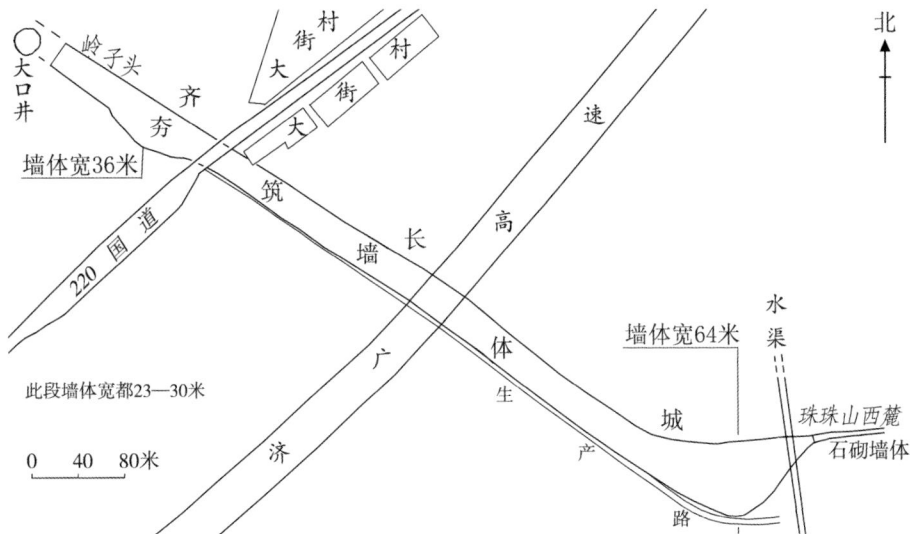

图三六　齐长城西端考古勘探示意图

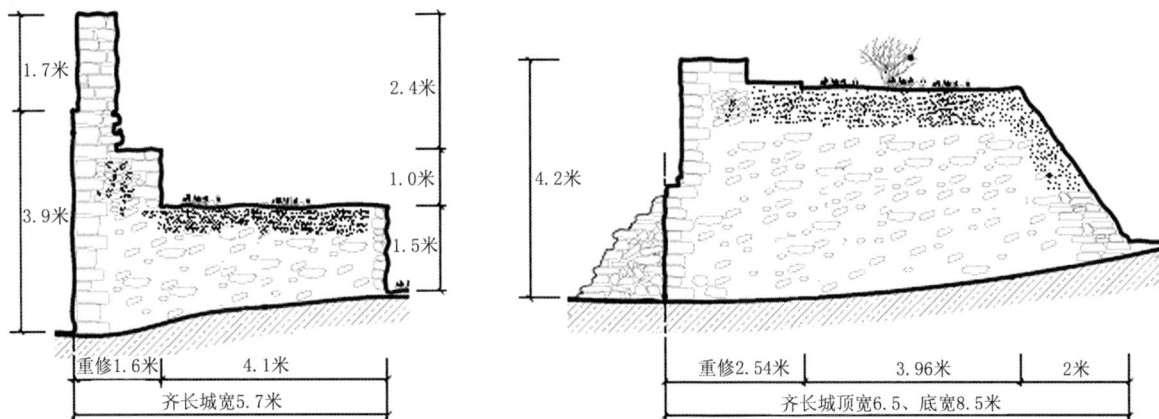

图三七　锦阳关段齐长城与清代重修长城剖面关系图

肥城支线长城：由长清三岔沟至肥城的连环山。本次调查，重新确定了该段长城的西端起点，把起点向西延伸了 1400 余米，总长 11384 米；

穆陵关复线长城：由临朐、沂水交界处的脖根腿东山向东南，经朱家峪东山，过穆陵关，向东至三楞山，与北侧由安丘方向延伸而来的主线相交接。根据现场迹象判断，沂水穆陵关东西向墙体的构筑年代，应晚于其北侧沂水、临朐、安丘三县交界处的长城（主线），应为复线，纠正了此前穆陵关线长城作为长城主线的错误认识。

二　烽燧

共 8 处。分台式和坑式两种。台式：3 处。平面多呈圆形或椭圆形，为泥土夯筑，或外砌石墙内填土石。如万南烽燧为黄土夯筑，直径 15、现存高 6 米。坑式：5 处。通常是在山顶挖出直径 3～5 米方形圆角土坑，周边垒砌出略高于地面的石圈（Fyt.003 齐长城壕堑、关隘、烽燧分布总图）。

三　关、堡

关隘是长城南北交通要道设置的出入关防。

关隘共 8 处。有北门关、锦阳关、天门关、东门关、黄石关、风门道关、穆陵关和青石关。文献记载，长清防门、沂水穆陵关应为东周修建，其他几处时代有待确定。现保存较好的青石关关堡系清代重建（参见 Fyt.003 齐长城壕堑、关隘、烽燧分布总图）。

寨堡：在长城沿线的山顶上发现石砌寨堡 27 处。用石块砌筑围墙和寨门，有的还保存有石砌房屋。这类遗存的年代及其与长城的关系有待更深入的研究。部分可能与长城守卫防御有关，多数可能属于晚期山寨。

四　相关遗存

堑壕：在长清发现并确定一条东西向，长 809 米的壕沟。壕沟横贯南北向的谷间平地，截断了三条以上的谷间自然冲沟。壕沟宽二十多米，深十几米。沟的东西与山脊长城相对。据当地村民介绍，大沟的北侧在 20 世纪六七十年代还保存有较高的土墙。初步判定为长城墙体外侧堑壕（图四八 ~五〇）。

周代遗址：在长城线上发现 8 处东周时期遗址，面积数千平方米至上万平方米不等，有的遗址位于长城经过的山顶之上，应为长城防御体系的组成部分。

五　遗物

发现墙内陶片标本 3 例、木炭标本 1 例，均见于临朐段。确认碑刻 11 通，包括临朐穆陵关 2 通，尚在现场，分别为明嘉靖四十四年"增穆陵"碑和清道光二十六年"永垂奕世"碑；章丘锦阳关 2 通，包括"章丘县修筑长城岭石墙记"碑，现藏章丘博物馆；"章邑南乡重修长城记"碑，现存莱芜博物馆；莱城青石关 6 通，包括万历三十五年"修路碑记"、明万历四十年"重修玄帝庙记事碑"、清道光二十六年"奕世流芳"碑、"曾王所栖处"碑、无字碑和"青石关"额题刻石，均在当地（相关拓片见 Fyt.051 ~055）；临朐县龙王崮永清寨碑记 1 通，现在当地。

第三节　调查数据整理

一　数据汇总表

两支调查队伍共填写各类登记表 304 份。其中长城墙体登记表 244 份，单体建筑登记表 8 份，关堡登记表 35 份，相关遗存登记表 9 份，采集文物标本登记表 8 份。

二　GPS 点测量与登记

完成 GPS 点数据采集 2085 个，填写 GPS 点数据登记表 304 份。

三　照片

共拍摄照片 13778 张，整理选用照片 1203 张。按照《长城资源调查手册》的要求，每张照片像素符合要求，能够反映长城墙体、单体建筑、关堡及相关遗存的保存现状，对每张照片做了详尽的说明，为今后制定山东齐长城保护规划和维修保护等工作提供了依据。

四　录像

共拍摄录像 2486 段，整理选用录像 627 段。按照《长城资源调查手册》的要求，每段录像符合要求，客观真实地记录了长城墙体、单体建筑、关堡及相关遗存的保存现状，对每段录像都做了详尽的说明，为今后山东齐长城的保护工作保留了完整的资料。

五　图纸

将山东齐长城经过地带的 1∶10000 纸质地图进行了全部扫描，以县为单元进行了保存。两支调查队伍共绘制分段齐长城平面分布图、墙体结构图、各县齐长城分布图、山东齐长城平面分布总图、建筑单体平剖面图、采集标本位置图等共 321 幅 CAD 图，为山东齐长城研究、维修保护提供了科学依据。

六　拓片

在调查工作中完成了穆陵关、"增穆陵"碑、"永垂奕世"碑、青石关"修路碑"、龙王崮"永清寨记"碑的传拓，征集了"章丘县修筑长城岭石墙记"碑、"章邑南乡"重修长城碑刻拓片。

七　文献

对于山东齐长城在古代文献《左传》《国语》《史记》《竹书纪年》《水经注》《汉书》《吕氏春秋》《管子》《战国策》等和相关志书有关长城的记载，进行了收集分析。

第四节　保护与管理

一　保护管理措施

1. 保护管理历史

1956 年，山东省人民委员会将齐长城分段公布为第一批文物保护单位。

齐长城所经各县（市、区）公布为文物保护单位。

1987 年，齐长城被联合国教科文组织列入中国首批世界文化遗产名录。

2001 年，齐长城由国务院公布为第五批全国重点文物保护单位。

2. 保护规划和专项法规

以《中华人民共和国文物保护法》为依据，以"保护为主，抢救第一""有效保护，合理利用，加强管理"为前提，贯彻以保护现状为主，适当维修，防止或减缓遗迹破坏的原则。保护区内，不得开山、放炮、取土取石，不得增建任何人工景物。重点地段，保护范围适当向外伸延1000米。争取制定保护长城的专项法规。进一步防止破坏长城，或借口利用开发长城乱修乱建行为。统一划定保护范围和建设控制地带。

3. 保护管理机构的情况

长城所经各县（市、区）均建立有文物管理所或博物馆，负责齐长城的保护管理工作。没有设立专门的齐长城保护机构。

4. 保护范围

齐长城资源调查前，山东省文物管理部门对齐长城的保护范围和建设控制地带做了明确规定，沿长城墙体及附属建筑两侧50米之内为保护范围，其中20米之内为绝对保护区，由各地市文物主管部门负责，300米之内为建设控制地带。

齐长城资源调查结束后，资源调查项目办公室建议，将齐长城保护范围的划定大体分为"坡地和平地"与山岭两种情况。坡地和平地部分：以长城本体两侧外缘各向外200米为保护范围。保护范围外缘向外500米为建设控制地带。山岭部分：山脊上的长城按山脊两侧的谷底线（或坡脚线）；至长城墙体外缘的距离不足700米的按700米划定，后又根据《长城保护总体规划》确定的原则作了调整。

5. 保护标志

齐长城所经各县（市、区）均在长城遗迹保存较好、人们经常往来的地方设立了石质保护标志。

6. 保护档案的情况

长城所经各县（市、区）文物管理部门，不止一次地对齐长城做过调查，本次齐长城考察队对长城全线进行步行考察时，文物管理部门的专业人员均陪同考察，对长城在本辖区内的行经路线、长度、关隘、城堡、烽燧的分布及数量，均记录在案，建立了较完整的资料档案，划定了保护范围和建设控制地带，设立了保护标志，建立了保护组织，并由文物管理部门与长城所经各乡（镇）或村委会签订了文物安全责任书，使齐长城得到有效保护。

二　保护管理工作情况

2003年6月，山东省文化厅联合山东省公安厅、山东省国土资源厅、山东省建设厅、山东省环境保护局和山东省旅游局下发了《关于进一步加强齐长城保护管理工作的通知》，强调履行国际公约，做好"四有"基础工作，规范开发利用行为，对齐长城实施有效保护管理。

2004年2月，国家文物局在北京召开长城保护工作座谈会，会议传达了中共中央政治局常委李长春和国务委员陈至立关于做好长城保护工作的重要批示，会议讨论了由国家文物局起草的"长城保护工程"工作方案，并对贯彻落实工作进行部署。

2004年4月，为贯彻国家文物局"长城保护工程"精神，山东省文化厅在济南召开"山东省齐长城保护规划工作会议"。有关领导在讲话中进一步阐述了齐长城保护的重要性，强调认真做好调查工作，为制定保护规划做好准备，要加强管理，防止新的破坏发生。随后，山东省文物考古研究所根据国家文物局部署编制了《山东齐长城遗址研究与保护工作方案》（十一五规划项目），经山东省文化厅审核上报国家文物局。

2006年2月，国家文物局在秦皇岛市山海关召开"长城保护工程启动工作会议"，会议要求充分认识长城保护工程的重要性和紧迫性，认真实施《长城保护工程（2005—2014 年）总体工作方案》，运用科学理念和先进技术，确保长城保护的真实性和完整性。

2006 年 6 月，国家文物局在河北秦皇岛召开"长城保护工程资源调查推进工作会议"，会议交流了河北、甘肃长城调查试点工作情况，并讨论修改《长城调查工作试点规范》和《明长城调查表及著录说明》等文件。2006 年 8 月，山东省文物考古研究所根据秦皇岛会议要求修订了《山东省齐长城资源调查工作方案》，上报国家文物局。

2006 年 8 月 20 日，长城保护工程项目管理组发出《关于进一步完善〈长城资源调查工作方案〉的函》，并对方案内容提出具体要求。2006 年 9 月，山东省文物考古研究所根据长城保护工程项目管理组的要求，再一次修改和完善《山东省齐长城资源调查工作方案》上报国家文物局。

2006 年 10 月，温家宝总理以国务院第 476 号令公布《长城保护条例》。这是针对长城保护与利用中的突出问题，专门制定的一部行政法规。强调对长城实行整体保护，分段管理，明确长城所在地人民政府的责任。条例规定了长城保护总体规划制度，规范了长城利用行为。

2010 年，山东省文物局召开齐长城保护工作会议，对齐长城保护工作中存在的问题做了总结，对齐长城的保护范围和建设控制地带作了明确规定：要求长城经过市、县切实做好长城保护工作。

2010 年 3 月 19 日，山东省文物局在济南召开"齐长城遗址保护总体规划和保护工程方案编制工作协调会"。

第五节　长城保护的环境因素

一　自然环境因素

地理位置　山东省地处中国东部、黄河下游，位于北半球中纬度地带。陆地南北最长约 420 千米，东西最宽 700 余千米，面积 15.7 万平方千米。境域东临海洋，西接大陆。地形分为半岛和内陆两部分，东部的山东半岛突出于黄海、渤海之间，隔渤海海峡与辽东半岛遥遥相对，庙岛群岛（又称长山列岛）屹立在渤海海峡，是渤海与黄海的分界处，扼海峡咽喉，西部内陆部分自北而南依次与河北、河南、安徽、江苏 4 省接壤。齐长城分布在鲁中和胶东半岛地区，从济南西的长清开始，向东经过泰安的肥城、岱岳区、泰山区，济南的历城区、章丘市，莱芜市的莱城区，淄博的博山区、淄川区、沂源，潍坊的临朐县，临沂的沂水县，潍坊的安丘，日照的莒县、五莲，潍坊的诸城，青岛的胶南、黄岛。

地质状况　山东半岛是我国最大的半岛，濒临渤海、黄海，沿岸海蚀地貌和海积地貌发育典型，但不同岸段岸线及地貌特征有显著差异。山东的地质构造多种多样。除大部属于新华夏系的第二隆起，只有鲁西北济阳—东明一线以北一小部分属于新华夏系第二沉降带。鲁东没有沉积岩覆盖，只有老的结晶岩基底，属单层结构型；鲁西则在古老结晶岩基底之上，还有较新的沉积岩层覆盖，属双层结构，山东的地质构造主要有褶皱构造与断裂构造。在构造分区上分为鲁东、沂沭断裂带和鲁西三个构造区。长城经过地带位于鲁东、沂沭断裂带构造区。

土壤　山东土壤的主要类型有如下 5 种。棕色森林土：分布在鲁中南及胶东地区，系火成岩风化而成；褐土：大多分布在鲁中南丘陵地区，系由沉积岩风化而成；草甸土：为平原地区的土壤类型，由于成土母质不同，又可以分为浅色草甸土和无石灰性浅色草甸土两类，前者由黄褐沉积物发育而成，具石灰性反应，后者分布在胶潍、胶莱河沂沭河流域的合股平原，母质来自山地与丘陵，都无石灰反应；沼泽土：分布于鲁西湖区，由于地形低洼和积水期较长而形成；盐渍土：分布于鲁北和鲁西北平原地区。齐长城经过地带的土壤为棕色森林土、褐土及草甸土，这对齐长城分布地带的植被有着较大的影响。

地形地貌　山东地形中部突起，为鲁中南山地丘陵区；东部半岛大部是起伏和缓、谷宽坡缓的波状丘陵，为鲁东（胶东）丘陵区；西部、北部是黄河冲积而成的平原，是华北平原的一部分，为鲁西北平原区。鲁中南山地丘陵区位于沂沭大断裂带以西，黄河、小清河以南，京杭大运河以东，是全省地势最高、山地面积最广，占全省中低山面积77%的地区。主峰在千米以上的泰、鲁、沂、蒙诸山构成全区的脊背。因诸山偏于北部，故北坡陡、南坡缓。中低山外侧，地势逐渐降低，为海拔500~600米的丘陵，多山顶平坦的"方山"地形，当地称为"崮子"，有大小七十二崮之称。丘陵的边缘则是海拔40~70米、地表倾斜的山前平原，最后没入坦荡的华北平原中；鲁东丘陵区位于沭河、潍河谷地以东，三面环海。除海拔700米以上的崂山、昆嵛山、艾山等少数山峰耸立在丘陵地之上，其余大部分海拔200~300米的波状丘陵，地表起伏和缓，谷宽坡缓，土层较厚，加之三面环海，气候温湿，利于农林渔牧业发展。齐长城的东段分布在胶东低山丘岭地带，沿东西向的山脊或岭脊分布，多就地取材，修筑土长城或土石混筑长城。齐长城的中段分布在鲁中泰沂山地，悬崖峭壁处以山险为墙，较少人工墙体，如泰山北麓长清钉头崖以东的山险；多数地方，借用山势修筑石头长城。长城的西段分布在泰山西麓低山丘岭及山前低地。最西段临近古济水，地势地平，修筑土长城。

水文　山东的河流分属黄河、海河、淮河流域或独流入海。全省平均河网密度为0.24千米/平方千米，长度在5千米以上的河流有5000多条，其中，长度在50千米以上的1000多条，较重要的有黄河、徒骇河、马颊河、沂河、沭河、大汶河、小清河、胶莱河、潍河、大沽河、五龙河、大沽夹河、泗河、万福河、洙赵新河等。齐长城经过地带为山东中东部东西向山脊或岭脊，多为南北分水岭。向南北两侧流淌的山间小河无数，宽大的河流自西向东，向北流的有小清河、淄河、弥河、潍河、胶莱河等，向南流的有沂河、沭河。河流对墙体也有冲刷，长城跨越河流的构造无法弄清，而且山东地区的河流多为季节性的河流，特别是大的河流，多雨季节河水汹涌；少水时节，人们可以轻松蹚过，齐长城经过河流地带的防御问题有待深入研究。

气候　山东气候属暖温带季风气候类型。降水集中、雨热同季，春秋短暂、冬夏较长。年平均气温11℃~14℃，由东北沿海向西南内陆递增，胶东半岛、黄河三角洲年均在12℃以下，鲁西南在14℃以上。最冷月1月平均气温由零下4℃递增到1℃，最热月7月由24℃递增到27℃左右。极端最低气温在零下11℃~20℃，极端最高气温36~43℃。

全年无霜期也由东北沿海向西南递增，鲁北和胶东一般为180天，鲁西南地区可达220天。各地大于10℃的积温，一般在3800℃~4600℃，可以满足农作物一年二作的热量要求。全省光照时数年均2290~2890小时，日照百分率为52%~65%，较南邻的江苏省和安徽省高出三四百个小时。

年平均降水量一般在550~950毫米之间，由东南向西北递减。鲁南鲁东，一般在八九百毫米以上；鲁西北和黄河三角洲则在600毫米以下。降水季节分布很不均衡，全年降水量有60%~70%集中于6~8三个月，易形成涝灾。9~11月份降水一般100~200毫米，12~2月降水仅15~50毫米，3~5月也在100毫米以下。冬、春及晚秋易发生旱象。

自然灾害常有发生，其中以旱、涝、风、雹对农业生产的影响最大。

植被　植被的生长和土壤、海拔、气候、雨水有着密切的联系。山东齐长城分布在山东中部的泰沂山和东部的胶东丘陵，地质、土壤、海拔、气候对植被的影响尤为明显。

胶东丘陵地区多为低矮缓平的丘陵，土壤为棕色森林土，地质构造为结晶砂岩，其植被特点：阔叶林有栓皮栎、蒙古栎、槲、枹林、洋槐林、杨、赤杨、枫杨林，及椴、臭椿、榆树等；针叶林有赤松、黑松、杉木；灌丛有盐肤木、白檀、化香等；灌木草原为松、黄背草。

而鲁中山地海拔较高，土壤为棕色森林土、褐土，多为沉积的石灰岩山地，其植被状况不同于胶东地区。阔叶林多为洋槐林、杨树林、椴、臭椿、榆树等；针叶林有油松、黑松；灌丛有山槐、黄檀、鹅耳枥等；灌木草原有松、黄背草，侧柏、黄背草、白羊草，山槐、黄背草，及荆条、棘、黄背草、白羊草等。沂源县的石灰岩山地以黄荆＋酸枣＋胡枝子－结缕草为建群种，博山区的石灰岩山地以黄荆＋酸枣＋胡枝子－结缕草＋荩草＋白羊草为建群种。在数量和功能上占优势的是灌草丛，这些种类的绝大多数为旱中生植物。

二 人文环境因素

山东齐长城从济南西的长清沿泰沂山、胶东半岛作东西向分布，横亘山东中东部，而山东地区的齐鲁大地为我国南北交流沟通的必经之地。齐长城起点处的孝里镇，位于泰山西麓，古济水之滨，为山东向西，沟通山东和河北、山西的重要交通要道，这里现在分布有国道 G220 和高速公路 G35，道路穿越西端起点附近长城。高速公路 G35 修建时，采用跨越的方式通过齐长城，对长城本体起到了很好的保护。长清的长城铺，为济南南北的交通要道，国道 G104、高速公路 G2、京沪铁路、京沪高速铁路从这里南北穿过或跨越齐长城。章丘的青石关、沂水的穆陵关都是南北的主要通道，青岛的黄岛临近海边，为半岛地区和南方地区的交通要道，而一些山谷或山脊凹处，也是长城南北县、镇、村的必由之路。公路、铁路的修建，过往行人对长城本体或者环境风貌都造成了一定的影响。

在齐长城南北两侧，近年来沿山谷修建有星罗棋布的水库，泰山、沂山地势高，水库离长城较远，在临朐、安丘、五莲、诸城等丘陵低地，水库的建设靠近长城，对长城可能造成影响。

山东地区人口稠密，村庄密集，人们的住居逼近齐长城沿线。特别是长城西端的起源地，沂山以东的临朐、沂水向东，长城经过山岭较低，人为因素破坏更为严重。长城两侧农田的开发，沿山岭两坡而上，有的地段开垦至长城根部，部分地段对长城本体造成了破坏，个别地方在长城本体上种植花生等作物。

山东齐长城分布于鲁中山地、胶东半岛东西向山脊或岭脊上，泰沂山山高谷深、地势险峻，为山东地区南北的自然地理分界线，胶东半岛低山也成为南北人群的交往障碍，齐长城修建以后，更将人们分隔开来。因此，齐长城南北地区的风俗民情差异很大。而齐长城两侧南北向流淌的大河也对人们的交往产生影响，淄河、弥河、潍河等大的河流也造成了东西区域的差别，胶东地区与西部的淄、潍相比有着自己的独特的风俗民情、语言、文化特色。

三 问题和建议

（一）存在的问题

1. 在田野调查和资料采集方面，主要存在以下 3 个方面的问题：

（1）没有进行适当的考古解剖，无法对不同区段齐长城的修筑年代提供考古学依据。

（2）长城烽燧空间跨度较大，地形险峻，调查存在一定难度，可能存在某种程度的遗漏。

（3）齐长城沿线的关堡、山寨和早期遗址的性质有待更深入的调查认证。

2. 在齐长城的保护方面，主要存在以下 4 个方面的问题：

（1）大规模的基本建设、矿山开采、农田开垦，对长城整体保护构成了严峻挑战。

（2）由于历史的原因，齐长城沿线保护范围之内，存在数量众多既有的道路、建筑、农垦地和矿山，对环境风貌甚至对本体构成了严重损坏，环境整治的任务极为艰巨。

（3）齐长城的大部分区段都在边远的山区，不易监管。地方政府对文物保护的人力、经费投入的意愿和能力都有待大幅度提高，保护监管存在很多盲点。

（4）由于齐长城的保存状况较差、地理位置和观赏性较差等诸多方面的原因，地方政府对保护方案的编制实施，缺乏相应的积极性，相关保护措施的落实存在较大困难。

（二）工作建议

目前齐长城资源调查和资料录入工作已基本结束。按照国家长城项目办公室的要求，下一步要做好《齐长城资源调查工作报告》《齐长城资源调查报告》的编辑出版和《齐长城记录档案》的整理、建档工作。据此，我们建议：

1. 做好科学调查，打好保护基础。做好调查、定性、记录、测绘和资料档案的建立工作，为长城经过市县做好基础资料，做到保护工作有案可依。

2. 切实落实文物保护员制度，建立齐长城保护责任制，沿线各市、县、乡镇分管领导和村主任要层层签订安全责任书，把责任落到实处。实行不定期的检查、抽查，发现问题及时追责。

3. 设立保护标志，保护碑与保护桩相结合，做好全线保护。山口、路口、村口显要位置设置保护标志碑，其上应刻划附近长城走向图，附加文字说明，介绍附近的长城基本情况和保护的重要性，保护碑的设立根据调查工作情况在合适位置设立。长城沿线设置保护桩，设置于地边显要位置，间隔距离以三四百米较为合适。

4. 充分利用齐长城资源调查的成果，继续大力推进齐长城保护规划和保护方案的编制、申报和实施工作，继续推进齐长城沿线的环境治理工作，把齐长城保护利用工作提升到一个新的水平。

5. 充分利用新闻媒体，大力宣传齐长城的概况、保护利用价值，提高全社会对保护齐长城重要性的认识，为顺利推进各项保护工作，营造良好的社会环境。

6. 制订详尽可行的齐长城维修保护规划，加大保护工作力度，将齐长城的保护工作落实到县、镇、村基层单位。

第五章

长清区、泰山区齐长城资源调查

第一节 地理位置与自然环境

长清区隶属济南市,地处山东省的中部,东依泰山,西临黄河。东接历城,南邻泰安市的泰山区、岱岳区、肥城市,西邻平阴,隔黄河与聊城的东阿县、德州的齐河县相望。面积1178平方千米。

泰山区隶属泰安市,位于泰安市中部,北依泰山。东西南三面与泰安市岱岳区搭界,北部与济南市历城区、长清区毗连。东西24、南北28千米,总面积336.86平方千米。

该段长城不同地段分别与肥城市、岱岳区、泰山区共有(参见图三一)。肥城市段描述长城支线,岱岳区段与历城区段共有较多,故将泰山区段与长清区段合并描述。

地质、地形、地貌 长清区地处泰山山脉西北部,属泰山隆起的边缘,地势东南高、西北低,由东南向西北依次是山区、丘陵、山前平原和黄河洼区,有"八山一洼一平原"之称。长清的东南部为海拔约1000米的高山,余脉向北、西北延伸,形成南境的山地丘陵地貌。区内土质主要为棕壤土、褐土和沙风土。

泰山区为泰安市主城区,地处泰(安)莱(芜)向斜盆地的西部边缘,北依泰山,南濒大汶河,地势北高南低。北部山峦起伏,高山幽谷,海拔在200米以上,最高海拔(泰山玉皇顶)1532.7米,为山东省第一高峰。西南部地形起伏,为低山丘陵,海拔170~200米。东南部为大汶河冲积平原,地形较为平坦,海拔约130米。中部为泰山山前冲洪积平原,海拔约200米的有泰山、蒿里山。在地层区划上属于华北地层区鲁西分区泰安小区,出露地层有太古界泰山岩群,下古生界寒武系、奥陶系,新生界下第三系、第四系。太古界泰山岩群泰山区内仅残留少量泰山岩群雁翎关组地层,岩性为斜长角闪岩夹黑云角闪变粒岩,底部为阳起片岩。主要分布在徐家楼办事处西南与岱岳区交界处。下古生界寒武系零星出露于西部蒿里山,南部桂林官庄、居岭庄等处,大部分被第四系覆盖。泰山区内仅出露有4个组。

气候 长清区由于地处中纬度地带的山东内陆,属暖温带大陆性季风气候。四季分明,春季升温较快,夏季炎热多雨,秋季天高气爽,冬季寒冷漫长。年平均气温13.8℃,年平均降水量623.1毫米。

泰山区属暖温带半湿润大陆性季风气候,春季干燥多风,夏季高温多雨,秋季天高气爽,冬季寒冷少雪。年平均气温13.2℃,年平均降水量为683.2毫米。

水文 长清境内河流较多,主要有黄河、南北大沙河水系,还有玉符河、清水沟等河流。长城经过的山区多山间河流,修建有较多的水库。国道220东西原为湖边洼地,西侧近古济水,原有湄湖。济水后为黄河夺道。

泰山区河流为雨源型山溪性河流，属黄河流域大汶河水系。主要河流有牟汶河、芝田河、柴草河、三里庄河等。

植被与动物　山麓、沟谷多种植松、柏、刺槐，丘陵、梯田多种植杨树、柳树、桐树，山巅多杂草，有黄草、马兰、翻白草、蒿子等，果树有桃、李、梨、栗、山楂、核桃、杏、葡萄、无花果、枣，野生药材丰富。动物有鼠、鼬、兔、狸、獾、狼、狐等，禽类有鸥、鹊、鹰、燕子、雁、家雀、黄雀、乌鸦、山鸡、鹌鹑、猫头鹰、杜鹃、啄木鸟、鹎、窝兰等。

第二节　历史沿革

一　长清区

春秋战国时属齐国。秦代于境内卢邑设卢县，属济北郡。西汉时为泰山郡卢县、茌县和平原郡祝阿县地。三国魏时为兖州济北国卢县、泰山郡山茌县和青州济南国祝阿县地。西晋时县境属济北国卢县，县境东北部属青州济南郡祝阿县地，东部为兖州泰山郡山茌县地。东晋时为太原县地。南朝宋时县境属济北郡；北朝魏时为齐州东太原县、卢县和山茌县地。

585 年，废太原县于升城置长清镇。594 年，以长清镇置长清县。

唐代，长清县初属河南道济州。北宋时以路辖府，长清属京东东路齐州济南府。县内界首镇属京东西路郓州。金代，长清属山东东路济南府。县广里镇属山东西路东平府。元代，长清属中书省泰安州。

明代洪武年间，县内居民多为土著，行政区划设置里甲。永乐年间，徙直隶、川陕等地居民来长清县定居后，行政区划实行仓里制。清代沿袭明制。民国 20 年（1931 年）取消里制，划分为乡镇闾邻。

中华人民共和国成立后，长清县区划变化较多。1950 年，长清、河西两县合并统称长清县。1956 年，将长清县所属黄河以西一个区，划归齐河县，1959 年 10 月，撤销长清县，原孝里公社划属肥城县，双泉、马山、五峰公社划属平阴县，其余各公社划入历城县。1961 年 5 月，恢复长清县建制。近现代，或归泰安或济南。1978 年，长清县划归济南市，2001 年，长清撤县划区，称济南市长清区。

二　泰山区

春秋战国时期，齐国在境内设博邑。

秦代博邑改为博阳县，汉初改为博县，泰山郡治博县。汉武帝元封六年（公元前 110 年），泰山郡治所迁至奉高（今岱岳区范镇故县村）。

北魏时期，博县改为博平县，泰山郡治迁至博平。北齐时期，博平复改博县，泰山郡废，设东平郡。隋开皇元年（581 年），东平郡废。

隋开皇十六年（596 年），博县改为汶阳县，后又改为博城县。唐乾封元年（666 年）改为乾封县。唐总章元年（668 年），复改博城县。唐神龙元年（705 年），又改为乾封县。宋开宝五年（972 年），乾封县治迁岱岳镇（今泰城）。北宋大中祥符元年（1008 年），乾封县改为奉符县。金天会十四年（1136 年），于奉符地设泰安军，泰安得名始此。金大定二十二年（1182 年），升军为州。

清雍正十三年（1735 年）升州为府，设泰安附郭县。民国 2 年（1913 年），裁府留泰安县。

中华人民共和国成立后，泰城为泰安专署及泰安县驻地。1958 年泰山市与泰安县合并建立泰安市。1982 年 3 月，泰安县复改为泰安市。

1985 年 3 月，国务院批准撤销泰安地区，成立泰安市（地级），原泰安市（县级）分设泰山区、郊区（2000 年改为岱岳区）。

第三节　长城概况

长清区是齐长城的西端起点分布处，齐长城从长清区孝里镇广里村北的古济水东岸开始，沿东南部山地丘岭地带的山脊、岭脊，向东蜿蜒延伸，全长 99298.7 米。分主线墙体和支线墙体两部分，其中，中部主线和支线分别与泰安市岱岳区、肥城市共有；东部主线分别与泰安市岱岳区、泰山区共有（图三八）。

一　长清主线

长清主线墙体，全长 87914.7 米。从长清区孝里镇广里村北长城西端起点开始，向东南经珠珠山、陡子岭，向东经岚峪村西山间平地，上岚峪北山，过三股峪深沟，沿阳干山北行，由阳干山北下平地向东，朝北黄崖村北梯子山而行，东南过石小子寨山转而向东北沿满井峪东山北行，沿北傅庄北山北行，从狗头山东北山脚下，沿崮头村山谷平地东北行，上村东凤凰山南行，沿南北长山脊至三岔山与西侧延伸而来的长清肥城复线相汇合，向东南上斜峪北岭，过辘辘道口，向东南过九顶寨山、夹子山、黄巢寨山、五花岩山，转向东北向国道 104 附近的长城铺而行，过曹庄，上东山，沿大寨山、北马套北山至钉头崖，多有石砌长城分布。钉头崖为长清区与泰山区共有长城的起点。钉头崖东为泰山北侧东西向高山山脊，海拔 900～1100 米，为齐长城最长的一段山险。上钉头崖东山，过老挂尖山、穿穿顶、摩天岭、楼顶山，至大麻子峪顶长清、泰山、历城三界碑。长清区的齐长城到此结束。向北为历城区和泰山区交界处的长城。

调查测绘时，我们将长清主线墙体分为 40 段，第 1～23 段、第 29～36 段在长清区境内分布。第 24～26 段在长清、肥城交界处山脊上分布，从斜峪北岭北山脚开始，高程 280 米；至莲花盆山三界碑结束，高程 478 米；全长 6708 米。第 27、28 段在长清、岱岳两区交界处沿山脊分布，从莲花盆山三界碑开始，高程 478 米；至桃尖山结束，高程 520 米；全长 4338 米。第 37～40 段在长清区与泰山区交界处山脊上分布，从钉头崖开始，高程 626 米；到大麻子峪顶三界碑结束，高程 847 米；全长 8741 米。

在岚峪西北山谷平地发现壕堑一条，长 809 米。壕堑位于第三段长城的外侧，不计入长城的总长度。

泰山区的齐长城总长 16028 米，西起与长清交界的钉头崖，高程 626 米；东至与历城区交界处的高尖子山北侧林场监控室，高程 820 米。这里为泰山北侧高山地带，长城多以高山为险，人工砌筑的长城较少。其中西半部在长清区第 37～40 段介绍，东半部在历城区第 1～3 段介绍。

该段长城分布 1 处三股峪周代遗址，1 座长清万南烽遂，寨堡 6 处，为刘黑七寨、石小子寨、杜庄寨堡、狼顶寨、夹子山南寨堡、黄巢寨。

二　长清、肥城支线

长清肥城支线墙体，长 11384 米。分布在长清主线的三岔山向西长清、肥城交界处东西向山脊上。西起连环山，高程 350 米；东至三岔山，高程 410 米。该部分墙体共分 5 段。

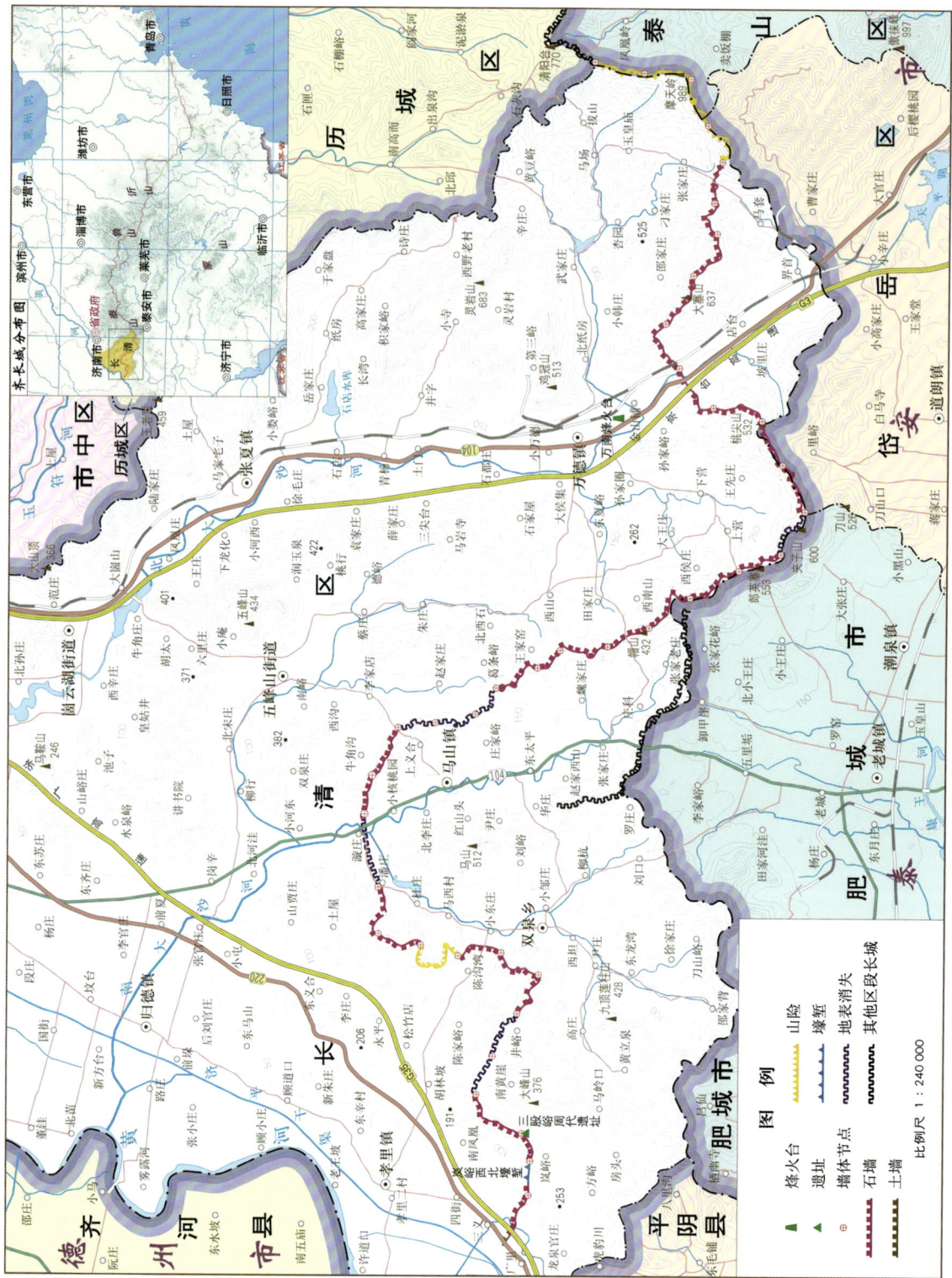

图三八　长清区及周边区县长城分布图

分布有古遗址 2 处，张家山山顶周代遗址、张家花峪北山山顶周代遗址。长清肥城支线长城资源调查情况在第六章"肥城市齐长城资源调查"单独叙述。

第四节　分段调查实况（1～40 段）

一　墙体

长清主线部分的长城从 2008 年 12 月 14 日开始调查，齐长城调查队的全部队员来长清集中工作，统一调查模式。队员有李振光、张溯、张艳群、程留斌、魏健、朱彤，长清区文化局文物科马前伟参加了调查。12 月 14～24 日，调查了广里长城起点到崮头西狗头山部分。其后，张溯、张艳群、朱彤、马前伟继续向东调查至三岔山口，并调查了东部的国道 104 至钉头崖部分长城。12 月 25 日开始，李振光、程留斌、魏健和肥城文物管理所的王新华调查了长清肥城复线部分，调查长清主线三岔山向东至国道 104 部分。2009 年 3 月，李振光、程留斌、朱彤、王云鹏、马前伟调查了长清钉头崖向东至大麻子峪顶长清、泰山、历城三县三界碑长城。长清区的长城调查全部结束。2010 年 4 月，对长清的 6 个寨堡进行了全面的测绘。

长清区长城主线长 87914.7 米。西起广里村北现存长城西端，高程 33 米；东至大麻子峪顶长清、泰山、历城三县交界碑，高程 847 米。根据特征点及长城保存状况，将长清区发现的长城分为 40 段（表三）。

表三　长清段齐长城主线墙体保存情况统计表（单位：米）

段落 \ 保存状况	较好	一般	较差	差	消失	山险	总计
1	0	628	0	0	384	0	1012
2	0	296	508	403.7	105	0	1312.7
3	0	0	0	0	1321	0	1321
4	0	1002	0	0	252	0	1254
5	0	1407	0	1407	210	0	3024
6	0	0	0	0	1350	0	1350
7	0	0	0	0	2371	0	2371
8	0	0	1563	243	390	0	2196
9	0	834	0	550	672	0	2056
10	240	335	0	0	1277	0	1852
11	0	0	0	0	0	2771	2771
12	0	275	793	0	956	0	2024
13	0	920	0	280	1256	0	2456
14	0	0	0	0	2870	0	2870
15	0	0	198	1383	308	0	1889
16	0	0	0	2112	568	0	2680
17	0	0	0	1928	196	0	2124

段落 \ 保存状况	较好	一般	较差	差	消失	山险	总计
18	0	0	0	2094	156	0	2250
19	0	0	0	1724	225	0	1949
20	0	359	0	2089	277	0	2725
21	0	0	0	416	1038	0	1454
22	0	455	0	1871	505	0	2831
23	0	0	0	1754	845	0	2599
24	0	2151	0	0	400	0	2551
25	0	1217	609	480	0	0	2306
26	72	793	1249	0	0	0	2114
27	0	1729	0	0	559	0	2288
28	0	1281	240	0	816	0	2337
29	0	810	384	367	440	0	2001
30	0	1537	193	0	464	0	2194
31	0	968	328	0	1170	0	2466
32	0	2265	562	0	0	0	2827
33	0	2810	0	0	0	0	2810
34	0	2690	0	0	0	0	2690
35	0	0	0	0	1821	0	1821
36	2092	306	0	0	0	0	2398
37	0	0	0	0	0	2142	2142
38	0	0	0	0	0	2199	2199
39	0	0	0	0	0	2218	2218
40	0	0	0	0	0	2182	2182
小计	2404	25068	6627	19101.7	23202	11512	87914.7
百分比（%）	2.7	28.5	7.5	21.7	26.4	13.09	100

长城墙体以石墙为主，长52374.7米，土墙仅826米，其余部分消失（表四）。从保存情况看，保存较好仅2404米，保存一般25068米，保存较差6627米，保存差19101.7米，消失部分23202米。山险类墙体11512米，占总长度的13.09%。

表四　长清段齐长城主线墙体类型统计表（单位：米）

项目	山险	石墙	石墙消失	土墙	土墙消失	总计	壕堑
小计	11512	52374.7	17277	826	5925	87914.7	809
比例（%）	13.09	59.57	16.65	0.94	6.74	100.00	

说明：第三段有壕堑809米，不计入总长度。

第一段，广里村北段长城（编码：37011 3382102020001）[1]

该段长城北起孝里镇广里村北现存长城西端，高程 33 米；南至珠珠山西山脚，高程 74 米。长 1012 米（图三九、四二；表五）。

该段长城为齐长城的最西端，地处山地丘岭的西北侧，西北有黄河（古济水），这里自古以来就是东西交通要道，国道 220 从这里穿过，为东平、平阴方向通往济南方向的重要通道。南为广里村、北为古平阴县城。长城在保护标志东 10 米处，被国道 220 南北贯穿，距保护标志东南 365 米处，被济菏高速南北跨越；220 国道北侧残存墙体底宽 23～29、高 2～4 米。

该段长城总长 1012 米。其中保存一般的墙体 628 米，消失部分墙体长 384 米。根据长城走向和特征点划分为 4 个小段。

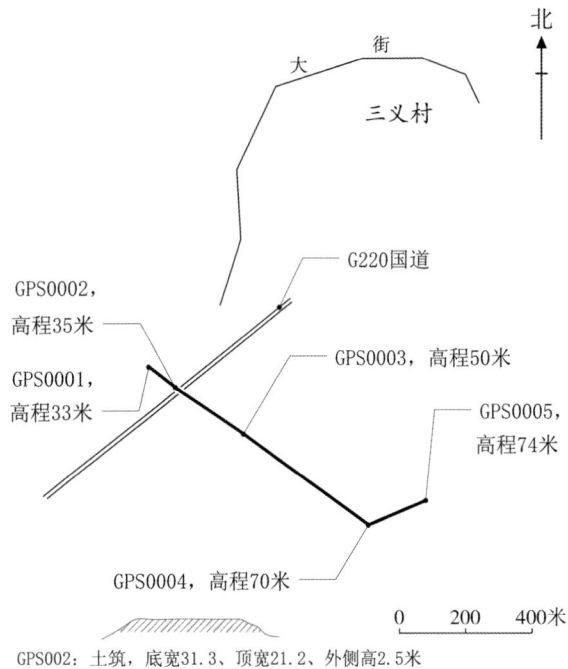

图三九　广里村北段长城走向图

第 1 小段，GPS0001—0002，位于长清至平阴的公路（国道 220）西北侧，两侧为低洼平地，种植小麦、玉米，田间路旁种植杨树。在保存土墙西端向西北 122 米处，有一大口井，根据前人调查，在 20 世纪 90 年代齐长城西端起点这里还有保存，现在已经消失，夷为平地。这次调查记录的西端起点为地面现存土墙的西端。墙体为土墙，底宽 25～28、顶宽 18～23、高 2～3.5 米。为东南—西北向直墙。墙体整体保存一般，顶部开垦为农田，在 0002 点处被国道 220 截断，路宽 15 米。长 171 米（图四〇）。

表五　广里村北段长城（编码：370113382102020001）GPS 采集点表（单位：米）

工作编号	名称	坐标（起止点）			与相邻点关系
		东经	北纬	高程	
0001	起点			33	
0002	广里村长城保护标志			35	0001 点东南 171
0003	广里村北长城消失段终点			50	0002 点东南 252
0004	广里村北长城折点			70	0003 点东南 457
0005	广里村北长城拐点			74	0004 点东北 132

[1]　段前代码为统一编码：370113 为长清区区划代码，382102 为长城主体类别码，02 为时代代码，0001、0002……为顺序码，以下各段同此。

在公路的西北侧、墙体的东南端立有齐长城保护碑，内容为"长清县文物保护单位——齐长城起点　长清县人民政府　一九九一年十月十五日公布"。

第2小段，GPS0002—0003，该段位于国道220的东南侧，济菏高速公路的西北侧。现为至珠珠山的田间道路，夯土墙已经消失。西北端近第1段处，为公路截断，东南乡间路土墙消失，碎石裸露。东北侧地势较高，西南侧为山沟的底部洼地，岩石裸露。长252米。

第3小段，GPS0003—0004，该段东北侧为低矮岭脊，向东南的珠珠山方向延伸，现为麦田。西南侧为水沟洼地。长城位于田间道路及其东北侧，当地村民说道路原来也是长城墙体，已经破至底部。东北侧现高台地部分，2002年山东省文物考古所勘探时，发现仍保存一部分夯土墙体。东侧高台地高2~3.5米。墙体整体保存一般，顶部开垦为农田，南侧为田间便道，济菏高速从墙体上跨越；近年来人们不断取土，墙体被蚕食严重。长457米（图四一）。

第4小段，GPS0004—0005，由田间道路的东南端折向珠珠山西南山脚。因开垦农田致使墙体全部消失，地表无遗迹可寻。长132米。

图四〇　GPS0001点东南长城西端起点墙体（北—南）

图四一　GPS0003 点以东墙体（南—北）

图四二　GPS0006 点西北墙体远景（东南—西北）

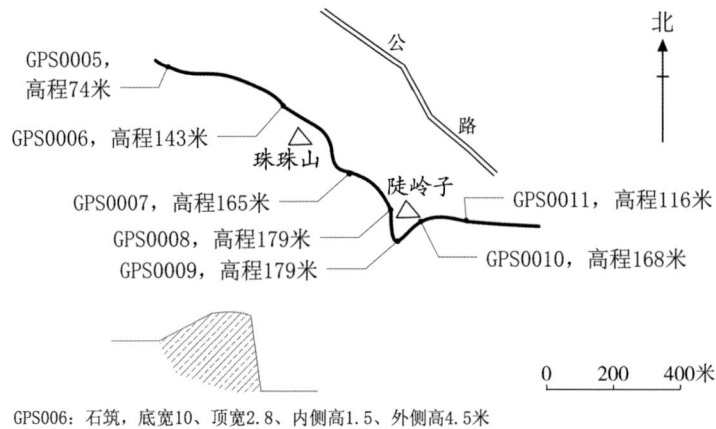

GPS006：石筑，底宽10、顶宽2.8、内侧高1.5、外侧高4.5米

图四三　珠珠山陡岭子段长城走向图

第二段，珠珠山陡岭子段长城（编码：370113382102020002）

该段长城西北起自珠珠山西山脚，高程74米；东南至陡岭子东山脚，高程116米。长1312.7米（图四三；表六）。

长城从珠珠山西山脚开始，沿山脊东南行上珠珠山，经东南陡子岭最高峰，长城沿山顶南侧绕行半周至山顶东侧，沿陡子岭东侧山脊下山，向岚峪北山方向而行。珠珠山由两个小山及西侧低矮山脊组成，山势连绵，西南坡松树茂密，北坡山势平缓，山石裸露，多茅草荆棘。陡子岭为较平的石顶山，面积较大，山顶北侧地势平缓，东南侧山顶下较为陡峻，长城沿山顶下陡处绕行。陡子岭东坡松树高大茂密，墙体北侧有一大型采石坑。

长城用石头垒砌，珠珠山至陡子岭山脊处，墙体呈南北两道，低处墙体可能作为加固基础所用。陡子岭山顶西南侧长城保存较好，墙体高大坚固结实，现仍无法登攀。陡子岭南侧、东南侧长城内侧形成一环形低洼地，可以存水，可能是修建长城时特意设计制作的，以备山顶守卫用水。陡子岭山顶地势平坦，北坡山势平缓，长城在南侧绕山顶半周，山顶可能驻兵防守。这里为长城西端起点向东第一个高山，可见其战略意义特别重要。东坡长城被现代石坑破坏。

在珠珠山的北坡长城内侧，仔细观察，山坡石面有开采痕迹，这可能是齐长城发现的唯一一处能够与当时采石相联系的遗存。

该段长城总长1312.7米。其中保存一般墙体长296米，保存较差墙体508米，保存差墙体403.7米，消失墙体105米。根据长城走向和特征点划分为6个小段。

第1小段，GPS0005—0006，位于珠珠山西山脚至珠珠西山山顶。墙体用片麻岩垒砌而成，底宽10.4、顶宽2.8、内侧高1.5、外侧高约4米。墙体被小路两次穿过，形成宽分别为2、8.5米两处豁口。长508米（图四四、四五）。

第2小段，GPS0006—0007，位于珠珠西山山顶至珠珠山西。墙体用片麻岩垒砌而成，整体保存差。墙体底宽4.4、顶宽3.2、高约0.5米。长259米（图四六）。

第3小段，GPS0007—0008，位于珠珠山西坡到陡子岭山顶西。该段墙体为南北两道石墙，整体保存一般。北侧高处石墙宽3.6、内侧高0.5、外侧高1米；南侧低处墙体宽3.5、外侧高1.8米，紧靠北侧石墙外侧底部砌筑而成。两道石墙南北相距1.8~3.5米。该处山脊地势较陡，在南侧低处砌筑一道石墙，起到加固基础、加强防守的作用，北侧石墙比较稳固。长216米。

第4小段，GPS0008—0009，位于陡子岭山顶的西北侧。该段已倒塌，宽2.5、内侧高0.6、外侧高 0.8 米。长 80 米。

第 5 小段，GPS0009—0010，位于陡子岭山顶的南侧、东侧。在山顶下绕山顶修建，墙体宽 2.5、内侧高 0.8、外侧高 2.3 米。长 80 米（图四七）。

第 6 小段，GPS0010—0011，位于陡子岭的东坡山脊。山的上半部 64.7 米保存有石墙，仅存痕迹，被后期采石坑严重破坏，下半部后 105 米墙体消失。长 169.7 米。

表六 珠珠山陡岭子段长城（编码：370113382102020002）GPS 采集点表（单位：米）

工作编号	名称	坐标（起止点）			与相邻点关系
		东经	北纬	高程	
0005	起点			74	
0006	拐点 1			143	0005 点东 508
0007	折点 1			165	0006 点东南 259
0008	拐点 2			179	0007 点东南 216
0009	拐点 3			179	0008 点南 80
0010	折点 2			168	0009 点东北 80
0011	结束点			116	0010 点东 169.7

图四四 GPS0005—0006 点间墙体（西北—东南）

图四五　GPS0005—0006
点间墙体（西—东）

图四六　GPS0006—0007
点间墙体（西北—东南）

图四七　GPS0008—0009
点间墙体（南—北）

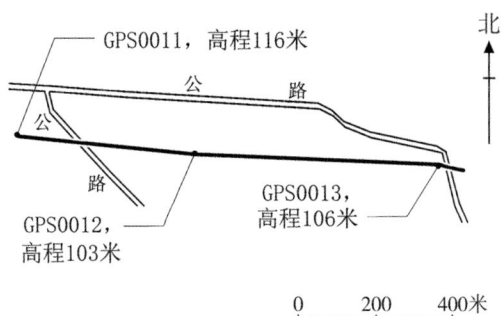

图四八　岚峪西北段长城与壕堑走向图

第三段，岚峪西北段长城与壕堑（编码：370113382102020003）

该段长城西起陡子岭东山脚，高程 116 米；东至岚峪北山西山脚，高程 106 米。长 1321 米（图四八；表七）。

壕堑，西起陡子岭东山脚向东 512 米处，高程 103 米；东至岚峪北山西山脚，长 809 米。后文有单独介绍。

岚峪段长城墙体和壕堑位于孝里镇岚峪村西北，陡子岭山与岚峪北山山脊相对应的山间平地处。这里西为陡子岭山，陡子岭山向南为南北向连绵山脊，其北侧有一东西向山沟，山沟北侧为南北向延伸山脊；东为岚峪北山及其北侧的阳干山形成的南北长山脊。中间是较为开阔的山间平地。所处地势南高北低，自然水流由南向北流淌。长城与壕堑的南侧为三条南北向深的冲沟，至壕堑汇合，在壕堑的中部向北形成一条宽而深的冲沟（图四九、五○）。

表七　岚峪西北段长城与壕堑（编码：370113382102020003）GPS 采集点表（单位：米）

工作编号	名称	坐标（起止点）			与相邻点关系
		东经	北纬	高程	
0011	墙体起点			116	
0012	壕堑起点			103	0011 点东 512
0013	墙体和壕堑结束点			106	0012 点东 809

陡子岭山山脊长城与岚峪北山西山脊长城东西对应，岚峪西北长城与壕堑恰好位于两侧山脊与长城对应的中间平地上。长城墙体地面无存，百姓说在 20 世纪六七十年代，东西深沟的北侧存在较高的土墙。

该段长城总长 1321 米，长城墙体应为土墙，墙体消失。根据长城走向和特征点划分为 2 个小段。

壕堑位于墙体的南侧，即现东西向长而宽的深沟。在壕堑部分详述。

图四九　GPS0011—0013 点间岚峪西北段长城与堑壕全景（西—东）

图五〇　GPS0011—0013 点间岚峪西北段长城与堑壕全景（东—西）

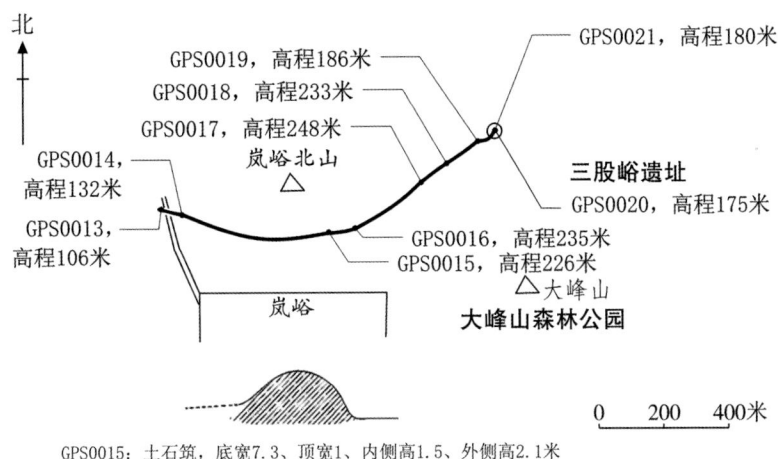

GPS0015：土石筑，底宽7.3、顶宽1、内侧高1.5、外侧高2.1米

图五一　岚峪北山段长城走向图

第四段，岚峪北山段长城（编码：370113382102020004）

该段长城西起孝里镇岚峪北山西山脚，高程106米；东至阳干山南山脚，高程180米。长1254米（图五一；表八）。

该段长城为石块垒砌，从岚峪北山的西山脚沿西山脊向东南至岚峪北山山顶，拐而东北行，经东北最高山顶沿山脊东北行，过三股峪，向阳干山方向延伸。岚峪北山位于岚峪村北，山较高，南坡山势较为陡峻，北坡地势平缓。山的下半部开垦为梯田，种植花生地瓜等；上半部松树茂密。东北为三股峪，沟呈三岔状，山沟宽而深，沟壁岩石陡立。长城到沟边止（图五二）。三股峪西南山脚下有东周遗址，可能与长城守卫有关。

南侧山脚下为岚峪村，西部山谷平地有大路沿陡子岭北山沟通向三义村。岚峪山南有大路向东侧山沟延伸。岚峪东山现为大峰山国家森林公园，开发为旅游景区。

该段长城总长1254米。其中保存一般墙体1002米，消失部分墙体252米。根据长城走向和特征点划分为8个小段。

表八　岚峪北山段长城（编码：370113382102020004）GPS采集点表（单位：米）

工作编号	名称	坐标（起止点）			与相邻点关系
		东经	北纬	高程	
0013	起点			106	
0014	折点1			132	0013点东84
0015	折点2			226	0014点东507
0016	拐点1			235	0015点东60
0017	折点3			248	0016点东北210
0018	折点4			233	0017点东北90
0019	消失点			186	0018点东北135
0020	发现遗址点			175	0019点东96
0021	结束点			180	0020点东北72

　　第 1 小段，GPS0013—0014，位于岚峪北山的西山脚、东西大沟的东侧。该段墙体呈东—西走向。因开垦梯田、修整道路，墙体消失。长 84 米。

　　第 2 小段，GPS0014—0015，位于岚峪北山的西山。该段墙体呈西北—东南走向。墙体底宽 7.4、顶宽 2.5、高 1.5 米。墙体已经倒塌，呈凸起的宽高土垄状。长 507 米。

　　第 3 小段，GPS0015—0016，位于岚峪北山山顶西侧。该段墙体呈东—西走向。墙体宽 7.3、内侧高 1.5、外侧高 2 米，周围大量石块散落。长 60 米（图五三～五五）。

　　第 4 小段，GPS0016—0017，从岚峪北山山顶至东北高山顶部。该段墙体呈西北—东南走向。墙体用石块垒砌而成，宽 7.3、内侧高 1.5、外侧高约 2 米。南侧山坡散落大量石块。长 210 米。

　　第 5、6 小段，GPS0017—0019，位于岚峪北山东侧高山的东北山脊。呈西北—东南向。墙体用石块垒砌而成，宽 7.5、高约 2 米。在 GPS0018 处石墙的南侧凸出一方形石台，和石墙一起砌成，可能为加固墙体而垒砌。长 225 米（图五六）。

　　第 7 小段，GPS0019—0020，位于岚峪北山东北山脚、三股峪的南侧。因开荒种地，墙体消失，现为梯田。长 96 米。

　　第 8 小段，GPS0020—0021，为三岔沟。三岔沟为自然深沟。沟南北 72、垂直深 40 余米，沟宽而深，沟壁岩石裸露陡峭，借为天险，未见长城墙体。长 72 米。

图五二　GPS0019—0021 点间墙体远景（东北—西南）

图五三　GPS0015—0016 点间墙体（西—东）

图五四　GPS0016 点处墙体（东南—西北）

图五五 GPS0016—0017 点间墙体（西南—东北）

图五六 GPS0018 点处岚峪北山马面（南—北）

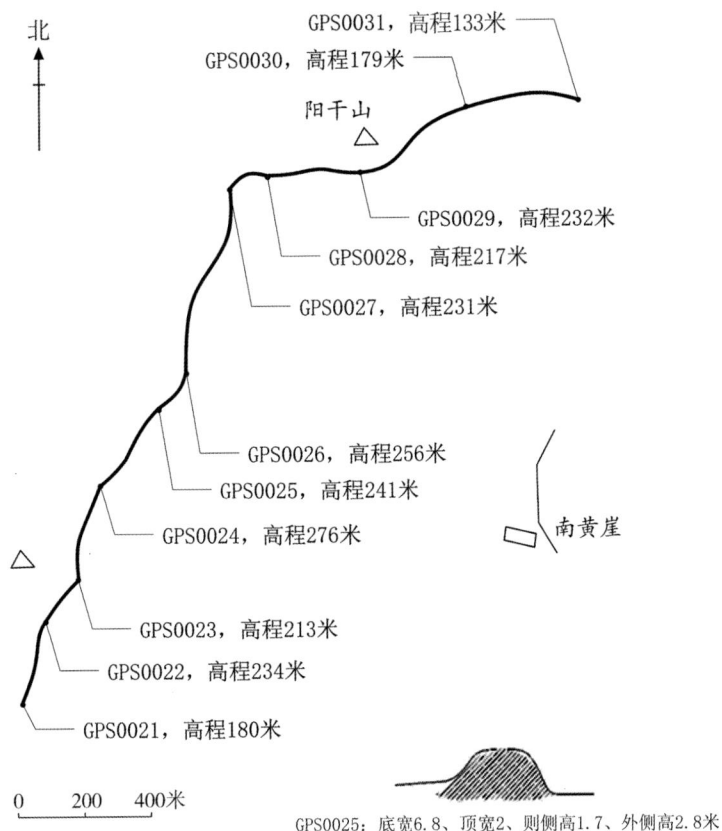

GPS0025：底宽6.8、顶宽2、则侧高1.7、外侧高2.8米

图五七　阳干山段长城走向图

第五段，阳干山段长城（编码：370113382102020005）

该段长城西南起阳干山南山脚，高程180米；东北至阳干山东北山脚，高程133米。长3024米（图五七；表九）。

长城从三股峪沟的北侧向北，沿阳干山南侧山脊东北行至长山脊的北端下平地。阳干山是由5个小山组成的南北向长山脊，山脊连绵，顶部起伏不大，为石灰岩山体，表面石头呈薄片状，又称片麻岩。山脊东侧陡险，多生长杂草，基本不见树木；西侧山坡较缓，多生长松树；顶部较为平坦；小山底部较为开阔，多生长杂草，少荆棘，不见树木。近山根处有梯田。长城沿山脊、部分山顶的东侧近断崖处绵延北行，至第四个小山头拐而东北行，至山脊北端对应北黄崖村的小山脊而下。经山间平地向北黄崖村东的梯子山方向延伸。

阳干山的东西两侧为南北长川，少村庄。北部西侧有南凤凰村，东侧有南黄崖、中黄崖和北黄崖村。东北约800米有一石佛堂庙，为唐代石佛，现村民建造石屋密封保存。长城墙体用石灰岩垒砌而成。

该段长城总长3024米，其中保存一般1407米，保存差1407米，消失部分210米。根据长城走向和特征点分为10个小段。

第1～5小段，GPS0021—0026，位于阳干山的中南部，从三股峪北侧阳干山的南山脚开始向北至第3个小山的顶部。墙体用石灰岩垒砌而成，墙体宽6.8、内侧高1.7、外侧高2.8米。墙体保存一般。长1407米（图五八～六一）。

第6小段，GPS0026—0027，墙体保存差，坍塌严重，间断出现小段墙体，高约1米。长530米。

第7～9小段，GPS0027—0030，墙体整体保存差，遗迹模糊，间断出现。长877米（图六二、六三）。

第 10 小段，GPS0030—0031，位于阳干山北端东北山坡。墙体消失，从远处看痕迹清晰。长 210 米。

从南向北的第二个小山的顶部（GPS0024）有石砌围墙和小房子。围墙呈东西向的长方形，南墙中部、西墙南端有门道。西南角有一方形小石屋，门西向，南墙开有窗户，屋顶用石片叠攒尖而成。围墙的正中近北墙处有一方形屋子，与南侧院墙门道相对，似为院落内主要建筑。

表九　阳干山段长城（编码：370113382102020005）GPS 采集点表（单位：米）

工作编号	名称	坐标（起止点）			与相邻点关系
		东经	北纬	高程	
0021	起点			180	
0022	折点 1			234	0021 点东北 300
0023	拐点 1			213	0022 点东北 250
0024	折点 2			276	0023 点北 413
0025	折点 3			241	0024 点东北 194
0026	拐点 2			256	0025 点东北 250
0027	拐点 3			231	0026 点北 530
0028	折点 4			217	0027 点西 75
0029	拐点 4			232	0028 西 497
0030	消失点			179	0029 点东北 305
0031	结束点			133	0030 点东 210

图五八　GPS0021—0022 点间墙体（南—北）

图五九　GPS0021—0022 点间
墙体（东—西）

图六〇　GPS0022—0024 点间
墙体（南—北）

图六一　GPS0024 点处
墙体（东—西）

图六二　GPS0029—0031 点间墙体（南—北）

图六三　GPS0030 点以西墙体（东北—西南）

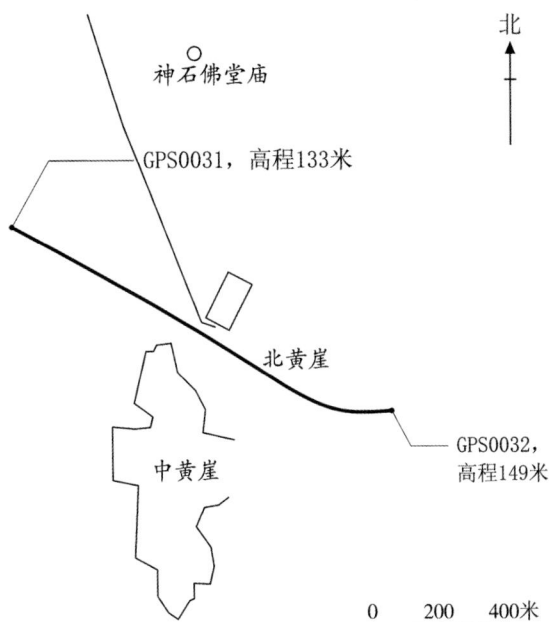

图六四　北黄崖段长城走向图

第六段，北黄崖段长城（编码：370113382102020006）

该段长城西北起阳干山东北山脚，高程 133 米；东南至梯子山西山脚，高程 149 米。长 1350 米（图六四；表一〇）。

该段长城由阳干山东北山脚下来后痕迹无从寻觅。根据 1995 年泰安五老调查时的资料，梯子山东南山脊有墙体，石小子寨山的北山脊有长城，而满井峪东山长城保存较好，向北傅庄北山延伸，而且北傅山向北延伸山脊的石头长城保存较好。如此，则这部分齐长城的走向只能向梯子山方向延伸。

该段长城由阳干山的东北山脚至梯子山西山脚，山川部分平地距离较远。从地图及现场环境观察，梯子山的北侧为马蹄谷山，其北侧小山向西，山脊正好与阳干山东北山脊相对，相距 860 米。调查时我们思考，长城是否从该小山东行，至山顶拐而东南行，向马蹄山、梯子山延伸。现场调查，最北侧小山向西山脊、顶部，东侧向马蹄山、梯子山方向长山脊都没有发现长城遗迹。因此，遵从泰安五老说法，把平地部分长城的东端定在北黄崖村东梯子山西山脚。该段长城总长 1350 米，墙体全部消失（图六五）。

表一〇　北黄崖段长城（编码：370113382102020006）GPS 采集点表（单位：米）

工作编号	名称	坐标（起止点）			与相邻点关系
		东经	北纬	高程	
0031	起点			133	
0032	结束点			149	0031 点东南 1350

图六五　GPS0031—0032 点间墙体远景（东—西）

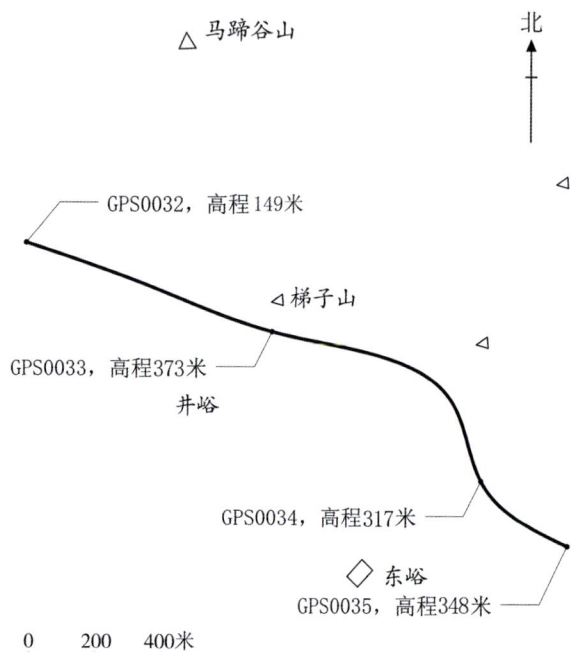

图六六　梯子山段长城走向图

第七段，梯子山段长城（编码：370113382 102020007）

该段长城西起梯子山西山脚，高程 149 米；东南至梯子山东山崖东寨墙，高程 348 米。长 2371 米（图六六；表一一）。

梯子山位于北黄崖村东南、中黄崖村正东，两村位于西侧山脚下。长城借助梯子山的绵长断崖峭壁作为天险，从梯子山西北山脚沿山脊而上，过梯子山顶，下东南山坡，过山间马鞍部凹处，沿断崖峭壁东南行，向石小子寨山而行（图六七～六九）。

梯子山西北山脚，多开垦为梯田，上山路两侧多松树。向上而行，树木茂密。近山顶处，崮状山顶断崖峭壁，绵延东南行。西南坡地势陡险，无法登攀。梯子山顶有环形石砌寨墙，内有多座石屋，详见梯子山寨堡部分。过梯子山沿东南山脊而下。过一较短的山间鞍部凹处，沿西北东南向的断崖而行。山的西南坡多杂草，山顶树木茂密，多松树、刺槐树。断崖东侧有较多的围子墙，是 20 世纪六七十年代开荒、养殖修筑。

该段长城总长 2371 米，墙体全部消失。根据长城走向和特征点划分为 3 小段。

表一一 梯子山段长城（编码：370113382102020007）GPS 采集点表（单位：米）

工作编号	名称	坐标（起止点）			与相邻点关系
		东经	北纬	高程	
0032	起点			149	
0033	折点 1			373	0032 点东 773
0034	拐点 1			317	0033 点东南 1448
0035	结束点			348	0034 点东南 150

图六七 GPS0033 点处山险（西北—东南）

图六八　GPS0033点处寨堡（南—北）

图六九　GPS0033点东南山险（西北—东南）

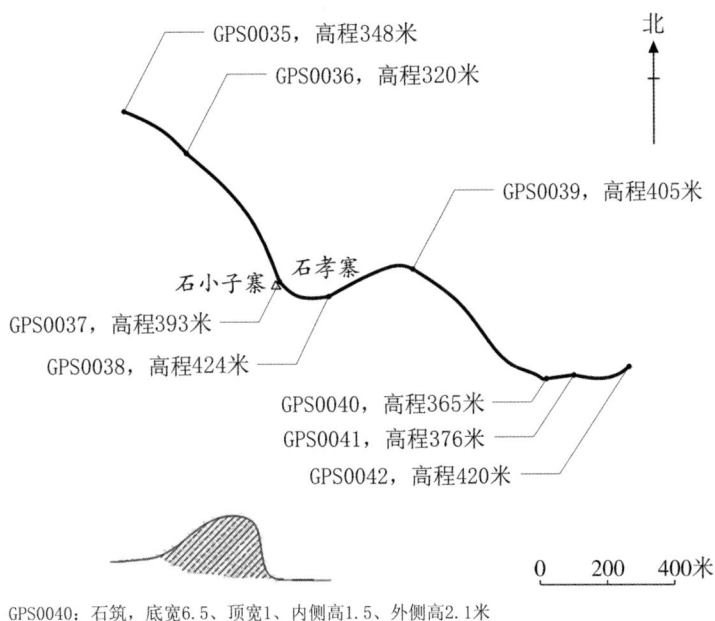

GPS0040：石筑，底宽6.5、顶宽1、内侧高1.5、外侧高2.1米

图七〇　石小子寨段长城走向图

第八段，石小子寨段长城（编码：370113382102020008）

该段长城北起梯子山东山崖东寨墙，高程 348 米；东南至石小子寨北山山顶，高程 420 米。长 2196 米（图七〇；表一二）。

该段长城从梯子山东山崖东寨墙东南行，过石小子寨山，山顶有寨堡。转向东北过石孝寨山顶，沿东北山脊至北侧小山顶，沿山脊转而东南行至满井峪村南最高山。石小子寨西北山脊两坡树木茂密，杂草丛生，有长城分布，山为崮状顶石山，呈窄扁三角形，三面石头断崖，北侧较缓，多刺槐树，无法登攀，山顶建有石头寨堡，保存较好（详见石小子寨寨堡）。东北侧山脊与小山地势较平缓，树木茂密，有长城墙体。

该段长城总长 2196 米，其中保存较差部分墙体 1563 米，保存差的墙体 243 米，消失部分墙体 390 米。根据长城走向和特征点划分为 7 个小段。

第 1 小段，GPS0035—0036，位于石小子寨西北山脊西端近断崖处，为山脊鞍部，山脊较窄，两侧陡险，松树茂密，没有发现墙体。长 390 米。

第 2 小段，GPS0036—0037，位于石小子寨西北长山脊上，至山西陡崖处。西南坡地势陡险，少树木，多杂草，西北坡地势较缓，多松树、刺槐树。墙体用石灰岩石头垒砌而成，墙体宽 6.5、高 2 米。部分倒塌，保存较差。长 412 米（图七一～七四）。石小子寨山顶有石头砌筑的寨堡。

第 3 小段，GPS0037—0038，位于石孝寨山顶，借用崮状顶山的断崖峭壁为天险，没有发现墙体。长 243 米（图七五）。

第 4～7 小段，GPS0038—0042，沿石孝寨山脊东北行，过小山，至北侧最高的满井峪南山。山的西北侧树木茂密，多为松树、刺槐树，东南坡陡险少树。长城在山脊的东侧修建，用石灰岩石头垒砌而成。墙体宽 4.9、高 2.3 米。整体保存较差。长 1151 米（图七六）。

表一二　石小子寨段长城（编码：370113382102020008）GPS 采集点表（单位：米）

工作编号	名称	坐标（起止点）			与相邻点关系
		东经	北纬	高程	
0035	长城起点			348	
0036	长城折点 1			320	0035 点东南 390
0037	山险墙起点			393	0036 点东南 412
0038	山险墙结束点			424	0037 点东 243
0039	长城拐点 1			405	0038 点东北 396
0040	长城拐点 2			365	0039 东南 433
0041	长城折点 2			376	0040 点东 125
0042	长城结束点			420	0041 东 197

图七一　GPS0036—0037 点间墙体远景（西北—东南）

图七二　GPS0036—0037 点间
墙体（东南—西北）

图七三　GPS0036 点处墙体（西北—东南）

图七四　GPS0036 点处
墙体（南—北）

图七五　GPS0037—0040 点间
石孝寨北山（西南—东北）

图七六　GPS0038 点处
墙体（南—北）

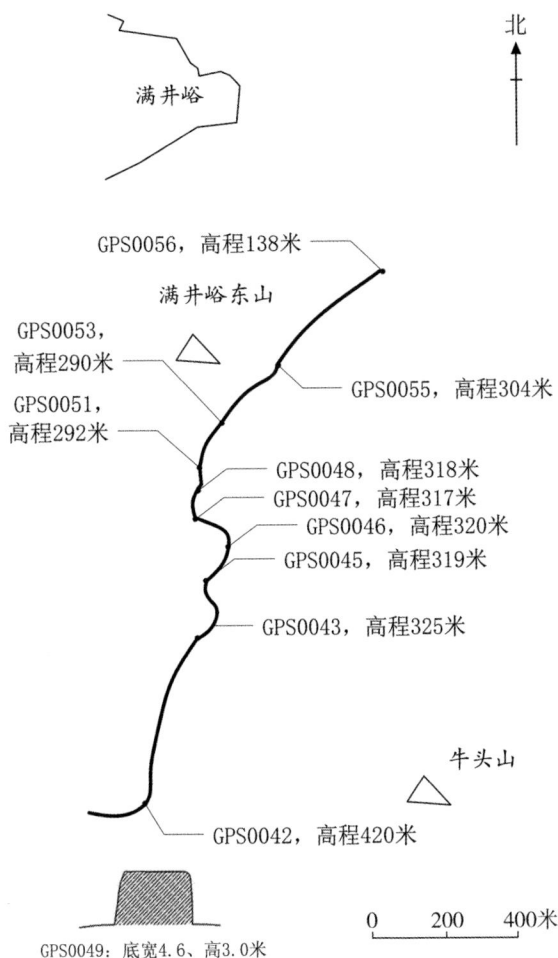

图七七　满井峪东山段长城走向图

第九段，满井峪东山段长城（编码：370113382102020009）

该段长城西南起石小子寨山北山顶，高程420米；东北至满井峪东山北山脚，高程138米。长2056米（图七七；表一三）。

长城从石小子寨北侧第2个山顶开始，沿北侧山脊向北，沿满井峪东山长山脊向东北方向延伸而下。由起伏不大的4个小山及山脊组成，山脊东侧地势陡险，多杂草荆棘、少树木。西坡地势较缓，下半部开垦为层层梯田，顶部东西较宽，地势平缓，松树、刺槐树茂密。长城沿山脊东侧近断崖处修建，部分借用陡险山崖作山险。

西北为满井峪村，东南有段店（双泉乡驻地），东北有南傅庄、北傅庄。东侧北侧有公路。满井峪西山有机耕路盘旋至东山。

该段长城总长2056米，其中保存一般的墙体834米，保存差的墙体550米，消失部分墙体672米。根据长城走向和特征点分为14个小段。

第1小段，GPS0042—0043，位于石小子寨北山的北坡，沿北侧山坡而下，近满井峪东山长山脊处开垦为梯田，对长城破坏较严重。残存零星石墙，痕迹清晰可见。长550米（图七八）。

第2小段，GPS0043—0044，位于满井峪长山脊的南部第一个小山的东侧。墙体宽2~3、高约1.5米。用石块垒砌而成，倒塌成土垄状。长77米。

第 3~5 小段，GPS0044—0047，位于第二个小山东侧。山脊的东侧地势陡险，以山为险，没有墙体。长 182 米（图七九）。

第 6~13 小段，GPS0047—0055，位于长山脊的北半部。墙体宽 2.5~3、高 1~2 米。该段石墙从远处看似用石块堆筑而成，石头松散，基本不见直墙。调查时，在 GPS0048 处发现长城墙体的西侧根部垒砌规整的直墙。该段长城倒塌严重。墙体用石灰岩石头垒砌成宽 2.5~3 米的直墙。长 757 米（图八〇、八一）。

第 14 小段，GPS0055—0056，位于满井峪东山山脊的东北端。远处可见长城痕迹，已消失。长 490 米（图八二）。

表一三　满井峪东山段长城（编码：370113382102020009）GPS 采集点表（单位：米）

工作编号	名称	坐标（起止点）			与相邻点关系
		东经	北纬	高程	
0042	起点			420	
0043	折点 1			325	0042 点东北 550
0044	拐点 1			323	0043 点东北 77
0045	拐点 2			319	0044 点西北 37
0046	拐点 3			320	0045 点东北 62
0047	拐点 4			317	0046 点西北 83
0048	折点 2			318	0047 点北 71
0049	拐点 5			304	0048 点东北 80
0050	拐点 6			291	0049 点西北 155
0051	折点 3			292	0050 点西北 25
0052	折点 4			299	0051 点东北 199
0053	折点 5			290	0052 点西北 76
0054	折点 6			304	0053 点东北 126
0055	消失点			304	0054 点东北 25
0056	结束点			138	0055 点东北 490

图七八　GPS0043 点处墙体（南—北）

图七九　GPS0046 点东北山险（东北—西南）

图八〇　GPS0047 点以北
墙体（南—北）

图八一　GPS0048 点处
墙体（西—东）

图八二　GPS0056 点处
墙体远景（东北—西南）

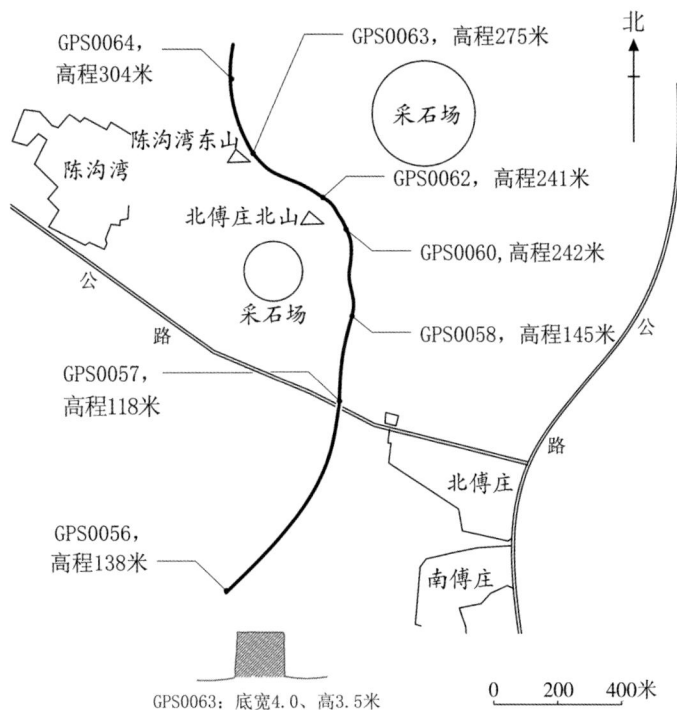

图八三　北傅庄北山段长城走向图

第十段，北傅庄北山段长城（编码：370113382102020010）

该段长城南起满井峪东山北山脚，高程138米；北至马西西山山腰，高程304米。长1852米（图八三；表一四）。

该段长城从满井峪东山北山脚向北，过一片低平地，跨东西向深河沟，过北傅庄至孝里镇公路，沿北傅庄北山南坡而上，经北傅庄北山山顶的东侧，过陈家湾东山山顶东侧，到马山西山南侧山腰。

满井峪东山脚向北低平地为农田，长城消失。北傅庄北山向北，直至狗头山基本为南北或西南—东北方向的绵长石灰岩山脊，东坡较为陡峻，西坡地势平缓，山脊弧凸婉转而行，起伏不大。山的东西侧有七八个大型石子加工场，对山体造成极大破坏。北傅庄北山的南坡为层层梯田，不见树木。长城消失，仅见痕迹。从现有上山小路处上行，近山顶处有石墙，倒塌厉害。

该段长城总长1852米，其中保存较好的墙体240米，保存一般的墙体335米，消失部分墙体1277米。根据长城走向和特征点分为8个小段。

第1～3小段，GPS0056—0059，位于满井峪东山山脚到北傅庄北山南侧低坡，为山下平地或山脚低地，皆为农田，墙体消失。长1133米（图八四）。

第4～6小段，GPS0059—0062，位于南坡至山顶，皆为石灰岩山，生长有酸枣树和荆棘、杂草。墙体用石灰岩石块垒砌而成，宽4～4.5、高2.5～3米。南坡墙体倒塌严重，山顶部长城保存较好。长335米（图八五、八六）。

第7小段，GPS0062—0063，位于北傅庄北山山顶的东北侧。墙体消失。长144米。

第8小段，GPS0063—0064，位于陈家湾山顶及东侧。墙体保存较好，用石灰岩石块垒砌而成，宽4、高3.5米。长240米。

表一四　北博庄北山段长城（编码：370113382102020010）GPS采集点表（单位：米）

工作编号	名称	坐标（起止点）			与相邻点关系
		东经	北纬	高程	
0056	起点			138	
0057	折点1			118	0056点东北700
0058	点2			145	0057点东北295
0059	折点3			213	0058点东北138
0060	折点4			242	0059点东北93
0061	拐点1			240	0060点西北170
0062	消失点			241	0061点西北72
0063	拐点2			275	0062点西北144
0064	结束点			304	0063点西北240

图八四　GPS0057—0060点间墙体（南—北）

图八五　　GPS0059—0060 点间墙体（东—西）

图八六　　GPS0062—0063 点间墙体（南—北）

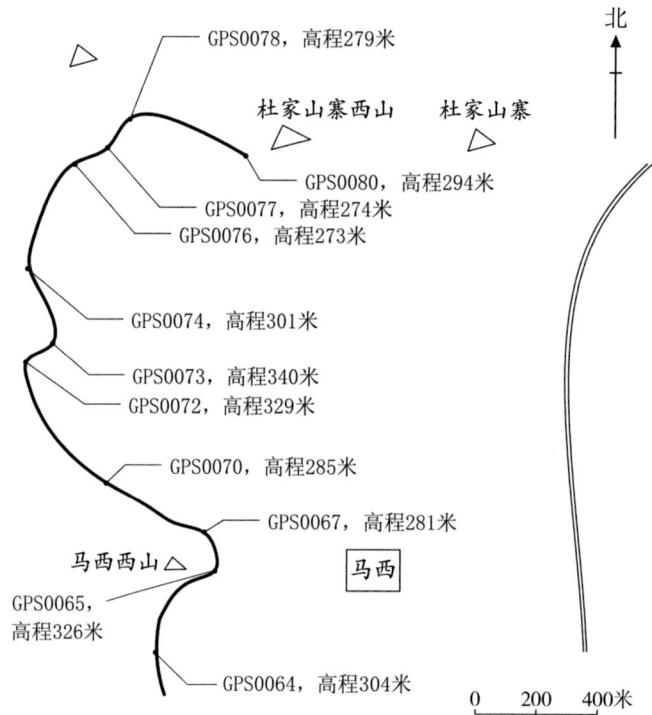

图八七　陈家湾东山段长城走向图

第十一段，陈家湾东山段长城（编码：370113382102020011）

该段长城南起马西西山山腰，高程 304 米；北至杜家山寨西山，高程 294 米。长 2771 米（图八七；表一五）。

长城沿马山西山山顶下断崖处绕行，转而西北行、北行，从杜家山寨西山转而东南行，至杜家寨堡寨墙。山脊东侧陡险，多为十几米或几十米的悬崖峭壁，人们无法登攀。断崖下多为梯田，生长有少量松树。山脊顶部多杂草荆棘。西坡地势较为平缓（图八八～九一）。

该段长城总长 2771 米。皆为山险，未发现人工垒筑的墙体。根据长城走向和特征点划分为 16 个小段。

表一五　陈家湾东山段长城（编码：370113382102020011）GPS 采集点表（单位：米）

工作编号	名称	坐标（起止点）			与相邻点关系
		东经	北纬	高程	
0064	起点			304	
0065	折点 1			326	0064 点东北 300
0066	拐点 1			319	0065 点西北 87
0067	折点 2			281	0066 点西北 191
0068	拐点 2			289	0067 点西北 50
0069	拐点 3			293	0068 点西北 460
0070	折点 3			285	0069 点西北 101
0071	折点 4			335	0070 点西北 269

工作编号	名称	坐标（起止点）			与相邻点关系
		东经	北纬	高程	
0072	拐点 4			329	0071 点西北 60
0073	折点 5			340	0072 点东北 88
0074	折点 6			301	0073 点西北 370
0075	折点 7			301	0074 点北 40
0076	折点 8			273	0075 点东北 121
0077	拐点 6			274	0076 点东北 130
0078	拐点 7			279	0077 点东北 78
0079	拐点 8			273	0078 点东 159
0080	结束点			294	0079 点东南 267

图八八　GPS0064 点以北山险（南—北）

图八九　GPS0072 点以
北山险（南—北）

图九〇　GPS0073 点以北杜家
山寨远景（西南—东北）

图九一　GPS0077 点
西南山险（北—南）

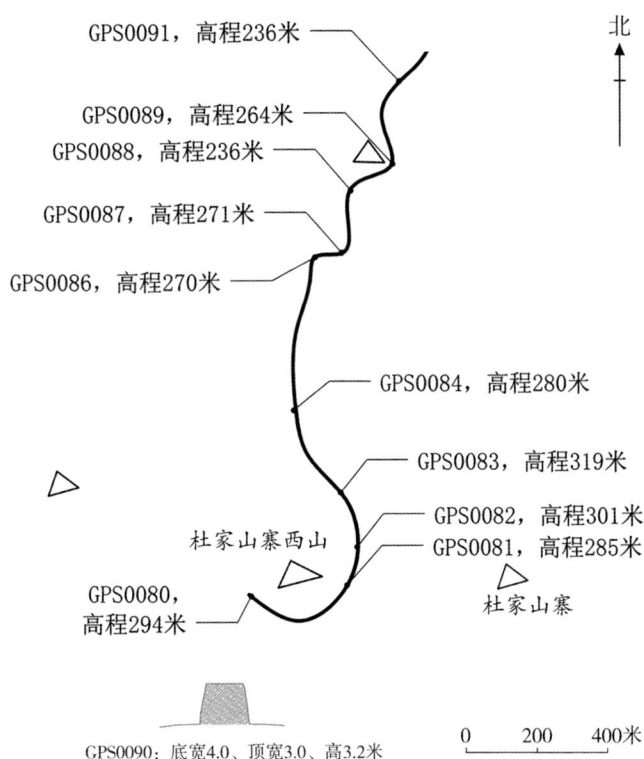

GPS0091，高程236米

GPS0089，高程264米
GPS0088，高程236米

GPS0087，高程271米

GPS0086，高程270米

GPS0084，高程280米

GPS0083，高程319米

GPS0082，高程301米
GPS0081，高程285米

杜家山寨西山

GPS0080，
高程294米

杜家山寨

北

GPS0090：底宽4.0、顶宽3.0、高3.2米

0　　200　　400米

图九二　采石场东山段长城走向图

第十二段，采石场东山段长城（编码：370113382102020012）

该段长城南起杜家山寨西山，高程 294 米；北至采石场东山，高程 236 米。长 2024 米（图九二；表一六）。

长城沿杜家山寨西山南、东侧绕行，沿南北向山脊北行，至采石场东山。

该段长城总长 2024 米，其中保存一般的墙体 275 米，保存较差墙体 793 米，消失墙体 956 米。根据长城走向和特征点划分为 11 个小段。

第 1 小段，GPS0080—0081，位于杜家山寨西山的西南侧，西寨墙向东部分。墙体用石灰岩垒砌而成，宽 3～4、高 2.5～3.2 米。墙体保存一般。长 118 米（图九三、九四）。

第 2～5 小段，GPS0081—0085，位于杜家山寨西山的南、东、东北侧。墙体消失。长 956 米（图九五）。

第 6～7 小段，GPS0085—0087，位于杜家山寨西山向北延伸的山脊上。墙体整体保存一般，用石灰岩石块垒砌而成，宽 3、高 2.3 米。长 157 米。

第 8～11 小段，GPS0087—0091，位于山脊的北部。墙体用石灰岩石块垒砌而成，墙体宽 2.2～3、高约 1.7 米，整体保存较差，倒塌严重。长 793 米（图九六）。

表一六　采石场东山段长城（编码：370113382102020012）GPS采集点表（单位：米）

工作编号	名称	坐标（起止点）			与相邻点关系
		东经	北纬	高程	
0080	长城起点			294	
0081	长城石墙消失点			285	0080 点东北 118
0082	拐点 1			301	0081 点北 190
0083	折点 1			319	0082 点西北 90
0084	折点 2			280	0083 点西北 296
0085	折点 3			262	0084 点北 380
0086	拐点 2			270	0085 点北 90
0087	拐点 3			271	0086 点东 67
0088	折点 4			236	0087 点北 270
0089	拐点 4			264	0088 点东北 126
0090	折点 5			278	0089 点西北 155
0091	结束点			236	0090 点西北 242

图九三　GPS0081 点以北墙体（南—北）

图九四　GPS0081 点处
墙体（南—北）

图九五　GPS0085 点以
北墙体远景（南—北）

图九六　GPS0089 点以
北墙体（南—北）

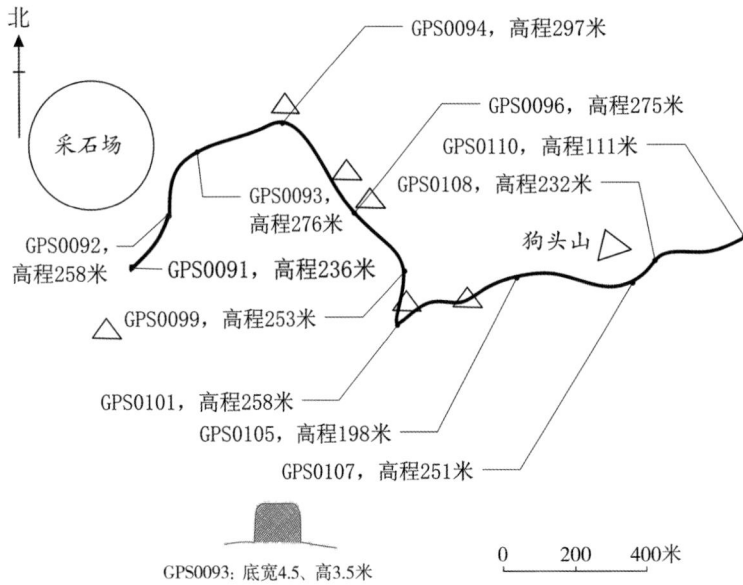

图九七　狗头山段长城走向图

第十三段，狗头山段长城（编码：370113382102020013）

该段长城西起采石场东山，高程 236 米；东至潘庄，高程 111 米。长 2456 米（图九七；表一七）。

该段长城分布在狗头山东西向长山脊上。山脊为石灰岩山体，在西部有一大型采石场，南坡有两个大型采石场，对山体、周围环境及长城的保护造成严重破坏。

该段长城总长 2456 米，其中保存一般的墙体 920 米，保存差的墙体 280 米，消失部分墙体 1256 米。根据长城走向和特征点划分为 19 个小段。

第 1~3 小段，GPS0091—0094，位于该段长城的最西端，南北向山脊向东北转弯处。墙体用石灰岩石块垒砌而成，宽 3.9~4.5、高 2.4~3.5 米。墙体保存一般。长 491 米（图九八~一〇〇）。

第 4~5 小段，GPS0094—0096，呈西北—东南走向，墙体消失。长 302 米。

第 6~7 小段，GPS0096—0098，借助断崖峭壁为山险。长 236 米。

第 8 小段，GPS0098—0099，墙体宽 4.8、高 2.8 米。长 33 米。

第 9~11 小段，GPS0099—0102，以断崖峭壁为山险。长 361 米。

第 12 小段，GPS0102—0103，墙体消失。长 80 米。

第 13 小段，GPS0103—0104，墙体保存差，路线清晰。长 70 米。

第 14 小段，GPS0104—0105，墙体消失。长 130 米。

第 15~16 小段，GPS0105—0107，位于狗头山山顶西南侧。墙体用石灰岩石块垒砌而成，宽 3.5~4、高 2~3 米。长 246 米。

第 17 小段，GPS0107—0108，位于狗头山山顶东南侧。墙体消失。长 147 米。

第 18 小段，GPS0108—0109，位于狗头山东山脊。墙体用石灰岩石块垒砌而成，宽 3.5、高 3 米，保存一般。长 150 米。

第 19 小段，GPS0109—0110，位于狗头山东山脚，墙体整体保存差，遗迹模糊，可判别走向。长 210 米。

表一七　狗头山段长城（编码：370113382102020013）GPS 采集点表（单位：米）

工作编号	名称	坐标（起止点）			与相邻点关系
		东经	北纬	高程	
0091	起点			236	
0092	折点 1			258	0091 点东北 176
0093	折点 2			276	0092 点东北 178
0094	拐点 1			297	0093 点东北 137

工作编号	名称	坐标（起止点）			与相邻点关系
		东经	北纬	高程	
0095	折点 3			262	0094 点东南 137
0096	折点 4			275	0095 点东南 165
0097	折点 5			268	0096 点东南 195
0098	石墙出现点			251	0097 点东南 41
0099	石墙结束点			253	0098 点东南 33
0100	拐点 2			258	0099 点东南 72
0101	拐点 3			258	0100 点西南 110
0102	拐点 4			242	0101 点东北 179
0103	折点 6			257	0102 点东 80
0104	折点 7			252	0103 点东北 70
0105	拐点 5			198	0104 点东北 130
0106	折点 8			222	0105 点东北 94
0107	折点 9			251	0106 点东 152
0108	折点 10			232	0107 点东北 147
0109	折点 11			169	0108 点东北 150
0110	结束点			111	0109 点东北 210

图九八　GPS0093 点以南墙体远景（北—南）

图九九　GPS0093 点东北墙体（西南—东北）

图一〇〇　GPS0094 点处墙体（西北—东南）

第十四段，崮头段长城（编码：370113382102020014）

该段长城西南起潘庄西山东山脚，高程111米；东北至长城岭，高程81米。长2870米（图一〇一；表一八）。

长城西起潘庄村西狗头山东山脚，向东经潘庄村北、崮头水库北岸，过崮头村向东，过村东水塘，向漩庄村东长城岭方向延伸，至村东长城岭西断崖处。该段为山川间低平地，经过三个村庄，现修建东西向公路、种地、修路、修水库对环境破坏较大，长城消失，未见踪影（图一〇二）。

该段长城总长2870米，墙体全部消失。

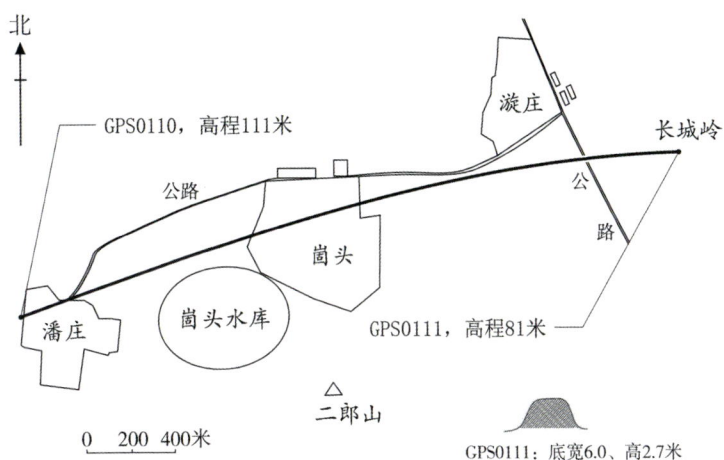

图一〇一　崮头段长城走向图

表一八　崮头段长城（编码：370113382102020014）GPS采集点表（单位：米）

工作编号	名称	坐标（起止点）			与相邻点关系
		东经	北纬	高程	
0110	起点			111	
0111	长城土墙出现点			81	0110点东北2870

图一〇二　崮头段长城全景（东—西）

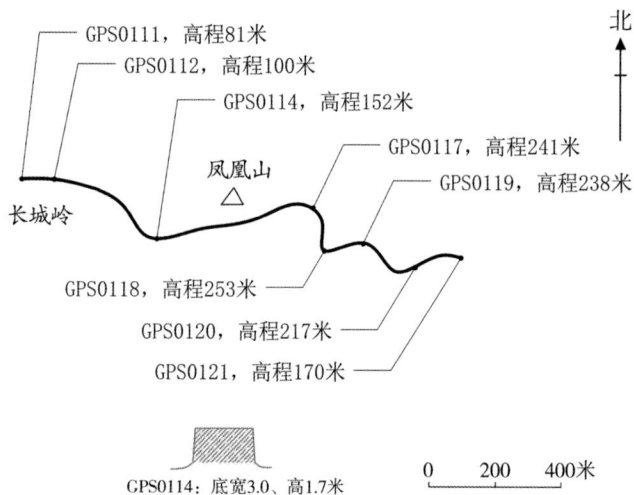

图一〇三 长清区 15 段凤凰山长城

第十五段，凤凰山段长城（编码：37 0113382102020015）

该段长城西起漩庄村东长城岭，高程 81 米；东至牛角沟南山西山脚，高程 179 米。长 1889 米（图一〇三；表一九）。

该段长城沿漩庄村东长城岭东行，顺凤凰山南东西向山脊东行，至牛角沟南山西山脚。长城沿低矮丘岭山脊蜿蜒而行。山岭低矮，两侧村庄人为破坏严重，长城保存较差。

该段长城总长 1889 米，其中保存较差的墙体 198 米，保存差的墙体 1383 米，消失部分墙体 308 米。根据长城走向和特征点划分为 10 个小段。

第 1~2 小段，GPS0111—0113，位于漩庄东长城岭上。地势低，多为坡地梯田。长城用土夯筑而成，痕迹清晰，宽 6、高 2.7 米，总体保存较差，中间有田间道路穿过。长 198 米（图一〇四~一〇六）。

第 3 小段，GPS0113—0114，位于凤凰山西坡，被开垦为梯田，墙体消失。长 308 米。

第 4~10 小段，GPS0114—0121，位于凤凰山东西向山脊上，山脊为东西向，北坡松树密集，南坡松树较少，顶部多杂草。长城沿山脊东行，用石块垒砌而成，墙体宽约 3、高 1.7~2 米，整体保存差。长 1383 米（图一〇七、一〇八）。

表一九 凤凰山段长城（编码：370113382102020015）GPS 采集点表（单位：米）

工作编号	名称	坐标（起止点）			与相邻点关系
		东经	北纬	高程	
0111	起点			81	
0112	拐点 1			100	0111 点东北 138
0113	折点 1			105	0112 点东 60
0114	石墙出现点			152	0113 点东南 308
0115	折点 2			195	0114 点东北 187
0116	拐点 2			230	0115 点东北 138
0117	拐点 3			241	0116 点东北 331
0118	拐点 4			253	0117 点东南 134
0119	折点 3			238	0118 点东南 243
0120	折点 4			217	0119 点东南 180
0121	结束点			170	0120 点东南 170

图一〇四　GPS0111 点以东墙体远景（南—北）

图一〇五　GPS0111—0112 点间墙体断面（西—东）

图一〇六　GPS0113 点处
墙体（西—东）

图一〇七　GPS0116 点处
墙体远景（西—东）

图一〇八　GPS0119 点以
东墙体（西—东）

第十六段，上义合北山段长城（编码：370113382102020016）

该段长城西北起牛角沟南山西山脚，高程170米；东南至上义合北山东山脚，高程179米。长2680米（图一〇九；表二〇）。

长城沿上义合村北山山脊向东南绵延而行。山脊为砂岩山体，两侧较为平缓，多开垦为梯田。山顶起伏不大。山脊西半部北坡多松树，东半部北坡有零星刺槐树，南坡多杂草。北侧有牛角沟、李家店，南侧有上义合、小崔庄。由马山镇通往李家店公路穿过山口。

该段长城总长2680米，其中保存差的墙体2112米，消失部分墙体568米。根据长城走向和特征点划分为6个小段。

第1小段，GPS0121—0122，墙体消失。长118米。

第2～5小段，GPS0122—0126，墙体总体保存差，遗迹模糊，走向清晰可辨。长2112米（图一一〇、一一一）。

第6小段，GPS0126—0127，该段北有采石场，墙体消失。长450米（图一一二）。

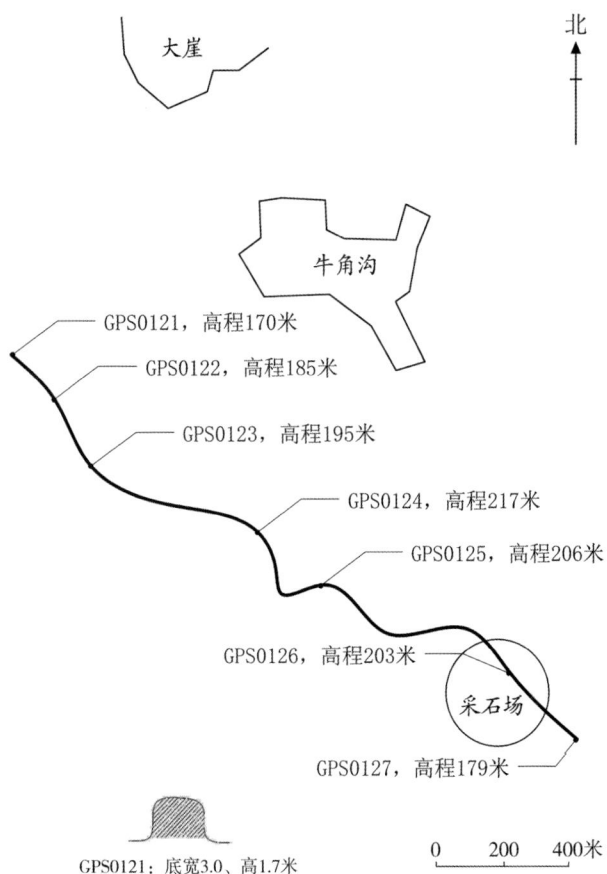

图一〇九　上义合北山段长城走向图

表二〇　上义合北山段长城（编码：370113382102020016）GPS采集点表（单位：米）

工作编号	名称	坐标（起止点）			与相邻点关系
		东经	北纬	高程	
0121	起点			170	
0122	墙体出现点			185	0121点东南118
0123	折点1			195	0122点东南249
0124	拐点1			217	0123点东南585
0125	拐点2			206	0124点东南442
0126	长城消失点			203	0125点东南836
0127	结束点			179	0126点东南450

图一一〇　GPS0123 点
东南墙体远景（西北—东南）

图一一一　GPS0124 点西北
墙体远景（东南—西北）

图一一二　GPS0127 点处
墙体断面（东—西）

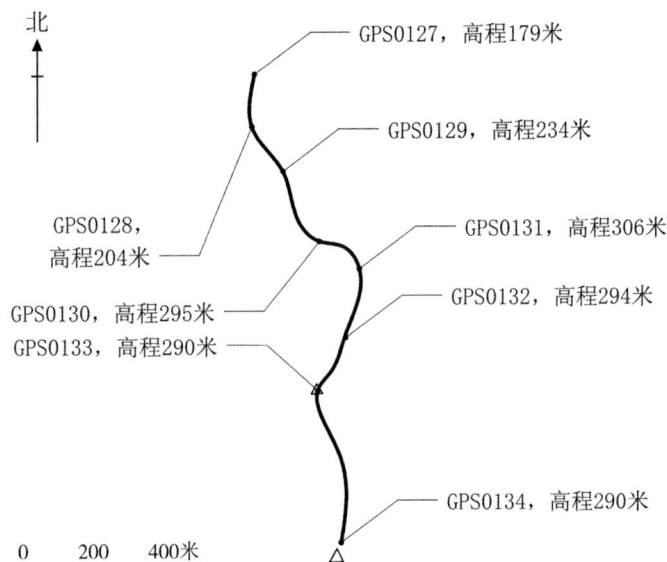

图一一三　上义合东山段长城走向图

第十七段，上义合东山段长城（编码：370113382102020017）

该段长城北起上义合北山东山脚，高程 179 米；南至上义合东山，高程 290 米。长 2124 米（图一一三；表二一）。

长城位于上义合东山，沿山脊由北向南延伸。山体为红色砂岩山体，山脊连绵，山势较低但两坡较为陡峻。北端多杂草，中间部分有少量松树，南端多刺槐树。山脊顶部长城保存较差，仅能分辨痕迹。

该段长城总长 2124 米，其中保存差的墙体 1928 米，消失部分墙体 196 米。根据长城走向和特征点划分为 7 个小段。

第 1 小段，GPS0127—0128，位于山口公路南侧。墙体消失。长 196 米。

第 2~7 小段，GPS0128—0134，墙体总体保存差，遗迹模糊，路线清晰。长 1928 米（图一一四、一一五）。

表二一　上义合东山段长城（编码：370113382102020017）GPS 采集点表（单位：米）

工作编号	名称	坐标（起止点）			与相邻点关系
		东经	北纬	高程	
0127	起点			179	
0128	长城出现点			204	0127 点东南 196
0129	折点 1			234	0128 点东南 243
0130	折点 2			295	0129 点东南 326
0131	折点 3			306	0130 点东南 180
0132	拐点 1			294	0131 点西南 241
0133	拐点 2			290	0132 点西南 196
0134	结束点			290	0133 点东南 742

图一一四　GPS0129 点西北墙体远景（东南—西北）

图一一五　GPS0133 点以南墙体远景（北—南）

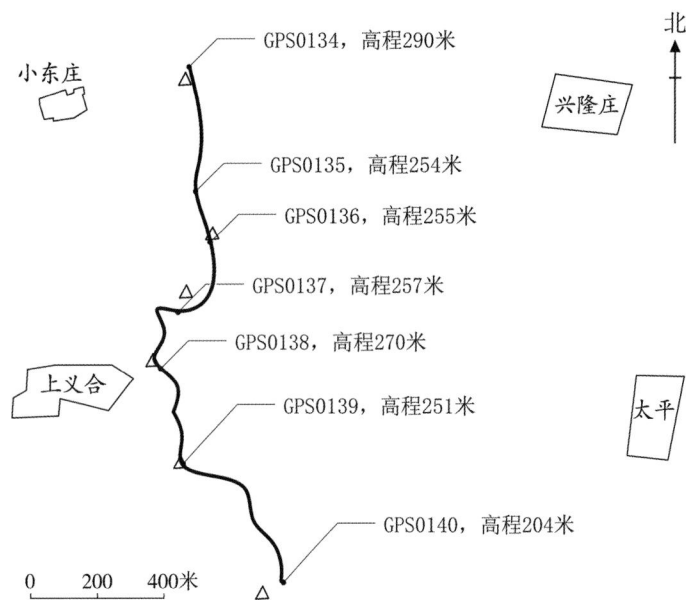

图一一六　郭家峪北山段长城走向图

第十八段，郭家峪北山段长城（编码：370113382102020018）

该段长城北起上义合东山，高程290米；南至郭家峪北山南山脚，高程204米。长2250米（图一一六；表二二）。

长城位于郭家峪北山南北向长山脊上，山体为红色砂岩，两坡农田开垦至山岭顶部。山顶光秃，北半部生长有少量松树，向南仅见零星刺槐树，多杂草。墙体整体保存差，仅见模糊痕迹，结构不清。中间一段消失。岭子东侧村庄有兴隆庄、赵家庄、后太平、张家庄，西侧村庄有小东庄、郭家峪。

该段长城总长2250米，其中保存差的墙体2094米，消失部分墙体156米。根据长城走向和特征点划分为6个小段。

第1小段，GPS0134—0135，墙体保存差，遗迹模糊，但走向清晰。长372米（图一一七）。

第2小段，GPS0135—0136，墙体消失。长156米。

第3~6段，GPS0136—0140，墙体保存差，遗迹模糊，但走向清晰。长1722米（图一一八~一二〇）。

表二二　郭家峪北山段长城（编码：370113382102020018）GPS采集点表（单位：米）

工作编号	名称	坐标（起止点）			与相邻点关系
		东经	北纬	高程	
0134	起点			290	
0135	消失点			254	0134点东南372
0136	出现点			255	0135点东南156
0137	拐点1			257	0136点西南433
0138	拐点2			270	0137点西南245
0139	拐点3			251	0138点东南464
0140	结束点			204	0139点东南580

图一一七　GPS0134—0135 点间墙体（北—南）

图一一八　GPS0138 点以南墙体（北—南）

图一一九　GPS0139 点以北墙体（南—北）

图一二〇　GPS0139 点以南墙体远景（北—南）

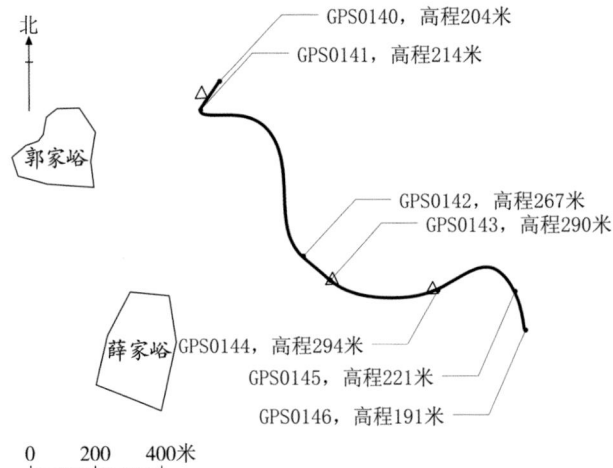

图一二一 薛家峪东山段长城走向图

第十九段，薛家峪东山段长城（编码：3701133382102020019）

该段长城西北起郭家峪北山南山脚，高程 204 米；东南至薛家峪东山南山脚，高程 191 米。长 1949 米（图一二一；表二三）。

该段长城位于薛家峪东山。沿山脊由西北向东南延伸，至薛家峪村东高山处拐向东北行，近山口处转而南行至杨土村北公路山口。薛家峪北山地势较低，两侧梯田开垦至岭子顶部两侧。向南地势逐渐升高，山上多杂草、荆棘、刺槐树。薛家峪东山地势险峻，岩石裸露，生长有少量松树、刺槐树。长城北侧有张家庄，南侧有薛家峪、杨土村。

该段长城总长 1949 米，其中保存差的墙体 1724 米，消失部分墙体 225 米。根据长城走向和特征点划分为 6 个小段。

第 1～5 小段，GPS0140—0145，位于薛家峪东山长山脊上。墙体整体保存差，遗迹模糊，路线清晰。长 1724 米（图一二二）。

第 6 小段，GPS0145—0146，位于薛家峪村东、杨土村北公路山口的北侧。地势较低，多开垦为农田，墙体消失。长 225 米。

表二三 薛家峪东山段长城（编码：3701133382102020019）GPS 采集点表（单位：米）

工作编号	名称	坐标（起止点）			与相邻点关系
		东经	北纬	高程	
0140	起点			204	
0141	拐点 1			214	0140 点西南 107
0142	拐点 2			267	0141 点东南 688
0143	拐点 3			290	0142 点东南 164
0144	折点			294	0143 点东南 448
0145	消失点			221	0144 点东北 317
0146	结束点			191	0145 点东南 225

图一二二　GPS0144点东北墙体远景（西南—东北）

第二十段，红山段长城（编码：370113382
102010020）

该段长城西北起薛家峪东山南山脚，高程
191米；东南至红山南山脚，高程328米。长
2725米（图一二三；表二四）。

长城位于杨土村东山上（红山），山体为红
色砂岩。西北段山势较低，岭顶突兀，不见树
木，两侧被开垦为梯田。向南山势变高，较为
陡峻，山坡多荆棘、刺槐树、杂草，生长有少
量松树。长城北侧远离村庄，西南侧有杨土、
万家沟等村庄。

长城墙体保存差，仅能辨别出长城痕迹及
走势。墙体多表现为碎细石堆，夹杂有些许小
石块。

该段长城总长2725米，其中保存一般的墙
体359米，保存差的墙体2089米，消失墙体277
米。根据长城走向和特征点划分为8个小段。

第1小段，GPS0146—0147，位于杨土村北

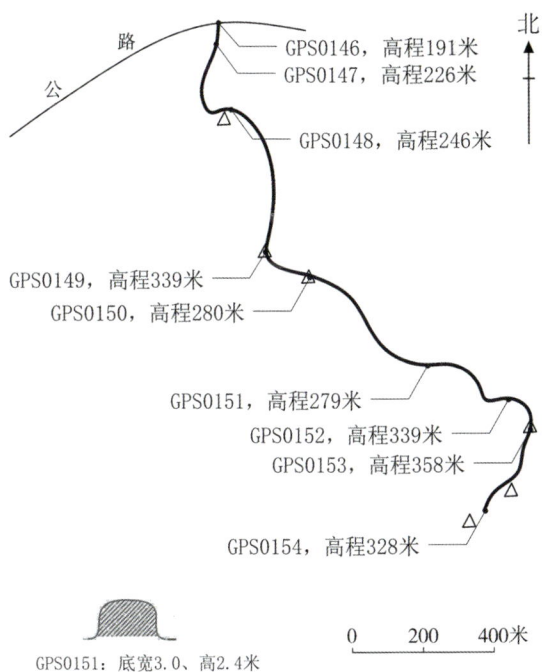

GPS0151：底宽3.0、高2.4米

图一二三　红山段长城走向图

山口南侧，地势较低，开荒种地破坏严重，墙体消失。长 90 米。

第 2 ~ 5 小段，GPS0147—0151，墙体用砂岩石块垒砌而成，墙体整体保存差，宽 3、高 1.3 ~ 2.4 米。长 1633 米（图一二四、一二五）。

第 6 小段，GPS0151—0152，墙体用砂岩石块垒砌而成，整体保存一般，底宽 4.5、高 2 ~ 2.3 米。长 359 米（图一二六、一二七）。

第 7 小段，GPS0152—0153，该段墙体消失。基本走向为西北—东南。长 187 米。

第 8 小段，GPS0153—0154，沿山脊向西南延伸，墙体总体保存差，遗迹模糊。长 456 米。

表二四　红山段长城（编码：370113382102010020）GPS 采集点表（单位：米）

工作编号	名称	坐标（起止点）			与相邻点关系
		东经	北纬	高程	
0146	起点			191	
0147	墙体出现点 1			226	0146 点东南 90
0148	拐点 1			246	0147 点西南 245
0149	拐点 2			339	0148 点东南 620
0150	拐点 3			280	0149 点东南 213
0151	折点 1			279	0150 点东南 555
0152	墙体消失点 1			339	0151 点东南 359
0153	墙体出现点 2			358	0152 点东北 187
0154	结束点			328	0153 点西南 456

图一二四　GPS0149 点处墙体（西北—东南）

图一二五　GPS0150—0151 点间墙体（东南—西北）

图一二六　GPS0151 点以东墙体（西—东）

图一二七　GPS0150 点处墙体（西北—东南）

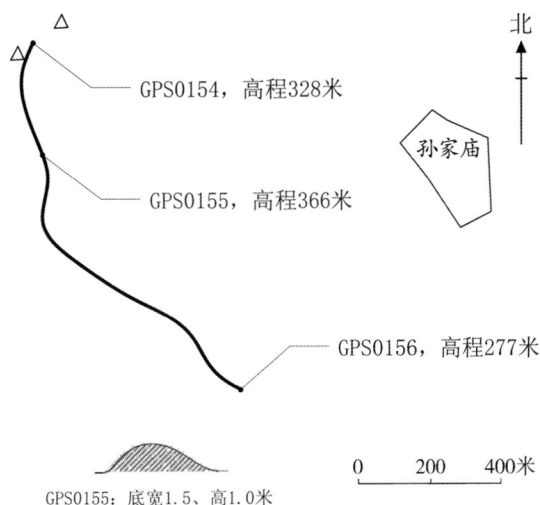

GPS0154，高程328米

GPS0155，高程366米

孙家庙

北

GPS0156，高程277米

0　　200　　400米

GPS0155：底宽1.5、高1.0米

图一二八　孙土北山段长城走向图

第二十一段，孙土北山段长城（编码：370113382102010021）

该段长城西北起红山南山脚，高程328米；东南至孙土北山东山脚，高程277米。长1454米（图一二八；表二五）。

长城经过的山脊为红色砂岩山体，山顶地势险要，岩石裸露，生长有少量松树。山间低处，多刺槐树、荆棘、杂草。长城由西北向东南弯转而行。从漩庄东山开始，在南北向长山脊上发现一段石墙。山的两侧距离村庄较近，东侧有孙家庙村，西侧有孙土村。山脊上有两个大型的沙场，挖坑取砂，对山脊造成严重破坏。墙体总体保存较差，大部分消失。

该段长城总长1454米，其中保存差的墙体416米，消失墙体1038米。根据长城走向和特征点分为2个小段。

第1小段，GPS0154—0155，位于该段长城的最北端两个小山之间。墙体在低处山脊用红色砂岩石块垒砌，保存较差。长416米（图一二九）。

第2小段，GPS0155—0156，位于孙土村东北山口公路以北山脊上。山脊上有大型沙场，对长城破坏较大。墙体消失。长1038米。

表二五　孙土北山段长城（编码：370113382102010021）GPS采集点表（单位：米）

工作编号	名称	坐标（起止点）			与相邻点关系
		东经	北纬	高程	
0154	起点			328	
0155	拐点			366	0154点东南416
0156	结束点			277	0155点东南1038

图一二九　GPS0155 点西北墙体（东南—西北）

第二十二段，黄路山东山段长城（编码：370113382102020022）

该段长城北起孙土北山东山脚，高程277 米；南至黄路山东山，高程 348 米。长2831 米（图一三〇；表二六）。

长城从孙土村东北公路山口向东南而行，至小山顶转向西南行，至黄路山东北山口处转向东南行。山脊绵延，山体为砂岩。多乱石，较陡峻。多生长杂草荆棘，有少量刺槐树。梯田开至顶部，对长城破坏严重。该段墙体路线清晰。

该段长城总长 2831 米，其中保存一般的墙体 455 米，保存差的墙体 1871 米，消失部分墙体 505 米。根据长城走向和特征点划分为 6 个小段。

第 1 ~ 3 小段，GPS0156—0159，该段墙体用砂岩石块垒砌而成，总体保存差，遗迹模糊，走向明确。在 GPS0157 向南保存一段石墙，底宽 3.8、内侧高 0.5、外侧高 2.2 米。长 1512 米（图一三一）。

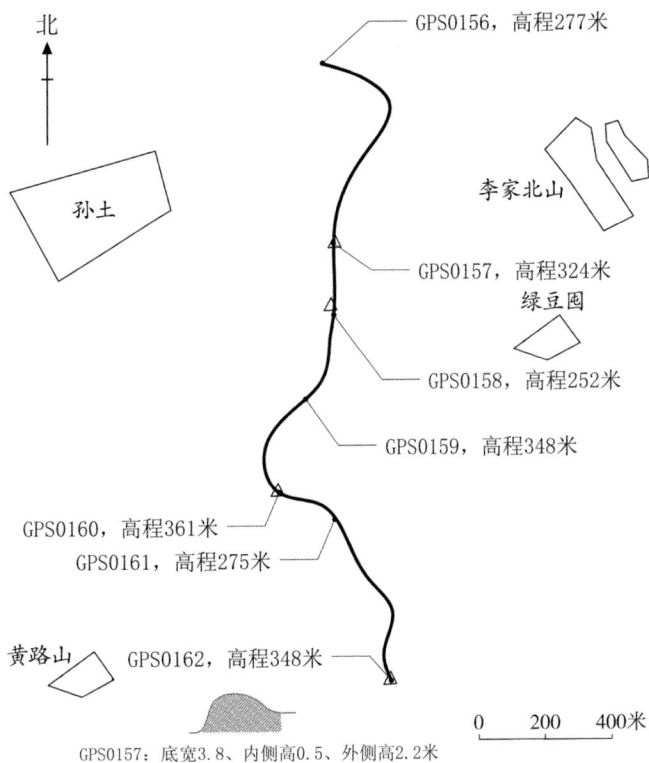

图一三〇　黄路山东山段长城走向图

第 4 小段，GPS0159—0160，位于黄路山村东北山口。墙体用石块垒砌而成，保存一般，宽 4、高 1.5 ~ 2.3 米。长 455 米（图一三二）。

第 5 小段，GPS0160—0161，位于黄路山山口向南的山脊上。墙体总体保存差，遗迹模糊，线路及方向清晰。长 359 米（图一三三）。

第 6 小段，GPS0161—0162，墙体消失。长 505 米（图一三四）。

表二六　黄路山东山段长城（编码：370113382102020022）GPS 采集点表（单位：米）

工作编号	名称	坐标（起止点）			与相邻点关系
		东经	北纬	高程	
0156	起点			277	
0157	折点 1			324	0156 点东南 797
0158	折点 2			252	0157 点东南 280
0159	折点 3			348	0158 点西南 435
0160	拐点 1			361	0159 点西南 455
0161	折点 4			275	0160 点东南 359
0162	结束点			348	0161 点东南 505

图一三一　GPS0157 点以北墙体远景（南—北）

图一三二　GPS0159 点以北墙体（南—北）

图一三三　GPS0161 点处墙体（西北—东南）

图一三四　GPS0162 点以北墙体远景（南—北）

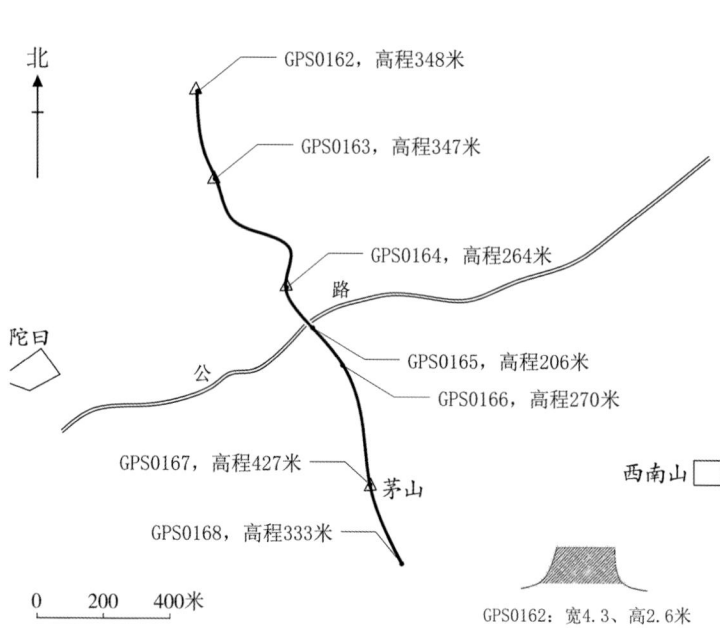

GPS0162，宽4.3、高2.6米

图一三五　茅山段长城走向图

第二十三段，茅山段长城（编码：370113382102020023）

该段长城西北起黄路山东山，高程 348 米；东南至茅山南山脚，高程 333 米。长 2599 米（图一三五；表二七）。

长城位于白石崖村东北南北向长山脊上，山脊呈西北—东南走向，为砂岩山体。山脊弯转，起伏较大，高山险峻，岩石裸露，少树木，低谷平缓，两侧多开垦为农田，山坡杂草丛生，多荆棘。山下村庄较近，村庄较为密集，东侧有田家庄，西侧有碾砣沟、驼曰、白石崖、张家老庄。人为活动对长城、长城经过的山脊及周边环境破坏严重。村民在山顶开矿，直接破坏墙体。长城总体保存差。

该段长城总长 2599 米，其中保存差的墙体 1754 米，消失墙体 845 米。根据长城走向和特征点划分为 6 个小段。

第 1 小段，GPS0162—0163，位于北端山脊上。墙体总体保存差，遗迹模糊，路线清晰，仅个别地段保存少量石墙，用砂岩石块垒砌而成，墙体宽 4.3、高 2.6 米。长 345 米。

第 2~3 小段，GPS0163—0165，位于白石崖公路山口北侧山脊上，墙体消失。长 845 米（图一三六）。

第 4~6 小段，GPS0165—0168，位于白石崖公路山口南侧山脊上。墙体保存差，遗迹模糊，但线路走向明显。长 1409 米（图一三七~一三九）。

表二七　茅山段长城（编码：370113382102020023）GPS 采集点表（单位：米）

工作编号	名称	坐标（起止点）			与相邻点关系
		东经	北纬	高程	
0162	起点			348	
0163	折点 1			347	0162 点东南 345
0164	消失点 1			264	0163 点东南 656
0165	出现点 1			206	0164 点东南 189
0166	折点 2			270	0165 点东南 220
0167	折点 3			427	0166 点东南 686
0168	结束点			333	0167 点东南 503

图一三六 GPS0163 点东南墙体（西北—东南）

图一三七 GPS0166 点以南墙体（北—南）

图一三八　GPS0168 点西北墙体远景（东南—西北）

图一三九　GPS0168 点处墙体（东南—西北）

第二十四段，张家老庄东山段长城（编码：370113382102020024）

该段长城西北起茅山南山脚，高程333米；东南至斜峪北岭北山脚，高程280米。长2551米（图一四〇；表二八）。

长城经过南北向长山脊的最南端，地势逐渐抬高，张家老庄东山高448米。到南端的三岔山，与由西侧三山、杨家山、张家山来的东西向长城在这里汇合，向东南方向辘辘道、狼顶寨、九顶寨、夹子山方向而行，直奔泰山北侧山脊而去。这里山高林密，山顶松树、刺槐树茂密，杂草丛生。

长城过张家老庄村东最高山，没有向其南、西南侧的山顶延伸，而是拐向东南小山而去，过小山顶南行，沿前述西侧高山的东山坡而行，石墙保存较好，线路清晰。修建原因有待分析。经斜峪北岭北侧小山的山顶东侧绕行，直至斜峪北岭北山脚。

同样情况，西侧的长清肥城复线也没有到达东侧对应的高山顶部，而是沿山顶西侧南行至斜峪北岭北山脚与北侧来的长城主线墙体汇合。

该段墙体总长2551米，其中保存一般的墙体2151米，消失部分墙体400米。根据长城走向和特征点划分为4个小段。

第1～3小段，GPS0168—0171，位于张家老庄东山。墙体用砂岩石块垒砌而成，总体保存一般，宽4～4.7、高2～2.8米。长2151米（图一四一、一四三、一四四）。

第4小段，GPS0171—0172，位于该段的最南端、斜峪北岭的北侧。墙体消失。长400米（图一四二）。

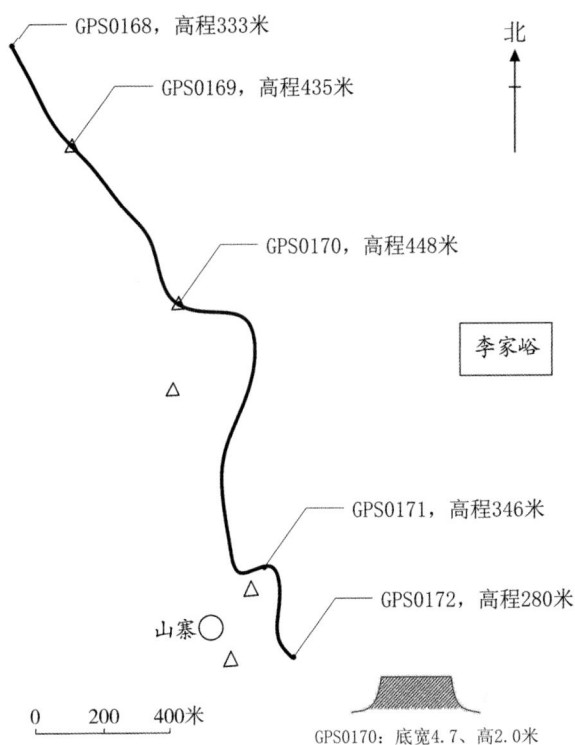

图一四〇　张家老庄东山段长城走向图

表二八　张家老庄东山段长城（编码：370113382102020024）GPS采集点表（单位：米）

工作编号	名称	坐标（起止点）			与相邻点关系
		东经	北纬	高程	
0168	起点			333	
0169	折点1			435	0168点东南470
0170	拐点1			448	0169点东南692
0171	拐点2			346	0170点东南989
0172	结束点			280	0171点东南400

图一四一　GPS0170—0171 点间墙体（南—北）

图一四二　GPS0171—0172 点间墙体远景（南—北）

图一四三　GPS0171 点处墙体（东—西）

图一四四　GPS0171 点以北墙体（东—西）

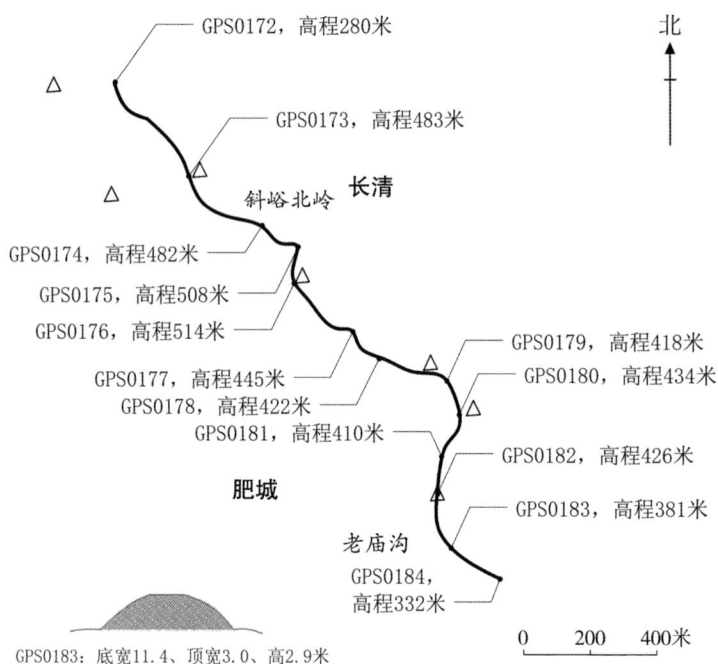

图一四五　老庙沟斜峪段长城走向图

第二十五段，老庙沟斜峪段长城（编码：370113382102020025）

该段长城西北起斜峪北岭北山脚，高程280米；东南至辘辘道山口，高程332米。长2306米（图一四五；表二九）。

长城从斜峪北岭北山脚沿西北山脊东南行上斜峪北岭。斜峪北岭为长城主线经过的南北向山脊和长城复线经过的东西山脊相交汇的最高峰，山高坡陡，地处大山深处，远离村庄，人迹罕至，山上多刺槐树、荆棘、杂草。向东南地势逐渐降低，至辘辘道山口公路。山脊两侧多开垦为梯田。

长城在斜峪北岭部分保存较好，向东南，特别是辘辘道口西北山，多开垦为梯田，辘辘道山口西侧有天然气管道穿过长城，长城保存较差。沿辘辘道公路西行，有斜峪村。

在斜峪北岭山顶，GPS0175处保存高大石墙的北侧，发现一旗杆窝遗迹，在平面岩石上雕凿而成。圆形、圜底，口径32、深17厘米（图一四六）。

该段长城总长2306米，其中保存一般的墙体1217米，保存较差的墙体609米，保存差的墙体480米。根据长城走向和特征点划分为12个小段。

第1小段，GPS0172—0173，位于斜峪北山的北坡近山脚处。墙体整体保存差，痕迹间断出现，线路及走向清晰。长480米。

第2~8小段，GPS0173—0180，位于斜峪北岭向东南至辘辘道西北第二座小山。墙体用砂岩石块垒砌而成，整体保存一般，底宽7~8.8、顶宽4.3~4.5、高3~4.5米。长1217米（图一四七、一四八）。

第9小段，GPS0180—0181，两侧梯田对长城破坏严重。墙体整体保存较差，多倒塌，底宽7.9、顶宽3.5、高2~3米。长169米。

第10~12小段，GPS0181—0184，位于辘辘道山口西北山脊上。墙体整体保存较差，底宽11.4、顶宽3、高2.9米。墙体两侧为石块垒砌，内部砂石夯筑。有天然气及电缆穿越长城。长440米（图一四九、一五〇）。

表二九　老庙沟斜峪段长城（编码：370113382102020025）GPS采集点表（单位：米）

工作编号	名称	坐标（起止点）			与相邻点关系
		东经	北纬	高程	
0172	起点			280	
0173	折点1			483	0172点东南480
0174	折点2			482	0173点东南261

工作编号	名称	坐标（起止点）			与相邻点关系
		东经	北纬	高程	
0175	拐点1			508	0174点东南100
0176	折点3			514	0175点南120
0177	折点4			445	0176点东南257
0178	折点5			422	0177点东南204
0179	拐点2			418	0178点东南85
0180	折点6			434	0179点东南190
0181	折点7			410	0180点南169
0182	折点8			426	0181点南133
0183	折点9			381	0182点东南127
0184	结束点			332	0183点东南180

图一四六　GPS0175点处旗杆窝

图一四七　GPS0175—0177 点间墙体（南—北）

图一四八　GPS0175—0177 点间墙体（南—北）

图一四九　GPS0181—0182 点间墙体（东南—西北）

图一五〇　GPS0184 点西北墙体远景（东—西）

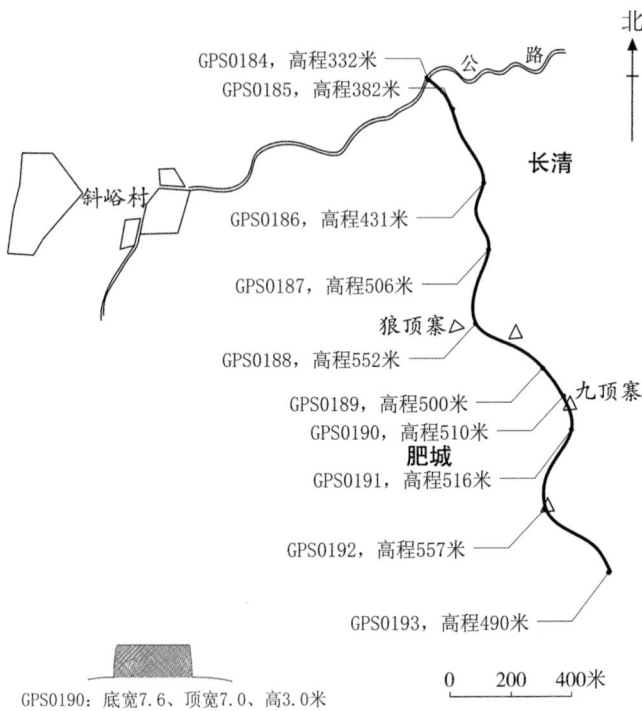

图一五一　九顶寨段长城走向图

GPS0184，高程332米
GPS0185，高程382米
公　路
北
长清
斜峪村
GPS0186，高程431米
GPS0187，高程506米
狼顶寨
GPS0188，高程552米
九顶寨
GPS0189，高程500米
GPS0190，高程510米
肥城
GPS0191，高程516米
GPS0192，高程557米
GPS0193，高程490米
GPS0190：底宽7.6、顶宽7.0、高3.0米
0　200　400米

第二十六段，九顶寨段长城（编码：370113382102020026）

该段长城北起辘辘道山口，高程332米；南至九顶寨南山山口，高程490米。长2114米（图一五一；表三〇）。

长城由辘辘道山口开始，沿山脊向南而行。近山口处梯田开垦至长城根部，长城墙体上种植花椒树。小山顶部多刺槐树，杂草丛生，保存有石墙，直达狼顶寨山顶。过狼顶寨，长城东南行，至九顶寨山顶，转而西南行，上高山转向东南行，至两山间山脊鞍部。狼顶寨向南，松树高大茂密，为泰山林区。沿长城山脊开辟有防火隔离带，山脊上树木杀伐干净。

该段长城总长2114米，其中保存较好的墙体72米，保存一般的墙体793米，保存较差的墙体1249米。根据长城走向和特征点划分为9个小段。

第1～5小段，GPS0184—0189，位于辘辘道山口至狼顶寨山东侧山沟。墙体整体保存较差，底宽7.2～7.5、顶宽4、内侧高1～2、外侧高1.5～3.8米。墙体两侧有果树生长，在GPS0188有狼顶寨寨堡。长1249米（图一五二～一五四）。

第6小段，GPS0189—0190，位于九顶寨山西坡。墙体用砂岩石块垒砌而成，整体保存较好，底宽7.6～7.8、顶宽5、高2.4～3米。长72米。

第7～9小段，GPS0190—0193，位于九顶寨山顶向南。墙体用砂岩石块垒砌而成，整体保存一般，底宽6.8～7.7、顶宽约4.5、高2～3.4米。在GPS0190处有九顶寨。长793米（图一五五～一五七）。

表三〇　九顶寨段长城（编码：370113382102020026）GPS采集点表（单位：米）

工作编号	名称	坐标（起止点）			与相邻点关系
		东经	北纬	高程	
0184	起点			332	
0185	折点1			382	0184点东南226
0186	拐点1			431	0185点东南214
0187	折点2			506	0186点东南234
0188	拐点2			552	0187点南271
0189	折点3			500	0188点东南304
0190	折点4			510	0189点东南72
0191	拐点3			516	0190点东南82
0192	拐点4			557	0191点西南379
0193	结束点			490	0192点东南332

图一五二　GPS0185 点以南墙体（东—西）

图一五三　GPS0186 点以南墙体（西—东）

图一五四　GPS0188 点以南墙体（西北—东南）

图一五五　GPS0192 点以南墙体（南—北）

图一五六　GPS0192 点以南墙体（东—西）

图一五七　GPS0193 点以北墙体（西—东）

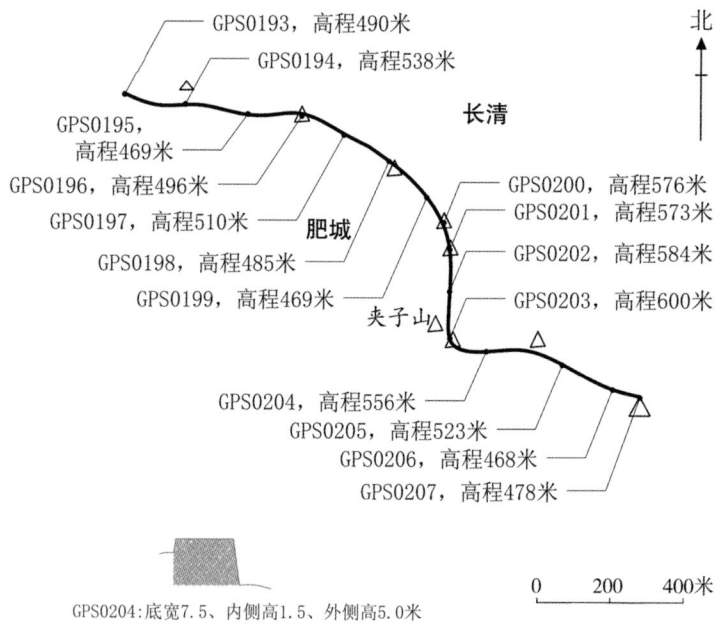

图一五八　夹子山段长城走向图

GPS0204：底宽7.5、内侧高1.5、外侧高5.0米

第二十七段，夹子山段长城（编码：370113382102020027）

该段长城西北起九顶寨南山山口，高程 490 米；东南至莲花盆山三界碑，高程 478 米。长 2288 米（图一五八；表三一）。

长城沿山脊东南至夹子山西侧第三个小山转向南行，过夹子山沿东山脊东行，至长清、肥城、岱岳区三县交界碑处。

夹子山为肥城市东北山区的最高山，山高坡陡，沟谷幽深，松树茂密，杂草丛生。该段长城经过的山脊起伏较大。山顶巨石林立，陡峭险峻，以山为险。山坡及山间低处垒砌石墙修筑长城，加强防御。

该段长城总长 2288 米，其中保存一般的墙体 1729 米，消失墙体 559 米。根据长城走向和特征点分为 14 个小段。

第 1~7 小段，GPS0193—0200，位于夹子山西北方的东西向长山脊上。墙体整体保存一般，用砂岩石块垒砌而成，底宽 6.5~7、顶宽 5.6~6、高 1~4.5 米。长 1231 米（图一五九、一六○）。

第 8~11 小段，GPS0200—0204，位于夹子山北侧南北向山脊及夹子山顶东，由连绵的 4 个高山组成，起伏不大，以山为险。长 559 米（图一六一）。

第 12~14 段，GPS0204—0207，位于夹子山东坡山脊至莲花盆山三界碑处。山顶东侧高处松树茂密，山势陡险。低处多刺槐树、荆棘、杂草。墙体用砂岩石块垒砌而成，总体保存一般，底宽 7.5、顶宽约 4、内侧高 1.5、外侧高 3~4.5 米。长 498 米（图一六二、一六三）。

表三一　夹子山段长城（编码：370113382102020027）GPS 采集点表（单位：米）

工作编号	名称	坐标（起止点）			与相邻点关系
		东经	北纬	高程	
0193	起点			490	
0194	折点 1			538	0193 点东南 218
0195	折点 2			469	0194 点东南 227
0196	折点 3			496	0195 点东南 153
0197	折点 4			510	0196 点东南 120
0198	折点 5			485	0197 点东南 138

工作编号	名称	坐标（起止点）			与相邻点关系
		东经	北纬	高程	
0199	折点6			469	0198 点东南 148
0200	折点7			576	0199 点东南 227
0201	折点8			573	0200 点东南 215
0202	拐点1			584	0201 点南 157
0203	拐点2			600	0202 点东南 127
0204	折点9			556	0203 点东南 60
0205	折点10			523	0204 点东南 161
0206	折点11			468	0205 点东南 253
0207	结束点			478	0206 点东南 84

图一五九　GPS0194 点以西山险（东—西）

图一六〇　GPS0194 点以东山险（西—东）

图一六一　GPS0203 点以东山险（西—东）

图一六二 GPS0204 点以东墙体（东—西）

图一六三 GPS0205 点以东墙体（东—西）

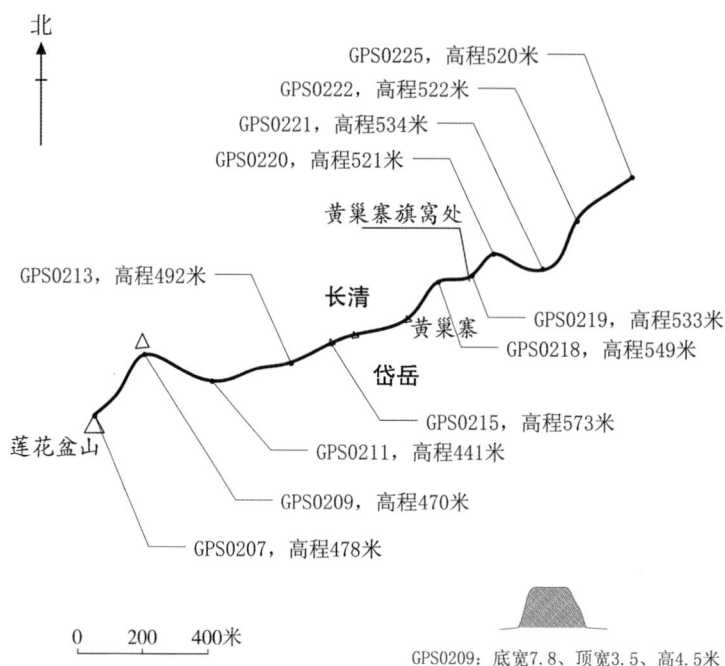

GPS0225，高程520米
GPS0222，高程522米
GPS0221，高程534米
GPS0220，高程521米
黄巢寨旗窝处
长清
GPS0219，高程533米
黄巢寨
GPS0218，高程549米
GPS0213，高程492米
岱岳
GPS0215，高程573米
莲花盆山
GPS0211，高程441米
GPS0209，高程470米
GPS0207，高程478米

0　　200　　400米

GPS0209：底宽7.8、顶宽3.5、高4.5米

图一六四　黄巢寨山段长城走向图

第二十八段，黄巢寨山段长城（编码：370113382102020028）

该段长城西起莲花盆山三界碑，高程 478 米；东至五花岩山西山山谷，高程 520 米。长 2337 米（图一六四；表三二）。

长城从莲花盆山沿山脊向东北延伸，上黄巢寨西山，过黄巢寨山向东北至五花岩山西山山谷。莲花盆山地势较低，向东山脊较为平缓，植被茂密，多刺槐树、荆棘、杂草，北坡生长有少量松树。黄巢西山与黄巢山高山连绵，峰高坡陡，山势险峻，岩石林立，多松树、山枣、荆棘、杂草。黄巢山东坡地势趋缓，多杂草、刺槐树、荆棘，山脊两侧多梯田。长城从莲花盆山延续到黄巢西山半山腰，黄巢寨东侧山脊长城也保存较好。黄巢西山和黄巢山以高山为险，黄巢山上有石砌寨堡，保存有石头上雕凿成的旗杆窝。

长城经过地带山高谷深，远离村庄，北侧有戴家河、杨庄、王先庄；东南方有田家庄、北赵庄、东赵庄、康庄、尹家庄，这五个小村相距较近。

该段长城总长 2337 米，其中保存一般的墙体 1281 米，保存较差的墙体 240 米，消失墙体 816 米。根据长城走向和特征点划分为 18 个小段。

第 1~3 小段，GPS0207—0210，位于莲花盆山向东北的绵长山脊上，地势平缓。墙体用砂岩石块垒砌而成，整体保存一般，底宽 7.8、顶宽 3.5、内侧高 1~1.5、外侧高 2.5~2.7 米，其中 GPS0209—0210 间墙体高达 3~4.5 米。长 438 米（图一六五~一六九）。

第 4~5 小段，GPS0210—0212，位于黄巢西山西侧山脊的底部。墙体保存较差，破坏殆尽，宽约 7.5、高约 1.5 米。长 129 米（图一七○）。

第 6 小段，GPS0212—0213，位于黄巢西山的西坡、山顶陡峭巨石的西侧。石墙沿陡峭山脊修筑，保存一般，宽约 7.6、高 2~2.6 米。长 30 米。

第 7~11 小段，GPS0213—0218，位于黄巢西山、黄巢山的顶部。山高坡陡，巨石林立，难以登攀，以山为险，没有修筑长城。在 GPS0218 附近有黄巢寨旗杆窝（图一七一），黄巢山上有黄巢寨，传说为唐代义军驻地。长 816 米。

第 12~15 小段，GPS0218—0222，位于黄巢山东侧山脊。墙体用砂岩石块垒砌而成，保存一般，底宽7.5、顶宽约4、GPS0218—0220 段墙体高2.5~3.2、GPS0220—0222 段墙体高3~4 米。长507 米（图一七二、一七三）。

第 16 小段，GPS0222—0223，墙体整体保存较差，宽8.5、高约2.8 米。长111 米。

第 17~18 小段，GPS0223—0225，墙体保存一般，底宽7.4~8.5、顶宽1.5~2、高1.8~3.4 米。长 306 米。

表三二　黄巢寨山段长城（编码：370113382102020028）GPS 采集点表（单位：米）

工作编号	名称	坐标（起止点）			与相邻点关系
		东经	北纬	高程	
0207	起点			478	
0208	折点1			446	0207 点东北 166
0209	拐点1			470	0208 点东北 71
0210	折点2			464	0209 点东南 201
0211	折点3			441	0210 点东南 69
0212	折点4			472	0211 点东北 60
0213	折点5			492	0212 点东北 30
0214	折点6			527	0213 点东北 171
0215	折点7			573	0214 点东北 95
0216	折点8			563	0215 点东北 57
0217	拐点2			623	0216 点东北 293
0218	折点9			549	0217 点东北 200
0219	拐点3			533	0218 点东北 88
0220	拐点4			521	0219 点东北 123
0221	拐点5			534	0220 点东南 123
0222	折点10			522	0221 点东北 173
0223	折点11			506	0222 点东北 111
0224	折点12			494	0223 点东北 63
0225	结束点			520	0224 点东北 243

图一六五　GPS0207 点以东
墙体（西南—东北）

图一六六　GPS0207 点以东
墙体（南—北）

图一六七　GPS0208 点以东
墙体（南—北）

图一六八　GPS0208 点以东墙体（南—北）

图一六九　GPS0210 点以东墙体（西—东）

图一七〇　GPS0211 点以东山险（西—东）

图一七一　GPS0218 点处旗杆石窝

图一七二　墙体远景（西—东）

图一七三　GPS0218 点以东墙体（西—东）

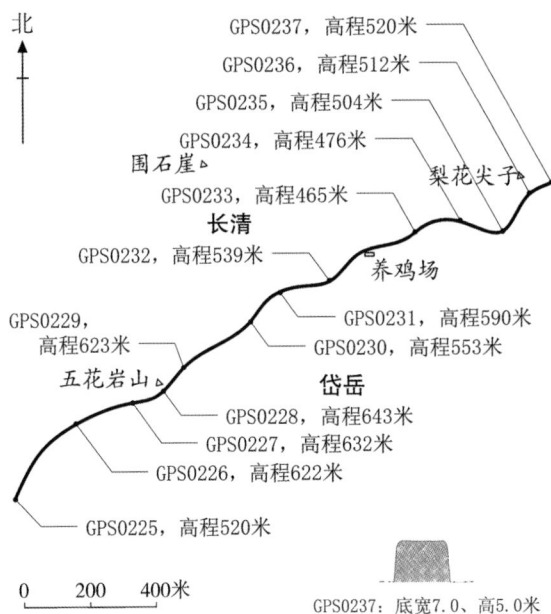

图一七四　五花岩山段长城走向图

第二十九段，五花岩山段长城（编码：370113382102020029）

该段长城西南起五花岩山西山山谷，高程 520 米；东北至桃尖山，高程 520 米。长 2001 米（图一七四；表三三）。

长城由五花岩山西山谷沿山脊向东北行，经五花岩山沿东北长山脊而行，至桃尖山山顶。五花岩西侧山脊较低缓，多杂草荆棘；五花岩西山较高，顶部较平坦，多刺槐树；五花岩山巨石林立，以山为险；东侧山脊绵长弯转，地势较低，两侧梯田开垦至岭子顶部，一养鸡场建在长城经过的岭脊上，对长城墙体造成破坏；桃尖山又称国画岩山，岩石峭壁陡立直至沟底如同斧削，其西侧修建一盘山公路南北穿过山脊。

长城北侧为济南市长清区，西北有王先庄；南侧为泰安市岱岳区，西南有田家庄。距离村庄较远，但修建盘山公路开挖梯田破坏还是较为严重。五花岩山东山脊长城破坏严重，仅存零星石墙。

该段长城长 2001 米，其中保存一般的墙体 810 米，保存较差的墙体 384 米，保存差的墙体 367 米，消失墙体 440 米。根据长城走向和特征点划分为共 12 个小段。

第 1 小段，GPS0225—0226，墙体消失，不见踪影。长 350 米。

第 2 ~ 3 小段，GPS0226—0228，位于五花岩西山。墙体用砂岩石块垒砌而成，整体保存一般。墙体宽 7.5、高 1.5 ~ 4 米。长 261 米（图一七五）。

第 4 小段，GPS0228—0229，位于五花岩山山顶。以山为险。长 90 米。

第 5 ~ 7 段，GPS0229—0232，位于五花岩山东侧山脊。墙体用砂岩石块垒砌而成，宽 7.5、高 2.5 ~ 3 米。GPS0230—0231 间为单面墙体，北侧依附山体，无巨石处垒砌石墙。GPS0232 处有南北向道路穿过。长 510 米（图一七六）。

第 8 小段，GPS0232—0233，墙体整体保存较差，残存部分墙体宽约 6、高约 1.5 米。长 384 米。

第 9 ~ 11 小段，GPS0233—0236，位于桃尖山西侧山脊。墙体保存差，以山险为主，间断出现墙体，在山石缺口处垒砌石墙，多为单面墙体。长 367 米（图一七七、一七八）。

第 12 小段，GPS0236—0237，位于桃尖山顶岩石山的东侧。墙体用石块垒砌而成，坚固结实，整体保存一般。墙体宽 7、高约 5 米。长 39 米。

表三三　五花岩山段长城（编码：370113382102020029）GPS 采集点表（单位：米）

工作编号	名称	坐标（起止点）			与相邻点关系
		东经	北纬	高程	
0225	起点			520	
0226	折点 1			622	0225 点东北 350
0227	拐点 1			632	0226 点东北 200
0228	折点 2			643	0227 点东北 61
0229	折点 3			623	0228 点东北 90
0230	折点 4			553	0229 点东北 232
0231	折点 5			590	0230 点东北 125
0232	折点 6			539	0231 点东北 153
0233	折点 7			465	0232 点东北 384
0234	折点 8			476	0233 点东 99
0235	拐点 2			504	0234 点东南 120
0236	折点 9			512	0235 点东北 148
0237	结束点			520	0236 点东北 39

图一七五　GPS0227 点以东墙体（西—东）

图一七六　GPS0231 点以东墙体（南—北）

图一七七　GPS0233 点以东墙体（南—北）

图一七八　GPS0236 点以西山险（西—东）

第三十段，西寺崖段长城（编码：3701133821
02020030）

该段长城南起桃尖山，高程 520 米；北至小大
峪北山口，高程 239 米。长 2194 米（图一七九；表
三四）。

长城由梨花尖子山向东，下断崖，沿山脊东北
行，越锅饼山北行，过西寺崖山转而西北行，沿小
大峪西山长山脊北行至小大峪北山口。梨花尖子山
东侧山脊，刺槐树橡子树高大茂密，石墙保存较
好。东行约 200 米，有山石断崖骤降。向东北地势
平缓，为长山脊，松树、刺槐树茂密，保存有石墙
至锅饼山南。锅饼山为红色岩石山，山石陡峭，石
峰凸立，长城借为山险。锅饼山东北多杂草。西寺
崖山为高凸小山，长城沿东侧断崖绕行、转向西北
行，沿长山脊北行，向北长山脊树木茂密，有长
城。北侧山谷处多梯田（图一八〇）。

这里地处深山中，远离村庄，远处有王先庄、
戴家河杨庄，东北有长城铺，西寺崖山东南山谷中
有龙居寺（图一八一）。山上农田种植较少，但百

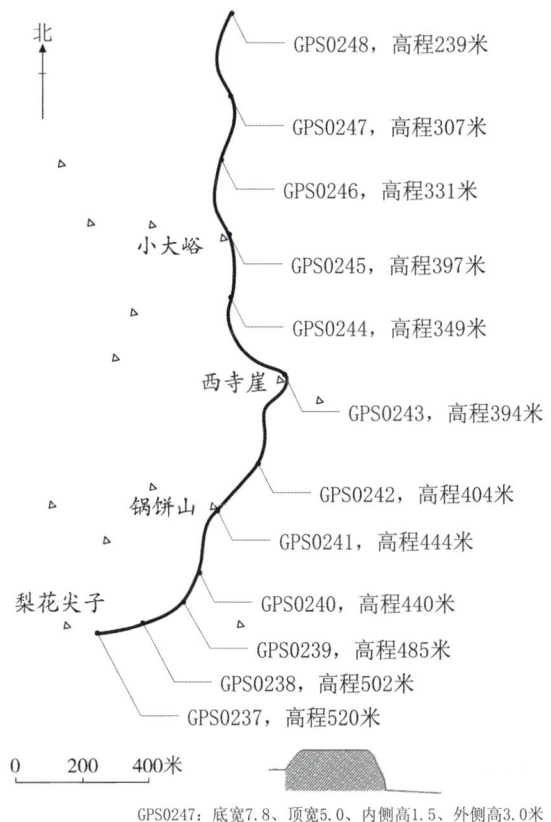

北

GPS0248，高程239米
GPS0247，高程307米
GPS0246，高程331米
小大峪
GPS0245，高程397米
GPS0244，高程349米
西寺崖
GPS0243，高程394米
GPS0242，高程404米
锅饼山
GPS0241，高程444米
GPS0240，高程440米
梨花尖子
GPS0239，高程485米
GPS0238，高程502米
GPS0237，高程520米

0　　200　　400米

GPS0247：底宽7.8、顶宽5.0、内侧高1.5、外侧高3.0米

图一七九　西寺崖段长城走向图

姓进山砍伐木材严重。

该段长城总长 2194 米，其中保存一般的墙体 1537 米，保存较差的墙体 193 米，消失墙体 464 米。根据长城走向和特征点划分为 11 个小段。

第 1~4 小段，GPS0237—0241，位于锅饼山西南山脊。墙体用砂岩石块垒砌而成，整体保存一般，墙体底宽 6~6.6、高 2~4.5 米。长 569 米（图一八二、一八三）。

第 5~6 段，GPS0241—0243，借用陡峭石山险峰为山险，未垒砌石墙。长 464 米。

第 7 小段，GPS0243—0244，位于西寺崖西北山脊上。墙体用砂岩石块垒砌而成，保存一般，墙体宽 6~6.5、高 3 米。长 289 米（图一八四）。

第 8 小段，GPS0244—0245，沿山脊开垦梯田，种植树木，对长城本体造成破坏，整体保存差，墙体间断出现，高 1~1.2 米。长 193 米。

第 9~11 小段，GPS0245—0248，位于北侧山脊低处。墙体用砂岩石块、石片垒砌而成，整体保存一般。墙体底宽 7.8、顶宽 5、高 1.5~3 米。长 679 米。

表三四　西寺崖段长城（编码：370113382102020030）GPS 采集点表（单位：米）

工作编号	名称	坐标（起止点）			与相邻点关系
		东经	北纬	高程	
0237	起点			520	
0238	折点 1			502	0237 点东北 240
0239	折点 2			485	0238 点东北 76
0240	折点 3			440	0239 点东北 133
0241	折点 4			444	0240 点东北 120
0242	折点 5			404	0241 点东北 230
0243	拐点 1			394	0242 点东北 234
0244	折点 6			349	0243 点西北 289
0245	折点 7			397	0244 点北 193
0246	折点 8			331	0245 点北 224
0247	折点 9			307	0246 点北 203
0248	结束点			239	0247 点北 252

图一八〇 GPS0239 点以西墙体远景（东—西）

图一八一 龙居寺（西寺崖东南峪，南—北）

图一八二　GPS0238 点以东
墙体（西—东）

图一八三　GPS0238 点以东
墙体（西南—东北）

图一八四　GPS0243 点处
墙体（东—西）

第三十一段，长城铺子西山段长城（编码：370113382102020031）

该段长城西南起小大峪北山口，高程239米；东北至曹庄北，高程143米。长2466米（图一八五；表三五）。

长城从小大峪北山口，沿长城铺村西山南北向长岭脊北行，至北端沿岭脊东拐，从岭子东坡而下，朝长城铺村中间偏南、曹庄村北东行。长城铺西山为南北长条状低矮岭脊，两侧皆为梯田，开垦近岭顶，顶部多杂草、不见树木，上面保存有零星墙体，岭脊北端向东拐部分石墙保存较高，在岭子南侧沿陡处修建单面石墙。岭子东坡为层层梯田，墙体基本消失。长城铺为南北向山谷中的大村镇，地处长城沿线上，在古代即为军事重镇，村

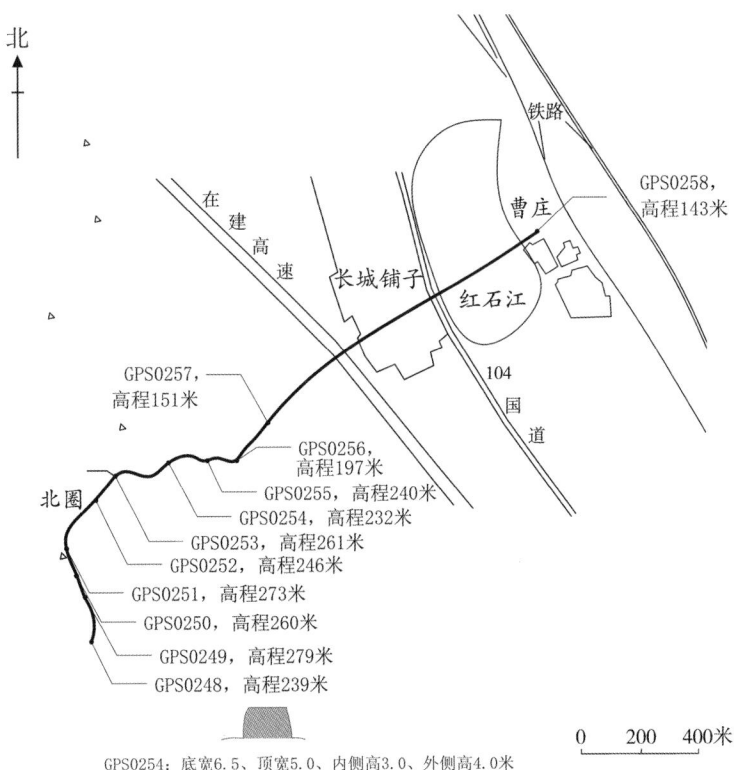

GPS0254：底宽6.5、顶宽5.0、内侧高3.0、外侧高4.0米

图一八五　长城铺子西山段长城走向图

北有万南烽火台。现有104国道南北穿过，东侧曹庄村东有京沪铁路、高速铁路穿过。长城铺村东西皆为平地，长城消失。过104国道上东侧低岭，曹庄村北有土墙（图一八六～一八八）。

表三五　长城铺子西山段长城（编码：370113382102020031）GPS采集点表（单位：米）

工作编号	名称	坐标（起止点）			与相邻点关系
		东经	北纬	高程	
0248	起点			239	
0249	折点1			279	0248点西北150
0250	折点2			260	0249点西北76
0251	拐点1			273	0250点西北107
0252	折点3			246	0251点东北114
0253	折点4			261	0252点东北169
0254	折点5			232	0253点东北200
0255	折点6			240	0254点东152

工作编号	名称	坐标（起止点）			与相邻点关系
		东经	北纬	高程	
0256	拐点 2			197	0255 点东南 144
0257	折点 7			151	0256 点东北 184
0258	结束点			143	0257 点东北 1170

该段长城总长 2466 米，其中保存一般的墙体 968 米，保存较差的墙体 328 米，消失墙体 1170 米。根据长城走向和特征点划分为 10 个小段。

第 1~7 小段，GPS0248—0255，位于长城铺西山岭脊顶部。墙体大部分为单面石墙，在岭脊的东侧、南侧用砂岩石块垒砌而成，整体保存一般。墙体底宽 5.5~7、顶宽 4.5~5、高 2~3.5 米。长 968 米。

第 8~9 小段，GPS0255—0257，位于长城铺西山岭脊的东端及东坡。墙体两侧被梯田侵占，整体保存较差，宽 6.5 米、高 2~3 米。长 328 米。

第 10 小段，GPS0257—0258，位于长城铺西山东山根至曹庄村北，穿过长城铺村及村东西低平地、曹庄村北岭，这里有国道 104、京沪高速公路、京沪高速铁路及原来的京沪铁路南北穿过，长城村边有红石江流过。种地垦荒和公路、铁路建设对地貌破坏较大，长城基本消失。长 1170 米。

图一八六　GPS0256 点以东墙体远景（西—东）

图一八七　GPS0256 点西南墙体远景（东北—西南）

图一八八　GPS0256—0257 点间墙体（东—西）

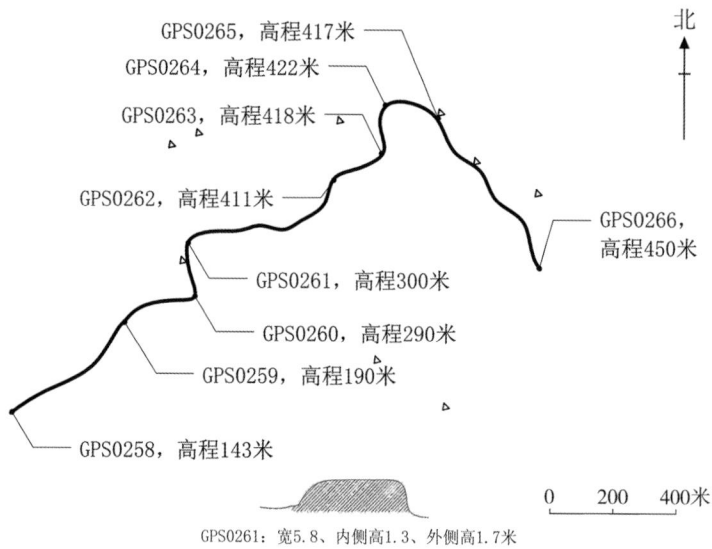

GPS0265，高程417米
GPS0264，高程422米
GPS0263，高程418米
GPS0262，高程411米
GPS0261，高程300米
GPS0260，高程290米
GPS0259，高程190米
GPS0258，高程143米
GPS0266，高程450米

北

0　200　400米

GPS0261：宽5.8、内侧高1.3、外侧高1.7米

图一八九　曹庄北山段长城走向图

第三十二段，曹庄北山段长城（编码：370113382102020032）

该段长城西南起曹庄村北，高程143米；东南至曹庄北山，高程450米。长2827米（图一八九；表三六）。

长城从曹庄村北，沿村后岭脊东北行，直至东北方最高山顶，拐向东南行，沿长城岭向大寨方向延伸。曹庄村北岭为低矮岭脊，开垦梯田严重。东北山为石山，岩石裸露，多松树、刺槐树，杂草丛生。长城保存较好。曹庄村东有京沪铁路、高速铁路南北穿过。

该段长城长2827米，其中保存一般的墙体2265米，保存较差的墙体562米。根据长城走向和特征点划分为8个小段。

第1小段，GPS0258—0259，位于曹庄村北岭。墙体用土夯打而成，保存较差，顶宽3.6、底宽4、高2~6.5米。长562米（图一九○）。

第2~8小段，GPS0259—0266，墙体用砂岩石块垒砌而成，总体保存一般，宽5.8、内侧高1.3、外侧高1.7~2米。长2265米（图一九一~一九五）。

表三六　曹庄北山段长城（编码：370113382102020032）GPS采集点表（单位：米）

工作编号	名称	坐标（起止点）		与相邻点关系
			高程	
0258	起点		143	
0259	折点1		190	0258点东北562
0260	拐点1		290	0259点东北252
0261	拐点2		300	0260点西北159
0262	拐点3		411	0261点东北662
0263	拐点4		418	0262点东北215
0264	拐点5		422	0263点北170
0265	拐点6		417	0264点东南200
0266	结束点		450	0265点东南607

图一九〇　GPS0258 点处墙体（西—东）

图一九一　GPS0259 点东北墙体（西—东）

图一九二　GPS0260 点东北墙体（西南—东北）

图一九三　GPS0263 点西南墙体（东北—西南）

图一九四　GPS0263 点东北墙体（西南—东北）

图一九五　GPS0266 点处墙体（西北—东南）

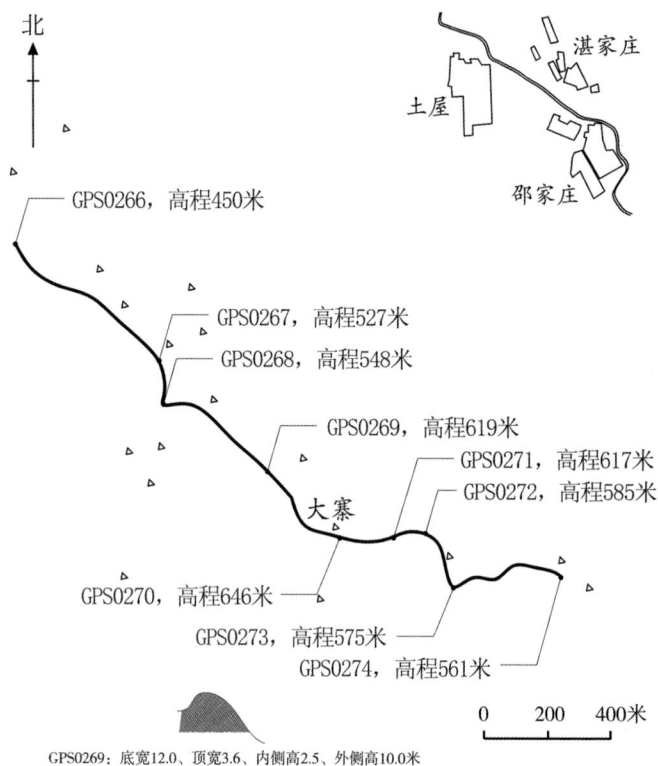

GPS0269：底宽12.0、顶宽3.6、内侧高2.5、外侧高10.0米

图一九六　大寨段长城走向图

第三十三段，大寨段长城（编码：370113382102020033）

该段长城西北起曹庄北山，高程450米；东南至大寨山，高程561米。长2810米（图一九六；表三七）。

长城沿长城岭山脊由西北向东南方向延伸，山高谷深，山势险峻。大寨山石峰凸立、悬崖峭壁，借山势为山险。东西两侧山脊绵延，长城沿山脊而行。山上多松树。山下岭子多梯田。距离村庄较远，东北侧有土屋、湛家庄、邵家庄；西南为皮家店、叶家洼、皮里庄，有公路、铁路通过，人类活动频繁。

该段长城总长2810米，皆为保存一般的墙体。根据长城走向和特征点划分为8个小段。

第1~3段，GPS0266—0269，长城沿曹庄东南山脊向东南而行至大寨山西山。墙体为砂石混筑，保存一般，底宽12、顶宽3.6、高3米。长1445米（图一九七~一九九）。

第4~5段，GPS0269—0271，长城从大寨山西山开始，过大寨山转向东行至风门东，该段以高山为山险。长515米（图二〇〇）。

第6~8段，GPS0271—0274，长城沿山脊东行，地势降低。墙体为砂石混筑，保存一般，底宽12、顶宽3.6、高3米。长850米。

表三七　大寨段长城（编码：370113382102020033）GPS采集点表（单位：米）

工作编号	名称	坐标（起止点）			与相邻点关系
		东经	北纬	高程	
0266	起点			450	
0267	折点1			527	0266点东南810
0268	拐点1			548	0267点东南156
0269	折点2			619	0268点东南479
0270	折点3			646	0269点东南297
0271	折点4			617	0269点东南218
0272	拐点2			585	0271点东北181
0273	拐点3			575	0272点东南252
0274	结束点			561	0273点东北417

图一九七　GPS0267 点东南墙体（西北—东南）

图一九八　GPS0268 点东南墙体（西北—东南）

图一九九　GPS0269 点西北墙体远景（东南—西北）

图二〇〇　GPS0270 点处大寨山山险（东南—西北）

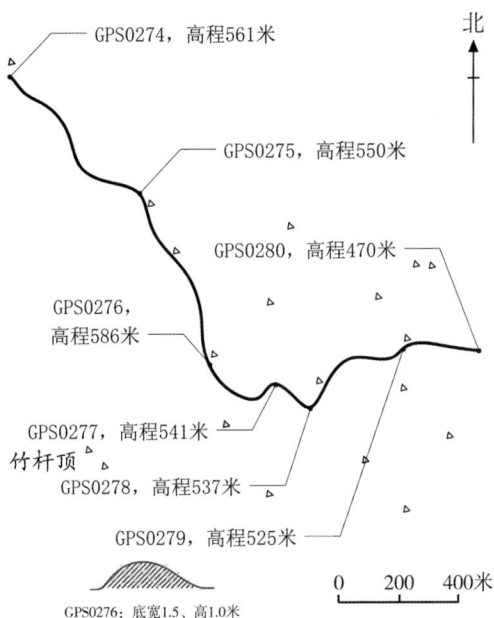

图二〇一　北马套北山段长城走向图

第三十四段，北马套北山段长城（编码：370113382102020034）

该段长城西北起大寨山，高程 561 米；东南至北马套北山，高程 470 米。长 2690 米（图二〇一；表三八）。

长城从大寨山东沿山脊向东南行，至北马套北山拐向东行。长城修建在高山山脊之上，山高坡陡，地势险要。山顶松柏苍翠茂密，山坡修建梯田。长城用砂岩石块垒砌而成。

该段长城总长 2690 米，皆为保存一般的墙体。根据长城走向和特征点可分为 6 小段。

第 1～3 段，GPS0274—0277，长城沿大寨山东侧山脊东南行至北马套北山。墙体总体保存一般，遗迹清晰，路线及走向明确，宽 6、高 1.5～3 米。长 1704 米（图二〇二、二〇三）。

第 4～6 段，GPS0277—0280，长城沿北马套北山东行至北顶山现代军事区防卫墙出现处。墙体总体保存一般，遗迹清晰，路线及走向明确，宽 6、高 1.5～3 米。长 986 米（图二〇四）。

表三八　北马套北山段长城（编码：370113382102020034）GPS 采集点表（单位：米）

工作编号	名称	坐标（起止点）			与相邻点关系
		东经	北纬	高程	
0274	起点			561	
0275	拐点 1			550	0274 点东南 712
0276	折点 1			586	0275 点东南 646
0277	拐点 2			541	0276 点东南 346
0278	拐点 3			537	0277 点东南 200
0279	折点 2			525	0278 点东北 496
0280	结束点			470	0279 点东南 290

图二〇二　GPS0275 点西北墙体（东南—西北）

图二〇三　GPS0275 点东南墙体（西北—东南）

图二〇四　GPS0278 点以东墙体（西—东）

第三十五段，北顶山段长城（编码：3701133
82102020035）

该段长城西起北马套北山，高程 470 米；东至
北顶山，高程 556 米。长 1821 米（图二〇五；表
三九）。

该段长城从北马套北山沿山脊东北行，至北
顶山北山拐向东南行至第 3 个小山头拐向东行处
止。这里群山连绵，山势较高，苍松翠柏，满山
翠绿。墙体沿山脊分布。由于该区域为军事管治
区，不得进入，无法进行详细调查测绘，也没有
详细记录（图二〇六）。

该段长城总长 1821 米。在墙体保存情况部分
统计为墙体消失。走向线图参照已有资料绘制。

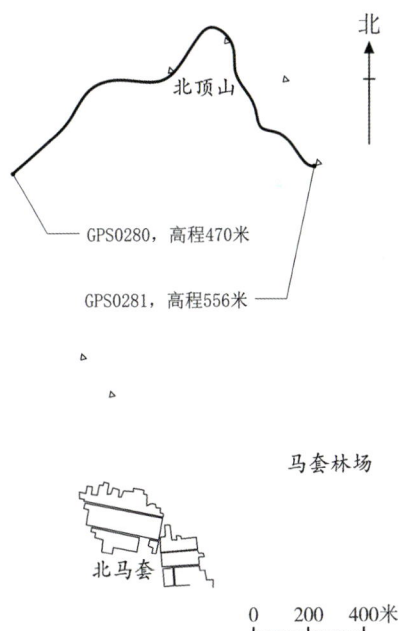

图二〇五　北顶山段长城走向图

表三九　北顶山段长城（编码：370113382102020035）GPS 采集点表（单位：米）

工作编号	名称	坐标（起止点）			与相邻点关系
		东经	北纬	高程	
0280	起点			470	
0281	结束点			556	0280 点东北 1821

图二〇六　GPS0280 点东北墙体远景（西南—东北）

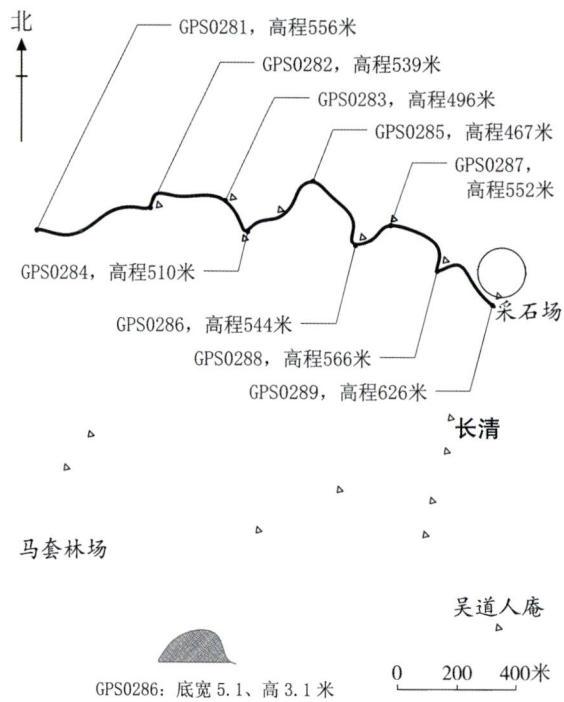

北

GPS0281，高程556米
GPS0282，高程539米
GPS0283，高程496米
GPS0285，高程467米
GPS0287，高程552米

GPS0284，高程510米
GPS0286，高程544米
GPS0288，高程566米
GPS0289，高程626米

采石场

长清

马套林场

吴道人庵

GPS0286：底宽 5.1、高 3.1 米

0　　200　　400米

图二〇七　钉头崖东山段长城走向图

第三十六段，钉头崖西山段长城（编码：370113382102020036）

该段长城西起北顶山，高程 556 米；东至钉头崖，高程 626 米。长 2398 米（图二〇七；表四〇）。

长城从北顶山沿山脊东北行至北马套东北山口公路，拐向东南行，至钉头崖。该处距离泰山较近，地处泰山北侧，群山连绵，山势高险。山坡松树、橡子树生长茂密。墙体用砂岩石块垒砌，高大整齐，两侧陡直。山脊上墙体两侧面垒砌规整，中间用乱石砌筑；有的段落从山头南侧缓坡处绕行，南侧低处墙体侧面高大，北侧面较为低矮（图二〇八～二一四）。

长城距离村庄较远，西南侧有白马套、南马套，白马套东北山谷建设有盘山公路穿过长城，路边建有别墅小楼，对环境造成破坏。

该段长城长 2398 米，其中保存较好的墙体 2092 米，保存一般的墙体 306 米。根据长城走向和特征点分为 8 个小段。

第 1～4 小段，GPS0281—0285，墙体总体保存较好，底宽 5、顶宽 4.5、外侧高 3.1～4、内侧高 2.8～3.5 米。长 1370 米。

第 5 小段，GPS0285—0286，墙体总体保存一般，宽 5、内侧高 1.5～3、外侧高 2.1～3.5 米。长 306 米。

第 6～8 小段，GPS0286—0289，墙体总体保存较好，宽 4.1、内侧高 1.7～2、外侧高 2.5 米。长 722 米。

表四〇　钉头崖西山段长城（编码：370113382102020036）GPS 采集点表（单位：米）

工作编号	名称	坐标（起止点）			与相邻点关系
		东经	北纬	高程	
0281	起点			556	
0282	折点 1			539	0281 点东北 490
0283	折点 2			496	0282 点东南 345
0284	拐点 1			510	0283 点东南 148
0285	折点 3			467	0284 点东北 387
0286	拐点 2			544	0285 点东南 306
0287	拐点 3			552	0286 点东北 146
0288	拐点 4			566	0287 点东南 288
0289	结束点			626	0288 点东南 288

图二〇八　GPS0289点以西墙体走向（东—西）

图二〇九　GPS0282点以西墙体（东—西）

图二一〇　GPS0282 点以东墙体（西—东）

图二一一　GPS0282—0283 点间墙体（东—西）

图二一二　GPS0284 点西北
墙体（东南—西北）

图二一三　GPS0285 点西南
墙体（东北—西南）

图二一四　GPS0284—0285 点间
墙体（西—东）

第三十七段，老挂尖段长城（编码：3701133 82102020037）

该段长城西起钉头崖，高程626米；东至青天南山口，高程701米。长2142米（图二一五；表四一）。

长城自钉头崖西山根，向东借助泰山后侧西北—东南向绵长山脊为山险，直至历城青阳台，长达十几千米。这里地处泰山后侧，南侧远处可见泰山主峰。泰山北侧山脉、峡谷多为南北向或东南—西北向，长城山险经过的绵长山脊为西北—东南向，山脊连绵，地势高险，海拔在八九百米至一千一二百米。形成天然防御屏障，没有发现人工修建墙体（图二一六～二一九）。

钉头崖西坡，山势陡险，140米的长度高差133米，断崖峭壁高耸百米，山顶巨石凸立。向南行百米转向东行、东北行，山脊连绵，顶部较为平缓，多杂草。两侧坡陡谷深，山坡多刺槐树、松树。

该段长城总长2142米，根据特征点划分为九个小段。没有发现人工修建的墙体，以高山为险，墙体为山险。

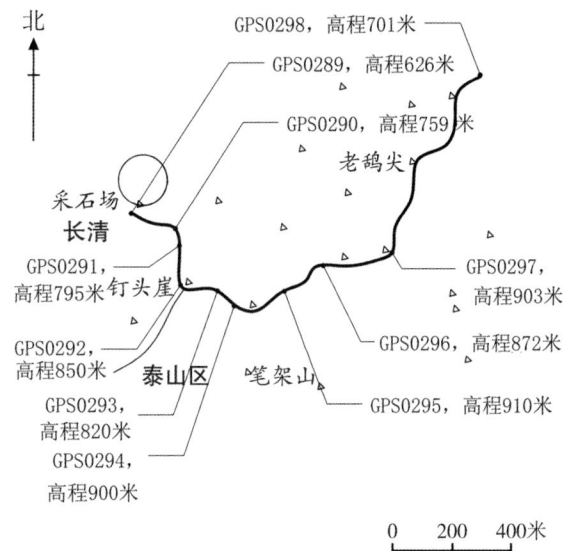

图二一五　老挂尖段长城走向图

表四一　老挂尖段长城（编码：370113382102020037）GPS采集点表（单位：米）

工作编号	名称	坐标（起止点）			与相邻点关系
		东经	北纬	高程	
0289	起点			626	
0290	拐点1			759	0289点东南140
0291	折点1			795	0290点南230
0292	折点2			850	0291点东240
0293	折点3			820	0292点东北118
0294	折点4			900	0293点东北289
0295	拐点2			910	0294点东139
0296	折点5			872	0295点北128
0297	折点6			903	0296点北207
0298	结束点			701	0297点东北651

图二一六　GPS0291 点以东山险（西—东）

图二一七　GPS0295 点西南山险（西南—东北）

图二一八　GPS0296 点东北山险（西南—东北）

图二一九　GPS0297—298 点间山险（西南—东北）

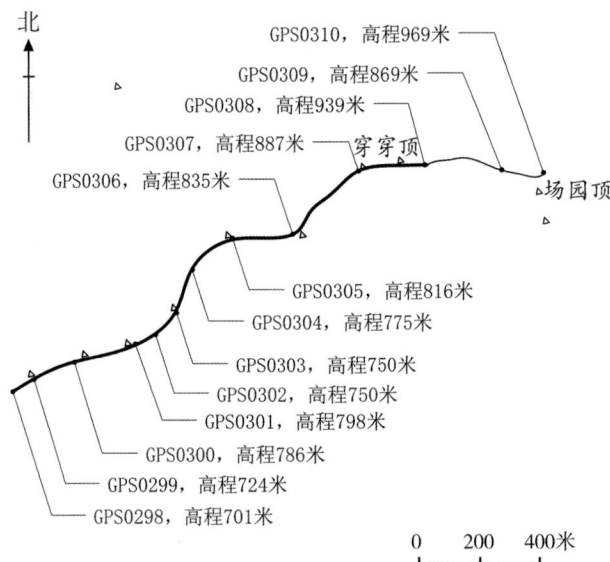

图二二〇　穿穿顶段长城走向图

第三十八段，穿穿顶段长城（编码：370113382102020038）

长城西南起青天南山口，高程 701 米；东北至场圆顶，高程 969 米。长 2199 米（图二二〇；表四二）。

长城沿长山脊由西南向东北行。山头众多，起伏较大，山脊分布有 9 座高山。山险东南为泰山桃花峪，西北为长清区的张庄、青天、东房。青天东南有小路过山口通往泰山（图二二一～二二四）。

该段长城总长 2199 米，根据特征点划分为 12 个小段。没有发现人工修建的墙体，以高山为险，墙体为山险。

表四二　穿穿顶段长城（编码：370113382102020038）GPS 采集点表（单位：米）

工作编号	名称	坐标（起止点）			与相邻点关系
		东经	北纬	高程	
0298	起点			701	
0299	折点 1			724	0298 点东北 101
0300	折点 2			786	0299 点东北 186
0301	折点 3			798	0300 点东北 169
0302	折点 4			750	0301 点东南 161
0303	折点 5			750	0302 点东北 103
0304	折点 6			775	0303 点东北 159
0305	拐点 1			816	0304 点东北 158
0306	拐点 2			835	0305 点东 251
0307	拐点 3			887	306 点东北 281
0308	折点 7			939	0307 点东 225
0309	折点 8			869	0308 点东 212
0310	结束点			969	0309 点东 193

图二二一　GPS0299 点东北山险（西南—东北）

图二二二　GPS0304 点东北山险（西—东）

图二二三　GPS0302 点东北山险（西南—东北）

图二二四　GPS0307 点东北山险（西南—东北）

第三十九段，摩天岭段长城（编码：370113382102020039）

长城南起场圆顶山，高程969米；北至楼顶山，高程 874 米。长 2218 米（图二二五；表四三）。

长城总体呈南—北走向。由场圆顶山沿山脊向北上最高峰摩天岭，向北绵延而行，地势逐渐降低，止于楼顶山。东侧远处有泰山的玉泉寺（图二二六～二二九）。

该段长城总长 2218 米，根据特征点划分为 11 个小段。没有发现人工修建的墙体，以高山为险，墙体为山险。

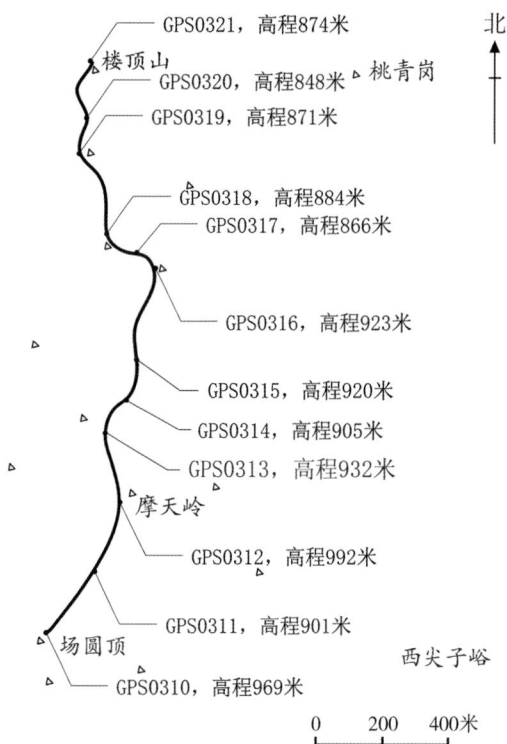

图二二五　摩天岭段长城走向图

表四三　摩天岭段长城（编码：370113382102020039）GPS 采集点表（单位：米）

工作编号	名称	坐标（起止点）			与相邻点关系
		东经	北纬	高程	
0310	起点			969	
0311	折点 1			901	0310 点东南 244
0312	折点 2			992	0311 点东北 314
0313	折点 3			932	0312 点西北 231
0314	折点 4			905	0313 点东北 146
0315	折点 5			920	0314 点北 141
0316	拐点 1			923	0315 点北 312
0317	折点 6			866	0316 点西北 111
0318	拐点 2			884	0317 点西南 90
0319	折点 7			871	0318 点西北 315
0320	折点 8			848	0319 点北 133
0321	结束点			874	0320 点北 181

图二二六　GPS0310点以北山险（南—北）

图二二七　GPS0312点以北山险（南—北）

图二二八　GPS0313 点以北山险（南—北）

图二二九　GPS0315 点以北山险（南—北）

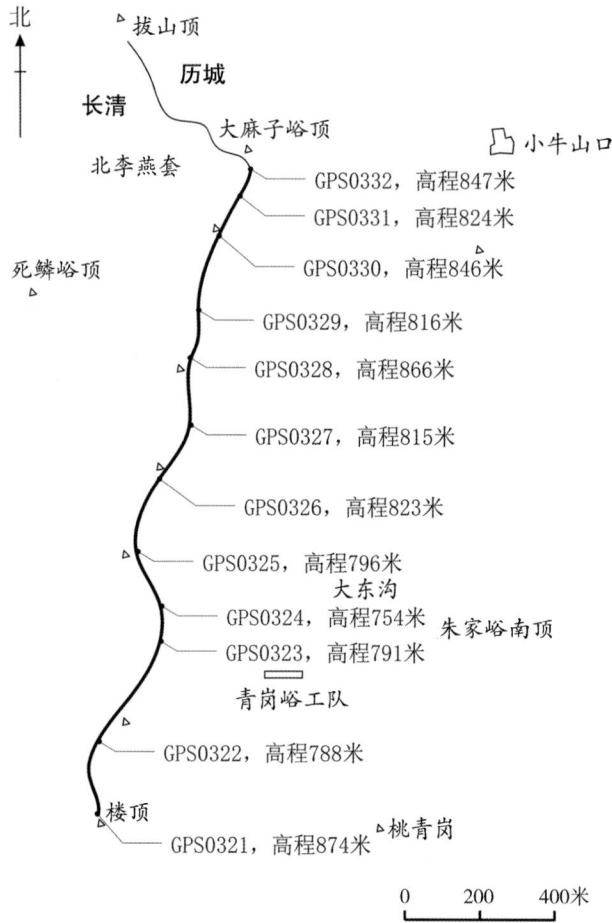

图二三〇　楼顶至大麻子峪顶段长城走向图

第四十段，楼顶至大麻子峪顶段长城（编码：370113382102020040）

长城南起楼顶山，高程874米；北至大麻子峪顶长清、历城、泰山三界碑，高程847米。长2182米（图二三〇；表四四）。

长城从楼顶山沿山脊北行，至大麻子峪顶山，至长清区、历城区、泰山区三县区交界碑处。这里是长清区齐长城的终点，也是历城区齐长城的起点。该段为泰山北侧绵长山脊，山高谷深，海拔七八百米，为自然山险（图二三一～二三四）。

该段长城长2182米，根据特征点划分为11个小段。没有发现人工修建的墙体，以高山为险，墙体为山险。

表四四　楼顶至大麻子峪顶段长城（编码：370113382102020040）GPS采集点表

工作编号	名称	坐标（起止点）			与相邻点关系
		东经	北纬	高程	
0321	折点1			847	
0322	折点2			788	0321点北265
0323	折点3			791	0322点东北327
0324	折点4			754	0323点北101
0325	折点5			796	0324点西北192
0326	折点6			823	0325点北197
0327	折点7			815	0326点东北166
0328	折点8			866	0327点北245
0329	折点9			816	0328点北163
0330	折点10			846	0329点北230
0331	折点11			824	0330点东北115
0332	结束点			847	0331点北181

图二三一　GPS0321 点以北山险（南—北）

图二三二　GPS0324 点以北山险（东南—西北）

图二三三　GPS0330 点东北山险（西南—东北）

图二三四　大麻子峪顶长清、历城、泰山三界碑（南—北）

二　烽火台

在长清区共发现烽火台 1 处，即万南烽火台（编码：370113353 201020001）。

位于济南市长清区万德镇万南遗址上面，国道 104 的东侧 35 米处，南距万南遗址保护碑 30 米。高程 218 米（图二三五）。

烽火台位于万德遗址，在遗址临近公路处有一高大的平台，平台南北 74、高出地面 10、高出东侧遗址 6 米余（图二三六、二三七）。

烽火台在高台上用土夯筑而成，由于自然破坏和取土，保存较差。从残存情况看，平面呈不规则圆形，直径 7、高达 6 米。

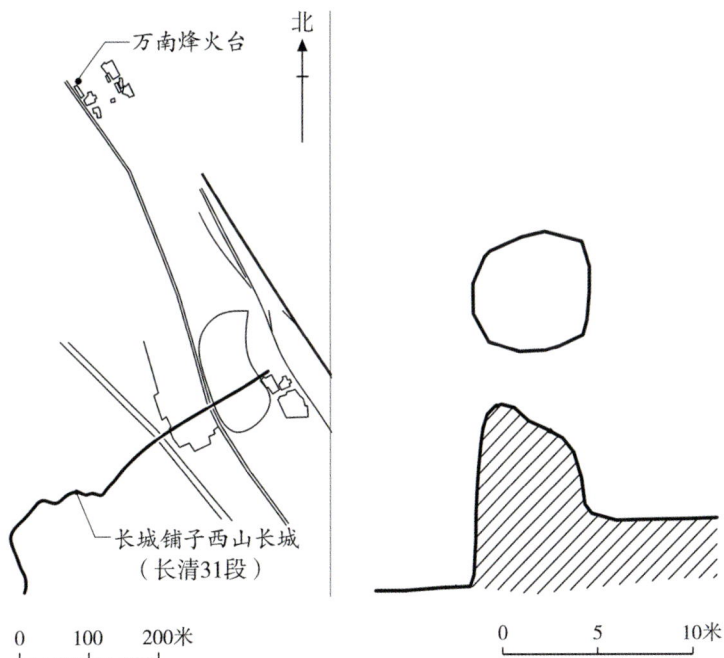

图二三五　万南烽火台位置示意图及平、剖面图

此处为南北狭长的山间谷地，东南为泰山后侧的低山，西侧为低山丘岭，中部为南北畅通的山间河谷地带，北通长清、济南，南达泰安，目前是铁路、高速铁路、高速公路及国道的必经之地，在古代亦为南北交通要道和信息传递通道。沿山谷设立烽火台便于信号的传递。

图二三六　万南烽火台（西—东）

图二三七　万南烽火台（南—北）

三　壕堑

齐长城资源调查时，共发现壕堑 1 条，即岚峪西北壕堑（编码：370113382202020001）。这是齐长城沿线唯一能够确定的一段壕堑。

位于长清区岚峪村西北，西起陡岭子东山脚东 512 米处（GPS0012），高程 103 米；东至岚峪北山西山脚（GPS0013），高程 106 米。长 809 米（图二三八）。

壕堑长 809 米，口宽 12～50、底宽 5～6、深 7～13 米。沟壁较陡直，底部不平（参见本章长清 03 段照片）。

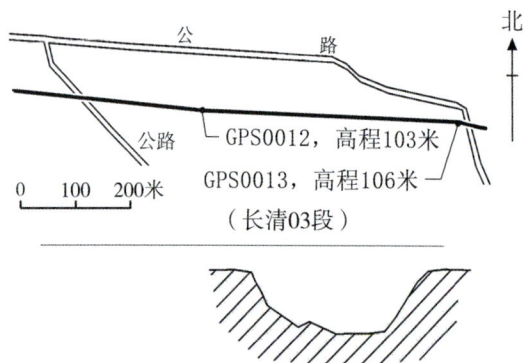

图二三八　壕堑位置及剖面示意图

该段壕堑地处长清区孝里镇东障村南、房头村北、岚峪村西，南北向的山谷内，东西两侧为南北向延伸的低山丘岭，西为陡岭子，东为岚峪村北山，房头村南为山谷尽头的低山丘岭东西相联。西侧与齐长城的西端起点防头仅一山相隔。

调查时，过陡子岭山，东侧为较为开阔的南北向山谷平地，地势南高北低，东为岚峪北山，山脊上齐长城痕迹清晰可见。陡岭子山与岚峪北山长城经过山脊对应的山谷平地部分，西半部为平地，东半部为东西向深沟。该处地形为南高北低，自然流水向北流淌，山谷的自然冲沟多为南北向，而近山根的东西向冲沟应该与山沟对应，才是山沟流水冲荡形成。而这条深沟东西对应的为岭脊，因此非山上流水冲刷而成。

附近村民皆说深沟北侧原有长城，墙体高大，至 20 世纪 60 年代平整为土地。据此推断东西向的深沟为壕堑。

四　相关遗址

调查相关遗址 1 处。

三股峪周代遗址（编码：370113354199020001）

遗址位于岚峪北山的北坡近山脚处沟边山根台地上，三股峪的西南侧，东北侧为宽深沟，断崖陡立。现为梯田。高程 175 米（图二三九、二四〇）。

该遗址东西 60、南北 50 米，面积 3000 余平方米。地面散布大量周代陶片，有泥质灰陶的盆、罐、甑、豆等残片。陶片较小（图二四一）。

遗址地处山区，地势较高，其北侧为深沟，长城中断，因此可能非一般的生活遗址，而应与长城守卫有关。

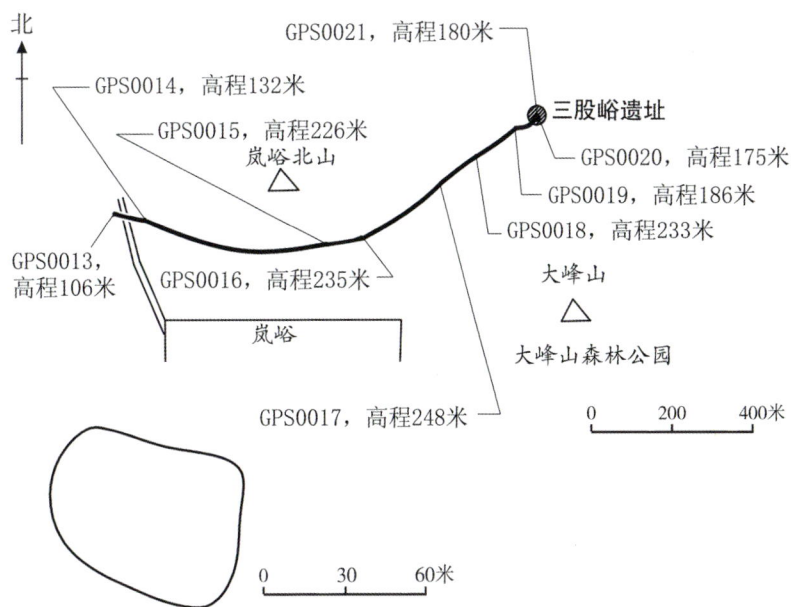

图二三九　三股峪遗址位置及平面图

图二四〇　三股峪遗址位置及环境（东北—西南）

图二四一　三股峪遗址地表陶片

第五节　保护与管理现状

一　保护机构

齐长城属济南长清区、历城区和泰安岱岳区、泰山区共同保护管理，保护管理机构为属地文物局或文管所。

二　保护标志

在齐长城西端起点和重要地段、大路口设置有保护标志碑。

三　保护范围及建设控制地带

齐长城资源调查前，山东省文物主管部门明确规定，齐长城墙体及附属建筑两侧 50 米之内为保护范围，其中 20 米之内为绝对保护区。300 米之内为建设控制地带。后调整为坡地和平地部分：以长城本体两侧外缘各向外 200 米为保护范围，保护范围外缘向外 500 米为建设控制地带；山岭部分：山脊上的长城按山脊两侧的谷底线（或坡脚线）至长城墙体外缘的距离不足 700 米的按 700 米划定。

四　记录档案

调查时，长清区尚未建立有效的"四有"档案；泰山区则建立起初步的"四有"档案。

第六节　长城损毁的自然与人文因素

一　自然因素

长清区境内长城途经地形地貌较复杂，可分为山地、丘陵、沟壑及平原四个不同类型。山地类型：墙体沿山脊分布，自长清钉头崖向东，至牛山口，为泰山北侧，高山连绵，齐长城以高山为山险，人迹罕至，山体自然风貌保存较好。两侧多种植松树、橡树、槐树及栗子树等；处于山谷之间时，多被道路截断破坏。丘陵类型：墙体多沿丘陵脊线分布，地势平缓的坡面多被开垦为农田，地势陡峭的地方多种植松树、橡树及槐树等，人为破坏现象较明显。沟壑类型：受雨水冲刷及河流截断等破坏，大部分墙体地表已无遗迹。平原类型：墙体途经平原地带时，两侧多农田，对墙体的蚕食现象严重，墙体基本消失。

二　人为因素

此次调查表明，破坏长城墙体的最大因素是人为因素，多表现为村镇建设、垦田拓路、采石采矿及取土挖沙，致使长城墙体满目疮痍、所剩无几。

第六章

肥城市齐长城资源调查

第一节　地理位置与自然环境

肥城市位于山东省中部、泰山西麓。地处泰安市的西部，东与泰安市岱岳区接壤，西与东平县、平阴县为邻，南与宁阳县、汶上县隔河相望，北与济南市长清区以山为界。全境南北最长48千米，东西最长37.5千米，总面积1277.3平方千米。

地处泰山西麓，泰山余脉沿肥城市北部从东向西延伸，形成北部地势较高的山区，向南地势变低，为丘岭、平原各占三分之一。南部有汶河东西流过，沿河平原地带地肥水美。

地质、地形、地貌　境内地势由东北向西南倾斜。最高点海拔600米、最低点海拔57.7米。山脉属泰山山脉西麓，较大的山头96座，北部的有牛山、陶山，中部有肥猪山、马山、布山，其中夹子山海拔600米，为境内最高峰；中部隆起地带是丘陵山地；北部是康汇平原，南部是汶阳平原。全市山山相接，脉脉相连，沟壑纵横，形成了山地、丘陵、平原等各种地形。其中山地占总面积的33.6%、丘陵19.9%、平原46.5%。长城经过地带为泰沂山系西北余脉的低山丘岭地带。土壤由粗沙土、壤质土、沙壤土、轻壤土组成。岩石有石灰岩、片麻岩、花岗岩和滑石。

气候　属暖温带大陆性季风气候区，四季分明，降水充沛。春季干燥多风，夏季炎热多雨，秋季晴和气爽，冬季寒冷少雪。不同时节有旱灾、涝灾、冰雹、霜冻出现。境内年平均气温13.8℃左右。平均降水697毫米。因受季风气候影响，年际降水变幅较大，年最大降水量1498毫米，年最小降水量199毫米。因受地貌影响，东部降水多于西部，山区多于平原，总趋势自东北向西南减少。

水文　境内河流按水系分属黄河流域和大汶河水系，主要发源于泰山西麓山区、丘岭，山间河谷向两侧分流。境内大小山洪河道43条。北侧的康王河由山区小河汇集而成，向西注入汇河，进入大清河。南侧为大汶河及其支流，大汶河由东向西沿南境流过，其北侧丘岭地带的河流向南注入汶河，大的支流有漕河等。由于河流多发源于山丘、丘岭，天气变化较大，河流反复无常，多山洪形成危害。

植被　山麓、沟谷多种植松、柏、刺槐，丘陵、梯田多种植杨树、柳树、桐树，山巅多杂草，有黄草、马兰、翻白草、蒿子等，果树有桃、李、梨、栗、山楂、核桃、杏、葡萄、无花果、枣，野生药材丰富。动物有鼠、鼬、兔、狸、獾、狼、狐等，禽类有鸥、鹊、鹰、燕子、雁、家雀、黄雀、乌鸦、山鸡、鹌鹑、猫头鹰、杜鹃、啄木鸟、鹞、云雀等。

第二节　历史沿革

肥城历史悠久。老城镇北坛遗址考古发现证明，远在六千年前的大汶口文化时期，人类祖先的一部分就在肥城这片热土上繁衍生息。夏商时期，境内即建立了"铸""遂"等部落方国。西周时期，有"肥子国"，境域属兖州之域。春秋时期境域属齐、鲁两国分辖。战国时期属齐国所辖。秦代属齐郡所辖。

西汉初年（公元前206年）始置肥城县，属兖州刺史部泰山郡所辖。东汉章帝末年（76～88年）撤销肥城县，境地分属济北郡卢县、蛇邱县和东平国富城县。三国魏（220～265年）至东晋（317年前）归属同东汉。晋成帝咸和二年（327年）后，属后赵、前燕、前秦、后燕、南燕的济北郡、东平郡分辖。南北朝宋（420～479年），在原肥城县故城设济北郡，原肥城县境地分属卢县、蛇邱县和富城县，隶属兖州。南北朝北魏，孝昌三年（527年）复置肥城县，并设东济北郡于肥城县城。南北朝北齐（550～577年）撤东济北郡，并入往平县的济北郡，肥城县属之。南北朝北周，建德六年（577年）于肥城县城置肥城郡。隋开皇初年，废肥城郡，保留肥城县，属济州辖，隶属兖州。隋末，废肥城县，境地属济北郡管辖。唐代武德五年（622年）复置肥城县，属东泰州辖，隶属河南道兖州。贞观元年（627年）撤肥城县，境地并入博城县。乾封元年（666年）改博城县为乾封县。总章元年（668年）改乾封县复为博城县。神龙元年（705年）再次改称乾封县。五代（907～960年）境地仍属乾封县，隶属兖州。宋代（960～1279年）初属乾封县，后属奉符县、平阴县分辖，隶属京东西路郓州。1115～1234年曾在旧肥城设辛寨镇，境地属平阴县、奉符县分辖，隶属山东西路东平府。元代至元十二年（1275年）复置肥城县，隶属山东西道济宁路。明代洪武二年（1369年），肥城县改属济南府，隶属山东布政使司。清代初沿明制。雍正十二年（1734年）改属泰安州，隶属山东布政使司泰武道。雍正十三年（1735年）泰安州升为泰安府，肥城县仍属之。

1913年属岱北道。1914年属济南道。1939年10月，中国共产党领导的县抗日民主政府成立，初属泰西行政委员会，后属泰西专员公署。1942年10月属晋冀鲁豫边区政府冀鲁豫第六专员公署。1949年9月，隶属泰西专员公署。1950年5月，肥城县归属泰安专员公署。1958年10月划归聊城地区。1959年7月划归济南市。1961年5月复归泰安地区。1985年3月隶属泰安市所辖。

1992年8月，撤销肥城县，设立肥城市（县级），仍为泰安市所辖。

第三节　长城概况

一　调查过程

肥城市的齐长城从2008年12月26日开始调查，至2009年1月5日结束。调查人员有李振光、程留斌、魏健、王新华。在潮泉镇长城调查时，潮泉镇相关领导参与了实地调查，为调查队带路、介绍长城分布与保护情况。我们在调查中向沿线百姓宣传、讲解长城概况与长城保护的重要性。肥城市文化局、肥城市博物馆的领导对工作也给予了大力支持。

肥城市的齐长城调查分为主线和支线两大部分进行的，主线部分的调查比较清楚。而长城支线的东端与主线长城的结合部位及西端的起点都需要考察判定。

关于齐长城支线西端的起点，《齐长城》一书把它定在于家庄之西的峻峰上，而报告图录中"齐长城西端有南北两条。南长城复线西起马山山脉南端的莲花山南侧。这一带海拔300米左右的山，峰峰相连"。报告中张广坪先生的《历史资料中关于齐长城经行走向记载之谬误》一文又说长清肥城复线"西起马山正南之车怀山南坡"。而车怀山是否为莲花山，无法确定。我们询问当年参加调查的肥城市博物馆的王新华等同志，西端调查时天黑至于家西山有陡石的山头停止。

由于无法确定西端起点的具体位置，而且该部分的长城保存状况比较差，调查时从大石铺北山口，肥城到长清的公路向西调查。过于家西山陡石西侧无断崖，保存有南侧同样的石墙遗迹，向西延伸调查，至连环山东坡有遗迹，山顶无遗迹。连环山的西坡没有遗迹发现。

为确定西端起点，我们采用区域调查的方法，从马山北端崮头村南的鹰嘴子山西北坡沿山脉向南调查。在崮头村西的狗头山上有主线长城遗迹，为保存较好的石墙，村民皆云鹰嘴子山向南没有长城遗迹，村的东山有遗迹。我们调查鹰嘴子山西坡至山顶没有迹象，向南至刘峪村访谈，村中长者皆说没有发现，至韩峪村北山口，即连环山西侧也没有发现迹象。说明肥城长城支线没有沿马山山脉向北延伸。

连环山向西南有山脊向牛山方向延伸，现场考察罗家庄南岭、北岭都没有发现长城遗迹。判定长城支线没有向牛山、陶山方向延伸。

最后判定长清、肥城支线的西端起点在连环山山顶。连环山东距长清区邢家西山村700米、西南距离肥城市韩家峪村800米。泰安五老说的莲花山可能就是这个山头，只是这样实测长度为11384米，较之《齐长城》的9900米，长了1484米。

长清肥城支线的东端与齐长城主线结合处在三岔山东斜峪北岭北山脚。

二 长城概况

肥城市齐长城全长18092米，分为两部分（图二四二）。

第一部分为齐长城主线墙体，长6708米。分布于肥城与济南市长清区交界处的山脊上，从老城镇张家花峪东北三岔山南、斜峪北岭北山脚，向东南沿山脊而行，过辘辘道山口，沿山口东山脊东南行，过九顶寨南山，再东南行过夹子山，沿夹子山东山脊东行，至长清、肥城、岱岳区三界碑止。起点：斜峪北岭北山脚，高程280米；止点：莲花盆山三界碑，高程478米。

该部分长城共分3段，对应长清主线的第25～27段，在长清主线墙体中已经做过详尽介绍。该段分布寨堡1处，即夹子山南寨堡。

肥城市齐长城主线部分墙体皆为石墙，总的来看保存较好，消失部分559米。

第二部分为长清、肥城支线墙体，长11384米。分布在长清主线的三岔山向西长清、肥城交界处东西向山脊上。起点是连环山，高程350米；止点是三岔山，高程410米。该部分墙体共分5段。

分布有古遗址2处，分别是张家山山顶周代遗址、张家花峪北山山顶周代遗址。

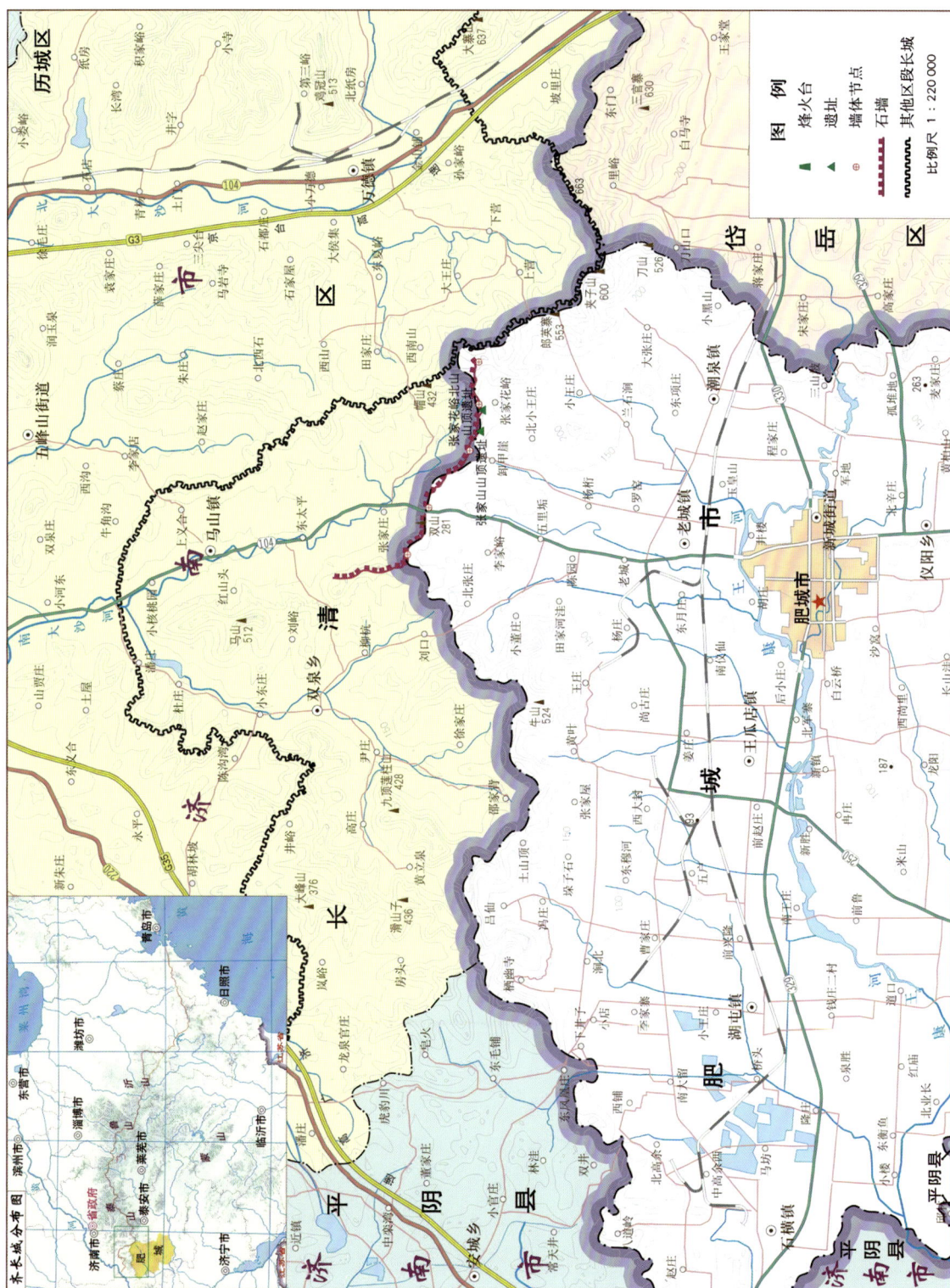

图二四二　肥城市及周边齐长城分布图

第四节　分段调查实况 (1~5段)

一　墙体

在实地调查分析判定的基础上，对长清肥城支线长城进行了测绘，总长度 11384 米。

该部分长城由韩峪村东北 800 米的连环山向南，沿山脊蜿蜒南行，过四座小山至张家西山村西有巨石陡立的山峰，这五个山头统称为连环山，《齐长城》中记述长城的西端起点即为有巨石陡立的山峰。过巨石长城沿山脊继续南行，至于家庄南山口西侧拐向东行，过窑玉山沿岭脊南行，从双山西东行，过大石铺北山口（今肥城至长清南北公路），沿山口东长城岭东行，经卢家沟西岭、沿卢家沟村北岭脊东行，沿卢家沟东岭东南行，经三山（杨家西山、张家西山、张家北山），过张家花峪北山口沿山脊东行，至张家花峪东北三岔山东侧的斜峪北岭北山脚与北侧长清方向来的主线长城相汇合。

该段长城皆为土石混筑墙体，保存墙体 8179 米，消失部分 3205 米。墙体保存一般 2425 米，保存较差 3614 米，保存差 2140 米（表四五、四六）。总体说来长城墙体保存较差，外侧石墙部分破坏殆尽，仅存部分基础痕迹，个别地方保存石墙较高。

根据长城的保存状况、分布特点分为五段，现分段介绍如下。

表四五　长清、肥城支线齐长城墙体保存情况统计表（单位：米）

段落	项目					
	较好	一般	较差	差	消失	总计
1		293	942	843	607	2685
2		581	298	133	1343	2355
3		1377	901	0	457	2735
4		144	110	1049	473	1776
5		30	1363	115	325	1833
小计		2425	3614	2140	3205	11384
百分比（%）		21.30	31.75	18.80	28.15	100.00

表四六　长清、肥城支线齐长城墙体类型统计表（单位：米）

项目	砂石混筑	土墙	山险	壕堑	消失	总计
小计	7978	201	0	0	3205	11384
百分比（%）	70	1.8			28.2	100

第一段，连环山段长城（编码：37098338210
2020001）

该段长城西起连环山，高程 350 米；东至于
家庄南山口，高程 212 米。长 2685 米（图二四
三；表四七）。

连环山最西侧山头为长清—肥城支线的西端
起点，地处长清南北向的马山山脉的最南端，向
东南为两市区边界处的东西向山脉，向西南为向
陶山、牛山延伸的低山丘岭。连环山西南距韩峪
村 800 米、东距邢家西山村 700 米，海拔 350 米。
山顶裸露红色砂岩，呈缓平凸起，上有少量刺槐
树，山坡呈慢坡倾斜。连环山由此向东共 5 个小
山，统称连环山，其名称可能与东侧山下六个小
山村俱名 "X 家西山" 有关。山头连绵，山的西
坡地多高大茂密的松树，山下为梯田，种植耐旱
的花生、地瓜等。山的东坡多杂草、刺槐树，少
荆棘，山下为梯田。过巨石山峰向南，山脊较为
平缓，多杂草、荆条、山枣，少树木，两侧梯田
几近岭顶。于家庄南山口两侧皆为梯田。齐长城
从连环山西侧山头东南坡向下，沿连环山山脊南
行，过巨石山峰，向南沿山脊行走，至于家庄南
山口西侧拐向东行。长城西侧从北向南的村庄有
韩家峪村、袁纸坊、罗家庄；东侧从北向南的村庄有孙家西山、赵家西山、邢家西山、季家西山、张
家西山、于家庄。山岭较低矮，两侧村庄密集，村民对长城及两侧环境破坏严重，长城保存较差（图
二四四）。

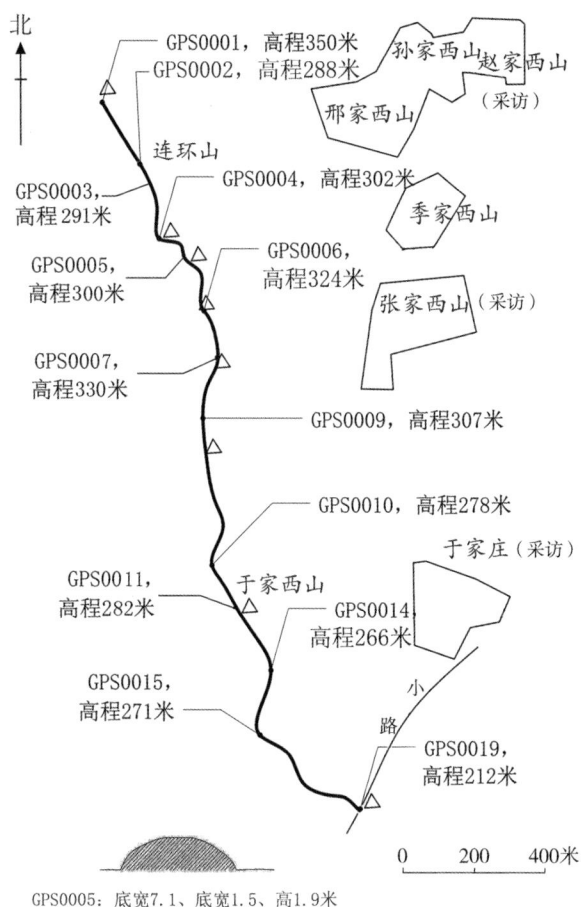

GPS0005：底宽7.1、底宽1.5、高1.9米

图二四三 连环山段长城走向图

该段长城总长 2685 米，其中保存一般的墙体 293 米，保存较差的墙体 942 米，保存差的墙体 843
米，消失部分墙体 607 米。根据长城走向和特征点分 18 个小段。

第 1 小段，GPS0001—0002，沿东坡山脊至山谷分布，墙体为土石混筑，整体保存较差，底宽约
7.5、顶宽约 2.5、高 1.8 ~ 2 米。长 294 米。

第 2 小段，GPS0002—0003，墙体消失。遗迹模糊。长 141 米（图二四五）。

第 3 小段，GPS0003—0004，墙体消失。长 143 米。

第 4 小段，GPS0004—0005，该段东侧地势较平，西侧地势陡险。墙体保存差，倒塌呈土垄状，底
宽约 7.1、顶宽约 2、高 1.8 ~ 1.9 米。长 85 米（图二四七）。

第 5 ~ 6 小段，GPS0005—0007，位于连环山南山巨石北侧，GPS007 点为《齐长城》五老说的肥
城支线西端起点巨石处（图二四六）。该段沿山脊南行，地势平缓，长城消失，仅在巨石北侧存矮垄
状痕迹。长 323 米。

第 7 ~ 8 小段，GPS0007—0009，长城沿山脊南行，该部分山脊平缓，起伏不大。墙体为砂石混筑，
整体保存较差，底宽 6.5、顶宽 2、高约 1 米。长 339 米（图二四八、二四九）。

第 9 小段，GPS0009—0010，墙体保存一般，底宽 6.5、顶宽 2.5、高约 1.8 米。长 293 米。

第 10 ~ 11 小段，GPS0010—0012，墙体沿山脊南行，地势变低。整体保存差，仅存宽约 2、高 0.5 ~ 1.2 米的石头痕迹。长 218 米。

第 12 ~ 13 小段，GPS0012—0014，墙体整体保存较差，底宽 7、顶宽 2、高约 0.8 ~ 1.2 米。长 241 米。

第 14 ~ 17 小段，GPS0014—0018，墙体整体保存差，顶宽 2 米、高 0.3 ~ 0.8 米。长 540 米。

第 18 小段，GPS0018—0019，墙体保存较差，顶宽约 2.5、高 1.2 ~ 2.0 米。长 68 米。

表四七　连环山段长城（编码：370983382102020001）GPS 采集点表（单位：米）

工作编号	名称	坐标（起止点）			与相邻点关系
		东经	北纬	高程	
0001	起点			350	
0002	折点 1			288	0001 点东南 294
0003	折点 2			291	0002 东南 141
0004	折点 3			302	0003 点东南 143
0005	折点 4			300	0004 点东南 85
0006	折点 5			324	0005 点东南 183
0007	拐点 1			330	0006 点东南 140
0008	折点 6			311	0007 点西南 226
0009	拐点 2			307	0008 点西南 113
0010	折点 7			278	0009 点东南 293
0011	拐点 3			282	0010 点东南 152
0012	拐点 4			295	0011 点东 66
0013	折点 8			281	0012 点东南 150
0014	折点 9			266	0013 点东南 91
0015	拐点 5			271	0014 点南 145
0016	折点 10			270	0015 点东南 56
0017	折点 11			269	0016 点东南 98
0018	折点 12			236	0017 点东南 241
0019	结束点			212	0018 点东 68

图二四四　连环山墙体远景
（西北—东南）

图二四五　GPS0002 点以南墙体
（北—南）

图二四六　连环山
南山巨石处（南—北）

图二四七　GPS0004 点以南墙体（北—南）

图二四八　GPS0007 点以南墙体（南—北）

图二四九　于家庄南山口墙体远景（西—东）

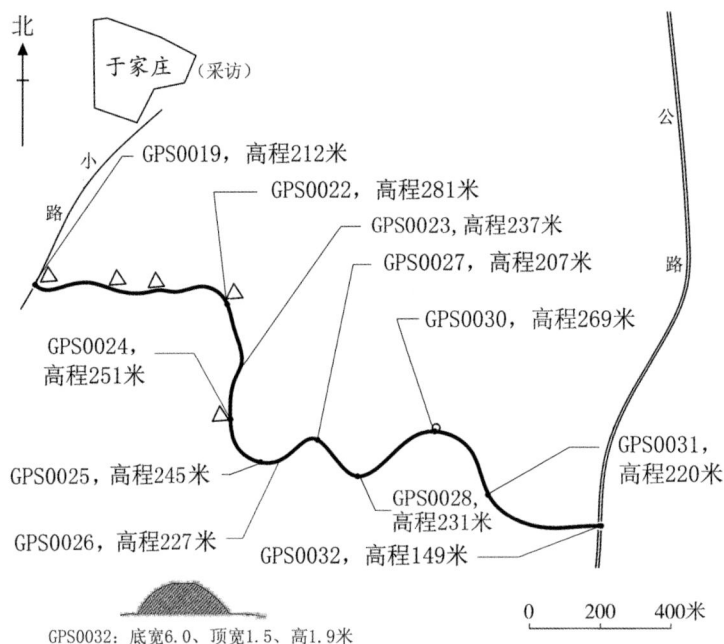

GPS0032：底宽6.0、顶宽1.5、高1.9米

图二五〇　于家庄段长城走向图

第二段，于家庄段长城（编码：370983382102020002）

该段长城西起于家庄南山口，高程 212 米；东至长城岭子路口，高程 149 米。长 2355 米（图二五〇；表四八）。

长城从于家庄南山口向东，沿东西向岭脊东行，岭子西坡已经开垦为层层梯田，东坡砂岩裸露，未见长城痕迹（图二五一）。至窑玉山拐而向南行，山岭两侧层层梯田开垦至山顶，上种植柏树。从窑玉山南坡下至低岭，沿岭脊道路东南行至双山西山西，残存有墙体。沿双山西坡而上，经双山西山、东山东行，双山西山多树木，西坡存有石墙；双山东山的顶部有现代修建的小庙两座。长城沿双山东山东南山脊而下，有残存墙体，拐向东至大石铺北山口公路（肥城至长清油漆路）。长城北侧有张家庄，南侧有高家峪、百兴庄、大石铺。

该段长城总长 2355 米，其中保存一般的墙体 581 米，保存较差的墙体 298 米，保存差的墙体 133 米，消失部分墙体 1343 米。根据长城走向和特征点分 13 个小段。

第 1~4 小段，GPS0019—0023，从于家庄南山口向东，沿山脊东行，从窑玉山拐向南行，至窑玉山脊南端。该部分为连绵的山脊，墙体消失。长 852 米。

第 5 小段，GPS0023—0024，墙体整体保存一般，在南端山根有保存较好的一段墙体，墙体底宽 7、顶宽 1、高 1.5~2.5 米。长 58 米。

第 6 小段，GPS0024—0025，该段为山下低岭顶部，有道路沿岭顶绕行，修路时破坏长城，仅存路西侧的一段。墙体保存较差，底宽 6.5、顶宽 1、高 1~1.5 米。长 73 米。

第 7 小段，GPS0025—0026，因修筑道路致墙体消失。长 145 米。

第 8 小段，GPS0026—0027，该段为双山西山的西坡，自山根公路向山坡而上，保存有石头长城痕迹。墙体保存差，底宽 6.5、顶宽约 2 米。长 133 米（图二五二、二五三）。

第 9~10 小段，GPS0027—0029，从小山的顶部至双山西山顶部，该段因旅游开发修筑盘山公路，墙体消失。长 346 米。

第 11 小段，GPS0029—0030，墙体保存较差，底宽 6.5、顶宽 2.0、高 1.5 米。长 225 米。

第 12 ~ 13 小段，GPS0030—0032，从双山西山的山顶，经双山东山山顶，沿东山东南山脊而下，拐向东行至大石铺北山口公路皆有长城遗存，墙体为土石混筑，底宽 6.5、顶宽约 2、高 1.5 ~ 2.5 米，保存一般。与大石铺东岭长城相对应，对山口起到很好的保护作用。长 523 米（图二五四、二五五）。

表四八　于家庄段长城（编码：370983382102020002）GPS 采集点表（单位：米）

工作编号	名称	坐标（起止点）			与相邻点关系
		东经	北纬	高程	
0019	起点			212	
0020	折点 1			258	0019 点东 169
0021	拐点 1			235	0020 点东 176
0022	拐点 2			281	0021 点东南 202
0023	折点 2			237	0022 点南 305
0024	折点 3			251	0023 点南 58
0025	折点 4			245	0024 点东南 73
0026	拐点 3			227	0025 点东南 145
0027	折点 5			207	0026 点东北 133
0028	拐点 4			231	0027 点东南 159
0029	折点 6			278	0028 点东北 187
0030	拐点 5			269	0029 点东北 225
0031	拐点 6			220	0030 点东南 207
0032	结束点			149	0031 点东南 316

图二五一　于家山口东岭（西—东）

图二五二　GPS0023 点以东墙体（西北—东南）

图二五三　GPS0025 点以西墙体（东南—西北）

图二五四　GPS0030 点以东墙体（东—西）

图二五五　长城铺山口墙体远景（西—东）

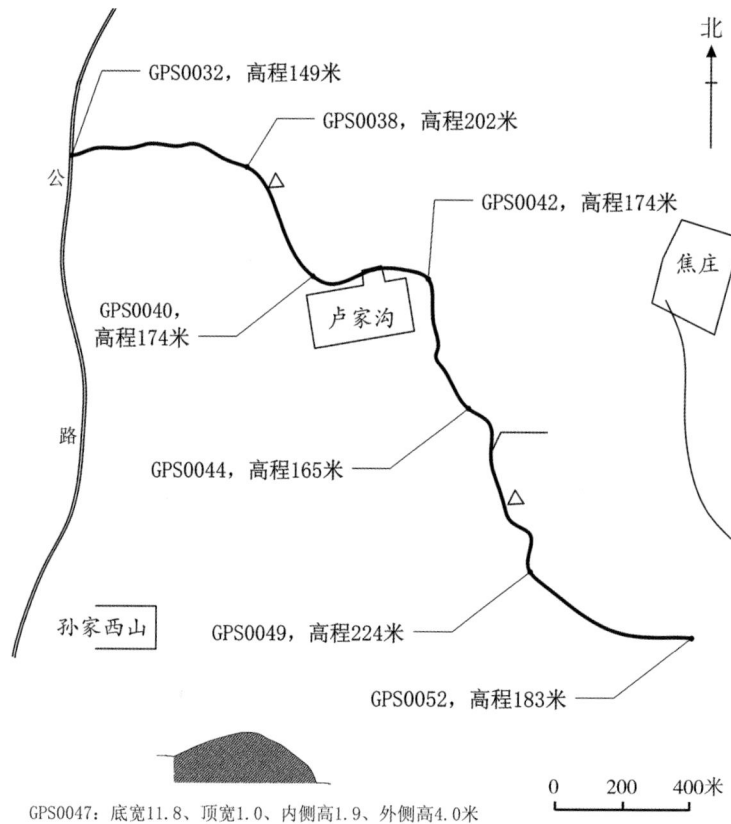

GPS0047：底宽11.8、顶宽1.0、内侧高1.9、外侧高4.0米

图二五六　卢家沟段长城走向示意图

第三段，卢家沟段长城（编码：370983382102020003）

该段长城西起大石铺北长城岭子山口，高程 149 米；东至杨家山山脚，高程 183 米。长 2735 米（图二五六；表四九）。

长城从山口公路向东沿长城岭岭脊东行，翻过岭子顶部，沿东坡而下，长城岭皆有墙体，岭子顶部保存一段外砌石墙的长城。过深沟，沟东西长城消失。上东坡向卢家沟西北岭方向延伸，上岭顶，墙体保存较好，向东沿卢家沟村北东西向岭脊东行，墙体清晰可见；村北至村东小河，长城消失。过小河，长城沿卢家沟东岭东南行，有墙体。过三山西沟，沟两侧长城消失。沿三山西北山脊东南行上山顶，沿山顶南侧绕行，长城清晰可见。过三山，沿山的东脊向杨家山而行，长城保存较好。在杨家山西坡近沟底处，保存一段较好的土墙。过上峪村北南北路，向东到杨家山山险处停，这段墙体人们长期踩踏下挖，已成沟壑状。

墙体整体保存相对较好，主要为砂石混筑的石墙和土墙，在起点处有省道穿过，道路截断近 30 米，在结束点处有乡村道路穿过，截断墙体 6 米左右。墙体保存一般的段落 10 段，保存较差的段落 7 段，消失段落 3 段为三条山沟小河经过处。

长城沿低山岭脊而行，经过地带地势较低，岭脊两侧皆开垦为梯田，种植花生地瓜等耐旱作物。不见树木。长城北侧的村庄有庄科、焦庄、南李庄，南侧的村庄有大石铺、卢家沟、上峪、卸甲崖。长城距离村庄较近，人们活动对长城墙体及其周边环境破坏较为严重。

该段长城总长 2735 米，其中保存一般的墙体 1377 米，保存较差的墙体 901 米，消失部分墙体 457 米。根据长城走向和特征点分为 20 小段。

　　第 1 小段，GPS0032—0033，墙体保存一般。现存墙体底宽 6、顶宽 1.5、高 1.9 ~ 2.5 米，墙体倒塌土呈垄状，清晰可见。长 81 米（图二五七）。

　　第 2 小段，GPS0033—0034，墙体保存一般。墙体底宽约 7、顶宽 1、高 3 ~ 3.5 米。长 80 米。

　　第 3 小段，GPS0034—0035，墙体保存一般。墙体为土石混筑，南侧石墙保存较好，中部用砂石夯打，北侧石墙无存，底宽约 7、顶宽约 1、高 3 ~ 3.5 米。长 183 米（图二五八、二五九）。

　　第 4 小段，GPS0035—0036，为长城岭子东侧岭沟，墙体消失。长 140 米。

　　第 5 ~ 9 小段，GPS0036—0041，从长城岭子东沟东侧沿岭脊向卢家沟西北岭顶东行，沿村北东西岭脊东行至卢家沟村北。该部分墙体保存较差。两侧石墙消失，仅存中部土墙。第 5、6 段底宽 6、顶宽 1、高 1 ~ 1.8 米，第 7 段墙体底宽 11.1、顶宽 3、高 2.4 ~ 3. 米，第 8、9 段底宽 8.5、顶宽 2.4、高 1.5 ~ 2 米。卢家沟村位于长城南侧，紧靠长城，村民活动对长城破坏较大。所存长城成为田间土路。长 619 米（图二六〇、二六一）。

　　第 10 小段，GPS0041—0042，为卢家沟村东及河沟长城消失部分。长 212 米。

　　第 11 小段，GPS0042—0043，墙体为土墙，保存较差，底宽 8、顶宽 1、高 3.8 米。长 97 米（图二六二）。

　　第 12 小段，GPS0043—0044，为三环山西山沟部分，长城消失。长 105 米（图二六三）。

　　第 13 小段，GPS0044—0045，墙体保存较差。为三环山西坡，土墙底宽 8.5、顶宽 2.4、高 1.5 ~ 2 米。两侧梯田对墙体侵蚀严重。长 185 米。

　　第 14 小段，GPS0045—0046，为土墙，整体保存一般。墙体底宽 11.8、顶宽 1、内侧高 1.9、外侧高 4 米。长 95 米。

　　第 15 ~ 19 段，GPS0046—0051，长城绕三山东山南侧、顺三山东山脊向东朝杨家山方向延伸，至东侧山沟，墙体蜿蜒而下，气势磅礴。墙体保存一般。为砂石混筑，两侧用石头砌筑。墙体底宽 6、顶宽 1.8、高 1.8 ~ 2.0 米。墙体保存一般。长 839 米。

　　第 20 小段，GPS0051—0052，为三环山东山沟东侧至杨家山西山根、上峪村后南北公路段。墙体为土墙，底宽约 16、顶宽 1.8、高 2 ~ 3.5 米。长 99 米（图二六四、二六五）。

表四九　卢家沟段长城（编码：370983382102020003）GPS 采集点表（单位：米）

工作编号	名称	坐标（起止点）			与相邻点关系
		东经	北纬	高程	
0032	起点			149	
0033	折点 1			170	0032 点东 81
0034	折点 2			195	0033 点东 80
0035	折点 3			156	0034 东 183
0036	折点 4			180	0035 点东南 140
0037	折点 5			200	0036 点东南 139
0038	拐点 1			202	0037 点东 114
0039	折点 6			191	0038 点东南 95
0040	拐点 2			174	0039 点东南 188

续表

工作编号	名称	坐标（起止点）			与相邻点关系
		东经	北纬	高程	
0041	拐点 3			170	0040 点东南 83
0042	拐点 4			174	0041 点东南 212
0043	折点 7			150	0042 点东南 97
0044	折点 8			165	0043 点东南 105
0045	折点 9			232	0044 点东南 185
0046	折点 10			229	0045 点东南 95
0047	折点 11			245	0046 点东南 129
0048	拐点 5			244	0047 点东 70
0049	折点 12			224	0048 点东南 140
0050	折点 13			200	0049 点东南 160
0051	折点 14			166	0050 点东南 340
0052	结束点			183	0051 点东 99

图二五七　GPS0032 点以东墙体（东—西）

图二五八　GPS0035 点以西墙体（西—东）

图二五九　GPS0035 点以东墙体（南—北）

图二六〇　GPS0038—0039 点间墙体（西—东）

图二六一　GPS0039 点以东墙体（西—东）

图二六二　GPS0043 点处墙体（西—东）

图二六三　GPS0044 点以东墙体（西—东）

图二六四　GPS0051 点处墙体（西—东）

图二六五　GPS0052 点以西墙体（东—西）

图二六六　张家山段长城走向图

第四段，张家山段长城（编码：370983382102020004）

该段长城西起杨家山西山脚，高程183米；东至张家花峪北山口，高程237米。长1776米（图二六六；表五〇）。

长城从杨家山西山脚上峪村北的村间公路开始，向东沿杨家山西坡至山顶。杨家山为石山，岩石裸露，地势高，山势险峻，西、南坡陡险，难以登攀，西坡生长有少量刺槐树，南坡植被茂密，多松柏、刺槐、杂草。过山顶顺山脊向张家山顶东南行，南侧树木茂密；张家山顶山石突兀、岩石林立，北侧为平缓台地。张家山顶向东北至张家北山，山脊绵长，多砂石，少树木。张家北山东侧山口，又称张家花峪北山口，为肥城东部与北侧长清间的南北通道，有东西对称柏树两棵，相间七八米，为南北故道两侧立树。长城北侧的村庄有张家老庄，南侧的村庄有上峪、解甲崖、张家花峪。

该段长城总长1776米，其中保存一般的墙体144米，保存较差的墙体110米，保存差的墙体1049米，消失部分墙体473米。根据长城走向和特征点分为14小段。在该段落发现2处东周遗址，位于张家山山顶和张家花峪北山山顶，皆为东周遗址，可能与长城守御有关。

第1小段，GPS0052—0053，位于杨家山的西坡。该段长城痕迹清晰可见，现为东西向田间道路，因长期踩踏，已成为下陷的沟槽状，墙体保存差，两侧梯田侵占墙体。长102米。

第2小段，GPS0053—0054，位于杨家山的顶部。墙体消失。山顶较为陡峻，多岩石，未见长城墙体。长116米。

第3小段，GPS0054—0055，位于杨家山和张家山中间的山脊上。墙体保存较差。在山脊的南侧保存有石块垒砌的墙体，底宽8～9.4、顶宽3～4.8、高2～3米。从南侧山坡看，墙体较高。长110米。

第4小段，GPS0055—0056，墙体整体保存一般。底宽9.4、顶宽4.8、高2.8～3.0米。长144米。

第5小段，GPS0056—0057，位于张家山山顶的西侧小山。该段为石山脊，发现长10米左右的石墙。墙体保存差。长106米（图二六七）。

第6小段，GPS0057—0058，位于张家山山顶，巨石林立，地势险峻，从南侧看更陡险。以山为险，墙体消失。长111米。

第7～13小段，GPS0058—0065，位于张家山山顶东侧，沿东西向山脊蜿蜒东行，至张家花峪北山山顶。该段为连绵山脊，顶部弧凸，多碎石砂岩，不见树木，顶部平坦处开垦为梯田。南侧山坡为层层梯田。村民开垦荒地破坏严重，墙体基本无存，仅见痕迹，墙体保存差。长841米（图二六八）。

第14小段，GPS0065—0066，位于张家花峪北山东坡。长城沿东坡山脊的田间路而下，山势陡险，两侧皆开垦为梯田，不见长城墙体，墙体消失。从东山远处观察，山脊田间道路处清晰可见长城痕迹。长246米（图二六九、二七〇）。

表五〇　张家山段长城（编码：370983382102020004）GPS采集点表（单位：米）

工作编号	名称	坐标（起止点）			与相邻点关系
		东经	北纬	高程	
0052	起点			183	
0053	折点1			226	0052点东南102
0054	（折点2			291	0053点东116
0055	折点3			260	0054点东南110
0056	折点4			276	0055点东南144
0057	拐点1			304	0056点东南106
0058	拐点2			307	0057点东111
0059	拐点3			288	0058点东北149
0060	折点5			287	0059点东南142
0061	（折点6			271	0060点东84
0062	折点7			287	0061点东南48
0063	折点8			271	0062点东北117
0064	折点9			268	0063点东南172
0065	拐点4			297	0064点东129
0066	结束点			237	0065点东南246

图二六七　GPS0057 点以西墙体远景（东—西）

图二六八　GPS0058 点以东墙体远景（东—西）

图二六九　GPS0059 点以东墙体远景（西—东）

图二七〇　GPS0065 点以东墙体远景（东—西）

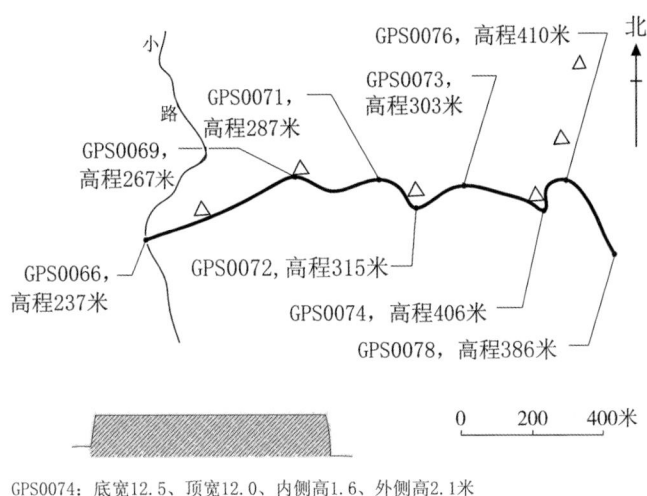

GPS0074：底宽12.5、顶宽12.0、内侧高1.6、外侧高2.1米

图二七一　三岔山山口段长城走向示意图

第五段，三岔山山口段长城（编码：370983382102020005）

该段长城西起张家花峪山口，高程237米；东至三岔山山口，高程410米。长1833米（图二七一；表五一）。

长城从张家花峪北山口向东，沿山脊向三岔山东行。山口东，为东西向低矮岭脊，开垦为层层农田，长城破坏严重，长城痕迹清晰可见。向东，岭子逐渐抬高，梯田开垦至顶部。向东低山处，多杂草、石头裸露。三岔山西坡，山势较为陡峻，多生长松树、刺槐树。三岔山为东西向山脊和南北向从马山来的山脊交汇处，俗称"三岔山"，长城主线从北侧山脊上延伸过来，与长清—肥城长城支线在这里汇合，上东南斜峪北岭向辘辘道、九顶寨山、夹子山泰安的岱岳区方向延伸。长城北侧的村庄有张家老庄，南侧的村庄有张家花峪。

该段长城总长1833米，其中保存一般的墙体30米，保存较差的墙体1363米，保存差的墙体115米，消失部分墙体325米。根据长城走向和特征点分为12小段。

第1~8小段，GPS0066—0074，位于张家花峪山口东侧丘岭东西岭脊上。地势低矮，人们开荒种地破坏厉害，仅残存长城痕迹，呈土垄状。宽2~3.4、高约1.5米。该部分长城保存较差。长1363米（图二七二~二七四）。

第9小段，GPS0074—0075，位于三岔山西侧小山的东侧山脊处。墙体两侧用砂岩石块垒砌，中间用沙石夯打，底宽12.5、顶宽约12米、内侧高1.6、外侧高2.1米。保存较好。长30米（图二七五）。

第10~11小段，GPS0075—0077，位于三岔山的顶部西侧。该段山高林密，不见长城踪影，墙体消失。长325米。

第12小段，GPS0077—0078，位于三岔山山顶南侧向上峪北岭延伸的南北向山脊处。保存有长城痕迹，石头垒砌。墙体保存差。长115米。

三岔山为长清—肥城齐长城支线与长清马山方向来的长城主线墙体交汇处。调查时，我们凭直觉认为从西侧来的长清肥城长城支线应该上三岔山山顶与从北侧沿南北山脊来的长城主线交汇，但是在现场调查时，发现西侧来的长城支线没有向三岔山山顶延伸，而是在山顶的西侧向南绕行，至上峪北岭山脚处相汇合。

表五一　三岔山山口段长城（编码：370983382102020005）GPS 采集点表（单位：米）

工作编号	名称	坐标（起止点）			与相邻点关系
		东经	北纬	高程	
0066	起点			237	
0067	折点 1			256	0066 点东北 115
0068	折点 2			248	0067 点东北 194
0069	折点 3			267	0068 点东北 142
0070	拐点 1			296	0069 点东北 160
0071	折点 4			287	0070 点东 174
0072	拐点 2			315	0071 点东南 214
0073	折点 5			303	0072 点东北 81
0074	拐点 3			406	0073 点东南 283
0075	折点 6			402	0074 点东北 30
0076	折点 7			410	0075 点东北 147
0077	折点 8			390	0076 点东南 178
0078	结束点			386	0077 点东南 115

图二七二　GPS0066 点处张家花峪北山口（南—北）

图二七三　GPS0066 点以东墙体远景（西—东）

图二七四　GPS0068 点以东墙体（西—东）

图二七五　GPS0075 点处墙体（南—北）

二　相关遗址

在张家山山顶和张家花峪北山顶部共发现 2 处东周时期遗址。

1. **张家山山顶遗址**（编码：370983354199020001）

位于张家花峪村西北张家山山顶上。高程 307 米。山顶为突兀而立的岩石，北侧为一平台地，面积约 4000 平方米，呈缓坡状，地势较为平坦。岩石平缓处及台地上分布大量东周陶片。

齐长城支线从西侧山脊而来，至张家山山顶借山石为险，拐而东北行。遗址地处山顶，地势较高，海拔 300 多米，可能非一般的生活居住遗址，而应与长城的守卫有关（图二七六～二七八）。

2. **张家花峪北山山顶遗址**（编码：370983354199020002）

位于张家花峪北山山顶上。高程 297 米。

张家花峪北山山顶为凸起的缓平状山顶，呈半椭圆形，东西约 30、南北约 15 米，面积约 400 平方米。山的东、南坡较为陡峻，现开垦为梯田。不见树木。顶部分布大量的东周陶片，陶片比较碎小。

齐长城支线从西侧山脊而来，过张家山山顶拐而东北行。经张家花峪北山，向东下山沟凹处。遗址地处山顶，地势较高，海拔近 300 米，而顶部面积较小。非一般的生活居住遗址，应与长城的守卫活动有关（图二七九、二八〇）。

北

GPS0052,
高程83米

GPS0053,
高程226米

GPS0055,
高程260米

小

路

张家老庄

小

路

△杨家山

GPS0056,
高程276米

张家山周代遗址

GPS0059,
高程288米

GPS0060,
高程287米

GPS0063,
高程271米

GPS0054,
高程291米

△

△

GPS0064,
高程268米

上峪

GPS0057,
高程304米

GPS0061,
高程271米

GPS0062,
高程287米

GPS0066,
高程237米

GPS0058,
高程307米

张家花峪北山遗址

GPS0065,
高程297米

0　　　200　　　400米

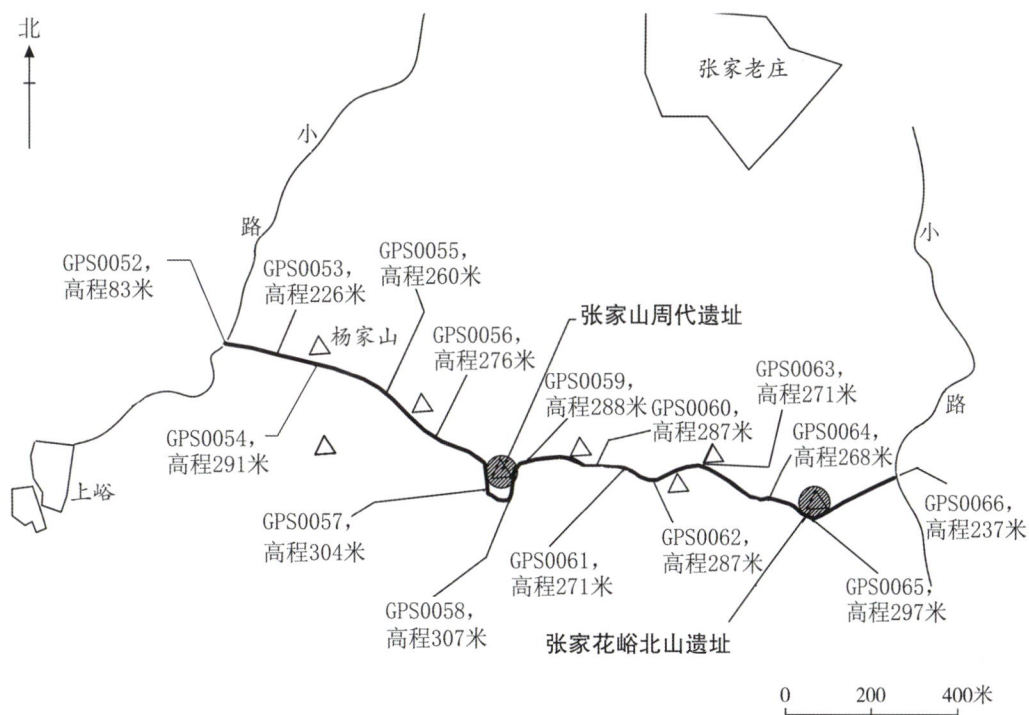

图二七六　张家山山顶遗址和张家花峪北山遗址位置图

图二七七　张家山山顶遗址地貌（东—西）

图二七八　张家山山顶遗址局部

图二七九　张家花峪北山山顶遗址远景（东—西）

图二八〇　张家花峪北山山顶遗址近景（西—东）

第五节　保护与管理现状

1. 保护管理历史

1956 年山东省人民委员会将齐长城分段公布为第一批山东省文物保护单位。

2001 年齐长城由国务院公布为第五批全国重点文物保护单位。

2. 保护规划和专项法规

以《中华人民共和国文物保护法》为依据，以"保护为主，抢救第一""有效保护，合理利用，加强管理"为前提，贯彻以保护现状为主，适当修复，防止或减缓遗迹破坏的原则，长城两侧 50 米，城堡、烽燧周围 50 米，关隘 100 米范围内划为重点保护区。保护区内，不得开山、放炮、取土取石、不得增建任何人工景物。重点地段保护范围向外伸延 1000 米。争取制定长城保护的专项法规。进一步防止破坏长城，或借口利用开发长城乱修乱建行为。统一划定保护范围和建设控制地带。

3. 保护管理机构的情况

长城所经各县（市、区）均建立有文物管理所或博物馆，负责齐长城的保护管理工作。没有设立专门的齐长城保护机构。

4. 保护范围

齐长城资源调查前，山东省文物管理部门对齐长城的保护范围和建设控制地带做了明确规定，沿长城墙体及附属建筑两侧 50 米之内为保护范围，其中 20 米之内为绝对保护区。由各地市文物主管部门负责，300 米之内为建设控制地带。

齐长城保护范围的划定大体可以分为"坡地和平地"与山岭两种情况。坡地和平地部分：以长城本体两侧外缘各向外 200 米为保护范围。保护范围外缘向外 500 米为建设控制地带。山岭部分：山脊上的长城按山脊两侧的谷底线（或坡脚线）至长城墙体外缘的距离不足 700 米的按 700 米划定。

5. 保护标志

在长城遗迹保存较好、人们经常往来的地方设立了石质保护标志。

6. 保护档案的情况

长城所经各县（市、区）文物管理部门，不止一次地对齐长城作过调查，特别是齐长城考察队对长城全线进行步行考察时，文物管理部门的专业人员均陪同考察，对长城在本辖区内的行经路线、长度、关隘、城堡、烽燧的分布及数量，均记录在案，建立了较完整的资料档案，划定了保护范围和建设控制地带，设立了保护标志，建立了保护组织，并由文物管理部门与长城所经各乡（镇）或村委会签订了文物安全责任书，使齐长城得到有效保护。

第六节　长城损毁的自然与人为因素

长清肥城支线保存较差，破坏较为严重。长城的结构、尺寸只能依靠零星迹象进行分析。对破坏因素进行分析，既有自然毁坏，也有人为毁坏，且人为毁坏更严重。

一　自然因素

山势低矮，多砂岩、土丘，能够种植树木、作物，利于人们开荒种地。

两侧村庄较为密集，距离长城较近，人们活动加大了对长城的破坏。

砂岩土丘，风沙流失严重，土石混筑墙体，在两侧石墙破坏后不易保存。

二　人为因素

开荒种地，两侧梯田开垦至岭子顶部。

山口修建南北向道路。山脊东西横亘，山口自古以来为肥城向北侧的长清等地的交通要道。南北向的道路 4 条，修路时对山口下挖较深，挖断长城。

旅游开发。双山顶部修建有小庙，山口处修建有大理石牌坊，为开发旅游，沿山谷、山腰至山顶修建有盘山公路，路面硬化，对环境造成破坏。

齐长城资源调查报告

山东省文物局
山东省文物考古研究院　编

王永波　李振光　编著

中　册

文物出版社

第七章

历城区、岱岳区齐长城资源调查

第一节　地理位置与自然环境

历城区南依泰山，北靠黄河，是山东省省会济南最大的市辖区。自西汉初设县，距今已有 2100 多年历史，自古就有"齐鲁首邑"之称。

岱岳区隶属于泰安市，地处泰山之阳、汶河之滨，居齐鲁腹地，北依省会泉城济南，南临孔子故里曲阜，南北 66 千米，东西 56 千米，总面积 1750 平方千米。

地质、地形、地貌　历城区南部山区为泰山褶皱山地的北翼。南翼断陷，北翼形成单斜构造，即由泰山向北的顶面，保持微向西北缓倾单斜面的原始形态。南部山丘多系太古代片麻岩构成。向北的山丘为寒武纪和奥陶纪石灰岩构成。地势南高北低，自南向北地貌类型依次为南部山地丘陵带、中部山前平原带、北部临黄平原带。岱岳区地层区划属华北地层区，鲁西地层分区。出露地层有太古界泰山岩群、早古生代地层—寒武、奥陶系、石炭—二叠纪地层、侏罗—白垩纪地层、新生代地层。区内泰山岩群主要发育在东部化马湾一带，出露较完整。层序自下而上可分为孟家屯岩组、雁翎关组、山草峪组和柳杭组。大地构造具有以断裂活动为特征的断块构造性质，有四条晚近期地质时代多次构造活动形成的弧形大断裂从区境内穿过，从而形成地势起伏较大，山、丘、平原俱全的复杂地形。又由于山区长期被侵蚀和河流的贯穿分割作用，从而形成山区陡峭高峻的弧峰深谷和周围起伏如波的群山。

历城区与泰山区、岱岳、长清区交界处多为东西向连绵群山，向南北形成山川河谷，在历城区的南半部表现为三条大的南北向长条山谷，即锦阳川、锦云川、锦绣川及由此形成的分支山谷，穿越长城的大的山口共 7 个。山岭多分布梯田，山间修建较多的水库。

气候　该区域地处鲁中山区，属温带大陆性半湿润季风气候，四季分明，寒暑适宜，光温同步，雨热同季。春季干燥少雨，多西南、偏南风；夏季炎热多雨；秋季天高气爽，秋温高于春温；冬季长而寒冷干燥，多东北风。多年平均气温 14.3℃，多年平均降水量 665.7 毫米。

水文　历城区域内沿山间谷地分布较多的河流、水库，河流皆为季节性的河流，雨季多水，冬春少水。水库多而水量充沛，为济南市重要水源地。

岱岳区境内河道属黄河流域，主要河道有一级河大汶河。岱岳区地处汶河中上游，除西北边境有流域面积 5.5 平方千米的一条小河流入济南市长清区北大沙河外，其余河流均属汶河水系，总流域面积为 1720.25 平方千米。较大河流有 8 条，主要有大汶河、瀛汶河、石汶河、淘河、泮汶河、柴汶河、漕浊河、康王河。大汶河为本区最大河流，在东平入黄河，全长 208 千米。

植被 常绿针叶林植被：主要分布在南部山区的土坡中上部。树种有侧柏、松类（油松、赤松、黑松）。其他树种较常见的有酸枣、刺槐、郎榆、黄榆、桃叶卫草等。林下地植被以耐荫草本植物为主，林中空地以黄草、白草为主。落叶阔叶林植被：主要分布在山丘地区的同坡中下部和平原田旁。主要树种为杨、柳、泡桐、刺槐、榆和各种果树。地表植物多为农耕作物。灌木草丛植被：主要分布在未造林的荒山坡和梯田地格上。以多年出宿根性耐旱草本植物为主，间生灌木。果树主要有苹果、梨、柿子、山楂、杏、枣、核桃、花椒、葡萄等 12 个属 36 个种 151 个栽培类型。草种有黄白草、白羊带、胡枝子、野豆、马唐等 150 余种。药用植物有远志、柴胡、枣红、柏籽仁、何首乌、薄荷等 60 科 200 多种。

动物 鸟类主要有杜鹃、猫头鹰、麻雀、喜鹊、乌鸦、鸽子、啄木鸟、燕子、黄雀、老鹰等。兽类有兔、黄鼠狼、狐狸、刺猬、獾、狼等。鱼类有 6 目 13 科 44 种，有草鱼、泥鳅、鲶、黄鳝等。爬行、两栖类有蛇、蛙、蟾蜍、壁虎、蝎子、土鳖、麻蜥等。

第二节　历史沿革

一　历城区

1964 年历城西郊田家庄北辛文化遗址的发现表明，6500 年前这里已有先民居住。

西周时，属谭国。春秋庄公十年属齐国，称泺邑。战国时，称历下邑。

秦统一中国后，属济北郡。西汉景帝四年（公元前 153 年）始设历城县，属青州济南郡。东汉初属青州济南郡，后属济南国。

三国时，属魏国青州安平郡，又属青州济南国。西晋时，属青州济南郡。永嘉之后，济南郡治所从东平陵迁历城。十六国后燕时，属齐州济南郡。刘宋时，属青州济南郡。北魏高齐时，属齐州济南郡。

隋代属齐州、齐郡。开皇三年（583 年）济南罢郡为州，称齐州。大业二年（606 年）改称齐郡。山茌县（今丰齐一带）并入历城。唐代属齐州。太宗时分全国为十道。历城先后属河南道临淄郡、济南郡、齐州。五代梁国时，因避朱温之父的名讳，历城曾一度改为历山县。至后唐复为历城县，属济南道齐州。晋、汉、周时，仍属河南道齐州。

北宋时，属京东东路齐州、济南府。金代属山东东路济南府。元代属中书省直辖的济南路总管府。

明朝属山东省济南府。洪武元年（1368 年）设山东行中书省。九年，一度废除中书省，改各行中书省为布政使司。历城从明朝开始成为山东省政治中心。清朝仍属山东省济南府。民国初沿用清制。民国 2 年（1913 年）历城属山东省岱北道。民国 3 年岱北道改济南道。民国 16 年废道制，历城隶属山东省。1929 年 7 月 1 日成立济南市。

1987 年 4 月 11 日，撤销济南市郊区、历城县，设立济南市历城区。

二　岱岳区

岱岳区位于泰山脚下，境内大汶口遗址是大汶口文化的命名地，历史悠久，文化灿烂。

春秋战国时期，齐、鲁两国分别在徂徕山南乡城的南北之间设龙邑，徂徕山以北设蜀邑，在徂徕山西北设博邑，在徂徕山西南设阳关。

秦代，博邑改为博阳县，汉初改为博县，并设博阳郡，治博县。西汉，汉武帝元封元年（公元前110年），置泰山郡，治奉高（今岱岳区范镇故县村）。

北魏时期，博县改为博平县，泰山郡治迁至博平。北齐时期，博平复改博县，泰山郡废，设东平郡。

隋代，开皇元年（581年），东平郡废。开皇十六年（596年），博县改为汶阳县，后又改为博城县。唐代，乾封元年（666年）改为乾封县。总章元年（668年），复改博城县。神龙元年（705年），又改为乾封县。

北宋，开宝五年（972年），乾封县治迁岱岳镇（今泰城）。大中祥符元年（1008年），乾封县改为奉符县。金天会十四年（1136年），于奉符地设泰安军，泰安得名始此。大定二十二年（1182年），升军为州。清雍正十三年（1735年）升州为府。

"中华民国"建立后，泰安县直隶山东省，后隶济南道。民国二年（1913年），裁府留泰安县。

中华人民共和国建立后，泰安、泰宁两县隶属"泰安专员公署"（泰安专署驻泰城）。1958年11月，泰山市与泰安县合并建立泰安市。1963年4月泰安市改为泰安县，隶泰安专署。1982年2月，泰安县恢复泰安市。1985年3月，撤销泰安地区设地级泰安市后，原泰安市（县级）分设泰山区、郊区。

2000年4月，郊区更名为岱岳区。

第三节　长城概况

历城区的齐长城沿济南市历城区与泰安市泰山区、岱岳的分界线分布，由长城墙体、烽燧、相关遗址三部分组成。

历城区1~3段分布在历城区与泰山区分界线上，长7287米。西起大麻子峪顶东至高尖子山北侧林场监控室。

岱岳区的齐长城全长40266米。分为东西2段。西段与长清区共有，西起莲花盆山三界碑，东至桃尖山，高程520米，长4338米。在长清区第28、29段有详细介绍。东段长城，分布在岱岳区与历城区、章丘市交界处。西起历城区高尖子山北侧林场监控室，东至岱岳区与章丘、莱芜的三界首碑，长35928米。在历城区的4~14段、章丘市的1~3段有详细介绍。

一　墙体

历城区齐长城墙体总长35800米，呈东—西走向。齐长城西起大麻子峪顶，由此向北，过牛山口、北山，转而东行，北行至清凉台，沿山岭顶部公路向东行，转而向药乡森林公园南行，沿公园内通向森林观测站的道路而行，横穿大药乡森林公园，经高尖子山向北，黄巢公路南山口转向东，沿历城岱岳区分界线一路向东北方向行进，至大高尖山东南山峰，向东至四界首，进入章丘境（图二八一；表五二）。

墙体构筑因地制宜，在原生砾石地表上直接找平，混合土石夯筑而成，多已消失。山上则分别为山险、石墙和石包土墙。整体因后期坍塌而受到较为严重的破坏。

历城段齐长城整体保存较好，部分段落因雨水冲刷、自然风化、山体滑坡、水土流失、植物根系生长等自然因素以及人类生产生活中的建设取土、垦地拓路、采石采矿等人为因素，受到严重的破坏，甚至消失（表五三）。

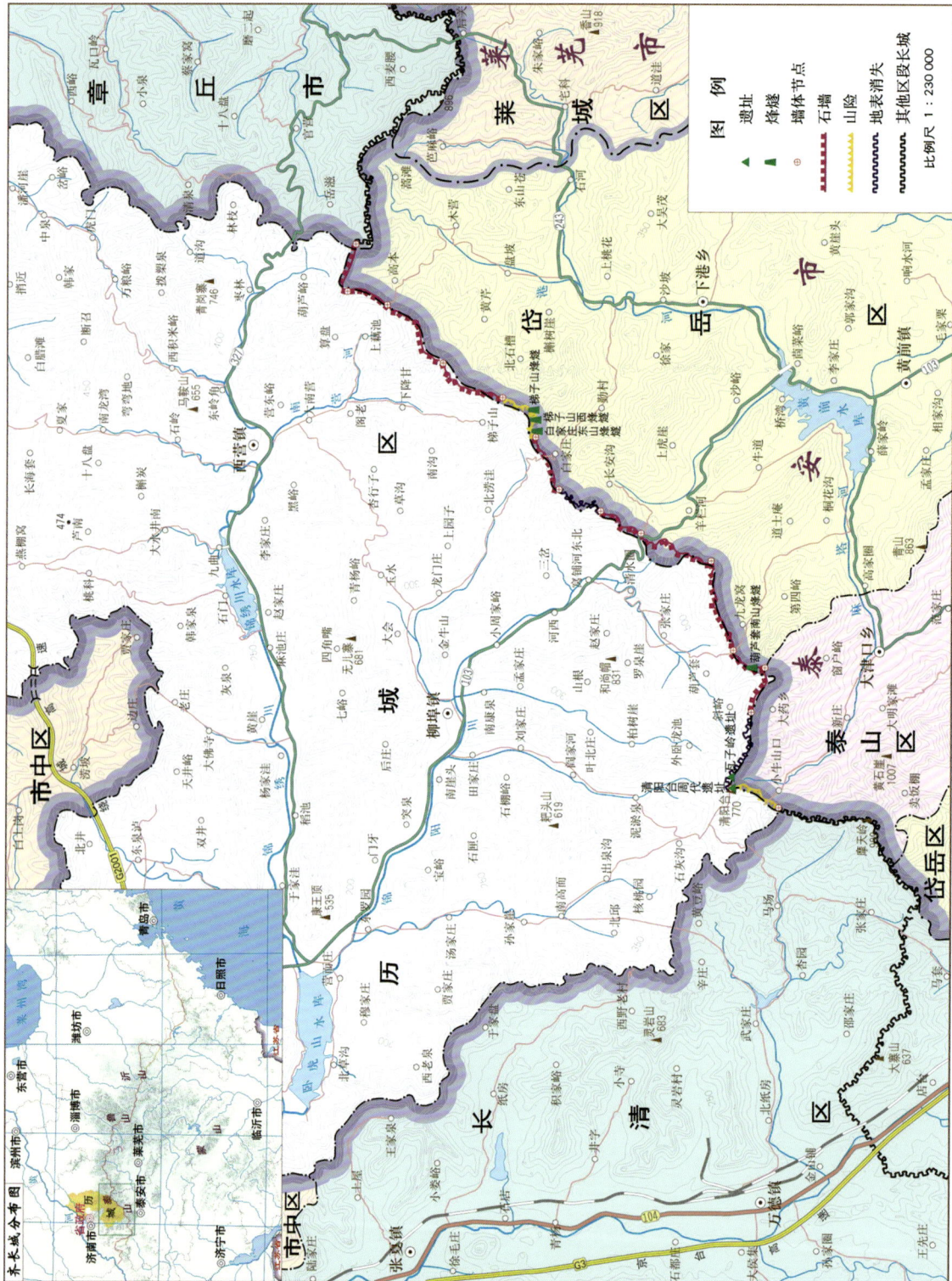

图二一一　历城区、岱岳区及周边区市长城分布图

表五二　历城段齐长城墙体保存现状统计表（单位：米）

段落	项目						
	较好	一般	较差	差	消失	山险	总计
1						2370	2370
2						3161	3161
3		319	175	1262			1756
4		223	960	361	166		1710
5		2215	863	710			3788
6	97	2830	632				3559
7		1910					1910
8						2160	2160
9		1131		1262			2393
10						2675	2675
11		138		151	2835		3124
12	533	89		774	2130		3526
13		617	763	250	153		1783
14			1485	400			1885
小计	630	9472	4878	5170	5284	10366	35800
百分比（%）	1.76	26.46	13.63	14.44	14.76	28.96	100

表五三　历城段齐长城墙体类型统计表（单位：米）

项目	山险	石墙	石墙消失	土墙	土墙消失	总计
小计	10366	20150	5284			35800
百分比（%）	28.796	56.28	14.76			100.00

二　烽燧

在长城线路上共发现烽燧4处。有葫芦套南山烽燧、白家庄东山烽燧、梯子山烽燧、梯子山西山烽燧。

三　遗址

在历城区长城沿线发现早期遗址2处，清阳台周代遗址、瓦子岭遗址。

第四节　分段调查实况（1～14 段）

一　墙体

历城区齐长城长 35800 米，在实地调查过程中，拍摄照片 732 张，录像共计 105 段，绘制图纸 14 张。依照自然村及当地山名，把这段长城分为十四段，下面将我们调查的情况一一记录描述。

第一段，清阳台段长城（编码：370112382102020001）

该段长城西南起大麻子峪顶长清、历城、泰山交界处的三界碑，高程 847 米；东北至清阳台北侧，高程 773 米。长 2370 米（图二八二；表五四）。

长城由大麻子峪顶长清、历城、泰山区三县交界碑向北（图二八三），山势向下陡降。过牛山口公路，上北山，下山坡，再上小山，转而东行，经林场管理站，北行至清凉台。

图二八二　清阳台段长城走向示意图

大麻子峪顶，山势高险，为泰山北侧高山，山顶多茅草，少树木，向东北山势陡降，山脊陡险，两坡多松树、刺槐树。牛山口为近年修建小牛山口村通往十八盘的山间公路开山形成。其北侧小山，山势较低，多橡树、刺槐树、杂草。林场管理站向北岭脊，地势低平，两侧多为农田，岭脊修建有油漆路。青阳台为较高土丘，从北侧山川向南看，地势高凸，顶上有汉代建筑基址。东北为药乡林场公园停车场。

牛山口对山势造成破坏。清阳台东药乡林场北旅游开发较快，建有较多的山庄乐园。另修整梯田形成人为毁坏。

牛山口西南山势陡险，为泰山后侧长城山险的延伸，以山为险。牛山口地处大山深处，公路开通前这里远离人群活动区域，地势相对较高，人们也难以通行，至牛山口北都没有发现长城墙体。清凉台南北岭脊，现修为公路，长城情况无从查知。

清凉台地处济南向南通往泰山的要道，传说由北侧前往泰山祭祀的人们皆由此通行。

该段长城长 2370 米。根据特征点划分为 9 小段。以高山为险，皆为山险，没有发现人工修筑的长城墙体（图二八四、二八五）。

表五四 清阳台段长城（编码：370112382102020001）GPS 采集点表（单位：米）

工作编号	名称	坐标（起止点）			与相邻点关系
		东经	北纬	高程	
0001	起点			847	
0002	折点 1			812	0001 点东北 207
0003	折点 2			667	0002 点东北 188
0004	折点 3			644	0003 点东北 440
0005	折点 4			724	0004 点东北 200
0006	折点 5			762	0005 点东北 190
0007	折点 6			760	0006 点北 385
0008	折点 7			745	0007 点东北 281
0009	折点 8			761	0008 点北 347
0010	结束点			773	0009 点北 132

图二八三 GPS0001 点处三界碑（南—北）

图二八四　GPS0004 点以南山险（北—南）

图二八五　GPS0010 点以南清凉台远景（东南—西北）

第二段，瓦子岭段长城（编码：37 0112382102020002）

该段长城西北起清阳台北侧，高程 773 米；东南至大药乡北山，高程 800 米。该段长城长 3161 米（图二八六；表五五）。

长城从青阳台东沿瓦子岭向东，顺着岭脊向东南大药乡森林公园大门南行。进公园大门，沿水泥路面东南行，过通往大药乡公路口，沿东南向通往森林监测站岭脊而行，至长峪西山（大药乡北山）长城石头墙体出现点。该段长城总体呈西北—东南走向。

瓦子岭又称长城岭，为绵延的岭

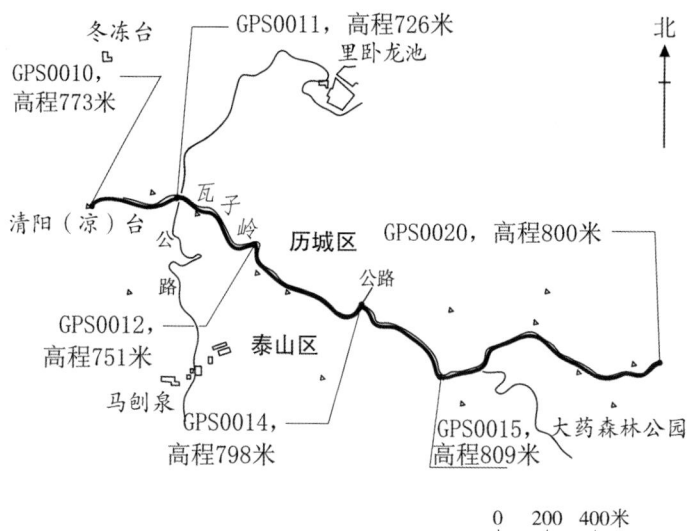

图二八六　瓦子岭段长城走向图

脊，南北两侧为层层梯田。发现大量的瓦片、陶片，应为大型汉代文化遗址。青阳台向东至大药乡森林公园门口，为新修的水泥路面，瓦子岭建有大型停车场，长城遗迹无存。森林公园内建有办公区，向南、东南水泥路延伸，两侧森林茂密，岭子北坡多为松树，南侧多刺槐树、杂草（图二八七～二九〇）。

该段人为活动较多，特别是森林公园的建设开发，停车场、岭顶水泥路面及车行道路的修建，对长城及周围的环境风貌破坏较为严重。长城无存。

该段长城长 3161 米，根据特征点划分为 10 个小段。

表五五　瓦子岭段长城（编码：370112382102020002）GPS 采集点表（单位：米）

工作编号	名称	坐标（起止点）			与相邻点关系
		东经	北纬	高程	
0010	起点			773	
0011	拐点 1			726	0010 点东 375
0012	折点 1			751	0011 点东南 484
0013	折点 2			761	0014 点东南 313
0014	折点 3			798	0013 点东南 287
0015	拐点 2			809	0014 点东南 513
0016	折点 4			798	0015 点东北 209
0017	拐点 3			790	0016 点东北 270
0018	折点 5			799	0017 点东南 279
0019	折点 6			794	0018 点东 255
0020	结束点			800	0019 点东北 176

图二八七　GPS0010 点东南瓦子岭（东南—西北）

图二八八　GPS0012 点以南墙体远景（南—北）

图二八九　GPS0013 点以南墙体远景（西北—东南）

图二九〇　GPS0016 点以南墙体远景（西南—东北）

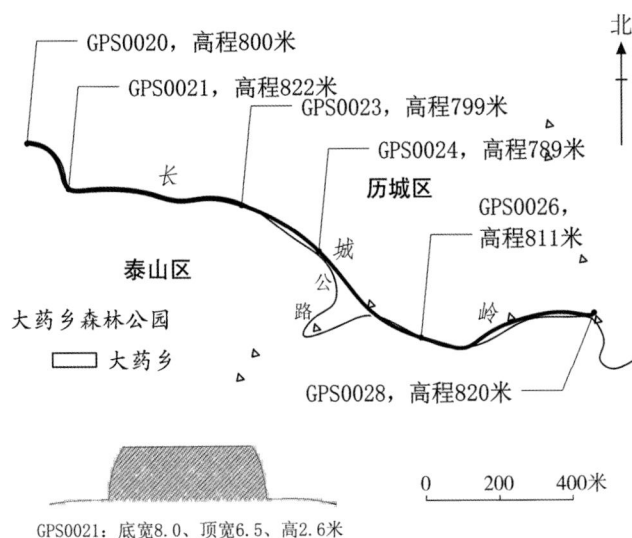

GPS0020，高程800米
GPS0021，高程822米
GPS0023，高程799米
GPS0024，高程789米
历城区
GPS0026，高程811米
泰山区
长城公路岭
大药乡森林公园
□ 大药乡
GPS0028，高程820米

GPS0021：底宽8.0、顶宽6.5、高2.6米

0　　200　　400米

图二九一　大药乡东北段长城走向图

第三段，大药乡东北段长城（编码：370112382102020003）

该段长城西北起大药乡北山，高程800米；东南至林场监控室，高程820米。长1756米（图二九一；表五六）。

长城沿大药乡北岭，又称长城岭，向东南方向延伸直至森林观测站西侧，观测站就建在长城转弯处。岭脊比较平缓，树林茂密，为高大的松树和刺槐树，岭脊的西南侧开辟一条通往森林观测站的道路，来回穿过长城，对长城造成破坏。长城经过岭子的东北有长峪村，西南为大药乡村，村庄距离长城线路较远，村民对长城破坏较轻，而森林公园建设以及为森林观测站修建道路破坏严重。

该段墙体总长1756米，其中保存一般的墙体319米，保存较差的墙体175米，保存差的墙体1262米。根据长城走向和特征点分为8个小段。

第1小段，GPS0020—0021，出现墙体。墙体整体保存一般，为用泰山石垒砌的石墙，底宽7.9、顶宽4、高2.5米。长172米（图二九二）。

第2小段，GPS0021—0022，墙体保存一般。底宽8、顶宽6.5、高2.6米左右。长147米（图二九三）。

第3小段，GPS0022—0023，墙体整体保存差。墙体被拆除铺路，石块散布。长330米。

第4~7小段，GPS0023—0027，墙体整体保存差。墙体被拆除铺路，石块散布。长932米（图二九四、二九五）。

第8小段，GPS0027—0028，墙体保存较差。底宽6、顶宽5.3、高1.6米。长175米（图二九六、二九七）。

表五六　大药乡东北段长城（编码：370112382102020003）GPS采集点表（单位：米）

工作编号	名称	坐标（起止点）			与相邻点关系
		东经	北纬	高程	
0020	起点			800	
0021	折点1			822	0020点东南172
0022	折点2			817	0021点东147
0023	折点3			799	0022点东330
0024	折点4			789	0023点东南204
0025	折点5			812	0024点东南179
0026	折点6			811	0025点东南193
0027	折点7			813	0026点东356
0028	结束点			820	0027点东北175

图二九二　GPS0020 点东南墙体（西北—东南）

图二九三　GPS0021 点以南墙体（西—东）

图二九四　GPS0024 点以南墙体（西北—东南）

图二九五　GPS0026 点以北墙体（西北—东南）

图二九六　GPS0027—0028 点间墙体（西南—东北）

图二九七　GPS0028 点以南墙体（西南—东北）

GPS0037，高程573米

GPS0034，高程710米

GPS0031，高程846米

历城区

GPS0028，高程820米
高尖子山

泰山区　岱岳区

0　　200　　400米

GPS0029：底宽5.3、顶宽1.5、高2.1米

图二九八　高尖子山北侧长城走向图

第四段，高尖子山北侧长城（编码：37011238 2102020004）

该段长城南起林场监控室，高程820米；北至黄巢公路南山口，高程573米。长1710米（图二九八；表五七）。

长城自林场监控站沿山脊北行，过三个山头即北侧最高山转而东南行，过葫芦套南山沿长山脊向东向黄巢公路山口而行。该段长城位于高尖山北侧，山高谷深，森林茂密，人际罕至，监控站向北山势升高，石头垒砌的长城墙体保存较好。从北侧高山头转向东行，山脊连绵，山势逐渐降低，山势高处，长城保存较好，散落石块遍布南侧山坡。葫芦套南山有石头垒砌方形烽燧。黄巢公路山口西侧低矮山脊上长城保存较差，山脊两侧多层层梯田，人为因素破坏严重。山口为近年岱岳区与历城区之间修建油漆公路开挖形成。

长城北侧为历城区，南侧为岱岳区。

该段长城长1710米，其中保存一般的墙体223米，保存较差的墙体960米，保存差的墙体361米，消失部分墙体166米。根据长城走向和特征点可分为9个小段。

第1小段，GPS0028—0029，墙体整体保存差，基本无整齐的墙体基础，石块散落。长168米（图二九九）。

第2~3小段，GPS0029—0031，墙体向北延伸至北侧最高山，整体保存较差。墙体用泰山青石块垒砌而成，墙体保存整齐，底宽6、顶宽5、高1.1~1.2米。长355米（图三〇〇、三〇一）。

第4小段，GPS0031—0032，长城从监控站北侧最高山拐而东行至葫芦套南山有石砌烽燧处。墙体保存较差。墙体用泰山青石块垒砌而成，墙体保存整齐，底宽6、顶宽5、高1.2~2米。长225米（图三〇二、三〇三）。

第5小段，GPS0032—0033，从葫芦套南山向东，山势降低，长城沿山脊分布。整体保存一般。墙体用泰山青石块垒砌而成，墙体整齐，底宽5.4、顶宽4.8、高1.5米，南侧山坡散布大量石块。长223米（图三〇四）。

第6小段，GPS0033—0034，墙体整体保存差，有近50米的段落石块散落，其余无明显墙体痕迹。长193米。

第7~8小段，GPS0034—0036，墙体整体保存较差，遗迹明显，墙体宽5.2、高约1.5米。长380米。两侧出现梯田侵占墙体或取墙体石块修建围堰。

第9小段，GPS0036—0037，位于黄巢公路山口西侧，山脊较为低矮，临近山口公路，山脊两侧为层层梯田，对长城形成严重破坏，墙体消失。长166米（图三〇五）。

表五七 高尖子山北侧长城（编码：370112382102020004）GPS 采集点表（单位：米）

工作编号	名称	坐标（起止点）			与相邻点关系
		东经	北纬	高程	
0028	起点			820	
0029	折点 1			819	0028 点北 168
0030	拐点 1			826	0029 点北 128
0031	拐点 2			846	0030 点西北 227
0032	拐点 3			800	0031 点东北 225
0033	折点 2			761	0032 点东北 223
0034	折点 3			710	0033 点东北 193
0035	折点 4			645	0034 点东北 185
0036	折点 5			625	0035 点东北 195
0037	结束点			573	0036 点东北 166

图二九九 GPS0028 点以北墙体（南—北）

图三〇〇　GPS0029 点以北墙体（南—北）

图三〇一　GPS0030—0031 点间墙体（东南—西北）

图三〇二　GPS0031—0032 点间墙体（西南—东北）

图三〇三　GPS0031—0032 点间墙体（东南—西北）

图三〇四　GPS0032点以东墙体（西南—东北）

图三〇五　GPS0037点处黄巢公路山口（南—北）

第五段，锯齿崖段长城（编码：370112382102020005）

该段长城西起黄巢公路南山口，高程 573 米；东至大母猪窝西岭，高程 869 米。长 3788 米（图三〇六；表五八）。

长城从黄巢公路山口向东，沿山脊东北行至锯齿崖采石坑西，为低矮山脊，两侧为层层梯田开垦至岭顶，长城破坏严重。采石坑规模大，采石及盘山路对环境造成大的破坏。锯齿崖岩石峭立，以山为险。过锯齿崖向东，长城保存较好。长城分布山脊的北侧为历城区，南侧为岱岳区。

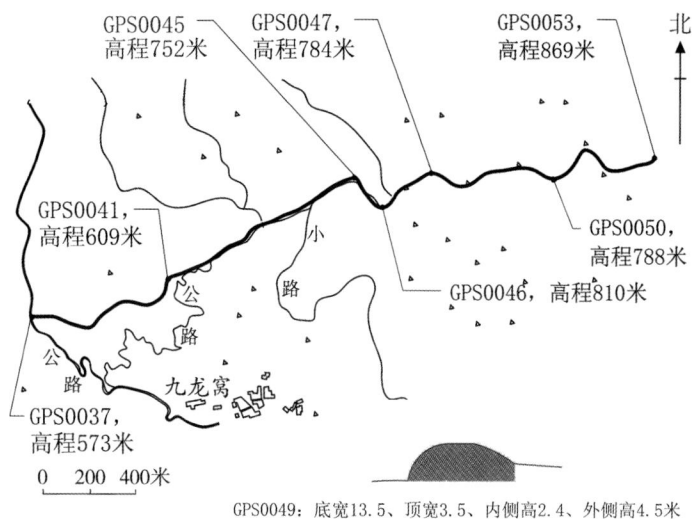

GPS0049：底宽13.5、顶宽3.5、内侧高2.4、外侧高4.5米

图三〇六　锯齿崖段长城走向图

该段长城总长 3788 米，其中保存一般的墙体 2215 米，保存较差墙体 863 米，保存差的墙体 710 米。根据长城走向和特征点可分为 16 个小段。

第 1 小段，GPS0037—0038，长城从黄巢山口向东沿山脊分布，山脊两侧梯田开垦严重，长城破坏严重，墙体保存差，墙体破坏严重，有明显墙体遗迹。长 245 米（图三〇七）。

第 2 小段，GPS0038—0039，墙体保存一般。墙体宽 5.5、高 1.5 米。总长 225 米（图三〇八）。

第 3 小段，GPS0039—0040，墙体保存差。果园农田破坏所致，遗迹明显。长 214 米。

第 4~5 小段，GPS0040—0042，墙体保存一般。用青石块垒砌而成，底宽 5.8、顶宽 5.5、内侧高 0.3~0.5、外侧整齐墙体高 1.8~4.2 米。长 391 米。

第 6 小段，GPS0042—0043，墙体整体保存较差。果园及道路沿用墙体，拆墙体石块砌筑围堰。长 382 米。

第 7~8 小段，GPS0043—0045，墙体整体保存较差。果园及道路沿用墙体，拆墙体石块砌筑围堰，石块散落严重。长 481 米。

第 9 小段，GPS0045—0046，墙体整体保存差。墙体遗迹明显，无明显宽和高，石块散布。长 251 米。

第 10 小段，GPS0046—0047，墙体整体保存一般。墙体底宽 5.8、顶宽 5.5、内侧高 0.5~1.0、外侧高 2~3 米。长 297 米（图三〇九）。

第 11 小段，GPS0047—0048，墙体整体保存一般。山险与墙体并行，间断出现，多为山险墙体。墙体顶部为圆弧形，底宽 6.3、内侧高 1、外侧高 2.4。长 245 米。

第 12 小段，GPS0048—0049，墙体整体保存一般。墙体底宽 5.8、顶宽 5.5、内侧高 0.5~1、外侧高 2~3 米。长 200 米。

第 13 小段，GPS0049—0050，墙体整体保存一般。墙体底宽 13.5、顶宽 10.5、内侧高 2.4、外侧高 4.5 米。长 192 米（图三一〇）。

第 14~16 小段，GPS0050—0053，墙体整体保存一般。墙体底宽 5.6、顶宽 5.5、高 2.5~4.5 米。长 665 米（图三一一）。

表五八　锯齿崖段长城（编码：370112382102020005）GPS 采集点表（单位：米）

工作编号	名称	坐标（起止点）			与相邻点关系
		东经	北纬	高程	
0037	起点			573	
0038	折点 1			624	0037 点东南 245
0039	折点 2			612	0038 点东北 225
0040	折点 3			627	0039 点东南 214
0041	折点 4			609	0040 点东北 144
0042	折点 5			577	0041 点东北 247
0043	折点 6			667	0042 点东北 382
0044	折点 7			744	0043 点东北 265
0045	拐点 1			752	0044 点东北 216
0046	拐点 2			810	0045 点东南 251
0047	折点 8			784	0046 点东北 297
0048	折点 9			798	0047 点东南 245
0049	拐点 3			779	0048 点东北 200
0050	折点 10			788	0049 点东南 192
0051	拐点 4			802	0050 点东北 220
0052	折点 11			824	0051 点东南 159
0053	结束点			869	0052 点东 286

图三○七　GPS0038 点以西墙体远景（东—西）

图三〇八　GPS0038 点以东墙体（西南—东北）

图三〇九　GPS0047 点以西墙体（东—西）

图三一〇　GPS0049 点以东墙体（西南—东北）

图三一一　GPS0052—0053 点间墙体（西南—东北）

图三一二　上疃西山段长城走向图

第六段，上疃西山段长城（编码：370112382102020006）

该段长城西南起大母猪窝西岭，高程869米；东北止西道沟西段，高程497米。长3559米（图三一二；表五九）。

长城从大母猪窝西岭向西北而行，大母猪窝西岭山势高险，多刺槐树、松树。转向东北沿长峪东山山脊而行，过四五个高山至上疃西山，群山连绵、山势陡险，山体为红色花岗岩，有大型采石场，对长城经过山脊破坏严重。山脊的西北为长峪村。出高山，向东北地势陡降，向东北沿小山山脊而行，山的西北坡多松树，东南坡有梯田，再向东北为连绵岭脊，岭脊两侧为层层梯田，开垦至墙体根部，向东至上疃村北公路山口。

该段长城总长3559米，其中保存较好墙体97米，保存一般墙体2830米，保存较差墙体632米。根据长城走向和特征点可分为18个小段。

第1~4小段，GPS0053—0057，长城位于长峪东山，沿山脊东北行。墙体用泰山花岗岩石块垒砌而成，总长332米，墙体整体保存一般，宽6.0、高2~3.7米。长993米（图三一三、三一四）。

第5小段，GPS0057—0058，墙体整体保存较差，宽5.8、高1.2~2.4米。长99米。

第6小段，GPS0058—0059，墙体整体保存一般，宽6、高2~3.3米。长305米。

第7小段，GPS0059—0060，墙体整体保存较差，宽5.5、高1.2-2米。长440米。

第 8～11 小段，GPS0060—0064，长城沿岭脊向东北行，保存一般，用花岗岩石块垒砌而成，宽6、高 1.8～3.3 米。长 624 米（图三一五）。

第 12～13 小段，GPS0064—0066，墙体宽 6.3、高 2～3 米。墙体保存一般。长 353 米。

第 14 小段，GPS0066—0067，该段墙体整体保存较差，宽 6.3、高 1.5～2 米。长 93 米。

第 15 小段，GPS0067—0068，该段墙体整体保存较好，宽 6.2、高 2.5～3 米。长 97 米。

第 16～18 小段，GPS0068—0071，墙体整体保存一般，宽 5.8～6、高 1.2～3 米。长 555 米（图三一六、三一七）。

表五九　上瞳西山段长城（编码：370112382102020006）GPS 采集点表（单位：米）

工作编号	名称	坐标（起止点）			与相邻点关系
		东经	北纬	高程	
0053	起点			869	
0054	折点 1			802	0053 点北 332
0055	折点 2			842	0054 点北 154
0056	折点 3			815	0055 点北 196
0057	折点 4			772	0056 点北 311
0058	折点 5			784	0057 点东北 99
0059	拐点 1			786	0058 点西北 305
0060	折点 6			581	0059 点东北 440
0061	折点 7			566	0060 点东北 99
0062	折点 8			582	0061 点东北 125
0063	拐点 2			605	0062 点东北 173
0064	折点 9			555	0063 点西北 227
0065	拐点 3			569	0064 点西北 270
0066	折点 10			547	0065 点东北 83
0067	上折点 11			569	0066 点东北 93
0068	拐点 4			550	0067 点北 97
0069	折点 12			537	0068 点东北 162
0070	折点 13			543	0069 点东北 102
0071	结束点			497	0070 点东北 291

图三一三　GPS0053 点处墙体（西南—东北）

图三一四　GPS0053—0054 点间墙体（西南—东北）

图三一五　GPS0061 点以东墙体远景（西南—东北）

图三一六　GPS0065 点以东墙体远景（西南—东北）

图三一七　GPS0070—0071点间墙体（西南—东北）

第七段，西道沟西北段长城（编码：370112 382102020007）

该段长城西南起西道沟西段，高程497米；东北至西道沟北段，高程735米。长1910米（图三一八；表六〇）。

该段长城过上疃村北公路山口，向北沿岭脊上东侧土山顶，转向东北行，过三个小山，朝天马顶山而行。石块垒砌长城保存较好，一直到天马顶西山脚皆有长城。岭子两侧有梯田开垦至岭顶，有一条通往天马顶山化学品仓库的盘山公路沿岭脊而上，西半段在岭脊的北侧，近山根穿越长城绕岭脊南侧而行，近山根处沿长城线路而上。天马顶山较高，西坡松树茂密。长城的西北侧为历城区；东南侧为岱岳区，远处为水泉子村、上疃。

该段长城长1910米，整体保存一般。根据长城走向和特征点可分为8个小段。

第1小段，GPS0071—0072，墙体整体保存一般。墙体宽5.5、高3.4～3.8米。长城南侧为果园，百姓取用长城石块垒砌地堰。总长150米（图三一九）。

第2小段，GPS0072—0073，长城沿岭脊东北行，转行至土山顶部。墙体整体保存一般。宽5.5、高3.4～3.8米。长268米（图三二〇）。

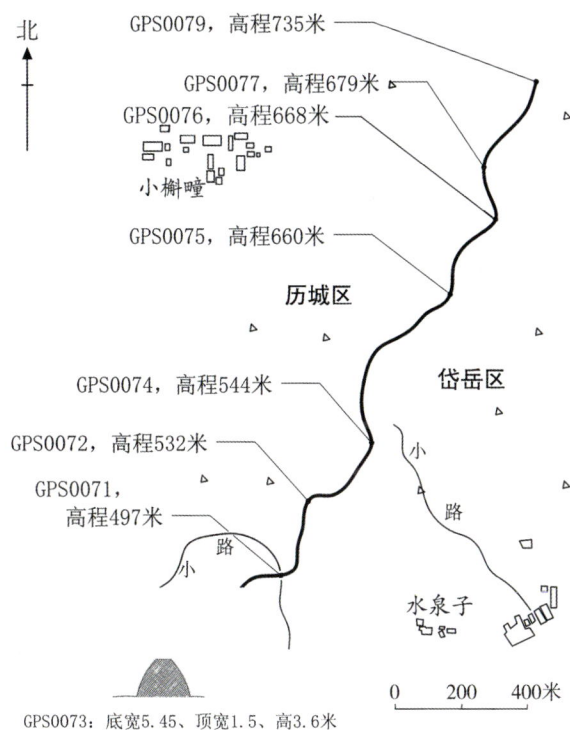

GPS0073：底宽5.45、顶宽1.5、高3.6米

图三一八　西道沟西北段长城走向图

第 3~6 小段，GPS0073—0077，长城沿岭脊向东北经低矮小山而上，墙体整体保存一般，宽 5.5、高 3.4~3.8 米。长 1252 米。

第 7 小段，GPS0077—0078，长城沿天马顶西山根道路而行，墙体整体保存一般，宽 5.5、高 3.4~3.8 米，道路沿用墙体。长 125 米（图三二一）。

第 8 小段，GPS0078—0079，长城沿天马顶西山坡上行，该段石头墙体至山坡松树茂密处停，向东北山坡高处、山顶为山险没有石墙发现。墙体用青色石块垒砌而成，整体保存一般，宽 5.5、高 2.5~3.3 米。长 115 米（图三二二）。

表六〇　西道沟西北段长城（编码：370112382102020007）GPS 采集点表（单位：米）

工作编号	名称	坐标（起止点）			与相邻点关系
		东经	北纬	高程	
0071	起点			497	
0072	折点 1			532	0071 点东北 150
0073	拐点 1			577	0072 点东北 268
0074	折点 2			544	0073 点东北 188
0075	折点 3			660	0074 点东北 479
0076	拐点 2			668	0075 点东北 334
0077	折点 4			679	0076 点西北 251
0078	折点 5			686	0077 点东北 125
0079	结束点			735	0078 点东北 115

图三一九　GPS0072 点以西墙体（东—西）

图三二〇　GPS0075 点以西墙体远景（西—东）

图三二一　GPS0077—0079 点间墙体（西南—东北）

图三二二　GPS0078 点以东墙体（西南—东北）

图三二三　GPS0079 点西南墙体远景（东北—西南）

第八段，天马顶段长城（编码：37011238210202 0008）

该段长城位于天马顶段山脊沿线，呈西南—东北走向。西南起（即上一段的终点）西道沟北段，高程735米；东北至大母石坑顶，高程681米。长2160米（图三二四；表六一）。

该段没有发现长城墙体。天马顶山海拔高877米，山势高险。从天马顶西山坡石头垒砌长城处消失处，沿山坡向上，以高山为险，至东北2.16千米处大母石坑顶出现石块垒砌长城墙体处。其基本走向，长城从天马顶西山根，沿山脊东行至天马顶山顶，山顶西坡有泰山奶奶庙一座，有人为活动，山顶有水泥砌筑碉堡。过山顶，转向西北行，过山顶，转向北行，过三座山头转向东北行，过三个小山，向北侧山沟而行，山沟底部有石头垒砌的长城。

天马顶山及东侧、东北侧，为山高谷深的大山深处，树林茂密，远离山外村庄，少人类活动。借高山之势作为山险防御（图三二五～三二八）。

该段长城长2160米，皆为山险墙。根据长城走向和特征点划分为9个小段。

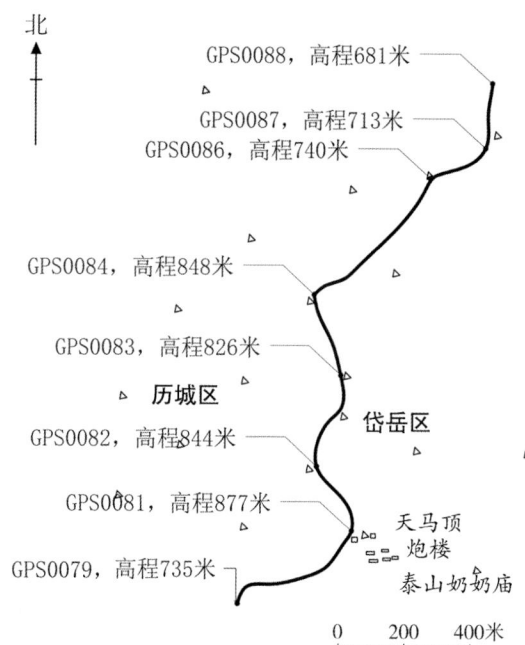

图三二四　天马顶段长城走向图

表六一　天马顶段长城（编码：370112382102020008）GPS采集点表（单位：米）

工作编号	名称	坐标（起止点）			与相邻点关系
		东经	北纬	高程	
0079	起点			735	
0080	拐点1			796	0079点东北150
0081	拐点2			877	0080点东北310
0082	折点1			844	0081点西北280
0083	折点2			826	0082点东北295
0084	拐点3			848	0083点西北256
0085	折点3			760	0084点东北360
0086	折点4			740	0085点东北166
0087	折点5			713	0086点东北266
0088	结束点			681	0087点北77

图三二五　GPS0081 点西南山险（西南—东北）

图三二六　GPS0081 点西南山险（东北—西南）

图三二七　GPS0081 点东北山险（西南—东北）

图三二八　GPS0082 点以北山险（西南—东北）

GPS0090：底宽5.3、顶宽1.2米、高3.1米

图三二九　白家庄北段长城走向图

第九段，白家庄北段长城（编码：370112382102020009）

该段长城西起白家庄村北山西沟大母石坑顶长城出现点，高程681米；东至白家庄东山，高程789米。长2393米（图三二九；表六二）。

长城从白家庄村北山南侧的西山沟沟头，即大母石坑顶，向北，沿北侧山脊拐而东行。这里山高沟深，西南为天马顶延伸而来的连绵群山，人际罕至，以高山为山险，北侧为东西向长山脊，向东过白家庄村北公路山口，到白家庄东山。在西沟的沟头，用石块垒砌南北向长城墙体，沿向北的山脊北行数十米砌筑向东的石头墙体，拐角处近直角，沿山脊东行，长城保存较好。白家庄北公路山口西侧，山脊两侧开垦层层梯田至岭顶，长城保存较差。山口东坡有石墙。

长城南侧为岱岳区的白家庄村、北盘道村，北侧为历城区的簸箕掌村，村间盘山公路开挖时形成山口，对长城造成破坏。

该段长城总长2393米，其中保存一般的墙体1131米，保存差的墙体1262米。根据长城走向和特征点可分为10个小段。

第1小段，GPS0088—0089，由南侧沟底沿南北向凸起土垄至北侧山脊。墙体用石块垒砌而成，整体保存一般，底宽5.3~5.5、顶宽3.2~3.6、高1.2~1.5米。长193米（图三三〇）。

第2小段，GPS0089—0090，南北向墙体至北侧山脊处拐而东行，拐角处用石块垒砌成近直角。整体保存一般，底宽5.3~5.5、顶宽3.2~3.6、两侧直墙高1.2~1.5、顶部堆积墙体高2~2.2米。长218米。

第3小段，GPS0090—0091，墙体整体保存差，石块散布，墙体宽不清，高0.3~0.5米左右。长260米。

第4~5小段，GPS0091—0093，墙体整体保存一般，墙体宽5.5、整齐墙体高2~2.2、顶部堆积高1.3~1.5米。长414米。

第6~7小段，GPS0093—0095，位于白家庄村北公路山口的西侧，两侧多层层梯田，人为破坏严重，墙体整体保存差，墙体遗迹清晰，石块散布。长497米（图三三一）。

第8~9小段，GPS0095—0097，位于山口东侧，白家庄东山的西坡，地势向东抬高，长城沿山脊上东山。紧邻山口，人们开垦梯田破坏严重。墙体整体保存差，墙体遗迹清晰，石块散布。长505米（图三三二）。

第10小段，GPS0097—0098，长城沿山脊向东山而行，墙体用石块垒砌而成，整体保存一般，宽5.5、高2.1~2.5米，大量石块散落。总长306米（图三三三）。

表六二　白家庄北段长城（编码：370112382102020009）GPS 采集点表（单位：米）

工作编号	名称	坐标（起止点）			与相邻点关系
		东经	北纬	高程（米）	
0088	起点			681	
0089	拐点1			719	0088 点北 193
0090	折点1			665	0089 点东 218
0091	折点2			633	0090 点东 260
0092	折点3			647	0091 点东 146
0093	折点4			598	0092 点东 268
0094	折点5			629	0093 点东北 154
0095	折点6			542	0094 点东北 343
0096	折点7			602	0095 点东北 215
0097	折点8			664	0096 点东北 290
0098	结束点			789	0097 点东北 306

图三三〇　GPS0088 点以北墙体（东南—西北）

图三三一　GPS0088—0094 点间
墙体远景（东北—西南）

图三三二　GPS0096 点以东
墙体（西南—东北）

图三三三　GPS0098 点以西
墙体远景（东北—西南）

第十段，梯子山段长城（编码：370
112382102020010）

该段长城西南起白家庄东山，高程
789 米；东北至磨油台南山沟，高程 818
米。长 2675 米（图三三四；表六三）。

长城从白家庄东山长城墙体消失点
开始沿山脊向东北上小山顶部，再向东
南山，山势逐渐升高，过深沟，再上东
侧最高山"梯子山"，转向东北行，地
势逐渐降低，直到磨油台南山沟。

白家庄东山从西山绵延而来，向东
逐渐升高，山势变得更加高险，以高山
为险。山的北坡多松树，南坡多刺槐
树；梯子山山顶海拔 973 米，山顶较为
平坦多茅草、少数木；再向东北为连绵
群山，松树高大茂密（图三三五、三三
七、三三八）。

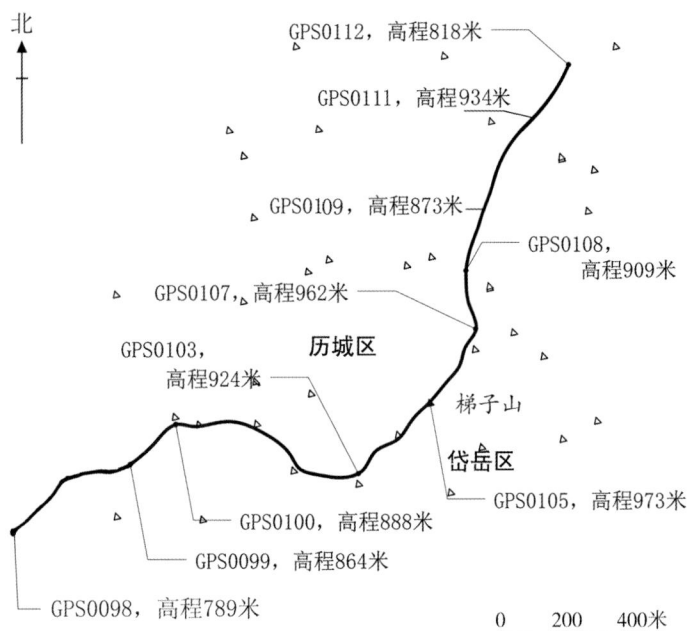

图三三四　梯子山段长城走向图

该段长城总长 2675 米，皆为山险。根据长城走向和特征点划分 14 个小段。白家庄东山、梯子山
西山、梯子山山顶各有烽燧 1 座（图三三六）。

表六三　梯子山段长城（编码：370112382102020010）GPS 采集点表（单位：米）

工作编号	名称	坐标（起止点）			与相邻点关系
		东经	北纬	高程	
0098	起点			789	
0099	折点 1			864	0098 点东北 256
0100	折点 2			888	0099 点东 290
0101	折点 3			916	0100 点东南 225
0102	折点 4			880	0101 点东 207
0103	拐点 1			924	0102 点东 159
0104	折点 5			973	0103 点东北 240
0105	折点 6			973	0104 点东北 53
0106	折点 7			951	0105 点东北 96
0107	折点 8			962	0106 点东北 109
0108	折点 9			909	0107 点北 193
0109	折点 10			873	0108 点东北 140
0110	折点 11			915	0109 点东北 243
0111	折点 12			934	0110 东北 244
0112	结束点			818	0111 点东北 220

图三三五　GPS0098 点以东山险（西南—东北）

图三三六　烽燧遗迹（西南—东北）

图三三七　GPS0105 点以北墙体（西南—东北）

图三三八　GPS0112 点以南山险（北—南）

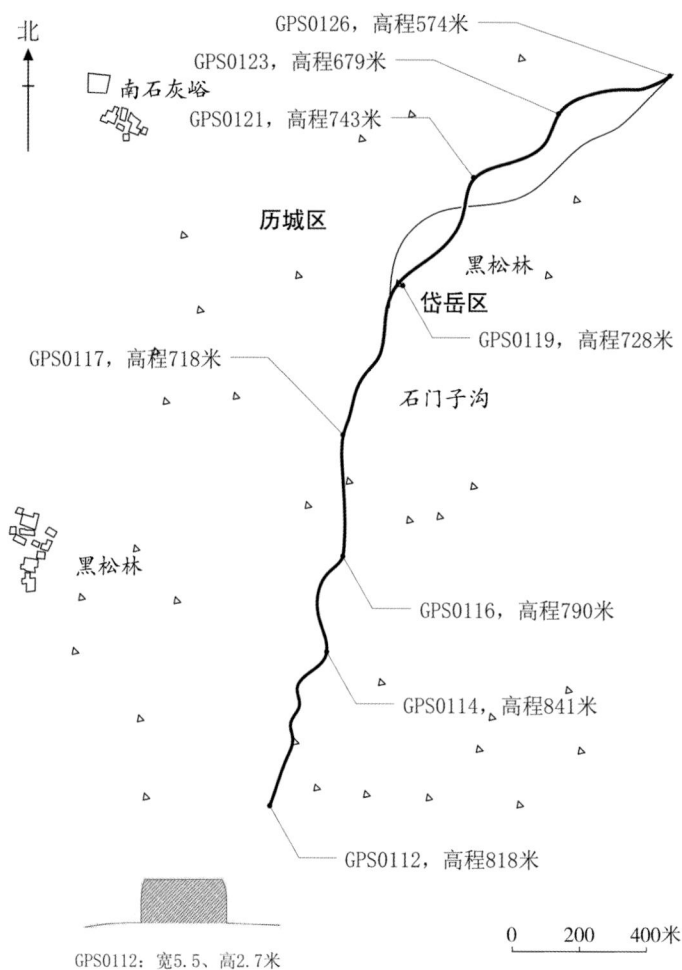

图三三九　黑松林段长城走向图

第十一段，黑松林段长城（编码：370112382102020011）

该段长城西南起磨油台南山沟，高程 818 米；东北至王家庄公路山口，高程 574 米。长 3124 米（图三三九；表六四）。

长城从磨油台南山沟开始，沿黑松林村东山山脊向北而行，至南石灰峪村南山拐而东北行，至吕家庄山口。磨油台南山沟内长城用青石块垒砌而成，长仅 138 米，向东、东北借用连绵山脊为山险。吕家庄山口西侧有一段墙体保存较差。

长城经过线路的西侧有历城区的黑松林村、南石灰峪村。

该段长城总长 3124 米，其中保存一般墙体 138 米，保存差的墙体 151 米，消失墙体 2835 米。根据长城走向和特征点可分为 14 个小段。

第 1 小段，GPS0112—0113，整体保存一般。墙体宽 5.5、整齐砌边墙体高 1.5、顶部散落石块堆积高 1.2 米。总长 138 米（图三四〇）。

第 2～13 小段，GPS0113—0125，墙体消失。总长 2835 米（图三四一～三四三）。

第 14 小段，GPS0125—0126，位于吕家庄山口西侧，墙体整体保存差，石块散落，遗迹明显，高 0.2～0.5 米。长 151 米（图三四四）。

表六四　黑松林段长城（编码：370112382102020011）GPS 采集点表（单位：米）

工作编号	名称	坐标（起止点）			与相邻点关系
		东经	北纬	高程	
0112	起点			818	
0113	折点 1			845	0112 点北 138
0114	拐点 1			841	0113 点东北 240
0115	折点 2			814	0114 点西北 165
0116	折点 3			790	0115 点北 265
0117	折点 4			718	0116 点北 470
0118	折点 5			730	0117 点东北 225
0119	折点 6			728	0118 点北 270
0120	折点 7			770	0119 点东北 350
0121	拐点 2			743	0120 点北 150
0122	拐点 3			686	0121 点东 290
0123	拐点 4			679	0122 点东北 120
0124	折点 8			668	0123 点东 140
0125	折点 9			619	0124 点东 150
0126	结束点			574	0125 点东 151

图三四〇　GPS0112 点以北墙体（东南—西北）

图三四一　GPS0120 点东北山险（西南—东北）

图三四二　GPS0112 点以北墙体（南—北）

图三四三　GPS0125 点东北墙体远景（西南—东北）

图三四四　GPS0126 点处王家庄北山口（南—北）

图三四五　南天门段长城走向图

第十二段，南天门段长城（编码：370112382102020012）

该段长城西南起王家庄公路山口，高程 574 米；东北至蒿本公路山口，高程 578 米。长 3526 米（图三四五；表六五）。

长城从王家庄山口沿山脊向北而行，过北侧山头转向东北行，过天门关继续向东北蒿本公路山口方向而行。长城经过的地方多为 600～800 米的高山，多以山为险，仅在两端低处及天门关附近发现用石块垒砌的长城。

王家庄山口东侧、长城南侧于 2003 年建有一座孟姜女祠，用水泥空心砖砌成，坐北向南，面阔三间，内供奉三尊彩色塑像，外立"孟姜女祠碑——重建于二〇〇三年十二月"及百姓捐献修建孟姜女祠的功德碑 2 尊（图三四六、三四七）。长城沿线有着丰富的关于孟姜女哭长城的传说。

该段长城总长 3526 米，其中保存较好墙体 533 米，保存一般墙体 89 米，保存差的墙体 774 米，消失部分墙体 2130 米。根据长城走向和特征点可分为 22 个小段。

第 1 小段，GPS0126—0127，长城位于王家庄山口东侧，墙体用石块垒砌而成，整体保存差，石块散布，遗迹明显。长 261 米（图三四八）。

第 2～9 小段，GPS0127—0135，长城线路沿山脊向北、东北而行，至天门关西墙体出现点。没有发现墙体。长 1440 米。

第 10～11 小段，GPS0135—0137，为天门关段长城，东西为 800 多米的高山，中间鞍部低矮南北通道，用石块垒砌墙体，为两侧砌成，墙体整体保存一般，底宽 16.8、顶宽 16、整齐墙体高 2.8～3 米，顶部散落，高约 1 米。长 89 米（图三四九）。

第 12 小段，GPS0137—0138，天门关石墙向东，墙体消失。长 177 米。

第 13 小段，GPS0138—0139，墙体保存差，墙体遗迹明显。长 203 米。

第 14～16 小段，GPS0139—0142，墙体消失。长 403 米。

第 17～20 小段，GPS0142—0146，墙体整体保存较好。底宽 5、整齐墙体高 2.7、顶部散落高约 1 米。长 533 米（图三五〇）。

第 21 小段，GPS0146—0147，墙体消失。长 110 米。

第 22 小段，GPS0147—0148，墙体整体保存差，遗迹明显。总长 310 米（图三五一）。

表六五 南天门段长城（编码：370112382102020012）GPS采集点表（单位：米）

工作编号	名称	坐标（起止点）			与相邻点关系
		东经	北纬	高程	
0126	起点			574	
0127	拐点1			644	0126点东北261
0128	拐点2			666	0127点北148
0129	拐点3			712	0128点东北100米
0130	拐点4			758	0129点东北424
0131	折点1			771	0130点东128
0132	折点2			728	0131点东257
0133	折点3			790	0132点东212
0134	折点4			836	0133点东120
0135	长城出现点			816	0134点东51
0136	折点5			805	0135点东43
0137	长城消失点			828	0136点东46
0138	拐点5			831	0137点东177
0139	折点6			781	0138点北203
0140	拐点6			784	0139点北76
0141	拐点7			760	0140点东北138
0142	拐点8			735	0141点北189
0143	拐点9			716	0142点东北234
0144	拐点10			734	0143点西北127
0145	折点7			741	0144点北61
0146	拐点11			729	0145点北111
0147	折点8			691	0146点东北110
0148	结束点			578	0147点东北310

图三四六　孟姜女祠碑（南—北）

图三四七　孟姜女祠（东南—西北）

图三四八　GPS0127点以东墙体（西南—东北）

图三四九　GPS0137点以东墙体（东南—西北）

图三五〇　GPS0142 点以东墙体（西南—东北）

图三五一　GPS0148 点以西墙体远景（东北—西南）

图三五二　大高尖山段长城走向图

第十三段，大高尖山段长城（编码：370112382102020013）

该段长城位于大高尖山北侧山脊，西南起蒿本公路山口，高程 578 米；东北至大高尖山东南山峰，高程 791 米。长 1783 米（图三五二；表六六）。

该段长城从蒿本公路沿山脊东北行，随山势逐渐升高，过大高尖山拐向东行。长城总体保存较差，有迹象可循。

该段长城总长 1783 米，其中保存一般墙体 617 米，保存较差墙体 763 米，保存差的墙体 250 米，消失部分墙体 153 米。根据长城走向和特征点可分为 12 小段。

第 1～2 小段，GPS0148—0150，墙体整体保存较差。宽 8.3、整齐墙体高 1.9、顶部堆积高 1.5 米。长 259 米（图三五三）。

第 3 小段，GPS0150—0151，墙体整体保存一般。宽 8.2、整齐墙体高 2.5、顶部堆积高 1.8 米。长 209 米（图三五四）。

第 4 小段，GPS0151—0152，墙体消失。长 153 米。

第 5 小段，GPS0152—0153，墙体整体保存较差。宽 8、高约 1.8～2 米。长 165 米。

第 6～7 小段，GPS0153—0155，墙体整体保存一般。宽 8、整齐墙体高 1、顶部堆积高 1.9～2 米。长 328 米。

第 8～9 小段，GPS0155—0157，墙体整体保存较差。宽 8、高 1.5～1.8 米。长 339 米。

第 10～11 小段，GPS0157—0159，墙体整体保存差，遗迹明显，石块散布。长 250 米。

第 12 小段，GPS0159—0160，墙体保存一般。长 80 米（图三五五）。

表六六　大高尖山段长城（编码：370112382102020013）GPS 采集点表（单位：米）

工作编号	名称	坐标（起止点）			与相邻点关系
		东经	北纬	高程	
0148	起点			578	
0149	折点 1			601	0148 点东北 142
0150	折点 2			632	0149 点东北 117
0151	折点 3			671	0150 点东北 209
0152	折点 4			689	0151 点东北 153
0153	折点 5			680	0152 点北 165
0154	折点 6			698	0153 点东北 186
0155	折点 7			718	0154 点北 142
0156	折点 8			761	0155 点北 227
0157	折点 9			777	0156 点东北 112
0158	折点 10			783	0157 点北 96 米
0159	折点 11			752	0158 点西北 154
0160	结束点			791	0159 点西北 80

图三五三　GPS0148 点东北墙体（西南—东北）

图三五四　GPS0148—0149 点间墙体（东南—西北）

图三五五　GPS0159—0160 点间墙体（西南—东北）

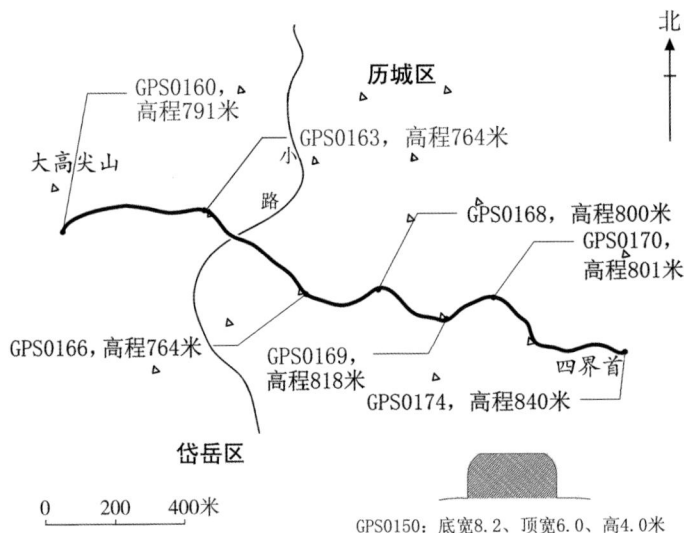

图三五六　四界首长城走向图

第十四段，四界首长城（编码：370112382102020014）

该段长城西北起大高尖山东南山峰，高程791米；东南至四界首，高程840米。长1885米（图三五六；表六七）。向东进入章丘市。

长城从大高尖山东南山沿山脊向东北，过小山转向东南行，奔济南市的历城区、章丘市、泰安市的岱岳区和莱芜市相交汇的四界首碑（图三五七）而去。长城经过的线路为连绵山脊，北侧为章丘市的朱家峪公园，四界首以东章丘市公园建设开发力度大，建造有仿长城景观，对长城及环境造成破坏。

该段长城总长1885米，其中保存较差的墙体1485米，保存差的墙体400米。根据长城走向和特征点可分为14小段。

第1小段，GPS0160—0161，整体保存较差，墙体遗迹明显。长82米。

第2小段，GPS0161—0162，整体保存差，间断出现墙体痕迹。长142米。

第3～9小段，GPS0162—0169，墙体整体保存较差。宽6、高3～4米，墙体石块散落堆积严重。长973米（图三五八）。

第10小段，GPS0169—0170，整体保存差，墙体遗迹明显，石块散布。长178米（图三五九）。

第11～13小段，GPS0170—0173，墙体整体保存较差。宽6、高3～4米，墙体石块散落堆积严重。长430米（图三六○）。

第14小段，GPS0173—0174，墙体整体保存差，间断出现墙体遗迹，石块散布。长80米。

表六七　四界首段长城（编码：370112382102020014）GPS采集点表（单位：米）

工作编号	名称	坐标（起止点）			与相邻点关系
		东经	北纬	高程	
0160	起点			791	
0161	折点1			828	0160点东82
0162	折点2			787	0161点东142
0163	折点3			764	0162点东136

工作编号	名称	坐标（起止点）			与相邻点关系
		东经	北纬	高程	
0164	折点 4			745	0163 点东南 210
0165	折点 5			761	0164 点东南 163
0166	折点 6			764	0165 点东南 138
0167	折点 7			787	0166 点东南 121
0168	折点 8			800	0167 点东北 104
0169	折点 9			818	0168 点东南 101
0170	折点 10			801	0169 点东北 178
0171	折点 11			832	0170 点东北 169
0172	折点 12			828	0171 点东 151
0173	折点 13			827	0172 点东 110
0174	结束点			840	0173 点东 80

图三五七　GPS0167 点以东墙体（西北—东南）

图三五八　GPS0169 点以东墙体（西北—东南）

图三五九　GPS0172 点以西墙体（西北—东南）

图三六〇 GPS0174 点以东四界首碑（西北—东南）

二 烽燧

4 处，包括葫芦套南山烽燧、白家庄东山烽燧、梯子山西山烽燧、梯子山烽燧。

1. 葫芦套南山烽燧（编码：370112353201020001）

位于葫芦套南山，南距药乡林场观测站 0.5 千米，高程 800 米。

齐长城墙体从西面由药乡森林公园观测站向北，经北侧高山，转而向东朝葫芦套南山而行，再向东朝黄巢公路山口、锯齿崖方向延伸。这里山势高险，南北一望无垠，景观尽收眼底，和东侧的天马顶、梯子山同为济南南侧最高山。小山的北侧为低洼地，一马平川，东侧为黄巢山口，为长城南北交通要道。烽燧位于葫芦套南山上，位置凸显，易于远处观察，易于消息传递（图三六一、三六二）。

烽燧用石块砌筑呈方形坑，周边为石块垒砌的圆形。方坑呈南北长方形，东西 0.6、南北 0.75 米。坑内没有清理，深度不清楚。外部呈圆形，用石块堆成，直径 3.5 米（图三六三）。

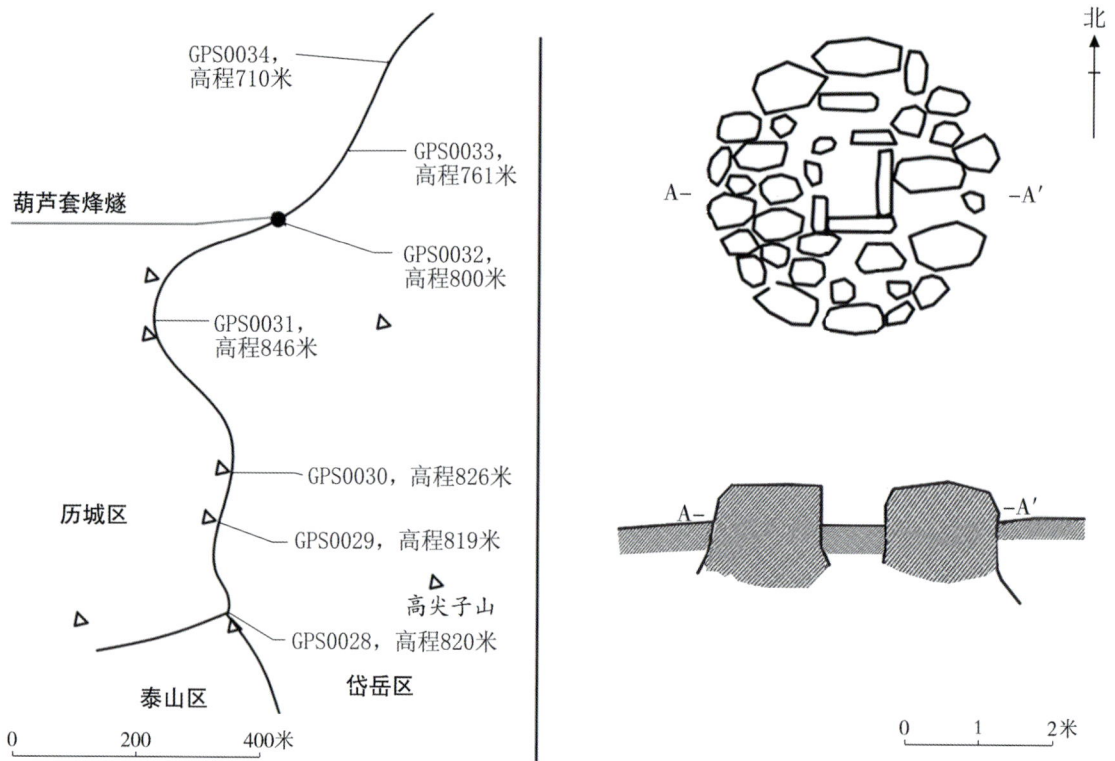

图三六一　葫芦套南山烽燧位置及平、剖面图

图三六二　葫芦套南山烽燧（西—东）

图三六三　葫芦套南山烽燧现状（南—北）

2. 白家庄东山烽燧（编码：370112353201020002）

位于白家庄东山上，由村北公路山口向东第 5 个山头长城墙体经过的线路上。高程 888 米。

白家庄东山高达 800 余米，东侧的梯子山更是高达 900 余米，从山上向南北瞭望，视野开阔。而西侧的白家庄山口更是南北的交通要道。高山之上设置烽燧，易于传递信号。

在其东侧的梯子山西山、梯子山上也发现有烽燧坑。

烽燧用石块砌筑成方形坑，坑内侧边长 3.8、墙厚 0.6 米，坑内没有清理，深度不清楚（图三六四）。

该烽燧坑被树丛、草棵

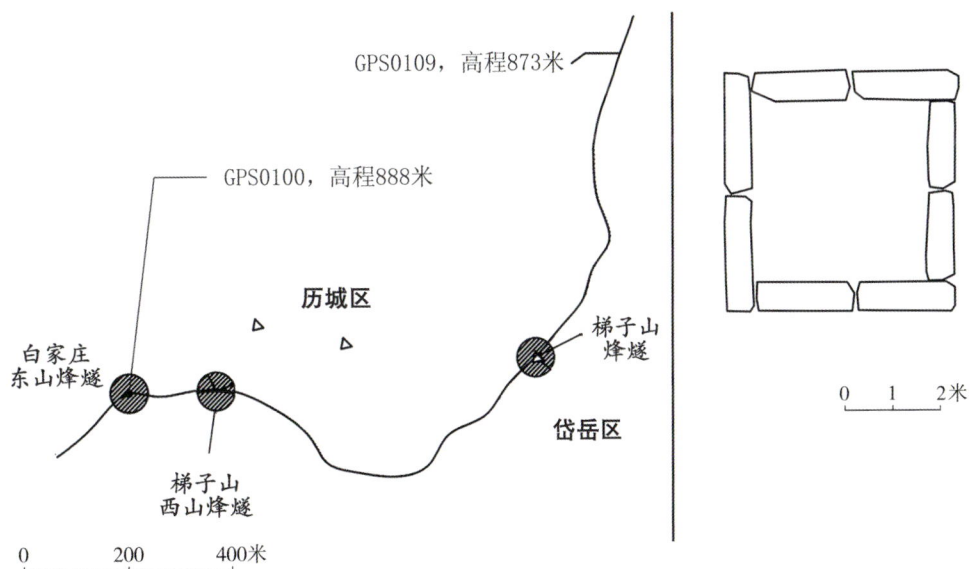

图三六四　白家庄东山烽燧位置及平面图

埋没，无法拍摄清楚照片。

3. 梯子山西山烽燧（编码：370112353201020003）

位于梯子山西侧山顶，白家庄东山东侧，为白家庄山口向东第6个山头上。高程800米。

烽燧位于长城经过的高山上，山的北部一马平川，至济南一览无余，地势较高，易于观察远处，为传递消息的好地方。

烽燧用石块砌筑成圆形坑。坑内侧直径2.1、外侧直径3.4米，墙厚约0.65、残高0.3～0.4米（图三六五、三六六）。坑内没有清理，内部情况不明。

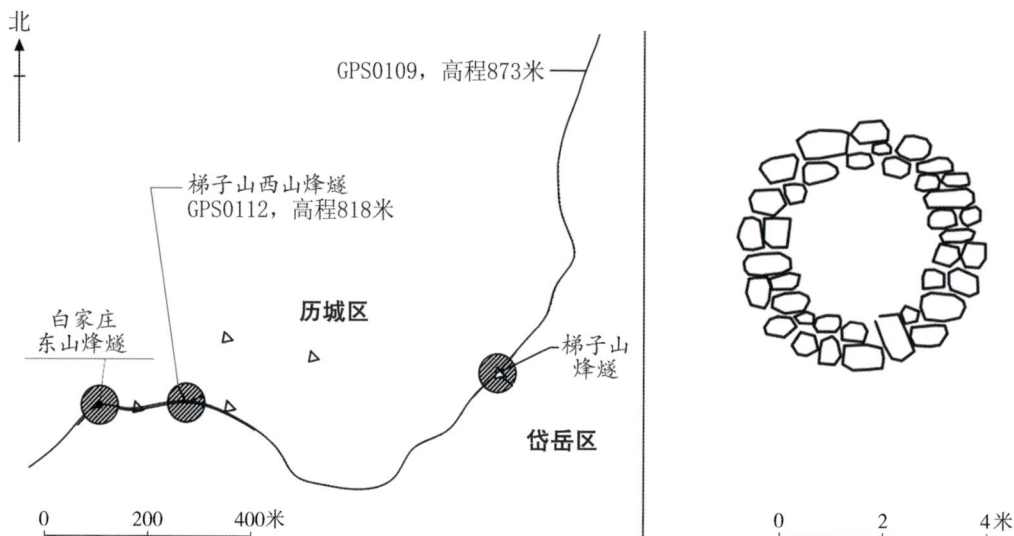

图三六五　梯子山西山烽燧位置及平面图

图三六六　梯子山西山烽燧现状（西南—东北）

4. 梯子山烽燧（编码：370112353201020004）

烽燧位于白家庄山口东梯子山山顶上，高程 973 米。

该山为济南泰山东、济南南的最高山，北侧皆为低山矮丘，北通平川，易于观察远处，传递消息。

烽燧用石块砌筑。外部为东西 4.5、南北 4 米的长方形，在内部砌成两个东西并列、单独存在的圆坑，2 坑间距 0.95 米。东侧坑直径 0.85、西侧坑 1.1 米（图三六七、三六八）。没有清理发掘，坑深不清楚。

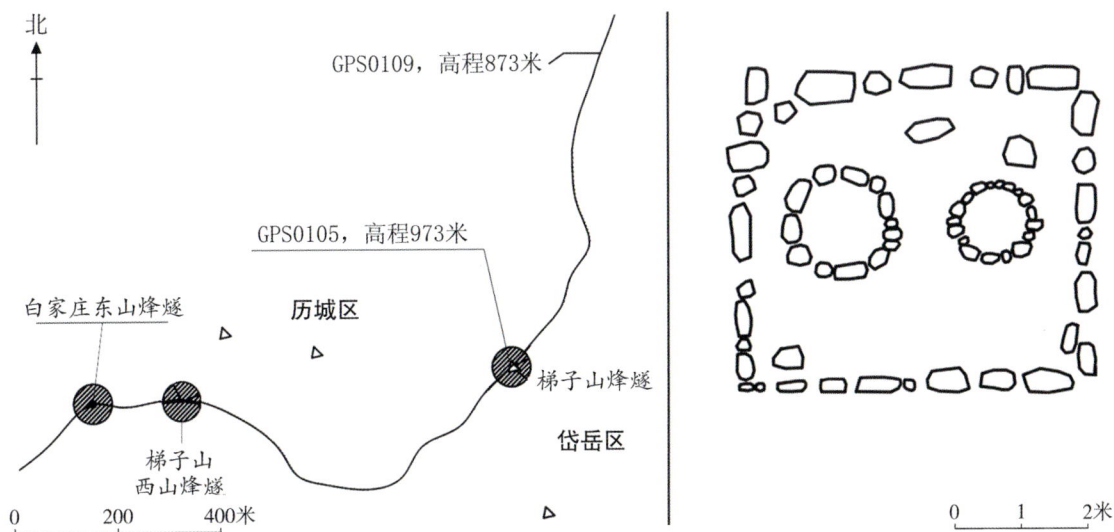

图三六七　梯子山烽燧位置及平面图

图三六八　梯子山烽燧现状（西南—东北）

三　相关遗址

历城县段齐长城沿线发现古代遗址 2 处，为青阳台遗址和瓦子岭遗址。

1. 青阳台周代遗址（编码：370112354199020001）

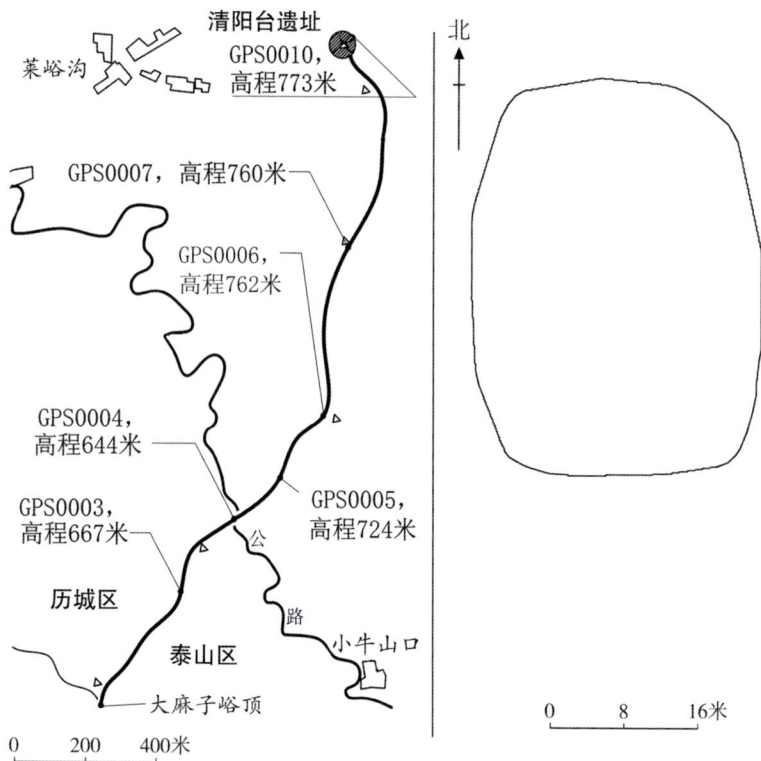

图三六九　青阳台周代遗址位置及平面图

遗址位于历城县齐长城墙体第一段的终点。青阳台小山的顶部，高程 773 米。这里地处泰山北侧，为古代通往泰山的一条通道。传说秦始皇登泰山祭天即从这里南行。山顶部发现大量战国至汉代的建筑用瓦片和陶片，大瓦片为建筑用瓦，顶部可能存在瓦顶建筑。而青阳台的名称也可能与此有关。遗址面积 1000 余平方米（图三六九～三七二）。

图三七〇　青阳台周代遗址全景（东—西）

图三七一　青阳台周代遗址陶片

图三七二　青阳台周代遗址断面（东—西）

2. 瓦子岭遗址（编码：370112354199020002）

位于药乡森林公园北侧瓦子岭东西向岭子上，高程726米。

遗址位于历城齐长城墙体的第二段青阳台向东至药乡森林公园大门向北的南北路之间瓦子岭岭脊上，分布较多的战国—汉代的陶片、瓦片。分布范围，东西约二三百米，南北约50米，遗址面积约15000平方米（图三七三、三七四）。

该处为东西长岭子，岭高风大，北侧没有遮挡物，遗址的性质有些特殊。

现在岭顶修建油漆路、停车场，而且停车场面积较大，对遗址破坏严重。

图三七三　瓦子岭遗址位置及平面示意图

图三七四　瓦子岭遗址全景（东—西）

第五节　保护与管理现状

一　保护机构

该区段长城由泰安岱岳区和济南长清区、历城区、章丘区共同保护管理。

属地文物局或博物馆分别为保护管理机构，沿线并没有设置保护点。无统一有效的保护管理机制，无法掌握每段墙体的具体保存现状，致使多处墙体长期处于人为破坏的环境中，直至消失殆尽。

二　保护标志

此次调查，没有发现有效的保护标志或警示牌。这部分工作，须在后期保护工作中加入。适当的树立保护标志碑和警示牌，能有效阻止一些人为破坏行为，对长城的保护起到很关键的作用。

三　保护范围及建设控制地带

齐长城资源调查前，山东省文物主管部门明确规定，齐长城墙体及附属建筑两侧50米之内为保护范围，其中20米之内为绝对保护区，300米之内为建设控制地带。后调整为坡地和平地部分：以长城本体两侧外缘各向外200米为保护范围，保护范围外缘向外500米为建设控制地带；山岭部分：山脊上的长城按山脊两侧的谷底线（或坡脚线）至长城墙体外缘的距离不足700米的按700米划定。

四　记录档案

未建立有效的"四有"档案。

第六节　长城损毁的自然与人文因素

一　自然因素

境内长城途经地形地貌较为复杂，可分为山地、丘陵、沟壑及平原这四个不同类型。山地类型：墙体均沿山脊分布，两侧多种植松树、橡树、槐树及栗子树等树种，少农田破坏；处于山谷之间类型，多被修路截断破坏。丘陵类型：墙体多沿丘陵脊线分布，地势平缓的坡面多被开垦为农田，地势陡峭的地方多种植松树、橡树及槐树等树种，人为破坏现象较为明显。沟壑类型：受雨水冲刷及河流截断等破坏影响，大部分墙体地表已无遗迹。平原类型：墙体途经平原地带时，两侧多农田，蚕食现象严重。

二　人为因素

此次调查表明，破坏长城墙体的最大因素就是人为因素，多表现为村镇建设、垦田拓路、采石采矿及取土挖沙等破坏，致使长城墙体满目疮痍，已所剩无几。

第八章

章丘市、莱城区齐长城资源调查

第一节 地理位置与自然环境

　　章丘市属济南市管辖，位于山东省中部，黄河以南泰山东北，西距济南市区45千米。南北70千米，东西37千米，总面积1855平方千米。南与莱芜市莱城区为邻，齐长城即位于章丘市与莱城区交界处群山之中，西端与泰安市岱岳区共有。当地民众俗称有长城分布的山岭为"长城岭"。

　　地质、地形、地貌 章丘、莱城属于鲁西断块区，在鲁西断块区的泰鲁块隆内，古生代地层由新到老出露，最老的为中上寒武系的灰岩出露构成南部小区；泥盆系中、上石灰岩系沙页岩出露于明水附近地区，往北在小长白山附近则以火成岩为主。前者易透水，加之地势南高北低，地下水自南向北汇聚，在明水附近受阻水头出露地面，行成泉群，故明水多甘泉。

　　章丘地处泰沂山区北麓，与华北平原接壤，长城岭绵延于南，长白山矗立于东。地形自东南向西北倾斜。自南而北依次为山区、丘陵、平原、洼地，分别占全市总面积的30.8%、25.9%、30.7%和12.6%。最高峰为南部的鸡爪顶，海拔924米；最低处系北部辛寨乡朱家洼一带，海拔15米。长城便横卧于南部山区与莱芜的交界线上。

　　莱城区北部为泰山余脉，呈南缓北陡、向北突出的半圆形盆地，北、东、南三面环山，中部为低缓起伏的平原，西部开阔。整个地势由东向西倾斜，北、东、南三面又向盆地中部倾斜，大汶河由东向西横贯盆地中部。海拔最高994米，最低148.13米。

　　章丘南部、莱城北部属鲁西隆起区，北部为济阳凹陷区，属旋扭性构造鲁西系的外旋层部位，南北向与北西向压扭性断层发育。这些断层的垂直错动与水平侧移，严重破坏了古代沉积地层的连续性。特别是文祖断层，两盘南北向位移15千米，使断层两侧在地形、地质和地下水源等方面，形成显著的东西差异。地质构造形成普遍为单斜岩层，以块断为主，褶皱少见。岩层走向北西60°，倾向北东30°，倾角7°~13°。各地质时代的地层发育齐全。山区自南而北分布为变质岩、石灰岩、页岩、煤层、火山喷出岩等，丘陵河谷和冲积平原则广泛分布泥岩，下部为淡水灰岩，上部为砂砾石层及各种土类。

　　气候 章丘地处中纬度，属暖温带季风区的大陆性气候。四季分明，雨热同季。春季干旱多风，夏季雨量集中，秋季温和凉爽，冬季少雪干冷。年均日照2647.6小时，日照率60%；年均气温12.8℃，高温年13.6℃，低温年11.7℃；年平均降水量600.8毫米，一般为500~700毫米。季风因受地势影响，反映不明显，除5月份以静风及西南为主导风向，其他月份以静风及东南为主导风向，相对湿度为65%，最高年均73%、最低年均59%。无霜期192天，最长218天、最短167天。

水文　境内大部地区属小清河水系，东南部少数山区属大汶河水系。主要河流有黄河、小清河、绣江河、东西巴漏河、漯河、巨野河等。黄河为西北界河，从历城区大沙滩西南入境，至黄河乡常家庄入邹平县，过境河段 27.08 千米，年均径流量 425 亿立方米。小清河位于西北部，从历城区北柴家庄东北入境，至水寨镇小贾庄入邹平县，过境河段 18.8 千米，年均径流量 7.77 亿立方米。绣江河，源于明水百脉泉，全长 32.8 千米，最后注入小清河。东巴漏河，在东南部，属季节河，源于淄博市博山区，由石门入境，至相公庄镇寨子入漯河，全长 34.4 千米。西巴漏河，在中南部，属季节河，源于垛庄镇四角城北坡，至绣惠镇金盘村北入绣江河，全长 68.8 千米。漯河于相公庄镇龙湾头上接东巴漏河，至刁镇东北入芽庄湖，全长 28 千米。巨野河西支源于历城区大龙堂拔槊泉，东支源于北曹范村西，两支在龙山镇北汇入杜张水库，全长 46.8 千米。主要湖泊白云湖在西北部，总面积 17.4 平方千米，水域面积 7.5 平方千米，水深 1～3 米。芽庄湖，在市东北角，总面积 5.38 平方千米，水域面积 2.17 平方千米，水深一般 1.9 米。

莱城区属暖温带湿润、半湿润大陆性季风气候，光照充足，四季分明。境内年平均气温在 11℃～13℃，降水量 760.9 毫米，无霜期 204 天。南部高于北部，中部高于东部和西部，东北部和西北部山区较低。年平均最高气温为 18.6℃，7 月份最高为 30.9℃，极端最高为 39.2℃；1 月份最低为 8.1℃，极端最低为 -22.5℃。降水量多年平均 760.9 毫米。全境属半湿润地区，在一年中 7 月和 8 月属湿润期，9 月为半湿润期，其他月份为干旱、半干旱期。初霜一般在 10 月 21 日，终霜多在翌年 4 月 7 日，无霜期平均 196 天。气候特点是气温偏高，降水偏少，干旱、风灾严重。

境内河流有汶河和淄河两大水系，汶河水系主要干流是牟汶河，最大支流是嬴汶河（亦称汇河）；和庄河属淄河水系。此外，尚有近 400 条支流。南部支流河短，比降较大，多为源短流急的季节性河。北部支流河长，比降较小，多为常年河。主要河流有汶河，分为牟汶河、嬴汶河。牟汶河，市内长近 77 千米，流域面积约 1600 平方千米，为北西流向；嬴汶河，市内长 59 千米，流域面积 797 平方千米。淄河（又名淄水），干流为和庄河，境内长 12 千米，流域面积 102.35 平方千米。

第二节　历史沿革

由于境内有座章丘山（现女郎山）而以山命名。早在 8000 多年前，境内即有人类繁衍生息。后李文化、大汶口文化和龙山文化在章丘都有重要遗址。商代，东、北部为蒲姑国。商末，西部为谭国。春秋时期，先后为谭国和齐国诸侯封地赖邑、宁邑、台邑、崔邑。战国，属田齐。秦，属济北郡。西汉，属青州部济南郡治东平陵城。汉景帝四年（公元前 153 年），首次置县称阳县（治回军镇，今绣惠镇回村）等。东汉时，中部为阳丘县，北部为管县、猇县，南部为土鼓县。后阳丘、猇县并入东朝阳县。魏晋时期，东朝阳县属乐安国。南北朝刘宋，改东朝阳县为朝阳县，属齐郡。北齐废朝阳县置高唐县（治回军镇）。北齐天保七年（556 年），高唐县迁治女郎山（章丘山）南建城。隋开皇十六年（596 年），"以博洲亦有高唐，改为章丘县"，取县北山章丘为名。唐贞观元年（627 年）属河南道齐洲济南郡。宋、金，属济南府。元，属山东东路西南道济南路总管府。明、清，皆属济南府。

民国初，属岱北道。民国 3 年（1914 年），改属济南府。1945 年 8 月，划为章丘、章历 2 县，属泰山专区。1950 年 4 月，两县划归淄博专区，1953 年 9 月，章历县并入章丘县（治旧章丘城，今绣惠镇驻地），划归泰安专区。1958 年 8 月，县迁明水。同年 11 月，泰安专区撤销，属济南市。1961 年 5 月，泰安专区恢复，又划归泰安专区。1979 年 1 月，复属济南市。1992 年 8 月，撤章丘县设章丘市（县级）。

第三节 长城概况

章丘段齐长城当地民众俗称"长城岭",包括长城墙体、关隘和寨堡三部分,分别与泰安市岱岳区、莱芜市莱城区共有。根据"章邱县修筑长城岭石墙记"碑文(详后,本章碑刻部分):"第一段,大道东一百七十二尺;……第六段,接第一段往东至山顶"和补记:"查南去山口凡十余处,而此处最为通衢,工程亦最巨。其余若鲁地、胡多、罗岭、狼虎岭、燕窝子、天门关等,各有承修村庄"的记述,知章丘长城岭段齐长城,在清咸丰年间,已大部坍损,为防御捻军侵扰,章丘县民众捐资,对长城岭长城进行重修,除部分墙体底部还保留部分齐长城外,墙体形态变窄,并加筑垛墙和射孔(详后)。

一 墙体

章丘段齐长城总长度65844米,位于章丘市最南部与莱城区的交界线上,总体呈西南—东北走向(图三七五)。西起四界首碑,高程844米。由四界首往东南,经门前岭子北山、岳滋南山、三界首碑、西麦腰西山、三平山、鸡爪顶、天门关、南麦腰东山、东麦腰南山、疙瘩岭、胡家庄北山、望米台北

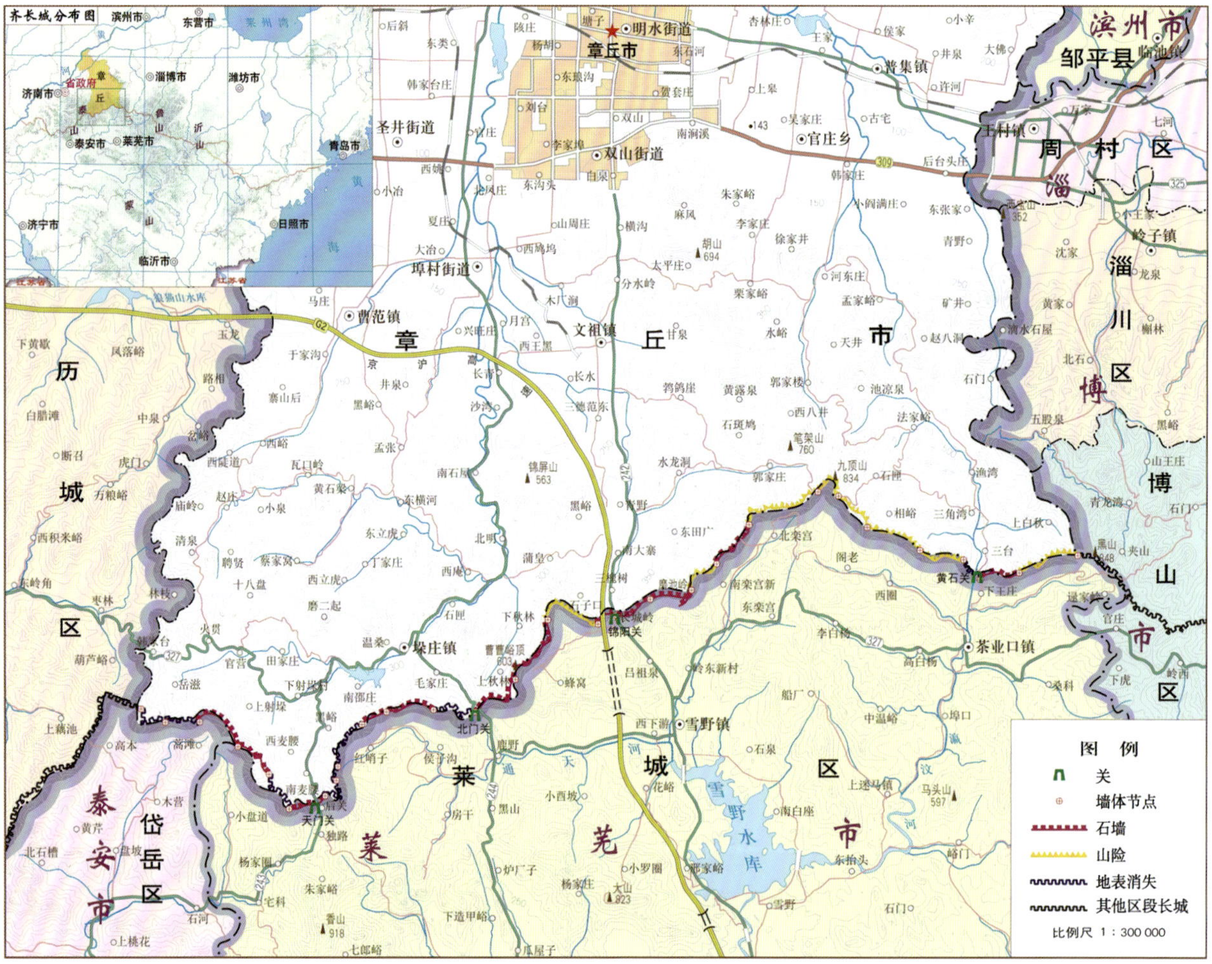

图三七五 章丘、莱城及周边区市长城分布图

山、北门关、毛家林北山、北峪西山、曹峪顶、官屋子山、锦阳关、东门关、鲁地北山、磨池岭、北栾宫东山、北栾宫北山、龙子北山、九顶山、相峪西山、珍峪北山、四赋峪顶、黄石关、上王庄北山，至霹雳尖出境进入博山，高程 837 米。

其中，第 1～3 段分布在章丘、岱岳区交界处的山脊上，长 7415 米；其余的 58429 米分布在章丘与莱城区交界处的山脊上。

墙体以石墙为主，没有发现土墙。其中石墙长 27070 米，占 41.1%，山险 23846 米，占 36.2%，另有 14928 米消失不见痕迹，但根据推断也不出以上两类（表六九）。

章丘段齐长城整体保存一般，部分段落因雨水冲刷、自然风化、山体滑坡、水土流失等自然因素以及人类生产生活中的建设取土、垦地拓路、采石采矿等人为因素受到严重的破坏甚至消失（表六八）。石墙一般就地取材，干垒而成。

表六八　章丘段齐长城墙体保存现状统计表（单位：米）

段落	项目						
	较好	一般	较差	差	消失	山险	总计
1				568	1514		2082
2				1214	817		2031
3	1086			1046	1170		3302
4	354		597	845	463		2259
5				773	1251	219	2243
6	108			420	1306	280	2114
7					1888	260	2148
8					557	207	764
9				1159	1642		2801
10	545		550	310			1405
11	298	1066	700		209		2273
12		855			1096	518	2469
13	196	1221				1630	3047
14		600		686	1172	1283	3741
15				289		2975	3264
16	674	453		107			1234
17	780	494	720				1994
18		777		363	539	553	2232
19						2237	2237
20	307	289		1351		661	2608
21	553					817	1370
22			240	871		1290	2401
23				296		1657	1953

段落	项目						
	较好	一般	较差	差	消失	山险	总计
24	373			745		1027	2145
25		372				2641	3013
26						2235	2235
27				931	196		1127
28				888	1108		1996
29						3356	3356
小计	5274	6127	2807	12862	14928	23846	65844
百分比（％）	8.01	9.31	4.26	19.53	22.67	36.22	100

表六九　章丘段齐长城墙体类型统计表（单位：米）

墙体类型	石墙	土墙	山险	壕堑	消失	总计
小计	27070	0	23846	0	14928	65844
百分比（％）	41.11	0.00	36.22	0.00	22.67	100

二　关隘

共4个。为天门关、北门关、锦阳关、黄石关。

三　寨堡

共3座。为毛家林村北寨堡、围子寨堡、猴子寨堡，在第二十一章集中介绍。

四　碑刻

2通。"章丘修筑长城岭石墙记"和"章邑南乡"重修长城记。

第四节　分段调查实况（1～29段）

一　墙体

章丘段齐长城长65844米，东端部分与泰安市岱岳区共有，1～3段有详细介绍。实地调查过程中，拍摄照片1198张，录像共计218段，绘制图纸29张。依照齐长城的保存现状和走向，把这段长城分为二十九段，各段以所经山峰、关口或村庄来命名，下面将我们调查的情况记录描述如下。

第一段，四界首段长城（编码：370181382102020001）

该段长城与泰安市岱岳区共有，西北起章丘、历城、泰安、莱芜交汇的四界首碑，高程844米；东至门

前子岭北山，高程 823 米。全长
2082 米（图三七六；表七○）。

长城位于章丘市文祖镇岳滋村西南。以四界首为起点，长城顺山势往南，然后转东，至门前子岭北山。墙体被破坏的原因主要为修建公路和林业开发。

该段长城长 2082 米，墙体迹象不明显，其中保存差的长 568 米，消失的长 1514 米。根据长城走向和特征点可分为 7 小段。

第 1 小段，GPS0001—0002，墙体消失。因修筑公路及梯田，致使墙体消失。起点标志较为明显，树立一座四界首碑（图三七七），碑下面有四个地区的名称，此处是章丘、历城、泰安、莱芜的交界处，由此向东长城沿章丘和泰安市岱岳区的交界处山脊分布。长 919 米（图三七八）。

第 2 小段，GPS0002—0003，墙体消失。因修筑公路及梯田，致使墙体消失。墙体顺着济南和泰安的交界线往东走。长 223 米。

第 3 小段，GPS0003—0004，墙体消失。因修筑公路及修筑梯田，致使墙体消失。长城位于济南、泰安交界的山脊线上。长 110 米。

第 4 小段，GPS0004—0005，墙体保存差。因自然风化和人为破坏使墙体受到严重破坏。墙体坍塌，只有杂乱的石块散落在地上，隆起成土垄状。长 153 米（图三七九）。

第 5 小段，GPS0005—0006，墙体保存差。因自然风化和人为破坏使墙体受到严重破坏，墙体坍塌呈土垄状。长 329 米。

第 6 小段，GPS0006—0007，墙体消失。因修筑公路及修筑梯田致使墙体消失。长 262 米。

第 7 小段，GPS0007—0008，墙体保存差。因自然风化和人为破坏使墙体受到严重破坏，墙体坍塌成土垄状。两侧及墙体上均种有松柏树。长 86 米（图三八○）。

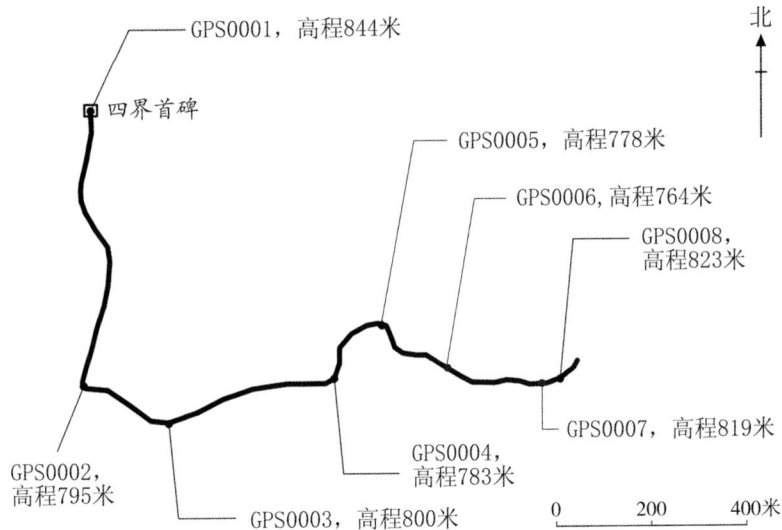

图三七六　四界首段长城走向图

表七○　四界首段长城（编码：370181382102020001）GPS 采集点表（单位：米）

工作编号	名称	坐标（起止点）		与相邻点关系
			高程	
0001	四界首段长城起点		844	
0002	拐点 1		795	0001 点东南 919
0003	拐点 2		800	0002 点东北 223
0004	折点 1		783	0003 点东北 110
0005	拐点 3		778	0004 点东北 153
0006	折点 2		764	0005 点东南 329
0007	折点 3		819	0006 点东南 262
0008	结束点		823	0007 点东北 86

图三七七　GPS0001点处四界首碑（南—北）

图三七八　GPS0002点处墙体（西—东）

图三七九　GPS0004 点处墙体（西—东）

图三八〇　GPS0008 点处墙体（西南—东北）

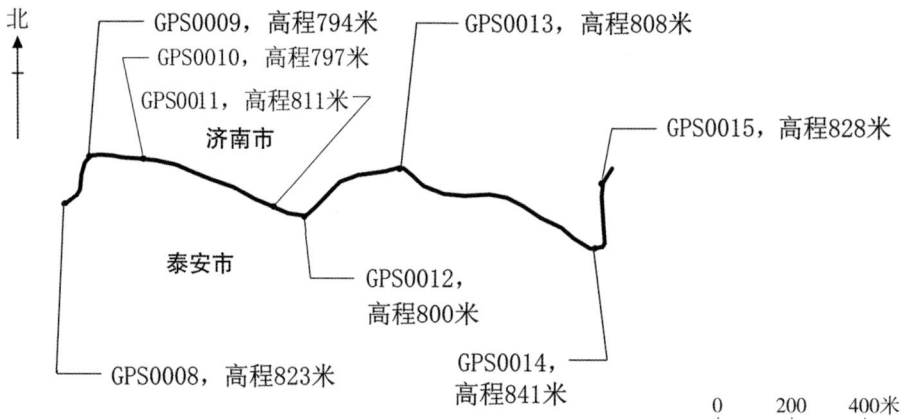

图三八一　岳滋南山段长城走向图

第二段，岳滋南山段长城（编码：370181382102020002）

该段长城与泰安市岱岳区共有，西起门前子岭北山，高程 823 米；东止岳滋南山长城岭大桥，高程 828 米。长 2031 米（图三八一；表七一）。

长城位于章丘市文祖镇岳滋村南。墙体被破坏的主要原因有修筑梯田和新建长城。整段墙体都处在章丘和岱岳区的分界线上，两侧种植松柏树。

该段长城 2031 米，墙体迹象不明显，其中保存差的长 1214 米，消失长 817 米。根据长城走向和特征点可分为 7 小段。

第 1 小段，GPS0008—0009，墙体保存差。因自然风化和人为破坏使墙体受到严重破坏。墙体已经坍塌成土垄状。长 341 米。

第 2 小段，GPS0009—0010，墙体保存差。因自然风化和人为破坏使墙体受到严重破坏。墙体已经坍塌成土垄状。长 170 米。

第 3 小段，GPS0010—0011，墙体消失。此处建有砖石水泥结构的新长城，在原有齐长城的旧址上建造，使齐长城受到毁灭性破坏。长 322 米。

第 4 小段，GPS0011—0012，墙体保存差。因自然风化和人为破坏使墙体受到严重破坏，墙体已坍塌成土垄状。长 180 米（图三八二）。

第 5 小段，GPS0012—0013，墙体消失。因在长城旧遗址上重建新长城，致使墙体消失。长 239 米（图三八三～三八五）。

第 6 小段，GPS0013—0014，墙体保存差。因自然风化和人为破坏使墙体受到严重破坏，墙体坍塌成土垄状。长 523 米。

第 7 小段，GPS0014—0015，墙体消失。因在长城遗址上重建新长城，致使墙体消失。长 256 米（图三八六）。

表七一 岳滋南山段长城（编码：370181382102020002）GPS采集点表（单位：米）

工作编号	名称	坐标（起止点）			与相邻点关系
		东经	北纬	高程	
0008	岳滋南山段长城起点			823	
0009	折点1			794	0008点东北341
0010	消失点1			797	0009点东南170
0011	出现点1			811	0010点东南322
0012	消失点2			800	0011点东北180
0013	出现点2			808	0012点东北239
0014	消失点3			841	0013点东南523
0015	结束点			828	0014点东北256

图三八二 GPS0011点东南墙体（西北—东南）

图三八三　GPS0010 点以东新建长城（西—东）

图三八四　GPS0013 点新旧长城接点处（西—东）

图三八五　GPS0013 点处新建长城紧贴齐长城遗址（西南—东北）

图三八六　GPS0015 点东北环境现状（西南—东北）

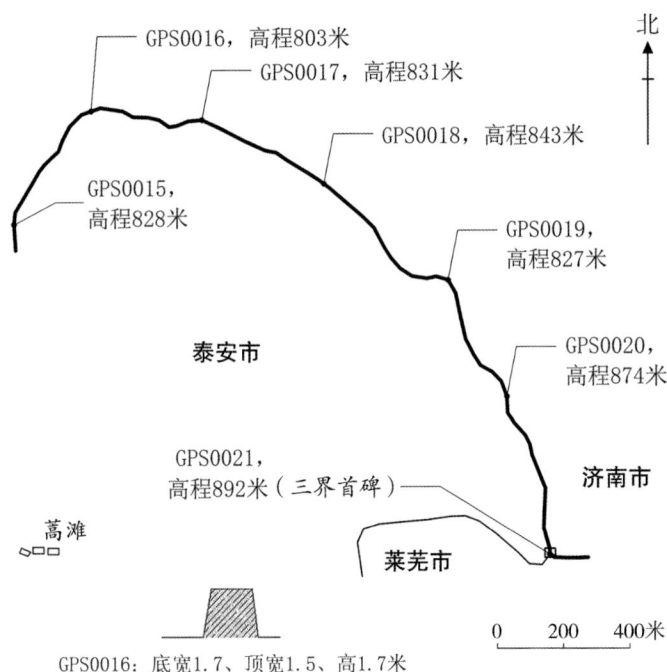

图三八七　三界首段长城走向图

第三段，三界首段长城（编码：370181382102020003）

该段长城与泰安市岱岳区共有，西北起岳滋南山长城岭大桥，高程828米；东南至三界首碑，高程892米。长3302米（图三八七；表七二）。

长城位于章丘市上射垛村东南，长城西南有泰安的蒿滩村，长城在章丘和岱岳区交界的山脊上分布。

该段长城长3302米，其中保存较好的长1086米，保存较差的长1046米，全部消失的长1170米。根据长城走向和特征点可分为6小段。

第1小段，GPS0015—0016，因修建游览大桥致使长城墙体完全消失。长350米。

第2小段，GPS0016—0017，墙体底宽2、顶宽1.5、高1.3～1.7米，保存较好。长166米（图三八八、三八九）。

第3小段，GPS0017—0018，墙体保存较好。墙体底宽2、顶宽1.5、高1.3～1.7米。长920米（图三九〇）。

第4小段，GPS0018—0019，仅剩基础可辨，灌木丛直接生长在墙体基础上，墙体石块散落呈带状分布，散宽约18米。因受自然风化和人为取石等破坏，墙体保存差。长441米（图三九一）。

第5小段，GPS0019—0020，因受自然风化、修筑梯田及人为取石等破坏墙体消失。长820米。

第6小段，GPS0020—0021，墙体保存差。因受自然风化和人为取石等破坏，使墙体濒临消失。长605米（图三九二）。

表七二　三界首段长城（编码：370181382102020003）GPS采集点表（单位：米）

工作编号	名称	坐标（起止点）			与相邻点关系
		东经	北纬	高程	
0015	三界首段长城起点			828	
0016	拐点1			803	0015点东北350
0017	拐点2			831	0016点东北166
0018	拐点3			843	0017点东南920
0019	消失点			827	0018点东南441
0020	出现点			874	0019点东南820
0021	结束点			892	0020点东南605

图三八八　GPS0016 点以东墙体（西—东）

图三八九　GPS0016—0017 点间墙体（东—西）

图三九〇　GPS0018 点处
墙体（西北—东南）

图三九一　GPS0018—0019 点间
墙体（东南—西北）

图三九二　GPS0021 点处
三界碑（南—北）

第四段，西麦腰西山段长城（编码：370181382102020004）

该段长城西北起三界首碑，高程892米；东南至西麦腰西山，高程828米。长2259米（图三九三；表七三）。

长城位于章丘市西麦腰村西，西北起三界首碑，高程892米，由此向东长城沿章丘与莱芜交界处的山脊分布。整段长城墙体多数段落受植物根系作用，出现滑坡现象。南侧为莱芜，北侧为章丘。

该段长城长2259米，其中保存较好的长354米，保存较差的长597米，保存差的长845米，消失的长463米。根据长城走向和特征点可分为5个小段。

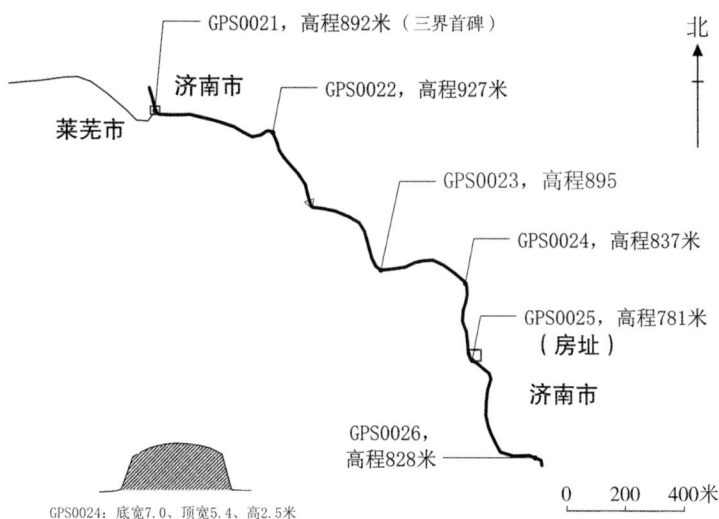

图三九三　西麦腰西山段长城走向图

第1小段，GPS0021—0022，因自然风化和人为破坏墙体消失，无迹象可寻。长城两侧均比较陡峭，地表长有荒草和柏树。长463米。

第2小段，GPS0022—0023，墙体保存差。因自然风化和人为破坏，墙体坍塌，石块散落在地面，一般位于线路南侧。地表种有柏树，长满荒草。长685米。

第3小段，GPS0023—0024，墙体保存差。墙体坍塌，石块散落在地面，一般位于线路南侧。地表种有柏树，长满荒草。长160米（图三九四、三九五）。

第4小段，GPS0024—0025，墙体保存较好。墙体宽2.7~5.4、高1.2~2.5米。此段墙体有两处受植物根系作用，出现滑坡现象，石块散落于地表，多位于南侧。在0025点有一处房址，东西15.7、南北12米，房址墙厚1、高0.3~0.9米，房址的门洞朝南。房址西墙利用长城墙体而建，由此可判断该房子的建造年代晚于长城。长354米（图三九六、三九七）。

第5小段，GPS0025—0026，墙体保存较差，几近消失。南北两侧均为悬崖，比较陡峭。地表种有柏树，长满荒草。长597米。

表七三　西麦腰西山段长城（编码：370181382102020004）GPS采集点表（单位：米）

工作编号	名称	坐标（起止点）			与相邻点关系
		东经	北纬	高程	
0021	起点			892	
0022	拐点1			927	0021点东南463
0023	拐点2			895	0022点东南685
0024	拐点3			837	0023点东北160
0025	拐点4			781	0024点东南354
0026	结束点			828	0025点东南597

图三九四　GPS0024点处墙体远景（西—东）

图三九五　GPS0024点处墙体（北—南）

图三九六　GPS0025 点处墙体（南—北）

图三九七　GPS0025—0026 点间墙体（西—东）

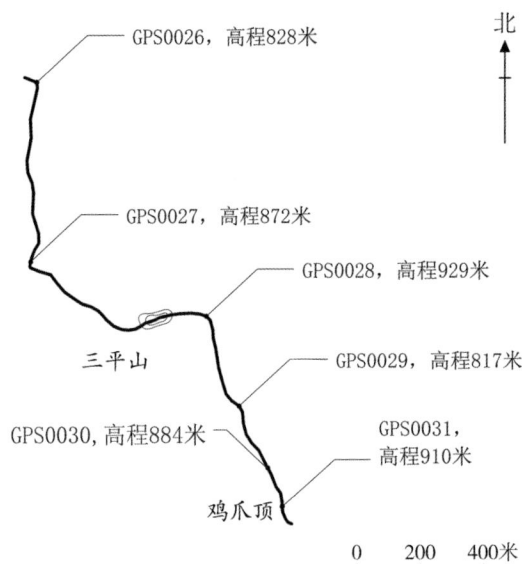

图三九八　三平山段长城走向图

第五段，三平山段长城（编码：370181382102020005）

该段长城西北起西麦腰西山，高程 828 米；东南至鸡爪顶，高程 910 米。长 2243 米（图三九八；表七四）。

长城位于章丘西麦腰村西南，呈西北—东南走向。

该段长城长 2243 米，整段长城墙体迹象不明显，其中保存差的墙体长 773 米，山险长 219 米，消失墙体长 1251 米。根据长城走向和特征点可分为 5 个小段。

第 1 小段，GPS0026—0027，墙体坍塌，石块散落到地面。长城走向较清晰，由北向南延伸，到 0027 点转往东南。长 773 米（图三九九）。

第 2 小段，GPS0027—0028，为山险。南北两侧均为悬崖。长 436 米（图四〇〇、四〇一）。

第 3 小段，GPS0028—0029，为山险。长 440 米。

第 4 小段，GPS0029—0030，为山险。长 375 米。

第 5 小段，GPS0030—0031，为山险。此段地势较高，山势险峻，海拔在 900 米左右。长 219 米（图四〇二）。

表七四　三平山段长城（编码：370181382102020005）GPS 采集点表（单位：米）

工作编号	名称	坐标（起止点）			与相邻点关系
		东经	北纬	高程	
0026	起点			828	
0027	折点 1			872	0026 点东南 773
0028	折点 2			929	0027 点东南 436
0029	折点 3			817	0028 点东南 440
0030	折点 4			884	0029 点东南 375
0031	结束点			910	0030 点东南 219

图三九九　GPS0026 点处墙体（北—南）

图四○○　GPS0028 点以东山险（西—东）

图四〇一　GPS0028 点以南山险远景（北—南）

图四〇二　GPS0030 点西北山险（东南—西北）

第六段，天门关段长城（编码：370181382102020006）

该段长城位于章丘市南，西南起鸡爪顶，高程 910 米；东北至南麦腰东山，高程 710 米。长 2114 米（图四〇三；表七五）。整段长城大部分墙体迹象不明显，仅有两段墙体保存较好。

该段长城长 2114 米，其中保存较好的长 108 米，保存差的长 420 米，山险长 280 米，消失的长 1306 米。根据长城走向和特征点可分为 6 个小段。

第 1 小段，GPS0031—0032，该段长城以山为险。长 280 米，

第 2 小段，GPS0032—0033，墙体大部分消失，长 713 米。中间一段墙体保存较好，墙高 2.5 ~ 3.5、外侧墙宽 1.5 米，长 30 米。

第 3 小段，GPS0033—0034，墙体保存较好。墙体高 1.5 ~ 3.5、外侧墙体宽 1.1 ~ 1.5 米，内侧为后修筑的上山道路，宽 6 米。长 78 米（图四〇四、四〇五）。

第 4 小段，GPS0034—0035，因自然风化和人为破坏，使墙体永久消失。长 323 米。

第 5 小段，GPS0035—0036，墙体消失。0035 点为乡村公路穿过长城遗址点。此处有"齐长城遗址天门关"标志碑，为 2004 年 2 月 19 日山东省人民政府立。长 270 米（图四〇六、四〇七）。

第 6 小段，GPS0036—0037，墙体保存差。此段长城仅能看出轮廓，墙体外侧为盘山公路。长 420 米。

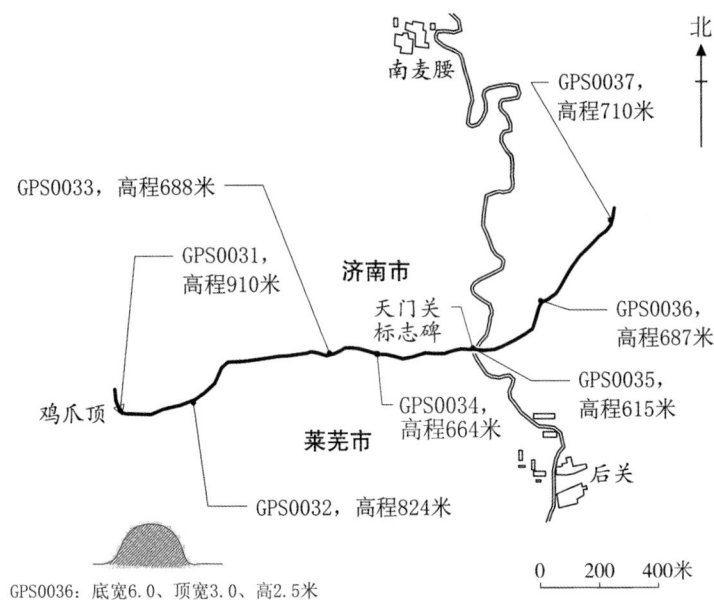

图四〇三　天门关段长城走向图

表七五　天门关段长城（编码：370181382102020006）GPS 采集点表（单位：米）

工作编号	名称	坐标（起止点）			与相邻点关系
		东经	北纬	高程	
0031	起点			910	
0032	折点 1			824	0031 点东北 280
0033	折点 2			688	0032 点东南 743
0034	折点 3			664	0033 点东北 78
0035	折点 4			615	0034 点东北 323
0036	折点 5			687	0035 点东北 270
0037	结束点			710	0036 点东北 420

图四〇四　GPS0033 点处墙体远景（西—东）

图四〇五　GPS0034 点处墙体（东—西）

图四〇六　GPS0035 点处天门关保护标志碑（南—北）

图四〇七　GPS0036—0037 点间墙体（东北—西南）

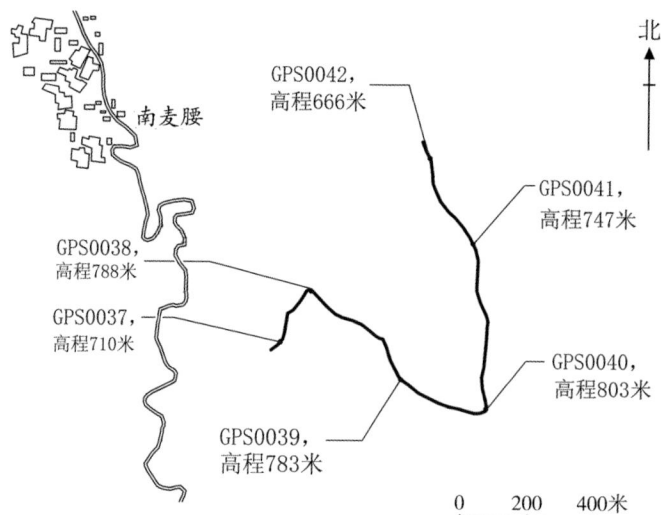

图四○八　南麦腰东山段长城走向图

第七段，南麦腰东山段长城（编码：370181382102020007）

该段长城西南起南麦腰东山，高程 710 米；东北至东麦腰南山，高程 666 米。长 2148 米（图四○八；表七六）。

长城位于章丘市南麦腰村东南，由西南往东北行，折往东南，再折往西北，总体呈西南—东北走向。

该段长城长 2148 米，整段长城墙体迹象不明显，其中山险长 260 米，消失的长 1888 米。根据长城走向和特征点可分为 5 个小段。

第 1 小段，GPS0037—0038，墙体为山险。墙体南侧种有杨树，北侧有柏树。长 260 米（图四○九）。

第 2 小段，GPS0038—0039，墙体消失，两侧种有柏树。长 510 米（图四一○）。

第 3 小段，GPS0039—0040，墙体消失，两侧种有柏树。长 259 米。

第 4 小段，GPS0040—0041，墙体消失，两侧种有柏树。长 758 米。

第 5 小段，GPS0041—0042，墙体消失，两侧种有柏树。长 361 米。

表七六　南麦腰东山段长城（编码：370181382102020007）GPS 采集点表（单位：米）

工作编号	名称	坐标（起止点）			与相邻点关系
		东经	北纬	高程	
0037	起点			710	
0038	拐点 1			788	0037 点东北 260
0039	折点 1			783	0038 点东南 510
0040	拐点 2			803	0039 点东南 259
0041	折点 2			747	0040 点东北 758
0042	结束点			666	0041 点西北 361

图四〇九　GPS0037—0038 点间山险（西南—东北）

图四一〇　GPS0039 点西北山险（西北—东南）

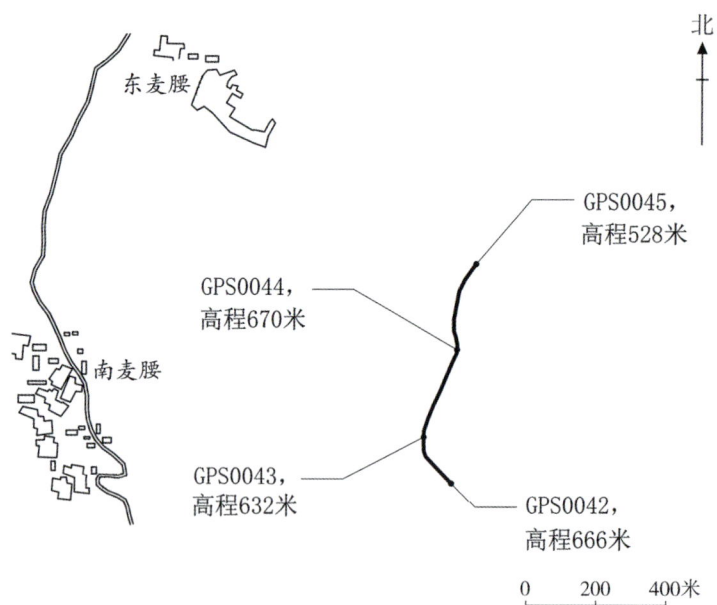

图四一一　东麦腰南山段长城走向图

第八段，东麦腰南山段长城（编码：370181382102020008）

该段长城南起南麦腰东山，高程666米；北至东麦腰南山，高程528米。长764米（图四一一；表七七）。长城位于章丘市东麦腰村南，呈西南—东北走向，整段长城墙体迹象不明显。

该段长城长764米，其中山险长207米，消失墙体长557米。根据长城走向和保存情况可分为3小段。

第1小段，GPS0042—0043，墙体消失，地表无迹象可寻。长207米。

第2小段，GPS0043—0044，墙体为山险。长207米。

第3小段，GPS0044—0045，墙体消失。长427米（图四一二）。

表七七　东麦腰南山段长城（编码：370181382102020008）GPS采集点表（单位：米）

工作编号	名称	坐标（起止点）			与相邻点关系
		东经	北纬	高程	
0042	起点			666	
0043	折点1			632	0042点西北130
0044	折点2			670	0043点东北207
0045	结束点			528	0044点东北427

图四一二　GPS0044点以北墙体远景（南—北）

第九段，红山段长城（编码：3701 81382102020009）

该段长城西南起东麦腰南山，高程 528 米；东北至疙瘩岭，高程 571 米。长 2801 米（图四一三；表七八）。

长城位于章丘市东麦腰村东，墙体呈西南—东北走向。

该段墙体总长 2801 米，整段长城墙体迹象不明显，其中保存差的长 1159 米，消失的长 1642 米。根据长城走向和特征点可分为 6 小段。

第 1 小段，GPS0045—0046，墙体保存差，仅可辨认出长城大体走向。长 381 米。

第 2 小段，GPS0046—0047，墙体保存差，仅可认出墙体坍塌后形成的隆起。长 431 米。

第 3 小段，GPS0047—0048，墙体消失。地表种植有柏树，山体上长满荒草。长 468 米。

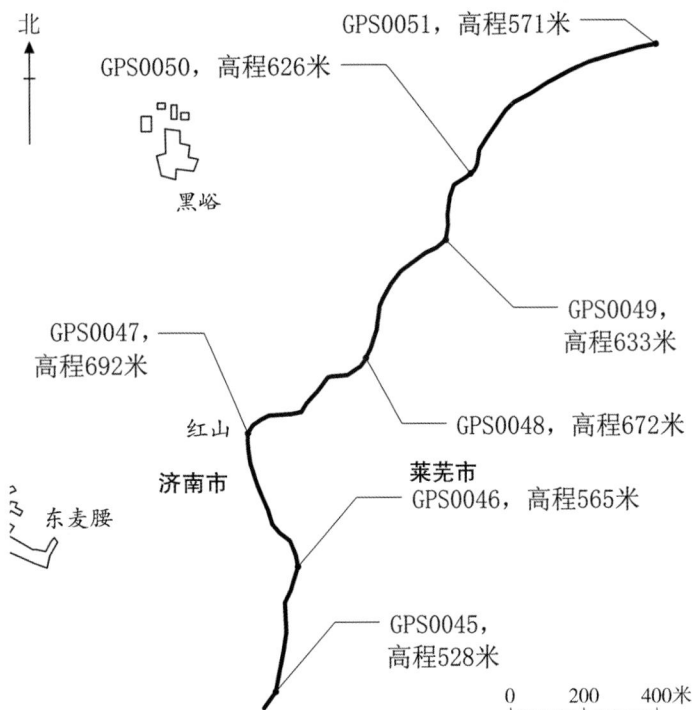

图四一三 红山段长城走向图

第 4 小段，GPS0048—0049，墙体消失。地表种植有柏树，山体上长满荒草。长 419 米。

第 5 小段，GPS0049—0050，墙体保存差，墙体坍塌成土垄状，两侧种植有小树，墙体上长满荒草。长 347 米（图四一四、四一五）。

第 6 小段，GPS0050—0051，墙体消失。长 755 米。

表七八 红山段长城（编码：370181382102020009）GPS 采集点表（单位：米）

工作编号	名称	坐标（起止点）			与相邻点关系
		东经	北纬	高程	
0045	起点			528	
0046	折点 1			565	0045 点东北 381
0047	拐点 1			692	0046 点西北 431
0048	拐点 2			672	0047 点东北 468
0049	拐点 3			633	0048 点东北 419
0050	拐点 4			626	0049 点东北 347
0051	结束点			571	0050 点东北 755

图四一四　GPS0050 点以南墙体（北—南）

图四一五　GPS0050—0051 点间墙体（南—北）

第十段，疙瘩岭段长城（编码：370181382102020010）

该段长城西南起疙瘩岭，高程571米；东北至疙瘩岭，高程415米。长1405米（图四一六；表七九）。

长城位于章丘市黑峪村东北，呈西南—东北走向。

该段长城总长1405米，其中保存较好的长545米，保存较差的长550米，保存差的长310米。根据长城走向和特征点可分为3个小段。

第1小段，GPS0051—0052，墙体保存较差，墙体坍塌后的土垄较为明显。长550米。

第2小段，GPS0052—0053，墙体保存差，仅能辨认出基础。长310米。

第3小段，GPS0053—0054，墙体保存较好。外侧墙体厚2.6~3、高3~4米，内侧墙体顶宽3、高1.5米。此段墙体在整个章丘段里为保存最好的一段，可以明显看出分段修筑的痕迹。砌筑方式为干垒，毛石压缝叠压，缝隙不用泥等结合物，而是采用石楔垫、填、塞等办法，把石墙安放规整、牢固。长城的北侧较为陡峭，南侧较为缓和，两侧种有松柏树，地表长满荒草。长545米（图四一七~四一九）。

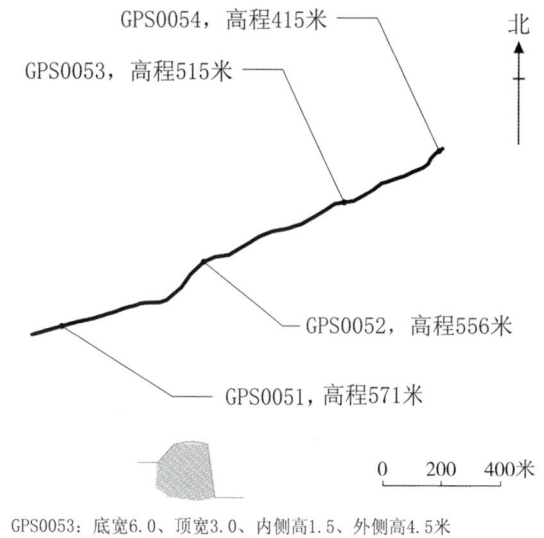

GPS0053：底宽6.0、顶宽3.0、内侧高1.5、外侧高4.5米

图四一六　疙瘩岭段长城走向图

表七九　疙瘩岭段长城（编码：370181382102020010）GPS采集点表（单位：米）

工作编号	名称	坐标（起止点）			与相邻点关系
		东经	北纬	高程	
0051	起点			571	米
0052	折点1			556	0051点东北550米
0053	折点2			515	0052点东北310米
0054	结束点			415	0053点东北545米

图四一七　GPS0053点处墙体（南—北）

图四一八　GPS0053 点以东墙体远景（西南—东北）

图四一九　GPS0053—0054 点间墙体（西南—东北）

第十一段，胡家庄段长城（编码：370181382102020011）

该段长城西起疙瘩岭，高程415米；东至胡家庄北山，高程505米。长度为2273米（图四二〇；表八〇）。

长城位于莱芜市胡家庄村北，呈西南—东北走向。

该段墙体总长2273米，其中保存较好的长298米，保存一般的长1066米，间隔数米就有一段墙体倒塌，保存较差的长700米，消失的长209米。根据长城走向和特征点可分为6个小段。

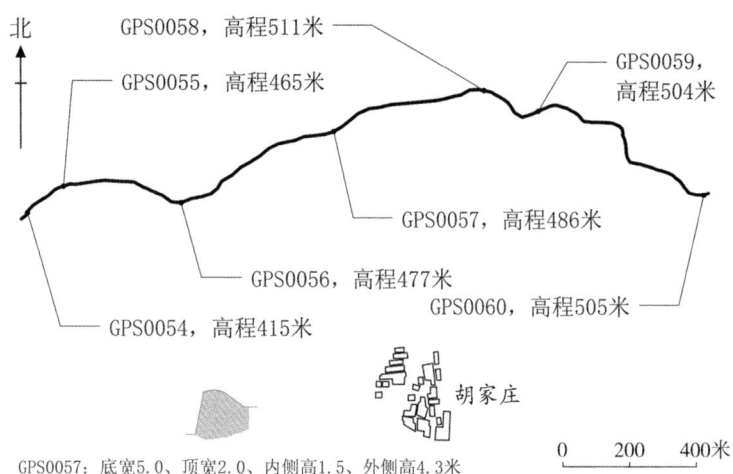

GPS0057：底宽5.0、顶宽2.0、内侧高1.5、外侧高4.3米

图四二〇　胡家庄段长城走向图

第1小段，GPS0054—0055，墙体保存一般。墙体坍塌成土垄状，个别地方可以看到较规整的墙基。墙体坍塌严重。两侧开垦有梯田，种有松柏树。长281米（图四二一）。

第2小段，GPS0055—0056，墙体保存一般。墙体坍塌成土垄状，个别地方可以看到较规整的墙基。长169米。

第3小段，GPS0056—0057，墙体保存一般。第一至第三段间隔数米就有部分墙体坍塌，石块散落到地面。长616米（图四二二）。

第4小段，GPS0057—0058，墙体保存较好。底宽5、顶宽2、内侧高1、外侧高4.3米。有的位置墙体坍塌严重，两侧开垦有梯田，种有松柏树。长298米（图四二三）。

第5小段，GPS0058—0059，墙体保存较差。墙体坍塌成土垄状，南侧开垦成梯田，两侧都有松柏树。长700米。

第6小段，GPS0059—0060，墙体消失。长209米。

表八〇　胡家庄段长城（编码：370181382102020011）GPS采集点表（单位：米）

工作编号	名称	坐标（起止点）			与相邻点关系
		东经	北纬	高程	
0054	起点			415	
0055	折点1			465	0054点东北281
0056	拐点1			477	0055点东南169
0057	拐点2			486	0056点东北616
0058	拐点3			511	0057点东北298
0059	拐点4			504	0058点东南700
0060	结束点			505	0059点东南209

图四二一　GPS0054—0055 点间
墙体（西南—东北）

图四二二　GPS0056 点
东北墙体（西南—东北）

图四二三　GPS0058 点以
东墙体（西南—东北）

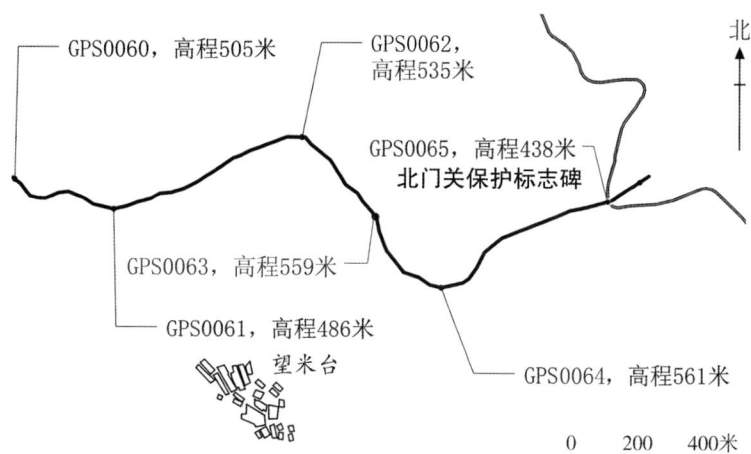

图四二四　望米台北山段长城走向图

第十二段，望米台北山段长城（编码：370181382102020012）

长城西起胡家庄北山，高程 505 米；东至望米台北山，高程 438 米。长 2469 米（图四二四；表八一）。

长城位于莱芜市胡家庄村北，呈西北—东南走向。

该段长城总长 2469 米，其中保存一般的长 855 米，山险长 518 米，消失的长 1096 米。根据长城走向和特征点可分为 5 个小段。

第 1 小段，GPS0060—0061，墙体保存一般，间隔数米就有墙体坍塌现象，有的地方墙体坍塌成土垄状。两侧开垦有梯田，地表长有松柏树。长 181 米（图四二五、四二六）。

第 2 小段，GPS0061—0062，墙体保存一般，间隔数米就有墙体坍塌现象。墙体风化现象较为严重，两侧开垦有梯田，地表长有松柏树。长 674 米（图四二七）。

第 3 小段，GPS0062—0063，墙体为山险。长 518 米。

第 4 小段，GPS0063—0064，墙体消失。长 435 米。

第 5 小段，GPS0064—0065，墙体消失。GPS0065 点立有齐长城北门关保护碑（图四二八）。有一条莱芜通往章丘的公路在此处穿过。长 661 米。

表八一　望米台北山段长城（编码：370181382102020012）GPS 采集点表（单位：米）

工作编号	名称	坐标（起止点）			与相邻点关系
		东经	北纬	高程	
0060	起点			505	
0061	拐点1			486	0060 点东南 181
0062	折点1			535	0061 点东北 674
0063	折点2			559	0062 点东南 518
0064	折点3			561	0063 点东南 435
0065	结束点			438	0064 点东北 661

图四二五　GPS0060 点以西墙体（东—西）

图四二六　GPS0060 点以东墙体（西—东）

图四二七　GPS0062 点处墙体（西南—东北）

图四二八　GPS0065 点处北门关保护标志碑（东—西）

北

上秋林

GPS0070，高程543米

济南市

GPS0069，高程567米

GPS0067，
高程569米
山寨

GPS00666，高程486米

GPS0068，
高程582米

莱芜市

GPS0065，
高程438米
北门关保
护标志碑

毛家林

0　　200　　400米

GPS0068：底宽7.0、顶宽4.0、内侧高1.5、外侧高4.8米

图四二九　毛家林北山段长城走向图

第十三段，毛家林北山段长城（编码：370181382102020013）

该段长城西南起望米台北山，高程438米；东北至曹曹峪顶，高程543米。长3047米（图四二九；表八二）。

长城位于莱芜市望米台村北，呈西南—东北走向。

长城总长3047米，其中保存较好的长196米，保存一般的长1221米，山险长1630米。根据长城走向和特征点可分为5个小段。

第1小段，GPS0065—0066，墙体高1.8米，保存一般。开垦梯田和自然风化对墙体的破坏较为严重。两侧种有花椒树。长450米（图四三〇、四三一）。

第2小段，GPS0066—0067，墙体为山险。长625米。

第3小段，GPS0067—0068，墙体为山险。此处发现一处寨堡，残留寨墙高1.1、厚0.6米，山寨南北65米。山寨里面有石屋。开垦梯田对墙体破坏较大。长1005米（图四三二）。

第4小段，GPS0068—0069，墙体保存较好。墙高4.8、外侧墙厚1.3米。南侧为梯田，使墙体看上去像最上一道梯田。修建梯田对墙体破坏较大。墙体内侧被开垦成农田。长196米。

第5小段，GPS0069—0070，墙体保存一般。墙体坍塌现象严重。开垦梯田对墙体破坏较大。长771米。

表八二　毛家林北山段长城（编码：370181382102020013）采集点表（单位：米）

工作编号	名称	坐标（起止点）			与相邻点关系
		东经	北纬	高程	
0065	起点			438	
0066	折点1			486	0065点东北450
0067	拐点1			569	0066点东北625
0068	拐点2			582	0067点东南1005
0069	折点2			567	0068点东北196
0070	止点			543	0069点东北771

图四三〇　GPS0065—0066 点间
墙体（南—北）

图四三一　GPS0066 点处
墙体（东—西）

图四三二　GPS0068 点以
北墙体（南—北）

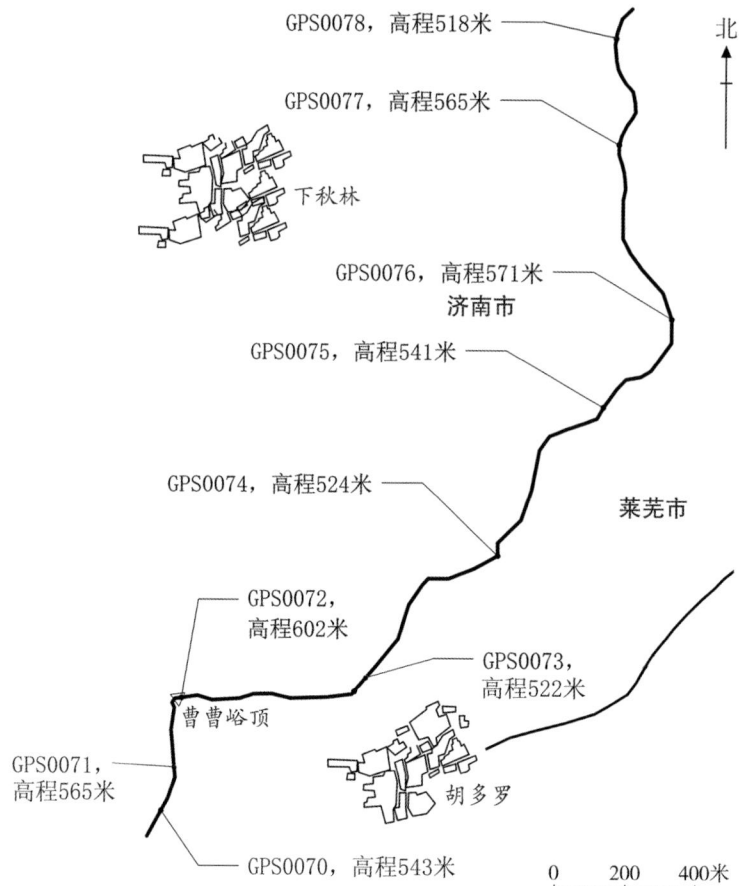

图四三三　北峪西山段长城走向图

第十四段，北峪西山段长城（编码：370181382102020014）

该段长城西南起曹曹峪顶，高程 543 米；东北至北峪村西山，高程 518 米。长 3741 米（图四三三；表八三）。

长城位于章丘市下秋林村东南，呈西南—东北走向。

长城总长 3741 米，其中保存一般的长 600 米，保存差的长 686 米，消失的 1172 米，山险长 1283 米。根据长城走向和特征点可分为 8 个小段。

第 1 小段，GPS0070—0071，墙体保存一般。墙体坍塌成土垄状，个别地方还有墙体基础。两侧山体开垦成梯田，以荒山为主，种植松柏树。长 367 米（图四三四、四三五）。

第 2 小段，GPS0071—0072，墙体保存一般，个别地方片石垒砌，高 2 米，大部分坍塌严重。墙体北侧为小路和山脊，南侧开垦有梯田。长 233 米（图四三六）。

第 3 小段，GPS0072—0073，墙体消失。位于曹曹峪顶和胡多罗北山（526 高地）之间，这一段也可能没有修建长城，用山险代墙。长 580 米。

第 4 小段，GPS0073—0074，墙体保存差，坍塌严重。两侧建有梯田，山上长松柏树。长 686 米（图四三七）。

第 5 小段，GPS0074—0075，墙体消失。两侧开垦有梯田，种植松柏树。长 592 米。

第 6 小段，GPS0075—0076，墙体为山险。两侧山体较为陡峭，山顶处巨石突起，山体较缓和的地方种植有松柏树。长 379 米。

第 7 小段，GPS0076—0077，墙体为山险。长城南侧较陡峭，以山险代墙。长 627 米。

第 8 小段，GPS0077—0078，墙体为山险。长城两侧都比较陡峭，以山险代墙。两侧种植松柏树。长 277 米。

表八三　北峪西山段长城（编码：370181382102020014）GPS 采集点表（单位：米）

工作编号	名称	坐标（起止点）			与相邻点关系
		东经	北纬	高程	
0070	起点			543	
0071	折点 1			565	0070 点东北 367
0072	折点 2			602	0071 点北 233
0073	拐点 1			522	0072 点东北 580
0074	拐点 2			524	0073 点东北 686
0075	拐点 3			541	0074 点东北 592
0076	拐点 4			571	0075 点东北 379
0077	拐点 5			565	0076 点西北 627
0078	止点			518	0077 点西北 277

图四三四　GPS0070 点以南墙体（北—南）

图四三五　GPS0071 点处
墙体（南—北）

图四三六　GPS0072 点以
南墙体（北—南）

图四三七　GPS0073 点
东北墙体（西南—东北）

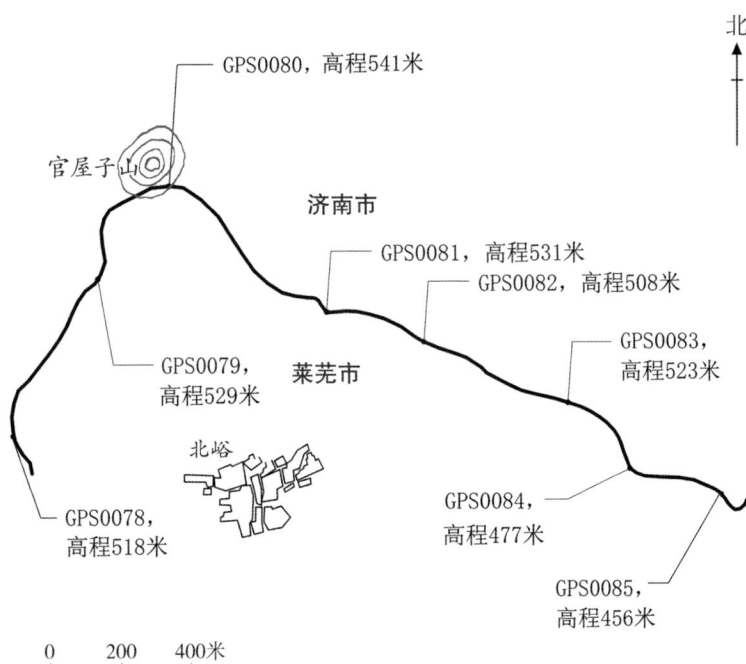

图四三八　官屋子山段长城走向图

第十五段，官屋子山段长城（编码：370181382105020015）

该段长城西起北峪西山，高程 518 米；东至南岭东山，高程 456 米。长 3264 米（图四三八；表八四）。

长城位于莱芜市北峪村北，墙体由西南至东北，至官屋子山折往东南。

该段长城总长 3264 米，其中保存差的长 289 米，山险墙长 2975 米。根据长城走向和特征点可分为 7 个小段。

第 1 小段，GPS0078—0079，墙体为山险，山势陡峭，两侧种植松柏。长 536 米（图四三九）。

第 2 小段，GPS0079—0080，墙体为山险，山势陡峭，两侧种植松柏。长 510 米。

第 3 小段，GPS0080—0081，墙体为山险，山势陡峭，两侧种植松柏。长 653 米。

第 4 小段，GPS0081—0082，墙体为山险，山势陡峭，两侧种植松柏。长 243 米。

第 5 小段，GPS0082—0083，墙体为山险，山势陡峭，两侧种植松柏。长 597 米。

第 6 小段，GPS0083—0084，墙体为山险，山上有多处小石屋，应该是一处山寨遗址。长 436 米。

第 7 小段，GPS0084—0085，墙体保存差。墙体坍塌，石块散落于地面。个别地方有宽约 0.7 米的墙体，为后来所修建。两侧种植松柏树。长 289 米。

表八四　官屋子山段长城（编码：370181382105020015）GPS 采集点表（单位：米）

工作编号	名称	坐标（起止点）			与相邻点关系
		东经	北纬	高程	
0078	起点			518	
0079	折点 1			529	0078 点东北 536

工作编号	名称	坐标（起止点）			与相邻点关系
		东经	北纬	高程	
0080	拐点 1			541	0079 点东北 510
0081	折点 2			531	0080 点东南 653
0082	折点 3			508	0081 点东南 243
0083	折点 4			523	0082 点东南 597
0084	折点 5			477	0083 点东南 436
0085	止点			456	0084 点东南 289

图四三九　GPS0078 点以北山险（南—北）

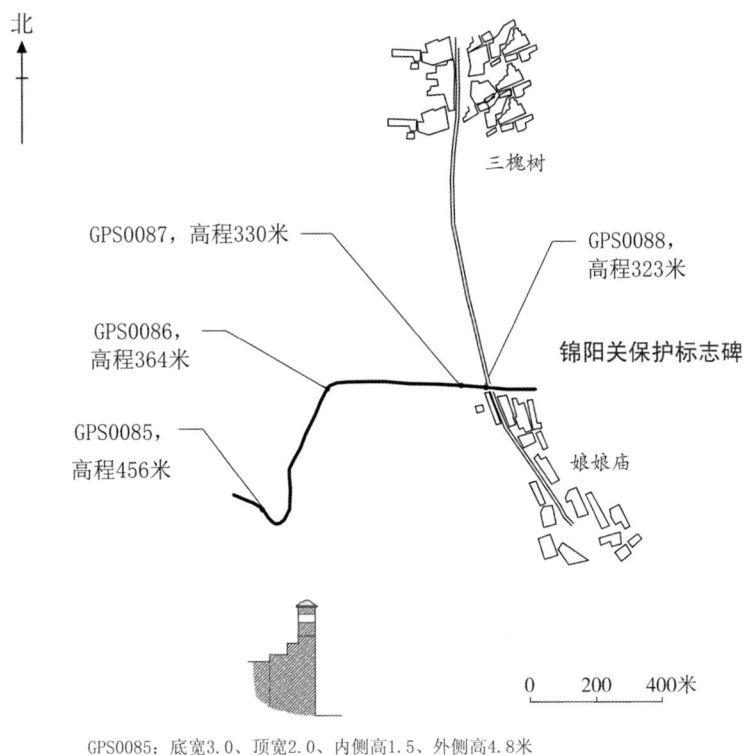

GPS0085：底宽3.0、顶宽2.0、内侧高1.5、外侧高4.8米

图四四〇　锦阳关段长城走向图

第十六段，锦阳关段长城（编码：370181382102180016）

该段长城西南起南岭东山，高程 456 米；东北至章莱公路，高程 323 米。长 1234 米（图四四〇；表八五）。

长城位于莱芜市娘娘庙村北，呈西南—东北走向。为清咸丰十一年（1861 年）在原来齐长城旧址上所重修。

长城总长 1234 米，其中保存较好的长 674 米，保存一般的长 453 米，保存差的长 107 米。根据长城走向和特征点可分为 3 个小段。

第 1 小段，GPS0085—0086，清代重修墙体保存较好。墙体残留有垛口，净高 3.3、垛口高 1.2、墙体厚 0.82 米。墙体内侧为山顶，外侧种植有松柏树。长 674 米（图四四二～四四五）。

第 2 小段，GPS0086—0087，重修墙体保存一般。该段墙体无垛口，墙体散宽 5 米。两侧均为农田，内侧有山寨遗址。长 453 米。

第 3 小段，GPS0087—0088，重修墙体坍塌，保存差。两侧为农田。长 107 米。0088 点为章丘通莱芜的公路。路西侧新建有锦阳关楼。关楼北侧建有齐长城遗址锦阳关保护碑，为 2004 年 2 月山东省人民政府立。

清代重修部分叠压在东周齐长城之上，234 省道从山谷中穿过锦阳关。路西坡度较缓的部分齐长城底部较宽，多在 5.7～8.5 米，少量区段宽超过 10 米。重修时，上部被改作两部分：外侧垒砌起宽约 0.8 米的垛口墙，其内留出 0.8～1.6 米的巡防步道，齐长城内侧残存的基础部分被改作通道，现为农用机耕路（图四四一、四四六～四四八）。较陡的山坡乃至山顶内侧道路基本消失，现存部分大部为清代构建。下文的东门关段也是清咸丰十一年重修的。

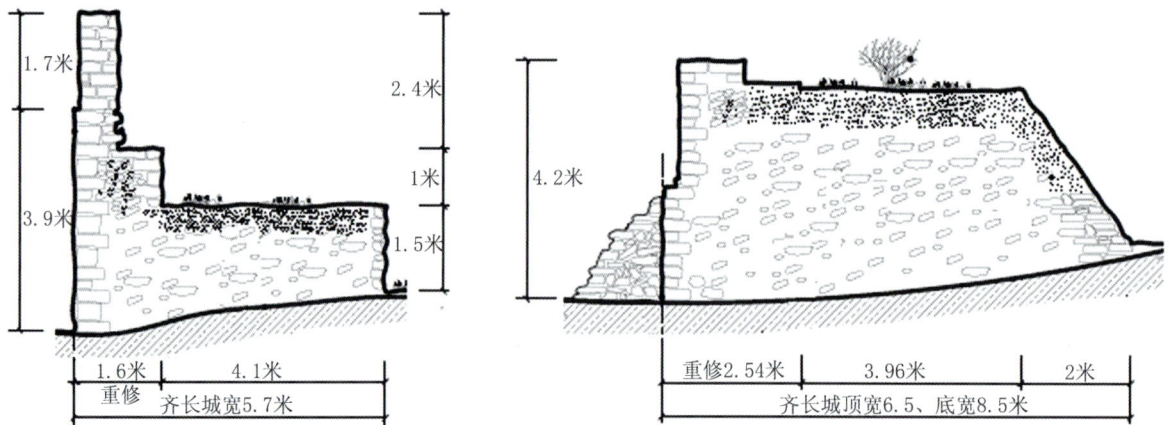

图四四一　锦阳关段齐长城与清代重修长城剖面关系图

表八五　锦阳关段长城（编码：370181382102180016）GPS 采集点表（单位：米）

工作编号	名称	坐标（起止点）			与相邻点关系
		东经	北纬	高程	
0085	起点			456	
0086	拐点 1			364	0085 点东北 674
0087	折点 1			330	0086 点东 453
0088	止点			323	0087 点东 107

图四四二　GPS0085 点东墙体远景（西—东）

图四四三 GPS0085 点处墙体（西—东）

图四四四 GPS0085—0086 点间墙体（南—北）

图四四五　GPS0086 点处墙体（北—南）

徐口墙

机耕路

巡防步道

齐长城内侧　残留石墙

清代重修

齐长城
堆留起伏

图四四六　GPS0087 点以西墙体（东—西）

锦阳关
新建关堡垛口

清代重修

齐长城残存墙体

图四四七　GPS0087 点以东墙体（北—南）

清代重修

齐长城内侧残留

残存墙体

图四四八　GPS0087 点以东墙体（北—南）

GPS0092，高程359米
东门关保护标志碑

三槐树

GPS0091，高程429米

GPS0088，高程323米
锦阳关保护标志碑

鲁地

GPS0090，高程428米

GPS0089，高程449米

娘娘庙

北

0　　200　　400米

GPS0089：底宽6.0、顶宽4.0、内侧高1.9、外侧高2.3米

图四四九　东门关段长城走向图

第十七段，东门关段长城（编码：370181382102180017）

该段长城西南起章莱公路，高程 323 米；东北至东门关，高程 359 米。长 1994 米（图四四九；表八六）。

长城位于章丘市三槐树村南，呈西南—东北走向，为清咸丰十一年（1861 年）在原来齐长城旧址上重修。

该段长城总长 1994 米，其中保存较好的长 780 米，保存一般的长 494 米，保存较差的长 720 米。根据长城走向和特征点可分为 4 个小段。

第 1 小段，GPS0088—0089，墙体保存较好。墙体残留有垛口，宽 3.4、高 1.9 米。长 780 米（图四五〇）。章丘通莱芜的公路穿越此段起点。0089 点旧称"烟火台"，为一处烽燧遗址，现在已经看不出迹象（图四五一、四五二）。

第 2 小段，GPS0089—0090，墙体保存较差。上部墙体坍塌，垛口无存，墙体顶宽 5 米。长 280 米。0089 点处有章丘市和莱芜市的界牌（图四五三、四五四）。

第 3 小段，GPS0090—0091，墙体坍塌成土垄状，野草覆盖墙体，只可辨认出线路，墙体保存较差。两侧植被有松柏和小树，墙体南侧较为茂密。长 440 米。

第 4 小段，GPS0091—0092，墙体保存一般。出现墙体，宽 0.6、高 1 米。两侧都是梯田，北侧种小麦。长 494 米。0092 点为东门关，关口南侧立有齐长城遗址东门关保护碑，2006 年 5 月，山东省人民政府立。关口为券顶式结构，有一条小路穿过此关，沟通章丘和莱芜两地（图四五五）。

表八六　东门关段长城（编码：370181382102180017）GPS 采集点表（单位：米）

工作编号	名称	坐标（起止点）			与相邻点关系
		东经	北纬	高程	
0088	起点			323	
0089	拐点 1			449	0088 点东南 780
0090	拐点 2			428	0089 点东北 280
0091	拐点 3			429	0090 点东北 440
0092	止点			359	0091 点东北 494

图四五○　GPS0088 点处墙体（西—东）

图四五一　GPS0088—0089 点间墙体（南—北）

图四五二　GPS0089 点以西墙体（东—西）

图四五三　GPS0089 点处墙体上的界碑（北—南）

图四五四　GPS0089 点东北墙体（西南—东北）

图四五五　GPS0092 点处拱券便门（南—北）

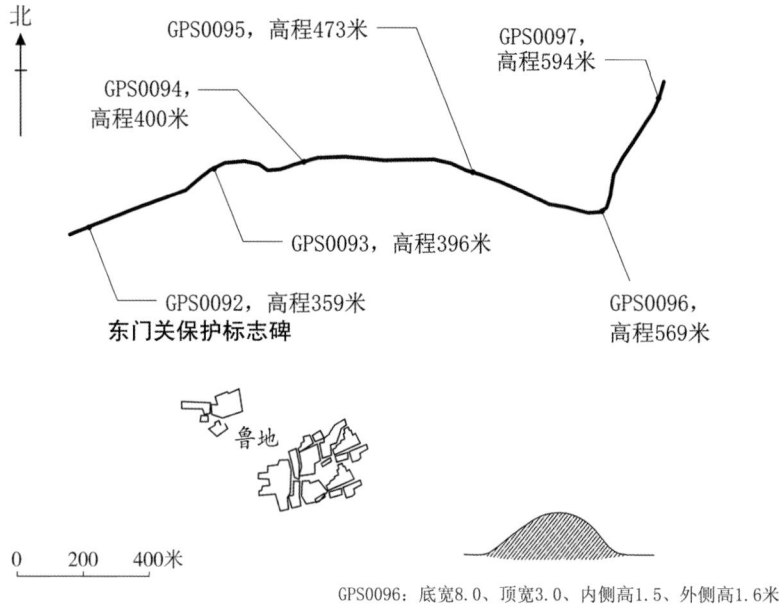

图四五六　鲁地北山段长城走向图

第十八段，鲁地北山段长城（编码：37018138210202
0018）

该段长城西起东门关，高程 359 米；东至磨池岭脚下，高程 594 米。长 2232 米（图四五六；表八七）。

长城位于鲁地村北，总体呈西南—东北走向。大部分为清咸丰十一年（1861年）在原来齐长城旧址上所重修。

该段长城总长 2232 米，其中保存一般的长 777 米，保存差的长 363 米，消失的长 539 米，山险长 553 米。根据长城走向和特征点可分为 5 个小段。

第 1 小段，GPS0092—0093，墙体保存一般。该段墙体高 3.1、外墙厚 1.2 米。长城两侧为梯田，种植小麦。长 460 米（图四五七、四五八）。

第 2 小段，GPS0093—0094，墙体保存一般。长城两侧为梯田，种植小麦。长 317 米（图四五九）。

第 3 小段，GPS0094—0095，墙体消失。长城被两侧梯田蚕食严重，逐渐成了农田小道。长 539 米。

第 4 小段，GPS0095—0096，墙体为山险。两侧较为陡峭。长 553 米。

第 5 小段，GPS0096—0097，墙体保存差，仅能辨出轮廓。长 363 米（图四六〇、四六一）。

表八七　鲁地北山段长城（编码：370181382102180018）GPS 采集点表（单位：米）

工作编号	名称	坐标（起止点）			与相邻点关系
		东经	北纬	高程	
0092	起点			359	
0093	拐点 1			396	0092 点东北 460
0094	折点 1			400	0093 点东北 317
0095	折点 2			473	0094 点东南 539
0096	拐点 2			569	0095 点东南 553
0097	止点			594	0096 点东北 363

图四五七　GPS0093 点西南墙体（东北—西南）

图四五八　GPS0093—0094 点间墙体（西—东）

图四五九　GPS0094 点以
东墙体远景（西—东）

图四六〇　GPS0096 点以
西墙体（东—西）

图四六一　GPS0096 点
东北墙体（西南—东北）

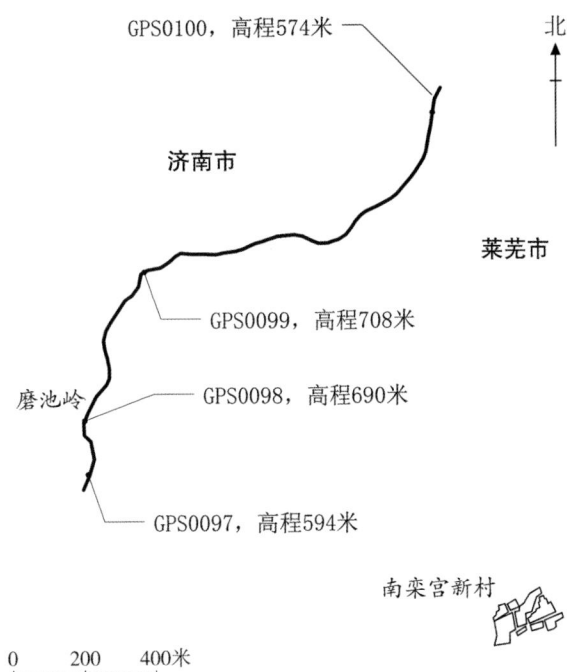

北

GPS0100，高程574米

济南市

莱芜市

GPS0099，高程708米

磨池岭

GPS0098，高程690米

GPS0097，高程594米

南栾宫新村

0　　　200　　　400米

图四六二　磨池岭山段长城走向图

第十九段，磨池岭山段长城（编码：370181382105020019）

该段长城西南起磨池岭脚下，高程594米；东北至磨池岭东山脚，高程574米。长2237米（图四六二；表八八）。

长城位于莱芜市南栾宫新村西北，呈西南—东北走向。以山为险，没有发现人工修筑的长城墙体。

该段长城总长2237米，均为山险。根据长城走向和特征点可分为3个小段。

第1小段，GPS0097—0098，墙体为山险。山势陡峭，植被较少，山体风化和滑坡现象严重。长450米。

第2小段，GPS0098—0099，墙体为山险。山势陡峭，植被较少，山体风化和滑坡现象严重。长587米（图四六三）。

第3小段，GPS0099—0100，墙体为山险。山势陡峭，植被较少，山体风化和滑坡现象严重。长1200米。

表八八　磨池岭山段长城（编码：370181382105020019）GPS采集点表（单位：米）

工作编号	名称	坐标（起止点）			与相邻点关系
		东经	北纬	高程	
0097	起点			594	
0098	折点1			690	0097点西北450
0099	拐点1			708	0098点西南587
0100	止点			574	0099点东南1200

图四六三　GPS0098 点处山险（南—北）

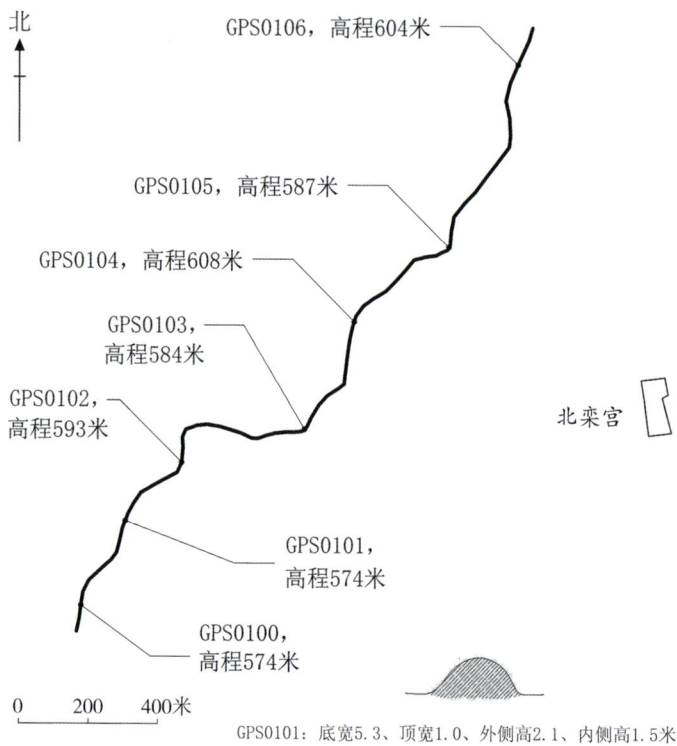

GPS0101：底宽5.3、顶宽1.0、外侧高2.1、内侧高1.5米

图四六四　北栾宫东山段长城走向图

第二十段，北栾宫东山段长城（编码：370181382102020020）

该段长城西南起磨池岭东山脚，高程574 米；东北至北栾宫北山，高程604 米。长2608 米（图四六四；表八九）。

长城位于北栾宫村西，呈西南—东北走向。

该段长城总长2608 米，其中保存较好的长307 米，保存一般的长289 米，保存差的长1351 米，山险长661 米。根据长城走向和特征点可分为6 个小段。

第1 小段，GPS0100—0101，墙体保存一般。墙体内外侧均整齐。该段墙体高2.1、宽3.5 米。墙体坍塌现象较为严重，石头散落到南侧。长289 米（图四六五）。

第2 小段，GPS0101—0102，墙体保存较好。墙体内外侧整齐，宽5.3、高2.1 米。长307 米。

第3 小段，GPS0102—0103，墙体保

存差，坍塌严重。山体基本为荒山，除野草外没有其他植被。长560米（图四六六、四六七）。

第4小段，GPS0103—0104，墙体保存差，坍塌严重。山体基本为荒山，除野草外没有其他植被。长384米。

第5小段，GPS0104—0105，墙体保存差，仅能辨出轮廓。山体基本为荒山，除野草外没有其他植被。长407米。

第6小段，GPS0105—0106，墙体为山险。山势陡峭，山体基本为荒山，除野草外没有其他植被。长661米。

表八九 北栾宫东山段长城（编码：370181382102020020）GPS采集点表（单位：米）

工作编号	名称	坐标（起止点）			与相邻点关系
		东经	北纬	高程	
0100	起点			574	
0101	折点1			574	0100点东北289
0102	拐点1			593	0101点东北307
0103	拐点2			584	0102点东北560
0104	折点2			608	0103点东北384
0105	拐点3			587	0104点东北407
0106	止点			604	0105点东北661

图四六五 GPS0101—0102点间墙体（东北—西南）

图四六六　GPS0103 点东北墙体（西南—东北）

图四六七　GPS0103 点以西墙体（东—西）

第二十一段，北栾宫北山段长城（编码：37018138210
2020021）

该段长城西南起北栾宫北山，高程604米；东北至北栾
宫北山，高程645米。长1370米（图四六八；表九〇）。

长城位于莱芜市北栾宫村西北，呈西南—东北走向。

该段长城总长1370米，其中保存较好的长553米，山
险长817米。根据长城走向和特征点可分为3个小段。

第1小段，GPS0106—0107，墙体为山险。山势陡峭，
除了野草外没有别的植被。长551米（图四六九）。

第2小段，GPS0107—0108，墙体保存较好，墙宽1.3、
高3.5米。此段长城北部有山寨遗址。南侧较为陡峭，北侧
较平整，两侧都开垦有梯田。长553米（图四七〇）。

第3小段，GPS0108—0109，墙体为山险。山势陡峭。
长266米（图四七一）。

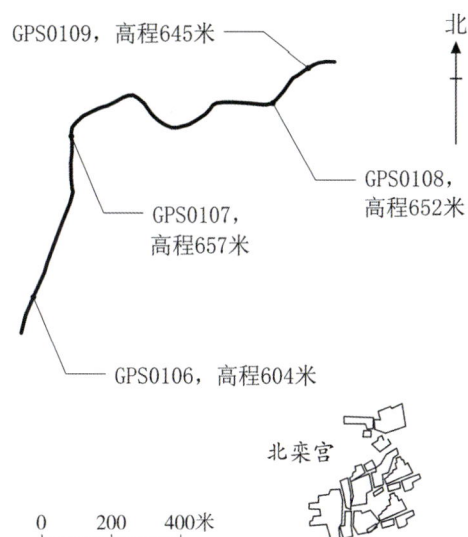

图四六八　北栾宫北山段长城走向图

表九〇　北栾宫北山段长城（编码：370181382102020021）GPS采集点表（单位：米）

工作编号	名称	坐标（起止点）			与相邻点关系
		东经	北纬	高程	
0106	起点			604	
0107	拐点1			657	0106点东北551
0108	拐点2			652	0107点东北553
0109	折点			645	0108点东北266

图四六九　GPS0107点以东墙体（西—东）

图四七〇　GPS0107—0108 点间墙体（西—东）

图四七一　GPS0109 点以西墙体（东—西）

第二十二段，龙子北山段长城（编码：370181382102020022）

该段长城西南起北栾宫北山，高程645米；东北至龙子北山，高程647米。长2401米（图四七二；表九一）。

长城位于章丘市朱宫泉村南，呈西南—东北走向。

该段长城长2401米，其中保存较差的长240米，保存差的长871米，山险长1290米。根据长城走向和特征点可分为7个小段。

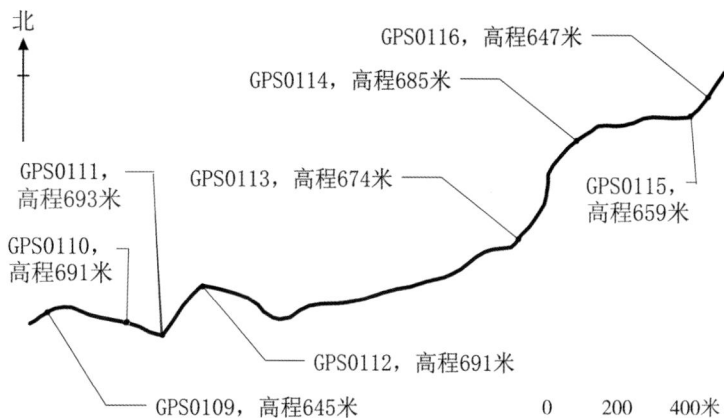

图四七二　龙子北山段长城走向图

第1小段，GPS0109—0110，墙体保存差，墙体坍塌较为严重。两侧基本为荒山，山体下部开垦为梯田。长240米（图四七三）。

第2小段，GPS0110—0111，墙体为山险。山的南侧为悬崖极为陡峭，没有植被，下部只长荒草。0110点有寨堡遗址。长200米。

第3小段，GPS0111—0112，墙体为山险。山的南侧为悬崖极为陡峭。山上较平整，长满荒草。长223米。

第4小段，GPS0112～0113，墙体为山险。山的南侧为悬崖极为陡峭。山上较平整，长满荒草。两点之间有山寨遗址。长867米。

第5小段，GPS0113—0114，墙体保存差。山的南侧开垦为梯田。墙体坍塌成土垄状，上面长满荒草。长409米。

第6小段，GPS0114—0115，墙体保存差。只可辨认出走向。长361米。

第7小段，GPS0115—0116，墙体保存差，呈土垄状。0116点处有一条乡镇公路穿过，并有一座院落建于长城一旁。长101米（图四七四）。

表九一　龙子北山段长城（编码：370181382102020022）GPS采集点表（单位：米）

工作编号	名称	坐标（起止点）			与相邻点关系
		东经	北纬	高程	
0109	起点			645	
0110	拐点1			691	0109点东南240
0111	拐点2			693	0110点东南200
0112	拐点3			691	0111点东北223
0113	拐点4			674	0112点东南867
0114	拐点5			685	0113点东北409
0115	拐点6			659	0114点东北361
0116	止点			647	0115点东北101

图四七三　GPS0110 点以东山险（西—东）

图四七四　GPS0115 点以东墙体远景（西南—东北）

第二十三段，龙子东山段长城（编码：370181382102020023）

该段长城西起龙子北山，高程647米；东至龙子东山，高程738米。长1953米（图四七五；表九二）。

长城位于莱芜市龙子村北，先西南—东北走向，至九顶山折往东南。该段长城总长1953米，其中保存差的长296米，山险长1657米。根据长城走向和特征点可分为7个小段。

第1小段，GPS0116—0117，墙体保存差，墙体坍塌成土垄状。两侧开垦成梯田。长296米（图四七六）。

第2小段，GPS0117—0118，墙体为山险。两侧山险极为陡峭，除了荒草没有其他植被。顶部较为平整。长355米（图四七七）。

第3小段，GPS0118—0119，墙体为山险。两侧山险极为陡峭，除了荒草没有其他植被。顶部较为平整。长173米（图四七八）。

第4小段，GPS0119—0120，墙体为山险。两侧山险极为陡峭，除了荒草没有其他植被。顶部较为平整。长207米。

第5小段，GPS0120—0121，墙体为山险。两侧山险极为陡峭，南侧种有松柏树。顶部较为平整。长321米。

第6小段，GPS0121—0122，墙体为山险。两侧山险极为陡峭，除了荒草没有其他植被。顶部较为平整。长391米。

第7小段，GPS0122—0123，墙体为山险。两侧山险极为陡峭，除了荒草没有其他植被。顶部较为平整。长210米（图四七九）。

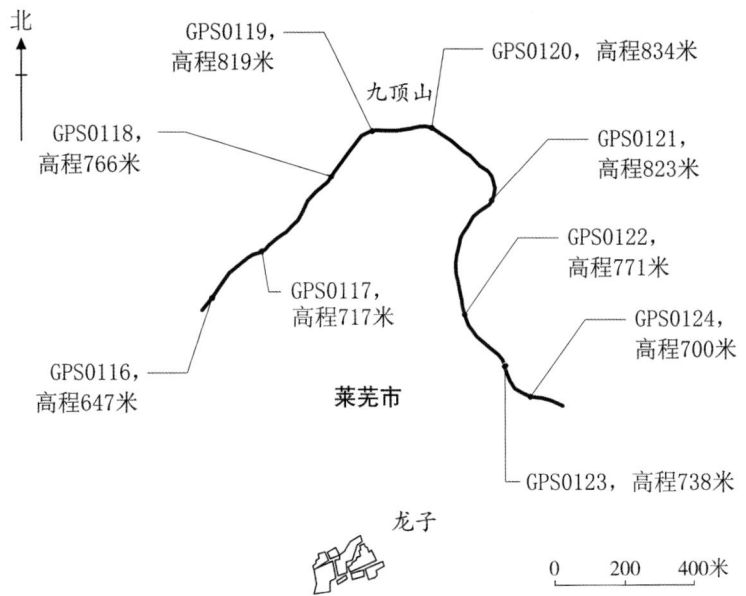

图四七五 龙子东山段长城走向图

表九二 龙子东山段长城（编码：370181382102020023）GPS采集点表（单位：米）

工作编号	名称	坐标（起止点）			与相邻点关系
		东经	北纬	高程	
0116	起点			647	
0117	折点1			717	0116点东北296
0118	折点2			766	0117点东北355
0119	拐点1			819	0118点东北173
0120	拐点2			834	0119点东北207
0121	拐点3			823	0120点东南321
0122	折点3			771	0121点西南391
0123	止点			738	0122点东南210

图四七六　GPS0117 点西南墙体远景（东北—西南）

图四七七　GPS0118 点西南墙体远景（东北—西南）

图四七八　GPS0119 点西南墙体（东北—西南）

图四七九　GPS0123 点东南墙体（西北—东南）

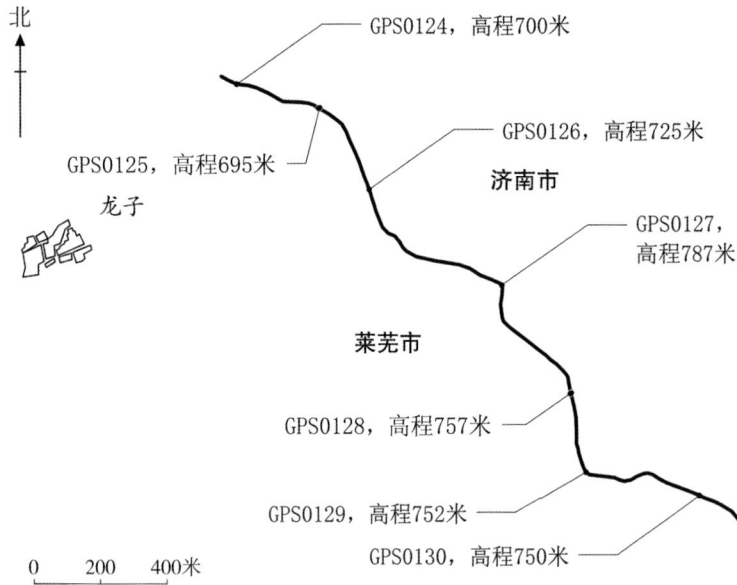

图四八〇　相峪西山段长城走向图

第二十四段，相峪西山段长城（编码：370181382102020024）

该段长城西北起龙子东山，高程 738 米；东南至珍峪北山，高程 752 米。长 2145 米（图四八〇；表九三）。

长城位于莱芜市龙子村东，呈西北—东南走向。

该段长城总长 2145 米，其中保存较好的长 373 米，保存差的长 745 米，山险长 1027 米，根据长城走向和特征点可分为 6 个小段。

第 1 小段，GPS0123—0124，墙体保存差。石墙坍塌现象严重，残墙宽 2、高 1.3 米左右。0124 点处有一条公路穿过。长 190 米。

第 2 小段，GPS0124—0125，墙体保存差。墙体坍塌成土垄状。山体为荒山，除了野草没有其他植被。长 180 米。

第 3 小段，GPS0125—0126，墙体保存差。墙体坍塌成土垄状，仅可辨认出走向，个别地方保存有墙体基础。山体为荒山，植被很少，南侧种有少量松柏树。长 375 米（图四八二）。

第 4 小段，GPS0126—0127，墙体为山险。山体为荒山，植被很少，两侧种有少量松柏树，岩石风化和滑坡现象较为严重。长 627 米。

第 5 小段，GPS0127—0128，墙体为山险。山体为荒山，植被很少，两侧种有少量松柏树，岩石风化和滑坡现象较为严重。长 400 米。

第 6 小段，GPS0128—0129，墙体保存较好，墙体宽 4.5、外高 1.3、内高 0.9 米。长城南侧较为陡峭，下部开垦为梯田，北侧山顶较平整。两侧种植有松柏树。长 373 米（图四八一、四八三、四八四）。

表九三　相峪西山段长城（编码：370181382102020024）GPS 采集点表（单位：米）

工作编号	名称	坐标（起止点）			与相邻点关系
		东经	北纬	高程	
0123	起点			738	
0124	拐点 1			700	0123 点东南 190
0125	拐点 2			695	0124 点东南 180
0126	折点 1			725	0125 点东南 375
0127	拐点 3			787	0126 点东南 627
0128	折点 2			757	0127 点东南 400
0129	止点			752	0128 点东南 373

图四八一　GPS0128 点东南墙体（西北—东南）

图四八二 GPS0126 点
西北墙体远景（东南—西北）

图四八三 GPS0129 点
西北墙体远景（东南—西北）

图四八四 GPS0129 点以
东山险（西—东）

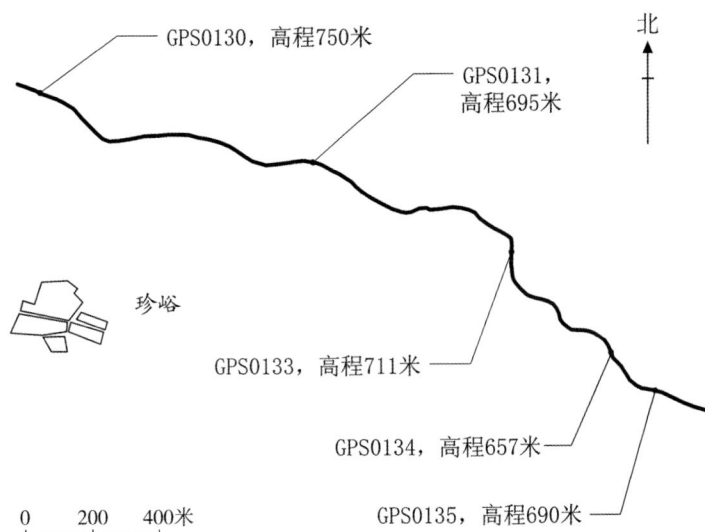

图四八五　珍峪北山段长城走向图

第二十五段，珍峪北山段长城（编码：370181382102020025）

该段长城西北起珍峪北山，高程 752 米；东南至珍峪东山，高程 690 米。长 3013 米（图四八五；表九四）。

长城位于莱芜市珍峪村东，呈西北—东南走向。

该段长城总长 3013 米，其中保存一般的长 372 米，山险长 2641 米。根据长城走向和特征点可分为 6 小段。

第 1 小段，GPS0129—0130，墙体为山险。外侧山势陡峭，内侧较为缓和，种有松柏树。长 410 米。

第 2 小段，GPS0130—0131，墙体为山险。外侧山势陡峭，内侧较为缓和，种有松柏树。长 901 米。

第 3 小段，GPS0131—0132，墙体为山险。外侧山势陡峭，内侧较为缓和，种有松柏树。长 377 米。

第 4 小段，GPS0132—0133，墙体为山险。外侧山势陡峭，内侧较为缓和，种有松柏树。长 438 米。

第 5 小段，GPS0133—0134，墙体为山险。外侧山势陡峭，内侧较为缓和，种有松柏树。长 515 米。

第 6 小段，GPS0134—0135，墙体保存一般，宽 4.5、高 1.7 米。此段位于两段山险之间较为平缓的地方。两侧都是荒山，除了野草没有其他植被。长 373 米（图四八六、四八七）。

表九四　珍峪北山段长城（编码：370181382105020025）GPS 采集点表（单位：米）

工作编号	名称	坐标（起止点）			与相邻点关系
		东经	北纬	高程	
0129	起点			752	
0130	折点 1			750	0129 点东南 410
0131	折点 2			695	0130 点东南 901
0132	拐点 1			725	0131 点东南 377
0133	拐点 2			711	0132 点东南 438
0134	折点 3			657	0133 点东南 515
0135	止点			690	0134 点东南 372

图四八六　GPS0134 点东南墙体（西北—东南）

图四八七　GPS0135 点西北墙体远景（东南—西北）

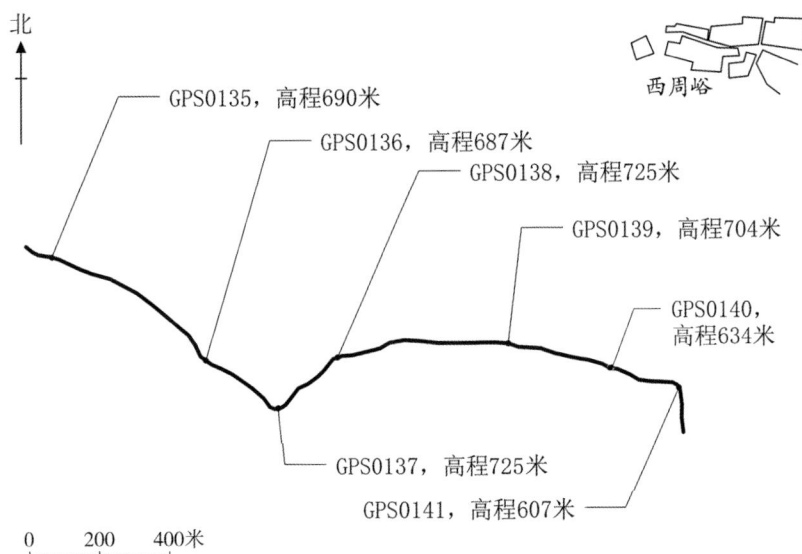

图四八八　四赋峪顶段长城走向图

第二十六段，四赋峪顶段长城（编码：370181382102020026）

长城西北起珍峪东山，高程 690 米；东南至四赋峪东山，高程 607 米。长 2235 米（图四八八；表九五）。

长城位于章丘市四赋峪村南，西北—东南走向。

该段长城总长 2235 米，墙体均为山险。根据长城走向和特征点可分为 6 个小段。

第 1 小段，GPS0135—0136，山势陡峭，除了野草外没有别的植被。山脚下开垦成农田。长 577 米（图四八九）。

第 2 小段，GPS0136—0137，山势陡峭，除了野草外没有别的植被。长 299 米。

第 3 小段，GPS0137—0138，山势陡峭，除了野草外没有别的植被。0138 点为四赋峪顶，海拔 721.7 米。长 718 米（图四九〇）。

第 4 小段，GPS0138—0139，山势陡峭，基本为荒山，北侧有较少的松柏树。长 573 米。

第 5 小段，GPS0139—0140，山势陡峭，基本为荒山，北侧有较少的松柏树。长 312 米。

第 6 小段，GPS0140—0141，山势陡峭，基本为荒山，北侧有较少的松柏树。长 252 米。

表九五　四赋峪顶段长城（编码：370181382102020026）GPS 采集点表（单位：米）

工作编号	名称	坐标（起止点）			与相邻点关系
		东经	北纬	高程	
0135	起点			690	
0136	拐点 1			687	0135 点东南 577
0137	拐点 2			725	0136 点东南 299
0138	拐点 3			725	0137 点东北 222
0139	折点 1			704	0138 点东北 573
0140	折点 2			634	0139 点东南 312
0141	止点			607	0140 点东南 252

图四八九　GPS0135 点东南山险远景（西北—东南）

图四九〇　GPS0137 点东北山险远景（西南—东北）

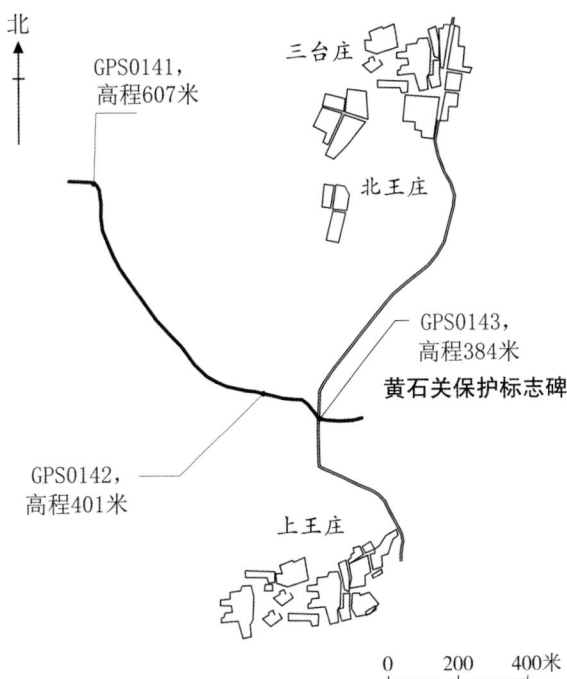

图四九一　黄石关段长城走向图

第二十七段，黄石关段长城（编码：370181382102020027）

该段长城西北起四赋峪东山，高程 607 米；东南至黄石关，高程 384 米。长 1127 米（图四九一；表九六）。

长城位于莱芜市上王庄村北，呈西北—东南走向。

该段长城总长 1127 米，其中保存差的长 931 米，消失的长 196 米。根据长城走向和特征点可分为 2 个小段。

第 1 小段，GPS0141—0142，墙体保存较差。墙体坍塌严重，墙宽 1、高 1.5 米。两侧基本为荒山。长 931 米（图四九二、四九三）。

第 2 小段，GPS0142—0143，墙体消失。除了黄石关断崖外，关口无存，被公路和农田破坏。黄石关关口北部有齐长城遗址黄石关保护碑，为 2004 年山东省人民政府立（图四九四）。保护碑南侧有孟姜女庙遗址。长 196 米。

表九六　黄石关段长城（编码：370181382102020027）GPS 采集点表（单位：米）

工作编号	名称	坐标（起止点）			与相邻点关系
		东经	北纬	高程	
0141	起点			607	
0142	折点 1			401	0141 点东南 931
0143	止点			384	0142 点东南 196

图四九二　GPS0141 点以东墙体（西—东）

图四九三　GPS0142 点以东墙体断崖（南—北）

图四九四　GPS0143点处黄石关保护标志碑（南—北）

第二十八段，上王庄北山段长城（编码：370181382102020028）

该段长城西起黄石关，高程384米；东至猴子寨，高程693米。长1996米（图四九五；表九七）。

长城位于章丘市三台庄村南，呈西南—东北走向。

该段长城总长1996米，其中保存差的长888米，消失的长1108米。根据长城走向和特征点可分为6个小段。

第1小段，GPS0143—0144，墙体保存差。墙体高2米左右，坍塌严重。两侧开垦为农田。长280米。

第2小段，GPS0144—0145，墙体消失。长城左右两侧种田垦地对长城的破坏较大。长214米（图四九六）。

第3小段，GPS0145—0146，墙

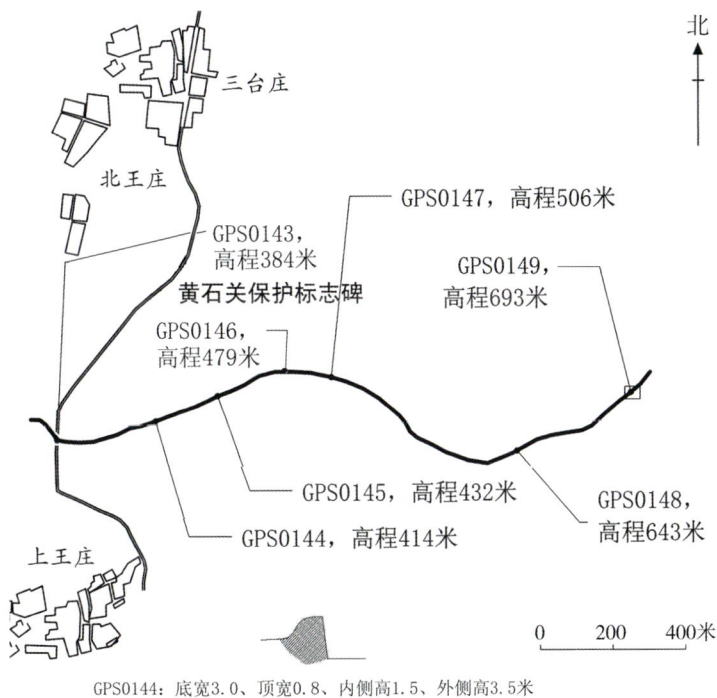

GPS0144：底宽3.0、顶宽0.8、内侧高1.5、外侧高3.5米

图四九五　上王庄北山段长城走向图

体消失。两侧开垦梯田对长城墙体破坏较大。长 249 米（图四九七）。

第 4 小段，GPS0146—0147，墙体保存差。两侧开垦梯田对长城墙体破坏较大。墙体顶部平整，已经成了小路。长 176 米。

第 5 小段，GPS00147—0148，墙体消失。长 645 米。

第 6 小段，GPS0148—0149，墙体保存差。墙体坍塌成土垄状，个别地方还保存有墙基。0149 点为一处山寨遗址，当地称为"猴子寨"。长 432 米（图四九八）。

表九七　上王庄北山段长城（编码：370181382102020028）GPS 采集点表（单位：米）

工作编号	名称	坐标（起止点）			与相邻点关系
		东经	北纬	高程	
0143	起点			384	
0144	折点 1			414	0143 点东北 280
0145	拐点 1			432	0144 点东北 214
0146	折点 2			479	0145 点东北 249
0147	折点 3			506	0146 点东南 176
0148	折点 4			643	0147 点西南 645
0149	止点			693	0148 点东北 432

图四九六　GPS0145 点以西墙体（东—西）

图四九七　GPS0145 点以东墙体（西—东）

图四九八　GPS0147 点东南墙体（西北—东南）

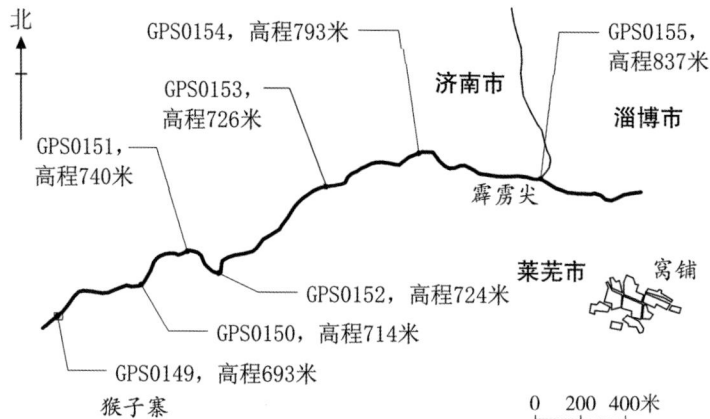

图四九九　霹雳尖段长城走向图

第二十九段，霹雳尖段长城（编码：370181382106020029）

该段长城西南起猴子寨，高程693米；东北至霹雳尖山，高程837米。长3356米（图四九九；表九八）。

长城位于莱芜市窝铺村西北，呈西南—东北走向。

该段长城总长3356米，长城均为山险。根据长城走向和特征点可分为6个小段。

第1小段，GPS0149—0150，墙体为山险。山势陡峭，南侧为悬崖峭壁。荒山，除了野草没有其他植被。长416米。

第2小段，GPS0150—0151，墙体为山险。山势陡峭，南侧为悬崖峭壁。荒山，除了野草没有其他植被。长550米。

第3小段，GPS0151—0152，墙体为山险。山势陡峭，南侧为悬崖峭壁。荒山，除了野草没有其他植被。长206米。

第4小段，GPS0152—0153，墙体为山险。山势陡峭，南侧为悬崖峭壁。荒山，除了野草没有其他植被。长809米（图五〇〇、五〇一）。

第5小段，GPS0153—0154，墙体为山险。山势陡峭，南侧为悬崖峭壁。荒山，除了野草没有其他植被。长645米。

第6小段，GPS0154—0155，墙体为山险。山势陡峭，南侧为悬崖峭壁。荒山，除了野草没有其他植被。0155点为霹雳尖山，海拔837米。长730米（图五〇二、五〇三）。

表九八　霹雳尖段长城（编码：370181382105020029）GPS采集点表（单位：米）

工作编号	名称	坐标（起止点）			与相邻点关系
		东经	北纬	高程	
0149	起点			693	
0150	拐点1			714	0149点东北416
0151	拐点2			740	0150点西北550
0152	拐点3			724	0151点东南206
0153	折点1			726	0152点东北809
0154	拐点4			793	0153点东北645
0155	止点			837	0154点东南730

图五〇〇　GPS0153 点西南山险（东北—西南）

图五〇一　GPS0153 点东北山险（西南—东北）

图五〇二　GPS0155 点以西山险（东—西）

图五〇三　GPS0155 点以东山险（西—东）

二 关隘

关隘共 5 个，分别是天门关、北门关、锦阳关、东门关、黄石关。

1. 天门关（编码：370181353101020001）

位于章丘市南麦腰村南，海拔 615 米。关口遗迹不存，关南有村名为"后关"。现有章丘通莱芜的公路由此经过，两侧长城痕迹隐约可见（图五〇四；参见章丘 06 段天门关段长城）。

图五〇四 天门关关口

2. 北门关（编码：370181353101020002）

位于章丘市桥子村南，高程 438 米。关口正处于章丘垛庄乡和莱芜鹿野乡的交界线上，现有 327 省道穿过关口处。关口遗迹已不存，现立有"齐长城遗址北门关"保护碑（图五〇五）。两侧长城残存部分墙体，以片状砂岩干垒而成。关口两侧为 500 余米的山峰，关东山顶较平坦，有寨堡遗址。百姓传说这里原为北门关，现地名即为北门关。原来应为南北通道。可能设有关（参见章丘12 段望米台北山长城）。

3. 锦阳关（编码：370181353101020003）

锦阳关位于章丘市文祖镇三槐树村南，海拔 323 米（参见章丘 16 段锦阳关段长城）。

锦阳关又称通齐关，正处于章丘、莱芜的分界线，234 省道路面位置（图五〇六）。此关位于平陵城与齐都两城之间，战略位置非常重要，为齐国南境的名关要隘。现存此段长城及关口为晚清时抵御捻军在齐长城原址上所筑。清代关楼额曰"锦阳关"，楼阁内祀关帝，下部为通关拱门，高约 6、宽 4、进深 8 米，与两侧长城相连，关门上方有一块长 2.5、宽 0.5 米的青石匾额，镌刻"锦阳关"三个字。关楼于 1938 年毁于日寇战火。20 世纪后期，当地在公路西侧，亦即原关堡西侧新建关楼。关口两侧清代长

图五〇五　北门关关口

图五〇六　锦阳关

城保存较好，高3~6、宽2米，上有垛口、瞭望孔，非常壮观。关西山顶有烽燧遗址，名为"烟火台"。

4. 东门关（编码：371202353101180002）

东门关位于莱芜市雪野镇鲁地村西北，分布在章丘东门关段齐长城上（参见章丘17段东门关段长城），系齐长城唯一一个保存下来的双心拱券过道门（图五〇七）。这里地处章丘与莱芜交通要道，是沟通南北两地的重要通道。有一条小路穿过此关，沟通章丘和莱芜两地。

图五〇七　东门关关门

该便门为双心拱券门，整体保存差。拱券残高2.99米，便门门洞高2.5、宽1.98、墙厚3.3米。所用石材均为泥质灰岩，用雕凿整齐的石块砌筑而成。东西两侧与长城墙体连接，便门西侧墙体坍塌长度约为2米，东侧墙体受人为破坏严重，坍塌长度约为20米；便门南立面上券脸石，缺失8块；北立面上券脸石，缺失7块（图五〇八）。

据东门关关门和两侧长城所用石材的规整程度、构筑情况，参照长城岭，亦即锦阳关发现的石碑碑记推测，现存东门关关门应为清代晚期，与该段长城同时修建。

便门的南侧立有"齐长城遗址东门关"保护标准碑，上写"2006年5月，山东省人民政府立"。关口为券顶式结构。东门关的统计表格，因其编号而归入莱芜（见已认定长城关堡登记表十八）。

5. 黄石关（编码：370181353101020004）

黄石关位于章丘市阎家峪乡三台村南，关南为莱芜市茶叶口乡上王庄。海拔378米（参见章丘27段黄石关段长城）。

关口位于两山之间的谷地，四赋峪与猴子崖之间。齐长城由西至东，山势急降三百余米，地势极为险峻。关口西为黄石崖，崖上有烽燧遗址，崖下有沙河自北向南流过，此河由章丘东南闫家峪乡起源南下，穿过章丘与莱芜交界，最终流入雪野湖。黄石关处也靠河形成一条南北要道，现有章丘通往莱芜的公路从此穿过（图五〇九）。

图五〇八　东门关关门及西侧长城

图五〇九　黄石关关口

三　碑刻

2 通，均发现于锦阳关关堡附近，包括"章丘县修筑长城岭石墙记"碑（图五一〇、五一一）、"章邑南乡"重修长城碑（图五一〇），均为石灰岩质的横向长方形条石。

"章丘县修筑长城岭石墙记"碑，位于长城岭长城——锦阳关关堡，即今 234 省道、章（丘）莱（芜）路路面位置以西约 30 米左右的城墙上（现此段长城已完全消失，其南侧紧邻即为新建锦阳关关堡）。章丘、莱芜段齐长城当地民众俗称其为"长城岭"，城墙坍塌后，该碑断为 4 段，被南大寨村将石碑运回村中保管。章丘市博物馆馆长宁荫堂得知后，于 1986 年 11 月将前半部分的三块碑体运回章丘市博物馆，现砌筑在章丘市老博物馆西墙内，最后部分仍在南大寨墙村的墙体上。现将碑文内容原格式抄录如下（原文无标点）：

章邱县修筑长城岭石墙记

候补知府署济南府知府大兴吴载勋撰文
同知衔济南府章邱县知县中车仓景长书丹

今夫保界之术，非地利不足以言守，非人和不足与为守也。章邱之南有长城岭焉，即古所称长城钜防足以为塞者也。其城之在章境者，右界天罗顶，左趋劈林尖，绵亘周折，随岭起伏，岭章之南，若屏焉。呜乎！其可谓地利也已。辛酉春，皖寇入东境，扰及于莱芜。章之人相与守此岭以御之，贼不得入。然古墙已坏，基址仅存。寇既退，遂请于邑宰而修之。垒石筑土，高高下下，凡山径之可以出入非常者，皆墙而堵之。自仲夏以迄仲秋，三阅月而工始竣。谋既佥同，成资众志。呜呼！其亦可谓人和也已。是役也，邑宰陈君为之倡率，而绅耆等分董其事，财输甲户，力效子来，暑雨栖栖，虽劳无怨，固足见章人风俗之厚。而董事诸君提纲挈领，图度经营，遂以保障全境，贻麻永久。诚所谓□患豫防一劳永逸者矣。矧夫长城之起也，西自榆山，东渐海表，索带各邑千有余里。各邑之民皆弃其险而不守，因而皖寇遂得狼奔豕突，肆掠而去。而章之士民独有志于设防扼险，力保身家，非因乎人和，恃乎地利，何以能此！以视乎流离颠沛转徙四方者，相去何如也。独是今天子体元立极，四海维新，弄兵潢池之徒行且翕然向化，而章之人方皇皇然曰修我坦墙，寇将至，不且讶为多事乎？然而，先王之教民也，惰者策之，恐其逸而忘劳也。昏者惕之，恐其安而忘危也。绵之诗曰：救之陾陾，度之薨薨；筑之登登，削屡冯冯；百堵皆兴，鼛鼓弗胜。盖言勤也。鸱鸮之诗曰：迨天之未阴雨，彻彼桑土，绸缪牖户，今此下民，或敢侮予，盖言豫也，章之士民有焉。

总理工程同知衔章邱县知县易州陈来忠员外衔兵部主事李恩绶
章邱县学训导峄县王缄候选训导邑人马纯叙
章邱学教谕高密付仲笃邑人李世墉
章邱县丞太学李纷监生邑人转光烈
章邱县典史　宛平陈大本　候选知县邑人高岱武

以上是断碑前两块的碑文。

第三、四块合并。第三块的内容为：分任劝捐，嘉祥训导李维嶂户部主事李锡泽；监生、庠生、从九品等一众人的姓名；驻工监修人功名及姓名；及第一至二段修筑长度和承修人员姓名、捐款数目；第四块前半部接续第三块，为第二段承修人员及捐款数目；此后是第三至六段承修长度及相关人名、长度。最后为"大清同治三年岁在甲子九月吉日补立……"。

分任劝捐，嘉祥训导李维嶂户部主事李锡泽 监生……

驻工监修……

第一段　大道东　一百七十二尺

第二段　大道西　一千八百二十四尺　工局督修……

第三段，接第二段往西计，一百零二尺，甘泉一庄承修

第四段，接第三段往西，计五百一十尺，三德范一庄承修

第五段，接第四段往西至山顶，计五百九十五尺（分段承修人及承修长度）

第六段，接第一段往东至山顶（分段承修人及承修长度）

大清同治三年岁在甲子九月吉日补立

查南去山口凡十余处，而此处最为通衢，工程亦最钜。其余若鲁地、胡多、罗岭、狼虎岭、燕窝子、天门关等处，各有承修村庄，一律完整。是举也，自章城以南广袤数十里，皆与其事焉，捐资出力，罔不踊跃。若以力抵资，相准核计，所费奚啻钜万。厥后南贼屡次觊觎，终不敢入。而章人凭城以守，尤易为义，亦邑令陈侯有以作兴之也。陈侯劳心民事，德政甚多，此其一端云。同治甲子九月李恩绶记。

根据碑文"辛酉春（咸丰十一年，1861年），皖寇入东境，扰及于莱芜。章之人相与守此岭以御之，贼不得入。然古墙已坏，基址仅存。寇既退，遂请于邑宰而修之。……自仲夏以迄仲秋，三阅月而工始竣。"知其时皖寇，即捻军犯境，章丘军民凭此段长城守御，"贼不得入"。随后开始修筑此段长城，预防捻军的再次犯境。仲秋竣工（图五一〇、五一一）。

"章邑南乡"重修长城记，碑刻原来亦应砌在城墙上，20世纪七八十年代尚存。此次齐长城资源调查时，因长城石墙坍塌而不见。2019年秋，齐长城锦阳关段抢救性保护维修施工过程中，在锦阳关关口以西约800米处，清理坍塌的乱石块里边发现了该通石碑，发现时已残为4块，现已修复，保存在济南市莱城区博物馆。现将碑文内容原格式抄录如下（图五一二）：

据碑文内容分析，此碑与"章丘县修筑长城岭石墙记"碑所记为同一事件，不同之处在于，前者为当地官方所勒，所记事件比较清晰完整。后者为南乡大寨等村负责重修的地段完工后所记，故所记较为简略。

章邑南乡大寨、青野田、广黑峪、蒲篁水、龙洞、三槐树、石子口重修，西至山顶。五月二十九日兴功，六月初六日告竣。

大清咸丰十一年辛酉勒

图五一〇 "章丘县修筑长城岭石墙记"碑拓片（一）

图五一一　"章丘县修筑长城岭石墙记"碑拓片（二）

图五一二　"章邑南乡"重修长城碑拓片

第五节　保护与管理现状

一　保护机构

境内长城属章丘市文物局统一保护管理，沿线并没有设置保护点。无统一有效的保护管理机制，进而无法掌握每段墙体的具体保存现状，致使多处墙体一直处于无保护的环境中。

二　保护标志

此次调查，发现有效的保护碑共4处，均位于关口处，分别是北门关、东门关、黄石关、锦阳关保护碑。除此之外，长城沿线没有发现有效的保护标志和警示牌。这部分工作，须在后期保护工作中加入。适当地树立保护标志碑和警示牌，能有效地阻止一些人为破坏行为，对长城的保护起到很关键的作用。

三　保护范围及建设控制地带

齐长城资源调查前，山东省文物主管部门明确规定，齐长城墙体及附属建筑两侧50米之内为保护范围，其中20米之内为绝对保护区，300米之内为建设控制地带。后调整为坡地和平地部分：以长城本体两侧外缘各向外200米为保护范围，保护范围外缘向外500米为建设控制地带；山岭部分：山脊上的长城按山脊两侧的谷底线（或坡脚线）至长城墙体外缘的距离不足700米的按700米划定。

四　记录档案

章丘市博物馆、章丘市文物管理所建立有《文物保护登记表——齐长城章丘段》和《山东省第二次文物普查登记表——齐长城卷》，对章丘境内的齐长城有较为详细的记录。在第三次文物普查中，境内的齐长城遗址也一并登记入册。

第六节　长城损毁的自然与人为因素

一　自然因素

章丘境内长城途经地形地貌较为简单，位于境内南部的山地。墙体均沿山脊分布，山体以荒山为主，植被多松柏树。开垦梯田的现象较为普遍，对长城墙体破坏较甚。处于山谷之间时，多被修路截断破坏。东部山体风化较为严重，多处有滑坡现象，对齐长城周围的环境造成了较大程度的破坏。

二　人为因素

此次调查表明，破坏长城墙体的最大因素就是人为因素，多表现为垦田拓路和景区建设。其中开垦梯田对齐长城的破坏尤为严重。

第九章

博山区齐长城资源调查

第一节　地理位置与自然环境

博山区位于淄博市南部，地跨东经 117°4′～118°42′，北纬 36°16′～36°31′，处于鲁中山地至东北部平原的过渡地带。东、西、南三面环山。南与沂源县接壤，西与莱芜市、章丘市交界，东部和北部与淄川区毗邻。东西长 55 千米，南北宽 25 千米，总面积 682 平方千米。境内国道、省道纵横交错，是水陆交通要冲，是淄博市东南部的咽喉要地。

地质、地形、地貌　博山地势南高北低，南、东、西三面低山环绕，中间为低山、丘陵山涧、河谷排列，北面为丘陵河谷地带。地势总变化在 130～1100 米之间，境内海拔在 800 米以上的山峰有 47个，500 米以上山峰有 81 个。主要河流有淄河、孝妇河。区境内地层发育比较齐全，自老至新有四界七系。太古界：泰山群主要分布在域城镇、岭西、山头镇、南博山、池上等镇。岩性为黑云斜长片麻岩、黑云变粒岩、斜长角内岩等。地层厚 2700～15000 米。古生界：寒武、奥陶、石炭、二迭四系。寒武系分布于石门、北博山、池上、源泉、南博山等镇。岩性下部为页岩夹灰岩，上部为泥质条纸灰岩夹薄灰岩。中部为厚鱼丽状灰岩及页岩于薄灰岩与页岩互层。层厚 600 米左右。奥陶系分布于石门、夏家庄、石马、山头、八陡、源泉、崮山、北博山等镇。岩性为纯灰岩，泥灰岩、白云质灰岩及白云岩。层厚 800 米左右。石灰系分布在八陡、山头、域城、白塔、夏家庄等镇。岩性为砂、页岩三层加灰岩，层厚 140 米。二迭系分布于八陡、山头、夏家庄、白塔、域城等镇。层厚 430 米左右，属陆相沉积，含植物化石。中生界：区境内只在域城镇蕉庄管区露侏罗系中、下统，有砂岩、页岩及岩质岩组成，属河湖沼泽沉积，含有植物化石，厚 108 米。新生界：区境内仅有第四系，广泛分布于河谷、河川、低洼处，以粘质砂土为主，间夹砂砾层，厚 3～4 米。山脉，区境内山岭起伏，山脉属于鲁中山区，西连泰山、向东蜿蜒深入益都。区内较大的名山有鲁山（海拔 1108.3 米）、原山、鹿角山、岳阳山、禹王山、雁门寨山、黑虎寨山、太平山、福山、望鲁山等。

气候、水文　博山属暖温带季风区半湿润气候。温度适中，全年无霜期 201 天。年平均降水量为694 毫米，分布不均。四季分明，季风气候明显。春季空气干燥，降水少，温度回升快，多西南大风，常有干旱、霜冻等灾害性天气；夏季高温高湿，降水量集中且多雷雨大风，秋季气温下降，雨量突减，天气晴朗稳定；冬季气候干燥寒冷，雨雪稀少，多北向大风。四季分布是冬夏长，春秋短。冬季最长，为 140 天，夏季次之，为 100 天，春季最短，为 60 天。

第二节　历史沿革

博山历史悠久，春秋战国时期（公元前770～前221年）属齐国马陉邑，又名算中。《博山县志》载："周末，齐国西南郊长城岭下之北鄙，有孝妇颜文姜居岭下殁而有神，故后世目其地曰颜神"。秦代属济北郡嬴县。西汉（公元前206～25年）博山北境属青州部济南郡般阳县，东南境属兖州部泰山郡莱芜县。魏晋时期（220～420年）袭汉制。南北朝（420～531年）属兖州部泰山郡的嬴县。北魏中兴元年（531年）划归般阳县，属清河郡齐州。北齐天保二年（551年），改属贝丘县。隋朝开皇十八年（598年）改贝丘为淄川县，归属齐郡。唐初（618年）改制，属河南道淄州淄川县，贞观至五代时期分属基本未变，至宋初，颜神已成重镇。金代（1115～1234年），属山东东路淄州淄川县，时称颜神店。元至元二年（1265年），置颜神镇属益都路益都县。明代（1368～1644年），属青州府益都县。明弘治八年（1495年），镇内设行台；正德五年（1510年），添兵备金事；正德十二年（1517年），增捕盗通判；嘉靖三十六年（1556年），建石城，至此城邑初具规模。清初（1644～1733年），承袭明制，隶属未变。清雍正十二年（1734年），建博山县，至清末均属青州府辖。民国初年，废府制，改济南道，后道制废，归山东省政府管辖。1939年，博山县抗日民主政府成立后，属泰安、莱芜、章丘、历城、淄川、博山、新泰七县边区联防办事处管辖。1940年，属泰山专区。1942年，博山县与莱东县合署办公，称博莱合署，不久改称博莱县。归属未变。1944年，恢复博山县，属鲁山行署领导。1937年12月～1945年8月，日伪政权——博山县政府驻博山城里，城区及附近乡村为日伪控制。1945年8月23日，第一次解放博山全境，9月将博山县分为博山县和博山市。博山县政府移驻郭庄；博山市政府驻博山城里，归淄博特区领导。1946年4月，撤销博山市，并入博山县，县政府移驻城里归淄博特区领导。1948年3月12日，最后一次解放博山城，9月，分博山为博山县和博城、黑山、原山三个直辖区，同归"淄博专署"领导。1946年1月～1948年3月，有时国民党地方政府驻博山城里，控制城区及附近几个乡。1949年10月，撤销博城、黑山、原山三个直辖区，改为博山市，归淄博工矿特区管辖。1950年5月，将博山市并入博山县，县政府由源泉迁入博城，归淄博专署领导。1951年5月，市、县分开，成立淄博市，驻博山城里，保留博山县，县府迁往源泉。1955年3月，撤销淄博工矿特区，建立淄博市，原淄博市改为博山区、黑山区，归淄博市领导。此后，博山区划虽有数次调整，但建置和隶属未变。

第三节　长城概况

博山区齐长城包括三部分，齐长城墙体、关隘和寨堡。

一　墙体

博山区齐长城呈西北—东南走向。西起霹雳尖山，沿博山与莱芜的交界处东南行，经卧铺北山、风门道关，至双堆山进入博山境内；又经禄柱崖、老虎头岭、干贝峪、凤凰山、鹅眉山、冯八峪东山、黑山、黑沟峪北山向东行，自岳家北峪北山开始沿博山和淄川区的交区界线东行；自岳阳山进入淄川境内，经城子村东行，由三太山重回淄川博山交界线，经黑虎寨、雁门寨，至太平山；自太平山开始沿博山与沂源搭界而行，向东南行至鞭皮顶进入沂源境内（图五一三）。

博山区齐长城总长度为72718米。分为五部分：

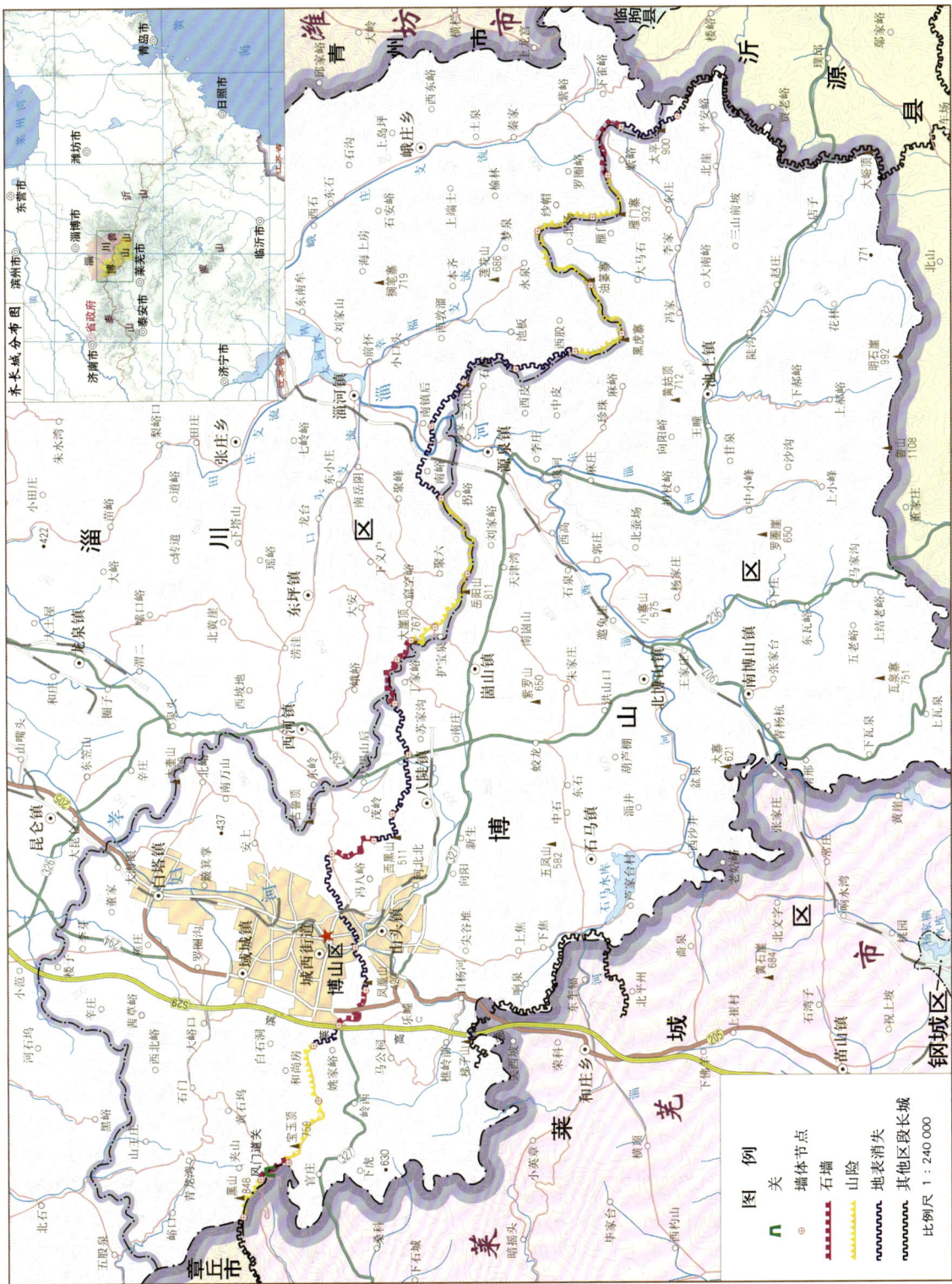

图五一三　博山区、淄川区及周边市县长城分布图

1. 西北起霹雳尖山，东南至双堆山，沿博山区与莱芜市交界线而行。全长 3358 米，在博山齐长城的第一和第二段进行介绍；

2. 西起双堆山，东至岳家北峪北山，齐长城分布在博山区境内。全长 30850 米。在博山齐长城的第三至第十三段进行介绍。

3. 西起岳家北峪北山，东至岳阳山，齐长城分布在博山区与淄川区交界线上，长 5448 米。在淄川区齐长城的第一至第三段进行介绍。

4. 西起三太山，东南至太平山南山，齐长城分布在博山区与淄川区齐长城交界线上。全长 27646 米。在淄川区齐长城的第七至第十五段进行介绍。

5. 西北起太平山南山，东南至鞭皮顶山，齐长城分布在博山区与沂源县交界线上。长 2659 米。在沂源县齐长城的第一段进行介绍。

这里介绍的博山齐长城共十三段，西起霹雳尖山，东至岳家北峪北山，长 34208 米，以石墙和山险为主，没有发现其他类型的墙体，消失部分有 15851 米，占 46.34%；山险 10043 米，占 29.36%；石墙 8314 米，占 24.30%。由于博山段和淄川段多山，所以消失部分和山险不易界定，可能有一部分消失的墙体本来就是山险（表九九、一〇〇）。

表九九　博山段齐长城墙体保存现状统计表（单位：米）

段落		项目						
淄博	博山	较好	一般	较差	差	消失	山险	总计
1	1						1519	1519
2	2	215	113	515	396		600	1839
3	3						4015	4015
4	4				350		2279	2629
5	5					507	1002	1509
6	6			315	423	1200	628	2566
7	7					2196		2196
8	8					4878		4878
9	9				2500	248		2748
10	10				1220	1491		2711
11	11					2790		2790
12	12				718	2162		2880
13	13				1549	379		1928
	小计	215	113	830	7156	15851	10043	34208
	百分比（%）	0.63	0.33	2.43	20.92	46.34	29.36	100

表一〇〇　博山段齐长城墙体类型统计表（单位：米）

	石墙	土墙	山险	壕堑	消失	总计
小计	8314	0	10043	0	15851	34208
百分比（%）	24.30	0	29.36	0	46.34	100

二　关隘

1处，为风门道关。

三　寨堡

1处，老虎头岭寨堡（留待第十七章统一介绍）。

第四节　分段调查实况（1～13段）

一　墙体

博山区齐长城总长34208米，在实地田野调查中，共拍摄照片275张，录像92段，绘制图纸13张。根据长城走向和保存情况，我们将博山区齐长城分为十三段，每段一般以所经山峰和村庄来命名。现将每段详细情况介绍如下。

第一段，卧铺北山段长城（编码：370304382105010001）

该段长城西北起章丘段止点霹雳尖山，高程837米；东南至卧铺东山，高程791米。长1519米（图五一四；表一〇一）。

长城位于莱芜市卧铺村西北，呈西北—东南走向，长城分布在博山与莱芜交界处的山脊上。以高

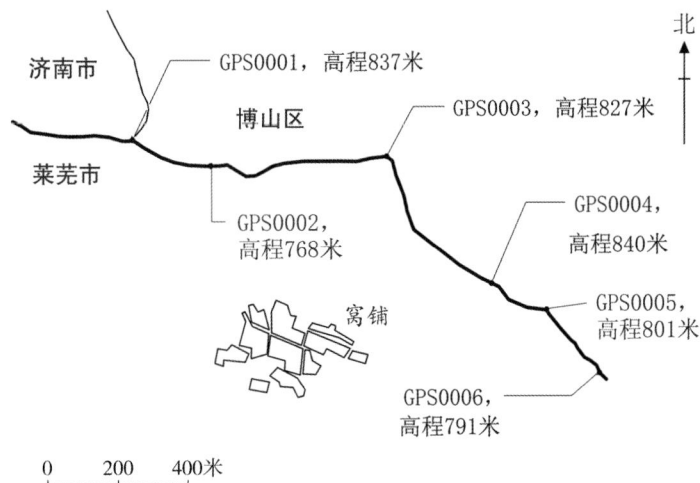

图五一四　卧铺北山段长城走向图

山为山险，南侧山势为悬崖峭壁非常陡峭，北侧较平缓，两侧长满荒草，个别地方种有柏树。

该段长城总长 1519 米，皆为山险。根据长城走向和特征点可分为 5 个小段。

第 1 小段，GPS0001—0002，墙体为山险。长 274 米（图五一五）。

第 2 小段，GPS0002—0003，墙体为山险。长 443 米（图五一六、五一七）。

第 3 小段，GPS0003—0004，墙体为山险。长 511 米。

第 4 小段，GPS0004—0005，墙体为山险。长 120 米。

第 5 小段，GPS0005—0006，墙体为山险。长 171 米。

表一〇一　卧铺北山段长城（编码：370304382105010001）GPS 采集点表（单位：米）

工作编号	名称	坐标（起止点）			与相邻点关系
		东经	北纬	高程	
0001	起点			837	
0002	折点 1			768	0001 点东南 274
0003	拐点 1			827	0002 点东北 443
0004	拐点 2			840	0003 点东南 511
0005	拐点 3			801	0004 点东南 120
0006	止点			791	0005 点东南 171

图五一五　GPS0001 点以东山险（西—东）

图五一六　GPS0003 点以西山险（东—西）

图五一七　GPS0003 点东南山险（西北—东南）

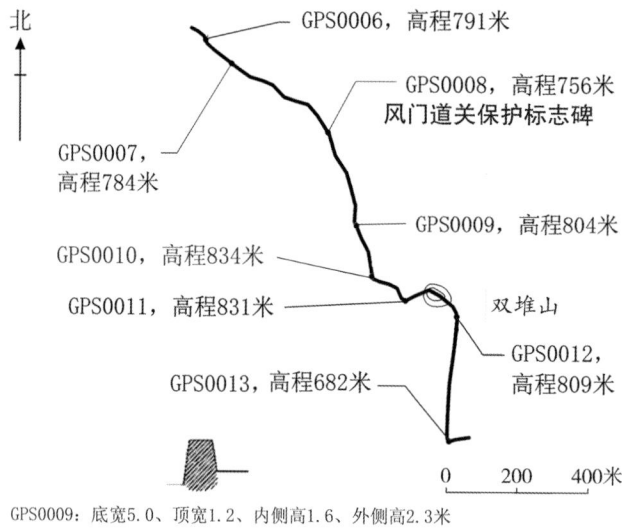

北

GPS0006，高程791米

GPS0008，高程756米
风门道关保护标志碑

GPS0007，
高程784米

GPS0009，高程804米

GPS0010，高程834米

GPS0011，高程831米

双堆山

GPS0012，
高程809米

GPS0013，高程682米

0　　200　　400米

GPS0009：底宽5.0、顶宽1.2、内侧高1.6、外侧高2.3米

图五一八　风门道关段长城走向图

第二段，风门道关段长城（编码：370304382102010002）

该段长城西北起卧铺东山，高程791米；东南至双堆山南崖，高程682米。长1839米（图五一八；表一〇二）。

长城呈西北—东南走向，分布在博山与莱芜交界处的山脊上。

该段长城总长1839米，其中保存较好的长215米，保存一般的长113米，保存较差的长515米，保存差的长396米，山险长600米。根据长城走向和特征点可分为7个小段。

第1小段，GPS0006—0007，墙体保存一般。此段现存墙体为后来所建，修建于山脊的南侧，墙高1.4、宽0.9、内侧高0.7米。有多处圆圈形的墙体位于墙体外侧，应该是房址，从修建顺序上看，房址晚于墙体。南侧比较陡峭，北侧平缓种有柏树。长113米。

第2小段，GPS0007—0008，墙体为山险。GPS0008点立有"齐长城遗址风门道关"保护碑，宽1.5、高2.3、厚0.16米，为山东省人民政府于2006年立。一条公路穿过此处，将山体截断，并建有多处电线杆，山体风化和滑坡现象较严重，西侧开垦有梯田，对长城两侧环境造成较大破坏。长344米（图五一九、五二〇）。

第3小段，GPS0008—0009，墙体保存较差，间隔3～10米出现墙体，高2.2、宽1、内侧高1.2米。墙体为后来所修建。墙体内侧种植松柏，外侧有杨树。长364米。

第4小段，GPS0009—0010，墙体保存较好。墙体高1.6～2.3、宽1.2、内侧高1.6米。墙体为后来所修建。墙体两侧山势都比较缓和，种植柏树。长215米（图五二一）。

第5小段，GPS0010—0011，墙体保存较差。墙体高1.7～2.2、宽1米。墙体坍塌严重，为后来所修建。长151米。

第6小段，GPS0011—0012，墙体为山险。山体外侧较陡峭，内侧较缓和，种植有柏树。长256米。

第7小段，GPS0012—0013，墙体保存差。墙体往南拐接南部悬崖，墙体坍塌严重，为后来所修建，局部墙体高1.8米。靠近0013点的位置新开有道路，使墙体坍塌非常严重，对墙体造成了较大程度的破坏。长396米（图五二二）。

表一〇二 风门道关段长城（编码：370304382102010002）GPS采集点表（单位：米）

工作编号	名称	坐标（起止点）			与相邻点关系
		东经	北纬	高程	
0006	起点			791	
0007	折点1			784	0006点东南113
0008	折点2			756	0007点东南344
0009	折点3			804	0008点东南364
0010	拐点1			834	0009点东南215
0011	折点4			831	0010点东南151
0012	拐点2			809	0011点东南256
0013	止点			682	0012点西南396

图五一九 GPS0008点东南墙体远景（西北—东南）

图五二〇　GPS0008 点处风门道关
保护标志碑（东南—西北）

图五二一　GPS0010 点
西北墙体（东南—西北）

图五二二　GPS0012 点以
南墙体（北—南）

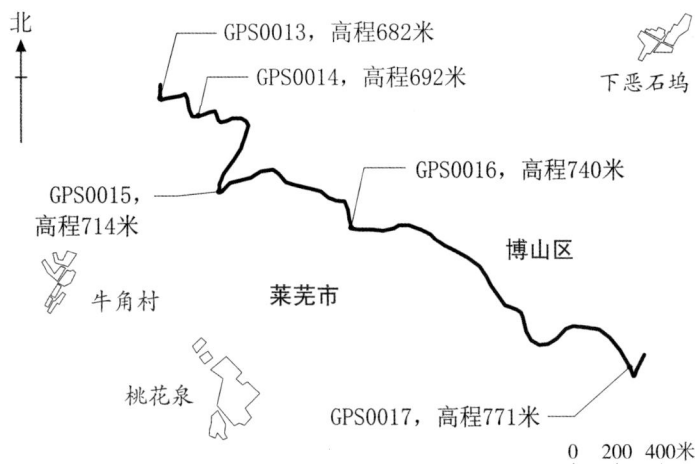

图五二三　禄柱崖段长城走向图

第三段，禄柱崖段长城（编码：370304382105190003）

该段长城西北起双堆山南崖，高程 682 米；东南至禄柱崖，高程 765 米。长 4015 米（图五二三；表一○三）。

长城位于博山区下恶石坞西南，呈西北—东南走向。长城分布在博山与莱芜交界处的山脊上（图五二四～五二六）。

该段长城全部为山险，长 4015 米。根据长城走向和特征点可分为 5 个小段。

第 1 小段，GPS0013—0014，墙体为山险。墙体南侧为悬崖峭壁。北侧为荒山，种有柏树。长 331 米。

第 2 小段，GPS0014—0015，墙体为山险。墙体南侧为悬崖峭壁。北侧为荒山，种有柏树。长 756 米。

第 3 小段，GPS0015—0016，墙体为山险。墙体南侧为悬崖峭壁。北侧为荒山，种有柏树。长 879 米。

第 4 小段，GPS0016—0017，墙体为山险。墙体南侧为悬崖峭壁。北侧为荒山，种有柏树。长 2000 米。

第 5 小段，GPS0017—0018，墙体保存一般。此处墙体突然出现，墙体宽 4.8、高 1.3 米。墙体外侧陡峭，内侧较为缓和。两侧植被主要为野草、灌木丛、柏树。长 49 米。

表一○三　禄柱崖段长城（编码：370304382105190003）GPS 采集点表（单位：米）

工作编号	名称	坐标（起止点）			与相邻点关系
		东经	北纬	高程	
0013	起点			682	
0014	拐点 1			692	0013 点东北 331
0015	拐点 2			714	0014 点东南 756
0016	拐点 3			740	0015 点东南 879
0017	折点 1			771	0016 点东南 2000
0018	止点			765	0017 点东南 49

图五二四　GPS0016 点以
东山险（西—东）

图五二五　GPS0016 点以
西山险（东—西）

图五二六　GPS0017 点处
墙体（南—北）

第四段，老虎头岭段长城（编码：370304382102020004）

该段长城西起禄柱崖，高程765米；东至老虎头岭东山，高程520米。长2629米（图五二七；表一○四）。

长城位于博山区和尚房村南，呈西南—东北走向。由禄柱崖向东，长城分布在博山县境内。

该段长城总长2629米，其中保存差的长350米，山险长2279米。根据长城走向和特征点可分为4个小段。

第1小段，GPS0018—0019，墙体为山险。两侧山势陡峭，植被较茂密，以柏树和杨树为主。长539米。

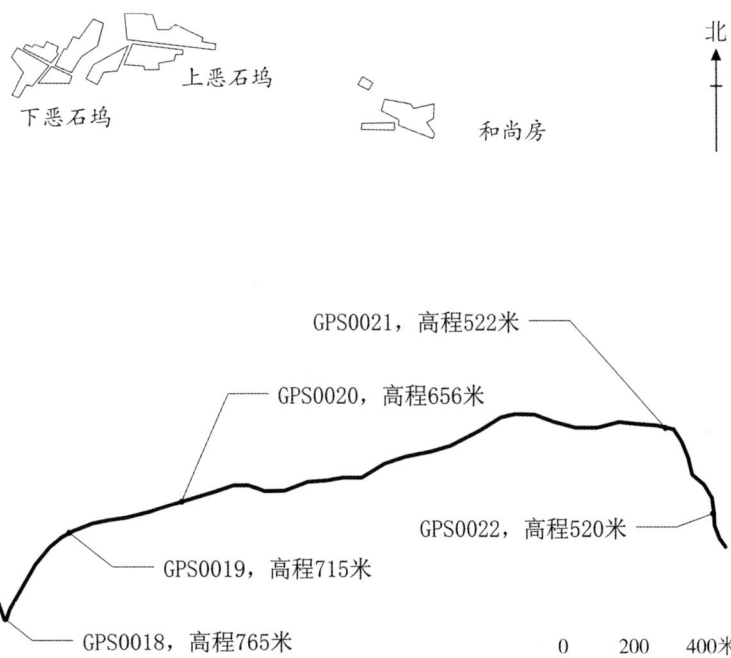

图五二七　老虎头岭段长城走向图

第2小段，GPS0019—0020，墙体保存差。墙体坍塌严重，墙高0.8～1.5、宽2米。位于两座山峰之间的山谷处，山势变得缓和，因此筑石墙以为防御。从现存墙体来判断，此段为后来修建。长350米（图五二八、五二九）。

第3小段，GPS0020—0021，墙体为山险。老虎头岭突兀而立，海拔681米。西北有山寨遗址。长1420米。

第4小段，GPS0021—0022，墙体为山险。两侧山势陡峭，南侧为悬崖，植被较少，山体风化较严重，局部地区有滑坡现象。长320米。

表一○四　老虎头岭段长城（编码：370304382102020004）GPS采集点表（单位：米）

工作编号	名称	坐标（起止点）			与相邻点关系
		东经	北纬	高程	
0018	起点			765	
0019	折点1			715	0018点东北539
0020	折点2			656	0019点东北350
0021	拐点1			522	0020点东北1420
0022	止点			520	0021点东南320

图五二八　GPS0019点东北墙体（西南—东北）

图五二九　GPS0019—0020点间墙体（西南—东北）

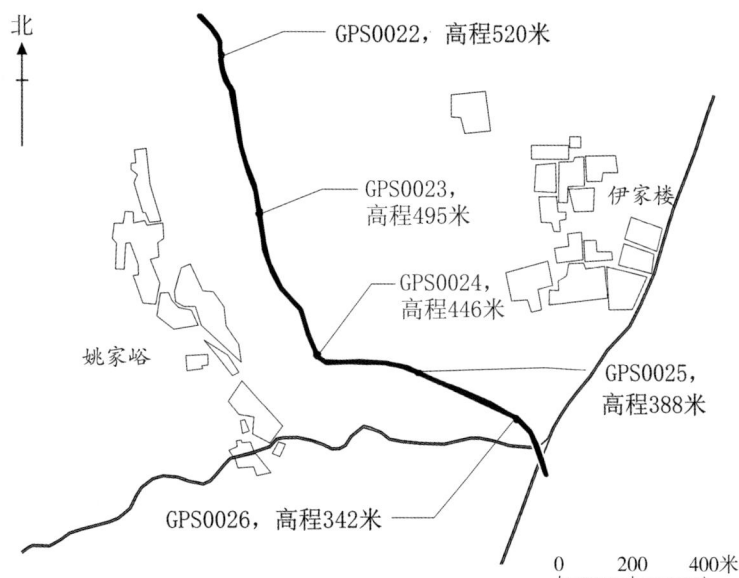

图五三〇　伊家楼段长城走向图

第五段，伊家楼段长城（编码：370304382102010005）

该段长城西北起老虎头岭东山，高程 520 米；东南至博莱高速公路，高程 342 米。长 1509 米（图五三〇；表一〇五）。

长城位于博山区伊家楼村西南，呈西北—东南走向（图五三一、五三二）。

该段长城总长 1509 米，其中消失的长 507 米，山险长 1002 米。根据长城走向和特征点可分为 4 个小段。

第 1 小段，GPS0022—0023，墙体为山险。两侧山势陡峭，植被主要为柏树。长 520 米。

第 2 小段，GPS0023—0024，墙体为山险。两侧山势陡峭，植被主要为柏树。长 482 米。

第 3 小段，GPS0024—0025，墙体消失。由 0024 点地势逐渐下降，从迹象看原有墙体，破坏后消失。长 261 米。

第 4 小段，GPS0025—0026，墙体消失。墙体被破坏消失，东侧有公路穿过。长 246 米。

表一〇五　伊家楼段长城（编码：370304382102010005）GPS 采集点表（单位：米）

工作编号	名称	坐标（起止点）			与相邻点关系
		东经	北纬	高程	
0022	起点			520	
0023	折点 1			495	0022 点东南 520
0024	拐点 1			446	0023 点东南 482
0025	拐点 2			588	0024 点东北 261
0026	止点			342	0025 点东南 246

图五三一　GPS0023 点西北山险（东南—西北）

图五三二　GPS0023 点东南山险（西北—东南）

第六段，干贝峪段长城（编码：370304382102010006）

该段长城西北起自博莱高速公路，高程342米；东南至凤凰山，高程409米。长2566米（图五三三；表一〇六）。

长城位于博山区伊家楼村西南，呈西北—东南走向。

该段长城总长2566米，整段长城破坏严重，其中保存较差的长315米，保存差的长423米，消失的长1200米，山险长628米。根据长城走向和特征点可分为7个小段。

第1小段，GPS0026—0027，墙体消失。此段被高速公路和一条通莱芜的公路破坏，墙体消失。城市建设使齐长城受到严重破坏。原来应该是两山谷地，现在被夷为平地。长517米（图五三四）。

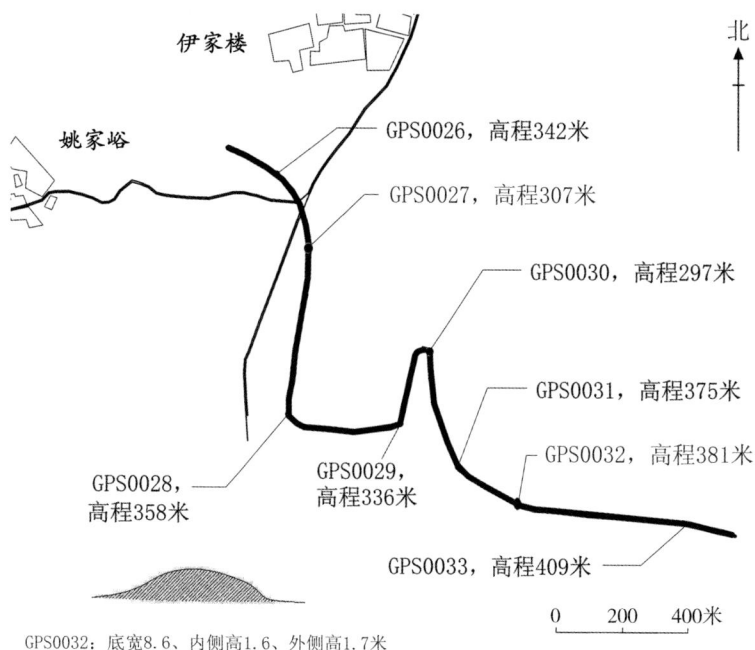

GPS0032：底宽8.6、内侧高1.6、外侧高1.7米

图五三三　干贝峪段长城走向图

第2小段，GPS0027—0028，墙体消失。两侧山势较缓和，植被较少，只有野草之类。长400米。

第3小段，GPS0028—0029，墙体保存较差。墙体宽4.2、残高1.7米。外侧墙体保存较好。两侧山势缓和，以荒山为主。长315米。

第4小段，GPS0029—0030，墙体消失。两侧山势较缓和，以荒山为主，山脚下开垦为梯田。长283米。

第5小段，GPS0030—0031，墙体为山险。两侧山势较陡峭，植被以柏树为主。长325米。

第6小段，GPS0031—0032，墙体为山险。两侧山势较陡峭，植被以柏树为主。长303米（图五三五）。

第7小段，GPS0032—0033，墙体保存差。墙体仅能辨出轮廓，几乎全部为碎石堆起，底宽8.6、高1.7米。0032点被原山森林公园修建的公路截断。长423米（图五三六）。

表一〇六　干贝峪段长城（编码：370304382102010006）GPS采集点表（单位：米）

工作编号	名称	坐标（起止点）			与相邻点关系
		东经	北纬	高程	
0026	起点			342	
0027	折点1			307	0026点东南517
0028	拐点1			358	0027点西南400
0029	拐点2			336	0028点东南315
0030	拐点3			297	0029点东北283
0031	拐点4			375	0030点东南325
0032	折点2			381	0031点东南303
0033	止点			409	0032点东南423

图五三四　GPS0027 点以
南墙体（北—南）

图五三五　GPS0031 点以
东墙体（西—东）

图五三六　GPS0032 点处
墙体断面（西—东）

第七段，凤凰山段长城（编码：370304382102190007）

该段长城西南起自凤凰山，高程409米；东北至北神头，高程199米。长2196米（图五三七；表一○七）。

长城位于博山城区南部，呈西南—东北走向，整段长城在原山风景区内，长城遗址被新修建的长城、景区道路及建筑破坏，永久消失，无任何遗迹可寻。从山体走向来看，新修建的长城是在原来墙体上修建的，所以长城走向比较清楚。

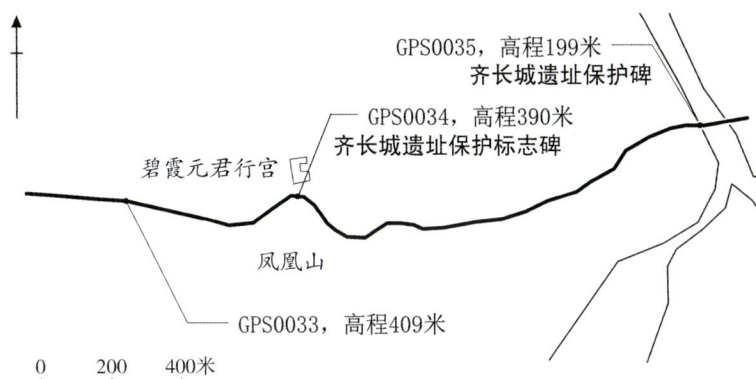

图五三七　凤凰山段长城走向图

该段长城总长2196米，墙体全部消失。根据长城走向和特征点可分为2个小段。

第1小段，GPS0033—0034，墙体消失。因修建新长城，使遗址永久消失。新长城底宽8、顶宽5.6、高5米，由水泥砂浆及石块砌成，从整体可看出是仿明长城而建。长596米（图五三八）。

第2小段，GPS0034—0035，墙体消失。因修建原山风景区，使长城遗址永久消失。长1600米。

表一○七　凤凰山段长城（编码：370304382102190007）GPS采集点表（单位：米）

工作编号	名称	坐标（起止点）			与相邻点关系
		东经	北纬	高程	
0033	起点			409	
0034	折点			390	0033 点东北 596
0035	止点			199	0034 点东北 1600

图五三八　GPS0033
点以东新建长城
（西—东）

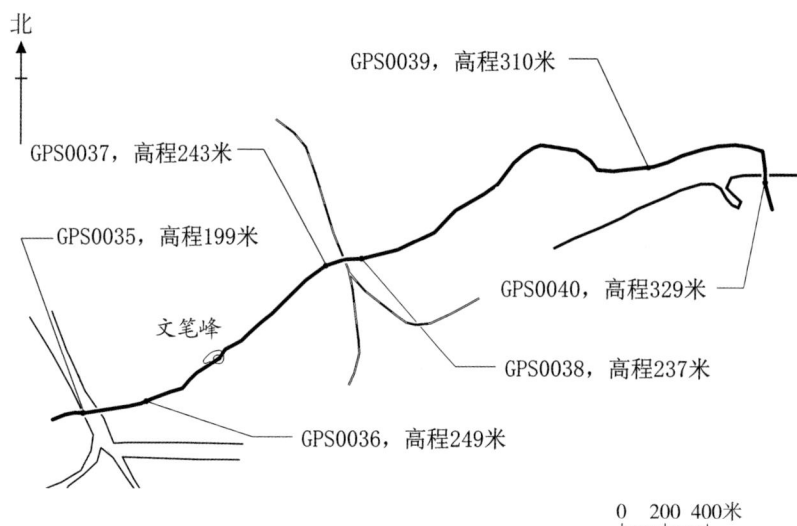

图五三九　鹅眉山段长城走向图

第八段，鹅眉山段长城（编码：370304382102190008）

该段长城西南起北神头，高程199米；东北至两平村，高程329米。长4878米（图五三九；表一〇八）。

长城位于博山城区南部，呈西南—东北走向，整段长城分布在鹅眉山，长城遗址因城市建设、修建道路破坏而永久消失，无任何遗迹可寻。

该段长城总长4878米，根据长城走向和特征点可分为5个小段。

第1小段，GPS0035—0036，墙体消失。南侧山势陡峭，北侧较缓和，种植有柏树。鹅眉山上建有寺院。长328米。

第2小段，GPS0036—0037，墙体消失。长城经过文笔峰。南侧山陡峭为悬崖，北侧较缓和，植被较少，有杨树。长1440米。

第3小段，GPS0037—0038，墙体消失。两点之间有一条铁路穿越而过。长160米（图五四〇）。

第4小段，GPS0038—0039，墙体消失。因开采石头等原因，山体被破坏。长2150米。

第5小段，GPS0039—0040，墙体消失。0040点有一条公路穿越而过。长800米。

表一〇八　鹅眉山段长城（编码：370304382102190008）GPS采集点表（单位：米）

工作编号	名称	坐标（起止点）			与相邻点关系
		东经	北纬	高程	
0035	起点			199	
0036	折点1			249	0035点东南328
0037	折点2			243	0036点东北1440
0038	折点3			237	0037点东北160
0039	拐点1			310	0038点东北2150
0040	止点			329	0039点东南800

图五四〇 GPS0037 点以东墙体走向（西—东）

第九段，两平村段长城（编码：370304382102170009）

该段长城北起两平村，高程 329 米；南至冯八峪东山，高程 414 米。长 2748 米（图五四一；表一〇九）。

长城位于博山区两平村西南，呈西北—东南走向。

该段长城总长 2748 米，其中长保存差的长 2500 米，消失的长 248 米。根据长城走向和特征点可分为 6 个小段。

第 1 小段，GPS0040—0041，墙体保存差。墙体坍塌呈土垄状，两侧种植树木，底宽 6.4、顶宽 2.4 米。有少量杨树。长 566 米（图五四二）。

第 2 小段，GPS0041—0042，墙体消失。长 248 米。

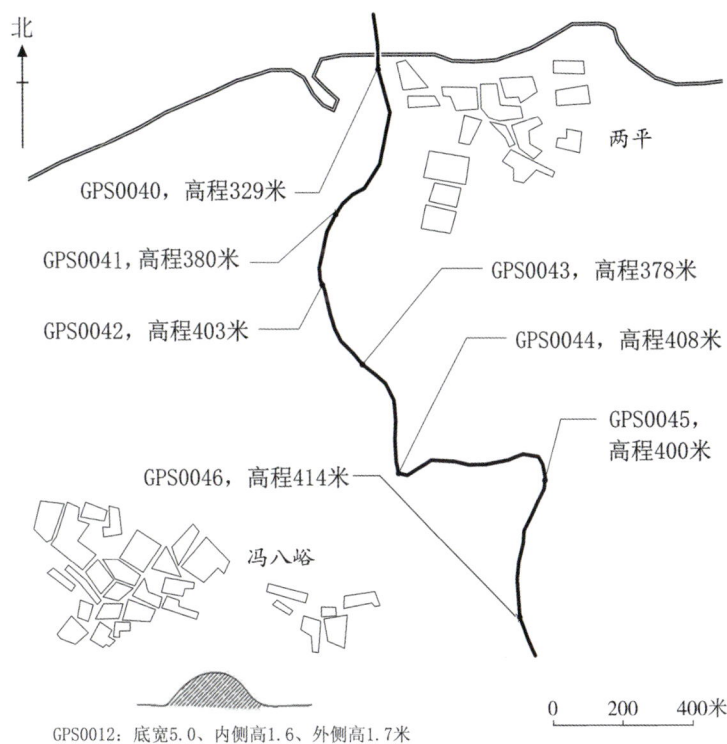

GPS0012：底宽5.0、内侧高1.6、外侧高1.7米

图五四一 两平村段长城走向图

第 3 小段。GPS0042—0043，墙体保存差。底宽 5、顶宽 1.5 米。长 400 米。

第 4 小段，GPS0043—0044，墙体保存差。长 380 米。

第 5 小段，GPS0044—0045，墙体保存差。靠近六萝山煤矿，周围环境破坏较为严重。长 530 米。

第 6 小段，GPS0045—0046，墙体保存差。长 624 米。

表一〇九　两平村段长城（编码：370304382102170009）GPS 采集点表

工作编号	名称	坐标（起止点）			与相邻点关系
		东经	北纬	高程	
0040	起点			329	
0041	拐点 1			380	0040 点西南 566
0042	拐点 2			403	0041 点西南 248
0043	拐点 3			378	0042 点东南 400
0044	拐点 4			408	0043 点东南 380
0045	拐点 5			408	0044 点东北 530
0046	止点			414	0045 点西南 624

图五四二　GPS0040 点以南墙体（北—南）

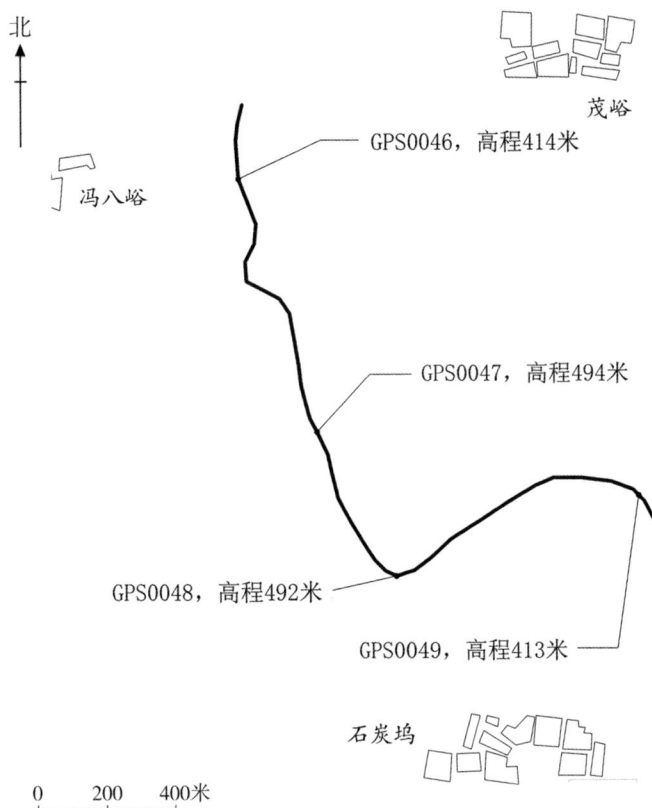

图五四三　冯八峪东山段长城走向图

第十段，冯八峪东山段长城（编码：370304382102170010）

该段长城西北起冯八峪东山，高程 329 米；东南至石炭坞北山，高程 413 米。长 2711 米（图五四三；表一一〇）。

长城位于博山区冯八峪村东南，呈西北—东南走向。

该段长城总长 2711 米，其中保存差的长 1220 米，消失的长 1491 米。根据长城走向和特征点可分为 3 个小段。

第 1 小段，GPS0046—0047，墙体消失。两侧山势较陡峭，植被较少，以杨树为主。长 950 米。

第 2 小段，GPS0047—0048，墙体消失。两侧山势较缓和，植被较少，有少量杨树。长 541 米。

第 3 小段，GPS0048—0049，墙体保存差。此段墙体坍塌成土垄状，后来又在原墙体外缘修建了新墙，新墙一般宽 0.8、高约 1 米。山势缓和，两侧种植杨树。长 1220 米（图五四四、五四五）。

表一一〇　冯八峪东山段长城（编码：370304382102170010）采集点表（单位：米）

工作编号	名称	坐标（起止点）			与相邻点关系
		东经	北纬	高程	
0046	起点			414	
0047	折点 1			494	0046 点东南 950
0048	拐点 1			492	0047 点东南 541
0049	止点			413	0048 点东北 1220

图五四四 GPS0048 点以北墙体及外侧晚期石墙（南—北）

图五四五 GPS0048 点以南墙体（北—南）

第十一段，黑山段长城（编码：370304382102170011）

该段长城西起石炭坞北山，高程 413 米；东至苏家沟村西胡南公路，高程 306 米。长 2790 米（图五四六；表一一一）。

长城位于博山区石炭坞村西北，呈西北—东南走向。

该段长城总长 2790 米，长城墙体全部消失。根据长城走向和特征点可分为 2 个小段。

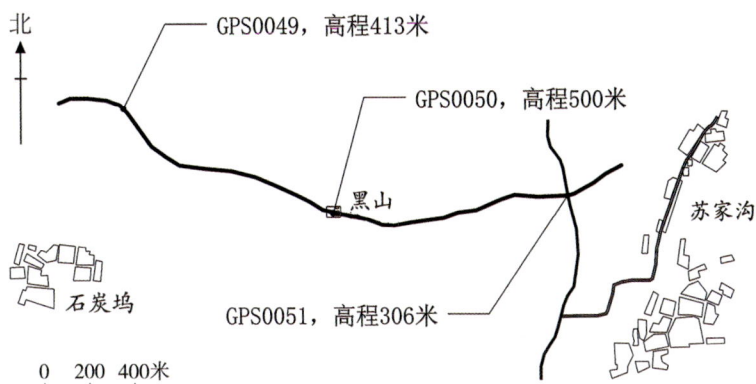

图五四六　黑山段长城走向图

第 1 小段，GPS0049—0050，墙体消失。北侧较为平缓，南侧较为陡峭。长 1650 米（图五四七）。

第 2 小段，GPS0050—0051，墙体消失。黑山山势较高，海拔 500 米，但是在东西两侧均没有发现墙体。长 500 米。黑山顶端建有寺院，东侧有齐长城亮兵台遗址保护碑，是 1995 年由博山区人民政府所立。

表一一一　黑山段长城（编码：370304382102170011）GPS 采集点表（单位：米）

工作编号	名称	坐标（起止点）			与相邻点关系
		东经	北纬	高程	
0049	起点			413	
0050	折点 1			500	0049 点东南 1650
0051	止点			306	0050 点东北 1140

图五四七　GPS0049 点东南墙体（西北—东南）

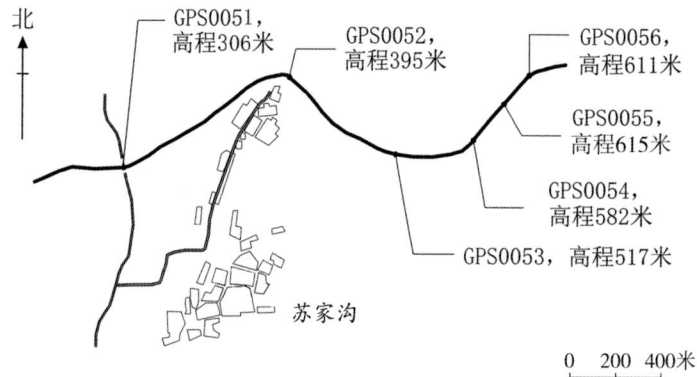

图五四八　西沟峪北山段长城走向图

第十二段，西沟峪北山段长城（编码：3703043821021700012）

该段长城西起苏家沟村西胡南公路，高程 306 米；东至西沟峪北山，高程 611 米。长 2880 米（图五四八；表一一二）。

长城位于博山区苏家沟村北，呈西南—东北走向。

该段长城总长 2880 米，其中保存差的长 718 米，消失的 2162 米。根据长城走向和特征点可分为 5 个小段。

第 1 小段，GPS0051—0052，墙体消失。长 1200 米。

第 2 小段，GPS0052—0053，墙体保存差。长城坍塌成土垄状，上面长满荒草。乱石滑坡现象严重。两侧地势较缓和，种有柏树。长 718 米（图五四九）。

第 3 小段，GPS0053—0054，墙体消失。0054—0056 段的墙体为抗日战争期间所修建，墙体保存较高，一般高 2、宽约 0.8 米。长 448 米（图五五〇）。

第 4 小段，GPS0054—0055，墙体消失。有抗日战争期间修建的墙体。山势较缓和，植被很少，以野草为主。长 335 米。

第 5 小段，GPS0055—0056，墙体消失。长城外侧山势较陡峭，有抗日战争期间修建的"围子"。植被以柏树为主。长 179 米（图五五一）。

表一一二　西沟峪北山段长城（编码：3703043821021700012）GPS 采集点表（单位：米）

工作编号	名称	坐标（起止点）			与相邻点关系
		东经	北纬	高程	
0051	起点			306	
0052	拐点 1			395	0051 点东北 1200
0053	折点 1			517	0052 点东南 718
0054	拐点 2			582	0053 点东北 448
0055	折点 2			615	0054 点东北 335
0056	止点			611	0055 点东北 179

图五四九　GPS0052 点东南墙体（西北—东南）

图五五〇　GPS0054 点以北墙体（南—北）

图五五一　GPS0056 点以东墙体（西—东）

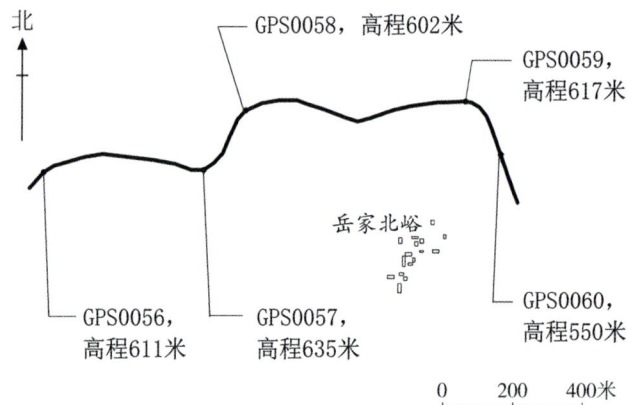

图五五二　岳家北峪北山段长城走向图

第十三段，岳家北峪北山段长城（编码：3703043821021700013）

该段长城西起西沟峪北山，高程 611 米；东至岳家北峪北山，高程 640 米。长 1928 米（图五五二；表一一三）。

长城位于博山区岳家北峪村北，呈西南—东北走向。

该段长城总长 1928 米，其中保存差的长 1549 米，消失的长 379 米。根据长城走向和特征点可分为 5 个小段。

第 1 小段，GPS0056—0057，墙体保存差。墙体坍塌成土垄状。两侧山势较缓和，种植有柏树。长

525 米（图五五三）。

第 2 小段，GPS0057—0058，墙体保存差。底宽 6、墙高 1 米。墙体坍塌成土垄状，两侧山势较缓和，植被较少。长 248 米。

第 3 小段，GPS0058—0059，墙体消失。两侧山势较缓和，植被较少，以柏树为主。长 379 米。

第 4 小段，GPS0059—0060，墙体保存差。残墙底宽 6.5、高 0.5 米。长 279 米（图五五四、五五五）。

第 5 小段，GPS0060—0061，墙体保存差。该段墙体坍塌严重，底宽 4、高 0.8 米。两侧山势较缓和，植被较少，以柏树为主。长 497 米。

表一一三　岳家北峪北山段长城（编码：370304382102170013）GPS 采集点表（单位：米）

工作编号	名称	坐标（起止点）			与相邻点关系
		东经	北纬	高程	
0056	起点			611	
0057	拐点 1			635	0056 点东南 525
0058	拐点 2			602	0057 点东北 248
0059	拐点 3			617	0058 点东北 379
0060	折点			550	0059 点东南 279
0061	止点			640	0060 点东南 497

图五五三　GPS0056—0057 点间墙体（西—东）

图五五四　GPS0059 点以西墙体（东—西）

图五五五　GPS0060 点东南墙体（西北—东南）

二　关隘

1处。为风门道关。

风门道关（编码：370304353101020001）

位于博山区双堆山村西北，高程756米。

风门道关东西岭上保存有石墙，底宽5米、顶宽1.2、内侧高1.6、外侧高2.3米，墙体用石块垒砌而成。长城路线与南北通道交汇处，百姓俗称"风门关"，古代这里也是南北交通要道，应该有关隘扼守。现遗迹全无（图五五六）。

立有"齐长城遗址风门道关"保护碑，宽1.5、高2.3、厚0.16米（参见博山区02段风门道关段长城）。

图五五六　风门道关关口

三　寨堡

1处。为老虎头岭寨堡。详情在第二十一章中集中介绍。

第五节　保护管理机构现状

一　保护机构

境内长城属博山区文物局统一保护管理，沿线并没有设置保护点。无统一有效的保护管理机制，进而无法掌握每段墙体的具体保存现状，致使多处墙体一直处于无保护的环境中。

二　保护标志

此次调查，发现有效的保护碑共1处，位于原山森林公园内。除此之外，长城沿线没有发现有效的保护标志和警示牌，这部分工作，须在后期保护工作中加入。适当的树立保护标志碑和警示牌，能有效阻止一些人为破坏行为，对长城的保护起到很关键的作用。

三　保护范围及建设控制地带

齐长城资源调查前，山东省文物主管部门明确规定，齐长城墙体及附属建筑两侧50米之内为保护范围，其中20米之内为绝对保护区，300米之内为建设控制地带。后调整为坡地和平地部分：以长城本体两侧外缘各向外200米为保护范围，保护范围外缘向外500米为建设控制地带；山岭部分：山脊上的长城按山脊两侧的谷底线（或坡脚线）至长城墙体外缘的距离不足700米的按700米划定。

四　记录档案

调查中发现对境内的齐长城没有较为详细的记录。在第三次文物普查中，境内的齐长城遗址一并登记入册。

第六节　长城损毁的自然与人为因素

一　自然因素

境内长城途经地形、地貌较为简单，一般位于境内的山地。墙体均沿山脊分布，山体以荒山为主，植被多松柏树。开垦梯田的现象较为普遍，对长城墙体破坏较甚。处于山谷之间时，多被修路截断破坏。山体风化较为严重，多处有滑坡现象，对齐长城周围的环境造成了较大程度的破坏。

二　人为因素

此次调查表明，破坏长城墙体的最大因素就是人为因素，多表现为植树造林、垦田拓路和景区建设。尤其是城镇建设和景区开发，对齐长城的破坏尤为严重。另外随着经济的发展，开山采石现象严重，使齐长城附近的环境遭到破坏。

第十章

淄川区齐长城资源调查

第一节　地理位置与自然环境

淄川区为淄博市市辖区之一，位于淄博市中部。地处东经117°41′～118°14′、北纬36°22′～36°45′。东邻青州市，西接章丘市，南连淄博市博山区，北与淄博市周村区、张店区、临淄区相接壤。

淄川区东西48、南北42千米，总面积1001平方千米。下辖4个街道办事处、16个镇、3个乡、457个行政村。区内地势高伏，平原、丘陵、低山相间，城区与农村交错，淄河、孝妇河、范阳河纵贯南北，自然条件优越。

地质、地形、地貌　淄川区位于淄博盆地中部，其东侧、东南侧、西南侧为中低山区，局部为山间洼地及河谷地形，北部、西北部则逐渐过渡到低山、丘陵及平原。最高峰黑石寨，位于峨庄乡后紫峪村东部，海拔923米；最低点是杨寨镇北部，海拔48米。地形分为平原、丘陵、山区三类。其中平原面积93.175平方千米，地面标高均在100米以下，平均地面坡度1/200。丘陵面积345.321平方千米，高150米左右。除平原、丘陵外，其余皆为中低山区，多数山峰高在500米以上。淄川区山丘起伏连绵、纵横交错，共有大小山头1945个，其中海拔800米以上的17个，500～800米的499个，300～500米的623个，其余为300米以下。

气候、水文　淄川区地处暖温带，属温带季风气候，年平均气温12.9℃～13.1℃，年平均降水量500～800毫米。

淄川区境内自东向西有4条过境河流，皆属小清河水系，发源于泰沂山区北坡中低山区，由南向北经本区单独出境，汇入小清河。淄河发源于莱芜市碌碡顶鲁山一线（淄河与沂河分水岭），向北流经博山、淄川、临淄、寿光汇入小清河。全长122.55千米，其中流经淄川区境33千米，区内流域面积385.8平方千米。太河水库位于区境淄河上，坝长1182米，库容1.23亿立方米，库区以上控制流域面积780平方千米。孝妇河发源于博山区禹王山、青石关、岳阳山一线中低山区，流经博山、淄川、张店，在马尚与范阳河汇合，再经桓台县汇入小清河。其中流经淄川区境26.5千米，区间流域面积396.8平方千米。河上建有樊家窝、淄城、贾村三闸坝。孝妇河支流在淄川区有般河、锦川河、三里沟河、七里河等10余条。范阳河分南、西两支，南支发源于区境内宝山、五股泉、博山区青龙湾一线；西支发源于邹平县长白山、白云山、跑马岭一带。两支流在萌山水库汇合，后至张店区马尚与孝妇河汇流。区境内南支长17.5千米，西支长16千米，流域面积199.9平方千米。青杨河发源于博山区双堆山一线中低山区，流经岭子镇西部边缘，经章丘市汇入小清河。区内长度7.3千米，流域面积

16.55 平方千米。

淄川区河流为山溪性河流，泉水较多，地表水与地下水相互补给及转化较为频繁，因此河道延续时间较长，水量较大。因矿业排水及工农业用水大量增加，加之山区水土流失，泉水大部干涸，河道径流减少。

植被　淄川区植被有栽培作物、林木、自然植被三种类型。栽培作物占可利用面积的 92%，林地面积 51.7 万亩，森林覆盖率达 37%。共有树种 40 科 78 属 146 种，乡土树种有楸、国槐、侧柏等，引进树种有杨树、桐树等，经济树种有梨、杏、苹果、花椒、柿子、软枣、山楂、香椿等，其中池板梨、无核软枣远近闻名。

第二节　历史沿革

淄川之地，夏商为青州之域，秦属齐郡。西汉初建般阳县。

南北朝元嘉五年（428 年）为贝丘县。隋开皇十八年（598 年）为淄川县，唐初置淄川郡。

宋置淄川郡属京东东路。元设般阳路，治所在淄川城。明初设般阳府，洪武九年（1376 年）升淄川县为淄川州，洪武十年（1377 年）又改为淄川县，属济南府。清沿明制。辛亥革命后，废府设道，淄川县属济南道。

民国 17 年（1928 年）撤道，民国 20 年（1931 年）县辖十路改为九区。1948 年 3 月，淄川县全境解放，辖 11 个区。1955 年 4 月，淄川县制撤销，原县境内建立杨寨、洪山、昆仑 3 个区。1956 年 2 月，撤销昆仑、杨寨两区，设淄川区。1958 年 4 月，撤销洪山区，归淄川区。

第三节　长城概况

淄川区段齐长城由岳家北峪村北入境，沿淄川与博山的交界线东南行，从岳阳山后完全进入淄川境内，经城子东山东南行，自三太山继续绵延于淄川与博山的交界线上。经黑虎寨、雁门寨至淄川、博山、沂源三地交界的太平山，齐长城沿博山与沂源县交界线而行。全长 43118 米（参见图五一三）。

淄川段齐长城以山险为主，目前可以明确为山险的有 24102 米，占到淄川段齐长城总长度的 55.9%。消失的墙体有 16357 米，占 37.94%，我们相信这里面有一部分应该也属于山险。石墙有 2659 米，仅占 6.17%。没有发现土筑墙体和其他类型的墙体（表一一四）。

从保存状况看，淄川段齐长城的石墙 2659 米均保存比较差，造成这种状况的原因主要有村镇建设、开垦梯田等。有 16357 米的墙体因各种原因的破坏已经消失，无迹象可寻（图五一三；表一一五）。

表一一四　淄川段齐长城墙体类型统计表（单位：米）

项目	石墙	土墙	山险	壕堑	消失	总计
小计	2659	0	24102	0	16357	43118
百分比（%）	6.17	0	55.90	0	37.94	100

表——五　淄川段齐长城墙体保存现状统计表（单位：米）

段落		项 目						
淄博	淄川	较好	一般	较差	差	消失	山险	总计
14	1				436	700		1136
15	2				495	1010		1505
16	3				349	1340	1118	2807
17	4						3740	3740
18	5				328	1311	1888	3527
19	6				438	948	1371	2757
20	7					3534		3534
21	8					2032	932	2964
22	9						2529	2529
23	10						2856	2856
24	11						3824	3824
25	12						2795	2795
26	13						3049	3049
27	14				613	2479		3092
28	15					3003		3003
小计		0	0	0	2659	16357	24102	43118
百分比（%）		0	0	0	6.17	37.94	55.90	100

第四节　分段调查实况（1～15段）

淄川区段齐长城总计长度为43118米。西起岳家北峪北山，东至太平山。

在实地田野调查中，我们依据长城走向和保存状况，将淄川区长城分为十五段，每段一般以所经山峰和村庄来命名。调查中共拍摄录像95段，照片350张。下面根据调查过程由西往东分段介绍如下。

第一段，青龙山段长城（编码：370302382102190001）

该段长城西北起博山段长城终点岳家北峪北山，高程640米；东南至青龙山，高程764米。长1136米（图五五七；表一一六）。

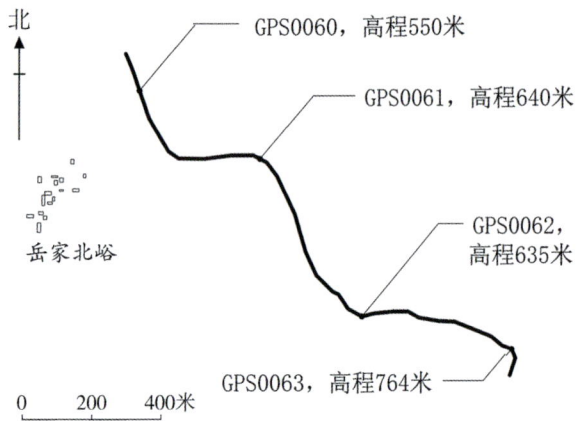

图五五七　青龙山段长城走向图

长城位于博山区岳家北峪村北，呈西北—东南走向。

该段长城总长 1136 米，其中保存差的长 436 米，消失的长 700 米。根据长城走向和特征点可分为 2 个小段。

第 1 小段，GPS0061—0062，墙体保存差。墙体坍塌成土垄状，石块散落于墙体两侧，墙宽 4 米。长城南侧较陡峭，种植有柏树，北侧较缓和，开垦为梯田。长 436 米（图五五八）。

第 2 小段，GPS0062—0063，墙体消失。因开垦梯田将墙体破坏殆尽。长 700 米。

表一一六　青龙山段长城（编码：370302382102190001）GPS 采集点表（单位：米）

工作编号	名称	坐标（起止点）			与相邻点关系
		东经	北纬	高程	
0061	起点			640	
0062	拐点			635	0061 点东南 436
0063	止点			764	0062 点东南 700

图五五八　GPS0061 点东南墙体（西北—东南）

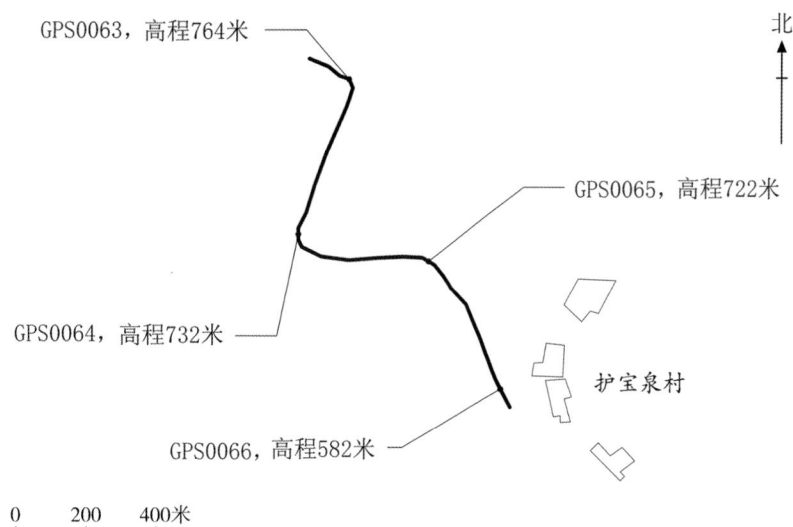

图五五九　护宝泉村南山段长城走向图

第二段，护宝泉村南山段长城（编码：370302382102190002）

该段长城西北起青龙山，高程 764 米；东南至护宝泉村南山，高程 582 米。长 1505 米（图五五九；表一一七）。

长城位于淄川区护泉村西南，呈西北—东南走向。

该段长城总长 1505 米，其中保存差的长 495 米，消失的长 1010 米。根据长城走向和特征点可分为 3 个小段。

第 1 小段，GPS0063—0064，墙体消失。长城外侧较为陡峭，内侧稍缓和，两侧种植有柏树，山体多被开垦为梯田。长 593 米（图五六〇、五六一）。

第 2 小段，GPS0064—0065，墙体消失。长城外侧非常陡峭，内侧稍缓和，种有柏树，山体多被开垦成梯田。长 436 米。

第 3 小段，GPS0065—0066，墙体保存差。墙体坍塌成土垄状，石块散落于长城两侧，底宽 6、顶宽 1、高 0.9 米。此段位于山顶与山谷之间，山谷处一条公路将其截断。长 495 米（图五六二）。

表一一七　护宝泉村南山段长城（编码：370302382102190002）GPS 采集点表（单位：米）

工作编号	名称	坐标（起止点）			与相邻点关系
		东经	北纬	高程	
0063	起点			764	
0064	拐点 1			732	0063 点西南 593
0065	折点 1			722	0064 点东南 417
0066	止点			582	0065 点东南 495

图五六〇　GPS0063 点东南墙体远景（西北—东南）

图五六一　GPS0063 点以南墙体（北—南）

图五六二　GPS0065 点东南墙体（西北—东南）

第三段，岳阳山段长城（编码：370302382102190003）

该段长城西北起护宝泉南山，高程 582 米；东南至岳阳山，高程 757 米。长 2807 米（图五六三；表一一八）。

长城位于淄川区护保泉村东南，呈西北—东南走向。

该段长城总长 2807 米，其中保存差的长 349 米，山险长 1118 米，消失的长 1340 米。根据长城走向和特征点可分为 6 个小段。

第 1 小段，GPS0066—0067，墙体消失。因修建乡村公路及梯田，该段墙体已无迹可寻。山势较缓和，地表种植有柏树，部分地方被开垦成梯田。长 220 米（图五六四）。

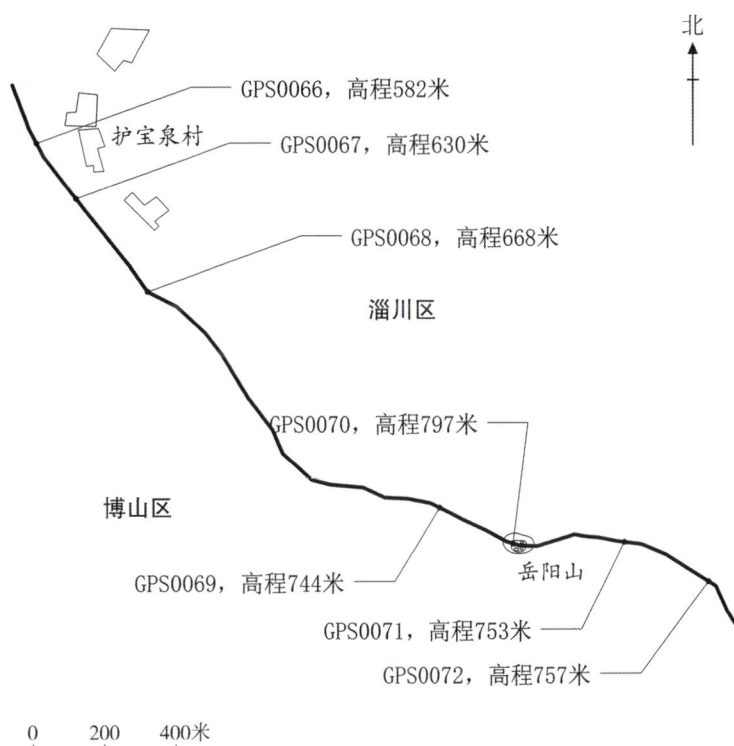

北

GPS0066，高程582米

护宝泉村

GPS0067，高程630米

GPS0068，高程668米

淄川区

GPS0070，高程797米

博山区

GPS0069，高程744米　　岳阳山

GPS0071，高程753米

GPS0072，高程757米

0　　200　　400米

图五六三　岳阳山段长城走向图

第 2 小段，GPS0067—0068，墙体保存差。墙体坍塌成土垄状，宽 1.7、残高 1.3 米。外侧山体较为陡峭，内侧稍缓和，山体多被开垦为梯田。长 349 米（图五六五）。

第 3 小段，GPS0068—0069，墙体消失。山体外侧为悬崖峭壁极为陡峭，内侧植被茂密。长 1120 米。

第 4 小段，GPS0069—0070，墙体为山险。山体外侧为悬崖峭壁极为陡峭，0070 点建有岳阳山寺庙。长 311 米。

第 5 小段，GPS0070—0071，墙体为山险。山体外侧为悬崖峭壁极为陡峭。植被茂密，以柏树为主。长 436 米（图五六六）。

第 6 小段，GPS0071—0072，墙体为山险。山体外侧为悬崖峭壁极为陡峭。植被茂密，以柏树为主。长 371 米。

表一一八　岳阳山段长城（编码：370302382102190003）GPS 采集点表（单位：米）

工作编号	名称	坐标（起止点）			与相邻点关系
		东经	北纬	高程	
0066	起点			582	
0067	折点 1			630	0066 点东南 220
0068	拐点 1			668	0067 点东南 349
0069	折点 2			744	0068 点东南 1120
0070	折点 3			797	0069 点东南 311
0071	折点 4			753	0070 点东北 436
0072	止点			757	0071 点东南 371

图五六四　GPS0067 点东南墙体（西北—东南）

图五六五　GPS0070 点以西墙体（东—西）

图五六六　GPS0070 点以东山险（西—东）

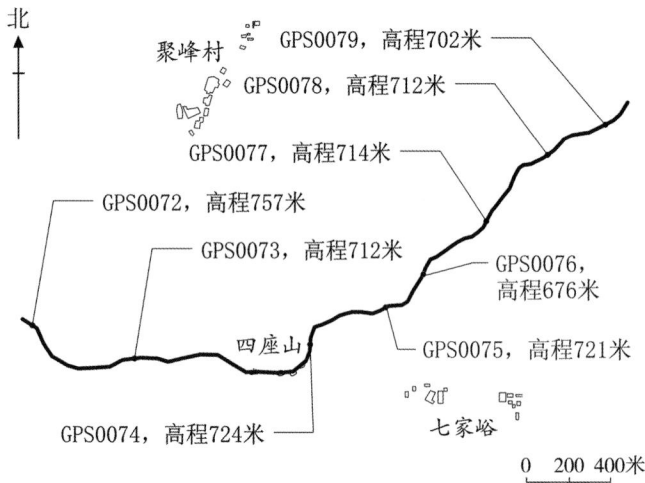

图五六七 四座山段长城走向图

第四段，四座山段长城（编码：37030 2382105190004）

该段长城西南起岳阳山，高程 757 米；东北至聚峰山，高程 702 米。长 3740 米（图五六七；表一一九）。

长城位于淄川区聚峰村南，呈西南—东北走向。长城全部为山险，南侧为博山境内，以平地为主，北侧全为山地。

该段长城总长 3740 米，根据长城走向和特征点可分为 7 个小段。

第 1 小段，GPS0072—0073，墙体为山险。山体外侧为悬崖峭壁，极为陡峭。两侧种植有柏树。长 639 米（图五六八）。

第 2 小段，GPS0073—0074，墙体为山险。山体外侧为悬崖峭壁，极为陡峭。两侧种植有柏树。长 920 米。

第 3 小段，GPS0074—0075，墙体为山险。山体外侧为悬崖峭壁，极为陡峭。两侧种植有柏树。长 480 米（图五六九）。

第 4 小段，GPS0075—0076，墙体为山险。山体外侧为悬崖峭壁极为陡峭。两侧种植有柏树。长 342 米。

第 5 小段，GPS0076—0077，墙体为山险。山体外侧为悬崖峭壁极为陡峭。两侧种植有柏树。长 451 米。

第 6 小段，GPS0077—0078，墙体为山险。山体外侧为悬崖峭壁极为陡峭。两侧种植有柏树。长 534 米。

第 7 小段，GPS0078—0079，墙体为山险。山体外侧为悬崖峭壁极为陡峭。两侧种植有柏树。长 374 米。此处风景很好，建有观光旅游的亭子和护栏。

表一一九 四座山段长城（编码：370302382105190004）GPS 采集点表（单位：米）

工作编号	名称	坐标（起止点）			与相邻点关系
		东经	北纬	高程	
0072	起点			757	
0073	折点 1			712	0072 点东南 639
0074	拐点 1			724	0073 点东南 920
0075	折点 2			721	0074 点东北 480
0076	折点 3			676	0075 点东北 342
0077	折点 4			714	0076 点东北 451
0078	折点 5			712	0077 点东北 534
0079	止点			702	0078 点东北 374

图五六八　GPS0072 点以东山险（西—东）

图五六九　GPS0075 点东北山险（西南—东北）

北↑

GPS0082，高程646米
GPS0083，高程390米
GPS0087，高程307米
城子村
GPS0085，高程250米
GPS0081，高程670米
GPS0086，高程274米
GPS0080，高程689米
GPS0079，高程702米

0　200　400米

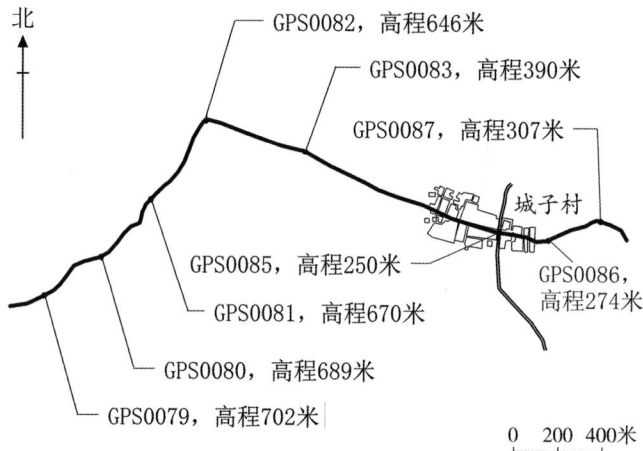

图五七〇　城子段长城走向图

第五段，城子段长城（编码：37030238 2102190005）

该段长城西起聚峰山，高程702米；东至城子村，高程307米。长3527米（图五七〇；表一二〇）。

长城位于淄川区城子村东和村西，呈西北—东南走向。

该段长城总长3527米，其中保存差的长328米，消失的长1311米，山险长1888米。根据长城走向和特征点可分为8个小段。

第1小段，GPS0079—0080，墙体为山险。山体外侧为悬崖峭壁，极为陡峭，两侧种植有柏树。长495米（五七一）。

第2小段，GPS0080—0081，墙体为山险。山体外侧为悬崖峭壁，极为陡峭，两侧种植有柏树。长421米。

第3小段，GPS0081—0082，墙体为山险。山体外侧为悬崖峭壁，极为陡峭，两侧种植有柏树。长522米。

第4小段，GPS0082—0083，墙体为山险。山体外侧为悬崖峭壁，极为陡峭，两侧种植有柏树。长城北侧有多处山寨遗址。长540米（五七二）。

第5小段，GPS0083—0084，墙体消失。此段墙体西接悬崖。山体多被开垦为梯田。有20世纪六七十年代建的水渠。长486米。

第6小段，GPS0084—0085，墙体消失。城子村为一处关口，淄河环绕。长城由村西接淄河、城子，然后往东从城子村东山往东行。因村子建设，城子关口已经没有遗迹了。长609米。

第7小段，GPS0085—0086，墙体消失。南为淄河，北为城子村，因村子建设已经无迹象。长216米。

第8小段，GPS0086—0087，墙体保存差，城子村东的山上出现墙体，墙体坍塌成土垄状，底宽约5、残高约1米。长城南为淄河，两侧山体多被开垦成梯田，对长城造成了较大破坏。长328米（图五七三）。

表一二〇　城子段长城（编码：370302382102190005）GPS采集点表（单位：米）

工作编号	名称	坐标（起止点）			与相邻点关系
		东经	北纬	高程	
0079	起点			702	
0080	折点1			689	0079点东北405
0081	折点2			670	0080点东北421
0082	拐点1			646	0081点东北522
0083	折点3			390	0082点东南540
0084	折点4			352	0083点东南486
0085	折点5			250	0084点东南609
0086	折点6			274	0085点东北216
0087	止点			307	0086点东北328

图五七一　GPS0080 点西南山险（东北—西南）

图五七二　GPS0082 点以东山险（西—东）

图五七三　GPS0086 点处墙体（西—东）

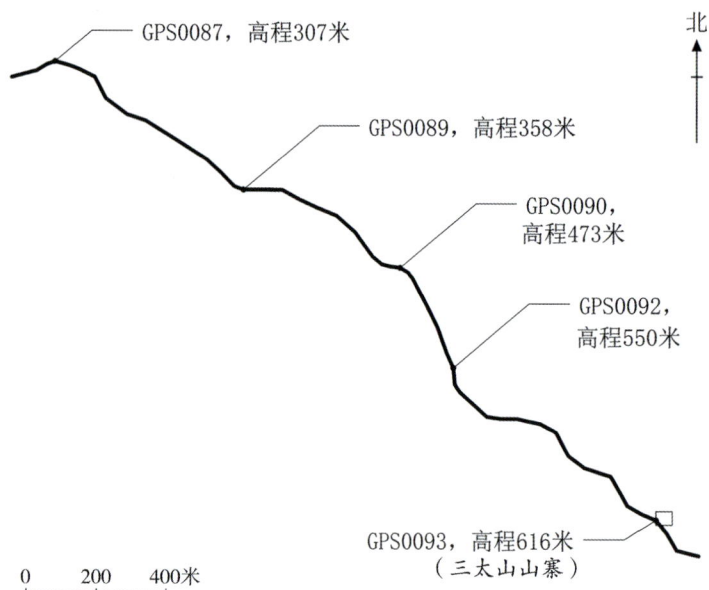

图五七四　三太山段长城走向图

第六段，三太山段长城（编码：3703023821 02190006）

该段长城西北起城子村，高程 307 米；东南至三太山，高程 616 米。长 2757 米（图五七四；表一二一）。

长城位于淄川区城子村东南，呈西北—东南走向。

该段长城总长 2757 米，其中保存差的长 438 米，消失的长 948 米，山险长 1371 米。根据长城走向和特征点可分为 6 个小段。

第 1 小段，GPS0087—0088，墙体消失。墙体南侧较为陡峭，山下为淄河，西为城子村。长 330 米（图五七五、五七六）。

第 2 小段，GPS0088—0889，墙体保存差，外侧山体被开垦为梯田。长 438 米。

第 3 小段，GPS0089—0090，墙体消失。山体以荒山为主，植被较少，只有少量柏树。山势突然增高。长 618 米。

第 4 小段，GPS0090—0091，墙体为山险。两侧山体极为陡峭。长 281 米。

第 5 小段，GPS0091—0092，墙体为山险。两侧山体极为陡峭。长 190 米。

第 6 小段，GPS0092—0093，墙体为山险。两侧山体极为陡峭，攀行困难。此处山峰名为三太山，东南有山寨遗址。长 900 米。

表一二一　三太山段长城（编码：370302382102020006）GPS 采集点表（单位：米）

工作编号	名称	坐标（起止点）			与相邻点关系
		东经	北纬	高程	
0087	起点			307	
0088	折点 1			360	0087 点东南 330
0089	折点 2			358	0088 点东北 438
0090	折点 3			473	0089 点东南 618
0091	拐点 1			466	0090 点东南 281
0092	拐点 2			550	0091 点东南 190
0093	止点			616	0092 点东南 900

图五七五　GPS0087 点东南墙体（西北—东南）

图五七六 GPS0088点处墙体（西北—东南）

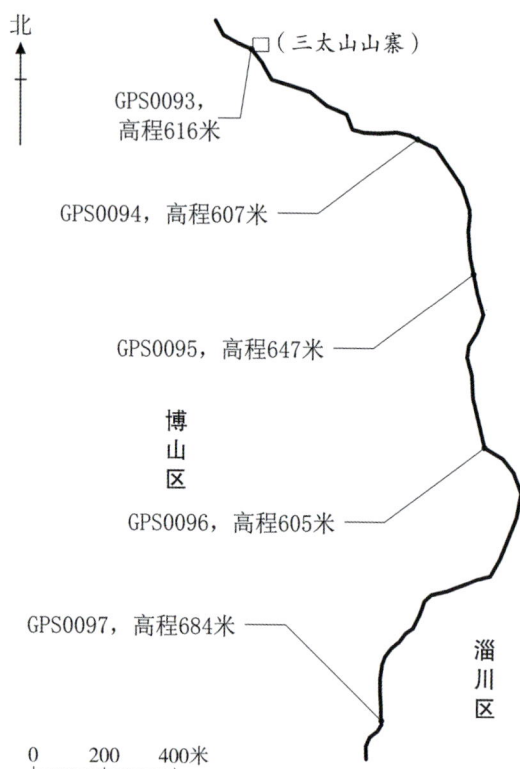

图五七七 陈家井西山段长城走向图

第七段，陈家井西山段长城（编码：3703 02382102190007）

该段长城北起三太山，高程616米；南至陈家井西山，高程684米。长3534米（图五七七；表一二二）。

长城位于淄川区，呈西北—东南走向。

该段长城总长3534米，墙体消失。根据长城走向和特征点可分为4小段。

第1小段，GPS0093—0094，墙体消失。山势陡峭，两侧种柏树。长879米。

第2小段，GPS0094—0095，墙体消失。山势陡峭，两侧种柏树。长763米（图五七八、五七九）。

第3小段，GPS0095—0096，墙体消失。山势陡峭，两侧种柏树。长772米。

第4小段，GPS0096—0097，墙体消失。山势陡峭，两侧种柏树。长1120米。

表一二二　陈家井西山段长城（编码：370302382102190007）GPS 采集点表（单位：米）

工作编号	名称	坐标（起止点）			与相邻点关系
		东经	北纬	高程	
0093	起点			616	
0094	拐点 1			607	0093 点东北 879
0095	拐点 2			647	0094 点东南 763
0096	拐点 3			605	0095 点东南 772
0097	止点			684	0096 点东南 1120

图五七八　GPS0094 点东南山险（西北—东南）

图五七九　GPS0095 点以南山险（北—南）

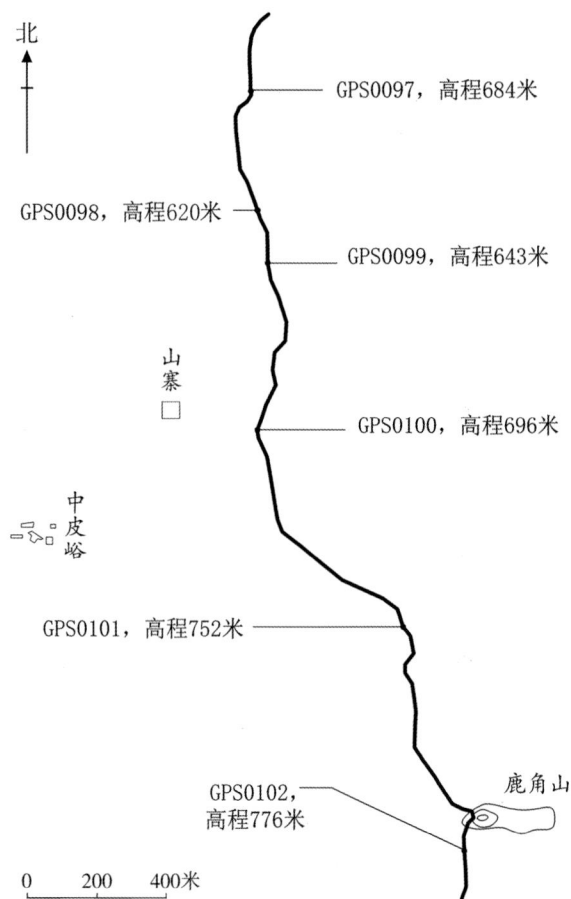

图五八○　鹿角山段长城走向图

第八段，鹿角山段长城（编码：37030238 2102190008）

该段长城北起陈家井西山，高程 684 米；南至鹿角山，高程 776 米。长 2964 米（图五八○；表一二三）。

长城位于中皮峪村东，呈西北—东南走向，全部为山险。

该段长城总长 2964 米，其中消失部分 2032 米，山险 932 米。根据长城走向和特征点可分为 5 个小段。

第 1 小段，GPS0097—0098，墙体消失。山势陡峭，两侧种柏树。长 392 米。

第 2 小段，GPS0098—0099，墙体消失。长 177 米。

第 3 小段，GPS0099—0100，墙体消失。长 587 米。

第 4 小段，GPS0100—0101，墙体消失。长 932 米（图五八一）。

第 5 小段，GPS0101—0102，墙体为山险。山势陡峭，两侧种柏树。长 932 米。

表一二三　鹿角山段长城（编码：370302382102190008）GPS 采集点表（单位：米）

工作编号	名称	坐标（起止点）			与相邻点关系
		东经	北纬	高程	
0097	起点			684	
0098	折点 1			620	0097 点东南 392
0099	拐点 1			643	0098 点西南 177
0100	拐点 2			696	0099 点西南 587
0101	拐点 3			752	0100 点东南 876
0102	止点			776	0101 点东南 932

图五八一　GPS0010 点以南墙体远景（北—南）

第九段，黑虎寨段长城（编码：370302382105190009）

该段长城西北起鹿角山，高程 776 米；东南至黑虎寨，高程 760 米。长 2529 米（图五八二；表一二四）。

长城位于东皮峪村东，呈西北—东南走向，全部为山险。

该段长城总长 2529 米，根据长城走向和特征点可分为 5 个小段。

第 1 小段，GPS0102—0103，墙体为山险。山势陡峭，两侧种柏树。长 644 米。

第 2 小段，GPS0103—0104，墙体为山险。山势陡峭，两侧种柏树。长 552 米（五八三、五八四）。

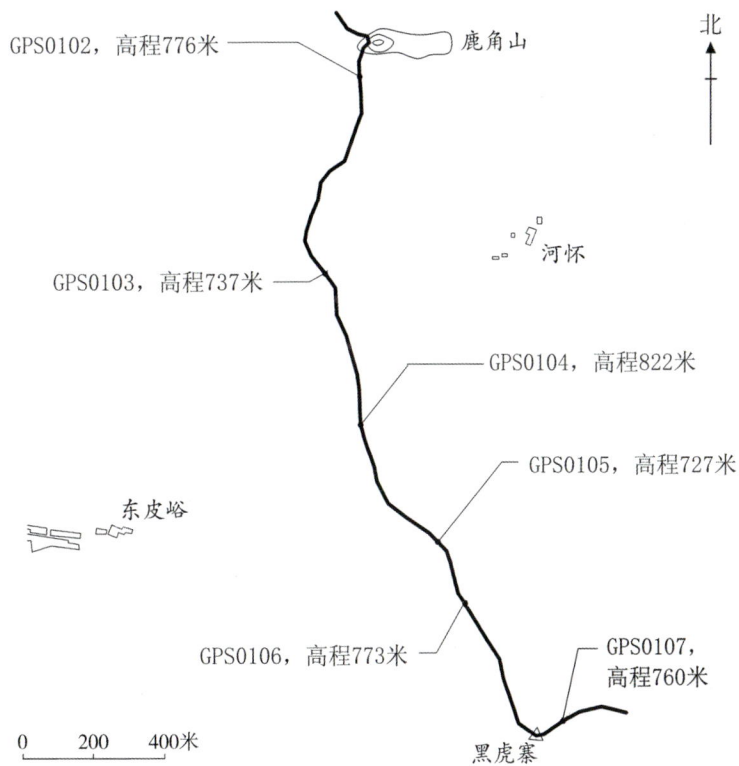

图五八二　黑虎寨段长城走向图

第 3 小段，GPS0104—0105，墙体为山险。山势陡峭，两侧种柏树。长 503 米。

第 4 小段，GPS0105—0106，墙体为山险。山势陡峭，两侧种有柏树。长 250 米。

第 5 小段，GPS0106—0107，墙体为山险。山势陡峭，两侧种有柏树。0107 点为黑虎寨。长 580 米。

表一二四 黑虎寨段长城（编码：370302382105190009）GPS 采集点表（单位：米）

工作编号	名称	坐标（起止点）			与相邻点关系
		东经	北纬	高程	
0102	起点			776	
0103	拐点 1			737	0102 点西南 644
0104	折点 1			822	0103 点东南 552
0105	拐点 2			727	0104 点东南 503
0106	折点 2			773	0105 点东南 250
0107	止点			760	0106 点东南 580

图五八三 GPS0104 点以北山险（南—北）

图五八四　GPS0104 点以南山险（北—南）

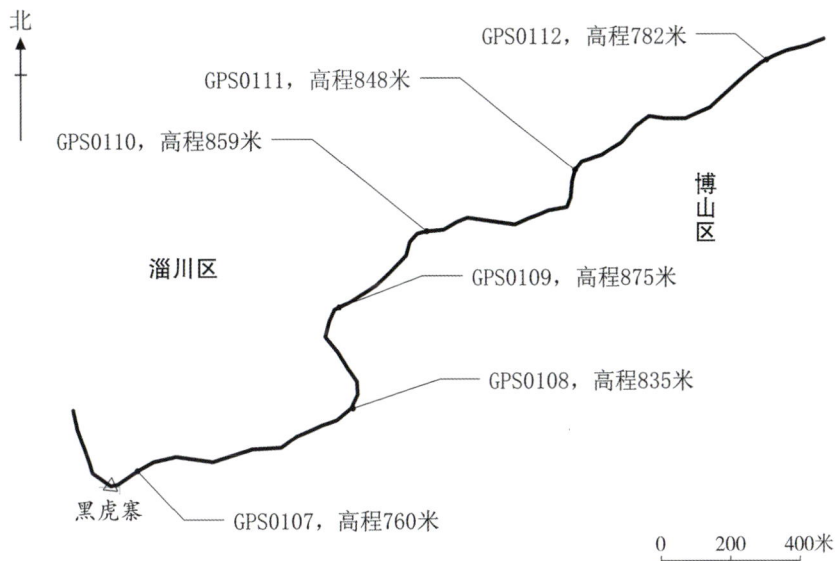

图五八五　西股庄东山段长城走向图

第十段，西股庄东山段长城（编码：370302382105190010）

该段长城西南起黑虎寨，高程 760 米；东北至西股庄东山，高程 782 米。长 2856 米（图五八五；表一二五）。

长城位于博山区西坡村西，呈西南—东北走向，长城全部为山险。

该段长城总长 2856 米，根据长城走向和特征点可分为 5 个小段。

第 1 小段，GPS0107—0108，墙体为山险。山势陡峭，两侧种有柏树。0107 点为黑虎寨，由此顺山势往东北行。长 694 米（图五八六）。

第 2 小段，GPS0108—0109，墙体为山险。山势陡峭，两侧种有柏树。长 387 米。

第 3 小段，GPS0109—0110，墙体为山险。山势陡峭，两侧种有柏树。长 467 米。

第 4 小段，GPS0110—0111，墙体为山险。山势陡峭，两侧种有柏树。长 550 米。

第 5 小段，GPS0111—0112，墙体为山险。山势陡峭，两侧种有柏树。长 758 米（图五八七）。

表一二五　西股庄东山段长城（编码：370302382105190010）GPS 采集点表（单位：米）

工作编号	名称	坐标（起止点）			与相邻点关系
		东经	北纬	高程	
0107	起点			760	
0108	拐点 1			835	0107 点东北 694
0109	拐点 2			875	0108 点西北 387
0110	拐点 3			859	0109 点东北 467
0111	折点 4			848	0110 点东北 550
0112	止点			782	0111 点东北 758

图五八六　GPS0108 点东北山险（西南—东北）

图五八七　GPS0112 点以东山险（西—东）

第十一段，油篓寨段长城（编码：370302382105190011）

该段长城西南起西股庄东山，高程 782 米；东北至盘龙山，高程 865 米。长 3824 米（图五八八；表一二六）。

长城位于博山区北场村北，呈西南—东北走向，长城全部为山险。

该段长城总长 3824 米，根据长城走向和特征点可分为 5 个小段。

第 1 小段，GPS0112—0113，墙体为山险。山势陡峭，植被较茂密。油篓寨高程 860 米。长 565 米。

第 2 小段，GPS0113—0114，墙体为山险。山势陡峭，植被较茂密。长 542 米（图五八九、五九○）。

第 3 小段，GPS0114—0115，墙体为山险。山势陡峭，植被较茂密。北侧为北场村。长 911 米。

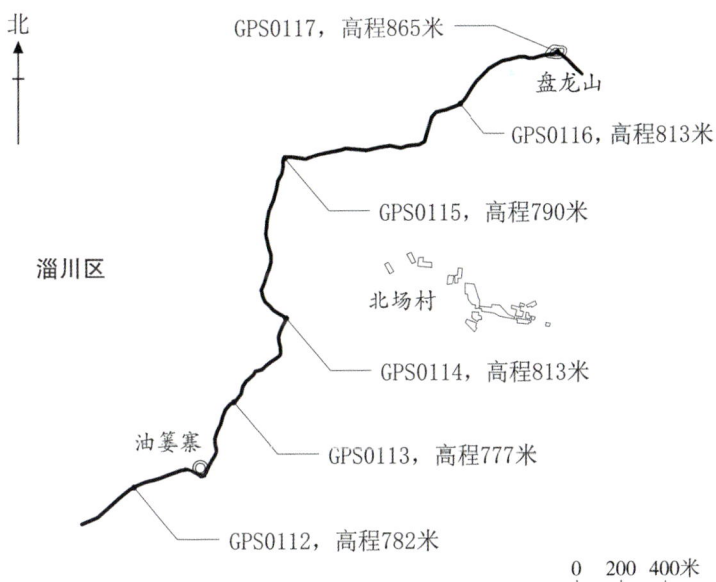

图五八八　油篓寨段长城走向图

第 4 小段，GPS0115—0116，墙体为山险。山势陡峭，植被较茂密。长 997 米。

第 5 小段，GPS0116—0117，墙体为山险。山势陡峭，植被较茂密。长 809 米。

表一二六　油篓寨段长城（编码：370302382105190011）GPS 采集点表（单位：米）

工作编号	名称	坐标（起止点）			与相邻点关系
		东经	北纬	高程	
0112	起点			782	
0113	折点 1			777	0112 点东北 565
0114	拐点 1			813	0113 点东北 542
0115	拐点 2			790	0114 点东 911
0116	拐点 3			813	0115 点东北 997
0117	止点			865	0116 点东北 809

图五八九　GPS0114 点以南山险（北—南）

图五九〇　GPS0114 点以北山险（南—北）

第十二段，雁门村东山段长城（编码：370302382105190012）

该段长城北起盘龙山，高程 865 米；南至雁门村东山，高程 885 米。长 2795 米（图五九一；表一二七）。

长城位于博山区北场村东，呈西北—东南走向。长城全部为山险。

该段长城总长 2795 米，根据长城走向和特征点可分为 5 个小段。

第 1 小段，GPS0117—0118，墙体为山险。山势陡峭，植被较茂密。长 440 米。

第 2 小段，GPS0118—0119，墙体为山险。山势陡峭，植被较茂密。长 150 米。

第 3 小段，GPS0119—0120，墙体为山险。山势陡峭，植被较茂密。长 516 米。

第 4 小段，GPS0120—0121，墙体为山险。山势陡峭，植被较茂密。长 679 米（图五九二、五九三）。

第 5 小段，GPS0121—0122，墙体为山险。山势陡峭，植被较茂密。长 1010 米（图五九四）。

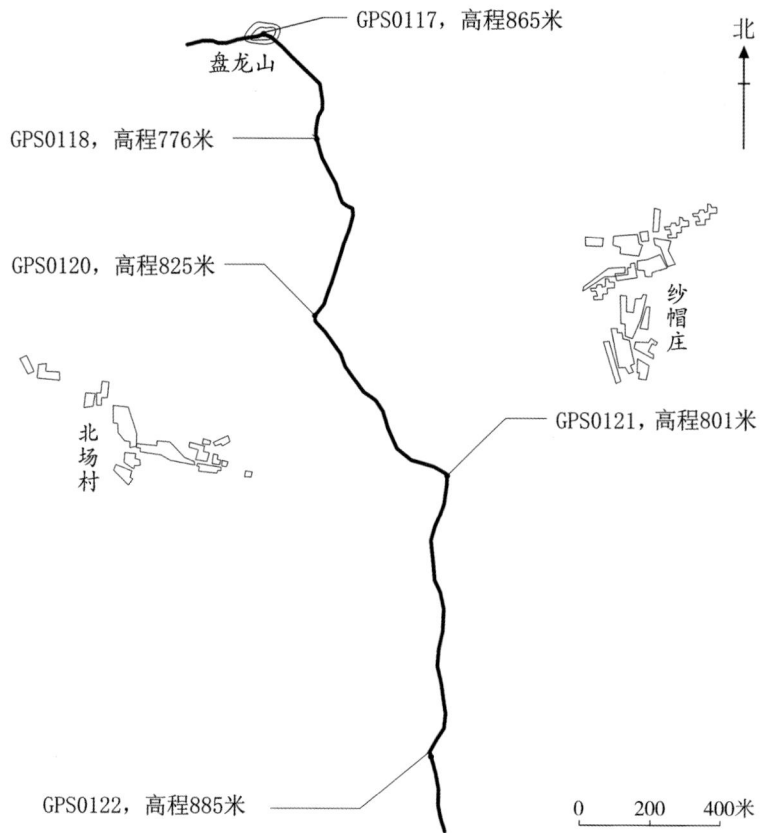

图五九一　雁门村东山段长城走向图

表一二七　雁门村东山段长城（编码：370302382105190012）GPS采集点表（单位：米）

工作编号	名称	坐标（起止点）			与相邻点关系
		东经	北纬	高程	
0117	起点			865	
0118	拐点1			776	0117点东南440
0119	折点1			797	0118点东南150
0120	拐点2			825	0119点西南516
0121	拐点3			801	0120点东南679
0122	止点			885	0121点西北1010

图五九二　GPS0120 点以北山险（南—北）

图五九三　GPS0120 点以南山险（北—南）

图五九四　GPS0122 点以南山险（北—南）

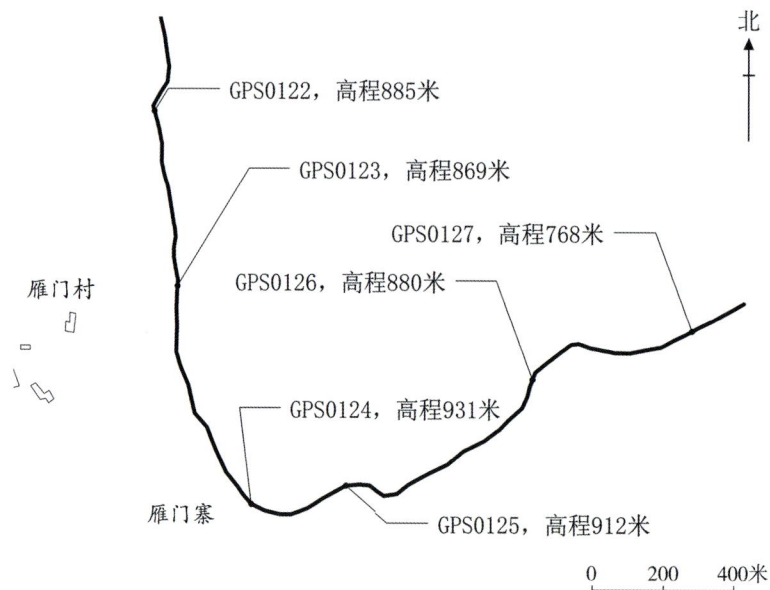

图五九五　雁门寨段长城走向图

第十三段，雁门寨段长城（编码：370302382105190013）

长城西北起雁门村东山，高程 885 米；东南至前紫峪北山，高程 768 米。长 3049 米（图五九五；表一二八）。

长城位于博山区雁门村东，呈西北—东南走向，全部为山险。

该段长城总长3049米，根据长城走向和特征点可分为5个小段。

第1小段，GPS0122—0123，墙体为山险。山势陡峭，植被较茂密。长535米。

第2小段，GPS0123—0124，墙体为山险。山势陡峭，植被较茂密。长773米。0124点为雁门寨，高程931米（图五九六、五九七）。

第3小段，GPS0124—0125，墙体为山险。山势陡峭，植被较茂密。长313米。

第4小段，GPS0125—0126，墙体为山险。山势陡峭，植被较茂密。长778米。

第5小段，GPS0126—0127，墙体为山险。山势陡峭，植被较茂密。长650米。

表一二八　雁门寨段长城（编码：370302382105190013）GPS采集点表（单位：米）

工作编号	名称	坐标（起止点）			与相邻点关系
		东经	北纬	高程	
0122	起点			885	
0123	折点1			869	0122点东南535
0124	拐点1			931	0123点东南773
0125	折点2			912	0124点东北313
0126	拐点2			880	0125点东北778
0127	止点			768	0126点东北650

图五九六　GPS0124点以北山险（南—北）

图五九七　GPS0124 点东北山险（西南—东北）

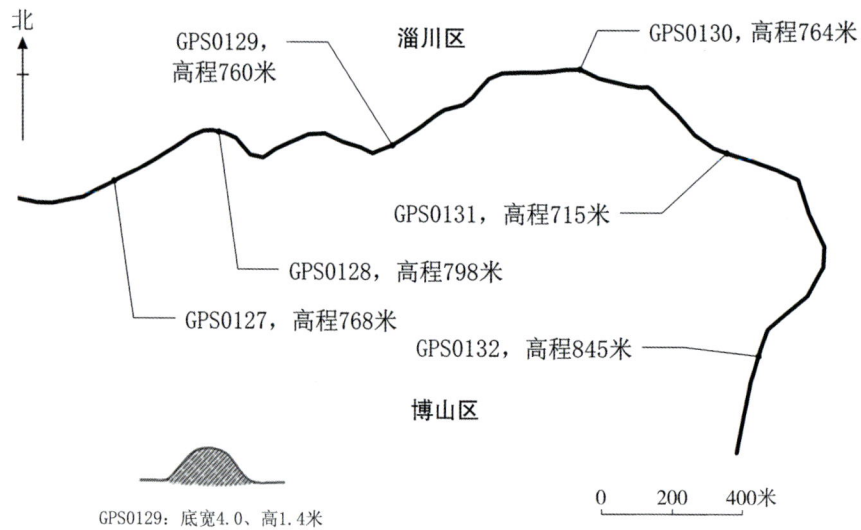

图五九八　胡兰顶段长城走向图

第十四段，胡兰顶段长城（编码：370302382102190014）

该段长城西北起前紫峪北山，高程 768 米；东南至胡兰顶，高程 845 米。长 3092 米（图五九八；表一二九）。

长城位于淄川区上雀峪村西北，呈西北—东南走向。

该段长城总长 3092 米，其中保存差的长 613 米，消失的长 2479 米。根据长城走向和特征点可分为 5 个小段。

第 1 小段，GPS0127—0128，墙体消失。山势较平缓，两侧种植有柏树。长 339 米。

第 2 小段，GPS0128—0129，墙体消失。山势陡峭，植被较茂密。长 588 米。

第 3 小段，GPS0129—0130，墙体保存差。墙体坍塌成土垄状，上面长满野草，底宽 4、顶宽 1.5、高 1.4 米。长 613 米。

第 4 小段，GPS0130—0131，墙体消失。被一条公路穿过。长 469 米。

第 5 小段，GPS0131—0132，墙体消失，无迹象。长 909 米（图五九九、六〇〇）。

表一二九　胡兰顶段长城（编码：370302382102190014）GPS 采集点表（单位：米）

工作编号	名称	坐标（起止点）			与相邻点关系
		东经	北纬	高程	
0127	起点			768	
0128	拐点 1			798	0127 点东北 439
0129	拐点 2			760	0128 点东南 588
0130	拐点 3			764	0129 点东北 613
0131	拐点 4			715	0130 店东南 543
0132	止点			845	0131 点东南 909

图五九九　GPS0132 点西北墙体（东南—西北）

图六〇〇　GPS0132 点西南墙体（东北—西南）

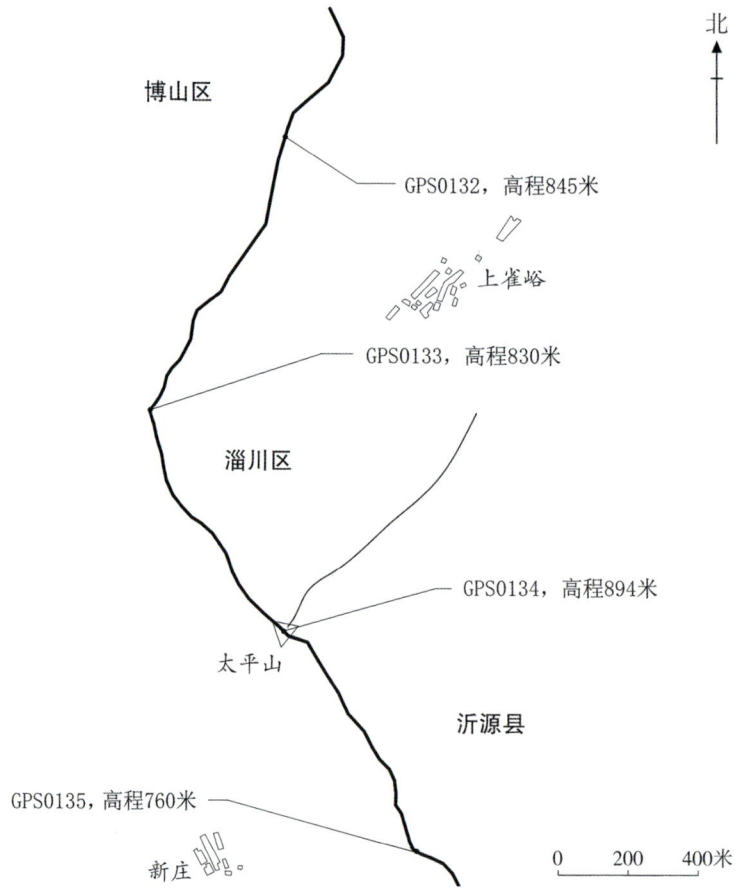

图六〇一　太平山段长城走向图

第十五段，太平山段长城（编码：370302382102190015）

该段长城北起胡兰顶，高程 845 米；南至太平山，高程 760 米。长 3003 米（图六〇一；表一三〇）。

长城位于淄川区上雀峪村西，呈东北—西南走向，长城全部消失。

该段长城总长 3003 米，根据长城走向和特征点可分为 3 个小段。

第 1 小段，GPS0132—0133，墙体消失。植被较茂密。长 1060 米。

第 2 小段，GPS0133—0134，墙体消失。0134 点为太平山，海拔 894 米。长 1030 米（图六〇二）。

第 3 小段，GPS0134—0135，墙体消失。植被较茂密，以杨树为主，山脚开垦有梯田。长 913 米。

表一三〇　太平山段长城（编码：370302382102190015）GPS 采集点表（单位：米）

工作编号	名称	坐标（起止点）			与相邻点关系
		东经	北纬	高程	
0132	起点			845	
0133	拐点 1			830	0132 点西南 1060
0134	拐点 2			894	0133 点东北 1030
0135	止点			760	0134 点东南 913

图六〇二　GPS0134 点东南墙体（西北—东南）

第五节　保护管理机构现状

一　保护机构

境内长城属淄川市文物局统一保护管理，沿线并没有设置保护点。无统一有效的保护管理机制，进而无法掌握每段墙体的具体保存现状，致使多处墙体一直处于无保护的状态。

二　保护标志

此次调查，长城沿线没有发现有效的保护标志和警示牌，这部分工作，须在后期保护工作中加入。适当地树立保护标志碑和警示牌，能有效阻止一些人为破坏行为，对长城的保护起到很关键的作用。

三　保护范围及建设控制地带

齐长城资源调查前，山东省文物主管部门明确规定，齐长城墙体及附属建筑两侧50米之内为保护范围，其中20米之内为绝对保护区，300米之内为建设控制地带。后调整为坡地和平地部分：以长城本体两侧外缘各向外200米为保护范围，保护范围外缘向外500米为建设控制地带；山岭部分：山脊上的长城按山脊两侧的谷底线（或坡脚线）至长城墙体外缘的距离不足700米的按700米划定。

四　记录档案

在调查中发现没有详细的记录档案。在第三次文物普查中，境内的齐长城遗址一并登记入册。

第六节　长城损毁的自然与人为因素

一　自然因素

淄川境内长城途经地形地貌较为简单，位于境内南部的山地。墙体均沿山脊分布，两侧山体植被较茂密，多松柏树。有个别地段开垦梯田，对长城墙体破坏较甚。

二　人为因素

此次调查表明，破坏长城墙体的最大因素就是人为因素，多表现为村镇建设和开垦梯田，其中开垦梯田对齐长城的破坏较为严重。

第十一章

沂源县齐长城调查

第一节　地理位置与自然环境

沂源县位于山东省的中部，淄博市最南端，为淄博市的市辖县。属沂蒙山区，县域总面积 1735.85 平方千米。沂源县地处鲁中山区腹地、东岳泰山东部、沂蒙山区西北部边缘，东频潍坊市和临沂市，西临莱芜和泰安市。因是山东第一大河——480 千米长的沂河的发源地而得名，是山东省平均海拔最高的县。

地质、地形、地貌　沂源是典型的山区县。中、低山和丘陵面积占 99.3%。沂源县境内地貌，因受地质构造、岩性、河流、气候等内外营力作用的控制和影响，山峦起伏、沟壑纵横，地势自西北向东南倾斜。属中低山丘陵区，整个地势西北高、东南低，沿沂河流向倾斜。境内山峦起伏，沟壑纵横，鲁山为群峰之首，山势挺拔峻秀，风景迷人，海拔 1108.3 米，是山东省第四高峰。最低点在沂河谷地，海拔 180 米。地貌类型有中山、低山、丘陵、山前倾斜平地等。

中山面积 6.8 平方千米，占总面积的 0.4%。分布于西北部、北部的土门镇、三岔乡，海拔在 800 米以上，相对高 400 米以上。山势险峻，沟深谷幽，坡度 30°~45°。基岩是花岗岩和片麻岩为主的酸性岩。土层厚度少于 30 厘米。

低山面积 766.2 平方千米，占沂源县总面积的 44.2%。分布于各乡（镇），海拔 400~800 米，相对高 300 米。其中，砂石低山分布于西南部和东部，山岭低缓，沟谷开阔，坡度 20°~30°，土质粗劣，砂砾含量高；土层 10~40 厘米。

丘陵面积 947 平方千米，占总面积的 54.7%，海拔 200~400 米，相对高小于 200 米，全县均有分布，坡度 10°~20°。丘陵的中上部多为岭坡梯田，土层 20~30 厘米，砂砾含量高。丘陵中下部土层 40~60 厘米，土质较好。

山前倾斜平地面积 12.12 平方千米，占总面积 0.7%，分布于鲁村、南麻、悦庄 3 镇及沂河两岸。海拔 180~300 米。地势平缓，土层厚。

沂源境内有山崮 2075 个。其中，海拔 800 米以上的 6 座，700~800 米的 20 座，600~700 米的 75 座，500~600 米的 137 座。最高点鲁山主峰海拔 1108.3 米，为山东第四高峰。

气候　沂源县属暖温带季风区域大陆性半湿润气候，四季分明，年平均气温 11.9℃，无霜期 189 天，平均日照时数 2660.6 小时，年平均降雨量 720.8 毫米。

水文　境内大小河流 1600 多条。沂河又名沂水，发源于沂源县徐家庄乡龙子峪，流经沂源、沂水、沂南、河东、兰山、罗庄、苍山、郯城等县区，由郯城县吴家道口村入江苏省境内，全长 574 千米，流域面积 17325 平方千米。主要支流有汶河、蒙河、柳青河、祊河、谏河等。年径流量为 35.1 亿立方米，河床最宽处 1540 米。

第二节 历史沿革

沂源历史悠久。最早的山东人"沂源猿人"表明，早在 50 万年前人类便在此繁衍生息。

商朝，沂源地属"人方"。周朝时，鲁国在艾山附近设艾邑，在盖冶村设盖邑，纪国在阮峪村东设浮莱邑等治所。秦朝，属琅琊郡莒县。西汉时，盖邑改称盖县。东汉末在东安村设东安郡所，隋朝开皇四年（584 年）改为东安县。元朝至民国时，沂源为沂水、临朐、蒙阴 3 县属地。

1938～1939 年，国民党山东省政府曾驻鲁村和东里店。1944 年建县后，先后隶属中共鲁中行政联合办事处、鲁中行政主任公署所辖的沂蒙专署和沂水专区、临沂专区、临沂地区行政公署。

1990 年 1 月 1 日划归淄博市管辖。

第三节 长城概况

沂源县齐长城全长 42593.7 米，分为两部分（图六〇三）。

第一部分，为沂源县西半段齐长城，分布在沂源县境内。长 33520 米。在实地田野调查中，共拍摄照片 275 张，录像 39 段，绘制图纸 10 张。根据长城走向和保存情况，我们将沂源县齐长城分为 10 段，每段一般以所经山峰和村庄来命名。

第二部分，分布在沂源县与临朐县交界线上，其北侧为临朐县，西起核桃崮（临朐县龙王崖主峰），高程 706 米；东至驴皮崮西，高程 577。长 9073.7 米。该部分长城调查成果在临朐县第一至第五段介绍。

沂源县段齐长城共计长度为 33520 米。根据长城走向和特征点我们分成 10 段，每段以所经山峰和村庄命名。起点位于博山、淄川、沂源三地的交界处太平山，经敖子顶、鞭皮山、璞丘西山、歪头顶、车场东山、大崮顶、大崮、马头崮、水泉溜西山至核桃崮出境。呈西北—东南走向。

沂源段齐长城以山险为主，长 24587 米，占到总长度的 73.35%。保存差的墙体有 2253 米，占 6.72%，消失的墙体有 6680 米，占 19.93%。石墙长 2253 米，占境内长城长度的 6.72%（表一三一、一三二）。

表一三一　沂源段齐长城墙体类型统计表（单位：米）

项目	石墙	土墙	山险	消失	总计
小计	2253	0	24587	6680	33520
百分比（%）	6.72	0	73.35	19.93	100

表一三二　沂源段齐长城墙体保存现状统计表（单位：米）

段落		项目						
淄博	沂源	较好	一般	较差	差	消失	山险	总计
29	1					2659		2659
30	2						1543	1543
31	3						2694	2694

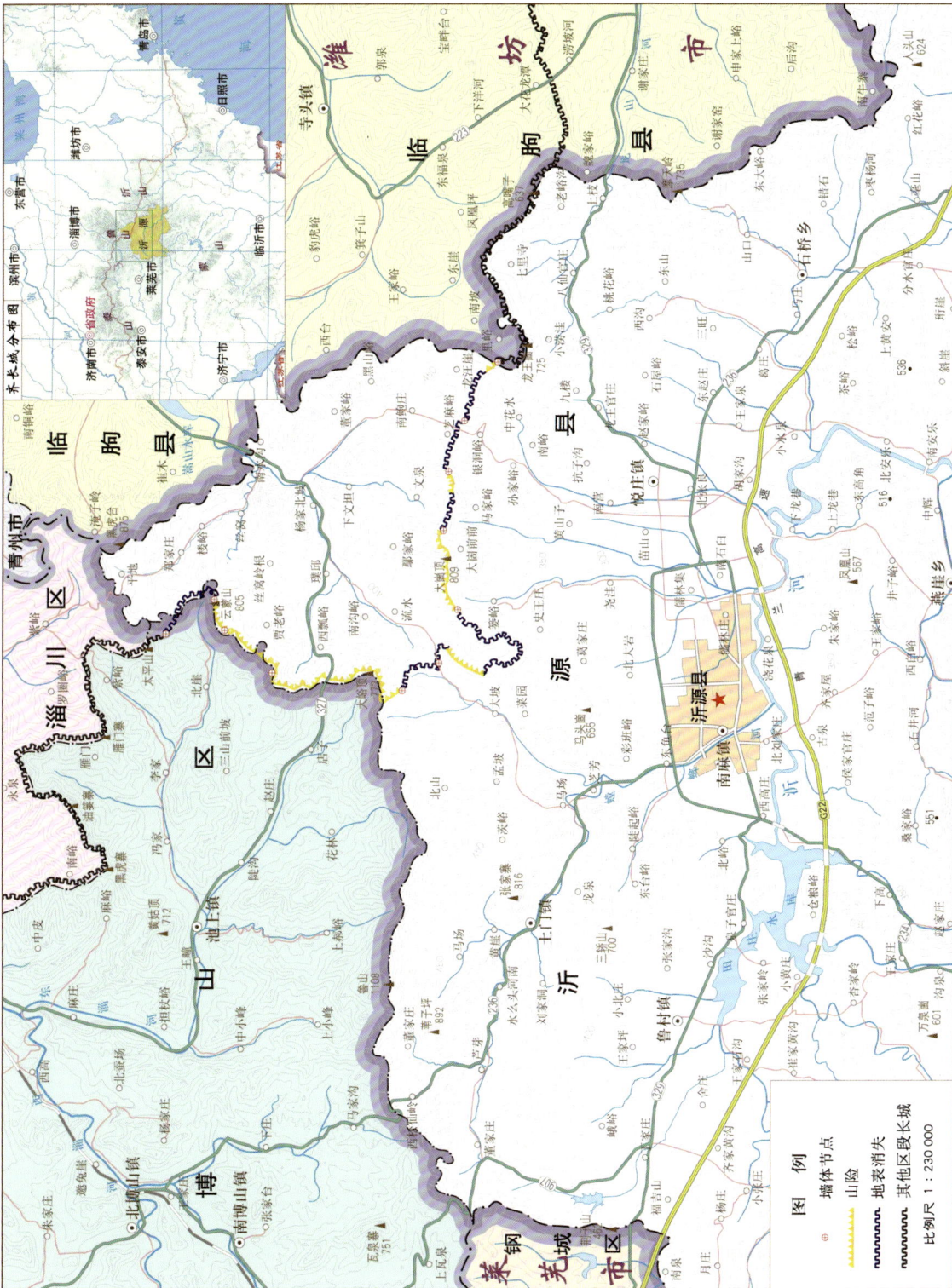

图六〇三　沂源县及周边县齐长城分布图

段落		项目						
淄博	沂源	较好	一般	较差	差	消失	山险	总计
32	4						5680	5680
33	5						2790	2790
34	6						6960	6960
35	7						3200	3200
36	8				1210		1500	2710
37	9				508	1766		2274
38	10				535	2255	220	3010
小计		0	0	0	2253	6680	24587	33520
百分比（%）		0	0	0	6.72	19.93	73.35	100

第四节　分段调查实况（1~10段）

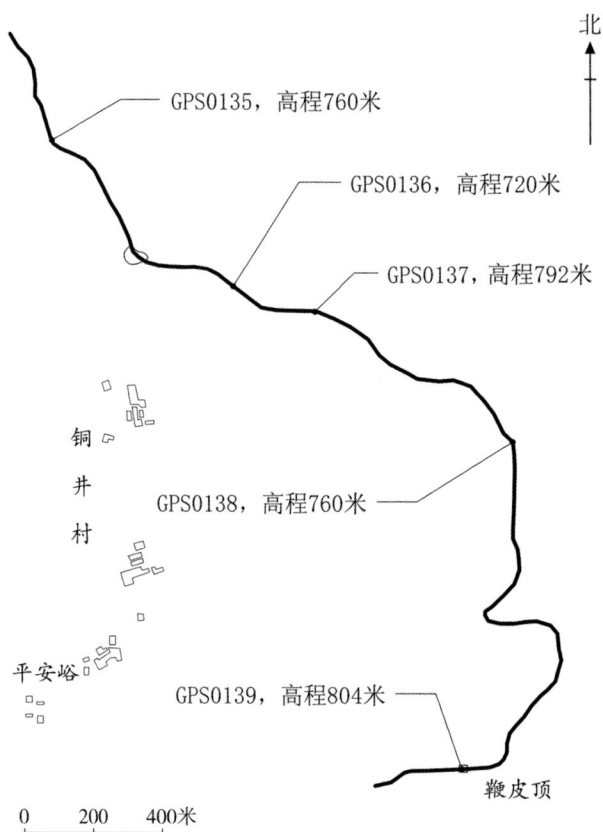

图六〇四　敖子顶段长城走向图

第一段，敖子顶段长城（编码：370323382102190001）

该段长城西北起太平山，高程 760 米；东南至鞭皮顶山，高程 804 米。长 2659 米（图六〇四；表一三三）。

长城位于铜井村西北，呈西北—东南走向。

该段长城总长 2659 米，长城全部消失。根据长城走向和特征点可分为 4 个小段。

第 1 小段，GPS0135—0136，山势较陡峭，墙体消失。植被较多，以柏树和灌木为主。长 670 米。

第 2 小段，GPS0136—0137，山势较陡峭，墙体消失。植被较多，以柏树和灌木为主。长 360 米（图六〇五、六〇六）。

第 3 小段，GPS0137—0138，山势较陡峭，墙体消失。植被较多，以柏树和灌木为主。长 819 米。

第 4 小段，GPS0138—0139，山势较陡峭，墙体消失。植被较多，以柏树和灌木为主。长 810 米。

表一三三　敖子顶段长城（编码：370323382102190001）GPS 采集点表（单位：米）

工作编号	名称	坐标（起止点）			与相邻点关系
		东经	北纬	高程	
0135	起点			760	
0136	折点 1			720	0135 点东南 670
0137	拐点 1			792	0136 点东南 360
0138	拐点 2			760	0137 点东南 819
0139	止点			804	0138 点西南 810

图六〇五　GPS0137 点东南山险（西北—东南）

图六〇六　GPS0137 点西北山险（东南—西北）

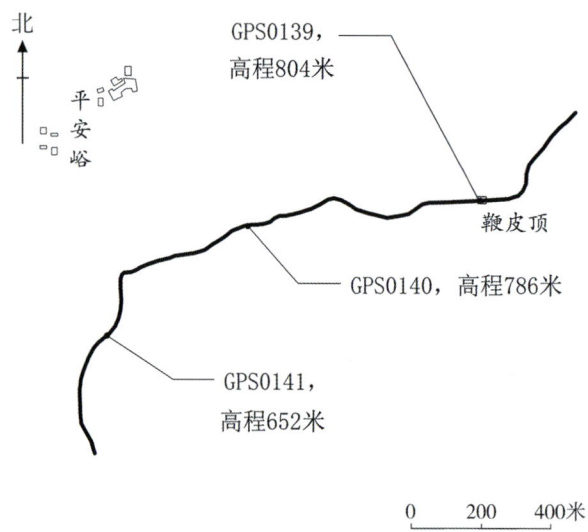

图六〇七　鞭皮山段长城走向图

第二段，鞭皮山段长城（编码：370323382106190002）

该段长城东北起鞭皮顶山，高程 804 米；西南至铜井村南山，高程 652 米。长 1543 米（图六〇七；表一三四）。

长城位于沂源平安峪村东南，呈东北—西南走向。

该段长城总长 1543 米，长城全部为山险。根据长城走向和特征点可分为 2 个小段。

第 1 小段，GPS0139—0140，墙体为山险。山势较陡峭，植被较多，以柏树和灌木为主。长 876 米。

第 2 小段，GPS0140—0141，墙体为山险。山势较陡峭，植被较多，以柏树和灌木为主。长 676 米（图六〇八、六〇九）。

表一三四　鞭皮山段长城（编码：370323382106190002）GPS 采集点表（单位：米）

工作编号	名称	坐标（起止点）			与相邻点关系
		东经	北纬	高程	
0139	起点			804	
0140	拐点 1			786	0139 点西南 867
0141	止点			652	0140 点西南 676

图六〇八　GPS0141 点东北山险（西南—东北）

图六〇九　GPS0141点西南山险（东北—西南）

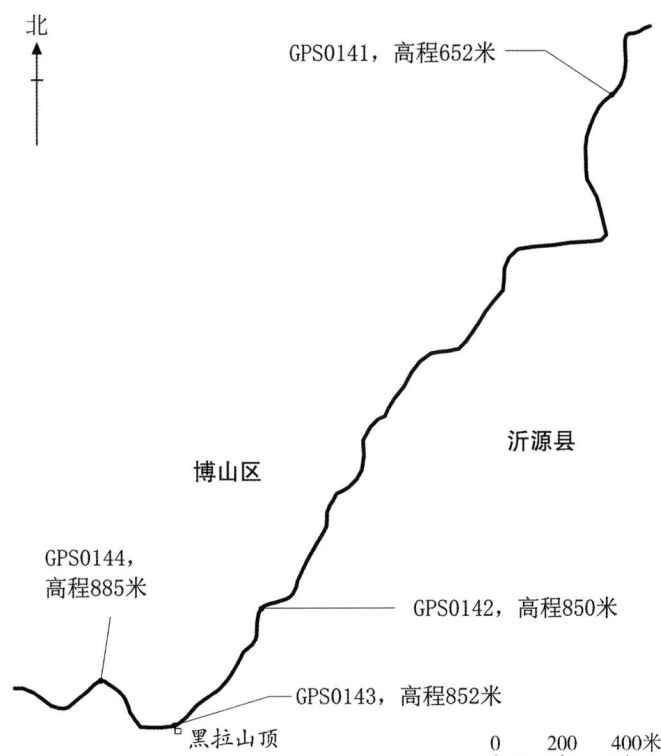

图六一〇　璞丘西山段长城走向图

第三段，璞丘西山段长城（编码：370323382105190003）

该段长城东北起铜井村南山，高程 652 米；西南至璞丘西山，高程 885 米。长 2694 米（图六一〇；表一三五）。

长城位于博山区平安峪村南，呈东北—西南走向。

该段长城总长 2694 米，长城全部为山险。根据长城走向和特征点可分为 3 个小段。

第 1 小段，GPS0141—0142，墙体为山险。山势较陡峭，植被茂密，以柏树和灌木为主。长 1810 米。

第 2 小段，GPS0142—0143，墙体为山险。山势较陡峭，植被茂密，以柏树和灌木为主。长 654 米。

第 3 小段，GPS0143—0144，墙体为山险。山势较陡峭，植被茂密，以柏树和灌木为主。长 230 米（图六一一）。

表一三五　璞丘西山段长城（编码：370323382105190003）GPS 采集点表（单位：米）

工作编号	名称	坐标（起止点）			与相邻点关系
		东经	北纬	高程	
0141	起点			652	
0142	折点 1			850	0141 点西南 1810
0143	拐点 1			852	0142 点西南 654
0144	止点			885	0143 点西北 230

图六一一　GPS0144 点西南山险（东北—西南）

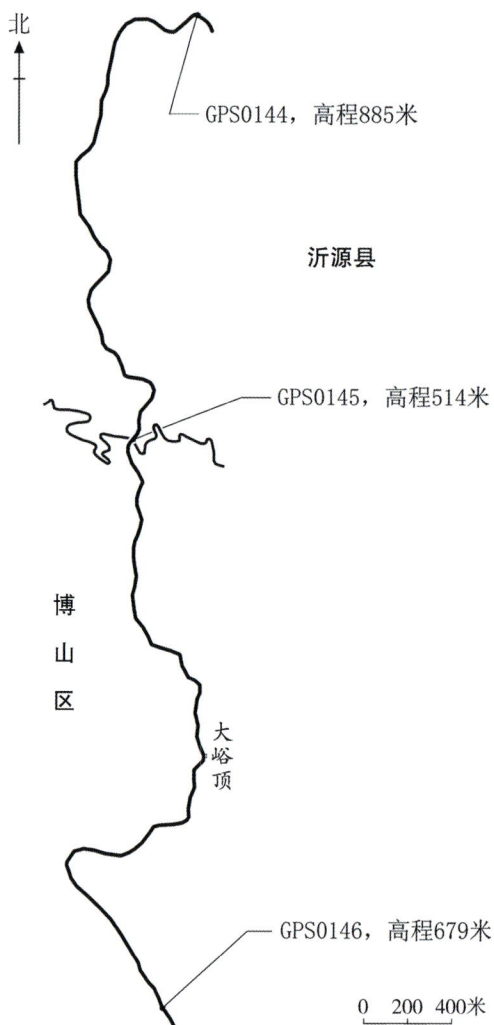

图六一二　歪头顶山段长城走向图

第四段，歪头顶山段长城（编码：370323382105190004）

该段长城北起璞丘西山，高程885米；南至歪头顶山，高程679米。长5680米（图六一二；表一三六）。

长城位于博山区唐家六村西北，呈北—南走向。

该段长城总长5680米，长城全部为山险。根据长城走向和特征点可分为2个小段。

第1小段，GPS0144—0145，墙体为山险。0145点处有一条公路穿过。山势较陡峭，植被茂密，以柏树和灌木为主。长2700米（图六一三）。

第2小段，GPS0145—0146，墙体为山险。山势较陡峭，植被茂密，以柏树和灌木为主。长2980米。

表一三六　歪头顶山段长城（编码：370323382105190004）GPS采集点表（单位：米）

工作编号	名称	坐标（起止点）			与相邻点关系
		东经	北纬	高程	
0144	起点			885	
0145	折点1			514	0144点西南2700
0146	止点			679	0145点西南2980

图六一三　GPS0145点处山险（北—南）

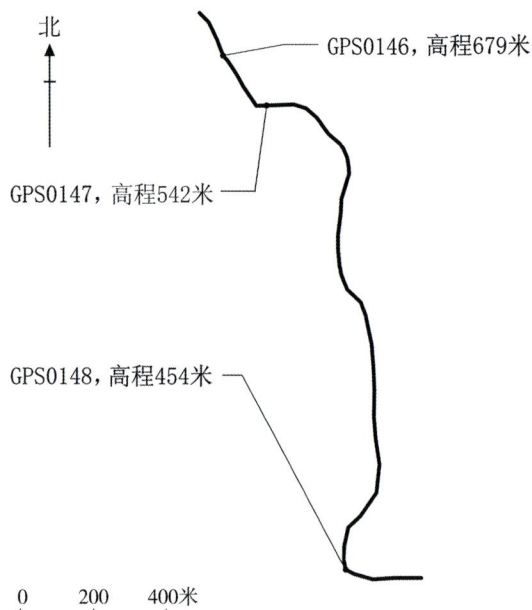

图六一四 歪头顶东山段长城走向图

第五段，歪头顶东山段长城（编码：3703233821 05190005）

该段长城西北起歪头顶山，高程 679 米；东南至歪头顶东山，高程 454 米。长 2790 米（图六一四；表一三七）。

长城位于沂源县大坡村东南，呈西北—东南走向。

该段长城总长 2790 米，长城全部为山险。根据长城走向和特征点可分为 2 个小段。

第 1 小段，GPS0146—0147，墙体为山险。两侧山势较平缓，植被较多，以柏树为主。有的地方被开垦成农田。长 1010 米（图六一五）。

第 2 小段，GPS0147—0148，墙体为山险。两侧山势较平缓，植被较多，以柏树为主。有的地方被开垦成农田。长 1780 米。

表一三七 歪头顶东山段长城（编码：370323382105190005）GPS 采集点表（单位：米）

工作编号	名称	坐标（起止点）			与相邻点关系
		东经	北纬	高程	
0146	起点			679	
0147	拐点 1			542	0146 点东南 1010
0148	止点			454	0147 点东南 1780

图六一五 GPS0146 点以北山险（南—北）

图六一六　车场东山段长城走向图

第六段，车场东山段长城（编码：370323382105190006）

该段长城西起歪头顶东山，高程 454 米；东至车场东山，高程 611 米。长 6960 米（图六一六；表一三八）。

长城位于沂源县车场村南，呈西北—东南走向。

该段长城总长 6960 米，长城全部为山险。根据长城走向和特征点可分为 2 个小段。

第 1 小段，GPS0148—0149，墙体为山险。山势较平缓，多被开垦成梯田。长 6480 米。

第 2 小段，GPS0149—0150，墙体为山险。南侧山势陡峭，多被开垦成梯田。长 480 米（图六一七、六一八）。

表一三八　车场东山段长城（编码：370323382105190006）GPS 采集点表（单位：米）

工作编号	名称	坐标（起止点）			与相邻点关系
		东经	北纬	高程	
0148	起点			454	
0149	拐点1			533	0148 点东南 6480
0150	止点			611	0149 点东北 480

图六一七　GPS0149 点东北山险（西南—东北）

图六一八　GPS0150 点以西山险（东—西）

第七段，大嵧顶段长城（编码：370323382105190007）

该段长城西南起车场东山，高程611米；东北至小嵧，高程615米。长3200米（图六一九；表一三九）。

长城位于沂源县篓峪西北，呈西南—东北走向。

该段长城总长3200米，长城全部为山险。根据长城走向和特征点可分为2个小段。

第1小段，GPS0150—0151，墙体为山险。此段烟草公司在山顶开地种植烟草、建设蓄水池破坏山体。山势较陡峭，山体多被开垦为梯田。长1800米（图六二〇）。

第2小段，GPS0151—0152，墙体为山险。山势较陡峭，山体多被开垦为梯田。长1400米。

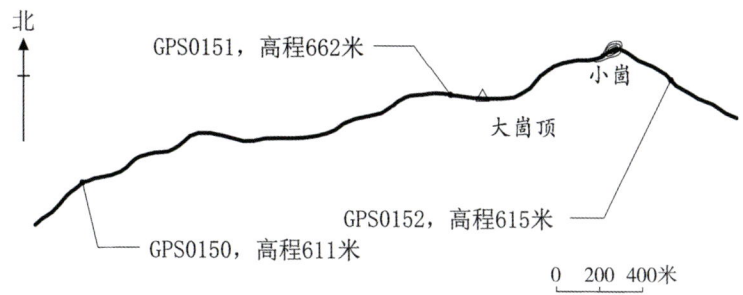

图六一九　大嵧顶段长城走向图

表一三九　大嵧顶段长城（编码：370323382105190007）GPS采集点表（单位：米）

工作编号	名称	坐标（起止点）			与相邻点关系
		东经	北纬	高程	
0150	起点			611	
0151	拐点1			662	0150点东北1800
0152	止点			615	0151点东北1400

图六二〇　GPS0151点西南墙体（东北—西南）

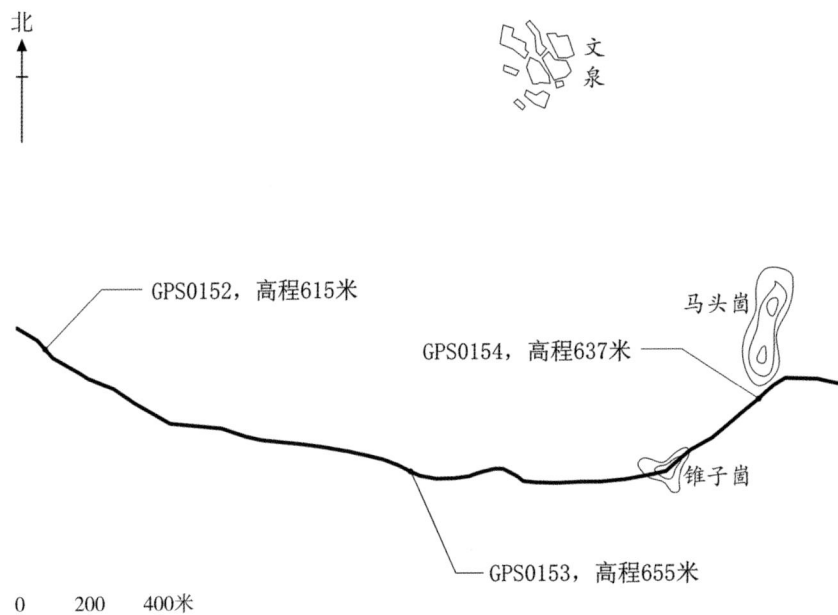

图六二一　马头崮段长城走向图

第八段，马头崮段长城（编码：370323382105190008）

该段长城西起小崮，高程 615 米；东止马头崮，高程 637 米。长 2710 米（图六二一；表一四〇）。长城位于沂源县马家峪村北，呈西北—东南走向。

该段长城总长 2710 米，其中保存差的长 1210 米，山险长 1500 米。根据长城走向和特征点可分为2 个小段。

第 1 小段，GPS0152—0153，墙体保存差。墙体仅能辨出轮廓，残高 1.5、宽 5 米，仅保存 72 米。山势较陡峭，有的地方被开垦为梯田。长 1210 米（图六二二、六二三）。

第 2 小段，GPS0153—0154，墙体为山险。山势较陡峭，植被以柏树为主。0154 点为马头崮，高程 701 米。长 1500 米。

表一四〇　马头崮段长城（编码：370323382105190008）GPS 采集点表（单位：米）

工作编号	名称	坐标（起止点）			与相邻点关系
		东经	北纬	高程	
0152	起点			615	
0153	折点 1			655	0152 点东南 1210
0154	止点			637	0153 点东北 1500

图六二二　GPS0152 点以西墙体（东—西）

图六二三　GPS0153 点以东墙体（西—东）

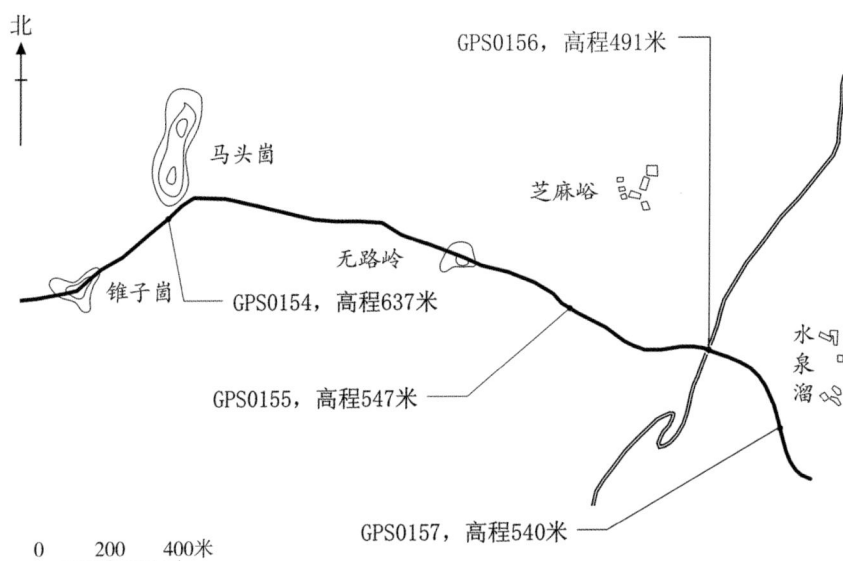

图六二四　水泉溜西山段长城走向图

第九段，水泉溜西山段长城（编码：370323382102190009）

该段长城长城西北起马头崮，高程 637 米；东南至水泉溜西山，高程 540 米。长 2274 米（图六二四；表一四一）。

长城位于沂源县水泉溜村南，呈西北—东南走向。

该段长城总长 2274 米，其中保存差的长 508 米，消失的长 1766 米。根据长城走向和特征点可分为 3 个小段。

第 1 小段，GPS0154—0155，墙体消失。过无路岭，山势较平缓，多处被开垦成梯田，植被以柏树为主。长 1500 米（图六二五、六二六）。

第 2 小段，GPS0155—0156，墙体保存差。出现墙体痕迹，保存差，宽 4.5、高 0.5 米。山势较平缓，植被以柏树为主。长 508 米。

第 3 小段，GPS0156—0157，墙体消失。山势较平缓，多处被开垦成梯田。长 266 米。

表一四一　水泉溜西山段长城（编码：370323382102190009）GPS 采集点表（单位：米）

工作编号	名称	坐标（起止点）			与相邻点关系
		东经	北纬	高程	
0154	起点			637	
0155	折点 1			547	0154 点东南 1500
0156	拐点 1			491	0155 点东南 508
0157	止点			540	0156 点东南 266

图六二五　GPS0154 点以东墙体（西—东）

图六二六　GPS0155 点以西墙体（西—东）

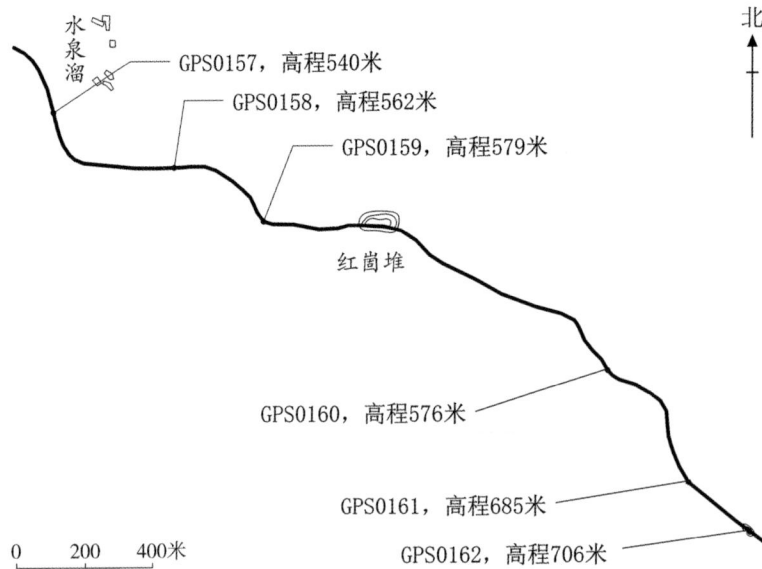

图六二七　核桃崮段长城走向图

第十段，核桃崮段长城（编码：370323382102190010）

该段长城西北起水泉溜西山，高程 540 米；东南止核桃崮（临朐县龙王崖主峰），高程 706 米，长3010 米（图六二七；表一四二）。

长城位于沂源县龙王崖村西南，呈西北—东南走向。

该段长城总长 3010 米，其中保存差的长 535 米，消失的长 2255 米，山险长 220 米。根据长城走向和特征点可分为 5 个小段。

第 1 小段，GPS0157—0158，墙体保存差。墙体坍塌仅剩轮廓，残高 0.4～1.7、宽 4.5 米。山势较平缓，多被开垦为梯田，对长城破坏较大。植被较少。长 535 米（图六二八）。

第 2 小段，GPS0158—0159，墙体消失。此段长城端部开垦农田，种植农作物，遗迹已消失。山势较平缓，植被较少。长 511 米（图六二九）。

第 3 小段，GPS0159—0160，墙体消失。山势较平缓，植被以柏树为主。长 1420 米。

第 4 小段，GPS0160—0161，墙体消失。山势较平缓，植被以柏树为主。长 324 米。

第 5 小段，GPS0161—0162，墙体为山险。0162 点东边是大崮。山势较陡峭，植被以柏树为主。长 220 米。

表一四二　核桃崮段长城（编码：370323382102190010）GPS 采集点表（单位：米）

工作编号	名称	坐标（起止点）			与相邻点关系
		东经	北纬	高程	
0157	起点			540	
0158	折点 1			562	0157 点东南 535
0159	拐点 1			579	0158 点东南 511
0160	拐点 2			576	0159 点东南 1420
0161	折点 2			685	0160 点东南 324
0162	止点			706	0161 点东南 220

图六二八　GPS0157 点以东墙体（西—东）

图六二九　GPS0159 点以东墙体（西—东）

第五节　保护管理机构现状

一　保护机构

境内长城属沂源县文物局统一保护管理，沿线并没有设置保护点。无统一有效的保护管理机制，进而无法掌握每段墙体的具体保存现状，致使多处墙体一直处于无保护的环境中。

二　保护标志

此次调查，长城沿线没有发现有效的保护标志和警示牌，这部分工作，须在后期保护工作中加入。适当地树立保护标志碑和警示牌，能有效地阻止一些人为破坏行为，对长城的保护起到很关键的作用。

三　保护范围及建设控制地带

齐长城资源调查前，山东省文物主管部门明确规定，齐长城墙体及附属建筑两侧50米之内为保护范围，其中20米之内为绝对保护区，300米之内为建设控制地带。后调整为坡地和平地部分：以长城本体两侧外缘各向外200米为保护范围，保护范围外缘向外500米为建设控制地带；山岭部分：山脊上的长城按山脊两侧的谷底线（或坡脚线）至长城墙体外缘的距离不足700米的按700米划定。

四　记录档案

调查中发现对境内的齐长城没有较为详细的记录。在第三次文物普查中，境内的齐长城遗址一并登记入册。

第六节　长城损毁的自然与人为因素

一　自然因素

沂源境内长城途经地形地貌较为简单，一般位于境内的山地。墙体均沿山脊分布，山体以荒山为主，植被多松柏树。开垦梯田的现象较为普遍，对长城墙体破坏较甚。处于山谷之间时，多被修路截断破坏。

二　人为因素

此次调查表明，破坏长城墙体的最大因素就是人为因素，多表现为植树造林、垦田拓路，对齐长城的破坏较为严重。

第十二章

临朐县齐长城资源调查

第一节 地理位置与自然环境

临朐别称骈邑。地处山东半岛中部，潍坊市西南部，沂山北麓，弥河上游。东与昌乐县、安丘市毗连，南与沂水、沂源县接壤，西界淄博市，北邻青州市。总面积1835平方公里。

地质、地形、地貌 临朐县境内南高北低，南、西、东为低山、丘陵，中、北为平原，恰似一个硕大的簸箕。境内共有大小山头2000余座，仅海拔500米以上的山峰就有84座。由于境内低山、丘陵、平原交错，故形成三大地貌。低山中等侵蚀区和剥蚀堆积区：此类地貌占全县总面积的47%，分布在县境内南部的大关、九山、蒋峪、石家河、寺头、五井及中南部冶源一带。县内所有海拔500米以上的山峰，均在该区内，其中700米以上的高峰20座，最高者达1031米。著名的"沂蒙七十二崮"，在该区内就有狮子崮、歪头崮、嵩山大崮、透明崮、大崮、来家崮等。其中沂山为县内第一大山，极似泰山，故有"东泰山"之称。低山丘陵侵蚀堆积区：该区面积占全县总面积的40%，主要由玄武岩、片麻岩、片岩、砂砾岩、黏土岩等组成的低山丘陵地形，山顶多呈浑圆或馒头状，海拔标高200～500米，相对标高小于200米，中年期地形明显。其主要分布区域在县境内东部的上林、龙岗、七贤、柳山及东南部的大关、蒋峪、辛寨等乡镇。山前平原堆积区：该区面积占全县总面积的13%左右，多分布于县境内北部的城关、纸坊、杨善、七贤、龙岗、营子、冶源及东南部的蒋峪、辛寨等乡镇的部分地区，这部分山前和山中平原，地势低平，接受东、南、西部水流携带的剥蚀、侵蚀物，形成厚3～50米的平原堆积。临朐城周围冲积平原89平方千米，为山东省八大盆地之一，该区平均海拔200米以下，经过较悠久的外应力作用育成褐土、棕壤和部分潮土，为植被和耕耘创造优良条件。

气候 属内陆季风性气候。临朐县城附近全年日照时数平均为2514.1小时，全年日照时数最多为5月，日照时数272.1小时；最少为2月，日照时数180.8小时。气温：临朐县城附近年平均气温为12.8℃，一年之中，7月的平均气温最高，为26.1℃；1月的平均气温最低，为－3.2℃。年极端最高气温为40.5℃（1968年）；年极端最低气温为－20.9℃（1981年）。降水：临朐县降水量季节差别颇大，夏秋偏多，冬春较少，一年中夏秋两季的降水量占全年降水量的81%～83%，而冬春两季则仅占17%～19%。风：临朐县处在东亚季风区，季节变化明显。春季以南风、东南风、西南风为主，冬季以北风、西北风、东北风为主。夏、秋两季则以南风为主。年平均风速为2.6米/秒。

水文 临朐县水资源总量为55665万立方米，其中多年平均地表水资源总量为37200万立方米，多年平均地下水资源量为22765万立方米，多年平均地下水可开采量为15000万立方米。全县人均占有水资源量 642.3 立方米，仅为全国人均水资源占有量的 1/4，是典型的贫水区。境内山川相间，河谷深切，水能蕴藏量较丰富。特别是南部山区，山高河床陡，比降均大于 1/40，且又多属暴雨中心，全县大小河流 230 余条，较大者 57 条，分属弥河、汶河两水系。

植物　木本植物有 51 科 230 余种，主要有杨、松、柳、榆、楸、刺槐、桐、黄栌、银杏、国槐、棉槐及苹果、山楂、桃、杏、梨、李、板栗、核桃、柿子、软枣、大枣、花椒、樱桃、香椿、桑树、荆、棘等。藤本植物主要有紫藤、葛藤、刺叶南蛇藤、葡萄、山葡萄、爬山虎等。草本植物约有 800 余种，除具有植被价值外，从资源角度分，大致可分为柴薪类、牧草类、食用类、药材类。柴薪类草本植物以山草、茅草、蒿类为多。牧草类以骨节草、莠草、羊胡子草、翻白草、苍耳、蒺藜等为广。食用类草本植物，如灰菜、荠菜、苦菜、马齿苋、龙须菜、拳头菜、苜蓿、黄花菜、蓬子菜、蒲公英、车前等，多达数十种。药材类有柴胡、丹参、黄芪、黄芩、远志、半夏、地锦草、透骨草、徐长卿、刘寄奴、防风、益母草等五百余种。水生植物主要是芦苇、蒲、藕、莲、浮萍等。

第二节　历史沿革

临朐历史悠久，源远流长。据考古发现境内有大汶口文化遗址 5 处，龙山文化遗址 58 处。

旧志载，黄帝曾登封沂山，帝尧之子丹朱曾封于丹水。夏为季荝氏封地。商为逄伯陵封地。西周为鄑（骈）邑，为纪国所辖。春秋，今县境置鄑邑、东阳邑；战国为朐邑，齐国所辖，为齐相管仲封地。

秦，境内无县治，今县境大部属临淄郡，南部属琅琊郡。西汉设有临朐、朱虚、挍 3 县和鄑、临原 2 个侯国；东汉，今县境有临朐、朱虚 2 县。

三国魏晋，境内仍设临朐、朱虚 2 县，初临朐属徐州东莞郡、朱虚属青州城阳郡，后同属东莞郡；南北朝时期，境内设昌国、朱虚、般阳、西安、安平 5 县。

隋朝将各县统一为临朐县。唐、宋属青州，元朝属益都路，明、清属青州府。

民国初，属胶东道，1925 年改属淄青道，1927 年直属山东省。1949 年属昌潍专区，1967 年昌潍专区改称昌潍地区，1981 年更名潍坊地区，1983 年改称潍坊市，临朐顺次属之。

第三节　调查工作过程

临朐县齐长城的调查工作是从 2009 年 4 月 5 日开始的，至 5 月 20 日结束。参加调查的人员有李振光、程留斌、朱彤、王云鹏、宫德杰。临沂市文管会的张子晓、沂水县博物馆的耿涛以及临朐县房管局退休老干部刘镇宗同志参加了部分线段的调查工作。

齐长城的调查工作分为两大部分：

1. 主线与复线长城的调查

临朐主线长城与复线长城的调查是从西端临朐与沂源交界的龙王崖主峰开始的。

首先完成了沂山以西的调查，长城总体保存较差，但是断断续续的迹象能够把长城路线连接起来。

在弥河东岸，长城从大山东村南、弥河东岸断崖处向东而上，至断崖上向南行，至小尧峪村前小山东行。

沂山顶部的调查进行了三次，第一次是做沂山西侧调查时，调查完沂山西坡的红石崖后，在沂山顶部调查了两天，调查工作是根据《齐长城》的齐长城路线调查测绘的。但是我们调查沂山东侧的梓根腿段长城时，由梓根腿南岭向西红崖顶方向调查，长城保存较好，路线清晰，至红崖顶长城没有沿南侧断崖绕行，而是向西北弯转。分析认为，齐长城可能不是沿原来的泰薄顶南侧绕行，需要重新调查确定。重上沂山，与沂山管理委员会、沂山林场的领导同志座谈，了解到玉皇顶东南向林场部分有断续石墙，最后确定了齐长城在沂山顶部的走向。

沂山东侧存在着长城主线和复线，二者是从梓根腿东岭分开的，《齐长城》认为由此向东南至穆陵关方向的长城为齐长城主线，而向东北大关水库、太平山方向行走的为齐长城复线。最初的调查与记录是这样进行的。但是我们在调查沂水县东部三楞山两条长城线路汇合部分的长城时，沂水县的干部讲解百姓传说，有杨廷将军一夜将齐长城错修百里的传说。现场观察，从北侧太平山向东、经安丘沂水交界而行、从沂水东部由北向南而来的长城向东北莒县而去，拐弯处一次修建而成，墙体规整。从西侧穆陵关方向来的齐长城石墙，贴在北侧来的石墙外侧，北侧太平顶方向来的长城应为先修，为主线。穆陵关长城晚修，为复线长城。据此，将原调查材料进行调整。

2. 其他传说长城线路的调查确认

在临朐调查时，县博物馆宫德杰同志介绍：县房管局退休老干部刘镇宗同志，热爱长城，潜心钻研，利用业余时间调查长城20余年，并研究考证，有文章发表。这给我们提供了学习、了解的机会，我们通过座谈，了解了许多新的线索。深为刘先生的精神所感动。

刘镇宗先生通过多年的考察，认为在临朐县，除原来已经确定的纵贯临朐南境的齐长城主线和穆陵关复线外，还存在三条长城路线。第一条，铜陵关长城；第二条，临朐西北境与沂源、青州交界的长城；第三条，临朐县城南侧东西向长城。另外在穆陵关向北的小关、大关南北向山川谷地存在烽燧线。我们用了20多天的时间进行了详尽的考察，对考察经过路线用GPS测绘，以备将来需要使用。该部分的考察结果专文叙述。

第四节 长城概况

临朐县齐长城长65131.7米。分为两大部分，主线长城、穆陵关复线长城（图六三〇）。

一 主线长城

主线齐长城西起龙王崖主峰，高程706米；东至临朐、安丘、沂水交界的太平山，高程505米（表一四三、一四四）。

长城经龙王崮、南屏山、罗庄南山口、罗庄东岭、小辛庄北岭、高嘴子山、驴皮崮山、钜梁崮山，过大崮山南行，过弥河东北行，经紫草岭西山，沿紫草岭村后水库大坝上东岭，经高山南行，经蜂子窝西岭东行，过山谷上蜂子窝东岭，经下龙湾东岭、大蚕场南岭，上沂山西坡的红石崖，上玉皇顶，沿东坡而下，经林场，上沂山东侧的红石崖，转向东行，经梓根腿南岭，沿梓根腿东岭东北行，过大关水库向东至太平顶山。长城经过地带为临朐南部及其与沂源、沂水交界地带的高山丘岭。

沂山为鲁中山区的著名高山，山高坡陡，临朐西南、东南部的山岭多为中低山，山虽然不是很高，但是临朐一带的崮状山顶很有特点。山顶部分断崖峭壁，低者三五米、高者十几米至几十米，呈宽扁形或长条状，石崖绵延，形成天然防御屏障，而顶部多呈平台状，可以驻军加强防守。上面保存较多的石砌寨堡，部分可能为晚期所用。

临朐主线齐长城长度56253.7米。根据其分布位置分为四部分。

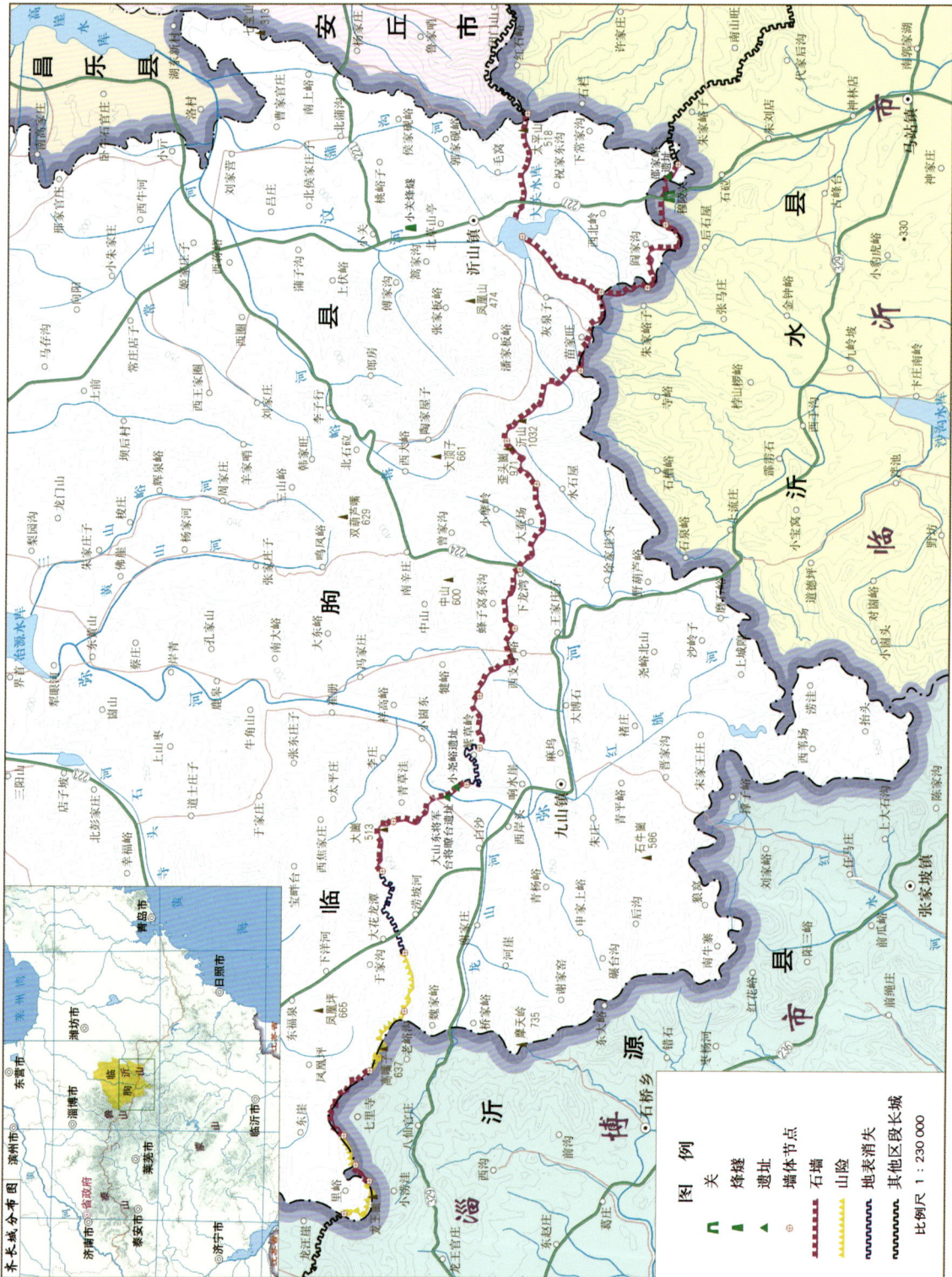

图六三〇　临朐县及周边县市长城分布图

第一部分，位于临朐和沂源县交界处。西起龙王崖主峰，高程 706 米；东至驴皮崮西，高程 577 米。长 9073.7 米。

第二部分，位于临朐县境内。西起驴皮崮西，高程 577 米；东至沂山红崖顶，高程 790 米。长 34827 米。

第三部分，位于临朐和沂水县交界处。西起沂山红崖顶，高程 790 米；东至梓根腿南山主复线交叉点。高程 512 米。长 3399 米。

第四部分，位于临朐县境内。西起梓根腿南山主、复线交叉点，高程 512 米；东至太平山，高程 505 米。长 8954 米。

表一四三　临朐段齐长城主线墙体保存情况统计表（单位：米）

段落	项目						
	较好	一般	较差	差	消失	山险	总计
1						1940	1940
2				39	808		847
3						1245	1245
4			415	401.5	2498.2		3314.7
5						2961	2961
6						2140	2140
7					3695		3695
8			325			1999	2324
9		330	1025	606	1466	279	3706
10			338	376	230	1043	1987
11		1386		424	286		2096
12		161		1124	2138	237	3660
13		882	454	1032	355		2723
14		515		2501	1058		4074
15				221		2208	2429
16		50	1355	1006	1158	1190	4759
17	457	1466	741	468	267		3399
18	380	2746	316	495			3937
19		167	503	2407	1940		5017
小计	837	7703	5472	11100.5	15899.2	15242	56253.7
百分比（%）	1.49	13.69	9.73	19.73	28.26	27.10	100

表一四四   临朐段齐长城主线墙体类型统计表（单位：米）

项目	石墙	土墙	山险	消失	总计
小计	18443.5	6669	15242	15899.2	56253.7
百分比（%）	32.79	11.86	27.10	28.26	100

二   穆陵关复线长城

临朐县穆陵关复线长8878米。西起梓根腿南山主、复线交叉点，高程512米；东至穆陵关东山顶，高程423米。复线长城分布在临朐、沂水交界处，从梓根腿东岭长城主线，沿东岭南行、东南行，至朱家峪北围子山山顶南行、东行，经穆陵关西岭北行，向东过穆陵关村，上东岭，至穆陵关关顶。长城经过地带为沂山东侧低山丘岭地带，距离村庄较近，农田开垦种植破坏严重。

三   相关遗址

调查发现3处周代遗址，有小尧峪周代遗址、大山东将军台将瞭台遗址、邵家峪周代遗址。

四   关隘

1处。为穆陵关遗址。

五   烽燧

1处。为小关烽燧。

六   寨堡

调查测绘寨堡2处。为龙王崮寨堡、大崮寨堡（具体情况在第二十一章介绍）。

第五节   主线分段调查实况（1～19段）

一   墙体

主线齐长城西起龙王崖主峰，高程706米；东至临朐、安丘、沂水交界的太平山，高程505米。临朐主线齐长城长度56253.7米，根据特征点划分为十九段。

第一段，大崮段长城（编码：370724382102020001）

该段长城西起龙王崖主峰，高程706米（沂源县核桃崮）；东至里峪南山口，高程559米。长1940米（图六三一；表一四五）。

长城从沂源县境内延伸而来，由龙王崖主峰向南沿沂源县与临朐县交界处大崮山向南行、东行，下大崮山陡崖沿山坡东北行，过里峪南山口向南坪山而行。大崮山为崮状顶石山，断崖峭壁，石崖陡立数十米，顶部平坦，多杂草，无树木。石壁绵延数千米，似长墙横亘高山顶部，足为天险，长城以此为山险。大崮山东、里峪南山口，地形较为平缓，百姓在山坡种植药材，没有发现长城墙体。山口北有里峪村，东南有芦家泉村，盘山公路向西沿山坡蜿蜒而上，过山口通向北侧村庄，路边分布零星农户。

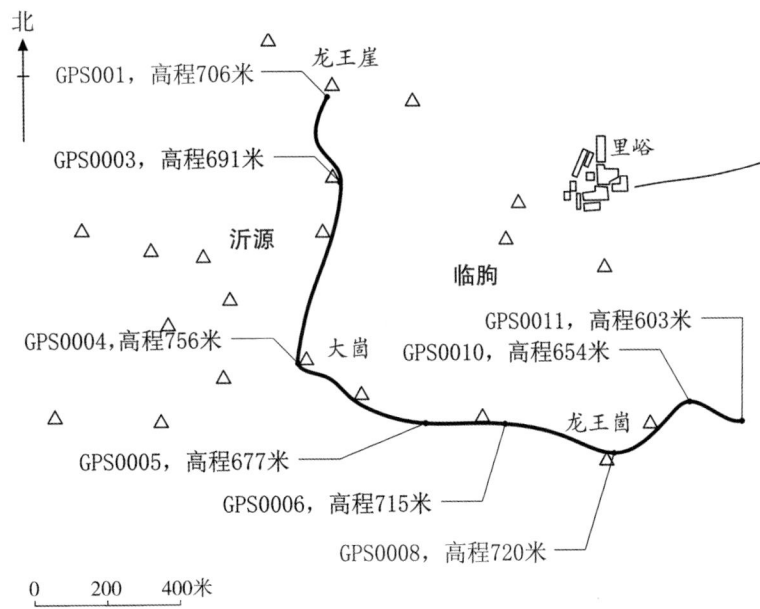

图六三一　大崮段长城走向图

该段长城总长1940米，皆为山险。根据长城走向和特征点可分为10个小段。

第1～4小段，GPS0001—0005，为龙王崖、大崮山绵长山脊。以山为险。长862米（图六三二～六三四）。

第5～6小段，GPS0005—0007，为大崮东山东西扁长山脊。以山为险。长343米（图六三五）。

第7～10小段，GPS0007—0011，为龙王崮山东西长山脊，以山为险。长735米。

表一四五　大崮段长城（编码：370724382102020001）GPS采集点表（单位：米）

工作编号	名称	坐标（起止点）			与相邻点关系
		东经	北纬	高程	
0001	起点			706	
0002	拐点1			706	0001点西南122
0003	折点1			691	0002点东南212
0004	拐点2			756	0003点南280
0005	折点2			677	0004点东南248
0006	折点3			715	0005点东173
0007	拐点3			690	0006点东南170
0008	拐点4			720	0007点东南145
0009	折点4			669	0008点东140
0010	拐点5			654	0009点东北212
0011	结束点			603	0010点东南238

图六三二　GPS0001 点以南龙王崖山险（西北—东南）

图六三三　GPS0002 点以南山险（北—南）

图六三四　GPS0005 点以北山险（东南—西北）

图六三五　GPS0006 点以西山险（东—西）

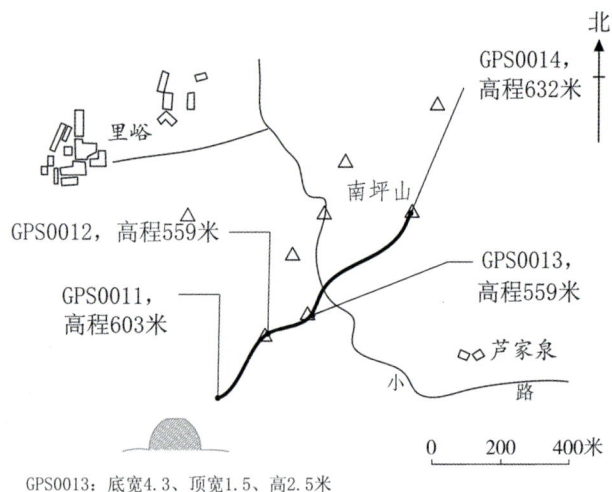

GPS0013：底宽4.3、顶宽1.5、高2.5米

图六三六　里峪南山口段长城走向图

第二段，里峪南山口段长城（编码：370 724382102020002）

该段长城西起龙王崮山东，高程603米；东至南坪山，高程632米。长847米（图六三六；表一四六）。

长城分布在里峪村南山口，由龙王崮山东坡至南屏山西坡，为两山间鞍部，地势平缓，多开垦为梯田，慢坡处也遍地种植药材，对环境造成了严重的破坏。盘山公路由山南侧的芦家全村向西过山口通往北侧的里峪村，对环境也形成破坏。

该段长城总长847米，仅在龙王崮山东坡高处残留39米墙体，为土墙，墙体底宽4.3、顶宽1.5、高2.5米，遭到梯田侵占，墙体保存较差。其他部分消失，踪影全无。长808米（图六三七～六三九）。

表一四六　里峪南山口段长城（编码：370724382102020002）GPS采集点表（单位：米）

工作编号	名称	坐标（起止点）			与相邻点关系
		东经	北纬	高程	
0011	起点			603	
0012	折点1			559	0011点东北286
0013	折点2			559	0012点东北173
0014	结束点			632	0013点东北388

图六三七　GPS0011点东北墙体远景（西—东）

图六三八　GPS0012 点以东墙体远景（西南—东北）

图六三九　GPS0014 点西南墙体远景（东北—西南）

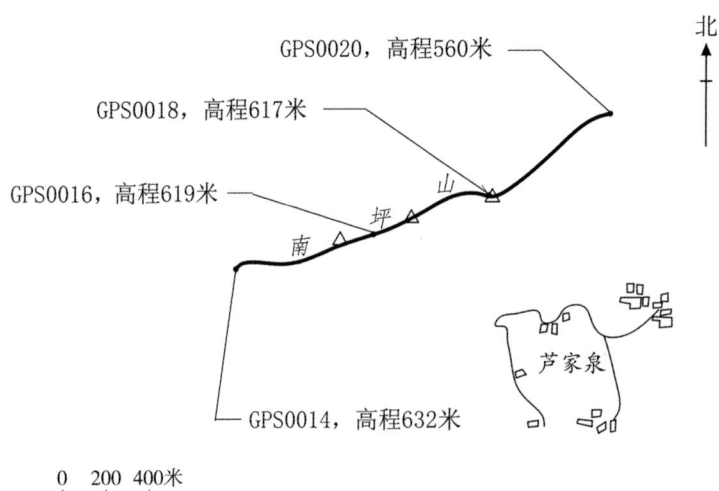

图六四〇　南坪山段长城走向图

第三段，南坪山段长城（编码：370724382102020003）

该段长城西起南坪山西端小山头，高程 632 米；东至南坪山东，高程 560 米。1245 米（图六四〇；表一四七）

长城位于南屏山山脊。南屏山为西北—东南长山脊，南坡山势陡险，山坡梯田开垦近山顶，多杂草，少刺槐树，北坡地势平缓。山脊部分为陡高而长的石山脊，人们开采石英矿破坏严重。北侧村庄有临朐县的里峪、南坡，南侧有沂源县的芦家泉、七里寺，长城经过两县交界处。

该段长城长 1245 米，根据走向和特征点划分为 6 个小段。长城以山为险，墙体为山险（图六四一～六四三）。

表一四七　南坪山段长城（编码：370724382102020003）GPS 采集点表（单位：米）

工作编号	名称	坐标（起止点）			与相邻点关系
		东经	北纬	高程	
0014	起点			632	
0015	折点 1			633	0014 点东北 338
0016	折点 2			619	0015 点东北 130
0017	拐点 1			619	0016 点东北 100
0018	拐点 2			617	0017 点东 238
0019	折点 3			596	0018 点东北 231
0020	结束点			560	0019 点东北 208

图六四一　GPS0014 点东南
山险（西南—东北）

图六四二　GPS0015 点以东
山险（西南—东北）

图六四三　GPS0019 点以东
山险（西—东）

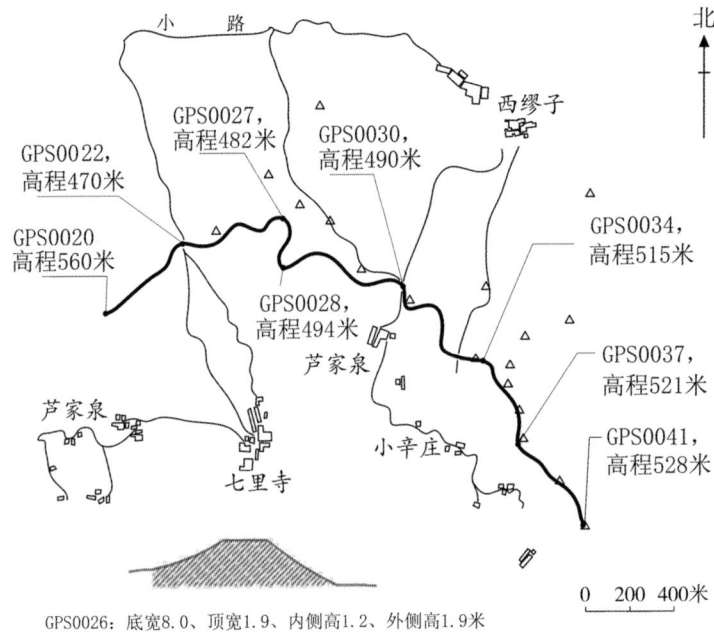

GPS0026：底宽8.0、顶宽1.9、内侧高1.2、外侧高1.9米

图六四四　小辛庄段长城走向图

第四段，小辛庄段长城（编码：370724382102020004）

该段长城西起南坪山东，高程560米；东至高嘴子西山山顶，高程528米。长3314.7米（图六四四；表一四八）。

长城从南屏山东坡沿山脊东北行，过洛庄—七里寺山口公路，上东侧低岭，过小山，沿西北—东南向岭脊前坡陡坡处弯转东南行，沿小辛庄村东北侧长山脊东南行。小辛庄为山区村庄，由山前自然分布的5个小村组合而成。村东北山脊由连绵的6个小山头组成，山多为光秃秃的土岭或砂石小山，多含铁，呈铁红色，少树木，多杂草。岭上多开垦为梯田。

北侧村庄有临朐县的下道沟、西子、东子、东峪，南侧有沂源县的七里寺、小辛庄。

该段墙体总长3314.7米，其中保存较差的长415米，保存差的401.5米，消失的2498.2米。根据长城走向和特征点划分为21个小段。

第1～5小段，GPS0020—0025，位于南屏山东坡及洛庄—七里寺山口公路东岭，这里南北两侧距离村庄较近，梯田开垦种植厉害，破坏严重，墙体消失。走向为西南—东北方向。长889米（图六四五）。

第6～7小段，GPS0025—0027，位于长城向东南转弯处。在起点0025点及0026点后各出现一段墙体，0025点后墙体长24.2米，底宽4.6、顶宽1.2、高1.2米，内侧被梯田侵占，墙体保存差；0026点后墙体长42.5米，墙体底宽8.0、顶宽1.9、内侧高1.2、外侧高1.9米，墙体保存差。其余256米均消失（图六四六、六四七）。

第8～9小段，GPS0027—0029，墙体消失。长201米。

第10小段，GPS0029—0030，位于小辛庄1村西北岭。在起点0029点后有22.8米残存墙体，墙体遗迹明显，墙体保存差，其余均消失。长291米（图六四八）。

第11～12小段，GPS0030—0032，位于小辛庄1村北岭。墙体消失。长322米。

第13小段，GPS0032—0033，位于小辛庄2村北岭的北坡。墙体整体保存较差，底宽4.0、顶宽

0.8、高1.5米，墙体被两侧梯田侵蚀。长127米。

第14小段，GPS0033—0034，位于小辛庄2村北岭。墙体整体保存较差，底宽6.6、顶宽0.8、高1.5米。长191米。

第15~16小段，GPS0034—0036，位于小辛庄3村北岭。墙体消失。长229米。

第17小段，GPS0036—0037，位于小辛庄3村东北岭。墙体整体保存较差，底宽6.6、顶宽2.1、高1.8米。长97米。

第18小段，GPS0037—0038，墙体消失。长110米。

第19~20小段，GPS0038—0040，位于小辛庄4村北岭。墙体整体保存差，遗迹明显，石块散布。长312米。

第21小段，GPS0040—0041，位于小辛庄村5东北岭。墙体消失。长223米。

表一四八 小辛庄段长城（编码：370724382102020004）GPS采集点表（单位：米）

工作编号	名称	坐标（起止点）			与相邻点关系
		东经	北纬	高程	
0020	起点			560	
0021	折点1			496	0020点东北262
0022	折点2			470	0021点东北190
0023	折点3			490	0022点东北140
0024	拐点1			485	0023点东208
0025	拐点2			482	0024点东北89
0026	拐点3			482	0025点东南178.2
0027	拐点4			482	0026点东北144.5
0028	拐点5			494	0027点西南101
0029	折点4			495	0028点东南100
0030	拐点6			490	0029点东南291
0031	拐点7			488	0030点南113
0032	拐点8			482	0031点东209
0033	拐点9			496	0032点南127
0034	折点5			515	0033点东191
0035	拐点10			495	0034点东南87
0036	折点6			521	0035点东南142
0037	折点7			521	0036点南97
0038	拐点11			533	0037点南110
0039	折点8			511	0038点东南199
0040	折点9			521	0039点东南113
0041	结束点			528	0040点东南223

图六四五　GPS0023 点以西墙体远景（东—西）

图六四六　GPS0025 点处墙体（东—西）

图六四七　GPS0026 点以西墙体远景（东南—西北）

图六四八　GPS0029 点以南墙体（西北—东南）

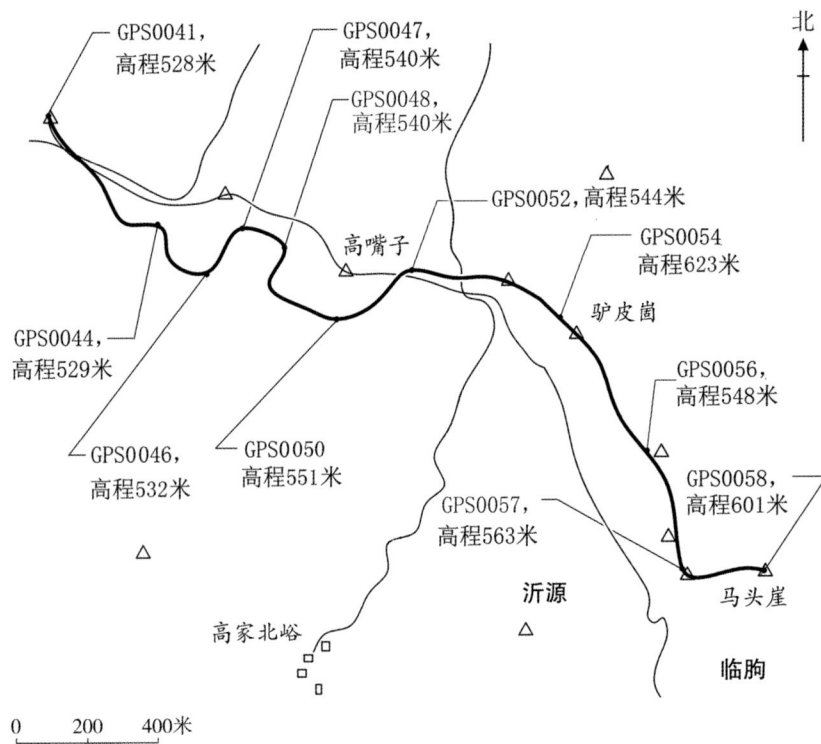

图六四九　高嘴子驴皮崮段山险走向图

第五段，高嘴子驴皮崮段山险（编码：370724382102020005）

该段长城西北起高嘴子西山山顶，高程 528 米；东南至马头崖山顶，高程 601 米。长 2961 米（图六四九；表一四九）。

长城分布在西北—东南向长山脊上，多为光秃秃的土山，但山势较高，达五六百米。山上少树木，多杂草。驴皮崮上为石山，顶部为崮状，断崖峭壁，山石陡险。南侧近千米远，呈断崖状高台。该段西半部位于临朐县与沂源县交界处，自驴皮崮西向东进入临朐县境（图六五〇、六五一）。

该段长城总长 2961 米，根据长城走向和特征点划分为 17 个小段。以高山、断崖为山险，不见人工修筑的长城。

表一四九　高嘴子驴皮崮段山险（编码：370724382102020005）GPS 采集点表（单位：米）

工作编号	名称	坐标（起止点）			与相邻点关系
		东经	北纬	高程	
0041	起点			528	
0042	折点 1			510	0041 点东南 105
0043	拐点 1			528	0042 点东南 303
0044	拐点 2			529	0043 点东 50
0045	拐点 3			535	0044 点南 96
0046	拐点 4			532	0045 点东 55
0047	拐点 5			540	0046 点东北 178
0048	拐点 6			540	0047 点东 210
0049	拐点 7			548	0048 点南 110
0050	拐点 8			551	0049 点东南 240
0051	拐点 9			551	0050 点东北 140
0052	折点 2			544	0051 点东北 110
0053	折点 3			577	0052 点东 130
0054	折点 4			623	0053 点东南 216

工作编号	名称	坐标（起止点）			与相邻点关系
		东经	北纬	高程	
0055	折点5			643	0054 点东南 140
0056	折点6			548	0055 点东南 316
0057	拐点10			563	0056 点东南 266
0058	结束点			601	0057 点东 296

图六五〇 GPS0046
点以东山险（西—东）

图六五一 GPS0043
点以南残存石屋
（北—南）

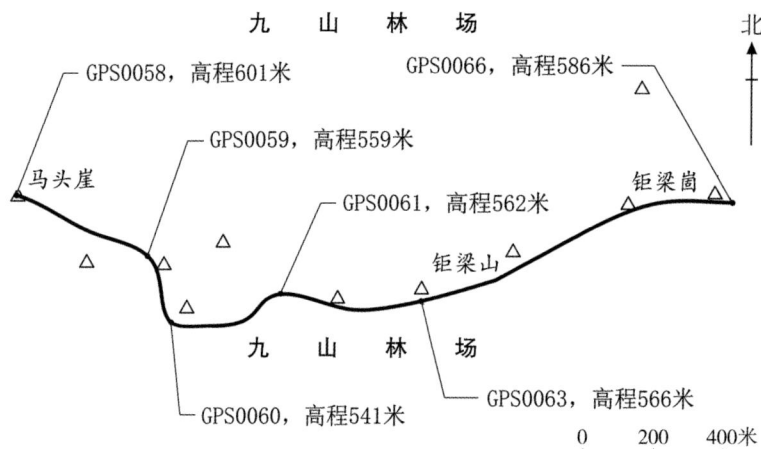

图六五二　钜梁崮段山险走向图

第六段，钜梁崮段山险（编码：370724382102020006）

该段长城西起马头崖山顶，高程 601 米；东至钜梁崮东，高程 586 米。长 2140 米（图六五二；表一五〇）。

长城从马头崖山顶，沿山脊向东而行，过马头崖东山东行，上钜梁山、钜梁崮漫长山脊，南侧为断崖峭壁，石崖高险，无法上攀。山顶多松树，山坡多刺槐树、荆棘。东西向山脊及两侧林带属九山林场，线路南侧有店子北沟村、龙乡店子村、工家沟村等，北侧有于家沟村（六五三～六五五）。

该段长城长 2140 米，根据长城走向，将该段划分为 8 个小段。这里没有发现人工修筑的长城，以高山、断崖为山险。

表一五〇　钜梁崮段山险（编码：370724382102020006）GPS 采集点表（单位：米）

工作编号	名称	坐标（起止点）			与相邻点关系
		东经	北纬	高程	
0058	起点			601	
0059	折点 1			559	0058 点东南 385
0060	拐点 1			541	0059 点东南 261
0061	折点 2			562	0060 点东北 200
0062	折点 3			570	0061 点东 192
0063	折点 4			566	0062 点东 216
0064	拐点 2			593	0063 点东北 361
0065	折点 5			584	0064 点东北 285
0066	结束点			586	0065 点东北 240

图六五三　GPS0058 点以东山险（西北—东南）

图六五四　GPS0064 点以东山险（东—西）

图六五五　钜梁崮山险远景（东南—西北）

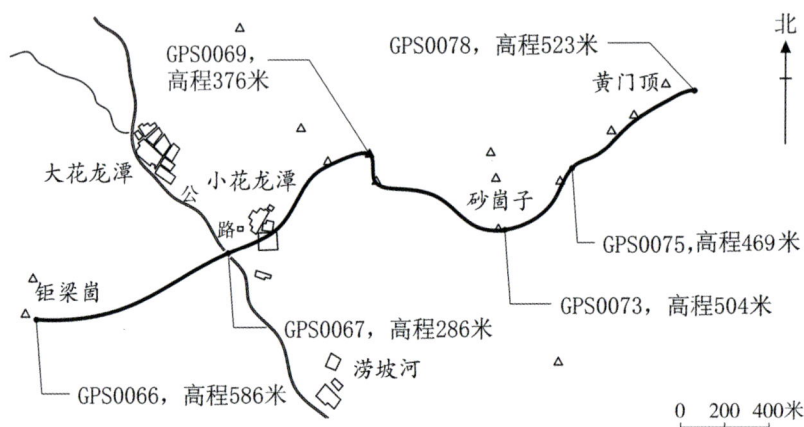

图六五六　小花龙砂崮子段长城走向图

第七段，小花龙砂崮子段长城（编码：37072438210 2020007）

该段长城西南起钜梁崮东，高程586米；东北至黄门顶，高程523米。长3695米（图六五六；表一五一）。

长城沿钜梁崮山东山脊东行，过东南—西北向公路，过小花龙潭村，沿村东岭脊东北行至东山顶转向东南行，过砂崮子山转向东北行，至黄门顶山断崖西端。小花龙潭村东西山坡皆开垦为梯田，多刺槐树、杨树、杂草。向东为低矮小山，砂崮子为崮状石山顶，山顶岩石陡立，山险上皆开垦为梯田。该段山陡处为山险，其他没有发现人工墙体，长城皆消失（图六五七、六五八）。

山口有公路穿过，村庄较为密集，有大花龙潭、小花龙潭、涝坡河。南侧有东西向公路通过。人为破坏严重。

该段长城总长3695米，墙体消失。根据长城走向和特征点分为12个小段。

表一五一 小花龙砂崮子段长城（编码：370724382102020007）GPS 采集点表（单位：米）

工作编号	名称	坐标（起止点）			与相邻点关系
		东经	北纬	高程	
0066	起点			586	
0067	折点 1			286	0066 点东北 1130
0068	折点 2			302	0067 点东北 395
0069	折点 3			376	0068 点东北 403
0070	拐点 1			418	0069 点东 199
0071	拐点 2			426	0070 点东南 123
0072	折点 4			414	0071 点东 239
0073	折点 5			504	0072 点东南 380
0074	拐点 3			509	0073 点东 110
0075	折点 6			469	0074 点东北 160
0076	折点 7			498	0075 点东北 112
0077	折点 8			440	0076 点东北 173
0078	结束点			523	0077 点东北 271

图六五七 GPS0073 点以西山险（东—西）

图六五八　GPS0075 点以北山险（南—北）

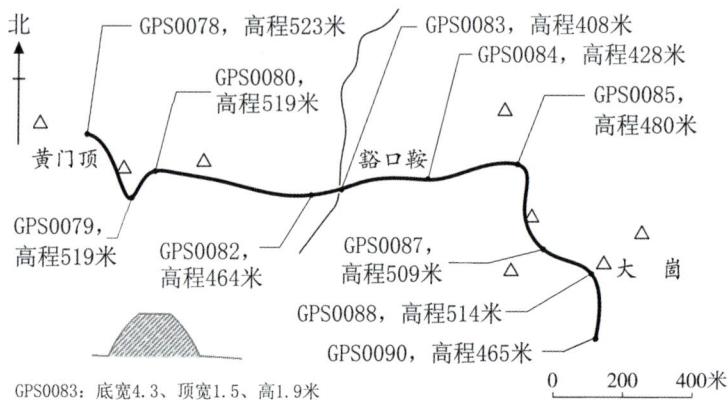

GPS0083：底宽4.3、顶宽1.5、高1.9米

图六五九　大崮豁口鞍段长城走向图

第八段，大崮豁口鞍段长城（编码：370724382102020008）

该段长城西起黄门顶山西端，高程 523 米；东至大崮山南，高程 465 米。长 2324 米（图六五九；表一五二）。

长城沿黄门顶崮状山南侧断崖东行，过东侧豁口鞍两山间山脊，上东侧大崮山，沿南侧断崖东南行，至大崮山南。黄门顶和大崮山皆为崮状顶石山，断崖陡险绵长，长城借为山险。山顶平整，多松树，山坡多刺槐树、杂草，多开垦为梯田。大崮山顶有石砌寨堡。豁口鞍两侧保存有部分墙体。山北侧有大、小时家庄，东南远处有大、小山东村，弥河在东侧山谷由南向北流过（图六六〇）。

该段长城总长 2324 米，其中保存较差的 325 米，山险 1999 米。根据长城走向和特征点划分为 12 个小段。

第 1~4 小段，GPS0078—0082，黄门顶山向东，至豁口鞍西，断崖陡峭，以山为险，皆为山险。长 1165 米。

第 5~6 小段，GPS0082—0084，豁口鞍两侧，墙体整体保存较差，墙体底宽 6.5 ~ 7.0、顶宽

2.5~3.0、高1.5~2.0米。长325米。

第7~12段，GPS0084—0090，长城以山为险，皆为山险。长834米（图六六一）。

表一五二 大崮豁口鞍段长城（编码：370724382102020008）GPS采集点表（单位：米）

工作编号	名称	坐标（起止点）			与相邻点关系
		东经	北纬	高程	
0078	起点			523	
0079	折点1			519	0078点东北350
0080	拐点1			519	0079点东南229
0081	拐点2			510	0080点东北89
0082	折点2			464	0081点东497
0083	折点3			408	0082点东150
0084	折点4			428	0083点东175
0085	拐点4			480	0084点东240
0086	折点6			490	0085点东南58
0087	折点7			509	0086点南64
0088	拐点5			514	0087点东南138
0089	拐点6			500	0088点东南102
0090	结束点			465	0089点南232

图六六〇 大崮豁口鞍段山险远景（南—北）

图六六一　GPS0088 点以东山险（西—东）

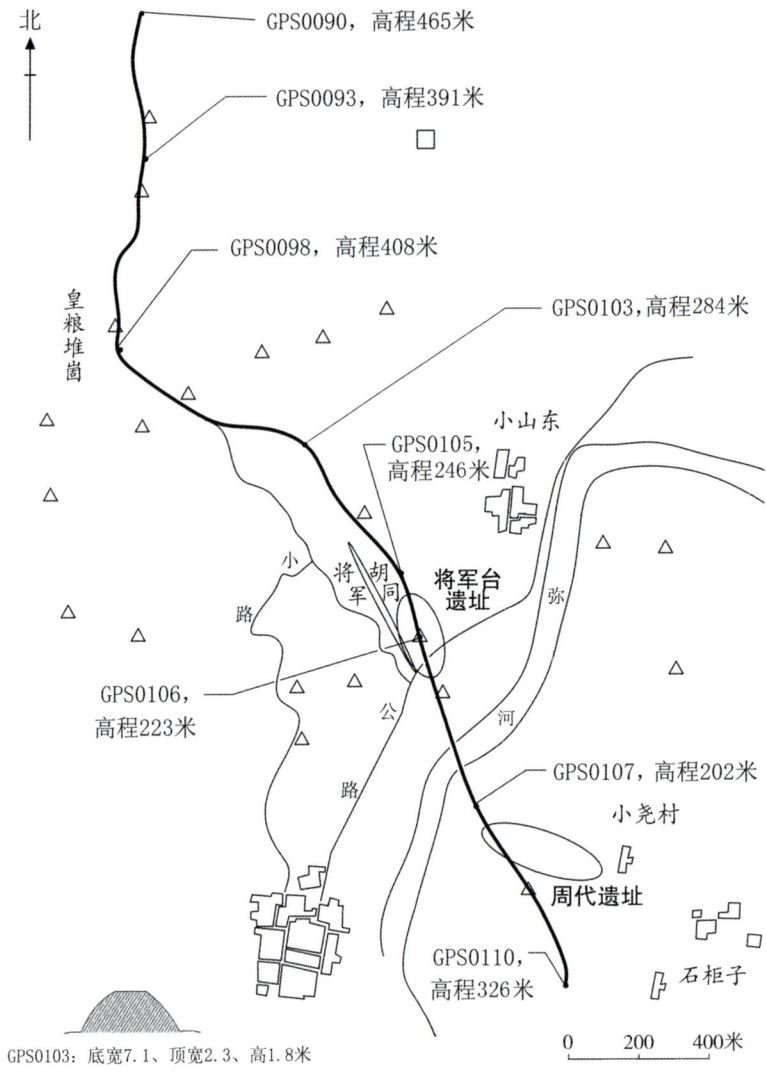

北

GPS0090，高程465米

GPS0093，高程391米

GPS0098，高程408米

GPS0103，高程284米

皇粮堆岗

小山东

GPS0105，高程246米

小将军路胡同

将军台遗址

弥河

GPS0106，高程223米

公路

GPS0107，高程202米

小尧村

周代遗址

GPS0110，高程326米

石柜子

0　　200　　400米

GPS0103：底宽7.1、顶宽2.3、高1.8米

图六六二　黄粮崮将军台段长城走向图

第九段，黄粮崮将军台段长城（编码：370724382102020009）

该段长城西北起大崮南，高程465米；东南至长城头断崖，高程326米。长3706米（图六六二；表一五三）。

长城从大崮山南端沿南侧山脊向南行，过黄粮堆崮转向东南行，过将军台、弥河，至弥河东岸、石头断崖的北端小山凸处。大崮山南坡地形较陡，多刺槐树、荆棘、杂草；黄粮堆向南多为低岭梯田；弥河西岸，为河边台地，地势较为平坦，种植小麦玉米。弥河是南北向大河，发源于南侧山区，向北流向渤海；弥河东岸为低山，地势陡险，向南为漫长断崖峭壁，高达数十米。

弥河边有大山东、小山东、石柜子村。河西岸有南北向公路向北通往临朐县城。

该段长城总长3706米，其中保存一般的330米，保存较差的1025米，保存差的606米，消失的1466米。根据长城走向和特征点划分为20个小段。

第1~2小段，GPS0090—0092，墙体整体保存差，底宽5.4、顶宽2.9、高0.3~0.6米。长304米。

第3~4小段，GPS0092—0094，墙体整体保存一般。墙体底宽7.1、顶宽2.3~3.0、高1.5~2.0米。长241米（图六六三）。

第5小段，GPS0094—0095，整体保存较差。墙体底宽5.5米，顶宽2.3、高1.0~1.6米。长92米。

第6小段，GPS0095—0096，墙体整体保存差。墙体遗迹明显，底宽5、顶宽2.2、高0.3~0.6米。长100米（图六六四）。

第7~8小段，GPS0096—0098，位于黄粮堆崮西坡，地势陡险，墙体为山险。长279米。

第9~12小段，GPS0098—0102，墙体整体保存较差。墙体底宽5.3~5.6、顶宽2.4、高1.0~1.5米。长597米（图六六五）。

第13小段，GPS0102—0103，墙体整体保存一般。墙体底宽7.1、顶宽2.3~3.0、高1.5~2.0米。长89米（图六六六）。

第14小段，GPS0103—0104，整体墙体保存差。墙体遗迹明显，底宽5.0、顶宽2.2、高0.3~0.6米。长202米。

第15小段，GPS0104—0105，墙体整体保存较差。墙体底宽5.3~5.6、顶宽2.4、高1.0~1.5米。长277米。

第16~19小段，GPS0105—0109，该段位于弥河东西两岸。墙体消失，踪影全无。长1466米。

第20小段，GPS0109—0110，位于弥河东岸小山山脊近断崖处。墙体整体保存较差。墙体底宽4.2、顶宽1.5、内侧高0.5、外侧高1.8米。长59米。

表一五三　黄粮崮将军台段长城（编码：370724382102020009）GPS采集点表（单位：米）

工作编号	名称	坐标（起止点）			与相邻点关系
		东经	北纬	高程	
0090	起点			465	
0091	折点1			439	0090点南149
0092	折点2			422	0091点南155
0093	折点3			391	0092点南105
0094	折点4			406	0093点南136
0095	折点5			391	0094点南92

工作编号	名称	坐标（起止点）			与相邻点关系
		东经	北纬	高程	
0096	折点6			401	0095 点南 100
0097	折点7			438	0096 点南 203
0098	拐点1			408	0097 点南 76
0099	折点8			370	0098 点东南 122
0100	折点9			357	0099 点东南 133
0101	折点10			312	0100 点东南 198
0102	折点11			295	0101 点东南 144
0103	拐点2			284	0102 点东南 89
0104	折点12			260	0103 点南 202
0105	折点13			246	0104 点东南 277
0106	折点14			223	0105 点东南 240
0107	折点15			202	0106 点东南 531
0108	折点16			234	0107 点东南 395
0109	折点17			310	0108 点东南 300
0110	结束点			326	0109 点东南 59

图六六三　GPS0092 点以南墙体（西南—东北）

图六六四　GPS0095 点以南墙体（北—南）

图六六五　GPS0098 点以南墙体（北—南）

图六六六　　GPS0103点东南墙体远景（西北—东南）

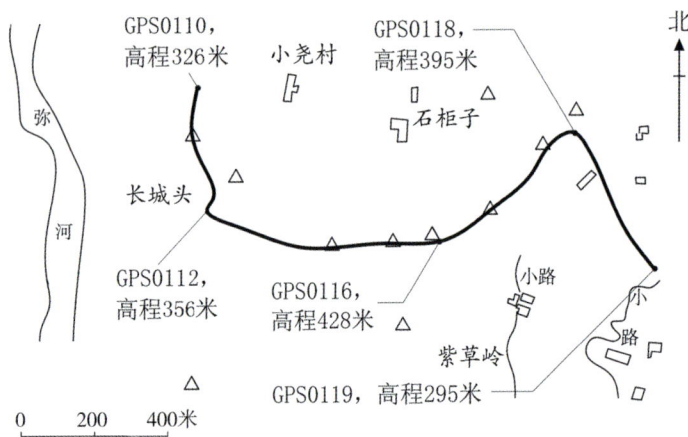

图六六七　长城头段长城走向图

第十段，长城头段长城（编码：3
70724382102020010）

西起长城头断崖，高程326米；东
至紫草岭水坝西岸，高程295米。长
1987米（图六六七；表一五四）。

长城从弥河东岸石头断崖的北端沿
断崖南行约300米，拐而沿东侧岭脊东
行，经紫草岭西侧土山东行，经紫草岭
村西石山，拐向东北行约450米，沿东
侧岭脊而下向东南水库大坝而行。

弥河东岸断崖，南北绵延长达六七
百米，石崖陡立于弥河边，高达数十

米，人们无法上行，为山险。东侧岭脊较为低矮，多开垦为梯田。紫草岭西山山脊绵延，山势陡险，
以为山险，多杂草，不见树木。

该段长城总长1987米，其中保存较差的338米，保存差的376米，消失的230米，山险1043米。
根据长城走向和特征点划分为9个小段。

第1~2小段，GPS0110—0112，为弥河东岸断崖，以断崖峭壁为山险。长375米（图六六八）。

第3小段，GPS0112—0113，位于弥河东岸断崖东侧。墙体整体保存较差。墙体底宽10.5、顶宽
1.9~2.8、内侧高1.2、外侧高3.8~4.0米。长338米。该段长城迹象表明长城是由此处过弥河向东
延伸。

第 4~5 小段，GPS0113—0115，墙体消失。长 230 米。

第 6~8 小段，GPS0115—0118，为紫草岭西山北山绵长山脊。墙体为山险。长 668 米（图六六九）。

第 9 小段，GPS0118—0119，为紫草岭北山东坡山脊。墙体整体保存差，墙体遗迹清晰，保存高 0.3~0.5 米。长 376 米（图六七〇）。

表一五四　长城头段长城（编码：370724382102020010）GPS 采集点表（单位：米）

工作编号	名称	坐标（起止点）			与相邻点关系
		东经	北纬	高程	
0110	起点			326	
0111	折点 1			341	0110 点东南 130
0112	拐点 1			356	0111 东南 245
0113	折点 2			426	0112 点东 338
0114	折点 3			430	0113 点东 62
0115	折点 4			432	0114 点东 168
0116	拐点 2			428	0115 点东 143
0117	折点 5			424	0116 点东北 242
0118	拐点 3			395	0117 点东北 283
0119	结束点			295	0118 点东南 376

图六六八　GPS0112 点以北山险（南—北）

图六六九　GPS0116 点以东墙体（南—北）

图六七○　GPS0119 点以西墙体（东—西）

第十一段，紫草岭段长城（编码：370724382102020011）

该段长城西起紫草岭水库大坝西岸，高程 295 米；东至高山山顶，高程 595 米。长 2096 米（图六七一；表一五五）。

长城从紫草岭村北，水库大坝西侧开始，沿水库大坝至东岭，沿田间小路，转向东北行至东侧小山山顶，转向东南行、东行，至高山山顶。水库大坝西侧有方形台，百姓传说为将军台，这里出土有铜镞，可能与长城防守有关（图六七二）。

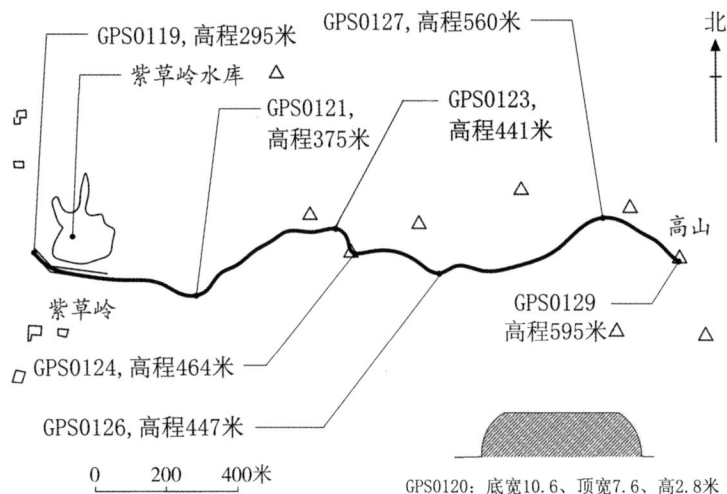

图六七一　紫草岭段长城走向图

紫草岭村北水库为近年新修的水库，大坝压在长城线路上。东侧有宽深的泄洪渠，将东侧岭子挖断一截面，呈现长城剖面。向东沿岭脊而上，保存有长城。紫草东岭，开垦为层层梯田，长城消失。高山西山为土顶山，多杂草，零星分布几棵松树。高山山顶为这一带最高山，山顶暴露有大石块，杂草遍野，分布少量松树，景色优美。

长城南侧有紫草岭村，北侧有冕崮前村。

该段长城总长 2096 米，其中保存一般的 1386 米，保存差的 424 米，消失的 286 米。根据长城走向和特征点划分为 10 个小段。

第 1 小段，GPS0119—0120，位于紫草岭水库大坝，长城路线被紫草岭水库大坝叠压。墙体消失。长 286 米。

第 2~8 小段，GPS0120—0127，为紫草岭东岭，沿田间小路向东延伸。墙体整体保存一般，墙体为土墙，底宽 10.6、顶宽 7.6、高 2.8~3 米，两侧均为梯田，尚未侵占墙体。长 1386 米（图六七三）。

第 9~10 小段，GPS0127—0129，位于高山西山和高山山顶。墙体整体保存差，墙体为土墙，遗迹清晰，墙体高 0.3~0.5 米。长 424 米（图六七四）。

表一五五　紫草岭段长城（编码：370724382102020011）GPS 采集点表（单位：米）

工作编号	名称	坐标（起止点）			与相邻点关系
		东经	北纬	高程	
0119	起点			295	
0120	折点 1			298	0119 点东 286
0121	拐点 1			375	0120 点东 234
0122	折点 2			408	0121 点东北 246
0123	拐点 2			441	0122 点东北 207
0124	折点 3			464	0123 点东南 80
0125	折点 4			438	0124 点东 170
0126	折点 5			447	0125 点东 156

工作编号	名称	坐标（起止点）			与相邻点关系
		东经	北纬	高程	
0127	拐点 3			560	0126 点东北 293
0128	折点 6			570	0127 点东南 177
0129	结束点			595	0128 点东南 247

图六七二　墙体远景

（西—东）

图六七三　GPS0121—0123 点间墙体（西—东）

图六七四　GPS0127 点以西墙体（西—东）

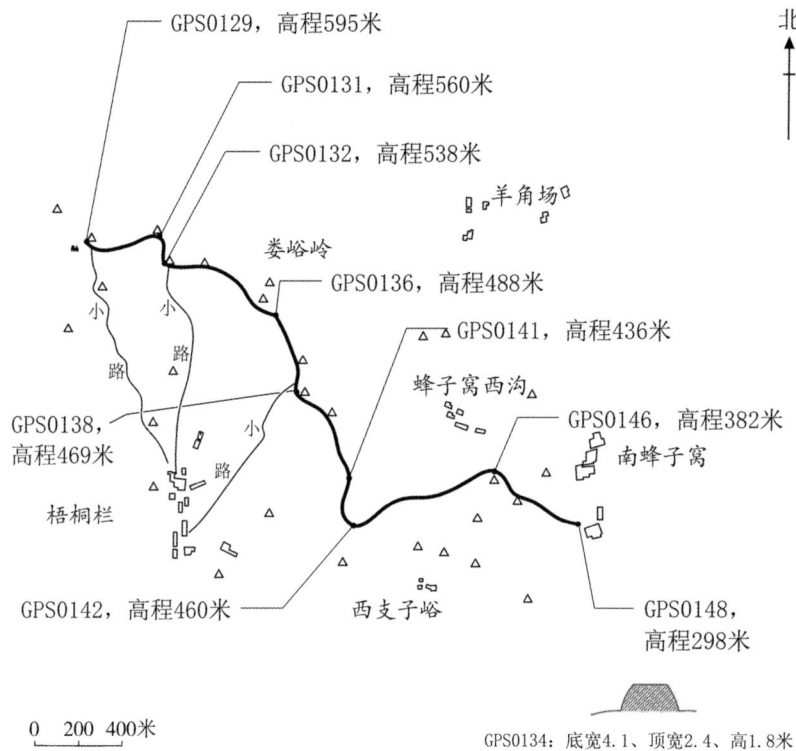

图六七五　蜂子窝西岭段长城走向图

第十二段，蜂子窝西岭段长城（编码：370724382102020012）

该段长城西北起高山山顶，高程 595 米；东南至南蜂子窝村，高程 298 米。长 3660 米（图六七五；表一五六）。

长城从高山山顶向东，过高山东山转向东南行，过娄峪岭向南行，经梧桐栏东北山南行，过梧桐岭与蜂子窝村间小路，上南侧小山转向东北行，经蜂子窝西沟南岭，到南蜂子窝村。南蜂子窝村为南北向山谷中的大村，有南北向水泥路穿过。高山山顶多杂草，分布零星松树。娄峪岭向南多为刺槐树。梧桐岭村东过山间小路两侧多梯田，种植花生地瓜等耐旱作物。依稀可见长城痕迹。蜂子窝西南山多刺槐树，蜂子窝南岭梯田开垦严重，环境遭到严重破坏，长城无存。而南蜂子窝村东岭长城保存较好，能够确定蜂子窝西岭长城走向。

长城东北侧村庄有蜂子窝西沟、南蜂子窝，西、南侧的村庄有梧桐栏、西支子峪。

该段长城总长 3660 米，其中保存一般的 161 米，保存差的 1124 米，消失的 2138 米。根据长城走向和特征点可分为 19 个小段。

第 1~3 小段，GPS0129—0132，位于高山及高山东山。墙体整体保存差，墙体遗迹明显，高 0.3~0.5 米。长 550 米（图六七六）。

第 4 小段，GPS0132—0133，墙体为山险。长 237 米。

第 5 小段，GPS0133—0134，墙体整体保存一般。墙体底宽 4.1、顶宽 2.4、高 1.8~2.0 米。总长 161 米。构筑方式为两侧石砌，中间采用砂石夯筑。

第 6~14 小段，GPS0134—0143，墙体整体消失。长 1548 米（图六七七、六七八）。

第 15 小段，GPS0143—0144，墙体整体保存差。墙体底宽 4.1、高约 1.2 米。长 255 米（图六七

九、六八〇）。

第 16～18 小段，GPS0144—0147，墙体消失。长 590 米。

第 19 小段，GPS0147—0148，墙体整体保存差，梯田破坏严重，墙体遗迹模糊，间断出现墙体痕迹。长 319 米。

表一五六　蜂子窝西岭段长城（编码：370724382102020012）GPS 采集点表（单位：米）

工作编号	名称	坐标（起止点）			与相邻点关系
		东经	北纬	高程	
0129	起点			595	
0130	折点 1			535	0129 点东 241
0131	拐点 1			560	0130 点东 149
0132	拐点 2			538	0131 点南 160
0133	折点 2			503	0132 点东 237
0134	折点 3			461	0133 点东南 161
0135	折点 4			480	0134 点东南 198
0136	折点 5			488	0135 点东南 70
0137	折点 6			450	0136 点东南 178
0138	折点 7			469	0137 点东南 198
0139	折点 8			474	0138 点东南 158
0140	折点 9			441	0139 点东南 211
0141	折点 10			436	0140 点东南 141
0142	拐点 3			460	0141 点东南 184
0143	折点 11			440	0142 点东 210
0144	折点 12			412	0143 点东 255
0145	折点 13			396	0144 点东北 203
0146	拐点 4			382	0145 点东北 187
0147	折点 14			303	0146 点东南 200
0148	结束点			298	0147 点东南 319

图六七六　GPS0138 点以南墙体（北—南）

图六七七　GPS0141 点以北墙体（南—北）

图六七八　GPS0142 点以北墙体远景（南—北）

图六七九　GPS0143 点以东墙体（西—东）

图六八〇　GPS0143 点以东墙体（东—西）

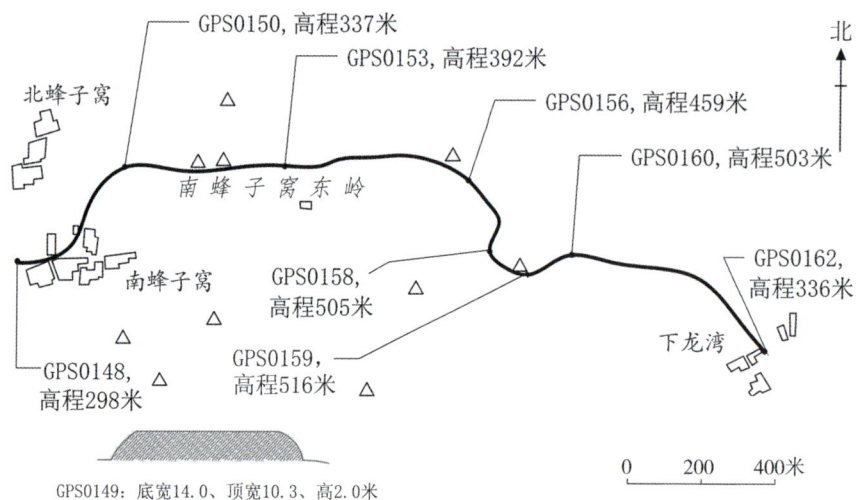

图六八一　南蜂子窝东岭段长城走向图

第十三段，南蜂子窝东岭段长城（编码：370724382102020013）

该段长城西起南蜂子窝村，高程 298 米；东至下龙湾村，高程 336 米。长 2723 米（图六八一；表一五七）。

长城从南蜂子窝村西公路开始，经村中拐而北行，沿村后北岭北行约 200 米沿东西向岭脊拐而东行，向下龙湾村西小山而行，过小山沿山东岭脊向下龙湾村而行（图六八二）。

长城经过的下龙湾村西山为石头小山,山石突兀。山西至南蜂子窝村为长而低缓的岭脊,皆开垦为梯田,残存有长城遗迹,现为田间道路。山东至下龙湾村,破坏严重,长城痕迹不见。

该段长城长2723米,其中保存一般的882米,保存较差的454米,保存差的1032米,消失的355米。根据长城走向和特征点划分为14个小段。

第1小段,GPS0148—0149,自蜂子窝村西南北向公路穿越村庄,至村北岭根。为村庄占压,墙体整体消失。长219米。

第2~3小段,GPS0149—0151,从村北岭根沿岭脊向北行约200米转而东拐至小山顶。墙体为石墙,构筑方式为两侧石砌,中间采用砂石夯筑。墙体保存一般。墙体底宽11.5、顶宽2、内侧高2、外侧高2.8米。长445米。

第4小段,GPS0151—0152,墙体顶部沿用为道路,墙体底宽约12、顶宽10、高1.2~1.8米。整体保存较差。长92米。

第5~6小段,GPS0152—0154,墙体底宽13、残高1~1.4米。顶部被挖掘破坏。墙体整体保存差。长333米(图六八三、六八四)。

第7~8小段,GPS0154—0156,墙体整体保存较差。墙体底宽6、顶宽2、高1.5米,墙体遭到农田侵蚀。长362米。

第9~11小段,GPS0156—0159,为下龙湾村西山西坡及顶部。墙体整体保存一般。墙体底宽12、顶宽2.8、内侧高1.5、外侧高3.5米左右。总长437米。

第12小段,GPS0159—0160,为下龙湾村西山东坡。该段墙体消失。总长136米。

第13~14小段,GPS0160—0162,为下龙湾村西岭脊,紧临村庄,多开垦为层层梯田,墙体整体保存差,间断有墙体遗迹。长699米(图六八五)。

表一五七 南蜂子窝东岭段长城(编码:370724382102020013)GPS采集点表(单位:米)

工作编号	名称	坐标(起止点)			与相邻点关系
		东经	北纬	高程	
0148	起点			298	
0149	折点1			327	0148点东北219
0150	拐点1			337	0149点东南178
0151	折点2			402	0150点东267
0152	折点3			396	0151点东92
0153	折点4			392	0152点东125
0154	折点5			430	0153点东208
0155	折点6			463	0154点东173
0156	拐点2			459	0155点东南189
0157	折点7			498	0156点东南238
0158	拐点3			505	0157点南84
0159	折点8			516	0158点东南115
0160	折点9			503	0159点东北136
0161	折点10			438	0160点东344
0162	结束点			336	0161点东南355

图六八二　GPS0147 点东南墙体（西—东）

图六八三　GPS0153 点以西墙体（东—西）

图六八四　GPS0156 点以东墙体（东—西）

图六八五　GPS0160 点以东墙体远景（西南—东北）

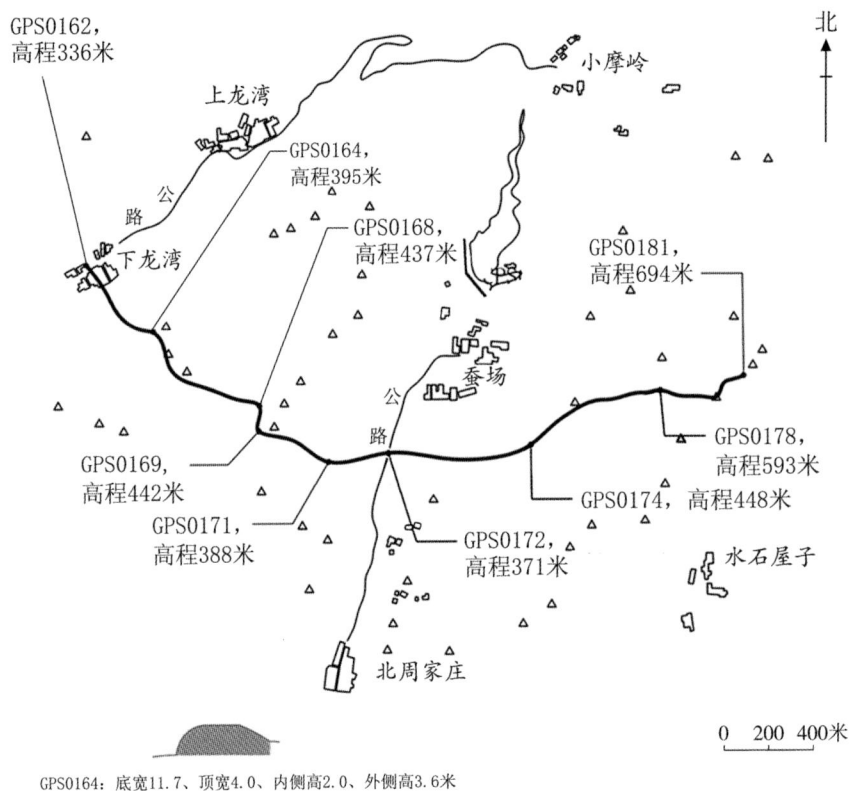

GPS0164：底宽11.7、顶宽4.0、内侧高2.0、外侧高3.6米

图六八六　大蚕场南岭段长城走向图

第十四段，大蚕场南岭段长城（编码：370724382102020014）

该段长城西起下龙湾村，高程336米；东至水石屋子北山，高程694米。长4074米（图六八六；表一五八）。

长城从下龙湾村西，穿过下龙湾村庄，沿村东岭东南行，过两个小山，沿山东山脊下行，过大蚕场村西南北向公路，沿公路东侧大蚕场南岭岭脊东北行至水石屋子北山。下龙湾村、大蚕场村位于南北长山谷内，沿山谷公路建设较好，村庄较多，人为因素对山谷两侧破坏较为严重，多为层层梯田。长城总体保存较差。

该段长城总长4074米，其中保存一般的515米，保存差的2501米，消失的1058米。根据长城走向和特征点划分为共19个小段。

第1小段，GPS0162—0163，该段长城位于下龙湾村西至村东岭根，被村庄占压，墙体消失。长230米。

第2~8小段，GPS0163—0170，位于下龙湾东岭长岭脊。墙体整体保存差。0164点以东，墙体底宽11.7、顶宽4、内侧高2、外侧高3.6米，保存状况一般，长20米。其余墙体保存差，墙体痕迹多处明显出现遭到侵蚀的墙体剖面，长1510米（图六八七、六八八）。

第9~10小段，GPS0170—0172，为大蚕场南北公路西侧岭子东坡，农田开垦破坏严重，皆为梯田。墙体消失。长338米。

第11~12小段，GPS0172—0174，大蚕场南北向公路向东，岭子西坡。墙体整体保存差，间断出现墙体遗迹。长675米（图六八九）。

第13小段，GPS0174—0175，墙体整体保存一般。墙体底宽12.3、顶宽4.5~5.1、内侧高1.2~

1.5、外侧高 2 ~ 2.5 米。长 284 米（图六九〇）。

第 14 小段，GPS0175—0176，墙体保存差，间断出现墙体痕迹。长 206 米。

第 15 ~ 17 小段，GPS0176—0179，墙体消失。长 490 米。

第 18 小段，GPS0179—0180，墙体整体保存一般。墙体底宽 12.5、顶宽 3.4 ~ 4.8、高 1.5 ~ 2.4 米。长 211 米。

第 19 小段，GPS0180—0181，墙体整体保存差，墙体遗迹清晰，长 110 米。

表一五八　大蚕场南岭段长城（编码：370724382102020014）GPS 采集点表（单位：米）

工作编号	名称	坐标（起止点）			与相邻点关系
		东经	北纬	高程	
0162	起点			336	
0163	折点 1			319	0162 点东南 230
0164	折点 2			395	0163 点东南 233
0165	折点 3			403	0164 点东南 153
0166	折点 4			410	0165 点东南 126
0167	折点 5			403	0166 点东南 160
0168	拐点 1			437	0167 点东南 563
0169	拐点 2			442	0168 点南 85
0170	折点 6			405	0169 点东 210
0171	折点 7			388	0170 点东南 143
0172	折点 8			371	0171 点东 195
0173	折点 9			391	0172 点东 116
0174	折点 10			448	0173 点东 559
0175	折点 11			541	0174 点东北 284
0176	折点 12			569	0175 点东北 206
0177	折点 13			569	0176 点东 210
0178	折点 14			593	0177 点东 190
0179	折点 15			608	0178 点东 90
0180	拐点 3			686	0179 点东 211
0181	结束点			694	0180 点北 110

图六八七　GPS0164 点以北墙体（西北—东南）

图六八八　GPS0167 点以东墙体（东—西）

图六八九 GPS0173 点以西墙体远景（东—西）

图六九〇 GPS0174 点以东墙体（西—东）

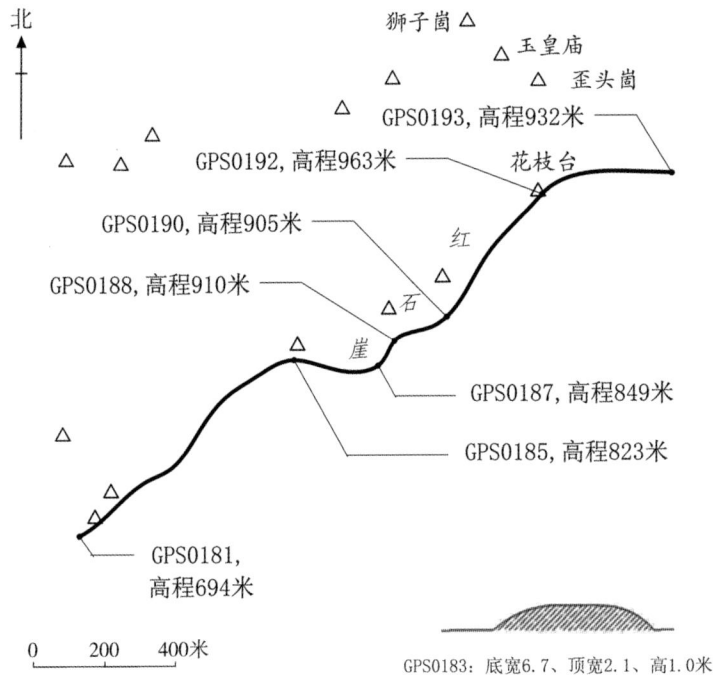

图六九一　沂山红石崖段长城走向图

第十五段，沂山红石崖段长城（编码：370724382102020015）

该段西南起水石屋子北山，高程 694 米；东北至歪头崮停车场，高程 932 米。长 2429 米（图六九一；表一五九）。

长城沿水石屋子北山山脊向东北行，向沂山红石崖、花枝台方向延伸。水石屋子北山山脊连绵，南坡多刺槐树、北坡多松树。红石崖，顾名思义，断崖峭壁，岩石连绵，花枝台山高谷深，借为山险。西南段的南侧山谷有水石屋村，花枝台的北侧为沂山风景区歪头崮停车场，进入沂山风景旅游区。

该段长城长 2429 米，其中保存差的 221 米，山险 2208 米。根据长城走向和特征点划分为 12 个小段。

第 1～2 小段，GPS0181—0183，为水石屋村北山，山脊连绵较为平缓，呈西南—东北向，两侧山势较陡。均为山险。长 736 米（图六九二）。

第 3 小段，GPS0183—0184，为小山东侧鞍部，用石头砌筑有墙体，墙体底宽 6.7、顶宽 2.1、高 0.5～1 米。墙体整体保存差。长 111 米（图六九三）。

第 4～8 小段，GPS0184—0189，该段地势急剧抬升，至 900 米高山，山势陡峻，均为山险。长 702 米。

第 9 小段，GPS0189—0190，位于红石崖连绵断崖的西侧，为山的鞍部，用石头垒砌墙体，墙体整体保存差。墙体底宽 6.8～8、顶宽 2.4、保存高 1～1.8 米。长 110 米（图六九四）。

第 10～12 小段，GPS0190—0193，为红石崖、花枝台段。该段为沂山北侧高山，海拔 900 多米，山高谷深，山势险陡，墙体均为山险。长 770 米（图六九五、六九六）。

表一五九　沂山红石崖段长城（编码：370724382102020015）GPS采集点表（单位：米）

工作编号	名称	坐标（起止点）			与相邻点关系
		东经	北纬	高程	
0181	起点			694	
0182	折点1			769	0181点东北406
0183	折点2			810	0182点东北330
0184	拐点1			824	0183点东北111
0185	折点3			823	0184点东147
0186	折点4			823	0185点东南143
0187	拐点2			849	0186点东140
0188	折点5			910	0187点东北170
0189	折点6			912	0188点北102
0190	折点7			905	0189点东110
0191	折点8			932	0190点东北240
0192	折点9			963	0191点东北290
0193	结束点			932	0192点东240

图六九二　GPS0183点以西墙体远景（东—西）

图六九三　GPS0183 点以东墙体（西北—东南）

图六九四　GPS0190 点以西墙体（东北—西南）

图六九五　GPS0191点东南长城远景（西—东）

图六九六　GPS0193点以西山险（东南—西北）

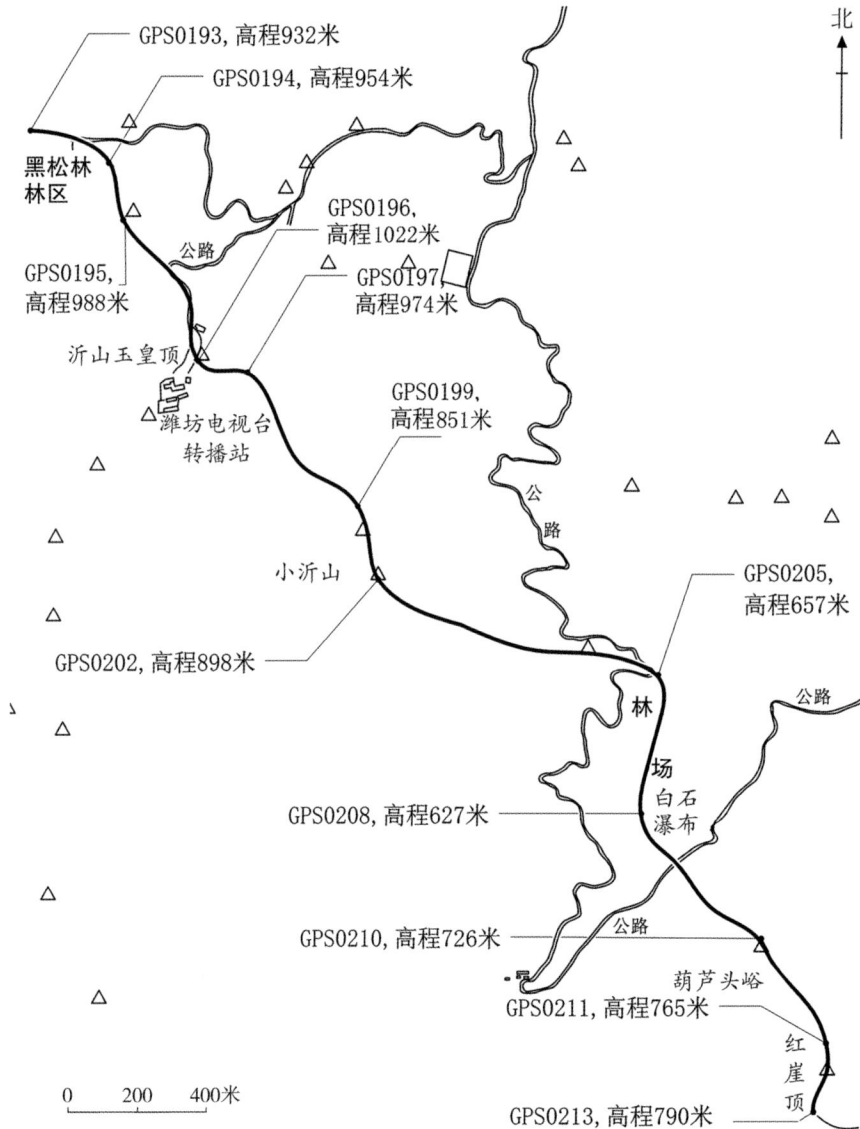

图六九七　沂山玉皇顶段长城走向图

第十六段，沂山玉皇顶段长城（编码：370724382102020016）

该段长城西北起歪头崮停车场，高程 932 米；东南至红崖顶，高程 790 米。长 4759 米（图六九七；表一六〇）。

长城从沂山玉皇顶西北的歪头崮停车场开始，沿山脊东行，过黑松林景区沿山脊东南行，过一高山，再过沂山玉皇顶，沿玉皇顶东南山脊而下，过小沂山东行，过林场驻地转向南行，向白石瀑布方向延伸，过山沟，上南侧高山，经山顶东侧，绕行至山顶的东南部红崖顶，与红崖顶东侧长城相连接。

该段长城的走向，原《齐长城》报告内将其定向为：过沂山玉皇顶，沿山顶陡处西南行，过冰冰台向南，过挂鼻子山绵长断崖东南行，过团山顶（球山）东南行，过太爬顶东南行，过雷瀑顶东行200 米转向东北行，过富昌山东北行至红石崖，转向东行。

我们进沂山调查时，第一次调查工作三天，沿着《齐长城》报告叙述的路线进行测绘。我们调查测绘红崖顶东侧长城时发现，红崖顶东的长城西端至红崖顶断崖处，向北拐长度约 50 米。对《齐长城》叙述的路线产生怀疑。我们请临朐县长城爱好者刘镇宗老师座谈，他说路线应该从玉皇顶东南而下，林场的同志说是玉皇顶至白石瀑布有石墙痕迹。因此，我们二次进山，登沂山绝顶，密林中再次调查。确定了沂山顶部齐长城的路线走向。

该段长城长 4759 米，其中保存一般的 50 米，保存较差的 1355 米，保存差的 1006 米，消失的 1158 米，山险 1190 米。墙体皆为石墙，构筑方式为两侧石砌，中间采用砂石夯筑。根据特征点划分为 20 小段。

第 1~4 小段，GPS0193—0197，该段长城走向从歪头崮停车场开始，沿山脊东行，该段为山的鞍部，山脊较为平缓。过黑松林景区沿山脊东南行，过东南高山，沿山脊至玉皇顶，过沂山顶峰玉皇顶沿正东山脊东行约 200 米。该段地处沂山最高处，山峰高险，森林茂密，以高山为险，皆为山险。山顶地势平坦处，修筑有旅游道路及景点。总长 1190 米（图六九八）。

第 5 小段，GPS0197—0198，沿玉皇顶东南山脊下行，松树高大茂密，抬头不见天日。该段发现有石砌墙体，墙体整体保存较差。墙体宽 6.1、高 0.5~1.5 米。长 416 米（图六九九）。

第 6~7 小段，GPS0198—0200，该段为山脊鞍部，墙体整体保存差。墙体底宽 6.3、顶宽 3.8、高 0.5 米。长 145 米（图七○○）。

第 8 小段，GPS0200—0201，该段为小沂山，地势较高。墙体整体保存较差。墙体底宽 6.5、顶宽 4.5、高 0.5~1.5 米。长 60 米。

第 9 小段，GPS0201—0202，墙体保存差，间断出现墙体痕迹。长 139 米。

第 10 小段，GPS0202—0203，墙体整体保存较差。墙体底宽 6.5、顶宽 4.5、高 0.5~1.5 米。长 470 米。

第 11 小段，GPS0203—0204，该段的东部建有林场驻地，四五间红砖瓦顶房，前有较为宽阔的院落无墙。墙体整体保存差，间断出现墙体痕迹。总长 470 米。

第 12 小段，GPS0204—0205，过林场驻地向南行，该段向南至白石瀑布，皆有石墙。墙体保存相对较差，两侧有明显墙基，宽 5.3、高 0.3~1.3 米。长 240 米。

第 13~14 小段，GPS0205—0207，墙体整体保存差，间断出现墙体痕迹。长 252 米。

第 15 小段，GPS0207—0208，墙体整体保存较差。墙体底宽 7.1、顶宽 4.9、高 0.5~1.5 米。长 169 米。

第 16~19 小段，GPS0208—0212，墙体均消失。GPS0209 处为白石瀑布南侧的东西向沂山上山水泥路。北为陡峭的石坡，瀑布从山石上倾泻而下。沿山沟小溪，向东流向山外。路的南侧为陡峭高大的石山，山石陡险无法登攀。至山顶的东侧南行，至山顶东南的红石崖。长 1158 米。

第 20 小段，GPS0212—0213，墙体保存一般。墙体底宽 10.6、顶宽 8.6、高 1.5~3.5 米，砂石混筑墙体。长 50 米。

表一六○ 沂山玉皇顶段长城（编码：370724382102020016）GPS 采集点表（单位：米）

工作编号	名称	坐标（起止点）			与相邻点关系
		东经	北纬	高程	
0193	起点			932	
0194	拐点 1			954	0193 点东 450
0195	折点 1			988	0194 点南 140
0196	拐点 2			1022	0195 点东南 460
0197	拐点 3			974	0196 点东 140
0198	折点 2			879	0197 点东南 416
0199	折点 3			851	0198 点东南 74

工作编号	名称	坐标（起止点）			与相邻点关系
		东经	北纬	高程	
0200	折点 4			871	0199 点东南 71
0201	折点 5			879	0200 点东南 60
0202	折点 6			898	0201 点东南 139
0203	折点 7			788	0202 点东南 470
0204	折点 8			691	0203 点东南 470
0205	拐点 4			657	0204 点东南 240
0206	折点 9			652	0205 点南 100
0207	折点 10			637	0206 点南 152
0208	折点 11			627	0207 点南 169
0209	折点 12			539	0208 点东南 320
0210	折点 13			726	0209 点东南 380
0211	折点 14			765	0210 点东南 260
0212	拐点 5			798	0211 点东南 198
0213	结束点			790	0212 点南 50

图六九八　GPS0195 点以西山险（东南—西北）

图六九九　GPS0197 点以南墙体（南—北）

图七〇〇　GPS0198—0200 点间山险（西北—东南）

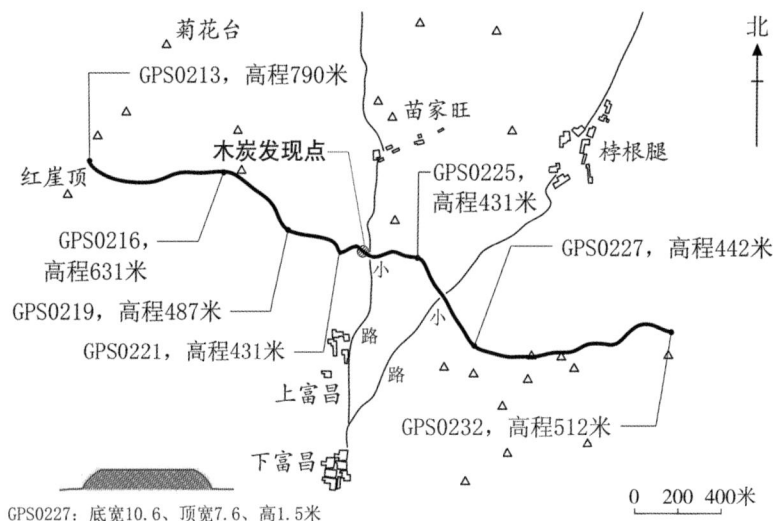

图七〇一 梓根腿段长城走向图

第十七段，梓根腿段长城（编码：370724382102020017）

该段长城西北起红崖顶，高程 790 米；东南至梓根腿南山主复线交叉点，高程 512 米。长 3399 米（图七〇一；表一六一）。

长城从红崖顶断崖处向东，沿红崖顶东侧山脊而下，经上富昌村北岭，过上富昌村北南北道路继续东行，沿梓根腿南岭东行，上梓根腿东山，在东山顶分为两条路线：北侧线路沿山脊北行、东北行，向大关水库方向而行，为齐长城主线；南侧线路向南、东南，向穆陵关方向而行，为齐长城穆陵关复线。

红崖顶东侧山脊为石山，苍松翠柏，林木茂密，上富昌村北岭、梓根腿南岭为低矮土岭，岭脊东西向延伸。梓根腿东山亦为土山，山脊为南北向，松树、刺槐树茂密。

长城的北侧有梓根腿村，南侧有上富昌村。

该段长城总长 3399 米，其中保存较好的 457 米，保存一般的 1466 米，保存较差的 741 米，保存差的 468 米，消失的 267 米。根据长城走向和特征点划分为 19 个小段。长城墙体为石墙。构筑方式为两侧石砌，中间采用砂石夯筑。

第 1 小段，GPS0213—0214，墙体整体保存较差，底宽 10.2 ~ 10.5、内侧高 0.5 ~ 1.3、外侧高 1 ~ 2 米，墙体顶部呈圆弧形坡。长 320 米。

第 2 小段，GPS0214—0215，墙体整体保存差。整体保存高 0.5 米以下，石块散落，无规则墙体，遗迹清晰。长 154 米。

第 3 ~ 4 小段，GPS0215—0217，墙体整体保存较差。墙体底宽 10、顶宽 7.5、外侧高 0.3 ~ 1.5 米，内侧呈缓坡状。长 421 米（图七〇二、七〇三）。

第 5 段，GPS0217—0218，墙体保存一般。墙体底宽 10.5 ~ 11、顶宽 7.2 ~ 7.5、内侧高 1.5 ~ 2.5、外侧高 0.5 ~ 2 米。长 200 米（图七〇四）。

第 6 小段，GPS0218—0219，墙体基本消失。长 200 米。

第 7 ~ 8 小段，GPS0219—0221，墙体整体保存差。墙体底宽 10.2 ~ 10.8、顶宽 8、内侧高 1.8 ~ 3、外侧高 1.5 ~ 2.0 米，墙体中部冲刷形成大沟，沟壑宽 4 ~ 4.5 米。长 264 米（图七〇五）。

第 9 小段，GPS0221—0222，位于上富昌村后南北乡间路的西侧，墙体沿上红崖顶的田间道路向西。墙体整体保存差，墙体遭内侧农田侵占严重，外侧高约 1.5 ~ 2 米；地势较低，靠近村后道路，人为破坏严重，开垦为层层梯田。内侧被梯田残蚀，高1~1.5米，残留部分顶宽2.5~3米。长50米。

第10小段，GPS0222—0223，墙体整体保存一般，墙体遭两侧梯田及道路侵占，底宽10.2~10.8、顶宽5~8、内侧高为1.2~2.5、外侧高2.2~3米。长150米。

第11小段，GPS0223—0224，墙体消失。长67米。

第12~13小段，GPS0224—0226，墙体整体保存一般。墙体底宽6、顶宽2~5、内侧高1.5~2.2、外侧高1.5~2.5米。长341米。

第14小段，GPS0226—0227，墙体整体保存一般。墙体底宽11.5、顶宽3.1~6.4、内侧高3~4.2、外侧高3~4.5米。长316米（图七○六）。

第15~16小段，GPS0227—0229，墙体整体保存一般。墙体底宽10.5、顶宽7.6、内侧高1.5~3.5、外侧高1.5~3米。长459米（图七○七）。

第17~19小段，GPS0229—0232，该段为梓根腿东山的西坡，山不高，但山势较陡，长城南侧松树茂密，北侧不见树木，距离长城50米处有一采石坑。梓根腿村南道路盘旋至采石坑，并穿过长城。墙体整体保存较好。墙体底宽11.2~11.5、顶宽7.4~7.6、内侧高2.5~3、外侧高2~3.5米。长457米。

表一六一　梓根腿段长城（编码：370724382102020017）GPS采集点表（单位：米）

工作编号	名称	坐标（起止点）			与相邻点关系
		东经	北纬	高程	
0213	起点			790	
0214	拐点1			722	0213点东320
0215	折点1			714	0214点东北154
0216	折点2			631	0215点东北236
0217	拐点2			584	0216点东南185
0218	折点3			542	0217点东南200
0219	拐点4			487	0218点东南200
0220	拐点5			451	0219点东157
0221	拐点6			431	0220点东南107
0222	拐点7			429	0221点东北50
0223	折点4			425	0222点东南150
0224	折点5			428	0223点东67
0225	拐点8			431	0224点东131
0226	折点6			402	0225点东南210
0227	拐点9			442	0226点东南316
0228	折点7			445	0227点东234
0229	折点8			438	0228点东225
0230	拐点10			440	0229点东174
0231	拐点11			469	0230点东北155
0232	结束点			512	0231点东南128

图七〇二 GPS0215—0216 点间墙体（西北—东南）

图七〇三 GPS0215—0216 点间墙体（东北—西南）

图七〇四　GPS0217—0218 点间墙体（东北—西南）

图七〇五　GPS0219—0220 点间墙体（东北—西南）

图七○六　GPS0227 点以西墙体（东—西）

图七○七　GPS0227 点以东墙体（西—东）

GPS0234：底宽10.1、顶宽7.6、高3.6米

图七〇八　梓根腿东岭段长城走向图

第十八段，梓根腿东岭段长城（编码：370724382102020018）

该段长城西南起梓根腿南山主复线交叉点，高程512米；东北至大关水库西岸，高程258米。长3937米（图七〇八；表一六二）。

长城由梓根腿南山主复线交叉点，沿梓根腿东岭、灰泉子村东岭、前唐家河村东岭向东北行，至大关水库西岸，岭脊连绵，从西南向东北地势逐渐降低。岭子的顶部多刺槐树、少松树，植被茂密，山岭地处两侧多梯田。长城总体保存较好。大关水库的西边修建公路等破坏较为严重。传说大关水库西岸曾出土大量齐刀币。

该段墙体总长3937米，其中保存较好的380米，保存一般的2746米，保存较差的316米，保存差的 495 米。根据长城走向和特征点划分为 17 个小段。

第 1~8 小段，GPS0232—0240，从梓根腿东岭长城主复线交叉点沿岭脊向北、东北行，至灰泉子村东田间道路穿越岭顶长城处。墙体整体保存一般。墙体底宽 10.1、顶宽 8、高 1.5~2.5 米。长 1900米（图七〇九~七一〇）。

第 9 小段，GPS0240—0241，灰泉子村东田间道路向东，墙体整体保存较好，墙体底宽 10.3、顶宽 8.2、高 2.5~3.5 米，墙体两侧石砌边墙整齐，整齐墙体高 1.5~2.4 米。长 380 米（图七一一）。

第 10~13 小段，GPS0241—0245，墙体整体保存一般。墙体底宽 10.1、顶宽、高 1.5~2.5 米。长846 米（图七一二）。

第 14~15 小段，GPS0245—0247，墙体整体保存差，两侧农田及道路侵占严重，遗迹明显，线路清晰，墙体高约 0.5~1.5 米。长 428 米。

第 16 小段，GPS0247—0248，墙体整体保存较差。墙体底宽 8.5、顶宽 2.4、高 1.5 米。长316 米。

第 17 小段，GPS0248—0249，墙体整体保存差，墙体遗迹较清晰。长 67 米。在 0249 点有一处碉堡，据村民反映该处曾挖掘出大量刀币。

表一六二　梓根腿东岭段长城（编码：370724382102020018）GPS 采集点表（单位：米）

工作编号	名称	坐标（起止点）			与相邻点关系
		东经	北纬	高程	
0232	起点			512	
0233	拐点 1			520	0232 点北 350
0234	折点 1			504	0233 点东北 97
0235	折点 2			483	0234 点东北 190
0236	拐点 2			498	0235 点东北 329
0237	拐点 3			484	0236 点西北 149
0238	折点 3			475	0237 点东北 282
0239	拐点 4			465	0238 点东北 150
0240	拐点 5			450	0239 点北 353
0241	折点 4			405	0240 点东北 380
0242	折点 5			393	0241 点东北 231
0243	折点 6			375	0242 点东北 182
0244	折点 7			363	0243 点东北 173
0245	拐点 6			318	0244 点东北 260
0246	拐点 7			296	0245 点东北 187
0247	折点 8			269	0246 点东北 241
0248	折点 9			271	0247 点东北 316
0249	结束点			258	0248 点东北 67

图七〇九　GPS0233 点以北墙体远景（南—北）

图七一〇　GPS0236 点处墙体（北—南）

图七一一　GPS0240 点以北墙体（西南—东北）

图七一二　GPS0241—0248 点间墙体（西南—东北）

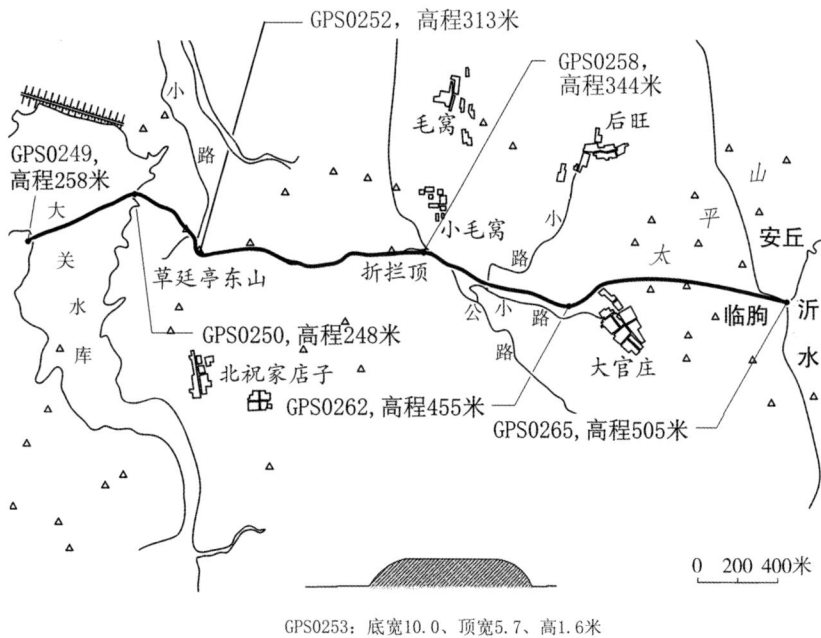

GPS0253：底宽10.0、顶宽5.7、高1.6米

图七一三　祝家店子段长城走向图

第十九段，祝家店子段长城（编码：370724382102020019）

该段长城西起大关水库西岸，高程258米；东至太平山，高程505米。长5017米（图七一三；表一六三）。

长城从大关水库西岸开始，向东北过水库中心小岛，沿东山脊上草亭东山，至山顶碉堡处拐南行约150米，拐向东行，过北祝家店子村北沂水至临朐公路，过大顶子山，过折拦顶山向东南行，至大关村东，临朐、沂水、安丘三县交界碑处。

长城经过地带紧邻村庄，丘岭低矮，农田开发严重，长城基本消失。大关水库、大顶子山北侧铁矿的开采对环境破坏较大。

岭子顶部及两侧多为梯田，少见树木。

长城总体呈西—东走向，该段长城墙体为石墙，构筑方式为两侧石砌，中间采用砂石夯筑。

该段长城总长5017米，其中保存一般的167米，保存较差的503米，保存差的2407米，消失的1940米。根据长城走向和特征点划分为16个小段。

第1小段，GPS0249—0250，从大关水库的西岸，经水库中间小岛，到水库东岸草亭东山的西北岭脊根。现为大关水库淹没，墙体消失。长840米。水库中间小岛原为商周时期遗址，发现有大量陶片。该处为南北向的长山沟，在长城使用时可能为南北向通道。而东侧公路为岭子高处下挖而成。

第2～3小段，GPS0250—0252，从水库东岸岭根沿岭脊东上，过顶部碉堡处南拐115米。长城经过岭脊，开垦为层层梯田。墙体整体保存较差，有大量墙体剖断面。墙体底宽9.5、顶宽5、高1～1.5米。长475米（图七一四）。

第4小段，GPS0252—0253，沿岭脊向东，至沂水至临朐公路处。墙体保存差，间断出现墙体遗迹。长384米（图七一五）。

第5小段，GPS0253—0254，公路东侧沿岭脊东行至岭顶。墙体整体保存一般。墙体底宽10、顶宽5.7、高1.5～1.8米。长167米。

第6～10小段，GPS0254—0259，长城向东，过大顶子山、折拦顶山，向东至大官庄村西、折拦顶山东侧南北向村间公路处。长城经过低矮岭脊，现多为农田，墙体整体保存差，道路沿用墙体，墙体遗迹间断出现。长1017米。

第11小段，GPS0259—0260，墙体整体保存较差。墙体底宽9.5、顶宽5、高1～1.5米。长28米。

第12～15小段，GPS0260—0264，长城沿大官庄村后公路东侧岭脊向大官庄村后而行，至村东太平顶山西侧断崖处。墙体整体保存差，间断出现墙体遗迹。长1006米（图七一六～七一八）。

第16小段，GPS0264—0265，大官庄村后太平顶山西侧断崖向东，至临朐与沂水、安丘交界处。太平顶山，四周为断崖，平地拔起，地势较为陡险，特别是南侧断崖处为天险。山的顶部平整，一马平川，面积很大，顶部为农田。墙体消失。长1100米。

表一六三　祝家店子段长城（编码：370724382102020019）GPS采集点表（单位：米）

工作编号	名称	坐标（起止点）			与相邻点关系
		东经	北纬	高程	
0249	起点			258	
0250	拐点1			248	0249点东北840
0251	拐点2			315	0250点西南360
0252	拐点3			313	0251点南115
0253	折点1			272	0252点东北384
0254	拐点4			303	0253点东南167
0255	拐点5			312	0254点东224
0256	拐点6			305	0255点东北123
0257	折点2			333	0256点东252
0258	拐点7			344	0257点东162
0259	折点3			393	0258点东南256
0260	拐点8			395	0259点东南28
0261	折点4			438	0260点东南397
0262	拐点9			455	0261点东227
0263	折点5			469	0262点东北234
0264	折点6			503	0263点东北148
0265	结束点			505	0264点东1100

图七一四　GPS0251 点以西墙体远景（西—东）

图七一五　GPS0253 点以北墙体（东—西）

图七一六　GPS0263 点以西墙体（东—西）

图七一七　GPS0263 点以东墙体（西—东）

图七一八　GPS0264 点以西墙体远景（东—西）

二　烽燧

仅 1 处。

小关烽燧（编码：370724353201020001）

位于小关村东南 600 米，临朐至沂水公路的东侧小山上，南距齐长城主线 7.5 千米。高程 262 米。圆形烽燧坑，保存较好。现存有圆形烽燧坑，形状为在山顶挖一圆圈状沟坑，内心为直径 2.6 米的没动过的圆台状，周围挖宽 1.5 米的圆形沟槽，外侧为用石头堆筑的圆圈，宽 2.7 米（图七一九）。时代不明，性质特殊。百姓传说为烽火台，暂名小关烽燧。

小关烽燧地处齐长城穆陵关向北延伸的南北向山川谷地，由于地处穆陵关向北山川，其南侧为临朐齐长城主线长城，向北一马平川通往临朐、青州，应为古代长城传递信息的重要通道（图七二〇～七二二）。

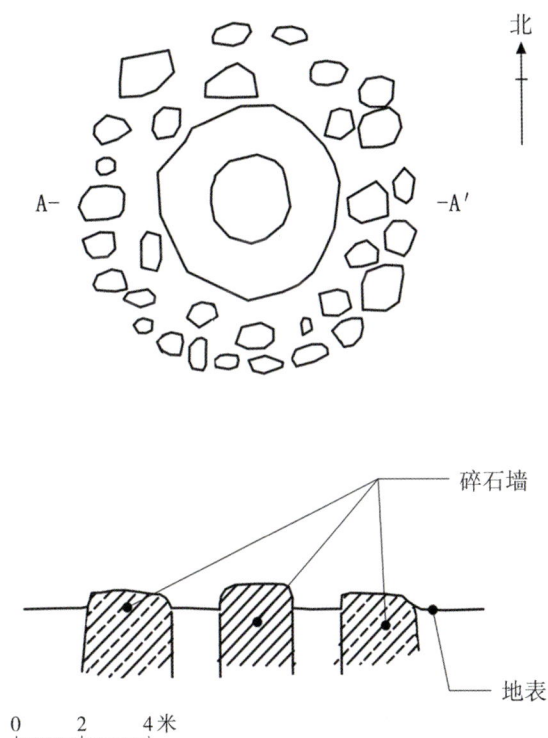

图七一九　小关烽燧平、剖面图

图七二〇　小关烽燧远景（西北—东南）

图七二一　小关烽燧近景（南—北）

图七二二　小关烽燧近景（东南—西北）

小关烽燧北侧的小山，位于小关村东，较之略高，百姓传说为烽火台，但山顶现为一电线杆及底座，没有发现其他遗迹，没有定为烽燧。

三　相关遗址

共 2 处。

1. 大山东将军台、将瞭台遗址（编码：370724354199020002）

将军台位于小山东村南 300 米弥河西岸，将瞭台位于其北侧，遗址位于齐长城线路上（图七二三、七二四）。高程 223 米。这里地处临朐南部，弥河西岸，原石家河乡小山东村南、大山东村北东西向岭脊的东端近河边台地上，百姓传说为将军台和将军胡同。其北侧的高起十几米的土包即为将瞭台，可能为瞭望台（参见临朐主线分段图 09 段）。

将军台面积 3500 平方米，东西 70、南北 50 米，地面没有发现遗物。

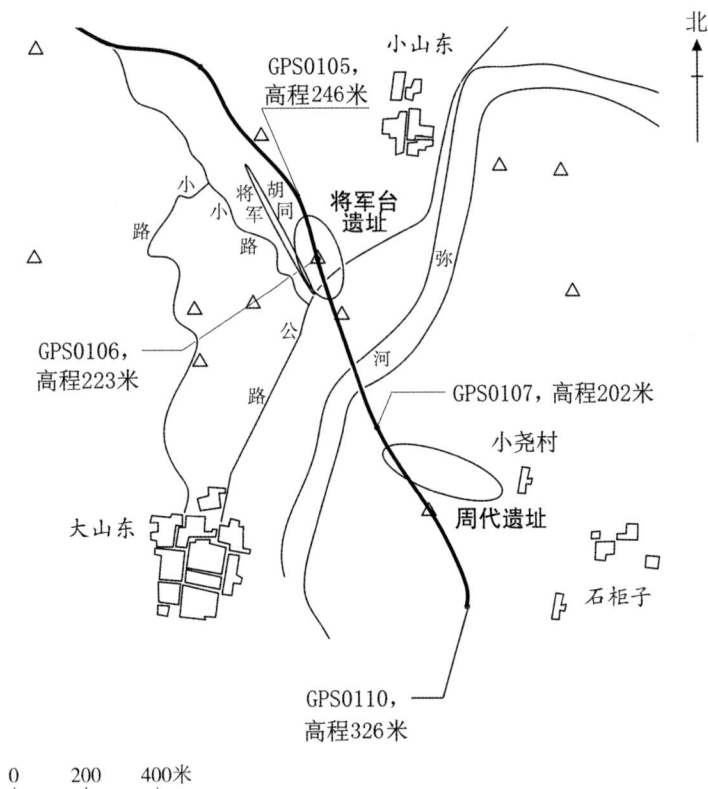

图七二三　将军台、将瞭台及小尧村遗址位置图

2. 小尧峪周代遗址（编码：370724354199020001）

位于九山镇小尧峪村西 50 米，弥河东岸，将军台与将瞭台遗址的东面（参见图七二三、七二四）。高程 174 米。

遗址地处弥河东岸台地上，齐长城的北侧，南侧距离长城仅 100 米。地表散落着数量较多的灰陶片和红陶片，面积 5000 平方米。为东周时期居住遗址，可能与长城的守卫有关。位置图同大山东将军台与将瞭台遗址（参见临朐主线分段图 09 段）。

图七二四　将军台、将瞭台（东南—西北）

第六节　穆陵关复线（1～3 段）调查实况

一　墙体

临朐县齐长城复线，又称临朐穆陵关复线长城。西起桲根腿东岭齐长城主线和复线交叉点。沿桲根腿东岭向南、东南，过朱家峪北山，沿穆陵关西岭北行，至穆陵关村西北岭东行，过穆陵关村北，穿临朐至沂水公路，沿穆陵关东岭东行、东南行至穆陵关东山顶。长城分布在临朐沂水交界处的山脊或丘岭地带上。从穆陵关东山顶向东进入沂水县境内，向东到沂水县东部的三楞山与主线齐长城相汇合。

该段长城长 8878 米，皆为石墙，用石块垒砌而成，部分地段保存较好。保存一般的段落 6150 米，占 69.27%；保存差的段落 2657 米，占 29.93%；消失部分 71 米，仅占 0.8%。该部分长城应为齐长城中保存最好的段落（表一六四、一六五）。

表一六四　临朐段齐长城穆陵关复线墙体类型统计表（单位：米）

项目	临朐段（复线—穆陵关）					
	石墙	土墙	山险	壕堑	消失	总计
小计	8807	0	0	0	71	8878
百分比（%）	99.20	0	0	0	0.80	100

表一六五　临朐段齐长城穆陵关复线墙体保存情况统计表（单位：米）

分段编号	段名称	总长	较好	一般	较差	差	消失
临朐1	围子山北段长城	2081		1327		754	
临朐2	穆陵关西岭段长城	4275		3595		680	
临朐3	穆陵关段长城	2522		1228		1223	71
总计		8878	0	6150	0	2657	71
所占比例（%）		100.00	0	69.27	0	29.93	0.80

第一段，围子山北段长城（穆陵关线）（编码：370724382102020020）

该段长城北起梓根腿南山主复线交叉点，高程 512 米；南至围子山山顶，高程 480 米。长 2081 米（图七二五；表一六六）。

长城从梓根腿东岭齐长城主线、复线交叉点，沿梓根腿东岭岭脊南行，沿朱家峪东北岭脊南行，至朱家峪村东围子山山顶。

梓根腿东岭西坡地势险陡，多松树、刺槐树，东侧地势平缓，多为农田；朱家峪东北岭地势较为低平，农田开垦至长城经过的岭脊两侧，有田间道路沿长城而行；围子山为石山，西坡山势较为陡峻，山上有石头垒砌的寨堡，保存较好。南侧有齐长城保护标志碑。

该段墙体总长 2081 米，其中保存一般的 1327 米，保存差的 754 米。根据长城走向和特征点划分为 11 个小段。

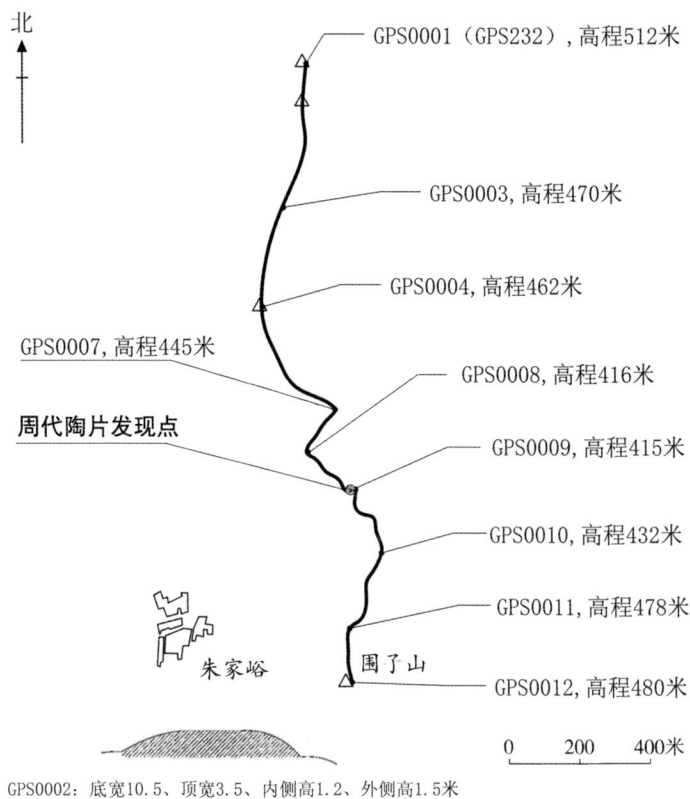

GPS0002：底宽10.5、顶宽3.5、内侧高1.2、外侧高1.5米

图七二五　围子山北段长城走向图

第 1~7 小段，GPS0001—0008，位于梓根腿东岭，沿南北向长岭脊向南延伸，至朱家峪村北乡间路穿越长城西侧小土丘顶部。墙体整体保存一般。墙体底宽10.5、顶宽3、高 1.5~2 米。总长 1327 米（图七二六~七二八）。

第 8~11 小段，GPS0008—0012，位于朱家峪东北岭，至围子山顶。墙体整体保存差，两侧梯田侵蚀墙体，墙体遗迹明显。墙体宽6.4、高1.2～1.5米。长754米（图七二九、七三〇）。在GPS0009处长城墙体内发现有陶片，为判定长城的时代提供了参考标本。山顶南侧立有沂水县立朱家峪子点将台保护标志碑，这里保存1处寨堡遗址。

表一六六　围子山北段长城（穆陵关线）（编码：370724382102020020）GPS采集点表（单位：米）

工作编号	名称	坐标（起止点）			与相邻点关系
		东经	北纬	高程	
0001	起点			512	
0002	折点1			511	0001点南115
0003	折点2			470	0002点南247
0004	折点3			462	0003点南219
0005	折点4			465	0004点南231
0006	折点5			430	0005点南192
0007	折点6			445	0006点南174
0008	折点7			416	0007点南149
0009	折点8			415	0008点南206
0010	折点9			432	0009点南210
0011	折点10			478	0010点南268
0012	结束点			480	0011点南70

图七二六　GPS0001—0002点间墙体（东南—西北）

图七二七　GPS0003—0004 点间墙体（北—南）

图七二八　GPS0004 点以南墙体（北—南）

图七二九　GPS0008点东南墙体（北—南）

图七三〇　GPS0012点以北寨堡（南—北）

第二段，穆陵关西岭段长城（穆陵关线）（编码：370724382102020021）

该段长城西北起围子山山顶，高程 480 米；东南至穆陵关西，高程 426 米；长 4275 米（图七三一；表一六七）。

长城从围子山南沿岭脊向东南行 685 米，转向东北行约 1 千米，沿岭脊南行，向后石屋村方向延伸，至后石屋村北岭转向东行，沿关顶村西岭北行，至关顶村西岭子上。

该段墙体总长 4275 米，其中保存一般的 3595 米，保存差的 680 米。根据长城走向和特征点划分为 13 个小段。

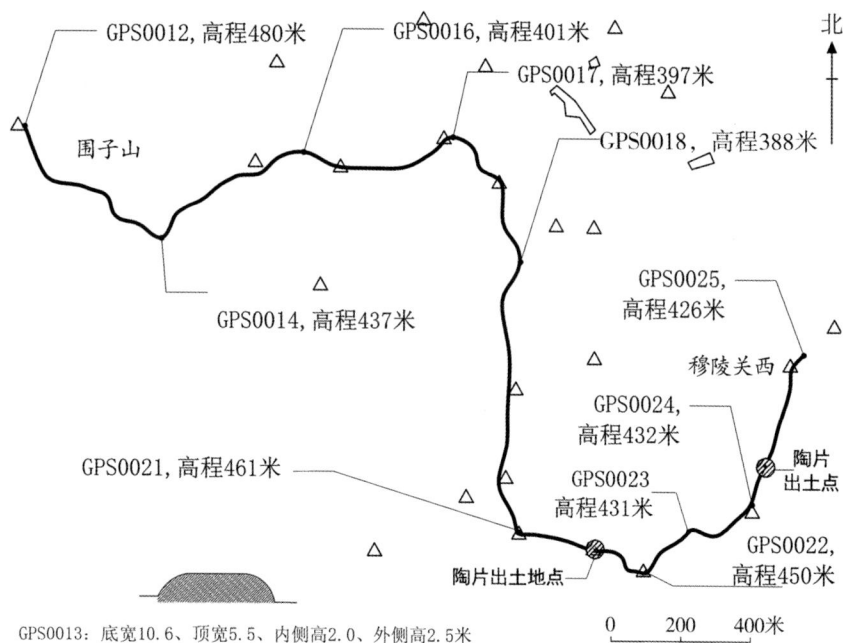

图七三一　穆陵关西岭段长城走向图

第 1～11 小段，GPS0012—0023，墙体底宽 10.6、顶宽 5.3～5.5、高 2.5 米。在 0022 点西发现陶片标本。长 3595 米（图七三二～七三七）。

第 12～13 小段，GPS0023—0025，位于关顶村西岭，长城沿岭脊从南向北延伸。墙体整体保存差，墙体被道路沿用及破坏，墙体遗迹明显。在 GPS0024 处长城墙体夯土内发现周代陶片标本。长 680 米。

表一六七　穆陵关西岭段长城（穆陵关线）（编码：370724382102020021）GPS 采集点表（单位：米）

工作编号	名称	坐标（起止点）			与相邻点关系
		东经	北纬	高程	
0012	起点			480	
0013	折点 1			469	0012 点东南 256
0014	折点 2			437	0013 点东南 429
0015	折点 3			435	0014 点东北 224
0016	折点 4			401	0015 点东 328
0017	拐点 1			397	0016 点东 449
0018	折点 5			388	0017 点东南 321
0019	折点 6			419	0018 点南 291
0020	折点 7			463	0019 点南 413
0021	拐点 2			461	0020 点南 258
0022	折点 8			450	0021 点东北 454
0023	拐点 3			431	0022 点东北 172
0024	折点 9			432	0023 点东北 368
0025	结束点			426	0024 点东北 312

图七三二　朱家峪子点将台保护标志碑（南—北）

图七三三　GPS0013—0014 点间墙体（西—东）

图七三四　GPS0015 点以东墙体远景（西南—东北）

图七三五　GPS0014—0015 点间墙体（南—北）

图七三六　GPS0017 点处墙体（西北—东南）

图七三七　GPS0022 点以北墙体（南—北）

第三段，穆陵关段长城（穆陵关线）（编码：3707243821020 20022）

该段长城西起穆陵关西，高程426米；东至穆陵关东山顶，高程423米。长2522米（图七三八；表一六八）。

长城从关顶村西岭（穆陵关西）沿村西东西向岭脊东行，经关顶村后，经村东岭脊东行，过小山东侧山坳处转向东南行，经邵家峪村南岭，沿岭脊向黄墩山而行，至黄墩山山顶西侧陡崖处。

该段长城总长2522米，其

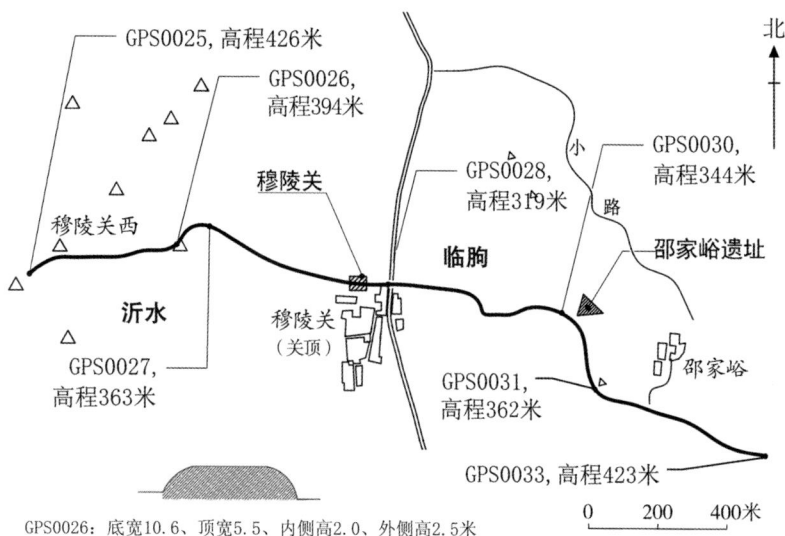

GPS0026：底宽10.6、顶宽5.5、内侧高2.0、外侧高2.5米

图七三八 穆陵关段长城（穆陵关线）走向图

中保存一般的1228米，保存较差的1223米，消失的71米。根据长城走向和特征点划分为8个小段。

第1~3小段，GPS0025—0028，从穆陵关西沿东西岭脊而下，至关顶村后公路处。西侧岭子高处墙体保存较好，村西岭子地处，破坏较为厉害。墙体整体保存一般。墙体底宽10、顶宽4、高3米。长1228米。该段墙体皆为土墙，土中泛白，地方干部传说，修建长城时，在土中掺杂海盐以加固墙体。分析海盐对土碱化，会破坏土壤结构，因此这种说法可能是错误的。

在南北向公路的西侧，现在关顶村大队部内，传说为明代穆陵关关楼所在处。详见沂水县关隘穆陵关遗址。

第4~8小段，GPS0028—0033，自关顶村中南北向公路向东直至黄墩山山顶西侧陡崖处。村中公路，为新中国成立后修建，将原来的岭子下挖30多米，公路东侧形成人工下挖的断崖。断崖下高台上，有明代重修穆陵关碑两通及齐长城保护碑。长城消失71米。东侧岭顶向东保存有土夯打长城，墙体保存差。墙体宽11.5、高约2.2米，墙体两侧有多处现代采石场，墙体破坏严重。长1223米（图七三九、七四〇）。在GPS0030以西，长城北侧发现邵家峪周代遗址。

表一六八 穆陵关段长城（穆陵关线）（编码：370724382102020022）GPS采集点表（单位：米）

工作编号	名称	坐标（起止点）			与相邻点关系
		东经	北纬	高程	
0025	起点			426	
0026	折点1			394	0025点东北450
0027	折点2			363	0026点东347
0028	折点3			319	0027点东431
0029	折点4			348	0028点东南345
0030	拐点1			344	0029点东234
0031	拐点2			362	0030点东南196
0032	折点5			357	0031点东南151
0033	结束点			423	0032点东南368

图七三九　GPS0025 点以东墙体远景（西—东）

图七四○　GPS0027 点以西墙体（东北—西南）

二　关隘

1 处。为穆陵关。

穆陵关（参见穆陵关复线分段图 03 段），位于沂水县马站镇关顶村大队部院内，属沂水县管辖，在第十三章沂水县穆陵关复线中介绍。

三　相关遗址

调查发现周代遗址 1 处，为邵家峪周代遗址（编码：371323354199020001）。

遗址位于沂水马站镇关顶村东 300 米，临朐沂山镇邵家峪村西 150 米，穆陵关的东侧。高程 344 米（图七四一）。

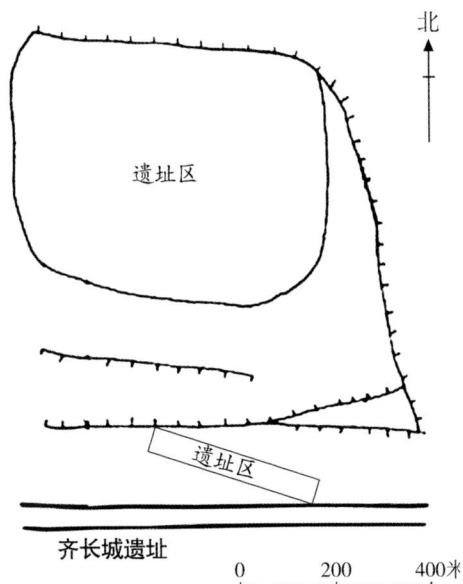

图七四一　邵家峪遗址平面图

2009 年 3 月，为配合青红高速公路的建设，对高速公路穿越齐长城部分进行了勘探（图七四二）。

①北部遗址区：位于探区的北部，呈不规则形，北临断崖，南北 541 米。地层堆积为第一层耕土层、第二层沙石层、第三层文化层，呈浅灰色土层，内含有少量的木炭和红陶和灰陶片，厚 0.1～0.2 米。

②南部遗址区：位于探区的南部，长城顶上，呈东南北方向的长方形，长 34、宽 6 米，地层堆积为第一层耕土层，第二层是文化层，厚 0.5 米，包含大量灰烬，似房屋。该遗址区西部文化层较丰富，东部较浅。

南部遗址区紧靠长城，而且为周代大型的房屋建筑。而该遗址位于齐长城北侧，地处地势较高的岭子顶上，因此其性质非一般的村落遗址，可能与齐长城的守卫有关。经考古勘探确定遗址的性质，及高速公路与齐长城的相对关系，经专家组论证，国家文物局批准，最后高速公路采用隧道的形式穿过齐长城。

图七四二　邵家峪遗址勘探现场

四　遗物

临朐境内发现周代陶片标本 3 例、木炭标本 1 例。

1. 朱家峪围子山北坡陶片

标本见于朱家峪围子山北坡陶片被破坏的长城墙体夯土内（图七四三），GPS 点：东经 118°40′

图七四三　朱家峪围子山北坡陶片出土具体位置（北—南）

19.2″，北纬36°9′30.1″，海拔415米。泥质灰陶，约当周代（出土位置见临朐穆陵关线01段）。

2. 前石屋北岭陶片

陶片出土于穆陵关所处的关顶村西岭向西、前石屋北岭上的长城内，GPS0021和0022之间（图七四四），即临朐穆陵关线02段向南拐而凸出的位置（出土位置见穆陵关线02段）。地势较高，海拔444米，较之关顶村海拔313米高出100多米，四周远离山谷平地，取水比较困难。

图七四四　前石屋北岭陶片出土具体地点（西南—东北）

长城墙体为砂土夯筑，土中夹杂大沙粒，仅发现四片夹沙红陶片和灰陶片，陶片较小。应为周代遗物。

在南侧的农田里也发现零碎陶片，小而少。

3. 穆陵关西岭陶片

标本在长城夯土墙体内发现，位于穆陵关西，即临朐穆陵关线02段的东侧向北拐的部分GPS0023处（图七四五），高程432米（出土位置图见穆陵关线02段）。

出土陶片的长城段落位于穆陵关所处的关顶村西岭上，较之前石屋北岭陶片向北200多米。这里地势较高，较之关顶村海拔313米高出100多米，四周远离山谷平地，取水比较困难，不适合一般村庄居住。

陶片在夯土墙体内发现，为绳纹灰陶片，应为东周时期遗物。

4. 富昌北木炭标本

位于沂山东坡，上富昌村向北通往苗家旺村南北公路西侧长城夯土墙体内，发现木炭标本1件（图七四六），高程423米（出土位置见临朐主线17段）。

图七四五　穆陵关西岭陶片出土具体地点（东—西）

图七四六　富县北木炭标本发现点具体情况（东—西）

第七节　保护与管理现状

1. 保护管理历史

1956 年山东省人民委员会将齐长城分段公布为第一批文物保护单位，齐长城所经各县（市、区）公布为重点文物保护单位。

2. 保护规划和专项法规

以《中华人民共和国文物保护法》为依据，以"保护为主，抢救第一""有效保护，合理利用，加强管理"为前提，贯彻以保护现状为主，适当修复，防止或减缓遗迹破坏的原则，长城两侧 50 米，城堡、烽燧周围 50 米，关隘 100 米范围内划为重点保护区，保护区内，不得开山、放炮、取土取石，不得增建任何人工景物。重点地段，保护范围向外延伸 1000 米。争取制定保护长城的专项法规。进一步防止破坏长城，或借口利用开发长城乱修乱建行为。统一划定保护范围和建设控制地带。

3. 保护管理机构的情况

长城所经各县（市、区）均建立有文物管理所或博物馆，负责齐长城的保护管理工作。没有设立专门的齐长城保护机构。

4. 保护范围

齐长城资源调查前，山东省文物管理部门对齐长城的保护范围和建设控制地带做了明确规定，沿长城墙体及附属建筑两侧 50 米之内为保护范围，其中 20 米之内为绝对保护区。由各地市文物主管部门负责，300 米之内为建设控制地带。

齐长城保护范围的划定大体可以分为"坡地和平地"与山岭两种情况。坡地和平地部分：以长城本体两侧外缘各向外 200 米为保护范围。保护范围外缘向外 500 米为建设控制地带。山岭部分：山脊上的长城按山脊两侧的谷底线（或坡脚线）至长城墙体外缘的距离不足 700 米的按 700 米划定。

5. 保护标志

齐长城所经各县（市、区）均在长城遗迹保存较好、人们经常往来的地方设立了石质保护标志。

6. 保护档案的情况

长城所经各县（市、区）文物管理部门，不止一次地对齐长城作过调查，特别是齐长城考察队对长城全线进行步行考察时，文物管理部门的专业人员均陪同考察，对长城在本辖区内的行经路线、长度、关隘、城堡、烽燧的分布及数量，均记录在案，建立了较完整的资料档案，划定了保护范围和建设控制地带，设立了保护标志，建立了保护组织，并由文物管理部门与长城所经各乡（镇）或村委会签订了文物安全责任书，使齐长城得到有效保护。

第八节　长城损毁的自然与人文因素

一　自然因素

境内长城途径地形地貌较为复杂，可分为山地、丘陵、沟壑及平原四个不同类型。山地类型，墙体均沿山脊分布，两侧多种植松树、橡树、槐树及栗子树等树种，少农田破坏，处于山谷之间时，多被修路截断破坏。丘陵类型，墙体多沿丘陵脊线分布，地势平缓的坡面多被开垦为农田，地势陡峭的地方多种植松树、橡树及槐树等树种，人为破坏现象较为明显。沟壑类型，受雨水冲刷及河流截断等破坏影响，大部分墙体地表已无遗迹。平原类型，墙体途径平原地带时，两侧多农田，蚕食现象严重。

二　人为因素

此次调查表明，破坏长城墙体的最大因素就是人为因素，多表现为村镇建设和开垦梯田，其中开垦梯田对齐长城的破坏较为严重。

第十三章

沂水县齐长城资源调查

第一节　地理位置与自然环境

沂水地处鲁中山区，位于临沂市的北部，北与临朐、安丘，东与莒县、诸城，西与沂源、蒙阴，南与沂南等地交界。

地质、地形、地貌　沂水县为低山丘陵区，西部、北部为低山区；东部、东北部为丘陵；中部、南部为平原。以泰薄顶山最高。山地多为古生代石灰岩、页岩所构成。丘岭矮坡缓，岭顶浑圆，谷地宽展，多为古生代变质岩构成的砂岭，土壤多为棕壤。长城经过北部的泰薄顶山脉，东北—西南走向，为沂水北部的天然屏障。在山地还分布有特色的崮，山顶崖石陡立，顶部平坦。

气候　属北温带季风气候。全县累年平均气温 12.3℃。极端最高气温 39.2℃，极端最低气温零下 24.9℃。秋冬有霜冻。年平均降水 770 毫米，降水多集中夏季。夏秋存在冰雹。冬天有降雪。全县冬季多为北、东北风，夏季多南风。

水文　县内主要分布有沂河、沭河。沂河由沂源县鲁山发源，南流入江苏。沭河发源于沂山南侧泰薄顶，向东南流。浯河发源于红石峪、上二郎峪，向东流入潍河。并分布许多的沿河支流。在山间或岭谷还分布一些星罗棋布的水库。地下水也较为丰富。

植被　属暖温带阔叶林区，经人类长期活动，天然植被已逐步被人工植被代替，现有的植被具有明显的次生性质。阔叶树主要有杨树、旱柳、刺槐、泡桐、臭椿、白榆、国槐、枰柳、楸树、麻栎等。针叶树主要为松类、侧柏。板栗、柿子、核桃等干果树，多分布于山坡。而苹果、桃子、梨树、山楂等多分布于低地。野生灌木有黄荆、酸枣、胡枝子等。草本植物有100多种，草场面积占22%。主要有三个草系，以黄背草、白羊草、百里香为主的灌草丛群系；农作物主要有小麦、玉米、地瓜、花生、黄烟及药材类的丹参、黄芪等。

第二节　历史沿革

夏朝，其北境、东境入青州，其南境入徐州。商朝，沂水地属人方。西周，沂水地属鲁国。春秋，沂水地为郓。莒鲁之争后入齐。战国，沂水地为盖。

秦朝，沂水地属琅琊郡莒县。

西汉，沂水地，东境属徐州刺史部琅琊郡东莞县；西境为兖州刺史部泰山郡盖邑；南境为城阳国阳都、东安。东汉，废城阳国，沂水地属徐州刺史部琅琊国。东汉末年，东莞、盖两县升为郡。

三国，沂水地北境属魏国徐州刺史部东莞郡东莞、东安两县；南境属琅琊国阳都。

晋朝前期，沿用魏国旧制。元康七年（297年）又分东莞置东安郡。自永嘉以后（东晋），十六国纷争割据，沂地归属多变。自咸和二年义熙五年（327~409年），沂水地先后为北方少数民族的后赵、前燕、前秦、后燕、南燕五国所属。南燕慕容德改东莞县为团城。

南北朝时，沂地南北互争，归属时南时北，先后隶属于东徐州、南青州、东安郡、莒州。

隋朝，开皇初，废东安郡，置东安县（治团城）。开皇十六年（596年）改名沂水县，别置东安县于古盖县。隋末，废东安县并于沂水县，县属琅琊郡。沂水县名沿用。

唐朝，武德五年（622年），沂地属莒州，贞观八年（634年），废莒州，县属河南道沂州琅琊郡（今临沂）。五代十国时期，沂水地先后隶属后梁、后唐、后晋、后汉、后周，均属沂州。

宋朝（北宋），沂水县属京东东路沂州琅琊郡。金朝，金太宗天会四年（1126年）灭北宋。淮河以北被金占领，县属山东东路莒州。元朝，1234年元灭金，沂地此时归元。1279年灭南宋，统一全中国，沂水县属中书省山东东西道宣慰司益都路莒州。

明朝，明初因之。洪武九年（1376年），属山东承宣布政使司青州府。清朝，清初因之。雍正八年（1730年）改属莒州，雍正十二年（1734年），改属沂州府。

民国时期，1913年废府设道，沂水县属岱南道。1915年改属济宁道。1925年改属琅琊道。1928年裁道，属山东省。

1941年2月，属山东省战时工作推行委员会鲁中区沂蒙专署。1948年7月17日，属山东省政府鲁中南行政区公署第二专署。1949年7月，属山东省人民政府鲁中南行政公署沂蒙专署。同年8月恢复沂水县名称。

第三节　长城概况

沂水县齐长城的调查工作是从2009年5月23日开始，至2009年6月7日结束。调查人员有李振光、程留斌、王云鹏、朱彤、宫德杰、张子晓、耿涛。

沂水县的齐长城分布比较复杂，既有主线长城，又有复线长城。《齐长城》一书将穆陵关线长城定为该部分的主线长城，将北侧分布于沂水与临朐、安丘交界处的长城定为复线长城。但是调查时，在沂水民间有杨廷将军一夜错修20千米长城的传说。到底哪条线路是齐长城的主线，或者说是哪条线路是先修建的？有待调查分析确定。

我们在沂山东侧，沂水与临朐交界的梓根腿东岭齐长城主线和复线交汇处，仔细观察，但地表多杂草，无法分辨相交处的长城结构及构造先后；调查至沂水东部三楞山齐长城主复线交汇处，发现北侧的长城从安丘方向蜿蜒而来，进沂水向南而行，至三楞山弯转东南，向莒县方向而行，为连续的墙体。而南侧从西来的长城石墙贴于北侧长城墙体的外侧，构造情况清晰可辨。断定南侧长城晚于北侧长城，即从梓根腿东岭向东南方向经穆陵关东行的长城，晚于北侧经临朐的大关、太平顶、沂水北境、安丘、沂水东部的长城。如果以《齐长城》报告将该部分齐长城分为主线和复线的话，北侧的长城应该为齐长城主线，南侧的长城应为齐长城复线。这与齐国的疆域扩张相合，南侧的复线齐长城是齐国疆域南扩后修建而成的（图七四七）。

沂水县齐长城长66054米。分为主线长城和穆陵关复线长城两部分。

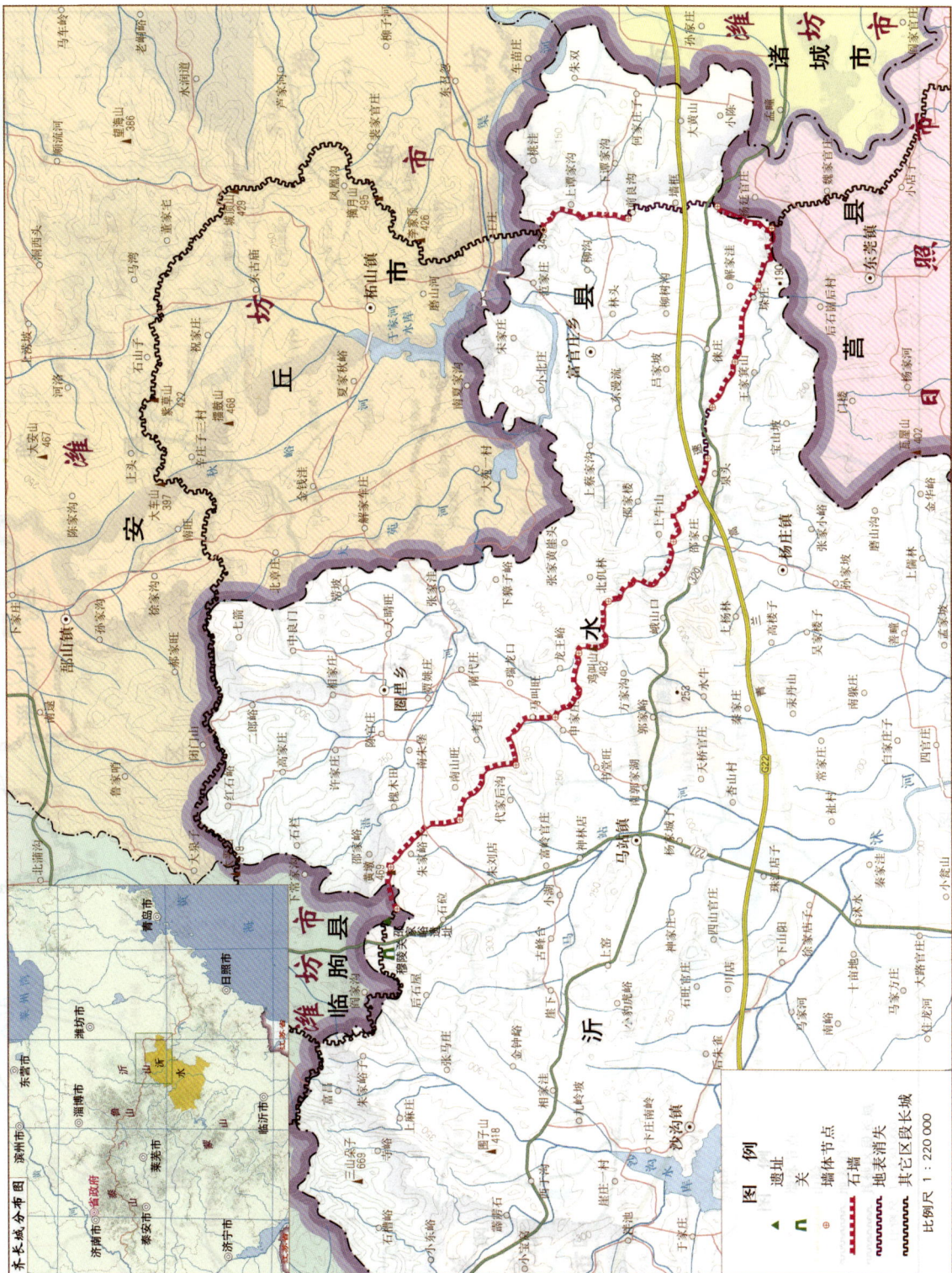

图七四七　沂水县及周边县市长城分布图

一　主线长城

沂水县主线长城长 24066 米，分为三部分，即西段主线长城、中段主线长城和东段主线长城。

1. 西段主线长城

位于沂水与临朐县交界处，西起沂山红崖顶，高程 790 米；东至梓根腿南山主复线交叉，高程 512 米。长 3399 米。

长城从红崖顶断崖处向东，沿红崖顶东侧山脊而下，经上富昌村北岭，过上富昌村北南北道路继续东行，沿梓根腿南岭东行，上梓根腿东山。

在梓根腿东山顶分为两条路线。北侧线路为齐长城的主线，沿山脊北行、东北行，向大关水库方向而行，至大官村东太平山顶，该段长城分布在临朐县境内；南侧线路为齐长城复线，向南、东南，沿临朐与沂水交界向穆陵关方向而行。

红崖顶东侧山脊为石山，苍松翠柏，林木茂密，上富昌村北岭、梓根腿南岭为低矮土岭，岭脊东西向延伸。梓根腿东山亦为土山，山脊为南北向，松树、刺槐树茂密。

长城的北侧有梓根腿村，南侧有上富昌村。该部分长城总体保存情况较好，宽者 11 米余、高 3～4 米，窄者宽 5 米余、高 1 米余。沂山东坡为石墙，梓根腿南岭，两侧石墙皆无，仅存砂土夯打而成的土墙。富昌村北南北道路及梓根腿南岭南北向穿插的田间道路对长城造成破坏，而长城顶部作为田间道路，两侧被农田开垦至长城根部造成损害。

该部分长城在临朐县第 17 段梓根腿长城有详尽描述。

2. 中段主线长城

位于沂水与安丘两县交界处。西起自太平山，高程 505 米；东止于青石胡同，高程 290 米。全长 11512 米。

长城从临朐县大官庄村东太平山上的临朐、沂水、安丘三县交界碑开始，沿太平顶山西侧断崖向南绕行，沿大旺村西北太平山断崖东北行，经红石峪北太平山断崖东南行，至青石胡同。太平顶山为崮状山顶，西侧、东南侧山势较为高险，山坡多刺槐树、杂草，顶部地势平坦，为红色土石，种植玉米等农作物。该段以南侧陡崖为山险，顶部没有修筑长城。

该部分长城在安丘县的第一至第四段有详尽介绍。

3. 东段主线长城

位于沂水县境内，从安丘县东南入境，向南至沂水莒县交界处。北起自卧牛城西峰，高程 352 米；南止于三楞山三叉，高程 313 米。全长 9155 米。在本章中予以介绍。

二　穆陵关复线长城

分布在齐长城主线的南侧，在沂水县的北部呈西北—东南向分布。西起自梓根腿东山主复线交叉处，高程 512 米；东止于三楞山三叉处，高程 313 米。全长 41988 米。

穆陵关复线长城分为两部分。

1. 西段穆陵关复线长城

由梓根腿主复线交叉点到穆陵关东山顶，长城分布在临朐和沂水交界处的山脊丘岭地带上。长 8878 米。在临朐穆陵关复线的第 1～3 段介绍。

2. 东段穆陵关复线长城

从穆陵关东山顶开始，向东止于三楞山与主线长城汇合处，分布在沂水县境内。全长33110米。在本章中予以叙述。

三 关隘

1处。为穆陵关。

四 寨堡

7处。为卧牛城寨堡、光光山寨堡、朱家峪子寨堡、黄墩山寨堡、簸箕山寨堡、鸡叫山寨堡、牛山寨堡。在第二十一章中一并介绍。

第四节 主线分段调查实况（1~3段）

东段主线长城位于沂水县东部，从安丘县东南卧牛城西主峰入沂水县境，过卧牛城向南，沿旺峪东岭西侧陡崖南行，过双山、良沟南岭东南行，越墙垞子村北岭西南行，经石匣村东向石匣村东南山顶而行，过沂水至莒县公路，沿光光山北坡上行，经光光山顶西南行，经两座小山，至沂水莒县交界处的三楞山，与南侧由西而来的复线长城汇合。

该部分长城北起卧牛城西峰，高程352米；南至三楞山三叉，高程313米。全长9155米，分为3段（表一六九、一七〇）。

表一六九 沂水段齐长城主线墙体保存情况统计表（单位：米）

段落	项　目						
	较好	一般	较差	差	消失	山险	总计
1			1437	913	1097		3447
2					3381		3381
3		1297	565	268	197		2327
总计	0	1297	2002	1181	4675		9155
百分比（%）		14	21.9	12.9	51		100

表一七〇 沂水段齐长城主线墙体类型统计表（单位：米）

项目	石墙	土墙	山险	壕堑	消失	总计
小计	4480	0	0	0	4675	9155
百分比（%）	48.94	0.00	0.00	0.00	51.06	

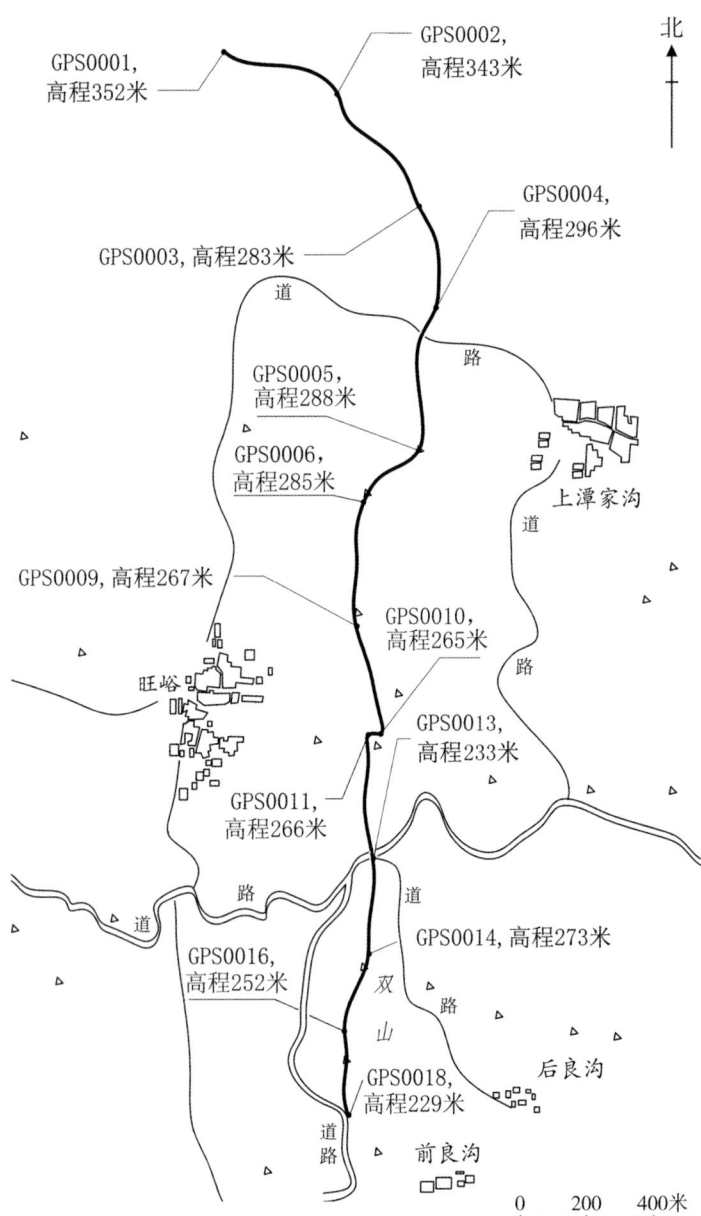

图七四八　卧牛城旺峪东岭段长城走向图

第一段，卧牛城旺峪东岭段长城（编码：371323382102020013）

该段长城北起自卧牛城西峰，高程352米；南止于双山南山根，高程229米。长3447米（图七四八；表一七一）。

该段长城从卧牛城西主峰开始，沿卧牛城西南侧断崖转行至东南侧，沿上谭家沟村西岭脊东南行，转向西南沿旺峪村东岭南行，再经双山至双山南侧山根东西向水泥路止。卧牛城为平顶石崮状山顶，顶部呈东西长的不规则束腰三角形。长城沿山的西北坡而上，山势较为陡峻。西主峰面积较大，周边断崖陡处砌筑有石墙，向东南山顶变窄呈马鞍形，宽仅十几米，长约200米，两侧用石块垒砌石墙，下部较宽，厚近2米，向上约1.6米处有一平台，上部石墙宽0.7~0.8、高约0.8~0.9米。东侧为卧牛城中部主峰，山顶开阔，顶部较为平坦，有石碑及建筑残石块，西南断崖处有石墙。山顶东北部变窄。山顶东南侧与上谭家沟村西岭脊对应处，有山路延伸而下。近岭顶有窄墙。上谭家沟西岭为西南—东北向长岭，东坡地势较陡，两侧农田层层开垦至岭顶，顶部中间高凸，宽处十几米，窄处约1米。向南延续为旺峪东岭，为绵延的低丘，两侧亦为层层梯田。向南经双山，至双山南山南侧山根。双山为高凸的小山，双山北山北侧山根有东西向水泥路，路北有柏树两棵，小庙一座。

长城总长3447米，根据长城走向和特征点可划分为17个小段。其中保存较差的1437米，保存差的913米，其余段落均已消失。

第1小段，GPS0001—0002，位于卧牛城山顶。墙体消失。有寨堡遗存。总长341米（图七四九）。

第2小段，GPS0002—0003，从卧牛城山顶东南侧陡处沿山脊向东南侧小谭家沟西岭延伸。该段墙体整体保存较差。墙体底宽10.8、顶宽4.8、高2米。长414米。

第3小段，GPS0003—0004，该段墙体消失。长221米。

第4~7小段，GPS0004—0008，该段墙体从小谭家沟西北最高的小山顶，向西南过两个小山包至山凹处。墙体整体保存差，遗迹模糊，基本消失。长678米。

第8小段，GPS0008—0009，位于旺峪东北岭顶的北坡，墙体消失。长364米。

第9~11小段，GPS0009—0012，位于向南至旺峪村东南岭顶。墙体整体保存较差。墙体宽6.3、高1.8~2.2米。长509米（图七五〇）。

第12小段，GPS0012—0013，位于旺峪东南岭的南坡。墙体消失。长171米（图七五一）。

第13~15小段，GPS0013—0016，墙体从旺峪东岭与双山北山间的山凹处，向南经双山北山的北坡、山顶、南坡，止于双山北山与南山间的凹处。山北坡墙体整体保存较差。墙体底宽10.8、顶宽4.8、高2.0米。总长277米。山顶墙体整体保存较差。墙体宽5.8、高1.8~2.2米。石墙总长118米。山南坡墙体整体保存较差。墙体遗迹明显。长119米（图七五二）。

第16~17小段，GPS0016—0018，墙体向南至双山南山南侧山根，整体保存差，遗迹模糊，基本消失。长235米。

表一七一　卧牛城旺峪东岭段长城（编码：371323382102020013）GPS采集点表（单位：米）

工作编号	名称	坐标（起止点）			与相邻点关系
		东经	北纬	高程	
0001	起点			352	
0002	拐点1			342	0001点东341
0003	折点1			283	0002点东南414
0004	折点2			296	0003点南221
0005	拐点2			288	0004点南163
0006	折点3			285	0005点西南231
0007	折点4			265	0006点西南139
0008	折点5			262	0007点南145
0009	折点6			267	0008点南364
0010	拐点3			265	0009点东南304
0011	拐点4			266	0010点西53
0012	折点7			259	0011点南152
0013	折点8			233	0012点南171
0014	折点9			273	0013点南277
0015	折点10			273	0014点南118
0016	折点11			252	0015点南119
0017	折点12			275	0016点南62
0018	折点13			229	0017点南173

图七四九　GPS0001 点东南寨堡（西北—东南）

图七五〇　GPS0009—0010 点间墙体（北—南）

图七五一　GPS0012—0014 点间墙体（北—南）

图七五二　GPS0014—0015 点间墙体（南—北）

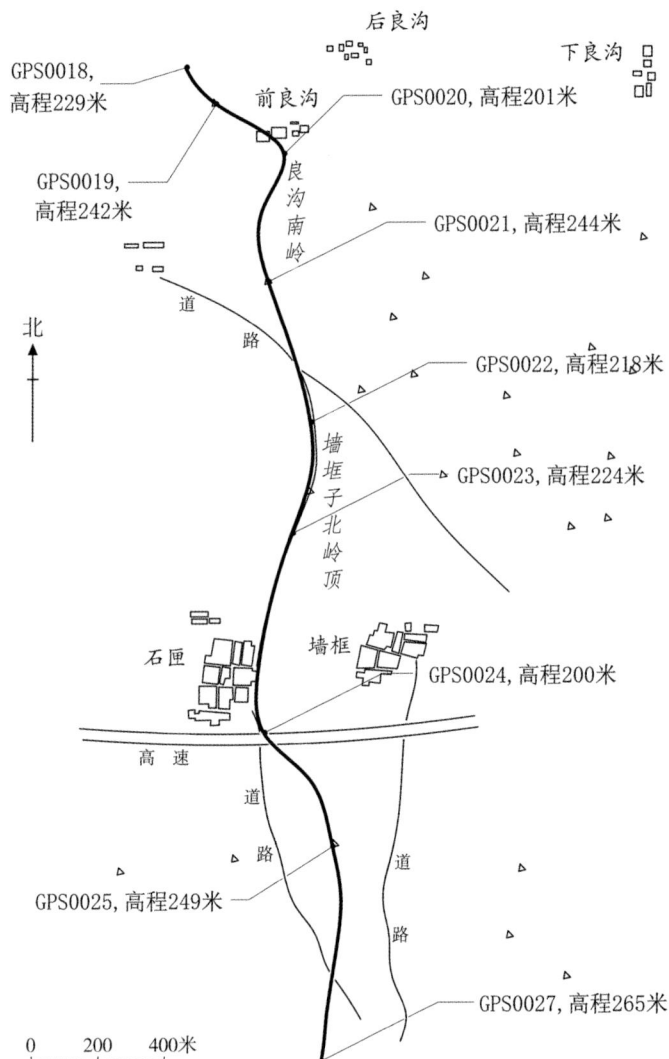

图七五三　墙垣良沟南岭段长城走向图

第二段，墙垣良沟南岭段长城（编码：371323382102020014）

该段长城北起自双山南山根处，高程229米；南止于光光山北山根处，高程265米。长3381米（图七五三；表一七二）。

该段长城从双山南山山根，转向东南过良沟北岭，经良沟村转向西南，经良沟南岭南行，过墙垣子北岭沿南侧岭脊而下，经石匣子村东，止于村南光光山北山根。良沟北、南岭及墙夼子北岭是从卧牛城、双山方向延伸过来的低矮丘岭，其间有岭脊绵延连续，岭子两侧村庄较为密集，梯田开至岭顶，岭的西侧树木较为密集。墙夼子北岭东坡人为破坏严重，岭下建造有大型石子加工场。墙夼子北岭北侧青兰高速（G22）东西穿过，石匣子村地势较为开阔，村中有省道329东西穿过。长城经过地带紧邻村庄，人为破坏严重，长城消失，没有发现遗迹现象。

该段长城总长3381米，根据长城走向和特征点可划分为9个小段。墙体消失（图七五四、七五五）。

表一七二　墙框良沟南岭段长城（编码：371323382102020014）GPS采集点表（单位：米）

工作编号	名称	坐标（起止点）			与相邻点关系
		东经	北纬	高程	
0018	起始点			229	
0019	折点1			242	0018点东南166
0020	拐点1			201	0019点东南315
0021	折点2			244	0020点西南382
0022	折点3			218	0021点东南400
0023	折点4			224	0022点南389
0024	折点6			200	0023点南680
0025	折点7			249	0024点东南326
0026	折点8			244	0025点南498
0027	结束点			265	0026点南225

图七五四　GPS0025—0027 点间墙体（北—南）

图七五五　GPS0025 点以北墙体（北—南）

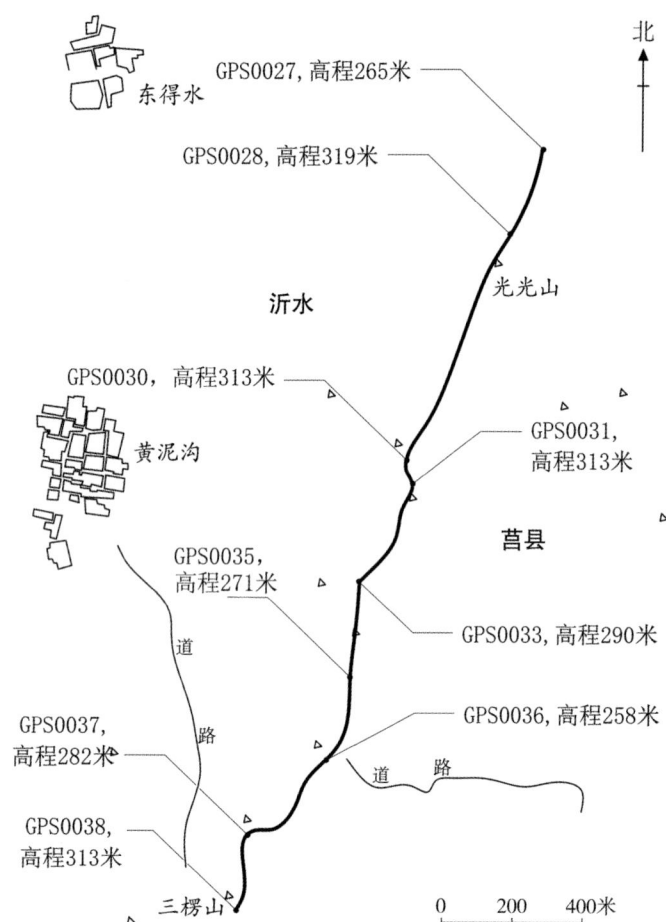

图七五六　光光山段长城走向图

第三段，光光山段长城（编码：37132
3382102020015）

该段长城北起自光光山北山根，高程
265 米；南止于三楞山三叉处，高程 313
米。长 2327 米（图七五六；表一七三）。

长城从石匣子村南光光山的北山根，沿
北侧山脊上山顶，北坡为层层梯田，有一条
上山的大路，长城痕迹可见。近山顶，有一
周石墙围墙，断断续续保存较差。山顶石坑
开采严重，大面积破坏，长城无存。长城沿
南侧山脊向西南两座小山而行，山脊处可见
长城。两座小山的顶部被人为开挖严重，山
顶现存大型采石坑。沿山脊南行有长城痕
迹，过黄泥沟村东南村间土路，转向西南沿
三楞山北山脊上行，长城保存较好。至山
顶，与西侧由垛庄方向来的穆陵关复线长城
汇合，向莒县方向继续延伸。根据山顶现存
遗迹现象判断，由北侧安丘、卧牛城、双
山、光光山方向来的主线长城早于由西侧穆
陵关、杨庄、垛庄方向来的穆陵关复线长
城，北侧来的长城墙体向莒县方向自然延
伸，为一次性修筑而成。西来的穆陵关复线
长城墙体贴靠在主线长城墙体的外侧。

长城总长 2327 米，其中保存一般的
1297 米，保存较差的 565 米，保存差的 268 米，消失的 197 米。根据长城走向和特征点可划分为 10
小段。

第 1 小段，GPS0027—0028，位于光光山北山根至山顶，经北坡梯田至山上半部，墙体保存差。墙体
宽5.2、高不足 1 米。长 268 米（图七五七、七五八）。人为破坏和自然风化使该段墙体保存状况堪忧。

第 2 小段，GPS0028—0029，位于光光山南坡及南侧小山的北坡。墙体保存状况较差。墙体宽
5.2、高1.5 米。长 411 米，其中 100 米被采石场道路破坏。

第 3 小段，GPS0029—0030，山顶为大型采石坑，开采破坏严重，墙体消失。长 197 米。

第 4 小段，GPS0030—0032，位于小山的南坡长山脊。墙体保存状况一般。墙体底宽 7.7、顶宽 5、
高1.6~2.2 米。长 229 米（图七五九、七六〇）。

第 5 小段，GPS0032—0033，因石材开采墙体保存较差。墙体宽 5.2、高不足 1.5 米。人为破坏严
重，石材开采已经停止。长 154 米，

第 6~8 小段，GPS0033—0036，长城由小山顶沿山脊向南延伸至两山凹处的黄泥沟村东南村间公
路。墙体保存状况一般。墙体底宽 7.7、顶宽 5、高 2 米。长 522 米（图七六一）。

第 9 小段，GPS0036—0037，墙体过乡间公路向西南沿山脊而行，地势较平缓。墙体保存状况一
般。墙体底宽 7.7、顶宽 5、高 2 米。长 323 米。

第 10 小段，GPS0037—0038，长城沿三楞山北山脊至山顶。墙体保存状况一般。墙体底宽 7.7、
顶宽 5、高为 2 米。长 223 米。

表一七三 光光山段长城（编码：371323382102020015）GPS采集点表（单位：米）

工作编号	名称	坐标（起止点）			与相邻点关系
		东经	北纬	高程	
0027	起始点			265	
0028	折点1			319	0027点西南268
0029	折点2			304	0028点西南411
0030	拐点1			313	0029点西南197
0031	拐点2			313	0030点东南58
0032	折点3			291	0031点南171
0033	拐点3			290	0032点西南154
0034	折点4			286	0033点南151
0035	折点5			271	0034点南126
0036	拐点4			258	0035点南245
0037	拐点5			282	0036点西南323
0038	结束点			313	0037点南223，沂水穆陵关线0129点东368

图七五七 GPS0027点以北墙体（西南—东北）

图七五八　GPS0028 点处寨堡（南—北）

图七五九　GPS0032 点以北墙体（南—北）

图七六〇　GPS0032 点以南墙体（北—南）

图七六一　GPS0034—0036 点间墙体（西—东）

第五节　复线分段调查实况（1～12 段）

一　墙体

沂水县复线长城，即穆陵关线长城，分布在齐长城主线的南侧，在沂水县的北部呈西北—东南向分布。西起自梓根腿南山主复线交叉，高程 512 米；东止于三楞山三叉处，高程 313 米。全长 41988 米。分为两部分。

1. 西段复线长城

梓根腿南山长城主线、复线交叉，向东南至穆陵关东山顶，齐长城是沿临朐与沂水县交界处分布的。长 8878 米。在临朐齐长城复线部分已经有详尽介绍，详见临朐县复线长城第 1～3 段。

2. 东段复线长城

东段复线长城分布在沂水县境内。从穆陵关东山顶向东，绕黄墩山顶东行，山顶有寨堡。过朱家峪子村北，沿朱家峪子东山东南行，向东南沿大旗山北岭、大旗山南岭而行。从大旗山山顶南侧绕而东行，沿大旗山东南岭向东南行。沿龙山南侧断崖东行，经龙山东岭、东南岭东南行，至戴家后沟村东簸箕山北山顶。过申家庄村北水坝，经申家庄村西，穿村南公路，过石灰窑高地向东，沿申家庄东南老师傅旺南岭的西侧岭脊向东至鸡叫山北山。再向东延伸，过小山，再南行，过鸡叫山，长城转向东南行、东行，向东到大山山顶。长城从大山向南，沿南侧山脊南行，并转向东南至黑堆山北山山根，沿黑堆山北山西北山脊东南行，过山顶沿山的东南山脊向东南下牛山村南牛山方向而行。长城过牛山山顶，沿东山脊而下，向东西沟村北山山顶而行，再东南行，穿济青高速公路南线东南行，至闽泉头村北低岭东侧，过公路，经高家石岭村南，向高家石岭村东南的长城岭而行，经王家箕山村北，经王家箕山东北岭（黄崦村北岭），过黄崦村北低地，经垛庄村西岭，向垛庄村东山而行，向杨廷山西北山根而行。沿杨廷山的西北山脊，向东南行至山顶，过杨廷山，沿山脊东行至三楞山，与北侧卧牛城、双山、光光山方向来的主线长城汇合为一道长城东行，向莒县方向延伸（表一七四、一七五）。

全长 33110 米。分为 12 个小段。

表一七四　沂水县齐长城穆陵关复线墙体保存情况统计表（单位：米）

分段编号	名称	总长	较好	一般	较差	差	消失
1	黄墩段	1664		1256	355	53	
2	大旗山段	3290			728	1978	584
3	龙山段	3193		236	309	1808	840
4	申家庄段	2946			381	1151	1414
5	老师傅旺南岭段	2745		273	648	1063	761
6	鸡叫山段	2946		1773	461	712	
7	黑堆山段	3834	911	1224	577	352	770
8	东西沟东岭段	3578			1674	1397	507

续表

分段编号	名称	总长	较好	一般	较差	差	消失
9	高家石岭段	1832				73	1759
10	王家箕山段	1777		466	460	851	
11	黄堰北山垛庄段	3118	386			684	2048
12	杨廷山段长城	2187		1030		278	879
总计		33110	1297	6258	5593	10400	9562
百分比（%）		100.00	3.92	18.90	16.89	31.41	28.88

表一七五　沂水段齐长城穆陵关复线墙体类型统计表（单位：米）

项目	石墙	土墙	山险	壕堑	消失	总计
小计	23548	0	0	0	9562	33110
百分比（%）	71.12	0.00	0.00	0.00		28.88

第一段，黄墩段长城（编码：3713233382102020001）

该段长城西起自穆陵关东山顶，高程 423 米；东止于黄墩，高程 468 米。长 1664 米（图七六二；表一七六）。

穆陵关东山顶地势较高，山的西坡松树茂密，南坡地势较为陡险，山顶呈不规则的三角形，开垦为农田。长城从山顶的西侧开始东南行，至南侧拐而东北行，沿东侧山脊东北行，向东南绕过一山头沿长山脊继续东北行，至黄墩山西山沿山脊东南行，绕黄墩山山顶南侧东南行。

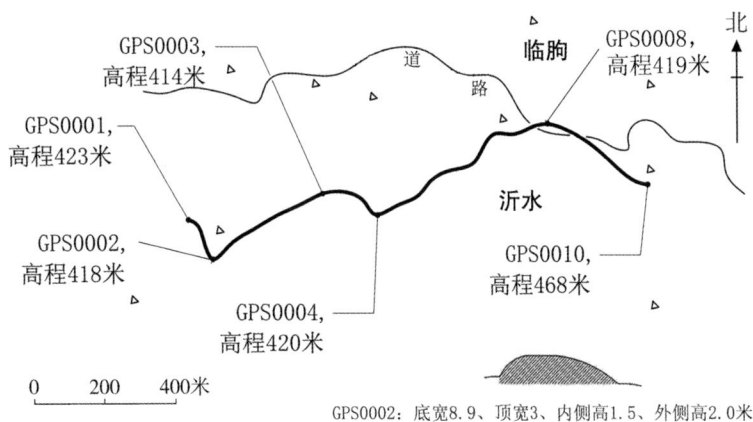

GPS0002：底宽8.9、顶宽3、内侧高1.5、外侧高2.0米

图七六二　黄墩段长城走向图

长城总长 1664 米，其中保存一般的 1256 米，较差的 355 米，保存差的 53 米。根据长城走向及特征点划分为 9 个小段。

第 1～3 小段，GPS0001—0004，该部分为穆陵关东山顶及东侧山脊长城。石头墙体沿山顶东南、西南外侧修建，并沿东侧山脊向东北修建。墙体整体保存一般。墙体底宽 8.9、顶宽 2.3、内侧高 1.1～1.5、外侧高 1.5～2 米。长 715 米（图七六三）。

第 4～5 小段，GPS0004—0006，长城由穆陵关东山东北山谷沿山脊向黄墩西北山而行。墙体整体保存较差。墙体底宽 8、顶宽 2.4 米、高 0.4～1 米，部分小段墙体被截断。长 355 米（图七六四）。

第 6～8 小段，GPS0006—0009，长城沿黄墩山西北山顶的南侧修建，向东沿山脊转向东北行至黄墩山西坡。墙体整体保存一般。墙体底宽 13.5、顶宽 5.7、高 2 米。长 541 米（图七六五）。

第 9 小段，GPS0009—0010，为黄墩山顶正南以西部分长城。墙体保存差。墙体宽 8、高 0.5 米以下，墙体顶部有后修砌墙体，俗称围子墙。长 53 米。

表一七六　黄墩段长城（穆陵关复线）（编码：371323382102020001）GPS采集点表（单位：米）

工作编号	名称	坐标（起止点）			与相邻点关系
		东经	北纬	高程	
0001	起点			423	
0002	拐点1			418	0001点东南150
0003	折点1			414	0002点东北345
0004	拐点2			420	0003点东南220
0005	折点2			438	0004点东北215
0006	折点3			444	0005点东北140
0007	拐点3			444	0006点东北104
0008	折点4			419	0007点东198
0009	折点5			457	0008点东南239
0010	结束点			468	0009点东南53

图七六三　GPS0002点处墙体（北—南）

图七六四　GPS0005 点处墙体（西南—东北）

图七六五　GPS0007 点处墙体（西—东）

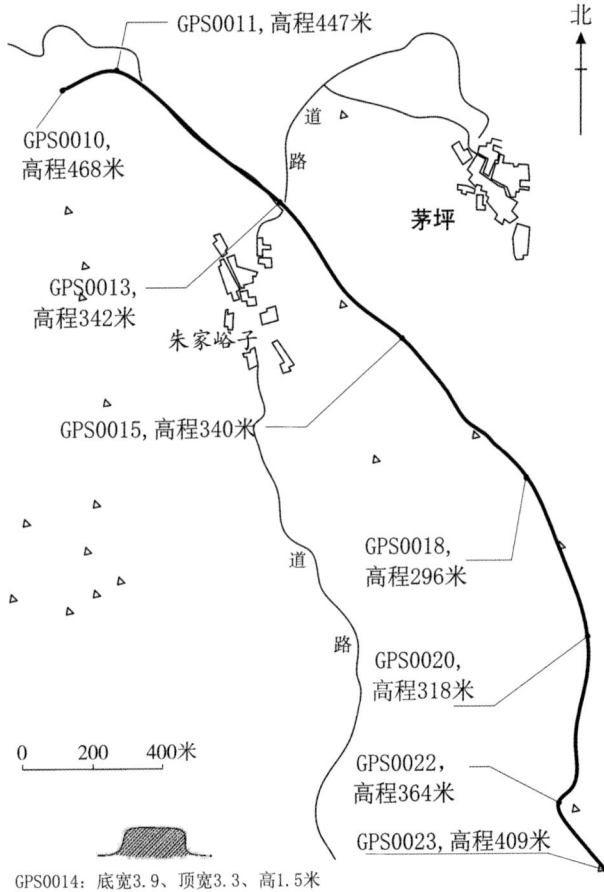

北

GPS0011, 高程447米

GPS0010, 高程468米

道 路

茅坪

GPS0013, 高程342米

朱家峪子

GPS0015, 高程340米

GPS0018, 高程296米

道

路

GPS0020, 高程318米

GPS0022, 高程364米

GPS0023, 高程409米

0　200　400米

GPS0014: 底宽3.9、顶宽3.3、高1.5米

图七六六　大旗山段长城走向图

第二段，大旗山段长城（编码：37132338 2102020002）

该段长城西北起自黄墩，高程468米；东南止于大旗山山顶，高程409米。长3290米（图七六六；表一七七）。

长城从黄墩山山顶的南端沿山顶、东侧山脊东北行，沿黄墩东岭向东南延伸，过朱家峪子村北乡间道路，沿朱家峪子东山东南行。向东南沿大旗山北岭、大旗山南岭而行，大旗山北、南岭又称长城岭，直至大旗山山顶。黄墩山山顶树木茂密，黄墩山东低处层层梯田，长城保存较差；朱家峪子东岭破坏厉害，梯田开垦至顶部，长城无存。

长城总长3290米，其中保存较差的728米，保存差的1978米，消失部分584米。根据长城走向及特征点划分为13个小段。

第1～2小段，GPS0010—0012，位于黄墩山及黄墩东岭。墙体整体保存较差。墙体遗迹清晰。长406米。

第3～5小段，GPS0012—0015，长城由黄墩东岭根向东南过乡间路向东南至朱家峪子东山。墙体保存差，墙体遗迹间断出现，乡间道路沿用墙体顶部，0013—0014，长城墙体重新垒砌，墙体宽3.9、高1.5米。长931米（图七六七）。

第6小段，GPS0015—0016，长城沿朱家峪子东山东南山脊而行，至朱家峪子东岭西侧岭根。墙体整体保存较差。与道路并行，间有破坏，墙高0.5～1米。长197米。长城北侧有采石坑。山根处有乡间水泥路穿过（图七六八）。

第7～8小段，GPS0016—0018，长城继续东南行，越过朱家峪子东岭，岭子毁坏严重，梯田开垦至岭顶。墙体整体保存差，墙体遗迹间断出现，基本消失。长317米。

第9～10小段，GPS0018—0020，长城沿大旗山北岭向南延伸，墙体消失。长584米。

第11小段，GPS0020—0021，长城沿大旗山南岭南行。墙体整体保存差，遗迹间断出现，基本消失。长314米。

第12小段，GPS0021——0022，长城沿大旗山北侧山脊南行。墙体整体保存较差。两侧农田侵占墙体，墙体宽约4、高约1米，两侧农田侵占墙体部分地段侵占到墙体一半。长125米。

第13小段，GPS0022—0023，墙体整体保存差，遗迹基本消失，间断出现零星墙体遗迹。长416米（图七六九、七七○）。

表一七七　大旗山段长城（穆陵关复线）（编码：371323382102020002）GPS 采集点表（单位：米）

工作编号	名称	坐标（起止点）			与相邻点关系
		东经	北纬	高程	
0010	起点			468	
0011	折点 1			447	0010 点东北 200
0012	折点 2			384	0011 点东南 206
0013	折点 3			342	0012 点东南 382
0014	折点 4			356	0013 点东南 321
0015	折点 5			340	0014 点东南 228
0016	折点 6			325	0015 点东南 197
0017	折点 7			347	0016 点东南 143
0018	折点 8			296	0017 点东南 174
0019	拐点 1			334	0018 点东南 269
0020	折点 9			318	0019 点南 315
0021	拐点 2			351	0020 点南 314
0022	折点 10			364	0021 点西南 125
0023	大结束点			409	0022 点东南 416

图七六七　GPS0012 点以南墙体（北—南）

图七六八　GPS0015 点
东南墙体（西北—东南）

图七六九　GPS0022 点以南
墙体（北—南）

图七七○　GPS0023
点处墙体（西—东）

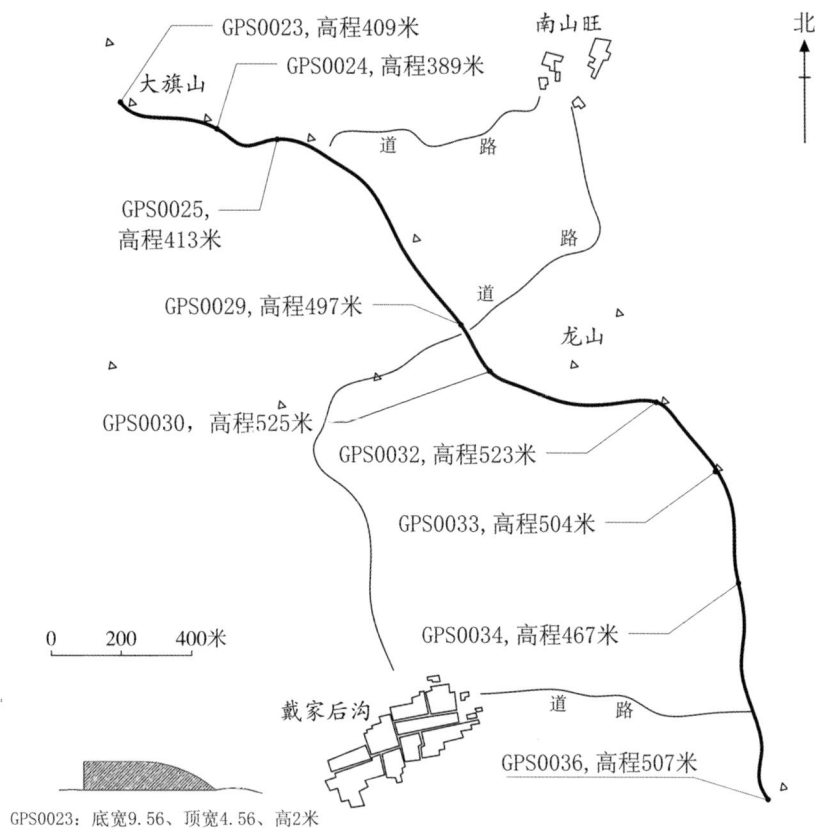

图七七一　龙山段长城走向图

第三段，龙山段长城（编码：371323382102020003）

该段长城西北起自大旗山山顶，高程409米；东南止于簸箕山东北山处，高程507米。长3193米（图七七一；表一七八）。

长城从大旗山山顶南侧绕而东行，沿大旗山东南岭向东南行，沿龙山南侧断崖东行，经龙山东岭、东南岭东南行，过龙山东南岭南行，至戴家后沟村东簸箕山北山顶。大旗山向东南至簸箕山北山顶，高山林立，山脊连绵，顶部起伏不大，多杂草；山的西南侧地势陡险，丛林茂密。龙山山顶面积大，地势平，沿南侧断崖处有石块垒砌的矮墙。山脊的西北侧有南山旺村、东侧有上考洼村，山脊的西南有戴家后沟村。

长城总长3193米，其中保存一般的236米，较差的309米，保存差的1808米，消失部分840米。根据长城走向及特征点划分为13个小段。

第1小段，GPS0023-0024，墙体整体保存一般。墙体底宽9.5～9.6、顶宽4.5～5、高1.5～2米。长236米（图七七二～七七四）。

第2～6小段，GPS0024—0029，墙体整体保存差。墙体基本消失，间断出现墙体痕迹。长1092米（图七七五）。

第7～8小段，GPS0029—0031，墙体消失。长423米。

第9小段，GPS0031—0032，墙体整体保存较差。墙体底宽12、顶宽5、高约1.5米。长309米。

第10～11小段，GPS0032—0034，墙体消失。长417米。

第12～13小段，GPS0034—0036，墙体整体保存差，基本消失，间断有墙体痕迹。长716米（图七七六）。

表一七八　龙山段长城（穆陵关复线）（编码：371323382102020003）GPS 采集点表（单位：米）

工作编号	名称	坐标（起止点）			与相邻点关系
		东经	北纬	高程	
0023	起点			409	
0024	折点 1			389	0023 点东 236
0025	折点 2			413	0024 点东 136
0026	拐点 1			446	0025 点东 167
0027	折点 3			479	0026 点东南 223.5
0028	折点 4			502	0027 点东南 150
0029	折点 5			497	0028 点东南 415.5
0030	拐点 2			525	0029 点东南 248
0031	折点 6			545	0030 点东 175
0032	拐点 3			523	0031 点东 309
0033	拐点 4			504	0032 点东南 199
0034	折点 7			467	0033 点南 218
0035	折点 8			506	0034 点南 506
0036	结束点			507	0035 点南 210

图七七二　GPS0023—0024 点间墙体（西—东）

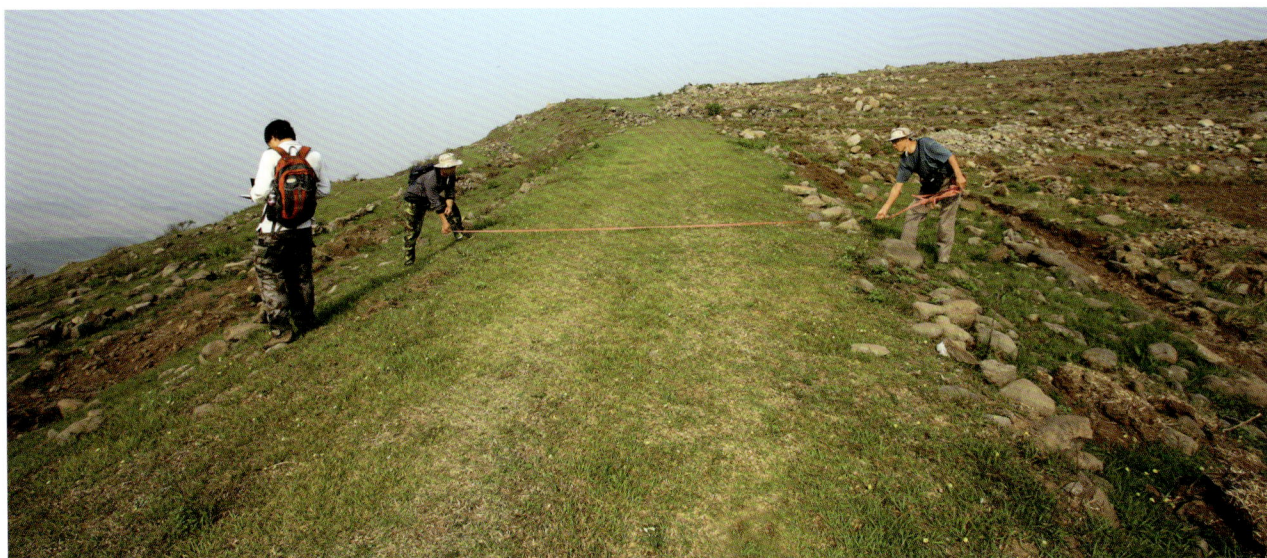

图七七三　GPS0023—0024 点间墙体（东—西）

图七七四　GPS0024 点处
墙体（东—西）

图七七五　GPS0026 点以南墙体（西北—东南）

图七七六　GPS0035 点以北墙体（西—东）

第四段，申家庄段长城（编码：3713233821020 20004）

该段长城西北起自簸箕山东北山，高程507米；东南止于申家庄，高程275米。长2946米（图七七七；表一七九）。

长城从簸箕山东北山开始，沿簸箕山东岭东行，岭子地势高，两侧地形险峻，岭南有程家庄村和王家旺村。至申家庄北岭沿南北向岭脊南行，岭子层层开垦为农田。过申家庄村北水坝，经申家庄村西，至村南公路处。

该段长城总长2946米，其中保存较差的381米，保存差的1151米，消失部分1414米。根据长城走向及特征点划分为8个小段。

第1~2小段，GPS0036—0038，墙体整体保存差。墙体基本消失，间断有明显墙体遗迹。长524米（图七七八）。

第3小段，GPS0038—0039，墙体整体保存较差。出现单面墙体，墙体遗迹明显，底宽4.5、高1米余。长381米。

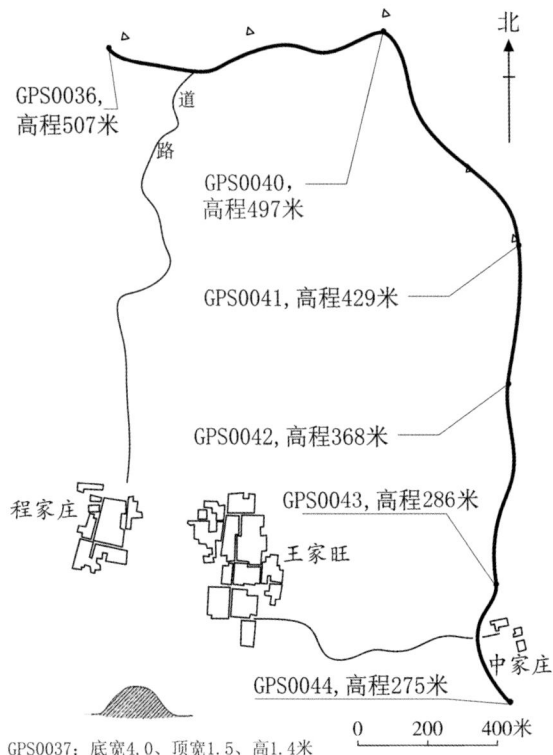

图七七七　申家庄段长城走向图

第4小段，GPS0039—0040，墙体整体保存差。墙体基本消失，间断有明显墙体遗迹。长173米。

第5~6小段，GPS0040—0042，开垦为梯田，墙体消失。长1155米（图七七九）。

第7小段，GPS0042—0043，该部分为申家庄村北部分长城，水坝北侧可见长城痕迹。整体保存差，有明显墙体痕迹。长454米（图七八〇）。

第8小段，GPS0043—0044，长城行进线路经过申家庄村西，临近村庄，墙体消失。长259米。

表一七九　申家庄段长城（穆陵关复线）（编码：371323382102020004）GPS采集点表（单位：米）

工作编号	名称	坐标（起止点）			与相邻点关系
		东经	北纬	高程	
0036	起点			507	
0037	折点1			501	0036点东424
0038	折点2			500	0037点东北100
0039	折点3			501	0038点东381
0040	拐点1			497	0039点东173
0041	折点4			429	0040点东南760
0042	折点5			368	0041点南395
0043	折点6			286	0042点南454
0044	结束点			275	0043点南259

图七七八　GPS0035—0036
点间墙体（北—南）

图七七九　GPS0041点处
墙体（东南—西北）

图七八〇　GPS0042—0044
点间墙体远景（东南—西北）

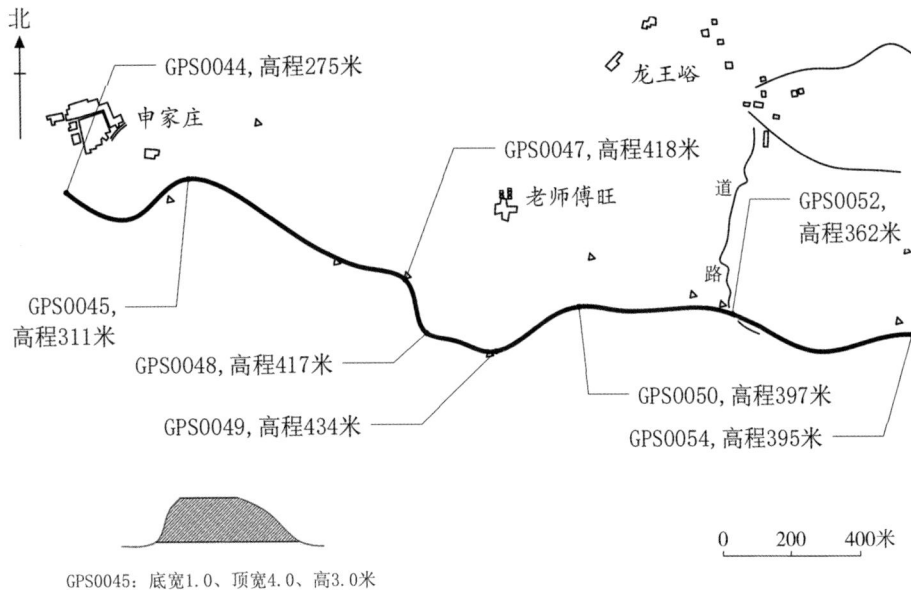

图七八一　老师傅旺南岭段长城走向图

第五段，老师傅旺南岭段长城（编码：371323382102020005）

该段长城西起自申家庄南公路，高程 275 米；东止于鸡叫山北山处，高程 395 米。长 2745 米（图七八一；表一八〇）。

长城从申家庄村南公路西，过石灰窑高地向东，沿申家庄东南老师傅旺南岭的西侧岭脊向东，沿老师傅旺东西向岭脊东行，沿岭的东侧长脊向东延伸至鸡叫山北山。老师傅旺南岭为东西向长岭脊，地势较高，岭的南北坡梯田开垦破坏严重，顶部多杂草。岭的东半部即龙王峪南岭，岭子低矮，现岭顶东西向乡间路为长城旧址，保存较好。向东延伸至鸡叫山北山，山坡农田破坏厉害，南侧东侧有乡间道路绕过。岭的北侧有老师傅旺村和龙王峪村，东南侧有凤鸣峪村。

该段长城总长 2745 米，其中保存一般的 273 米，较差的 648 米，差的 1063 米，消失部分 761 米。根据长城走向及特征点划分为 10 个小段。

第 1～2 小段，GPS0044—0046，位于申家庄村南公路到老师傅旺南岭西端（申家庄东南山顶）。该部分紧靠村庄和公路，人为破坏严重，墙体整体消失。长 761 米。

第 3～4 小段，GPS0046—0048，位于老师傅旺南岭的西半段，地势较高。墙体整体保存一般。墙体底宽 10、顶宽 4、高 2.4～3 米。长 273 米（图七八二、七八三）。

第 5～7 小段，GPS0048—0051，位于老师傅旺南岭东侧岭脊，地势向东降低，沿线挖坑种树及多处现代采石场破坏厉害，墙体整体保存差。长 935 米（图七八四）。

第 8～9 小段，GPS0051—0053，位于龙王峪南岭东西向低矮岭脊上，顶部为长城，保存较好，墙体的顶部为花生田，向东部分顶部为现乡间道路。墙体整体保存较差。墙体底宽 11.5、顶宽 2、高 2.2 米。总长 648 米（图七八五）。

第 10 小段，GPS0053—0054，墙体整体保存差，但墙体遗迹清晰。长 128 米。

表一八〇　老师傅旺南岭段长城（穆陵关复线）（编码：371323382102020005）GPS 采集点表（单位：米）

工作编号	名称	坐标（起止点）			与相邻点关系
		东经	北纬	高程	
0044	起点			275	
0045	拐点1			311	0044 点东北 335
0046	折点1			404	0045 点东南 426
0047	折点2			418	0046 点东 47
0048	拐点2			417	0047 点东 226
0049	拐点3			434	0048 点东南 345
0050	拐点4			397	0049 点东北 309
0051	折点4			340	0050 点东 281
0052	折点5			362	0051 点东 349
0053	拐点5			373	0052 点东南 299
0054	结束点			395	0053 点东北 128

图七八二　GPS0044—0047 点间墙体远景（东—西）

图七八三　GPS0047 点以
东墙体（西—东）

图七八四　GPS0049 点以
东墙体（西—东）

图七八五　GPS0052—0053
点间墙体（西—东）

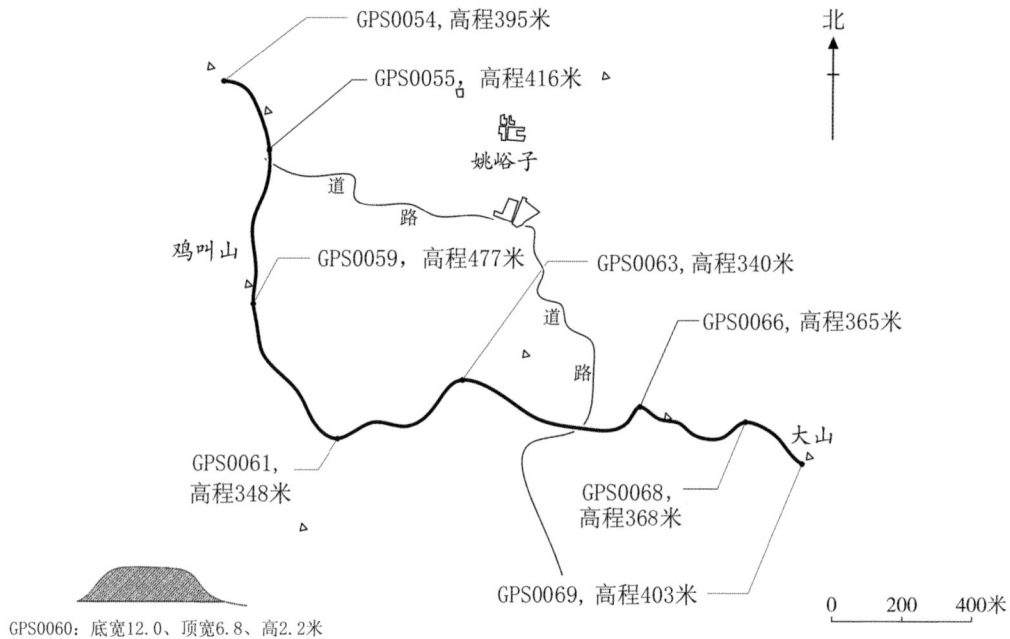

图七八六　鸡叫山段长城走向图

第六段，鸡叫山段长城（编码：371323382102020006）

该段长城北起自鸡叫山北山，高程 395 米；南止于大山山顶处，高程 403 米。长 2946 米（图七八六；表一八一）。

长城从鸡叫山北山开始向东延伸，过小山，山南有通向兰峪的乡间公路。再南行，过鸡叫山，鸡叫山是凤鸣峪村东最高山，山势险峻，山顶多杂草、刺槐、松树。过山南兰峪通往方家沟乡间道路，长城转向东南行、东行，沿山脊乡间公路绵延东行，向东到大山山顶。

该段长城墙体总长 2946 米，其中保存一般的 1773 米，较差的 461 米，差的 712 米。根据长城走向及特征点划分为 15 个小段。

第 1~3 小段，GPS0054—0057，为鸡叫山山北兰峪村西公路以北部分长城。墙体整体保存较差。墙体底宽 10、顶宽 3、高 1~1.5 米。长 461 米（图七八七）。

第 4~6 小段，GPS0057—0060，为鸡叫山南北乡间公路部分长城。墙体整体保存差，遗迹明显，墙体高 0.2~0.5 米。长 712 米。

第 7~15 小段，GPS0060—0069，长城从鸡叫山南兰峪与方家沟间公路向东，沿东西向山脊东行，公路经长城上面，向东至大山山顶。墙体整体保存一般。墙体底宽 12、顶宽 6.8、高 2.2~2.5 米。长 1773 米（图七八八~七九〇）。

表一八一　鸡叫山段长城（穆陵关复线）（编码：371323382102020006）GPS 采集点表（单位：米）

工作编号	名称	坐标（起止点）			与相邻点关系
		东经	北纬	高程	
0054	起点			395	
0055	折点 1			416	0054 点东南 235
0056	折点 2			385	0055 点南 116

工作编号	名称	坐标（起止点）			与相邻点关系
		东经	北纬	高程	
0057	折点 3			412	0056 点南 110
0058	折点 4			478	0057 点南 254
0059	拐点 1			477	0058 点南 80
0060	拐点 2			358	0059 点东南 378
0061	拐点 3			348	0060 点东南 153
0062	拐点 4			337	0061 点东北 265
0063	拐点 5			340	0062 点东北 157
0064	折点 5			355	0063 点东南 268
0065	折点 6			338	0064 点东 175
0066	拐点 6			365	0065 点东北 198
0067	拐点 7			349	0066 点东南 219
0068	拐点 8			368	0067 点东北 106
0069	结束点			403	0068 点东南 232

图七八七　GPS0056 点以南墙体（北—南）

图七八八　GPS0061 点以
东墙体（西—东）

图七八九　GPS0066—0068
点间墙体（西—东）

图七九〇　GPS0067 点以
东墙体（西—东）

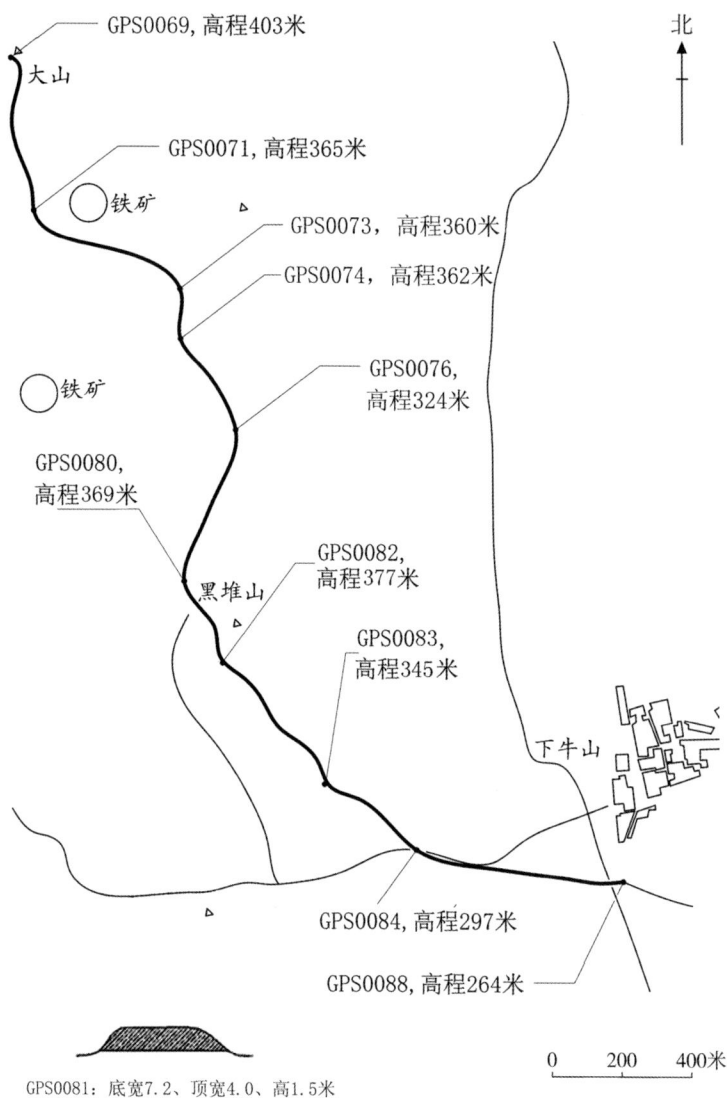

GPS0081：底宽7.2、顶宽4.0、高1.5米

图七九一　黑堆山段长城走向图

第七段，黑堆山段长城（编码：371323382102020007）

该段长城西北起自大山山顶，高程403米；东南止于牛山，高程264米。长3834米（图七九一；表一八二）。

长城从大山向南，沿南侧山脊南行，并转向东南向黑堆山北山方向而行，沿黑堆山北山西北山脊东南行，过山顶沿山的东南山脊向东南下牛山村南的牛山方向而行，至牛山西北山脚。

该段长城总长3834米，其中保存较好的911米，一般的1224米，较差的577米，差的352米，消失部分770米。根据长城走向及特征点划分为19个小段。

第1~2小段，GPS0069—0071，长城从大山山顶沿南侧山脊而下。墙体整体保存一般。墙体底宽12、顶宽6.5、高1.5~2米。长443米。

第3小段，GPS0071—0072，长城沿大山东侧岭脊东行至山根。墙体整体保存差，两侧被梯田侵占，遗迹清晰。长321米。

第4小段，GPS0072—0073，长城过山谷沿黑堆山北山向东南行，该段为山的北侧山脊。墙体整体保存一般。墙体底宽12、顶宽6.5、高1.5~2米。长城用薄石片垒砌而成，墙体的两侧直立，墙体坚固结实。墙体北侧30米有铁矿场。长226米。

第5~6小段，GPS0073—0075，从黑堆山北山的山顶延伸到东南山脊，墙体整体保存较好。墙体底宽3、顶宽7、内侧高2、外侧高2.5米。长城用薄石片垒砌而成，墙体的两侧直立，高而宽厚，墙体坚固结实，较之西坡保存更好。长285米（图七九三、七九四）。

第7小段，GPS0075—0076，位于两山山谷处，有田间道路穿过，墙体消失。长90米。

第8小段，GPS0076—0077，位于黑堆山北侧山脊部分。墙体整体保存一般。墙体底宽12、顶宽6.5、高1.5~2米。长150米。

第9小段，GPS0077—0078，墙体整体保存较差。长241米。

第10小段，GPS0078—0079，墙体消失。长95米。

第11小段，GPS0079—0080，墙体整体保存差，遗迹清晰，破损严重。长31米。

第12小段，GPS0080—0081，墙体整体保存一般。墙体底宽12、顶宽6.5、高1.5~2米。长149米。

第13~14小段，GPS0081—0083，墙体整体保存较好。墙体底宽7.2、顶宽4.6、高1~1.5米。墙体已坍塌，两侧垒砌直墙已无保存。长626米（图七九五）。

第15小段，GPS0083—0084，墙体整体保存一般。墙体底宽12、顶宽6.5、高1.5~2米。长256米。

第16小段，GPS0084—0085，长城从黑堆山东侧岭根向东向下牛山村南延伸，长城北侧现为东西向道路，道路对墙体造成破坏，墙体整体保存较差。长336米。

第17~19小段，GPS0085—0088，长城沿下牛山村南低地向东延伸，至牛山西北山脚。长城线路临近村庄，地势低平，农田开垦破坏严重，且有南北向公路穿过，墙体消失。长585米。

表一八二　黑堆山段长城（穆陵关复线）（编码：371323382102020007）GPS采集点表（单位：米）

工作编号	名称	坐标（起止点）			与相邻点关系
		东经	北纬	高程	
0069	起点			403	
0070	折点1			371	0069点南249
0071	拐点1			365	0070点东南194
0072	折点2			306	0071点东南321
0073	拐点2			360	0072点东南226
0074	拐点3			362	0073点南81
0075	折点3			326	0074点东南204
0076	拐点4			324	0075点东南90
0077	拐点5			354	0076点南150
0078	折点4			364	0077点西南241

工作编号	名称	坐标（起止点）			与相邻点关系
		东经	北纬	高程	
0079	折点 5			369	0078 点东南 95
0080	拐点 6			369	0079 点东南 31
0081	拐点 7			407	0080 点东南 149
0082	折点 6			377	0081 点东南 428
0083	折点 7			345	0082 点东南 198
0084	拐点 8			297	0083 点东南 256
0085	折点 8			264	0084 点东 336
0086	折点 9			239	0085 点东 268
0087	折点 10			242	0086 点东 75
0088	结束点			264	0087 点东 242

图七九二　GPS0072—0073 点间墙体（南—北）

图七九三 GPS0074 点处
墙体（北—南）

图七九四 GPS0074—0075
点间墙体（北—南）

图七九五 GPS0082—0083
点间墙体（东—西）

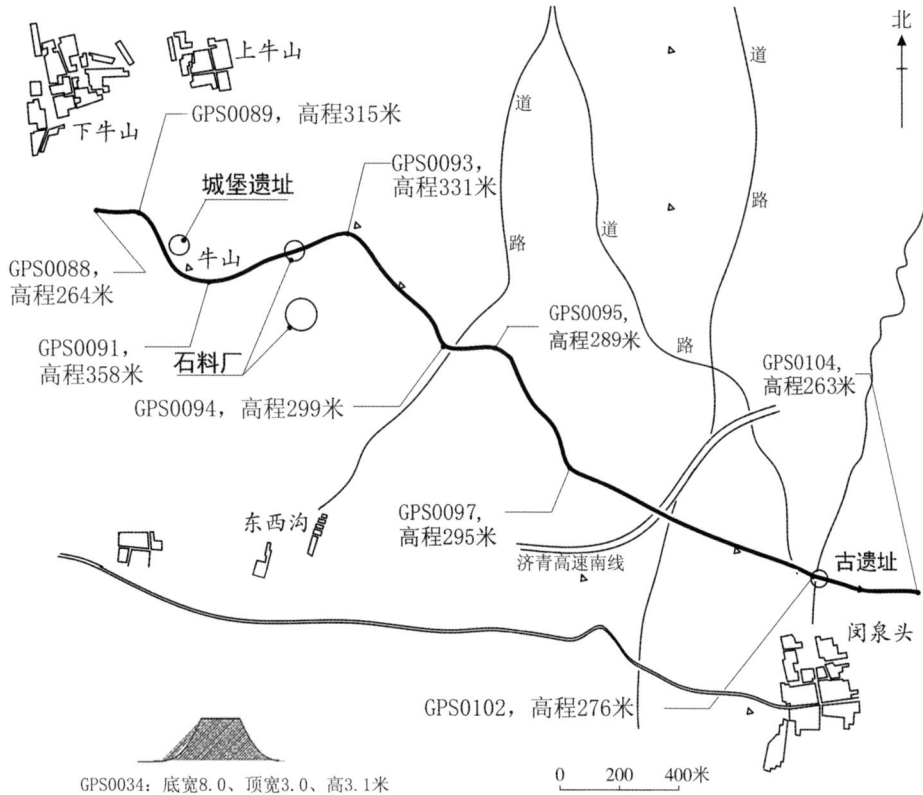

图七九六　东西沟东岭段长城走向图

第八段，东西沟东岭段长城（编码：371323382102020008）

该段长城西北起自牛山，高程264米；东南止于闵泉头村北山，高程263米。3578米（图七九六；表一八三）。

长城从牛山西山根开始沿山脊至山顶，沿山顶南侧向东绕行，山顶较平为石山顶，不见树木，存有石墙垒砌的寨堡。过山顶，长城沿东山脊而下，牛山的东坡长城南侧、南坡有石子加工场，对山体、周边环境造成破坏。过山谷向东西沟村北山山顶而行，沿山脊东南行，过村间公路再东南行，过两个低矮土丘，穿过济青高速公路南线东南行，至闵泉头村北低岭东侧。长城经过地带地势较低，附近多村庄，北侧有下牛山，南侧有邵家庄、闵泉头、马泉头、西泉头村，闵泉头村北、西北部分破坏较为严重。

该段长城总长3578米，其中保存较差的1674米，差的1397米，消失部分507米。根据长城走向及特征点划分为16个小段。

第1~3小段，GPS0088—0091，为牛山西侧山脊及顶部部分长城，墙体整体保存差，间断有明显墙体痕迹。该处有1座城堡，南北110、东西最宽40余米，围墙宽1.8、高0.5~1.5米。长524米（图七九七）。

第4小段，GPS0091—0092，为牛山东侧山脊部分长城，墙体整体保存较差。墙体遗迹清晰。墙体底宽8、顶宽3、高3.1米。长358米（图七九八）。

第5小段，GPS0092—0093，为东西沟村北山西侧山脊到山顶部分长城，墙体整体保存差，间断出现明显墙体痕迹。长265米。

第6小段，GPS0093—0094，为东西沟村北山东南山脊部分长城，墙体整体保存较差。墙体底宽8、顶宽3、高2.1米。长422米。

第 7 小段，GPS0094—0095，长城过东西沟村东北村间公路东行，墙体整体保存差，间断出现明显墙体痕迹。长 228 米。

第 8 小段，GPS0095—0096，墙体整体保存较差。墙体底宽 8、顶宽 3、高 1.1 米。长 224 米（图七九九、八〇〇）。

第 9～10 小段，GPS0096—0098，墙体整体保存差，间断出现墙体痕迹。长 380 米（图八〇一）。

第 11 小段，GPS0098—0099，墙体整体保存较差。墙体底宽 8、顶宽 3、高 1.1 米。长 197 米。

第 12 小段，GPS0099—0100，长城过济青高速公路南向东南行，多低岭梯田，墙体消失。长 300 米。

第 13 小段，GPS0100—0101，墙体整体保存较差。长 149 米（图八〇二）。

第 14 小段，GPS0101—0102，墙体消失。长 207 米。

第 15～16 小段，GPS0102—0104，墙体整体保存较差。墙体遗迹明显。长 324 米。

表一八三　东西沟东岭段长城（穆陵关复线）（编码：371323382102020008）GPS 采集点表（单位：米）

工作编号	名称	坐标（起止点）			与相邻点关系
		东经	北纬	高程	
0088	起点			264	
0089	拐点 1			315	0088 点东 158
0090	拐点 2			355	0089 点东南 230
0091	折点 1			358	0090 点东 136
0092	折点 2			292	0091 点东北 358
0093	拐点 3			331	0092 点东北 265
0094	拐点 4			299	0093 点东南 422
0095	拐点 5			289	0094 点东 228
0096	折点 3			301	0095 点东南 224
0097	拐点 6			295	0096 点东南 237
0098	折点 4			292	0097 点东南 143
0099	折点 5			268	0098 点东南 197
0100	折点 6			293	0099 点东南 300
0101	折点 7			279	0100 点东南 149
0102	折点 8			276	0101 点东南 207
0103	折点 9			300	0102 点东南 107
0104	结束点			263	0103 点东 217

图七九七　GPS0091点处寨堡（东—西）

图七九八　GPS0092点以东墙体（西南—东北）

图七九九　GPS0095 点处墙体（北—南）

图八〇〇　GPS0096 点以北墙体（北—南）

图八〇一　GPS0097 点以南墙体（西北—东南）

图八〇二　GPS0100 点以东墙体（西北—东南）

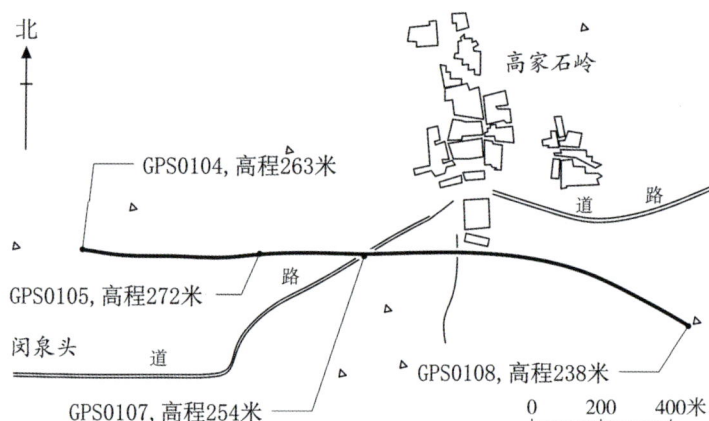

图八〇三 高家石岭段长城走向图

第九段，高家石岭段长城（编码：371323382102020009）

该段长城西北起自闵泉头村北山，高程263米；东南止于长城岭头，高程238米。长1832米（图八〇三；表一八四）。

长城从闵泉头村北岭的东侧岭根东行，经村东低洼平地，过西北—东南向公路，经高家石岭村南，向高家石岭村东南的长城岭而行，至长城岭西北端小山包。长城经过村间与村前，地势低平，村民活动对长城破坏较大，长城无存。

该段长城总长1832米，其中保存差的73米，消失1759米。根据走向及特征点划分为4个小段。

第1~2小段，GPS0104—0106，为闵泉头村东部分，墙体消失。长669米。

第3小段，GPS0106—0107，墙体保存差，有墙体遗迹。长73米（图八〇四）。

第4小段，GPS0107—0108，为高家石岭村南及东南侧部分，墙体消失。长1090米。

表一八四 高家石岭段长城（穆陵关复线）（编码：371323382102020009）GPS采集点表（单位：米）

工作编号	名称	坐标（起止点）			与相邻点关系
		东经	北纬	高程	
0104	起点			263	
0105	折点1			272	0104点东422
0106	折点2			264	0105点东247
0107	折点3			254	0106点东73
0108	结束点			238	0107点东南1090

图八〇四 GPS0106—0107点间墙体（西北—东南）

第十段，王家箕山段长城（编码：371323382102020010）

该段长城西北起自长城岭头，高程238米；东南止于王家箕山村北公路，高程214米。长1777米（图八〇五；表一八五）。

长城从高家石岭村东南的长城岭子西端土包开始，沿长城岭子向东南行，经王家箕山村北，到王家箕山村东北岭的西岭根。长城岭子为西北—东南向低矮长岭脊，宽20～30米，多数地带两侧仅高1～2米，两侧用石头垒砌，上部为平整农田，经过两个矮土丘。王家箕山村北为南北向低地，有南北向公路分布，村东北岭的岭根被人为开挖乱石坑。

该段长城总长1777米，其中保存一般的长466米，较差的460米，差的851米。根据长城走向及特征点划分为5个小段。

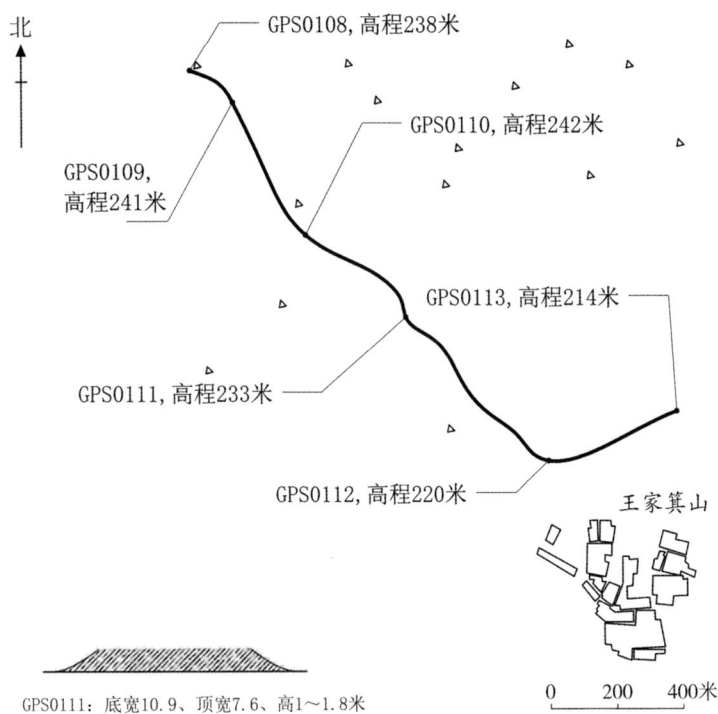

GPS0111：底宽10.9、顶宽7.6、高1～1.8米

图八〇五　王家箕山段长城走向图

第1～2小段，GPS0108—0110，墙体整体保存差，遗迹模糊基本消失。长454米（图八〇六、八〇七）。

第3小段，GPS0110—0111，墙体整体保存一般。墙体宽10.9、高1～1.5米，两侧及墙体遭到农田蚕食。长466米（图八〇八）。

第4小段，GPS0111—0112，墙体整体保存较差，遗迹清晰。长460米。

第5小段，GPS0112—0113，为王家箕山村北低处，墙体整体保存差，遗迹模糊，基本消失。长397米（图八〇九）。

表一八五　王家箕山段长城（穆陵关复线）（编码：371323382102020010）GPS采集点表（单位：米）

工作编号	名称	坐标（起止点）			与相邻点关系
		东经	北纬	高程	
0108	起点			238	
0109	拐点1			241	0108点东南154
0110	拐点2			242	0109点东南300
0111	拐点3			233	0110点东南466
0112	拐点4			220	0111点东南460
0113	结束点			214	0112点东北397

图八〇六　GPS0109 点东南墙体（西北—东南）

图八〇七　GPS0110 点东南墙体（北—南）

图八〇八　GPS0111 点处墙体（西—东）

图八〇九　GPS0113 点以东墙体（西—东）

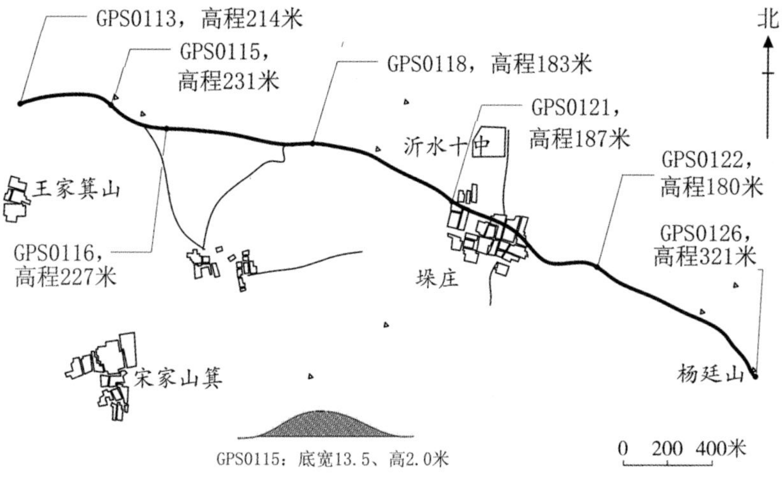

图八一〇 黄堐北山垛庄段长城走向图

第十一段，黄堐北山垛庄段长城（编码：371323382102020011）

该段长城西起自王家箕山村北公路，高程 214 米；东止于垛庄村东，高程 180 米。长 3118 米（图八一〇；表一八六）。

长城从王家箕山东北岭（黄崖村北岭）的西岭根向东，过黄崖村北低地，经垛庄村西岭，过垛庄村北，向垛庄村东山而行。垛庄村西岭为几个山包组成的南北向长岭脊，长城沿南侧山包的西岭脊向东，过岭子高处向东延伸，岭子西侧及岭顶的长城保存较好。长城北侧几十米有山水集团的大型水泥厂。黄崖村北和垛庄村北低地，长城消失。

该段长城总长 3118 米，其中保存较好的 386 米，差的 684 米，消失部分 2048 米。根据长城走向及特征点划分为 9 个小段。

第 1～2 小段，GPS0113—0115，为王家箕山东北岭西侧岭脊部分，该段近村前低地，农田开垦厉害，墙体消失。长 530 米。

第 3～4 小段，GPS0115—0117，为王家箕山东北岭（黄崖北岭）岭顶部分长城，墙体整体保存差，基本消失，墙体遗迹模糊。长 545 米（图八一一）。

第 5 小段，GPS0117—0118，为黄崖村北低地，墙体消失。长 410 米。

第 6 小段，GPS0118—0119，为垛庄村西岭西侧岭脊部分长城，墙体整体保存一般。墙体底宽 13.5、顶宽 4、高约 2 米。长 386 米。

第 7 小段，GPS0119—0120，墙体保存差，基本消失。长 139 米。

第 8～9 小段，GPS0120—0122，位于垛庄村北及东西两侧岭根，紧邻村庄，人为活动厉害，墙体消失。长 1108 米（图八一二）。

表一八六 黄堐北山垛庄段长城（穆陵关复线，编码：371323382102020011）GPS 采集点表（单位：米）

工作编号	名称	坐标（起止点）			与相邻点关系
		东经	北纬	高程	
0113	起点			214	
0114	折点 1			228	0113 点东北 290
0115	拐点 1			231	0114 点东 240
0116	折点 2			227	0115 点东南 138
0117	折点 3			197	0116 点东 407
0118	折点 4			183	0117 点东 410
0119	拐点 2			221	0118 点东 386
0120	折点 5			212	0119 点东南 139
0121	折点 6			187	0120 点东南 288
0122	结束点			180	0121 点东南 820

图八一一　GPS0116 点以东墙体（西—东）

图八一二　GPS0122—0123 点间墙体（西北—东南）

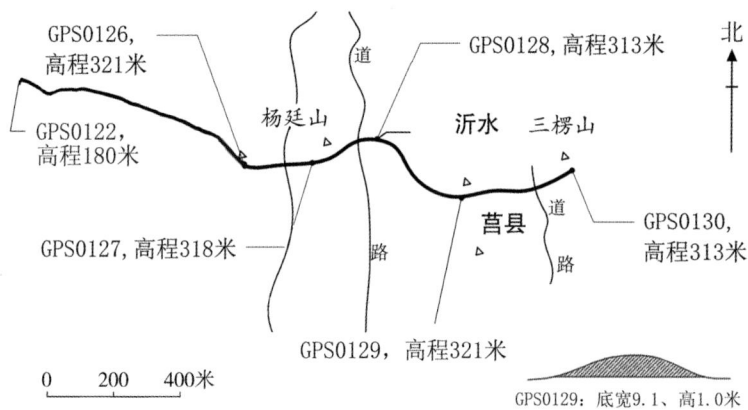

图八一三　杨廷山段长城走向图

第十二段，杨廷山段长城（编码：371323382102020012）

该段长城西起自垛庄村东，高程 180 米；止于三楞山三叉处，高程 313 米。长 2187 米（图八一三；表一八七）。

长城从垛庄村东沿东西向较宽阔的田间道路，向杨廷山西北山根而行，沿山的西北山脊，向东南行至山顶，过杨廷山，沿山脊东行至三楞山，与北侧卧牛城、双山、光光山方向来的主线长城汇合为一道长城，继续向莒县方向延伸。垛庄村东为南北向小河，两侧多杨树。向东为村边农田，向东山根方向地势逐渐抬升，该部分长城无存。杨廷山西北山脊两侧多为层层梯田，长城沿杨廷山西北小山向东南杨廷山方向而行。杨廷山地势较高，山的北侧开垦为层层梯田，南坡下半部为梯田，上部多松树至山脊。向东至三楞山长城保存较好。

该段长城总长 2187 米，其中保存一般的 1030 米，差的 278 米，消失部分 879 米。根据长城走向及特征点划分为 8 个小段。

第 1~3 小段，GPS0122—0125，位于垛庄村东至杨廷山山根处，经过村边平地和低岭，人为破坏严重，墙体消失。长 879 米。

第 4 小段，GPS0125—0126，位于杨廷山西北山脊处。墙体整体保存差。墙体底宽 8、顶宽 2.3、高 1.5~1.8 米。长 278 米。

第 5~8 小段，GPS0126—0130，位于杨廷山山顶向东至三楞山。墙体整体保存一般。石墙用石片垒砌而成。墙体底宽 9.1、顶宽 3.8、高 1~2.4 米。长 1030 米（图八一四~八一八）。

表一八七　杨廷山段长城（穆陵关复线）（编码：371323382102020012）GPS 采集点表（单位：米）

工作编号	名称	坐标（起止点）			与相邻点关系
		东经	北纬	高程	
0122	起点			180	
0123	折点 1			208	0122 点东南 576
0124	折点 2			244	0123 点东南 176
0125	折点 3			321	0124 点东南 127
0126	拐点 1			321	0125 点东南 278
0127	折点 4			318	0126 点东 255
0128	拐点 2			313	0127 点东 187
0129	折点 5			321	0128 点东南 220
0130	结束点			313	0129 点东 368，莒县 0002 点西北 92，沂水主线 0037 点南 227

图八一四　GPS0127 点以西墙体远景（东—西）

图八一五　GPS0129 点处墙体（北—南）

图八一六　GPS0127—0128
点间墙体（西—东）

图八一七　GPS0130 点处
墙体（北—南）

图八一八　GPS0130—0131
点间墙体（北—南）

二　关隘

共 1 处。为穆陵关（编码：371323353101020001）

位于沂水县马站镇关顶村大队部院内，高程 313 米（参见第十二章临朐穆陵关复线 03 段）。

这里地处沂山南侧，是临淄、青州鲁北地区去往临沂泰沂山南侧的重要通道，自古以来就是南北交通的重要关口，为兵家必争之地。沂山南侧沂水北境与临朐南部，齐长城过沂山，沿临朐、沂水边界而行，过桲根腿东山顶分为两条路线：北侧线路为齐长城的主线，沿山脊北行、东北行，向大关水库方向而行，至大官村东太平山顶，该段长城分布在临朐县境内；南侧线路向南、东南，向穆陵关方向而行。穆陵关就位于南侧长城上（图八一九）。

文献记载，长城在县东南 50 千米的大岘山。穆陵关在大岘山上[1]。今存。唯于民国 18 年（1929年）春辟修汽车路，以旧关道天险难凿，遂由山麓改向东南，另辟道路，绕关通沂水境。今关虽存，不复如前之险要矣[2]。

由文献分析，穆陵关在现南北向公路的西侧，1929 年修建公路是从关隘东南绕关而过，没有毁坏关隘。但由于地貌的改变，不如旧时险峻。

新中国成立后穆陵关尚存的关隘建筑应该为明代修建的。文献记载，穆陵关为三拱两层楼阁式建筑，系明代重建。据百姓传说，东西 50、南北 40、高 10 米，为砖石建筑。

穆陵关两侧的长城墙体为土墙，外侧可能用石墙砌筑。从齐长城调查发现看，土墙宽 16～26 米，如果夯土墙体有 26 米宽，那么城楼南北 40 米是可成立的。

野外走访调查时，村中百姓皆云穆陵关的位置就在现关顶村大队部院内，修建大队部时，地面向下破坏严重，关隘建筑无存。

图八一九　穆陵关环境（西—东）

---

〔1〕　清乾隆元年《山东通志》卷九·古迹志·临朐县下。
〔2〕　民国 24 年《临朐续志》卷六·古迹。

三　碑刻

在公路东侧，存有石碑 2 通，为明嘉靖四十四年（1565 年）"增穆陵"碑和清道光二十六年（1846 年）"永垂奕世"碑。前者记述青州知府增修穆陵关关楼等情况，后者为重修穆陵关碑。

1. 明嘉靖四十四年"增穆陵"碑

质地为石灰岩，圆角长方体，碑高 195、宽 99、厚 19 厘米，圭首。此碑刻立于明嘉靖四十四年，额题三字为篆文阴刻，碑文为楷书阴刻。碑左上角断裂，断痕处字迹残缺（图八二〇、八二一）。明嘉靖《青州府志》录有此文。

图八二〇　穆陵关碑刻拓片现场（西—东）

额题：增穆陵

碑文：

　　嘉靖壬戌之夏，青州守四明杜公，自淮上过穆陵。见关楼倾圮，兵防疏废，慨焉曰："是尚不可以屹屹磊磊乎？乃兹塌焉毁也。"既至青，则明政刑，慎法度，饬庶官，兴礼乐，东方之政行焉。乃下令曰："夫穆陵界临朐、沂水二县之中，盖徐淮之走集，三齐之藩蔽也，天险不修，何以言治？其增防补士量添弓兵二十人，通前四十人，为之室，令带家小随住。备非常，严启闭。慕而就迁者，听关上为之楼，关内为之馆，栖过宾便哨望焉。守关诸役，许尽垦关旁荒地。过关商旅免盘诘随行货物。或矿盗横发，仍令近关镇店保甲，同弓兵并力捕获。"有司恪遵如令。盖自是而楼馆巍岌，兵防密翼，望之屹屹磊磊，天险哀然。行旅惧法而珍缡，暴客望旗闻柝胆寒心栗，马将度而辔为之迴也。斯杜公之绩也。冀子闻之曰："高矣，杜公之治！"或问冀子："何以高杜公之治？"曰："关防疏废，非先王意也。"《书》言'慎固封守'，《易》言'王公设险重门，击柝以待暴客'。且圣人岂不知德礼政刑可以柔天下，而何急关梁为哉？夫固以蜂虿有毒，桃虫为鸟，小不慎则大废。是以王者之道如龙首，高居远望，深视审听，虑周千里之外，何有罢堠废险，可无外患者乎？而况穆陵襟带徐淮，横跨海岳，盖南北海之喉也。昔刘裕北征过大岘，指天而喜。夫大岘即今穆陵，观是可知其胜矣。往吾两过穆陵，怪其（据青州府志补"其"字）无守，问之，云"泰久略缡"。今杜公独建修之，振已废之险，谨无形之防，销未然之患，非长驾远虑抱龙首之念（据青州府志补"之念"二字）能然邪？边腹诸公咸若是，销患于无形，息奸于未然。又闻杜公为政廉清明洁，约己济物，重礼乐，惇信义（据青州府志补"惇信义"三字），刑简肃，创修郡志，是有志于尚父、伯禽之遗烈者乎，岂但谨关梁已哉？吾故叹而高之，亦欲后贤师焉（据青州府志补"师焉"二字）。

　　□□□乙丑春三月上浣之吉

　　□大夫顺天府府丞前光禄寺少卿郡人冀铼撰

图八二一　"增穆陵"碑拓片

2. 清道光二十六年"永垂奕世"碑

质地为石灰岩，长方体，碑高149、宽69、厚18厘米。碑文为楷书阴刻，刻立于清道光二十六年（1846年）（图八二二）。

额题：永垂奕世

碑文：

穆陵古称为险要之区，自南至穆陵见于左氏，而五代刘裕登大岘山北望穆陵，即知青齐在掌握中，为青齐第一险要处在哉。去岁夏君贸易经此，畏其险阻，与稍加整理，归而谋之。江君者沂邑善士也，慨然以为己任，为集四方义士共捐资，又转烦武君董其事。自今岁二月初兴工，未一月工竣。虽未能转险为夷，如砥如矢，而宾旅往来者，庶几少便如初。且又安知后之君子踵其事而整理之者，不由此而渐为坦途耶！是为序。

沂邑廪□生：刘□□

沂邑文庠生：□传泰

（捐款个人、商号等，字迹漫漶，故略。其中有万通号、永通号、裕兴号、大顺号、西山堂等）

大清道光二十六年清和月穀旦

领袖：直隶夏魁东；沂邑江文传；武成先石匠□□立

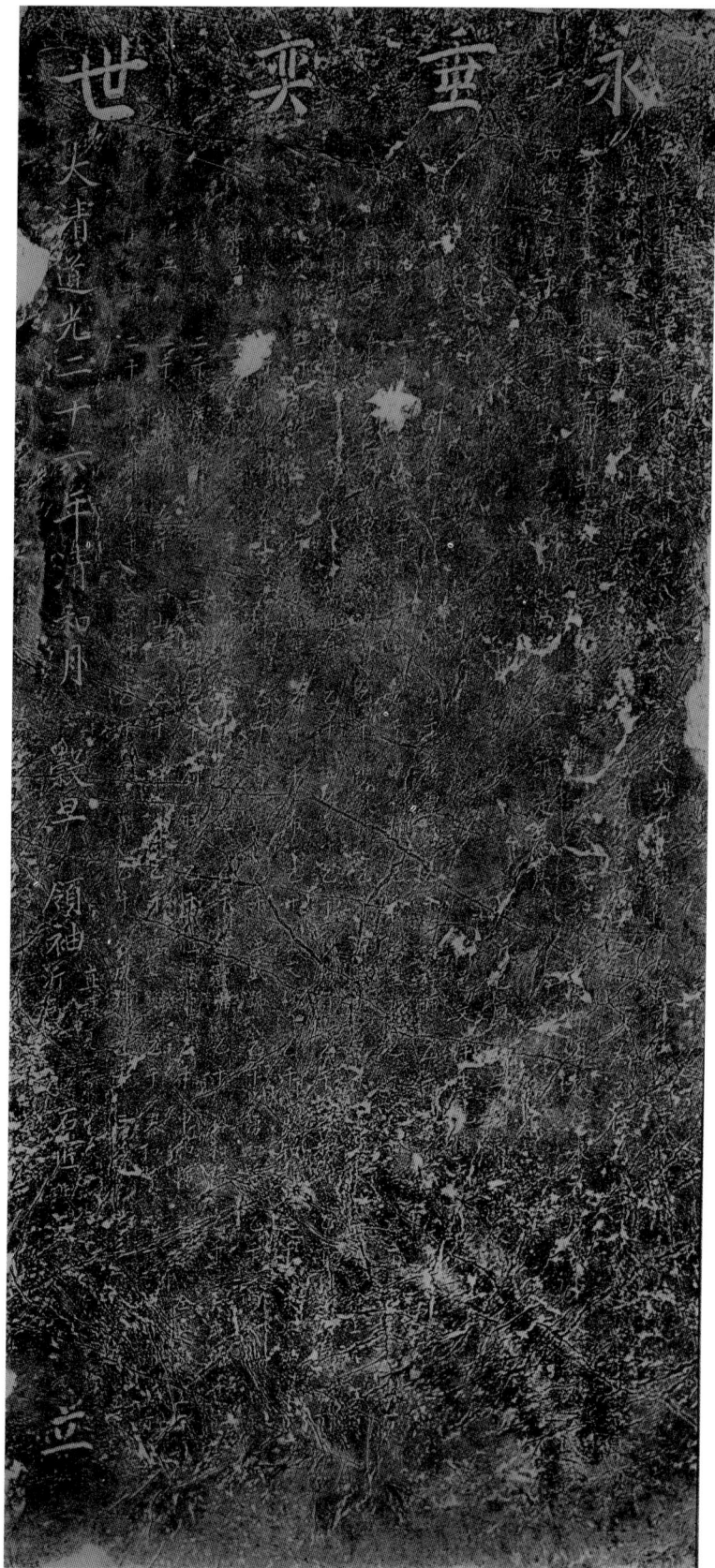

图八二二　穆陵关"永垂奕世"碑拓片

第五节　保护与管理现状

一　保护机构

沂水县博物馆。具体保护工作由村中保护员负责监督。

二　保护标志

沿线没有设置保护标志。

三　保护范围及建设控制地带

齐长城资源调查前，山东省文物主管部门规定，沿长城墙体及附属建筑两侧 50 米之内为保护范围，其中 20 米之内为绝对保护区。由各地市文物主管部门负责，300 米之内为建设控制地带。此后调整为坡地和平地部分以长城本体两侧外缘各向外 200 米为保护范围。保护范围外缘向外 500 米为建设控制地带；山岭部分：山脊上的长城按山脊两侧的谷底线（或坡脚线）至长城墙体外缘的距离不足 700 米的按 700 米划定。

四　记录档案

遗址为齐长城资源调查时发现，原无档案材料

第六节　长城损毁的自然与人为因素

穆陵关复线长城保存较差。破坏较为严重，长城的结构、尺寸只能依靠零星迹象进行分析。对破坏因素进行分析，既有自然毁坏引出环境因素，也有人为毁坏因素，且人为毁坏更为严重、彻底。

一　自然因素

山势低矮，多砂岩、土丘，能够种植，利于人们开荒种地。两侧村庄较为密集，距离长城较近，人们活动加大破坏。

砂岩土丘，风沙流失严重，土石混筑墙体，在两侧石墙破坏后不易保存。

二　人为因素

开荒种地，两侧梯田开垦至岭子顶部。山口修建南北向道路，修路时对山口下挖较深，挖断长城。

旅游开发，双山顶部修建有小庙，山口处修建有大理石牌坊，为开发旅游，沿山谷、山腰至山顶修建有盘山公路，路面硬化，对环境造成破坏。

第十四章

安丘市齐长城资源调查

第一节 地理位置与自然环境

安丘市隶属于潍坊市，位于山东省中部偏东，潍坊市南部，东与昌邑、高密市以潍河、峡山水库为界，西接临朐县，南与沂水县、诸城市毗邻，北连昌乐县、坊子区。东西最长65.3、南北最长61.5千米，总面积1760平方千米，辖10个镇、2个街道，总人口95万。城区设在市境西北部，东西通省道221和325；南北国道206和省道222纵穿市境。

地质、地形、地貌 除东部部分地区处在胶莱盆地与胶北弧形隆起西延部分外，多处在沂沭断裂带北段中部，属华北台块隆起部分。安丘地质以断裂带构造为主，褶皱构造较少。安丘位于鲁中南低山丘岭区北缘，地势随泰沂山脉的延伸，自西南向东北倾斜，西南高、东北低。西南为山地、中部为丘岭、东北为平原。

山脉 境内海拔百米以上山岭六十余座，大都集中在市境东南部，多呈东西走向，属泰沂山余脉之马耳山脉。马耳山海拔706米，山势陡峭，溪洞深远，坐落在五莲、诸城两县交界处，自西向东蜿蜒入海，成为渤海和黄海两大水系的分水岭。望海楼、障日山、卢山、竹山等，海拔均在400米上下。

气候、水文 安丘市属暖温带大陆性季风区半湿润气候，春季风多雨少，天气较暖，夏季炎热多雨，秋季天凉少雨，冬季干燥寒冷。地形对气候影响较大，可分为山丘温暖湿润气候区和平原温和半湿润气候区。山丘气候区光热资源丰富，降水多，暴雨、冰雹、连阴雨和干热风天气偏多。平原气候区光热资源丰富、降水偏少、冰雹、低温和干热风偏少。累年平均气温12.1℃、极端最高气温40.1℃、最低气温18.7℃。有霜冻现象。

境内大小河流50多条，多在东、北、南部，均系潍河水系，较大的河流有潍河、汶河、渠河、洪沟河、史角河。山区山沟修建较多的水库。

第二节 历史沿革

安丘历史悠久，夏商为斟寻国地，西周属淳于国。安丘古称渠丘，春秋时得名，春秋分属杞、莒、纪三国，莒子朱封于此地，称渠丘公。《左传》"鲁成公八年，晋使申公巫臣如吴，假道于莒，与渠丘公立于池上"即此。战国多属齐,少属鲁。公元前199年封张说为安丘懿侯。

公元前431年,莒国为楚国所灭,后渠丘之地又归于齐。公元前221年统一于秦。汉高祖四年(公元前203年),楚汉战争中,汉将韩信与楚将龙且夹潍水一战,斩龙且,统一了齐地。

公元前202年,西汉王朝建立后,采取了一些巩固封建政权的措施。据《史记》卷十八,高祖功臣侯年表第六载:汉高祖八年(公元前199年)七月封将军张说为"安丘懿侯",食邑古渠丘地三千户,国名"安丘"。公元前148年(汉景帝中元二年),汉置安丘县。后曾更名诛郅、牟山、辅唐、胶西等。

北宋开宝四年(971年)改胶西为安丘。

1928年属山东省。1948年建立安丘县政府,属昌潍地区,1981年改称潍坊地区,1983年改建潍坊市。1994年1月18日,国务院批准撤销安丘县,以原安丘县的行政区域设立县级安丘市。

第三节　长城概况

长城从太平山南侧安丘与沂水、临朐交界三界碑处,沿断崖东行,过红石峪村北向碾台山东南行,再转向石门顶东北行,过石虎山,沿马家旺南岭向东,经七箭山北的南北山山脊东行,至青石胡同,该部分长城分布在安丘与沂水分界线上。过青石胡同向东进入安丘境内,过磨山东南行,再转向东北行,沿柳沟村北东西向山脊东行,沿五龙山景区东山脊北行,向大车山方向而行。沿窝落村西南的紫草山东南行,沿石山子东南岭东行,过白顶上向东南蜂山而行。过蜂山向东南望君顶延伸,过任家旺村北公路沿城顶山南北向长山脊南行,过邸家崖东山东南行,过钟楼顶转向西南行,沿凤凰沟东岭南行,沿罗家庄北山西行,经罗家庄西山南行。沿虎崖到双山南北长山脊南行,过王庄村,过洺河南行至卧虎山西北山(图八二三;表一八八、一八九)。

一　墙体

安丘段齐长城总长46164米。分为两部分:

1. 西段长城

分布在安丘市与沂水县交界处。西起自太平山三界碑,高程505米;东止于青石胡同,高程290米。全长11512米。

2. 东段长城

分布在安丘市境内。西起自青石胡同,高程290米;东南止于卧牛城西峰,高程352米。长34652米。

墙体构筑因地制宜,在原生砾石地表上直接找平,混合土石夯筑而成,随地势起伏而有落差,多山石地带则出现局部土墙外部包砌石块做法。整体因后期坍塌破坏较重,其原貌已不存。

二　寨堡

在齐长城沿线发现寨堡4个,为七箭村北寨堡、紫草山寨堡、蜂山寨堡、城顶山寨堡。将在第二十一章中集中介绍。

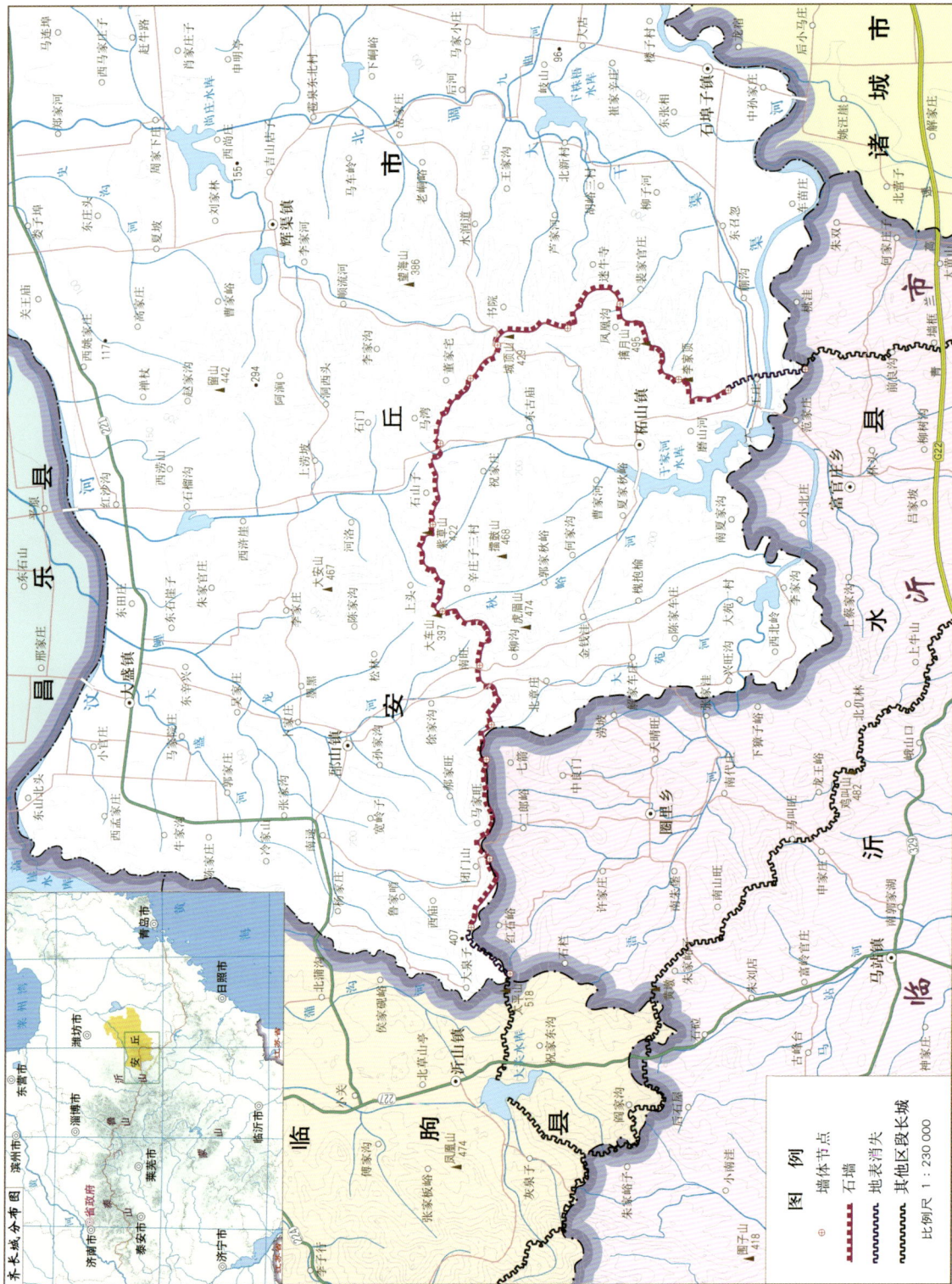

图八二三　安丘市及周边县市长城分布图

表一八八　安丘段齐长城墙体保存现状统计表（单位：米）

段落	较好	一般	较差	差	消失	山险	总计
1	0	0	0	0	2900	0	2900
2	284	838	395	988	326	0	2831
3	0	973	1383	1811	107	0	4274
4	0	0	402	900	205	0	1507
5	0	965	0	1146	584	0	2695
6	0	494	2537	569	79	0	3679
7	366	623	1307	1685	0	0	3981
8	0	126	735	817	1612	0	3290
9	0	0	150	1391	1435	0	2976
10	0	0	648	620	740	0	2008
11	266	151	1003	1016	635	0	3071
12	0	704	947	1359	208	0	3218
13	0	404	1481	1856	671	0	4412
14	0	214	406	1357	199	0	2176
15	0	0	0	0	3146	0	3146
小计	916	5492	11394	15515	12847	0	46164
百分比（%）	1.98	11.90	24.68	33.61	27.83	0.00	100.00

表一八九　安丘段齐城墙体类型统计表（单位：米）

项目	石墙	土墙	山险	壕堑	消失	总计
小计	31639	1678	0	0	12847	46164
百分比（%）	68.54	3.63	0.00	0.00	27.83	100

第四节　分段调查实况（1～15段）

安丘段齐长城长 46164 米，分布在安丘和沂水交界部分的长城及安丘境内的长城。在实地调查过程中，拍摄照片 404 张，录像共计 60 段，绘制图纸 15 张。依照长城特征、自然村及当地山名，把这段长城分为十五段，具体调查情况如下。

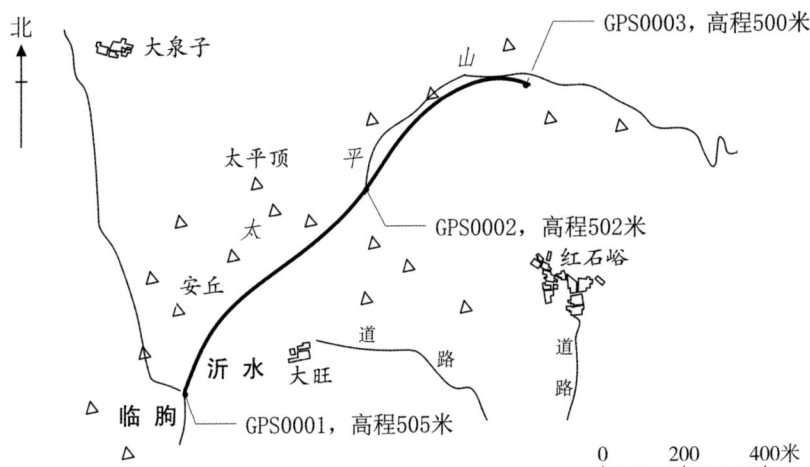

图八二四　太平山段长城走向图

第一段，太平山段长城（编码：370784382102020001）

该段长城西起自太平山安丘市、临朐县和沂水县山险交界处的三界碑处，高程 505 米；东止于太平山东，高程 500 米。长 2900 米（图八二四；表一九〇）。

长城位于安丘大泉子村南，沂水县大旺村和红石峪村北部，西为临朐县的大官村，南为红石峪村。地处太平山东侧山崖陡峭，长城呈西南—东北走向。长城墙体消失，地势较平坦处已被附近村民取石修筑梯田和山寨墙。

总长 2900 米，根据长城走向和特征点划分为 2 个小段。

第 1 小段，GPS0001—0002，呈西南—东北走向。墙体消失。原址南侧为太平山东侧陡崖，崖下为大旺村，北侧一条呈西南—东北向村级（通大泉子村至红石峪村）土路两次穿过遗址。该段偏南部地势较平处现已开辟为梯田，地表植被以花生为主；偏北处地势较险，坡较陡，地表种植大量杨树、槐树等。该段长城地处险峻之势，修筑应依山险之利作防卫之便。长 1600 米（图八二五）。

第 2 小段，GPS0002—0003，呈西南—东北走向。墙体消失。该段位于太平山东北部陡崖处，东南山谷内为沂水县圈里乡红石峪村，西侧临太平顶。整体地势较平整，东南为太平山东北侧陡崖，西北为太平山近顶部缓坡。地表植被以花生和槐树为主。原址现为梯田，田地边缘有较大石块堆积围拢，石块因常年自然风化，整体较圆滑，但个体大小较一致，应为原墙体塌落和被周围农民取石围田有关。长 1300 米（图八二六、八二七）。

表一九〇　太平山段长城（编码：370784382102020001）GPS 采集点表（单位：米）

工作编号	名称	坐标（起止点）			与相邻点关系
		东经	北纬	高程	
0001	起点			505	
0002	折点 1			502	0001 点东北 1600
0003	结束点			500	0002 点东北 1300

图八二五　GPS0001 点处临朐、
安丘、沂水三界碑（东南—西北）

图八二六　GPS0001—0002
点间墙体（东北—西南）

图八二七　GPS0002—0003
点间墙体（西南—东北）

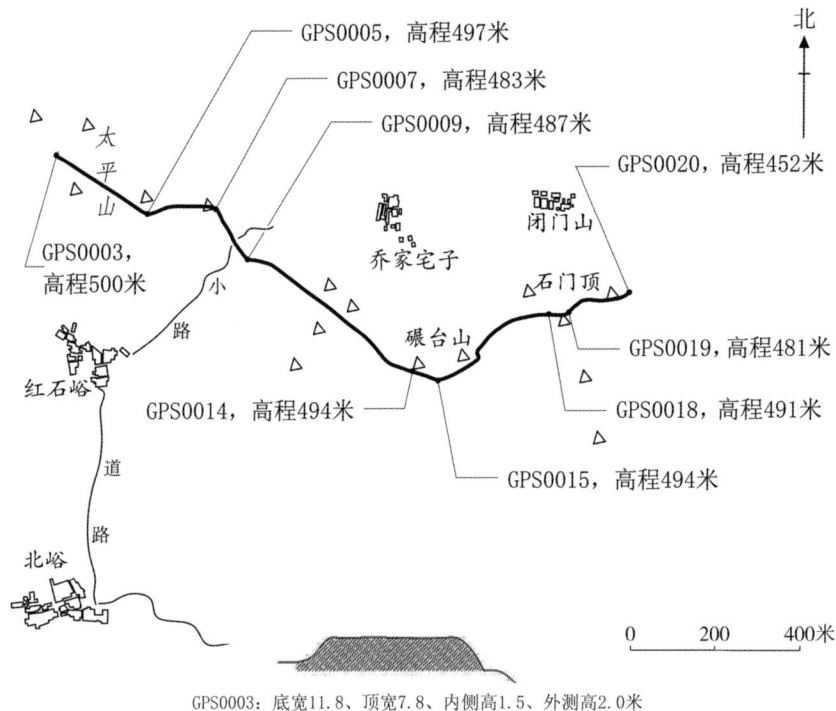

GPS0003：底宽11.8、顶宽7.8、内侧高1.5、外测高2.0米

图八二八　碾台山段长城走向图

第二段，碾台山段长城（编码：370784382102020002）

该段长城西北起自沂水县圈里乡红石峪村西北、太平山东北部陡崖处的太平山东，高程500米；东南止于南逯乡闭门山村东南部、石门顶和石虎山之间山体鞍部的石门顶，高程452米。长2831米（图八二八；表一九一）。

长城位于安丘市吾山镇乔家宅子村和南逯乡闭门山村南侧，南为沂水县的红石峪。呈西北—东南走向。

该段长城总长2831米，墙体整体来看遗迹明显，路线清晰，根据长城走向和特征点划分为16个小段。其中保存较好的长284米，保存一般的838米，保存较差的395米，保存差的988米，消失部分长326米。

第1～2小段，GPS0003—0005，呈西北—东南走向。该段位于沂水县圈里乡红石峪村正北，太平山林场东北部，GPS0003点东侧齐长城为石筑墙体，墙体整体保存一般。墙体底宽11.8、顶宽7.8、高1.5～2米。石块大小不一，底部及内外墙为较大石块堆砌，墙体中间处填较小碎石块。地表植被为灌木草丛及花生，地势为较缓山坡。长466米（图八二九、八三〇）。

第3～4小段，GPS0005—0007，呈西北—东南走向。该段位于沂水县圈里乡红石峪村东北，太平山东北部山脊上。该段墙体为土石混筑，基底经加工，之上填杂碎石块混筑而成，墙体整体保存差，但遗迹明显。长390米（图八三一）。

第5小段，GPS0007—0008，呈西北—东南走向。该段为折点，位于第四段东南侧。墙体整体保存一般。墙体底宽11.8、顶宽7.8、高1.5～2米，通红石峪至乔家宅子村道路两次穿越墙体。长153米。

第6小段，GPS0008—0009，呈西北—东南走向。该段位于红石峪东山西北角处山脊上，西南为红石峪村。墙体整体保存较差。94米墙体破坏消失，其余墙体遗迹明显。长145米。

第7小段，GPS0009—0010，呈西北—东南走向。该段位于红石峪村东北部。墙体为土石混筑，整体保存一般。墙体底宽11.8、顶宽7.8、高1.5～2米。底基较宽经修整，原址地表现存较多碎小石块，应为墙体中间夹杂部分残留。长219米。

第8小段，GPS0010—0011，呈西北—东南走向。该段位于红石峪东山顶北部，红石峪村东部。墙体为土石混筑，整体保存较好。墙体底宽9.5、顶宽6.9、高1.5～2.4米。墙体底基较宽，应为人工加工后，填杂碎石块混筑而成，两侧碎石较多，应为塌落而成。长284米（图八三二、八三三）。

第9～10小段，GPS0011—0013，呈西北—东南走向。该段位于红石峪东山东侧，碾台山西侧。墙体为土筑，整体保存差，但遗迹明显。底基较宽，应为人工夯筑而成。长234米（图八三四）。

第11小段，GPS0013—0014，呈西北—东南走向。该段位于碾台山顶西侧。墙体总体保存较差，但遗迹清晰。长114米。

第12～13小段，GPS0014—0016，呈近东—西走向。该段位于碾台山顶西南侧。墙体整体保存差，但遗迹明显。长364米。

第14～15小段，GPS0016—0018，呈西南—东北走向。该段位于石门顶南侧，闭门山村西南部。墙体消失。南侧为碾台山东南部陡崖，地势险要，该处应利用山险作防御。长326米（图八三五）。

第16小段，GPS0018—0019，呈近东—西走向。该段位于石门顶东南侧，闭门山村南侧。墙体为土筑，总体保存较差。但遗迹清晰，底基较宽，应为人工夯筑而成。长136米（图八三六）。

表一九一　碾台山段长城（编码：370784382102020002）GPS采集点表（单位：米）

工作编号	名称	坐标（起止点）			与相邻点关系
		东经	北纬	高程	
0003	起点			500	
0004	折点1			508	0003点东南105
0005	折拐点1			497	0004点东南361
0006	折点2			483	0005点东北307
0007	拐点2			483	0006点东83
0008	折点3			452	0007点东南153
0009	拐点3			487	0008点东南145
0010	折点4			494	0009点东南219
0011	折点5			488	0010点东南284
0012	折点6			478	0011点东南162
0013	折点7			482	0012点东南72
0014	折点8			494	0013点东南114
0015	拐点4			494	0014点东南141
0016	折点9			493	0015点东北223
0017	折点10			486	0016点东北187
0018	折点11			491	0017点东139
0019	结束点			481	0018点东136

图八二九　GPS0003 点以东墙体（东北—西南）

图八三〇　GPS0003—0005 点间墙体（西北—东南）

图八三一　GPS0006 点处墙体断面（西北—东南）

图八三二　GPS0010 点以东墙体（西—东）

图八三三　GPS0010 点以东墙体（西—东）

图八三四　GPS0010—0012 点间墙体（西北—东南）

图八三五　GPS0017 点以东墙体（东南—西北）

图八三六　GPS0019—0020 点间墙体（西北—东南）

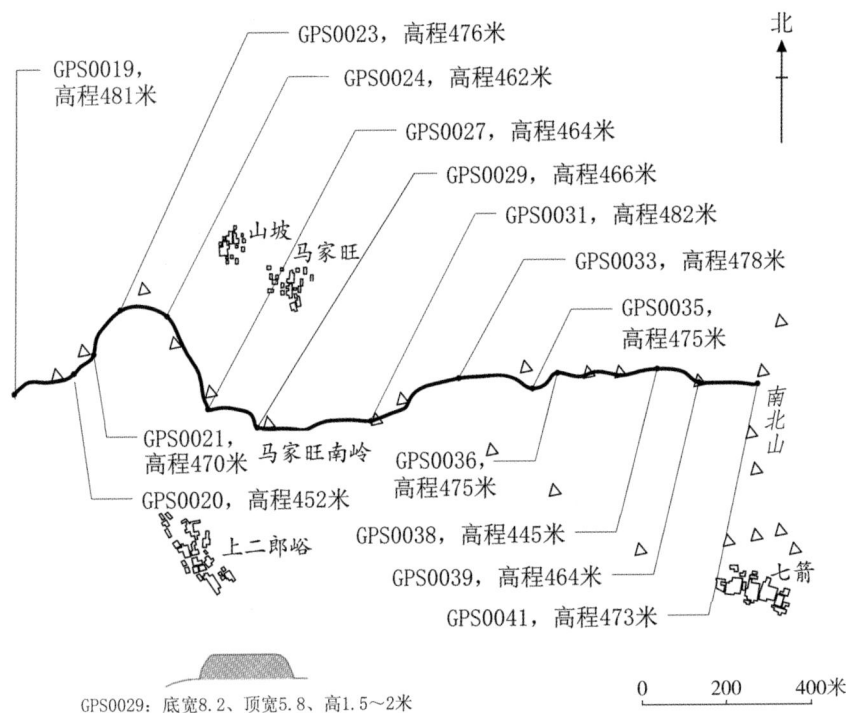

GPS0029：底宽8.2、顶宽5.8、高1.5~2米

图八三七　石虎山段长城走向图

第三段，石虎山段长城（编码：370784382102020003）

该段长城位于安丘市吾山镇山坡村和马家旺村南侧。呈西—东走向，西起石门顶东侧及石虎山之间的石门顶，高程452米；东至沂水县圈里乡七箭村西北部南北山顶，高程473米。长4274米（图八三七；表一九二）。

长城从石门顶向东，过石虎山，沿马家旺南岭东行，至七箭村北的南北山。

该段墙体总长4274米，墙体整体遗迹明显，按照长城走向和特征点划分为22个小段。其中保存一般的长973米，保存较差的长1383米，保存差的长1811米，消失部分长107米。

第1小段，GPS0019—0020，呈西北—东南走向。该段位于石虎山顶西南侧，闭门山村东南部。墙体整体保存差，遗迹模糊，基本消失。地势较平缓。长332米。

第2小段，GPS0020—0021，呈西南—东北走向。该段位于石虎山顶西南侧。墙体整体保存较差，但遗迹明显。地势较平缓。长190米。

第3小段，GPS0021—0022，呈西南—东北向。该段位于石虎山顶。墙体整体保存差，遗迹模糊。地表植被为杂草，地势较平缓。长142米。

第4小段，GPS0022—0023，呈近东西向。该段位于石虎山顶东侧，为齐长城拐点位置。墙体消失。地表植被为杂草，地势较平缓。长57米。

第5小段，GPS0023—0024，呈西北—东南走向。该段位于石虎山东南侧，马家旺村西南。墙体整体保存较差，但遗迹清晰。地势较平缓。长157米（图八三八）。

第6~10小段，GPS0024—0029，呈西北—东南转东—西走向。该部分为齐长城墙体拐点，位于马家旺南岭之上。墙体整体保存一般。为土石混筑而成，宽8.2、高1.5~2米。仅存底部墙基，表面散落较多碎石块，应为原墙体石块。地表植被为杂草和槐树，地势较平缓，依山脊而建。长796米（图八三九~八四一）。

第 11 小段，GPS0029—0030，呈近东—西走向。该段位于马家旺南岭中部，马家旺村南部。墙体整体保存较差，但遗迹明显。地势为缓坡，墙体修建于山脊之上。长 308 米。

第 12 小段，GPS0030—0031，大致呈西南—东北走向。该段位于马家旺南岭山顶东侧。墙体整体保存差，遗迹模糊。地势较平缓。长 253 米。

第 13 小段，GPS0031—0032，近东—西向。该段位于马家旺南岭山顶东侧。墙体整体保存较差，遗迹模糊。地势较平缓。长 266 米。

第 14～16 小段，GPS0032—0035，近东—西走向。该段位于马家旺南岭山顶东侧。墙体整体保存差，修建于山脊之上。地势较平缓。长 637 米。

第 17 小段，GPS0035—0036，呈东—西向。该段位于马家旺南岭山顶东部。墙体整体保存较差，遗迹清晰，依山脊而建。长 76 米。

第 18～19 小段，GPS0036—0038，呈东—西走向。该段位于马家旺南岭东部山脊上。墙体整体保存差，遗迹模糊，GPS0039 处有一寨堡，石墙保存较好，内外墙面由较大石块堆积，中间夹较小石块。地表植被为杂草和槐树等。地势为缓坡，墙体依山脊建成，多为平地修整后起建。长 497 米。

第 20～21 小段，GPS0038—0040，呈近东—西走向。该段位于七箭村西北部，南北山西侧。墙体整体保存较差。遗迹明显，多为石筑墙体，局部较陡处为土筑墙基，地表植被为杂草。地势为缓坡。长 386 米（图八四二）。

第 22 小段，GPS0040—0041，呈西南—东北走向。该段位于南北山西侧。墙体整体保存一般。墙体宽 8.2、高 1.5～2 米。该段为土石混筑，底基较宽，呈梯形。地表植被为杂草，地势为缓坡。长 177 米（图八四三）。

表一九二　石虎山段长城（编码：370784382102020003）GPS 采集点表（单位：米）

工作编号	名称	坐标（起止点）			与相邻点关系
		东经	北纬	高程	
0019	起点			481	
0020	折点 1			452	0019 点东北 332
0021	拐点 1			470	0020 点东北 190
0022	折点 2			477	0021 点东北 142
0023	拐点 2			476	0022 点东北 57
0024	拐点 3			462	0023 点东 157
0025	折点 3			469	0024 点东南 122
0026	折点 4			465	0025 点东南 185
0027	拐点 4			464	0026 点东南 173
0028	折点 5			462	0027 点东 220
0029	折点 6			466	0028 点东南 96
0030	折点 7			454	0029 点东 308

续表

工作编号	名称	坐标（起止点）			与相邻点关系
		东经	北纬	高程	
0031	折点8			482	0030 点东 253
0032	折点9			478	0031 点东北 266
0033	折点10			478	0032 点东北 203
0034	折点11			470	0033 点东北 143
0035	折点12			475	0034 点东南 291
0036	折点13			475	0035 点东北 76
0037	折点14			477	0036 点东 220
0038	折点15			445	0037 点东 277
0039	折点16			464	0038 点东 277
0040	折点17			456	0039 点东北 109
0041	结束点			473	0040 点东 177

图八三八　GPS0023 点东南墙体（西北—东南）

图八三九　GPS0025 点
东南墙体（东北—西南）

图八四〇　GPS0026 点
东南墙体（西南—东北）

图八四一　GPS0026—0027
点间墙体（西北—东南）

图八四二 GPS0039点处寨堡（西北—东南）

图八四三 GPS0041点以西墙体（东—西）

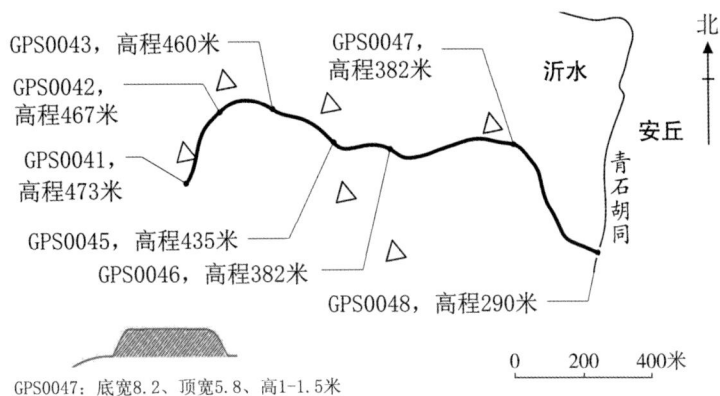

GPS0047：底宽8.2、顶宽5.8、高1-1.5米

图八四四　南北山东段长城走向图

第四段，南北山东段长城（编码：370784382102020004）

该段长城西起自南北山顶，高程 473 米；东止于青石胡同，高程 290 米。长 1507 米（图八四四；表一九三）。

长城位于沂水县圈里乡七箭村东北侧，青石胡同西侧。呈西—东走向。

总长 1507 米，根据长城走向和特征点划分为 7 小段。墙体中保存较差的长 402 米，保存差的长 900 米，消失部分长 205 米。

第 1 小段，GPS0041—0042，位于南北山顶东侧，七箭村北部。呈西南—东北走向。墙体消失，仅存底部痕迹，底基经过修建，地表散落较多石块，应为原址塌落残留。该段墙体应为土石混筑而成。地表植被为杂草和花生。地势较平缓，依山顶及山脊而建。长 205 米（图八四五）。

第 2~6 小段，GPS0042—0047，位于青石胡同西侧，七箭村北部山顶。呈西北—东南走向。墙体整体保存差，局部遗迹模糊，基本消失，0043—0045 段迹象较明显，应为土石混筑而成，内外墙面为较大石块堆积，中间夹杂土；0046—0047，局部墙体被现代农田侵占，墙体破坏较严重。地表植被为杂草及花生，地势较陡，多依山脊而建。长 900 米（图八四六~八五〇）。

第 7 小段，GPS0047—0048，位于青石胡同西侧。呈西北—东南走向。墙体保存较差。遗迹明显，为土石混筑，底基较宽，依山脊而修建。地表植被为杂草及杨树。长 402 米（图八五一、八五二）。

表一九三　南北山东段长城（编码：370784382102020004）GPS 采集点表（单位：米）

工作编号	名称	坐标（起止点）			与相邻点关系
		东经	北纬	高程	
0041	起点			473	
0042	拐点 1			467	0041 点东北 205
0043	折点 1			460	0042 点东 110
0044	折点 2			428	0043 点东 159
0045	折点 3			435	0044 点东南 148
0046	折点 4			382	0045 点东 229
0047	拐点 2			382	0046 点东 254
0048	结束点			290	0047 点东南 402

图八四五 GPS0041 点处
墙体（北—南）

图八四六 GPS0043 点
以东墙体（西北—东南）

图八四七 GPS0043—0045
点间墙体（东南—西北）

图八四八　GPS0045 点处墙体断面（西—东）

图八四九　GPS0046—0047 点间墙体（西—东）

图八五〇　GPS0046—0047 点间农田上墙体（西南—东北）

图八五一　GPS0047—0048 点东南墙体（西北—东南）

图八五二　GPS0048 点以西墙体（东南—西北）

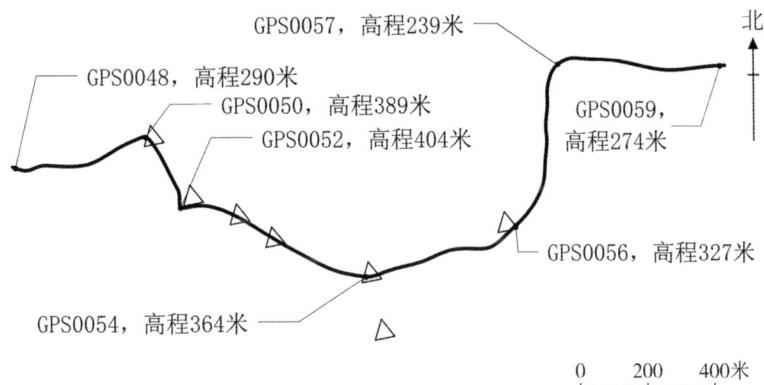

图八五三　磨山段长城走向图

第五段，磨山段长城（编码：3707843821020020005）

该段长城西起自青石胡同，高程 290 米；东止于磨山东岭南北向公路，高程 274 米。长 2695 米（图八五三；表一九四）。

位于沂水县圈里乡七箭村东北侧，青石胡同东侧。呈西—东走向。

总长 2695 米，墙体整体遗迹明显。根据长城走向和特征点划分为 11 个小段。其中保存一般的长965，保存差的长 1146 米，消失部分长 584 米。

第 1~2 小段，GPS0048—0050，呈西南—东北走向。该段位于青石胡同东侧。墙体整体保存一般。

墙体为土筑，底宽8.2、顶宽5.8、高1.5~2.4米。墙基底部保存较宽，呈梯形状。地表植被为杂草和杨树，地势平缓。长379米（图八五四）。

第3~6小段，GPS0050—0054，呈西北—东南走向。该段位于磨山顶东西两侧。墙体整体保存差。遗迹明显，为土筑而成，墙基底部较宽，呈梯形。地表植被为杂草及松树。地势为缓坡。长933米。

第7小段，GPS0054—0055，呈近东—西走向。该段位于磨山东部矮岭之上。墙体整体保存一般。墙体为土筑而成，基底保存较宽，底宽8.2、顶宽5.8、高1.5~2.2米。地表植被为杂草及松树。地势为缓坡。长135米（图八五五、八五六）。

第8小段，GPS0055—0056，呈西南—东北走向。该段位于柳沟村西南部山岭上。墙体整体保存差，遗迹明显，基底被附近农田侵占较厉害，仅存土岭状矮坡。地表植被为花生。地势平缓。长213米。

第9小段，GPS0056—0057，呈近南—北走向。该段位于通柳沟村南北向公路。墙体整体保存一般。墙体为土筑而成，底宽8.4、顶宽5.5、高1.5~2.5米，地表植被为杂草和松树。地势为缓坡。长451米（图八五七）。

第10~11小段，GPS0057—0059，呈近西—东走向。该段位于通柳沟村公路西侧。墙体消失，原址地表为农田，现种植花生。地势较平缓。长584米（图八五八）。

表一九四　磨山段长城（编码：370784382102020005）GPS采集点表（单位：米）

工作编号	名称	坐标（起止点）			与相邻点关系
		东经	北纬	高程	
0048	起点			290	
0049	折点1			334	048点东205
0050	拐点1			389	0049点东北174
0051	折点2			402	0050点东南250
0052	拐点2			404	0051点南46
0053	折点3			395	0052点东南324
0054	折点4			364	0053点东南313
0055	折点5			348	0054点东北135
0056	拐点3			327	0055点东北213
0057	拐点4			239	0056点北451
0058	折点6			239	0057点东北125
0059	结束点			274	0058点东459

图八五四　GPS0048—0049 点间墙体（西北—东南）

图八五五　GPS0053—0055 点间墙体（东南—西北）

图八五六　GPS0055 点处
墙体（西—东）

图八五七　GPS0056—0057
点间墙体（东北—西南）

图八五八　GPS0058—0059
点间墙体（西—东）

GPS0077，高程377米

GPS0075，高程377米

GPS0072，高程401米

GPS0059，高程274米

五龙山景区

GPS0069，高程422米

GPS0063，高程380米

GPS0064，
高程395米

GPS0066，高程443米

道

路

北

0　　200　　400米

GPS0064：底宽6.1、顶宽2.0、内侧高1.0、外侧高2.5米

图八五九　五龙山段长城走向图

第六段，五龙山段长城（编码：370784382102020006）

该段长城西南起自磨山东岭南北向公路，高程274米；东北止于大车山南，高程377米。长3679米（图八五九；表一九五）。

长城位于安丘市杏山子沟和五龙山景区南部。呈西—东转西南—东北走向。

总长3679米，整体保存以较差为主。根据长城走向和特征点划分为18个小段。其中保存一般的494米，保存较差的长2537米，保存差的长569米，消失部分长79米。

第1～4小段，GPS0059—0063，呈近西—东走向。位于柳沟村北部，通柳沟村南北向公路东侧。墙体整体保存较差，遗迹明显，为石筑而成，内外墙均用较大石块砌成，两侧梯田破坏严重。地表植被为杂草，地势较陡，墙体依山脊而建。长852米（图八六〇）。

第5小段，GPS0063—0064，呈近北—南走向。位于柳沟村北部偏东，五龙山景区偏西南部。墙体整体保存一般。墙体土石混筑而成，依山脊而建，仅存底部墙基和石墙残留石块，底宽6.1、顶宽2、内侧高1～1.5、外侧高约2.5米。地表植被为灌木丛及杂草。地势为缓坡。长238米（图八六一）。

第6～9小段，GPS0064—0068，呈近西南—东北走向。位于五龙山景区南部。墙体整体保存较差。墙体底宽7.2、高约1米。0066点为烽火台，已被景区内复原，地表植被为杂草。地势为缓坡。长827米（图八六二）。

第10小段，GPS0068—0069，呈近南—北走向。位于五龙山景区东南部。墙体整体保存一般。墙体底宽7.5、顶宽2、高1.5～2米，地表植被为杂草。地势为缓坡。长92米。

第 11~14 小段，GPS0069—0073，呈近南—北走向。位于五龙山景区东部。墙体整体保存较差。遗迹明显，依山脊而建，石筑而成，内外墙均用较大石块砌成。地表植被为灌木丛及杂草，地势为缓坡。长 858 米（图八六三、八六四）。

第 15 小段，GPS0073—0074，呈西南—东北走向。位于大车山西南部，杏山沟子村东南部山顶。墙体整体保存一般。墙体石砌而成，底宽 7.5、顶宽 2、高 1.5~2 米。地表植被为槐树及杂草。地势为缓坡。长 164 米。

第 16~17 小段，GPS0074—0076，呈近南—北走向。位于大车山山顶西南部。墙体整体保存差，墙体遗迹模糊。地势为缓坡。长 569 米。

第 18 小段，GPS0076—0077，呈南—北走向。位于大车山顶西南部。墙体消失。通杏山沟子村南北向公路穿越该处。地势为缓坡。长 79 米。

表一九五　五龙山段长城（编码：370784382102020006）GPS 采集点表（单位：米）

工作编号	名称	坐标（起止点）			与相邻点关系
		东经	北纬	高程	
0059	起始点			274	
0060	折点 1			279	0059 点东 157
0061	折点 2			330	0060 点东 311
0062	折点 3			362	0061 点东 162
0063	拐点 1			380	0062 点东 222
0064	拐点 2			395	0063 点南 238
0065	折点 4			424	0064 点东 203
0066	拐点 3			443	0065 点东 161
0067	折点 5			412	0066 点东北 205
0068	拐点 4			442	0067 点东北 258
0069	折点 6			422	0068 点东北 92
0070	折点 7			440	0069 点北 87
0071	折点 8			379	0070 点北 325
0072	拐点 5			401	0071 点北 240
0073	拐点 6			345	0072 点东北 206
0074	折点 9			356	0073 点东北 164
0075	拐点 7			377	0074 点东南 165
0076	折点 10			368	0075 点北 404
0077	结束点			377	0076 点北 79

图八六〇　GPS0062 点处
墙体（南—北）

图八六一　GPS0063—0064
点间墙体（南—北）

图八六二　GPS0066 点处
景区烽火台（南—北）

图八六三　GPS0070 点处墙体（南—北）

图八六四　GPS0073 点处墙体（东—西）

第七段，大车山段长城（编码：370784382102020007）

该段长城西南起自大车山顶南，高程 377 米；东北止于紫草山东，高程 398 米。长 3981 米（图八六五；表一九六）。

长城位于上头村南部，大车山顶东侧。呈西南—东北走向。

总长 3981 米。根据长城走向和特征点划分为 24 个小段。其中保存较好的 366 米，保存一般的长 623 米，保存较差的长 1307 米，保存差的长 1685 米。

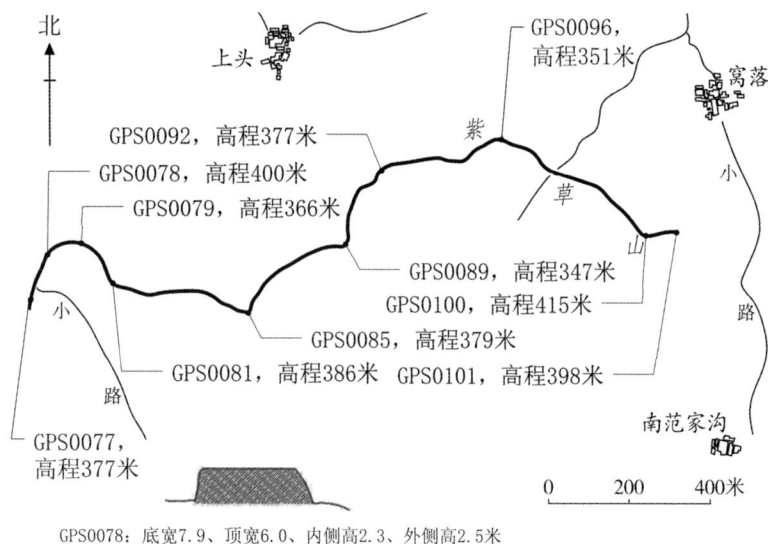

GPS0078：底宽7.9、顶宽6.0、内侧高2.3、外侧高2.5米

图八六五　大车山段长城走向图

第 1 小段，GPS0077—0078，呈西南—东北走向。位于大车山顶南侧偏西。墙体整体保存较差。土石混筑而成，依山脊而建，底基保存较宽，底宽 7.6～8、顶宽 6、高约 1 米。地势为缓坡。长 229 米。

第 2 小段，GPS0078—0079，呈西南—东北走向。位于大车山顶南部偏西。墙体整体保存较好。为土石混筑而成，底部墙基保存较宽，上部石砌成墙体，局部段落石墙塌落，石块较零散。墙体底宽 7.9、顶宽 5.5～6、高 2.3～2.5 米。地表植被为杂草及松树。地势较平缓。长 220 米（图八六六）。

第 3 小段，GPS0079—0080，呈西北—东南走向。位于大车山顶南部偏东。墙体整体保存差，道路及梯田侵占墙体。墙体残存宽不足 2、高约 1 米。地势较平缓。长 150 米。

第 4～5 小段，GPS0080—0082，呈西北—东南走向。位于大车山东南部，采石场西侧。墙体整体保存一般。墙体底宽 7.9、顶宽 5.5～6、高 1.3～2 米。地势较平缓。长 149 米。

第 6 小段，GPS0082—0083，呈近东—西向，位于采石场南部，大车山顶东部偏南。墙体整体保存较好，依山脊而建，底宽 7.9、顶宽 5.5～6、高 2.3～2.5 米。地势为缓坡。长 146 米。

第 7 小段，GPS0083—0084，呈近东—西向，位于采石场东南部。墙体整体保存差，遗迹模糊基本消失。地势为缓坡。长 279 米。

第 8～9 小段，GPS0084—0086，大致呈西北—东南转西南—东北走向。位于安丘市上头村南部偏西。墙体整体保存较差，遗迹清晰。墙体底宽 7.5、顶宽 5.5～6、高 1～1.5 米。地势为缓坡。长 368 米。

第 10～11 小段，GPS0086—0088，呈西南—东北走向。位于安丘市上头村正南山顶处。墙体保存差，遗迹模糊基本消失。地势为缓坡。长 292 米（图八六七）。

第 12～13 小段，GPS0088—0090，呈近东—西走向。位于上头村南部偏东。墙体整体保存一般。墙体土筑而成，依山脊建成，底宽 6.6、顶宽 5.5、高 1.5～2 米。地表植被为杂草和松树。地势为缓坡。长 375 米（图八六八）。

第 14～18 小段，GPS0090—0095，呈近西南—东北走向。位于安丘市上头村东南部。墙体整体保存较差。土石混筑，依山脊建成，墙体仅存底部石块，但遗迹清晰。墙体宽 6.2～7.4、高约 1 米。地表植被为灌木丛及杂草。地势为缓坡。长 710 米（图八六九、八七〇）。

第 19～20 小段，GPS0095—0097，呈近西北—东南走向。位于安丘市窝落村西南部。墙体整体保存差，遗迹模糊，地表散落较多石块，应为石砌墙体。地势较陡，多利用山险之势防御。长 269 米。

第 21 小段，GPS0097—0098，呈近西北—东南走向。位于安丘市窝落村西南部。墙体整体保存一般。石砌墙体依山脊而建，底宽 7.9、顶宽 5.5~6、高 1.5~2 米。地势为缓坡。长 99 米。

第 22~24 小段，GPS0098—0101，呈西北—东南走向。位于紫草山西北及东南两侧，安丘市窝落村西南部。墙体整体保存差，遗迹模糊，基本消失，该段地势较险峻，应充分利用山险作为防御，墙体修筑迹象较少。长 695 米（图八七一）。

表一九六　大车山段长城（编码：370784382102020007）GPS 采集点表（单位：米）

工作编号	名称	坐标（起止点）			与相邻点关系
		东经	北纬	高程	
0077	起点			377	
0078	拐点 1			400	0077 点东北 229
0079	拐点 2			366	0078 点东北 220
0080	折点 1			373	0079 点东南 150
0081	拐点 3			386	0080 点东南 48
0082	折点 2			365	0081 点东 101
0083	折点 3			388	0082 点东 146
0084	折点 4			363	0083 点东 279
0085	拐点 4			379	0084 点东南 144
0086	折点 5			331	0085 点东北 224
0087	折点 6			320	0086 点东北 124
0088	折点 7			342	0087 点东北 168
0089	拐点 5			347	0088 点东 106
0090	折点 8			364	0089 点北 269
0091	折点 9			373	0090 点东 89
0092	拐点 6			377	0091 点东北 67
0093	折点 10			414	0092 点东 217
0094	折点 11			369	0093 点东 209
0095	折点 12			346	0094 点东北 128
0096	折点 13			351	0095 点东北 84
0097	折点 14			373	0096 点东南 185
0098	折点 15			360	0097 点东南 99
0099	折点 16			412	0098 点东南 170
0100	拐点 7			415	0099 点东南 397
0101	结束点			398	0100 点东北 128

图八六六　GPS0078—0079 点间墙体（东北—西南）

图八六七　GPS0086—0088 点间墙体（西南—东北）

图八六八　GPS0088—0090 点间墙体（西南—东北）

图八六九　GPS0093 点以东墙体（西—东）

图八七〇　GPS0094—0095 点间墙体（东南—西北）

图八七一　GPS0100—0101 点间山险（西—东）

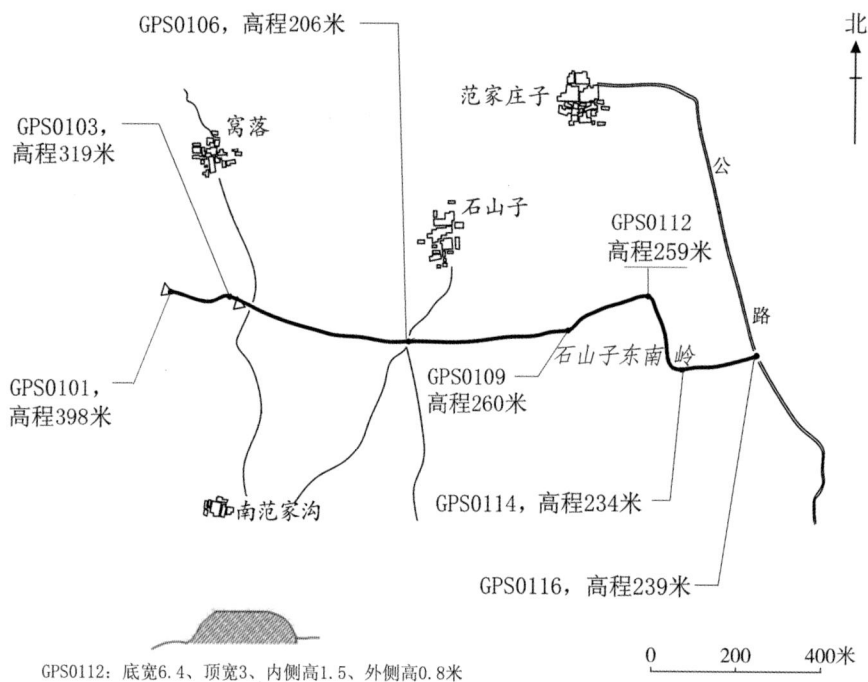

GPS0112：底宽6.4、顶宽3、内侧高1.5、外侧高0.8米

图八七二　石山子南岭段长城走向图

第八段，石山子南岭段长城（编码：370784382102020008）

该段长城西起自紫草山东，高程398米；东止于温拓公路，高程239米。长3290米（图八七二；表一九七）。

长城位于紫草山顶东侧，安丘市窝落村南部偏西山脊处。呈西—东走向。

该段长城总长3290米，根据长城走向和特征点划分为15个小段。其中保存一般的长126米，保存较差的长735米，保存差的长817米，消失部分长1612米。

第1小段，GPS0101—0102，呈近东—西向。位于紫草山东侧山脊上，安丘市窝落村正南处。墙体消失，地势为陡坡。长199米。

第2小段，GPS0102—0103，呈近东—西向。位于紫草山东侧山脊下部。墙体整体保存差，依山脊土筑而成，墙体遗迹间断出现。地表植被为杂草，地势为缓坡。长132米。

第3小段，GPS0103—0104，呈西北—东南走向。位于安丘市石山子村西南部，窝落村东南部。墙体消失。该段有一条南北向通窝落村和南范家沟村的小路穿越该段墙体。地势为缓坡。长415米。

第4小段，GPS0104—0105，呈近东—西走向。位于石山子村西南部。墙体整体保存一般。土筑而成，两侧均为农田，墙体被破坏较厉害，宽6.5、高1.2~2米。地表植被为花生和杂草。地势较平坦。长126米（图八七三）。

第5~6小段，GPS0105—0107，呈近东—西走向。位于石山子村南部偏西。墙体消失。该段有一条通石山子村和南范家沟村小路穿越该段。地势为缓坡。长519米。

第7~8小段，GPS0107—0109，呈近东—西走向。位于石山子村南部偏东。墙体保存差，土筑而成，已被周围农田破坏，间断出现墙体遗迹。地表植被为花生。地势为缓坡。长560米（图八七四）。

第9小段，GPS0109—0110，呈近西南—东北走向。位于石山子东南岭西侧。墙体消失，应被周围农田侵占，地表植被为花生。地势较平坦。长 179 米。

第 10 小段，GPS0110—0111，呈近西南—东北走向。位于石山子东南岭北部。墙体整体保存差，遗迹模糊，基本消失，局部残留为土筑墙体，两侧均为梯田，应被梯田侵占，地表植被为花生。地势较平坦。长 125 米。

第 11～14 小段，GPS0111—0115，呈西—东—南—东走向。位于安丘市范家庄子村南部偏东。墙体整体保存较差。依山脊而建，土筑形成，墙体两侧多为梯田，局部被侵占。墙体宽6.4～6.6、高1～1.9 米。地表植被为花生，地势为缓坡。长 735 米（图八七五～八七七）。

第 15 小段，GPS0115—0116，呈近东—西走向。位于温拓公路与齐长城交汇处。墙体消失，温拓公路自南北穿越墙体。地表植被为灌木丛。地势为缓坡。长 300 米（图八七八）。

表一九七　石山子南岭段长城（编码：370784382102020008）GPS 采集点表（单位：米）

工作编号	名称	坐标（起止点）			与相邻点关系
		东经	北纬	高程	
0101	起点			398	
0102	折点 1			339	0101 点东 199
0103	折点 2			319	0102 点东 132
0104	折点 3			250	0103 点东 415
0105	折点 4			239	0104 点东 126
0106	折点 5			206	0105 点东 378
0107	折点 6			216	0106 点东 141
0108	折点 7			247	0107 点东 387
0109	拐点 1			260	0108 点东 173
0110	折点 8			267	0109 点东北 179
0111	折点 9			262	0110 点东北 125
0112	拐点 2			259	0111 点东北 175
0113	拐点 3			240	0112 点东南 338
0114	折点 10			234	0113 点东南 155
0115	折点 11			226	0114 点东 67
0116	结束点			239	0115 点东 300

图八七三　GPS0104—0105 点间墙体（西—东）

图八七四　GPS0107—0108 点间墙体（北—南）

图八七五　GPS0111—0113 点间墙体（西—东）

图八七六　GPS0113 点处墙体（西北—东南）

图八七七　GPS0112—0113 点间墙体（北—南）

图八七八　GPS0116 点处温柘公路（西—东）

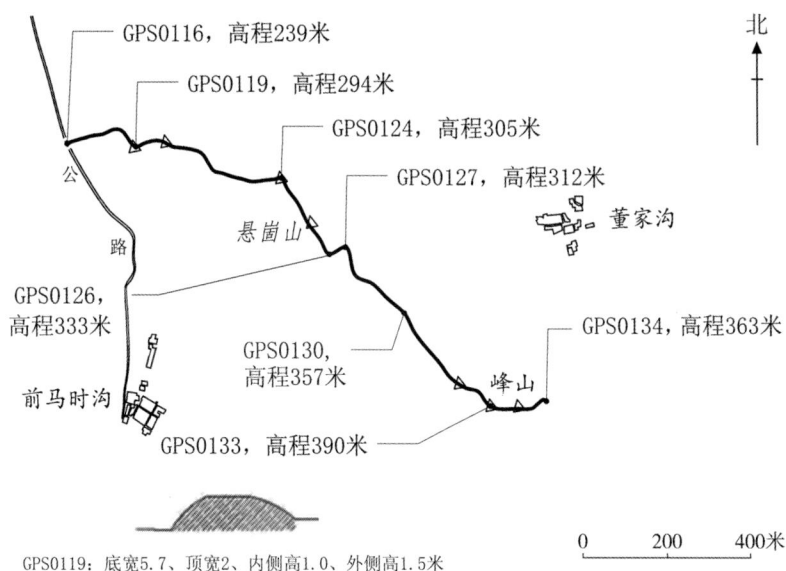

GPS0119：底宽5.7、顶宽2、内侧高1.0、外侧高1.5米

图八七九　白山顶段长城走向图

第九段，白山顶段长城（编码：370784382102020009）

该段长城西北起自温拓公路处，高程 239 米；东南至峰山东，高程 363 米。长 2976 米（图八七九；表一九八）。

长城位于前马时沟、前柿子园村北山脊上，从温拓向东北沿山脊过白山顶，向东南过悬崮山、蜂山，到峰山东。呈西北—东南走向。

总长 2976 米，墙体整体保存差，根据长城走向和特征点划分为 18 个小段。其中保存较差的长 150 米，保存差的长 1391 米，消失部分长 1435 米。

第 1 小段，GPS0116—0117，大致呈西南—东北走向。位于温拓公路东侧。墙体消失。地势为缓坡。长 110 米。

第 2 小段，GPS0117—0118，呈近西—东走向。位于白山顶西侧缓坡之上。墙体整体保存较差。遗迹清晰，依山脊土筑而成，底基被两侧梯田侵占较厉害。墙体宽 5.7、内侧高 1.5、外侧高 1 米。地表植被为花生和杂草。地势为缓坡。长 150 米（图八八〇）。

第 3~6 小段，GPS0118—0122，大致呈西北—东南走向。位于白山顶东西两侧。墙体整体保存差，遗迹间断出现，依山脊土筑建成。地势为缓坡。长 462 米（图八八一、八八二）。

第 7 小段，GPS0122—0123，呈西北—东南走向。位于白山顶东侧山脊上，墙体消失，应为土筑，仅存模糊迹象，地表植被为杂草和松树。地势为缓坡。长 216 米。

第 8 小段，GPS0123—0124，呈近西—东走向。位于悬崮山西北部山脊上。墙体整体保存差，应依山脊土筑而成，地表仅存模糊迹象，地表植被为松树和杂草。地势较险。长 200 米。

第 9~10 小段，GPS0124—0126，呈近西北—东南走向。位于悬崮山西侧及南侧。墙体消失，山势陡峭。长 356 米。

第 11~12 小段，GPS0126—0128，呈近西—东走向。位于悬崮山南侧。墙体整体保存差，遗迹模糊基本消失，地表残存较多石块，应为石砌墙体塌落。地表植被为杂草，地势较险峻。长 427 米（图八八三）。

第 13 小段，GPS0128—0129，呈近西北—东南走向。位于峰山西北部山脊上。墙体消失，地表微凸，较多石块，应为墙基底痕迹，依山脊石筑而成。地表植被为杂草。地势较险峻。长 193 米。

第 14 小段，GPS0129—0130，呈西北—东南走向。位于安丘市前柿子园村正北偏西山脊之上。墙体整体保存差，遗迹模糊基本消失。地势较险峻。长 222 米。

第 15～18 小段，GPS0130—0134，大致呈西北—东南转西—东走向。位于峰山山顶两侧。墙体大部分消失，GPS0133 东有 80 米，保存差。地势较险峻。长 640 米。

表一九八　白山顶段长城（编码：370784382102020009）GPS 采集点表（单位：米）

工作编号	名称	坐标（起止点）			与相邻点关系
		东经	北纬	高程	
0116	起始点			239	
0117	折点 1			255	0116 点东 110
0118	拐点 1			288	0117 点东 150
0119	拐点 2			294	0118 点东南 100
0120	折点 2			308	0119 点东 150
0121	折点 3			273	0120 点东 103
0122	折点 4			233	0121 点东南 109
0123	折点 5			233	0122 点东南 216
0124	拐点 3			305	0123 点东 200
0125	折点 6			335	0124 点东南 282
0126	拐点 4			333	0125 点东南 74
0127	拐点 5			312	0126 点东北 102
0128	折点 7			258	0127 点东南 325
0129	折点 8			320	0128 点东南 193
0130	折点 9			357	0129 点东南 222
0131	折点 10			368	0130 点东南 71
0132	折点 11			371	0131 点东南 72
0133	拐点 6			390	0132 点东南 194
0134	结束点			363	0133 点东 303

图八八〇　GPS0117—0118 点间墙体（西—东）

图八八一　GPS0120—0122 点间墙体（东南—西北）

图八八二　GPS0121—0122 点间墙体（东南—西北）

图八八三　GPS0127 点以东墙体（西北—东南）

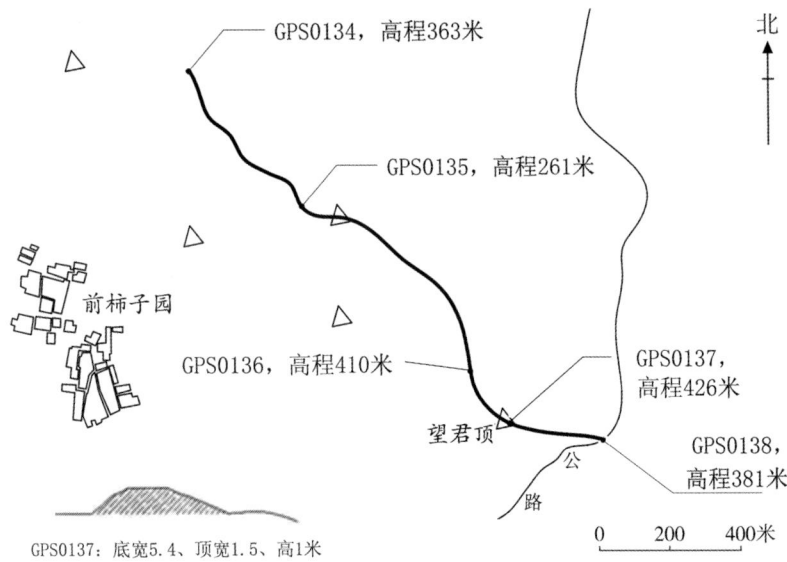

GPS0137：底宽5.4、顶宽1.5、高1米

图八八四　望君顶段长城走向图

第十段，望君顶段长城（编码：370784382102020010）

该段长城西北起自峰山东，高程363米；东南止于望君顶柘山，高程381米。长2008米（图八八四；表一九九）。

长城位于柘山镇前柿子园村东北部，峰山山顶东侧。呈西北—东南走向。

该段长城总长2008米，根据长城走向和特征点划分为4个小段。其中保存较差的长648米，保存差的长620米，消失部分长740米。

第1小段，GPS0134—0135，大致呈西北—东南走向。位于峰山东部山脊之上。墙体保存差，遗迹模糊，地表植被为杂草。地势较险峻。长620米（图八八五）。

第2小段，GPS0135—0136，大致呈西北—东南走向。位于峰山顶西部山脊之上。墙体消失。长740米。

第3~4小段，GPS0136—0138，呈近西北—东南走向。位于前柿子园村东北部及东部。其中0138点处有一条南北向通任家旺村公路穿越墙体。墙体整体保存较差。墙体依山脊土筑而成，底宽6、顶宽2、高1~1.5米。地表植被为杂草和松树。地势较险峻。长648米（图八八六）。

表一九九　望君顶段长城（编码：370784382102020010）GPS采集点表（单位：米）

工作编号	名称	坐标（起止点）			与相邻点关系
		东经	北纬	高程	
0134	起点			363	
0135	折点1			261	0134点东南620
0136	折点2			410	0135点东南740
0137	折点3			426	0136点东南359
0138	结束点			381	0137点东289

图八八五　GPS0135 点处墙体（东—西）

图八八六　GPS0138 点以西墙体（西—东）

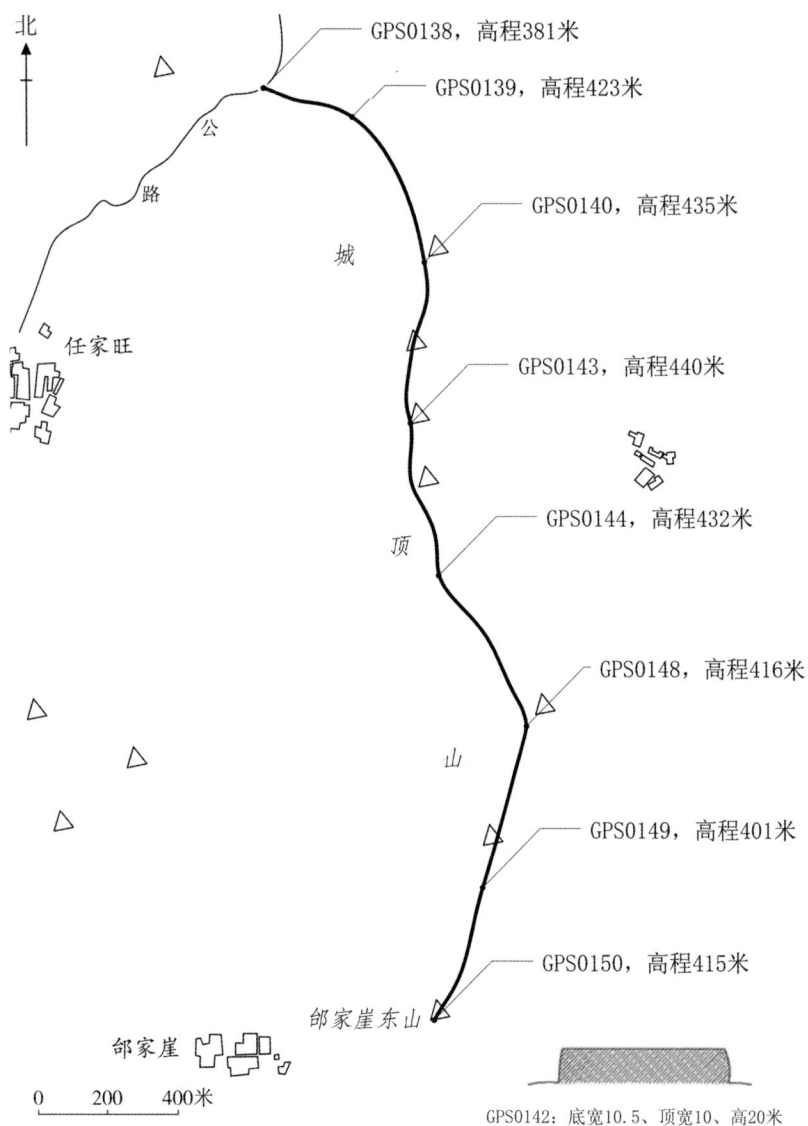

北

公

路

城

顶

山

任家旺

邰家崖

0 200 400米

GPS0138，高程381米

GPS0139，高程423米

GPS0140，高程435米

GPS0143，高程440米

GPS0144，高程432米

GPS0148，高程416米

GPS0149，高程401米

GPS0150，高程415米

邰家崖东山

GPS0142：底宽10.5、顶宽10、高20米

图八八七 城顶山段长城走向图

第十一段，城顶山段长城（编码：370784382102020011）

该段长城北起自望君顶东部拓山公路处，高程381米；南止于邰家崖东山顶处，高程415米。长3071米（图八八七；表二〇〇）。

长城位于安丘市拓山镇任家旺村东北部和东部。呈北—南走向。

该段长城总长3071米，墙体整体来看遗迹清晰。根据长城走向和特征点划分为12个小段。其中保存较好的长266米，保存一般的长151米，保存较差的长1003米，保存差的长1016米，消失部分长635米。

第1~2小段，GPS0138—0140，大致呈西北—东南走向。位于任家旺村东北部。墙体整体保存较差。墙体宽9.5、高1~1.7米，依山脊石筑而成，地表植被为杂草和槐树。地势为缓坡。长759米。

第3小段，GPS0140—0141，呈近南—北走向。位于任家旺村东部偏北。墙体整体保存差，遗迹模糊基本消失，依山脊石筑而成，仅存底部墙基，石块较大，地表植被为杂草和槐树。地势为缓坡。长189米（图八八八）。

第 4 小段，GPS0141—0142，呈近南—北走向。位于城顶山顶部。墙体整体保存较好。墙体宽 10.5、高 1.8~2 米。地势较平缓。长 135 米。

第 5 小段，GPS0142—0143，呈南—北走向。位于城山顶南部，任家旺村东部。墙体整体保存差。墙体土筑而成，中部被挖掘，形成沟壑（图八八九），地表植被为杂草和槐树。地势较平缓。长 87 米。

第 6 小段，GPS0143—0144，呈南—北走向。位于任家旺村东部，城顶山南侧。墙体整体保存较好。墙体宽 10.5、高 1.8~2 米。地势较平缓。长 131 米（图八九〇）。

第 7~9 小段，GPS0144—0147，呈近西北—东南走向。位于邰家崖东北部山脊之上。墙体整体保存差，梯田及挖掘现象严重，墙体痕迹明显，依山脊石筑而成，地表植被为杂草和槐树。地势较险峻。长 740 米。

第 10 小段，GPS0147—0148，大致呈西北—东南走向。位于柳河峪村西南部。墙体整体保存一般。墙体为土石混筑而成，仅存底基，宽 8.6、高 1 米，地表植被为杂草和槐树。地势为缓坡。长 151 米（图八九一）。

第 11 小段，GPS0148—0149，呈近南—北走向。位于柳河峪村西南部山脊之上。墙体整体保存较差。墙体依山脊土筑而成，两侧梯田及其挖掘现象严重，遗迹明显。地表植被为杂草。地势较险。长 244 米（图八九二）。

第 12 小段，GPS0149—0150，呈近南—北走向。位于城顶山顶北部。墙体消失。地势较险。长 635 米。

表二〇〇　城顶山段长城（编码：370784382102020011）GPS 采集点表（单位：米）

工作编号	名称	坐标（起止点）			与相邻点关系
		东经	北纬	高程	
0138	起点			381	
0139	拐点 1			423	0138 点东 300
0140	折点 1			435	0139 点南 459
0141	折点 2			439	0140 点南 189
0142	折点 3			442	0141 点南 135
0143	折点 4			440	0142 点南 87
0144	折点 5			432	0143 点南 131
0145	拐点 2			420	0144 点南 371
0146	折点 6			414	0145 点东南 289
0147	折点 7			411	0146 点东南 80
0148	拐点 3			416	0147 点东南 151
0149	折点 8			401	0148 点西南 244
0150	结束点			415	0149 点西南 635

图八八八　GPS0140—0141 点间墙体（北—南）

图八八九　GPS0142—0143 点间墙体中部被挖开（北—南）

图八九〇　GPS0143—0144 点间墙体（北—南）

图八九一　GPS0147—0148 点间墙体（北—南）

图八九二 GPS0149 点以南墙体（北—南）

第十二段，钟楼顶段长城（编码：370784382102020012）

该段长城西北起自邰家崖东北山顶，高程415米；东南止于凤凰沟东部水坝，高程232米。长3218米（图八九三；表二〇一）。

长城位于邰家崖村东部东山顶。呈西北—东南转东北—西南走向。

该段长城总长3218米，墙体遗迹明显。根据长城走向和特征点划分为17个小段。其中保存一般的长704米，保存较差的长947米，保存差的长1359米，消失部分长208米。

第1小段，GPS0150—0151，呈近东—西走向。位于邰家崖村东北，城顶山东侧。墙体消失。地势为缓坡。长208米。

第2~3小段，GPS0151—0153，呈近南—北走向。位于城顶山东部。墙体整体保存一般。墙体依山脊土石混筑而成，底宽9.6、顶宽4、高1.6~2.5米。地表植被为杂草。地势为缓坡。长217米（图八九四）。

第4小段，GPS0153—0154，呈近西南—东北

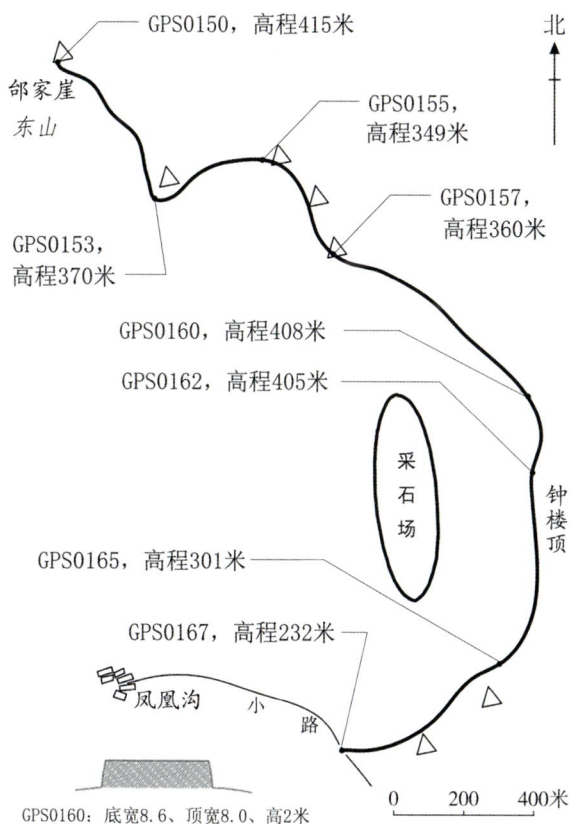

GPS0160：底宽8.6、顶宽8.0、高2米

图八九三 钟楼顶段长城走向图

走向。位于城顶山东部。墙体整体保存较差。墙体依山脊土筑而成，遗迹明显，宽9.2、高约2.5米，地表植被为杂草。地势为缓坡。长125米（图八九五）。

第5小段，GPS0154—0155，呈近东—西走向。位于城顶山东部。墙体整体保存差，道路其上，遗迹清晰。地势较平缓。长192米。

第6小段，GPS0155—0156，呈近东—西走向。位于城顶山东部。墙体整体保存较差。墙体遗迹明显，宽9.2、高0.5~1米。地势较平缓。长139米。

第7小段，GPS0156—0157，呈近西北—东南走向。位于城顶山东南部。墙体整体保存一般。墙体底宽9.6、顶宽4、高1.6~2.5米。地势为缓坡。长249米。

第8~9小段，GPS0157—0159，呈西北—东南走向。位于凤凰沟东北部山顶处。墙体整体保存差。墙体被道路沿用，墙体痕迹及路线明显。地势较平缓。长374米。

第10小段，GP159—0160，呈西北—东南走向。位于采石坑东北部山顶。墙体整体保存较差。墙体宽8.6、高1.8~2米。地势较平缓。长314米。

第11~13小段，GPS0160—0163，呈近南—北走向。位于采石坑东部。墙体保存差，遗迹模糊间断出现墙体。地势为缓坡。长581米。

第14~15小段，GPS0163—0165，呈近东北—西南走向。位于钟楼顶西南侧。墙体整体保存较差，土筑而成，墙体遗迹模糊，地表植被为杂草。地势为缓坡。长369米（图八九六、八九七）。

第16小段，GPS0165—0166，呈东北—西南走向。位于安丘市石埠子镇裴家官庄村西北部山顶。墙体保存一般，依山脊石筑而成，石块塌落较严重。墙体底宽9.2、顶宽4.2、高1.4~2米，地表植被为杂草和树木。地势为缓坡。长238米（图八九八、八九九）。

第17小段，GPS0166—0167，呈近东—西走向。位于凤凰沟东岭东侧偏北。墙体保存差，土石混筑而成，仅存底部痕迹，路线清晰，遗迹明显。地表植被为杂草和松树，地势为缓坡。长212米。

表二〇一　钟楼顶段长城（编码：370784382102020012）GPS采集点表（单位：米）

工作编号	名称	坐标（起止点）			与相邻点关系
		东经	北纬	高程	
0150	起点			415	
0151	折点1			376	0150点东南208
0152	折点2			365	0151点东南128
0153	拐点1			370	0152点东南89
0154	折点3			342	0153点东北125
0155	折点4			349	0154点东192
0156	拐点2			358	0155点东139
0157	折点5			360	0156点东南249
0158	拐点3			355	0157点东180

工作编号	名称	坐标（起止点）			与相邻点关系
		东经	北纬	高程	
0159	折点 6			366	0158 点东南 194
0160	拐点 4			408	0159 点东南 314
0161	折点 7			402	0160 点南 173
0162	折点 8			405	0161 点南 122
0163	折点 9			375	0162 点南 286
0164	拐点 5			369	0163 点南 93
0165	折点 10			301	0164 点西南 276
0166	拐点 6			302	0165 点西南 238
0167	结束点			232	0166 点西 212

图八九四 GPS0152—0153 点间墙体（西北—东南）

图八九五　GPS0153 点东南墙体（西北—东南）

图八九六　GPS0164—0165 点间墙体（东南—西北）

图八九七　GPS0164 点处
墙体（东—西）

图八九八　GPS0165—0166
点间墙体（西南—东北）

图八九九　GPS0166—0167
点间墙体（东—西）

工作编号	名称	坐标（起止点）			与相邻点关系
		东经	北纬	高程	
0181	折点 9			386	0180 点西 42
0182	折点 10			378	0181 点西 59
0183	折点 11			381	0182 点西 63
0184	折点 12			357	0183 点西 204
0185	折点 13			378	0184 点西 253
0186	拐点 6			373	0185 点西 296
0187	折点 14			362	0186 点南 182
0188	折点 15			343	0187 点南 201
0189	折点 16			366	0188 点西南 104
0190	折点 17			384	0189 点南 143
0191	结束点			401	0190 点南 328

图九〇一　GPS0168—0171 点间墙体（南—北）

图九〇二　GPS0170—0173 点间墙体（北—南）

图九〇三　GPS0172 点处墙体（西北—东南）

图九〇四 GPS0187—0188 点间墙体（东北—西南）

图九〇五 GPS0190 点以南山险（南—北）

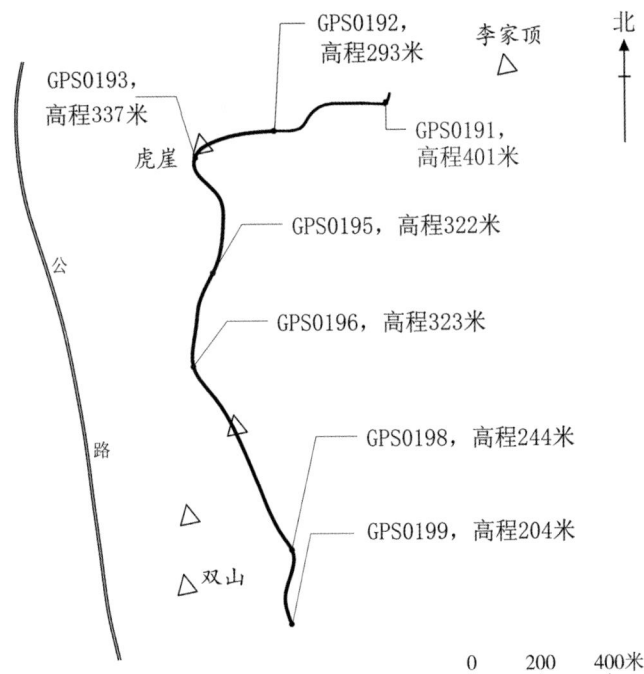

图九〇六　虎崖段长城走向图

第十四段，虎崖段长城（编码：370784382102020014）

该段长城北起自李家顶西山谷，高程401米；南至虎崖东岭南山根，高程204米。长2176米（图九〇六；表二〇三）。

长城位于安丘市南丘家庄南侧偏东，李家顶西侧，虎崖东侧。呈东—西转北—南走向。

该段长城总长2176米，根据长城走向和特征点划分为8个小段。其中保存一般的长214米，保存较差的长406米，保存差的长1357米，消失部分长199米。

第1小段，GPS0191—0192，呈近东—西走向。位于虎崖东侧。墙体保存差，墙体基本消失，应依山险之势作防御。周围地势险峻。长516米。

第2小段，GPS0192—0193，呈近东—西走向。位于虎崖东侧。墙体保存一般。墙体宽8.5、高1.2~2米。地势为缓坡。长214米。

第3~5小段，GPS0193—0196，呈近北—南走向。位于虎崖南侧。墙体整体保存差。该段墙体外侧为陡峻山崖，墙体仅残存基础，宽1.8~2、高不足0.3米，遗迹清楚。周围地势险峻。长650米（图九〇七、九〇八）。

第6小段，GPS0196—0197，呈西北—东南走向。位于虎崖南侧。墙体消失。地势为缓坡。长199米。

第7小段，GPS0197—0198，呈近西北—东南走向。位于孔家庄东北部山脊处。墙体保存较差，依山脊石筑而成，仅存底基，石块多较大长条形石。墙体宽5.5、内侧高1、外侧高1.8~2米。地表植被为杂草，周围地势较险。长406米（图九〇九、九一〇）。

第8小段，GPS0198—0199，呈近东北—西南走向。位于孔家庄东北山脊处。墙体保存差，依山脊土筑而成，墙体遗迹明显，高均在0.5米以下。地表植被为杂草。周围地势较险。长191米（图九一一）。

表二○三　虎崖段长城（编码：370784382102020014）GPS 采集点表（单位：米）

工作编号	名称	坐标（起止点）			与相邻点关系
		东经	北纬	高程	
0191	起点			401	
0192	折点 1			293	0191 点西 516
0193	拐点 1			337	0192 点西 214
0194	折点 2			313	0193 点东南 129
0195	折点 3			322	0194 点南 238
0196	折点 4			323	0195 点南 283
0197	折点 5			292	0196 点东南 199
0198	折点 6			244	0197 点南 406
0199	结束点			204	0198 点南 191

图九○七　GPS0193 点以东墙体（西—东）

图九〇八　GPS0194 点以南墙体（北—南）

图九〇九　GPS0197—0198 点间墙体（东南—西北）

图九一〇　GPS0197 点处墙体（东南—西北）

图九一一　GPS0198—0199 点间墙体（东北—西南）

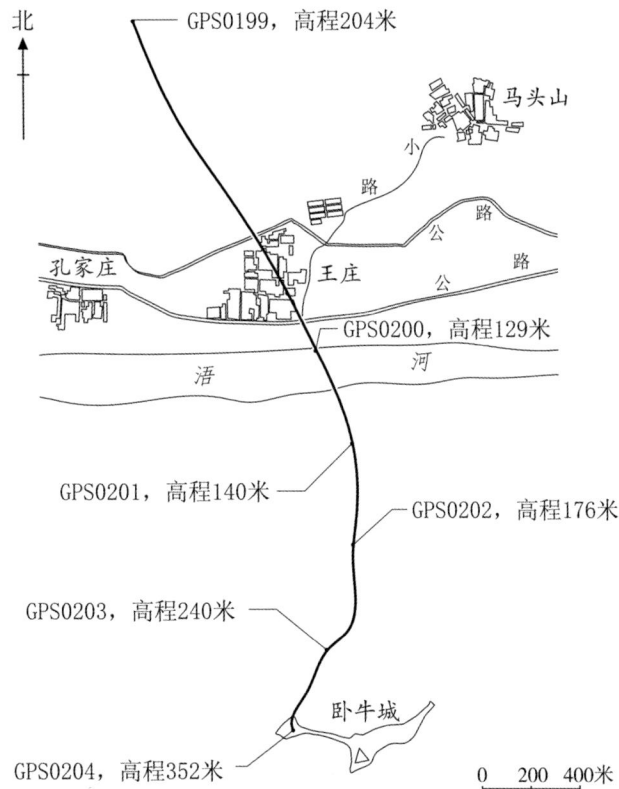

图九一二　王家庄段长城走向图

第十五段，王家庄段长城（编码：370784382102020015）

该段长城北起自虎崖东岭，高程 204 米；南止于卧牛城西峰，高程 352 米。长 3146 米（图九一二；表二〇四）。

长城从虎崖东岭向东南，穿王庄，西有孔家庄，东有马头山村，过浯河，向卧牛城西峰延伸。

浯河为宽广沙河，大河南北不见长城墙体。卧牛城为平顶庄石山，岩石红褐，四周断崖峭壁。西峰的西坡，山势较陡，多碎石，乱石块，少林木，人为采石破坏严重。长城全部消失。

总长 3146 米，根据长城走向和特征点划分为 5 个小段。

表九一二　王家庄段长城（编码：370784382301020015）GPS 采集点表（单位：米）

工作编号	名称	坐标（起止点）			与相邻点关系
		东经	北纬	高程	
0199	起点			204	
0200	折点 1			129	0199 点东南 1500
0201	折点 2			140	0200 点南 511
0202	折点 3			176	0201 点南 409
0203	拐点 1			240	0202 点南 348
0204	结束点			352	0203 点西南 378

第五节 保护管理机构现状调查

一 保护机构

境内长城属安丘市博物馆与沂水县博物馆统一保护管理，沿线并没有设置保护措施，无统一有效的保护管理机制，进而无法掌握每段墙体的具体保存现状，致使多处墙体一直处于且长期处于人为破坏的环境中。

二 保护标志

此次调查，没有发现有效的保护标志或警示牌，这部分工作，须在后期保护工作中加入。适当地树立保护标志碑和警示牌，能有效地阻止一些人为破坏行为，对长城的保护起到很关键的作用。

三 保护范围及建设控制地带

齐长城资源调查前，山东省文物主管部门明确规定，齐长城墙体及附属建筑两侧50米之内为保护范围，其中20米之内为绝对保护区，300米之内为建设控制地带。后调整为坡地和平地部分：以长城本体两侧外缘各向外200米为保护范围，保护范围外缘向外500米为建设控制地带；山岭部分：山脊上的长城按山脊两侧的谷底线（或坡脚线）至长城墙体外缘的距离不足700米的按700米划定。

四 记录档案

未建立有效的"四有"档案。

第六节 长城损毁的自然与人为因素

一 自然因素

境内长城途经地形地貌较为复杂，可分为山地、丘陵、沟壑及平原四个不同类型。山地类型：墙体均沿山脊分布，两侧多种植松树、橡树、槐树及栗子树等树种，少农田破坏；处于山谷之间时，多被修路截断破坏；丘陵类型：墙体多沿丘陵脊线分布，地势平缓的坡面多被开垦为农田，地势陡峭的地方多种植松树、橡树及槐树等树种，人为破坏现象较为明显；沟壑类型：受雨水冲刷及河流截断等破坏影响，大部分墙体地表已无遗迹；平原类型：墙体途经平原地带时，两侧多农田，蚕食现象严重。

二 人为因素

此次调查表明，破坏长城墙体的最大因素就是人为因素，多表现为村镇建设、垦田拓路、采石采矿及取土挖沙等破坏，致使长城墙体满目疮痍，已所剩无几。

齐长城资源调查报告

山东省文物局
山东省文物考古研究院 编

王永波　李振光　编著

下　册

文物出版社

第十五章

莒县齐长城资源调查

第一节 地理位置与自然环境

莒县位于山东省东南部，东邻日照市东港区，西接沂水县，南连莒南县、沂南县，北靠诸城市、五莲县。面积 1952.4 平方千米，为日照市辖县。

地质、地形、地貌 长城经过地带为泰沂山系西南余脉的低山丘岭地带。季家西山原《齐长城》断崖处为陡峭的花岗岩巨石块，余为花岗岩基岩的丘陵低山。山坡上多梯田。

气候 属暖温带大陆性季风气候区，四季分明，降水充沛。不同时节有旱灾、涝灾、冰雹、霜冻出现。境内年平均气温 13.8℃左右

水文 境内河流按水系分属黄河流域和大汶河水系，主要发源于泰山西麓的低山区。山间河谷向两侧分流。

植被 丘陵、低山的南坡、西坡多松树，高大茂密，山草丛生。北坡东坡多为梯田，种植栗子树。

第二节 历史沿革

莒县历史悠久，早在 5000 年前，莒氏部落先民即在此繁衍生息。商代为姑幕国，公元前 11 世纪，西周王朝建立，周武王封少昊之后兹舆期于莒，初都介根后迁莒，莒为东夷土著国，存在约 700 年。公元前 431 年为楚所灭。

秦始皇二十六年（公元前 221 年），设琅琊郡，莒为县。汉文帝二年（公元前 178 年）初置城阳国，立朱虚侯刘章为城阳王，都莒。三国时期，莒为魏地，设城阳郡，莒为县。晋先属城阳郡，后属东莞都，郡治莒县。南北朝先后属东莞郡、义塘都，郡治莒县。隋代，莒为州，始设刺史。唐代属密州。金元属莒州，治莒县。明、清两代均为州。清雍正七年，改莒州为直隶州。辛亥革命后于 1913 年改莒州为莒县，先后属岱南道、济宁道、琅琊道，裁道之后，直属山东省政府。抗战时期（1937～1945 年）变动频繁，莒县先后划分为莒中、莒南、莒北、莒临边、莒沂边等县。1945年 10 月将莒中县恢复为莒县，属滨海专区。1950 年属沂水专区。1953 年属临沂专区。1993 年划归日照市。

第三节　长城概况

一　墙体

莒县段齐长城总长 11853 米。呈西北—东南走向。

齐长城西起自三楞山三叉处，高程 313 米；沿山脊一路向东南，途经三楞山、北山、魏家官庄西岭、大店子西岭、后发牛山西岭、后发牛山村西、玄武庵东岭，沿玄武庵东岭折向东南，后经陡沟西水坝，止于陡沟村南。向东进入五莲县境内（图一九三；表二○五）。

墙体构筑因地制宜，在原生砾石地表上直接混合土石夯筑而成，随地势起伏而有落差，多山石地带则出现局部土墙外部包砌石块做法。整体因后期坍塌导致其原貌不存。

莒县段齐长城整体保存较差，消失部分过半，部分段落因雨水冲刷、自然风化、山体滑坡、水土流失、植物根系等自然因素以及人类生产生活中的建设取土、垦地拓路、采石采矿等人为因素，受到严重的破坏（表二○六）。

表二○五　莒县段齐长城墙体保存现状统计表（单位：米）

段落	较好	一般	较差	差	消失	山险	总计
1	0	391	850	503	587		2331
2	0	938	477	745	1387		3547
3	0				2890		2890
4	0	308	586	901	1795		
5	0				1290		1290
小计	0	1329	1635	1834	7055		11853
百分比（%）	0	12.58	15.85	17.36	54.57		100

表二○六　莒县段齐长城墙体类型统计表（单位：米）

项目	石墙	土墙	山险	壕堑	消失	总计
小计	4798	0	0	0	7055	11853
百分比（%）	40.48	0.00	0.00	0.00	59.52	100

二　烽火台

1 处。为大店子烽火台。

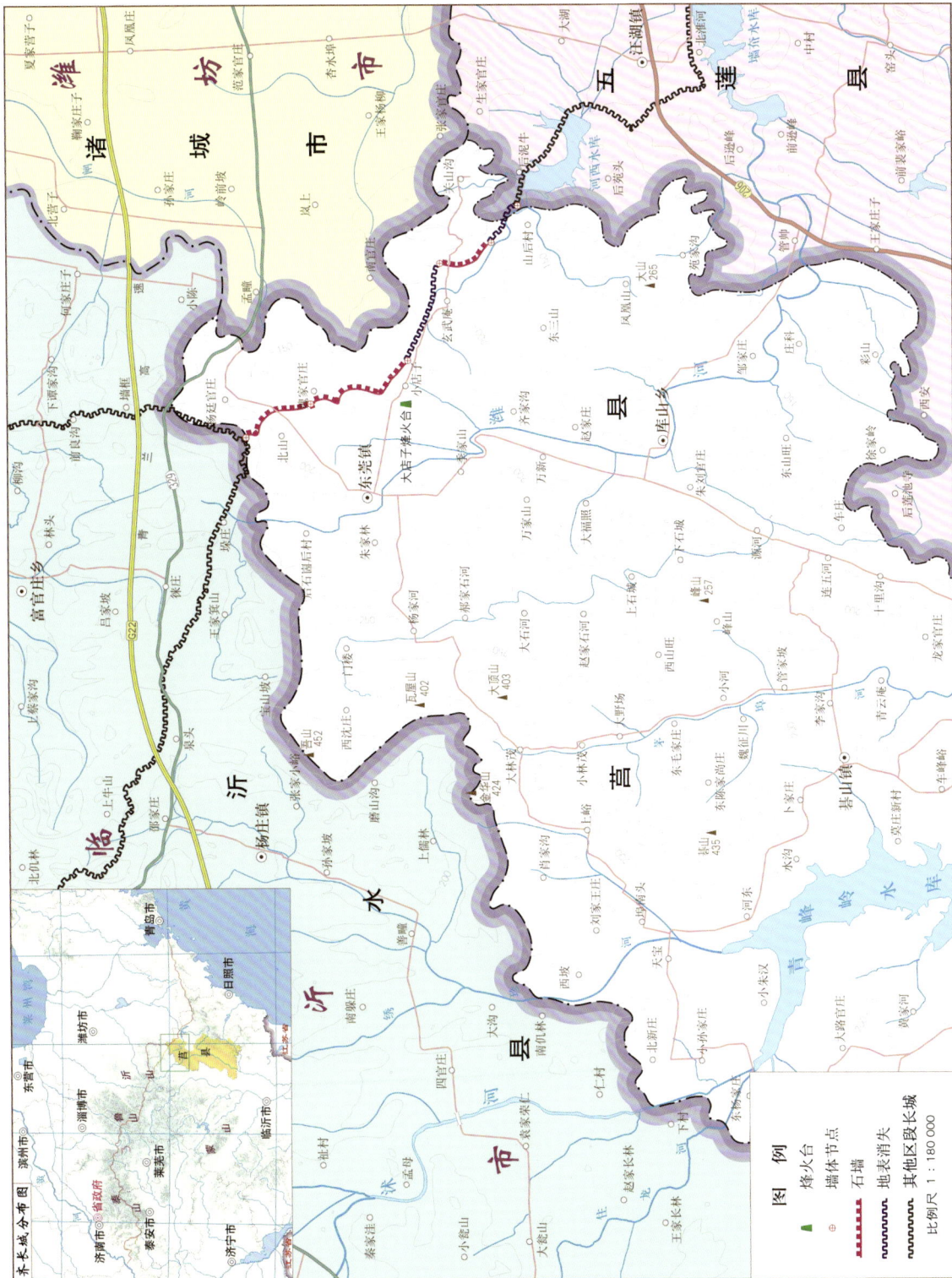

图九一三　莒县及周边县长城分布图

图　例

▲ 烽火台
⊕ 墙体节点
▪▪▪ 石墙
〰〰 地表消失
〰〰 其他地区段长城

比例尺 1：180 000

第四节　分段调查实况（1～5段）

一　墙体

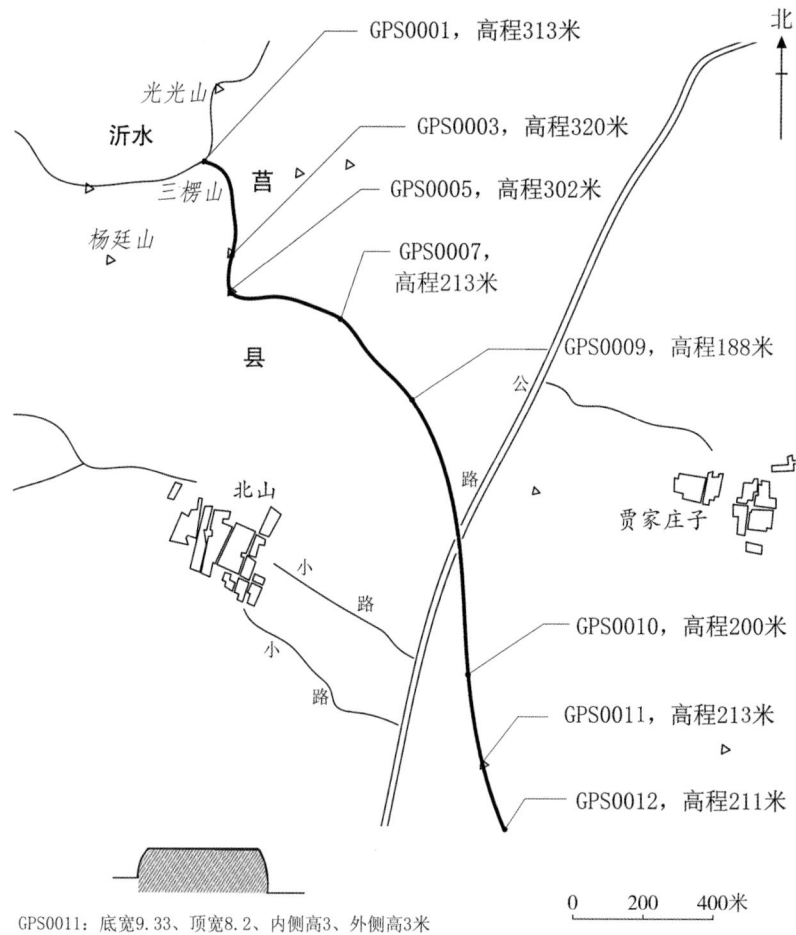

GPS0011：底宽9.33、顶宽8.2、内侧高3、外侧高3米

图九一四　三楞山魏家官庄段长城

第一段，三楞山魏家官庄段长城（编码：371122382102020 001）

该段长城西北起自三楞山三叉，高程 313 米；东南止于魏家官庄西岭保护碑，高程 211 米。长 2331 米（图九一四；表二〇七）。

长城位于三楞山至魏家官庄一线，总体呈西北—东南走向。

该段长城总长 2331 米，其中保存一般墙体长 391 米，保存较差墙体长 850 米，保存差墙体长 503 米，消失墙体长 587 米。根据长城走向和特征点划分为 11 个小段。

第 1～2 小段，GPS0001—0003，位于三楞山东山脊，由沂水、莒县交界向东南延伸至石坑断崖。墙体用石块垒砌而成，保存一般。墙体底宽 7、顶宽 6.7、高 1.2～1.8 米。长 339 米（图九一五）。

第 3 小段，GPS0003—0004，位于三楞山东坡，石坑开采挖断长城。该段墙体消失。长 33 米。

第 4 小段，GPS0004—0005，该段墙体保存一般。墙体底宽 7、顶宽 6.3、高 1.2～1.8 米。墙体在止点处转向东。长 52 米（图九一六）。

第 5 小段，GPS0005—0006，该段墙体保存较差。墙体宽 6.5、高 1～1.5 米。长 251 米（图九一七）。

第 6～7 小段，GPS0006—0008，该段墙体保存差，墙体遗迹明显，无明显宽度，保存高约 0.5 米或以下。长 272 米。

第 8 小段，GPS0008—0009，该段墙体保存较差。墙体宽 6.5、高 1～1.5 米。长 327 米。

第 9 小段，GPS0009—0010，该段墙体消失，现为农田，中间有道路穿过。长 554 米。

第 10 小段，GPS0010—0011，该段墙体保存较差。墙体底宽 9.5、顶宽 9.3、高 2.3～3 米。长 272 米（图九一八）。

第 11 小段，GPS0011—0012，该段墙体保存差。墙体底宽 9.5、顶宽 9.3、高 2.3～3 米。在止点处有莒县立齐长城保护碑。长 231 米（图九一九、九二〇）。

表二〇七　三楞山魏家官庄段长城（编码：371122382102020001）GPS 采集点表（单位：米）

工作编号	名称	坐标（起止点）			与相邻点关系
		东经	北纬	高程	
0001	起点			313	
0002	拐点 1			314	0001 点东南 92
0003	折点 1			290	0002 点南 247
0004	折点 2			294	0003 点南 33
0005	拐点 2			302	0004 点南 52
0006	折点 3			238	0005 点东 251
0007	拐点 3			231	0006 点东 102
0008	折点 4			206	0007 点东南 170
0009	折点 5			188	0008 点东南 327
0010	折点 6			200	0009 点东南 554
0011	折点 7			213	0010 点南 272
0012	结束点			211	0011 点南 231

图九一五　GPS0001—0002
点间墙体（西北—东南）

图九一六　GPS0004—0005
点间墙体（东南—西北）

图九一七　GPS0005—0006
点间墙体（西北—东南）

图九一八　GPS0010—0012
点间墙体（西北—东南）

图九一九　GPS0011—0012
点间墙体（西北—东南）

图九二〇　GPS0012
点处保护标志碑

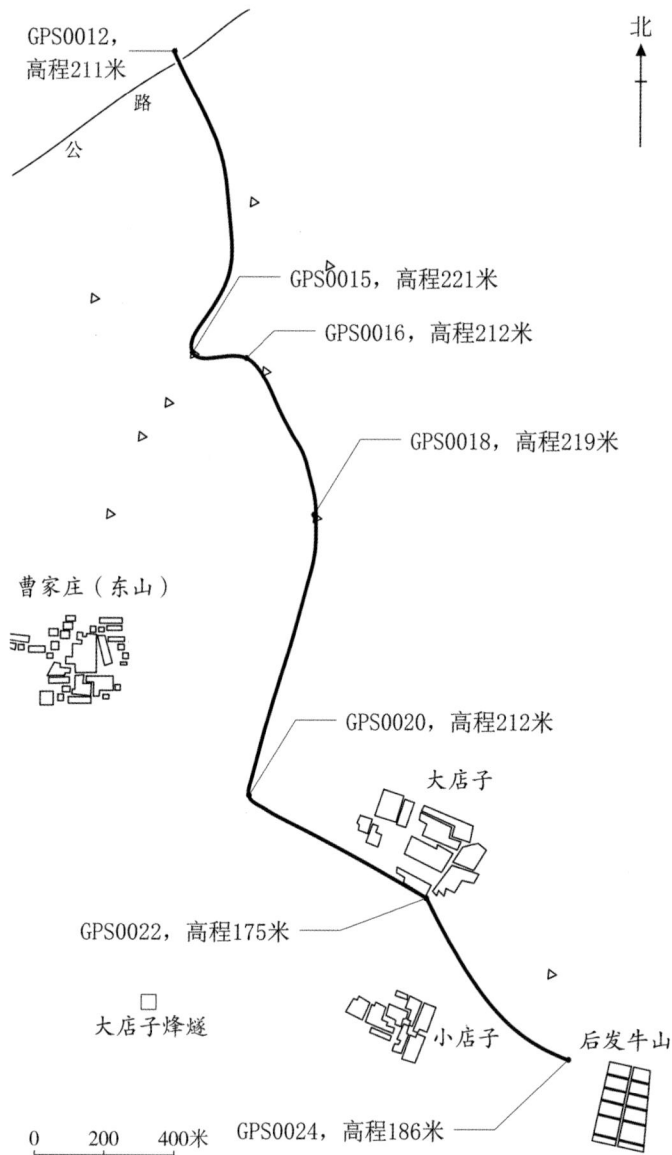

图九二一　大店子西岭长城走向图

第二段，大店子西岭长城（编码：371122382102020002）

该段长城西北起自魏家官庄西岭保护碑，高程211米；东南至后发牛山西岭，高程186米。长3547米（图九二一；表二〇八）。

长城从保护碑处沿魏家官庄西岭南行，至大店子村西北拐而东南行至后发牛山西岭。

该段长城长3547米，其中保存一般墙体长938米，较差墙体长477米，差墙体长745米，消失部分长1387米。根据长城走向和特征点可划分为12个小段。

第1小段，GPS0012—0013，墙体消失。总长373米。

第2～4小段，GPS0013—0016，墙体保存差，因取土破坏严重，墙体已无明显规格，遗迹明显。长664米。

第5小段，GPS0016—0017，墙体保存较差。墙体宽8.4、内侧高1.5～1.8、外侧高1.8～2米。总长342米（图九二二）。

第6～8小段，GPS0017—0020，墙体保存一般。墙体宽8.4、高2.5～3米。长938米（图九二三）。

第9段，GPS0020—0021，墙体较差。墙体宽8.5、高1～1.5米。长135米。

第10～11小段，GPS0021—0023，墙体消失。总长1014米。

第12小段，GPS0023—0024，墙体保存差。墙体宽残存不足3、高约2米，梯田侵占墙体四分之三。总长81米（图九二四、九二五）。

表二〇八　大店子西长城（编码：371122382102020002）GPS采集点表（单位：米）

工作编号	名称	坐标（起止点）			与相邻点关系
		东经	北纬	高程	
0012	起点			211	
0013	折点1			214	0012点南373

工作编号	名称	坐标（起止点）			与相邻点关系
		东经	北纬	高程	
0014	岭折点 2			212	0013 点南 295
0015	拐点 1			221	0014 点西南 202
0016	拐点 2			212	0015 点东 167
0017	折点 3			212	0016 点南 342
0018	拐点 3			219	0017 点东南 151
0019	折点 4			219	0018 点西南 268
0020	拐点 4			212	0019 点东南 519
0021	折点 5			198	0020 点东南 135
0022	折点 6			175	0021 点东南 334
0023	折点 7			186	0022 点东 680
0024	结束点			186	0023 点东 81

图九二二 GPS0016—0017 点间墙体（西北—东南）

图九二三　GPS0018—0020
点间墙体（东北—西南）

图九二四　GPS0023 点
以西墙体（东—西）

图九二五　GPS0023—0024
点间墙体（东—西）

第三段，玄武庵苏家官庄长城（编码：371122382102020003）

该段长城西北起自后发牛山村西，高程 186 米；东南止于玄武庵东岭，高程 168 米。长 2890 米（图九二六；表二〇九）。

长城从后发牛山村西北，沿东北岭向东南而行，过玄武庵村北、苏家官庄村南，到东岭，总体呈西北—东南走向。

该段长城总长 2890 米。长城经过村庄或村边低岭，农民耕种、农田开发、道路与村庄修建对长城造成极大破坏，墙体全部消失。

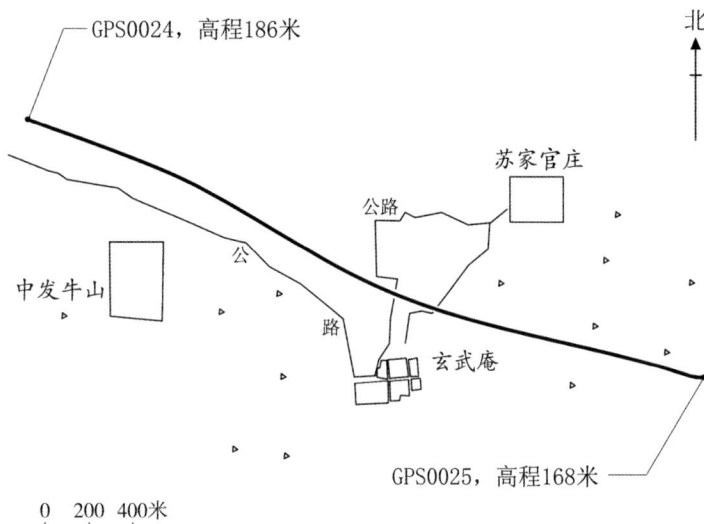

图九二六　玄武庵苏家官庄长城走向图

表二〇九　玄武庵苏家官庄长城（编码：371122382301020003）GPS 采集点表（单位：米）

工作编号	名称	坐标（起止点）			与相邻点关系
		东经	北纬	高程	
0024	起点			186	
0025	结束点			168	0024 点东南 2890

第四段，玄武庵东岭段长城（编码：371122382102020004）

该段长城北起自玄武庵东岭，高程 168 米；南止于陡沟村南，高程 134 米。长 1795 米（图九二七；表二一〇）。

沿陡沟西岭南行，至陡沟村南拐而东南行。

该段长城总长 1795 米，其中保存较差墙体长 308 米，保存差墙体长 586 米，消失部分长 901 米。根据长城走向和特征点划分为 6 个小段。

第 1 小段，GPS0025—0026，墙体保存差，有墙体遗留痕迹，农田侵蚀严重。长 281 米。

第 2~3 小段，GPS0026—0028，墙体整体宽约 8.2、高 1~2 米。墙体保存较差。长 308 米（图九二八~九三一）。

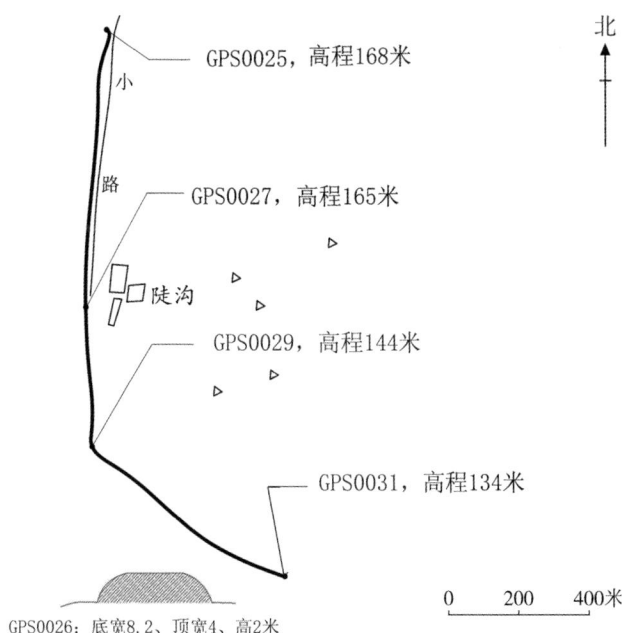

GPS0026：底宽8.2、顶宽4、高2米

图九二七　玄武庵东岭段长城走向图

第 4 小段，GPS0028—0029，墙体保存差。总长 275 米。

第 5 小段，GPS0029—0030，墙体消失。总长 164 米。

第 6 小段，GPS0030—0031，墙体保存差的有 30 米，其余 737 米全部消失（图九三二）。

表二一〇　玄武庵东岭段长城（编码：371122382102020004）GPS 采集点表（单位：米）

工作编号	名称	坐标（起止点）			与相邻点关系
		东经	北纬	高程	
0025	起点			168	
0026	折点 1			165	0025 点南 281
0027	折点 2			165	0026 点南 116
0028	折点 3			155	0027 点南 192
0029	折点 4			144	0028 点南 275
0030	拐点 1			143	0029 点东南 164
0031	结束点			134	0030 点东南 767

图九二八　GPS0026 点处墙体剖面（北—南）

图九二九　GPS0026—0027 点间墙体（西北—东南）

图九三〇　GPS0025—0027 点间墙体（北—南）

图九三一　GPS0027—0028 点间墙体（北—南）

图九三二　GPS0031 点处墙体剖面（西北—东南）

第五段，陡沟南长城（编码：371122382102020005）

该段长城西北起自陡沟村南，高程 134 米；东南止于后泥牛子村西，高程 121 米。长 1290 米（图九三三、九三四；表二一一）。

长城从陡沟村南，沿山后村北岭向东南方向而行，到后泥牛子村西进入五莲县境内。

该段长城总长 1290 米，长城墙体全部消失。

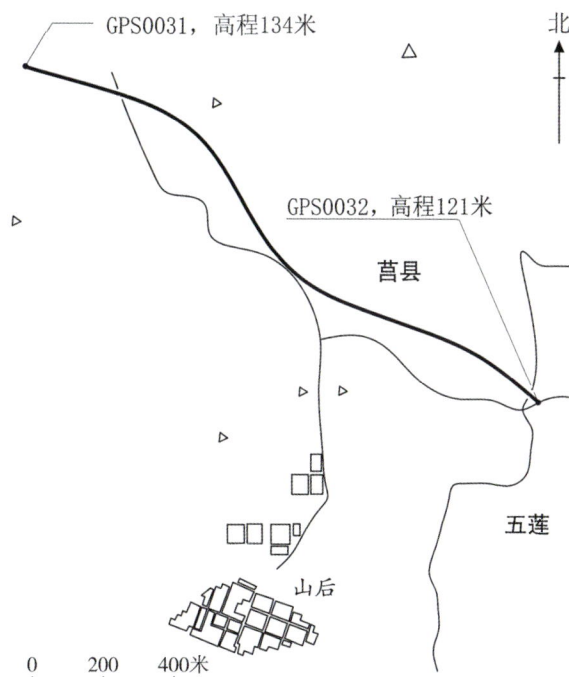

图九三三　陡沟南长城走向图

表二一一　陡沟南长城（编码：371122382102020005）GPS 采集点表（单位：米）

工作编号	名称	坐标（起止点）			与相邻点关系
		东经	北纬	高程	
0031	起点			134	
0032	结束点			121	0031 点东南 1290

图九三四　GPS0032 点处墙体（西南—东北）

二　烽燧

1 处。为大店子烽燧（编码：371122353201020001）

位于大店子村西南 700 米、小店子村西 500 米、海拔 218 米的小山顶部（参见图九二一）。

该山为附近最高山，地势高，远处情况尽收眼底，容易传递消息（图九三六）。

烽燧为土筑。呈东西向长方形，底部东西 30、南北 16 米，顶部东西 15、南北 7.1 米，高 5 米。保存较好（图九三五）。

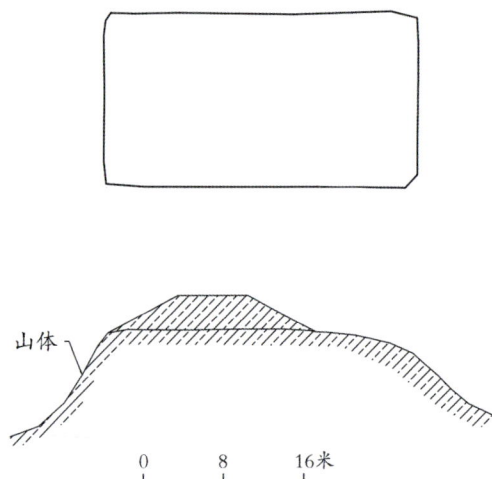

图九三五　大店子烽燧平、剖面图

图九三六　大店子烽燧（北—南）

第五节　保护管理机构现状

一　保护机构

境内长城属莒县博物馆统一保护管理，沿线未设置保护，无统一有效的保护管理机制，进而无法掌握每段墙体的具体保存现状，致使多处墙体一直处于且长期处于人为破坏的环境中，直至消失殆尽。

二　保护标志

此次调查，仅发现一处有效的保护标志或警示牌，须在后期适当地增加保护标志碑和警示牌数量，以便能有效地阻止一些人为破坏行为，并对长城的保护起到关键的作用。

三　保护范围及建设控制地带

齐长城资源调查前，山东省文物主管部门明确规定，齐长城墙体及附属建筑两侧50米之内为保护范围，其中20米之内为绝对保护区，300米之内为建设控制地带。后调整为坡地和平地部分：以长城本体两侧外缘各向外200米为保护范围，保护范围外缘向外500米为建设控制地带；山岭部分：山脊上的长城按山脊两侧的谷底线（或坡脚线）至长城墙体外缘的距离不足700米的按700米划定。

四　记录档案

未建立有效的"四有"档案。

第六节　长城损坏自然与人文因素

一　自然因素

境内长城途经地形地貌较为复杂，可分为山地、丘陵、沟壑及平原四个不同类型。山地类型：墙体均沿山脊分布，两侧多种植松树、橡树、槐树及栗子树等树种，少农田破坏；处于山谷之间时，多被修路截断破坏；丘陵类型：墙体多沿丘陵脊线分布，地势平缓的坡面多被开垦为农田，地势陡峭的地方多种植松树、橡树及槐树等树种，人为破坏现象较为明显；沟壑类型：受雨水冲刷及河流截断等破坏影响，大部分墙体地表已无遗迹；平原类型：墙体途径平原地带时，两侧多农田，蚕食现象严重。

二　人为因素

此次调查表明，破坏长城墙体的最大因素就是人为因素，多表现为村镇建设、垦田拓路、采石采矿及取土挖沙等破坏，致使长城墙体满目疮痍，已所剩无几。

第十六章

五莲县齐长城资源调查

第一节　地理位置与自然环境

五莲县位于山东半岛西南部，潍坊市的南端，日照市的北部。东接胶南、北接诸城、西连莒县。五莲县始建于 1947 年，因五莲山得名。总面积 1442.7 平方千米。境内有国道 206 和省道 222、334 纵横交叉贯穿，可直通济南、青岛、连云港三个机场；100 千米内有青岛港、日照港、岚山港三大港口；东依同三高速公路，南靠日东高速公路，南北并列兖石、胶新铁路，其中胶新铁路贯穿全境，形成了立体交叉的陆海空交通运输网络。

地质、地形、地貌　五莲县位于鲁东南崂山余脉与泰沂山余脉交汇处，东近黄海、西望沂蒙。地处胶莱盆地和胶南隆起两个次级构造单元的边缘，沂沭断裂带东侧。境内群山连绵、丘岭起伏，北部、西部有分割的小平原。中部有横亘全境的马蹄铁形隆起带，两侧分布九组大的山群。

五莲县地处黄海之滨的鲁东南低山丘陵区，海拔 18～706 米，地貌以山地丘陵为主，森林覆盖率达 42.6%。境内山岭起伏，河川纵横，北部、西部有小块平原，山地、丘陵、平原分别占总面积的 50%、36% 和 14%。境内河流发源于县境中部诸山。呈放射状向南北分流。属暖温带半湿润季风气候，年平均气温 12.6℃。境内旅游资源得天独厚，有被宋代大文学家苏轼赞誉为"奇秀不减雁荡"的五莲山，还有九仙山拥有江北最大的万亩野生杜鹃花园。

山脉　境内山脉多呈南—北及西南—东北走向，海拔 500 米以上的山头共 30 座，最高的马耳山坐落于县城东北 14 千米处，面积 44 平方千米。五莲山和九仙山位于县城东南 15 千米处，东西并峙，中隔一涧，海拔分别为 515、697 米。此外，海拔 600 米以上的还有哑巴山、双山、会稽山、青山、尖堁山、平堁山、芦山、堁子崖、桥子山。海拔 50 米以上的山头约 3300 多个。

气候　五莲县属温带大陆性季风气候，一年四季周期性变化明显，冬无严寒，夏无酷暑，雨量充沛，季节性降水明显，日照充足，热能丰富。年平均气温 12.6℃，历年平均降雨量 767.1 毫米，6 至 9 月为雨季，降雨量最多的年份为 1990 年，降雨量 1257.3 毫米；最少的年份为 1983 年，仅降雨 466.3 毫米。年平均日照时数 2449.3 小时，年蒸发总量平均为 1740.2 毫米。

河流　境内大小河流纵横，多系季节性间歇河，多数河源不出县境，只有少量客水流入，潍河西自管帅镇境汇入墙夼水库，境内的北流水多数汇入潍河，形成较大的潍水水系。其中流入墙夼水库的有中至河、洪凝河、山阳河，连同西来之潍河，境内总长 59.9 千米，流域面积 302 平方千米。北流入诸城市境、汇入潍河的有许孟河（即涓河）和院西河。前者源于九仙山北麓房家洼子一带，后者发源于分流山北麓，两河境内总长 41.3 千米，流域面积 163 平方千米。发源于九仙山北麓的潮白河自成一系，东南流经胶南，由日照入海，境内长 24 千米，流域面积 333 平方千米。袁公河属沭河水系，源出青山南麓，西流入莒县，境内长 14 千米，流域面积 88 平方千米。属傅疃河水系的街头河，南流入日照市，境内长 20.3 千米，流域面积 174 平方千米。

土壤　境内土壤分 4 大类、7 个亚类、13 个土属、52 个土种。棕壤土，是全县土壤的主体，分布于各地，其中又分棕壤性土和棕壤土两个亚类。前者俗称马牙砂，主要分布在低山丘陵上部，适宜种耐旱作物或植草树；后者俗名黄泥头，主要分布在山根、沟谷，保水保肥性能好，为主要粮田。褐土，主要分布在汪湖、管帅及院西的局部地带，熟化程度高，产量较高。潮土，分布在河流两岸，淤积而成，宜营林或作粮田。姜砂黑土，集中于汪湖镇丁郭庄村周围，土层黑而黏，漏水肥，不耐旱涝，不易耕作。

第二节　历史沿革

春秋战国时期，先后为莒、楚、鲁、齐所辖；西汉时属昆山、折泉侯国。

隋唐属河南道密州高密郡的莒县和诸城县。宋朝属京东东路密州。明代分属山东青州府诸城县和莒州及所辖的日照县；清代分属沂州府和青州府。

1947 年 5 月建立五莲县，因境内秀丽的五莲山而得名，由原莒北、日北、藏马 3 个县的部分区乡组成，隶属胶东区滨北专区；1950 年 5 月滨北专区撤销，改属胶州专区；1956 年 3 月撤销胶州专区，改属昌潍专区；1970 年昌潍专区更名为昌潍地区；1981 年昌潍地区更名为潍坊地区；1983 年撤销潍坊地区改为潍坊市，五莲县隶属潍坊市。1992 年 12 月划归日照市。

第三节　长城概况

五莲段齐长城西接莒县，东至诸城市，墙体类型包括土墙和土石混筑石墙两种类型。墙体构筑为因地制宜，依托山险，在原生砾石地表上直接找平，混合土石夯筑而成，随地势起伏而有落差，多山石地带则出现局部土墙外部包砌石块做法。

五莲段齐长城总长 54783 米。分为五莲县境内长城和五莲、诸城交界线上分布的长城两部分（图九三七）。

1. 五莲县境内长城长 42676 米，分为 2 段。

第一段，为五莲县起点后泥牛子村西（高程 121 米）至墙夼水库大坝（高程 125 米），总长 12587 米。

第二段，为墙夼南岭（高程 122 米）至马耳东山（高程 672 米），总长 30089 米。

2. 五莲县与诸城市交界线上分布的长城长 12107 米，分为 2 段。

第一段，为墙夼水库大坝（高程 125 米）至墙夼南岭（高程 122 米），总长 704 米。

第二段，为马耳东山（高程 672 米）至三块石北山口，位于通往韩家沟与大刘家楼河的水泥路上（高程 221 米），总长 11403 米。

五莲段齐长城西起后泥牛子村西，高程 121 米；自西向东经过前泥牛子村北、穿过河西水库，至燕河村西燕河西岭，折南经云门岭、分水流至西淮河村南，折东经北淮河村、白马山（又名长城岭）、埠南（杨家仲崮北东北），经小仲崮北，过墙夼水库至墙夼村南墙夼南岭（墙夼南岭墙体亦为五莲—

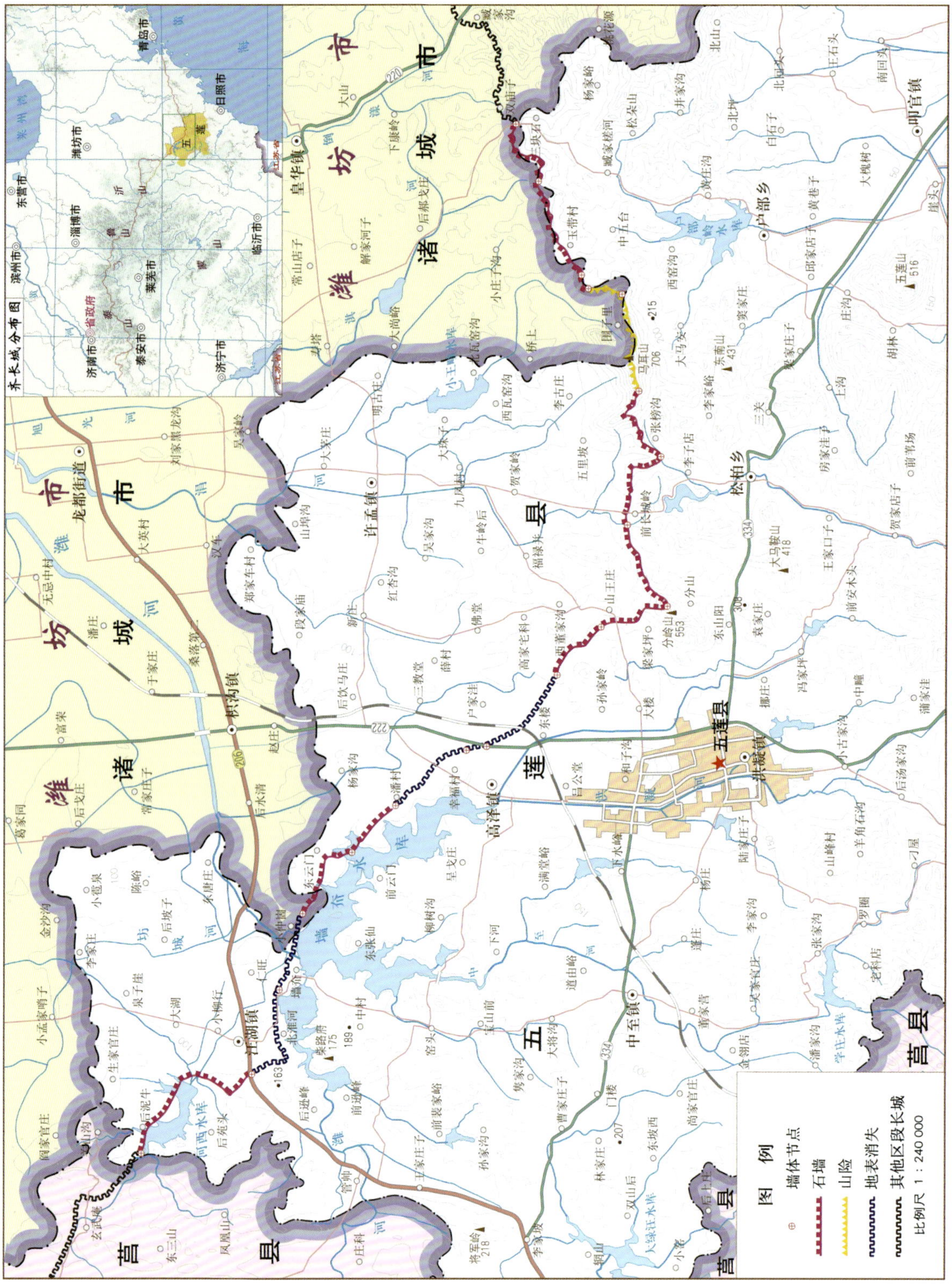

图九三七 五莲县及周边县市长城分布图

诸城市县界），沿云门西岭至东云门村北转向东南，沿云门东岭，跨墙夼水库至潘村西北岭，经潘村、汪崖、西黄柏沟、幸福村至高泽东岭，穿省道 220 经邱村、院上村北，沿院上东岭、山王西岭、梁家坪北岭至分流山转向东北，沿分流山东岭、大瓮山、大瓮山东岭，至前长城岭村西北（此处有两处齐长城遗址保护标志碑），沿前长城岭北山、前长城岭东岭、张榜沟北岭至大镩镩顶子，继续向东经马耳山、大风口，至马耳东山，此后长城沿五莲—诸城县界继续向东；途经阎王鼻子山、马鞍、马鞍东山，由马鞍东山折北，经南路西岭、石人山，折东北，经玉带北岭、七泉山、寨山、石八盘，至三块石北山口，止点在韩家沟与大刘家槎河的水泥路上，高程 221 米，向东进入诸城境内。

五莲段齐长城整体保存相对较差，部分地段因雨水冲刷、自然风化、山体滑坡、水土流失、植物根系生长等自然因素以及人类生产活动中的建设取土、垦地拓路、水利建设、厂区建设等人为因素受到严重破坏。五莲段齐长城墙体保存部分总长 16758 米，占总长度的 30.59%；消失部分占总长度的 56.79%，借助马耳山等山险占总长度的 12.62%（表二一二、二一三）。

表二一二　五莲段齐长城墙体类型统计表（单位：米）

项目	石墙	土墙	山险	消失	总计
小计	11735	5023	6915	31110	54783
百分比（%）	21.42	9.17	12.62	56.79	100

表二一三　五莲段齐长城墙体保存现状统计表（单位：米）

段落	较好	一般	较差	差	消失	山险	总计
1				339	5764		6103
2					3964		3964
3					2520		2520
4			409	1124	1907		3440
5			515		2185		2700
6					3405		3405
7				776			776
8					3810		3810
9			215	148	2154		2517
10	45	245	183	520	1789		2782
11			1237	768	1392		3397
12	284	575	828	530	532	679	3428
13	193	326	685	130	616	1477	3427
14						3387	3387
15						1372	1372

段落	较好	一般	较差	差	消失	山险	总计
16		214			426		640
17		1003	1250	1213	646		4112
18		605	901	1497			3003
小计	522	2968	6223	7045	31110	6915	54783
百分比（%）	0.95	5.42	11.36	12.86	56.79	12.62	100

第四节　分段调查实况（1～18段）

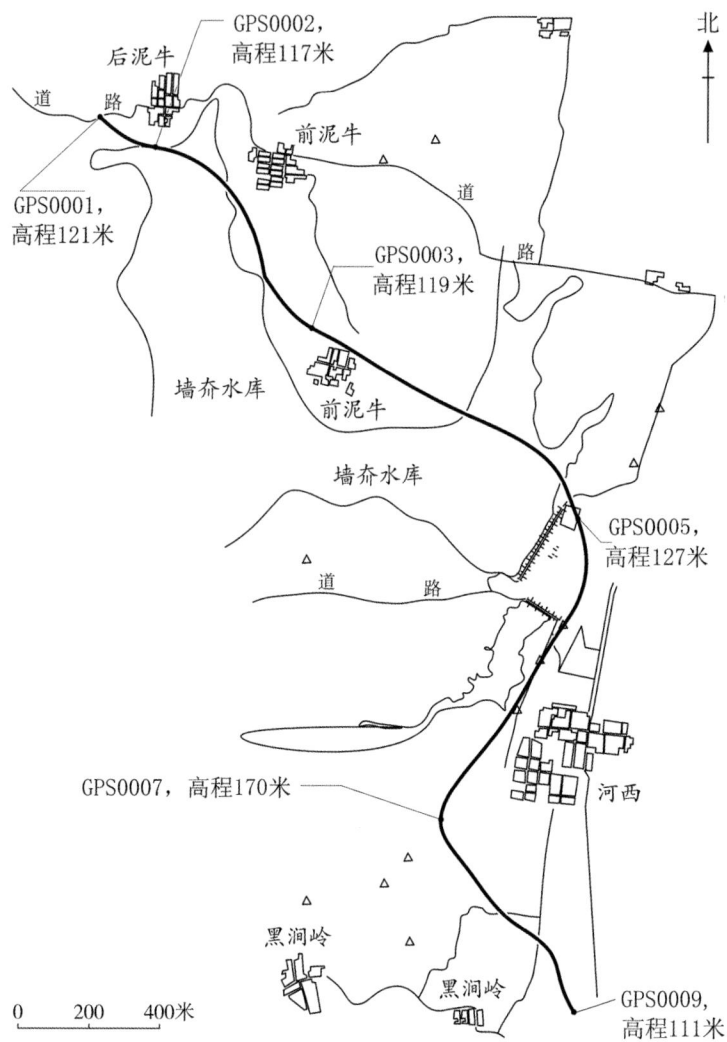

图九三八　河西水库段长城走向图

五莲段齐长城总长54783米，在实地调查过程中，拍摄照片826张，录像共计92段，绘制图纸18张。依照自然村及当地山名，把这段长城分为18段，下面将我们调查的情况依次记录描述。

第一段，河西水库段长城（编码：371121382301020001）

该段长城西北起自后泥牛子村西侧莒县和五莲县界旁，高程121米；东南止于黑涧岭村东国道206上，高程111米（图九三八；表二一四）。

该段长城位于墙夼水库北岸。呈西北—东南走向。长城从后泥牛村西五莲与莒县交界公路开始向东行，经后泥牛村南、前泥牛村北，过前泥牛村东北墙夼水库大坝，转向西南，经河西村南转向东南行，至黑涧村东国道206。

总长6103米，其中保存差墙体339米，消失5764米。

根据长城走向和特征点可划分为8个小段。

第1～2小段，GPS0001—0003，呈西北—东南走向。墙体消失。此段长城西端与道路相接，遗迹已消失，周围土地被大面积平整作为他用，主要有河西水库占压、农田利用等。长1571米（图九三九）。

第 3 小段，GPS0003—0004，呈西北—东南走向。墙体保存差。遗迹模糊，地表残存有墙体遗迹，现沿用为道路。墙体底宽 4.2 ~ 5、顶宽 3.2 ~ 4、高 0.5 ~ 1 米。其北侧为耕地，南侧为村庄。长339 米。

第 4 小段，GPS0004—0005，呈西北—东南走向。墙体消失。地表无遗迹可循，主要受耕地开垦、水利建设等人为因素的破坏。长 1320 米（图九四〇、九四一）。

第 5 小段，GPS0005—0006，呈西北—东南走向。墙体消失。地表无遗迹可循，主要受耕地开垦、道路建设、水利建设等人为因素的破坏。长 646 米。

第 6 小段，GPS0006—0007，呈东北—西南走向。墙体消失。地表无遗迹可循，主要受村庄建设、耕地开垦、道路建设等人为因素的破坏。长 1300 米。

第 7 ~ 8 小段，GPS0007—0009，呈西北—东南走向。墙体消失。地表无遗迹可循，主要受耕地开垦、道路建设等人为因素的破坏。长 927 米。

表二一四　河西水库段长城（编码：371121382301020001）GPS 采集点表（单位：米）

工作编号	名称	坐标（起止点）			与相邻点关系
		东经	北纬	高程	
0001	起点			121	
0002	折点 1			117	0001 点东南 593
0003	折点 2			119	0002 点东南 978
0004	折点 3			128	0003 点东南 339
0005	拐点 1			127	0004 点东南 1320
0006	拐点 2			127	0005 点西南 646
0007	拐点 3			170	0006 点西南 1300
0008	折点 4			115	0007 点东南 523
0009	结束点			111	0008 点东南 404

图九三九　GPS0003 点处墙体（西北—东南）

图九四〇　GPS0004 点处墙体（西北—东南）

图九四一　GPS0004—0005 点间河西水库（西北—东南）

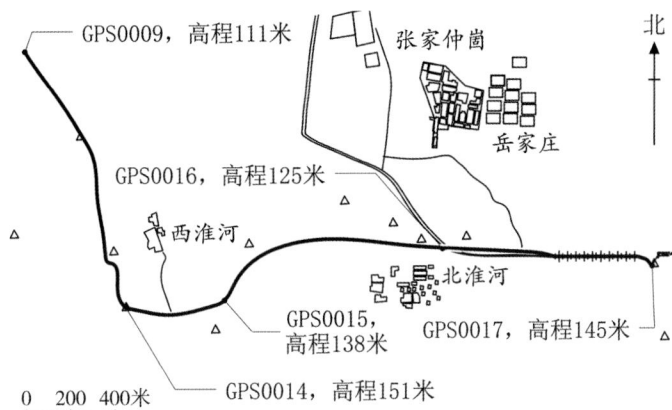

图九四二 分水岭北淮河北岭段长城走向图

第二段，分水岭北淮河北岭段长城（编码：371121382301020002）

该段长城西北起自黑涧岭村东国道 206 上，高程 111 米；东南至白马山主峰，高程 145 米（图九四二；表二一五）。

该段长城位于分流岭、北淮河村北。呈西北—东南折向西—东。长城从黑涧村 206 国道处开始，经西淮河村西南行，过村南转向东行，经北淮河村北，至张家仲崮村南大坝东白马山。

总长 3964 米，墙体消失。根据长城走向和特征点可划分为 8 个小段。

第 1～5 小段，GPS0009—0014，呈西北—东南走向。墙体消失。开垦为农田，地表已无遗迹可循。长 1346 米。

第 6 小段，GPS0014—0015，呈西—东走向。墙体消失。开垦为农田或道路，地表已无遗迹可循。长 408 米。

第 7 小段，GPS0015—0016，呈西南—东北走向。墙体消失。开垦为农田或改造为道路，地表已无遗迹可循。长 1120 米。

第 8 小段，GPS0016—0017，呈西—东走向。墙体消失。开垦为道路，水库大坝占压，地表已无遗迹可循。长 1090 米（图九四三）。

表二一五 分水岭北淮河北岭段长城（编码：371121382301020002）GPS 采集点表（单位：米）

工作编号	名称	坐标（起止点）			与相邻点关系
		东经	北纬	高程	
0009	起点			111	
0010	折点 1			145	0009 点东南 257
0011	折点 2			152	0010 点东南 108
0012	折点 3			150	0011 点南 489
0013	折点 4			151	0012 点南 190
0014	拐点 1			151	0013 点南 302
0015	拐点 2			138	0014 点东 408
0016	折点 5			125	0015 点东北 1120
0017	结束点			145	0016 点东 1090

图九四三　GPS0015—0016 点墙夼水库北岸（东—西）

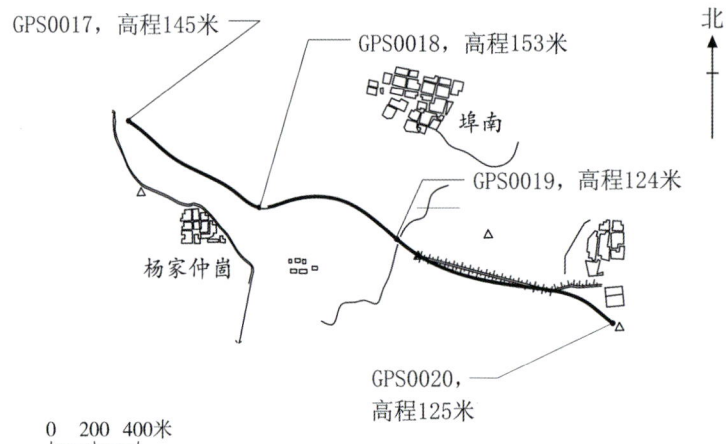

图九四四　白马山段长城走向图

第三段，白马山段长城（编码：371121382301020003）

该段长城西北起自白马山主峰，高程 145 米；东南至诸城墙夼水库水电站南，高程 125 米（图九四四；表二一六）。

该段长城位于墙夼水库北岸。呈西北—东南走向。长城经杨家仲崮村北、埠南村南水库大坝，至墙夼水库水电站南。

总长 2520 米，墙体消失。根据长城走向和特征点可划分为 2 个小段。

第 1 段，GPS0017—0019，呈西北—东南走向。墙体消失。开垦为农田，地表已无遗迹可循。长 1350 米。

第 2 段，GPS0019—0020，呈西北—东南走向。墙体消失。水利设施占压，墙奔水库大坝占压。长 1170 米（图九四五、九四六）。

表二一六　白马山段长城岭（编码：371121382301020003）GPS 采集点表（单位：米）

工作编号	名称	坐标（起止点）			与相邻点关系
		东经	北纬	高程	
0017	起点			145	
0018	折点 1			153	0017 点东南 733
0019	折点 2			124	0018 点东南 617
0020	结束点			125	0019 点东南 1170

图九四五　GPS0019—0020 点墙奔水库北岸（东南—西北）

图九四六　GPS0018—0020 点墙夼水库大坝（东—西）

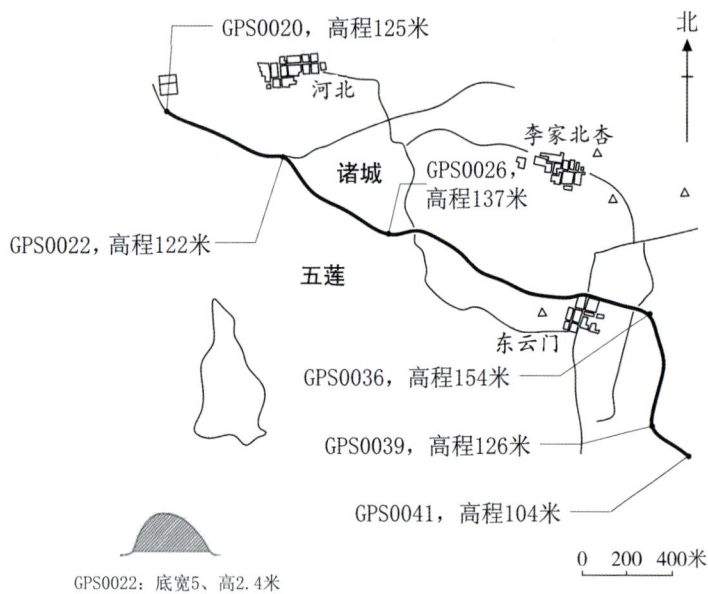

图九四七　墙夼云门段长城走向图

第四段，墙夼云门段长城（编码：371121382302020004）

该段长城西北起自墙夼水库水电站南，高程 125 米；东南止于云门东岭，高程 104 米（图九四七；表二一七）。

该段长城位于墙夼水库东北。呈西北—东南走向。长城向东南，经东云门村北，至村东岭转向南行至水库北侧。该段长城长 3440 米，其中保存较差墙体 409 米，保存差的墙体 1114 米，消失的墙体长 1907 米。

根据长城走向和特征点可划分为 21 个小段。

第 1 小段，GPS0020—0021，呈西北—东南走向。墙体消失，地表无遗迹可循。长 444 米（图九四八）。

第 2 小段，GPS0021—0022，呈西北—东南走向。墙体保存差。大部分破坏，墙体最宽处 5、高

2.4米，其余墙体宽1.5～4、高1～1.5米，两侧均开垦为农田。长260米（图九四九）。

　　第3～4小段，GPS0022—0024，呈西北—东南走向。墙体消失，现为乡村生产道路。长355米。

　　第5小段，GPS0024—0025，呈西北—东南走向。墙体整体保存差。多数墙体宽1.5～4米、高1～1.5米，两侧均开垦为农田。长127米。

　　第6～7小段，GPS0025—0027，呈西北—东南走向。墙体消失，开垦为农田。长271米。

　　第8小段，GPS0027——0028，呈西北—东南走向。墙体整体保存较差，墙体顶部种植树苗。墙体宽6.5、高1.8～2米。长231米（图九五〇）。

　　第9小段，GPS0028—0029，呈西北—东南走向。墙体整体保存差。墙体基本消失，遗迹仅间断出现，有多处墙体被截为断面，两侧及部分墙体开垦为农田。长67米。

　　第10小段，GPS0029—0030，呈西北—东南走向。墙体消失。长90米。

　　第11～12小段，GPS0030—0032，呈西北—东南走向。墙体整体保存较差，两侧均开垦为农田。墙体宽5～6.5、高1.8～2米。长178米（图九五一）。

　　第13～14小段，GPS0032—0034，呈西—东走向。墙体消失。第13小段开垦为农田菜园，第14小段南侧为东云门村，北侧为村落道路。长390米。

　　第15～18小段，GPS0034—0038，呈西北—东南走向。墙体整体保存差。墙体遗迹间断出现，0035点北侧有一处信号发射塔，0036点处有一处蓄水池。墙体遭到严重开挖，有四处矿坑，墙体顶部开垦为农田，墙体遭到农田侵蚀形成纵向剖面，剖面高0.5～1.5米，八处横向截断。墙体底宽3.4～6.6、顶宽2.5～3、高0.5～1.5米。总长573米（图九五二）。

　　第19～20小段，GPS0038—0040，呈北—南折西北—东南走向。墙体消失，开垦为农田，延续至水库。长367米（图九五三）。

　　第21小段，GPS0040—0041，呈西北—东南走向。墙体总体保存差，墙体遗迹间断出现，两侧遭到农田侵蚀。墙体宽1～2.5、高不足0.5米。长87米。

表二一七　墙夼云门段长城（编码：371121382102020004）GPS采集点表（单位：米）

工作编号	名称	坐标（起止点）			与相邻点关系
		东经	北纬	高程	
0020	起点			125	
0021	折点1			116	0020点东444
0022	拐点1			122	0021点东南260
0023	折点2			107	0022点东南161
0024	折点3			138	0023点东南194
0025	折点4			138	0024点东南127
0026	拐点2			137	0025点东南97
0027	拐点3			132	0026点东174
0028	折点5			110	0027点东南231
0029	折点6			103	0028点东南67

工作编号	名称	坐标（起止点）			与相邻点关系
		东经	北纬	高程	
0030	折点 7			127	0029 点东南 90
0031	折点 8			138	0030 点东南 96
0032	拐点 4			135	0031 点东南 82
0033	折点 9			140	0032 点东 272
0034	折点 10			141	0033 点东 118
0035	折点 11			148	0034 点东南 179
0036	拐点 5			154	0035 点东南 41
0037	折点 12			140	0036 点东南 247
0038	折点 13			133	0037 点南 106
0039	拐点 6			126	0038 点西南 151
0040	折点 14			113	0039 点东南 216
0041	结束点			104	0040 点东南 87

图九四八　GPS0020—0021 点间墙体（东—西）

图九四九　GPS0021—0022 点间墙体（西—东）

图九五〇　GPS0027—0028 点间墙体（西北—东南）

图九五一　GPS0030—0031
点间墙体（西北—东南）

图九五二　GPS0036—0037
点间墙体（西北—东南）

图九五三　GPS0039 点
东南墙体（西北—东南）

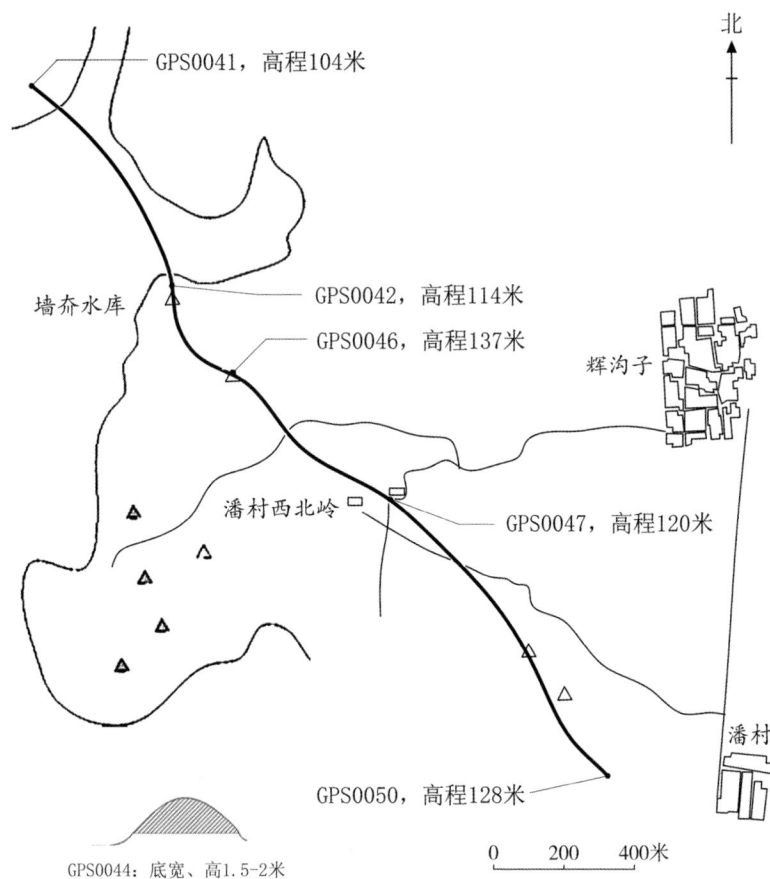

图九五四　潘村西北岭段长城走向图

第五段，潘村西北岭段长城（编码：371121382102020005）

该段长城西北起自云门东岭，高程 104 米；东南止于潘村西北岭，高程 128 米（图九五四；表二一八）。

该段长城位于墙夼水库东岸。呈西北—东南走向。总长 2700 米，根据长城走向和特征点可分为 9 个小段。墙体中保存较差墙体段落长 515 米，共 3 段，第 1 段为 0042—0043，长 80 米；第 2 段为 0044—0046，长 303 米；第 3 段为 0049—0050，长 132 米。其余段落墙体消失。

第 1 小段，GPS0041—0042，呈西北—东南走向。墙体消失，现为墙夼水库。长 661 米。

第 2 小段，GPS0042—0043，呈西北—东南走向。墙体整体保存较差，两侧开垦为农田。墙体底宽 5.5 ~ 6、高 1.5 ~ 2 米。长 80 米（图九五五、九五六）。

第 3 小段，GPS0043—0044，呈西北—东南走向。墙体消失，乡村道路穿过。长 63 米。

第 4 ~ 5 小段，GPS0044—0046，呈西北—东南走向。墙体整体保存较差。墙体底宽 5.5 ~ 6、顶宽 1 ~ 1.5、高 1.5 ~ 2 米。墙体两侧开垦为农田，墙体表面草皮覆盖。长 303 米（图九五七）。

第 6 ~ 8 小段，GPS0046—0049，呈西北—东南走向。墙体消失，现开垦为农田。长 1461 米。

第 9 小段，GPS0049—0050，呈西北—东南走向。墙体整体保存较差，两侧开垦为农田，0050 点北侧有一处信号发射塔。墙体宽 7 ~ 8.2、高 1.5 ~ 2 米。长 132 米（图九五八、九五九）。

表二一八　潘村西北岭段长城（编码：371121382102020005）GPS 采集点表（单位：米）

工作编号	名称	坐标（起止点）			与相邻点关系
		东经	北纬	高程	
0041	起点			104	
0042	折点 1			114	0041 点东南 661
0043	折点 2			119	0042 点东南 80
0044	折点 3			120	0043 点东南 63
0045	折点 4			129	0044 点东南 153
0046	折点 5			137	0045 点东南 150
0047	折点 6			120	0046 点东南 588
0048	折点 7			111	0047 点东南 578
0049	折点 8			117	0048 点东南 295
0050	结束点			128	0049 点东南 132

图九五五　GPS0042 点东南墙体远景（西北—东南）

图九五六　GPS0043—0046 点间墙体（东南—西北）

图九五七　GPS0046 点西北墙体（东南—西北）

图九五八　GPS0049 点西北墙体远景（东南—西北）

图九五九　GPS0049—0050 点间墙体（西北—东南）

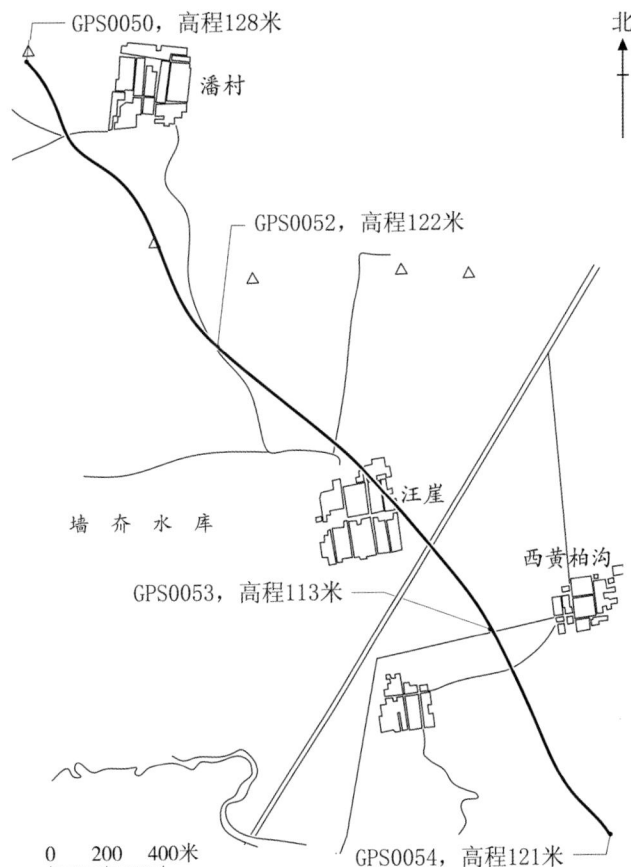

图九六〇　潘村西南岭段长城走向图

第六段，潘村西南岭段长城（编码：371121382102020006）

该段长城西北起自潘村西北岭，高程 128 米；东南止于潘村西南岭，高程 121 米。长 3405 米（图九六〇；表二一九）。

该段长城位于潘村西南岭。呈西北—东南走向。总长 3405 米，墙体全部消失。根据长城走向和特征点可分为 4 个小段。依次经过潘村西南、汪崖村东北，幸福村、西黄柏沟中间至高泽东岭，现为农田，道路两次横向穿过长城路线（图九六一）。

表二一九　潘村西南岭段长城（编码：371121382102020006）GPS 采集点表（单位：米）

工作编号	名称	坐标（起止点）			与相邻点关系
		东经	北纬	高程	
0050	起点			128	
0051	折点 1			110	0050 点东南 272
0052	折点 2			122	0051 点东南 952
0053	折点 3			113	0052 点东南 1440
0054	结束点			121	0053 点东南 741

图九六一　GPS0050 点东南墙体（西北—东南）

第七段，高泽东岭段长城（编码：371121382102020007 ）

该段长城北起潘村西南岭，高程 121 米；南止于高泽东岭，高程 127 米（图九六二；表二二〇）。

总长 776 米。墙体整体保存差，现为高起垄田，一侧沿用为道路。根据长城走向和特征点可分为 3 个小段（图九六三）。

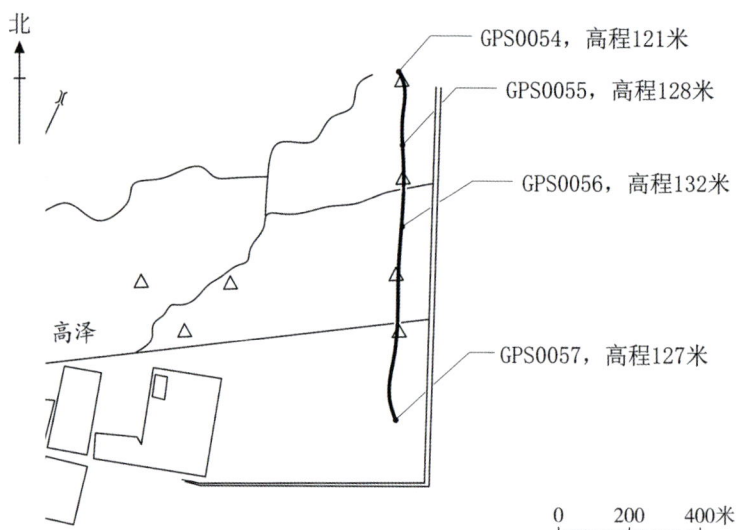

图九六二　高泽东岭段长城走向图

表二二〇　高泽东岭段长城（编码：371121382102020007）GPS 采集点表（单位：米）

工作编号	名称	坐标（起止点）			与相邻点关系
		东经	北纬	高程	
0054	起点			121	
0055	折点 1			128	0054 点南 295
0056	折点 2			132	0055 点南 224
0057	结束点			127	0056 点南 257

图九六三　GPS0056 点处墙体（北—南）

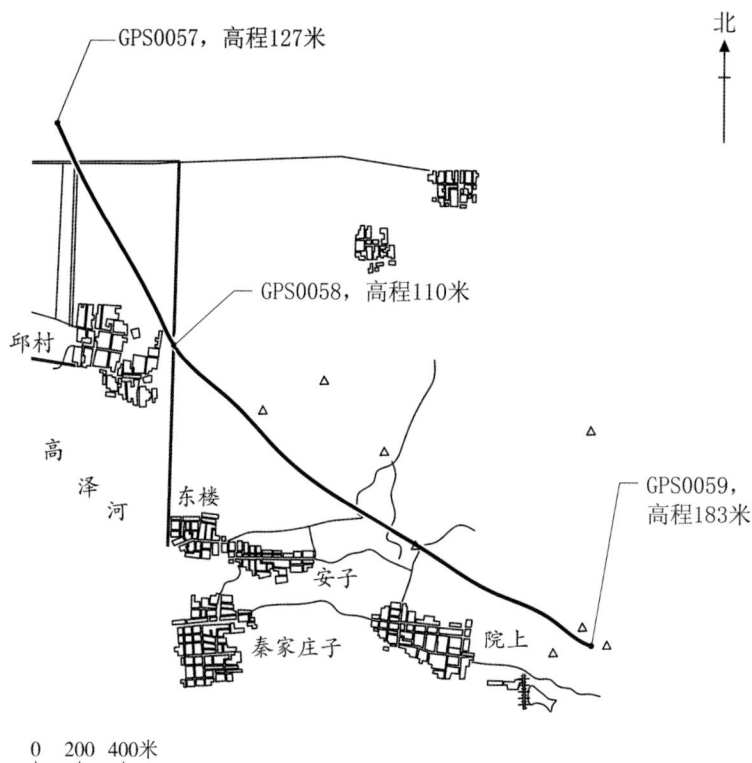

图九六四 邱村东北岭段长城走向图

第八段，邱村东北岭段长城（编码：371121382102020008）

该段长城西北起自高泽东岭，高程 127 米；东南止于院上东岭，高程 183 米（图九六四；表二二一）。

该段长城位于邱村东北岭。呈西北—东南走向。长城总长 3810 米。墙体全部消失。开垦为农田或被村庄占压，长城穿省道 220，经邱村、院上村北，至院上村东岭（图九六五、九六六）。

表二二一 邱村东北岭段长城（编码：371121382102020008）GPS 采集点表（单位：米）

工作编号	名称	坐标（起止点）			与相邻点关系
		东经	北纬	高程	
0057	起点			127	
0058	折点 1			110	0057 点东南 1500
0059	结束点			183	0058 点东南 2310

图九六五　GPS0059 点西北墙体远景（东南—西北）

图九六六　GPS0059 点西北墙体远景（东南—西北）

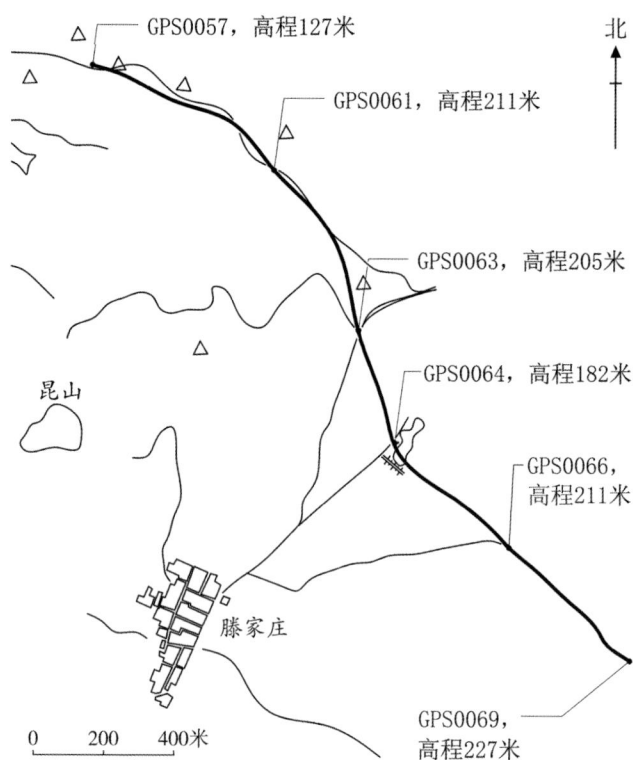

图九六七　院上东岭段长城走向图

第九段，院上东岭段长城（编码：37112 1382102020009）

该段长城西北起自院上东岭，高程 183 米；东南止于山王西岭，高程 225 米（图九 六七；表二二二）。

该段长城位于院上东岭。呈西北—东南 走向。总长 2517 米。墙体大部分消失。根据 长城走向和特征点可分为 9 个小段。保存较 差段落 1 段，为 0066—0067，长 215 米；保 存差墙体段落 1 段，为 0065—0066，长 148 米。其余均消失。

第 1～6 小段，GPS0059—0065，呈西北 —东南走向。墙体消失。现为农田，此段中 有一处厂房建设。长 1938 米（图九六八）。

第 7 小段，GPS0065—0067，呈西北—东 南走向。墙体保存差。墙体遗迹明显，现沿 用为道路，宽 4.2～5.2、高 1～1.5 米，两侧 为农田。长 148 米（图九六九）。

第 8 小段，GPS0066—0067，呈西北—东 南走向。墙体整体保存较差。墙体宽 5.5～

5.8、高 0.5～1 米。止点处有一化工厂仓库。长 215 米（图九七〇）。

第 9 小段，GPS0067—0068，呈西北—东南走向。墙体消失，道路沿用，两侧为农田。长 216 米（图九七一）。

表二二二　院上东岭段长城（编码：371121382102020009）GPS 采集点表（单位：米）

工作编号	名称	坐标（起止点）			与相邻点关系
		东经	北纬	高程	
0059	起点			183	
0060	折点 1			196	0059 点东南 248
0061	折点 2			211	0060 点东南 449
0062	折点 3			209	0061 点东南 342
0063	折点 4			205	0062 点东南 335
0064	折点 5			182	0063 点东南 259
0065	折点 6			205	0064 点东南 305
0066	折点 7			211	0065 点东南 148
0067	折点 8			218	0066 点东南 215
0068	结束点			225	0067 点东南 216

图九六八　GPS0063 点处墙体剖面（东南—西北）

图九六九　GPS0066 点东南墙体（西北—东南）

图九七〇　GPS0067 点东南墙体（西北—东南）

图九七一　GPS0070 点西北墙体（东南—西北）

第十段，梁家坪北岭段长城（编码：37112138210202 0010）

该段长城北起自山王西岭，高程225米；南止于分流山北坡，高程534米（图九七二；表二二三）。

该段长城位于梁家坪北岭。呈西北—东南走向。长城长2782米，根据长城走向和特征点可划分为16个小段。墙体保存较好的共1段，为0073—0074，长45米；保存一般的共1段，为0075—0076，长245米；保存较差共2段，第1段为0078—0079，长64；第2段为0081—0082，长119米；墙体保存差的共3段，第1段为0068—0071，长385米；第2段为0077—0078，长49米；第3段为0080—0081，长86米。其余墙体均消失。

第1～3小段，GPS0068—0071，呈北—南走向。墙体整体保存差。墙体宽12.3、高约0.5米，遗迹明显，沿用为道路，两侧为农田。长385米。

第4～5小段，GPS0071—0073，总体呈北—南走向。墙体消失，沿用为乡村生产道路，两侧为农田。长568米。

第6小段，GPS0073—0074，呈北—南走向。墙体整体保存较好。墙体底宽6.6、顶宽3.8、高1.9～3米。0073点处墙体横断面裸露，砂土混筑痕迹明显，两侧和顶部开垦为农田。长45米（图九七三～九七五）。

第7小段，GPS0074—0075，呈北—南走向。墙体消失，长城路线与乡村生产道路穿插，两侧均开垦为农田。长163米。

第8小段，GPS0075—0076，呈北—南走向。墙体整体保存一般。墙体底宽6.7、顶宽5.1、高1.2～1.5米。墙体两侧均开垦为农田，其中墙体内侧农田侵蚀墙体约1～2米，外侧距离墙体底边约2米。长245米。

第9小段，GPS0076—0077，总体呈西北—东南走向。墙体消失，现为农田。长397米。

第10小段，GPS0077—0078，呈西北—东南走向。墙体保存差，间断出现墙体痕迹，农田侵蚀严重。墙体底宽3、顶部1、高0.5～1米。长49米（图九七六）。

第11小段，GPS0078—0079，呈北—南走向。墙体保存较差，两侧及顶部开垦为农田。墙体宽4.5、高1米。长64米（九七七、九七八）。

第12小段，GPS0079—0080，呈西北—东南走向。墙体消失，现为农田。长124米。

第13小段，GPS0080—0081，呈西北—东南走向。墙体保存差，间断出现墙体痕迹。墙体宽4～4.2、高0.4～0.8米，两侧均为农田。长86米。

第14小段，GPS0081—0082，呈西北—东南走向。墙体整体保存较差，墙体两侧为农田，部分地段顶部开垦为农田。墙体底宽4.5、顶宽2.3、高1～1.5米。长119米。

第15～16小段，GPS0082—0084，呈西北—东南走向。地表物无遗迹可循，墙体消失。长537米（图九七九）。

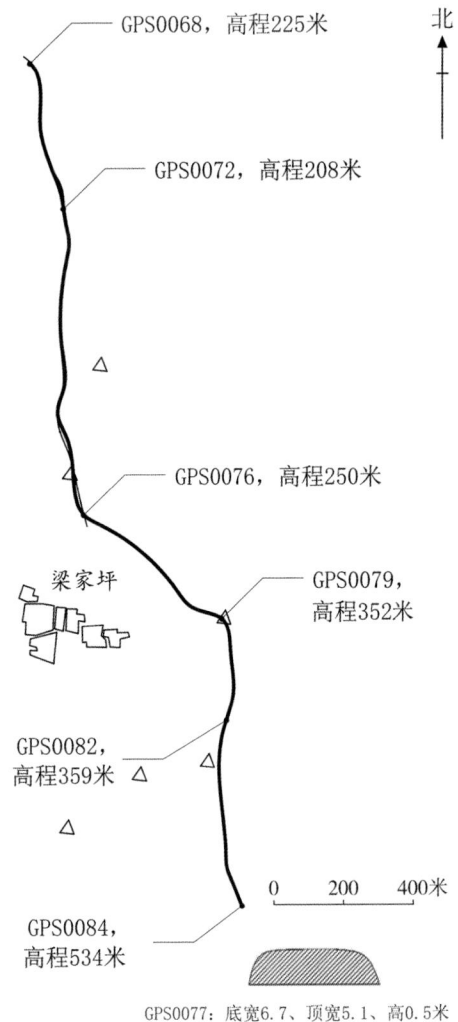

GPS0068，高程225米

GPS0072，高程208米

GPS0076，高程250米

梁家坪

GPS0079，高程352米

GPS0082，高程359米

GPS0084，高程534米

0　200　400米

北

GPS0077：底宽6.7、顶宽5.1、高0.5米

图九七二　梁家坪北岭段长城走向图

表二二三　梁家坪北岭段长城（编码：371121382102020010）GPS 采集点表（单位：米）

工作编号	名称	坐标（起止点）			与相邻点关系
		东经	北纬	高程	
0068	起点			225	
0069	折点1			227	0068 点东南 83
0070	拐点1			233	0069 东南 159
0071	折点2			231	0070 点南 143
0072	折点3			208	0071 点南 246
0073	折点4			245	0072 点南 322
0074	折点5			247	0073 点南 45
0075	拐点2			243	0074 点南 163
0076	折点6			250	0075 点东南 245
0077	折点7			338	0076 点东 397
0078	折点8			348	0077 点东南 49
0079	拐点3			352	078 点东南 64
0080	折点9			337	0079 点南 124
0081	折点10			351	0080 点南 86
0082	折点11			359	0081 点南 119
0083	折点12			499	0082 点南 359
0084	结束点			534	0083 点南 178

图九七三　GPS0073 点处墙体剖面（北—南）

图九七四　GPS0073 点以北墙体（东南—西北）

图九七五　GPS0074 点东南墙体远景（西北—东南）

图九七六　GPS0077 点东南墙体（西北—东南）

图九七七　GPS0079 点西北墙体远景（东南—西北）

图九七八　GPS0079 点东南分流山（西北—东南）

图九七九　GPS0083 点西南长城远景（东北—西南）

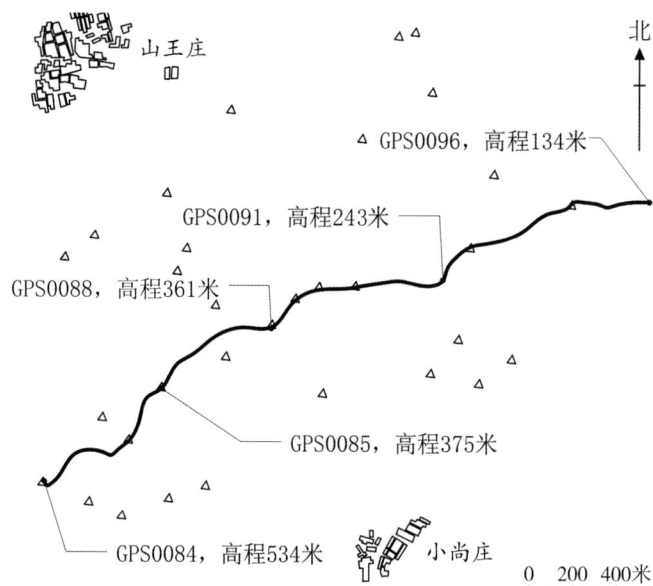

图九八〇　分流山东岭段长城走向图

第十一段，分流山东岭段长城（编码：371121382102020011）

该段长城西南起自分流山北坡，高程534米；东北止于前长城岭村西，高程134米（图九八〇；表二二四）。

长城位于分流山东岭。呈西南—东北走向。该段长城长3397米，根据长城走向和特征点可划分为12个小段。其中保存较差段落共1段，为0090—0096，长1237米。保存差段落共1段，为0088—0090，长768米。墙体消失共1段，为0084—0088，长1392米。

第1～4小段，GPS0084—0088，呈西南—东北走向。墙体消失，地表无遗迹可循。长1392米（图九八一、九八二）。

第5～6小段，GPS0088—0090，呈西南—东北走向。墙体整体保存差，多处被道路截断，此段中道路仅靠墙体并行，墙体遗迹间断出现。宽5～5.5、高不足0.5米。长768米（图九八三）。

第7～12小段，GPS0090—0096，呈西南—东北走向。墙体整体保存较差，墙体两侧多为农田和山体植被。墙体底宽5.7、顶宽2.4、高1～1.5米。长1237米（图九八四、九八五）。

表二二四　分流山东岭段长城（编码：371121382102020011）GPS采集点表（单位：米）

工作编号	名称	坐标（起止点）			与相邻点关系
		东经	北纬	高程	
0084	起点			534	
0085	折点1			375	0084点东北771
0086	折点2			280	0085点东北231
0087	折点3			270	0086点东北169
0088	折点4			361	0087点东北221
0089	拐点1			264	0088点东北610
0090	折点5			229	0089点东158
0091	拐点2			243	0090点东96
0092	折点6			277	0091点东北210
0093	折点7			252	0092点东北244
0094	拐点3			244	0093点东北279
0095	折点8			224	0094点东162
0096	结束点			134	0095点东246

图九八一　GPS0085 点东北长城远景（西南—东北）

图九八二　GPS0085 点西南长城（东北—西南）

图九八三　GPS0089 点
东北长城（西南—东北）

图九八四　GPS0092 点
西南长城（东北—西南）

图九八五　GPS0093 点
东北长城（西南—东北）

第十二段，前长城岭东岭段长城（编码：371121382102020012）

该段长城西北起自前长城岭村西，高程134 米；东南止于前长城岭东岭，高程 231 米（图九八六；表二二五）。

该段长城位于前长城岭村北和东岭。呈西北—东南走向。总长 3428 米，其中保存较好284 米，保存一般 575 米，保存较差 828 米，保存差 530 米，消失 1211 米。根据长城走向和特征点可划分为 26 个小段。墙体保存较好共 2段，第 1 段为 0107—0108，长 87 米；第 2 段为0109—0110，长 197 米。墙体保存一般共 3 段，

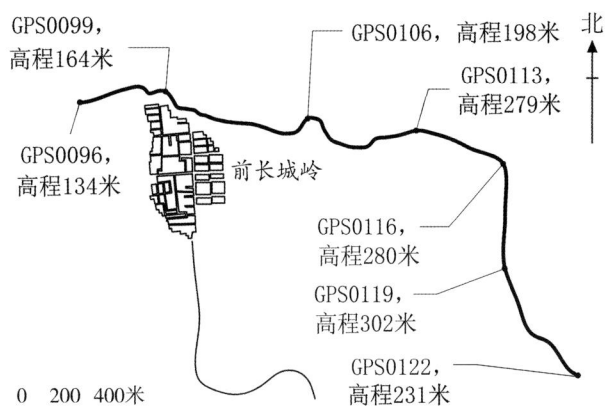

图九八六　前长城岭东岭段长城走向图

第 1 段为 0105—0107，长 125 米；第 2 段为 0111—0113，长 207 米；第 3 段为 0120—0121，长 243 米。保存较差段落共 5 段，第 1 段为 0098—0099，长 101 米；第 2 段为 0100—0102，长 184 米；第 3 段为0108—0109，长 92 米；第 4 段为 0113—0114，长 66 米；第 5 段为 0115—0117，长 385 米。保存差共 5段，第 1 段为 0097—0098，长 70 米；第 2 段为 0099—0100，长 86 米；第 3 段为 0102—0103，长 153米；第 4 段为 0104—0105，长 72 米；第 5 段为 0114—0115，长 149 米。其余墙体均消失。

第 1 小段，GPS0096—0097，呈西南—东北走向。墙体消失，现为农田，穿过长城岭水库北侧河流河道。长 249 米。

第 2 小段，GPS0097—0098，呈西—东走向。墙体保存差，墙体遗迹间断出现，现多作为田间步道，两侧均遭农田侵蚀，墙体底宽 4～4.2、顶部 1、高 0.5～1.5 米。长 70 米。

第 3 小段，GPS0098—0099，呈西—东走向。墙体整体保存较差，两侧为农田。墙体底宽 4.1、顶宽 2.1、内侧高 1.2、外侧高 1.5 米。长 101 米。

第 4 小段，GPS0099—0100，呈西北—东南走向。总长 86 米。墙体保存差。墙体遗迹间断出现，现为田间地埂，宽 1～1.5、高不足 0.5 米，两侧农田持续侵蚀墙体，南侧紧邻南长城岭村，其中 0100点有一处 1980 年五莲县立的保护标志碑（图九八七）。

第 5～6 小段，GPS0100—0102，呈西北—东南走向。总长 184 米。墙体整体保存较差。墙体底宽4.1、顶宽 2.1、内侧高 1.2、外侧高 1.5 米。两侧为农田，南侧紧邻前长城岭村，其中 0101 点有一处日照政府于 2006 年立的长城保护标志碑（图九八八、九八九）。

第 7 小段，GPS0102—0103。呈西北—东南走向。墙体保存差。墙体遗迹间断出现，周边为农田。长 153 米（图九九○）。

第 8 小段，GPS0103—0104，呈西北—东南走向。总长 196 米。墙体消失，现为农田，中间有乡间道路穿过。

第 9 小段，GPS0104—0105，呈西—东走向。墙体保存差。墙体遗迹间断出现，周边为农田，墙体中部裂为深沟，宽 3～5、深 1.5～2 米，墙体纵向深沟山体雨水冲刷严重。长 72 米（图九九一、九九二）。

第 10～11 小段，GPS0105—0107，呈西南—东北走向。墙体整体保存一般，两侧为农田或果园，墙体顶部有松树生长。墙体底宽 12.9、顶宽 4.9、高 1～1.5 米。长 125 米。

第 12 小段，GPS0107—0108，呈西北—东南走向。墙体整体保存较好，两侧均为农田。墙体底宽12.9、顶宽 4.9、高 2～2.2 米。长 87 米（图九九三）。

第 13 小段，GPS0108—0109，呈西北—东南走向。墙体保存较差，两侧均为农田。墙体底宽 4.1、顶宽 2.1、内侧高 1.2、外侧高 1.5 米。长 92 米

第 14～15 小段，GPS0109—0111，呈西南—东北走向。墙体保存较好，墙体顶部有松树生长。墙体底宽 12.9、顶宽 4.9、高 2～2.2 米。长 197 米。

第 16～17 小段，GPS0111—0113，呈西南—东北走向。墙体整体保存一般。墙体宽 3.8～4.8 米，两侧石砌墙边清晰，高约 1.5 米。墙体两侧为树林，多为松树，墙体顶部沿用为山间道路，顶部两侧亦有松树。长 207 米。

第 18 小段，GPS0113—0114，呈西北—东南走向。墙体保存较差，两侧为树林，多为松树和麻栎，墙体顶部两侧亦有。墙体底宽 4.1、内侧高 1.2、外侧高 1.5 米。长 66 米。

第 19 小段，GPS0114—0115，呈西北—东南走向。墙体保存差，基本消失，地表基本无痕迹。长 149 米。

第 20～21 小段，GPS0115—0117，呈西北—东南走向。墙体保存较差，墙体两侧多为松树。墙体宽 3.8～4.3、两侧石砌边墙高 1 米。长 385 米。

第 22～24 小段，GPS0117—0120，呈北—南走向。墙体消失，以陡峭山险为主。长 679 米。

第 25 小段，GPS0120—0121，呈西北—东南走向。墙体保存一般。墙体宽 4.5～4.8、高 3～3.5 米。墙体顶部两侧多为栗树，墙体顶部沿用为上山道路。长 243 米（图九九四）。

第 26 小段，GPS0121—0122，呈西—东走向。墙体消失，内侧为农田，外侧为树木果园。长 87 米。

表二二五　前长城岭东岭段长城（编码：371121382102020012）GPS 采集点表（单位：米）

工作编号	名称	坐标（起止点）			与相邻点关系
		东经	北纬	高程	
0096	起点			134	
0097	拐点 1			154	0096 点东北 249
0098	折点 1			154	0097 点东南 70
0099	拐点 2			164	0098 点东 101
0100	拐点 3			159	0099 点东南 86
0101	折点 2			148	0100 点东南 68
0102	折点 3			170	0101 点东南 116
0103	折点 4			177	0102 点东南 153
0104	折点 5			161	0103 点东南 196
0105	拐点 4			180	0104 点东 72
0106	拐点 5			198	0105 点东北 77
0107	拐点 6			202	0106 点东南 48
0108	折点 6			192	0107 点东南 87
0109	折点 7			205	0108 点东南 92

工作编号	名称	坐标（起止点）			与相邻点关系
		东经	北纬	高程	
0110	折点 8			251	0109 点东南 138
0111	拐点 7			264	0110 点东北 59
0112	折点 9			270	0111 点东 114
0113	拐点 8			279	0112 点东南 93
0114	折点 10			263	0113 点东南 66
0115	折点 11			300	0114 点东南 149
0116	拐点 9			280	0115 点东南 226
0117	折点 12			294	0116 点南 159
0118	折点 13			288	0117 点南 238
0119	拐点 10			302	0118 点西南 92
0120	折点 14			262	0119 点东南 349
0121	折点 15			229	0120 点东南 243
0122	结束点			231	0121 点东南 87

图九八七　GPS0100 点处五莲县长城保护标志碑（东—西）

图九八八　GPS0100 点以东墙体（西—东）

全国重点文物保护单位

齐长城遗址

中华人民共和国国务院
二〇〇六年五月二十五日公布
山东省人民政府立

图九八九　GPS0101 点处齐长城遗址保护标志碑（南—北）

图九九〇　GPS0102 点以东墙体（东—西）

图九九一　GPS0104—0105 点间墙体（西—东）

图九九二　GPS0105 点以东墙体（西南—东北）

图九九三　GPS0107—0108
点间墙体（东南—西北）

图九九四　GPS0120—0121 点间墙体（东—西）

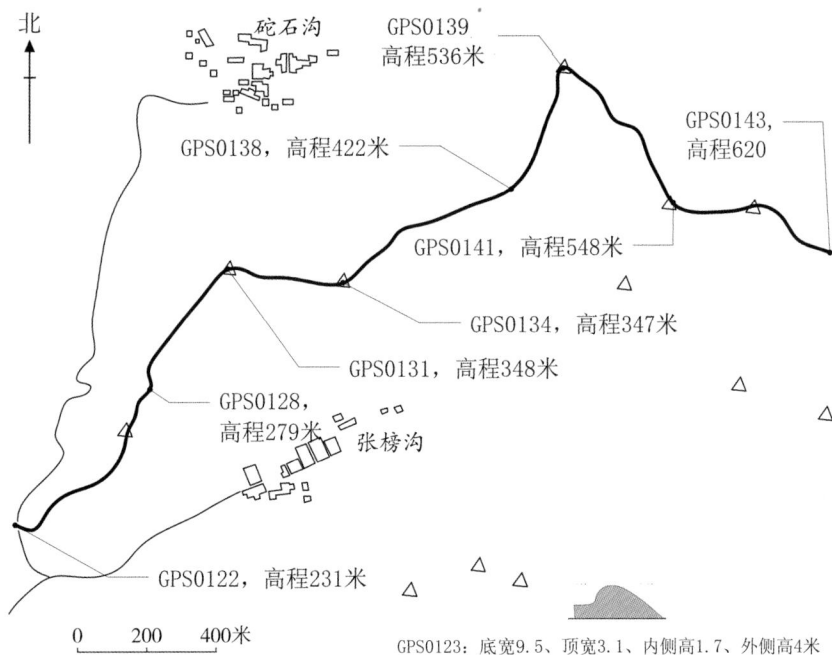

GPS0123：底宽9.5、顶宽3.1、内侧高1.7、外侧高4米

图九九五　张榜沟北岭段长城走向图

第十三段，张榜沟北岭段长城（编码：371121382102020013）

该段长城西南起自前长城岭东岭，高程231米；东北止于马耳山，高程620米（图九九五；表二二六）。

该段长城位于张榜沟北岭。呈西南—东北走向。长城总长3427米，根据长城走向和特征点可划分为21个小段。其中保存较好段落共2段，第1段为0122—0124，长75米；第2段为0126—0127，长118米。保存一般的段落共3段，第1段为0125—0126，长148米；第2段为0127—0129，长96米；第3段为0132—0133，长82米。保存较差段落共2段，第1段为0124—0125，长207米；第2段为0129—0132，长478米。保存差的段落共1段，为0133—0134，长130米。消失段落共1段，为0134—0138，长616米。山险段落1段，为0138—0143，长1477米。

第1~2小段，GPS0122—0124，呈西南—东北走向。墙体整体保存较好，墙体底宽9.5、顶宽3.1、内侧高1.7、外侧高4米。两侧均为农田，其中0122点乡间道路穿过。长75米（图九九六~九九八）。

第3小段，GPS0124—0125，呈西南—东北走向。墙体保存较差。墙体宽8.6、高1.5~2米，墙体两侧均为农田，侵蚀墙体2~3米。长207米。

第4小段，GPS0125—0126，呈西南—东北走向。墙体整体保存一般，墙体两侧均为农田。墙体宽9、高1.8~2.5米。长148米。

第5小段，GPS0126—0127，呈西南—东北走向。墙体保存较好。墙体底宽9.5、顶宽3.5、内侧高1.5、外侧高3.5米。墙体两侧均为树林，内侧多为松树，外侧多为栗树。长118米（图九九九、一〇〇〇）。

第6~7小段，GPS0127—0129，呈西南—东北走向。墙体整体保存一般。墙体宽9、高1.8~2.5米。墙体两侧均为树林，内侧多为松树，外侧多为栗树。长96米。

第8~10小段，GPS0129—0132，呈西南—东北走向。墙体整体保存较差。墙体宽8.6、高1.5~2

米。墙体两侧多树林，以松树为主。长478米。

第11小段，GPS0132—0133，呈西北—东南走向。墙体保存较好。墙体宽5.5、内侧高0.5、外侧高1.5米。墙体两侧多为树林。长82米。

第12小段，GPS0133—0134，呈西北—东南走向。墙体保存差，墙体基本消失，间断能看到墙体痕迹，两侧为农田或树林。长130米。

第13~16小段，GPS0134—0138，呈西南—东北走向。墙体消失，地表无遗迹。长616米，

第17~21小段，GPS0138—0143，呈西南—东北走向。墙体均为山险。长1477米（图一〇一）。

表二二六　张榜沟北岭段长城（编码：371121382102020013）GPS采集点表（单位：米）

工作编号	名称	坐标（起止点）			与相邻点关系
		东经	北纬	高程	
0122	起点			231	
0123	拐点1			236	0122点东南33
0124	折点1			236	0123点东北42
0125	折点2			266	0124点东北207
0126	折点3			279	0125点东北148
0127	折点4			272	0126点东北118
0128	拐点2			279	0127点东北39
0129	拐点3			286	0128点北57
0130	折点5			336	0129点东北232
0131	拐点4			348	0130点东北112
0132	折点6			286	0131点东134
0133	折点7			341	0132点东82
0134	拐点5			347	0133点东130
0135	折点8			332	0134点东北118
0136	折点9			322	0135点东北117
0137	折点10			310	0136点东北61
0138	拐点6			422	0137点东北320
0139	拐点7			536	0138点东北424
0140	折点11			480	0139点东南202
0141	拐点8			548	0140点东南328
0142	折点12			548	0141点东223
0143	结束点			620	0142点东南300

图九九六　GPS0122 点东北墙体（西—东）

图九九七　GPS0123 点东北墙体（西南—东北）

图九九八　GPS0124 点东北墙体（南—北）

图九九九　GPS0126 点东北墙体（南—北）

图一〇〇〇　GPS0127 点西南墙体（北—南）

图一〇〇一　GPS0140 点西南马耳山远景（西南—东北）

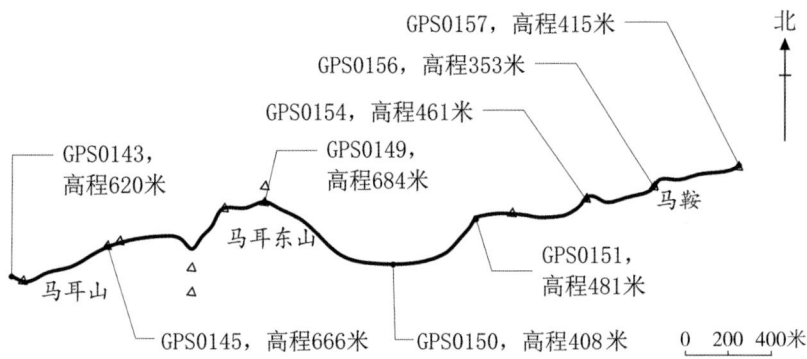

图一〇二　马耳山景区段长城走向图

第十四段，马耳山景区段长城（编码：3711213821020200014）

该段长城西起自马耳山，高程620米；东止于马鞍东山，高程415米（图一〇二；表二二七）。

该段长城位于马耳山景区的北部，过马耳山东行，过马耳东山转向东南行，过小山沿山脊东北行，至马鞍山东山山脊向北转。总体呈西南—东北走向。长城长3387米，均为山险。马耳山山高崖陡、巨石壁立，马耳山东山脊连绵不断，南北两侧山势陡险，无法攀登，长城在这里以高山为山险，没有发现长城墙体。在0149点有一处现代水泥混凝土结构的望海亭（图一〇三～一〇八）。

自0148点向东长城沿五莲—诸城县交界线而行。

山的南侧有墙夼村、大马鞍村、小马鞍村，东北处有鹁鸽崖村。

表二二七　马耳山景区段长城（编码：371121382102020014）GPS采集点表（单位：米）

工作编号	名称	坐标（起止点）			与相邻点关系
		东经	北纬	高程	
0143	起点			620	
0144	折点1			666	0143点东北100
0145	折点2			666	0144点东北274
0146	拐点1			647	0145点东北271
0147	拐点2			667	0146点东南35
0148	折点3			672	0147点东北231
0149	拐点3			684	0148点东北200
0150	拐点4			408	0149点东南683
0151	拐点5			481	0150点东北279
0152	折点4			505	0151点东168
0153	折点5			435	0152点东202
0154	折点6			461	0153点东北183
0155	折点7			334	0154点东北264
0156	折点8			353	0155点东北94
0157	结束点			415	0156点东北403

图一〇三 GPS0144 点处
马耳山西峰（西—东）

图一〇四 GPS0144 点以
东山险（西—东）

图一〇五 GPS0145 点以
东马耳东山远景（西—东）

图一〇六　GPS0149—0150
点间山险（西—东）

图一〇七　GPS0151 点以
东山险（西—东）

图一〇八　GPS0152 点以
东马鞍东山远景（西—东）

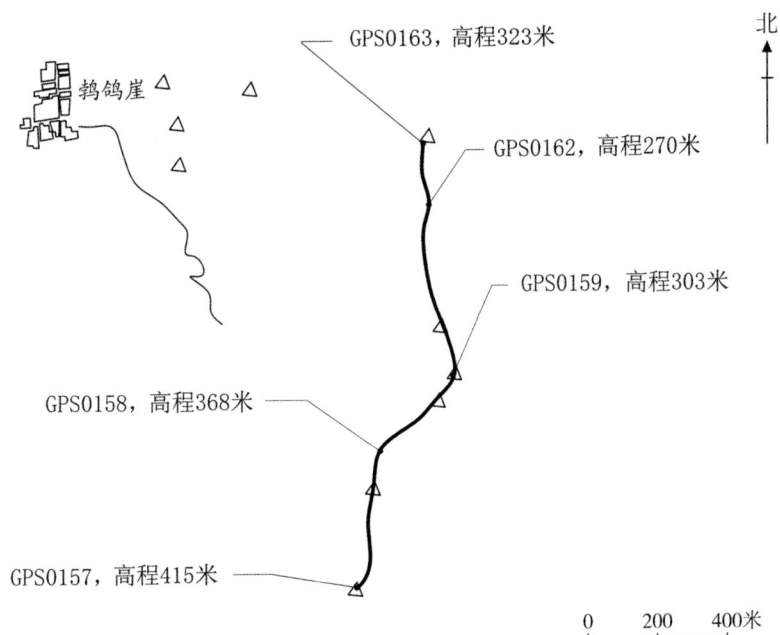

图一〇〇九　南路西岭段长城走向图

第十五段，南路西岭段长城（编码：371121382301020015）

该段长城南起自马鞍东山，高程 415 米；北止于石人山南山，高程 323 米（图一〇〇九；表二二八）。

该段长城位于南路西岭即鹁鸰崖东山，从马鞍山东山转向北行，地势逐渐降低，至鹁鸰崖村东石人山南山。呈南—北走向。总长 1372 米，根据长城走向和特征点可分为 6 个小段。均为山险，沿五莲—诸城县交界线而行（图一〇一〇～一〇一三）。

表二二八　南路西岭段长城（编码：371121382301020015）GPS 采集点表（单位：米）

工作编号	名称	坐标（起止点）			与相邻点关系
		东经	北纬	高程	
0157	起点			415	
0158	拐点 1			368	0157 点北 380
0159	拐点 2			303	0158 点东北 312
0160	折点 1			306	0159 点西北 296
0161	折点 2			288	0160 点北 86
0162	折点 3			270	0161 点北 85
0163	结束点			323	0162 点北 213

图一〇一〇　GPS0156 点处马鞍东山峭壁（北—南）

图一〇一一　GPS0156 点东北墙体远景（南—北）

图一〇一二　GPS0157 点西南墙体（东北—西南）

图一〇一三　GPS0159 点东北墙体远景（南—北）

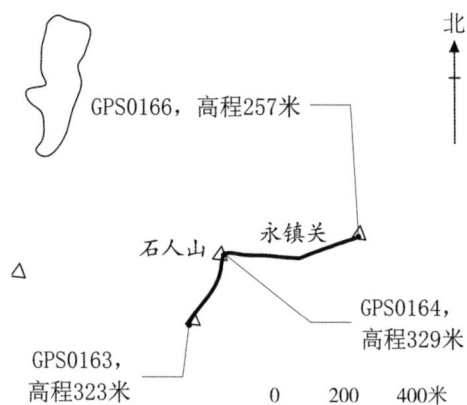

图一〇一四　永镇关段长城走向图

第十六段，永镇关段长城（编码：371121382102020016）

该段长城西南起自石人山南山，高程 323 米；东北止于永镇关东，高程 257 米（图一〇一四；表二二九）。

长城位于永镇关南北两侧。呈西南—东北走向。总长 640 米。整体保存较差。根据长城走向和特征点可分为 3 个小段（图一〇一五、一〇一六）。

该段墙体为在原址复原长城，复原墙体采用空心砖及水泥砂浆为主，并建有一关楼"永镇关"及三处烽火台，均用水泥或青砖修建。在小山北侧平地处，即修复的石墙段西侧保存有部分长城墙体，宽 10.1、高约 1.5 米。长 214 米（图一〇一七、一〇一八）。

表二二九　永镇关段长城（编码：371121382102020016）GPS 采集点表（单位：米）

工作编号	名称	坐标（起止点）			与相邻点关系
		东经	北纬	高程	
0163	起点			323	
0164	拐点 1			329	0163 点北 204
0165	折点 1			255	0164 点东 222
0166	结束点			257	0165 点东 214

图一〇一五　GPS0163 点以东新修墙体（南—北）

图一〇一六　GPS0164 点以
东新修墙体（东—西）

图一〇一七　GPS0165 点处
新修永镇关（南—北）

图一〇一八　GPS0165 点以
西新修墙体（西北—东南）

图一〇一九　玉带北岭段长城走向图

第十七段，玉带北岭段长城（编码：371121382102020017）

该段长城西南起自永镇关东，高程 257 米；东北止于西峪北山口，高程 239 米（图一〇一九；表二三〇）。

该段长城位于玉带村北岭。呈西南—东北走向。长城总长 4112 米，根据长城走向和特征点可划分为 22 个小段。其中墙体保存一般段落共 3 段，第 1 段为 0166—0168，长 410 米；第 2 段为 0179—0181，长 292 米；第 3 段为 0187—0188，长 301 米。保存较差墙体段落共 4 段，第 1 段为 0168—0169，长 89 米；第 2 段为 0173—0175，长 208 米；第 3 段为 0176—0177，长 284 米；第 4 段为 0181—0185，长 669 米。保存差的墙体段落共 4 段，第 1 段为 0169—0170，长 291 米；第 2 段为 0175—0176，长 288 米；第 3 段为 0177—0179，长 286 米；第 4 段为 0185—0187，长 348 米。其余段墙体均消失。

第 1 小段，GPS0166—0167，呈西南—东北走向。墙体保存一般。墙体底宽 10.5、高约 2.5 米。墙体内侧多为松树，外侧多为麻栎，其内侧有乡间道路并行，距离墙体 5～10 米。长 262 米（图一〇二〇）。

第 2 小段，GPS0167—0168，呈西南—东北走向。墙体保存一般。墙体底宽 10.4、高约 1.5 米。墙体两侧多为农田，墙体顶部有少量松树。长 148 米。

第 3 小段，GPS0168—0169，呈西南—东北走向。墙体保存较差。墙体宽 10、高约 1 米。墙体两侧均为农田，墙体顶部有少量松树。长 89 米。

第 4 小段，GPS0169—0170，呈西南—东北走向。墙体总体保存差。墙体基本消失，墙基遗迹间断出现，现基本为农田。长 291 米。

第 5～7 小段，GPS0170—0173，呈西南—东北走向。墙体消失，现为农田，地表无遗迹。长 646 米。

第 8～9 小段，GPS0173—0175，呈西南—东北走向。墙体整体保存较差。墙体宽约 10.1、高约 1.2～1.7 米。墙体整体保存状况堪忧，尤其以 0173 点东侧墙体，墙体纵向损坏严重，因遭雨水冲刷等因素造成墙体内部大量土砂流失，并形成沟壑。长 208 米（图一〇二一、一〇二二）。

第 10 小段，GPS0175—0176，呈西南—东北走向。墙体整体保存差。墙体基本消失，乡间道路占据墙体，两侧为农田，间断出现 3～5 米的墙体，残墙宽约 3.5、高约 1 米。长 288 米。

第 11 小段，GPS176—0177，呈西南—东北走向。墙体保存较差。墙体外侧有整齐砌石，高约 0.5 米，墙体底宽 10.1～11、顶宽 5～6、高 1.5～2 米。墙体两侧有少量松树，两侧农田距离墙体 10 米以上。长284米。

第12～13小段，GPS0177—0179，呈西北—东南走向。墙体保存差，遗迹明显。长286米。

第14～15小段，GPS0179—0181，呈西南—东北走向。墙体整体保存一般。墙体底宽9.1、顶宽2.4、高1.7～2米。长292米（图一〇二三）。

第16～19小段，GPS0181—0185，呈西南—东北走向。墙体整体保存较差。墙体宽4.4、高1.2米，两侧有整齐石砌边缘。长669米。

第20～21小段，GPS0185—0187，呈西南—东北走向。墙体整体保存差，基本消失，多为树林。长348米。

第22小段，GPS0187—0188，呈西南—东北走向。墙体整体保存一般。墙体宽4.8、高2米，两侧有整齐石砌边，两侧为农田。长301米（图一〇二四、一〇二五）。

表二三〇　玉带北岭段长城（编码：371121382102020017）GPS采集点表（单位：米）

工作编号	名称	坐标（起止点）			与相邻点关系
		东经	北纬	高程	
0166	起点			257	
0167	折点1			237	0166点东北262
0168	折点2			204	0167点东北148
0169	折点3			194	0168点东北89
0170	折点4			167	0169点东北291
0171	折点5			177	0170点东北146
0172	折点6			191	0171点东北218
0173	折点7			200	0172点东北282
0174	拐点1			208	0173点东北34
0175	折点8			207	0174点东174
0176	折点9			218	0175点东北288
0177	拐点2			304	0176点东北284
0178	折点10			264	0177点东南100
0179	折点11			252	0178点东南186
0180	拐点3			278	0179点东南94
0181	折点12			261	0180点东北198
0182	折点13			260	0181点东147
0183	折点14			286	0182点东133
0184	拐点4			325	0183点东203
0185	拐点5			346	0184点东北186
0186	拐点6			316	0185点东132
0187	拐点7			314	0186点东北216
0188	结束点			239	0187点东301

图一〇二〇　GPS0166 点以东墙体（西—东）

图一〇二一　GPS0173 点以东墙体（西南—东北）

图一○二二　GPS0175 点以东墙体（西—东）

图一○二三　GPS0180—0181 点间墙体（西—东）

图一○二四　GPS0187—0188 点间墙体（东—西）

图一○二五　GPS0188 点处墙体（东北—西南）

第十八段，石八盘段长城（编码：371121382102020018）

该段长城西南起自西峪北山口，高程239米；东北止于三块石北山口，高程221米（图一〇二六；表二三一）。

该段长城位于石八盘东侧。呈西南—东北走向。长城长3003米，根据长城走向和特征点可分为16个小段。其中墙体保存一般的段落共1段，为0201—0204，长605米；保存较差段落共1段，为0196—0201，长901米；保存差段落共1段，为0188—0196，长1497米。

第1~8小段，GPS0188—0196，墙体呈西北—东南转西南—东北走向。墙体整体保存

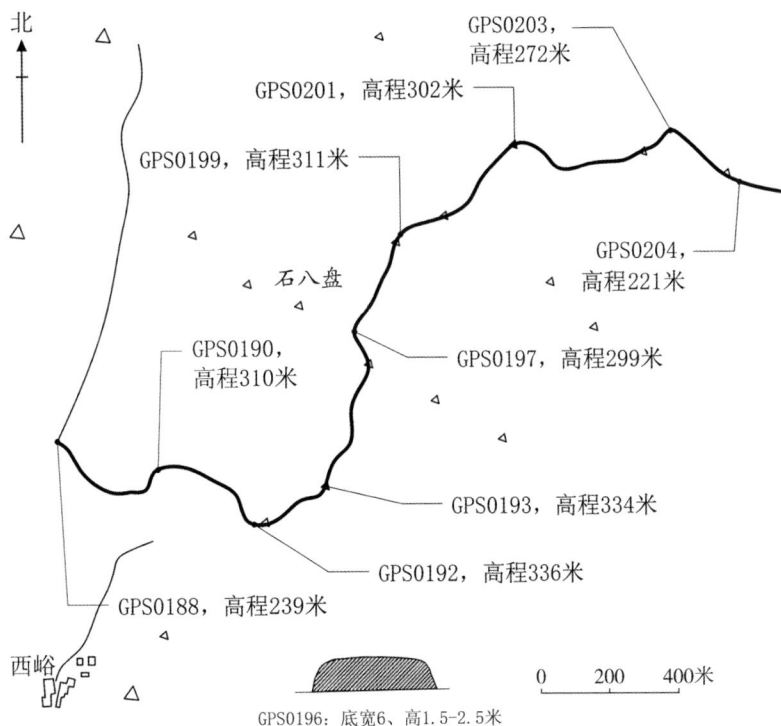

图一〇二六　石八盘段长城走向图

差。墙体间断出现一侧边墙石砌痕迹，石砌高度不足0.5米，两侧为树林山体。长1497米（图一〇二七、一二〇八）。

第9~13小段，GPS0196—0201，墙体呈西南—东北走向。墙体整体保存较差。墙体宽5.4~6、高0.5~1.2米，两侧有明显石砌边墙，高约0.5米，两侧多为树林，多为松树和麻栎。总长901米。

第14~16小段，GPS0201—0204、0201—0203段墙体呈西南—东北走向，0203—0204段呈西北—东南走向。墙体整体保存一般。墙体底宽6.2、顶宽4.2、高1.5~2米不等。墙体顶部有少量松树，两侧为树林，多为松树。长605米。长城至此向东，完全进入诸城境内（图一〇二九）。

表二三一　石八盘段长城（编码：371121382102020018）GPS采集点表（单位：米）

工作编号	名称	坐标（起止点）			与相邻点关系
		东经	北纬	高程	
0188	起点			239	
0189	拐点1			304	0188点东南219
0190	折点1			310	0189点东196
0191	折点2			300	0190点东131
0192	拐点2			336	0191点东南215
0193	折点3			334	0192点东北232
0194	折点4			331	0193点东北192

工作编号	名称	坐标（起止点）			与相邻点关系
		东经	北纬	高程	
0195	折点 5			352	0194 点东北 191
0196	折点 6			342	0195 点东北 121
0197	折点 7			299	0196 点东北 175
0198	折点 8			320	0197 点东北 125
0199	折点 9			311	0198 点东北 159
0200	拐点 3			342	0199 点东北 267
0201	折点 10			302	0200 点东南 175
0202	折点 11			277	0201 点东 232
0203	拐点 4			272	0202 点东北 91
0204	结束点			221	0203 点东南 282

图一〇二七　GPS0188 点以东墙体（西—东）

图一○二八　GPS0194点以西峪北山长城（西—东）

图一○二九　GPS0204点处石八盘外山（东—西）

第五节　保护管理机构现状

一　保护机构

境内长城属五莲县博物馆统一保护管理，沿线并没有设置保护，无统一有效的保护管理机制，进而无法掌握每段墙体的具体保存现状，致使多处墙体一直处于且长期处于人为破坏的环境中，直至消失殆尽。

二　保护标志

此次调查，发现保护标志碑两块，一处位于 GPS0100，为五莲县"革命委员会"于 1980 年所立。另一处位于 GPS0101，为日照市政府于 2006 年立长城保护标志碑。无有效的警示牌，这部分工作，须在后期保护工作中加入。适当地树立保护标志碑和警示牌，能有效地阻止一些人为破坏行为，对长城的保护起到很关键的作用。

三　保护范围及建设控制地带

齐长城资源调查前，山东省文物主管部门明确规定，齐长城墙体及附属建筑两侧 50 米之内为保护范围，其中 20 米之内为绝对保护区，300 米之内为建设控制地带。后调整为坡地和平地部分：以长城本体两侧外缘各向外 200 米为保护范围，保护范围外缘向外 500 米为建设控制地带；山岭部分：山脊上的长城按山脊两侧的谷底线（或坡脚线）至长城墙体外缘的距离不足 700 米的按 700 米划定。

四　记录档案

未建立有效的"四有"档案。

第六节　长城损毁的自然与人为因素

一　自然因素

境内长城途经地形地貌较为复杂，可分为山地、丘陵、沟壑及平原四个不同类型。山地类型：墙体均沿山脊分布，两侧多种植松树、橡树、槐树及栗子树等树种，少农田破坏；处于山谷之间时，多被修路截断破坏；丘陵类型：墙体多沿丘陵脊线分布，地势平缓的坡面多被开垦为农田，地势陡峭的地方多种植松树、橡树及槐树等树种，人为破坏现象较为明显；沟壑类型：受雨水冲刷及河流截断等破坏影响，大部分墙体地表已无遗迹；平原类型：墙体途经平原地带时，两侧多农田，蚕食现象严重。

二　人为因素

此次调查表明，破坏长城墙体的最大因素就是人为因素，多表现为村镇建设、垦田拓路、采石采矿及取土挖沙等破坏，致使长城墙体满目疮痍，已所剩无几。

第十七章

诸城市齐长城资源调查

第一节 地理位置与自然环境

诸城市位于山东省东南部，隶属潍坊市，是山东半岛重要的交通枢纽。西汉初年设东武县，隋代改称诸城。据考证，诸城因上古名君舜帝出生于城北的诸冯村而得名。

诸城地形属胶莱冲积平原南部的潍河平原，地势南高北低，东南部为起伏较大的低山丘岭，有若干谷状盆地，可事耕作。县境中部向北，系一大片波状平原，边缘有低山缓丘分布。全市面积298.6平方公里，占全市总面积的13.7%；中部向北潍、渠两河沿岸，多为波状平原和少部分洼地，中有残丘分布，面积1153平方公里，占总面积的52.8%，其余为丘陵间平原地带，面积731.1平方公里，占总面积的33.5%。1987年，全市总面积中各类土地所占比重：山地面积占总面积的13.7%，丘陵占33.5%，平原占43.0%，洼地占9.8%。

地质、地形、地貌 诸城市地处沂沭断裂带东侧，全市以山相家（胶县）—郝戈庄断裂为界，横跨胶南隆起和胶莱盆地两个次一级构造单元。境内地层发育不全，由老至新有元古—太古界胶南群，中生界侏罗系上统莱阳组，白垩系上统青山组和下统王氏组。地质构造以断裂构造为主，褶皱构造次之。规模巨大的沂沭断裂带最东侧的昌邑——大店、安丘—莒县断裂于县境西部孟疃一带通过，其他主要断裂有北东向的山相家—郝戈庄断裂，东西向的百尺河断裂、贾悦断裂，北东北向的瓦店断裂等。岩浆岩主要分布在山相家—郝戈庄断裂以南的胶南隆起区内，主要为燕山晚期的闪长玢岩和花岗岩。

山脉 境内海拔百米以上山岭六十余座，大都集中在市境东南部，多呈东西走向，属泰沂山余脉之马耳山脉。马耳山海拔706米，山势陡峭，溪洞深远，坐落在五莲、诸城两县交界处，自西向东蜿蜒入海，成为渤海和黄海两大水系的分水岭。望海楼、障日山、卢山、竹山等，海拔均在400米以下。

气候 诸城境内属暖温带大陆性季风区半湿润气候，四季分明，冬冷夏热，光照充足。因所处纬度常受冷暖气团交汇影响，天气多变，有不同程度的旱涝、冰雹等灾害性天气。

水文 境内河流近五十条，潍河最大，自成一系，发源于莒县之潍山，由西南向北经墙夼水库入市境，向东北流，穿市境中部而过，至市境北端与渠河交汇出境。境内流程65千米，流域面积1908.2平方千米。潍河在境内支流较多，组成叶脉状水系。潍河水系河床比降大（干流为3‰~4‰），水流湍急，侵蚀力强，河谷下切深邃，水土流失严重。解放后历经治理，现已逐步变害为利。市境东北部尚有五龙河，源出九龙山西麓，北流8千米出境，经高密县境入胶莱河。东南部有吉利河，源出有二，一为千秋岭，一为鲁山西南麓，至桃元乡园村东相汇，南流10千米出境，经胶南县与白马河交汇注入黄海。

第二节　历史沿革

诸城，春秋时为鲁之诸邑。鲁庄公二十九年（公元前 665 年）冬，鲁国在石屋山（今庙山）东北、潍河之南城诸，取名诸邑（故址在今枳沟镇乔庄）。

战国时，市境分属齐、鲁。鲁顷公二十四年（公元前 249 年），楚灭鲁，鲁地入楚，境内除齐长城以南少数地区归楚外，余大部地区先已属齐。

秦行郡县制，始皇二十六年（公元前 221 年），置琅琊郡，市境属琅琊郡（郡治琅琊）。

诸城置县始于西汉初年。汉高祖六年（公元前 201 年），封郭蒙为东武侯。吕后七年（公元前 181 年），置东武县，因境内有东武山故名。同时，境内并置诸县、平昌县、横县、昌县、石泉县。元封五年（公元前 106 年），琅琊郡移治东武，境内各县皆属琅琊郡，辖于徐州刺史部。

新莽天凤元年（公元 14 年），改琅琊郡为填夷，东武为祥善，诸县为诸并，平昌为养信，横县为令邱。淮阳王更始元年（公元 23 年）九月，王莽被杀，郡县恢复旧名。

东汉建初五年（公元 80 年），改琅琊郡为国，移治开阳（今临沂市北）。东武县、诸县属琅琊国，平昌县属北海国。撤横县、昌县、石泉县。

元，诸城县仍为密州治，辖于山东东西道宣慰司益都路总管府。明洪武二年（1369 年），省密州，即密州治为诸城县治，隶属青州府。清袭明制，诸城县仍属青州府。

民国元年（1912 年），诸城独立。1945 年 9 月 9 日，诸城县人民政府宣告成立，属滨海行政公署滨北专区。1946 年 7 月，改属胶东行署滨北专区。

中华人民共和国成立后，诸城县先属胶州专区，1956 年 3 月，改属昌潍专区，1970 年属昌潍地区，1981 年 7 月属潍坊地区，1983 年 10 月属潍坊市。1987 年 7 月 1 日，撤销诸城县，建立诸城市。诸城市为县级市，直属山东省，潍坊市代管。

第三节　长城概况

诸城段齐长城总长 49419 米。

诸城段齐长城西起墙夼水库大坝，向东沿诸城五莲两县交界线东行，至墙夼南岭进入五莲县境内；从马耳山东山（五莲 GPS0148，高程 672 米）开始，沿五莲—诸城县界向东，途经阎王鼻子山、马鞍山、马鞍东山，并由马鞍东山折北，继续沿五莲—诸城县界，经南路西岭、石人山，折东北，经玉带北岭、七泉山、寨山、石八盘。由三块石向东进入诸城境内，经龙湾头北山、望海楼、响水崖子南山、南许家沟北山、黄牛山，经马山折东北，过上崔家沟北山、邹家沟东山、磊石山，经太平安、大洼、近枝子、竹园，绕子阿东岭，向东即到史家夼北岭（高程 147 米），进入胶南境内（图一〇三〇）。

主要分为两部分。

第一部分，位于诸城与五莲交界线上。长 12107 米。

1. 自墙夼水库大坝（五莲 GPS0020，高程 125 米）至墙夼南岭（五莲 GPS0022，高程 122 米），总长 704 米。在第十二章五莲县齐长城资源调查第 4 段有介绍。

2. 自马耳东山（五莲 GPS0148，高程 672 米）至三块石北山口，通往韩家沟与大刘家槎河的水泥路上（高程 221 米），总长 11403 米。在第十二章五莲县齐长城资源调查第 14～18 段有介绍。

第二部分，分布在诸城市境内，长 37312 米。

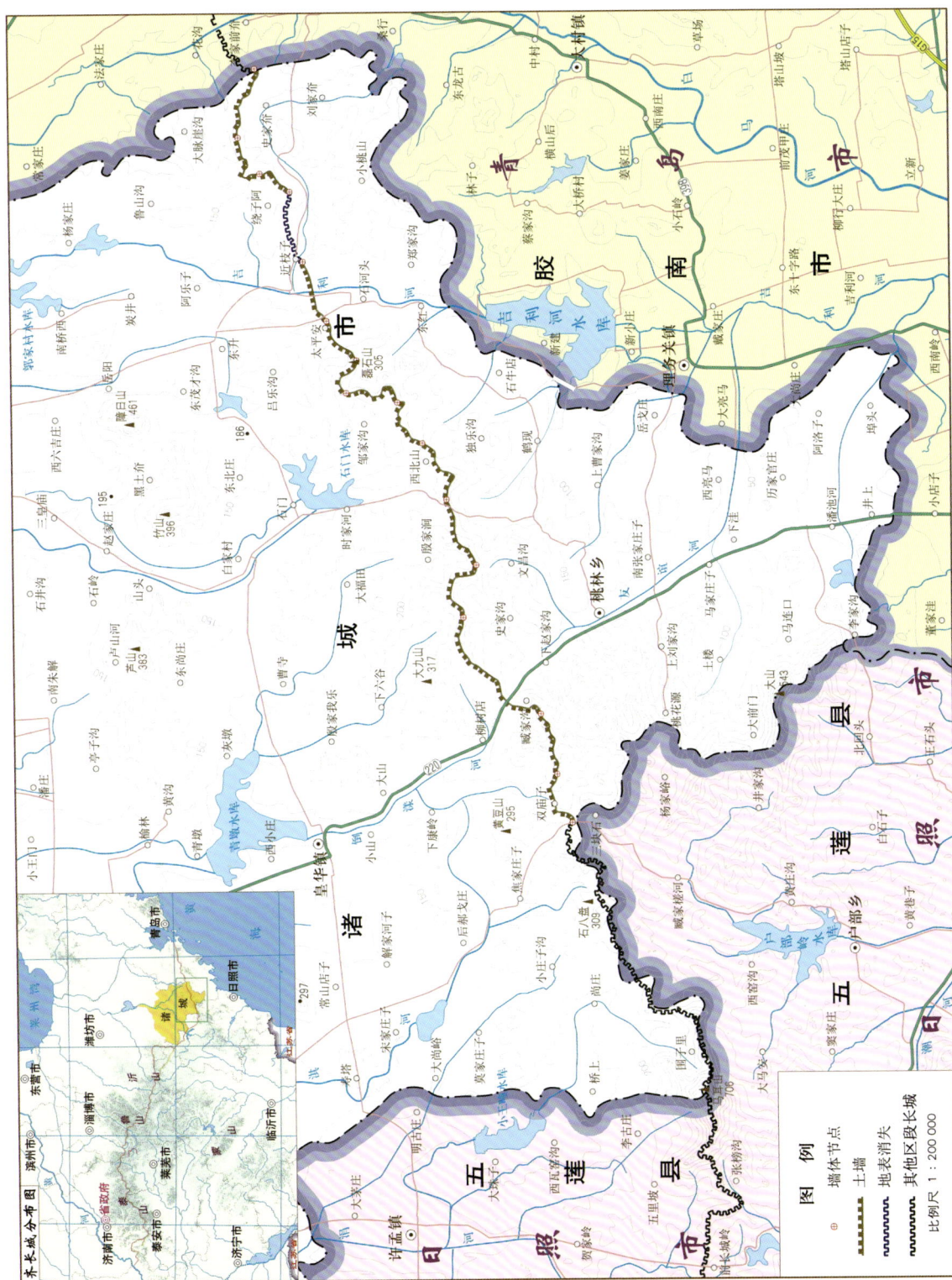

图一○三○　诸城市及周边县市长城分布图

　　墙体构筑因地制宜，在原生砾石地表上直接找平，混合土石夯筑而成，随地势起伏而有落差，多山石地带则出现局部土墙外部包砌石块做法。

　　诸城段齐长城整体保存较好，部分段落因雨水冲刷、自然风化、山体滑坡、水土流失、植物根系等自然因素以及人类生产生活中的建设取土、垦地拓路、采石采矿等人为因素，受到严重的破坏，甚至消失（表二三二、二三三）。

表二三二　诸城段齐长城墙体类型统计表（单位：米）

项目	石墙	土墙	山险	壕堑	消失	总计
小计	31134	0	0	0	6178	37312
百分比（%）	83.44	0.00	0.00	0.00	16.56	100

表二三三　诸城段齐长城墙体保存现状统计表（单位：米）

段落	较好	一般	较差	差	消失	山险	总计
1			593	821	1046		2460
2		2416					2416
3	698	955	2665		970		5288
4		387	2482				2869
5		2632					2632
6		2084	334		360		2778
7	1912	130					2042
8	1755	384			490		2629
9		1830					1830
10		1407	186		280		1873
11	421	782		330	599		2132
12					2250		2250
13	1309						1309
14	2127						2127
15	475	906	372	741	183		2677
小计	8697	13913	6632	1892	6178	0	37312
百分比（%）	23.31	37.29	17.77	5.07	16.56	0.00	100

第四节 分段调查实况（1~15段）

一 墙体保存现状调查

诸城段齐长城（境内独有部分）长37312米，在实地调查过程中，拍摄照片1074张，录像共计357段，绘制图纸15张，并依照自然村、当地山名及现场调查情况，把诸城段长城分为十五段墙体。下面对每段墙体一一描述。

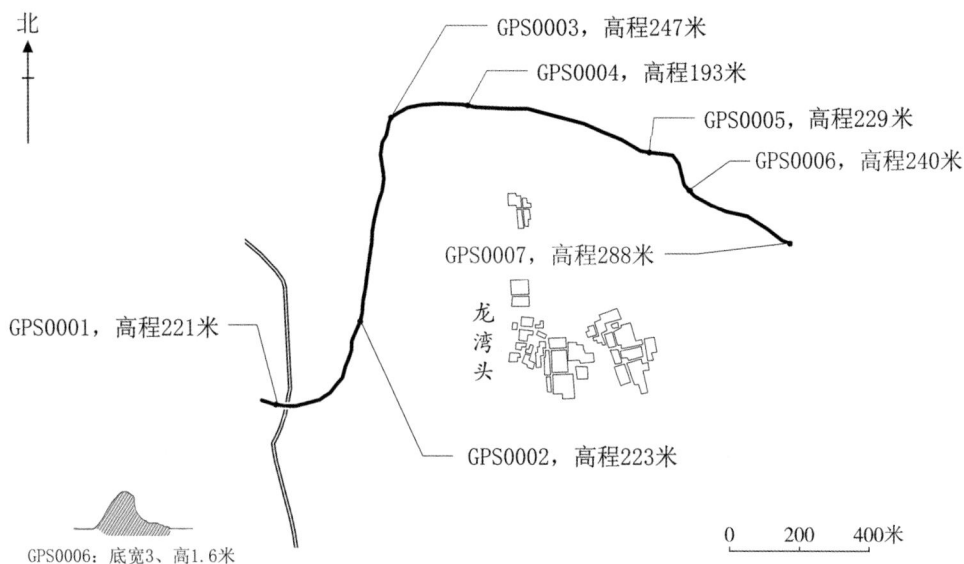

图一〇三一 龙湾头北山段长城走向图

第一段，龙湾头北山段长城（编码：370782382101020001）。

该段长城西南起自龙湾头西山（五莲三块石北山口）韩家沟与大刘家槎河间的水泥路上，高程221米；东北止于龙湾头北山，高程288米。长2460米（图一〇三一；表二三四）。

长城位于龙湾头村北。呈西南—东北走向。该段长城长2460米，根据长城走向和特征点可划分为6个小段。其中保存较差的墙体长593米，保存差的墙体长821米，消失墙体长1046米。

第1小段，GPS0001—0002，呈西南—东北走向。墙体消失。此段长城西端与道路相接，遗迹已消失，周围土地被大面积平整，作为他用。长316米。

第2小段，GPS0002—0003，呈南—北走向。墙体保存差。墙体底宽1.8~3、顶宽0.5~2、高0.5~1.9米。墙体内外侧均为耕地，部分墙体被纵向剖开，开垦为农田，蚕食非常严重，局部地表已无遗迹可循。长610米（图一〇三二、一〇三三）。

第3小段，GPS0003—0004，呈西—东走向。墙体保存差。墙体底宽2~3.5、顶宽1~1.5、高0.7~1.5米。内外两侧均种植栗子树，蚕食严重。长211米（图一〇三四）。

第4小段，GPS0004—0005，呈西—东走向。墙体消失。墙体地处山谷，受村落建设、垦地拓路等人为因素的破坏，地表已无遗迹可循。长730米。

第5小段，GPS0005—0006，呈西北—东南走向。墙体保存较差。墙体底宽2~4、顶宽1~1.5、高1~1.8米。墙体内外两侧种植少量的栗子树，蚕食较为严重。长286米。

第 6 小段，GPS0006—0007，呈西北—东南走向。墙体保存较差。墙体底宽 2~5、顶宽 1~2、高 0.5~1 米。墙体内外两侧均为田地，种植少量松树及栗子树，蚕食严重。此处有一条土路，穿过长城，部分墙基被利用为田间便道，长 60 米。长 307 米（图一〇三五）。

表二三四　龙湾头北山段长城（编码：370782382101020001）GPS 采集点表（单位：米）

工作编号	名称	坐标（起止点）			与相邻点关系
		东经	北纬	高程	
0001	起点			221	
0002	折点 1			223	0001 点东北 316
0003	拐点 1			247	0002 点东北 610
0004	折点 2			193	0003 点东 211
0005	折点 3			229	0004 点东北 730
0006	折点 4			240	0005 点东北 286
0007	止点			288	0006 点东南 307

图一〇三二　GPS0003 点处墙体（东北—西南）

图一〇三三　GPS0002—0003
点间墙体（北—南）

图一〇三四　GPS0004 点以
西墙体（东—西）

图一〇三五　GPS0007
点以西墙体（东—西）

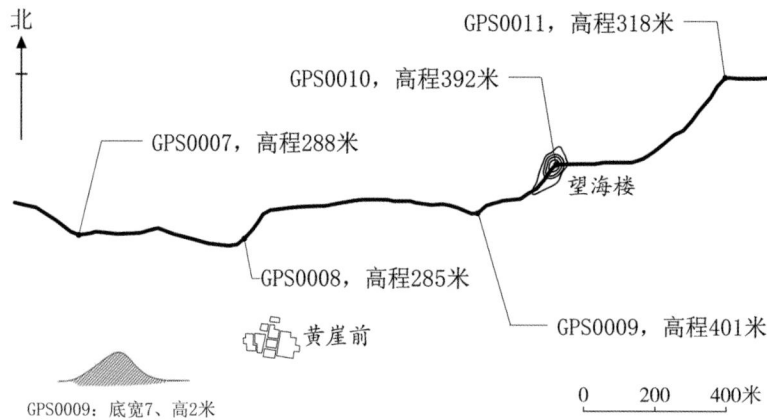

图一○三六　望海楼山段长城走向图

第二段，望海楼山段长城（编码：370782382101020002）

该段长城西南起自龙湾头北山，高程 288 米；东北止于响水崖子南山，高程 318 米。长 2416 米（图一○三六；表二三五）。

长城位于黄崖前村东北。呈西南—东北走向。该段长城长 2416 米。整体保存一般。根据长城走向和特征点可划分为 4 小段。

第 1 小段，GPS0007—0008，呈西—东走向。墙体保存一般。墙体底宽 4.5～7、顶宽 1～1.5、高 1～2 米。墙体外侧种植松树，内侧种植橡树及少量松树，墙体整体看上去为一条土垄，两侧坡度较缓。长 618 米（图一○三七）。

第 2 小段，GPS0008—0009，呈西—东走向。墙体保存一般。墙体底宽 4～7、顶宽 1～1.5、高 1～2 米。两侧均大面积种植松树及橡树，部分树木就生长在墙体上，植物根系破坏墙体明显。长 820 米。

第 3 小段，GPS0009—0010，呈西南—东北走向。墙体保存一般。墙体底宽 5～7、顶宽 0.8～1.7、高 1～2 米。墙体内侧种植少量槐树及松树，外侧多种植松树。长 321 米。

第 4 小段，GPS0010—0011，呈西南—东北走向。墙体保存一般。墙体底宽 4～6、顶宽 1～1.6、高 1～1.6 米，局部能看出外砌石块包边，外侧多种植槐树及少量橡树，内侧多种植橡树及松树。长 657 米（图一○三八、一○三九）。

表二三五　望海楼山段长城（编码：370782382101020002）GPS 采集点表（单位：米）

工作编号	名称	坐标（起止点）			与相邻点关系
		东经	北纬	高程	
0007	起点			288	
0008	拐点 1			285	0007 点东北 618
0009	拐点 2			401	0008 点东北 820
0010	拐点 3			392	0009 点东北 321
0011	止点			318	0010 点东北 657

图一○三七　GPS0008 点以
东墙体（西—东）

图一○三八　GPS0011 点
西南墙体（西北—东南）

图一○三九　GPS0011 点处
墙体石砌包边（西—东）

图一〇四〇　响水崖子南山段长城走向图

第三段，响水崖子南山段长城（编码：370782382101020003）

该段长城西南起自响水崖子南山，高程 318 米；东北止于桃行北山，高程 351 米。长 5288 米（图一〇四〇；表二三六）。

长城位于西响水崖子村南。呈西南—东北走向。

该段长城长 5288 米，根据长城走向和特征点可划分为 11 个小段。其中保存较好墙体长 698 米，一般墙体长 955 米，较差墙体长 2665 米，消失墙体长 970 米。

第 1 小段，GPS0011—0012，呈西南—东北走向。墙体保存一般。墙体底宽 4 ~ 6.5、顶宽 0.5 ~ 1.5、高 1 ~ 2 米。墙体外侧种植松树，内侧种植槐树及橡树，两侧均为缓坡。长 235 米（图一〇四一）。

第 2 小段，GPS0012—0013，墙体保存一般。墙体底宽 5 ~ 7、顶宽 1 ~ 1.6、高 0.5 ~ 1.8 米。墙体地处西响水崖子南山山顶，受水土流失等自然因素的破坏比较严重，局部已所剩无几，大块山石从墙体内部凸显出来；两侧多种植松树及少量的槐树。长 184 米。

第 3 小段，GPS0013—0014，呈南—北走向。墙体保存一般。墙体底宽 4 ~ 7、顶宽 0.5 ~ 1.3、高 1 ~ 2 米。墙体两侧均种植松树，少量树木在墙体上生长，根系破坏现象较为明显。长 536 米。

第 4 小段，GPS0014—0015，呈西南—东北走向。墙体消失。此段长城线路穿过西响水崖子村，受村庄建设、垦地拓路等人为因素地的破坏，在地表无迹象显露；乡镇公路从 GPS0015 点穿过，路面宽 15 米。长 970 米。

第 5 小段，GPS0015—0016，呈西南—东北走向。墙体保存较好。墙体底宽 5 ~ 8、顶宽 1 ~ 1.5、高 2 ~ 3.2 米。墙体两侧均为农田，有部分基层被蚕食。长 492 米（图一〇四二）。

第 6 小段，GPS0016—0017，呈西南—东北走向。墙体保存较好。墙体底宽 5 ~ 9、顶宽 1 ~ 1.8、高 2 ~ 2.8 米。墙体两侧均为农田，墙体上种植松树，植物根系破坏现象明显，墙体西侧为田间土路。长 206 米。

第 7 小段，GPS0017—0018，呈西南—东北走向。墙体保存较差。墙体底宽 4 ~ 6、顶宽 0.7 ~ 1.5、高 1 ~ 1.5 米。墙体两侧均为农田，墙基被用作田间便道，破坏非常严重，局部地表无遗迹可循。长 955 米。

第 8 小段，GPS0018—0019，呈西南—东北走向。墙体保存较差。墙体底宽 4 ~ 6、顶宽 1 ~ 2、高 0.5 ~ 1.7 米。墙体沿山脊曲折前行，水土流失现象严重，大面积裸露山石，两侧均种植松树。长 604 米（图一〇四三）。

第 9 小段，GPS0019—0020，呈西—东走向。墙体保存较差。墙体底宽 4 ~ 5、顶宽 0.5 ~ 1、高 0.8 ~ 1.4 米。墙体水土流失现象严重，仅剩小土垄子状，两侧种植少量松树。长 258 米。

第 10 小段，GPS0020—0021，呈西—东走向。墙体保存较差。墙体底宽 4 ~ 5、顶宽 0.5 ~ 1、高 0.8 ~ 1.4 米。墙体水土流失现象严重，局部无遗迹可循，大面积裸露山石。长 364 米。

第 11 小段，GPS0021—0022，呈西—东走向。墙体保存较差。墙体底宽 4 ~ 5、顶宽 0.8 ~ 1.5、高 1 ~ 1.5 米。水土流失现象严重，南侧种植松树，北侧植被为草皮，无大的树木。长 484 米（图一〇四四）。

表二三六　响水崖子南山段长城（编码：370782382101020003）GPS 采集点表（单位：米）

工作编号	名称	坐标（起止点）			与相邻点关系
		东经	北纬	高程	
0011	起点			318	
0012	拐点 1			321	0011 点东北 235
0013	拐点 2			323	0012 点东北 184
0014	折点 1			204	0013 点东北 536
0015	折点 2			169	0014 点东北 970
0016	折点 3			159	0015 点东北 492
0017	折点 4			186	0016 点东北 206
0018	拐点 3			315	0017 点东北 955
0019	拐点 4			366	0018 点东北 604
0020	拐点 5			368	0019 点东北 258
0021	折点 5			376	0020 点东南 364
0022	止点			351	0021 点东南 484

图一〇四一　GPS0012 点西南墙体外侧石包边（东北—西南）

图一〇四二　GPS0016 点西南墙体（东北—西南）

图一○四三　GPS0019 点西南墙体（东北—西南）

图一○四四　GPS0022 点以东墙体（东—西）

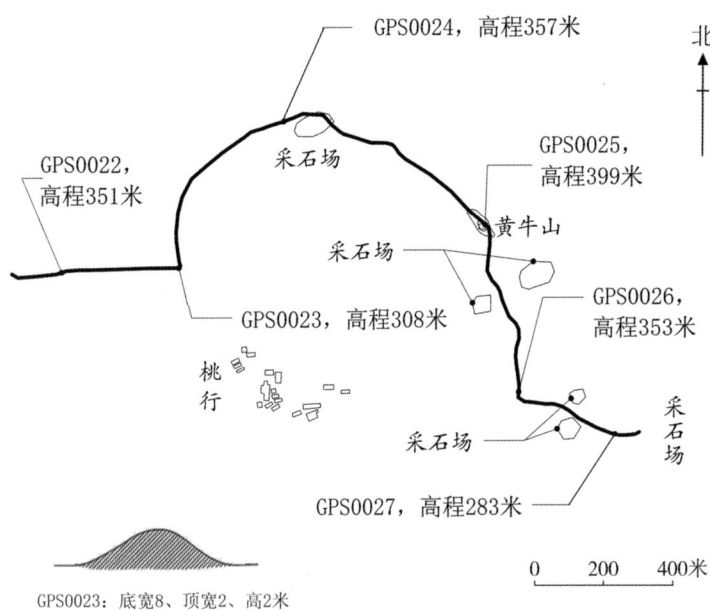

图一〇四五 黄牛山段长城走向图

第四段，黄牛山段长城（编码：370782382101020004）

该段长城西北起自桃行北山，高程 351 米；东南止于钟家梁北山，高程 283 米。长 2869 米（图一〇四五；表二三七）。

长城位于桃行村北的黄牛山。总体呈西北—东南走向。长 2869 米。其中保存一般的墙体长 387 米，较差墙体长 2482 米。根据长城走向和特征点可划分为 5 小段。

第 1 小段，GPS0022—0023，呈西南—东北走向。墙体保存一般。墙体底宽 6~8、顶宽 1.5~2、高 0.5~1 米。墙体水土流失严重，塌落呈带状，GPS0023 点墙基被用作田间便道，占用长度 40 米。长 387 米（图一〇四六）。

第 2 小段，GPS0023—0024，呈西南—东北走向。墙体保存较差。墙体底宽 5~7、顶宽 1~1.5、高 1~2 米。0024 点西侧因开山挖矿，在墙体顶部修路，严重破坏墙体，局部墙体已被破坏殆尽。长 582 米（一〇四七）。

第 3 小段，GPS0024—0025，呈西北—东南走向。墙体保存较差。墙体底宽 4.5~6、顶宽 1~1.5、高 1~1.6 米。墙体两侧种植松树，0025 点为抗日时期炮楼，椭圆形，东西 9、南北 7、高 2.3 米。长 881 米。

第 4 小段，GPS0025—0026，呈北—南走向。墙体保存较差。墙体底宽 5~7、顶宽 1~2、高 1~1.5 米。墙体周围采矿场，修建运输道路破坏墙体，局部墙体完全消失。长 666 米（图一〇四八）。

第 5 小段，GPS0026—0027，呈西北—东南走向。墙体保存较差。墙体底宽 5~8、顶宽 1~2、高 1~2.5 米。墙体两侧因开山挖矿，修路占用部分墙体，0027 点墙体被道路截断，路宽 8 米。长 353 米。

表二三七 黄牛山段长城（编码：370782382101020004）GPS 采集点表（单位：米）

工作编号	名称	坐标（起止点）			与相邻点关系
		东经	北纬	高程	
0022	起点			351	
0023	拐点 1			308	0022 点东北 387
0024	拐点 2			357	0023 点东北 582
0025	折点 1			399	0024 点东南 881
0026	拐点 3			353	0025 点东南 666
0027	止点			283	0026 点东南 353

图一〇四六　GPS0023 点以
西墙体（东—西）

图一〇四七　GPS0024 点
西南墙体（东北—西南）

图一〇四八　GPS0026 点以
北墙体（南—北）

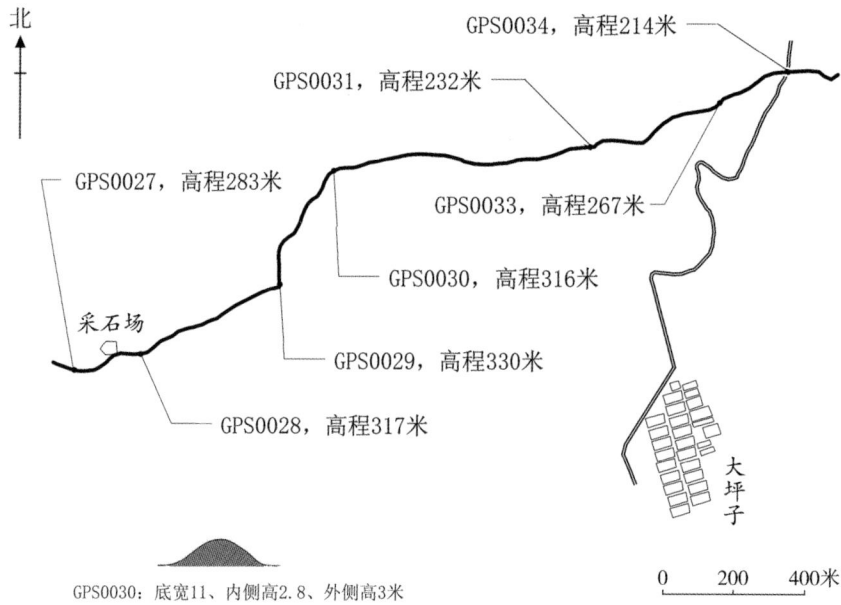

GPS0030：底宽11、内侧高2.8、外侧高3米

图一〇四九　大坪子北山段长城走向图

第五段，大坪子北山段长城（编码：370782382101020005）

该段长城西南起自钟家梁北山，高程 283 米；东北止于至大坪子北山，高程 214 米。长 2632 米（图一〇四九；表二三八）。

长城位于钟家梁北山和大坪子北山。呈西南—东北走向。长 2632 米。整体保存一般。根据长城走向和特征点可划分为 7 个小段。

第 1 小段，GPS0027—0028，呈西—东走向。墙体保存一般。墙体底宽 5~7、顶宽 1~2、高 1~2米。墙体两侧均为梯田，不断蚕食着墙基，墙体上种植少量松树。长 217 米（图一〇五〇）。

第 2 小段，GPS0028—0029，呈西南—东北走向。墙体保存一般。墙体底宽 5~8、顶宽 1~1.8、高 1.5~2 米。因水土流失现象明显，部分墙体裸露山石，两侧均种植松树。长 464 米（图一〇五一）。

第 3 小段，GPS0029—0030，呈南—北走向，略偏东。墙体保存一般。墙体底宽 5~11、顶宽 1~2、高 1.6~2.5 米。墙体迹象较为明显，两侧山坡均为农田，部分农田将墙体蚕食过半，两侧植被为松树。长 400 米（图一〇五二）。

第 4 小段，GPS0030—0031，呈西—东走向。墙体保存一般。墙体底宽 5~8、顶宽 1~2、高 1~2.5 米。墙体两侧山坡均为农田，蚕食较为严重。长 423 米。

第 5 小段，GPS0031—0032，呈西—东走向，略偏北。墙体保存一般。墙体底宽 5~7、顶宽 1~2、残高 1~2 米。墙体两侧山坡均种植松树及少量橡树。长 455 米（图一〇五三）。

第 6 小段，GPS0032—0033，呈西南—东北走向。墙体保存一般。墙体底宽 5~7、顶宽 1.8~2.8、高 1~1.5 米。墙体水土流失现象较为明显，表现为墙体平缓、矮小，底部散宽大，墙体两侧种植松树和橡树。长 443 米。

第 7 小段，GPS0033—0034，呈西南—东北走向。墙体保存一般。墙体底宽 5~7、顶宽 1.5~2、高 1~1.5 米。墙体两侧种植松树和橡树，乡镇公路从 GPS0034 点穿过，路面宽 11 米。长 230 米。

表二三八 大坪子北山段长城（编码：370782382101020005）GPS 采集点表（单位：米）

工作编号	名称	坐标（起止点）			与相邻点关系
		东经	北纬	高程	
0027	起点			283	
0028	折点 1			317	0027 点东北 217
0029	拐点 1			330	0028 点东北 464
0030	拐点 2			316	0029 点东北 400
0031	折点 2			232	0030 点东北 423
0032	折点 3			292	0031 点东北 455
0033	折点 4			267	0032 点东北 443
0034	止点			214	0033 点东北 230

图一〇五〇 GPS0028 点以西墙体（东—西）

图一〇五一　GPS0029 点
西南墙体（东北—西南）

图一〇五二　GPS0030 点
西南墙体（东北—西南）

图一〇五三　GPS0032 点以
西墙体（东—西）

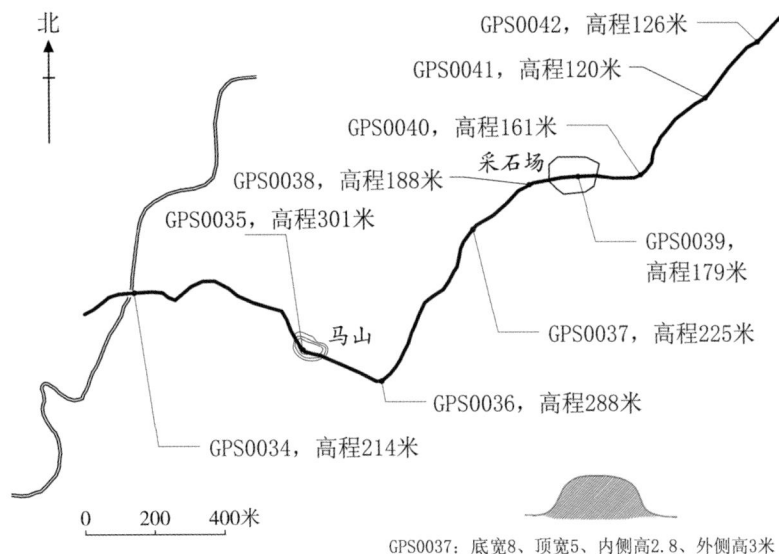

图一○五四　马山段长城走向图

第六段，马山段长城（编码：370782382101020006）

该段长城起自大坪子北山，高程 214 米；东北止于上崔家沟北山，高程 126 米。长 2778 米（图一○五四；表二三九）。

长城位于大坪子村北的马山。呈西南—东北走向。

该段长城长 2778 米，根据长城走向和特征点可划分为 8 个小段。其中保存一般墙体长 2084 米，较差墙体长 334 米，消失墙体长 360 米。

第 1 小段，GPS0034—0035，呈西北—东南走向。墙体保存一般。墙体底宽 5~7、顶宽 1.8~2、高 1~2 米。GPS0034 点东西两侧均为农田，墙体被蚕食；北侧山坡地势平缓，被开垦为农田，南侧山坡较为陡峭，且多山石，种植松树和橡树。长 723 米（图一○五五）。

第 2 小段，GPS0035—0036，呈西北—东南走向。墙体保存一般。墙体底宽 5~7、顶宽 1~1.8、高 1.5~2.6 米。墙体两侧均种植松树和橡树，内侧局部存在石墙包边。长 249 米。

第 3 小段，GPS0036—0037，呈南—北走向，略偏东。墙体保存一般。墙体底宽 6~8、顶宽 2~4、高 1.7~3 米。墙体迹象明显，两侧均为农田，逐步蚕食墙体基层。长 548 米（图一○五六）。

第 4 小段，GPS0037—0038，呈西南—东北走向。墙体保存一般。墙体底宽 6~8、顶宽 1.5~3、高 1.8~2.8 米。墙体两侧均种植松树和橡树，局部开垦为农田。长 320 米。

第 5 小段，GPS0038—0039，呈西—东走向。墙体消失。0039 点东西两侧均有采矿留下的矿坑，西边矿坑东西 98、南北 80、15 米；东边矿坑东西 35、南北 80、深 20 米。墙体全部被破坏。长 140 米。

第 6 小段，GPS0039—0040，呈西—东走向。墙体保存一般。墙体底宽 4.5~8、顶宽 1~3、高 1.5~2.9 米。两侧均为农田，蚕食非常严重，局部墙体因开路被截断，部分墙基被利用为田间便道。长 244 米（图一○五七）。

第 7 小段，GPS0040—0041，呈西南—东北走向。墙体保存较差。墙体底宽 5~7、顶宽 2~4、高 1~2.5 米。雨水冲刷及水土流失现象明显，致使墙体出现数条纵向冲沟，两侧农田蚕食墙基非常严重，局部墙体濒临消失。长 334 米（图一○五八）。

第 8 小段，GPS0041—0042，呈西南—东北走向。墙体消失。此段长城地处山谷，受雨水冲刷、垦田拓路等破坏，地表无遗迹。长 220 米。

表二三九　马山段长城（编码：370782382101020006）GPS 采集点表（单位：米）

工作编号	名称	坐标（起止点）			与相邻点关系
		东经	北纬	高程	
0034	起点			214	
0035	拐点 1			301	0034 点东南 723
0036	拐点 2			288	0035 点东北 249
0037	折点 1			225	0036 点东北 548
0038	折点 2			188	0037 点东北 320
0039	折点 3			179	0038 点东北 140
0040	拐点 3			161	0039 点东北 244
0041	折点 4			120	0040 点东北 334
0042	止点			126	0041 点东北 220

图一〇五五　GPS0035 点以西墙体（东—西）

图一〇五六　GPS0036 点东北墙体（西南—东北）

图一〇五七　GPS0040 点以西墙体（东—西）

图一〇五八　GPS0041点西南墙体（东北—西南）

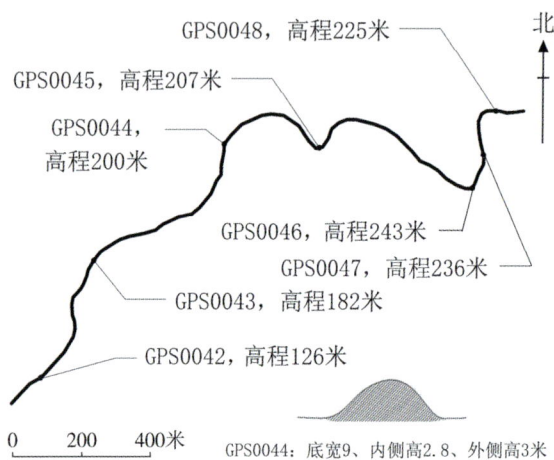

图一〇五九　邹家沟南山段长城走向图

第七段，邹家沟南山段长城（编码：370782382 101020007）

该段长城西南起自上崔家沟北山，高程126米；东北止于邹家沟南山（土山），高程225米。长2042米（图一〇五九；表二四〇）。

长城位于邹家沟村南。呈西南—东北走向。总长2042米。根据长城走下和特征点可划分为6个小段。其中保存较好墙体长1912米，一般墙体长130米。

第1小段，GPS0042—0043，呈西南—东北走向。墙体保存较好。墙体底宽7～10、顶宽1.6～2、高2～2.8米。墙体明显高出两侧，农田蚕食墙基明显，植被为松树和橡树。长468米（图一〇六〇）。

第2小段，GPS0043—0044，呈西南—东北走向。墙体保存较好。墙体底宽6～9、顶宽1.5～1.8、高2～3米。两侧有野生橡树丛，局部农田蚕食墙体。长371米。

第3小段，GPS0044—0045，呈西—东走向（弧形）。墙体保存较好。墙体底宽6～9、顶宽1.5～1.8、高2～2.8米。墙体两侧地势平缓，均开垦为农田，蚕食墙基现象严重。长366米（图一〇六一）。

第4小段，GPS0045—0046，呈西北—东南走向。墙体保存较好。墙体底宽5～7、顶宽1.5～2.5、高 1.6~2.2 米。墙体两侧均为农田，墙基被蚕食较为严重，局部墙基被利用为田间便道。长 597 米。

第 5 小段，GPS0046—0047，呈南—北走向，略偏东。墙体保存较好。墙体底宽 5~7、顶宽 1~2、高 1.5~2 米。墙体西侧地势平缓，多开垦为农田，墙基被蚕食较为严重，东侧地势陡峭，种植松树和橡树。长 110 米。

第 6 小段，GPS0047—0048，呈南—北走向，略偏东。墙体保存一般。墙体底宽 4~6、顶宽 1~1.5、高 1~2 米。墙体两侧均为农田，墙基被蚕食非常严重，田间便道从 GPS0048 点截断长城，路口宽 4 米。长 130 米（图一○六二）。

表二四○　邹家沟南山段长城（编码：370782382101020007）GPS 采集点表（单位：米）

工作编号	名称	坐标（起止点）			与相邻点关系
		东经	北纬	高程	
0042	起点			126	
0043	拐点 1			182	0042 点东北 468
0044	拐点 2			200	0043 点东北 371
0045	拐点 3			207	0044 点东北 366
0046	拐点 4			243	0045 点东南 597
0047	拐点 5			236	0046 点东北 110
0048	止点			225	0047 点东北 130

图一○六○　GPS0043 点西南墙体（东北—西南）

图一〇六一　GPS0045 点西北墙体（东南—西北）

图一〇六二　GPS0047 点西南墙体（东北—西南）

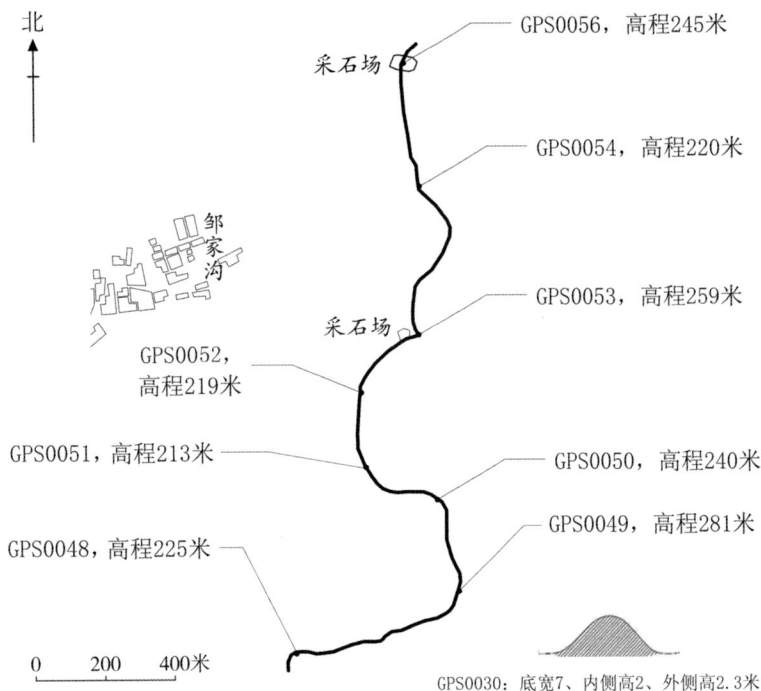

图一〇六三　邹家沟东山段长城走向图

第八段，邹家沟东山段长城（编码：370782382101020008）

该段长城南起自邹家沟南山（土山），高程225米；北止于邹家沟村东大母石坑顶，高程245米。长2629米（图一〇六三；表二四一）。

长城位于邹家沟村东。呈南—北走向，略偏东。总长2629米。根据长城走向和特征点可划分为8个小段。其中保存较好墙体长1755米，一般墙体长384米，消失墙体490米。

第1小段，GPS0048—0049，呈西南—东北走向。墙体保存较好。墙体底宽2~5、顶宽1.5~2.5、高1.5~2.5米。墙体南侧地势陡峭，种植橡树和松树，北侧地势平缓，原有一围子，现仅存石墙基。长645米（图一〇六四、一〇六五）。

第2小段，GPS0049—0050，呈南—北走向。墙体保存较好。墙体底宽5~7、顶宽1.5~2、高1.5~2.3米。墙体局部现存石墙包边，两侧均种植橡树和松树。长336米。

第3小段，GPS0050—0051，呈东南—西北走向。墙体保存一般。墙体底宽4~6、顶宽1~1.5、高1.5~2.3米。墙体北侧地势陡峭，种植橡树和松树，南侧地势平缓，开垦为农田，墙基被蚕食非常严重。长208米。

第4小段，GPS0051—0052，呈南—北走向。墙体消失。墙体受雨水冲刷、垦田拓路、采石开矿等破坏，地表无遗迹。长290米。

第5小段，GPS0052—0053，呈西南—东北走向。墙体保存较好。墙体底宽5~7、顶宽1~2、高1~2.5米。墙体西侧为农田，墙基被蚕食，东侧种植橡树和松树。GPS0053处为采石采矿坑，东西40、南北70米。长274米（图一〇六六）。

第6小段，GPS0053—0054，呈南—北走向。墙体保存较好。墙体底宽8~12、顶宽1.5~2.5、高1.8~3米。墙体两侧均种植橡树和松树，人为破坏现象较少，局部保存有石墙包边。长500米（图一〇六七）。

第 7 小段，GPS0054—0055，呈南—北走向。墙体消失。此处墙体受雨水冲刷、垦田拓路等破坏，地表无遗迹。长 200 米。

第 8 小段，GPS0055—0056，呈南—北走向。墙体保存一般。墙体底宽 5～7、顶宽 1～1.5、高 1～2 米。墙体两侧均种植橡树，0056 点处挖山开矿，墙体被破坏得面目全非，挖开深度 4 米，东西 50、南北 30 米。长 176 米。

表二四一　邹家沟东山段长城（编码：370782382101020008）GPS 采集点表（单位：米）

工作编号	名称	坐标（起止点）			与相邻点关系
		东经	北纬	高程	
0048	起点			225	
0049	拐点 1			281	0048 点东北 645
0050	拐点 2			240	0049 点西北 336
0051	拐点 3			213	0050 点西北 208
0052	拐点 4			219	0051 点西北 290
0053	拐点 5			259	0052 点东北 274
0054	折点 1			220	0053 点东北 500
0055	折点 2			225	0054 点西北 200
0056	止点			245	0055 点西北 176

图一〇六四　GPS0049 点以西墙体（东—西）

图一○六五　GPS0049 点以北墙体（南—北）

图一○六六　GPS0053 点以南墙体（北—南）

图一〇六七　GPS0054 点以南墙体（北—南）

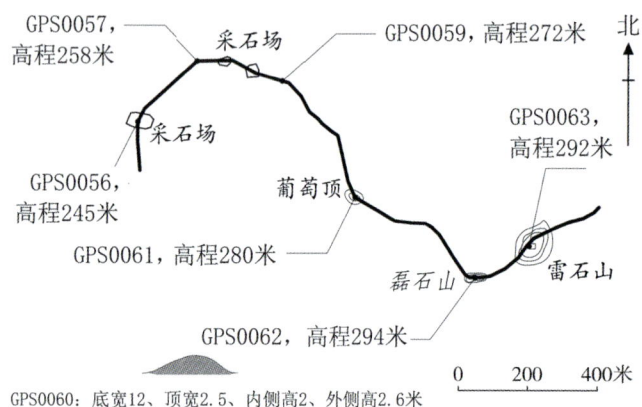

GPS0060：底宽12、顶宽2.5、内侧高2、外侧高2.6米

图一〇六八　磊石山段长城走向图

第九段，磊石山段长城（编码：37078 2382101020009）

该段长城西北起自大母石坑顶，高程 245 米；东南止于磊石山，高程 294 米。长 1830 米（图一〇六八；表二四二）。

长城位于邹家沟村东的葡萄顶和磊石山，呈西北—东南走向。整体保存一般。长 1830 米。根据长城走向和特征点可划分为 6 个小段。

第 1 小段，GPS0056—0057，呈西南—东北走向。墙体保存一般。墙体底宽 8 ~ 14、顶宽 1 ~ 2、高 2 ~ 2.8 米。墙体两侧种植少量松树，植被主要为野草，小面积开垦农田。长 138 米（图一〇六九）。

第 2 小段，GPS0057—0058，呈西北—东南走向。墙体保存一般。墙体底宽 10 ~ 14、顶宽 1 ~ 2、高 2 ~ 2.9 米。墙体两侧均有采石采矿坑，部分墙体被开挖，修建运输道路截断墙体，总破坏墙体长 80 米。长 140 米。

第 3 小段，GPS0058—0059，呈西北—东南走向。墙体保存一般。墙体底宽 10 ~ 14、顶宽 1 ~ 2、高 2 ~ 2.5 米。墙体两侧种植少量松树，植被主要为野草，小面积开垦农田，道路截断墙体长 8 米。长 351 米。

第 4 小段，GPS0059—0060，呈西北—东南走向。墙体保存一般。墙体底宽 8～12、顶宽 1.8～2.5、高 2～2.6 米。墙体北侧种植大面积橡树，南侧种植少量松树，植被主要为野草，小面积开垦农田。长 261 米（图一〇七〇）。

第 5 小段，GPS0060—0061，呈北—南走向。墙体保存一般。墙体底宽 8～12、顶宽 1.5～1.8、高 2～2.8 米。墙体东侧种植大面积橡树，西侧植被主要为野草。长 200 米（图一〇七一）。

第 6 小段，GPS0061—0062，呈西北—东南走向。墙体保存一般。墙体底宽 5～6、顶宽 1.5～2、高 1.5～2 米。墙体两侧均种植橡树和少量的松树，GPS0062 点接磊石山。长 740 米。

表二四二　磊石山段长城（编码：3707823821020009）GPS 采集点表（单位：米）

工作编号	名称	坐标（起止点）			与相邻点关系
		东经	北纬	高程	
0056	起点			245	
0057	拐点 1			258	0056 点西北 138
0058	拐点 2			251	0057 点东南 140
0059	拐点 3			272	0058 点东北 351
0060	拐点 4			278	0059 点东南 261
0061	拐点 5			280	0060 点东南 200
0062	止点			294	0061 点东南 740

图一〇六九　GPS0056 点东南墙体（西北—东南）

图一〇七〇　GPS0059 点东南墙体（西北—东南）

图一〇七一　GPS0061 点以北墙体（南—北）

第十段，石河头北山段长城（编码：370782382101020010）

该段长城西南起自磊石山，高程294米；东北止于太平安村，高程92米。长1873米（图一○七二；表二四三）。

长城位于太平安村南。呈西南—东北走向。总长1873米，根据长城走向和特征点可划分为5个小段。其中保存一般墙体长1407米，较差墙体长186米，消失墙体280米。

第1小段，GPS0062—0063，呈西南—东北走向。墙体保存较差。墙体底宽2.5~4、顶宽0.8~1、高1~1.5米。此段位于磊石山两山顶之间，多山石。长186米。

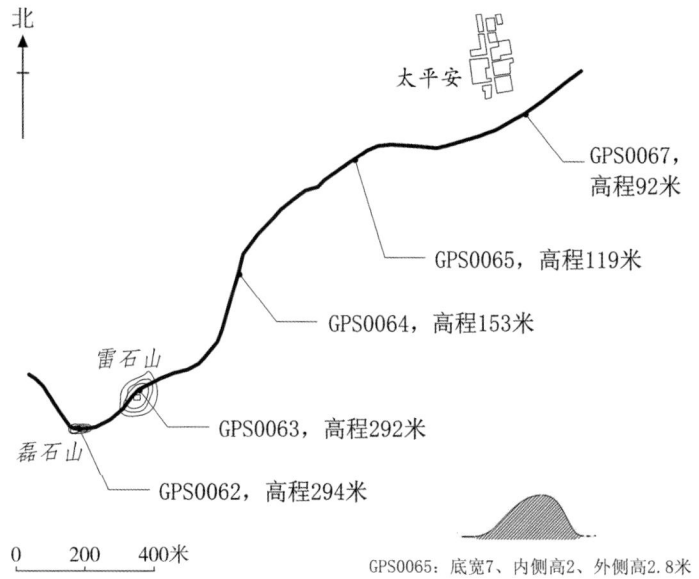

GPS0065：底宽7、内侧高2、外侧高2.8米

图一○七二　石河头北山段长城走向图

第2小段，GPS0063—0064，呈西南—东北走向。墙体保存一般。墙体底宽4~5、顶宽1~1.8、高1.5~2.8米。两侧均种植松树和槐树。长560米（图一○七三）。

第3小段，GPS0064—0065，呈西南—东北走向。墙体保存一般。墙体底宽5~7、顶宽1~2、高1.5~2米。两侧均种植槐树和少量橡树，有一条土路截断墙体，路宽6米。长557米（图一○七四）。

第4小段，GPS0065—0066，呈西—东走向，略偏北。墙体保存一般。墙体底宽3~4、顶宽1~1.5、高1.5~2.2米。两侧均为农田，墙体被蚕食非常严重，墙基被利用为田间便道。长290米（图一○七五）。

第5小段，GPS0066—0067，呈西—东走向，略偏北。墙体消失。墙体受村落建设、垦田拓路、雨水冲刷等破坏，地表无遗迹。长280米。

表二四三　石河头北山段长城（编码：370782382101020010）GPS采集点表（单位：米）

工作编号	名称	坐标（起止点）			与相邻点关系
		东经	北纬	高程	
0062	起点			294	
0063	折点1			292	0062点东北186
0064	拐点1			153	0063点东北560
0065	拐点2			119	0064点东北557
0066	折点2			100	0065点东北290
0067	止点			92	0066点东北280

图一〇七三　GPS0064 点
西南墙体（东北—西南）

图一〇七四　GPS0065 点
西南墙体（东北—西南）

图一〇七五　GPS0066 点以
西墙体（东—西）

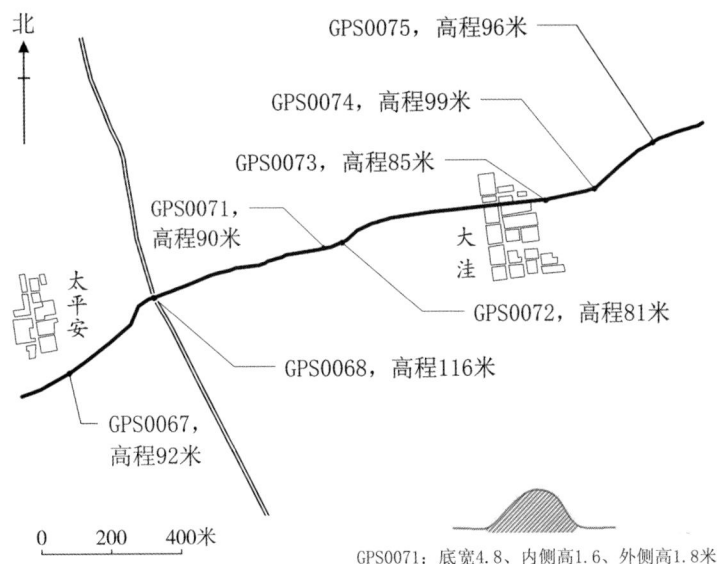

GPS0071：底宽4.8、内侧高1.6、外侧高1.8米

图一〇七六　大洼段长城走向图

第十一段，大洼段长城（编码：3707823821010200011）

该段长城西南起自太平安村，高程92米；东北止于大洼村东，高程96米。长2132米（图一〇七六；表二四四）。

长城位于大洼村。呈西南—东北走向。总长2132米，其中保存较好墙体长421米，一般墙体长782米，差墙体长330米，消失墙体长599米。根据长城走向和特征点可划分为8个小段。

第1小段，0067—0068，呈西南—东北走向。墙体保存较好。墙体底宽8～14、顶宽1～2、高2.5～4米。墙体迹象非常明显，两侧均为农田，局部墙基被蚕食，有两处被横向截断；墙体在GPS0068点被道路截断，断口宽10米。长421米（图一〇七七）。

第2小段，0068—0069，呈西南—东北走向。墙体保存一般。墙体底宽3～5、顶宽2～3、高1～2.5米。两侧均为农田，墙基被蚕食非常严重，被利用为田间便道，常有农用机动车通行，对墙体造成安全隐患。长370米（图一〇七八）。

第3小段，0069—0070，呈西—东走向。墙体消失。墙体完全被农田占压，地表无遗迹。长32米。

第4小段，0070—0071，呈西—东走向，略偏北。墙体保存一般。墙体底宽3～4.8、顶宽1～1.5、高0.5～1.8米。两侧均为农田，墙基被蚕食较为严重。长160米。

第5小段，0071—0072，呈西—东走向，略偏北。墙体保存差。墙体底宽2～3、顶宽0.5～1、高0.5～1米。两侧均为农田，墙基被蚕食非常严重，部分迹象模糊。长90米。

第6小段，0072—0073，呈西—东走向，略偏北。墙体消失。该段墙体走向穿过大洼村，受村落建设、垦田拓路、沟渠开挖等破坏，地表无遗迹。长567米。

第7小段，0073—0074，呈西—东走向，略偏北。墙体保存一般。墙体底宽2～4.5、顶宽1.8～2.4、高1～2米。两侧均为农田，蚕食较为严重，墙基被利用为田间便道。长252米（图一〇七九）。

第8小段，0074—0075，呈西南—东北走向。墙体保存差。墙体底宽2.3～4、顶宽2～3、高1～1.8米。两侧均为农田，蚕食非常严重，墙基被利用为田间便道，常有农用机动车通行。长240米。

表二四四　大洼段长城（编码：370782382101020011）GPS采集点表（单位：米）

工作编号	名称	坐标（起止点）			与相邻点关系
		东经	北纬	高程	
0067	起点			92	
0068	折点1			116	0067点东北421
0069	折点2			81	0068点东北370
0070	拐点1			88	0069点东北32
0071	折点3			90	0070点东北160
0072	折点4			81	0071点东北90
0073	折点5			85	0072点东北567
0074	折点6			99	0073点东北252
0075	止点			96	0074点东北240

图一〇七七　GPS0067点以东墙体（西—东）

图一〇七八　GPS0069点以西墙体（东—西）

图一〇七九　GPS0074点以东墙体（东—西）

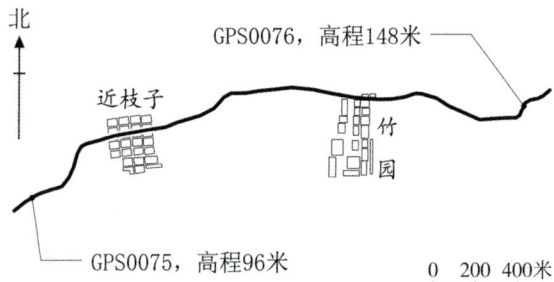

图一〇八〇　竹园东山段长城走向图

第十二段，竹园东山段长城（编码：370782382301020012）

该段长城西南起自大洼村东，高程96米；东北止于竹园村东，高程148米。长2250米（图一〇八〇；表二四五）。

长城西南起大洼村东，东北至竹园村东，全长2250米。该段墙体途经近枝子村和竹园村，受村落建设、垦田拓路、沟渠开挖等破坏，地表无遗迹，长城消失（图一〇八一）。

表二四五　竹园东山段长城（编码：370782382101020012）GPS采集点表（单位：米）

工作编号	名称	坐标（起止点）			与相邻点关系
		东经	北纬	高程	
0075	起点			96	
0076	止点			148	0075点东北2250

图一〇八一　GPS0076点以西墙体走向（东—西）

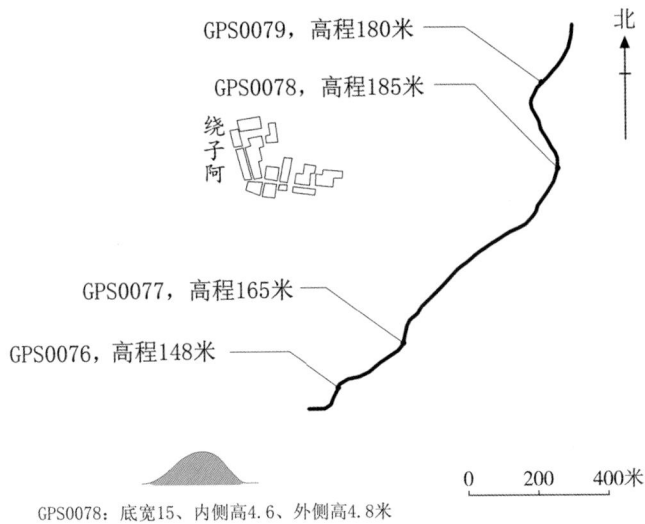

GPS0078：底宽15、内侧高4.6、外侧高4.8米

图一〇八二　绕子阿南山段长城走向图

第十三段，绕子阿南山段长城（编码：370782382101020013）

该段长城西南起自竹园村东，高程148米；东北止于绕子阿村东岭，高程180米。长1309米（图一〇八二；表二四六）。

长城位于绕子阿村南。呈西南—东北走向。总长1309米。整体保存较好。根据长城走向和特征点可划分为3个小段。

第1小段，GPS0076—0077，呈西南—东北走向。墙体保存较好。墙体底宽6~9、顶宽2~2.3、高2~3.6米。两侧均为农田，蚕食较为严重，部分墙基被利用为田间便道，常有农用机动车通行，严重威胁到墙体的安全。长299米。

第2小段，GPS0077—0078，呈西南—东北走向。墙体保存较好。墙体底宽7~11、顶宽2~2.5、高2~3.8米。两侧均为农田，蚕食较为严重，部分墙基被利用为田间便道，常有农用机动车通行，严重威胁到墙体的安全。长710米（图一〇八三、一〇八四）。

第3小段，GPS0078—0079，呈南—北走向。墙体保存较好。墙体底宽7~13、顶宽2.5~3、高3~4米。两侧均为农田，蚕食较为严重，东侧有一条土路与墙体平行，距离墙体5~7米。墙体在GPS0079点被田间便道截断，断口宽15米。长300米（图一〇八五）。

表二四六　绕子阿南山段长城（编码：370782382101020013）GPS采集点表（单位：米）

工作编号	名称	坐标（起止点）			与相邻点关系
		东经	北纬	高程	
0076	起点			148	
0077	拐点			165	0076点东北299
0078	折点1			185	0077点东北710
0079	止点			180	0078点西北300

图一〇八三　GPS0077 点
东北墙体（西南—东北）

图一〇八四　GPS0078 点以
北墙体（南—北）

图一〇八五　GPS0079 点以
东墙体（东—西）

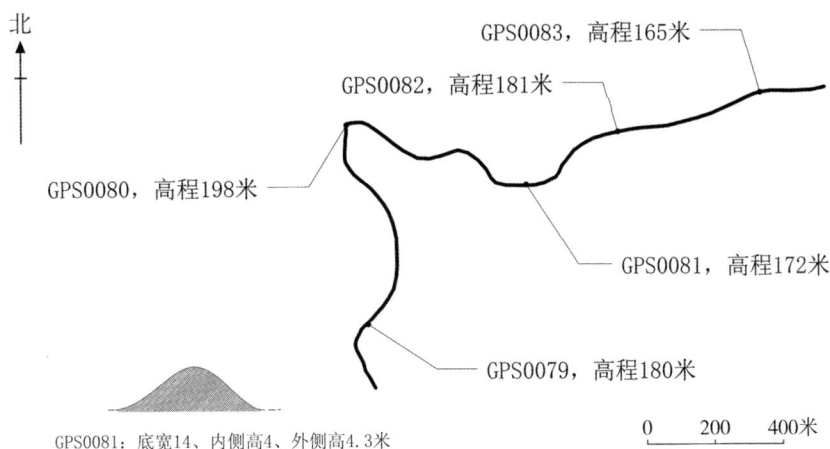

图一〇八六　孙家夼北山段长城走向图

第十四段，孙家夼北山段长城（编码：370782382101020014）

该段长城西南起自绕子阿村东岭，高程 180 米；东北止于孙家夼北山，高程 165 米。长 2127 米（图一〇八六；表二四七）。

长城位于崔家沟东岭。呈西南—东北走向。总长 2127 米。整体保存较好。根据长城走向和特征点可划分为 4 个小段。

第 1 小段，GPS0079—0080，呈南—北走向。墙体保存较好。墙体底宽 7～10、顶宽 3～5、高 1.5～2.7 米。两侧均为农田，蚕食非常严重，局部墙基被利用为乡村土路，常有机动车通行，长度约为 450 米。长 701 米（图一〇八七、一〇八八）。

第 2 小段，GPS0080—0081，呈西北—东南走向。墙体保存较好。墙体底宽 8～14、顶宽 1.5～3、高 2～4 米。两侧均为农田，蚕食非常严重。长 617 米（图一〇八九）。

第 3 小段，GPS0081—0082，呈西南—东北走向。墙体保存较好。墙体底宽 8～13、顶宽 1.5～3、高 2～4 米。两侧均为农田，蚕食非常严重。长 320 米。

第 4 小段，GPS0082—0083，呈西—东走向，略偏北。墙体保存较好。墙体底宽 2～4.5、顶宽 1～2、高 1～2 米。两侧均为农田，蚕食非常严重，部分墙基被利用为田间便道，通行农用机动车。长 489 米（图一〇九〇）。

表二四七　孙家夼北山段长城（编码：370782382101020014）GPS 采集点表（单位：米）

工作编号	名称	坐标（起止点）			与相邻点关系
		东经	北纬	高程	
0079	起点			180	
0080	折点1			198	0079 点西北 701
0081	拐点1			172	0080 点东南 617
0082	拐点2			181	0081 点东北 320
0083	止点			165	0082 点东北 489

图一〇八七　GPS0079 点处墙体截面（南—北）

图一〇八八　GPS0080 点以南墙体（北—南）

图一〇八九　GPS0081 点西北墙体（东南—西北）

图一〇九〇　GPS0083 点以西墙体（东—西）

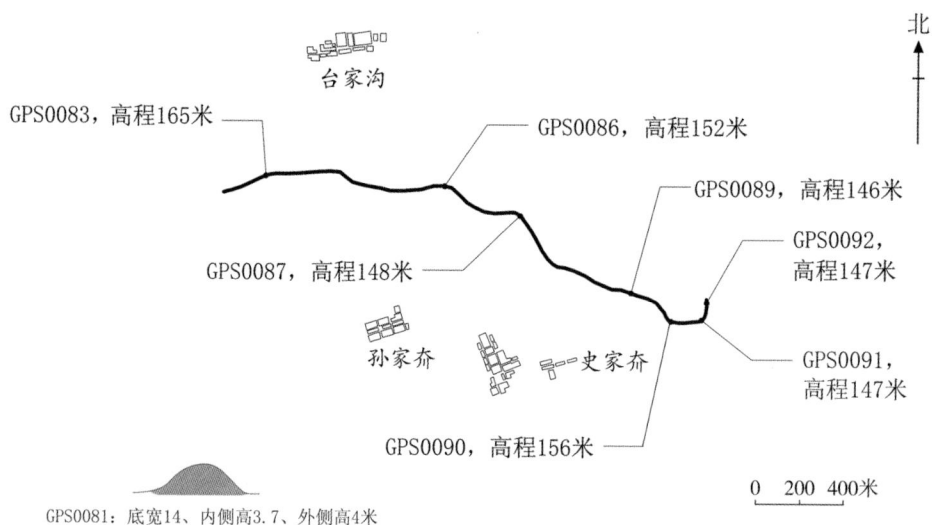

图一〇九一 史家夼北山段长城走向图

第十五段，史家夼北山段长城（编码：370782382101020015）

该段长城西北起自孙家夼北山，高程 165 米；东南止于史家夼北岭，高程 147 米。长 2677 米（图一〇九一；表二四八）。

长城位于史家夼村北岭。呈西北—东南走向。总长 2677 米，其中保存较好墙体长 475 米，一般墙体长 906 米，较差墙体长 372 米，差墙体 741 米，消失墙体长 183 米。根据长城走向和特征点可划分为 9 个小段。

第 1 小段，GPS0083—0084，呈西—东走向。墙体保存较好。墙体底宽 10～14、顶宽 2.5～3.6、高 2～4 米。两侧均为农田，蚕食较为严重，墙基被利用为田间道路。长 475 米。

第 2 小段，GPS0084—0085，呈西—东走向，略偏南。墙体保存一般。墙体底宽 2.5～4、顶宽 1～1.6、高 1～1.7 米。两侧均为农田，蚕食非常严重，墙基被利用为田间道路，通行农用机动车。长 161 米（图一〇九二）。

第 3 小段，GPS0085—0086，呈西—东走向。墙体保存一般。墙体底宽 5～7、顶宽 2.6～4、高 1～2 米。两侧均为农田，蚕食非常严重，墙基被利用为田间道路，通行农用机动车。长 360 米。

第 4 小段，GPS0086—0087，呈西北—东南走向。墙体保存较差。墙体底宽 5～7、顶宽 3～4、高 1～1.8 米。两侧均为农田，蚕食非常严重，墙基被利用为田间道路，通行农用机动车。长 372 米。

第 5 小段，GPS0087—0088，呈西北—东南走向。墙体保存差。墙体底宽 6～8、顶宽 3～4.5、高 0.6～1.4 米。两侧均为农田，蚕食非常严重，墙基被利用为田间道路，通行农用机动车。长 311 米（图一〇九三）。

第 6 小段，GPS0088—0089，呈西北—东南走向。墙体保存差。墙体底宽 4.5～6、顶宽 2.7～4、高 0.7～1 米。两侧均为农田，蚕食非常严重，墙基被利用为田间道路，通行农用机动车。长 430 米。

第 7 小段，GPS0089—0090，呈西北—东南走向。墙体保存一般。墙体底宽 5～7、顶宽 1～2.7、高 1.5～2.7 米。两侧均为农田，蚕食非常严重。长 267 米（图一〇九四）。

第 8 小段，GPS0090—0091，呈西—东走向。墙体消失。农田破坏墙体，地表无遗迹。长 183 米。

第 9 小段，GPS0091—0092，呈南—北走向，略偏东。墙体保存一般。墙体底宽 5～7、顶宽 2～

3.5、高 0.7~1.8 米。两侧均为农田，蚕食非常严重。长 118 米（图一〇九五）。

长城至此向东北方向，即进入胶南境内。

表二四八 史家夼北山段长城（编码：370782382101020015）GPS 采集点表（单位：米）

工作编号	名称	坐标（起止点）			与相邻点关系
		东经	北纬	高程	
0083	起点			165	
0084	拐点 1			166	0083 点东南 475
0085	折点 1			162	0084 点东南 161
0086	拐点 2			152	0085 点东北 360
0087	拐点 3			148	0086 点东南 372
0088	拐点 4			144	0087 点东南 311
0089	折点 2			146	0088 点东南 430
0090	拐点 5			156	0089 点东南 267
0091	拐点 6			147	0090 点东北 183
0092	止点			147	0091 点东北 118

图一〇九二 GPS0084 点以西墙体（东—西）

图一〇九三　GPS0088 点东南墙体（西北—东南）

图一〇九四　GPS0090 点处墙体（西—东）

图一〇九五　GPS0092 点以南墙体（南—北）

第五节　保护管理机构现状调查

一　保护机构

境内长城属诸城市文物局统一保护管理，沿线未设置保护，无统一有效的保护管理机制，无法掌握每段墙体的具体保存现状，致使多处墙体一直处于人为破坏的环境中，直至消失殆尽。

二　保护标志

此次调查，没有发现有效的保护标志或警示牌，这部分工作，须在后期保护工作中加入。适当地树立保护标志碑和警示牌，能有效地阻止一些人为破坏行为，对长城的保护起到很关键的作用。

三　保护范围及建设控制地带

齐长城资源调查前，山东省文物主管部门明确规定，齐长城墙体及附属建筑两侧 50 米之内为保护范围，其中 20 米之内为绝对保护区，300 米之内为建设控制地带。后调整为坡地和平地部分：以长城本体两侧外缘各向外 200 米为保护范围，保护范围外缘向外 500 米为建设控制地带；山岭部分：山脊上的长城按山脊两侧的谷底线（或坡脚线）至长城墙体外缘的距离不足 700 米的按 700 米划定。

四　记录档案

未建立有效的"四有"档案。为了有效地记录长城保存现状和进一步完善保护规划，必须详尽地完善相关资料，建立独立的长城档案，这是今后工作的重。

第六节　长城损毁的自然与人为因素

一　自然因素

境内长城途经地形地貌较为复杂，可分为山地、丘陵、沟壑及平原四个不同类型。山地类型，墙体均沿山脊分布，两侧多种植松树、橡树、槐树及栗子树等树种，少农田破坏；处于山谷之间时，多被修路截断破坏；丘陵类型，墙体多沿丘陵脊线分布，地势平缓的坡面多被开垦为农田，地势陡峭的地方多种植松树、橡树及槐树等树种，人为破坏现象较为明显；沟壑类型，受雨水冲刷及河流截断等破坏影响，大部分墙体地表已无遗迹；平原类型，墙体途经平原地带时，两侧多农田，蚕食现象严重。

二　人为因素

此次调查表明，破坏长城墙体的最大因素就是人为因素，多表现为村镇建设、垦田拓路、采石采矿及取土挖沙等破坏，致使长城墙体满目疮痍，已所剩无几。

第十八章

胶南市齐长城资源调查

第一节 地理位置与自然环境

胶南市，隶属于青岛的县级市，位于青岛市区的海西岸，是青岛市的卫星城市。它东与青岛经济技术开发区（黄岛区）接壤，西、西北及北分别与日照市、五莲县、诸城市和胶州市毗邻，南及东南临海，海岸线 138 千米。

地质、地形、地貌 胶南属滨海低山丘陵区，海岸线长达 138 千米，较大港湾有胶州湾、唐岛湾等 16 处，天然港口主要有积米崖、小口子、杨家洼、贡口、董家口等，沿岸岛屿 10 余处，海域面积近 500 万亩（约合 333335 平方米）。境内山岭起伏，小珠山、铁橛山、藏马山和大珠山崛起于中部，构成东北—西南向隆起脊梁，支脉蔓延全境，有大小山头 500 余座。山岭之间，有大小河流 125 条，其中较大河流 10 条。地势西北较高，东南偏低，自西北向东南倾斜入海。

气候、水文 胶南地处沿海，位于山东半岛中东部地区，为北温带季风气候，气温较低，年降雨量适中，夏季凉爽而潮湿，冬季寒冷而湿润，四季分明，无霜期 202 天，年日照 2447.1 小时。年降水量 750～900 毫米，年平均降水 798.3 毫米，年降水日数 83～97 天，气温 ≥10℃ 期间，年降水量约 540～800 毫米。平均暴雨日数 2～4 天，一日最大降水量达 130～470 毫米，局部在 470 毫米以上，年平均湿度在 70% 以上，为全省相对湿度高值。

植被 全市有林地面积 57 万余亩（约合 38000 平方米），林木覆盖率 25.72%。低山丘陵上部，多生长赤松和野生灌木等；中下部主要分布黑松、刺槐和柞树等；山下有枰柳、柳树、刺槐、板栗、山楂等；河流两岸是欧美杨速生丰产林栽培区；滨海地带主要生长赤松、黑松、刺槐和棉槐等。草场植被全县有成片草场 24 万亩（约合 16000 平方米），其中有林地以外疏林草地 6.9 万亩（约合 4600 平方米），野生杂草 50 余种。低山丘陵区主要有白羊草、结缕草、画眉草等。

第二节 历史沿革

胶南市历史悠久，早在 5000 多年前的大汶口文化时期，就有人类生活繁衍。然而建置兴废无常，或分而他属，或合而自立，几经变迁。春秋战国时期，先后有齐邑、越都之置；秦代设琅琊郡、县之治；汉承秦制，并增琅琊国、柜县和祝兹侯国治于境内；晋省琅琊，境域分属今诸城、胶州旧置；隋复置琅琊县；唐再裁之，境地仍归胶州、诸城。废置千余年。

1943 年，建立抗日民主政府诸胶边办事处，次年拆置藏马、诸胶边两县，属滨海行署；1946 年改建胶南县，属滨北专区；1956 年裁藏马县入胶南，隶属昌潍专区；1958 年胶南县划入青岛市，1961 年复归昌潍专区，1979 年再度划归青岛市。1990 年 12 月，胶南撤县设市。2002 年，全市共有 16 个镇、5 个区、2 个街道办事处、1008 个村（居）民委员会。

2012 年 12 月撤市并入青岛市黄岛区。2014 年 6 月，国务院正式批准设立青岛西海岸新区。

第三节　长城概况

胶南段齐长城总长 53635 米。

胶南段齐长城西起史家夼东山，高程 147 米；由此点沿墙体向东北经李家前夼北岭、徐家前夼北岭，至峰台顶，向东经丰台村南、孙家沟村南、山周新村南、山周西大沟东岭，过王家墩子向东沿月季山山岭至月季山最高，由此折向东北，过大下庄北山、铁山水库南端，经葫芦山、前石沟村南向东过背儿山、张仓北山、前辛庄村北，过曹城山，沿金猪坑东岭向北，经大桥村北山，向东过黄山，沿山岭至报窝顶，转东南过石寨，途经陡楼，由陡崖子折北，沿山岭，过长城村，至扎营山。由此向东沿胶南—黄岛两县交界线东行，途经大黑涧、西峰关、辩经台、鹁鸽山、土崮山、瞅侯山、大顶山，至徐山东山。由此点向东进入黄岛区（图一〇九六）。

图一〇九六　胶南市、黄岛区长城分布图

胶南段长城分为两部分。

1. 西段长城。分布在胶南境内，西起史家夼东山，东至扎营山。长40390米。

2. 东段长城。分布在胶南与黄岛交界处的山脊丘岭上。呈西南—东北走向。西起扎营山，高程390米；东至徐山东山，高程96米。长13245米，该部分在"第十九章　黄岛区齐长城资源调查"进行详细描述。

整段墙体构筑因地制宜，或混合土石夯筑而成，或利用陡峭山势自成墙体。部分段落因雨水冲刷、自然风化、山体滑坡、水土流失、植物根系等自然因素以及人类生产生活中的建设取土、垦地拓路、采石采矿等人为因素，受到严重的破坏，甚至消失（表二四九、二五〇）。

表二四九　胶南段齐长城墙体保存现状统计表（单位：米）

段落	较好	一般	较差	差	消失	山险	总计
1		1720			262		1982
2		586	1076		824		2486
3		573			2346		2919
4			679	455	2555		3689
5		979			739		1718
6		526	1440	902		830	3698
7		432	474		1472		2378
8					2361		2361
9			2046		721		2767
10			1137				1137
11		1352	1167		361		2880
12		2646					2646
13		1390	504	203	110		2207
14		1167	915		83		2165
15		1162	327		1144		2633
16					2724		2724
小计	0	12533	9765	1560	15702	830	40390
百分比（%）	0.00	31.03	24.18	3.86	38.88	2.05	100

表二五〇　胶南段齐长城墙体类型统计表（单位：米）

项目	石墙	土墙	山险	消失	总计
小计	0	23858	830	15702	40390
百分比（%）	0.00	59.07	2.05	38.88	

第四节　分段调查实况（1～16 段）

　　胶南段齐长城（境内独有部分）长 40390 米，在实地调查过程中，拍摄照片 457 张，录像共计 262 段，绘制图纸 16 张，并依照自然村、当地山名及现场调查情况，把胶南段长城分为十六段墙体。下面针对每段墙体做一一描述。

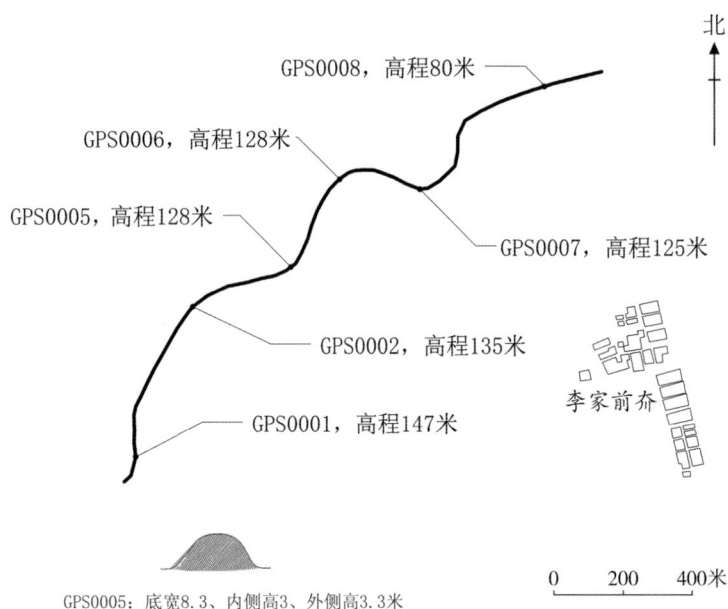

GPS0008，高程80米

GPS0006，高程128米

GPS0005，高程128米

GPS0007，高程125米

GPS0002，高程135米

李家前夼

GPS0001，高程147米

北

0　　200　　400米

GPS0005：底宽8.3、内侧高3、外侧高3.3米

图一〇九七　史家夼东山段长城走向图

　　第一段，史家夼东山段长城（编码：370284382101020001）

　　该段长城西南起自史家夼东山，高程 147 米；东北止于李家前夼北岭，高程 80 米。长 1982 米（图一〇九七；表二五一）。

　　长城位于史家夼村东岭。呈西南—东北走向。总长 1982 米，其中保存一般墙体长 1720 米，消失墙体长 262 米。根据长城走向和特征点可划分为 7 个小段。

　　第 1 小段，GPS0001—0002，呈西南—东北走向。墙体保存一般。墙体为土石混筑，底宽 1～4、顶宽 0.5～1、高 1.4～1.8 米，内外两侧均为农田，部分墙体被纵向剖开，蚕食非常严重。长 515 米（图一〇九八、一〇九九）。

　　第 2 小段，GPS0002—0003，呈西—东走向，略偏北。墙体消失。墙体完全被农田蚕食。长 60 米。

　　第 3 小段，GPS0003—0004，呈西—东走向。墙体保存一般。墙体为土石混筑，底宽 4～6、顶宽 2.5～4、高 2～3 米。内外两侧均为农田，墙体被蚕食非常严重。长 87 米。

　　第 4 小段，GPS0004—0005，呈西—东走向，略偏北。墙体消失。此段墙基被利用为田间便道。长 202 米。

　　第 5 小段，GPS0005—0006，呈西南—东北走向。墙体保存一般。墙体底宽 1～4、顶宽 0.5～1.3、高 1～3 米。内外两侧均为农田，局部墙体顶部也开垦为农田，蚕食非常严重，外侧田间便道距离墙体不到 2 米。长 388 米。

　　第 6 小段，GPS0006—0007，呈西—东走向，略偏南。墙体保存一般。墙体底宽 2.5～6、顶宽 1～1.5、高 1～3 米。内外两侧均为农田，蚕食较为严重，局部墙体被挖断，断口宽 3 米左右，墙体顶部野生少量栗子树。长 234 米。

　　第 7 小段，GPS0007—0008，呈西南—东北走向。墙体保存一般。墙体底宽 2～5、顶宽 1～2、高 1～2.5 米。内外两侧均为农田，蚕食非常严重，墙体顶部野生少量栗子树。长 496 米（图一一〇〇、一一〇一）。

表二五一　史家夼东山段长城（编码：370284382101020001）GPS 采集点表（单位：米）

工作编号	名称	坐标（起止点）			与相邻点关系
		东经	北纬	高程	
0001	起点			147	
0002	折点 1			135	0001 点东北 515
0003	折点 2			136	0002 点东北 60
0004	折点 3			136	0003 点东北 87
0005	拐点 1			128	0004 点东北 202
0006	拐点 2			128	0005 点东北 388
0007	拐点 3			125	0006 点东南 234
0008	止点			80	0007 点东北 496

图一〇九八　GPS0001 点东北墙体（西南—东北）

图一〇九九　GPS0001—0002 点间墙体（东北—西南）

图一一〇〇　GPS0007 点东北墙体（西南—东北）

图一一○一　GPS0008 点处墙体（西—东）

第二段，李家前夼北山段长城（编码：370284382101020002）

该段长城西南起自李家前夼北岭；东北止于峰台顶北的沙土路上，高程 147 米。长 2486 米（图一一○二；表二五二）。

长城位于李家前夼北岭。呈西南—东北走向。总长 2486 米。根据长城走向和特征点可划分为 5 个小段。其中保存一般墙体长 586 米，消失墙体长 824 米，保存较差墙体长 1076 米。

第 1 小段，GPS0008—0009，呈西—东走向，略偏北。墙体消失。墙体长期受垦田、拓路等人为破坏影响，已找不到墙体迹象。长 746 米。

第 2 小段，GPS0009-0010，呈西南—东北走向。墙体保存较

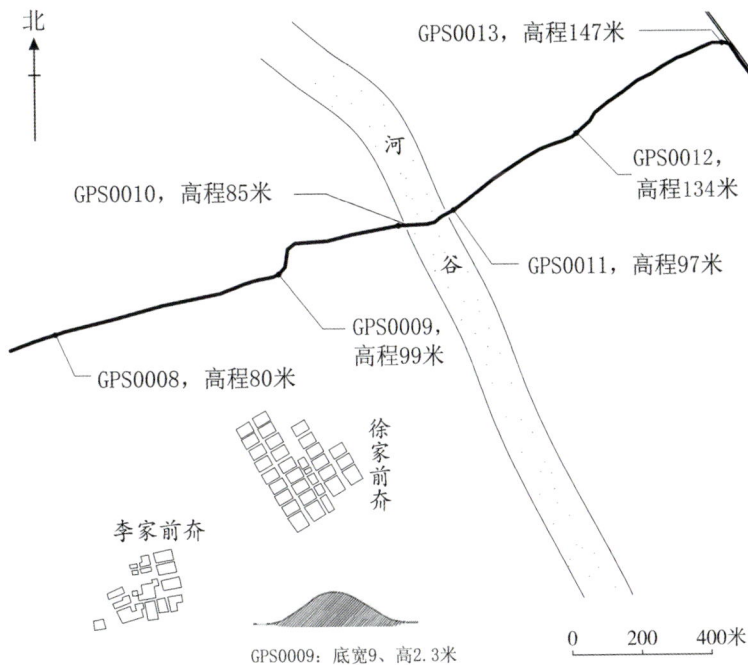

图一一○二　李家前夼北山段长城走向图

差。墙体底宽 2 ~ 5、顶宽 0.5 ~ 1.5、高 1 ~ 2.3 米。内外两侧均为农田，蚕食非常严重，墙体迹象断断续续。长 613 米（图一一〇三）。

第 3 小段，GPS0010—0011，呈西—东走向。墙体消失。墙体经过河谷，长期受自然及人为因素的破坏，已找不到墙体迹象。长 78 米。

第 4 小段，GPS0011—0012，呈西南—东北走向。墙体保存较差。墙体底宽 4 ~ 6.8、顶宽 1 ~ 1.5、高 0.8 ~ 1.7 米。内外两侧均为农田，蚕食非常严重，部分墙基被利用为田间便道，墙体上生长有少量松树。长 463 米（图一一〇四、一一〇五）。

第 5 小段，GPS0012—0013，呈西南—东北走向。墙体保存一般。墙体底宽 4 ~ 8、顶宽 1 ~ 1.6、高 1.5 ~ 2.7 米。内外两侧均为农田，蚕食严重，部分墙基被利用为田间便道，GPS0013 点存在挖沙现象，严重破坏墙体。长 586 米。

表二五二　李家前夼北山段长城（编码：370284382101020002）GPS 采集点表（单位：米）

工作编号	名称	坐标（起止点）			与相邻点关系
		东经	北纬	高程	
0008	起点			80	
0009	折点 1			99	0008 点东北 746
0010	拐点 1			85	0009 点东北 613
0011	折点 2			97	0010 点东北 78
0012	折点 3			134	0011 点东北 463
0013	止点			147	0012 点东北 586

图一一〇三　GPS0009 点以东墙体（西—东）

图一一〇四　GPS0011 点东北墙体（西南—东北）

图一一〇五　GPS0012 点处墙体（西—东）

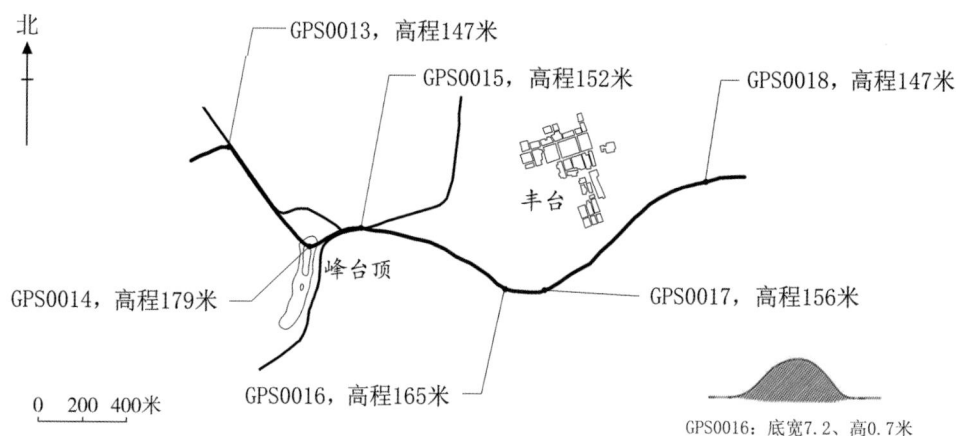

图一一〇六 峰台顶段长城走向图

第三段，峰台顶段长城（编码：370284382101020003）

该段长城西北起自李家前夼北山，高程 80 米；东南止于丰台村东，高程 147 米。长 2919 米（图一一〇六；表二五三）。

长城位于丰台村西南。呈西北—东南走向。总长 2919 米，其中保存一般墙体长 573 米，消失墙体长 2346 米。根据长城走向和特征点可划分为 5 个小段。

第 1 小段，GPS0013—0014，呈西北—东南走向。墙体消失。墙体在后期拓路时遭到破坏，已找不到墙体迹象，墙体走向应与该段的道路一致。长 710 米。

第 2 小段，GPS0014—0015，呈西南—东北走向。墙体保存一般。墙体底宽 3～5、顶宽 0.5～1、高 1～2.7 米。道路紧贴墙体外侧，部分墙基被破坏，墙体内侧为农田。长 355 米（图一一〇七）。

第 3 小段，GPS0015—0016，呈西—东走向，略偏北。墙体消失。墙体长期受垦田、拓路等人为破坏，已无迹象可寻。长 858 米。

第 4 小段，GPS0016—0017，呈西—东走向。墙体保存一般。墙体底宽 5.2～7.2、顶宽 1～1.5、高 1.5～2.3 米。内外两侧均为农田，蚕食严重，墙体顶部生长少量松树，GPS0017 点存在取土现象，严重破坏墙体。长 218 米（图一一〇八、一一〇九）。

第 5 小段，GPS0017—0018，呈西南—东北走向。墙体消失。墙体位于丰台村南，长期受村落建设、垦田拓路等人为破坏，已无迹象可寻。长 778 米。

表二五三 峰台顶段长城（编码：370284382101020003）GPS 采集点表（单位：米）

工作编号	名称	坐标（起止点）			与相邻点关系
		东经	北纬	高程	
0013	起点			147	
0014	拐点 1			179	0013 点东南 710
0015	折点 1			152	0014 点东北 355
0016	拐点 2			165	0015 点东南 858
0017	拐点 3			156	0016 点东北 218
0018	止点			147	0017 点东北 778

图一一〇七　GPS0015 点以
东墙体（西—东）

图一一〇八　GPS0016 点以
东墙体（西—东）

图一一〇九　GPS0017 点以
西墙体（西—东）

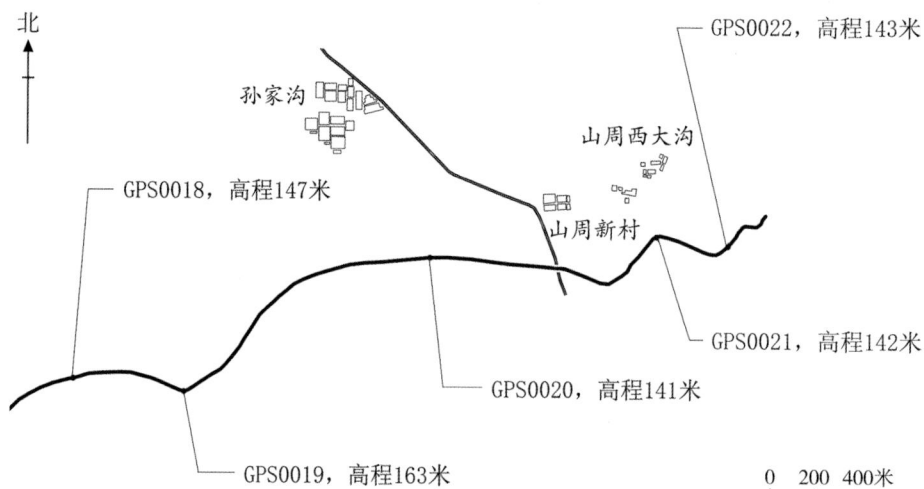

图——〇 山周村西山段长城走向图

第四段，山周村西山段长城（编码：370284382101020004）

该段长城西南起自丰台村南山，高程 147 米；东北止于山周村西山，高程 156 米。长 3689 米（图——〇；表二五四）。

长城位于丰台村西南。呈西南—东北走向。总长 3689 米，根据长城走向和特征点可划分为 4 个小段。其中保存较差墙体长 679 米，消失墙体长 2555 米，保存差墙体长 455 米。

第 1 小段，GPS0018—0019，呈西—东走向。墙体保存较差。墙体底宽 2 ~ 4.5、顶宽 1.5 ~ 4、高 0.5 ~ 1 米。墙体两侧均为农田，蚕食非常严重，墙基被利用为田间便道，日益受到破坏。长 679 米（图———、———二）。

第 2 小段，GPS0019—0020，呈西南—东北走向。墙体消失。墙体长期受垦田、拓路等人为破坏，已无迹象可寻。长 955 米。

第 3 小段，GPS0020—0021，呈西—东走向，略偏北。墙体消失。墙体长期受垦田、拓路等人为破坏，已无迹象可寻。长 1600 米。

第 4 小段，GPS0021—0022，呈西—东走向。墙体保存差。墙体底宽 5 ~ 8、顶宽 4 ~ 6、高 1 ~ 1.9 米。墙基被利用为便道，日益受到破坏。GPS0022 点树立一块长城保护标志碑，系胶南市文物管理委员会于 2008 年 8 月立。长 455 米（图———三）。

表二五四　山周村西山段长城（编码：370284382101020004）GPS 采集点表（单位：米）

工作编号	名称	坐标（起止点）			与相邻点关系
		东经	北纬	高程	
0018	起点			147	
0019	拐点 1			163	0018 点东北 679
0020	折点 1			141	0019 点东北 955
0021	拐点 2			142	0020 点东北 1600
0022	止点			143	0021 点东北 455

图一一一一　GPS0018 点
西南墙体走向（西北—东南）

图一一一二　GPS0018 点以
东墙体走向（西—东）

图一一一三　GPS0022 点间
墙体（西南—东北）

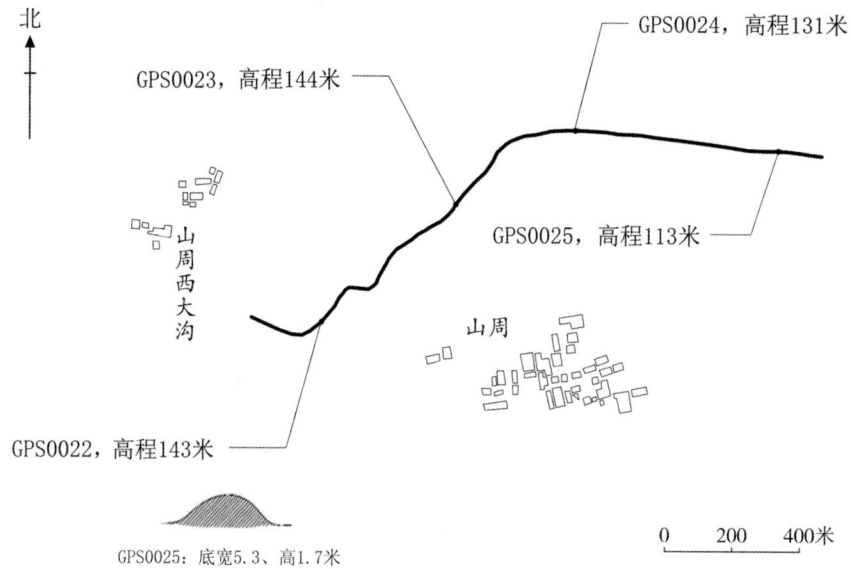

图一一一四　王家墩子段长城走向图

第五段，王家墩子段长城（编码：370284382101020005）

该段长城西南起自山周村西山，高程143米；东北止于月季山西山脚，高程113米。长979米。长1718米（图一一一四；表二五五）。

长城位于山周村北岭。呈西南—东北走向。总长1718米，根据长城走向和特征点可划分为3个小段。其中保存一般墙体长979米，消失墙体长739米。

第1小段，GPS0022—0023，呈西南—东北走向。墙体保存一般。墙体为土石混筑，底宽4~5.5、顶宽1~1.5、高1.5~3米，内外两侧均为农田，蚕食严重，墙体上生长少量松树及栗子树。长594米（图一一一五）。

第2小段，GPS0023—0024，呈西南—东北走向。墙体保存一般。墙体为土石混筑，底宽3~5、顶宽1~1.5、高1~3米，内外两侧均为农田，蚕食严重，墙体上生长少量松树及栗子树，局部墙体被田间便道截断。长385米（图一一一六）。

第3小段，GPS0024—0025，呈西—东走向。墙体消失。墙体经过河谷，长期受河流的冲刷及垦田拓路等破坏，已找不到墙体迹象。长739米。

表二五五　王家墩子段长城（编码：370284382101020005）GPS采集点表（单位：米）

工作编号	名称	坐标（起止点）			与相邻点关系
		东经	北纬	高程	
0022	起点			143	
0023	折点1			144	0022点东北594
0024	拐点1			131	0023点东北385
0025	止点			113	0024点东北739

图一一五　GPS0023 点东北墙体（西南—东北）

图一一六　GPS0024 点以西墙体（东—西）

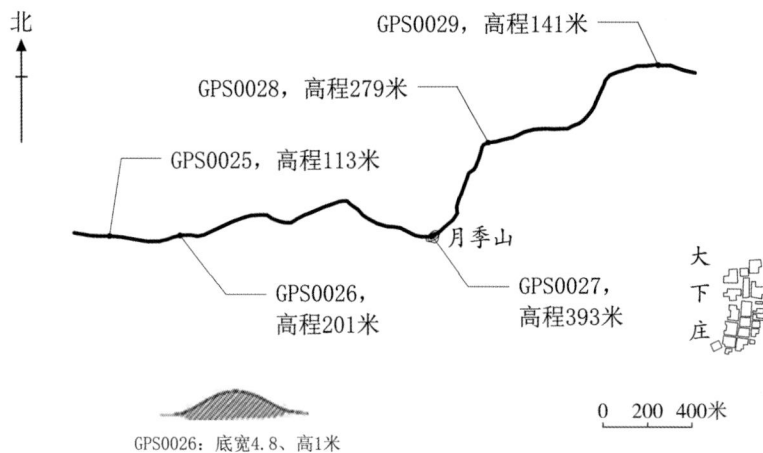

图一一一七　月季山段长城走向图

第六段，月季山段长城（编码：370284382101020006）

该段长城西南起自王家墩子东山，高程 113 米；东北止于月季山，高程 141 米。长 3698 米（图一一一七；表二五六）。

长城位于山周村北岭。呈西南—东北走向。总长 3698 米，其中保存一般墙体长 526 米，山险长 830 米，保存差墙体 902 米，保存较差墙体 1440 米。按照保存情况可分为 4 个小段。

第 1 小段，GPS0025—0026，长 526 米。呈西—东走向。墙体保存一般。墙体为土石混筑，底宽 3.5~5、顶宽 1~1.5、高 1~1.7 米。南侧开垦为小面积农田，局部开挖墙体取土，堆筑坟墓，严重破坏了墙体；长期受放牧及雨水冲刷等影响，局部墙体出现坍塌、水土流失等现象；墙体上生长有松树及少量栗子树（图一一一八）。

第 2 小段，GPS0026—0027，长 1440 米。呈西—东走向。墙体保存较差。墙体为土石混筑，局部山石裸露。墙体底宽 3~5、顶宽 1~1.5、高约 1 米。两侧山势较陡峭，水土流失现象比较严重，墙体呈矮垄状；山上多生长栗子树及松树（图一一一九、一一二〇）。

第 3 小段，GPS0027—0028，长 830 米。呈西南—东北走向。墙体为山险。墙体两侧山势陡峭，多生长松树及少量栗子树。

第 4 小段，GPS0028—0029，长 902 米。呈西南—东北走向。墙体保存差。墙体为土石混筑，底宽 4~6、顶宽 1~1.5、高 1~1.5 米。墙体外侧部分地段开垦为农田，两侧生长大面积松树及栗子树。

表二五六　月季山段长城（编码：370284382101020006）GPS 采集点表（单位：米）

工作编号	名称	坐标（起止点）			与相邻点关系
		东经	北纬	高程	
0025	起点			113	
0026	折点 1			201	0025 点东北 526
0027	拐点 1			393	0026 点东南 1440
0028	折点 2			279	0027 点东北 830
0029	止点			141	0028 点东北 902

图一一一八　GPS0025 点以东墙体（西—东）

图一一一九　GPS0027 点以西墙体走向（东—西）

图一一二〇　GPS0027 点东北墙体（西南—东北）

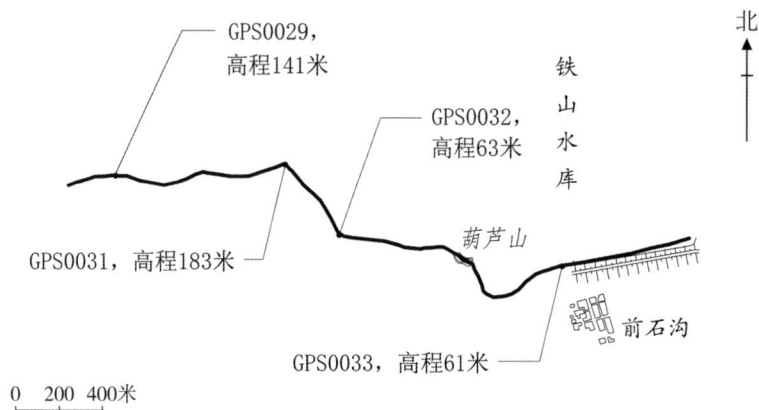

图一一二一　葫芦山段长城走向图

第七段，葫芦山段长城（编码：370284382101020007）

该段长城西北起自月季山，高程 141 米；东南止于铁山水库大坝西端葫芦山，高程 61 米。长 2378 米（图一一二一；表二五七）。

长城位于铁山水库南端。呈西北—东南走向。总长 2378 米，其中保存一般墙体长 432 米，保存较差墙体 474 米，消失墙体长 1472 米。根据长城走向和特征点可划分为 4 个小段。

第 1 小段，GPS0029—0030，呈西—东走向。墙体保存一般。墙体为土石混筑，底宽 4 ~ 6、顶宽 1 ~ 1.5、高 0.5 ~ 1.5 米。内外两侧地势较平缓，多生长松树及栗子树；外侧开垦小面积农田，局部墙体被田间便道截断。长 432 米。

第 2 小段，GPS0030—0031，呈西—东走向，略偏北。墙体保存较差。墙体为土石混筑，底宽 4 ~ 6、顶宽 1 ~ 1.5、高 0.5 ~ 1.5 米。内外两侧地势较平缓，多生长松树及栗子树；外侧开垦小面积农田，局部墙体被田间便道截断。长 474 米（图一一二二）。

第 3 小段，GPS0031—0032，呈西北—东南走向。墙体消失。墙体长期受雨水冲刷及垦田等破坏，已找不到墙体迹象；大面积种植栗子树。长 422 米。

第 4 小段，GPS0032—0033，呈西—东走向。墙体消失。墙体受水库建设、水土流失等破坏，已找不到墙体迹象。长 1050 米（图一一二三）。

表二五七　葫芦山段长城（编码：370284382101020007）GPS 采集点表（单位：米）

工作编号	名称	坐标（起止点）			与相邻点关系
		东经	北纬	高程	
0029	起点			141	
0030	折点 1			177	0029 点东北 432
0031	折点 2			183	0030 点东北 474
0032	拐点 1			63	0031 点东南 422
0033	止点			61	0032 点东南 1050

图一一二二　GPS0030 点东侧墙体（西—东）

图一一二三　GPS0033 点以东水库（西—东）

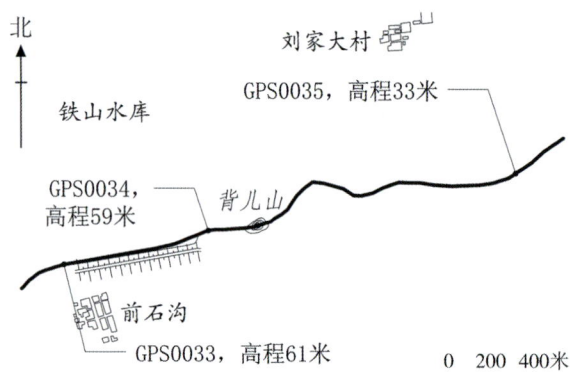

图一一二四　背儿山段长城走向图

第八段，背儿山段长城（编码：370284382101020008）

该段长城西起自葫芦山，高程 61 米；东止于背儿山，高程 33 米。长 2361 米（图一一二四；表二五八）。

长城位于铁山水库南端的背儿山。呈西—东走向。总长 2361 米，已全部消失。根据长城走向和特征点可划分为 2 个小段。

第 1 小段，GPS0033—0034，呈西—东走向。墙体消失。墙体位于铁山水库南端，受水库建设等影响，已找不到墙体迹象，GPS0033 点东为水库大坝。长 741 米（图一一二五）。

第 2 小段，GPS0034—0035，呈西—东走向，略偏北。墙体消失。墙体长期受水土流失、垦田拓路等破坏，已找不到墙体迹象，GPS0035 点为乡村公路穿过。长 1620 米。

表二五八　背儿山段长城（编码：370284382101020008）GPS 采集点表（单位：米）

工作编号	名称	坐标（起止点）			与相邻点关系
		东经	北纬	高程	
0033	起点			61	
0034	折点 1			59	0033 点东北 741
0035	止点			33	0034 点东北 1620

图一一二五 GPS0034 点以东墙体（东—西）

第九段，曹城山段长城（编码：37028438
2101020009）

该段长城西起自背儿山，高程 33 米；东止
于曹城山山顶，高程 224 米。长 2767 米（图一
一二六；表二五九）。

长城位于前辛庄北岭。呈西—东走向。总
长 2767 米，其中消失墙体长 721 米，保存较差
的墙体长 2046 米。根据长城走向和特征点可划
分为 3 个小段。

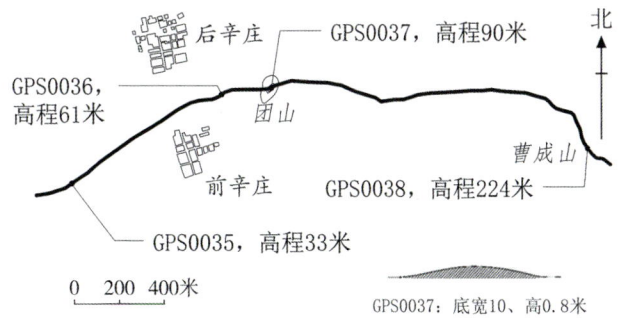

图一一二六 曹城山段长城走向图

第 1 小段，GPS0035—0036，呈西南—东
北走向。墙体消失。墙体跨乡村公路及村落，长期受垦田拓路等破坏，已找不到墙体迹象。长 721 米。

第 2 小段，GPS0036—0037，呈西—东走向。墙体保存较差。墙体为土石混筑，底宽 2～5、顶宽
0.5～1、高 0.5～1.5 米。内外两侧均为农田，蚕食严重，部分墙基被利用为田间便道。长 326 米（图
一一二七、一一二八）。

第 3 小段，GPS0037—0038，呈西—东走向。墙体保存较差。墙体为土石混筑，底宽 5～8、顶宽
0.5～1.5、高 0.8～1.8 米。内外两侧均种植松树及栗子树，部分墙基被利用为便道。长 1720 米。

表二五九 曹城山段长城（编码：370284382101020009）GPS 采集点表（单位：米）

工作编号	名称	坐标（起止点）			与相邻点关系
		东经	北纬	高程	
0035	起点			33	
0036	折点 1			61	0035 点东北 721
0037	折点 2			90	0036 点东北 326
0038	止点			224	0037 点东南 1720

图一一二七　GPS0036 点以东墙体（西—东）

图一一二八　GPS0037 点以东墙体走向（西—东）

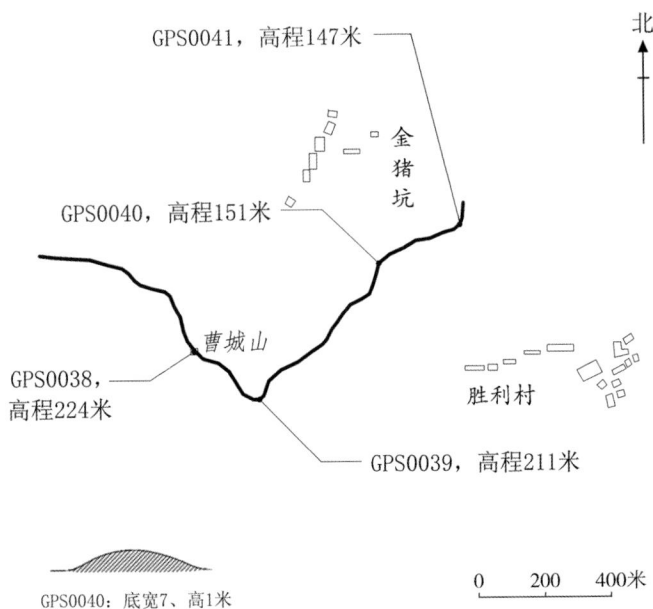

图一一二九　胜利村北山段长城走向图

第十段，胜利村北山段长城（编码：370284382101020010）

该段长城西起自曹城山，高程 224 米；东止于胜利村北岭，高程 47 米。长 1137 米（图一一二九；表二六〇）。

长城位于胜利村西北山脊，总体呈西南—东北走向。总长 1137 米。整体保存较差。根据长城走向和特征点可划分为 3 个小段。

第 1 小段，GPS0038—0039，呈西北—东南走向。墙体保存较差。墙体为土石混筑，底宽 5～8、顶宽 0.5～1、高 0.5～1 米。外侧开垦为农田，蚕食严重，两侧种植松树及栗子树。长 280 米。

第 2 小段，GPS0039—0040，呈西南—东北走向。墙体保存较差。墙体为土石混筑，底宽 5～8、顶宽 0.5～1、高 0.5～1 米。两侧均种植松树及栗子树，墙体中段受到垦田拓路、挖土、建房等严重人为破坏。长 614 米（图一一三〇、一一三一）。

第 3 段，GPS0040—0041，呈西南—东北走向。墙体保存较差。墙体为土石混筑，底宽 3～5、顶宽 1、高约 0.5 米。墙体受水土流失现象明显，现呈矮垄状，两侧均生长大面积松树及栗子树；局部墙基被利用为便道，人为破坏现象明显。长 243 米。

表二六〇　胜利村北山段长城（编码：370284382101020010）GPS 采集点表（单位：米）

工作编号	名称	坐标（起止点）			与相邻点关系
		东经	北纬	高程	
0038	起点			224	
0039	拐点 1			211	0038 点东北 280
0040	折点 1			151	0039 点东北 614
0041	止点			147	0040 点东北 243

图一一三〇　GPS0039 点东北墙体走向（西北—东南）

图一一三一　GPS0040 点西南墙体走向（东北—西南）

第十一段，李家洼子东山段长城（编码：370284382101020011）

该段长城西南起自胜利村北岭，高程147米；东北止于金猪坑东岭，高程142米。长2880米（图一一三二；表二六　）。

长城位于金猪坑村东岭。呈西南—东北走向。总长2880米，其中保存一般的墙体长1352米，保存较差墙体长1167米，消失墙体长361米。根据长城走向和特征点可划分为9个小段。

第1小段，GPS0041—0042，呈南—北走向。墙体保存较差。墙体为土石混筑，底宽5~7、顶宽1、高0.8~1米。两侧均为农田，蚕食非常严重，GPS0042点有道路穿过。长442米（图一一三三）。

第2小段，GPS0042—0043，呈南—北走向，略偏西。墙体消失。墙体在修路时被毁掉。长60米。

第3小段，GPS0043—0044，呈东南—西北走向。墙体消失。墙体长期受垦田拓路等破坏，现已无墙体迹象可寻。长301米。

第4小段，GPS0044—0045，呈南—北

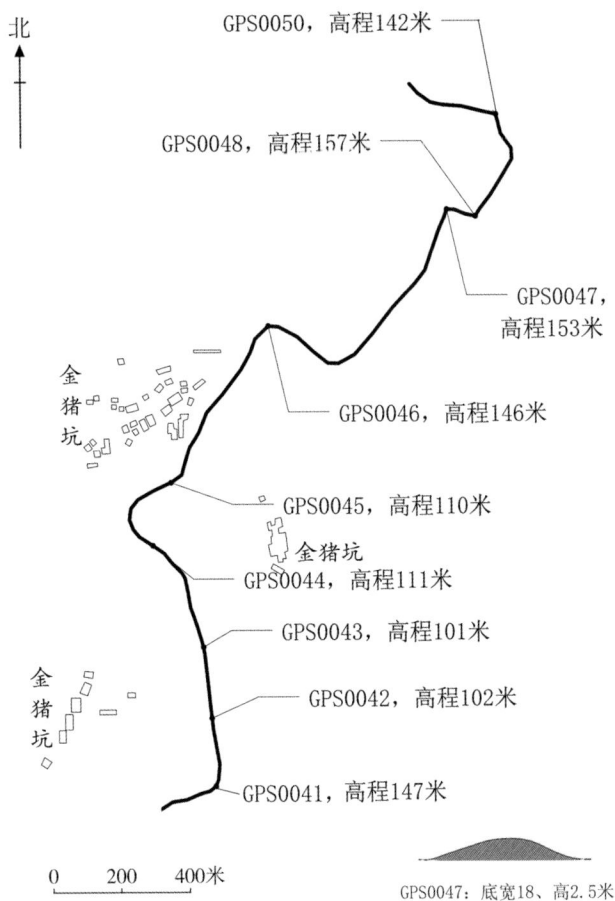

图一一三二　李家洼子东山段长城走向图

走向。墙体保存一般。墙体为土石混筑，底宽2~6、顶宽0.5~1、高0.5~1.8米。墙体两侧均为农田，蚕食非常严重，多数墙体仅剩一缕，并存在取土现象，严重破坏了墙体。长166米。

第5小段，GPS0045—0046，呈西南—东北走向。墙体保存一般。墙体为土石混筑，底宽3~6、顶宽0.5~1.5、高1.5~3米。墙体两侧均为农田，蚕食严重，墙体上生长小面积松树及栗子树。长615米（图一一三四、一一三五）。

第6小段，GPS0046—0047，呈西南—东北走向。墙体保存一般。墙体为土石混筑，底宽3.5~5、顶宽1.6~4、高0.5~1米。该段墙基被利用为田间便道，通行农用机动车，墙体两侧均为农田，蚕食严重。长849米。

第7小段，GPS0047—0048，呈西北—东南走向。墙体保存较差。墙体为土石混筑，底宽6~8、顶宽1、高约1.5米。墙体两侧均为农田，蚕食严重，顶部生长松树；距长城外侧50米处有采矿场，严重威胁长城安全。长110米。

第8小段，GPS0048—0049，呈西南—东北走向。墙体保存一般。墙体为土石混筑，底宽5~7、顶宽1~1.5、高1~2米。两侧均生长大面积松树，局部开垦为农田，蚕食严重。长208米。

第9小段，GPS0049—0050，呈南—北走向，略偏西。墙体保存一般。墙体为土石混筑，底宽5~7、顶宽1~1.5、高1~2米。两侧均生长大面积松树，局部开垦为农田，蚕食严重。长129米。

表二六一 李家洼子东山段长城（编码：370284382101020011）GPS 采集点表（单位：米）

工作编号	名称	坐标（起止点）			与相邻点关系
		东经	北纬	高程	
0041	起点			147	
0042	折点 1			102	0041 点西北 442
0043	折点 2			101	0042 点西北 60
0044	拐点 1			111	0043 点西北 301
0045	折点 3			110	0044 点东北 166
0046	拐点 2			146	0045 点东北 615
0047	拐点 3			153	0046 点东北 849
0048	拐点 4			157	0047 点东南 110
0049	拐点 5			146	0048 点东北 208
0050	止点			142	0049 点西北 129

图一一三三 GPS0042 点以南墙体（北—南）

图一一三四　GPS0045点西南墙体（东北—西南）

图一一三五　GPS0046点东北墙体走向（西南—东北）

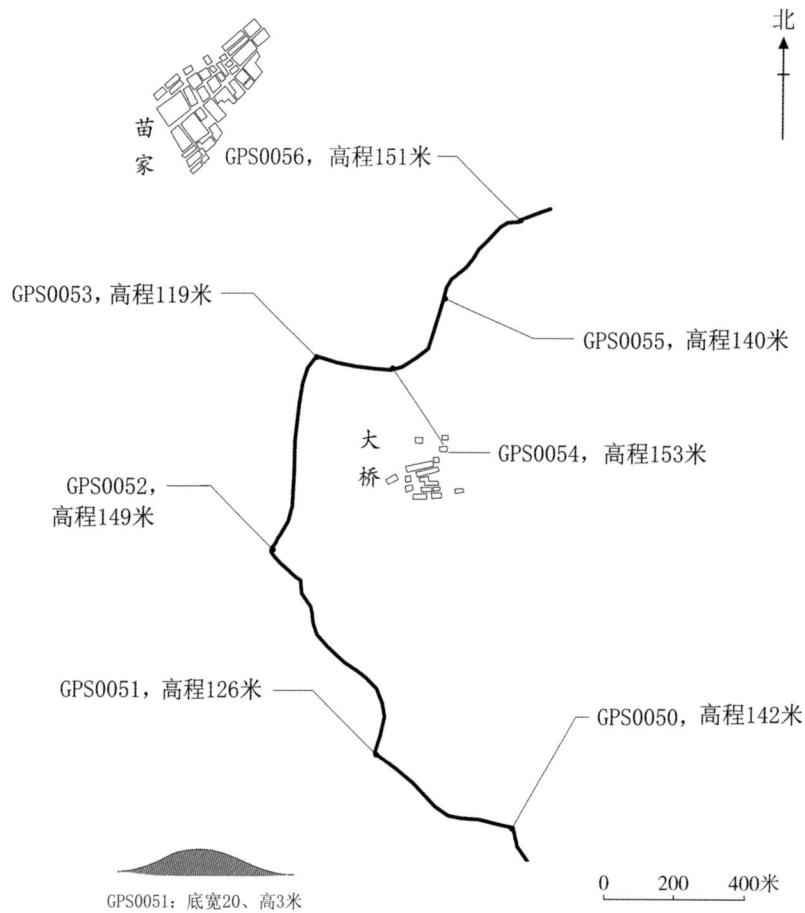

图一一三六　苗家南山段长城走向图

第十二段，苗家南山段长城（编码：370284382101020012）

该段长城南起自金猪坑东岭，高程 142 米；北止于苗家南山，高程 151 米。长 2646 米（图一一三六；表二六二）。

长城位于苗家镇南山，大桥村西岭。总体呈南—北走向。总长 2646 米。整体保存一般。根据长城走向和特征点可划分为 6 个小段。

第 1 小段，GPS0050—0051，呈东南—西北走向。墙体保存一般。该段墙体为土石混筑，底宽 5~7、顶宽 1.5~2、高 1~2.5 米。墙体两侧均为农田，蚕食严重，局部墙体被田间道路截断，墙体顶部生长少量松树。长 491 米（图一一三七）。

第 2 小段，GPS0051—0052，呈东南—西北走向。墙体保存一般。该段墙体为土石混筑，底宽 3~6、顶宽 1.5~2、高 1~2.5 米。墙体两侧均为农田，蚕食严重，大面积种植杨树，局部墙基被利用为田间便道。长 526 米。

第 3 小段，GPS0052—0053，呈南—北走向。墙体保存一般。该段墙体为土石混筑，底宽 5~7、顶宽 1.5~2、高 1~2.5 米。墙体两侧生长少量松树，杂草茂密，局部墙基被利用为田间便道。长 250 米。

第 4 小段，GPS0053—0054，呈西—东走向。墙体保存一般。该段墙体为土石混筑，底宽 5~7、顶宽 1.5~2、高 1~2.5 米。墙体两侧均为农田，蚕食严重，局部墙体被田间道路截断，墙体顶部生长少量松树。长 597 米（图一一三八）。

第5小段，GPS0054—0055，呈西南—东北走向。墙体保存一般。该段墙体为土石混筑，底宽5～7、顶宽1.5～2、高1～2.5米。墙体两侧均种植大量松树，局部墙体被便道截断。长538米（图一一三九）。

第6小段，GPS0055—0056，呈西南—东北走向。墙体保存一般。墙体为土石混筑，底宽5～7、顶宽1.5～2、高1～2.5米。墙体两侧均为农田，蚕食严重，局部墙体被田间道路截断，墙体顶部生长少量松树。长244米。

表二六二　苗家南山段长城（编码：370284382101020012）GPS采集点表（单位：米）

工作编号	名称	坐标（起止点）			与相邻点关系
		东经	北纬	高程	
0050	起点			142	
0051	拐点1			126	0050点东北491
0052	拐点2			149	0051点西北526
0053	拐点3			119	0052点西北250
0054	拐点4			153	0053点东北597
0055	拐点5			140	0054点东北538
0056	止点			151	0055点东北244

图一一三七　GPS0051点以北墙体（南—北）

图一一三八　GPS0054点以北墙体（南—北）

图一一三九　GPS0055点东北墙体（西南—东北）

GPS0062，高程187米

北

GPS0061，高程247米

葛家沟

GPS0060，高程237米

GPS0058，高程131米

黄山

GPS0063，高程137米

GPS0056，高程151米

黄山屯

0　200　400米

GPS0061：底宽9.8、高2.5米

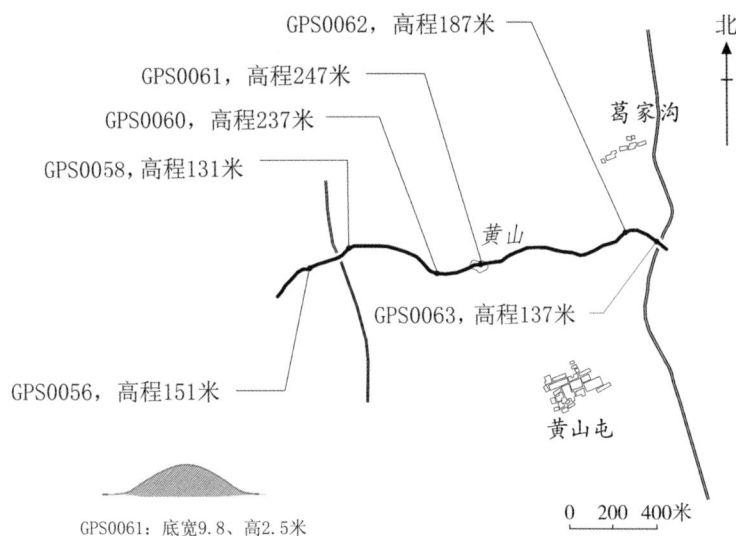

图一一四〇　黄山段长城走向图

第十三段，黄山段长城（编码：370284382101020013）

该段长城西起自苗家南山，高程 151 米；东止于黄山东山脚与国道 204 交接处，高程 137 米。长 2207 米（图一一四〇；表二六三）。

长城位于黄山上。呈西—东走向。总长 2207 米，其中保存一般的墙体长 1390 米，保存较差的墙体长 504 米，保存差的墙体长 203 米，消失墙体长 110 米。根据长城走向和特征点可划分为 7 个小段。

第 1 小段，GPS0056—0057，呈西南—东北走向。墙体保存较差。该段墙体为土石混筑，底宽 4 ~ 6、顶宽 1 ~ 1.5、高 0.8 ~ 1.5 米。墙体两侧均有农田，蚕食严重，局部墙体被挖断；两侧树木多为松树和栗子树。长 215 米。

第 2 小段，GPS0057—0058，呈西南—东北走向。墙体消失。墙体受修路、建林场等人为破坏的影响，已无迹象可寻；GPS0057 点被同三高速（黑龙江省同江市—海南省三亚市）穿过。长 110 米。

第 3 小段，GPS0058—0059，呈西—东走向。墙体保存较差。墙体为土石混筑，底宽 4 ~ 6、顶宽 1 ~ 1.5、高 0.8 ~ 1.5 米。墙体两侧种植大面积松树及少量栗子树，墙体长期受自然因素破坏，现存为土垄状。长 289 米（图一一四一）。

第 4 小段，GPS0059—0060，呈西北—东南走向。墙体保存一般。墙体为土石混筑，底宽 4 ~ 6、顶宽 1 ~ 1.5、高 0.8 ~ 1.5 米。墙体两侧种植大面积松树和刺槐及少量栗子树，墙体长期受自然因素破坏，现存为土垄状。长 307 米。

第 5 小段，GPS0060—0061，呈西—东走向，略偏北。墙体保存一般。墙体为土石混筑，底宽 4 ~ 6、顶宽 1 ~ 1.5、高 0.8 ~ 1.5 米。墙体两侧种植大面积松树和刺槐及少量栗子树，墙体长期受自然因素破坏，现存为土垄状。长 283 米（一一四二、一一四三）。

第 6 小段，GPS0061—0062，呈西—东走向。墙体保存一般。墙体为土石混筑，底宽 4 ~ 6、顶宽 1 ~ 1.5、高 0.8 ~ 1.5 米。墙体两侧种植大面积松树、刺槐及少量栗子树，墙体长期受自然因素破坏，现存为土垄状。长 800 米。

第 7 小段，GPS0062—0063，呈西北—东南走向。墙体保存差。墙体为土石混筑，底宽 4 ~ 6、顶宽 1 ~ 1.5、高 0.8 ~ 1.5 米。墙体两侧种植大面积松树和刺槐及少量栗子树，墙体长期受自然因素破坏，现存为土垄状。GPS0063 点被国道 204 穿过。长 203 米。

表二六三　黄山段长城（编码：370284382101020013）GPS采集点表（单位：米）

工作编号	名称	坐标（起止点）			与相邻点关系
		东经	北纬	高程	
0056	起点			151	
0057	拐点1			124	0056点东北215
0058	折点1			131	0057点东北110
0059	折点2			199	0058点东289
0060	拐点2			237	0059点东北307
0061	折点3			247	0060点东北283
0062	拐点3			187	0061点东北800
0063	止点			137	0062点东北203

图一一四一　GPS0059点以东墙体（西—东）

图一一四二　GPS0061 点以东墙体走向（西—东）

图一一四三　GPS0061 点以西墙体走向（东—西）

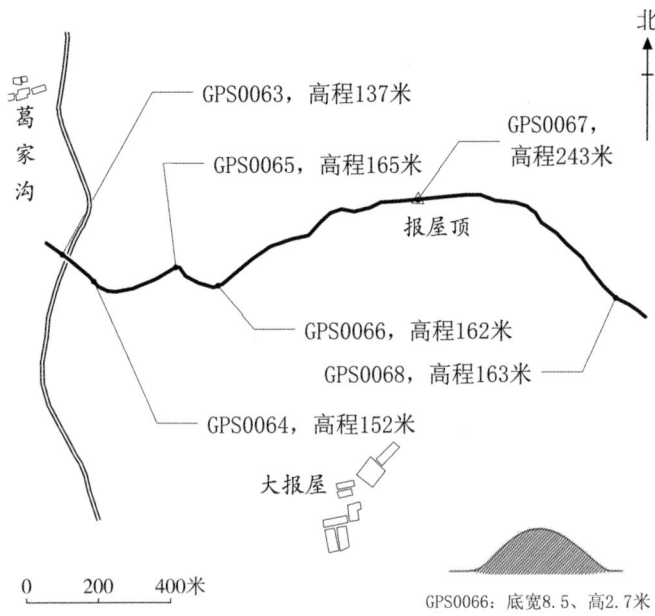

图一—四四　报屋顶段长城走向图

第十四段，报屋顶段长城（编码：370284382101020014）

该段长城西起自黄山东山脚与国道204交接处，高程137米；东止于报屋顶东山脚，高程163米。长2165米（图一一四四；表二六四）。

长城位于大报屋南山的报屋顶。总体呈西—东走向。总长2165米，其中保存一般的墙体长1167米，保存较差的墙体长915米，消失墙体长83米。根据长城走向和特征点可划分为5个小段。

第1小段，GPS0063—0064，呈西北—东南走向。墙体消失。墙体长期处于垦田拓路等人为破坏中，已无迹象可寻。长83米。

第2小段，GPS0064—0065，呈西南—东北走向。墙体保存一般。墙体为土石混筑，底宽5~8、顶宽0.5~1、高0.8~1.5米。墙体两侧均大面积种植松树及栗子树，局部墙体被挖断。长287米。

第3小段，GPS0065—0066，呈西北—东南走向。墙体保存一般。墙体为土石混筑，底宽5~8、顶宽0.5~1、高0.8~1.5米；墙体两侧均大面积种植松树，墙体现为土垄状。长140米。

第4小段，GPS0066—0067，呈西南—东北走向。墙体保存一般。墙体为土石混筑，底宽5~8、顶宽0.5~1、高0.8~1.5米。墙体外侧植被较少，多为杂草，内侧生长大面积松树。长740米。

第5小段，GPS0067—0068，呈西北—东南走向。墙体保存较差。墙体为土石混筑，底宽5~8、顶宽0.5~1、高0.8~1.5米。墙体长期受水土流失等自然因素的破坏，已所剩无几，两侧生长小面积松树及栗子树。长915米（图一一四五、一一四六）。

表二六四　报屋顶段长城（编码：370284382101020014）GPS采集点表（单位：米）

工作编号	名称	坐标（起止点）			与相邻点关系
		东经	北纬	高程	
0063	起点			137	
0064	拐点1			152	0063点东南83
0065	拐点2			165	0064点东北287
0066	拐点3			162	0065点东南140
0067	折点1			243	0066点东北740
0068	止点			163	0067点东南915

图一一四五　GPS0067 点以西墙体（东—西）

图一一四六　GPS0067 点以东墙体（西—东）

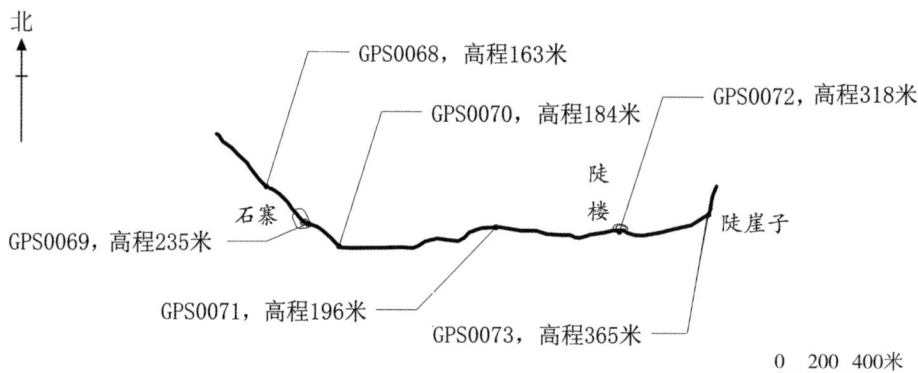

图一一四七 陟楼段长城走向图

第十五段，陟楼段长城（编码：370284382101020015）

该段长城西起自报屋顶东山脚，高程 163 米；东止于陟崖子处，高程 365 米。长 2633 米（图一一四七；表二六五）。

长城位于山赵南岭的陟楼。呈西—东走向。总长 2633 米，其中保存一般的墙体长 1162 米，保存较差的墙体长 327 米，消失墙体长 1144 米。根据长城走向和特征点可划分为 5 个小段。

第 1 小段，GPS0068—0069，呈西北—东南走向。墙体保存一般。墙体为土石混筑，底宽 4~6、顶宽 1~1.5、高 0.8~1.6 米。两侧均种植大面积松树和少量的槐树，墙体受自然因素破坏严重。长 307 米。

第 2 小段，GPS0069—0070，呈西北—东南走向。墙体保存较差。墙体为土石混筑，底宽 4~6、顶宽 1~1.5、高 0.8~1.6 米。GPS0070 处被一养鸡场破坏，破坏长度为 50 米；墙体两侧均为农田，蚕食严重。长 327 米。

第 3 小段，GPS0070—0071，呈西—东走向，略偏北。墙体保存一般。墙体为土石混筑，底宽 3~5、顶宽 1.5~2、高 0.6~1.4 米。墙体两侧植被比较单一，仅为杂草，局部墙体被农田蚕食严重。长 855 米（图一一四八）。

第 4 小段，GPS0071—0072，呈西—东走向。墙体消失。墙体长期受自然因素的破坏，已无迹象可寻。长 683 米（图一一四九）。

第 5 小段，GPS0072—0073，呈西南—东北走向。墙体消失。墙体长期受自然因素的破坏，已无迹象可寻。长 461 米。

表二六五 陟楼段长城（编码：370284382101020015）GPS 采集点表（单位：米）

工作编号	名称	坐标（起止点）			与相邻点关系
		东经	北纬	高程	
0068	起点			163	
0069	折点 1			235	0068 点东南 307
0070	拐点 1			184	0069 点东南 327
0071	折点 2			196	0070 点东南 855
0072	折点 3			318	0071 点东南 683
0073	止点			365	0072 点东北 461

图一一四八　GPS0072 点以西墙体（东—西）

图一一四九　GPS0072 点以东墙体走向（西—东）

第十六段，长城村段长城（编码：370284382101020016）

该段长城西南起自陡崖子，高程365米；东北止于扎营山，高程390米。长2724米（图一一五〇；表二六六）。

长城位于山赵东岭的长城村。总体呈西南—东北走向。总长2724米，已无迹象可寻。根据长城走向和特征点可划分为5个小段。

第1小段，GPS0073—0074，呈西南—东北走向。墙体消失。墙体长期受自然因素的破坏，已无迹象可寻。长370米。

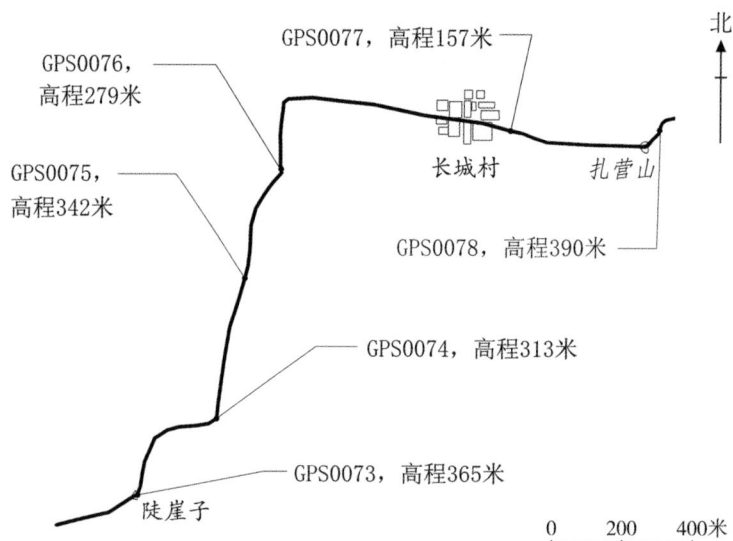

图一一五〇　长城村段长城走向图

第2小段，GPS0074—0075，呈南—北走向。墙体消失。墙体长期受自然因素的破坏，已无迹象可寻。长455米（图一一五一）。

第3小段，GPS0075—0076，呈南—北走向。墙体消失。墙体长期受自然因素的破坏，已无迹象可寻；GPS0076点北有采石现象。长471米（图一一五二）。

第4小段，GPS0076—0077，总体呈西—东走向。墙体消失。墙体长期受垦田拓路、村落建设等人为破坏，已无迹象可寻。长640米。

第5小段，GPS0077—0078，呈西—东走向。墙体消失。墙体长期受垦田拓路等人为破坏，已无迹象可寻。长788米。

长城自扎营山向东沿黄岛和胶南两县交界线分布。

表二六六　长城村段长城（编码：370284382101020016）GPS采集点表（单位：米）

工作编号	名称	坐标（起止点）			与相邻点关系
		东经	北纬	高程	
0073	起点			365	
0074	拐点1			313	0073点东北370
0075	折点1			342	0074点东北455
0076	拐点2			279	0075点东北471
0077	折点2			157	0076点东北640
0078	止点			390	0077点东南788

图一一五一　GPS0075 点以北墙体（南—北）

图一一五二　GPS0075 点以南墙体（北—南）

第五节　保护与管理现状

一　保护机构

境内长城属胶南市博物馆统一保护管理，沿线无统一有效的保护管理机制，进而无法掌握每段墙体的具体保存现状，致使多处墙体一直处于且长期处于人为破坏的环境中，直至消失殆尽。

二 保护标志

此次调查，除仅发现一通长城保护标志碑，立于山周水库旁外，沿途无其他有效的保护标志或警示牌，这部分工作，须在后期保护工作中加入。适当地树立保护标志碑和警示牌，能有效地阻止一些人为破坏行为，对长城的保护起到很关键的作用。

三 保护范围及建设控制地带

齐长城资源调查前，山东省文物主管部门明确规定，齐长城墙体及附属建筑两侧50米之内为保护范围，其中20米之内为绝对保护区，300米之内为建设控制地带。后调整为坡地和平地部分：以长城本体两侧外缘各向外200米为保护范围，保护范围外缘向外500米为建设控制地带；山岭部分：山脊上的长城按山脊两侧的谷底线（或坡脚线）至长城墙体外缘的距离不足700米的按700米划定。

四 记录档案

经调查，当地负责单位在《第二次文物普查档案》及《第三次文物普查档案》中，粗略地记录了相关信息。为了有效地记录长城保存现状和进一步完善保护规划，必须详尽地完善相关资料，建立独立的长城档案，这是今后工作的重点。

第六节 长城损毁的自然与人为因素

一 自然因素

境内长城途经地形地貌较为复杂，可分为山地、丘陵、沟壑及平原四个不同类型。山地类型：墙体均沿山脊分布，两侧多种植松树、橡树、槐树及栗子树等树种，少农田破坏；处于山谷之间时，多被修路截断破坏。丘陵类型：墙体多沿丘陵脊线分布，地势平缓的坡面多被开垦为农田，地势陡峭的地方多种植松树、橡树及槐树等树种，人为破坏现象较为明显。沟壑类型：受雨水冲刷及河流截断等破坏影响，大部分墙体地表已无遗迹。平原类型：墙体途径平原地带时，两侧多农田，蚕食现象严重。

二 人为因素

此次调查表明，破坏长城墙体的最大因素就是人为因素，多表现为村镇建设、垦田拓路、采石采矿及取土挖沙等破坏，致使长城墙体满目疮痍，已所剩无几。

第十九章

黄岛区齐长城资源调查

第一节 地理位置与自然环境

黄岛区即青岛经济技术开发区，位于胶州湾南部西海岸，东与青岛市南区隔海相望，西距内陆最近点 2 千米。属鲁东丘陵区。呈西高东低之势，境内山岭起伏，沟壑纵横。有海拔 100～400 米的山峰 45 座，西部主要有小珠山山脉，陡峻挺拔，分别向东向西绵延数十里，为西部的天然屏障。主峰海拔 724.9 米，山基多为花岗岩和石灰岩。全区除辛安办事处东部近海处有平均海拔 3 米的冲积平原外，其它为丘陵山地。

气候 黄岛区地处北温带季风区域内，暖温带半湿润大陆性气候，空气湿润，雨量充沛、温度适中、四季分明，有明显的海洋气候特征，具有春寒、夏凉、秋爽、冬暖的气候特征，是天然的避暑胜地。年平均气温 12.5°C；夏季平均气温 23°；最热的 7 月份平均气温 25°C；最冷的 1 月份平均气温 1.3°C；平均降雨量 696.6 毫米；年无霜期平均为 200 天；风速平均 5.4 米/秒，年平均瞬时风力大于 8 级天数为 71 天。

土壤 境内多为棕壤土和潮土两类，分布规律为由高处到低处，依次为棕壤性土、棕壤、潮棕壤，土体随地形的起伏由高处到低处逐渐增厚。

第二节 历史沿革

黄岛区即青岛经济技术开发区，1984 年 10 月经国务院批准成立。1985 年 3 月 28 日正式动工兴建的国家级经济技术开发区，是享有沿海经济技术开发区优惠政策的特殊经济区域。1992 年 11 月经国务院批准，在青岛开发区内设立了青岛保税区、新技术产业开发试验区。同年，青岛开发区与同处一地的青岛市黄岛区实行体制合一。1995 年经山东省人民政府批准，辖区内的薛家岛被辟为山东省旅游度假区。2000 年经国家林业局批准，以辖区内的小珠山为主体建立珠山国家森林公园。青岛开发区现已初步形成以现代港口、先进技术、国际贸易、旅游度假为主要特色，集经济技术开发区、旅游度假区和新技术产业开发实验区于一体的现代化国际新城区。

2012 年 12 月将胶南市并入青岛市黄岛区。2014 年 6 月，国务院正式批准设立青岛西海岸新区。

第三节　长城概况

黄岛段齐长城总长 15687 米。

黄岛段齐长城西起扎营山，高程 390 米；由此点向东沿黄岛—胶南两县交界线分布，途经大黑涧、西峰关、辩经台、鹁鸽山、土崮山、瞅侯山、大顶山，至徐山东山岭。由此进入黄岛区境内，继续向东至于家河入海处，高程 26 米。1997 年青岛市在此立齐长城保护标志碑，1999 年新建烽火台。该处为齐长城的最东端（参见图一〇九六）。

主要分为两部分。

1. 西段长城。分布在胶南与黄岛交界处的山脊丘岭上，长 13245 米。呈西南—东北走向。西起扎营山，高程 390 米；东至徐山东山，高程 96 米。

2. 东段长城。分布在黄岛区境内，长 2442 米。呈西—东走向。西起徐山东山，高程 96 米；东至于家河，高程 26 米。

整段墙体构筑因地制宜，或混合土石夯筑而成，或利用陡峭山势自成墙体。部分段落因雨水冲刷、自然风化、山体滑坡、水土流失、植物根系等自然因素以及人类生产生活中的建设取土、垦地拓路、采石采矿、城镇建设等人为因素，受到严重的破坏，甚至消失（表二六七、二六八）。

表二六七　黄岛段齐长城墙体类型统计表（单位：米）

项目	石墙	土墙	山险	壕堑	消失	总计
小计	1112	1786	5408	0	7381	15687
百分比（%）	7.09	11.39	34.47	0.00	47.05	100

表二六八　黄岛段齐长城墙体保存现状统计表（单位：米）

段落	较好	一般	较差	差	消失	山险	总计
1					2419		2419
2			458		1353		1811
3			520			1716	2236
4			790	322		3692	4804
5		101		707	3609		4417
小计	0	101	1768	1029	7381	5408	15687
百分比（%）	0.00	0.64	11.27	6.56	47.05	34.47	100

第四节　分段调查实况（1～5 段）

黄岛段齐长城长 15687 米，在实地调查过程中，拍摄照片 268 张，录像共计 127 段，绘制图纸 5 张，并依照自然村、当地山名及现场调查情况，把黄岛段长城分为五段。下面针对每段墙体做一一描述。

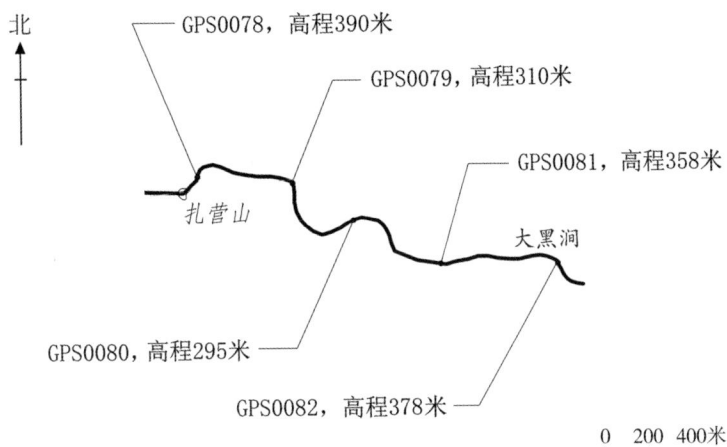

图一一五三 扎营山段长城走向图

第一段，扎营山段长城（编码：370211382105020001）。

该段长城西起自长城村，高程 390 米；东止于大黑涧西，高程 378 米。长 2419 米（图一一五三；表二六九）。

该段长城位于扎营山东。呈西北—东南走向。长城总长 2419 米，整体为山险。根据长城走向和特征点可分为 4 个小段。

第 1 小段，GPS0078—0079，呈西—东走向。墙体为山险。墙体借助陡峭的山势，完成防御体系，两侧多生长松树。长 547 米。

第 2 小段，GPS0079—0080，呈西北—东南走向。墙体为山险。墙体借助陡峭的山势，完成防御体系，两侧多生长松树。长 440 米。

第 3 小段，GPS0080—0081，呈西北—东南走向。墙体为山险。墙体借助陡峭的山势，完成防御体系，两侧多生长松树。长 732 米（图一一五四）。

第 4 小段，GPS0081—0082，呈西—东走向。墙体为山险。墙体借助陡峭的山势，完成防御体系，两侧多生长松树。长 700 米。

表二六九 扎营山段长城（编码：370211382105020001）GPS 采集点表（单位：米）

工作编号	名称	坐标（起止点）			与相邻点关系
		东经	北纬	高程	
0078	起点			390	
0079	拐点 1			310	0078 点东南 547
0080	拐点 2			295	0079 点东南 440
0081	拐点 3			358	0080 点东南 732
0082	止点			378	0081 点东北 700

图一一五四　GPS0081点处墙体（西—东）

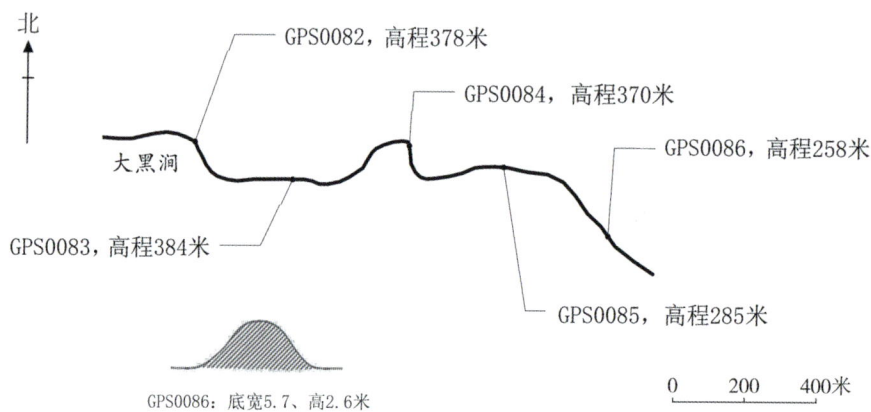

图一一五五　东山村北山段长城走向图

第二段，东山村北山段长城（编码：370211382105020002）

该段长城西起自大黑涧西，高程378米；东止于东山村北山，高程258米。长1811米（图一一五五；表二七〇）。

该段长城位于东山村北岭。呈西北—东南走向。长城总长1811米，其中保存较差的墙体长458米，消失墙体长1353米。根据长城走向和特征点可分为4个小段。

第1小段，GPS0082—0083，呈西北—东南走向。墙体保存较差。墙体为土石混筑，底宽4～6、顶宽1～1.5、高0.8～1.5米；墙体两侧地势较陡，多生长松树及刺槐等，受水土流失等自然因素的破坏，现呈矮垄状。长 458 米（图一一五六）。

　　第 2 小段，GPS0083—0084，呈西南—东北走向。墙体消失。墙体长期受水土流失等自然因素的破坏，已无迹象可寻，大面积山石裸露。长 427 米。

　　第 3 小段，GPS0084—0085，呈西—东走向。墙体消失。墙体长期受水土流失等自然因素的破坏，已无迹象可寻，大面积山石裸露。长 426 米。

　　第 4 小段，GPS0085—0086，呈西北—东南走向。墙体消失。因在原址上新建仿明长城，墙体被彻底毁坏，新长城宽 5.6、高 3.1 米，此处被命名为西峰关。长 500 米。

表二七〇　东山村北山段长城（编码：370211382105020002）GPS 采集点表（单位：米）

工作编号	名称	坐标（起止点）			与相邻点关系
		东经	北纬	高程	
0082	起点			378	
0083	折点 1			384	0082 点东南 458
0084	拐点 1			370	0083 点东北 427
0085	拐点 2			285	0084 点东南 426
0086	止点			258	0085 点东南 500

图一一五六　GPS0083 点以东山险（西—东）

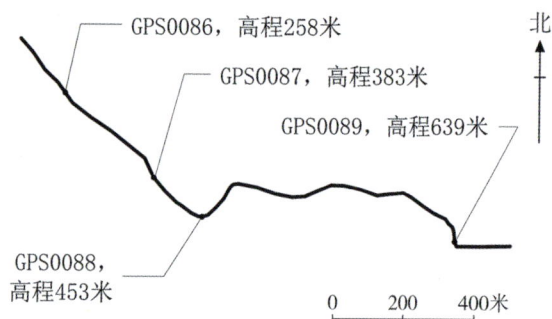

图一一五七　小珠山北山段长城走向图

第三段，小珠山北山段长城（编码：370211382 105020003）

该段长城西北起自东山村北山，高程258米；东南止于小珠山北山，高程639米。长2236米（图一一五七；表二七一）。

该段长城位于东山村东北岭。呈西北—东南走向。长城总长2236米，其中保存较差墙体长520米，山险长1716米。根据长城走向和特征点可分为3个小段。

第1小段，GPS0086—0087，呈西北—东南走向。墙体保存较差。墙体为土石混筑，底宽3.5~5.7、顶宽1.5~2.6、高1~1.8米。墙体两侧生长大面积刺槐和松树，现呈土垄状。长520米（图一一五八）。

第2小段，GPS0087—0088，呈西北—东南走向。墙体为山险。墙体借助陡峭的山势，完成防御体系，两侧多生长松树。长316米。

第3小段，GPS0088—0089，呈西—东走向。墙体为山险。墙体借助陡峭的山势，完成防御体系，两侧多生长松树。长1400米。

表二七一　小珠山北山段长城（编码：370211382105020003）GPS采集点表（单位：米）

工作编号	名称	坐标（起止点）			与相邻点关系
		东经	北纬	高程	
0086	小起点			258	
0087	折点1			383	0086点东南520
0088	拐点1			453	0087点东北316
0089	止点			639	0088点东南1400

图一一五八
GPS0086点
东南墙体
（西北—东南）

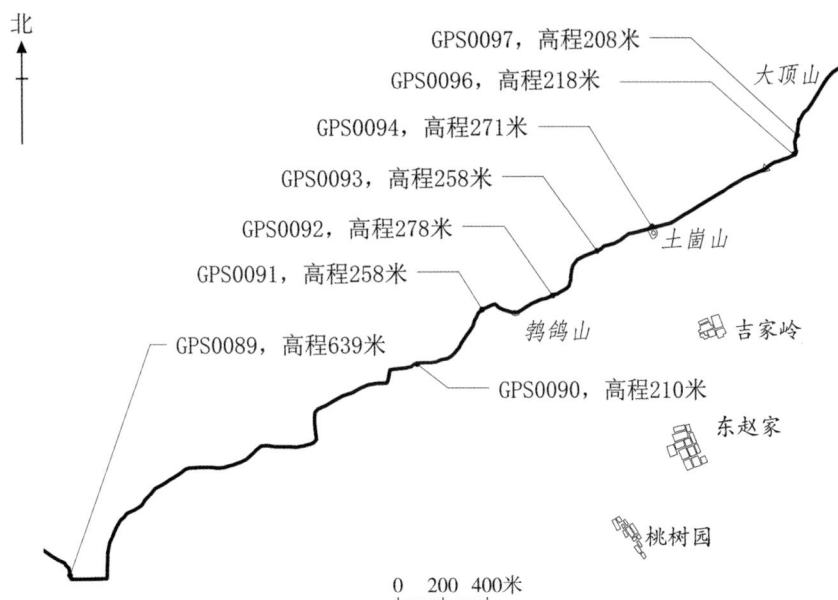

图一一五九　鹁鸽山段长城走向图

第四段，鹁鸽山段长城（编码：370211382105020004）

该段长城西南起自小珠山北山，高程639米；东北止于大顶山，高程208米。长4804米（图一一五九；表二七二）。

该段长城位于鹁鸽山。呈西南—东北走向。长城总长4804米，其中保存较差墙体长790米，保存差的墙体长322米。山险长3692米根据长城走向和特征点可分为8个小段。

第1小段，GPS0089—0090，呈西南—东北走向。墙体为山险。墙体借助陡峭的山势，完成防御体系，两侧多生长松树。长2030米。

第2小段，GPS0090—0091，呈西南—东北走向。墙体保存较差。墙体为石墙，底宽2~3、顶宽1~1.5、高0.5米左右。墙体仅剩基础，顶部及两侧生长大面积刺槐和松树，植物根系破坏现象较为严重。长450米（图一一六〇）。

第3小段，GPS0091—0092，呈西南—东北走向。墙体为山险。墙体借助陡峭的山势，完成防御体系，两侧多生长松树。长450米（图一一六一）。

第4小段，GPS0092—0093，呈西南—东北走向。墙体保存较差。墙体为石墙，底宽2~3、顶宽1~1.5、高0.5~1米。长期受自然因素的破坏，现墙体仅剩基础，两侧石墙包边迹象明显。长340米。

第5小段，GPS0093—0094，呈西南—东北走向。墙体为山险。墙体借助陡峭的山势，完成防御体系，两侧多生长松树。长372米。

第6小段，GPS0094—0095，呈西南—东北走向。墙体为山险。墙体借助陡峭的山势，完成防御体系，两侧多生长松树。长840米（图一一六二）。

第7小段，GPS0095—0096，呈西南—东北走向。墙体保存差。墙体为石墙，底宽2~3、顶宽1~1.5、高0.5米。墙体仅剩基础，顶部及两侧生长大面积刺槐和松树，植物根系破坏现象较为严重。长230米。

第8小段，GPS0096—0097，呈南—北走向。墙体保存差。墙体为石墙，底宽2~3、顶宽1~1.5、高0.5米。墙体仅剩基础，顶部及两侧生长大面积刺槐和松树，植物根系破坏现象较为严重。长92米。

表二七二　鹁鸽山段长城（编码：370211382105020004）GPS采集点表（单位：米）

工作编号	名称	坐标（起止点）			与相邻点关系
		东经	北纬	高程	
0089	起点			639	
0090	折点1			210	0089点东北2030
0091	拐点1			258	0090点东北450
0092	拐点2			278	0091点东北450
0093	折点2			258	0092点东北340
0094	折点3			271	0093点东北372
0095	折点4			264	0094点东北840
0096	折点5			218	0095点东北230
0097	止点			208	0096点东北92

图一一六○　GPS0090点处墙体（西—东）

图一一六一　GPS0092 点以西山险（东—西）

图一一六二　GPS0095 点西南山险（东北—西南）

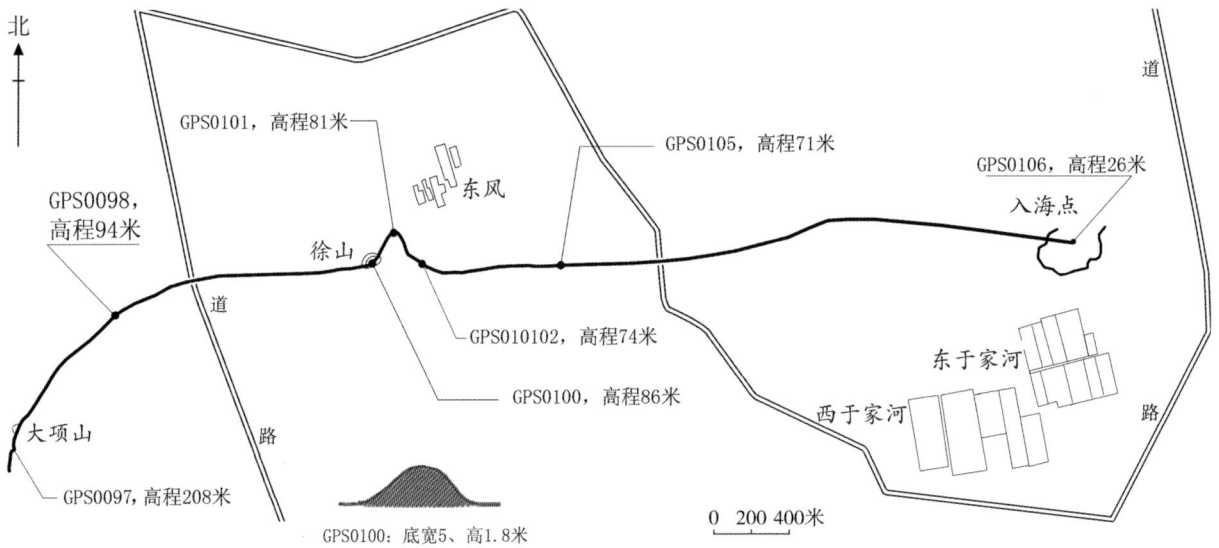

图一一六三 徐山段长城走向图

第五段，徐山段长城（编码：370211382105020005）

该段长城西起自大顶山上，高程 208 米；东止于于家河新建烽火台处，高程 26 米。长 4417 米（图一一六三；表二七三）。

该段长城位于黄岛区徐山处。呈西—东走向。长城总长 4417 米，其中保存一般的墙体长 101 米，保存差墙体长 707 米，消失的墙体长 3609 米。根据长城走向和特征点可分为 9 个小段。

第 1 小段，GPS0097—0098，呈西南—东北走向。墙体消失。墙体受城镇建设、道路修建及厂房建设等人为的破坏，已无迹象可寻。长 550 米。

第 2 小段，GPS0098—0099，呈西南—东北走向。墙体消失。墙体受城镇建设、道路修建及厂房建设等人为的破坏，已无迹象可寻。长 759 米。

第 3 小段，GPS0099—0100，呈西—东走向。墙体保存差。墙体为土石混筑，底宽 3 ~ 4.5、顶宽 0.5 ~ 1、高约 0.5 米。墙体两侧及顶部生长大面积刺槐，植物根系破坏现象明显。长 88 米（图一一六四）。

第 4 小段，GPS0100—0101，呈西南—东北走向。墙体保存一般。墙体为土石混筑，底宽 3 ~ 4.5、顶宽 1 ~ 1.5、高 1 ~ 1.5 米。墙体两侧均为农田，种植果树，墙体被蚕食严重。长 101 米。

第 5 小段，GPS0101—0102，呈西北—东南走向。墙体保存差。墙体为土石混筑，底宽 3 ~ 4.5、顶宽 1 ~ 1.5、高 1 ~ 1.5 米。墙体两侧均为农田，种植果树，墙体被蚕食严重。GPS0102 点为齐长城关隘左关。长 165 米（图一一六五）。

第 6 小段，GPS0102—0103，呈西—东走向。墙体保存差。墙体为土石混筑，底宽 3 ~ 4.5、顶宽 1 ~ 1.5、高 1 ~ 1.5 米。墙体两侧均为农田，种植果树，墙体被蚕食严重。GPS0103 点为齐长城关隘右关。长 131 米。

第 7 小段，GPS0103—0104，呈西—东走向，略偏北。墙体保存差。墙体为土石混筑，底宽 3 ~ 4.5、顶宽 1 ~ 1.5、高 1 ~ 1.5 米。墙体两侧均为农田，种植果树，墙体被蚕食严重。长 181 米。

第 8 小段，GPS0104—0105，呈西—东走向。墙体保存差。墙体为土石混筑，底宽 3 ~ 4.5、顶宽 1 ~ 1.5、高 1 ~ 1.5 米。墙体两侧及顶部均生长大面积刺槐和松树，植物根系破坏现象明显。墙体自 GPS0104 点向东不再沿黄岛—胶南县界，而是进入黄岛区境内，直至入海。长 142 米。

第9小段，GPS0105—0106，呈西—东走向。墙体消失。墙体受城镇建设、道路修建及厂房建设等人为的破坏，已无迹象可寻。GPS0106点为齐长城止点和入海处（图一一六六），以及1997年青岛市立的全国重点文物保护单位保护碑，1999年新建烽火台。长2300米。

齐长城自此经东于家河入黄海。

表二七三　徐山段长城（编码：370211382105020005）GPS采集点表（单位：米）

工作编号	名称	坐标（起止点）			与相邻点关系
		东经	北纬	高程	
0097	起点			208	
0098	折点1			94	0097点东北550
0099	折点2			42	0098点东北759
0100	拐点1			86	0099点东南88
0101	拐点2			81	0100点东北101
0102	折点3			74	0101点东北165
0103	折点4			71	0102点东南131
0104	折点5			96	0103点东北181
0105	折点6			71	0104点东北142
0106	止点			26	00105点东北2300

图一一六四　GPS0099点以西墙体（西—东）

图一一六五　GPS0102 点处保护标志碑（北—南）

图一一六六　GPS0106 点处齐长城入海处（西—东）

第五节　保护与管理现状

一　保护机构

境内长城属黄岛区文物管理所统一保护管理，沿线无统一有效的保护管理机制，进而无法掌握每段墙体的具体保存现状，致使多处墙体一直处于且长期处于人为破坏的环境中，直至消失殆尽。

二 保护标志

此次调查，除仅发现两通保护标志碑外，沿途无其他有效的保护标志或警示牌，这部分工作，须在后期保护工作中加入。适当地树立保护标志碑和警示牌，能有效地阻止一些人为破坏行为，对长城的保护起到很关键的作用。

三 保护范围及建设控制地带

齐长城资源调查前，山东省文物主管部门明确规定，齐长城墙体及附属建筑两侧 50 米之内为保护范围，其中 20 米之内为绝对保护区，300 米之内为建设控制地带。后调整为坡地和平地部分：以长城本体两侧外缘各向外 200 米为保护范围，保护范围外缘向外 500 米为建设控制地带；山岭部分：山脊上的长城按山脊两侧的谷底线（或坡脚线）至长城墙体外缘的距离不足 700 米的按 700 米划定。

四 记录档案

经调查，未建立有效的"四有"档案。为了有效地记录长城保存现状和进一步完善保护规划，必须详尽地完善相关资料，建立独立的长城档案，这是今后工作的重。

第六节 长城损毁的自然与人为因素

一 自然因素

境内长城途经地形地貌较为复杂，可分为山地、丘陵、沟壑及平原四个不同类型。山地类型：墙体均沿山脊分布，两侧多种植松树、橡树、槐树及栗子树等树种，少农田破坏。处于山谷之间时，多被修路截断破坏；丘陵类型：墙体多沿丘陵脊线分布，地势平缓的坡面多被开垦为农田，地势陡峭的地方多种植松树、橡树及槐树等树种，人为破坏现象较为明显。沟壑类型：受雨水冲刷及河流截断等破坏影响，大部分墙体地表已无遗迹。平原类型：墙体途径平原地带时，两侧多农田，蚕食现象严重。

二 人为因素

此次调查表明，破坏长城墙体的最大因素就是人为因素，多表现为城镇建设、垦田拓路、采石等破坏，致使长城墙体满目疮痍，已所剩无几。

第二十章

莱城区青石关长城资源调查

第一节　地理位置与自然环境

莱芜为省辖地级市，莱城区属莱芜市辖区。位于山东省中部，泰山东麓，北邻济南市所辖的章丘市，东邻淄博市博山区和沂源县，南邻泰安市所辖的新泰市，西邻泰安市岱岳区。总面积2246平方千米。

地形、地势　莱芜处在南缓北陡、向北突出的半圆形盆地中，北、东、南三面环山，中部为低缓起伏的平原，西部开阔。整个地势由东向西倾斜，北、东、南三面又向盆地中部倾斜，大汶河由东向西横贯盆地中部。海拔最高994米，最低148.13米。山地12.67万公顷，占60%，丘陵约4万公顷，超过20%，其余为平原。具体分为低山岭坡、岭坡梯田、近山阶地、山前倾斜盆地、河谷平原、水库、坑塘7个微地貌类型。

山脉　北部为泰山余脉，走向近东—西，自西向东有三平山、香山等。南部为徂徕山余脉，走向与北部泰山余脉大体平行，自西向东有莲花山、大堡顶山等。两山脉诸山皆为山势陡峻、切割强烈的中低山。海拔900米以上的山头有5个，即莲花山，东—西走向，海拔994米，总面积25平方千米，境内13平方千米；大堡顶山，海拔939米；新甫山，东—西走向，海拔925米，境内7.5平方千米；三平山，海拔924米；香山，东北—西南走向，海拔918米，面积4.5平方千米。

水文　境内河流有汶河和淄河两大水系，汶河水系主要干流是牟汶河，最大支流是嬴汶河（亦称汇河）和庄河，属淄河水系。此外，尚有近400条支流。南部支流河短，比降较大，多为源短流急的季节性河。北部支流河长，比降较小，多为常年河。主要河流有汶河，分为牟汶河、嬴汶河。牟汶河，市内长近77千米，流域面积约1600平方千米，为北西流向；嬴汶河，市内长59千米，流域面积797平方千米。淄河（又名淄水），干流为和庄河，境内长12千米，流域面积102.35平方千米。

气候　莱芜属暖温带湿润、半湿润大陆性季风气候，光照充足，四季分明。境内年平均气温在11℃~13℃之间，降水量760.9毫米，无霜期204天。南部高于北部，中部高于东部和西部，东北部和西北部山区较低。年平均最高气温为18.6℃，7月份最高为30.9℃，极端最高为39.2℃；1月份最低为8.1℃，极端最低为-22.5℃。降水量多年平均760.9毫米。全境属半湿润地区，在一年中7月和8月属湿润期，9月为半湿润期，其他月份为干旱、半干旱期。初霜一般在10月21日，终霜多在翌年4月7日，无霜期平均196天。气候特点是气温偏高，降水偏少，干旱、风灾严重。

植被　原属暖温带落叶阔叶林带。自然植被率很小，且具有明显的次生性质，除个别山地丘陵和沟谷中可见零星次生落叶、阔叶杂林外，主要是抗旱耐瘠的针叶树种。大面积的是人工植被。

第二节　历史沿革

莱芜，春秋为牟国及齐嬴邑、平州邑地。牟国属于鲁国的附庸国，故址在今城东10千米的辛庄镇赵家泉村；嬴邑属于齐国，故址在今城西北羊里镇城子县村；平州邑在莱芜西部。秦置嬴县（治所在今城子县村），属济北郡。

西汉增置牟县（治所在今赵家泉村），又于牟县东北置莱芜县，因治所设在淄水流域的莱芜谷，故名莱芜，故址在今淄川东南21.5千米的口头乡城子庄。嬴、牟、莱芜三县同属于泰山郡。东汉、三国魏、晋沿袭未变。

北魏时嬴县治所向东迁移至今南文字村。同时撤销设在淄川的莱芜县，其区域北部划入设在淄川的贝丘县，南部分别划入嬴县与牟县。北齐天宝七年（556年），撤销牟县，并入博平县。隋代开皇十六年（596年），复置牟城县，大业初年又并入嬴县，从此牟县再未出现。唐贞观元年（627年）撤销嬴县，并入博平县，从此嬴县再未出现。

唐长安四年（704年），于北魏嬴县故城（今南文字村）复置莱芜县。从此，莱芜县治所开始设在今莱芜市境内。

元和十五年（820年）又将莱芜县并入乾封县，太和元年（827年）复置莱芜县，治所仍在南文字村，属兖州鲁郡。宋初属兖州鲁郡，继属袭庆府鲁郡。金代，废除设在今莱城的主管冶炼的莱芜监，于大定十二年（1172年）将设在南文字村的莱芜县南迁至莱芜监旧址，属泰安州。元代、明代沿袭未变。清代属泰安州。1915年属济南道。1925年属泰安道。1928年直属山东省。

1983年8月，经国务院批准，撤销莱芜县，改设省辖县级市，由泰安市代管。1992年11月，经国务院批准，莱芜市升为地级市，辖莱城、钢城两个区。

第三节　长城概况

莱城区的长城分为两部分。

第一部分是齐长城。地处莱城区北境和济南市章丘区、淄博市的博山区交界的山脊上，西起三界首碑，东至双堆山，全长61787米。分为东西两段（图一一六七）。

西段齐长城西起三界首碑，东至霹雳尖山，分布在章丘与莱城区交界的山脊上。长58429米。见章丘齐长城第4~29段记录。

东段齐长城由霹雳尖山到禄柱崖，分布在博山与莱城交界处的山脊上，长3358米。见博山齐长城1~2段记录。

第二部分是莱城青石关段长城。分布在青石关东西两侧，西起樵岭前南山，东至原山。

青石关段长城并没有发现早期（春秋战国）的墙体，现存墙体应为清代所筑（详后，青石关关堡）。

青石关段长城以青石关关口为中心，西起樵岭前南山，东至原山，共计15948米。墙体以石墙为主，没有发现其他类型的墙体。发现有墙体的段落有12225米，占总长度的76.66%，消失的墙体有3723米，占23.34%。从保存情况来看，青石关段墙体总体保存较差。保存较好的墙体有1218米，占7.64%，保存一般的墙体有2930米，占18.37%，保存较差的墙体5188米，占32.53%，保存差的墙体有2889米，占18.12%（表二七四、二七五）。

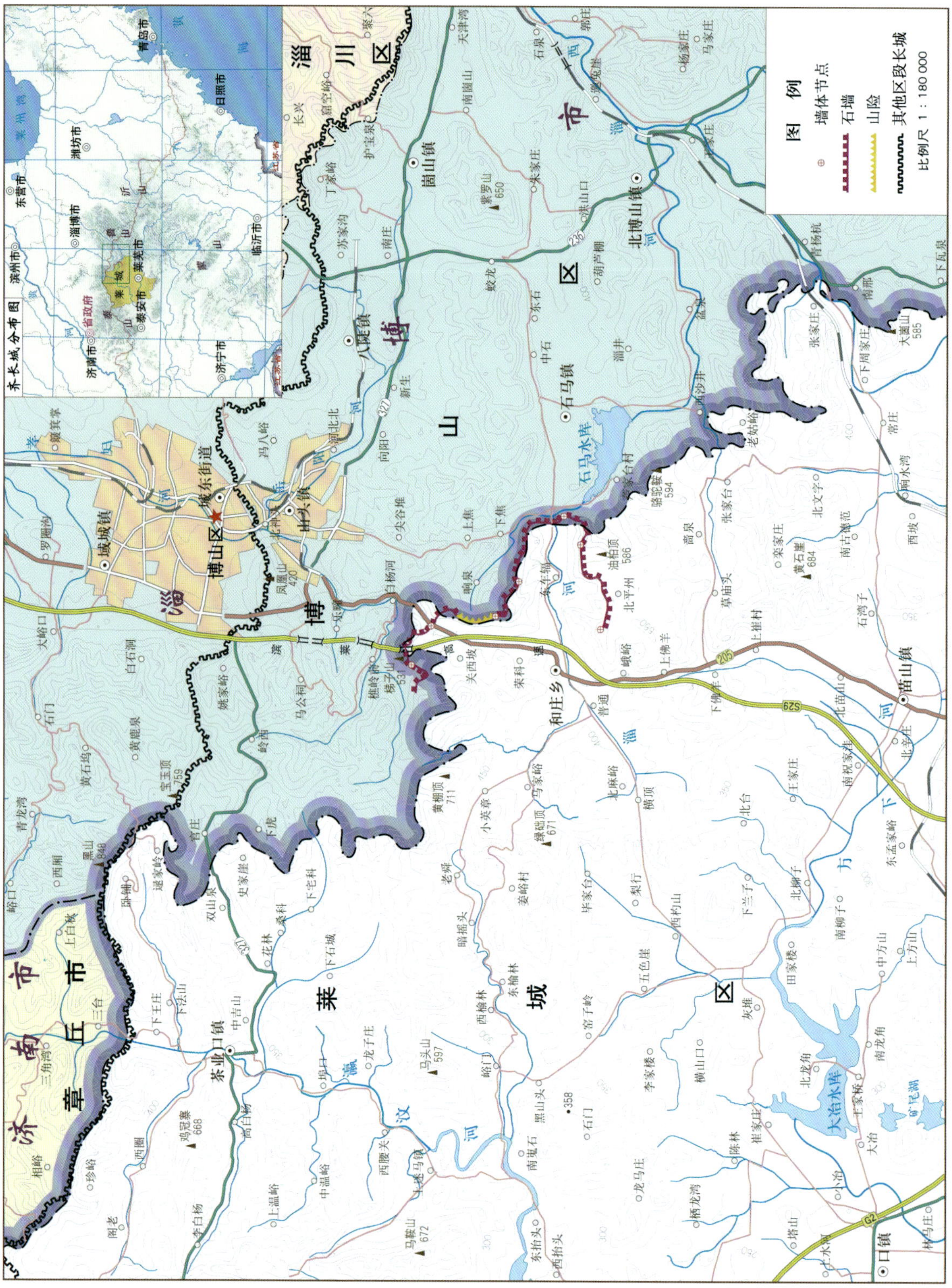

图一一六七　莱城青石关长城与齐长城的关系图

表二七四　莱城青石关段长城墙体保存现状统计表（单位：米）

段落	较好	一般	较差	差	消失	山险	总计
1				805	1194		1999
2		733	305		397		1435
3	1218	678	504	83	492		2975
4		381	1333				1714
5		910	1717				2627
6		228	1329		210		1767
7				2001	1430		3431
小计	1218	2930	5188	2889	3723	0	15948
百分比（%）	7.64	18.37	32.53	18.12	23.34	0.00	100

表二七五　莱城青石关段长城墙体类型统计表（单位：米）

墙体类型	石墙	土墙	山险	壕堑	消失	总计
小计	12225	0	0	0	3723	15948
百分比（%）	76.66	0.00	0.00	0.00	23.34	100

二　关隘

1 处，为青石关。

第四节　分段调查实况（1~7 段）

在实地田野调查中，我们共拍摄照片 236 张，录像 55 段，绘制图纸 7 张。按照长城走向和保存情况，我们将青石关段长城分为七段，每段一般以关口、山峰和村庄的名字来命名。现将各段详细介绍如下。

青石关复线长城的调查，从青石关开始向西调查至樵岭前南山，后从青石关又向东调查至原山。这样调查工作的安排，是基于青石关复线长城的东西两端不是太清楚。调查时，把青石关向西至樵岭前南山编了两段，从东向西编号的；从青石关向东至原山，编了 5 段，是从西向东编号的，系统里面的号码也是这样编排的，后来没有调整。这与我们在其他县区自西向东的调查编号不一致，我们在编写报告时，还是从西向东介绍，把西端的樵岭前南山作为起，东端的原山作为终，从西向东依次编为一至七段，后面括号内的代码为原编号，与系统内顺序和认定书内顺序统一。

调查报告内将西侧的两段的起点和终点倒换过来，这样，整个青石关复线长城每段都是以西端作为起，东端作为终，每段的起止点及坐标能够衔接起来。在 GPS 采集点表的前面加入调整后的顺序一栏，按照调整后的从西向东介绍 GPS 点坐标。

一　墙体分段调查实况

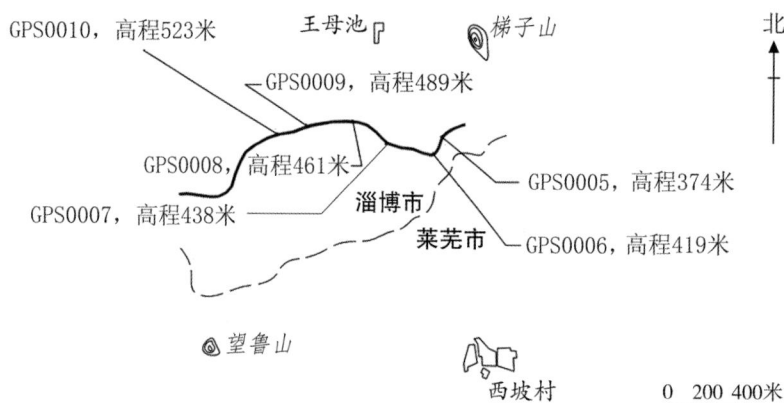

图一一六八　樵岭前南山段长城走向图

第一段，樵岭前南山段长城（编码：371202382102190002）

该段长城西起自樵岭前南山，高程 523 米；东止于西坡村北山，高程 374 米。长 1435 米（图一一六八；表二七六）。

该段长城位于莱城区西坡村北、淄博市博山区樵岭村南、王母池村南东西向山脊上。墙体总长 1435 米，消失墙体长 397 米，保存较差墙体长 305 米，保存一般墙体长 733 米。根据长城走向和特征点可分为 5 个小段。

第 1 小段，GPS0010—0009，墙体保存一般。墙体宽 1.2、高 1.1 米。长 273 米。

第 2 小段，GPS0009—0008，墙体保存差。墙体宽 1.2、高 1.1 米。长 305 米。

第 3 小段，GPS0008—0007，墙体消失。长 209 米。

第 4 小段，GPS0007—0006，墙体保存一般。墙体宽 1.5、高 01.8 米。长 460 米（图一一七〇）。

第 5 小段，GPS0006—0005，墙体消失。长 188 米（图一一六九）。

表二七六　樵岭前南山段长城（编码：371202382102190002）GPS 采集点表（单位：米）

调整后顺序号	原工作编号	名称	坐标（起止点）			与相邻点关系
			东经	北纬	高程	
6	0005	起点			374	
5	0006	拐点 1			419	0005 点西南 188
4	0007	拐点 2			438	0006 点西南 460
3	0008	拐点 3			461	0007 点西北 209
2	0009	折点 1			489	0008 点西北 305
1	0010	止点			523	0009 点西北 273

图一一六九　GPS0005 点以西墙体（东—西）

图一一七〇　GPS0006 点以东墙体（西南—东北）

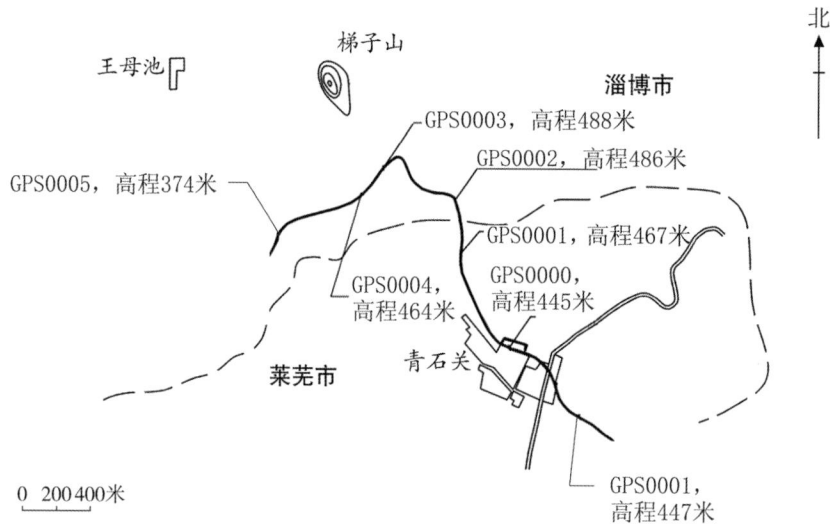

图一一七一 青石关段长城走向图

第二段，青石关段长城（编码：371202382102190001）

该段长城西起自西坡村北山，高程 374 米；东止于青石关，高程 445 米。长 1999 米（图一一七一；表二七七）。

该段长城位于西坡村北山脊上，地处淄博博山境内，北有梯子山、樵岭村。自青石关村西北进入莱城区境内，转向东南进入青石关村石块垒砌关口处。总长 1999 米，消失墙体长 1194 米，保存差墙体长 805 米，所有墙体宽较窄，为明清时所修建。根据长城走向和特征点可分为 5 个小段。

第 1 小段，GPS0005—0004，墙体消失。山势较平缓，植被较少，以柏树为主。长 570 米。

第 2 小段，GPS0004—0003，墙体保存差。残存墙体宽 2.1、高 1.5 米。山势较平缓，植被较少，以柏树为主。长 303 米（图一一七二）。

第 3 小段，GPS0003—0002，墙体保存差。残存墙体宽 1.5、高 1 米。山势平缓，植被较少，以柏树为主。长 238 米。

第 4 小段，GPS0002—0001，墙体保存差。残存墙体宽 1.5、高 0.3 米。墙体坍塌严重，山势较平缓，植被较少，以柏树为主。长 264 米。

第 5 小段，GPS0001—0000，墙体消失。山势较平缓，植被较少，有少量柏树。长 624 米。

表二七七 青石关段长城（编码：371202382102190001）GPS 采集点表（单位：米）

调整后顺序号	工作编号	名称	坐标（起止点）			与相邻点关系
			东经	北纬	高程	
11	0000	起点			445	
10	0001	拐点 1			467	0000 点西北 624
9	0002	拐点 2			486	0001 点西北 264
8	0003	拐点 3			488	0002 点西北 238
7	0004	折点 1			464	0003 点西北 303
6	0005	止点			374	0004 点西南 570

图一一七二　GPS0003 点以西墙体（东—西）

第三段，青石关村东山段长城（编码：371202382102190003）

该段长城西北起自青石关，高程 411 米；东南止于青石关村东山，高程 561 米。全长 2975 米（图一一七三；表二七八）。

长城位于莱城区青石关村东南。呈西北—东南走向（图一一七四）。总长 2975 米。保存较好墙体长 1218 米，保存一般长 678 米，较差墙体长 504 米，消失墙体长 492 米，保存差墙体长 83 米。根据长城走向和特征点可分为 10 个小段。

第 1 小段，GPS0000—0001，墙体消失。山势较平缓，植被较多，以柏树为主。长 230 米。

第 2 小段，GPS0001—0002，墙体保存差。0001 点处出现墙体，残

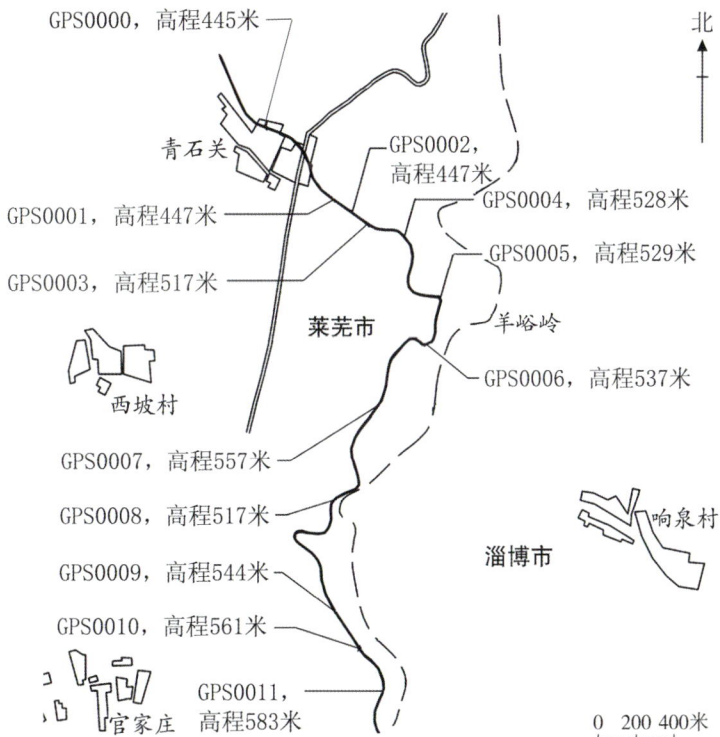

图一一七三　青石关村东山段长城走向图

存墙体宽1.2、高0.4米。山势较平缓，植被较多，以柏树为主。长83米。

第3小段，GPS0002—0003，墙体保存较好。墙体宽1.8、外高2.6米。山势较陡峭，植被较多，以柏树为主。0003点墙体转向南。长92米（图一一七五）。

第4小段，GPS0003—0004，墙体保存较好。墙体宽1.1、内侧高0.8、外侧高1.8米。山势较陡峭，植被以柏树为主。长202米。

第5小段，GPS0004—0005，墙体保存较好。墙体宽1.1、内侧高0.8米，山势较陡峭，植被以柏树为主。长302米。

第6小段，GPS0005—0006，墙体为山险。山势较陡峭，植被以柏树为主。长504米。

第7小段，GPS0006—0007，墙体保存一般。墙体宽1.1、高0.6米。山势陡峭，植被以柏树为主。长342米（图一一七六）。

第8小段，GPS0007—0008，墙体保存一般。墙体宽1.6、高2.6米。山势较陡峭，植被以柏树为主。长336米（图一一七七）。

第9小段，GPS0008—0009，墙体保存较好。墙体宽1.6、内侧高1.8、外侧高2米。山势较陡峭，植被以柏树为主。长622米。

第10小段，GPS0009—0010，墙体消失。山势较陡峭，植被以柏树为主。长262米。

表二七八　青石关村东山段长城（编码：371202382102190003）GPS采集点表（单位：米）

调整后顺序号	工作编号	名称	坐标（起止点）			与相邻点关系
			东经	北纬	高程	
11	0000	起点			445	
12	0001	折点1			447	0000点东南230
13	0002	折点2			477	0001点东南83
14	0003	折点3			517	0002点东南92
15	0004	拐点1			528	0003点西南202
16	0005	拐点2			529	0004点东南302
17	0006	折点4			537	0005点西南504
18	0007	折点5			557	0006点西南342
19	0008	拐点3			517	0007点东南336
20	0009	折点6			544	0008点东南622
21	0010	止点			561	0009点西南262

调查过程中，在当地民众手中发现了一张日本人1929年拍摄的青石关关口及其东山长城的老照片。照片显示，此时的长城墙体保存完好，有分段构建成的迹象。墙体上面的雉堞也很完整，多数雉堞留有瞭望孔。最左边关堡的东南部位，有一组两面坡式瓦面屋顶的建筑，可能是官府或驻军住所。

图一一七四　青石关及东山长城远景（老照片，西南—东北）

图一一七五　GPS0003 点以东墙体（西—东）

图一一七六　GPS0007 点以北墙体（南—北）

图一一七七　GPS0007 点以南墙体（北—南）

第四段，武山段长城（编码：371202382106190004）

该段长城西北起自青石关村东山，高程 567 米；东南止于武山，高程 562 米。长 1714 米（图一一七八；表二七九）。

长城位于莱城区西坡村、官家庄东南北向长山脊上，东侧为淄博市博山区的响泉村。该段长城长 1714 米，保存一般长 381 米，山险体长 1333 米。根据长城走向和特征点可分为 3 个小段。

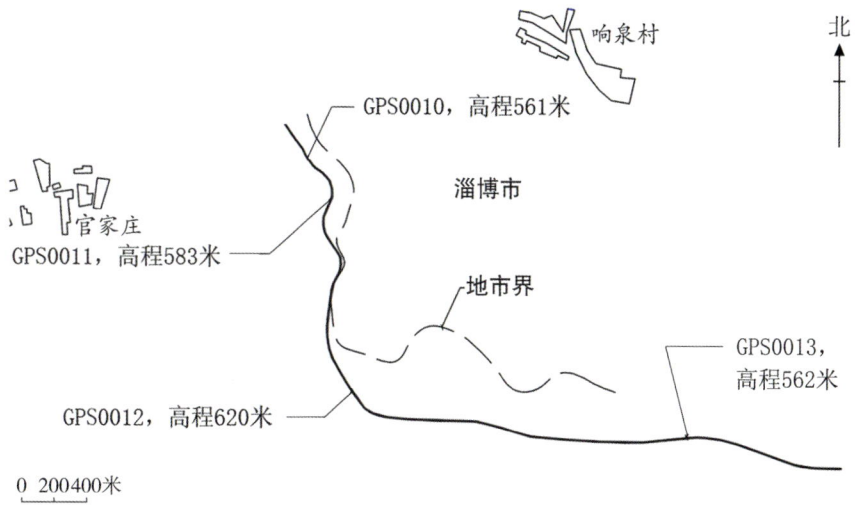

图一一七八　武山段长城走向图

第 1 小段，GPS0010—0011，石块垒砌墙体，保存一般。残墙宽 1.2、高 1.4 米。长 381 米。

第 2 小段，GPS0011—0012，为山险。长 203 米（图一一七九）。

第 3 小段，GPS0012—0013，为山险。长 1130 米。

表二七九　武山段长城（编码：371202382106190004）GPS 采集点表（单位：米）

调整后顺序号	工作编号	名称	坐标（起止点）			与相邻点关系
			东经	北纬	高程	
21	0010	起点			561	
22	0011	拐点 1			583	0010 点东北 381
23	0012	拐点 2			620	0011 点东南 203
24	0013	止点			562	0012 点东南 1130

图一一七九　GPS0012 点以西墙体（东—西）

第五段，焦家峪西山段长城（编码：371202382102190005）

该段长城西北起自起武山，高程 562 米；东南止于焦家峪西山，高程 356 米。长 2627 米（表二八〇）。

长城位于莱城区焦家峪村西。呈西北—东南走向。总长 2627 米，保存一般的墙体长 910 米，山险长 1717 米。按照长城走向和保存情况可分为 3 个小段。

第 1 小段，GPS0013—0014，为山险。山势陡峭，植被主要有野草和低矮的柏树。长 1110 米。

第 2 小段，GPS0014—0015，为山险。山势陡峭，植被较少，以野草和柏树为主。长 607 米（图一一八〇、一一八一）。

第 3 小段，GPS0015—0016，保存一般。墙体宽 0.9、内侧高 0.9、外侧高 0.7 米。山势陡峭，植被较少，以野草和柏树为主。长 910 米。

表二八〇　焦家峪西山段长城（编码：371202382102190005）GPS 采集点表（单位：米）

调整后顺序号	工作编号	名称	坐标（起止点）			与相邻点关系
			东经	北纬	高程	
24	0013	起点			562	
25	0014	拐点 1			537	0013 点东南 1110
26	0015	拐点 2			534	0014 点东南 607
27	0016	止点			356	0015 点东南 910

图一一八〇　GPS0015 点以北墙体（南—北）

图一一八一　GPS0015点以南墙体（北—南）

第六段，东车辐南山段长城（编码：371202382102190006）

该段长城东北起自焦家峪西山，高程356米；西南止于东车辐南山，高程568米。长1767米。

长城位于莱城区东车辐村南。呈东北—西南走向。该段长城长1767米，保存一般墙体长228米，保存较差墙体长1329米，消失墙体长210米。根据长城走向和特征点可分为4个小段（表二八一）。

第1小段，GPS0016—0017，墙体消失。农田和公路建设使墙体完全消失，此段为平地。长210米。

第2小段，GPS0017—0018，墙体保存较差。墙体高0.8、宽0.7米。山势较平缓，植被较少。山势较平缓，植被较少。长611米（图一一八二）。

第3小段，GPS0018—0019，墙体保存一般。残墙宽0.7米，内高0.8米，外高0.7米。山势较陡峭，植被较少。长228米（图一一八三）。

第4小段，GPS0019—0020，墙体保存较差。残墙体高1.3、宽0.4米。山势较陡峭，植被较少。长718米。

表二八一　东车辐南山段长城（编码：371202382102190006）GPS采集点表（单位：米）

调整后顺序号	工作编号	名称	坐标（起止点）			与相邻点关系
			东经	北纬	高程	
27	0016	起点			356	
28	0017	折点1			376	0016点西北210
29	0018	折点2			530	0017点东南611
30	0019	拐点			573	0018点西南228
31	0020	止点			568	0019点西北718

图一一八二　GPS0017 点以西墙体（东—西）

图一一八三　GPS0018 点以东墙体（西—东）

第七段，原山段长城（编码：371202382102190007）

该段长城东北起自东车辐南山，高程 568 米；西南止于原山，高程 608 米。长 3431 米。

长城位于莱城区东车辐村南。呈东北—西南走向。总长 3431 米。保存差墙体长 2001 米，消失墙体长 1430 米。按照长城走向和保存情况可分为 3 个小段（表二八二）。

第 1 小段，GPS0020—0021，墙体保存差。残墙宽 1.3、高 0.4 米。山势陡峭，植被以柏树为主。长 1370 米（图一一八四）。

第 2 小段，GPS0021—0022，墙体消失。山势陡峭，植被以柏树为主。长 1430 米。

第 3 小段，GPS0022—0023，墙体保存差。残墙宽 0.7、内侧高 0.8、外侧高 0.7 米。山势陡峭，植被以柏树为主。长 631 米（图一一八五）。

表二八二　原山段长城（编码：371202382102190007）GPS 采集点表（单位：米）

调整后顺序号	工作编号	名称	坐标（起止点）			与相邻点关系
			东经	北纬	高程	
31	0020	起点			568	
32	0021	拐点 1			544	0020 点西南 1370
33	0022	拐点 2			543	0021 点西南 1430
34	0023	止点			608	0022 点西北 631

图一一八四　GPS0021 点处墙体（南—北）

图一一八五　GPS0023 点处保护标志碑（南—北）

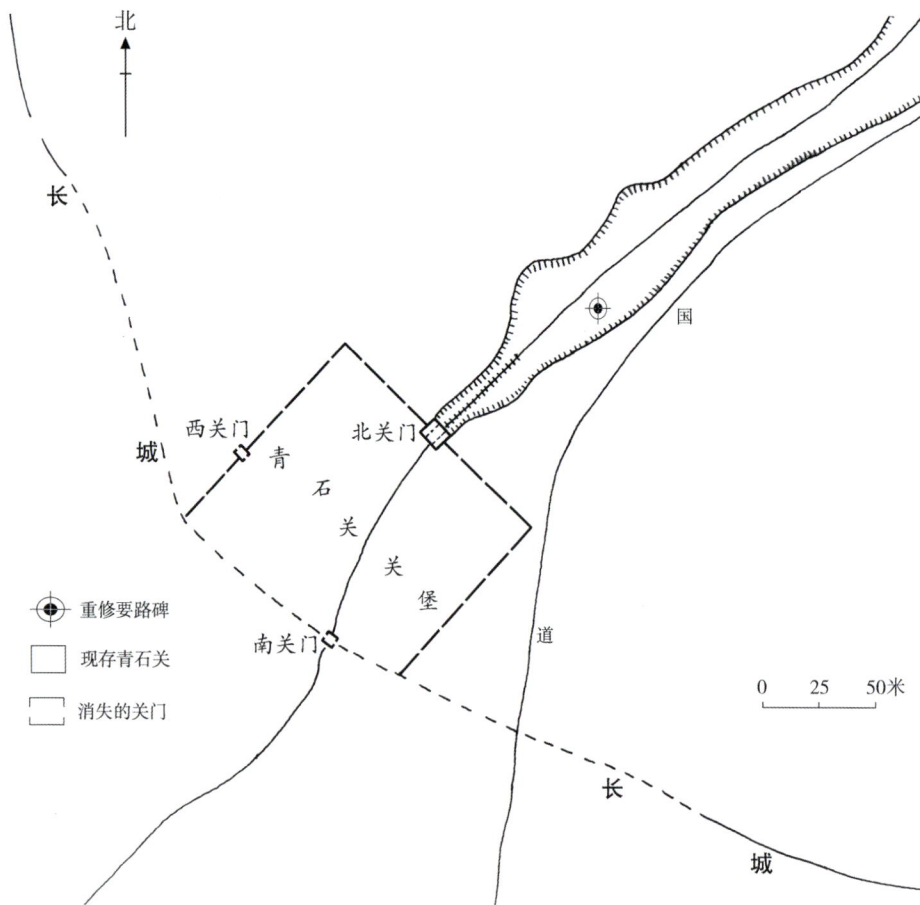

图一一八六　青石关关堡平面布局图

二　青石关关堡（编码：371202353101190001）

青石关位于莱芜市莱城区和庄乡青石关村（参见图一一七一）。东西两侧双山并立，中间为南北向山谷，沟深崖陡，沟底为南北交通要道。现村东部有国道 205 通过、村西有滨莱高速 S29 南北跨跃。自古以来，这里也是兵家必争之地，颇有一夫当关万夫莫开之势。

青石关长城从樵岭前南山向东绵延而来，经青石关村西山，过青石关村南，向青石关村东山延伸。两山之间的谷底为南北交通要道，筑有关堡（图一一八六）。关堡为向北凸出的、平面呈矩形的建筑，南墙与东、西两侧山坡延伸下来的长城城墙联为一体，发现北、南、西三个关门，现仅存北门关楼和南关门、西关门基址。在青石关村小学的西山墙上保存的长条石上雕刻的"青石关"三个大字，应为南门的额题（图一一八七、一一八八）。条石宽 76、高 50 厘米。据青石关东山段长城的老照片（见图一一七四）观察，在关堡的东南部，有一组尖顶瓦顶建筑，可能是官府或驻军住所。

图一一八七　青石关南关门额题位置（东—西）

图一一八八　南关门额题拓片

北关门，为现存唯一关楼。是在原基岩上下凿通道，以岩石为基础，上面用大型石块垒砌的矩形平台。平台内留有券顶门洞，门洞高 4、宽 2.5、进深 8.5 米。门洞以上 1.2 米为关楼平台，平台东西长 10.8 米，上面原有玄帝庙，现已毁（图一一八九）。平台上现有残留柱础（图一一九二）。

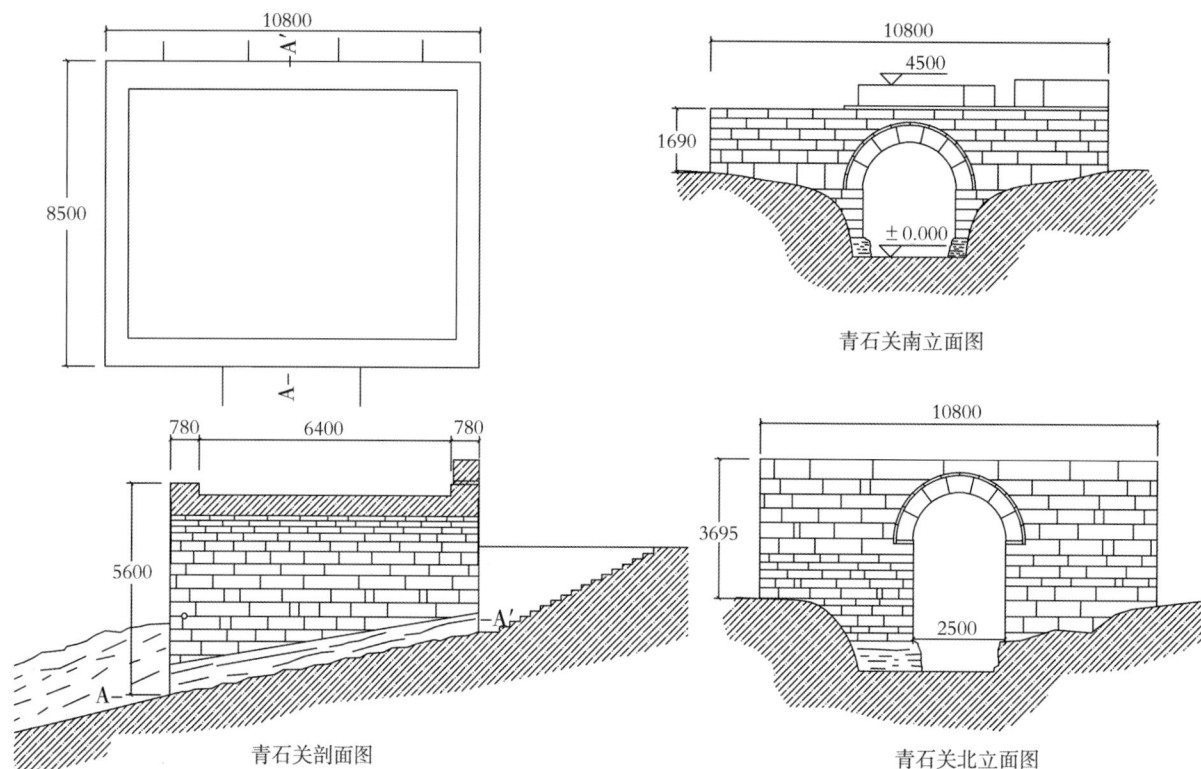

青石关南立面图

青石关剖面图

青石关北立面图

图一一八九　青石关北关门结构图

在门洞北端东西两侧石墙上，距路面 2.2 米处凿有两个直径 0.17 米的石窝，应为北门上枋木横向柱洞（图一一九三）。北关门南门洞外两侧分别立有一通石碑，西侧为明万历四十年（1612 年）重修玄帝庙记事碑，东侧石碑未见文字，四周有线刻缠枝划纹。门洞南侧路东，立有"齐长城遗址青石关"保护标志碑（图一一九〇）。门道内的岩石表面留有有很深车辙，说明应是轮牙外包铁质的单轮车长期使用留下的痕迹（图一一九四）。

北门外是通往博山方向、长达 3000 米的关沟，最宽处 10、最窄处 2 米（图一一九一）。沟底石坡道上人工凿出攀登石阶，中间车辙痕迹深刻明显，最深达 0.15～0.2 米（图一一九五、一一九六）。斜坡道近沟底处，在斜坡上雕凿有石窝，直径 0.29 米，据说是牲畜饮水处（图一一九七）。

据老照片观察，北关门平台上消失的玄帝庙结构大致如下：门洞顶上建造有坐北向南的两面坡硬山顶瓦房屋三间，山墙的东西两边留有宽 1 米左右的空地。东侧建有较矮的两面坡硬山瓦顶厢房，山墙上有直棂格扁窗。关门洞上方为照壁，条石底座，用雕刻或打磨的青砖垒砌而成，顶部为两面坡瓦脊，两端立有螭吻，正中有高浮雕或堆塑的花形饰。厢房与照壁之间有墙相连，墙上有砖砌凸字形装饰。照壁西侧为门道，门道西侧为砖墙，有砖砌菱形装饰，平台南侧与门道对应部位建有供人上下的台阶式踏步。平台外侧有花格砖护栏（图一一九八、一一九九）。

南关门在青石关村小学西山墙西侧与北门关对应的道路上。现存有门道两侧的条石基础（图一二〇〇）。实测门道宽 2.56、南北进深 3.80 米。南关门外观音庙处立有清光绪二十六年（1900 年）"奕世流芳"和"曾国藩所其处"的石碑，据传石碑原立于南关门外。

图一一九〇 青石关北关门南立面及两侧石碑（南—北）

图一一九一 青石关北门北立面（北—南）

图一一九二 北关门平台柱础

图一一九五 北关门外台阶1（北—南）

图一一九三 青石关北关门上枋轴窝（东—西）

图一一九六 北关门外台阶2（南—北）

图一一九四 北门洞内车辙（北—南）

图一一九七 北门外坡道下部石窝

图一一九八　青石关北关门（老照片，北—南）

图一一九九　青石关北关门（1929 年老照片，南—北）

图一二〇〇　青石关南关门基础（东—西）

　　据现场走访，南关门原为石拱门洞，高约6、宽2.5、进深约6米。城墙上有雉堞，高2米。关门上有两层关楼，楼内供奉慈航塑像。据此，南关门的形制结构应大致同于北关门，关楼结构不清。门道进深数据与实地测量的3.80米有较大的出入，可能是现存条石基础不完整，或者是村民的记忆不准确所致。

　　西关门已毁，现存西门北侧石墙，厚3.1米。老照片显示：关门为规整块石垒砌，券顶式门洞。有门框，外侧装有双扇木门，门上横枋两端插入两侧墙内，下有门槛。门楼顶部为平顶（图一二〇一）。

　　南北关门间有道路相通，路西原来有座店铺，是曾国藩经过这里到博山时的住所，有2间大门、3间北屋、2间西屋，都是石墙瓦屋，建筑风格古朴。

　　实地测量，南关门到北关门的距离为105米，西关门到南北关门间道路80米，北墙长约120米，南墙可能随地形而设，偏向东南，这样南墙的复原长度可能在160米左右。

　　青石关关堡及青石关长城的墙体结构与齐长城墙体有很大差异，其修建年代，史书、方志均无记载。20世纪90年代调查时，有村民介绍说是日本侵华期间，由日本人1938年所建，应属误传。由其规整石块垒砌的关堡和整齐较薄的长城墙体分析，青石关关堡及青石关长城不可能早到春秋战国时期，而是后期修筑的。明万历三十五年（1607年）"修路碑记"也未涉及关楼、关堡，似乎可以侧证，青石关位置在万历年间尚无关堡。根据1929年拍摄的青石关东山长城老照片（图一一七四）观察，关堡南侧城墙及东山长城，皆为规整石块垒砌，上有垛墙，结构与锦阳关咸丰年间重修的长城近似，而青石关长城下部没有早期长城痕迹。因此青石关长城及关堡可能为清代咸丰年间为防捻军而修建。

　　民国《莱芜县志》为此提供佐证："长城遗址在县治北长城岭上，西起平阴，历泰安、历城如莱

图一二〇一　青石关西关门（老照片，西—东）

芜界，东迤之海。齐宣王筑以御楚者，后人增修故址，随山升降，至今犹存。"在另一段关于青石关的记载，只讲述了青石关位置及其险要难行的情况，未提及青石关的建筑时间，更未提及青石关段长城。其莱芜总图明确标注了长城岭之齐长城的走向，而青石关段完全不见长城迹象（图一二〇二）。民国《续修莱芜县志》全图（图一二〇三）虽然在青石关标出了一段长城，但其标注的符号却不同于齐长城。讲述齐长城时也丝毫未提及青石关，仅在其"山川"卷中提及青石关"原山在县东北七十里，东界博山，北界淄川、章丘。耸秀出群山之上，主峰俗名禹王山，在史家崖之东，风门道之南。自主峰而外，北起长城，东至青石关外，西至杨家横，南至文字岭，盘回百余里，皆原山也"。

这些细节至少可以证明，在当时当地民众心目中，青石关及其长城与齐长城的性质是不同的。民国《莱芜县志》："咸丰十年（1860年），捻匪数十万蔓延数省……是年九月贼窜新泰。烽烟逼近，共议练团结寨以自保卫。十一年捻匪大至……数十万由济宁北窜，二月十一日至范家庄，孟国侨率民团御之，与贼距沟而阵……民团遂不能支，死伤大半……余众为圜阵以枪炮向外，且战且却，薄暮始溃围出。贼由吐子口东窜博山之防青石关者亦溃……城北一带悉遭焚掠。八月贼大股又至，十月贼复由邑北境西窜。是年贼入境凡三次。"

匪患如此猖獗，当地官民利用山地险要用以自保是顺理成章的事情。青石关明万历三十五年（1607年）"修路碑记"（详下）亦未提及青石关堡和青石关段长城，结合锦阳关段长城"重修碑记"〔8.4.3.0.136"章丘县修筑长城岭石墙记"碑拓，8.4.3.0.137 章邑南乡（锦阳关段）长城重修碑〕，几乎可以确认，青石关长城应为清代防捻军所筑。当然，青石关地处南北交通要道，作为关口使用应该有着久远的历史。

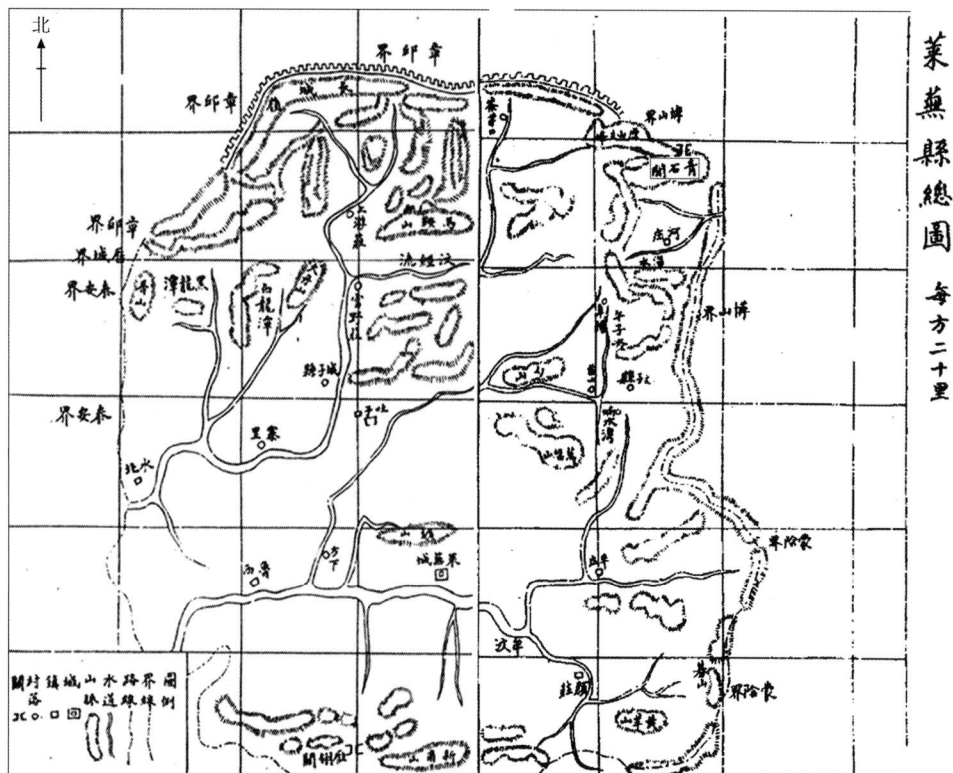

图一二〇二　民国《莱芜县志》总图上标注的齐长城

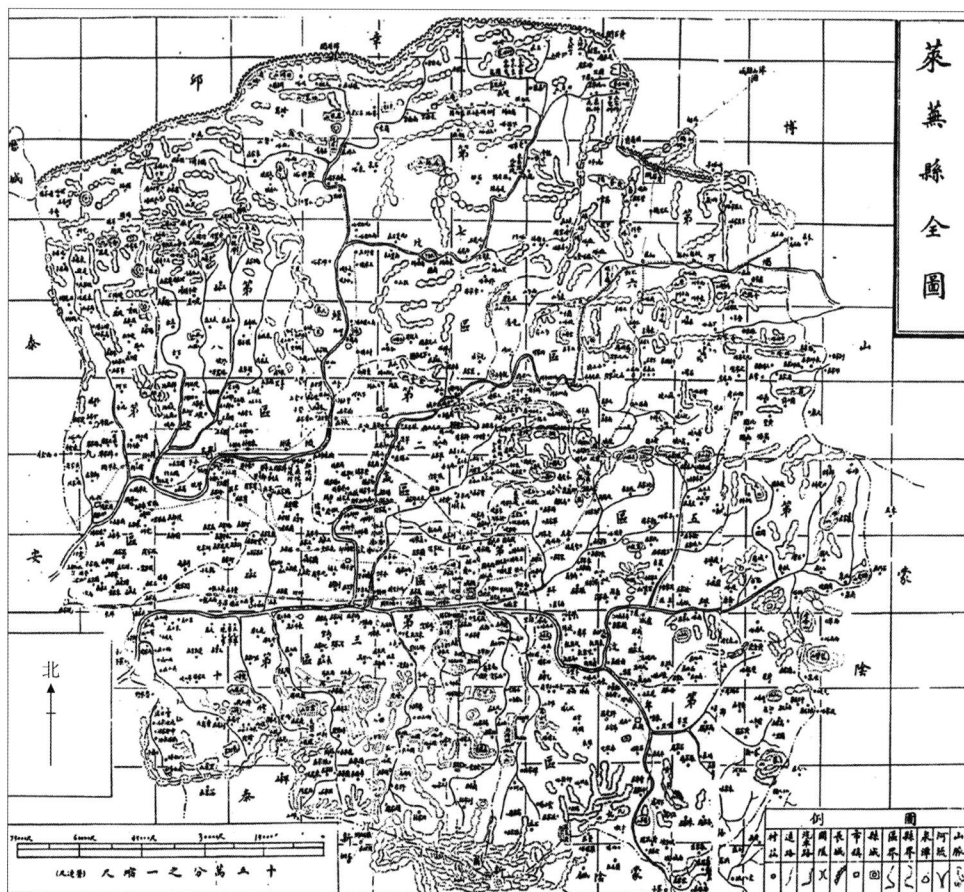

图一二〇三　民国《续修莱芜县志》全图

三　碑刻

确认 6 通。明万历三十五年（1607 年）"修路碑记"碑，在青石关北关门洞外、关下沟东侧之陈抟洞中；北关门南门洞外两侧立有明万历四十年"重修玄帝庙记事碑"和无字缠枝花纹碑；明嘉靖二十四年（1545 年）"奕世流芳"和"曾国藩所其处"碑立于关堡南门外观音庙；另有小学山墙上的"青石关"题刻。现场还发现了石雕瓦垄纹碑帽（图一二〇四）。

此外，在南北路东废弃的小学院内，残存 4 通残碑。据村干部介绍，地下还有不少，是一位村民搜集埋藏的，短期内还不易清理。

1. 明万历三十五年"修路碑记"碑，质地为石灰岩，圆首，高 1.72、宽 0.82、厚 0.2 米，周边刻有花草纹饰。碑额双钩楷书"修路碑记"，楷书，正文 18 行，共 410 字（图一二〇五）。

碑文内容：

图一二〇四　青石关发现的碑帽

　　颜神镇迤南，青石关以下，角土门店约二十里许，迺京省通衢，官商达道要路也，且北迄巨镇暨各乡村集场集处，又皆窑冶矾磨兴造之区，诸行磁碳朱货丛产之所，凡担挑扛负，驼□车□，弥岁弥月弥日弥时，弥不往来经行此路，以资贸易焉。第两崖壁夹，一径仅通，参差崎岖，莫此为甚。先年官、家庄居士、道人姜世禄者，斋素好□，暨庞家庄居士，道人□相□领袖一方，分修匠工俱颇成路，行者称便，已记石马棚店道左矣。不虞客岁七月二日，值神头店顺德祠祀醮会期，是夜暴雨倾布，河水泛涨，此时人畜货铺，一时冲溺者过半，致使行路巉岩屹峡，怪石横塞，峻屹陡陷，徒步者靡不艰难，挑载者率多颓溺。目击兹弊，畴不愿修而为之所也。由是原修姜道人欲复前功，重为修理。乃协青石关店主邬三思、马棚店地主孙赞暨看庙道人解守道等，约会一方，共成善事。于二月十三日兴工，至四月二十六日落成。盖以蹋力艰难，工费颇剧故也，其中辅工辅价、辅饭辅粮，虽多寡不齐，而原其与人为善之心，则一而已矣。落成之后，应宜次第勒名刻石于古宋太祖寓卧东御洞中，以便观□□竖其慕义好修之志云。是为叙。时万历三十五年五月初三日。逸士孙弘烈拜撰（以下姓名略）。

第五节　保护管理机构现状

一　保护机构

青石关段长城属于莱芜市文物局统一保护管理，沿线并没有设置保护措施，无统一有效的保护管理机制，进而无法掌握每段墙体的具体保存现状，致使多处墙体一直处于无保护的环境中。

二　保护标志

此次调查，发现有效的长城保护碑共 1 处，位于原山段。除此之外，长城沿线没有发现有效的保护标志和警示牌，这部分工作，须在后期保护工作中加入。适当地树立保护标志碑和警示牌，能有效地阻止一些人为破坏行为，对长城的保护起到很关键的作用。

三　保护范围及建设控制地带

齐长城资源调查前，山东省文物主管部门明确规定，齐长城墙体及附属建筑两侧 50 米之内为保护范围，其中 20 米之内为绝对保护区，300 米之内为建设控制地带。后调整为坡地和平地部分：以长城本体两侧外缘各向外 200 米为保护范围，保护范围外缘向外 500 米为建设控制地带；山岭部分：山脊上的长城按山脊两侧的谷底线（或坡脚线）至长城墙体外缘的距离不足 700 米的按 700 米划定。

四　记录档案

莱芜市文物局对青石关段长城有较为详细的记录档案。在第三次文物普查中，境内的齐长城遗址一并登记入册。

第六节　长城损毁的自然与人为因素

一　自然因素

青石关段长城途经地形地貌较为简单，一般位于境内的山地。墙体均沿山脊分布，山体以荒山为主，植被多松柏树。开垦梯田的现象较为普遍，对长城墙体破坏较甚。处于山谷之间时，多被修路截断破坏。山体风化较为严重，多处有滑坡现象，对齐长城周围的环境造成了较大程度的破坏。

二　人文因素

此次调查表明，破坏长城墙体的最大因素就是人为因素，多表现为植树造林、垦田拓路。尤其是垦田拓路，对齐长城的破坏尤为严重。

第二十一章

齐长城相关寨堡调查

　　齐长城沿线共调查测绘寨堡 27 座，皆位于齐长城墙体或齐长城路线经过的山顶、岭顶上。

　　2008～2009 年齐长城调查时发现，2010 年 5 月 11 日～6 月 20 日，程留斌和王云鹏两人对齐长城沿线的寨堡进行了全面的测绘和记录。

　　了解这些寨堡的始筑年代和属性，是一个较为困难的问题，至少不能完全排除其与齐长城的关联。从形制结构上看，这些寨堡的墙体均为石块干砌，宽度较窄，一般在 0.8～1.5 米，少数可达 1.8～2 米，远远低于齐长城的宽度。有的还有垛墙和射孔（瞭望孔），故其大多数应属于依托齐长城修筑的堡垒。光绪《肥城乡土志》的记载，或可给我们了解这类寨堡提供一些线索。其文曰："咸丰、同治间，发捻各匪窜扰。山东团练大臣督率各州县，晓谕乡民，行坚壁清野，法因而在，在有圩寨。同治六年，寇平，山东肃清。圩寨失修，令多废堕。而当日之恃以无恐者，其旧迹犹可指数也，兹将特即圩寨之尤著者录之，以为兵防者之一助焉：牛山寨、（禾阁寨）、陶山寨、幽栖寺寨、小泰山寨、寨山寨、石屋山寨、凤山寨、圈山寨、黄崖山寨。"

　　历史上的鲁中南山地，特别是战乱年代，以盗匪众多而闻名，人数或多或少，啸聚山林，结寨以自固。如后晋开运三年（946 年）四月，沂州、密州、兖州、郓州等地群盗蜂起，聚啸山林，所在屯聚，攻劫县邑，吏不能禁[1]。金贞祐二年（1214 年）年十二月，李全在潍州起义。刘二祖在泰安州起义，活动在沂蒙山区，在"山墙"中与金兵周旋。杨妙真率农民军进入磨旗山（一名马髻山），李全率部来到莒州，与杨妙真结为夫妇。在磨旗山上修建了坚固的城堡，在城外还开辟了一处交易场所，对工商业采取保护政策，以补充军费[2]。明永乐十八年（1420 年）二月，唐赛儿在益都御石棚寨起义……据益都御石棚寨，遂劫掠乡村，驱胁善……[3]。咸丰、同治年间，江苏仪征县人张积中……转徙济南博山，终定居于中黄崖。黄崖在群山中，县治西北六十里，山上旧有石寨，积中踵而廓修之[4]。等等均是。

　　据查，鲁中南山地，包括济南南部山区、莱芜北部和南部山区还有大量与长城无关的同类寨堡，其形成年代或早或晚，但大都在抗捻时期被重新修整利用。抗日战争和解放战争时期，也是游击队、民团或当地民众的临时存身、避难之所，甚至是战时阻击敌人的防御阵地。

---

　　[1] 高凤林：《山东通史·隋唐五代卷》第 76 页，人民出版社，2009 年。
　　[2] 《宋史·李全传》；周密：《齐东野语》卷九《李全》。
　　[3] 《明太宗实录》卷一一六。
　　[4] 光绪《肥城乡土志》。

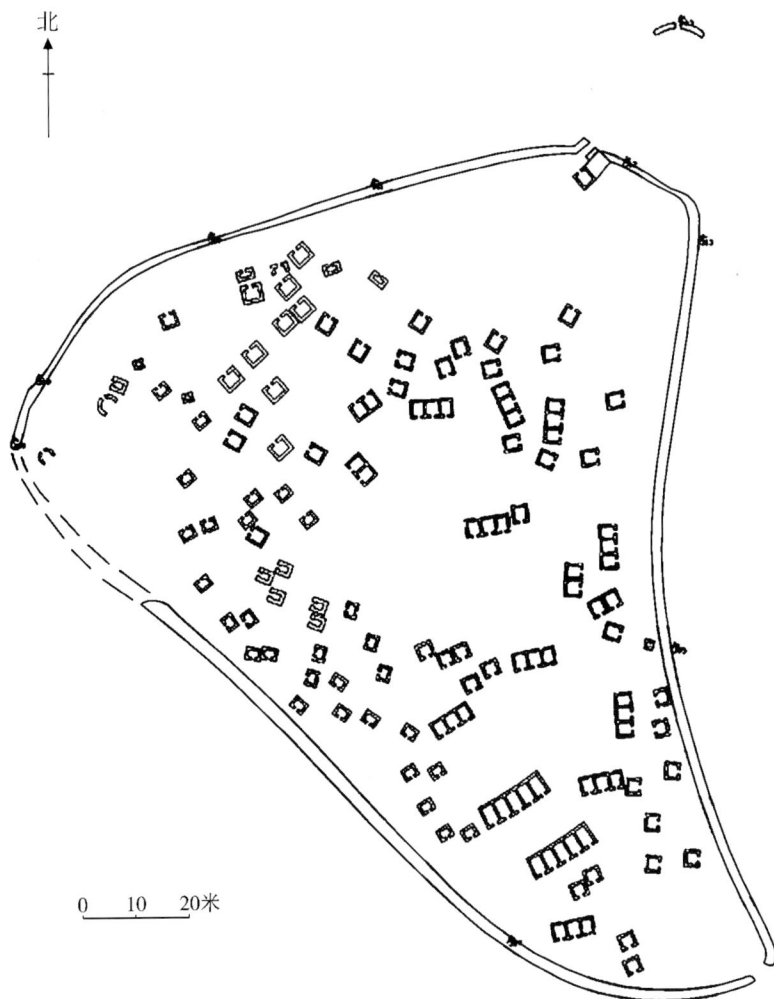

图一二〇六　刘黑七寨平面图

一　刘黑七寨（编码：370113353102190001）

位于济南市长清区梯子山山顶，高程 373 米。面积 20000 平方米，周长 432 米。

梯子山位于长清区孝里镇镇北黄崖村东南、中黄崖村正东，两村位于西侧山脚下。该段齐长城以山为险，借助梯子山绵长断崖峭壁作为天险。其基本走向，从梯子山西北山脚沿山脊而上，过梯子山顶，下东南山坡，过山间马鞍部凹处，向东南沿断崖峭壁东南行，向石小子寨山而行。

梯子山西北山脚，多开垦为梯田，上山小路两侧多松树。向上而行，树木茂密。近山顶处，崮状山顶断崖峭壁，绵延东南行。西南坡地势陡险，无法登攀。梯子山顶有环形石砌寨墙，内有多座石屋。

寨堡为双重寨墙。内寨呈三角形，东西 176、南北 140 米，内寨面积约 2 万平方米（图一二〇六）。山寨依附山体险要，整体保存一般。寨墙共三大段，北部及南部平缓处山体修建寨墙，寨墙有垛墙和站墙，墙体高约 3 米（图一二〇九）。北侧有一拱券寨门，南侧亦有一处寨门（图一二〇七、一二〇八）。山寨房屋有 116 间，均为石屋，采用片石垒砌而成，房屋为方形或长方形，圆形屋顶，用石板叠涩形成攒尖顶，房屋高度均在 2.5 米左右。山寨房屋有 1～8 间不等，大多数均为 1 间，有的为多间成排。其分布情况基本上为南、东部相对集中，北部、西部相对稀疏。山寨内房屋布局上，山顶向南至寨墙间房屋相对密集，房屋主要为南北向；西侧多为西南或者西北朝向房屋，也相对密集；东侧多为东南或东北朝向房屋，排列相对稀疏；北侧房屋多为西北朝向，房屋相对稀疏（图一二一〇～一二一三）。

外堡寨墙位于寨堡东北山脊窄处，寨墙中间有门，两侧为断崖。寨墙高 5.5、最高达 6 米左右，有站墙和垛墙及瞭望孔。

当地老百姓称这个山寨为"刘黑七寨"。"刘黑七"曾是山东巨匪，后来投靠山东省主席韩复榘，被任命为警备司令驻长清高唐一带，在当地亦兵亦匪，还向各村派粮派款，如有抗拒或交不足数，即攻破村寨、烧杀抢劫。村民为了躲避刘匪，就建起这个山寨。

根据《长清地名志》记载，清朝咸丰年间，村民为了躲避捻军的侵扰来到山上，修了营寨。

其性质可能是刘黑七为匪的聚集处，也可能是百姓为躲避土匪而修建的山寨。寨堡位于齐长城经过的路线上，有的人推测可能与长城防御有关，但从垒砌寨墙及石屋的大石块，特别是石屋门上的长而宽厚的过梁石看，其时代应该较晚。

图一二〇七　外寨寨门（西南—东北）

图一二〇八　内寨寨门及寨墙（东北—西南）

图一二〇九　内寨寨墙（南—北）

图一二一〇 内寨内石屋（南—北）

图一二一一 内寨内石屋（东南—西北）

图一二一二　内寨石屋（南—北）

图一二一三　内寨石屋内部（西—东）

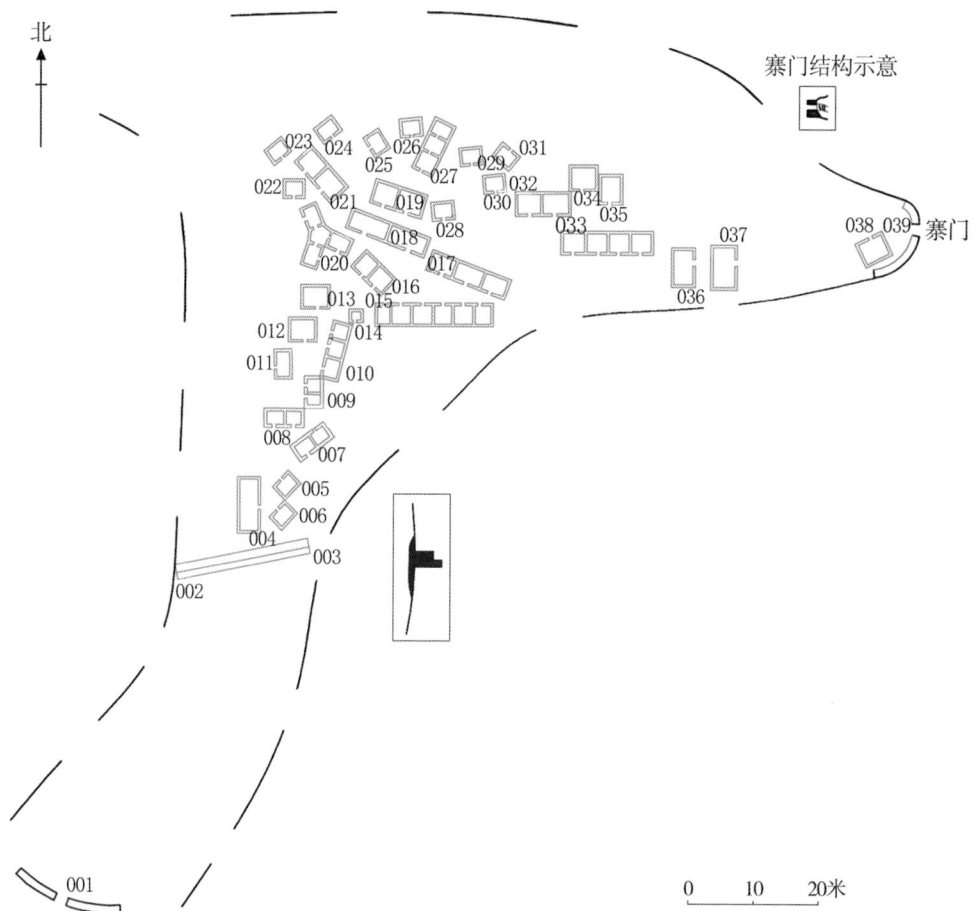

图一二一四　石小子寨平面图

二　石小子寨（编码：370113353102190002）

位于济南市长清区东峪村东石小子寨山山顶，高程424米。面积7000平方米，周长492米。

石小子寨山为三条山脊交叉处，西北远处为梯子山，山顶有大型山寨，齐长城从梯子山西北坡而来，过梯子山向东南石小子寨山延伸，两山凹处山脊上有石头垒砌的长城。长城过山顶，向东北满井峪东山而行。石小子寨东北山脊、满井峪东山有石头垒砌的长城。

山顶中部高凸，西侧为断崖峭壁，行人无法登攀，陡崖下山势陡险，松树茂密；山的东北坡地势陡峻、树木茂密、杂草丛生，行人也难以攀爬至顶部，东南坡岩石裸露，树木较少，有少量刺槐树杂草。南侧山脊向南延伸。南侧山下有公路弯转而行。

寨堡平面近似斜立蘑菇状三角形，东西86、南北164米，总面积7000平方米（图一二一四）。寨门位于东端山脊窄处，现保存相对较好，寨门北侧墙体厚2.3米左右，寨门残存高1.9、宽1米（图一二一五、一二一六）。寨门两侧各垒砌有一道弧形寨墙，北侧较短，南侧较长，南侧寨墙内有一方形石屋。门内有一段挡墙，做门内防护用。西侧发现外寨寨墙，石墙上砌筑有方形射孔（瞭望孔）；东侧未发现。山顶南侧近断崖处建有长条形寨墙。寨堡内共有石块垒砌的房屋35座60间，多位于山寨中心。石屋皆为方形或长方形，用石块垒砌而成，门的顶部多用长条石横担做门梁，顶部用大石片搭盖，有一间、二三间，多者六间成排（图一二一七～一二二一）。

图一二一五　东门（西—东）

图一二一六　东门（东—西）

图一二一七　外寨西门（西—东）

图一二一八　寨内石屋（南—北）

图一二一九　寨内
石屋（东—西）

图一二二〇　寨门
附近石屋（西—东）

图一二二一　内寨
西墙（西—东）

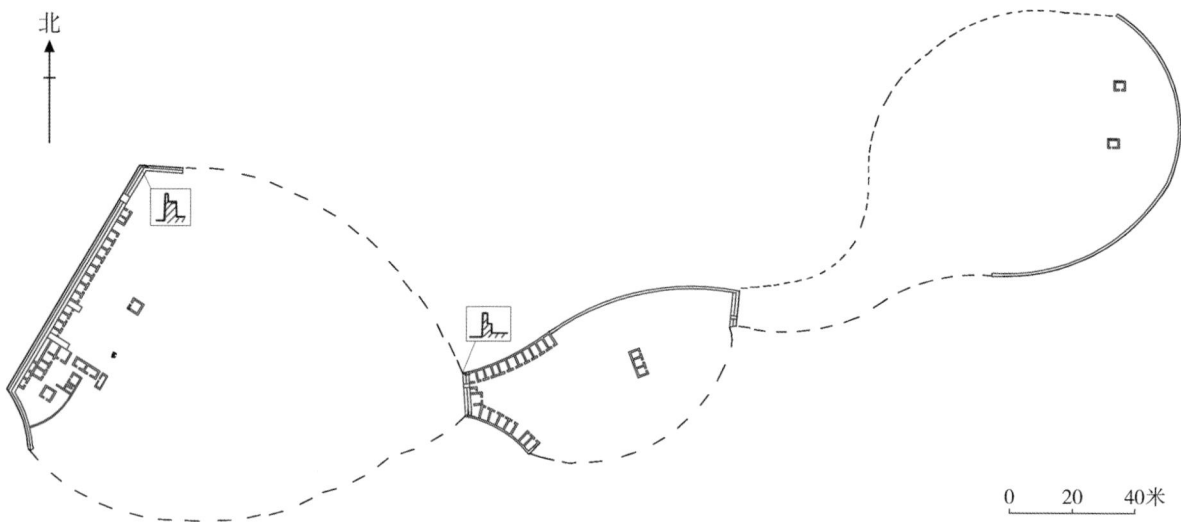

图一二二二 杜庄寨平面图

三 杜庄寨（编码：370113353102190003）

位于济南市长清区马西村北，孟丘村西，高程 311 米。面积 55000 平方米，周长 1100 米。

寨堡位于杜家西山山顶，山体陡峻，南北两侧多断崖。山寨呈中间细小、东西两端圆大的三联葫芦状（图一二二二）。

西侧外寨墙墙体保存相对较好（图一二二三、一二二四），墙体高 4~6.5、南北长 113 米。中部墙体长 86 米，墙体内侧南北两端均有登墙踏步。寨门向西，宽 0.9、高 1.8 米，寨门顶部为片石叠砌叠压呈圆弧形状（图一二二六）。寨墙上部砌有垛墙、垛口及瞭望孔、射击孔，遗迹清晰。西侧外寨墙的内侧依靠寨墙建造有 16 间房屋，其东侧有房屋数间，门东北侧无房屋，在墙体南端内侧有一房屋集中区域，房屋 8 间左右，有小院院墙（图一二二五）。

东侧外寨墙遗迹明显，墙体残高约 0.5 米，墙体间断延伸（图一二三〇），墙体连接山体陡峻处，寨墙内发现房屋 2 间，均已坍塌，残存高不足 1 米。

内寨寨墙保存相对完整，南北两侧借助断崖峭壁，在东西山脊窄处砌筑短墙扼守要害。内寨西侧墙体高 4、长 18 米，垛墙、射击孔、瞭望孔保存相对完整（图一二二七）。寨门（图一二二八）东侧南北两侧依山崖修建有成排房屋，北侧 11 间，南侧 7 间；内寨东侧墙体保存相对较好，长 15 米，门高约 2.4 米（图一二二九）。在内寨中心位置有房屋 3 间，东西成一排，面东北向西南（图一二三一）。

图一二二三　山寨
远景（东—西）

图一二二四　外寨
西侧墙体（西—东）

图一二二五　外寨
西侧墙体内建筑（东—西）

图一二二六　外寨
西侧寨门（西—东）

图一二二七　内寨
西寨墙（西—东）

图一二二八　内寨
西寨门（西—东）

图一二二九　内寨东侧
寨墙及寨门（西—东）

图一二三〇　外寨
东侧寨墙（东—西）

图一二三一　内寨
建筑（东—西）

四　狼顶寨（编码：370113353102190004）

位于济南市长清区斜峪村东，九顶寨山北侧，高程552米。

狼顶寨仅残存东侧寨墙不足10米（图一二三二），距离寨墙西侧20米左右有一旗杆窝或米臼遗迹（图一二三三），未发现边墙或房屋。

图一二三二　残存寨墙（北—南）

图一二三三　旗杆窝（俯视）

五　夹子山南寨（编码：370983353102190001）

位于肥城市夹子山南，高程 524 米。面积 46000 平方米，周长 960 米（图一二三四）。

夹子山南寨堡平面呈北宽南窄中部内收的拇指倒勾状，北部东西宽约 200、南部东西宽约 20、南北长近 300 米。

北端借用山险未筑寨墙；西侧寨墙保存较好，东侧有 50 米借用山险。寨墙厚 2.2 米左右，高 1.5～2.5 米（图一二三五、一二三六）。

寨门位于南端，宽约 3 米。寨门西侧有一间方形石屋，门向东，南墙借用寨墙，可能是寨门守护用房。寨堡中部有房屋二座，皆为二间，坐北向南。北侧房屋东西长 14.2、南北进深 3.4 米，东侧房间东西长 3.2、墙高约 1.5 米；南侧房屋墙高约 1 米（图一二三七～一二三九）。

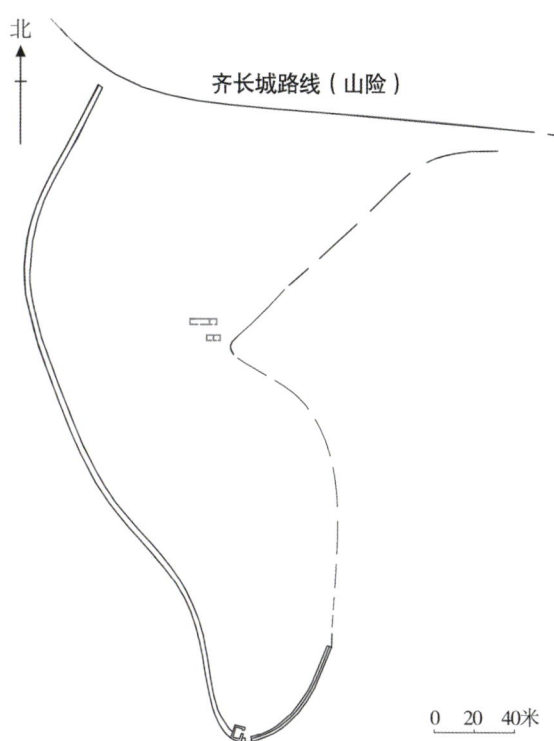

图一二三四　夹子山南寨平面图

图一二三五　东侧寨墙（西南—东北）

图一二三六　南寨门（北—南）

图一二三七　南寨门旁建筑遗址（北—南）

图一二三八　西侧寨墙（北—南）

图一二三九　寨内建筑遗址（西—东）

北

齐长城路线

058　　061
　　　060
057

059

0　　20　　40米

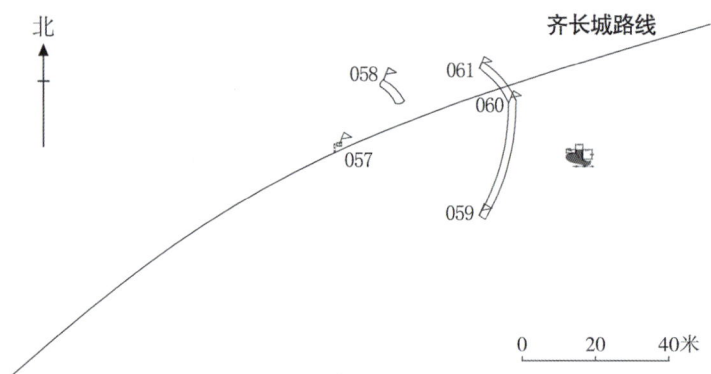

图一二四〇　黄巢寨平面图

六　黄巢寨（编码：370113353102190005）

位于肥城市潮泉镇东北莲花盆山东，泰山岱岳区五花岩山西，戴家河村南，高程 591 米（图一二四〇）。

黄巢寨山顶有黄巢寨、跑马岭、擂鼓台，山腰有将军墓。相传为唐末起义军将领黄巢屯兵处。黄巢寨西山坡低处有石头垒砌的长城墙体，山的东侧亦有长城墙体，长城线路经山顶向东国岩山、长城铺方向延伸。

东侧山腰处发现一处旗杆窝遗址（图一二四一），旗杆窝东侧有一处墙体疑似内寨寨墙，残存墙体南北总长仅 8 米。东部寨堡外墙厚 2、高 2.6 米，总长 45 米（图一二四二、一二四三）。另发现两处台阶踏步（图一二四四）。

在黄巢寨北侧 1031 米立有黄巢寨遗址保护标志碑（图一二四五）。

图一二四一　寨内旗杆窝遗址（俯视）

图一二四二　外寨寨墙（西—东）

图一二四三　外寨寨墙（西北—东南）

图一二四四　内寨石台阶（俯视）

图一二四五　保护标志碑（北—南）

七　毛家林北寨（编码：370181353102190001）

位于莱城区毛家林村北，高程 569 米。

毛家林北山寨堡在北门关东侧山顶，其上未发现明显寨墙痕迹，在近山顶的东西两侧均有疑似台阶或踏步出现（图一二四六、一二四七），两者相距约 500 米。其上发现小型石屋 5 座，分布散乱，无明显相互关系。房屋有方形和圆形两种，方形房屋边长约 3 米，圆形房屋直径约 3 米（图一二四八、一二四九）。

图一二四六　西侧石台阶遗迹（西—东）

图一二四七　东侧石台阶遗迹（东—西）

图一二四八　寨内残存石室（南—北）

图一二四九　寨内残存石屋（南—北）

八 围子寨 （编码：370181353102190002）

位于章丘市黑峪村西官屋子山东北，高程489米。

锦阳关北侧距离长城墙体近500米处，有一圆形寨堡（图一二五〇）。寨堡保存较完整。寨墙外侧高3.5～4.4米，内侧高1.8～2.8米。墙体有垛墙和站墙（图一二五一～一二五五）。面积1200平方米，周长163米。

寨门朝南，呈长方形，顶部用宽扁条石横担。寨门围墙较之东侧围墙向内错收，门东有直墙相连，门前有横墙遮挡，对寨门起到防护作用。

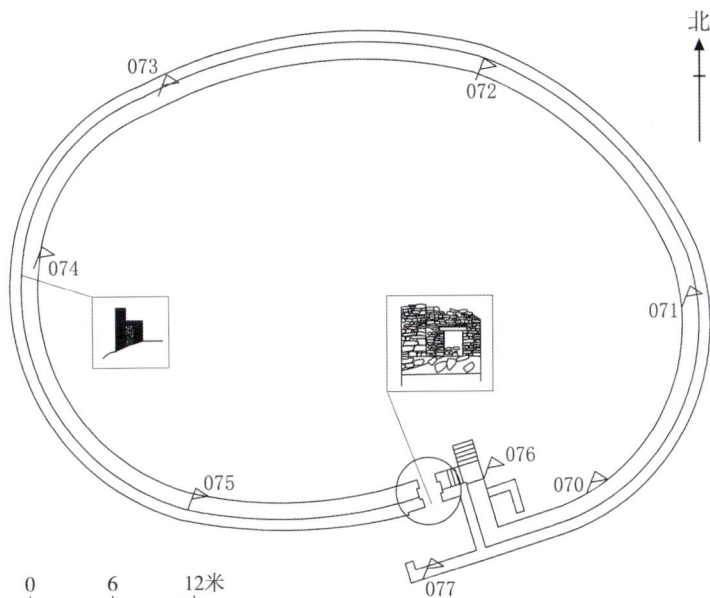

图一二五〇 围子寨平面图

图一二五一 寨门玄关（西—东）

图一二五二　寨门（南—北）

图一二五三　寨墙（东—西）

图一二五四 寨墙（东南—西北）

图一二五五 远望寨墙（东—西）

北

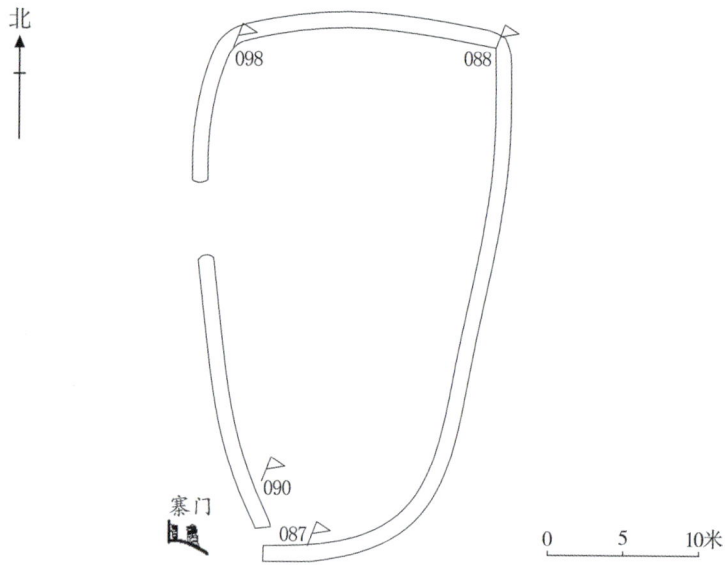

图一二五六　猴子寨平面图

九　猴子寨（编码：3701813
53102190003）

位于莱城区上王庄村东，高
程693米。

猴子寨堡整体保存差，仅存
寨墙及寨门。寨堡北宽南窄，呈
椭圆形，寨堡东西18、南北33
米，总面积467平方米（图一二
五六）。墙体塌落严重，西侧寨墙
高1.5米左右，北侧寨墙坍塌严
重，残高不足1米，东侧及南侧
寨墙高1.4～2.4、残宽1.4米
（图一二五七～一二六〇）。寨门
位于西墙南端，门向西，宽约1.5
米。寨内无其他建筑遗迹。

图一二五七　寨墙（西—东）

图一二五八
寨门（西—东）

图一二五九
寨墙（南—北）

图一二六〇
寨墙（南—北）

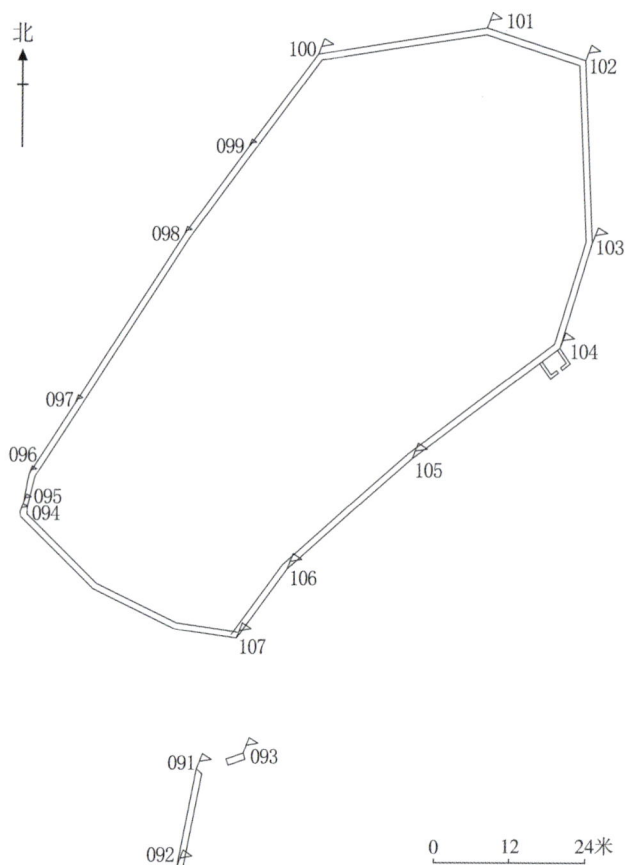

图一二六一　老虎头岭寨平面图

十　老虎头岭寨（编码：370304353102190001）

位于博山区下恶石坞村南老虎头岭东北，高程 565 米。

寨堡呈西南—东北向，长 110 余米，宽约 50 余米，周长 310 米，总面积为 550 余平方米（图一二六一~一二六五）。寨墙整体保存较差，其中西墙、南墙总体保存高 1.5~2 米；东墙、北墙保存高 2 米左右。097 点以东墙体高约 2.5 米，098 点左右近 20 米墙体塌落严重，其余段落墙体保存高均约 1.5 米，墙厚 1 米。未发现明显寨门痕迹。东墙外侧有一方形石屋，门向东南，宽约 3、进深约 2 米，可能是后期砌筑的。寨堡南侧 20 米的山脊上砌筑两道短墙，二者间隔约 5 米，似为外寨门墙。

图一二六二　寨墙（西北—东南）

图一二六三 寨墙
（东南—西北）

图一二六四
寨墙（北—南）

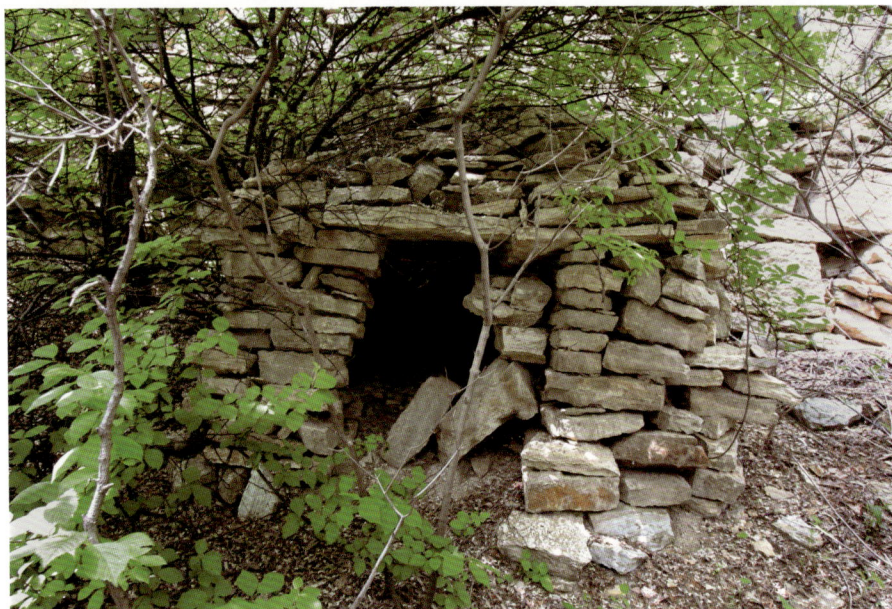

图一二六五 寨墙旁
石屋（西—东）

十一 三太山寨（编码：370302353102190001）

位于淄博市淄川区淄河东岸、城子村东南、西侧向东交汇之两条山脊的三太山山顶，高程616米。顶部呈不规则三角形，周长550米，面积1.7万平方米。

齐长城从城子村向东南，经过三太山顶，向陈家井西山而行。

寨堡由山顶寨堡、2道寨墙和寨门组成。北部为闭合的寨堡，寨墙沿山顶西侧、南侧分布，墙体高2、厚0.8米，东北侧为断崖峭壁，西南角有寨门（GPS175）。寨堡的北部残留石屋7间。寨堡内有大量后来修筑建筑及庙宇，内有2栋石碑及后期碉堡。

寨门南侧有一道东西长的短墙（GPS179—180），长约30米。沿山脊向东南约60米（GPS182—183），在山脊上又修建一个石门，门口朝向西南。石门再向东南50米断崖处砌筑一道东北西南向长55米的石墙。

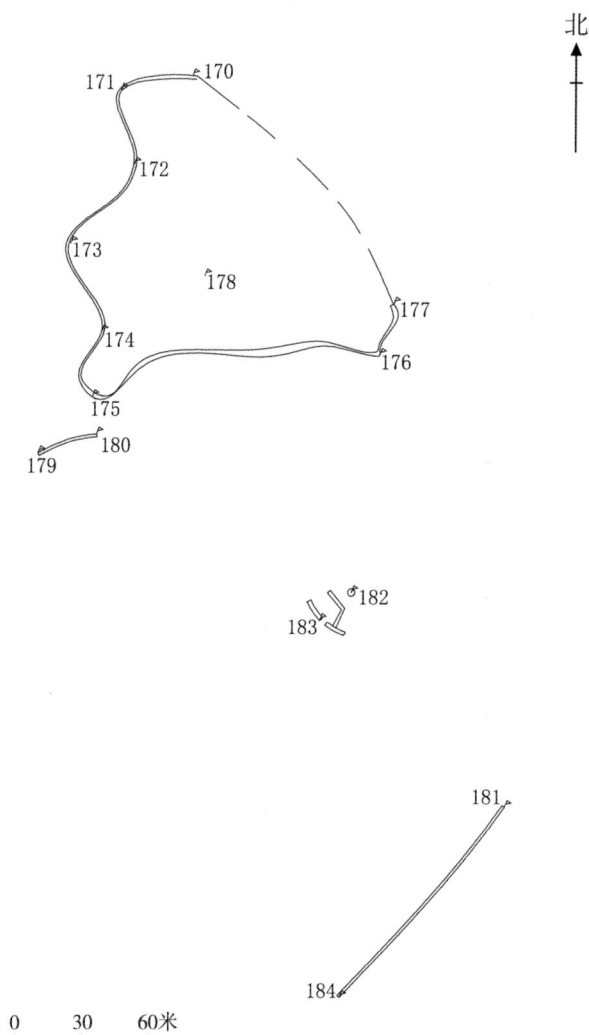

图一二六六　三太山寨平面图

图一二六七　东侧
寨墙（南—北）

图一二六八　北侧
寨墙（南—北）

图一二六九　建筑
遗址（东—西）

图一二七〇　西侧
寨墙（北—南）

图一二七一　西南角寨门
细部（南—北）

十二　黑虎寨（编码：370302353 102190002）

位于淄川区黑虎寨山，高程 859 米。周长 300 米。

山西南距池上镇政府 7 千米，东北与油篓寨相连，西北与鹿角山相望，是博山与淄川的界山。山势呈东—西走向，山的顶部呈西北—东南走向。该山因山石呈黑色故称黑虎寨，有的传说山寨绝壁上有一只黑色的大壁虎而得名。

黑虎寨呈西北—东南走向，东西 50 余、南北 123 米，总面积 6150 余平方米（图一二七二）。

寨堡位于山体东南部，平面略呈侧视元宝状，东侧石墙长约 25 米，西侧石墙较短，长约 12 米，石墙弧曲。西墙上修建一圆形建筑，直径 5 米，墙厚 0.9 米；圆形建筑的南侧、西墙内侧有一长条形建筑。东墙的内侧有两座长方形的房屋，门向朝西。

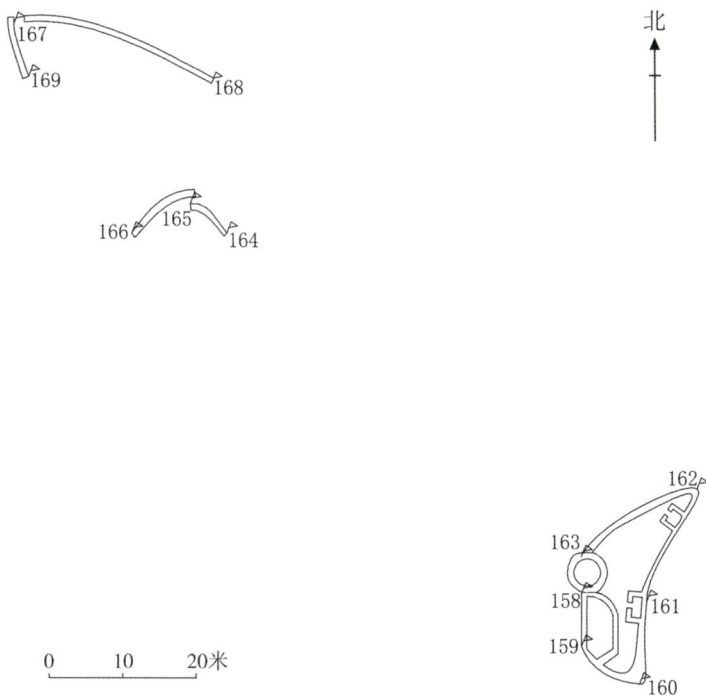

图一二七二　黑虎寨平面图

山顶的西北部有两道寨墙（图一二七三），皆呈人字形，延伸到断崖处。北侧寨墙：东北侧墙体长约 50 米，西北侧墙体较短，高约 1.8、厚约 0.8 米。南侧寨墙：墙体较短，长约 16、墙厚 0.9 米，中间有门，宽 0.8 米（图一二七四～一二七八）。

图一二七三　寨堡两道寨墙（北—南）

图一二七四　内寨寨门（北—南）

图一二七五　寨堡内石屋（西北—东南）

图一二七六　内侧
寨墙及寨门（南—北）

图一二七七　外侧
寨墙（北—南）

图一二七八　外侧
寨墙（北—南）

十三　油篓寨（编码：370302353102190003）

位于淄川区油篓寨山，高程855米。面积55000平方米，周长680米。

油篓寨为双重寨墙。外寨墙体主要分布在山体的北侧，南侧连接山体，北侧连续墙体大约380余米，两侧均连接山险断崖。西北有寨门。南侧有大量的石质建筑遗址（图一二八六），东西182、南北307米，总面积5.5万平方米（图一二七九）。外寨北侧寨墙保存较好（图一二八〇～一二八三），高2.4米，东、南侧均为断崖，西侧陡峭。内寨位于山顶，寨墙遗迹明显，宽1.2、高1.5米左右；在寨堡西侧有一寨门，寨门门洞宽1.5、高2.2米。内寨外部南侧山脊有房屋40余间，多已倒塌仅存墙基（图一二八四、一二八五）。

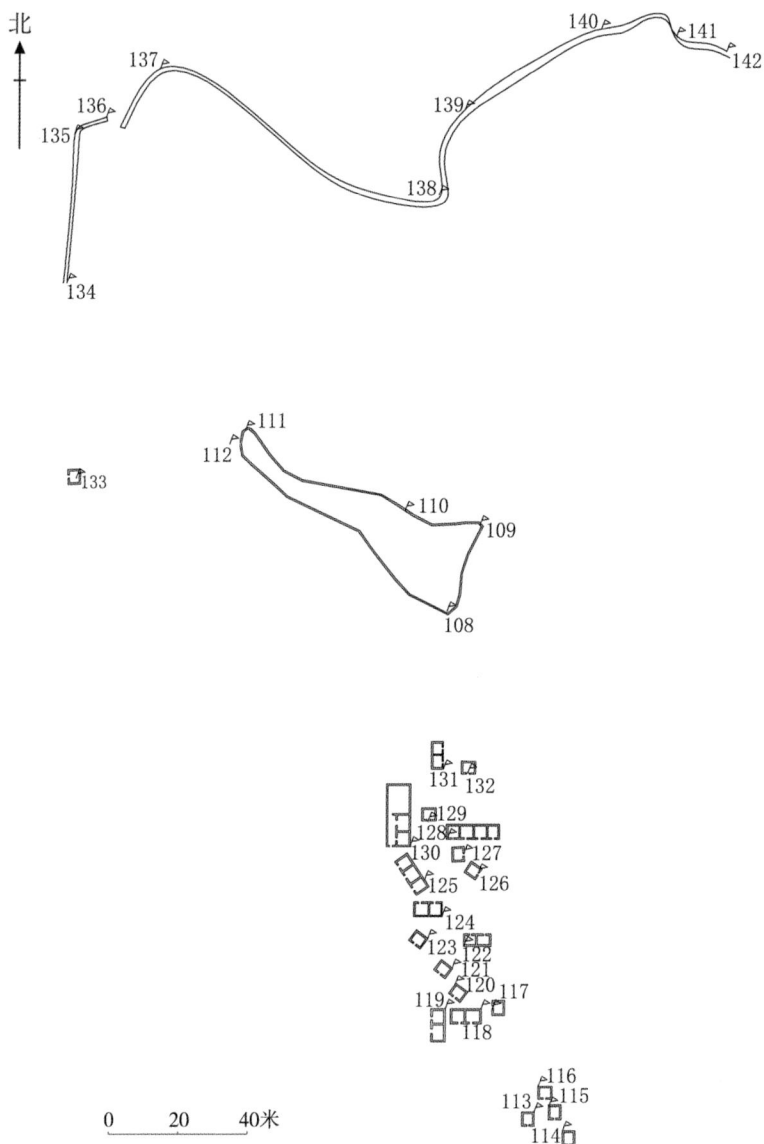

图一二七九　油篓寨平面图

图一二八○　外寨寨墙（西南—东北）

图一二八一　外寨北寨墙（西南—东北）

图一二八二 外寨北寨墙细部（北—南）

图一二八三 外寨东寨墙（北—南）

图一二八四
外寨寨门（东—西）

图一二八五
外寨寨门（西—东）

图一二八六　南侧
建筑遗址（俯视）

十四　雁门寨（编码：370302353102190004）

位于淄博市淄川区雁门村东山顶，高程931米。面积8万平方米。

雁门寨整体保存差。呈东西狭长形，东西435、南北200余米，总面积约8万平方米。西侧有寨门（图一二八七），北侧有寨墙（图一二八八、一二八九），房屋多集中在东部山的南侧，均倒塌（图一二九〇、一二九一）。在寨堡西南有一寨门，寨门宽1.6、高2、寨门顶高2.9米。在门右侧有一圆形岗楼，直径5米，墙厚1、高1米。寨墙宽0.6、高1.5米。

图一二八七　寨门（西南—东北）

图一二八八　寨墙（东—西）

图一二八九
寨墙（西—东）

图一二九〇
建筑遗址（北—南）

图一二九一
建筑遗址（俯视）

十五　永清寨（编码：370724353102190001）

位于临朐县里峪村南龙王崮山，高程 720 米。面积 1.5 万平方米，周长 840 米。

永清寨呈喇叭形，南北长 280 余米，南端宽 20 余米，向北扩至 260 余米，总面积 1.5 万平方米（图一二九二）。寨门朝东南（图一二九三）。北端为双重寨墙，外层寨墙修筑于断崖下一直延续至东侧，无闭合（图一二九四、一二九五、一二九七）。内层寨墙均在断崖之上，寨墙宽 1、最宽 2、高 1.3、最高达 6.5 米。寨内有 9 处房屋遗迹（图一二九六），多为残留墙基。有水井一眼。

寨内有"永清寨记"碑刻一通（图一二九八），碑文如下。

　　　永清寨记

　　　朐邑西南多山，有峰高耸，曰龙王崮。当咸丰季业，附近村□□立寨，以避乱。越数十年，寝以倾颓矣。访创修轶事而故□皆无在者，不胜云□散风流之感。且夫盛衰治乱，气运之常也。戊午秋九月，土匪为害，村人有修寨之议，罔知所措，□以谭军英堂□华卿老成持重，俾主其事，华卿坚辞不□，遂苦心经营，立巩固不拔之基，较旧规为盛。逾三旬而告竣，计工一千四百有余，费钱□百缗有奇，兼创大炮三尊，抬枪六杆，盖全众于此待清，而望四海永清与。倘异日寰海镜清，河清上颂，后之人仍安不忘危，治不忘乱□□。

　　　　　邑庠生员高居广撰
　　　　　　增广生员杨焕文书
首事人（12 人）石匠（4 人）捐抢二杆（6 人）捐钱（数量及 6 人名）捐钱（数量）
　　　岁次戊午下浣　　毂旦立

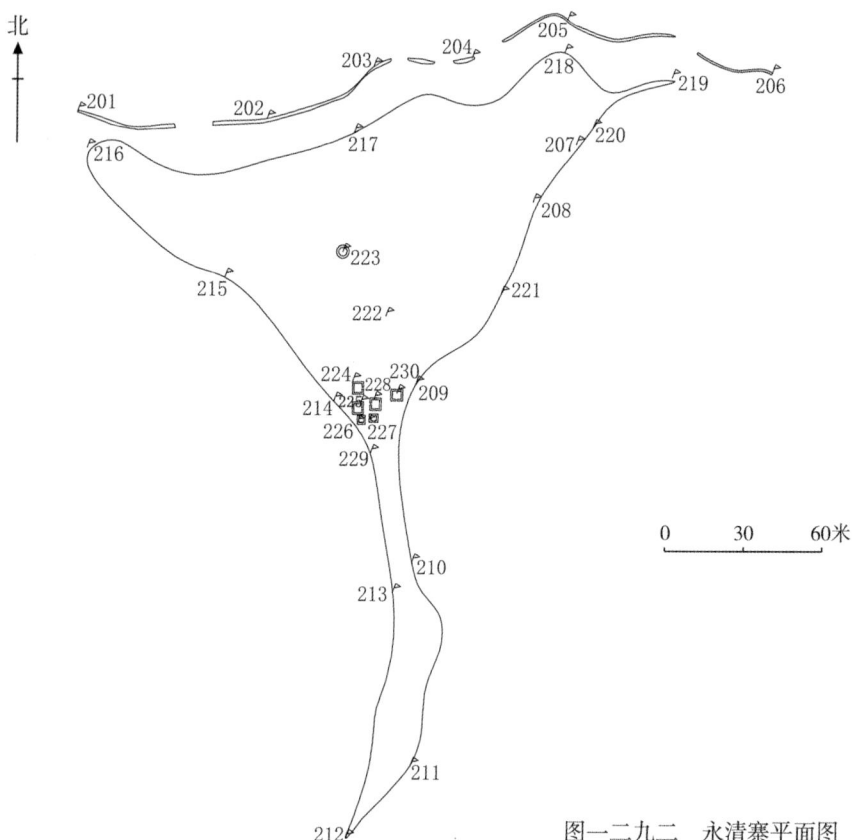

图一二九二　永清寨平面图

图一二九三　内寨寨门（东—西）

图一二九四　内寨寨墙（西—东）

图一二九五　外寨
北墙西段墙体（东—西）

图一二九六
内寨石屋（北—南）

图一二九七　内寨
西南寨墙（北—南）

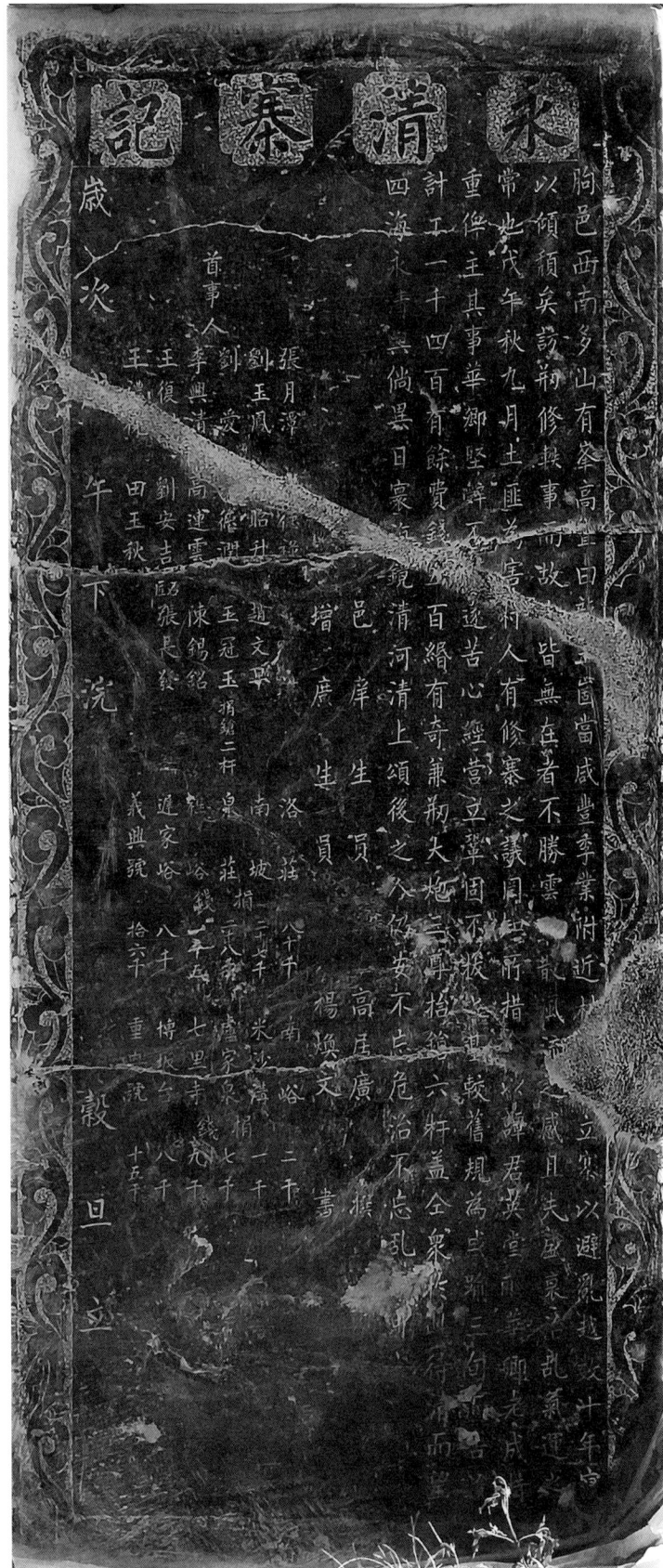

图一二九八　永清寨记碑拓片

北

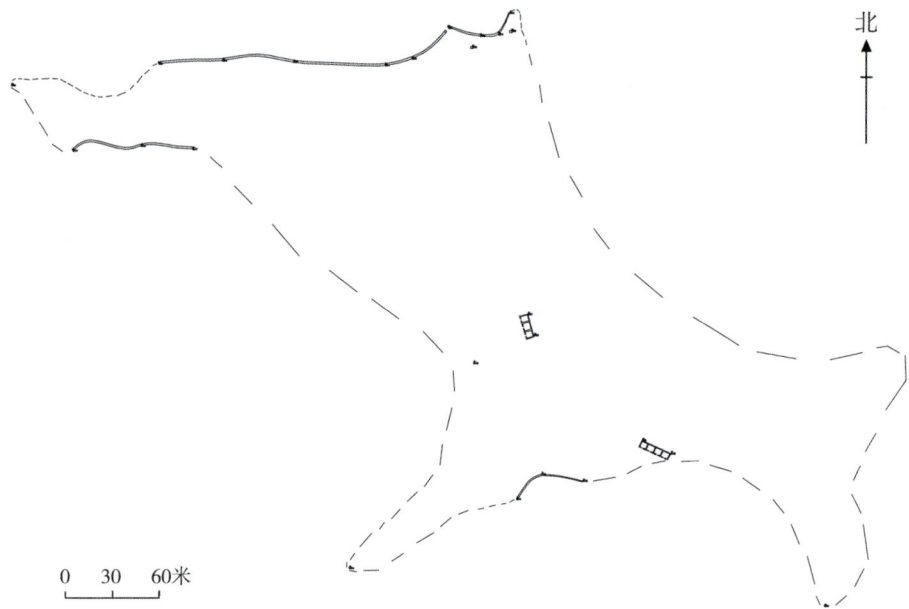

0　30　60米

图一二九九　大崮寨平面图

十六　大崮寨（编码：370724353102190002）

位于临朐县大山东村北大崮山顶，高程 509 米。面积 7.5 万平方米（图一二九九）。

大崮寨堡整体呈不规则多边形，整体保存差。仅存北、南侧两段寨墙（图一三○二～一三○四）。寨门朝西北（图一三○○、一三○一），门两侧寨墙保存较好，寨墙厚 1.6、高 1.5～2.6 米。南侧有两段寨墙修筑在断崖连接处，墙体厚 0.8、高 1.5 米。现存多处房屋遗迹，房屋墙基清晰（图一三○五）。

图一三○○　寨门（东南—西北）

图一三〇一　寨门
附近寨墙（西北—东南）

图一三〇二
南侧寨墙（东—西）

图一三〇三
北侧寨墙（东—西）

图一三〇四　西南侧寨墙（东—西）

图一三〇五　石屋（西—东）

十七　七箭村北寨（编码：3707843553102190001）

位于潍坊安丘市七箭村北，高程445米。面积6600平方米，周长390米。

寨堡整体呈椭圆形，东西153、南北58米，总面积约6600平方米（图一三〇六）。寨墙总体遗迹明显，南侧石墙整体保存较好（图一三〇七），西侧墙体遗迹保存一般。北侧基本上是以山险为主的断崖（图一三〇八），东侧有石墙（图一三〇九）。残存寨墙厚1.7、高1.5～2米。

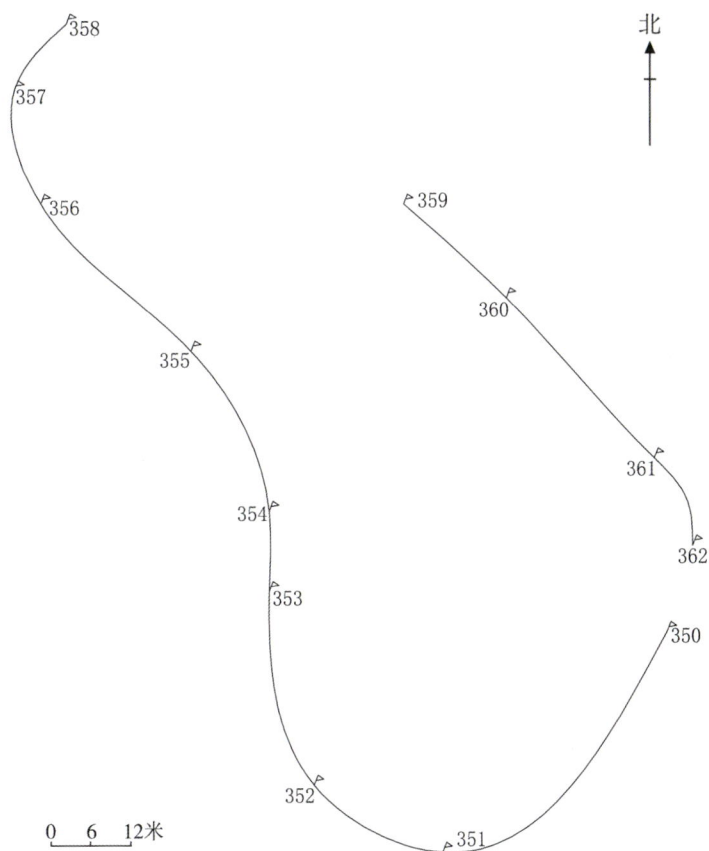

图一三〇六　七箭村北寨平面图

图一三〇七　南侧墙体（北—南）

图一三〇八　北侧墙体（西—东）

图一三〇九　东侧墙体（西北—东南）

十八　紫草山寨（编码：370784353102190002）

位于潍坊安丘市窝落村南紫草山，高程412米。面积6900平方米，周长628米。

紫草山寨堡呈西北—东南条带状，东西261、南北53米（图一三一○）。寨堡西南依附长城为寨墙（图一三一一～一三一四），寨墙体高1.6、厚1米。寨墙上有5处类似角楼的石屋（图一三一五），均下方上圆，直径约4.5米。

北

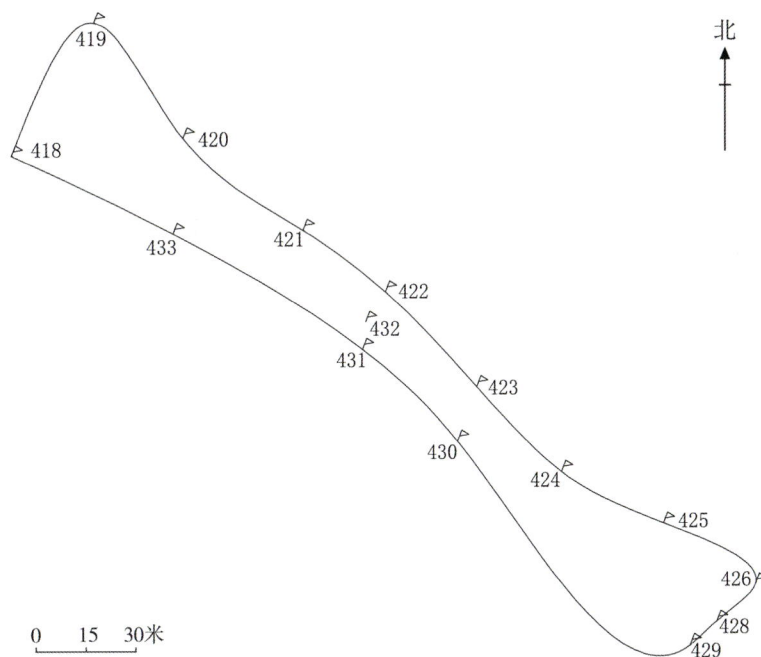

0　15　30米

图一三一○　紫草山寨平面图

图一三一一　西侧北段墙体（西北—东南）

图一三一二　东侧北段石墙（西北—东南）

图一三一三　东侧石墙南段（西北—东南）

图一三一四　寨内东西向夹墙（西—东）

图一三一五　石屋（西北—东南）

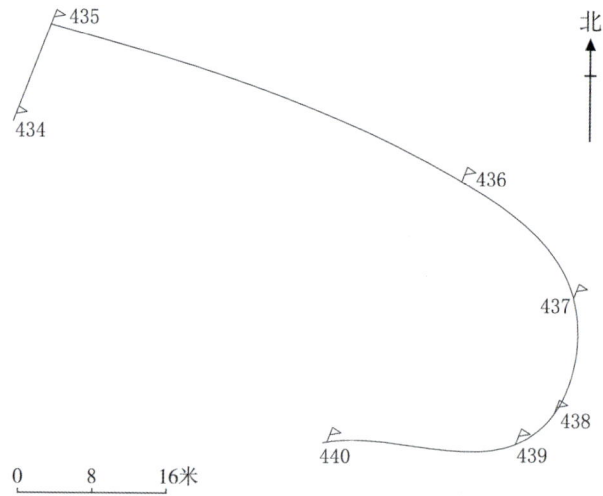

图一三一六　蜂山寨平面图

十九　蜂山寨（编码：370784353102190003）

位于潍坊安丘市前柿子园村东北蜂山，高程 390 米。面积 1600 平方米，周长 210 米。

蜂山寨堡呈椭圆形，东西 67、南北 36 米，总面积约 1600 平方米（图一三一六）。三面寨墙（图一三一七～一三二〇），西南依靠山险，寨墙厚 1.8、高 2 米。

图一三一七　西侧寨墙（南—北）

图一三一八
北侧寨墙（东—西）

图一三一九
北侧东段寨墙（西—东）

图一三二○
北侧寨墙（南—北）

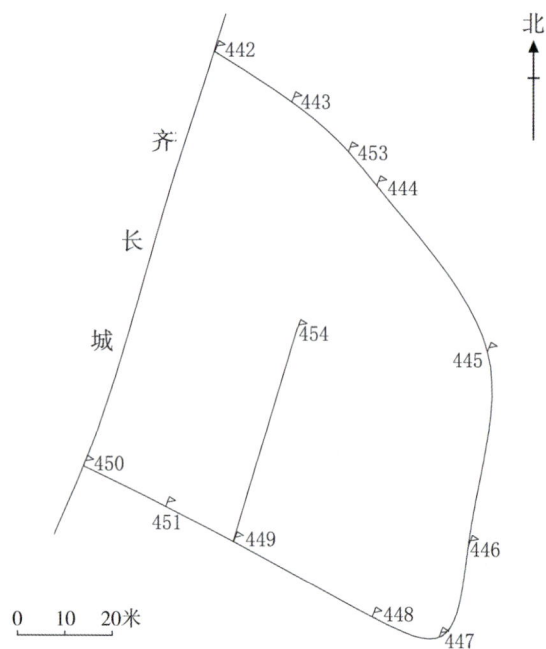

图一三二一　城顶山寨平面图

二十　城顶山寨（编码：370784353102190004）

位于潍坊安丘市任家旺村东城顶山，高程432米。周长290米。

城顶山寨堡，东西85、南北63米，总面积约5000平方米（图一三二一）。西侧依附长城墙体，北侧及东侧寨墙总体保存相对较好，寨最高1.8、厚2米，多处倒塌（图一三二二～一三二四）。寨堡内有一条西南—东北墙体残留，内无房屋遗存。

图一三二二　北侧寨墙（西北—东南）

图一三二三　东侧寨墙墙体（东南—西北）

图一三二四　寨堡内夹墙（东北—西南）

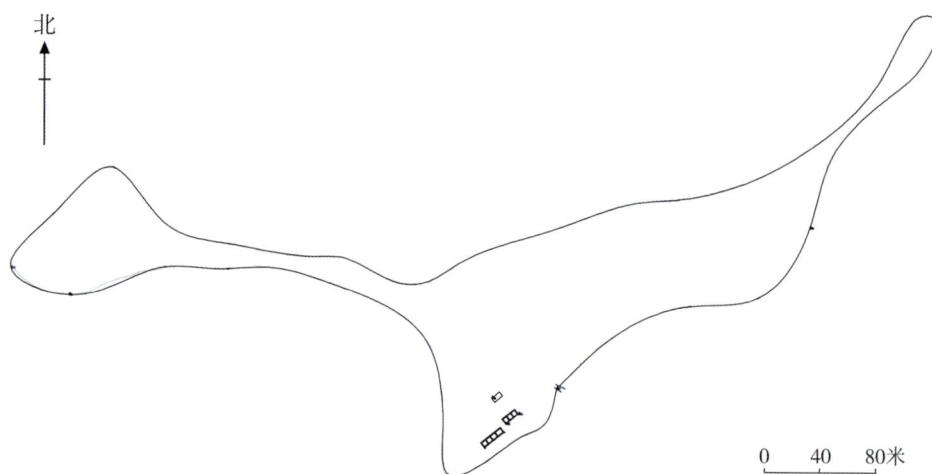

图一三二五　卧牛城寨平面图

二十一　卧牛城寨（编码：371323353102190001）

位于沂水县上旺村东，上谭家沟村西。高程343米。

卧牛城地处安丘沂水交界处，山北有浯河从西向东流过，河北为安丘市柘山镇的于家河村、孔家庄村、殷家庄村，北方远处有山脉向北延伸，长城从北侧山上下来，向卧牛山西北山麓而行。卧牛城西南为旺峪村，东南有上谭家沟村。卧牛城向南为南北向的低山丘岭，长城沿岭脊向南延伸。

卧牛山顶为不规则的三角形，东西宽扁，南北窄短，中部向南凸出。西北部为略呈三角形的山顶，顶部较平，向东为宽仅二三十米的长条山脊。中部向东山顶较为开阔，现顶部为平整农田（图一三二五）。东北部山脊山顶较窄，地势下降。山的北坡地势较陡，树林茂密，多刺槐树，山的南坡断崖下为层层梯田。

卧牛城整体保存较差。呈带状，东西670、南北321米，周长1900米，总面积约4.2万平方米。用石块垒砌的寨墙（图一三二六～一三二九），墙体厚1.8、外侧通高2.9米。上有垛墙，高1.9、厚1.0米。下为站墙，高1.2、厚0.8米。

图一三二六　北侧寨墙东段（西—东）

图一三二七　寨墙
西南角处（东—西）

图一三二八
南侧寨墙（南—北）

图一三二九　东侧
寨墙附近石屋

二十二　光光山寨（编码：371323353
102190002）

位于沂水县黄泥沟村东北，东到水村
东南、石匣村南光光山的山顶，北侧有济
南至青岛高速公路南线（G22）及省道329
东西向穿过，向北为延伸到卧牛城的南北
向低山丘岭，东北与西北为丘岭低地，向
南至三楞山为东西向山脊。齐长城的主线
经过光光山的山顶南北延伸。高程319米。

光光山为低矮石山，顶部基本呈圆形，
四周山坡为层层梯田。齐长城主线墙体沿
山的北侧山脊至顶部，向南延伸。

山的顶部有石头垒砌的光光山寨堡，
整体呈不规则多边形，保存较差。东西
234、南北168米，总面积3.9万平方米

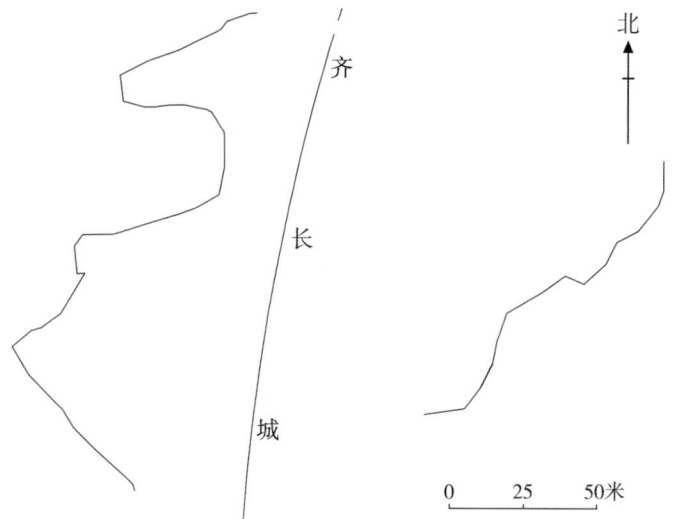

图一三三〇　光光山寨平面图

（图一三三〇）。现存寨墙约为一半，东侧墙体基本消失。山顶取石形成两个大的石坑。由于山体遭到
开挖，寨堡东侧墙体基本消失，仅在东侧有近40米的寨墙，墙体厚1.6米，南侧寨堡接近长城部分寨
墙厚1.6米，其中垛墙宽0.9、站墙宽0.7米，墙体外侧高1.6、内侧高0.5～1米（图一三三一～一
三三四）。

图一三三一　北侧寨墙（北—南）

图一三三二　西侧寨墙（南—北）

图一三三三　南侧寨墙（西—东）

图一三三四　寨内建筑遗址（俯视）

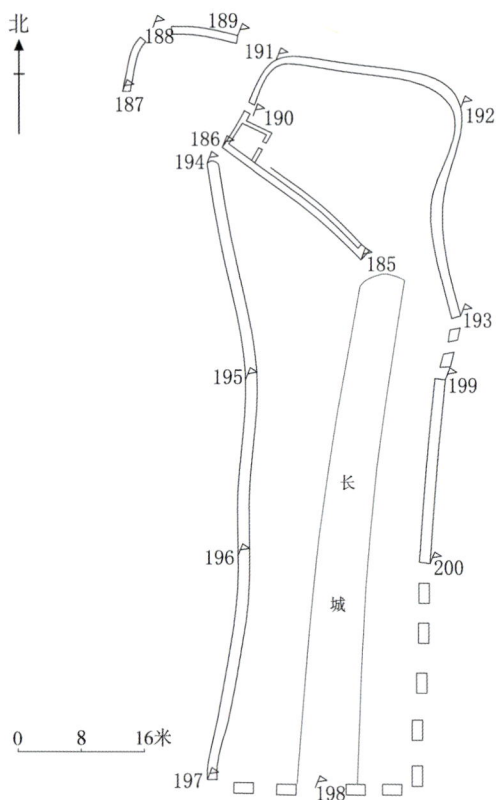

图一三三五　朱家峪子寨平面图

二十三　朱家峪子寨（编码：371323353102190003）

位于沂水县沙沟镇朱家峪子村东围子山山顶。高程480 米。

朱家峪子地处沂山的东侧，西北隔山有富昌村，东侧远处有省道 227 南北通过关顶村。这里是沂山余脉，为低山丘岭地带。围子山为低矮石山，向北、西北岭脊有穆陵关线齐长城沿岭脊分布，经围子山顶向东南关顶村的穆陵关方向延伸。山顶裸露岩石，西侧山沟里为朱家峪子村。山顶有用石块垒砌的寨堡。

寨堡保存差。东西 45、南北 94 米，周长约 300 米，面积 4230 平方米（图一三三五）。

双重寨堡，用石块垒砌而成。内寨位于北部，呈东西宽扁长方形，南北宽约 25 米，西、南侧墙体为较直，东、北侧墙体弧曲，向南与外寨东寨墙连续。西墙上有寨门，宽 1.2 米，寨门内南侧有方形石屋，门向东。内寨寨墙外侧高 2.3 米，站墙高 0.5 米、厚 0.4－0.5 米，垛墙高 1.4－1.5、厚 0.9－1 米（图一三三八～一三四〇）。外寨向南呈长方形，南北长 70 米（图一三三六、一三三七）。寨堡西北约 15 米的山脊上修筑两道相对的弧曲石墙，中间留有宽约 3 米的缺口。已设立保护标志碑（图一三四一）。

图一三三六　外寨西北侧寨墙与
山体陡峭巨石连接（西—东）

图一三三七
西侧寨墙（北—南）

图一三三八　内寨
南侧寨墙（西南—东北）

图一三三九
内寨寨门（北—南）

图一三四〇　内寨门
附近建筑遗址（东—西）

图一三四一
保护标志碑（南—北）

二十四　黄墩山寨（编码：371323353102190004）

位于沂水县马站镇大水场村东北、朱家峪子村西北的黄墩山上，高程471米。

这里是沂山东侧的低山丘岭地带，西北远处有齐长城的穆陵关，G25和S227南北向从那里穿过。黄墩山的西侧有临朐县的邵家峪村。齐长城穆陵关线由西从关顶村来，过关顶村东山向东南经黄墩山向东南行。

寨堡即位于齐长城的东北侧，紧邻长城修建。

黄墩山寨堡为双层寨堡，南侧依长城墙体。呈圆形，整体保存较差。直径70余米，总面积3.8万平方米（图一三四二）。外寨寨墙高

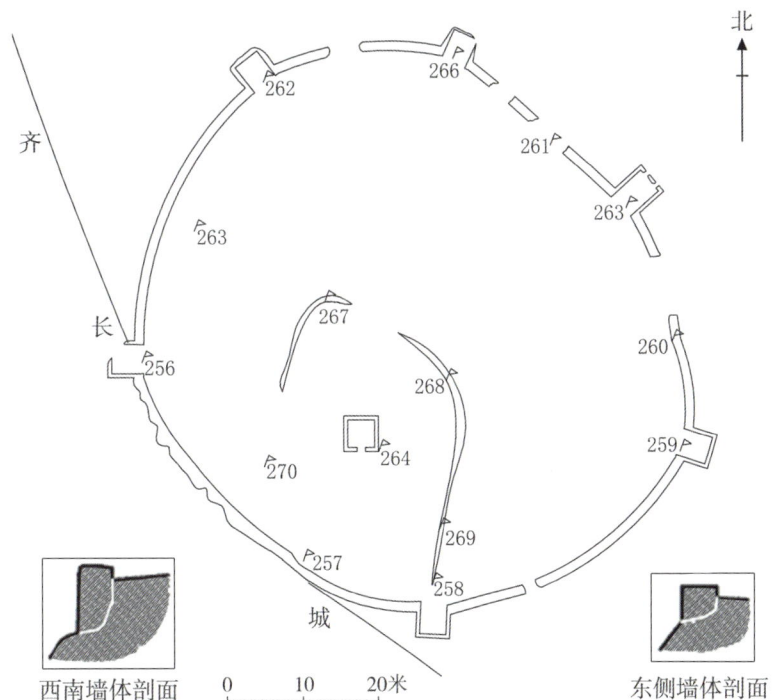

图一三四二　黄墩山寨平面图

1.5～2.3、厚1.1～1.5米，其南侧墙体保存较好，高1.5米左右，东侧墙体近70%保存高2米（图一三四二～一三四五）；共有角楼或军事角堡6处（图一三四六）。内层寨墙基本倒塌，内有一方形石屋。

图一三四三　外寨北寨墙（西—东）

图一三四四　外寨东侧寨墙（东—西）

图一三四五　外寨西侧寨墙（南—北）

图一三四六　内寨石屋（东—西）

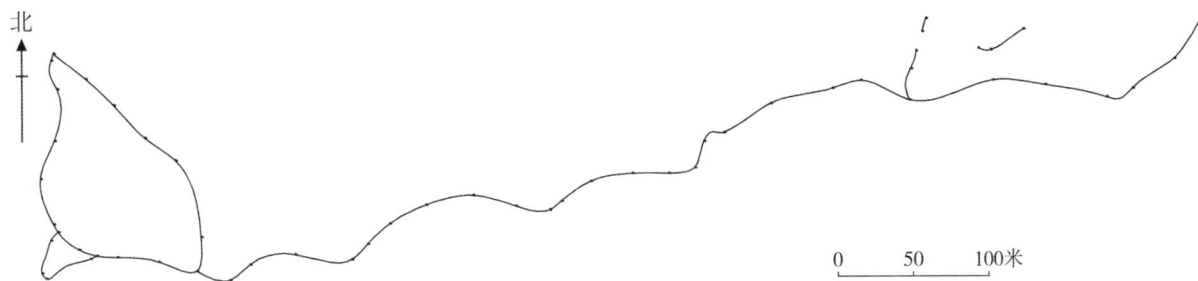

图一三四七　簸箕山寨平面图

二十五　簸箕山寨（编码：371323353102190005）

位于沂水县马叫旺村西北的簸箕山东山上。高程497米。周长3700米。

这里是连绵的长山脊，从西北的大旗山、龙山方向绵延而来，向东南的马叫旺村方向延伸，山脊较宽，顶部地势较为平缓，少树木，多杂草，部分地段开垦为农田。山脊两坡地势较为陡峻，坡的高处多树木，下半部为层层梯田。山南有曹家庄、程家庄和王家旺村。

簸箕山寨堡东西1600余、南北290余米，总面积约62.4万平方米（图一三四七）。东侧依附长城墙体，南侧依托长城修筑，北侧两端均发现部分寨墙，中段约70%消失。寨堡两端各有一处子寨，中部由于后期寨田开垦等原因未发现明显寨墙及相关遗存（图一三四八～一三五〇）。

图一三四八　东侧
子寨寨墙（东—西）

图一三四九　西侧子寨
南侧寨墙（南—北）

图一三五〇　西侧子寨
内建筑遗址（北—南）

二十六　鸡叫山寨（编码：371323353102190006）

位于沂水县姚峪村西鸡叫山，高程478米。

鸡叫山寨堡呈椭圆形，东西45、南北73米，总面积3285平方米（图一三五一）。南端有两道寨墙。其西侧依附长城墙体，其余各侧均用块石砌筑，现遗迹模糊，寨堡轮廓清晰（图一三五二、一三五三）。

北

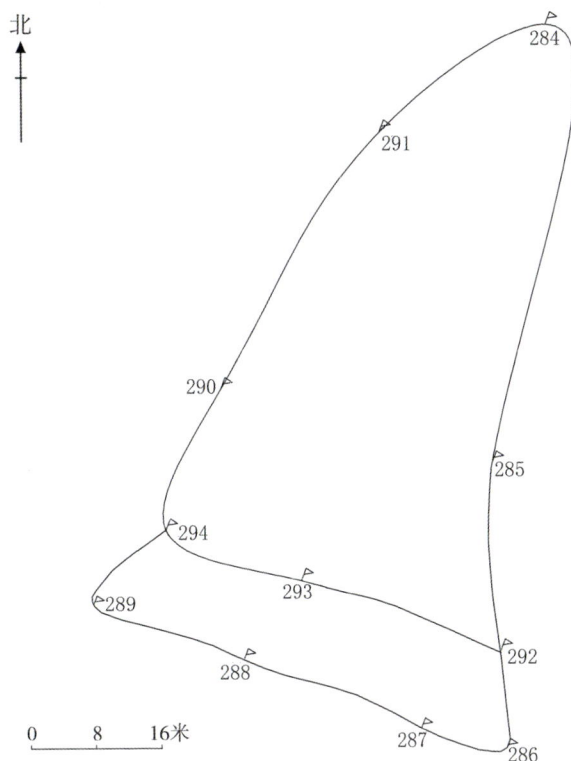

图一三五一　鸡叫山寨平面图

0　8　16米

图一三五二　残存寨墙痕迹（南—北）

图一三五三　西侧残存寨墙（北—南）

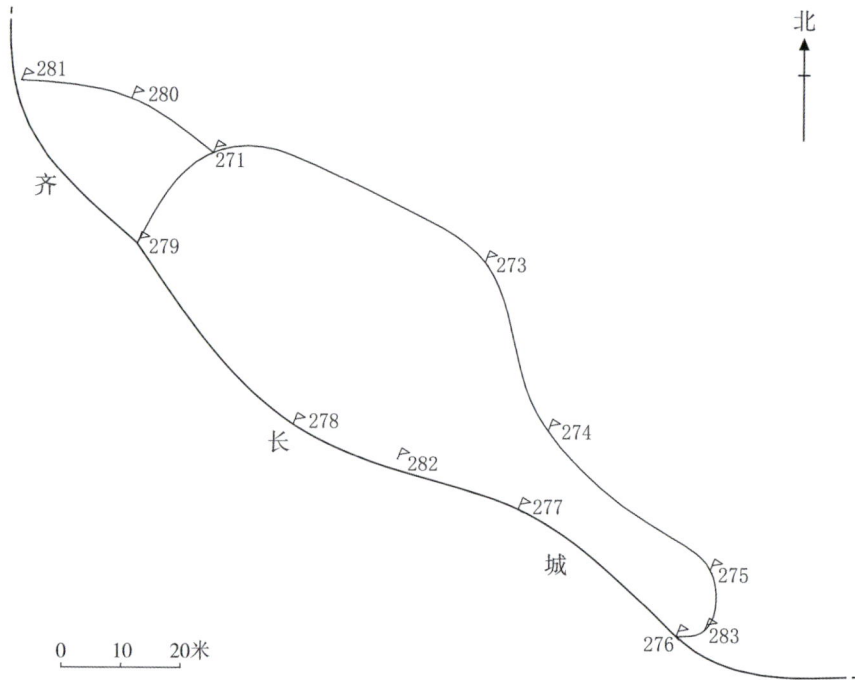

北

图一三五四　牛山寨平面图

二十七　牛山寨

（编码：37132335310219
0007）

位于临沂市沂水下牛山村南牛山山顶，高程355米。

牛山位于沂水县杨庄镇下牛山村南牛山山顶，牛山为村前石山，山西为南北向村间公路和山间小河，山南有曹家坡村和邵家庄村，有S329和G22青兰（青岛—兰州）高速东西通过。长城从牛山西坡经山顶向东而行，寨堡位于山顶，紧贴长城北侧修建。

牛山寨堡呈日字形，东西115、南北26米，总面积约2500平方米（图一三五四），南侧依附长城墙体，其余均为后砌石墙，墙体厚1.2、内侧高0.5、外侧高1.5米，坍塌严重（图一三五五～一三五八）。

图一三五五　北侧寨墙（东—西）

图一三五六　东侧寨墙（南—北）

图一三五七　石窝（俯视）

图一三五八　东北角寨墙（北—南）

结　语

自 2006 年国家文物局启动长城资源调查工作以来，山东省文化厅、山东省文物局组织有关单位，经过两年多的筹备、三年多的野外调查和断续数年的研究整理，《齐长城资源调查报告》终于结题了。在国家文物局、山东省文化厅、山东省文物局的大力支持和正确领导下，通过"齐长城资源调查项目办公室"和"齐长城资源野外调查工作队"及相关单位的共同努力，完成了齐长城地理分布、主体遗存、结构特征、保存现状的全面调查和信息采集，对相关文献记录、方志、考察研究资料进行了全面的检索、搜集，并进行了深入的综合分析研究，摸清了齐长城的家底，对齐长城的修筑动因、时间年代等问题提出了新的见解，取得了丰硕的成果。这是有史以来，第一次对齐长城进行的有计划、有方案，最科学、最全面、最详尽的实地调查，为长城的科学保护、有序管理和学术研究提供了翔实的资料基础，也为《齐长城志》的编修提供了准确、翔实的第一手资料。

一　综合研究成果

1. 齐长城的属性

齐长城，亦即春秋时期所称之"防"，是远古城防工程的一次极为重要的提升。利用土木工程手段，构筑军事防御设施，是远古人类的一大发明。早在八千年以前，辽河流域的兴隆洼文化和黄河下游的后李文化就发明了"环壕"——四周闭合的大型壕沟——作为聚落外围的防御设施。距今五千年前后，"环壕＋城墙"的城堡大量出现，标志着防御手段发生了质的飞跃：将环壕挖出的土，堆积在环壕内侧，形成高耸的城墙，其外附以深广注水的城壕，极大地增强了城防工程的防御效果。这种情形一直持续至春秋早期，春秋首霸的出现，再度提升、改变了这一传统设施的防御主体，让"筑城以卫君，造郭以守民"[1]，演变为"筑长城（巨防）以守国土"，开世界长城构筑之先河，为列国长城、秦长城的构筑，提供了宝贵的先导实例。

2. 齐长城的总体布局

齐长城野外调查工作结束之日，正值《清华简·系年》释文整理出版之时[2]，笔者通过对全文的通读，发现其中有两章涉及齐长城的记录：第二十章关于公元前 441 年，"齐人始为长城于济，自南山属之北海"；第二十二章三晋与越伐齐，与齐相田（陈）和签订了"毋修长城，毋伐廪丘"的城下之盟。仔细研读之后确认，《清华简·系年》这两章有关齐长城的记录，记载的是两条完全不同的齐长

---

〔1〕　徐坚：《初学记》，中华书局，1980 年。《太平御览》卷一百九十三引《吴越春秋》作"造郭以居人"。
〔2〕　李学勤主编：《清华大学藏战国竹简（贰）》释文，中西书局，2011 年。

城。第二十二章所谓的"毋修长城"指的应是世人所熟知的齐国山地长城（廪丘事件与齐山地长城被攻陷有关）；第二十章所记则是一条全新的、此前不为世人所知的，与齐山地长城地理位置有别、始筑时间有差、防御对象不同、线形走向迥异的"全新"构筑物。尽管两者都始于齐国西南境的济水东岸，山地长城是从齐国西南部山地的济水岸边筑起，一路向东，进入崇山峻岭，终于胶州湾西岸，以鲁莒等国为主要防御目标。第二十章所记齐宣公十五年（公元前 441 年）的"始为长城"，虽然也是以齐西南境"南山"的济水东岸为起点，却是沿济水东岸一路向东北，至于渤海，修筑的是"济水岸防长城"，以三晋为主要防御目标。与山地长城以人字形布局，连结三面环海的岸线，共同构成了中国，乃至世界史上独一无二的、完整闭合的军事防御体系。

1855 年，黄河夺济，古济水不复存在，其沿线也因黄河泛滥而淤积，故目前还没有发现于"济水岸防长城"有关的遗迹现象。

3. 齐长城的主要作用与意义

齐山地长城是齐地先民，因地制宜、就地取材，充分利用断崖、陡峰险要等自然条件，在边境地区，"以山为纲"构筑的大型、连续的线形防御工程。充分体现了齐地兵家一贯的军事思想和《管子》之《地图》《水地》《度地》《地员》等篇章的自然地理知识储备：绵延不绝、高大厚实的城墙、山险和坚固的关堡，构成了难以逾越的防御阵线。在冷兵器时代、特别是在先秦时期步甲、车战条件下，达成"一夫当关，万夫莫开"——以少量兵力抵御、延缓大规模入侵的效果；烽燧、兵营则是快速传达敌情、确保后续兵力准确调配的重要设施，为齐桓公的"九合诸侯，一匡天下"和齐国国土安全发挥了不可替代的作用。即使在热兵器已经面世的宋元明清，乃至于抗日战争、解放战争时期，其军事作用仍不可小觑。而山谷之间的关隘，还兼有海关，即通商口岸的作用，可以促进和平时期"国际"间的政治、经济、文化交流。

4. 齐长城的构筑时代

齐长城始筑于何时？为什么要构筑齐长城？一直是久讼未决的问题。归结起来大致有以下几种说法：前者包括齐灵公时期、春秋战国之际、战国初年至齐威王时期、齐威王至齐宣王、公元前 300 年前后等。后者分别为变车为骑、弱国自保、无需备鲁、因于济水之防、田齐备楚等[1]。究其原因，乃是受疑古学风影响而形成的某种思维定式，致使在文献的采信和相关史实的认定上出现某些偏差。

《国语·齐语》：

> 齐桓公欲霸天下，问于管仲曰："吾欲南伐，何主？"管子对曰："以鲁为主，反其侵地棠、潜，使海于有蔽，渠弭于有渚，环山于有牢……（西）以卫为主，……环山于有牢……（北）以燕为主……环山于有牢。四邻大亲，既反侵地，正封疆地，南至于祇裯阴，西至于济，北至于河，东至于纪酅。有革车八百乘，择天下之甚淫乱者而先征之，即位数年，东南多有淫乱者，莱莒徐夷吴越，一战帅服三十一国。遂南征伐楚……伐山戎，制令支，斩孤竹，而南归海滨，诸侯莫敢不来服。"

《管子·小匡》所记同此，唯其"环山于有牢"作"纲山于有牢"。

"南至于陶阴，西至于济，北至于河，东至于纪酅"，讲的是齐桓公即位之初的齐国疆域。"纲山于有牢"与"环山于有牢"的含义相同，就是以山为纲纪，筑起稳固的防御堡垒，故曰"有牢"。让

---

〔1〕 详第二章。

齐桓公可以放心地率远征军"南征伐楚……伐山戎，刜令支，斩孤竹"，"九合诸侯，一匡天下"。

《管子·轻重丁》对齐长城记述得十分明确："管子问于桓公：敢问齐方于几何里？桓公曰：方五百里。管子曰：阴雍长城之地，其于齐国三分之一，非穀之所生也"；"长城之阳，鲁也；长城之阴，齐也。"然而，在疑古思潮的影响下，这一记载常常被斥为"后世多事者妄增"。否定齐桓公时已有齐长城的主要理由则是，其时齐国强盛，"无须备鲁"。

事实上，春秋中期的鲁国还是一个相对较为强大的诸侯国，齐国要称霸诸侯，首先要搞好与鲁国的关系，齐桓公和管仲也采取了不少措施，以增进与鲁国的邦交。更为重要的是，根据《左传》成公二年、九年（公元前 589、前 574 年）关于"徐关"的记载；襄公十六至十八年（公元前 557～前 555）关于"速遂塞海陉""防、阳关""怙恃其险""堑防门而守之广里""城上有乌""连大车以塞燧而殿""杀马于隘以塞道""入平阴、克京兹、克邿"，及《骉羌编钟铭》"入长城，先会于平阴、武力至邿、袭夺楚京（兹）"等记述，以及《晏子春秋》"景公欲堕东门之防"，晏子关于有桓公、管子而"东门防全也"，"防下六尺则无齐矣"的议论观察，至少在公元前 590～前 500 年，齐长城已经存在。结合齐长城西部端点考古发掘揭示的"春秋中期夯土特征"，可以确认《国语》和《管子》的记载是可信的。《清华简·系年》第二十章关于公元前 441 年"齐人始为长城于济，自南山属之北海"的记载，则从另外的角度证明，此时的齐山地长城早已成型。因为，济水作为一道自然天险，只有在山地长城完备之后，济水岸防的修筑才能提上议事日程。

《吕氏春秋·慎大·下贤》关于魏文侯"东胜齐于长城，虏齐侯献诸天子"与《清华简·系年》第二十二章所记为同一事件，其"毋修长城，毋伐廪丘"也说明，姜齐末年齐长城早已完备，所谓"毋修长城"，是不允许齐国修复被损坏的长城。而《竹书纪年》：齐宣公五十一年，公孙会以廪丘叛于赵[1]；晋烈公十二年，王命韩景子、赵烈、翟员伐齐，入长城[2]，与《史记·赵世家》：赵成侯"七年，侵齐，至长城"；《田敬仲完世家》：齐威王六年"鲁伐我，入阳关"；九年"遂起兵，西击赵卫……赵人归我长城"等记载，无不说明姜齐末年至齐威王初年齐长城已成为列国征战不可忽视的要塞。

较为吊诡的是，某些学者对上述文献，包括竹简和金文的记载似乎有些熟视无睹或强作他解，而笃信《竹书纪年》"梁惠王二十年，齐筑防以为长城"[3]；"梁惠王二十年，齐潜王筑防以为长城"[4]；以及《水经注·汶水》"泰山"："山上有长城，西接岱山，东连琅邪，巨海千有余里，盖田氏之所造也"；《齐记》："齐宣王乘山岭之上筑长城。东至海，西至济州，千余里，以备楚"[5] 等记述。

廪丘，齐地。田会反廪丘发生在姜齐末年（公元前 404 年）。晋烈公十二年为公元前 404 年，与今本《纪年》威烈王十八年（公元前 408 年）有 4 年之差，与《清华简》楚声王元年（公元前 407 年）有 3 年之差。毋庸置疑，尽管上述文献所记的人物、时间略有差异，却均为"田会反廪丘"引发的同一次战事。由"齐侯贷""长城""献齐俘馘于周"等词语可知，《吕氏春秋》所记"魏文侯……东胜齐于长城，虏齐侯献诸天子"也是这次战事。由《纪年》"晋烈公十二年"和《清华简》之"齐侯贷"互证，可将此次战事最终定位于齐康公元年（公元前 404 年，威烈王二十二年）。这些记载都无可争辩地表明，在公元前 408 或前 404 年，齐长城早已存在，并成为三晋伐齐必须首先克服的重要军

---

〔1〕《史记索隐·赵系家》。

〔2〕《水经注·汶水》。

〔3〕《水经注·汶水》。

〔4〕《史记正义·苏秦列传》。

〔5〕《史记正义·楚世家》。

事屏障。何以到了周显王十八年（公元前 351 年、齐威王六年）或梁（魏）惠王二十年（公元前 350 年），才始"筑防以为长城"？！而《史记正义》所引"齐湣王筑防以为长城"则更为离谱：齐湣王在位时间为公元前 300～前 284 年，梁惠王二十年为齐威王七年，中间还有位齐宣王（公元前 319～前 301 年），怎能轮到齐湣王始"筑防以为长城"！其可信度不言而喻。王国维《古本竹书纪年辑证》就曾指出："《正义》所引齐闵（湣）王距此甚远，当误。惠成王二十年当齐威王七年，闵疑为威字之误，或'闵王'二字衍。"即便如此，仍然无法化解齐康公元年（公元前 404 年）齐长城早已存在，与"梁惠王二十年始筑长城"之间的矛盾。《水经注》之误，直接导源于《纪年》。《齐记》之误，很可能是出于纠正"齐湣王筑防以为长城"之误，而将"齐湣王"改为"齐宣王"。然而，齐宣王至齐湣王前期，是齐国最为强盛的时期，诸国特别是楚国曾多次向齐国求助，田氏齐国又何须"筑长城以备楚"？

尽管如此，这些说法却几乎主导了晋代以来，人们对现存齐长城构筑年代的基本看法。有的学者为解决这一矛盾，搬出了顾炎武早已被否之"变车为骑"论，强调"继赵武灵王胡服骑射之后，列强无不将骑兵作为主力广泛投入战场。骑兵翻山越岭如履平地，原先单纯的要塞防御战术已远远不能适应形势发展的需要"；"所以齐国石砌长城的大规模修筑，只能在进入战国中期的齐宣王时期"[1]。"胡服骑射"，为赵武灵王十九年（公元前 307 年）的事情，齐宣王在位为时间为公元前 319～前 301 年，依此，石砌长城齐长城的修筑只能在齐宣王末期和齐湣王时期。此说虽然与"齐宣王乘山岭之上筑长城""齐闵王筑防以为长城"相合，却无法解释《左传》《𪔂𦍋编钟铭》《清华简》《竹书纪年》《史记》等其他文献有关更早齐长城的记述。

我们认为，齐山地长城全线，包括东南段长城，在齐桓公时期均已存在，齐桓公时期，原属莒国的琅琊台以北地区已纳入齐国版图，齐国南部疆界节点均已越过泰沂山系分水岭而抵达鲁南地区，都是明证。或者，齐长城部分地段还没有完全连接，但战车和步甲能够通过的地段均有城防则是毫无疑问的。此时齐国的常备军经常出境远征，本土的安全必定是齐桓公和管仲需要认真对待的问题。查春秋战国时期筑有长城的齐、楚、秦、楚、魏、郑、韩、赵、燕、中山诸国，唯中山较弱，余者都是当时的强国，几乎囊括春秋战国时期的全部列强。因此，可以毫不夸张地说：修筑长城是强国的专利，是大国实力的体现；齐筑齐长城是称霸的需要，更是春秋齐国综合国力的体现。此后的历代诸王，包括田齐威王之前的国君，均有修补和增筑长城的可能[2]。

二　野外调查与资料整理

本次齐长城资源野外调查，历时 3 年，不计酷夏寒冬，完全采用步行调查、测绘的方式，踏遍了长城沿线的山山水水，取得了以下几个方面的重要收获。

1. 明确了齐长城的构成主体及其结构形式。

确认齐长城是由墙体、堑壕、山险和关隘、烽燧、城堡、兵营等共同组成的大型军事防御体系，而以绵延不断的连续城墙为主体。其构筑特点是采用因地制宜、就地取材、以险为塞的构筑方式：缓坡平地夯土构筑，山间谷地泥石混筑（含石包土墙），山坡峰上石块干砌，并充分利用难以攀缘的陡峭绝壁——山险，作为长城的有机组成部分，将济水（今黄河）、泰山、黄海横向连接成一道坚固的军事屏障。

---

〔1〕　张华松：《齐长城》第 15～22 页，山东文艺出版社，2005 年；《齐文化与齐长城》，中国戏剧出版社，2000 年。

〔2〕　详第二章。

2. 明确了齐长城行经道里、保存现状、不同类型墙体保存状态；纠正了《水经注》《括地志》《太山郡记》齐长城由"琅琊台入海"和《泰山道里记》等"至胶州海中大朱山止焉"的不实记载。弄清了齐长城墙体的基本结构形制：因地制宜，就地取材。根据墙体经过区域的自然环境，选择构筑材料。土墙有夯土墙、土石混（夯）筑、包石夯土墙等，多位于平地、谷地、岗地缓坡等土层较厚的区域；石包夯土墙则位于既有土层，也有石块的区域。调查发现，此类墙体的底部宽度通常在18～28米，后期的勘探确认，土墙的底部宽度在23～30米，最宽处宽36米；珠珠山西麓坡脚处与石墙交界拐角处的土墙宽度高达64米。石墙的结构均为石块干砌，墙面平整，多位于山坡、山顶等自然石块较多的区域，底部宽度通常在5～8.5米，最宽可达12米，在岚峪北山还发现了石砌马面（图五六）。

3. 确认关隘8处（含晚期青石关）、石砌寨堡27处、碑刻11通。

4. 新发现烽燧8处、周代遗址8处、墙内陶片标本3例、木炭标本1例。

5. 确认了齐长城现存西端起点及其构筑夯土构筑的时代特征，否定了"齐长城之建，其先乃因于济水之防"；"所谓平阴城南之防，必与障济（水）有关"的说法。

6. 在长清广里东北的珠珠山东端A点陡岭子—岚峪北山B点之间较为开阔的山谷中，新发现一条东西向的人工堑壕。其正南约2千米就是"房（防）头"村。据此观察，该堑壕才应是公元前555年齐军所守之"堑防门"。

7. 通过现场勘测，结合堑壕的发现，否定了《水经注》关于《左传·襄公十八年》"齐侯登巫山以望晋师"的巫山为孝堂山的说法。

8. 重新定位了肥城支线长城的西端起点。

9. 首次收录了"章丘县修筑长城岭石墙记""章邑南乡"重修长城记两通碑记，并由此确认章丘段"长城岭"齐长城包括锦阳关段、东门关和鲁地北山段，在清代咸丰年间经过重修，总长度约4900余米。明确了章丘"长城岭"清代重修墙体的结构形式及其与齐长城的相互关系。博山冯八峪东山段在齐长城墙体外缘也有后期干砌的墙体，砌筑方式和质量不如前者。联系该段晚期墙体的防御方向和砌筑规模，推测也可能为同时期防捻军的构筑物。

10. 纠正了临朐境内有"四条"齐长城复线的错误认识。

11. 认定沂水穆陵关东西向墙体的构筑年代应晚于其北侧沂水、临朐、安丘三县交界处的主线长城，应为复线。纠正了此前以穆陵关长城为长城主线的错误认识。

12. 否定了《晏子春秋》齐景公所欲堕之"东门防"为齐都临淄东城外淄河大堤的认识，认为此"东门防"即应为齐桓公所筑长城的关隘。

13. 通过对穆陵关明嘉靖四十四年"增穆陵"碑和清道光二十六年"永垂奕世"碑的解读，确认明清两代曾对穆陵关长城进行过重修和增补。

14. 结合文献记载和后期勘探，确认齐长城西端起于长清广里村北的岭子头，东端经小朱山于青岛市黄岛区东于家河的胶州湾西南岸入海，修正了《水经注》《太山郡记》《括地志》《泰山道里记》等的不实记述。

15. 通过地方志记录，确认了青石关长城的属性及其构筑年代，复原了青石关关堡的平面布局，厘清了长期以来人们关于"青石关长城"属性和构筑年代的迷思。检索到青石关关堡北关门、西关门老照片，基本了解了青石关北关门上部结构和西关门的形制结构；找到了青石关关堡南关门的残留基础，大致复原了青石关关堡的平面结构。

16. 对第三次文物普查期间在莱芜南部发现的大规模石构遗迹进行了调查测绘，确认分布在莱芜穆汶河南侧、东西约 40 千米山脉上的石砌构筑物，大部分为晚期寨堡。且不能排除其与清代民间防御捻军的关联。

三　主要存在问题

本次齐长城资源调查，主要存在四个方面的不足。

其一，没有进行相应的断面解剖发掘。笔者 2008 年初接手主持齐长城资源调查工作时，《山东省齐长城资源调查工作方案》已经上报国家文物局。因《方案》中没有有关考古勘探和试掘的规划，在实施过程中，虽经多次申请动议，却未获批准，未实现对不同区域的土筑夯土长城已有断面进行考古学解剖，错失为齐长城全线始筑年代讨论提供考古学证据的机会，实为一大憾事。

其二，未能对受损的夯筑、泥石混筑墙体进行初步的考古勘探，因而未能准确掌握不同段落夯土长城的原始宽度。山谷平地或缓坡地带有大量可耕作的土地，20 世纪 60 年代以来，经历了农业学大寨、个体承包和分田到户等一系列政策的实施，这些区域的夯土墙体或土石混筑墙体有的被完全开垦为农田，有的则被从一侧或两侧不断搜刮整平，致使某些区段的长城变成一道土垄或土坎，如果能够进行相应的考古勘探，大部分墙体的原始宽度是可以探明的。但是，出于同样的原因，未能实现。

其三，由于时间和田野调查工作的局限，加之齐长城保存状态，能够确认的关隘、烽燧数量较少，与齐长城的实际情况还有较大的距离。因测距测高程设备的精度，以及测绘据点位置等的选择，齐长城的实际长度、各点位高程都存在一定的变量。

其四，相关寨堡、遗址亦未进行相应的后续工作，致使相关的属性、年代都难以明确判定。

相信在以后的工作中，这些不足能够得到逐步弥补。

国家文物局关于山东省长城认定的批复

文物保函〔2012〕949号

山东省文物局

你局《关于齐长城认定工作的请示》（鲁文物〔2012〕217号）收悉。在你局、相关市县文物主管部门和长城调查队员的艰苦努力下，山东省圆满完成了长城资源田野调查工作，并在此基础上形成了长城认定材料。根据《长城保护条例》的规定，我局已组织有关专家对你局报送的长城认定材料进行了审核修订，并请你局对经专家审核修订的长城认定材料反馈了复核意见。我局经组织国内长城保护领域的权威专家评审，现就山东省长城提出认定意见如下：

一、认定山东省春秋战国齐长城分布于18个县（市、区），其东起青岛市黄岛区，经胶南市、诸城市、五莲县、莒县、安丘市、沂水县、临朐县、沂源县、淄博市博山区、淄川区、莱芜市莱城区、章丘市、济南市历城区、肥城市，西迄济南市长清区[1]。详见附表。

二、根据《长城保护条例》第九条的规定，长城所在地省、自治区、直辖市人民政府应当在国务院文物主管部门认定之日起1年内，将本行政区域内已认定的长城依法核定公布为省级文物保护单位。请你局报请山东省人民政府依法将已经我局认定但尚未核定公布为全国重点文物保护单位或者省级文物保护单位的长城公布为省级文物保护单位，并划定保护范围，作出标志说明，建立记录档案，设立专门机构或者专人负责管理，落实长城保护的各项基础工作。

三、经过长城资源调查登记并与长城防御体系相关的遗址遗迹，都是承载了重要历史信息的不可移动文物。请你局协调、督促相关各级地方人民政府，进一步加强相关遗址遗迹的研究，按照其历史、艺术和科学价值，依据《中华人民共和国文物保护法》等有关法律法规，公布为相应级别的文物保护单位，并落实相关的保护管理工作。

此复。

附件：山东省长城认定表

国家文物局

二〇一二年五月八日

---

[1] 原文略有失误，应删掉淄博市、莱芜市、济南市，在历城区后增补泰山区、岱岳区。

附表：山东省齐长城资源调查认证表

一、已认定齐长城墙体登记表

（一）省（自治区、直辖市）：山东　　市（地区、州、盟）：济南　　县（市、区、旗）：长清　　市（地区、州、盟）：泰安　　县（市、区、旗）：泰山　　（长度单位：米）

长城资源要素编码	名称	位置	高程		时代	长度	墙体类别	材质	保存现状					保护级别
			起点	止点					较好	一般	较差	差	消失	
37011338210101020001	广里村北齐长城	起点：广里村北现存长城西端 止点：珠珠山西山山脚	33	74	春秋、战国	1012	土墙	土		628			384	国保
37011338210202020002	珠珠山陉岭子长城	起点：珠珠山西山山脚 止点：陉岭子东山山脚	74	116	春秋、战国	1312.7	石墙	石头		296	508	403.7	105	国保
37011338210202020003	岚峪西北段长城与蟓堃	起点：陉岭子东山山脚 止点：岚峪北山山西山脚	116	106	春秋、战国	1321	土墙	土					1321	国保
37011338210202020004	岚峪北山山长城	起点：岚峪北山山西山脚 止点：岚峪南山山脚	106	180	春秋、战国	1254	石墙	石头		1002			252	国保
37011338210202020005	阳干山长城	起点：阳干山南山脚 止点：阳干山东北山山脚	180	133	春秋、战国	3024	石墙	石头		1407		1407	210	国保
37011338230102020006	北黄崖长城	起点：阳干山东北山山脚 止点：梯子山西山脚	133	149	春秋、战国	1350	石墙	石头					1350	国保
37011338210202020007	梯子山长城	起点：梯子山西山脚 止点：梯子山东山崖东寨端	149	348	春秋、战国	2371	石墙	石头					2371	国保
37011338210202020008	石小子寨长城	起点：梯子山东山崖东寨端 止点：石小子寨北山山顶	348	420	春秋、战国	2196	石墙	石头			1563	243		国保
37011338210202020009	满井峪东山长城	起点：石小子寨北山山顶 止点：满井峪东北山山脚	420	138	春秋、战国	2056	石墙	石头		834		550	672	国保
37011338210202020010	北傅庄北山山长城	起点：满井峪东北山山脚 止点：马西西山山山腰	138	304	春秋、战国	1852	石墙	石头		335			1277	国保
37011338210602020011	陈家湾东山长城	起点：马西西山山山腰 止点：杜家山寨西山	304	294	春秋、战国	2771	山险							国保

续表

长城资源要素编码	名称	位置		高程		时代	长度	墙体类别	材质	保存现状					保护级别
		起点	止点	起点	止点					较好	一般	较差	差	消失	
370113382106020020012	采石场东山长城	杜家山寨西山	采石场东山	294	236	春秋、战国	2024	石墙	石头		275	793		956	国保
370113382102020020013	狗头山长城	采石场东山	潘庄西山东山脚	236	111	春秋、战国	2456	石墙	石头		920		280	1256	国保
370113382301020020014	崮头长城	潘庄西山东山脚	长城岭	111	81	春秋、战国	2870	石墙	石头					2870	国保
370113382102020020015	凤凰山长城	长城岭	牛角沟南山西山脚	81	170	春秋、战国	1889	石墙	石头			198	1383	308	国保
370113382102020020016	上义合北山长城	牛角沟南山西山脚	上义合北山东山脚	170	179	春秋、战国	2680	石墙	石头				2112	568	国保
370113382102020020017	上义合东山长城	上义合北山东山脚	上义合东山	179	290	春秋、战国	2124	石墙	石头				1928	196	国保
370113382102020020018	郭家峪北山长城	上义合东山	郭家峪北山南山脚	290	204	春秋、战国	2250	石墙	石头				2094	156	国保
370113382102020020019	薛家峪东山长城	郭家峪北山南山脚	薛家峪东山南山脚	204	191	春秋、战国	1949	石墙	石头				1724	225	国保
370113382102010020020	红山长城	薛家峪东山南山脚	红山南山脚	191	328	春秋、战国	2725	石墙	石头		359		2089	277	国保
370113382102010020021	孙土北山长城	红山南山脚	孙土北山山东山脚	328	77	春秋、战国	1454	石墙	石头				416	1038	国保
370113382102010020022	黄路山东山长城	孙土北山山东山脚	黄路山东山	277	348	春秋、战国	2831	石墙	石头		455		1871	505	国保
370113382102010020023	茅山长城	黄路山东山	茅山南山脚	348	333	春秋、战国	2599	石墙	石头				1754	845	国保
370113382102020020024	张家老庄东山长城	茅山南山脚	斜峪北岭北山脚	333	280	春秋、战国	2551	石墙	石头		2151			400	国保
370113382102020020025	老庙沟斜峪岭长城	斜峪北岭北山脚	轳辘道山口	280	332	春秋、战国	2306	石墙	石头		1217	609	480		国保
370113382102020020026	九顶寨长城	轳辘道山口	九顶寨南山山口	332	490	春秋、战国	2114	石墙	石头		793	1249			国保

续表

长城资源要素编码	名称	位置		高程		时代	长度	墙体类别	材质	保存现状					保护级别
		起点	止点	起点	止点					较好	一般	较差	差	消失	
370113382102020027	夹子山长城	九顶寨南山山口	莲花盆山三界碑	490	478	春秋、战国	2288	石墙	石头		1729			559	国保
370113382102020028	黄巢寨山长城	莲花盆山三界碑	五花岩山西山山谷	478	520	春秋、战国	2337	石墙	石头		1281	240		816	国保
370113382102020029	五花岩山长城	五花岩山西山山谷	桃尖山	520	520	春秋、战国	2001	石墙	石头		810	384	367	440	国保
370113382102020030	西寺崖长城	桃尖山	小大岭北山山口	520	239	春秋、战国	2194	石墙	石头		1537		193	464	国保
370113382102020031	长城铺子西山长城	小大岭北山山口	曹庄村北	239	143	春秋、战国	2466	石墙	石头		968	328		1170	国保
370113382102020032	曹庄北山长城	曹庄村北	曹庄北山	143	450	春秋、战国	2827	石墙	石头		2265	562			国保
370113382102020033	大寨长城	曹庄北山	大寨山	450	561	春秋、战国	2810	石墙	石头		2810				国保
370113382102020034	北马套北山长城	大寨山	北马套北山	561	470	春秋、战国	2690	石墙	石头		2690				国保
370113382105020035	北顶山长城	北马套北山	北顶山	470	556	春秋、战国	1821	山险							国保
370113382102020036	钉头崖西山长城	北顶山	钉头崖	556	626	春秋、战国	2398	石墙	石头	2092					国保
370113382106020037	老挂关长城	钉头崖	青天南山口	626	701	春秋、战国	2142	山险			306				国保
370113382106020038	穿穿顶段长城	青天南山口	场圆顶	701	969	春秋、战国	2199	山险							国保
370113382106020039	摩天岭段长城	场圆顶	楼顶山	969	874	春秋、战国	2218	山险							国保
370113382106020040	楼顶至大麻子岭顶段	楼顶山	大麻子岭顶	874	847	春秋、战国	2182	山险							国保

（二）省（自治区、直辖市）：山东　市（地区、州、盟）：泰安　县（市、区、旗）：肥城　（长度单位：米）

长城资源要素编码	名称	位置	高程 起点	高程 止点	时代	长度	墙体类别	材质	保存现状 较好	保存现状 一般	保存现状 较差	保存现状 差	保存现状 消失	保护级别
3709833821020020001	（支线）连环山长城	起点：连环山 止点：于家庄南山口	350	212	春秋、战国	2685	石墙	石头		293	942	843	607	国保
3709833821020020002	（支线）于家庄长城	起点：于家庄南山口 止点：于家岭子路口	212	149	春秋、战国	2355	石墙	石头		581	298	133	1343	国保
3709833821020020003	（支线）卢家沟长城	起点：长城岭子路口 止点：杨家山西山脚	149	183	春秋、战国	2735	石墙	石头		1377	901		457	国保
3709833821020020004	（支线）张家山长城	起点：杨家山西山脚 止点：张家花岭北山口	183	237	春秋、战国	1776	石墙	石头		144	110	1049	473	国保
3709833821020020005	（支线）三岔山山口长城	起点：张家花岭北山口 止点：三岔山山口	237	410	春秋、战国	1833	石墙	石头		30	1363	115	325	国保

（三）省（自治区、直辖市）：山东　市（地区、州、盟）：济南　县（市、区、旗）：历城　（长度单位：米）

长城资源要素编码	名称	位置	高程 起点	高程 止点	时代	长度	墙体类别	材质	保存现状 较好	保存现状 一般	保存现状 较差	保存现状 差	保存现状 消失	保护级别
3701123821060020001	清阳台段长城	起点：大麻子峪顶 止点：清阳台北侧	847	773	春秋、战国	2370	山险							国保
3701123821060020002	瓦子岭段长城	起点：清阳台北侧 止点：大药乡北山	773	800	春秋、战国	3161	山险							国保
3701123821020020003	大药乡东北段长城	起点：大药乡北山 止点：林场监控室	800	820	春秋、战国	1756	石墙	石头		319	175	1262		国保
3701123821020020004	高尖子山北侧长城	起点：林场监控室 止点：黄巢公路南山口	820	573	春秋、战国	1710	石墙	石头		223	960	361	166	国保
3701123821020020005	锯齿崖长城	起点：黄巢公路南山口 止点：大母猪窝西岭	573	869	春秋、战国	3788	石墙	石头		2215	863	710		国保
3701123821020020006	上矍西山山段长城	起点：大母猪窝西岭 止点：西道沟西段	869	497	春秋、战国	3559	石墙	石头	97	2830	632			国保
3701123821020020007	西道沟西北段长城	起点：西道沟西段 止点：西道沟西北段	497	735	春秋、战国	1910	石墙	石头		1910				国保

续表

长城资源要素编码	名称	位置	高程 起点	高程 止点	时代	长度	墙体类别	材质	保存现状 较好	保存现状 一般	保存现状 较差	保存现状 差	保存现状 消失	保护级别
37011238210602020008	天马顶段长城	起点：西道沟北段 止点：白家庄西沟长城出现点	735	681	春秋、战国	2160	山险							国保
37011238210202020009	白家庄北段长城	起点：白家庄西沟长城出现点 止点：白家庄东山	681	789	春秋、战国	2393	石墙	石头		1131		1262		国保
37011238210602020010	梯子山段长城	起点：白家庄东山 止点：磨油台南山沟	789	818	春秋、战国	2675	山险							国保
37011238210202020011	黑松林长城	起点：磨油台南山沟 止点：王家庄公路山口	818	574	春秋、战国	3124	石墙	石头		138		151	2835	国保
37011238210202020012	南天门长城	起点：王家庄公路山口 止点：高本公路山口	574	578	春秋、战国	3526	石墙	石头	533	89		774	2130	国保
37011238210202020013	大高尖山长城	起点：高本公路山口 止点：大高尖山东南山峰	578	791	春秋、战国	1783	石墙	石头		617	763	250	153	国保
37011238210202020014	四界首长城	起点：大高尖山东南山峰 止点：四界首碑	791	840	春秋、战国	1885	石墙	石头			1485	400		国保

（四）省（自治区、直辖市）：山东　市（地区、州、盟）：济南　县（市、区、旗）：章丘　（长度单位：米）

长城资源要素编码	名称	位置	高程 起点	高程 止点	时代	长度	墙体类别	材质	保存现状 较好	保存现状 一般	保存现状 较差	保存现状 差	保存现状 消失	保护级别
37018138210202020001	四界首段长城	起点：四界首碑 止点：门前子岭北山	844	823	春秋、战国	2082	石墙	石头				568	1514	国保
37018138210202020002	岳滋南山段长城	起点：门前子岭北山 止点：岳滋南山长城岭大桥	823	828	春秋、战国	2031	石墙	石头				1214	817	国保
37018138210202020003	三界首段长城	起点：岳滋南山长城岭大桥 止点：三界首碑	828	892	春秋、战国	3302	石墙	石头	1086			1046	1170	国保
37018138210202020004	西麦腰西山段长城	起点：三界首碑 止点：西麦腰西山	892	828	春秋、战国	2259	石墙	石头	354		597	845	463	国保
37018138210202020005	三平山段长城	起点：西麦腰西山 止点：鸡爪顶	828	910	春秋、战国	2243	石墙	石头			219	773	1251	国保
37018138210202020006	天门关段长城	起点：鸡爪顶 止点：南麦腰东山	910	710	春秋、战国	2114	石墙	石头	108		280	420	1306	国保

度单位：米）

续表

长城资源要素编码	名称	位置		高程		时代	长度	墙体类别	材质	保存现状					保护级别
				起点	止点					较好	一般	较差	差	消失	
37018138210202020007	南麦腰东山段长城	起点：南麦腰东山	止点：东麦腰南山起点	710	666	春秋、战国	2148	石墙	石头			260		1888	国保
37018138210202020008	东麦腰南山段长城	起点：东麦腰南山起点	止点：东麦腰南山	666	528	春秋、战国	764	石墙	石头			207		557	国保
37018138210202020009	红山段长城	起点：东麦腰南山	止点：疙瘩岭	528	571	春秋、战国	2801	石墙	石头				1159	1642	国保
37018138210202020010	疙瘩岭段长城	起点：疙瘩岭	止点：疙瘩岭东山	571	415	春秋、战国	1405	石墙	石头	545		550	310		国保
37018138210202020011	胡家庄段长城	起点：疙瘩岭东山	止点：胡家庄北山	415	505	春秋、战国	2273	石墙	石头	298	1066	700		209	国保
37018138210202020012	望米台北山段长城	起点：胡家庄北山	止点：望米台北山	505	438	春秋、战国	2469	石墙	石头		855	518		1096	国保
37018138210202020013	毛家林北山段长城	起点：望米台北山	止点：曹峪岭顶	438	543	春秋、战国	3047	石墙	石头	196	1221	1630			国保
37018138210202020014	北峪西山段长城	起点：曹峪岭顶	止点：北峪村西山	543	518	春秋、战国	3741	石墙	石头		600	1283	686	1172	国保
37018138210502020015	官屋子山段长城	起点：北峪村西山	止点：南岭东山	518	456	春秋、战国	3264	山险							国保
37018138210202180016	锦阳关段长城	起点：南岭东山	止点：章莱公路	456	323	春秋、战国	1234	石墙	石头	674	453		107		国保
37018138210202180017	东门关段长城	起点：章莱公路	止点：东门关	323	359	清代重修、清代	1994	石墙	石头	780	494	720			国保
37018138210202180018	鲁地北山段长城	起点：东门关	止点：磨池岭胸下	359	594	春秋、战国、清代	2232	石墙	石头	777	553		363	539	国保
37018138210502020019	磨池岭山段长城	起点：磨池岭胸下	止点：磨池岭东山脚	594	574	春秋、战国	2237	山险							国保
37018138210202020020	北栾宫东山段长城	起点：磨池岭东山脚	止点：北栾宫北山	574	604	春秋、战国	2608	石墙	石头	307	289	661	1351		国保
37018138210202020021	北栾宫北山段长城	起点：北栾宫北山	止点：北栾宫北山山东	604	645	春秋、战国	1370	石墙	石头	553		817			国保
37018138210202020022	龙子北山段长城	起点：北栾宫北山山东	止点：龙子北山	645	647	春秋、战国	2401	石墙	石头			1530	871		国保

续表

长城资源要素编码	名称	位置	高程		时代	长度	墙体类别	材质	保存现状					保护级别
			起点	止点					较好	一般	较差	差	消失	
37018138210202020023	龙子东山段长城	起点：龙子北山 止点：龙子东山	647	738	春秋、战国	1953	石墙	石头			1657	296		国保
37018138210202020024	相峪西山段长城	起点：龙子东山 止点：珍峪北山	738	752	春秋、战国	2145	石墙	石头	373		1027	745		国保
37018138210502020025	珍峪北山段长城	起点：珍峪北山 止点：珍峪东山	752	690	春秋、战国	3013	山险							国保
37018138210502020026	四峡峪顶段长城	起点：珍峪东山 止点：四峡峪顶东山	690	607	春秋、战国	2235	山险							国保
37018138210202020027	黄石关段长城	起点：四峡峪顶东山 止点：黄石关	607	384	春秋、战国	1127	石墙	石头			931		196	国保
37018138210202020028	上王庄北山段长城	起点：黄石关 止点：猴子寨	384	693	春秋、战国	1996	石墙	石头			888		1108	国保
37018138210502020029	霹雳尖段长城	起点：猴子寨 止点：霹雳尖山	693	837	春秋、战国	3356	山险							国保

（五）省（自治区、直辖市）：山东　　市（地区、州、盟）：淄博　　县（市、区、旗）：博山　　　　（长度单位：米）

长城资源要素编码	名称	位置	高程		时代	长度	墙体类别	材质	保存现状					保护级别
			起点	止点					较好	一般	较差	差	消失	
37030438210502020001	卧铺北山山段长城	起点：霹雳尖山 止点：卧铺东山	837	791	春秋、战国	1519	山险							国保
37030438210202020002	风门道关段长城	起点：卧铺东山 止点：双堆山南崖	791	682	春秋、战国	1839	石墙	石头	215	113	1115	396		国保
37030438210502020003	禄柱崖段长城	起点：双堆山南崖 止点：禄柱崖	682	765	春秋、战国	4015	山险							国保
37030438210202020004	老虎头岭段长城	起点：禄柱崖 止点：老虎头岭东山	765	520	春秋、战国	2629	石墙	石头			2279	350		国保
37030438210202020005	伊家楼段长城	起点：老虎头岭东山 止点：博莱高速公路	520	342	春秋、战国	1509	石墙	石头			1002		507	国保
37030438210202020006	千贝峪段长城	起点：博莱高速公路 止点：凤凰山	342	409	春秋、战国	2566	石墙	石头			943	423	1200	国保

续表

长城资源要素编码	名称	位置		高程		时代	长度	墙体类别	材质	保存现状					保护级别
		起点	止点	起点	止点					较好	一般	较差	差	消失	
37030438210202020007	凤凰山段长城	起点:凤凰山	止点:北神头	409	199	春秋、战国	2196	石墙	石头					2196	国保
37030438210202020008	鹅眉山段长城	起点:北神头	止点:两平村	199	329	春秋、战国	4878	石墙	石头					4878	国保
37030438210202020009	两平村段长城	起点:两平村	止点:冯八峪村东山	329	414	春秋、战国	2748	石墙	石头				2500	248	国保
37030438210202020010	冯八峪东山段长城	起点:冯八峪村东山	止点:石炭坞北山	414	413	春秋、战国	2711	石墙	石头				1220	1491	国保
37030438210202020011	黑山段长城	起点:石炭坞北山	止点:胡南公路	413	306	春秋、战国	2790	石墙	石头					2790	国保
37030438210202020012	西沟峪北山段长城	起点:胡南公路	止点:西沟峪北山	306	611	春秋、战国	2880	石墙	石头					2880	国保
37030438210202020013	岳家北峪北山段长城	起点:西沟峪北山	止点:岳家北峪北山	611	640	春秋、战国	1928	石墙	石头				1549	379	国保

（六）省（自治区、直辖市）：山东　　市（地区、州、盟）：淄博　　县（市、区、旗）：淄川　　（长度单位：米）

长城资源要素编码	名称	位置		高程		时代	长度	墙体类别	材质	保存现状					保护级别
		起点	止点	起点	止点					较好	一般	较差	差	消失	
37030238210202020001	青龙山段长城	起点:岳家北峪北山	止点:青龙山	640	764	春秋、战国	1136	山险							国保
37030238210202020002	护宝泉村南山段长城	起点:青龙山	止点:护宝泉村南山	764	582	春秋、战国	1505	石墙	石头			1010	495		国保
37030238210202020003	岳阳山段长城	起点:护宝泉村南山	止点:岳阳山	582	757	春秋、战国	2807	石墙	石头			1118	349	1340	国保
37030238210502020004	四座山段长城	起点:岳阳山	止点:聚峰山	757	702	春秋、战国	3740	山险							国保
37030238210202020005	城子段长城	起点:聚峰山	止点:城子村	702	307	春秋、战国	3527	石墙	石头			1888	328	1311	国保
37030238210202020006	三太山段长城	起点:城子村	止点:三太山	307	616	春秋、战国	2757	石墙	石头			1371	438	948	国保

续表

长城资源要素编码	名称	位置	高程 起点	高程 止点	时代	长度	墙体类别	材质	保存现状 较好	一般	较差	差	消失	保护级别
370302382102020007	陈家井西山段长城	起点：三太山 止点：陈家井西山	616	684	春秋、战国	3534	石墙	石头					3534	国保
370302382102020008	鹿角山段长城	起点：陈家井西山 止点：鹿角山	684	776	春秋、战国	2964	石墙	石头					2964	国保
370302382105020009	黑虎寨段长城	起点：鹿角山 止点：黑虎寨	776	760	春秋、战国	2529	山险							国保
370302382105020010	西股庄东山段长城	起点：黑虎寨 止点：西股庄东山	760	782	春秋、战国	2856	山险							国保
370302382105020011	油篓寨段长城	起点：西股庄东山 止点：盘龙山	782	865	春秋、战国	3824	山险							国保
370302382105020012	雁门村东山段长城	起点：盘龙山 止点：雁门村东山	865	885	春秋、战国	2795	山险							国保
370302382105020013	雁门寨段长城	起点：雁门村东山 止点：前紫岭北山	885	768	春秋、战国	3049	山险							国保
370302382102020014	胡兰顶段长城	起点：前紫岭北山 止点：胡兰顶	768	845	春秋、战国	3092	石墙	石头				613	2479	国保
370302382102020015	太平山段长城	起点：胡兰顶 止点：太平山	845	760	春秋、战国	3003	石墙						3003	国保

（七）省（自治区、直辖市）：山东　　市（地区、州、盟）：淄博　　县（市、区、旗）：沂源　　（长度单位：米）

长城资源要素编码	名称	位置	高程 起点	高程 止点	时代	长度	墙体类别	材质	保存现状 较好	一般	较差	差	消失	保护级别
370323382102020001	敖子顶段长城	起点：太平山 止点：鞭皮山顶山	760	804	春秋、战国	2659	石墙						2659	国保
370323382106020002	鞭皮山段长城	起点：鞭皮山顶山 止点：铜井村南山	804	652	春秋、战国	1543	山险							国保
370323382105010003	璞丘西山段长城	起点：铜井村南山 止点：璞丘西山	652	885	春秋、战国	2694	山险							国保

续表

长城资源要素编码	名称	位置	高程 起点	高程 止点	时代	长度	墙体类别	材质	保存现状 较好	一般	较差	差	消失	保护级别
3703233382105020004	歪头顶西山段长城	起点:璇丘西山 止点:歪头顶山	885	679	春秋、战国	5680	山险							国保
3703233382105020005	歪头顶东山段长城	起点:歪头顶山 止点:歪头顶东山	679	454	春秋、战国	2790	山险							国保
3703233382105020006	车场东山段长城	起点:歪头顶东山 止点:车场东山	454	611	春秋、战国	6960	山险							国保
3703233382105020007	大崮顶段长城	起点:车场东山 止点:小崮	611	615	春秋、战国	3200	山险							国保
3703233382105020008	马头崮段长城	起点:小崮 止点:马头崮	615	637	春秋、战国	2710	山险							国保
3703233382102020009	水泉溜西山段长城	起点:马头崮 止点:水泉溜西山	637	540	春秋、战国	2274	石墙	石头				508	1766	国保
3703233382102020010	核桃崮段长城	起点:水泉溜西山 止点:龙王崖主峰	540	706	春秋、战国	3010	石墙	石头			220	535	2255	国保

（八，1）省（自治区、直辖市）：山东　市（地区、州、盟）：潍坊　县（市、区、旗）：临朐（主线）　（长度单位：米）

长城资源要素编码	名称	位置	高程 起点	高程 止点	时代	长度	墙体类别	材质	保存现状 较好	一般	较差	差	消失	保护级别
37072438210602020001	大崮段长城	起点:龙王崖主峰 止点:龙王崖山东	706	559	春秋、战国	1940	山险							国保
37072438210202020002	里峪南山口长城	起点:龙王崮山东 止点:南峪山	559	632	春秋、战国	847	石墙	石头				39	808	国保
7072438210602020003	南峪山长城	起点:南峪山 止点:南峪山东	632	560	春秋、战国	1245	山险							国保
37072438210202020004	小辛庄段长城	起点:南峪山东 止点:高嘴子西山山顶	560	528	春秋、战国	3314.7	石墙	石头			415	401.5	2498.2	国保
37072438210602020005	高嘴子驴皮崮山险	起点:高嘴子西山山顶 止点:马头崖山顶	528	601	春秋、战国	2961	山险							国保

长城资源要素编码	名称	位置	高程起点	高程止点	时代	长度	墙体类别	材质	较好	一般	较差	差	消失	保护级别
370724381060602006	钜梁崮山险	起点：马头崖山顶 止点：钜梁崮东	601	586	春秋、战国	2140	山险							国保
370724382301020007	小花龙砂崮子段长城	起点：钜梁崮东 止点：黄门顶山	586	523	春秋、战国	3695	消失							国保
370724381050202008	大崮豁口鞍段长城	起点：黄门顶山 止点：大崮山南	523	465	春秋、战国	2324	山险							国保
370724381020202009	黄粮崮将军台段长城	起点：大崮山南 止点：长城头断崖	465	326	春秋、战国	3706	石墙	石头		330	1025	606	1745	国保
370724381021602010	长城头段长城	起点：长城头断崖 止点：紫草岭水坝西岸	326	295	春秋、战国	1987	石墙	石头			338	376	1273	国保
370724381021602011	紫草岭长城	起点：紫草岭水坝西岸 止点：高山山顶	295	595	春秋、战国	2096	石墙	石头		1386		424	286	国保
370724381020202012	蜂子窝西岭长城	起点：高山山顶 止点：南蜂子窝村	595	298	春秋、战国	3660	石墙	石头		161	1124		2375	国保
370724381020202013	南蜂子窝东岭长城	起点：南蜂子窝村 止点：下龙湾村	298	336	春秋、战国	2723	石墙	石头		882	454	1032	355	国保
370724381020202014	大盂场南岭长城	起点：下龙湾村 止点：水石屋子北山	336	694	春秋、战国	4074	石墙	石头		515	2501		1058	国保
370724381060202015	沂山红石崖段长城	起点：水石屋子北山 止点：歪头崮停车场	694	632	春秋、战国	2429	山险							国保
370724381020202016	沂山玉皇顶段长城	起点：歪头崮停车场 止点：红崖顶	632	790	春秋、战国	4759	石墙	石头		50	1355	1006	2348	国保
370724381020202017	梓根腿段长城	起点：红崖顶 止点：梓根腿南山主复线交叉	790	512	春秋、战国	3399	石墙	石头	457	1466	741	468	267	国保
370724381020202018	梓根腿东岭段长城	起点：梓根腿南山主复线交叉 止点：大关水库西岸	512	258	春秋、战国	3937	石墙	石头	380	2746	316	495		国保
370724381020202019	祝家店子段长城	起点：大关水库西岸 止点：太平山	258	505	春秋、战国	5017	石墙	石头		167	503	2407	1940	国保

（八，2）省（自治区、直辖市）：山东　市（地区、州、盟）：潍坊　县（市、区、旗）：临朐　（长度单位：米）

长城资源要素编码	名称	位置 起点	位置 止点	高程 起点	高程 止点	时代	长度	墙体类别	材质	保存现状 较好	一般	差	位置	保护级别
3707243821020020020	闹子山段长城	樟根腿南山主复线交叉	闹子山山顶	512	480	春秋、战国	2081	石墙	石头		1327	754		国保
3707243821020080021	穆陵关西西岭段长城	闹子山山顶	穆陵关东西	480	426	春秋、战国	4275	石墙	石头		3595	680		国保
3707243821020020022	穆陵关段长城	穆陵关东西	穆陵关东东山顶	426	423	春秋、战国	2522	石墙	石头		1228	1223	71	国保

（九，1）省（自治区、直辖市）：山东　市（地区、州、盟）：临沂　县（市、区、旗）：沂水（主线长城）　（长度单位：米）

长城资源要素编码	名称	位置 起点	位置 止点	高程 起点	高程 止点	时代	长度	墙体类别	材质	保存现状 较好	一般	较差	差	消失	保护级别
3713233823010020013	卧牛城旺峪东岭段长城	卧牛城西峰	双山南山根	352	229	春秋、战国	3447	石墙	石头			1437	913	1097	国保
3713233823010020014	墙框良沟南岭段长城	双山南山根	光光山北山根	229	265	春秋、战国	3381	石墙	石头					3381	国保
3713233823010020015	光光山段长城（主线）	光光山北山根	三楞山三叉点	265	313	春秋、战国	2327	石墙	石头		1297	565	268	197	国保

（九，2）省（自治区、直辖市）：山东　市（地区、州、盟）：临沂　县（市、区、旗）：沂水（穆陵关复线）　（长度单位：米）

长城资源要素编码	名称	位置 起点	位置 止点	高程 起点	高程 止点	时代	长度	墙体类别	材质	保存现状 较好	一般	较差	差	消失	保护级别
3713233821020020001	黄墩段长城	穆陵关东山顶	黄墩	423	468	春秋、战国	1664	石墙	石头		1256	355	53		国保
3713233821020020002	大旗山段长城	黄墩	大旗山山顶	468	409	春秋、战国	3290	石墙	石头			728	1978	584	国保
3713233821020020003	龙山段长城	大旗山山顶	簸箕山东北山	409	507	春秋、战国	3193	石墙	石头		236	309	1808	840	国保
3713233821020020004	申家庄段长城（穆陵关线）	簸箕山东北山	申家庄	507	275	春秋、战国	2946	石墙	石头			381	1151	1414	国保

续表

长城资源要素编码	名称	位置	高程起点	高程止点	时代	长度	墙体类别	材质	保存现状较好	一般	较差	差	消失	保护级别
37132338210202020005	老师傅旺南岭长城	起点：申家庄 止点：鸡叫山北山	275	395	春秋、战国	2745	石墙	石头		273	648	1063	761	国保
37132338210202020006	鸡叫山段长城	起点：鸡叫山北山 止点：大山山顶	395	403	春秋、战国	2946	石墙	石头		1773	461	712		国保
37132338210202020007	黑堆山段长城	起点：大山山顶 止点：牛山	403	264	春秋、战国	3834	石墙	石头	911	1224	577	352	770	国保
37132338210202020008	东西沟岭段长城	起点：牛山 止点：闫泉头村北山	264	263	春秋、战国	3578	石墙	石头			1674	1397	507	国保
37132338210202020009	高家石岭段长城	起点：闫泉头村北山 止点：长城岭头	263	238	春秋、战国	1832	石墙	石头				73	1759	国保
37132338210202020010	王家箕山段长城	起点：长城岭头 止点：王家箕山村北公路	238	214	春秋、战国	1777	石墙	石头		466	460	851		国保
37132338210202020011	黄堆北山垛庄段长城	起点：王家箕山村北公路 止点：垛庄村东	214	180	春秋、战国	3118	石墙	石头	386			684	2048	国保
37132338210202020012	杨廷山段长城	起点：垛庄村东 止点：三楞山三叉点	180	313	春秋、战国	2187	石墙	石头		1030		278	879	国保

（十）省（自治区、直辖市）：山东　市（地区、州、盟）：潍坊　县（市、区、旗）：安丘　（长度单位：米）

长城资源要素编码	名称	位置	高程起点	高程止点	时代	长度	墙体类别	材质	保存现状较好	一般	较差	差	消失	保护级别
37078438230102020001	太平山段长城	起点：三界碑 止点：太平山东	505	500	春秋、战国	2900	石墙	石头					2900	国保
37078438210202020002	碾台山段长城	起点：太平山东 止点：石门顶	500	452	春秋、战国	2831	石墙	石头	284	838	395	988	326	国保
37078438210202020003	石虎山段长城	起点：石门顶 止点：南北山山顶	452	473	春秋、战国	4274	石墙	石头		973	1383	1811	107	国保
37078438210202020004	南北山东段长城	起点：南北山山顶 止点：青石胡同	473	290	春秋、战国	1507	石墙	石头			402	900	205	国保
37078438210202020005	磨山段长城	起点：青石胡同 止点：磨山东岭公路	290	274	春秋、战国	2695	石墙	石头		965		1146	584	国保

续表

长城资源要素编码	名称	位置	高程 起点	高程 止点	时代	长度	墙体类别	材质	保存现状 较好	一般	较差	差	消失	保护级别
3707843821020020006	五龙山段长城	起点:磨山东岭公路 止点:大车山南	274	377	春秋、战国	3679	石墙	石头		494	2537	569	79	国保
3707843821020020007	大车山段长城	起点:大车山南 止点:紫草山东	377	398	春秋、战国	3981	石墙	石头	366	623	1307	1685		国保
3707843821020020008	石山子南岭段长城	起点:紫草山东 止点:温桁(拓?)公路	398	239	春秋、战国	3290	石墙	石头		126	735	817	1612	国保
3707843821020020009	白山顶段长城	起点:温桁(拓?)公路 止点:峰山东	239	363	春秋、战国	2976	石墙	石头			150	1391	1435	国保
3707843821020020010	望君顶段长城	起点:峰山东 止点:望君顶东柘山公路	363	381	春秋、战国	2008	石墙	石头			648	620	740	国保
3707843821020020011	城顶山段长城	起点:望君顶东柘山公路 止点:邰家崖东山顶	381	415	春秋、战国	3071	石墙	石头	266	151	1003	1016	635	国保
3707843821020020012	钟楼顶段长城	起点:邰家崖东山顶 止点:凤凰沟东水坝	415	232	春秋、战国	3218	石墙	石头		704	947	1359	208	国保
3707843821020020013	摘药山李家顶段长城	起点:凤凰沟东水坝 止点:李家顶西山谷	232	401	春秋、战国	4412	石墙	石头		404	1481	1856	671	国保
3707843821020020014	虎崖段长城	起点:李家顶西山谷 止点:虎崖东岭南山根	401	204	春秋、战国	2176	石墙	石头		214	406	1357	199	国保
3707843823011020015	王家庄段长城	起点:虎崖东岭南山根 止点:卧牛城西峰	204	352	春秋、战国	3146	石墙	石头					3146	国保

（十一）省（自治区、直辖市）：山东　　市（地区、州、盟）：日照　　县（市、区、旗）：莒县　　（长度单位：米）

长城资源要素编码	名称	位置	高程 起点	高程 止点	时代	长度	墙体类别	材质	保存现状 较好	一般	较差	差	消失	保护级别
3711223821020020001	三楞山魏家官庄段长城	起点:三叉点 止点:魏家官庄西岭保护碑	313	211	春秋、战国	2331	石墙	石头		391	850	503	587	国保
3711223821020020002	大庄子西岭长城	起点:魏家官庄西岭保护碑 止点:后发牛山西岭	211	186	春秋、战国	3547	石墙	石头		938	477	745	1387	国保
3711223823011020003	玄武庵苏家庄长城	起点:后发牛山西岭 止点:玄武庵东岭	186	168	春秋、战国	2890	石墙	石头					2890	国保

续表

长城资源要素编码	名称	位置	高程 起点	高程 止点	时代	长度	墙体类别	材质	保存现状 较好	一般	较差	差	消失	保护级别
3711223382102020004	玄武庵东岭长城	起点：玄武庵东岭 止点：陡沟村南	168	134	春秋、战国	1795	石墙	石头			308	586	901	国保
3711223382301010020005	陡沟南长城	起点：陡沟村南 止点：后泥牛子村西	134	121	春秋、战国	1290	石墙	石头					1290	国保

（十二）省（自治区、直辖市）：山东 市（地区、州、盟）：日照 县（市、区、旗）：五莲 （长度单位：米）

长城资源要素编码	名称	位置	高程 起点	高程 止点	时代	长度	墙体类别	材质	保存现状 较好	一般	较差	差	消失	保护级别
3711213823010010020001	河西水库段长城	起点：后泥牛子村西 止点：黑涧岭村东206国道	121	111	春秋、战国	6103	石墙	石头				339	5764	国保
3711213823010010020002	分水岭北淮河北岭段长城	起点：黑涧岭村东206国道 止点：白马山主峰	111	145	春秋、战国	3964	石墙	石头					3964	国保
3711213823010010020003	白马山长城岭	起点：白马山主峰 止点：诸城墙夼水库水电站南	145	125	春秋、战国	2520	石墙	石头					2520	国保
3711213821020020004	墙夼云门段长城	起点：诸城墙夼水库水电站南 止点：云门东岭	125	104	春秋、战国	3440	石墙	石头			409	1124	1907	国保
3711213821020020005	潘村西北岭段长城	起点：云门东岭 止点：潘村西北岭	104	128	春秋、战国	2700	石墙	石头			515		2185	国保
3711213821020020006	潘村西南岭段长城	起点：潘村西北岭 止点：潘村西南岭	128	121	春秋、战国	3405	石墙	石头					3405	国保
3711213821020020007	高泽东岭段长城	起点：潘村西南岭 止点：高泽东岭	121	127	春秋、战国	776	石墙	石头				776		国保
3711213821020020008	邱村东北岭段长城	起点：高泽东岭 止点：院上东岭	127	183	春秋、战国	3810	石墙	石头					3810	国保
3711213821020020009	院上东岭段长城	起点：院上东岭 止点：山王西岭	183	225	春秋、战国	2517	石墙	石头			215	148	2154	国保
3711213821020020010	梁家坪北岭段长城	起点：山王西岭 止点：分流山北坡	225	534	春秋、战国	2782	石墙	石头	45	245	183	520	1789	国保
3711213821020020011	分流山东岭段长城	起点：分流山北坡 止点：前长城岭村西	534	134	春秋、战国	3397	石墙	石头			1237	768	1392	国保

续表

长城资源要素编码	名称	位置		高程		时代	长度	墙体类别	材质	保存现状					保护级别
				起点	止点					较好	一般	较差	差	消失	
3711213821020200212	前长城岭东岭段长城	起点：前长城岭村西	止点：前长城岭东岭	134	231	春秋、战国	3428	石墙	石头	284	575	828	530	1211	国保
3711213821020200213	张榜沟北岭段长城	起点：前长城岭东岭	止点：马耳山	231	620	春秋、战国	3427	石墙	石头	193	326	685	130	2093	国保
3711213821020200214	马耳山景区段长城	起点：马耳山	止点：马鞍东山	620	415	春秋、战国	3387	山险							国保
3711213823010200215	南路西段长城	起点：马鞍东山	止点：石人山南山	415	323	春秋、战国	1372	山险							国保
3711213821020200216	永镇关东段长城	起点：石人山南山	止点：永镇关东	323	257	春秋、战国	640	石墙	石头		214		426		国保
7112138210200217	玉带北岭段长城	起点：永镇关东	止点：西峪北山	257	239	春秋、战国	4112	石墙	石头		1003	1250	1213	646	国保
3711213821020200218	石八盘段长城	起点：西峪北山	止点：三块石北山山口（诸城龙湾头西山）	239	221	春秋、战国	3003	石墙	石头		605	901	1497		国保

（十三）省（自治区、直辖市）：山东　市（地区、州、盟）：潍坊　县（市、区、旗）：诸城　（长度单位：米）

长城资源要素编码	名称	位置		高程		时代	长度	墙体类别	材质	保存现状					保护级别
				起点	止点					较好	一般	较差	差	消失	
3707823821010200001	龙湾头北山段长城	起点：龙湾头西山（即五莲三块石北山山口）	止点：龙湾头北山	221	288	春秋、战国	2460	土墙	土			593	821	1046	国保
3707823821010200002	望海楼山段长城	起点：龙湾头北山	止点：望海楼山	288	318	春秋、战国	2416	土墙	土		2416				国保
3707823821010200003	响水崖子南山段长城	起点：望海楼山	止点：桃行北山	318	351	春秋、战国	5288	土墙	土	698	955	2665		970	国保
3707823821010200004	黄牛山段长城	起点：桃行北山	止点：桃行东山	351	283	春秋、战国	2869	土墙	土		387	2482			国保
3707823821010200005	大坪子北山段长城	起点：桃行东山	止点：大坪子北山	283	214	春秋、战国	2632	土墙	土		2632				国保

续表

长城资源要素编码	名称	位置		高程		时代	长度	墙体类别	材质	保存现状					保护级别
		起点	止点	起点	止点					较好	一般	较差	差	消失	
37078238210102006	马山段长城	大坪子北北山	上崔家沟北北山	214	126	春秋、战国	2778	土墙	土		2084	334		360	国保
37078238210102007	邹家沟南山段长城	上崔家沟北北山	邹家沟南山	126	225	春秋、战国	2042	土墙	土	1912	130				国保
37078238210102008	邹家沟东山段长城	邹家沟南山	邹家沟东山	225	245	春秋、战国	2629	土墙	土	1755	384			490	国保
37078238210102009	磊石山段长城	邹家沟东山	磊石山	245	294	春秋、战国	1830	土墙	土		1830				国保
37078238210102010	石河头北山段长城	磊石山	大平安村	294	92	春秋、战国	1873	土墙	土		1407	186		280	国保
37078238210102011	大洼段长城	大平安村	大洼村	92	96	春秋、战国	2132	土墙	土	421	782		330	599	国保
37078238230102012	竹园东山段长城	大洼村	竹园东山	96	148	春秋、战国	2250	土墙	土					2250	国保
37078238210102013	绕子阿南山段长城	竹园东山	绕子阿南山	148	180	春秋、战国	1309	土墙	土	1309					国保
37078238210102014	孙家亦北山段长城	绕子阿南山	孙家亦北山	180	165	春秋、战国	2127	土墙	土	2127					国保
37078238210102015	史家亦北山段长城	孙家亦北山	史家亦北山	165	147	春秋、战国	2677	土墙	土	475	906	372	741	183	国保

（十四）省（自治区、直辖市）：山东　市（地区、州、盟）：青岛　县（市、区、旗）：胶南　（长度单位：米）

长城资源要素编码	名称	位置		高程		时代	长度	墙体类别	材质	保存现状					保护级别
		起点	止点	起点	止点					较好	一般	较差	差	消失	
37028438210102001	史家亦东山段长城	史家亦北山	李家前亦北山	147	80	春秋、战国	1982	土墙	土		1720			262	国保
37028438210102002	李家前亦北山段长城	李家前亦北山	丰台村	80	147	春秋、战国	2486	土墙	土	1076	586			824	国保
37028438210102003	峰台顶段长城	丰台村	丰台村南山	147	147	春秋、战国	2919	土墙	土		573			2346	国保

续表

长城资源要素编码	名称	位置	高程 起点	高程 止点	时代	长度	墙体类别	材质	保存现状 较好	一般	较差	差	消失	保护级别
370284382101020004	山周村西山段长城	起点：丰台村南山 止点：山周村西山	147	143	春秋、战国	3689	土墙	土			679	455	2555	国保
370284382101020005	王家墩子段长城	起点：山周村西山 止点：王家墩子东山	143	113	春秋、战国	1718	土墙	土		979			739	国保
370284382101020006	月季山段长城	起点：王家墩子东山 止点：月季山	113	141	春秋、战国	3698	土墙	土		526	2270	902		国保
370284382101020007	葫芦山段长城	起点：月季山 止点：葫芦山	141	61	春秋、战国	2378	土墙	土		432	474		1472	国保
370284382101020008	背儿山段长城	起点：葫芦山 止点：背儿山	61	33	春秋、战国	2361	土墙	土					2361	国保
370284382101020009	曹城山段长城	起点：背儿山 止点：曹城山山顶	33	224	春秋、战国	2767	土墙	土			2046		721	国保
370284382101020010	胜利村北山段长城	起点：曹城山山顶 止点：胜利村北山山岭	224	147	春秋、战国	1137	土墙	土			1137			国保
370284382101020011	李家洼子东山段长城	起点：胜利村北山岭 止点：金猪坑东山岭	147	142	春秋、战国	2880	土墙	土		1352	1167		361	国保
370284382101020012	苗家南山段长城	起点：金猪坑东山岭 止点：苗家南山	142	151	春秋、战国	2646	土墙	土		2646				国保
370284382101020013	黄山段长城	起点：苗家南山 止点：黄山东山脚204国道	151	137	春秋、战国	2207	土墙	土		1390	504	203	110	国保
370284382101020014	报屋顶段长城	起点：黄山东山脚204国道 止点：大报屋北山	137	163	春秋、战国	2165	土墙	土		1167	915		83	国保
370284382101020015	陡楼段长城	起点：大报屋北山 止点：陡崖子	163	365	春秋、战国	2633	土墙	土		1162	327		1144	国保
370284382101020016	长城村长城段	起点：陡崖子 止点：长城村	365	390	春秋、战国	2724	土墙	土					2724	国保

（十五）省（自治区、直辖市）：山东　　市（地区、州、盟）：青岛　　县（市、区、旗）：黄岛　　（长度单位：米）

长城资源要素编码	名称	位置	高程		时代	长度	墙体类别	材质	保存现状					保护级别
			起点	止点					较好	一般	较差	差	消失	
370211382105020001	扎营山段长城	起点：长城村 止点：大黑涧西	390	378	春秋、战国	2419	山险							国保
370211382105020002	东山村北山段长城	起点：大黑涧西 止点：东山村北山	378	258	春秋、战国	1811	土墙	土			458		1353	国保
370211382105020003	小珠山北山段长城	起点：东山村北山 止点：小珠山北山	258	639	春秋、战国	2236	山险							国保
370211382102020004	鸲鸽山段长城	起点：小珠山北山 止点：大顶山	639	208	春秋、战国	4804	石墙	石头			4482	322		国保
370211382101020005	徐山段长城	起点：大顶山 止点：东于家河村齐长城入海处	208	26	春秋、战国	4417	土墙	土		101		707	3609	国保

（十六）省（自治区、直辖市）：山东　　市（地区、州、盟）：莱芜　　县（市、区、旗）：莱城区（青石关线）　　（长度单位：米）

长城资源要素编码	名称	位置	高程		时代	长度	墙体类别	材质	保存现状					保护级别
			起点	止点					较好	一般	较差	差	消失	
371202382102180001	青石关段长城	起点：青石关 止点：西坡村北山	445	374	清代	1999	石墙	石头				805	1194	国保
371202382102180002	樵岭前南山段长城	起点：西坡村北山 止点：樵岭前南山	374	523	清代	1435	石墙	石头		733	305		397	国保
371202382102180003	青石关村东山段长城	起点：樵岭前南山 止点：青石关村东山	523	567	清代	2975	石墙	石头	1218	678	504	83	492	国保
371202382106180004	武山段长城	起点：青石关村东山 止点：武山	567	562	清代	1714	山险							国保
371202382102180005	焦家岭西山段长城	起点：武山 止点：焦家岭西山	562	356	清代	2627	石墙	石头		910	1717			国保
371202382102180006	东车辐南山段长城	起点：焦家岭西山 止点：东车辐南山	356	573	清代	1767	石墙	石头		228	1329		210	国保
371202382102180007	原山段长城	起点：东车辐南山 止点：原山	573	608	清代	3431	石墙	石头				2001	1430	国保

二、已认定齐长城关堡登记表

（一）省（自治区、直辖市）：山东　　市（地区、州、盟）：济南　　县（市、区、旗）：长清

长城资源要素编码	名称	位置	高程（米）	时代	周长（米）	平面形制	材质	保存现状	保护级别
37011335331021901990001	刘黑七寨	孝里镇北黄崖村东梯子山	373	不明	432	不规则	石头	一般	国保
37011335331021901990002	石小子寨	孝里镇东岭村东石寨山山顶	424	不明	492	不规则	石头	较差	国保
37011335331021901990003	朴庄寨	马西村北、孟丘村西	311	不明	1100	不规则	石头	较好	国保
37011335331021901990004	狼顶寨	斜峪村东、九顶寨山北侧	552	不明	不清楚	不规则	石头	差	国保
37011335331021901990005	夹子山南寨	肥城双泉乡孟庄、箱子庄北	524	不明	960	不规则	石头	较差	国保
37011335331021901990006	黄巢寨	莲花盆山东、五花岩山西、戴家河村南	591	不明	不清楚	不规则	石头	较差	国保

（二）省（自治区、直辖市）：山东　　市（地区、州、盟）：莱芜　　县（市、区、旗）：莱城区

长城资源要素编码	名称	位置	高程（米）	时代	周长（米）	平面形制	材质	保存现状	保护级别
37120235331010201020001	青石关关堡	和庄乡青石关村	445	明代重修	1280	矩形	石	较好	国保
37120235331010201020002	东门关	雪野镇鲁地村北	359	明清代重建	6.53	矩形	石头	较好	国保

（三）省（自治区、直辖市）：山东　　市（地区、州、盟）：济南　　县（市、区、旗）：章丘

长城资源要素编码	名称	位置	高程（米）	时代	周长（米）	平面形制	材质	保存现状	保护级别
37018135331010201020001	天门关	垛庄镇南麦腰村南	615	春秋战国			其他	消失	国保
37018135331010201020002	北门关	垛庄镇桥子村东南、章莱乡公路上	438	春秋战国		不规则	其他	消失	国保
37018135331010201020003	锦阳关	垛庄镇三槐树村南	323	春秋战国		不规则	其他	保存关楼新修	国保
37018135331010201020004	黄石关	阎家峪乡北王庄村南	384	春秋战国		不规则	其他	消失	国保
37018135331021901990001	毛家林村北寨	毛家林村北	569	不明		不规则	石头	差	国保
37018135331021901990002	围子寨	章丘市黑峪村西官屋子村东北	489	不明	163	圆形	石头	较好	国保
37018135331021901990003	猴子寨	莱芜市上王庄村东	693	不明	98	不规则	石头	差	国保

（四）省（自治区、直辖市）：山东　　市（地区、州、盟）：淄博　　县（市、区、旗）：博山

长城资源要素编码	名称	位置	高程（米）	时代	周长（米）	平面形制	材质	保存现状	保护级别
37030435310201020001	凤门道关	博山东峪村南、双堆山北	756	春秋战国		不规则	其他	消失	国保
37030435331021901990001	老虎头岭寨	博山区下恶石坞村南老虎头岭东北	565	不明	310	不规则	石墙	较差	国保

（五）省（自治区、直辖市）：山东　　市（地区、州、盟）：淄博　　县（市、区、旗）：淄川

长城资源要素编码	名称	位置	高程（米）	时代	周长（米）	平面形制	材质	保存现状	保护级别
37030235310219001	三太山寨	淄川区源泉镇郑家庄东	616	不明	550	不规则	石墙	一般	国保
37030235310219002	黑虎寨	淄川区峨庄乡紫峪村东	859	不明	300	不规则	石墙	差	国保
37030235310219003	油篓寨	淄川区池上镇石白村西	855	不明	680	不规则	石墙	较差	国保
37030235310219004	雁门寨	淄川区池上镇雁门村东	931	不明	不清楚	不规则	石墙	差	国保

（六）省（自治区、直辖市）：山东　　市（地区、州、盟）：潍坊　　县（市、区、旗）：临朐

长城资源要素编码	名称	位置	高程（米）	时代	周长（米）	平面形制	材质	保存现状	保护级别
37072435310219001	永清寨	临朐县里峪村南龙王崮山	720	不明	840	不规则	石头	较差	国保
37072435310219002	大崮寨	临朐县大山东村北大崮山山顶	509	不明		不规则	石头	差	

（七）省（自治区、直辖市）：山东　　市（地区、州、盟）：临沂　　县（市、区、旗）：沂水

长城资源要素编码	名称	位置	高程（米）	时代	周长（米）	平面形制	材质	保存现状	保护级别
37132335310102001	穆陵关	马站镇关顶村	313	春秋、战国		矩形	砖	消失	国保
37132335310219001	卧牛坡寨	沂水县富官庄乡上旺村东，上谭家沟村西	343	不明	1900	不规则	石头	较差	国保
37132335310219002	光光山寨	沂水黄泥沟村东光光山	319	不明	780	不规则	石头	较差	国保
37132335310219003	朱家峪寨	朱家峪村东	480	不明	292	不规则	石头	较差	国保
37132335310219004	黄墩山寨	大水场村东北，朱家峪子村西北黄墩山	471	不明	220	圆形	石头	较差	国保
37132335310219005	簸箕山寨	沂水马叫旺村西北，簸箕山东山	497	不明	3700	圆形	石头	差	国保
37132335310219006	鸡叫山寨	沂水姚峪村西鸡叫山	478	不明	235	不规则	石头	差	国保
37132335310219007	牛山寨	临沂市沂水下牛山村南牛山	355	不明	282	不规则	石头	差	国保

（八）省（自治区、直辖市）：山东　　市（地区、州、盟）：潍坊　　县（市、区、旗）：安丘

长城资源要素编码	名称	位置	高程（米）	时代	周长（米）	平面形制	材质	保存现状	保护级别
37078435310219001	七箭村北寨	七箭村北南北山山西	445	不明	390	不规则	石头	较差	国保
37078435310219002	紫草山寨	安丘窝洛村南紫草山	412	不明	628	不规则	石头	差	国保
37078435310219003	蜂山寨	安丘市前柿子园村东北峰山	390	不明	210	不规则	石头	差	国保
37078435310219004	城顶山寨	安丘市任家旺村东城顶山	432	不明	290	不规则	石头	差	国保

三、已认定齐长城单体建筑登记表

（一）省（自治区、直辖市）：山东　市（地区、州、盟）：济南　县（市、区、旗）：长清

长城资源要素编码	名称	位置	高程（米）	时代	周长（米）	平面形制	材质	保存现状	保护级别
3701133532010020001	万南烽火台	长清万南遗址，104国道东侧	218	春秋战国	夯土	其他	其他	很差	国保

（二）省（自治区、直辖市）：山东　市（地区、州、盟）：济南　县（市、区、旗）：历城

长城资源要素编码	名称	位置	高程（米）	时代	材质	平面形制	剖面形制	保存现状	现保护级别
3701123532010020001	葫芦套南山烽燧	位于葫芦套村南山，南距药乡林场观测站500米，高尖子山北	800	春秋战国	石头	长方形	其他	较好	国保
3701123532010020002	白家庄东山烽燧	位于白家庄东山上，由村北山口向东第5个山头上	888	春秋战国	石头	长方形	其他	较好	国保
3701123532010020003	梯子山西山烽燧	梯子山西侧山顶，白家庄山口第6个山头上	800	春秋战国	石头	圆形	其他	较好	国保
3701123532010020004	梯子山山烽燧	白家庄东梯子山山顶	973	春秋战国	石头	外长方形，内二圆坑	没清理	较好	国保

（三）省（自治区、直辖市）：山东　市（地区、州、盟）：潍坊　县（市、区、旗）：临朐

长城资源要素编码	名称	位置	高程（米）	时代	材质	平面形制	剖面形制	保存现状	现保护级别
3707243532010020001	小关烽燧	小关村东南小山的顶部。	262	春秋战国	石头	圆形	其他	较好	未定

（四）省（自治区、直辖市）：山东　市（地区、州、盟）：日照　县（市、区、旗）：莒县

长城资源要素编码	名称	位置	高程（米）	时代	材质	平面形制	剖面形制	保存现状	现保护级别
3711223532010020001	大店子烽燧	大店子村西南700米，小店子村西500米，小山的顶部	218	春秋战国	土	矩形	梯形	较好	国保

（五）省（自治区、直辖市）：山东　市（地区、州、盟）：青岛　县（市、区、旗）：黄岛

长城资源要素编码	名称	位置	高程（米）	时代	材质	平面形制	剖面形制	保存现状	现保护级别
3702113532010020001	于家河烽燧	东于家河	26	春秋战国	土	其他	梯形	消失	国保

四、已认定齐长城相关遗存登记表

（一）省（自治区、直辖市）：山东　市（地区、州、盟）：济南　县（市、区、旗）：长清

长城资源要素编码	名称	位置	高程（米）	时代	类别	面积（平方米）	保存现状	现保护级别
3701133541990020001	三股峪周代遗址	孝里镇岚峪村北山山根，三股峪南侧	175	春秋战国	其他遗址遗迹	3000	较好	未定

（二）省（自治区、直辖市）：山东　　市（地区、州、盟）：泰安　　县（市、区、旗）：肥城

长城资源要素编码	名称	位置	高程（米）	时代	类别	面积（平方米）	保存现状	现保护级别
37098335419902020001	张家山山顶周代遗址	老城镇张家花峪西北张家山山顶	307	春秋、战国	其他遗址遗迹	4000	较好	未定
37098335419902020002	张家花峪北山山顶周代遗址	老城镇张家花峪北山山顶	297	春秋、战国	其他遗址遗迹	400	一般	未定

（三）省（自治区、直辖市）：山东　　市（地区、州、盟）：济南　　县（市、区、旗）：历城

长城资源要素编码	名称	位置	高程（米）	时代	类别	面积（平方米）	保存现状	现保护级别
37011235419902020001	清阳台周代遗址	柳埠乡莱峪村东南清阳台	773	春秋战国	其他遗址遗迹	1000	较好	未定
37011235419902020002	瓦子岭遗址	柳埠乡莱峪村东南瓦子岭上	726	春秋战国	其他遗址遗迹	15000	较差	未定

（四）省（自治区、直辖市）：山东　　市（地区、州、盟）：潍坊　　县（市、区、旗）：临朐

长城资源要素编码	名称	位置	高程（米）	时代	类别	面积（平方米）	保存现状	现保护级别
37072435419902020001	小尧峪周代遗址	位于九山镇小尧峪村西50米	174	春秋战国	其他遗址遗迹	5000	一般	未定
37072435419902020002	大山东将军台将军台遗址	将军台位于寺头镇小山东村南300米弥河西岸，将军瞭位于其北侧	223	春秋战国	其他遗址遗迹	350	一般	未定
37132335419902020001	郚家峪周代遗址	沂水马站镇关顶村东300米，临朐山镇郚家峪村西150米	334	春秋战国	其他遗址遗迹	5000	一般	未定

五、已认定齐长城壕堑登记表

省（自治区、直辖市）：山东　　市（地区、州、盟）：济南　　县（市、区、旗）：长清县　　（长度单位：米）

长城资源要素编码	名称	位置	高程 起点	高程 止点	时代	长度	墙体类别	材质	保存现状 较好	保存现状 一般	保存现状 较差	保存现状 消失	保护级别
37011338220201010001	岚峪西北壕堑	陡岭子东山脚——岚峪子东山脚512米处	116	103	春秋战国	512	土墙	土	809			512	国保
		阮岭子东山脚512米处——岚峪北山西山脚	103	106		809							

六、齐长城遗存及墙体分段认定表

序号	省	市	县	编码	名称	位置	时代	保护级别
1	山东省	日照市	莒县	371122353201020001	大店子烽火台	大店子村西南 700 米，小店子村西 500 米，小山的顶部	春秋战国	国保
2	山东省	青岛市	黄岛区	370211353201020001	于家河烽火台	东于家河	春秋战国	国保
3	山东省	济南市	长清区	370113353201020001	万南烽火台	长清万南遗址、104 国道东侧	春秋战国	国保
4	山东省	济南市	历城区	370112353201020001	葫芦套南山烽燧	位于葫芦套村南山，南距药乡林场观测站 500 米，高尖子山北	春秋战国	国保
5	山东省	济南市	历城区	370112353201020002	白家庄东山烽燧	位于白家庄东山上，由村北山口向东第 5 个山头上	春秋战国	国保
6	山东省	济南市	历城区	370112353201020003	梯子山西烽燧	梯子山西侧山顶，白家庄山口东第 6 个山头上	春秋战国	国保
7	山东省	济南市	历城区	370112353201020004	梯子山烽燧	白家庄东梯子山山顶	春秋战国	国保
8	山东省	潍坊市	临朐县	370724353201020001	小关烽燧	小关村东南小山的顶部	春秋战国	无
9	山东省	济南市	章丘市	370181353101020001	天门关	垛庄镇南麦腰村南	春秋战国	国保
10	山东省	济南市	章丘市	370181353101020002	北门关	垛庄镇桥子村东南，章莱乡村公路上	春秋战国	国保
11	山东省	济南市	章丘市	370181353101020003	锦阳关	垛庄镇三槐树村南	春秋战国	国保
12	山东省	济南市	章丘市	370181353101020004	黄石关	阎家峪乡北王庄村南	春秋战国	国保
13	山东省	莱芜市	莱城区	371202353102020001	青石关关堡	和庄乡青石关村	春秋战国	国保
14	山东省	莱芜市	莱城区	371202353101020002	东门关	雪野镇鲁地村北	春秋战国	国保
15	山东省	淄博市	博山区	370304353101020001	风门道关	博山东厢村南，双堆山北	春秋战国	国保
16	山东省	临沂市	沂水县	371323353101020001	穆陵关	马站镇关顶村	春秋战国	国保
17	山东省	济南省	长清区	370113382202010001	岚峪西北壕堑	陡岭子东山脚——陡岭子东山脚东 512 米处	春秋战国	国保
18	山东省	潍坊市	安丘市	370784382301020001	太平山段长城	起点：三界碑，止点：太平山东	春秋战国	国保
19	山东省	潍坊市	安丘市	370784382102020002	碾台山段长城	起点：太平山东，止点：石门顶	春秋战国	国保
20	山东省	潍坊市	安丘市	370784382102020003	石虎山段长城	起点：石门顶，止点：南北山山顶	春秋战国	国保
21	山东省	潍坊市	安丘市	370784382102020004	南北山东段长城	起点：南北山山顶，止点：青石胡同	春秋战国	国保
22	山东省	潍坊市	安丘市	370784382102020005	磨山段长城	起点：青石胡同，止点：磨山东岭公路	春秋战国	国保
23	山东省	潍坊市	安丘市	370784382102020006	五龙山段长城	起点：磨山东岭公路，止点：大车山南	春秋战国	国保
24	山东省	潍坊市	安丘市	370784382102020007	大车山段长城	起点：大车山南，止点：紫草山东	春秋战国	国保
25	山东省	潍坊市	安丘市	370784382102020008	石山子南岭段长城	起点：紫草山东，止点：温柘公路	春秋战国	国保
26	山东省	潍坊市	安丘市	370784382102020009	白山顶段长城	起点：温柘公路，止点：峰山东	春秋战国	国保
27	山东省	潍坊市	安丘市	370784382102020010	望君顶段长城	起点：峰山东，止点：望君顶东柘山公路	春秋战国	国保
28	山东省	潍坊市	安丘市	370784382102020011	城顶山段长城	起点：望君顶东柘山公路，止点：邰家崖东山顶	春秋战国	国保
29	山东省	潍坊市	安丘市	370784382102020012	钟楼顶段长城	起点：邰家崖东山顶，止点：凤凰沟东水坝	春秋战国	国保

序号	省	市	县	编码	名称	位置	时代	保护级别
30	山东省	潍坊市	安丘市	370784382102020013	摘药山李家顶段长城	起点：凤凰沟东水坝，止点：李家顶西山谷	春秋战国	国保
31	山东省	潍坊市	安丘市	370784382102020014	虎崖段长城	起点：李家顶西山谷，止点：虎崖东岭南山根	春秋战国	国保
32	山东省	潍坊市	安丘市	370784382301020015	王家庄段长城	起点：虎崖东岭南山根，止点：卧牛城西峰	春秋战国	国保
33	山东省	日照市	莒县	371122382102020001	三楞山魏家官庄段长城	起点：三楞山三叉点，止点：魏家官庄西岭保护碑	春秋战国	国保
34	山东省	日照市	莒县	371122382102020002	大店子西长城岭	起点：魏家官庄西岭保护碑，止点：后发牛山西岭	春秋战国	国保
35	山东省	日照市	莒县	371122382301020003	玄武庵苏家官庄长城	起点：后发牛山西岭，止点：玄武庵东岭	春秋战国	国保
36	山东省	日照市	莒县	371122382102020004	玄武庵东岭长城岭	起点：玄武庵东岭，止点：陡沟村南	春秋战国	国保
37	山东省	日照市	莒县	371122382301020005	陡沟南长城岭	起点：陡沟村南，止点：后泥牛子村西	春秋战国	国保
38	山东省	日照市	五莲县	371121382301020001	河西水库段长城	起点：后泥牛子村西，止点：206国道	春秋战国	国保
39	山东省	日照市	五莲县	371121382301020002	分水岭北淮河北岭段长城	起点：206国道，止点：白马山主峰	春秋战国	国保
40	山东省	日照市	五莲县	371121382301020003	白马山长城岭	起点：白马山主峰，止点：诸城墙夼水库水电站南	春秋战国	国保
41	山东省	日照市	五莲县	371121382102020004	墙夼云门段长城	起点：诸城墙夼水库水电站南，止点：云门东岭	春秋战国	国保
42	山东省	日照市	五莲县	371121382102020005	潘村西北岭段长城	起点：云门东岭，止点：潘村西北岭	春秋战国	国保
43	山东省	日照市	五莲县	371121382102020006	潘村西南岭段长城	起点：潘村西北岭，止点：潘村西南岭	春秋战国	国保
44	山东省	日照市	五莲县	371121382102020007	高泽东岭段长城	起点：潘村西南岭，止点：高泽东岭	春秋战国	国保
45	山东省	日照市	五莲县	371121382102020008	邱村东北岭段长城	起点：高泽东岭，止点：院上东岭	春秋战国	国保
46	山东省	日照市	五莲县	371121382102020009	院上东岭段长城	起点：院上东岭，止点：山王西岭	春秋战国	国保
47	山东省	日照市	五莲县	371121382102020010	梁家坪北岭段长城	起点：山王西岭，止点：分流山北坡	春秋战国	国保
48	山东省	日照市	五莲县	371121382102020011	分流山东岭段长城	起点：分流山北坡，止点：前长城岭村西	春秋战国	国保
49	山东省	日照市	五莲县	371121382102020012	前长城岭东岭段长城	起点：前长城岭村西，止点：前长城岭东岭	春秋战国	国保
50	山东省	日照市	五莲县	371121382102020013	张榜沟北岭段长城	起点：前长城岭东岭，止点：马耳山	春秋战国	国保

序号	省	市	县	编码	名称	位置	时代	保护级别
51	山东省	日照市	五莲县	3711213821020200014	马耳山景区段长城	起点：马耳山，止点：马鞍东山	春秋战国	国保
52	山东省	日照市	五莲县	3711213823010200015	南路西岭长城	起点：马鞍东山，止点：石人山南山	春秋战国	国保
53	山东省	日照市	五莲县	3711213821020200016	永镇关段长城	起点：石人山南山，止点：永镇关东	春秋战国	国保
54	山东省	日照市	五莲县	3711213821020200017	玉带北岭段长城	起点：永镇关东，止点：西峪北山口	春秋战国	国保
55	山东省	日照市	五莲县	3711213821020200018	石八盘段长城	起点：西峪北山口，止点：三块石北山口（诸城龙湾头西山）	春秋战国	国保
56	山东省	潍坊市	诸城市	3707823821010200001	龙湾头北山段长城	起点：龙湾头西山（即五莲三块石北山口），止点：龙湾头北山	春秋战国	国保
57	山东省	潍坊市	诸城市	3707823821010200002	望海楼山段长城	起点：龙湾头北山，止点：望海楼山	春秋战国	国保
58	山东省	潍坊市	诸城市	3707823821010200003	响水崖子南山段长城	起点：望海楼山，止点：桃行北山	春秋战国	国保
59	山东省	潍坊市	诸城市	3707823821010200004	黄牛山段长城	起点：桃行北山，止点：桃行东山	春秋战国	国保
60	山东省	潍坊市	诸城市	3707823821010200005	大坪子北山段长城	起点：桃行东山，止点：大坪子北山	春秋战国	国保
61	山东省	潍坊市	诸城市	3707823821010200006	马山段长城	起点：大坪子北山，止点：上崔家沟北山	春秋战国	国保
62	山东省	潍坊市	诸城市	3707823821010200007	邹家沟南山段长城	起点：上崔家沟北山，止点：邹家沟南山	春秋战国	国保
63	山东省	潍坊市	诸城市	3707823821010200008	邹家沟东山段长城	起点：邹家沟南山，止点：邹家沟东山	春秋战国	国保
64	山东省	潍坊市	诸城市	3707823821010200009	磊石山段长城	起点：邹家沟东山，止点：磊石山	春秋战国	国保
65	山东省	潍坊市	诸城市	3707823821010200010	石河头北山段长城	起点：磊石山，止点：石河头北山	春秋战国	国保
66	山东省	潍坊市	诸城市	3707823821010200011	大洼段长城	起点：石河头北山，止点：大洼村	春秋战国	国保
67	山东省	潍坊市	诸城市	3707823823010200012	竹园东山段长城	起点：大洼村，止点：竹园东山	春秋战国	国保
68	山东省	潍坊市	诸城市	3707823821010200013	绕子阿南山段长城	起点：竹园东山，止点：绕子阿南山	春秋战国	国保
69	山东省	潍坊市	诸城市	3707823821010200014	孙家夼北山段长城	起点：绕子阿南山，止点：孙家夼北山	春秋战国	国保
70	山东省	潍坊市	诸城市	3707823821010200015	史家夼北山段长城	起点：孙家夼北山，止点：史家夼北山	春秋战国	国保
71	山东省	青岛市	胶南市	3702843821010200001	史家夼东山段长城	起点：史家夼东山，止点：李家前夼北山	春秋战国	国保
72	山东省	青岛市	胶南市	3702843821010200002	李家前夼北山段长城	起点：李家前夼北山，止点：丰台村	春秋战国	国保

续表

序号	省	市	县	编码	名称	位置	时代	保护级别
73	山东省	青岛市	胶南市	3702843821010200003	峰台顶段长城	起点：丰台村，止点：丰台村南山	春秋战国	国保
74	山东省	青岛市	胶南市	3702843821010200004	山周村西山段长城	起点：丰台村南山，止点：山周村西山	春秋战国	国保
75	山东省	青岛市	胶南市	3702843821010200005	王家墩子段长城	起点：山周村西山，止点：王家墩子东山山	春秋战国	国保
76	山东省	青岛市	胶南市	3702843821010200006	月季山段长城	起点：王家墩子东山，止点：月季山	春秋战国	国保
77	山东省	青岛市	胶南市	3702843821010200007	葫芦山段长城	起点：月季山，止点：葫芦山	春秋战国	国保
78	山东省	青岛市	胶南市	3702843821010200008	背儿山段长城	起点：葫芦山，止点：背儿山	春秋战国	国保
79	山东省	青岛市	胶南市	3702843821010200009	曹城山段长城	起点：背儿山，止点：曹城山	春秋战国	国保
80	山东省	青岛市	胶南市	3702843821010200010	胜利村北山段长城	起点：曹城山，止点：胜利村北山	春秋战国	国保
81	山东省	青岛市	胶南市	3702843821010200011	李家洼子东山段长城	起点：胜利村北山，止点：李家洼子东山	春秋战国	国保
82	山东省	青岛市	胶南市	3702843821010200012	苗家南山段长城	起点：李家洼子东山，止点：同三高速	春秋战国	国保
83	山东省	青岛市	胶南市	3702843821010200013	黄山段长城	起点：同三高速，止点：204国道	春秋战国	国保
84	山东省	青岛市	胶南市	3702843821010200014	报屋顶段长城	起点：204国道，止点：大报屋北山	春秋战国	国保
85	山东省	青岛市	胶南市	3702843821010200015	陡楼段长城	起点：大报屋北山，止点：陡崖子	春秋战国	国保
86	山东省	青岛市	胶南市	3702843821010200016	长城村段长城	起点：陡崖子，止点：长城村	春秋战国	国保
87	山东省	青岛市	黄岛区	3702113821050200001	扎营山段长城	起点：长城村，止点：大黑涧	春秋战国	国保
88	山东省	青岛市	黄岛区	3702113821050200002	东山村北山	起点：大黑涧，止点：东山村北山	春秋战国	国保
89	山东省	青岛市	黄岛区	3702113821050200003	小珠山北山段长城	起点：东山村北山，止点：小珠山北山	春秋战国	国保
90	山东省	青岛市	黄岛区	3702113821020200004	鹁鸽山段长城	起点：小珠山北山，止点：大顶山	春秋战国	国保
91	山东省	青岛市	黄岛区	3702113821010200005	徐山段长城	起点：大顶山，止点：东于家河村齐长城入海处	春秋战国	国保
92	山东省	淄博市	沂源县	3703233821020200001	敖子顶段长城	起点：太平山，止点：鞭皮顶山	春秋战国	国保
93	山东省	淄博市	沂源县	3703233821060200002	鞭皮山段长城	起点：鞭皮顶山，止点：铜井村南山	春秋战国	国保
94	山东省	淄博市	沂源县	3703233821050100003	璞丘西山段长城	起点：铜井村南山，止点：璞丘西山	春秋战国	国保
95	山东省	淄博市	沂源县	3703233821050200004	歪头顶山段长城	起点：璞丘西山，止点：歪头顶山	春秋战国	国保
96	山东省	淄博市	沂源县	3703233821050200005	歪头顶东山段长城	起点：歪头顶山，止点：歪头顶东山	春秋战国	国保
97	山东省	淄博市	沂源县	3703233821050200006	车场东山段长城	起点：歪头顶东山，止点：车场东山	春秋战国	国保
98	山东省	淄博市	沂源县	3703233821050200007	大崮顶段长城	起点：车场东山，止点：小崮	春秋战国	国保
99	山东省	淄博市	沂源县	3703233821050200008	马头崮段长城	起点：小崮，止点：马头崮	春秋战国	国保

序号	省	市	县	编码	名称	位置	时代	保护级别
100	山东省	淄博市	沂源县	3703233382102020009	水泉溜西山段长城	起点：马头崮，止点：水泉溜西山	春秋战国	国保
101	山东省	淄博市	沂源县	3703233382102020010	核桃崮段长城	起点：水泉溜西山，止点：龙王崖主峰	春秋战国	国保
102	山东省	济南市	长清区	3701133382101020001	广里村北长城	起点：广里村北现存长城西端，止点：珠珠山西山脚	春秋战国	国保
103	山东省	济南市	长清区	3701133382102020002	珠珠山陡岭子长城	起点：珠珠山西山脚，止点：陡岭子东山脚	春秋战国	国保
104	山东省	济南市	长清区	3701133382102020003	岚峪北山长城	起点：岚峪北山西山脚，止点：阳干山南山脚	春秋战国	国保
105	山东省	济南市	长清区	3701133382102020004	阳干山长城	起点106：阳干山南山脚，止点：阳干山东北山脚	春秋战国	国保
106	山东省	济南市	长清区	3701133382301020005	北黄崖长城	起点：阳干山东北山脚，止点：梯子山西山脚	春秋战国	国保
107	山东省	济南市	长清区	3701133382102020006	梯子山长城	起点：梯子山西山脚，止点：梯子山东山崖东寨墙	春秋战国	国保
108	山东省	济南市	长清区	3701133382102020007	石小子寨长城	起点：梯子山东山崖东寨墙，止点：梯子山山顶	春秋战国	国保
109	山东省	济南市	长清区	3701133382102020008	满井峪东山长城	起点：石小子寨山顶，止点：满井峪东山北山脚	春秋战国	国保
110	山东省	济南市	长清区	3701133382102020009	北傅庄北山长城	起点：满井峪东山山脚，止点：马西西山山腰	春秋战国	国保
111	山东省	济南市	长清区	3701133382106020010	陈家湾东山长城	起点：马西西山山腰，止点：杜家山寨西山	春秋战国	国保
112	山东省	济南市	长清区	3701133382106020011	采石场东山长城	起点：杜家山寨西山，止点：采石场东山	春秋战国	国保
113	山东省	济南市	长清区	3701133382102020012	狗头山长城	起点：采石场东山，止点：潘庄西山东山脚	春秋战国	国保
114	山东省	济南市	长清区	3701133382301020013	崮头长城	起点：潘庄西山东山脚，止点：长城岭	春秋战国	国保
115	山东省	济南市	长清区	3701133382102020014	凤凰山长城	起点：长城岭，止点：牛角沟南山西山脚	春秋战国	国保
116	山东省	济南市	长清区	3701133382102020015	上义合北山长城	起点：牛角沟南山西山脚，止点：上义合北山东山脚	春秋战国	国保
117	山东省	济南市	长清区	3701133382102020016	上义合东山长城	起点：上义合北山东山脚，止点：上义合东山	春秋战国	国保
118	山东省	济南市	长清区	3701133382102020017	郭家峪北山长城	起点：上义合东山，止点：郭家峪北山南山脚	春秋战国	国保
119	山东省	济南市	长清区	3701133382102020018	薛家峪东山长城	起点：郭家峪北山南山脚，止点：薛家峪东山南山脚	春秋战国	国保
120	山东省	济南市	长清区	3701133382102010019	红山长城	起点：薛家峪东山南山脚，止点：红山南山脚	春秋战国	国保
121	山东省	济南市	长清区	3701133382102010020	孙土北山长城	起点：红山南山脚，止点：孙土北山东山脚	春秋战国	国保
122	山东省	济南市	长清区	3701133382102010021	黄路山东山长城	起点：孙土北山东山脚，止点：黄路山东山	春秋战国	国保

续表

序号	省	市	县	编码	名称	位置	时代	保护级别
123	山东省	济南市	长清区	3701133382102010022	茅山长城	起点：黄路山东山，止点：茅山南山脚	春秋战国	国保
124	山东省	济南市	长清区	3701133382102020023	张家老庄东山长城	起点：茅山南山脚，止点：斜峪北岭北山脚	春秋战国	国保
125	山东省	济南市	长清区	3701133382102020024	老庙沟斜峪长城	起点：斜峪北岭北山脚，止点：辘辘道山口	春秋战国	国保
126	山东省	济南市	长清区	3701133382102020025	九顶寨长城	起点：辘辘道山口，止点：九顶寨南山山口	春秋战国	国保
127	山东省	济南市	长清区	3701133382102020026	夹子山长城	起点：九顶寨南山山口，止点：莲花盆山三界碑	春秋战国	国保
128	山东省	济南市	长清区	3701133382102020027	黄巢寨山长城	起点：莲花盆山三界碑，止点：五花岩山西山山谷	春秋战国	国保
129	山东省	济南市	长清区	3701133382102020028	五花岩山长城	起点：五花岩山西山山谷，止点：桃尖山	春秋战国	国保
130	山东省	济南市	长清区	3701133382102020029	西寺崖长城	起点：桃尖山，止点：小大峪北山口	春秋战国	国保
131	山东省	济南市	长清区	3701133382102020030	长城铺子西山长城	起点：小大峪北山口，止点：曹庄北	春秋战国	国保
132	山东省	济南市	长清区	3701133382102020031	曹庄北山长城	起点：曹庄北，止点：曹庄北山	春秋战国	国保
133	山东省	济南市	长清区	3701133382102020032	大寨长城	起点：曹庄北山，止点：大寨山	春秋战国	国保
134	山东省	济南市	长清区	3701133382102020033	北马套北山长城	起点：大寨山，止点：北马套北山	春秋战国	国保
135	山东省	济南市	长清区	3701133382105020034	北顶山长城	起点：北马套北山，止点：北顶山	春秋战国	国保
136	山东省	济南市	长清区	3701133382102020035	定头崖西山长城	起点：北顶山，止点：定头崖	春秋战国	国保
137	山东省	济南市	长清区	3701133382106020036	老挂尖长城	起点：定头崖，止点：青天南山口	春秋战国	国保
139	山东省	济南市	长清区	3701133382106020037	穿穿顶段长城	起点：青天南山口，止点：场圆顶	春秋战国	国保
139	山东省	济南市	长清区	3701133382106020038	摩天岭段长城	起点：场圆顶，止点：楼顶	春秋战国	国保
140	山东省	济南市	长清区	3701133382106020039	楼顶至大麻子峪顶段	起点：楼顶，止点：大麻子峪顶	春秋战国	国保
141	山东省	泰安市	肥城市	3709833382102020001	（支线）连环山长城	起点：连环山，止点：于家庄南山口	春秋战国	国保
142	山东省	泰安市	肥城市	3709833382102020002	（支线）于家庄长城	起点：于家庄南山口，止点：长城岭子路口	春秋战国	国保
143	山东省	泰安市	肥城市	3709833382102020003	（支线）卢家沟长城	起点：长城岭子路口，止点：杨家山山脚	春秋战国	国保
144	山东省	泰安市	肥城市	3709833382102020004	（支线）张家山长城	起点：杨家山山脚，止点：张家花峪山口	春秋战国	国保
145	山东省	泰安市	肥城市	3709833382102020005	（支线）三岔山山口长城	起点：张家花峪山口，止点：三岔山	春秋战国	国保
146	山东省	济南市	历城区	3701123382106020001	清阳台段	起点：大麻子峪顶，止点：清阳台北侧	春秋战国	国保
147	山东省	济南市	历城区	3701123382106020002	瓦子岭段	起点：清阳台北侧，止点：大药乡北山	春秋战国	国保

序号	省	市	县	编码	名称	位置	时代	保护级别
148	山东省	济南市	历城区	3701123821020200003	大药乡东北段	起点：大药乡北山，止点：林场监控室	春秋战国	国保
149	山东省	济南市	历城区	3701123821020200004	高尖子山北侧长城	起点：林场监控室，止点：黄巢公路南山口	春秋战国	国保
150	山东省	济南市	历城区	3701123821020200005	锯齿崖长城	起点：黄巢公路南山口，止点：大母猪窝西岭	春秋战国	国保
151	山东省	济南市	历城区	3701123821020200006	上瞳西山段	起点：大母猪窝西岭，止点：西道沟西段	春秋战国	国保
152	山东省	济南市	历城区	3701123821020200007	西道沟西北段	起点：西道沟西段，止点：西道沟北段	春秋战国	国保
153	山东省	济南市	历城区	3701123821060200008	天马顶段	起点：西道沟北段，止点：白家庄西沟长城出现点	春秋战国	国保
154	山东省	济南市	历城区	3701123821020200009	白家庄北段	起点：白家庄西沟长城出现点，止点：白家庄东山	春秋战国	国保
155	山东省	济南市	历城区	3701123821060200010	梯子山段	起点：白家庄东山，止点：磨油台南山沟	春秋战国	国保
156	山东省	济南市	历城区	3701123821020200011	黑松林长城	起点：磨油台南山沟，止点：王家庄公路山口	春秋战国	国保
157	山东省	济南市	历城区	3701123821020200012	南天门长城	起点：王家庄公路山口，止点：高本公路山口	春秋战国	国保
158	山东省	济南市	历城区	3701123821020200013	大高尖山长城	起点：高本公路山口，止点：大高尖山东南山峰	春秋战国	国保
159	山东省	济南市	历城区	3701123821020200014	四界首长城	起点：大高尖山东南山峰，止点：四界首	春秋战国	国保
160	山东省	济南市	章丘市	3701813821020200001	四界首段长城	起点：四界首碑，止点：四界首碑	春秋战国	国保
161	山东省	济南市	章丘市	3701813821020200002	岳滋南山段长城	起点：门前子岭北山，止点：岳滋南山长城岭大桥	春秋战国	国保
162	山东省	济南市	章丘市	3701813821020200003	三界首段长城	起点：岳滋南山长城岭大桥，止点：三界首碑	春秋战国	国保
163	山东省	济南市	章丘市	3701813821020200004	西麦腰西山段长城	起点：三界首碑，止点：西麦腰西山	春秋战国	国保
164	山东省	济南市	章丘市	3701813821020200005	三平山段长城	起点：西麦腰西山，止点：鸡爪顶	春秋战国	国保
165	山东省	济南市	章丘市	3701813821020200006	天门关段长城	起点：鸡爪顶，止点：南麦腰东山	春秋战国	国保
166	山东省	济南市	章丘市	3701813821020200007	南麦腰东山段长城	起点：南麦腰东山，止点：东麦腰南山起点	春秋战国	国保
167	山东省	济南市	章丘市	3701813821020200008	东麦腰南山段长城	起点：东麦腰南山起点，止点：东麦腰南山	春秋战国	国保
168	山东省	济南市	章丘市	3701813821020200009	红山段长城	起点：东麦腰南山，止点：疙瘩岭	春秋战国	国保
169	山东省	济南市	章丘市	3701813821020200010	疙瘩岭段长城	起点：疙瘩岭，止点：疙瘩岭	春秋战国	国保
170	山东省	济南市	章丘市	3701813821020200011	胡家庄段长城	起点：疙瘩岭，止点：胡家庄	春秋战国	国保
171	山东省	济南市	章丘市	3701813821020200012	望米台北山段长城	起点：胡家庄，止点：望米台北山	春秋战国	国保

序号	省	市	县	编码	名称	位置	时代	保护级别
172	山东省	济南市	章丘市	3701813821020200013	毛家林北山段长城	起点：望米台北山，止点：曹曹峪顶	春秋战国	国保
173	山东省	济南市	章丘市	3701813821020200014	北峪西山段长城	起点：曹曹峪顶，止点：北峪村	春秋战国	国保
174	山东省	济南市	章丘市	3701813821050200015	官屋子山段长城	起点：北峪村，止点：南岭东山	春秋战国	国保
175	山东省	济南市	章丘市	3701813821020200016	锦阳关段长城	起点：南岭东山，止点：章莱公路	春秋战国	国保
176	山东省	济南市	章丘市	3701813821020200017	东门关段长城	起点：章莱公路，止点：东门关	春秋战国	国保
177	山东省	济南市	章丘市	3701813821020200018	鲁地北山段长城	起点：东门关，止点：磨池岭脚下	春秋战国	国保
178	山东省	济南市	章丘市	3701813821050200019	磨池岭山段长城	起点：磨池岭脚下，止点：磨池岭东山脚	春秋战国	国保
179	山东省	济南市	章丘市	3701813821020200020	北栾宫东山段长城	起点：磨池岭东山脚，止点：北栾宫北山	春秋战国	国保
180	山东省	济南市	章丘市	3701813821020200021	北栾宫北山段长城	起点：北栾宫北山，止点：北栾宫北山东	春秋战国	国保
181	山东省	济南市	章丘市	3701813821020200022	龙子北山段长城	起点：北栾宫北山东，止点：龙子北山	春秋战国	国保
182	山东省	济南市	章丘市	3701813821020200023	龙子东山段长城	起点：龙子北山，止点：龙子东山	春秋战国	国保
183	山东省	济南市	章丘市	3701813821020200024	相峪西山段长城	起点：龙子东山，止点：珍峪北山	春秋战国	国保
184	山东省	济南市	章丘市	3701813821050200025	珍峪北山段长城	起点：珍峪北山，止点：珍峪东山	春秋战国	国保
185	山东省	济南市	章丘市	3701813821050200026	四赋峪顶段长城	起点：珍峪东山，止点：四赋峪顶东山	春秋战国	国保
186	山东省	济南市	章丘市	3701813821020200027	黄石关段长城	起点：四赋峪顶东山，止点：黄石关	春秋战国	国保
187	山东省	济南市	章丘市	3701813821020200028	上王庄北山段长城	起点：黄石关，止点：猴子寨	春秋战国	国保
188	山东省	济南市	章丘市	3701813821050200029	霹雳尖段长城	起点：猴子寨，止点：霹雳尖山	春秋战国	国保
189	山东省	莱芜市	莱城区	3712023821020200001	青石关段长城（复线）	起点：青石关，止点：西坡村北山	春秋战国	国保
190	山东省	莱芜市	莱城区	3712023821020200002	樵岭前南山段长城（复线）	起点：西坡村北山，止点：樵岭前南山	春秋战国	国保
191	山东省	莱芜市	莱城区	3712023821020200003	青石关村东山段长城（复线）	起点：樵岭前南山，止点：青石关村东山	春秋战国	国保
192	山东省	莱芜市	莱城区	3712023821060200004	武山段长城（复线）	起点：青石关村东山，止点：武山	春秋战国	国保
193	山东省	莱芜市	莱城区	3712023821020200005	焦家峪西山段长城（复线）	起点：青石关村东山，止点：武山	春秋战国	国保
194	山东省	莱芜市	莱城区	3712023821020200006	东车辐南山段长城（复线）	起点：焦家峪西山，止点：东车辐南山	春秋战国	国保
195	山东省	莱芜市	莱城区	3712023821020200007	原山段长城（复线）	起点：东车辐南山，止点：原山	春秋战国	国保
196	山东省	淄博市	博山区	3703043821050200001	卧铺北山段长城	起点：霹雳尖山，止点：卧铺东山	春秋战国	国保

序号	省	市	县	编码	名称	位置	时代	保护级别
197	山东省	淄博市	博山区	3703043821020200002	风门道关段长城	起点：卧铺东山，止点：双堆山南崖	春秋战国	国保
198	山东省	淄博市	博山区	3703043821050200003	禄柱崖段长城	起点：双堆山南崖，止点：禄柱崖	春秋战国	国保
199	山东省	淄博市	博山区	3703043821020200004	老虎头岭段长城	起点：禄柱崖，止点：老虎头岭东山	春秋战国	国保
200	山东省	淄博市	博山区	3703043821020200005	伊家楼段长城	起点：老虎头岭东山，止点：博莱高速公路	春秋战国	国保
201	山东省	淄博市	博山区	3703043821020200006	干贝峪段长城	起点：博莱高速公路，止点：凤凰山	春秋战国	国保
202	山东省	淄博市	博山区	3703043821020200007	凤凰山段长城	起点：凤凰山，止点：北神头	春秋战国	国保
203	山东省	淄博市	博山区	3703043821020200008	鹅眉山段长城	起点：北神头，止点：两平村	春秋战国	国保
204	山东省	淄博市	博山区	3703043821020200009	两平村段长城	起点：两平村，止点：冯八峪村东山	春秋战国	国保
205	山东省	淄博市	博山区	3703043821020200010	冯八峪东山段长城	起点：冯八峪村东山，止点：石炭坞北山	春秋战国	国保
206	山东省	淄博市	博山区	3703043821020200011	黑山段长城	起点：石炭坞北山，止点：胡南公路	春秋战国	国保
207	山东省	淄博市	博山区	3703043821020200012	西沟峪北山段长城	起点：胡南公路，止点：西沟峪北山	春秋战国	国保
208	山东省	淄博市	博山区	3703043821020200013	岳家北峪北山段长城	起点：西沟峪北山，止点：岳家北峪北山	春秋战国	国保
209	山东省	淄博市	淄川区	3703023821020200001	青龙山段长城	起点：岳家北峪北山，止点：青龙山	春秋战国	国保
210	山东省	淄博市	淄川区	3703023821020200002	护宝泉村南山段长城	起点：青龙山，止点：护宝泉村南山	春秋战国	国保
211	山东省	淄博市	淄川区	3703023821020200003	岳阳山段长城	起点：护宝泉村南山，止点：岳阳山	春秋战国	国保
212	山东省	淄博市	淄川区	3703023821050200004	四座山段长城	起点：岳阳山，止点：聚峰山	春秋战国	国保
213	山东省	淄博市	淄川区	3703023821020200005	城子段长城	起点：聚峰山，止点：城子	春秋战国	国保
214	山东省	淄博市	淄川区	3703023821020200006	三太山段长城	起点：城子，止点：三太山	春秋战国	国保
215	山东省	淄博市	淄川区	3703023821020200007	陈家井西山段长城	起点：三太山，止点：陈家井西山	春秋战国	国保
216	山东省	淄博市	淄川区	3703023821020200008	鹿角山段长城	起点：陈家井西山，止点：鹿角山	春秋战国	国保
217	山东省	淄博市	淄川区	3703023821050200009	黑虎寨段长城	起点：鹿角山，止点：黑虎寨	春秋战国	国保
218	山东省	淄博市	淄川区	3703023821050200010	西股庄东山段长城	起点：黑虎寨，止点：西股庄东山	春秋战国	国保
219	山东省	淄博市	淄川区	3703023821050200011	油篓寨段长城	起点：西股庄东山，止点：盘龙山	春秋战国	国保
220	山东省	淄博市	淄川区	3703023821050200012	雁门村东山段长城	起点：盘龙山，止点：雁门村东山	春秋战国	国保
221	山东省	淄博市	淄川区	3703023821050200013	雁门寨段长城	起点：雁门村东山，止点：前紫峪北山	春秋战国	国保
222	山东省	淄博市	淄川区	3703023821020200014	胡兰顶段长城	起点：前紫峪北山，止点：胡兰顶	春秋战国	国保

续表

序号	省	市	县	编码	名称	位置	时代	保护级别
223	山东省	淄博市	淄川区	3703023821020200015	太平山段长城	起点：胡兰顶，止点：太平山	春秋战国	国保
224	山东省	潍坊市	临朐县	3707243821060200001	大崮段长城	起点：龙汪崖主峰，止点：龙王崮山东	春秋战国	国保
225	山东省	潍坊市	临朐县	3707243821020200002	里峪南山口长城	起点：龙汪崮山东，止点：南坪山	春秋战国	国保
226	山东省	潍坊市	临朐县	3707243821060200003	南坪山长城	起点：南坪山，止点：南坪山东	春秋战国	国保
227	山东省	潍坊市	临朐县	3707243821020200004	小辛庄段长城	起点：南坪山东，止点：高嘴子西山山顶	春秋战国	国保
228	山东省	潍坊市	临朐县	3707243821060200005	高嘴子驴皮崮山险	起点：高嘴子西山山顶，止点：马头崖山顶	春秋战国	国保
229	山东省	潍坊市	临朐县	3707243821060200006	钜梁崮山险	起点：马头崖山顶，止点：钜梁崮东	春秋战国	国保
230	山东省	潍坊市	临朐县	3707243823010200007	小花龙砂崮子段长城	起点：钜梁崮东，止点：黄门顶	春秋战国	国保
231	山东省	潍坊市	临朐县	3707243821050200008	大崮豁口鞍段长城	起点：黄门顶，止点：大崮南	春秋战国	国保
232	山东省	潍坊市	临朐县	3707243821020200009	黄粮崮将军台段长城	起点：大崮南，止点：长城头断崖	春秋战国	国保
233	山东省	潍坊市	临朐县	3707243821021600010	长城头段长城	起点：长城头断崖，止点：紫草岭水坝西岸	春秋战国	国保
234	山东省	潍坊市	临朐县	3707243821021600011	紫草岭长城	起点：紫草岭水坝西岸，止点：高山山顶	春秋战国	国保
235	山东省	潍坊市	临朐县	3707243821020200012	蜂子窝西岭长城	起点：高山山顶，止点：南蜂子窝村	春秋战国	国保
236	山东省	潍坊市	临朐县	3707243821020200013	南蜂子窝东岭	起点：南蜂子窝村，止点：下龙湾村	春秋战国	国保
237	山东省	潍坊市	临朐县	3707243821020200014	大蚕场南岭	起点：下龙湾村，止点：水石屋子北山	春秋战国	国保
238	山东省	潍坊市	临朐县	3707243821060200015	沂山红石崖段	起点：水石屋子北山，止点：歪头崮停车场	春秋战国	国保
239	山东省	潍坊市	临朐县	3707243821020200016	沂山玉皇顶段	起点：歪头崮停车场，止点：红崖顶	春秋战国	国保
240	山东省	潍坊市	临朐县	3707243821020200017	柞根腿段长城	起点：红崖顶，止点：柞根腿南山主复线交叉	春秋战国	国保
241	山东省	潍坊市	临朐县	3707243821020200018	柞根腿东岭段长城	起点：柞根腿南山主复线交叉，止点：大关水库西岸	春秋战国	国保
242	山东省	潍坊市	临朐县	3707243821020200019	祝家店子段长城	起点：大关水库西岸，止点：太平山	春秋战国	国保
243	山东省	潍坊市	临朐县	3707243821020200020	围子山北段长城（穆陵关支线）	起点：柞根腿南山主复线交叉，止点：围子山山顶	春秋战国	国保
244	山东省	潍坊市	临朐县	3707243821020200021	穆陵关西西岭段长城（穆陵关支线）	起点：围子山山顶，止点：穆陵关西	春秋战国	国保

序号	省	市	县	编码	名称	位置	时代	保护级别
245	山东省	潍坊市	临朐县	3707243821020 20022	穆陵关段长城（穆陵关支线）	起点：穆陵关西，止点：穆陵关东山顶	春秋战国	国保
246	山东省	临沂市	沂水县	3713233821020 20001	黄墩段长城（穆陵关线）	起点：穆陵关东山顶，止点：黄墩	春秋战国	国保
247	山东省	临沂市	沂水县	3713233821020 20002	大旗山段长城（穆陵关线）	起点：黄墩，止点：大旗山山顶	春秋战国	国保
248	山东省	临沂市	沂水县	3713233821020 20003	龙山段长城（穆陵关线）	起点：大旗山山顶，止点：簸箕山东北山	春秋战国	国保
249	山东省	临沂市	沂水县	3713233821020 20004	申家庄段长城（穆陵关线）	起点：簸箕山东北山，止点：申家庄	春秋战国	国保
250	山东省	临沂市	沂水县	3713233821020 20005	老师傅旺南岭长城（穆陵关线）	起点：申家庄，止点：鸡叫山北山	春秋战国	国保
251	山东省	临沂市	沂水县	3713233821020 20006	鸡叫山段长城（穆陵关线）	起点：鸡叫山北山，止点：大山山顶	春秋战国	国保
252	山东省	临沂市	沂水县	3713233821020 20007	黑堆山段长城（穆陵关线）	起点：大山山顶，止点：牛山	春秋战国	国保
253	山东省	临沂市	沂水县	3713233821020 20008	东西沟东岭段长城（穆陵关线）	起点：牛山，止点：闵泉头村北山	春秋战国	国保
254	山东省	临沂市	沂水县	3713233821020 20009	高家石岭段长城（穆陵关线）	起点：闵泉头村北山，止点：长城岭头	春秋战国	国保
255	山东省	临沂市	沂水县	3713233821020 20010	王家箕山段长城（穆陵关线）	起点：长城岭头，止点：王家箕山村北公路	春秋战国	国保
256	山东省	临沂市	沂水县	3713233821020 20011	黄埝北山垛庄段长城（穆陵关线）	起点：王家箕山村北公路，止点：垛庄村东	春秋战国	国保
257	山东省	临沂市	沂水县	3713233821020 20012	杨廷山段长城（穆陵关线）	起点：垛庄村东，止点：三楞山三叉点	春秋战国	国保
258	山东省	临沂市	沂水县	3713233821020 20013	卧牛城旺峪东岭段长城（主线）	起点：卧牛城西峰，止点：双山南山根	春秋战国	国保
259	山东省	临沂市	沂水县	3713233823010 20014	墙框良沟南岭段长城（主线）	起点：双山南山根，止点：光光山北山根	春秋战国	国保
260	山东省	临沂市	沂水县	3713233821020 20015	光光山段长城（主线）	起点：光光山北山根，止点：三楞山三叉点	春秋战国	国保

附　录

齐长城相关事项述记

　　齐长城为春秋战国时期，齐国在疆域南侧修建的大型防御工程设施。东周以来的文献包括地方志等多有记载，历年来，人们对齐长城进行了大量的调查研究工作。本次长城资源调查工作，始于2006年2月国家文物局在河北山海关召开"长城保护工程启动工作会议"。根据国家文物局和山东省文化厅、山东省文物局的部署，山东省"齐长城资源调查项目组（办公室）"和山东省文物考古研究所、山东省文物科技保护中心等相关单位密切合作，圆满完成了田野工作调查、数据整理上报、保护规划编制等一系列的工作。现结合以往的研究成果，按时间先后，将与齐长城有关事项综列如下[1]：

一　相关文献记录

1. 春秋文献

《诗·大雅·烝民》：

　　　王命仲山甫，城彼东方。

诸家注释均谓"东方，齐也。"所城之地或曰临淄、或曰营丘。
《左传·成公二年》经：

　　　二年春，齐侯伐我北鄙。

传：

　　　齐侯免，求丑父，三入三出。每出，齐师以帅退。入于狄卒，狄卒皆抽戈楯冒之。以入于卫师，卫师免之，遂自徐关入。

《成公十七年》：

---

[1]　此篇原有"会盟与战事"，因篇幅所限，删除。

齐侯使崔杼为大夫，使庆克佐之，帅师围卢。国佐从诸侯围郑，以难请而归。遂如卢师，杀庆克，以谷叛。齐侯与之盟于徐关而复之。十二月，卢降。

《左传·襄公十六年》：

秋，齐侯围成，孟孺子速徼之。齐侯曰：是好勇，去之以为之名。速遂塞海陉而还。

《左传·襄公十七年》：

秋，齐侯伐我北鄙，围桃。高厚围臧纥于防，师自阳关逆臧孙，至于旅松。鄋叔纥、臧畴、臧贾帅甲三百，宵犯齐师，送之而复，齐师去之，齐人获臧坚。

《左传·襄公十八年》：

冬十月，（晋鲁之师）会于鲁济，寻溴梁之言同伐齐。齐侯御诸平阴，堑防门而守之广里。夙沙卫曰："不能战，莫如守险。"弗听。诸侯之士门焉，齐人多死。范宣子告析文子曰："吾知子，敢匿情乎？鲁人、莒人皆请以车千乘自其乡入，既许之矣。若入，君必失国。子盍图之？"子家以告公，公恐。晏婴闻之曰："君固无勇，而又闻是，弗能久矣。"齐侯登巫山以望晋师。晋人使司马斥山泽之险，虽所不至，必旗而疏陈之；使乘车者左实右伪，以旗先，舆曳柴而从之。齐侯见之，畏其众也，乃脱归。丙寅晦，齐师夜遁。师旷告晋侯曰："鸟乌之声乐，齐师其遁。"邢伯告中行伯曰："有班马之声，齐师其遁。"叔向告晋侯曰："城上有乌，齐师其遁。"十一月丁卯朔，入平阴，遂从齐师。夙沙卫连大车以塞隧而殿。殖绰、郭最曰："子殿国师，齐之辱也。子姑先乎！"乃代之殿。卫杀马于隘以塞道……晋人欲逐归者，鲁、卫请攻险。己卯，荀偃、士匄以中军克京兹。乙酉，魏绛、栾盈以下军克邿。赵武、韩起以上军围卢，弗克。

杜氏注：

平阴城在济北卢县东北，其城南有防，防有门，于门外作堑，横行，广一里。

《国语·齐语》：

齐桓公欲霸天下，问于管仲曰："吾欲南伐，何主？"管子对曰："以鲁为主，反其侵地棠、潜，使海于有蔽，渠弭于有渚，环山于有牢……（西）以卫为主，反其侵地台、原、姑与漆里，使海于有蔽渠，弭于有渚，环山于有牢……（北）以燕为主，反其侵地柴夫、吠狗，使海于有蔽，渠弭于有渚，环山于有牢。"四邻大亲，既反侵地，正封疆地，南至于鲷阴，西至于济，北至于河，东至于纪酅。有革车八百乘，择天下之甚淫乱者而先征之，即位数年，东南多有淫乱者，莱莒徐夷吴越，一战帅服三十一国。遂南征伐楚，济汝，逾方城，望汶山，使贡丝于周，而反荆州。诸侯莫敢不来服，遂北伐山戎，刺令支，斩孤竹，而南归海滨，诸侯莫敢不来服。"

韦昭注：

> 主，主人供军用也。贾侍中云："海，海滨也，有蔽言可依蔽也。渠弭，裨海也，水中可居者。曰渚昭，谓言有此乃可以为主人军，必依险阻也。环，绕也，牢，牛羊豕也。言虽山险皆有牢牧。一曰牢固也。"

明代杨慎《丹铅续录·经说·国语》：

> 贾侍中云："有蔽，言可依蔽也；渠弭，裨海也。"尹知章《管子注》曰："使海于有蔽，或遇水灾，教令泄于海，使有蔽尽也。渠弭于有渚，教之穿渠弭，亘于河渚也；环山于有牢，教之立国，城必依山以为纲纪，而有牢固。按尹说比贾有发明，宜表出之。"

2. 出土文献

（1）金文

麤羌编钟铭，是与齐长城相关的另一重要史证。1928年，洛阳金村东周墓出土两套编钟，共计14枚[1]。其中，个体较小者9件，均铭"麤氏编钟"4字，个体较大者5件，即羌编钟，铭文亦同，其辞曰：

> 唯廿又再祀，麤羌乍戎，乓（厥）辟韩宗，敫率征秦、㦰（迫）齐，入长城，先会于平阴，武徂（至）寺（邿）力，嚞敓（袭夺）楚京。赏于韩宗，令于晋公，昭于天子，用明则之于铭。武文□刺，永枼毋忘。

按：刘节、唐兰、吴其昌、徐中舒、郭沫若、温廷敬、王献堂等均做过专门研究，不论持何种观点，都难以回避麤羌编钟"入长城，先会于平阴，武力捣邿，袭夺（楚）京（兹）"，与《左传》襄十八"伐齐，入平阴、克京兹、克邿"的密切关联。

（2）竹简

《清华简·系年》第二十章：

> 晋敬公立十又一年，赵桓子会（诸）侯之大夫，以与戉（越）令尹宋盟于郹（巩），遂以伐齐。齐人（焉）（始）为长城于济，自南山属之北海。晋幽公立四年，赵狗率师与戉公株句伐齐，晋师闯（伐）长城句俞之门；戉公、宋公败齐师于襄坪。至今晋、戉以为好……[2]。

---

〔1〕 刘节：《麤氏编钟考》："麤氏编钟凡十二，曰，尚有二器现在美国。"《国立北平图书馆馆刊》第五卷第六号，1931年；唐兰：《麤羌编钟考释》"在美国之二器，仅马叔平先生曾借得拓本。"《国立北平图书馆馆刊》第六卷第一号，1932年；郭沫若：《麤兮钟铭考释》："小者8具，铭凡4字……大者4具，文凡六十有一"；《释乓氏》："近出麤氏编钟十四具，铭六十一字者五具，一具入美国。铭四字者九具，一具入美国。"《金文丛考》第350、233页，人民出版社，1954年。

〔2〕 李学勤主编：《清华大学藏战国竹简·释文》（贰）下册，第186~188页，中西书局，2011年。

按：晋敬公见于《竹书纪年》，即《史记》所称哀公或懿公。《晋世家》："出公奔齐道死，故智伯乃立昭公曾孙骄，是为哀公。"《史记索隐》："《赵系家》云：骄，是为懿公。又《年表》云：出公十八年，次哀公忌，二年；次懿公骄，十七年。《纪年》又云：出公二十三年奔楚，乃立昭公之孙，是为敬公。"依《纪年》，晋敬公十一年为周贞定王二十八年（前441年，齐宣公十五年）。晋幽公，为敬公之子。编纂者根据《竹书纪年》推算，晋幽公四年，为周考王十一年（前430年）。赵狗为晋将。株句即朱句，也作朱勾或州句，为越国之君。《史记·越王勾践世家》"不寿卒"《索隐》引《纪年》：云"不寿立十年，见杀，是为盲姑。次朱勾立"；又"于粤子朱勾三十四年灭滕，三十五年灭郯，三十七年朱勾卒"。《金文集成》着录有存世的越王州句剑。

按："齐人焉始为长城于济，自南山属之北海"表明，公元前441年，齐国是从山地长城的西部端点开始，沿济水一路向北，修筑济水岸防长城，至于北（渤）海。时隔11年，至齐宣公二十六年（前430年），晋国再次派赵狗联合越国、宋国伐齐。晋国攻击"长城句俞之门"。因黄河夺济水古道，淤积太深，目前还没有发现"济水岸防长城"的遗迹。

《清华简·系年》第二十二章：

> 楚圣桓王即位，元年，晋公止会（诸）侯于邳，宋悼公将会晋公，卒于鬵。韩虔、灼、禺击率师与越公翳伐齐。齐与越成，以建易、郎陵之田，且男女服。越公与齐侯贷、鲁侯侃（衍）盟于鲁稷门之外。越公内（入）飨于鲁，鲁侯驭，齐侯参乘以内（入）。晋魏文侯斚（斯）从晋师，晋师大败齐师。齐师北，晋师述（逐）之，内（入）至汧水。齐人旻（且又）陈鼍子牛之禣（祸），齐与晋成，齐侯明（盟）于晋军。晋三子之大夫内（入）齐，明（盟）陈和与陈淏于溋门之外，曰：母攸（毋修）长城，母伐廪丘。晋公献齐俘馘于周王，述（遂）以齐侯贷、鲁侯羴（显）、宋公畋、卫侯虔、奠白矝（骀）朝周王于周[1]。

按：编纂者认为，楚圣桓王即楚简王之子楚声王。晋公止即晋烈公。韩虔即韩景侯。灼蘆即赵籍，赵烈侯。禺击即魏击，为魏文侯之子，后立为魏武侯。越公翳，为勾践五世玄孙。鲁侯衍、鲁侯显即鲁穆公。陈子牛，即《墨子·鲁问》之"项子牛"，孙诒让以其"盖田和将"；"且有陈鼍子牛之祸"，当指《淮南子·人间》所述：三晋因平陆伐齐，子牛用括子之计，出（挟）以齐侯以往，"三国之兵罢而平陆之地存"事件。晋三子，即韩虔、赵籍和魏击。陈和即田和，陈淏为田氏家族成员。宋公畋即宋休公，名田。卫侯虔，当为卫慎公或慎公之父"公子适"[2]。奠白骀，即郑伯骀，郑繻公。邳即任，地在今山东济宁。"建易"，编纂者释为"开阳"；溋门，或为临淄之雍门。"汧水"当与开阳相近，可能是沂水的支流。

3. 战国文献

《管子·轻重丁》：

> 管子问于桓公："敢问齐方于几何里？"桓公曰："方五百里。"管子曰："阴雍长城之地，其于齐国三分之一，非穀之所生也"；"长城之阳，鲁也；长城之阴，齐也。"

---

〔1〕 李学勤主编：《清华大学藏战国竹简·释文》（贰）下册，第192～195页，中西书局，2011年。
〔2〕 《史记索隐》引《系本》"适"作"虔"。

《吕氏春秋·慎大·下贤》：

（魏）文侯可谓好礼士矣！好礼士，故南胜荆于连堤，东胜齐于长城，虏齐侯献诸天子，天子赏文侯以上卿。

《古本竹书纪年》：

齐宣公五十一年，公孙会以廪丘叛于赵。《史记索隐·赵系家》引。

又：

晋烈公十一年，田悼子卒。田布杀其大夫公孙孙，公孙会以廪丘叛于赵，田布围廪丘，翟角、赵孔屑、韩师救廪丘。及田布战于龙泽，田师败逋。《水经注·瓠子河》引。

又：

晋烈公十二年（前404年），王命韩景子、赵烈、翟员伐齐，入长城。《水经注·汶水》引。

又：

梁惠王二十年，齐筑防以为长城。《水经注·汶水》引。

又：

梁惠王二十年，齐闵王筑防以为长城。《史记正义·苏秦列传》引。

《今本竹书纪年》：

威烈王十七年，田悼子卒，田布杀其大夫公孙孙，公孙孙（会）以廪丘叛于赵。田布围廪丘，翟角、赵孔屑、韩氏救廪丘……田师败逋。十八年（前408年），王命韩景子、赵烈子及我师伐齐，入长垣。

又：

周显王十八年，齐筑防以为长城。

《晏子春秋·景公欲堕东门之堤》[1]：

---

[1]　该书曾被判为伪书，1972年银雀山汉墓出土了竹简本，伪书之说随之消失。

景公登东门防，民单服然后上，公曰："此大伤牛马蹄矣，夫何不下六尺哉？"晏子对曰："昔吾先君桓公，明君也，而管仲贤相也。夫以贤相佐明君，而东门防全也。古者不为，殆有为也。蚤岁溜水至，入广门，即下六尺耳。乡者防下六尺，则无齐矣。夫古之重变古常，此之谓也。"

4. 汉代文献

《史记·赵世家》：

（赵成侯）七年，侵齐，至长城。

《史记·田敬仲完世家》：

（齐威王）六年鲁伐我，入阳关。……九年赵伐我，取甄。……遂起兵，西击赵卫，败魏于浊泽，而围惠王。惠王请献观以和解。赵人归我长城……齐国大治，诸侯闻之，莫敢致兵于齐二十余年。

《史记·楚世家》：

（楚顷襄王十八年，问于国事于射者，射者）对曰："……王何不以圣人为弓，以勇士为缴，时张而射之……饮马西河，定魏大梁，此一发之乐也。若王之于弋诚好而不厌，则出宝弓碆新缴，射嚖鸟于东海，还盖长城以为防。朝射东莒，夕发浿丘，夜加即墨，顾据午道，则长城之东收而太山之北举矣！"

《史记·苏秦列传》：

燕王曰："吾闻齐有清济、浊河，可以为固；长城巨防，足以为塞，诚有之乎？"（苏代）对曰："天时不与，虽有清济、浊河，恶足以为固。民力罢敝，虽有长城巨防，恶足以为塞。"

《战国策·燕策一》：

王曰："吾闻齐有清济浊河，可以为固，有长城钜防，足以为塞，诚有之乎？"（苏代）对曰："天时不与，虽有清济浊河，何足以为固？民力穷弊，虽有长城钜防，何足以为塞？"

5. 后世文献

《水经注·汶水》：

汶水出朱虚县泰山，北魏郦道元注曰："山上有长城，西接岱山，东连琅邪，巨海千有余里，盖田氏之所造也。"《竹书纪年》："梁惠成王二十年，齐筑防以为长城。"

《水经注·济水》郦道元注曰：

平阴城南有长城，东至海，西至济，河道所由曰防门，去平阴三里，齐侯堑防门即此也。其水引济，故渎尚存。今防门北有光里，齐人言广音与光同，即春秋所谓守之广里者也。昔齐侯登望晋军，畏众而归，师旷、邢伯闻鸟乌之声，知齐师遁遁，人物咸沦，地理昭著。……今巫山之上有石室，世谓之孝子堂。

《史记正义·楚世家》引《齐记》：

齐宣王乘山岭之上筑长城。东至海，西至济州，千余里，以备楚。

《史记正义·楚世家》引《太山郡记》：

太山西北有长城，缘河径太山千余里，至琅琊台入海。

《史记正义·楚世家》引《括地志》：

齐长城西北起济州平阴县，缘河历泰山北岗上，经济州、淄州、即西南兖州博城北，东至密州琅琊台入海。

唐李吉甫《元和郡县志》卷十一，河南道郓州平阴县：

故长城，首起县北二十九里，齐愍王所筑。苏代谓燕王曰：齐有长城巨防，足以为塞，是也。

《通典》密州诸城条：

古齐长城，东南自大珠山起，今州南界二百五十里。

《太平寰宇记》济州长清县：

汶水北去县八十里，其山顶有长城，北属长清县，南接鲁郡。

《太平寰宇记》密州诸城条：

古齐长城在今县南四十里，东南自海迤逦上大珠山起，尽州南界二百五十里，今古迹依约尚存。

《资治通鉴外纪》：

威烈王十六年（前410年），王命韩赵伐齐，入长城。

宋代王应麟《通鉴地理通释·七国形势考下·齐》：

《竹书纪年》：梁（魏）惠成王二十年，齐闵王筑防以为长城。

明代董说《七国考·田齐都邑·长城》：

《泰山记》云："泰山西有长城，缘河径泰山千余里，至琅邪台入海。"《国策》苏秦云：长城巨防以为塞。《齐记》云："齐宣王乘山岭之上筑长城……以备楚。"《竹书纪年》："梁惠成王二十年，齐闵王筑防以为长城。"《郡县志》："故长城首起郓州平阴县北二十九里，齐滑王所筑。"《山东志》："齐长城在诸城县南四十里，跨安丘境，连巨蒙、泰、莱芜，直至平阴。乃齐宣所筑，以御楚寇者。"

清徐文靖《竹书统笺》"周显王十八年，齐筑防以为长城"条下，笺按：

襄十八年传：诸侯伐齐，齐侯御诸平阴，堑防门而守之广里……《史记苏秦列传》燕王曰：吾闻齐有长城，足以为塞，信有之乎？《正义》引《竹书纪年》：梁惠王二十年，齐滑王筑防以为长城。今据《竹书》齐筑长城在梁惠王十二年，不应与齐滑同时。《齐记》曰：齐宣王筑长城，东至海，西至济州，以备楚。其实非也，此筑防为长城者，犹威王也。显王三十七年，始为齐宣王元年。

清胡渭《禹贡锥指》：

今按，齐长城横绝泰山，绵地千里，自平阴而东历肥城、长清、泰安、莱芜、淄川、沂水、临朐、莒州，以迄诸城，皆有故址。虽后人所著，然皆因冈峦自然之势为之。禹时青徐分界，亦必以此也。

清顾祖禹《读史方舆纪要》卷三十：

穆陵关，在青州府临朐县东南百有五里大岘山上，山高七十丈，周回二十里，道径危恶，一名破车岘。其左右有长城、书案二岭，峻狭仅容一轨，故为齐南天险。《左传》：管仲曰，赐我先君履，南至于穆陵。晋义熙五年，刘裕伐南燕，慕容超召群臣议。……慕容镇曰：今出岘逆战，战而不胜，犹可退守，不宜纵敌入岘，自弃险固。超不从。裕过大岘，燕兵不出……宋景平元年，魏叔孙建攻青州刺史竺夔于东阳，檀道济自彭城赴援。……至临朐，建遂烧营遁。又元嘉二十三年，魏人寇兖、青、冀诸州，何承天请徙三州新旧降附民三万余家于大岘南，以实内地。唐元和十二年，李道古以淄、青拒命，引兵出穆陵关。宋绍定中，李全据淮安，略金临朐，扼穆陵关。今亦置戍守于此。

6. 地方志
唐李吉甫《元和郡县志》卷十一，河南道郓州平阴县：

故长城，首起县北二十九里，齐滑王所筑。苏代谓燕王曰：齐有长城巨防，足以为塞，是也。

《通典》密州诸城条：

古齐长城，东南自大珠山起，今州南界二百五十里。

《太平寰宇记》济州长清县：

汶水北去县八十里，其山顶有长城，北属长清县，南接鲁郡。

《太平寰宇记》密州诸城条：

古齐长城在今县南四十里，东南自海迤逦上大珠山起，尽州南界二百五十里，今古迹依约尚存。

元《齐乘》卷一：

大朱山，胶州西南百二十里，岸海名山也。《通典》高密诸城县有古齐长城，自大朱山起。盖古齐长城起自齐西防门，东逾泰山、穆陵，至大朱山海滨而绝，非起自大朱山也。

清乾隆孙廷铨《颜山杂记·长城考》：

古长城在峨岭之巅，西绝孝水，跨凤凰岭，团山迆南，入泰安莱芜界；东逾秋谷东阜而东，皆长城旧迹也。……《括地志》："长城西起……由穆陵关至密州琅琊台入海。"《青州府志》："临朐大岘山穆陵关旁为长城岭。自穆陵东至莒州安丘县界，历太平山四十里，接高柘之巅，远望如长虹。转而南绝浯水，过卧牛顶，有南傍高华顶，渐入诸城县界，至胶州大朱山入海，在琅琊北，距台尚六十里。谓由琅琊台入海者，非也。"

清光绪《泰山道里记》：

北至长城岭。按，长城岭俗呼大岭，古长城所经……城因山而为之，起平阴之防门，缘泰山北岗，而东经莱芜、博山、临朐、沂水、莒州、日照、诸城，蜿蜒几二千里，至胶州海中大朱山止焉。

清道光《长清县志》引《旧志》长城：

县治东南九十里，说者云：县治迆南七十五里五道岭，岭入东为长城铺，土人因长城而建姜烈女祠。……长清邑东南九十里有长城，且有孟姜女庙。其城西自广里，东至于海。然长清境内，业已倾颓，仅存遗址。至泰山之阴历城境内，则崇高连亘，言言仡仡，依然坚城，至梯子山历城与莱芜接界处，为长城岭。

清乾隆《山东通志·山川·肥城县》：

（齐长城）在县北泰山之阴，与历城接界。

清乾隆《山东通志·古迹·肥城县》：

平阴故城在县西北六十余里。《左传》襄公十八年……（晋鲁）伐齐，齐侯御诸平阴堑防门而守之广里。京相璠曰：平阴齐地在济北卢县故城西南十里，《水经》济水北径平阴城西是也。防门广里在平阴故城西南三里。杜预注：城南有防，防有门，于门外作堑，横行广一里。京相璠曰：平阴城南有长城……道所由名防门去平阴三里。齐侯堑防门，其水引济，故渎尚存。《名胜记》云：齐有光里，齐人言广与光同，即广里也。……长城钜防在县北十五里，自平阴故城南起，首经县北达长清县境。《太山记》太山西北有长城，缘河经太山千余里至琅琊台入海，往往有壁门邸阁四五处犹在。《括地志》长城西北起济北平阴县，历太山北冈上，经济州淄州西南，兖州博城县北，东至密州琅琊台入海。战国防苏代说燕王曰：齐有长城钜防足以为固是也。又《齐记》齐宣王乘山岭之上筑长城，东至海，西至济州，千余里，以备楚。《竹书纪年》梁惠成王二十年，齐筑防以为长城。按此则长城起于战国。然《管子·轻重篇》有曰：长城之阳鲁也长城之阴齐也。是桓公时已有之矣。旧属平阴，今入县境。按长城自防门起，东经五道岭，又东经长清县南之长城铺。循泰山之阴，又东经历城县南之长城岭，又东经莱芜县北之长城岭，与章邱县接界。又东经博山县南之羡岭、凤凰岭，度岳阳山又东经临朐县南之大岘山，又东经安邱县南之太平山，又东经莒州北之高防山，转而南绝浯水，循卧牛城，度高华岭，又南经诸城县南之长城岭，度雷石山，又东经胶州南之大珠山，讫于海。大珠山在琅琊台北六十里。

清光绪《肥城县乡土志》：

五道岭在城北十二里，南北经八里。南隶肥城，北隶长清，以长城为界。

清道光《泰安县志》：

长城岭俗呼大横岭，县西北六十里，即泰山岗阜，古长城所经。

清雍正《山东通志》：

（齐长城）在县北泰山之阴，与历城接界。

清嘉庆《平阴县志·疆域》：

周鲁襄公十八年，晋侯伐齐，齐侯御诸平阴，堑防门而守之广里，登巫山以望晋师，遂由石门道夜遁。按巫山即孝里铺之孝堂山，尚有碑记可考。其东山内有赴济南古路，两山对峙，曰石门。孝里铺南有村曰东长，其西南三里有村曰广里，曰防头，今皆隶肥城。古平阴城，故老相传谓今东长即其地，遗迹犹存，或不诬也。……（古迹）古长城在县东北。《通志》云："齐宣王所筑，以御楚寇。东距大海，西接平阴。"

清道光《章丘县志》：

长城岭在县治南百余里，南连泰安、莱芜界，东至劈林尖山，接淄川界；西至天罗顶，连历城界……俗名长林岭，上有古长城遗迹。相传齐所筑，以备楚。西接平阴，东距大海。……莱芜土人又谓长春岭，旧有孟姜庙。

清乾隆《山东通志·山川·章邱县》：

寨山，在县南五十里其山高深人迹罕到山半有一洞有双鹰巢于上形高二尺许每年抱二雏大者辄飞去，小者雷此岁以为常山有南麓北麓中麓中麓即李伯华读书处南为长城岭。

清《章丘县乡土志》：

长城岭在县治南百余里，南连泰安、莱芜界，东至劈林尖山，接淄川界；西至天罗顶，连历城界。俗名长林岭，上有古长城遗迹。相传齐所筑，以备楚。西接平阴，东距大海。

清乾隆《历城县志》：

历山南接泰山，连亘不断，实皆泰山之余脉也。泰山之后为长城岭。长城者，春秋齐鲁之界，西起平阴东尽于海。历城之山无虑皆分自长城岭矣。岭南水皆南流，其北水皆北流，故又名分流山。

清乾隆《山东通志·古迹·历城县》：

历下城在今县西，俗呼子城。《史记》晋平公伐齐战于历下；汉韩信袭破齐历下军皆此也。《齐记云》古历下城对历山之下山，在县南五里。长城在县南一百里长城岭。

清康熙《莱芜县志》引《通志》：

西瞻岱岳，北枕长城。又云：长春岭在县北九十里……一名长城岭，岭上有古长城遗址。

清乾隆《山东通志·山川·莱芜县》：

青石关在县东北九十里。

民国《莱芜县志》：

长城遗址在县治北长城岭上，西起平阴，历泰安、历城入莱芜界，东地之海。齐宣王筑以御楚者，后人增修故址，随山升降，至今犹存。

……

夹谷，旧志谓：西至西南三十里连新泰县界之夹谷峪，春秋定公十年公会齐侯于夹谷即此。

……

青石关在县治东北九十里，凿山置关其上，辟南北两门，南门不甚险，险在北门：削骈石为阶，侧立千尺下者，如入瓮中，故一名瓮口峡；以南北通衢，又名瓮口道。由关门下视，高深晕目，为之股栗。行人下者以尻，上者手足并行，车不敢直，上下迂回，盘辟凡数十息始达平地。严冬雪霁冰结，上下琉璃一片，车至卸轮，置辀冰上，大绳系首尾，数十人徐徐掣之，行稍不慎，成齑粉矣。道中两崖壁立，仅容一车，大石嶙峋蔽道，车与石格斗行。自关五里至白羊河，始稍出瓮门之险。

……

咸丰十年（1860年），捻匪数十万蔓延数省……是年九月，贼窜新泰，烽烟逼近，共议练团结寨以自保卫。十一年捻匪大至……数十万由济宁北窜，二月十一日至范家庄，孟国侨率民团御之，与贼距沟而阵……民团遂不能支，死伤大半……余众为圈阵以枪炮向外，且战且却，薄暮始溃围出。贼由吐子口东窜博山之防青石关者亦溃……城北一带悉遭焚掠。八月贼大股又至，十月贼复由邑北境西窜。是年贼入境凡三次。

清乾隆《山东通志·古迹·博山县》：

徐关在县东境"左传"成公二年，齐顷公为晋师所败自徐关入，即此。一作齐关。长城在县五里凤凰山上度岳阳山而东。

清乾隆《博山县志》：

长城岭自峨岭之脊，东逾秋谷，接荆山，迤逦岳阳山以东，逾淄水，接临朐、沂水界之东泰山（沂山）。自脊西行，跨凤凰山，连原山、王大岭，出青石关之西，接莱芜境，山皆长城岭也。

民国《续修博山县志》有关长城岭之记载同于干隆县志。大事记载：

咸丰十一年辛酉二月十二日，捻匪入境，邑宰樊公文达率重城守，势甚危。幸大兵尾其后，城得无恙。八月又至，幸事前邑人修青石关，防御甚固不得入，飚去。经西河庄外，遣骑探虚实，经乡团逐击之，毙其一人，匪怒，焚庄北二百余户而去。

民国《续修博山县志·兵方志》：

兹邑山川环抱，地势凤称险要。明季奸宄窃伐，谈守御者或调发，或招募，言人人殊。……旧设通判镇守，拨青州道团操快壮五百余名，在镇操演防守，取食于淄新莱寿高蒙六县。后渐裁减，尚存一百六十名，顺治五年，尽裁去。明万历四十八年，峄县莲贼作乱，通判李延芳请拨青州营兵一百多名，又招募新兵一百名，益都县设处工食，在此防御，事平遂撤。清朝向有把总驻防，所属兵丁十七名。今把总仍旧分设，马兵八名，步兵十八名，粮饷在青州营领给。自雍正十二年分县始，本县额设守城民壮二十四名。……清咸丰末年，捻匪之乱，邑侯樊文达筹办团练。举魏孔彰为东南路总团长，即黑山筑圩寨为总局。置大炮火铳，训练民勇，以资防御。

清乾隆《山东通志·古迹·临朐县》：

　　长城在县东南一百里大岘山；穆陵关在大岘山上，齐之赐履，所谓南至于穆陵是也。

清光绪《临朐县志》：

　　长城在大岘山上，今犹宛宛山际，言沟壑伏，沿山阜起，西接博山之岳阳山凤凰岭，东随大弁山入安丘界。……大岘山在县治东南百五里，即《齐乘》穆陵关也……山岭长脊一线，宛宛不绝。

民国《临朐续志·防卫》：

　　县内……创立保卫团、乡团、联团、甲团、联庄会，……武力由城而边际于各乡村……大抵防卫增加之度，与土匪增加之度适成算学之正比。……除患当及于未然，地方百里，山川险要，了如指掌焉，司防务者，苟移其骄惰轻忽慢上之能，推而致于谋缉……则潢池盗弄之祸庶免于将来乎……临朐县汎柳山、汎蒋峪、穆陵，司循其名，俨然戎秩。……旧志称……柳山寨汎外委千总一员，马兵二名，守兵八名；又称穆陵关巡检，其属皂隶二人，弓兵二十人，处铺司竝三十人。此后亦多设之。

明万历《安丘县志》：

　　（县治西南）八十里曰太平山，上有长城岭。……古长城，一名长城岭，在太平山上。

清乾隆《山东通志·山川·安丘县》：

　　太平山在县西南八十里（详临朐县），山上有长城岭。其左右联络者曰金鞍山，即今轿山，一山跨两县而各异其名曰望海山，鸡鸣时东望日出海波涌若浮金，曰摘药山，曰凤凰山，曰鹰嘴山，络绎不绝直抵穆陵关上，多古城石砦可以避兵。

清道光《沂水县志》：

　　长城在邑北一百里太平山，东西横亘数百里。……沂水东南麓为大岘山，县北片东百五里，上有穆陵关。关之南北为沂、朐分界处。齐宣王筑长城于此，西起济州，东抵海。

清嘉庆《莒州志》：

　　长城在州东北一百二十里，俗名长城岭……城之入莒者，自穆陵东历太平山四十里，接高拓之岭，转而南，绝浯水，过卧牛城，又南傍高华岭入诸城界。

清光绪《日照县志》：

　　（长城）在今县境者二十里，洪陵河西入莒州，昆仑山以东入诸城。

清乾隆《山东通志·古迹·诸城县》：

　　长城在州东北一百二十里，高防山之巅，自此南绝浯水过卧牛城又南傍高华岭，入诸城境。……诸邑在县西南三十里，石屋山东北，潍河之南。《春秋》庄公二十九年城诸及防……《水经注》滑水出马耳山之阴北流，经娄乡城东入于潍，此为娄邑。又县东北柴沟社东南有防亭。长城在县南五十里长城岭，度雷石山而东入胶州界。

清乾隆《诸城县志》：

　　长城，俗名长城岭……城因山为之。起平阴之防门，缘太山北岗而东，蜿蜒千里，至日照滕家庄后入县境。又东南二里，则分流山也。历马耳山、寿芝山、苗山、拔地盘、黑溜顶为南北大路，大路西计六十余里。由此而东，更历摘星楼山、马山、雷石山、台家沟，至亭子澜后，计七十余里入胶州界，共百三十七里。

清乾隆《山东通志·古迹·胶州》：

　　长城在州南一百二十里大珠山巅，齐长城自平阴防门，东逾泰山穆陵至大珠山海滨而止。详见肥城县下。计斤城在州西南七里，《汉志》注莒子初都此，后徙莒计斤，本介根又曰介亭。《左传》襄公二十四年，伐莒侵介根是也。汉置县属琅邪郡，今有两塔对立曰东西计斤。

清道光《胶州志》：

　　长城在治南八十里齐城等山……今考治内长城入海处在小珠山东、徐山之北，西南去琅琊台九十余里，去大珠山三十里，诸书皆臆说也。城因山为之，培高堑下，各有门阙邸阁，今不可见。春生草长，□□分垂，如马鬣然。西起平阴之防门，迄泰山北麓而东至诸城亭子夼后入州境。十五里至六汪庄南铁橛山阴，东历杨家山、白狼山、齐城山，至黄山顶十余里，又东历小珠山阴、鹁鸽山，至徐山之北于家河庄东，入海三十里。城之历州境百五十余里也。

清道光《胶州志·兵防》：

道光二十四年……千总分汛，南至江南交界止。汛地二十四：头菅子、黄岛、灵山卫、唐岛、灵山岛、柴胡荡、古镇口、夏河所、葫芦觜、窑头口、石拦觜、齐头、董家口、龙湾口、董石拦、琅琊台……岚山头。北总分汛，东至马头觜止。汛地五十二……巉山、山东头、蔡哥庄……

二 明清时期对长城的重修

1. 明嘉靖四十四年（1565 年），重修穆陵关段长城及关楼
2. 清道光二十六年（1846 年），重修穆陵关段长城及关楼。
3. 清咸丰十一年（1861 年），重修章丘长城岭锦阳关段段长城。
4. 清咸丰十一年，增修青石关关堡及该段长城。

三 早期的保护与调查研究

1. 明末清初学者顾炎武，其所著《日知录》设有《长城》专章，《山东考古录》亦有涉及。以为"至于战国，井田始废，而车变为骑。于是，寇钞易而防守难，不得已而有长城之筑"。

2. 清末杨守敬所著《历代舆地沿革图》，对列国长城、秦始皇长城、明长城进行了标注，而以列国长城最为详细，包括齐长城、魏长城、赵长城、燕长城、楚长城、秦昭王长城均有标注。谭其骧主编的《中国历史地图集》中的长城，在很大程度上参照了《历代舆地沿革图》的意见。

3. 民国年间，山东盐运使寿鹏飞著《历代长城考》。

4. 1927 年，北平大学师范学院王国良的《中国长城沿革考》（商务印书馆，1927 年），认为"齐筑长城，最迟在宣公十八年，最早当在春秋末年，或战国初年；决不会早在桓公的时候，亦不至迟到威王的时候"。

5. 20 世纪 50 年代前后，齐鲁大学、山东大学张维华开始对列国长城进行研究，先后发表了《齐长城》《楚方城》《魏长城》《赵长城》等文章。1963 年又对这些文章进行了汇集整理，并增加了部分内容，合编为《中国长城建制考·上编》（张维华：《中国长城建制考·上编》第 21 ~ 29 页，中华书局，1979 年）对齐长城起始点、"经行道里"、构筑年代做了详细的考察。将文献所记齐长城的构筑年代归纳为四种说法：（1）齐之长城，其西部之建筑为最先。其后则迭有增置；（2）齐长城必先成于西部……非一时代所完成，及至战国初年，已确然成为一条长城。（3）齐东南部长城，当建于楚人灭莒之后；（4）齐南界长城，即泰山而东至穆陵关以东区段完成于齐威王之世。

6. 1952 年，山东省文物管理委员会路大荒、王献唐对长清、博山、临朐、沂水等地齐长城进行了详细的调查。在此基础上，王献唐于 1955 年著《山东周代的齐国长城》，后来刊载于《社会科学战线》1979 年第 4 期。基本认可《管子·轻重篇》的史料价值，认为《管子·轻重篇》的"几句话，虽非管子本人手笔，材料的来源比较为早。但并不等于说长城的修建在齐桓公时期，只是把他提到春秋，并且指的是齐鲁交界的一段"；"所谓齐长城，应分为两部分：最初一段在西，绝大部分专为防鲁而设，建于春秋时期；以后继续向东直到海滨的一大段，专以防楚，则在战国时期"；"齐威王又向东展修一段，时为周显王八年……齐宣王时，复向东修至海滨，全部完工，使一千多里的长城，衔接起来，作为齐国南境国防线。"

7. 1954 年，山东省博物馆王思礼对齐长城部分段落进行调查。调查中发现部分长城段为清代防捻

军增修。

8. 1956 年 7 月 12 日，山东省人民委员会根据国务院关于在农业生产建设中保护文物的通知，由山东省文化局在全省范围内，组织力量，对历史和革命文物遗迹进行普遍调查，提出全省第一批文物保护单位目录，经省人民委员会第十六次会议批准，予以公布。山东省文物保护单位有 1629 处在目录中公布，其中（齐）长城列入文物保护单位。淄博市、历城县、沂水县、莒县、沂源县、日照县、泰安县、莱芜县、平阴县、长清县（二段）、历城县、章丘县、临朐县、胶南县、藏马县、五莲县、博山县境内（齐）长城列为第一批山东省文物保护单位。

9. 1972 年 10 月 ~ 11 月，山东省进行文物复查工作。1977 年 12 月 23 日，山东省革命委员会重新公布第一批省级重点文物保护单位 146 处，穆陵关齐长城遗址（沂水、临朐、莒县三县交界区）列入其中。随后拨专款，在穆陵关东侧建立"省级重点文物保护单位——齐长城遗址"保护标志碑。同时保护的还有明嘉靖年间《增穆陵》碑，及清道光年间商旅整修穆陵关道路的《永垂奕世》碑。

10. 1973 年，山东省博物馆组织齐长城沿线各县对长城进行调查，至 1980 年有部分县提交了调查资料。

11. 1976 年，北京大学侯仁之在研究淄博主要城镇的起源与发展，对山地齐长城做过实地调查，进行专题研究。

12. 1979 年成大林曾经对齐长城进行过 3 个月的考察。

13. 1987 年夏，济南教育学院张华松和王绪和考察齐长城西段，此后 10 年间完成了东段长城的考察。2000 年结集出版《齐文化与齐长城》（中国戏剧出版社，2000 年），此后陆续完成了对齐长城东段的考察，并将考察成果集结为《齐长城》，于 2004 年由山东文艺出版社出版。张华松将长城墙体区别为两种建筑模式，以"巨防"为夯筑土墙，视"长城"为石砌墙，并据此对王献唐的论断作了更为具体表述：泰山西侧一带的"巨防"筑于齐灵公二十三年至二十七年；泰沂山区的关隘、夯土长城兴建于春秋后期；齐威王二十四年，为了防备楚国的大举进攻，将齐国东南境原来用以抵御莒国、越国的各关隘谷地中的夯土长城连接起来。齐宣王是"筑岭上长城"。战国中期，"继赵武灵王胡服骑射之后，列强无不将骑兵作为主力广泛投入战场。骑兵翻山越岭如履平地，原先单纯的要塞防御战术已远远不能适应形势发展的需要"；"所以齐国石砌长城的大规模修筑，只能在进入战国中期的齐宣王时期"。

14. 1991 年 7 月 22 日 ~ 8 月 16 日，山东省文物考古研究所罗勋章等人对长清、章丘、莱芜、临朐、沂水、安丘、莒县、五莲、胶南、黄岛等地长城进行重点考察。著有《齐长城考略》《古代学研究》（日本）第 130 号，1994 年，《海岱考古》第四期转载。认为齐长城始建当在公元前 641 ~ 前 555 年。齐长城大规模之修筑当在楚灭莒（前 431 年）之后，时间当在威、宣王之时，其时，齐西南境长城业已建成。齐城之建，继西南境后当以东南境为先，此长城当建于威王之世，宣王所筑则齐南境之长城。

15. 1996 年 7 月，泰安研究会常务理事会决定对齐长城进行全面考察。8 月，召开"齐长城调研座谈会"，山东省文物局副局长由少平和长城沿线部分县、市、区文化局长等 18 人与会。10 月，泰安市路宗元、李继生、孙立华、张广坪、何进海五位老干部组成齐长城考察队于 10 月 19 日开始调查，1997 年 10 月 21 日结束。实测齐长城长 618893 米。调查成果汇集为《齐长城》（山东友谊出版社，1999 年）。基本观点与前述各家大同小异。这是山东省文物局 2008 年实施"齐长城资源调查"之前，对齐山地长城最全面、最科学的一次综合考察。

16. 王献唐、张维华关于"齐长城分期分段构筑"的观点，多为后来的长城研究者所承袭，在时间上则多采信王献唐"始于春秋"的说法。如蒋至静"我国古代修筑长城，……只能起源于春秋中叶的齐国"（蒋至静：《先秦长城简考》，《先秦军事研究》，金盾出版社，1990 年）。张光明认为"齐桓公时期开始修西段，至迟在鲁襄公十八年也已完成，前后共修建了一百余年"（张光明：《齐文化的考古发现与研究》第 54 页，齐鲁书社，2004 年；另见《齐长城考》，《文地考古与齐文化研究》，第 294～303 页，中国文联出版社，2009 年）。路宗元、张广坪、杜宇、孙敬明等人的观点与此相近。任相宏以齐长城源头建置年代上限不超过鲁襄公十三年（前 560 年），下限不晚于周威烈王二十二年（前 404 年）。此地作为设防要地，先是在防外堑濠，而后筑城。堑濠在鲁襄公十八年（前 555 年），筑城始于春秋晚期偏晚阶段，使用于战国时期，田齐为其鼎盛时期（任相宏：《齐长城源头建置考》，《东方考古》第 1 集，科学出版社，2004 年）。

17. 还有不少的研究者，坚持列国长城始于战国时期的观点。如近年出版的彭曦所著《战国秦长城考察与研究》（彭曦著：《战国秦长城考察与研究》第 272 页，西北大学出版社，1990 年）认为："有人将《左传》僖公四年（前 657 年）楚之'方城以为城'作为长城见于记载的开始。果如此，便会将第一期定为春秋—战国，但实际上，战国以前的长城很难找到实物证据……故长城的第一个时期，只能是战国，而且长城的修建，大都集中在公元前 300 年前后这一时期"。

18. 近年出版的景爱《中国长城史》（景爱著：《中国长城史》前言第 1 页、正文第 75 页，上海人民出版社，2006 年）认为："把长城建造的时间提前再提前，即属于长城的误区……大量的证据都表明，长城建造于战国时期，以齐长城最早。"以《水经注·汶水》所引《纪年》："晋烈公十二年（前 404 年，齐康公元年），王命韩景子、赵烈、翟员伐齐，入长城"为据，推定说：齐长城应修筑于齐宣公时期，后来又多次修筑，才最后完成。其续修之长城，应是在齐威王、齐宣王时期。

19. 还有的学者，虽然承认齐桓公时已有长城，却以管仲垄断盐业生产，而当时的鲁南诸国不会给齐国造成军事威胁。从而"排除了（齐长城）战争防御的目的"，认为"齐长城是为了防止盐走私而修筑的"（国光红：《齐长城肇建原因再探》，《历史研究》2000 年第 1 期）。

20. 综合类出版物，如《山东通志》（1915 年）卷三十四长清县条："长城堡，周显王十八年（前 351 年）齐筑防为长城，即此城"；《锦绣山东》："自齐威、宣王始修筑了齐长城"；《中国历史大事编年》："齐长城，始建于战国初期"等等，都坚持齐长城始筑于战国时期的说法。

21. 《山东风物志》《齐鲁文化大词典》持春秋晚期始筑说。

22. 新修《山东省志·文物志》以"首先修筑的应是泰山以西地段……泰山至穆陵关的中段亦当为早期防御鲁国而建。东部从穆陵关至海滨一段，当成于楚灭莒"。

22. 《泰山志》则以始于齐桓公，历齐灵公，最终至齐缗王建成为说。

四　21 世纪的保护与调查研究

1. 2001 年，齐长城由国务院公布为第五批全国文物重点保护单位。

2. 2003 年 6 月，山东省文化厅联合山东省公安厅、山东省国土资源厅、山东省建设厅、山东省环境保护局和山东省旅游局下发了《关于进一步加强齐长城保护管理工作的通知》，强调履行国际公约，做好"四有"基础工作，规范开发利用行为，对齐长城实施有效保护管理。

3. 2003 年 12 月，国家文物局下发《关于请协助做好"长城保护、管理和研究现状调查及对策研究"的函》（办函〔2003〕430 号），委托中国文物学会长城保护委员会和文物保护宣传委员会承担的课题（主持人成大林、李晓东，成员有叶学明、吴梦麟、李宝才、孙玲等同志），要求各地做好配合工作。

4. 2004 年 2 月，国家文物局在北京召开"长城保护工作座谈会"，会议传达了中共中央常委李长春和国务委员陈至立近日关于做好长城保护工作的重要批示，会议讨论了由国家文物局起草的《长城保护工程》工作方案，并对贯彻落实工作进行部署。

5. 2004 年 4 月，成大林、李宝才和孙玲一行，先去黄岛、再去博山原山森林公园考察。回到济南，省文化厅组织全省有长城的市县领导干部座谈。

6. 2004 年 4 月，山东省文化厅在济南召开"齐长城保护规划工作会议"，贯彻"长城保护工作座谈会"精神，落实国家文物局《长城保护工程》方案，长城沿线市、县领导参加了会议。进一步阐述了齐长城保护的重要性，强调认真做好调查工作，为制定保护规划做好准备，要加强管理，防止新的破坏发生。山东省文物考古研究所根据国家文物局、山东省文化厅的部署，编制了《山东齐长城遗址研究与保护工作方案》（"十一五"规划项目），经省文化厅审核上报国家文物局。

7. 2004 年 12 月，《东方考古》第一集刊载任相宏的《齐长城源头建置考》。

8. 2005 年 9 月 1 日，山东省石刻艺术博物馆馆长兼山东省文化厅文物处副处长王永波，接济南市长清区文化（文物）局电话报告，称济南至菏泽高速公路工程修筑施工便道时对齐长城西端起点段墙体造成损坏。随即要求长清区文化（文物）局立即下达停工令。9 月 2 日，王永波率山东省文物考古研究所、济南市文物局文物处、长清区文化局会同长清区公安局赴现场调查。立即停止所有有损长城本体的施工作业，确认施工单位用推土机将由齐长城夯土墙体形成的 2.5 米高的"断崖"变成斜坡，形成了宽约 8 米的施工便道。对墙体造成一定程度的损坏。由长清区文化（文物）局提出包括行政处罚、包赔损失、恢复原貌等初步处理意见，报省文化厅核准执行。至 9 日 28 日所有处罚程序执行完毕。

12 月，济菏高速公路工程向山东省文化厅提交了对该段齐长城墙体进行考古发掘，为工程让路的施工方案和申请，被国家文物局否决。2006 年 3 月，济菏高速公路建设指挥部提交新的跨越齐长城遗址方案：以齐长城两侧相应的 9 个桥涵构筑物已大部建成，坚持将路面直接铺压在齐长城墙体之上。为此省文化厅特邀请吕舟、黄克忠、王立平、滕磊和成大林等国家文物专家，对该段长城进行实地考察和论证，否决了该方案。8 月，济菏高速公路建设指挥部提交的旱桥跨越齐长城遗址方案获得国家文物局的正式批复。历时一年多的保护长城事件取得圆满结局。

9. 2005 年 10 月 16 ~ 17 日，由山东省人文自然遗产保护与开发促进会淄博市委市政府联合举办的"保护利用齐长城人文自然风景带研讨会"在淄博市召开。省政协副主席乔延春、王志民，省里的老领导李振、陆懋曾、谭福德、郭长才、李殿魁、宇培果，中国文物学会长城研究会会长成大林及省内外专家学者 50 余人出席研讨会。与会代表围绕齐长城的历史地位，保护利用齐长城人文自然风景带的科学性及现实意义及编制《齐长城志》等方面进行了研讨。

10. 2006 年 2 月，国家文物局在河北山海关召开"长城保护工程启动工作会议"。会议要求充分认识长城保护工程的重要性和紧迫性，部署实施《长城保护工程（2005—2014 年）总体工作方案》，运用科学理念和先进技术，确保长城保护的真实性和完整性。

11. 同月，文物出版社出版的《二十一世纪的中国考古学——庆祝佟柱臣先生八十五华诞学术文集》，刊载了瓯燕的《略论东周齐长城》。

12. 2006 年春，建设中的青岛至莱芜高速公路在沂水县杨庄镇东西沟子村东北，与齐长城遗址相遇。公路原设计方案对"挡路"的齐长城遗址采取开挖或者覆盖。为保护齐长城，文物部门会同公路建设部门进行论证，并最终修改设计方案，增加 1250 万元投资，将原设计为中桥的路段变更为一座长300 多米的 15 孔大桥，使建成后的高速公路跨过齐长城遗址，避免了一次全国重点文物遭遇损毁的事件。《人民日报》的评论文章指出，从青莱高速公路的建设，暴露出中国对齐长城遗址保护缺乏科学、系统、全面的规划和措施，从中也反映了中国万里长城保护的现状不容乐观。

13. 2006 年 3 ~ 6 月，根据山东省文化厅的安排，山东省文物考古研究所张溯参加了由国家文物局组织的河北秦皇岛市长城资源调查试点工作。

14. 2006 年 6 月，国家文物局在河北秦皇岛召开"长城保护工程资源调查推进工作会议"，会议交流了河北、甘肃长城调查试点工作情况，并讨论修改《长城调查工作试点规范》和《明长城调查表及著录说明》等文件。

15. 2006 年 6 月 15 日，山东省人民政府办公厅印发《关于加强保护利用齐长城人文自然风景带的通知》。通知提出了保护利用齐长城人文自然风景带的指导思想、基本原则和主要措施。要求有关政府和部门要站在全局的高度，以对国家和历史负责的态度，充分认识到保护利用齐长城对传承中华民族优秀传统文化、繁荣山东旅游事业、促进山东经济社会协调发展的重要意义，进一步增强责任感和紧迫感，切实做好齐长城人文自然风景带的保护利用工作。

16. 2006 年 8 月 20 日，国家文物局"长城保护工程项目管理组"发出《关于进一步完善〈长城资源调查工作方案〉的函》，对方案内容提出具体要求。

17. 2006 年 9 月，山东文化厅责成省文物考古研究所，根据秦皇岛会议精神，以及国家文物局"长城保护工程项目管理组"完善《长城资源调查工作方案》要求，《山东省齐长城资源调查工作方案》进行了两次修改，重新上报国家文物局。

18. 2006 年 10 月，温家宝总理以国务院第 476 号令公布《长城保护条例》，这是针对长城保护与利用中的突出问题，专门制定的一部行政法规，强调对长城实行整体保护，分段管理，明确长城所在地人民政府的责任。条例规定了长城保护总体规划制度，规范了长城利用行为。

19. 2006 年 10 月，国家文物局《关于山东省齐长城普查工作方案的批复》，原则同意所报工作方案，并提出具体修改意见。随后，山东省文物考古研究所编制了《山东省齐长城资源调查工作经费预算报告》上报省文化厅。

20. 2006 年 10 月 11 日，国家文物局在山海关召开《长城保护条例》学习研讨会，及山海关长城修复工程现场会议。山东省石刻艺术博馆馆长、文化厅文物处副处长（兼）王永波出席会议。

21. 2006 年 12 月，国家文物局和国家测绘局联合发出《关于合作开展长城资源调查工作的通知》。双方决定利用各自优势，联合长城沿线有关省（市、区）的文物和测绘部门开展长城资源调查和明长城地理信息审核、发布等工作。

22. 2007 年 2 月，国家文物局和国家测绘局联合在北京召开"全国长城资源调查工作会议"，部署长城资源调查下一阶段工作，讨论长城资源调查总体工作方案和调查管理办法。

23. 2007 年 2 月，根据山东省文化厅安排，山东省文物考古研究所与山东省国土测绘院共同修订了《山东省齐长城资源调查工作方案》，增添了联合调查的工作内容，明确了文物系统和国土测绘系统各自承担的责任。编制了"山东省齐长城资源调查"大遗址保护专项经费项目申请书。

24. 2007 年 3 月，国家文物局和国家测绘局在北京居庸关举办"长城资源调查与测量领队培训班"。山东省文物局倪国圣、兰玉富，山东省文物考古研究所李振光、张溯，山东省国土资源厅三人参加了培训。系统学习了《长城资源调查工作手册》《长城保护条例》《长城保护工程（2005—2014 年）总体工作方案》《全国重点文物保护单位记录档案工作规范（试行）》《长城资源调查工作的总体方案》，以及相关工作规程、测量方法、技术规范、标准和资料管理制度。参加了野外调查模拟训练，为今后的调查工作打下了基础。

25. 2007 年 4 月，中国文物研究所副所长、长城保护工程管理小组组长荣大为、副组长杨招君一行五人来山东，考察了济南、泰安、沂水和黄岛等地的齐长城，佟佩华、李振光同志陪同考察。4 月 16 日山东省文化厅在济南召开"齐长城保护工作座谈会"，邀请国家文物局《长城保护、管理、研究现状调查及对策研究》课题组的同志参加会议。会议传达了国家文物局"长城保护工作座谈会"精神，邀请"长城保护管理和研究现状调查及对策研究"，课题组负责人成大林做了长城保护管理和研究现状的专题讲座，齐长城沿线各地文物主管部门介绍了长城保护管理现状及存在的问题，会议决定成立齐长城保护利用工程工作领导小组。

26. 2007 年 5 月 20 日，山东省文化厅文物处接济南市长清区文化（文物）局报告，称济菏高速齐长城遗址旱桥下，发现农民取土，对墙体构成威胁。5 月 26 日，山东省文化厅派王永波会同济南市文物局、长清区文化（文物）局赴现场调查处理。鉴于群众取土的随意不确定性，提出了修建块石护坡的建议。经山东省文化厅核准后，拨付 10 万元抢险资金，由长清区文化（文物）局负责实施。2 个月后护坡工程完成，通过验收。起到了很好的保护作用。

27. 2007 年 7 月，国家文物局召开"银川长城资源调查工作座谈会"，长城沿线十四个省、市、自治区相互交流了工作开展情况和存在问题。"长城项目组"就目前应注意的问题做了重点说明。国家文物局财务处同志对经费使用和管理提出要求。国家文物局文物保护与考古司领导也对今后工作提出要求。

28. 2007 年 8 月，国家文物局在沈阳召开"明长城资源调查阶段性工作会议"，总结前一段工作情况，统一调查记录规范，研究和部署长城资源调查报告编写工作。

29. 2008 年 3 月，召开了由国家文物局、国家长城资源调查项目组、国土资源局、国家测绘局领导出席的"长城资源调查"动员会。

30. 2008 年，山东成立了齐长城资源调查领导小组和办公室（项目组），山东省文化厅分管领导任组长；山东省文物局副局长王永波、山东省文化厅计财处处长叶健任副组长；山东省文物局文物处处长倪国圣、山东省文物考古研究所所长郑同修和齐长城沿线各市文化局、山东省文物局负责同志为领导小组成员，以便于协调工作。办公室（项目组）主任由王永波担任，倪国圣、佟佩华任副主任，兰玉富、王攀、孙博、李振光为成员。下设两个调查工作队，由省考古所副所长佟佩华（因故未参加）、研究室主任李振光任总领队。

31. 2008 年 4 月，国家文物局批复《京沪高速铁路跨越齐长城遗址保护方案》（长清区境内，文物保函〔2008〕296 号）。

32. 2008 年 10 月 19 日，山东省文物局副局长王永波率文物专家组考察了输气管道穿越胶南段齐长城工程现场，审查通过了"钢管深地顶进"的施工方案，并上报国家文物局审批。

33. 2008 年 10 月 11~16 日，山东省文物局在长清举办齐长城资源调查培训班。国家长城项目组杨招君到会讲解调查工作要求。对齐长城调查工作队、齐长城沿线市、县的分管领导和专业人员，就齐长城概况、调查工作方案、各种规范、登记表格、汇编系统等进行了全面的培训，安排了野外实习。

34. 2008 年 10 月 16 日，山东省文物局副局长王永波在长清主持"齐长城野外调查工作"启动仪式。济南市和长清文物部门的负责同志和培训班全体人员参加启动仪式。并在仪式结束后，实地勘察测量了该段齐长城。

35. 2008 年 12 月 6 日，受山东省政府高速公路工程协调会议的委托，山东省文物局副局长王永波、文物处处长倪国圣率专家组赴临朐"青临高速"穿越齐长城主、复线地点进行现场调研，论证工程设计方案。审查通过了"主线隧道穿越方案"；否决了复线开挖方案，要求设计部门按照《长城保护条例》的要求，重新编制施工方案，确保齐长城复线本体安全。

36. 2008 年 12 月 15 日，齐长城资源调查队李振光、张溯、张艳群、程留斌、魏健、朱彤、长清文化局文物科马前伟等赴长清，正式展开齐长城田野调查测绘工作。为规范测量、记录、绘图等各项工作程序和标准，两个调查队统一行动。

37. 2008 年 12 月 25 日，山东省文物局副局长王永波与文物局文物处处长倪国圣，陪同国家文物局专家组再度赴临朐"青临高速"穿越齐长城主、复线地点进行现场考察。

38. 2008 年 12 月 25 日，两支齐长城资源调查队开始分开作业：李振光、程留斌、魏健三人赴肥城，与肥城县文管所王新华为一队，调查肥城段长城；张溯、张艳群、朱彤、马前伟为二队，调查长清区的漩庄以东至三岔山段长城。

39. 2008 年 12 月 26 日～2009 年 1 月 5 日调查肥城复线长城，西侧起点向西延伸至莲花山。

40. 2008 年 12 月 31 日，《胶州至日照天然气管道工程水平定向钻穿越齐长城遗址施工方案》报送国家文物局。

41. 2009 年 1 月 3～13 日，调查齐长城长清主线与肥城复线交汇处的三岔山以东至长城铺西侧长城，长城南侧从三岔山至三界碑为肥城段长城，三界碑至五花岩山为岱岳区段长城。

42. 2009 年 1 月 15 日，第一阶段的野外调查工作结束。

43. 2009 年 3 月，山东省文物局文物专家组审查通过了工程部门重新编制的"青临高速"隧道穿越齐长城复线的设计方案，报国家文物局审批。

44. 2009 年 3 月 2 日，齐长城资源调查队分为两支队伍分赴长清、章丘开始新年度的野外调查测绘工作。一队由李振光、程留斌、王云鹏、朱彤作为主力队员。长清文化局文物科马前伟、泰山市文化局朱宏伟参加调查；二队由张溯、张艳群、王泽冰、魏健作为主力队员。历城区的张泽刚、岱岳区的陈奇参加调查。

齐长城资源调查一队对长清剩余段落、肥城、历城、莱城一部分、临朐、沂水、安丘、莒县、五莲部分进行调查，南侧对应的县市有岱岳区、泰山区、沂源县。

齐长城资源调查二队对章丘、博山、淄川、沂源、诸城、胶南、黄岛进行了调查，南侧对应莱城区、五莲等县区。

45. 2009 年 4 月 18 日，国家文物局、国家测绘局在北京八达岭召开明长城调查表彰大会和明长城调查数据发布会，山东省文物局副局长王永波出席会议。

46. 2009 年 5 月 21 日，受国家文物局委托，中国长城学会常务理事成大林和中国国家博物馆原考古部主任信立祥考察了临朐县高速公路复线将要通过齐长城的遗址现状和地理环境。

47. 2009 年 5 月，《青州至临沭（鲁苏界）高速公路通过齐长城遗址保护方案（主线)》获国家文物局批复（文物保函〔2009〕621 号）。

48. 2009 年 6 月 5 日，山东省文物局下发《关于开展齐长城沿线环境治理工作的通知》（鲁文物〔2009〕75 号），要求齐长城沿线各地对辖区内齐长城两侧范围内的各类工程建设及地貌现状进行调查摸底，编制调查报告，制订整治计划和具体工作方案。

49. 2009 年 6 月，山东省文物局原则同意山东液化天然气（LNG）工程在胶南市六旺镇孙家沟南侧穿越齐长城遗址工程方案（鲁文物〔2009〕85 号），并转报国家文物局。

50. 齐长城资源调查一队的工作进度：

2009 年 3 月 5 日，长清段齐长城 40 个测量段的调查测绘全部结束。

3 月 18 日，历城段齐长城调查测绘工作结束。

　　3月19日，山东省文物局副局长王永波、文物处处长倪国圣，济南市文物局局长崔大勇、副局长于茸及历城文化局负责人，参加了当日的调查测绘，并听取工作汇报，提出工作要求。

　　3月19~23日，调查仲宫镇南的三条山谷的寨堡、烟墩、烽燧的分布情况。

　　3月24日~4月4日，对山东大学在第三次文物普查中发现的莱芜北部山区的"石墙""石寨"进行了测绘、调查，莱芜市文物管理委员会郭晓东、刘国柱参加了调查。调查队认为莱芜山区的"石墙""石寨"为石块干砌，墙体很窄，及分布情况与齐长城的墙体结构、构筑方式、用材等，都有着明显的区别，是周代以至民国不同时期的设施，不属于周代长城。4月3日，山东省文物局副局长王永波代表文物局领导到现场检查工作并慰问调查队员。

　　4月5日，开始临朐段的调查工作，至5月24日结束。

　　5月24日，开始调查沂水穆陵关线长城，由梓根腿东岭与长城主线交叉处至与莒县交界的三楞山与长城主线交汇点处。由三楞山顶主、复线交汇处墙体痕迹分析，南侧的穆陵关线为齐长城复线，北侧沂水与安丘交界处的长城为齐长城的主线，不同意《齐长城》的以穆陵关线为主线的观点。

　　6月2~21日，调查沂北部的长城主线，分为两部分：临朐大关村东太平顶山至城顶山段，该段为沂水安丘交界；沂水东部的城顶山至三楞山与南侧穆陵关线复线汇合。

　　6月23~26日，调查莒县段长城，莒县博物馆王健参加了调查。

　　6月30日转点至五莲，至7月26日调查结束。五莲县博物馆的郑德阳同志参加了调查。

　　51. 齐长城资源调查二队的工作进度：

　　2009年3月4~28日完成章丘段的齐长城调查工作，章丘市文物管理所的孙涛同志参加了调查。

　　4月8~17日，对淄博市博山县段进行了调查，博县文化局副局长王予幻参加了全线的调查工作。

　　4月21日~5月5日，对淄博市淄川区的四座山的聚峰风景区至太平山段长城进行了调查。博山文化局的王予幻、淄川区文物局的刘德宝同志参加了调查工作。

　　5月8~31日，对莱城区青石关长城进行了调查。以青石关为中点，沿山势分别向东、西两个方向，寻找与长城主线的相接点。莱芜市文物研究室的郭晓东、博山文化局的王予幻同志参加了调查。

　　6月3~9日，对沂源县的太平山以东至核桃崮进行了调查。沂源县文物管理所的杨雷同志参加全线的调查工作。

　　6月13~25日，对胶南市的史家夼以东至长城村进行了调查，胶南市博物馆的纪中良同志参加了调查测绘工作。

　　6月26日~7月13日，对青岛市黄岛区的长城进行了调查测绘，从长城村以东至于家河齐长城的终点（长城入海口）。黄岛区文物管理所的李居发同志参加了全部调查工作。

　　7月15~26日，对诸城市的齐长城进行了全面的调查测绘，从史家夼以西至龙湾头。诸城市博物馆的邴晓东同志参加了调查测绘工作。

　　52. 2009年7月28日，两支调查队伍分别从诸城、五莲撤回济南。至此，齐长城线路部分的调查测绘工作全部结束。调查队转入室内资料整理。

　　53. 2009年9月，《山东液化天然气（LNG）项目输气干线工程穿越齐长城方案》获得国家文物局批复（文物保函〔2009〕1148号）。

　　54. 2009年10月16日，国家文物局在西安组织召开长城资源调查工作会议，15个省（自治区、直辖市）参加。山东省文物局兰玉富科长做了《齐长城资源调查工作汇报》，山东省文物考古研究所李振光汇报《山东齐长城调查的几点想法》。

　　55. 2009年10月28日，国家文物局下发《关于印发〈童明康同志在长城资源调查工作会议上的讲话〉的通知》（文物保函〔2009〕1273 号），要求各级文物行政部门认真贯彻落实讲话要求，全力推进长城资源调查工作。

56. 2009 年 11 月，李振光陪同全国长城项目组的专家荣大为、杨招君、刘文艳等，对山东大学三普调查时在莱芜发现的"石墙、石寨"进行了考察，认为不属于长城的范畴。

57. 2009 年 11 月 16 日，山东省文物局下发《关于下达齐长城保护总体规划及保护工程方案编制任务委托书的通知》（鲁文物〔2009〕191 号），委托山东省文物科技保护中心承担齐长城保护总体规划及保护工程方案的编制任务。

58. 2010 年 2 月 5 日，国家文物局下发《关于做好长城资源调查数据转填〈第三次全国文物普查不可移动文物登记表〉的通知》（办普查函〔2010〕75 号）。

59. 2011 年 2 月 10 日，国家文物局下发《关于印发〈长城资源调查档案工作规范（试行）〉和〈长城资源调查报告编写体例（试行）〉的通知》（文物保函〔2011〕111 号）。

60. 2010 年 3 月 15 日，国家文物局下发《关于近期长城保护有关工作的通知》（文物保函〔2010〕147 号），要求各级文物行政部门组织力量编制"十二五"期间长城保护总体工作计划，推进长城资源调查工作，加强长城保护管理。

61. 2010 年 3 月 19 日，山东省文物局召开齐长城保护总体规划和保护工程方案编制工作协调会，布置"十二五"期间齐长城保护工程总体工作计划编制工作。

62. 2010 年 3 月，国家文物局批复《青州至临沭（鲁苏界）高速公路通过齐长城遗址保护方案（复线）》。

63. 2010 年 3 ~ 4 月，对调查测绘材料进行了室内集中整理工作。对系统表格进行了审核、完善，对表格要求的 GPS 测绘点、长度等测绘数据进行了审核校对，对表格材料进行逐项核对，完成每段及单项遗迹的平剖面图的 CAD 线图的制作及系统插入工作，完成全线平面图的 CAD 制作与连接。根据要求将每段或单项遗迹的照片、录像与导出表格一起做单个文件夹存储，完成表格中的图片、录像的插入工作。基本按要求完成了项目组要求的系统填写录入工作。

64. 2010 年 5 ~ 6 月，齐长城资源调查队对长城沿线发现的寨堡遗存进行了全面测绘。运用 GTS 和 GPS 相结合，对寨堡的平面、剖面、墙体及内部残存房屋进行了全面的测绘，并完成了 CAD 制图，填写登记表。

65. 2010 年 11 月 16 日，国家文物局召开 2010 年长城保护工作会议，回顾总结 2010 年"长城保护工程"各项重点工作进展情况，部署"十二五"期间长城保护工作任务。

66. 2011 年 1 月，国家文物局批复《新建铁路青岛至连云港铁路工程穿越齐长城方案》（文物保函〔2011〕18 号）。该工程在山东省胶南市黄山经济区大报屋村北穿越齐长城遗址。

67. 2011 年 2 月 10 日，国家文物局下发《关于印发〈长城资源调查档案工作规范（试行）〉和〈长城资源调查报告编写体例（试行）〉的通知》（文物保函〔2011〕111 号）。

68. 2011 年 4 月 27 日，国家文物局召开 2011 年长城保护工作会议暨长城保护规划编制研讨会，全面部署 2011 年长城保护的各项重点工作任务，国家文物局副局长童明康出席会议并做了重要讲话。山东省文物局倪国圣、兰玉富，山东省文物考古研究所李振光参加了会议。

69. 2011 年 5 月 6 日，国家文物局下发《关于 2011 年长城保护工作的通知》（文物保函〔2011〕1042 号），要求长城沿线各级文物行政部门提高长城保护意识，整合资源调查成果，推进"四有"工作，编制长城保护规划，开展抢救保护工程，加强日常监测管理。

70. 2011 年 5 月 19 ~ 25 日，李振光、张艳群携带调查材料前往汶上南旺考古工地，对资料进行整理，迎接省内对项目的检查。

71. 2011 年 6 月 15 日，国家文物局下发《关于开展长城认定工作的通知》（文物保函〔2011〕1159 号），开展长城认定工作。

72. 2011 年 6 月 26 日，山东省文物局组织专家对齐长城调查材料进行省内验收工作。专家组成员有蒋英炬、孙博、王守功等。专家给提出宝贵的修改意见，齐长城调查队根据整改意见进行检查修改。

73. 2011 年 9 月 2 日，李振光、张溯、张艳群三人前往临淄工作站，开始资料的整理、系统检查、报告的编写工作。

74. 2010 年 11 月 16 日，国家文物局召开长城保护工作会议，回顾总结 2010 年 "长城保护工程" 各项重点工作进展情况，部署 "十二五" 期间长城保护工作任务。

75. 2011 年 11 月 11 ~ 13 日，国家文物局组织专家组在济南翰林大酒店对齐长城调查整理资料进行验收。国家文物局文物保护与考古司世界遗产处处长黄晓帆带队，专家组成员有吴家安、杨招君、张文平、程广治。12 日全天现场查看长清 1 段（广里段墙体）和长清第 36 段（定头崖西段长城）长城。13 日在翰林大酒店 6 楼会议室，专家组对山东齐长城调查资料进行了验收，认为：1. 山东省文物局提交的秦汉及其他时代长城资源调查资料完整，提供各类调查登记表 288 份，与调查对象对应。2. 根据验收规定，专家组抽检了各类登记表 41 份，抽检率为 14%，山东省调查登记工作全面细致，符合《长城资源调查工作手册》的要求。3. 山东省秦汉及其他时代长城资源调查资料符合验收标准。提出了主要存在的问题："自然与人文环境" 栏的描述局部区域特征不够突出，CAD 示意图需要明确前后段落间的关系。建议对以上存在问题进行完善，使其符合规范要求。验收结论：专家组认为山东省秦汉及其他时代长城资源调查资料合格，建议国家文物局通过验收。

76. 2011 年 11 月 22 日，山东齐长城资源调查材料电子材料正式报送长城资源调查项目组。

补　记

《管子学刊》2013 年第 2 期刊载王永波、王云鹏：《齐长城的人字形布局与建制年代》；2015 年 8 月 28 日，第 22 届国际历史科学大会淄博卫星会议在淄博万豪大酒店开幕。王永波发表了《齐长城始筑年代及相关问题的在考察》；张华松发表了《济南齐长城的几个问题》，刊于齐文化博物院：《蹴鞠与齐文化——第 22 届国际历史科学大会淄博卫星会议文集》，文物出版社，2019 年。

附记

莱芜牟汶河南侧山地石构遗迹调查

一 问题的提出

莱芜市进行第三次文物普查时，发现在莱芜市南、牟汶河南侧山地丘岭地带的山顶上，分布有较多的石构遗迹，西起莱城区南白塔村重崖寨，经过曹家省庄北山、刘家省庄北山、云台山、峪门山、积家庄东山、尖顶山、五龙庄北山和南山、官庄西山、团山东山、赵家林西山、老君堂东山、埠东南沟，东至钢城区古墩村北，东西总跨度长约40千米（图一三五九）。

当地有许多与齐国、鲁国相关的传说，齐鲁会盟的郏谷即位于峪门山南侧。绿凡崖村退休的邢老师用20多年时间对周围山上的石墙、寨堡进行调查，主张此类遗迹为鲁国长城，莱芜市第三次文物普查时也有这样想法。

2009年春天，齐长城资源调查队在济南历城区长城野外调查测绘时，得到莱芜发现鲁国长城的消息，如被证实，将是一项重大发现。既然我们承担了山东齐长城资源调查项目，有责任对莱芜新的发现进行初步调查和确定，如果是长城遗迹，需报国家长城资源调查项目办公室，列入全国长城资源调查项目。

二 调查过程

2009年3月24日，齐长城资源调查队转点至莱芜，对石构遗迹展开调查（图一三六○）。首先与莱芜市文物干部进行了座谈，了解石构遗迹分布情况、石墙特点，购买1∶10000纸质调查用图，从遗迹的西端开始调查。至4月4日结束。莱芜市文管会郭晓东、刘国柱参加了调查。

在西端的重崖寨，我们根据其砌筑寨堡用的方正石块、炮楼的方形射孔及寨堡内大量的晚期碑刻等分析确认，重崖寨寨堡时代较晚，百姓传说皆与抗战有关。由山顶向西南低岭及东侧山顶调查，皆未见长城痕迹。岭下中白塔村前有短的窄墙分布，石墙时代不清，或与寨堡没有联系。

为了进一步确定石墙、寨堡遗迹是否为鲁国长城，是否向鲁国方向延伸，我们决定从南白塔村重崖山向西富山、牛角山、徂莱山方向进行调查。山下访查百姓，说牛角山东侧有石墙至山顶；山顶有围墙，原日本鬼子修建；西侧山脚下有围壕。观察：石墙由东侧山根直上山顶，残存高度1米左右，山顶东侧高1米七八，宽度2米左右，有的部分墙侧曾挖沟至山石，宽度1米左

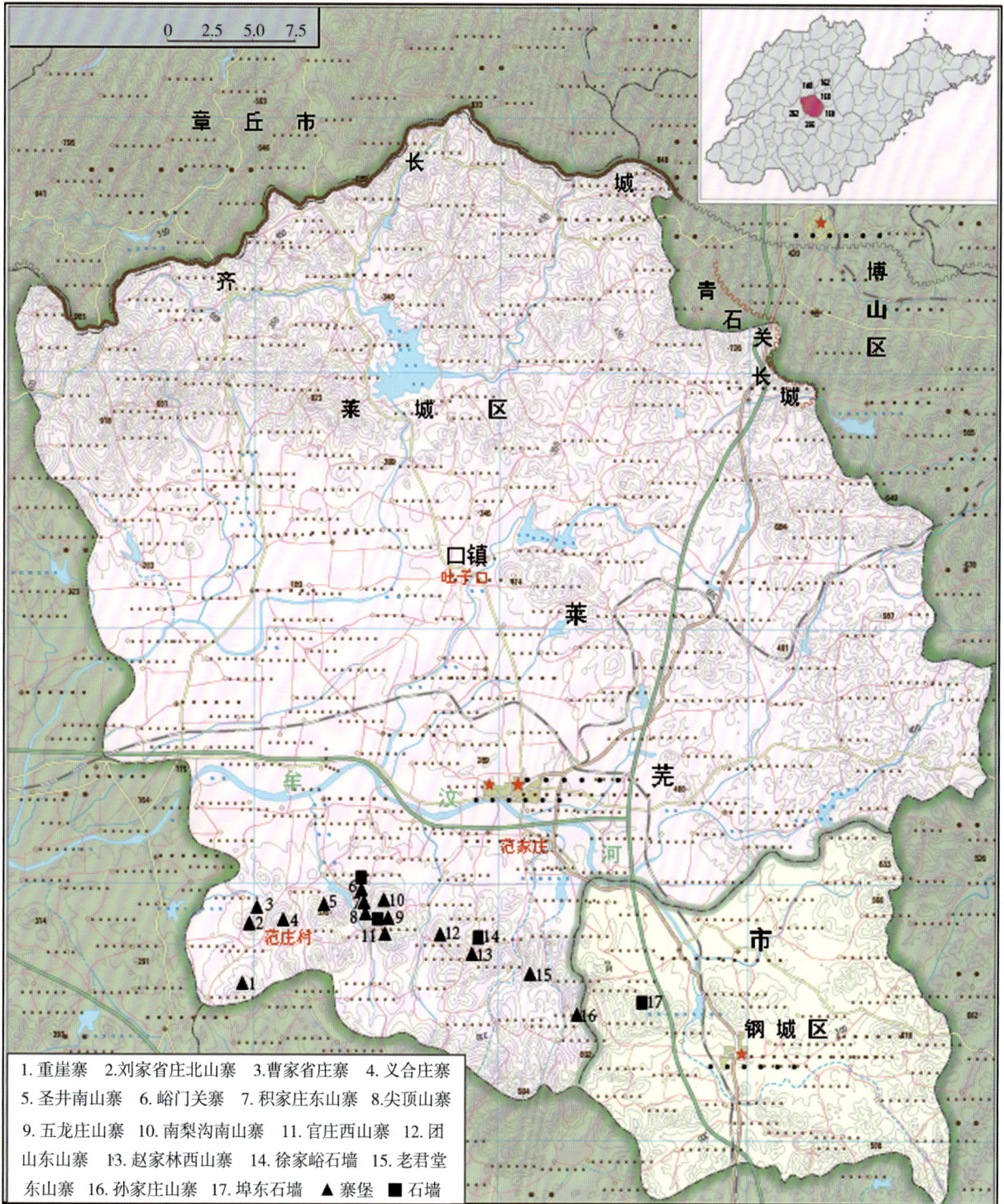

1. 重崖寨 2. 刘家省庄北山寨 3. 曹家省庄寨 4. 义合庄寨
5. 圣井南山寨 6. 峪门关寨 7. 积家庄东山寨 8. 尖顶山寨
9. 五龙庄山寨 10. 南梨沟南山寨 11. 官庄西山寨 12. 团
山东山寨 13. 赵家林西山寨 14. 徐家峪石墙 15. 老君堂
东山寨 16. 孙家庄山寨 17. 埠东石墙 ▲ 寨堡 ■ 石墙

图一三五九　莱芜长城与石构遗迹分布图

右。墙体大部分为乱石和土堆筑。山顶部分砌筑较好。南侧西侧围绕山顶砌筑。分析：山东坡长
墙和山顶围墙为同时修建，与西山下围壕同为整体防御。由山顶向西南调查，不见长城痕迹。向
东北富山方向调查，不见石墙痕迹。判断：莱芜部分石墙未向泰安化马湾方向延伸，不可能发展
到徂莱山。

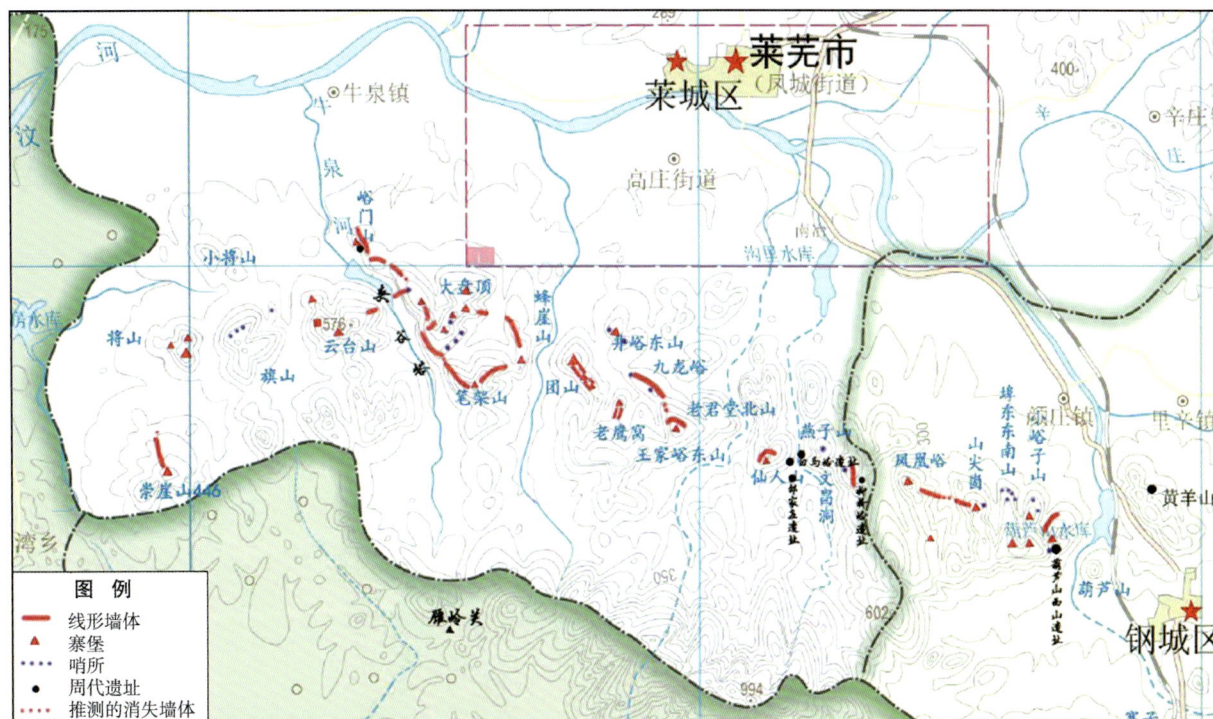

图一三六〇　莱芜石构遗迹平面形势图

此后，转而调查峪门山、积家庄东山寨堡、尖顶山寨堡、五龙庄古堡、团山、埠东石墙及寨堡，并对石头寨堡与石墙的性质进行了初步的判定，应为不同时期的遗迹，有许多为独立闭合的防御设施，而非长城遗迹。

回到室内整理报告时，我们根据卫星图片，将曹家省庄北山、刘家省庄北山、云台山、五龙庄南山、官庄西山、赵家林西山、老君堂东山、南梨沟南山寨堡，徐家峪南山的寨堡和石墙遗迹进行分析，作为前期调查的补充。

三　调查工作收获

1. 重崖山寨

位于南白塔村东约 400 米重崖山上，山顶南端呈尖角状，山的西南、东南为断崖峭壁，借助山崖陡势，没有修建寨墙（图一三六六、一三六八）；北坡斜缓，修建有寨墙（图一三六一），北墙东西较直，保存较好，东、西墙斜直，寨墙高大，底部宽厚，上部有垛墙（图一三六四、一三六七）。西墙的中部有炮楼，留有许多方形射击孔（图一三六二、一三六三）。北墙的西端有寨门，石门向北，外有小瓮城，出口门向西（图一三六五）；北墙的东端石墙随地势向北弧凸，似为角楼。炮楼、寨门用规整方形石块垒砌而成。寨内有小庙三，院内有碑五方，抗战纪念碑一，光绪十年、民国六年施财碑、1995 年重修庙碑，庙称碧霞祠（图一三六九）。由山顶向西南低岭及东侧山顶调查，皆未见长城痕迹。岭下中白塔村前有短的窄墙分布，石墙时代不清，与寨堡没有联系。

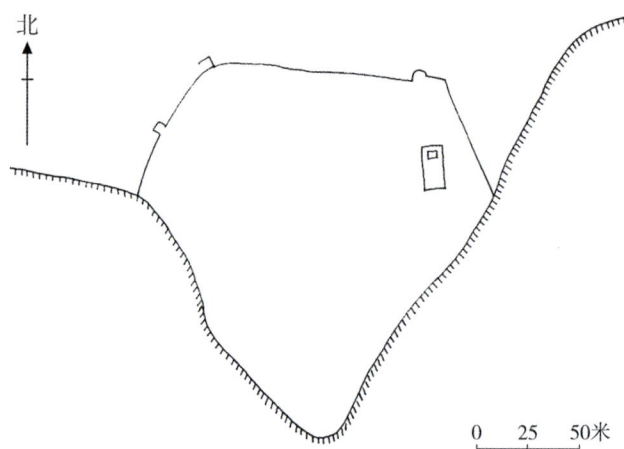

图一三六一　重崖山寨平面图

图一三六二　重崖山寨寨墙与炮楼（北—南）

图一三六三　重崖山寨炮楼（东北—西南）

图一三六四　重崖山寨东侧寨墙（西北—东南）

图一三六五　重崖山寨北门与瓮城（西—东）

图一三六六　重崖山寨西南侧断崖（南—北）

图一三六七　重崖山寨寨墙内侧（西南—东北）

图一三六八　重崖山寨东南侧断崖（西北—东南）

图一三六九　寨堡东侧小庙与石碑（南—北）

2. 刘家省庄北山寨堡

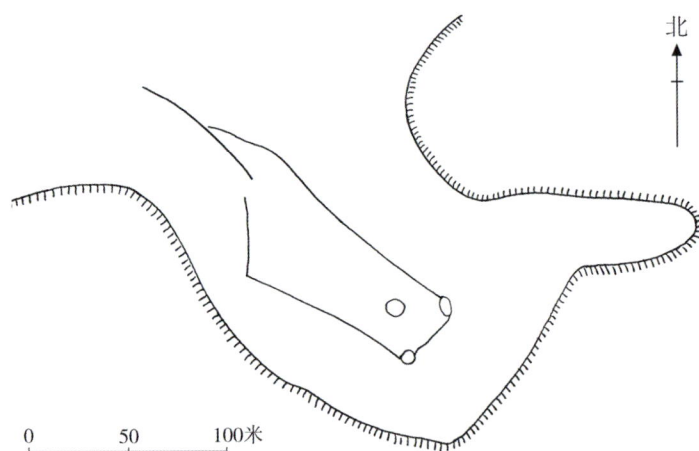

图一三七〇　刘家省庄北山寨堡平面图

位于刘家省庄北山上。西南约 4 千米为重崖寨。山顶向北沿山脊呈束腰长条形，长约 163 米（图一三七〇）。海拔 377 米。山顶有石头寨堡，分布在山顶及南北侧，山顶南侧呈长方形，东南—西北长 104 米、南端宽 36 米，东部的两个拐角处有圆形石屋。

3. 曹家省庄北山寨堡

位于刘家省庄北山寨堡西北约 650 米，山脊相连，海拔 352 米。寨堡沿山顶及北侧山脊、东南山脊分布，呈不规则的弧边三角形，南北长 190 余米，北端宽 35 米，中部东西宽 70 米，用石头垒砌围墙。内部，山顶有心形围墙，围墙内有石屋。其南北各有一道东西短墙，短墙的南北有石屋痕迹。外侧围墙闭合没有向山下延伸，应为山顶独立的寨堡（图一三七一）。

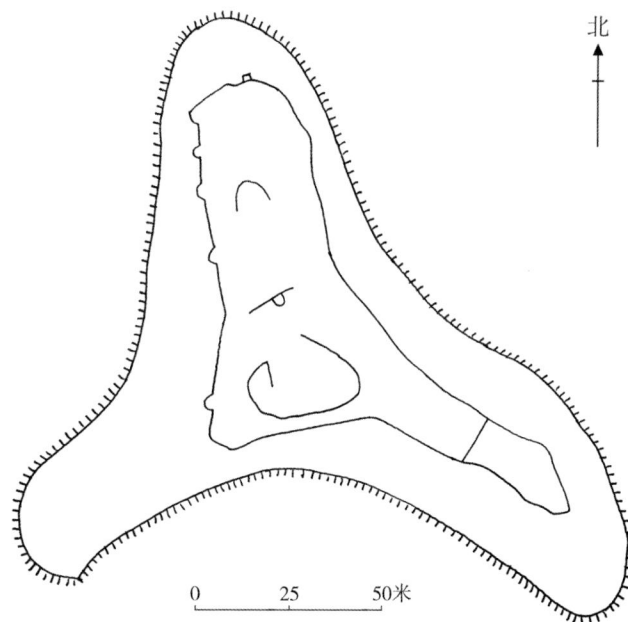

图一三七一　曹家省庄北山寨堡寨堡平面图

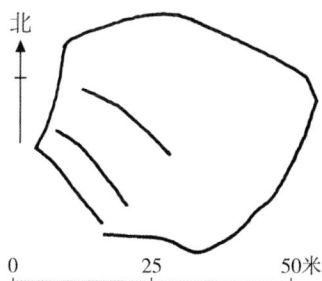

图一三七二　义合庄寨堡平面图

4. 义合庄南山寨堡

可能存在圆形石头寨堡，需现场踏查确认。周长约 175 米。海拔 277 米，似开垦山地形成的痕迹（图一三七二）。

5. 圣井南山寨堡

位于山顶及东北山脊，山顶似有寨堡。西北距刘家省庄北山 2 千米，海拔 461 米。其东 3 千米为云台山。云台山上有现代庙宇建筑，海拔 541 米，为附近最高山，东北 1.9 千米隔山谷与峪门山相对，东侧与尖顶山相对（图一三七三）。

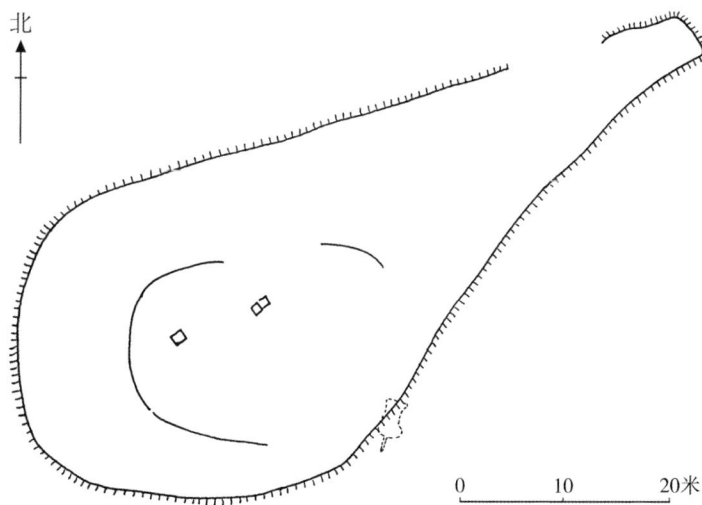

图一三七三　圣井南山寨堡平面图

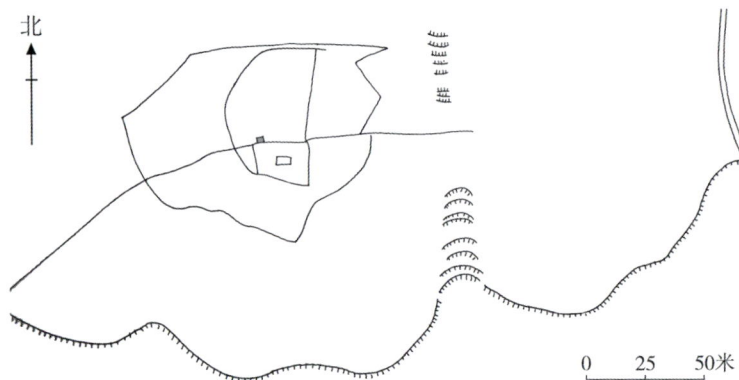

图一三七四 峪门山寨堡与石墙平面图

6. 峪门山寨堡与石墙

峪门山西侧隔山谷与云台山相对，这里是南北向延伸的长山脊，西侧山势陡峭，多为连绵的断崖，向东为低山。

寨堡和石墙遗迹分布在峪门山南北相连的三个山顶及山脊上，石墙从峪门山北山的西南山脚开始，沿山脊高处东南行，经山顶高处东行，过南侧两山鞍部高处沿峪门山山顶北缘东北行，至南侧山间小路处拐而东南行至峪门山南山山顶，墙宽0.9～1.1米，残高1米左右，长约1000米，用石块垒砌而成（图一三七四）。向西南为公路水库，对面云台山的下部为层层梯田，山上也没有发现对应的石墙痕迹。

寨堡分布在峪门山北山的山顶上。内侧寨墙呈圆形，在山的顶部，直径约100米，石墙从寨堡的南半部东西穿过，在山顶高处与长墙对应的有一道与之垂直的南北向石墙，将内寨分为四部分，在西南部有一东西长的长方形石屋基础，高1.8米左右；外侧寨墙呈不规则的五边形，南侧随地形呈锯齿状，外墙上面间隔25～50米修筑有一座石头屋子（疑为哨所）。周长600米，寨墙高1.7～1.8米，厚0.8～0.9米，用卵石块干垒而成，距地面0.2～0.3米有方形孔，可能为射孔（图一三七五～一三八二）。

图一三七五 峪门山外侧寨堡北墙（南—北）

图一三七六　峪门山外侧寨堡西侧石墙（南—北）

图一三七七　峪门山北山顶部石墙（北—南）

图一三七八　峪门山内侧寨堡石墙（北—南）

图一三七九　峪门山西坡石墙（南—北）

图一三八〇　峪门山和
北山间石墙（南—北）

图一三八一　峪门山
北侧石墙（南—北）

图一三八二　峪门山与
南侧山坡石墙（北—南）

7. 积家庄东山寨堡

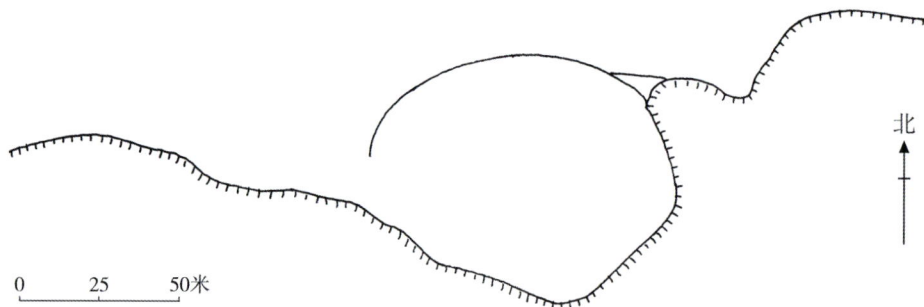

图一三八三　积家庄东山寨堡平面图

位于积家庄东山山顶，北距峪门山寨堡1200米。

寨堡呈圆形，直径106米，周长306米，石墙用卵石块干垒而成，宽1米左右，高0.5～0.6米。未见寨门。东北角有石墙向坡下延伸约40米至断崖处（图一三八三、一三八四）。

寨堡内未见房屋痕迹。

图一三八四　积石山北侧石墙（北—南）

8. 尖顶山寨上有山寨石屋

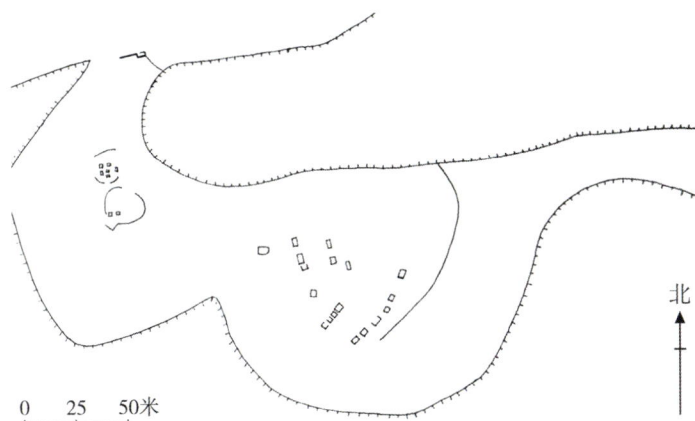

图一三八五　尖顶山寨堡平面图

位于尖顶山山顶，北距积家庄东山寨堡 600 米。西北为峪门山西侧公路和水库（图一三八五）。

从积家庄东山沿山脊向南，过两个小山就是尖顶山，为该地最高峰，山顶东北山脊窄处，修建有石墙、石块垒砌的寨门，顶部有石屋。山南侧缓坡上，有五排石屋，皆东西成排。石屋的南侧有石头围墙（图一三八六～一三九〇）。

尖顶山北侧小山山顶有石头房子，北侧残存有寨堡石墙。

图一三八六　尖顶山北坡寨墙（北—南）

图一三八七　尖顶山北侧寨墙（西北—东南）

图一三八八　尖顶山南侧寨墙（西—东）

图一三八九　尖顶山寨门（西南—东北）

图一三九〇　尖顶山南侧寨墙（南—北）

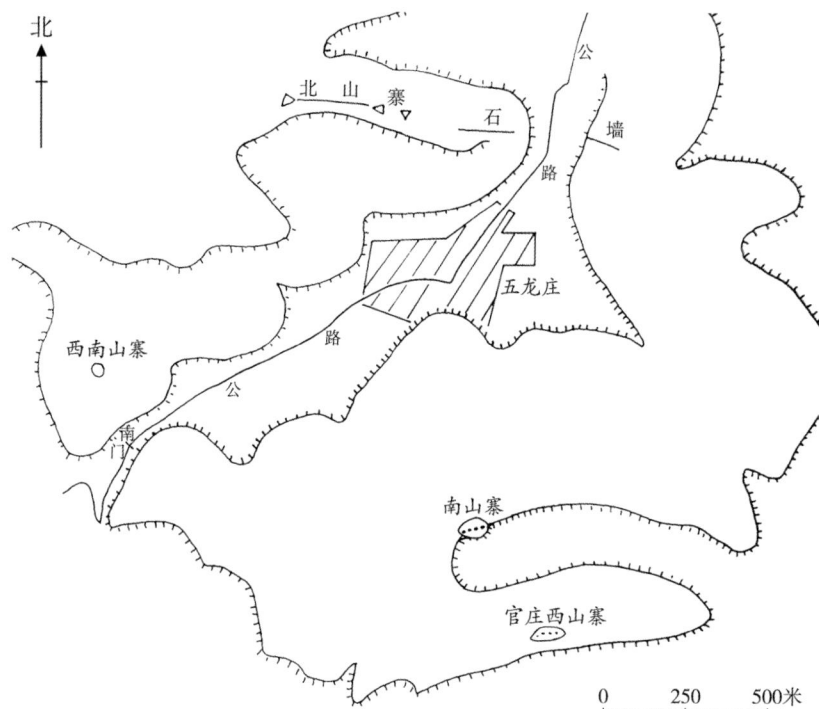

图一三九一　五龙庄山寨分布图

9. 五龙庄寨

寨堡分布在五龙庄村所处的东北—西南向山谷及两侧山岭上。古堡南门北距尖顶山寨堡1100多米。由寨堡北门、北门两侧山坡石墙、南门、北山寨堡3个及南山寨堡组成（一三九〇）。

五龙庄北路边柏树处是古堡的北门，向东有石墙通向岭顶下方，向西有石墙通往五龙庄北山寨堡东侧山脊，石墙东端略向南拐。村南岭子高处为南门，门道外侧有石板斜道向西南延伸，道宽1.5米左右。沿南门北侧山坡向北调查，南侧、西侧断崖处有石墙，宽0.95、高0.8～1.2米，为乱石垒成。北侧小山顶部有石砌围墙山寨，存残墙。再上北山东北行，山顶有石寨。

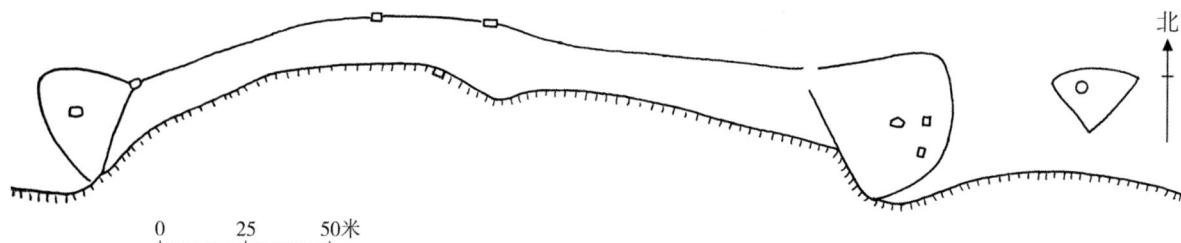

图一三九二　五龙庄北山寨堡平面图

　　五龙庄北山，从西侧山顶高处向东分布三个石寨，皆呈不规则三角形，其间有石墙相连（图一三九二），西侧石寨：周长115米，石寨中间有一圆形石屋，直径4米，石寨的三个角端及长墙的中间各有一外凸圆形石屋，东南墙的北端有石屋，似为寨门。向东有石墙沿山脊东行，长260米，石墙上有2座方形石屋凸出于石墙，长2米多。石墙的东端与中间石寨的西端相连，石寨周长165米，布局与设施结构同西侧石寨，寨门位于东墙的北端，外有弧形护墙；向东40米分布有东侧石寨，形状、结构、布局同前，周长仅80米。向东340米存有石墙，即五龙古堡北门西侧石墙。从南门沿山脊向南，上山顶即五龙庄西南山，有石寨，形状不规则，西南为断崖峭壁，沿山脊西南行1000米发现有石墙沿东北向山脊向五龙庄南山延伸至石寨，石墙长560米（图一三九四）。

　　五龙庄南山石寨：位于山顶，石墙沿山顶周围修建，呈不规则圆形，周长260米。山寨向东、东北至五龙庄村北东山石墙再没有发现石寨和石墙（图一三九三）。

　　初步测量，五龙山庄周围寨堡及石墙分布的周长约7.8千米。

访村中长者：古堡原石墙高2米左右，南门为券洞门。应为晚期城堡及山寨。古堡西侧绿凡崖村南北各有土台，传说为夹谷会盟处。五龙庄古堡由北门、向东西山坡延伸的石墙、北山三个寨堡及相连的石墙、西山的小型石寨、南门、西南山寨、南山寨堡及石墙组成（图一三九六～一四〇〇），五龙庄周边山岭的石寨、石墙范围很大，周长七八千米，其目的应该是守卫山谷内的居住活动的人群。由北门两侧石墙垒砌的整齐石块、百姓传说南门原有弓形门洞看，应为时代较晚的城堡类设施。

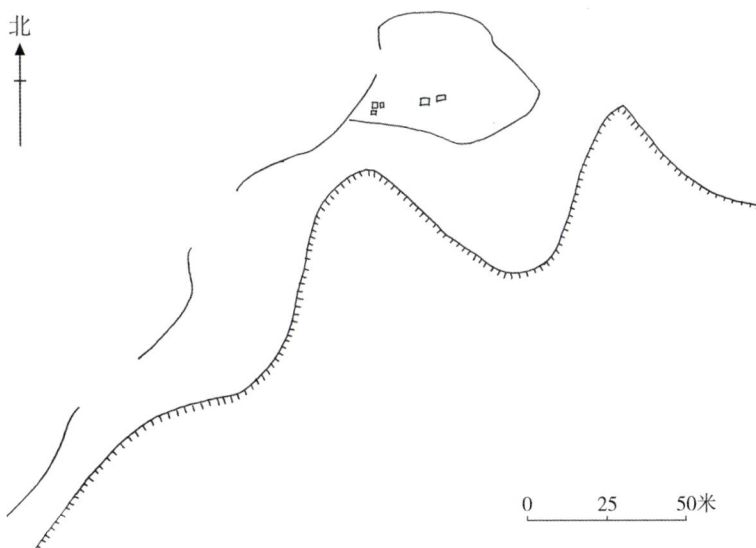

北

0　　25　　50米

图一三九三　五龙庄南山寨堡平面图

图一三九四　五龙庄村
北山口两侧石墙（西—东）

图一三九五 村南南门外石板路（西南—东北）

图一三九六 村南南门（西北—东南）

图一三九七　南门北山石墙（南—北）

图一三九八　北山西侧石墙（南—北）

图一三九九　北山寨堡（东北—西南）

图一四〇〇　北山寨堡石屋（东—西）

10. 南梨沟南山寨堡

位于南梨沟村南山，南距五龙山北山西侧山寨 540 米，位于小山的顶部，由该山寨向东北方向的山脊上还分布三个石寨，从西向东依次编号为南梨沟寨堡 1~4（图一四〇一）。

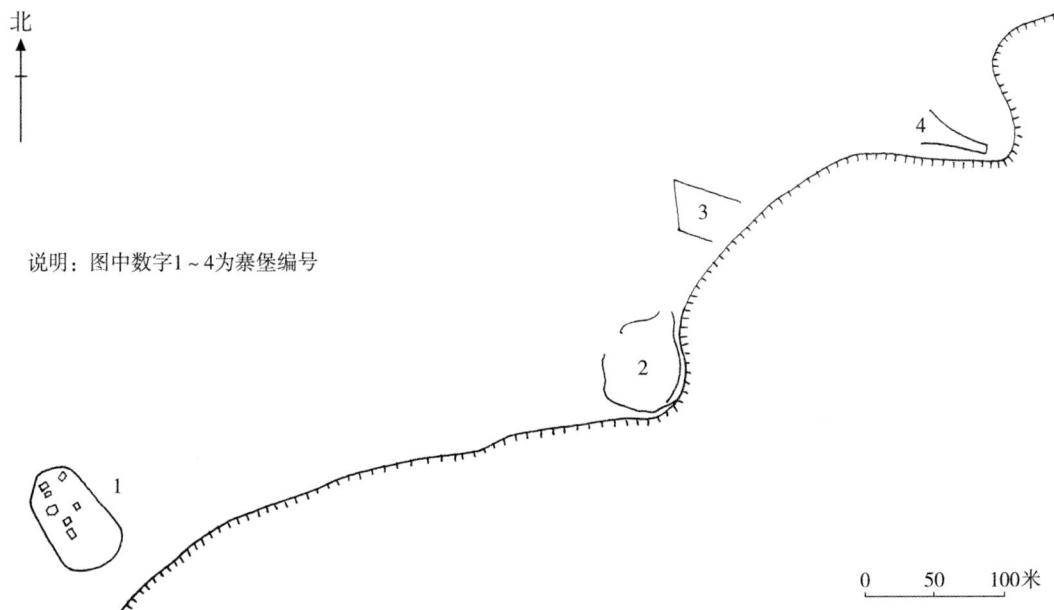

北

说明：图中数字 1~4 为寨堡编号

0　50　100米

图一四〇一　南梨沟寨堡平面图

寨堡一： 位于两条山脊交汇处的小山顶部，西侧为断崖，东南、东北为山沟尽头的断崖峭壁。山寨呈南北长椭圆形，南北长 89 米，周长 227 米，用石块垒砌寨墙。内部沿山顶分布四排方形石屋。山寨南侧 80 米低处，用石块垒砌一道东西向石墙，东西垒砌到断崖处，长 235 米，北侧山腰处垒砌一道弧形石墙，石墙的西南及东北两段砌筑至断崖处，长 300 余米。与南侧石墙相对应，形成对山寨的再次保护（图一四〇二）。

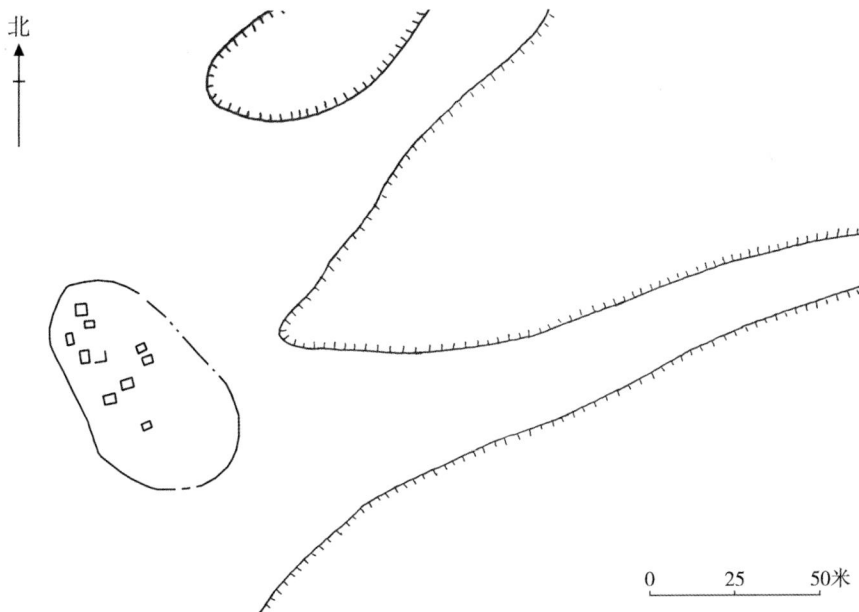

北

0　25　50米

图一四〇二　南梨沟南山一号寨堡平面图

寨堡二： 西北距一号山寨 380 米，平面略呈鸭梨形，南侧东侧皆为断崖，寨墙用石块垒砌，周长 236 米。

寨堡三： 西距山寨二 80 米，东南临断崖，呈不规则的四边形，周长 190 米。

寨堡四：周长206米，位于山脊紧邻山崖向外凸处，东西南临断崖，平面略呈右向横卧的几字形，西侧寨墙消失。寨墙用石块垒砌。四个山寨应为共同的防御体，东北山脊上的三个小型山寨应为防御长山脊来人而设置的。

11. 官庄西山寨堡

位于官庄村西北侧山顶上，与北侧山脊上的五龙庄南山寨堡隔山相对，沿山脊分布，呈东北—西南的长条形，周长450米，内分布三排石屋（图一四〇三）。没有石墙向外延伸。

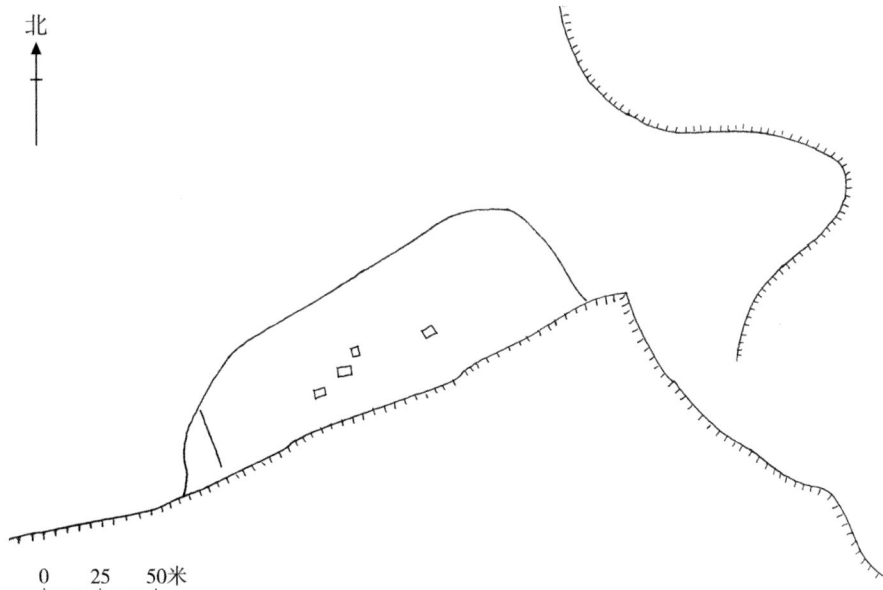

图一四〇三　官庄西山寨堡平面图

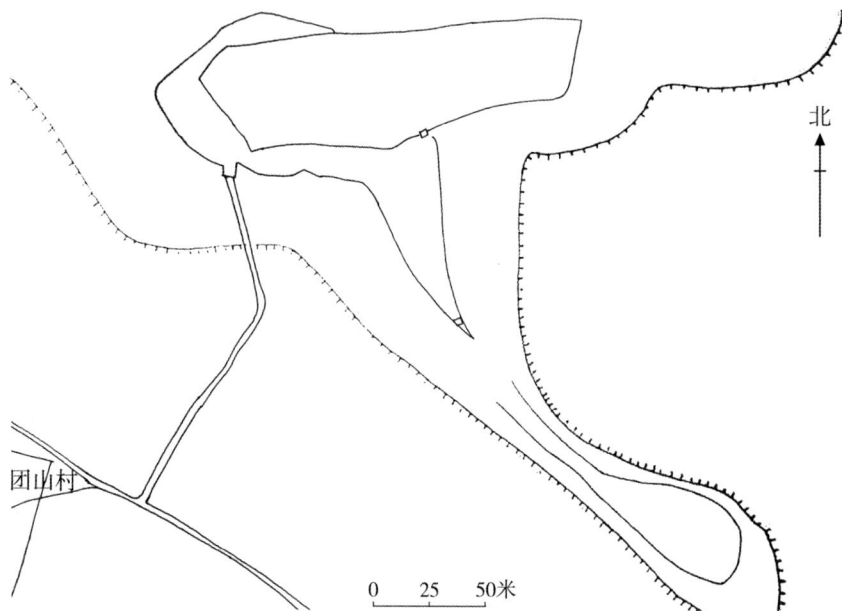

图一四〇四　团山东山寨堡平面图

12. 团山寨

寨堡位于团山村东山上，分布在团山村东山顶及其东南侧山顶、东南长山脊及山脊东端小山山顶上。

从团山村东团山西山根开始调查，团山西坡无墙体。团山顶部有山寨，由山顶的大寨堡和东南山顶的小寨堡组成（图一四〇四）。

山顶大寨堡：分布在团山东山顶，顺山顶地势呈弧曲状。由内寨、外寨组成。

内寨位于山顶部，呈

西南东北向，略称长方形，由西南和东南寨门、围墙、山顶石屋组成。西南寨门位于外寨寨门内侧高处十几米，门东有方形石房对着山门，石房向东有石墙向东延伸至东南寨门。东南寨门位于山顶的东南端，为石券顶寨门，寨门北侧有方形石屋。东南寨门向西，寨墙高大，底部宽厚，有站墙、垛墙。内寨围墙闭合起来。寨内分布大量石屋，绵延分布有百余间石屋，中部两座，东南部成排分布，房子密集，南北三四排，皆为方形（图一四一〇～一四一四）。

外寨：由西南、东南寨门、围墙组成。西南寨门位于山顶西南角，砌筑于陡石之上，寨门南向。寨门东侧有方形房子。东南寨门位于东南侧延伸的山顶窄处。寨墙的西、北、东三面建造在山坡陡处；南侧寨墙的中段借助断崖峭壁，无石墙，东半段依山势向东南弧凸（图一四〇五～一四〇九、一四一七）。

东南小寨堡：顺山脊窄处再向东南，山脊两侧有石墙与山顶大寨堡外寨墙相连，向东顺山势而下，再向东上东侧小山顶，山顶有一方形小房子（图一四一五、一四一六）。

定性：团山顶部的寨堡以山顶大寨堡为主，双重寨墙，山顶成排石屋，规模大，防守严密。其东南寨门保存券顶门洞，门旁石屋用规整石块垒砌，南侧内寨墙保留有女墙，这些都说明其时代较晚。东南长山脊两侧围墙及东南山顶石屋、小山寨，实际是为守卫东南山脊而增加的又一重防御。团山寨堡的寨墙自我闭合，没有向山坡下延伸，应为独立的防御体。

图一四〇五　外寨西南门（西南—东北）

图一四〇六　外寨西南门内石屋（北—南）

图一四〇七　外寨北侧寨墙（西—东）

图一四〇八　寨内石屋（北—南）

图一四〇九　寨内石屋（北—南）

图一四一〇　内寨东南门及寨墙、石屋

图一四一一　内寨东南门内石屋（西—东）

图一四一二　内寨南侧寨墙（东—西）

图一四一三　内寨东南寨门外景（南—北）

图一四一四　内寨南墙（南—北）

图一四一五　外寨东南墙与东南小寨石墙（南—北）

图一四一六　东南小寨堡（西—东）

图一四一七　外寨东南门（东—西）

13. 赵家林西山寨堡

位于赵家林村西山山顶上，山顶部分呈东北窄的梯形，沿西南山脊呈长条状分布。南北端有寨门。山顶宽的部位有三四十座方形石屋。为独立的寨堡（图一四一八）。

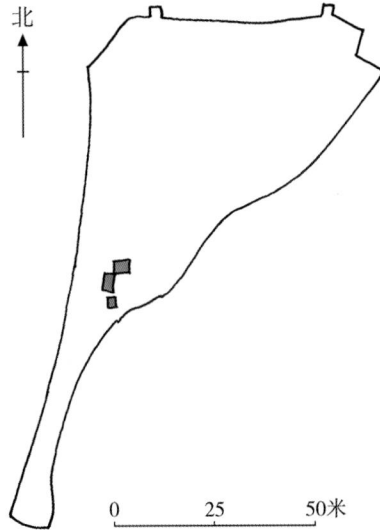

图一四一八　赵家林西山寨堡平面图

14. 徐家峪南山石墙

位于徐家峪村南 1 千米通向赵家林村道路两侧，石墙向西至山顶的东端断崖处，向东至东侧第二个山顶的西侧。调查确定，东西两侧的山顶寨堡存在（图一四一九）。

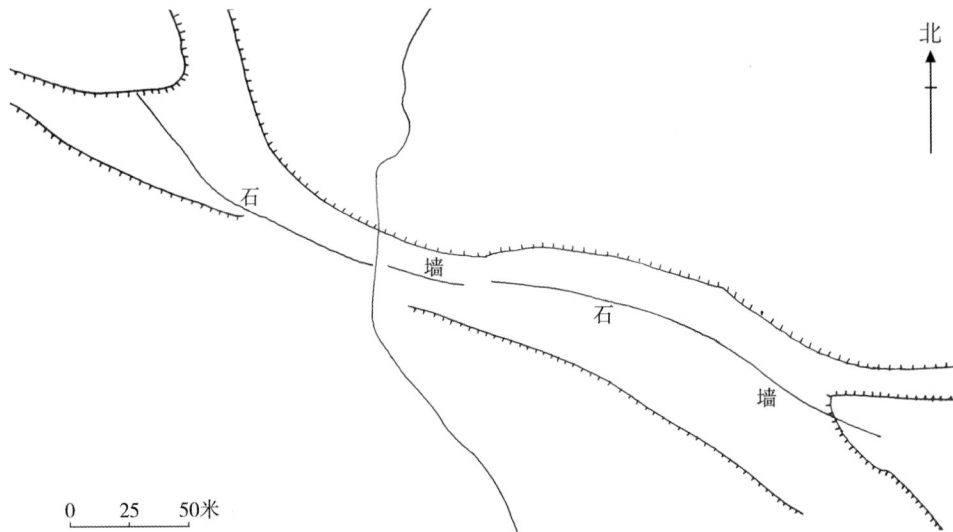

图一四一九　徐家峪南山石墙平面图

15. 老君堂东山寨堡

位于老君堂村东山山顶，石寨呈西南东北的长条形，周长 510 米，寨内分布三排方形石屋四十余座。为独立寨堡遗迹（图一四二〇）。

图一四二〇　老君堂东山寨堡平面图

16. 孙家庄山寨堡

孙家庄山寨堡位于老君堂山的东南，埠东石墙与寨堡的西南。山顶呈不规则的曲边三角形，四周断崖峭壁，山势陡险。山顶分布有石屋（图一四二一）。

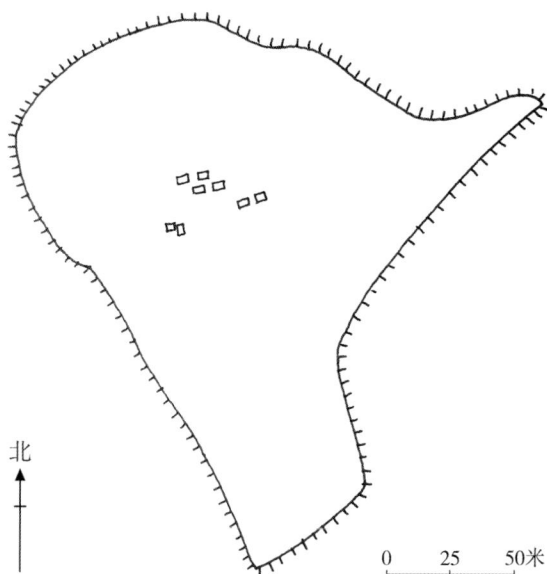

图一四二一　孙家庄山寨堡平面图

17. 埠东石墙及寨堡

位于埠东村南约 1.5 千米山谷及东山山顶。西距老君堂寨堡约 7 千米，西南距孙家庄寨堡约 4 千米。在山谷砌筑东西向石墙，谷底部分消失，东坡保存较好，墙体宽 2.3 米，残高 1~2 米，用大而厚的石块垒砌而成，石块大者长 1.7 米，厚 0.3 米，砌墙垒砌整齐，坚固结实，向东至山顶断崖处。西坡石墙残存痕迹至近山顶陡处，石墙长 440 米。东侧山顶有石寨：呈南北长的弧边三角形，周长 185米，寨墙转角处有圆形石屋外凸出石墙。中部有一圆形石屋。西北距离石墙 197 米。埠东石墙没有向两侧山顶及两侧延伸，石块大而厚，似为晚期所建（图一四二二~一四二八）。

北

石 墙

寨。堡

石 墙

路 道 公

石 墙

路

路

0 25 50 米

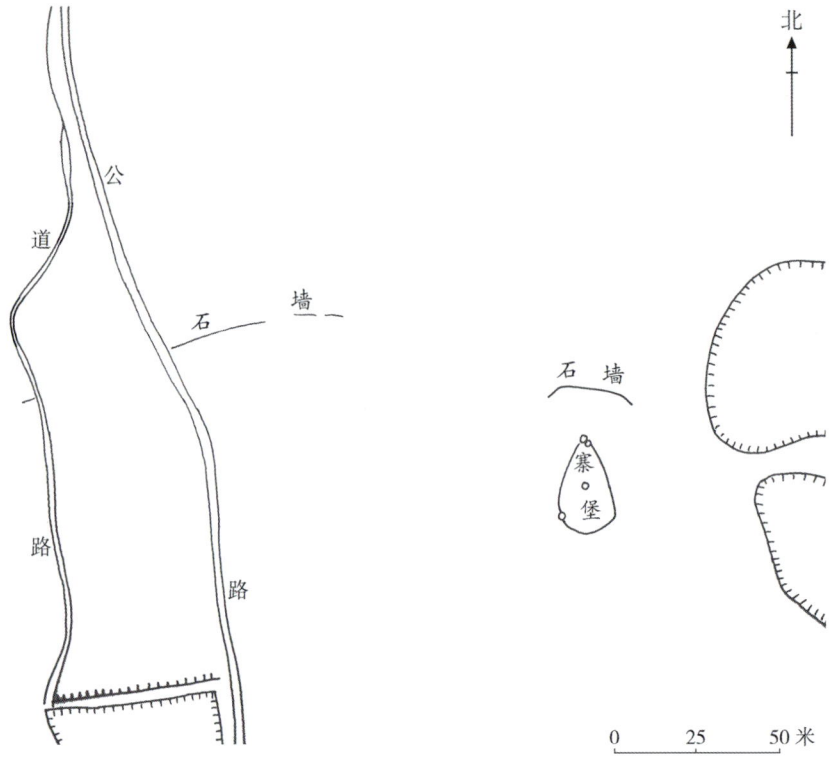

图一四二二　埠东石墙、山寨堡平面图

图一四二三　埠东东山坡石墙（西—东）

图一四二四　埠东东山坡
　　　石墙（西—东）

图一四二五　埠东东山坡
　　　石墙（西—东）

图一四二六　埠东东坡
石墙（北—南）

图一四二七　埠东西坡
石墙（东—西）

图一四二八　埠东西坡
石墙（东—西）

四 认识与思考

对调查发现的石墙、寨堡进行总结，在南白塔村的重崖寨寨堡到东部古墩村四十千米的范围，多为山顶分布的独立寨堡，如重崖寨、义和庄南山、曹家省庄北山、刘家省庄北山、积家庄东山、尖顶山、官庄西山、团山、赵家林西山、老君堂东山等。这些寨堡在山顶有围墙独立闭合，向两侧山下没有石墙延伸，为独立的山寨防御体。

峪门山有石墙向西南和东南延伸，但是与峪门山隔山相望的云台山东坡及其以西没有发现石墙分布；五龙庄村北石墙向东西两坡延伸，西侧与山顶石寨对应，五龙庄南山寨堡向西北延伸的石墙与石寨有着联系，为石寨防御的向外延伸，五龙庄村北和南山发现的石墙，与北山寨堡、南山寨堡联合起来形成共同的防御体系，它守卫的主体应为山谷内居住活动的人群。

埠东山谷及两侧发现有石墙，但石墙是用大而厚的石块垒砌而成的，墙体宽达 2.3 米，应为晚期石墙，也不同于东山山顶寨堡，石墙与寨堡可能为不同时期，石墙可能为晚期在山谷设立的关隘设施；而徐家峪南山的石墙，为在山谷设立的守卫石墙，没有向两侧延伸，与埠东石墙性质同。

齐长城墙体宽度多在 5～12 米，用自然石块垒砌，石块虽小，垒砌得坚固结实，以线形方式蜿蜒盘曲在山顶分水岭。莱芜南部山地发现的石墙与齐长城相比有很大的差别，宽度多为 1 米，用凌乱石块垒砌。多为独立封闭结构，与东周时期的长城性质不一样。唯埠东石墙较宽，达 2.3 米，是用宽而厚的大石块垒砌而成的。

寨堡又可划分为不同类型，大者如峪门山寨堡、尖顶山寨堡、团山寨堡、五龙庄南山、官庄西山寨堡、赵家林西山寨堡、老君堂东山寨堡，寨堡内有数十间石屋，其性质可能为大型的军事驻扎或者山寨类长期居住；小者寨墙内仅简单的一座或者二三座石屋，石墙上有外凸石屋，可能是哨所或临时防御类的设施。积家庄东山寨堡仅存一圈石墙，性质较为特殊。

寨堡的时代也不一致，部分寨堡的时代较晚：重崖寨寨堡的角楼用方形规整石块垒砌，留有方形射孔，与调查访谈相结合，应为抗战时期据点类设施；团山寨堡残存有券顶式门洞，石屋用规整石块垒砌，也是晚期寨堡；埠东山谷石墙，用宽厚的大石块垒砌，也是晚期产物。时代可能较早到东周时期的只有峪门山寨堡，据说在山顶中部方形石屋内清理出早期遗物，山顶也分布有东周时期陶片，但是峪门山寨堡北侧寨墙上的方孔，距离地面高度仅 20～30 厘米，更似晚期火器的射击孔，早期的弓箭无法放射。

另外石头遗迹仅分布在莱芜南侧东西 40 千米的区域，向东西没有延伸，特别是向西南的鲁国方向没有延伸，在南白塔村重崖山向西的富山、牛角山、徂莱山没有发现。

莱芜为鲁中战略重地，自古以来是兵家必争之地，在周汉以后的漫长历史里，这里发生了许多重大事件。就是近现代的义和团、抗日战争和解放战争这里也发生了许多大的战役。人们借助自然地势，利用山上石头垒砌防御用的石墙、石屋设施。而莱芜等地的鲁中南山区，又盛行土匪山寨文化，土匪占山为王，修筑山寨作为盘踞、守卫要地；山区的百姓也喜欢在山顶建造寨堡作为战乱时期的避难之所，平时在山下村里居住，兵荒马乱时候，结伙搬到山顶居住。

民国《莱芜县志·大事记》："咸丰十年（1860 年），捻匪数十万蔓延数省……是年九月，贼窜新泰，烽烟逼近，共议练团结寨以自保卫。十一年捻匪大至……数十万由济宁北窜，二月十一日至范家庄，孟国侨率民团御之，与贼距沟而阵……民团遂不能支，死伤大半……余众为圜阵以枪炮向外，且战且却，薄暮始溃围出。贼由吐子口东窜博山之防青石关者亦溃……城北一带悉遭焚掠。八月贼大股又至，十月贼复由邑北境西窜。是年贼入境凡三次。"

匪患如此猖獗，当地官民利用山地险要"结寨以自保卫"是顺理成章的事情。捻军的北侵，对章丘、莱芜、博山等地产生了重大影响，锦阳关、青石关一带的晚期长城即为防捻军所筑（详正文锦阳关长城、青石关关堡）。莱芜南部现代村落有两个"范庄"，其中"范庄村"在牟汶河南岸石构建筑的西部，与寨堡紧邻；"范家庄"在其中东端偏北位置，县志所记"吐子口"则在今口镇一带，是捻军骚扰最严重的地区，很可能这些石构建筑也曾起到防御、躲避捻军的作用。

对石墙、寨堡性质的判断，需要进行全面的分析和判断，不能笼统地把大量遗迹按一个时代归类，对其性质更无法简单地下结论。因此，莱芜牟汶河南侧东西向山地丘岭分布的石头遗迹应为独立的寨堡或无联系的石墙，其时代不一，虽然有周代遗迹，但存在数量较多的晚期寨堡或石墙，非长城。

补记

肥城市陶山、小泰山寨堡调查

2020 年 3 月 23、24 日，应肥城市文化和旅游局之邀，王永波、李振光与山东省古建筑保护研究院的程留斌、于军同志等，在肥城市文化和旅游局刘任力副局长、王新华馆长和当地村镇干部的引导下，对肥城市湖屯镇吕仙村陶山、小泰山新发现的石构遗迹进行了现场考察。

地方干部怀疑该石构遗迹是齐长城长清与肥城支线向西延伸。

陶山位于吕仙村的西南，为肥城市第二高山，是南北绵延的崮状顶山，海拔 502.2 米。山坡陡险，顶部四周悬崖峭壁，无法登攀。从最高峰的北侧东坡艰难上攀，在最高峰北侧山脊较窄处，一道高大的石块干砌的石墙呈现在我们面前。

石墙东西长 400 余米，东西两端直抵崮状山顶断崖边，将南端最高峰山脊分割成独立封闭的山寨。墙体顶部宽度约 3.2 米，残存高度 4~6 米，顶部的北侧残存部分女墙，未见垛口。在山脊高处，砌筑有石门，宽约八九十厘米，高 2 米有余，石门下为直墙，顶部石块叠涩而成。门西石墙南侧有登墙用的台阶状踏步。石墙是用大型石块垒砌而成的，在石墙东端和石门西侧，发现有开裂石头用的扁状楔子残孔。

李振光与刘任力、王新华爬至山顶，未发现房屋基础。下山后，据村书记介绍，在山顶南侧与南侧小山顶间，有七八座石头房子。由此推断，石墙是防守山顶目标而建造的，东西两侧及南侧以断崖峭壁作为天险，北侧用石墙防守，而用铁器开凿大型石块的时代较晚，应为晚期的石头寨堡遗迹。

第二天上午，我们对吕仙村东侧的小泰山山顶石头遗迹进行了调查。小泰山亦为崮状顶山，海拔465 米。向西与陶山相连。石头遗迹位于山顶南部。山的南端，有台阶窄路上山，残存山门，顶部原为弓状券顶。石门的北侧有石屋，为守护寨门房屋。北行，山的西侧山坡缓用石垒砌护墙。登巨石北行，小路两侧有对称石屋，可能为守护用房。再北行，东侧山顶有残存石屋十几座。在石屋的北侧，用大石块垒砌东西长石墙，南侧有踏步登上墙顶，石墙顶部宽 3 米多，高 2~5 米，东西总长约 700米，未见石门。结构同陶山石墙，也是用大石块垒砌而成的。应陶山寨堡同时期修筑的石头寨堡遗迹。

据说，陶山东侧远处的牛山山顶也有石头遗迹，未去调查。性质可能同陶山、小泰山。陶山、小泰山石头遗迹的考察，进一步验证了齐长城长清肥城支线没有向牛山、陶山方向延伸。

与构筑在缓坡馒头状山顶、石墙宽度在 1.5~2.5 米的常见寨堡不同，陶山、小泰山两处寨堡的寨墙，墙宽 3 米有余，高达 2~5 米，总长 1000 余米，体量巨大，且位于山巅之上，所用石块虽为附近就地开采，但提升至攀爬的极为困难的山巅，再垒砌为墙，其所需耗费的人力、物力可想而知。吕仙村为不足百户的村庄，距离两座寨堡最近，以该村的财力和人力，在年代久远的古代，其能力似乎难以承担如此浩繁的工程。推测，很可能是属地官衙或地方政权，为抵御匪患或战乱、保一方平安，直接参与的结果。至少也应是当地周边数个村庄联合修筑的。

光绪《肥城乡土志》关于"咸丰、同治间，发捻各匪窜扰。山东团练大臣督率各州县，晓谕乡民，行坚壁清野，法因而在，在有圩寨（有）……牛山寨、（禾阁寨）、陶山寨、幽栖寺寨、小泰山寨、寨山寨、石屋山寨、风山寨、圈山寨、黄崖山寨"的记载，对了解陶山寨、小泰山寨的修筑或有一定的帮助。

后　记

　　《齐长城资源调查报告》付梓在即，籍此机会，谨向关心和支持此项工作的领导、朋友和同仁表示由衷的感谢！

　　本次"齐长城资源调查"大致可分为动员筹备和调查实施两个阶段。从 2006 年上半年国家文物局在山海关召开"长城保护工程启动工作会议"，在秦皇岛召开"长城保护工程资源调查推进工作会议"，山东省文化厅编制《齐长城资源调查工作方案》开始，到 2007 年 3 月国家文物局和国家测绘局在居庸关举办"长城资源调查与测量领队培训班"为动员筹备阶段。

　　2007 年底，山东省政府决定组建山东省文物局，2008 年 3 月，山东省文物局完成了《山东省齐长城资源调查工作方案》的编制与修改；2008 年 9 月山东省文物局正式成立齐长城资源调查工作领导小组、办公室和田野调查工作队，"齐长城资源调查项目"进入实施阶段，至 2010 年 6 月田野调查工作全部结束。

　　在山东省文物局的领导和直接关怀下，项目办公室和田野调查队的全体同仁付出了艰辛的努力。经过五年时断时续的资料整理和报告编写，两卷本的《齐长城资源调查报告》终于付梓。这是本次"齐长城资源调查"的最终成果，也是有关齐长城最权威、最全面、最详尽的资料总集，为《齐长城总体保护规划》和《齐长城分段保护方案》的编制以及保护工程的实施提供了珍贵的一手资料，值得庆贺！

　　《齐长城资源调查报告》分为上、中、下三册。

　　报告前四章为环境与综述，其中第一章为自然概况与建制沿革，由王永波撰稿；第二章为齐地历史与长城的修筑，由王永波、王云鹏共同撰稿；第三、四章为齐长城调查工作概况及成果，由李振光撰稿。

　　县域长城和沿线寨堡调查记录，共十七章，附长城资源调查认证表、齐长城相关事项述记和附记。其中，第五章由李振光、马前伟撰稿；第六章由李振光、王新华、罗鹭玲撰稿；第七章由王云鹏、张泽刚、朱彤撰稿；第八章由张溯、孙涛撰稿；第九章由张溯、刘德宝撰稿；第十章由张溯、王予幻撰稿；第十一章由张溯、杨雷撰稿；第十二章由李振光、宫德杰撰稿；第十三章由李振光、耿涛、张子晓撰稿；第十四章由王泽冰、刘冠军、李国祥撰稿；第十五章由王云鹏、王健、刘红军撰稿；第十六章由程留宾、郑德杨、李玉撰稿；第十七章由张艳群、邝晓东、魏健撰稿；第十八章由张艳群、纪中良撰稿；第十九章由张艳群、张子晓、李居法撰稿；第二十章由张艳群、张溯、刘国柱撰稿；王永波、李振光增补了年代属性判定和老照片；第二十一章由李振光、程留宾撰稿，篇头和结语由王永波增补；附录中的齐长城相关事项述记第一至四目由王永波撰稿，第五目由王永波、李振光撰稿；附记由李振光、程留宾、郭晓东撰稿。线图初稿由张艳群、程留宾、许姗完成；县域分布图初稿由王惟一完成初稿。照片由调查队员共同完成。"章丘县修筑长城岭石墙记"拓片由李芳提供，"章邑南乡"重修长城碑拓片由郭晓冬提供，"增穆陵"碑、"永垂奕世"碑拓片由耿涛提供，"永清寨记"碑拓片由宫德杰提供，青石关"修路碑"拓片由刘国柱、王德田完成。青石关老照片由焦玉强提供。罗鹭玲帮助收集《县志》等文献资料。

李振光对县域长城和沿线寨堡等进行了资料、数据核校、通稿；绘制了附记中的线图。王永波对文本进行了体例编排和文稿审编，完成了扉页图和第一、二、四章图片的制作与选定，订正、增补了章丘长城岭之锦阳关、穆陵关、青石关，博山冯八峪东山段、齐长城西端考古勘探石包土墙和附记中的相关资料和图片，重做了所有线图，与李振光合作完成了县域分布图定稿的制作。

由于知识储备、认识和时间等方面的原因，书稿还存在一定的不足、舛误和疏漏在所难免，敬请方家学者不吝赐教。

王永波

2015 年 12 月于寓所